Marketing und Vertrieb

Fundamente für die Marktorientierte Unternehmensführung

von
Prof. Dr. Peter Winkelmann

7., vollständig überarbeitete und aktualisierte Auflage

Oldenbourg Verlag München

Bibliografische Information der Deutschen Nationalbibliothek

Die Deutsche Nationalbibliothek verzeichnet diese Publikation in der Deutschen Nationalbibliografie; detaillierte bibliografische Daten sind im Internet über <http://dnb.d-nb.de> abrufbar.

© 2010 Oldenbourg Wissenschaftsverlag GmbH
Rosenheimer Straße 145, D-81671 München
Telefon: (089) 45051-0
oldenbourg.de

Das Werk einschließlich aller Abbildungen ist urheberrechtlich geschützt. Jede Verwertung außerhalb der Grenzen des Urheberrechtsgesetzes ist ohne Zustimmung des Verlages unzulässig und strafbar. Das gilt insbesondere für Vervielfältigungen, Übersetzungen, Mikroverfilmungen und die Einspeicherung und Bearbeitung in elektronischen Systemen.

Lektorat: Wirtschafts- und Sozialwissenschaften, wiso@oldenbourg.de
Herstellung: Anna Grosser
Satz: Martin Weger, Grafische Manufaktur, Landshut
Coverentwurf: Kochan & Partner, München
Cover-Illustration: Gerhard v. Radetzky – Kaliber42, Landshut
Gedruckt auf säure- und chlorfreiem Papier
Gesamtherstellung: Druckhaus „Thomas Müntzer" GmbH, Bad Langensalza

ISBN 978-3-486-59208-5

VORWORT ZUR 1. AUFLAGE

Für meinen Vater, der den Abschluss der 1. Auflage nicht mehr erleben konnte.

Dieses Buch möchte meine Erfahrungen aus langjährigen Führungstätigkeiten im internationalen Marketing und Vertrieb mit den theoretischen Grundlagen unseres Faches Marketing verbinden. Stärker als in Lehrbüchern gemeinhin üblich,
- wird über Marketing und Vertrieb hinaus auf die Chancen einer marktorientierten Unternehmensführung eingegangen (Management-Sicht),
- werden Marketing und Vertrieb in ihren operativen Funktionen betrachtet werden (Abteilungssicht).

So wendet sich dieses Buch an Studenten der Betriebswirtschaftslehre, die nach Abschluss ihres Studiums gerne Umsatz- und Ergebnisverantwortung übernehmen bzw. kundenorientiert arbeiten möchten, zum anderen aber auch an Führungskräfte und Unternehmer, die sich einen aktuellen Überblick über neue Strömungen in Marketing und Vertrieb verschaffen möchten.

Der Arbeit ging ein Abgleich von Praxiserfahrungen mit der geltenden Rahmenprüfungsordnung für den Studienschwerpunkt Marketing voraus. Das Ergebnis aus Sicht des Autors: Die Lernvorgaben für die jungen Studierenden im Marketingstudium sind sehr wohl praxistauglich. Zwei Aspekte stimmen allerdings nachdenklich:

1. Die deutsche Unternehmenspraxis, insbesondere die der kleinen und mittelgroßen Unternehmen, verdaut den amerikanisch geprägten, alle Unternehmensbereiche umspannenden Marketingbegriff nicht. In Deutschland steht das Marketing noch sehr in der Ecke von *Marke und Werbung*, während in der anderen Ecke geschrieben steht: **Wir leben vom Verkauf**. Die gut dotierten Stellenausschreibungen in der Wochenendpresse suchen den Marketing- und Vertriebschef.
2. Die deutsche Unternehmenspraxis ist noch stark an den klassischen Unternehmensfunktionen (wie sie z.B. Gutenberg geprägt hat) ausgerichtet. In vielen Unternehmen gelten die Verkäufer leider immer noch als „Klinkenputzer". Der Bezug von Marketing und Vertrieb zu einer umgreifenden marktorientierten Unternehmensführung wird in Literatur und Praxis zu wenig herausgestellt.

In renommierten Unternehmen gilt die Devise: Ohne Vertriebserfahrungen keine Karriere im Marketing!

Dieses Buch ist also auch ein Plädoyer für das Vertriebsmanagement. Als eine Schrift aus der Praxis für die Hochschule und umgekehrt möchte es den Vertrieb aufwerten, aber auch das Marketingdenken in den Vertrieb tragen.

Danken möchte ich denjenigen, die mir inhaltlich, beim Layout und bei den Korrekturen geholfen haben: meinem Kollegen Herrn Prof. Dr. Schuster, Herrn Katz und Herrn Radetzky sowie Frau Weileder, Frau S. Winkelmann, Herrn Grantz und Herrn Hein. Nicht zuletzt möchte ich mich bei Herrn Weigert und Herrn Hartl vom *Oldenbourg* Verlag für die engagierte Unterstützung dieses Lehrbuches bedanken.

Peter Winkelmann

VORWORT ZUR 2. AUFLAGE

Bedanken möchte ich mich sehr bei meinem Kollegen, Herrn Prof. Dr. H.-W. Schuster, der mich bei der Redigation sehr kollegial unterstützt hat. Verbunden bin ich auch Herrn Weger von der Firma *Griesbeck Medien*, Landshut, für die EDV-technische Unterstützung des Buches und Herrn Radetzky von der Landshuter Agentur *gkw* für das Foto auf der Umschlagseite.

VORWORT ZUR 3. AUFLAGE

Die Entwicklungen in Marketing und Vertrieb verlaufen so rasant, dass eine weitere Auflage sinnvoll wird. Wiederum wurde der gesamte Text überarbeitet. Die Themengebiete CRM, E-Business, Kundenbindung und Markenführung wurden ausgebaut. Vielen Dank sage ich erneut Herrn Radetzky und Herrn Weger für die grafische und technische Unterstützung.

VORWORT ZUR 4. AUFLAGE

Das Buch hat viele Freunde gefunden. So wird eine neue Auflage erforderlich. Danken möchte ich Herrn Radetzky von *Kaliber42*, Herrn Weger von *Griesbeck Medien* und Herrn Weigert vom *Oldenbourg Verlag*. Auch Frau Deniers-Schlägel (*Grote & Hartmann*), Frau Pensler (*Nielsen*), Herrn Kötter (*AUMA*) und Herrn Dr. Pirner (*NFO Infratest*) möchte ich für die langjährige Unterstützung danken. Ein Dank liegt mir aber besonders am Herzen: Meine Frau hat in besonders kameradschaftlicher Weise Korrektur gelesen.

VORWORT ZUR 5. AUFLAGE

Die 4. Auflage wurde aktualisiert und durch aktuelle Themen erweitert. Besonders unterstützt haben mich wiederum Frau Epperlein von der *AUMA* und Frau Pensler von *Nielsen*, Herr Nemitz von der *GfK*, Herr Radetzky von *Kaliber42* und Herr Weger von *Griesbeck Medien*. Bedanken möchte auch wieder bei meinem Lektor vom *Oldenbourg Verlag*, Herrn Weigert.

VORWORT ZUR 6. AUFLAGE

Die 5. Auflage wurde aktualisiert und weiter ausgebaut. Im Hinblick auf Bachelor-Studiengänge wurde die modulare Struktur weiter vertieft. Erneut haben mir Frau Epperlein und Herr Kötter von der *AUMA*, Frau Pensler von *Nielsen*, Herr Nemitz von der *GfK*, Herr Radetzky von *Kaliber42* und Herr Weger von *Griesbeck Medien* geholfen. Ein Dank geht auch an meinen neuen Lektor im *Oldenbourg Verlag*, Herrn Dr. Schechler.

VORWORT ZUR 7. AUFLAGE

Das Buch hat sich jetzt auch in der Bachelor-Ausbildung bewährt. Ich bedanke mich wieder sehr bei Herrn Kötter von der *AUMA*, Frau Pensler von *Nielsen*, Herrn Nemitz von der *GfK*, Herrn Radetzky von *Kaliber42* und Herrn Weger von *MW Grafische Manufaktur*. Und ein Dankeschön wieder an den *Oldenbourg Verlag*, an „meinen" Lektor, Herrn Dr. Schechler.

Peter Winkelmann

www.vertriebssteuerung.de
www.crm-scan.de

Dieses **Grundlagenbuch** wird ergänzt durch das **Vertiefungsbuch** *Vertriebskonzeption und Vertriebssteuerung*, 4. Auflage, Verlag Vahlen, München 2008. Wissensfragen, die Aktualisierung der periodischen Statistiken sowie weitere Informationen werden im Download-Teil der Homepage *www.vertriebssteuerung.de* zur Verfügung gestellt.

INHALTSVERZEICHNIS

1. GRUNDLAGEN DER MARKTORIENTIERTEN UNTERNEHMENSFÜHRUNG 1

1.1. Grundelemente des Marktgeschehens 1
- 1.1.1. Wie alles beginnt 1
- 1.1.2. Bedürfnis - Bedarf - Angebot - Nachfrage 2
- 1.1.3. Sachgüter - Dienstleistungen - Services 4
- 1.1.4. Marken - Markenartikel 7
- 1.1.5. Märkte: Privatmärkte (Konsummärkte) und Geschäftsmärkte 7
- 1.1.6. Marktteilnehmer im strategischen Dreieck 11
- 1.1.7. Käufer und Käuferverhalten 12
  - a.) Nachfrager: Interessenten und Kunden 12
  - b.) Kaufentscheidungen und Kaufprozesse 13
  - c.) Käuferverhalten 14
  - d.) Erklärungsansätze für das Käuferverhalten 14
  - e.) Bestimmungsfaktoren des Käuferverhaltens 15
- 1.1.8. Marktsegmentierung und Zielgruppenbildung 19
  - a.) Klassische Zielgruppenbildung in Privat- u. Geschäftsmärkten 19
  - b.) Klassische Attributs-Segmentierung 21
  - c.) Lifestyle-Konzepte / Lebensstil-Segmentierung 23
  - d.) Ethno-Zielgruppen und Ethno-Marketing 25
  - e.) Die 10 wichtigsten aktuellen Zielgruppen 25
  - f.) Typologieauflösung beim Szene-Marketing 26
- 1.1.9. Vom Massenmarketing zum Individualmarketing (1to1-Marketing) 27

1.2. Der Weg zur marktorientierten Unternehmensführung 28
- 1.2.1. Historische Entwicklung des Marketing 28
  - a.) Entwicklung zur Marketing-Wissenschaft 28
  - b.) Marktphilosophien - Unternehmerische Orientierungen 31
  - c.) Marketing – Das Dilemma der Marketingdefinition 33
- 1.2.2. Die Abgrenzung von Marketing und Vertrieb nach strategischen und der operativen Aufgabenstellungen 35
- 1.2.3. Das Gebäude der marktorientierten Unternehmensführung 38
  - a.) Das TRIADENKONZEPT des Marketing 38
  - b.) Der EXPANSIONSPFAD des Marketing 38
  - c.) Die Elemente der Marktorientierung 39
  - d.) Die Elemente der Kundenorientierung 40
  - e.) Marketingorientierung versus Kundenorientierung 41

1.3. Vom Handeln zur Unternehmenspolitik 42
- 1.3.1. Die Handlungsimpulse aus dem Markt 42
- 1.3.2. Von den Handlungsimpulsen zur Unternehmenspolitik 42
- 1.3.3. Das Marketing- und Vertriebsinstrumentarium 43
- 1.3.4. Die optimale Kombination der Instrumente (Marketing-Mix) 49

1.4. Einsatz der Marketinginstrumente in verschiedenen Wirtschaftsbereichen . 50
- 1.4.1. Marktspielregeln in der Konsumgütermärkten 50
- 1.4.2. Marktspielregeln in den Geschäftsmärkten 51
- 1.4.3. Marktspielregeln im Handels- und Dienstleistungssektor 53
- 1.4.4. Marktspielregeln für Nonprofit-Organisationen 54

2. DAS MARKETING-MANAGEMENT 55

2.1. Grundbegriffe und Grundzusammenhänge 55
- 2.1.1. Management-Begriff und Management-Funktionen 55
- 2.1.2. Marketing-Konzeptionen 57

2.2. Marketing-Zielsystem (Zielpyramide) 58
- 2.2.1. Zielelemente 58
- 2.2.2. Übergeordnete Ziele der marktorientierten Unternehmensführung 59
  - a.) Oberste Zielebene: Vision - Mission - Firmengrundsätze 59
  - b.) Zielebene für Kernkompetenzen und Leistungsprogramm 62
  - c.) Zielebene der Imagepolitik und der Corporate Identity (CI) 63

d.)	Zielebene der quantitativen und qualitativen Oberziele	63
e.)	Zielebene der Funktionsbereiche (Ressorts, Abteilungen)	63
f.)	Zielebene der Geschäftseinheiten und Geschäftsfelder	64
g.)	Zielebene der Maßnahmen und Aktionen (Instrumentalziele)	65
2.2.3.	Zielbeziehungen	65
a.)	Konfliktfreie, indifferente oder komplementäre Zielbeziehungen	65
b.)	Konfliktäre Zielbeziehungen	65

2.3. Planung der marktorientierten Unternehmensführung ... 67

2.3.1.	Grundlagen	67
a.)	Planungsbegriff	67
b.)	Planungsgrundsätze der marktorientierten Unternehmensführung	67
c.)	Bildung von Planungseinheiten	68
d.)	Abgrenzung von strategischer und operativer Planung	69
e.)	Planungshorizont	70
f.)	Rollierende / revolvierende Planung	70
g.)	Marktpotenzial - Absatzvolumen	71
h.)	Marktanteilsbegriffe	71
2.3.2.	Ist-Analysen im Vorfeld der Planung	72
a.)	Das Leitkonzept des House of Strategy	72
b.)	Gap-Analysen zum Erkennen strategischer Planungslücken	73
c.)	SWOT-Analysen zum Aufdecken strategischer Schwächen	74
d.)	Polaritätenprofile zur Analyse von Stärken-/Schwächen	74
e.)	Wettbewerbsanalyse	75
2.3.3.	Offene Ansätze der Strategischen Planung	76
2.3.4.	Geschlossene Konzepte der Strategischen Portfolioplanung	82
2.3.5.	Wettbewerbsstrategien	92
a.)	Allgemeine Abwehr- und Angriffsstrategien	92
b.)	Guerilla-Marketing	93
c.)	Ambush-Marketing	94
d.)	Affiliate-Marketing	94
2.3.6.	Operative Planung	94

2.4. Marketing- und Vertriebsorganisation ... 98

2.4.1.	Grundlagen	98
a.)	Ziele und Aufgaben der Marketing- und Vertriebsorganisation	98
b.)	Grundsätze einer marktorientierten Organisation	99
c.)	Fundamentale Organisationsentscheidungen	99
2.4.2.	Die Marktorientierung der Gesamtorganisation	102
a.)	Die klassische funktionale Organisation	102
b.)	Die Geschäftsbereichsorganisation / Spartenorganisation	102
c.)	Die Matrix-Organisation	104
d.)	Die Prozessorganisation	105
e.)	Organisationsleitlinien für die Customer driven Company	106
2.4.3.	Marketing und Vertrieb in der Aufbauorganisation der Unternehmung	106
2.4.4.	Funktionen der Marketing- und der Vertriebsabteilung	107

2.5. Marktorientierte Führung ... 110

2.5.1.	Führungseigenschaften und Führungserfolg	110
2.5.2.	Führungsstile in Marketing und Vertrieb	111

2.6. Das Marketing- und Vertriebscontrollings ... 115

2.6.1.	Controlling-Philosophie für die marktorientierte Unternehmensführung	115
2.6.2.	Aufgabenbereiche des Marketing- und Vertriebscontrolling	115
2.6.3.	Zentrale Steuerungskennzahlen für den Vertrieb	117
2.6.4.	Verkaufsgebietscontrolling	118
2.6.5.	Benchmarking und Frühwarnung in Marketing und Vertrieb	121
2.6.6.	Kundenerfolgsrechnung (Kundendeckungsbeitragsrechnung)	122
2.6.7.	Balanced Scorecard (BSC)	123

3. DAS MARKTINFORMATIONSSYSTEM ... 126

3.1. Grundbegriffe und Grundzusammenhänge ... 126

3.1.1.	Marketingforschung und Marktforschung	126
3.1.2.	Ziele der Marktinformationsgewinnung	128

3.2. Methoden zur Marktinformationsgewinnung 128
- 3.2.1. Grundbegriffe und Grundzusammenhänge 128
- 3.2.2. Analyse vorhandener Daten: Sekundärforschung 129
- 3.2.3. Vertriebsstatistik / Berichtswesen 131
- 3.2.4. Schreibtischforschung (Desk Research) 131
- 3.2.5. Markterkundung 131
- 3.2.6. Marktbeobachtung 132
- 3.2.7. Marktbefragung - Primärerhebung 132
  - a.) Befragungsformen 132
  - b.) Ablauf einer Primärerhebung 134
  - c.) Auswahl der Befragten 136
  - d.) Fragenaufbau und Fragetechnik 141
  - e.) Planung und Durchführung einer schriftlichen Befragung 142
  - f.) Antworterfassung - Skalierungsverfahren 144
- 3.2.8. Experimente / Testverfahren 150

3.3. Institutionen der Primärmarktforschung 153
- 3.3.1. Marktforschungsinstitute als Partner der Wirtschaft 153
- 3.3.2. Leistungsangebote ausgewählter Marktforschungsinstitute 154
- 3.3.3. Panels und Trackings als institutionalisierte Zeitraumerhebungen 161
  - a.) Panelformen 161
  - b.) Haushaltspanels 161
  - c.) Handelspanels 162
  - d.) Fernsehzuschauerpanels 163
  - e.) Industriepanels 163
  - f.) Panelrepräsentanz und Panelsterblichkeit 164

3.4. Methoden zur Marktdatenauswertung 165
- 3.4.1. Beschreibung von Datenbeständen 165
- 3.4.2. Analyse von Zusammenhängen 168
  - a.) Die Art und Stärke von Merkmalszusammenhängen 168
  - b.) Varianzanalyse 170
  - c.) Diskriminanzanalyse 170
  - d.) Clusteranalyse 172
  - e.) Faktorenanalyse 172
  - f.) Conjoint-Measurement (CM) 173
- 3.4.3. Testverfahren / Testen von Hypothesen 174
  - a.) Untersuchung von Nominalwerten (Punkt-Vierfelder-Korrelation nach *Pearson*) 174
  - b.) Untersuchung von zwei Rangordnungen (C Kontingenztest nach *Pearson*) 178
  - c.) Untersuchung mehrerer Rangordnungen (Konkordanzkoeffizient nach *Kendall*) 178
- 3.4.4. Ideengewinnung und Geschäftsprognosen 179
  - a.) Übersicht über Kreativitätstechniken und Prognoseverfahren 179
  - b.) Kreativitätstechniken 179
  - c.) Außendienst-, Partner- und Expertenbefragungen 181
  - d.) Quantitative Prognoseverfahren 181

3.5. Datenintegration im Marktinformationssystem 186
- 3.5.1. Database 186
- 3.5.2. Data Warehouse und Data Mart 186
- 3.5.3. Datamining 187
- 3.5.4. Closed Loop 188

3.6. Die Bedeutung des Marktinformationssystems für die Marktorientierte Unternehmensführung 189

4. *DIE LEISTUNGSPROGRAMMPOLITIK* *191*

4.1. Grundbegriffe und Grundzusammenhänge 191
- 4.1.1. Leistungsprogrammpolitik - Ziele und Aufgaben 191
- 4.1.2. Das Zwiebelschalenmodell eines Produktes 192
- 4.1.3. Die Produkt-Nutzenhierarchie 193
- 4.1.4. Die Produktprogramm-/Sortimentshierarchie 194

4.2. Strategische Stoßrichtungen 194
- 4.2.1. Die Orientierung am Technologie-Lebenszyklus 194

4.2.2.	Die Orientierung an Produkt- und SGF-Portfolios	196
4.2.3.	Die Orientierung an Positionierungen und Einzigartigkeiten	197
4.2.4.	Die Orientierung an Kernkompetenzen	201
4.2.5.	Die Orientierung an kaufmännischen Programmstrukturen	202

4.3. Die Erschaffung neuer Produkte (Produktinnovation) 204

4.3.1.	Schaffung eines innovationsfördernden Klimas	204
4.3.2.	Strategien der Innovationsübernahme	206
4.3.3.	Strategien des Trend-Managements	207
4.3.4.	Neuproduktentwicklung (Produktentwicklungsprozess)	208
a.)	Ideen-Suchphase	208
b.)	Produkt-Konkretisierungsphase	209
c.)	Produkt-Realisierungsphase (ohne Produktgestaltung)	210
4.3.5.	Innovationscontrolling	211

4.4. Produktgestaltung (Produktpolitik im engeren Sinne) 212

4.4.1.	Produktleistungsplanung / Qualitätsplanung	212
4.4.2.	Produktäußeres / Produktdesign / Design-Management	215
4.4.3.	Produktname (Markenname) und Logo	218
4.4.4.	Etikett, Packungsbeilage, Aufdrucke (Imprints)	221
4.4.5.	Verpackung	222

4.5. Planung des Leistungsprogramms (des Sortiments) 223

4.5.1.	Kundenorientierung versus Kostenorientierung	223
4.5.2.	Kriterien zur Programm- und Sortimentsbildung	224
4.5.3.	Programmbreite und Programmtiefe	224

4.6. Dienstleistungen, Service und Kundendienst 225

4.6.1.	Bedeutung für das Leistungsprogramm	225
4.6.2.	Kundendienst - Pre-Sales und After-Sales (After-Market)	227
4.6.3.	Innovative Supportkonzepte: Von der Hotline zum Help Desk	229
4.6.4.	Messung von Servicequalitäten	230
4.6.5.	Gewährleistungen / Garantieleistungen	233
4.6.6.	Organisation der Dienstleistungs- und Servicepolitik	234
4.6.7.	Koordination von Verkauf und Dienstleistungspolitik	235

4.7. Das Produktmanagement als Koordinator des Leistungsprogramms 236

5. DIE KONDITIONENPOLITIK 238

5.1. Grundbegriffe und Grundzusammenhänge 238

5.1.1.	Preise und Konditionen	238
5.1.2.	Preis-Nutzen-Zusammenhänge	240
a.)	Die klassische Preis-Absatz-Funktion	240
b.)	Das Phänomen des Nettonutzens	244
c.)	Psychologische Einflüsse auf die Preis-Absatz-Funktion und Preiskäufer-Typologien	245
d.)	Preisschwellen-Einflüsse auf das Kaufverhalten	247

5.2. Strategische Stoßrichtungen 249

5.2.1.	Orientierungspunkte für Preisstrategien	249
5.2.2.	Preispositionierung und Preislagenstrategie	251
5.2.3.	Das konditionenpolitische Instrumentarium	254
a.)	Die Verhandlungselemente	254
b.)	Die Lieferbedingungen	256

5.3. Angebotspreissetzung / Statische Preispolitik 256

5.3.1.	Marktformenbezogene Preisbestimmung der Theorie	256
a.)	Monopolistische Optimierung von Preis und Menge	256
b.)	Mengenoptimierung bei vollkommener Konkurrenz	259
c.)	Preisbestimmung auf unvollkommenen Märkten: Die doppelt geknickte PAF nach *Gutenberg*	260
d.)	Preisbestimmung auf unvollkommenen Märkten: Die doppelt geknickte PAF für die Automobilnachfrage	261
5.3.2.	Preisfindungsmodelle im Internet	262
a.)	Produktbörsen	262
b.)	Power-Shopping / Co-Shopping	262

	c.)	Klassische Auktionen 263
	d.)	Top-Down-Auktionen 263
	e.)	Ausschreibungen / Reverse-Auctions 263
5.3.3.		Kostenorientierte Preisbestimmung und Break-Even-Analyse 264
5.3.4.		Wettbewerbsorientierte Preisbestimmung 268
5.3.5.		Preispolitik im Preiskrieg 269
5.3.6.		Strategien der Angebotspreis-Differenzierung 270
	a.)	Horizontale Preisdifferenzierung 270
	b.)	Vertikale Preisdifferenzierung 272
	c.)	Preisbündelung / Entbündelung / psychologische Preisgestaltung 273
5.3.7.		Pauschalpreise (Flatrates) 274
5.3.8.		Werteorientierte Preispolitik (Value-based-Pricing) 275

5.4. Dynamische Preispolitik 275
  5.4.1. Initialpreissetzungen und Preisdynamik 275
  5.4.2. Langfristige Preislagenstrategien 276

5.5. Konditionensysteme in der Konsumgüterindustrie 277
  5.5.1. Preisdruck bei den Konsumgüterherstellern 277
  5.5.2. Preisdruck im Einzelhandel 278
  5.5.3. Gestaltung von Konditionensystemen (Performance Pricing) 278
  5.5.4. Kundenorientierte Konditionenstrategie: Der Preis-Eisberg 280

6. *DIE VERTRIEBSPOLITIK* 282

6.1. Grundbegriffe und Grundzusammenhänge 282
  6.1.1. Vertrieb / Verkauf im Rahmen des Marketing-Mix 282
  6.1.2. Vertriebskonzeptionen als strategischer Überbau 286
  6.1.3. Ziele und Aufgaben der Vertriebspolitik 287
  6.1.4. Das vertriebspolitische Instrumentarium 288
      a.) Traditionelle Absatzmethoden nach Gutenberg 288
      b.) Praxisrelevante Differenzierungen des Vertriebssystems 290

6.2. Strategische Stoßrichtungen 290

6.3. Gestaltung des Vertriebssystems 292
  6.3.1. Festlegung der Verkaufsform 292
      a.) Persönlicher Verkauf (Face to Face) 292
      b.) Mediengestützter Verkauf (Voice to Voice) 293
      c.) Mediengeführter Verkauf (Unpersönlicher Verkauf) 293
      d.) Multiverkaufsformen und Multi Channel Marketing 294
  6.3.2. Aufbau der Vertriebsorganisation 295
      a.) Berufsfelder und Rollen im Vertrieb 295
      b.) Strukturorganisation im Vertrieb 300
      c.) Ablauforganisation im Vertrieb 304
      d.) Optimierung der Verkaufsgebiete 305
  6.3.3. Vertriebssteuerung mit Systemen (CRM, CAS) 305
      a.) Überblick über die Systemrichtungen 305
      b.) Von der klassischen Vertriebssteuerung (CAS) zu CRM 306
      c.) Vorteile von CRM/CAS-Systemen 308
      d.) Operatives, analytisches und kooperatives CRM 309
      e.) Multikanalfähiges CRM mit Closed Loop 310
      f.) Komponenten eines CRM-Systems (Funktionalitäten) 311
      g.) CRM-Aufbau: Aufgaben- und Prozessintegration 312
      h.) Empfehlungen zur Auswahl von CRM-Anbietern 314
      i.) Empfehlungen zur Einführung von CRM-Systemen 315

6.4. Verkaufspolitik (im engeren Sinne) 317
  6.4.1. Kunde und Kundenorientierung 317
  6.4.2. Lead-Generierung und Verkaufstrichter-Management 318
  6.4.3. Verkaufsprozess: Der SalesCycle 320
  6.4.4. Kundenbewertung (Kundenqualifizierung) 320
      a.) Ist jeder Kunde König? 320
      b.) Übersicht über die Verfahren zur Kundenbewertung 323
      c.) Konventionelle ABC-Analysen 323
      d.) Kundenlebenszyklus-Analysen (Customer Lifetime Value) 326

e.)	Multifaktoren-Analysen (Scoring-Modelle)	327
f.)	Strategische und operative Kundenportfolios	328
g.)	Kundenstatus (Kundenbindungs- oder Loyalitätsleiter)	330
h.)	Strategische (integrierende) Setzung von Kundenprioritäten	332
i.)	Neue Kundenwertsicht nach der Customer Value Theorie	333
6.4.5.	Kundenwertsteigernde Verkaufsstrategien	335
6.4.6.	Betreuungskonzeptionen und Beziehungskonsequenzen	335
6.4.7.	Besuchsanlässe und Besuchsziele	336
6.4.8.	Kundenbesuche – Planung und Durchführung	338
a.)	Touren- und Routenplanung	338
b.)	Gesprächsvorbereitung	339
c.)	Besuchsdurchführung und Verkaufsverhandlungen	340
d.)	Besuchsnachbereitung / Besuchsberichte (Kontaktberichte)	346
6.4.9.	Spezielle Konzepte für das Marketing	349
a.)	Philosophie des Relationship-Marketing	349
b.)	Konzepte der Kundennähe	353
c.)	Konzepte der Kundenzufriedenheit	353
d.)	Konzepte der Kundenbindung	360
6.4.10.	Spezielle Konzepte für das Vertriebsmanagement	361
a.)	Key Account Management	361
b.)	Kleinkunden-Management	364
c.)	Beschwerdemanagement (Complaint Management)	364
d.)	Churn-Management (Verhinderung von Kundenverlusten)	367
e.)	Kundenrückgewinnungs-Management	367

6.5. Verkaufen im Internet (E-Commerce) 369

6.5.1.	Der Entwicklungspfad des E-Business	369
6.5.2.	E-Commerce	370
6.5.3.	Mobile Business (M-Commerce)	375
6.5.4.	Virtuelle Marktplätze / Internet-Plattformen	376

6.6. Vertriebskanalpolitik - Vertriebspartnerpolitik 379

6.6.1.	Systematik von Vertriebswegen und Vertriebspartnern	379
a.)	Vertriebswege-/Absatzwege-Typologie	379
b.)	Vertriebspartner-Typologie und die Aufgaben des Handels	380
c.)	Branchentypische Vertriebswege	383
d.)	Zielkonflikte zwischen Hersteller und Handel	385
6.6.2.	Strategien des Handels	385
a.)	Konzentration im Handel	385
b.)	Differenzierung von Betriebstypen	386
c.)	Praxisbeispiele für Betriebstypen im Wandel: Themenwarenhäuser und Supermärkte der Zukunft	390
d.)	Standortdynamik	391
e.)	Profilierung von Handelsmarken (Private Labels)	392
f.)	Category Management (CM)	392
g.)	Efficient Customer Response (ECR)	393
h.)	RFID-Chips für das Marketing	395
i.)	Trends im Handel	395
6.6.3.	Strategien der Hersteller – vertikales Marketing	396
a.)	Absatzmittlergerichtete Basisstrategien	396
b.)	Profilierung durch Premium-Marken	397
c.)	Werksverkauf	398
d.)	Shop-Konzepte	398
e.)	Factory Outlet Center (Fabrikladen)	398
f.)	E-Commerce im Rahmen des vertikalen Marketing	399
g.)	Vertragshändler-Systeme in der Automobilindustrie	399
h.)	Franchise-Systeme	400
6.6.4.	Praxiskonzepte führender Handelskonzerne	402
a.)	C&A	402
b.)	*Zara*	402
c.)	*ALDI*	403

6.7. Vertriebslogistik (Distributionslogistik) 404

6.7.1.	Zielsetzungen und Aufgaben	404

6.7.2.	Lagerwirtschaft	405
6.7.3.	Transportwirtschaft	405
6.7.4.	Logistische Informationssysteme	406

7. DIE KOMMUNIKATIONSPOLITIK 408

7.1. Grundlagen der Kommunikationstheorie 408
- 7.1.1. Grundbegriffe und Grundzusammenhänge 408
- 7.1.2. Grundmodelle der Kommunikation 409
  - a.) Die klassische, dialogfreie Kommunikation (Einweg-Marketing) 409
  - b.) Die neue, interaktive Kommunikation (Dialog-Marketing) 410
- 7.1.3. Das kommunikationspolitische Instrumentarium 411

7.2. Strategische Stoßrichtungen 413
- 7.2.1. Zielsetzungen und Strategietypen 413
- 7.2.2. Ansätze zur Budgetbestimmung 414
- 7.2.3. Strategieausrichtungen von Werbekampagnen 416
  - a.) Kampagnenausrichtung auf die Produktpositionierung 416
  - b.) Kampagnenausrichtung auf Erwartungen von Zielgruppen 416
  - c.) Kampagnenausrichtung auf Produktlebenszyklen 417
  - d.) Kampagnenausrichtung auf Kundenlebenszyklen 417
  - e.) Customer Relationship Communication (CRC): Kampagnenausrichtung nach der CRM-Strategie 417

7.3. IMAGERY: Die Kraft der Bilder 418
- 7.3.1. Grundlagen der Bildkommunikation 418
- 7.3.2. Theorie der Bildgestaltung 420
  - a.) Die Aktivierung 420
  - b.) Die Informationsvermittlung 420
  - c.) Das Auslösen von Emotionen 421
  - d.) Die Sprachergänzung 421
  - e.) Der Aufbau von Gedächtniskraft 421
  - f.) Abschluss: Die Beeinflussung des Kaufverhaltens 422
- 7.3.3. Imagerystrategien – Zusammenhang der Bilder mit Imagepolitik und Werbung 422

7.4. Entscheidungen auf Geschäftsführungsebene: Imagepolitik und Corporate Identity 423
- 7.4.1. Begriff - Bedeutung - Aufgaben 423
- 7.4.2. Corporate Identity (CI) 425
  - a.) Beziehung zur Imagepolitik 425
  - b.) Corporate Design 426
  - c.) Corporate Behavior 427
  - d.) Corporate Communication 427
  - e.) Corporate Culture 427
- 7.4.3. Imagepositionierung und Imagestrategie 427

7.5. Öffentlichkeitsarbeit (Public Relations) 429
- 7.5.1. Begriff - Bedeutung - Aufgaben 429
- 7.5.2. Aufgabenbereiche 430
- 7.5.3. Gestaltung der Öffentlichkeitsarbeit 431

7.6. Spezialinstrument: Sponsoring 431

7.7. Unpersönliche Medienwerbung (Klassikwerbung) 433
- 7.7.1. Begriff - Bedeutung - Aufgaben 433
- 7.7.2. Mediakonzeption und Mediaplanung 434
  - a.) Ablauf einer Werbekampagne 434
  - b.) Die Aufgaben der Agenturen 435
- 7.7.3. Werbemittelauswahl (Werbeinstrumente) 437
  - a.) Übersicht über die Werbemittel 437
  - b.) Print-Anzeigen (Klassische Print-Werbung) 438
  - c.) TV-Werbung 438
  - d.) Hörfunk-Werbung 439
  - e.) Sonderwerbeformen 440
  - f.) Kino-Werbung 440
  - g.) Werbung im Internet 441

h.)	Web 2.0 – Eine neue Ära der Internet-Kommunikation	442
7.7.4.	Gestaltung von Werbemitteln (Anzeigen, Spots)	445
a.)	Copy-Strategie	445
b.)	Grundtechniken zur Werbemittelgestaltung	445
c.)	Gestaltung von Bildbotschaften	446
d.)	Gestaltung von Sprachbotschaften (insbes. Slogans)	447
e.)	Gestaltung von Lebensstil-und Erlebnisbotschaften	447
f.)	Die Integration von Produkt, Bild und Sprache	448
7.7.5.	Werbeträger / Werbemedien	449
7.7.6.	Messung der Werbewirkungen und des Werbeerfolgs	452
a.)	Werbemittel-, Kampagnenerfolge (Werbemittelforschung)	452
b.)	Werbeträgererfolge (Werbeträgerforschung)	454
c.)	Probleme der klassischen Medienwerbung	456

7.8. Direktwerbung / Dialogmarketing ... 458

7.8.1.	Begriff - Bedeutung - Aufgaben	458
7.8.2.	Adressen für das Database-Marketing	461
7.8.3.	Response-Elemente für das Direktmarketing	462
7.8.4.	Direct Mail Marketing (schriftliche Direktansprache)	463
7.8.5.	E-Mail-Marketing / Permission Marketing	470
7.8.6.	Telemarketing / Call-Center	473
7.8.7.	Vom Call-Center zum Customer-Care-Center	476
7.8.8.	Kampagnenmanagement im Zeitablauf und Realtime-Marketing	478

7.9. Verkaufsförderung (VKF – Sales Promotion) ... 480

7.9.1.	Begriff - Aufgaben - Trends	480
7.9.2.	Produkt-Promotion	482
a.)	Kundengerichtete Verkaufsförderung	482
b.)	Vertriebspartnergerichtete Verkaufsförderung	483
7.9.3.	Programm-Promotion: Messen und Ausstellungen	484
a.)	Begriff - Bedeutung - Aufgaben	484
b.)	Messestand-Gestaltung	486
c.)	Messe-Durchführung	486
d.)	Messe-Erfolgskontrolle	488

7.10. Event-Marketing ... 489

7.11. Produktfördernde Sonderinstrumente ... 491

7.11.1.	Product-Placement	491
7.11.2.	Co-Branding (Markenkombination)	492
7.11.3.	Ingredient Branding (Markenintegration)	492
7.11.4.	Brand-Licensing (Markenlizensierung)	493

7.12. Spezielle Kundenbindungsinstrumente ... 494

7.12.1.	Strategische Bedeutung	494
7.12.2.	Kundenkarten als Bindungsinstrumente	494
7.12.3.	Multipartnerprogramme	496
7.12.4.	Couponing	497
7.12.5.	Kundenclubs	500
7.12.6.	Corporate Publishing (CP) - Kundenmedien	501
7.12.7.	Werbeartikel	504
7.12.8.	Kauffinanzierung – Absatzkredite	505

7.13. Die optimale Kombination der Kommunikationsinstrumente ... 505

7.13.1.	Crossmediale und integrierte Kommunikation (CRC)	505
7.13.2.	Kommunikations-Mix nach dem Value-Spectrum Modell	507
7.13.3.	Branchentypischer Best Practice Kommunikations-Mix	508

7.14. Markenpolitik (Branding) ... 509

7.14.1.	Marke und Markenfaszination	509
7.14.2.	Der Markenverband: Heimat der Markenartikel	510
7.14.3.	Strategische Markenführung	512
a.)	Das Instrumentarium der Markenpolitik	512
b.)	Markenpersönlichkeit und Markenkern	513
c.)	Strategische Potenziale einer Marke	515
d.)	Hersteller- und Handelsmarkenstrategien	516

	e.) Einzelmarken- und Mehrmarkenstrategien	518
	f.) Regionale und globale Markenstrategien	519
	g.) Eigenmarken- und Fremdmarkenstrategien	519
	h.) Erst-, Zweit-, Drittmarkenstrategien	519
	i.) Kombinierte Markenstrategien (Combinative Branding)	519
	j.) Komplexe Markenarchitekturen	520
7.14.4.	Operative Markenführung	521
	a.) Markenaufbau und Markeneinführung	521
	b.) Markenpflege - Markensicherung	524
	c.) Markendehnung (Brand Extension) durch Markentransfer	524
	d.) Markenrelaunch und Markenrevitalisierung	525
7.14.5.	Die Messung des Markenwertes (Brand Equity)	527
	a.) Eine Systematik bekannter Verfahren	527
	b.) *Brand navigator* - Markensteuerrad und Eisbergmodell von *icon*	528
	c.) Markenbilanz und Brand Performancer von *Nielsen*	530
	d.) Multiplikatormethode von *Interbrand*	531
	e.) Brand-Synergy 130 von *Grey*	531
	f.) *VALMATRIX* von *CONSOR*	532
	g.) Weitere Markenbewertungsmodelle	533

8. DIE INTEGRATION ANDERER UNTERNEHMENSBEREICHE ... 537

8.1. Zusammenfassung grundlegender Erfolgsfaktoren für die marktorientierte Unternehmensführung 537
- 8.1.1. Marktorientierte Erfolgsfaktoren 537
- 8.1.2. Marktorientierte Denkhaltungen 538
- 8.1.3. Marktorientierung in der Technikausbildung an deutschen Hochschulen 539
- 8.1.4. Marktorientierte Wettbewerbsdimensionen 540

8.2. Vom Marketing zu CRM - der Zwischenschritt zur marktorientierten Unternehmensführung 541

8.3. Marktorientierte Entwicklung 542
- 8.3.1. Kundenorientierte Qualitätsplanung 542
- 8.3.2. Quality Function Deployment (QFD) und House of Quality 543
- 8.3.3. Target Design 544

8.4. Marktorientierte Beschaffung (Lieferantenmanagement) 545
- 8.4.1. Beschaffungs-Zielkonflikt 545
- 8.4.2. Global Sourcing 546

8.5. Marktorientierte Fertigung 547
- 8.5.1. Lean Production 547
- 8.5.2. Virtuelle Fabrik 548

8.6. Marktorientierte Qualitätssicherung: ISO-Vorgaben und Total Quality Management 549
- 8.6.1. Das Paradigma der produzierten, nicht geprüften Qualität 549
- 8.6.2. Die DIN EN ISO 9000 Normenreihe 550
- 8.6.3. Exzellenz-Systeme nach Macolm Baldridge, EQA und EFQM 551
- 8.6.4. Six Sigma 552

8.7. Marktorientierte Logistik 553

8.8. Supply Chain Management (SCM/eSCM) 554

8.9. Die abschließende Generallinie 555
- 8.9.1. Die Kraft der Werte: Creating Value / Value Production 555
- 8.9.2. Die Kraft der Marken: Die Unternehmung als Marke 558
- 8.9.3. Die Kraft der Systeme 559
- 8.9.4. Die großen Herausforderungen für Marketing und Vertrieb 560

Kompetenzfragen mit Internetlösungen 562

Literaturverzeichnis 564

Stichwortverzeichnis 581

Abkürzungsverzeichnis und Lesehinweise

Abb.	Abbildung
ASW	Zeitschrift Absatzwirtschaft
Aufl.	Auflage
BCG	Boston Consulting Group
BWL	Betriebswirtschaftslehre
CAS	Computer Aided Selling
CRC	Customer Relationship Communication
CRM	Customer Relationship Management
DM	Direktmarketing
ERP	Enterprise Resource Planning (Standardsoftware, z.B. SAP R3)
ggf.	gegebenenfalls
F&E	Forschung und Entwicklung
i.d.R.	in der Regel
i.e.S. / i.w.S.	im engeren / weiteren Sinne
JoM	Zeitschrift Journal of Marketing
KAM	Key Account Management (Schlüsselkunden-Management)
Mio.	Millionen
MM	Zeitschrift Manager Magazin
M&M	Zeitschrift Markt und Mittelstand
o.a.	oben angegeben
OP	operative Planung
o.V.	ohne Verfasser
PAF	Preis-Absatz-Funktion
PLZ	Produktlebenszyklus
PIMS	Profit Impact on Market Strategy
PM	Produktmanagement
POS	Point of Sale (Ort des Verkaufsgeschehens)
s.	siehe
s.o.	siehe oben
Sp.	Spalte
SP	strategische Planung
TEUR	1.000 Euro
US-$	US-Dollar
usw.	und so weiter
vgl.	vergleiche
VKF	Verkaufsförderung
www	World wide web
ZFB	Zeitschrift für Betriebswirtschaft
ZfbF	Zeitschrift für betriebswirtschaftliche Forschung
z.B.	zum Beispiel

Lesehinweise

☒ Dieses Zeichen hebt Besonderheiten der marktorientierten Unternehmensführung und Handlungsempfehlungen hervor.
• Dieses Zeichen gilt für normale Aufzählungen.
➡ Dieses Zeichen kennzeichnet Definitionen und besondere Erläuterungen.

1. GRUNDLAGEN DER MARKTORIENTIERTEN UNTERNEHMENSFÜHRUNG

1.1. Grundelemente des Marktgeschehens

1.1.1. Wie alles beginnt ......

> *„Ferner gibt es Kaufleute, die ruhen nicht .... von Ost nach West ziehen sie umher, deine Wünsche bringen sie dir. Zehntausend Schätze, die Wunder der Welt, sind bei ihnen. ... Gäbe es keine Kaufleute, durchstreifend die Welt, wann könntest Du anziehen den schwarzen Zobelpelz? Schnitte die chinesische Karawane das Karawanenbanner ab, woher sollten dann die zehntausend Kostbarkeiten kommen? ... Solcherlei sind die Kaufleute alle, schließe dich ihnen an, halte offen das Tor! Bemühe dich um sie, halte sie wohlfeil, und dein Name wird mit Güte weit bekannt, glaube es."* (Uighurischer Text; zit. aus Kausch, A., Seidenstaße, 3. Auflage, Ostfildern 2008, S. 12)

Du gehst durch dunkle Nacht. Schwärze umgibt Dich. Plötzlich ein Hungergefühl. Du sehnst Dich nach etwas Essbarem. Ein **Bedürfnis** ist geboren. Bilder von Buffets schwirren durch Deinen Kopf. Die Gedanken kommen zur Ruhe. Ja, ein Brötchen würde Dir jetzt gut tun. So kommt der **Bedarf** in die Welt. Wo aber bekommt man ein Brötchen? Das Dunkel lichtet sich. Aus dem Dunkel schält sich die Silhouette eines Marktstandes. Und dort erkennst Du aufgeschichtet: Brötchen. Du gehst hin und fragst den Marketender, ob er zu so früher Stunde schon geöffnet hat. Antwort *ja*. Jetzt trifft Deine **Nachfrage** auf ein **Angebot**. Aber umsonst bekommst Du das Brötchen nicht. Der Marketender nennt einen **Preis**. Etwas tauschen will er auch nicht. Er will einen Dukaten. Du findest einen in der Hosentasche. So kannst Du **kaufen**. Er will **verkaufen**. Du akzeptierst. Eine **Transaktion** kommt zustande. Die **Wirtschaft** beginnt. Mittlerweile ist die Dunkelheit gewichen. Du siehst andere Marktstände um Dich herum. Du stehst mitten auf einem Marktplatz, in einem **Markt**. Überall lockt man Dich mit vielfältigen anderen Backwaren – die Preise differieren. **Wettbewerb** wird sichtbar. *„Wenn Sie wieder ein Brötchen oder Brot brauchen, dann kommen Sie aber zu mir"*, sagt der Marketender. Ein **Beziehungsmarketing** ergänzt die Transaktion. Er gibt Dir seine Privatadresse auf einem Zettel. *„Hier können Sie mich erreichen, auch wenn nicht Markttag ist."* Der Marketender bemüht sich um **Kundennähe**. *„Hat das Brötchen denn geschmeckt?"*, so möchte er Deine **Kundenzufriedenheit** erfragen. Wenn Du zufrieden bist mit dem Kauf und der Beziehung, dann wirst Du bestimmt gerne wiederkommen. So rechnet der Marketender mit Deiner **Kundenloyalität**. *„Bei 9 Brötchen gibt es eines extra"*. Er möchte Dir den Folgekauf zusätzlich schmackhaft machen. Sein Ziel ist **Kundenbindung**. Aber so einfach lässt Du Dich nicht festlegen. Vielleicht sind ja andere Angebote attraktiver? Und so wird die **Kunst des Verkaufens** zur Herausforderung für den Marketender. Denn Du hast Dir mittlerweile die anderen Stände angeschaut und gelernt. Es gibt Backwaren in den verschiedensten Formen. Du siehst die bunten Plakate der einzelnen Stände, die Dich dort zum Kauf einladen. **Werbung** nimmt Dich in den Griff. Schon längst hast Du auch Brot, Gebäck und Kuchen im Kopf. Du darfst kosten, an einer Verlosung teilnehmen oder bekommst kleine Geschenke, wenn Du kaufst. Die Welt des **Marketing** zieht Dich in einen Strudel der Reize. **Marken** erobern Deine Gedanken. Du kannst gerne schauen, aber bloß nichts anfassen. Denn wenn Du kaufst, musst Du Dein Portemonnaie zücken. Und dann kommt ein Wunsch zum anderen. Das Marketing dreht die Räder der Welt – und wir leben vom Kaufen und Verkaufen.

(Quelle: Einleitung meiner Lektion 1: *Die Welt des Vertriebs*, aus dem Lehrgang *Erfolgreiches Vertriebsmanagement* der Haufe-Akademie, 2009)

1.1.2. Bedürfnis - Bedarf - Angebot - Nachfrage

Abb.1-1

„Aber ist es nicht auch ein Bedürfnis, sich einen Traum zu erfüllen, sich für etwas begeistern zu können, etwas ohne Wenn und Aber zu genießen. Es gibt Menschen, die diese Frage für sich mit „ja" beantwortet haben. Und wenn wir unsere Verkaufszahlen betrachten, können wir sagen: Es gibt immer mehr davon."
(Quelle: Broschüre Das Prinzip Porsche, 2009)

Wirtschaft ist der fortdauernde Prozess einer organisierten Bedürfniserfüllung. Das Aufspüren von Kundenbedürfnissen, ihre Beeinflussung oder gar Schaffung stehen im Mittelpunkt der Marketing- und Vertriebsanstrengungen von Wirtschaftseinheiten (Unternehmen, Gewerbetreibende, Freiberufler). Bedürfnisorientiertes Denken und Handeln sind die Säulen unserer Wirtschaftswelt. Jeder von uns hat unendlich viele Bedürfnisse. Es geht um Wünsche, Mangelfühle und auch um wirtschaftliche Zwänge. Sie verlangen unsere Aufmerksamkeit und drängen nach Erfüllung. „Ich möchte noch mehr Sachen haben," so die Puppe *Bibigirl* in *Michael Endes* symbolstarkem Buch *Momo*.[2]

Maslow hat eine traditionsreiche Hierarchie der Bedürfnisse entwickelt[3] (Abb.1-1). Seine Bedürfnispyramide beruht auf einer Grundannahme: **Ein befriedigtes Bedürfnis ist kein Motivator mehr**. Also werden wir uns von Bedürfnisstufe zu Bedürfnisstufe „hochkaufen", bis wir uns auf der obersten Stufe der Selbstverwirklichung – so wir sie jemals erreichen – wieder von der materiellen Welt lösen.

Es gibt zunehmend Zweifel, ob die Bedürfnistheorie von *Maslow* noch in dieser festen Form gilt. Drei Veränderungen sind zu beobachten, die in dem folgenden Satz anklingen: "*Ich bin derzeit arbeitslos, aber mein Handy verkaufe ich nicht.*"
(1) Ein Wertewandel verändert die schön hierarchisch geschichtete Pyramide. Viele Menschen kämpfen um ihre Existenz und verzichten dennoch nicht auf Teile eines früher genossenen Prestigekonsums.
(2) Bestimmte Bedürfnisse verlieren an Kraft. Vielleicht werden z.B. die großen „Familienschlitten" bald ausgedient haben. Auch für Manager sind kleinere Dienstwagen plötzlich medienwirksam. Der Trends geht zu Spaßautos und zu benzinsparenden Kleinwagen. Durch die „Abwrackprämie" hat der Staat im Jahr 2009 möglicherweise zu einer Veränderung des Autokaufverhaltens beigetragen.
(3) Ferner halten sich die Konsumenten nicht mehr an die starre Bedürfnishierarchie. Sie springen innerhalb der Bedürfnisgruppen oder verfolgen verschiedene Bedürfnisziele gleichzeitig. Dies entspricht dem Typus des **hybriden Käufers**.

---
[1] Die 8 Erfolgsfaktoren des Marketing sind hier als Gedankensplitter vorweggestellt. Wir werden ihnen beim Lesen dieses Buches immer wieder begegnen.
[2] Ende, (Momo), 2005, S. 97
[3] vgl. zur Maslow´schen Bedürfnispyramide Maslow, (Motivation), 1954, (11. Aufl. 2008)

Abb.1-2

Durch eine (1) **Auswahlentscheidung** (*Wähle ich Rennrad oder Fitness-Center zur Erfüllung meines Bedürfnisses nach mehr Bewegung?*) und durch (2) **Kaufkraft** (Bargeld, Kredit) wird aus einem **Bedürfnis** ein **Bedarf**. Wie decken wir Bedarf? In diesem Buch steht die Alternative 8 der Abb.1-2[4], der Austausch (man spricht auch von Transaktion) *Ware gegen Geld* im Mittelpunkt. Orte dieses Austausches sind **Märkte**. Der auf Märkten wirksame (akute) Bedarf wird **Nachfrage** genannt. Fehlt daheim zum Kuchenbacken ein Stück Butter, so entsteht Bedarf. Dieser Bedarf wird aber erst im Supermarkt nachfragewirksam. Der Nachfrage muss auf Märkten ein entsprechendes Herstellerangebot gegenüberstehen. Der Preis wirkt als Regulativ und bringt Angebot und Nachfrage zum Ausgleich. Abb.1-3 zeigt den Weg vom Bedürfnis zum Kaufakt auf Märkten. Märkte werden auf vierfache Weise definiert:

ALTERNATIVEN DER BEDARFS-DECKUNG
① Eigenfertigung
② Geschenk
③ Betteln
④ Leihen
⑤ Diebstahl
⑥ Raub
⑦ Tausch Ware gegen Ware
⑧ Kauf (Ware gegen Geld)

❶ als **sichtbare Orte** für den Austausch „Ware gegen Geld"
 (z.B. Wochenmarkt, Viehmarkt, Flohmarkt, Börse, Supermarkt, Getränkemarkt),

❷ als nicht sichtbare, **virtuelle Marktplätze** für den Güteraustausch im Internet (e-Bay, Internet-Börsen, Internet-Auktionen),

❸ als Summe (Potenzial) aller tatsächlichen und potenziellen
 ➧ Käufer eines Produktes (engere betriebswirtschaftliche Definition) oder
 ➧ Käufer und Anbieter eines Produktes (weitere volkswirtschaftliche Definition);
 oft auch bezogen auf ein bestimmtes Kundensegment / eine Zielgruppe (z.B. Arbeitsmarkt, Seniorenmarkt, Heiratsmarkt, Single-Markt, Ärzte-Markt),

❹ als Sammelbegriff für eine angebotene Güterkategorie (z.B. Gebrauchtwarenmarkt (auch unter (1)), Bio-Markt, Heimwerkermarkt, Reisemarkt etc.).

Noch müssen wir nicht alle Bedürfnisse auf Märkten decken. Noch genießen wir freie Güter wie Sonne, Wind, Wald. Doch immer mehr freie Güter müssen sich den Spielregeln der Vermarktung unterwerfen. Wächst z.B. das Ozonloch weiter, so werden wir eines Tages unter Kuppeln gefiltertes Sonnenlicht kaufen müssen.

Abb.1-3

VOM BEDÜRFNIS ZUM KAUFAKT		
①	Bedürfnis	• Alles beginnt mit Träumen, Wünschen und dem Gefühl eines Mangels. • Motive und Emotionen geben dem Individuum Antrieb, diesen Mangel zu beheben. • Bedürfnisse sind mengenmäßig und inhaltlich grenzenlos • und bei vielen Gütern instabil (oft situations- oder auch „launenabhängig")
②	Bedarf	• Der Kaufinteressent entscheidet sich für eine Bedürfnisalternative (Auswahlakt). • Dabei wirkt die Kaufkraft als Restriktion (*Kann ich mir das überhaupt leisten?*). • Selbstimage und Normen wirken als Filter (*Steht mir das, darf ich das kaufen?*). • Auch Einstellungen zu Anbietern und Marken prägen den Schritt vom Bedürfnis zum Bedarf (*Bohnenkaffee ja, aber nicht von...*).
③	Nachfrage	• Damit aus Bedarf Nachfrage wird, sind Informationen über mögliche Orte und Zeitpunkte eines Kaufaktes (einer Transaktion) erforderlich. Nachfrage wird also auf einem Markt wirksam (*Wann ist wieder Wochenmarkt? Wo finde ich...? Bis wann geöffnet?*). • Dabei wirken Kaufanstrengungen auf den Käufer kaufverzögernd (*Heute habe ich keine Lust zur Parkplatzsuche*), • desgleichen hemmen ihn eine oft auftretende *Kaufträgheit* oder letzte Unsicherheiten (*Ich möchte es mir noch einmal überlegen; ich komme morgen wieder*). • Für eine Nachfrage sind also Kaufimpulse notwendig.
④	Kaufakt	• Der **Nachfrage** muss letztlich ein entsprechendes **Angebot** gegenüberstehen. • Der Anbieter muss auch verkaufen wollen (*Eigentlich möchte ich mein Auto doch noch etwas behalten...*), • und es ist schließlich eine Einigung über den Preis erforderlich (der Preis als Regulativ, um Angebot und Nachfrage zur Deckung zu bringen).

---

[4] vgl. in ähnlicher Weise Kotler; Keller; Bliemel, (Marketing-Management), 2007, S. 11-12

Simon stellt in seiner Hidden-Champion-Analyse 2007 fest, dass nur 50% der Großunternehmen der Marktorientierung den Vorrang geben, 31% der Technik, und 19% beurteilen Markt und Technik als gleich wichtig. (s. ASW 10/2007, S. 34)

Kernaufgabe des Marketing ist das Aufspüren von Kundenbedürfnissen, die gezielte Bedürfnisbeeinflussung und die Vermarktung bedürfnisgerechter Leistungen. Marketing wird zur marktorientierten Unternehmensführung, wenn alle Unternehmensaktivitäten und –ressourcen auf diese Ziele hin ausgerichtet sind. **Keine marktorientierte Unternehmensführung** im Sinne dieses Buches liegt vor, wenn das Management Kundenbedürfnisse hintenan stellt und den Verkauf wie folgt ausrichtet:

(1) **Produktionsorientierung**: verkaufen, was sich kostengünstig produzieren lässt,
(2) **Technikorientierung**: verkaufen, was Forschung & Entwicklung wollen,
(3) **Einkaufsorientierung**: verkaufen, was die Einkaufsabteilung beschafft,
(4) **Umweltorientierung**: nur verkaufen, was der Umwelt nicht schadet,
(5) **Inhaberorientierung**: verkaufen, was Kapitalgeber wollen (z.B., wenn sie als Erfinder an bestimmten Produkten hängen, die nicht marktfähig sind),
(6) **Shareholder Value Orientierung**: verkaufen, was den Aktienkurs steigert,
(7) **Planwirtschaftsorientierung**: verkaufen, was politisch angeordnet ist.

Was bieten die Unternehmen nun zur Bedürfnisbefriedigung an?

1.1.3. Sachgüter - Dienstleistungen - Services

Kundenbedürfnisse werden durch Güter befriedigt. Ein Gut *„ist alles, was einer Person angeboten werden kann, um ein Bedürfnis oder einen Wunsch zu befriedigen."*[5] Grundsätzlich gibt es **materielle** (greifbare) und **immaterielle** Güter (Dienste, Rechte, Werte, Ideen). Marketing und Vertrieb untergliedern in Sachgüter, Dienst- und (kostenlose) Serviceleistungen. Abb.1-4 beschreibt die Gütersystematik.

Abb.1-4

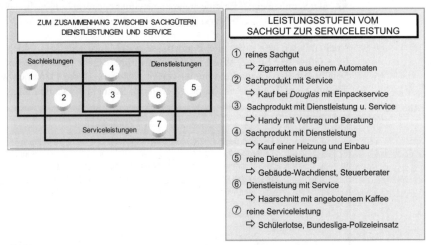

Sachgüter
Die materiellen, d.h. sicht- und anfassbaren Sachgüter werden eingeteilt in:
- **Konsumgüter** für Endverbraucher (Konsumenten); hergestellt z.B. von Nahrungs- und Genussmittel-, Kosmetika-, Pharma- oder von Gebrauchsgüterherstellern (Konsumelektronik, Foto und Optik, Heim und Garten, Sportartikel, DOB und HAKA, Haushaltswaren, OTC-Produkte, Büroartikel etc.),
- **Geschäftsgüter / gewerbliche Güter** für alle dem Endverbrauch vorgelagerten Wertschöpfungsstufen (s. auch Abb.1-9); d.h., die von Firmen auf allen Stufen der Wertschöpfung eingekauften, verbrauchten oder gefertigten Produkte,
- **öffentliche Güter**, die von Bund, Ländern und Kommunen zur Verfügung gestellt werden (Bsp.: Straßen, Kanalisation, Schulen).

---
[5] Kotler; Keller; Bliemel, (Marketing-Management), 2007, S. 12

1. Kapitel: Die Grundlagen

Sachgüter werden weiterhin unterteilt in
- **Verbrauchsgüter**, die beim Einsatz verzehrt oder merklich abgenutzt werden (Geschäftsgut: Leim, Schrauben – Konsumgut: Schokolade) und
- **Gebrauchsgüter**, die für den dauerhaften (mehrfachen) Einsatz bestimmt sind (Geschäftsgut: Kran, Maschine – Konsumgut: Fernseher).[6]

Auf rund 120 Mio. qm Verkaufsfläche werden in Deutschland über 1.500 Mrd. € Konsumgüter umgesetzt.

Für **Konsumgüter** nimmt *Ruhfus* eine spezielle Einteilung vor in:
- **Güter des täglichen Bedarfs** (Convenience-Goods)   - Butter, Milch,
- **Güter des gehobenen Bedarfs** (Shopping-Goods)   - Radio, Uhr,
- **Güter des Einmalbedarfs** / Spezialitäten (Speciality-Goods) - Haus, Auto.

Die erste Kategorie wird auch als **Low-Involvement-Products** oder zuweilen als **Fast moving Consumer Goods** (FMCG), die zweite und vor allem die dritte als **High-Involvement-Products** bezeichnet. Für jede dieser Konsumgüterarten gelten typische Einkaufs-Verhaltensweisen (Kaufprogramme) der Verbraucher.[7]

Bei **Geschäftsgütern**, auch **Industrie-** oder **Investitionsgüter**, werden differenziert:
- **Rohstoffe, Einsatzstoffe** (Kakao, Kaffee, Mehl, Metalle, Flüssigkeiten etc.),
- **Energiegüter** (Erdöl, Kohle, Gas, Wasser, Strom, Solarenergie),
- **Produktionsgüter** (Maschinen und Anlagen für die eigene Produktion),
- **Verkaufsgüter** (zum Weiterverkauf bestimmte gewerbliche Güter),
- **technische Dienstleistungen**.

Die Vermarktung technischer Sachgüter erfolgt im Rahmen von **Geschäftsmodellen**:
(1) Das **Ersatzteilgeschäft** wird oft durch den technischen Handel und andere, spezialisierte Dienstleister abgewickelt (z.B. im Rahmen von Wartungsverträgen).
(2) Das **Produktgeschäft** umfasst Komponenten und Einzelaggregate, die i.d.R. eigenständige Funktionen erfüllen (z.B. Kran, Heizung).
(3) Von einem **Zuliefergeschäft** wird immer dann gesprochen, wenn Vorlieferanten Industriekunden beliefern (klassisches BtoB: z.B. die Automobilzulieferer).
(4) Das **OEM-Geschäft** ist ein spezielles Zuliefergeschäft, bei dem Komponenten und Einzelaggregate an einen Original Equipment Manufacturer (den OEM) verkauft und von diesem in weiter zu verkaufende Seriengüter veräußert werden.
(5) Im **Anlagengeschäft** werden komplexe industrielle Einheiten vermarktet, die wiederum aus Güterbündeln der oben genannten Kategorien bestehen. Bsp.: Raffinerien, Walzwerke, Fabrikanlagen mit allen dazugehörigen Sachgütern und Dienstleistungen. (Groß)Anlagen werden i.d.R. im Rahmen „einzigartiger" Projekte vermarktet. Man spricht auch vom **Projektgeschäft**.
(6) Beim **Objektgeschäft** steht anstelle eines Produktes (z.B. eine Maschine) ein komplexes Bauvorhaben im Mittelpunkt. Z.B. werden Heizungs-, Klima-, Sanitärprodukte in Hoch- oder Tiefbauprojekte hineingeliefert. Im Gegensatz zum Anlagen- oder Projektgeschäft steht der Zulieferer dabei nicht einer Kundenfirma gegenüber, sondern bedient Netzwerke von direkten und indirekten Kunden.
(7) Beim **Systemgeschäft** stehen Güter in engem technologischen Zusammenhang.

Für **Automobilzulieferer** ist eine hierarchische Stufung von Geschäften und Angebotsleitungen typisch; je nachdem, auf welcher Wertschöpfungsebene man steht:[8]
(1) **First Tier Geschäfte**: Module, Systeme,
(2) **Second Tier Geschäfte**: Komponenten, Baugruppen,
(3) **Third Tier Geschäfte**: Rohstoffe, Werkstücke, Einzelteile.

---

[6] Steuerlich gilt für diese Güter eine Grenze für eine Direktabschreibung von 410 Euro.
[7] vgl. zu diesem Ansatz Ruhfus, (Kaufentscheidungen), 1976, S. 23, nach einer Warentypologie von Copeland aus dem Jahr 1925
[8] Auch als **Zulieferpyramide** bezeichnet: vgl. Hofbauer u.a., (Lieferantenmanagement), 2009, S. 29

Nach dem **Grad der kundenorienten Anpassung** werden unterschieden:
(1) **Commodities** sind standardisierte Massenartikel, die i.d.R. einem harten Preiskampf unterliegen. Die Produkte bzw. Lieferanten sind untereinander austauschbar (z.B. DIN-Teile; MRO-Teile = Maintenance, Repair, Operations).
(2) **Design-in-Products** werden an die technischen Bedingungen (Spezifikationen) eines Kunden angepasst. Sie erfordern also eine besondere Kompetenz. Anzuführen sind z.B. Stecker, die in eine Geräteserie des Kunden passen müssen. Die Produkte sind später mit einem gewissen Aufwand austauschbar.
(3) **Customized** oder **tailorized Products** sind maßgeschneiderte, kundenindividuelle Problemlösungen. Sie gehen oft aus gemeinsamen Entwicklungsprojekten von Kunde und Lieferant hervor. Auf Grund eines besonderen Know-how ist ein Lieferant nur schwer austauschbar.

Nach dem leiteinischen Ursprung steht der Produktbegriff mit *Produktion / produzieren* in Verbindung. Oft werden dann Dienst- und Serviceleistungen übersehen.

Abb.1-5

Dienstleistungen und Services (immaterielle Güter)
Bei den immateriellen Leistungen werden **kostenpflichtige** Dienstleistungen von (weitgehend) **kostenfreien** Diensten (Serviceleistungen) abgegrenzt. Dienstleistungen werden weiterhin unterschieden in
- private, gewerbliche (industrielle) oder öffentliche Dienstleistungen **an Sachen**,
- private, gewerblich (industrielle) oder öffentliche Dienstleistungen **an Menschen**.

Abb.1-5 zählt Merkmale auf, die Dienstleistungen von Sachgütern unterscheiden. Standen bei der traditionellen Betriebswirtschaftslehre die produktiven Sachgüter im Vordergrund des Interesses, so nimmt heute das Marketing für Dienstleistungen einen immer breiteren Raum ein.[9] Unsere Wirtschaft ist durch große Dienstleistungsbranchen geprägt (Handel, Banken, Versicherungen, Verkehr, Bildung).

MERKMALE VON DIENSTLEISTUNGEN
⇨ Dienstleistungen sind immateriell
⇨ und deshalb nicht lagerfähig
⇨ und nicht transportfähig
⇨ sie werden nicht „verbraucht"
⇨ kein Schwund, keine Abnutzung
⇨ Rückgabe, Umtausch unmöglich
⇨ keine Wiederverkäuflichkeit
⇨ stellen Leistungsversprechen dar
⇨ menschliche Arbeitsleistung muss bei Bedarf verfügbar sein
⇨ Qualität hängt entscheidend von der Sorgfalt der Ausführung ab
⇨ Qualitätsbewertung erst nach Leistungserbringung möglich
⇨ Qualitätskonstanz schwierig
⇨ erschwerte Standardisierung
⇨ oft leicht zu imitieren
⇨ Kunde kann den Nutzen bzw. die Qualität der Dienstleistung oft nur gefühlsmäßig bewerten
⇨ erschwerter Nachweis von Vorteilen gegenüber Wettbewerbern
⇨ Neuigkeitsgehalt (Verbesserungen) schwer nachweisbar
⇨ insgesamt Preis- / Leistungsverhältnis schwer einschätzbar

Abb.1-6

Services gelten als Schlüssel zur Wettbewerbsdifferenzierung. Sie bieten Mehrwerte **(Added Values)**. Hierzu zählen allgemeine Mehrwerte (Schulung), Produkt- und Prozessverbesserungen und Vorteile für die Kunden des Kunden.

Neu: **Digitale Güter**. Diese werden digital erzeugt und digital übertragen. Bsp. Klingeltöne.

Abb.1-6 bringt die Güterbegriffe der drei großen Marktbereiche in einen Zusammenhang. Viele Güterarten spielen in allen Märkten eine Rolle. Die PC-Wartung einer Softwarefirma wird Konsumenten, durch Wartungsvertrag gebundenen Firmen sowie staatlichen Einrichtungen angeboten.

	Konsumgütermärkte	Geschäftsmärkte	Märkte für öffentliche Güter
Verbrauchsgüter	• Milch • Benzin	• Dichtringe • Benzin	• Wasser • Professor
Gebrauchsgüter	• Fernseher • KFZ	• Maschine • Kran	• Straße • Schulhaus
Dienstl. an Menschen	• Friseur • Taxi	• Beratung • Kredite	• Schule • Polizei
Dienstl. an Sachen	• Ölwechsel • TV-Reparatur	• EDV-Wartung • Werkschutz	• TÜV • Patentschutz

---

[9] vgl. z.B. Meffert; Bruhn, (Dienstleistungsmarketing), Wiesbaden 2009

Der Güterbegriff entstammt einer volkswirtschaftlichen Denkweise. Unternehmen „verwirklichen" Güter (z.B. das Gut Auto) in Form konkreter Produkte (z.B. der *VW Polo*). **Produkte** sind für die Unternehmen **Erfolgsträger**, für die Kunden **Nutzenträger**. Der Kunde erfüllt sein Bedürfnis durch ein konkretes Produkt eines Anbieters. Dieser rechnet dem Produkt die betriebswirtschaftlichen Größen Erlöse und Kosten zu. Das Produkt wird zum **Kostenträger**.

1.1.4. Marken - Markenartikel

Ca. 80.000 Markenanmeldungen gab es im Jahr 2008, davon nur 20% für Industriegüter.

Wenn sich ein Motorradfan das *Harley-Davidson* Logo als Tattoo eingravieren lässt, um seiner Clique zu imponieren, dann hat es das Produkt geschafft: Es ist zur **Marke** geworden. Wenn das Gut Papiertaschentuch mit dem Produktnamen *Tempo*, das Waschmittel mit *Persil* oder ein Tonic mit *Schweppes* gleichgesetzt wird, dann hat sich ein Produkt tief im Kopf des Kunden „markiert".[10]

„Wenn man all unsere Fabrikanlagen vernichten, unsere Häuser zerstören und unsere Waren wegnehmen würde, dann wären wir doch in kurzer Zeit wieder auf heutigem Stand, wenn man uns nur unsere Mitarbeiter ließe und unsere Marken. Das Können der Mitarbeiter und die Kraft der Marken sind der eigentliche Wert eines Unternehmens."

Schobert, Frank, Vice President von Procter & Gamble, in: ASW, Sonderheft Oktober 1997, S. 14

Eine Marke ist eine Produktpersönlichkeit, ein *„Herkunftsnachweis eines Anbieters mit vertrauensaufbauender Wirkung."*[11] Abb.1-7 fasst die Merkmale von Marken (Markenartikeln) zusammen. Die Anzahl der in Deutschland aktiven Marken lag 2009 bei über

Abb.1-7

1,5 Mio. Es ist vor allem das Versprechen eines stabilen Qualitäts- und Preisniveaus, mit dem ein Produkt zur Marke strebt. Hierzu gibt ihm die Markenartikelindustrie in der Regel 18 Monate Zeit und investiert Millionenbeträge.[12] Ebenfalls aufwändig ist die dauerhafte Markenpflege zur Sicherung der Marke (s. Abschnitt 7.14.6.b.).

MERKMALE VON MARKENPRODUKTEN
- gleichbleibende Produktgestaltung
- gleichbleibende Qualität (Qualitätsversprechen)
- hohe Preiskonstanz (Preisversprechen)
- Anspruch langer Lebensdauer bei Gebrauchsgütern
- starke Medienwerbung zur Markenpräferenzbildung
- einprägsames Logo / Markenzeichen
- hohe Wiedererkennung, auch der Verpackung
- klass. Markenartikel überall erhältlich (Ubiquität)
- lange Nachkaufmöglichkeit bei Gebrauchsgütern
- gesicherte Ersatzteilversorgung
- nur behutsame Abverkaufsaktionen

Marken können nach dem Markenträger, ihrer Rolle im Rahmen einer Markenstrategie und entsprechend ihrer regionalen Verbreitung unterschieden werden. Hierzu gibt Abschnitt 7.14.3.b Aufschluss. Die Wettbewerbsauseinandersetzung um Marken ist ein Kampf um Plätze in den Köpfen der Konsumenten. Der sichtbare Teil dieses Kampfes spielt sich auf Märkten ab.

1.1.5. Märkte: Privatmärkte (Konsummärkte) und Geschäftsmärkte

Märkte sind Plattformen, auf denen Anbieter und Nachfrager Güter, Dienste und Werte austauschen. In Abb.1-8 wird nach privaten (**Privatmärkte**, **Consumer Markets**) und geschäftlich organisierten Märkten (**Geschäftsmärkte**, **Business Markets**) unterschieden. Die Geschäftsmärkte sind den Privatmärkten vorgelagert. In den Geschäftsmärkten kaufen und verkaufen Geschäftsleute entweder im Auftrag ihrer Firma (**Firmenkunde** kauft LKW) oder zur eigenen Nutzenerfüllung (**Geschäftskunde** kauft Laptop). Kaufakte erfolgen über alle Wertschöpfungsstufen von Vorlieferanten

---

[10] Specht, (Marken), in ASW, Sondernummer 10/1997, S. 10; anschaulich ist auch die folgende Erklärung des Markenphänomens: *„Eine Marke ist ein Raum im Kopf des Verbrauchers"*: Momberger, (gute Marken), in: Textilwirtschaft, 20/1997, S. 14

[11] vgl. die Einführung von Specht zum 25. Deutschen Marketing-Tag im ASW, Sonderheft Oktober 1997, S. 10

[12] lt. Aussage des Geschäftsführers des Wiesbadener Markenverbandes: vgl. Gottschalk, (Marken-Kollisionen), in: ASW, Sonderheft Oktober 1997, S. 207

Abb.1-8

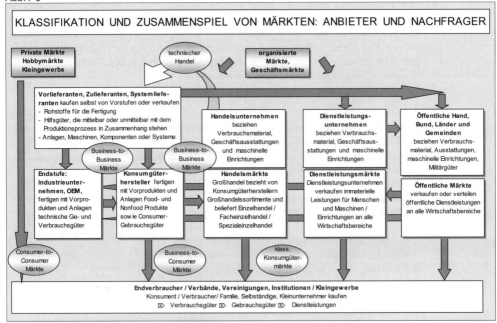

an Hersteller, an Handelsunternehmen oder an öffentliche Einkaufsstellen. Je höherwertiger eine Technologie ist, desto mehr werden Geschäfte direkt – ohne Einschaltung von Vertriebspartnern - abgewickelt. Man spricht dann von **Business-to-Business-Märkten (BtoB)**.

Abb.1-9 verdeutlich die Vielstufigkeit der Geschäftsmärkte (gewerbliche Märkte). Von der Schraube bis zum Airbus ist es ein weiter Weg. Rohstoffe, Materialien, Teile und Aggregate werden über alle Stufen der Wertschöpfung ge- und verkauft. Schätzungen zufolge ist das Umsatzvolumen der Geschäftsmärkte wegen dieser Mehrstufigkeit viermal so groß wie das der klassischen Konsumgütermärkte.[13] **Original Equipment Manufacturer** (OEM) sind in dieser Kette Hersteller, die als Ausrüster komplette Maschinen und Anlagen an die nächste Stufe einer Wertschöpfungskette weiter verkaufen.

In den Consumer-Massenmärkten wird überwiegend indirekt vertrieben (**indirekter Vertrieb**). Für den Konsum bestimmte Ver- und Gebrauchsgüter fließen über den Groß- und Einzelhandel zum privaten Endverbraucher. In diesen Marktbereichen verkaufen Hersteller aber auch direkt, ohne Einschaltung des Handels, an Endkunden (**Konsumgüter-Direktvertrieb**). Zu den **Business to Consumer-Märkten (BtoC)** gehören Dienstleister wie Banken, Versicherungen, Energieversorger, Post, Bahn, Telekommunikationsanbieter u.v.a.m.

Abb.1-9

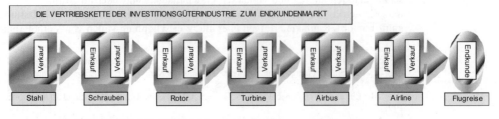

---

[13] Statement von Backhaus: vgl. Garber, (Mister B-to-B-Marketing), in: ASW, 11/2008, S. 14

In zahlreichen Geschäftsmärkten werden Serienteile und Ersatzteile indirekt vertrieben. Ein technischer Handel oder das Fachhandwerk beliefert dann mit seinen Sortimenten gewerbliche Kunden, Serienhersteller (OEM), Handelsunternehmen, Freiberufler oder auch die öffentliche Hand.

Handel und **Handwerk** nehmen eine wichtige Mittlerfunktion für die Wirtschaft wahr. Im Einkauf deckt die gewerbliche und öffentliche Wirtschaft ihren Güterbedarf teilweise beim Handel. Verkaufsseitig vermarktet sie ihre Leistungen an Handelspartner, die dann ihrerseits wieder Endabnehmer bedienen. Handelsmärkte fungieren als Drehscheibe für Güter und Dienstleistungen in einer arbeitsteiligen Volkswirtschaft. Abb.6-75 im 6. Kapitel bietet eine Übersicht über die Handelsfunktionen.

Zunehmend entdecken Unternehmen auch **Mitarbeiter als Kunden**. Diese Spezialform des Direktvertriebs wird als **Business to Employee** bezeichnet. Abb.1-10 verdeutlicht noch einmal die unterschiedlichen Vertriebssysteme im Hinblick auf die Direktheit der Beziehungen zwischen Anbietern und Nachfragern.

Abb.1-8 berücksichtigt auch die einkaufenden und „verkaufenden" Organisationen der **öffentlichen Hand**. Bund, Länder und Gemeinden werden mit ihrer Fülle von öffentlichen Einrichtungen als Nachfrager und Anbieter tätig, um für die Bürger eine Infrastruktur bereitzustellen (Straßen, Gefängnisse, Schulen u.v.a.m.), um den Bürgern öffentliche Dienstleistungen anzubieten (Kindergärten, Polizeischutz, Ausbildung, Abwasserversorgung, Bundeswehr) und um ihren Eigenverbrauch zu decken. Auch unabhängige Institutionen, wie die *Deutsche Bundesbank* mit ihren Zentralbanken oder die Gerichte gehören hierzu. Ein Trend geht in Richtung Privatisierung der öffentlichen Märkte (Bahn, Post, Müllabfuhr, Wasserversorgung etc.).

Interessant: Der **Direktvertrieb** *At work* von *Coca Cola* bestückt die Automaten an Arbeitsstätten (Distributionsweg: *Cold Drink Distribution*) Er kommt bereits auf 11% vom Gesamtabsatz von *Coca Cola*.

> ➡ **Direktvertrieb** bedeutet das Verkaufen an private oder geschäftliche Endkunden <u>ohne</u> Einschaltung von Vertriebspartnern (Handel, Handwerk, u.a.).
> ➡ **Business to Consumer** (BtoC oder B2C) bedeutet direktes Verkaufen vom Hersteller oder Versandunternehmen an private Endverbraucher. Beispiele: Banken, Versicherungen, Stromversorger, *Deutsche Telekom, Die Bahn.*
> ➡ **Business to Business** (BtoB oder B2B) umfasst direkte Transaktionen zwischen Geschäftsleuten. Firmen bzw. Geschäftsleute kaufen dabei für den eigenen Bedarf, zur Weiterverarbeitung oder als Wiederverkäufer.
> ➡ Die **Privatkunden- oder Konsumgütermärkte** sind die Einkaufswelten der privaten Endverbraucher. Diese fragen Lebensmittel, Medizin- und Pharmaprodukte, Körperpflege- und Reinigungsmittel, technische Gebrauchsgüter, Sport- und Freizeitprodukte sowie Konsumdienstleistungen nach (Food und Non-Food). Konsumgüter werden überwiegend im **indirekten Vertrieb** verkauft; d.h., die Konsumgüterhersteller "distribuieren" über den Groß- und Einzelhandel. Wir sprechen auch vom **BtoBtoC-Vertrieb**.
> ➡ Die **Geschäftsmärkte** werden auch als **Industrie-**[14], **Investitionsgüter-, Produzentenmärkte** oder **gewerbliche Märkte** bezeichnet. Sie leiten sich aus dem Endkonsum ab. Steigt die Konsumnachfrage, dann benötigen die Unternehmen mehr Anlagen und Ausrüstungsgüter für ihre Produktion sowie mehr Roh-, Hilfs- und Betriebsstoffe als Bestandteile der zu fertigenden Produkte und zur Aufrechterhaltung von Produktion und Verwaltung (Büromaterial).

---

[14] Backhaus prägte diesen Begriff: vgl. Backhaus; Voeth, (Industriegütermarketing), 2007, S. 5 ff. Der klassische Begriff lautet Investitionsgüter bzw. Investitionsgütermärkte. Der Begriff Investionsgütermärkte umfasst allerdings nur einen Teilbereich der gewerblichen Nachfrage. Auch technische Dienstleistungen für Unternehmen gehören zu den Geschäftsmärkten, werden aber nicht als Industrie- oder Investitionsgüter bezeichnet.

Abb.1-10 stellt die unterschiedlichen Marktsysteme noch einmal vergleichend nebeneinander. Abb.1-11 nennt Unterschiede zwischen Privat- und Geschäftsmärkten.

Abb.1-10

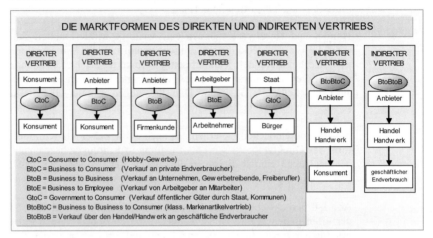

Abb.1-11

Die weltgrößten Konsumgüterhersteller (Umsatz 2008 im LEH in Mrd. US-$):
1. *Nestlé*: 94,8
2. *P&G*: 83,5
3. *Unilever*: 59,6
4. *Pepsico*: 43,3
5. *Kraft Foods*: 42,2
6. *Coca Cola*: 31,9
(Quelle: Horizont, 35/2009, S. 4)

Privatmärkte (Konsumgütermärkte)	Geschäftsmärkte – gewerbliche Märkte (aus Endnachfrage abgeleitete Märkte)
• Kaufentscheidungen stark emotional geprägt	• Kaufentscheidungen haben sachliche Bezüge
• Bedürfnisse sind weckbar, beeinflussbar	• Bedarf ist i.d.R. vorbestimmt
• Eher große Zielgruppen	• Eher fragmentierte Zielgruppen
• Direktvertrieb ist die Ausnahme. Endkunden sind den Herstellern i.d.R. nicht bekannt (nicht BtoC)	• Direktvertrieb ist die Regel. Zu den Kunden bestehen langjährige Beziehungen (BtoB)
• Individualentscheidungen überwiegen	• Gruppenentscheidungen (durch Einkaufsabteilung und Technik) überwiegen
• Familien / Verbrauchergruppen schließen sich nur in Ausnahmefällen zusammen (z.B. Power Selling im Internet)	• In vielen Märkten sind Zusammenschlüsse von Anbietern möglich (Arbeitsgemeinschaften beim Bau, Genossenschaften)
• Konsument kennt Produktzusammensetzung i.d.R. nicht (trotz Ausweis von Zutaten)	• Produktzusammensetzung durch Spezifikationen / Rezepturen genau bekannt
• Einkaufsstätte und Nähe zur Einkaufsstätte hat für Konsumenten große Bedeutung	• Entfernungen spielen für Industriekunden i.d.R. keine Rolle
• Preise werden stark vom Markenimage geprägt	• Preise werden vorrangig durch die Produktleistung und Marktmacht bestimmt
• Großteil der Kaufentscheidungen (insbes. für Güter des täglichen Bedarfs) sind ohne Risiko	• Kaufentscheidungen für technische Güter sind mit besonderen Risiken verbunden
• Produktwechsel ist für den Konsumenten einfach	• Lieferantenwechsel ist i.d.R. mit größeren Risiken verbunden (gilt nicht für Commodities)
• Kompetenz des Kunden spielt bei den meisten Konsumprodukten keine Rolle (Ausnahme z.B. Weinkenner, Angler, Hobby-Bastler etc.)	• Kompetenz des Kunden spielt eine große Rolle, jedoch sind die Kompetenzen oft aufgeteilt (Einkäufer - Technik)
• Kaufabschlüsse erfolgen i.d.R. durch Einigung und Übergabe ohne schriftlichen Vertrag	• Zwischen Geschäftspartnern werden i.d.R. schriftliche Verträge geschlossen.
• Geschäftsgrundlage BGB	• Geschäftsgrundlage HGB

Eine marktorientierte Unternehmensführung muss die unterschiedlichen Bedingungen in den geschilderten Marktbereichen erkennen und bei den Marketing- und Vertriebsaktionen beachten. Abschnitt 1.4. wird hierauf eingehen. Die **8 W-Fragen** der Abb.1-12 helfen dabei, einen Markt zu charakterisieren und Kaufprozesse zu analysieren.[15] Die Auflistung kann als Checkliste für systematische Marktanalysen genutzt werden.

---

[15] Zur Analyse des Marketingumfeldes bzw. zu den Parametern der Marktbeschreibung vgl. Kotler; Keller; Bliemel, (Marketing-Management), 2007, S. 231-274

Abb.1-12

DIE 8 W-FRAGEN DER MARKTBESCHREIBUNG	
① Marktteilnehmer:	⇨ **WER** bildet den Markt?
② Kaufobjekte:	⇨ **WAS** wird verkauft/gekauft?
③ Kaufakteure:	⇨ **WER** tätigt den Verkauf/Kauf?
④ Kaufziele:	⇨ **WARUM** wird gekauft?
⑤ Kaufort/POS:	⇨ **WO** findet der Kaufvorgang statt?
⑥ Marktspielregeln:	⇨ **WIE** läuft der Kaufvorgang ab?
⑦ Kaufpreis:	⇨ **WELCHER** Preis wird gezahlt?
⑧ Marktpotenzial:	⇨ **WIE** groß ist der Markt?

1.1.6. Marktteilnehmer im strategischen Dreieck

Das Spiel der Märkte wird von Marktteilnehmern bestimmt, die direkt oder indirekt Einfluß auf Angebot und Nachfrage nehmen. Einflüsse durch das politische und gesellschaftliche Umfeld einmal ausgeklammert (Öffentlichkeit, Staat, Fiskus, Umwelt), wird ein Anbieter folgende Interessengruppen zu beachten haben, die sich um die Gewinnung und Bindung von Kunden bemühen:

(1) **eigene Mitarbeiter mit Kundenkontakt**: Außendienst, Innendienst, Service und Vertriebsleitung; zusammen bilden sie das **Selling-Center**,
(2) **Vertriebspartner**: Handelsvertreter, Fachhandel, Fachhandwerk, Agenten etc., die oft auch für Konkurrenten arbeiten
(3) und **Wettbewerber / Konkurrenten**, die gleiche oder ähnliche Marktziele verfolgen und manchmal auch Kunden sind.[16]

Abb.1-13

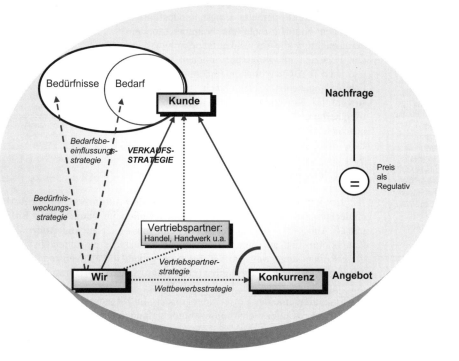

---

[16] ein weiter fassender Ansatz würde auch Lieferanten und Stakeholder mit einbeziehen

Abb.1-13 bildet die Marktakteure in einem Beziehungsdreieck ab. Die Grundlage bildet das **strategische Dreieck der Marktteilnehmer** von *Simon*.[17] Die Pfeile kennzeichnen die Stoßrichtungen für die Basis-Strategien des Marketing:
(1) das **Erkennen, Wecken** und **Beeinflussen** von **Kundenbedürfnissen**,
(2) der **Suchen** und **Pflegen (Binden)** von Kunden und der **aktive Verkauf**,
(3) die gezielte **Abwehr** von und **Angriffe** gegen **Wettbewerber**,
(4) die Suche nach **Vertriebspartnern**, deren Auswahl und Führung sowie deren Abschirmung gegenüber Aktivitäten von Konkurrenten.

Dementsprechend sind die wichtigsten **Marktstrategien**:
(1) **„Klassische" Marketingstrategien** (betreffend Image, Marke, Werbung),
(2) **Kundenstrategien** (bezüglich Leistungsangebote, Preisgestaltung, Verkauf),
(3) **Wettbewerbsstrategien** (bezüglich Angriff, Abwehr, Kooperation),
(4) **Vertriebspartnerstrategien** (betreffend Suche nach und Führung von Partnern).

Zwischen den Anbietern und ihren Kunden laufen absatzwirtschaftliche Vorgänge ab (sog. Transaktionen). Betriebswirtschaftlich wirken sich diese in Absatzmengen, Umsatzerlösen, Ergebnissen, Marktanteilen und Kundenzufriedenheit aus. Für Anbieter, deren Konkurrenten und Vertriebspartner gilt eine Devise: Der Erfolg hängt vom Kunden ab. Und um Erfolg zu haben, muss man den Kunden und sein Verhalten gut kennen.

1.1.7. Käufer und Käuferverhalten

Abb.1-14

a.) Nachfrager: Interessenten und Kunden

Nach dem Lifting-Urteil des EuGH im Januar 2000 gilt ein **neues Leitbild** *eines verständigen, aufgeklärten und durchschnittlich informierten Verbrauchers. "Lieschen Müller" hat ausgedient. (Deutscher Markenverband)*

Wer sind die Nachfrager, wie denken und handeln sie? Marktorientierte Unternehmensführung sieht den Kunden nicht als Nummer, sondern berücksichtigt alle im Einkaufsvorgang wirkenden Personen mit ihren persönlichen Interessen und auch (bei gewerblichen Einkäufern) betrieblich vorgegebenen Zielen. Nach Abb.1-14 sind sowohl im Konsumgüter- wie auch im Industriegüterbereich **Individuen und Gruppen** zu beachten. Bei Konsumgütern zeigt sich dies deutlich, wenn eine Clique eine Urlaubsreise bucht

	Konsummärkte	Geschäftsmärkte
Individualkauf	Konsument, Verbraucher, „Gebraucher", Verwender (User)	Repräsentant, Einkäufer, Bevollmächtigter
Gruppenkauf	Haushalt, Familie, Clique, Freundeskreis, Community, Sammelbesteller	Einkaufsabteilung, Buying-Center, Einkaufsgenossenschaft, Einkaufsverband

oder eine Familie eine neue Wohnzimmergarnitur anschafft und alle Cliquen- bzw. Familienmitglieder eigene Ideen und Interessen einbringen.

Webster und *Wind* untersuchten multipersonale Kaufprozesse in BtoB-Märkten. Sie entdeckten bei den handelnden Personen Rollen im betrieblichen **Buying-Center** gemäß Abb.1-15.[18] Die Kundenbetreuung muss sich auf die Rollen der einzelnen Kaufakteure und auf deren Beziehungen zueinander einstellen. In der Praxis sind diese Rollen keineswegs immer durch verschiedene Personen repräsentiert. So liegt z.B. der Einkauf von Normteilen (Dichtringe, Schrauben, Büromaterial etc.) i.d.R. in der Hand eines einzelnen Einkäufers. Dieser vereinigt dann mindestens die Rollen des Einkäufers und des Entscheiders in sich. Im Konsumgüterbereich hat das Rollenverhalten der Käufer nicht die Beachtung gefunden wie in Industriegütermärkten.

---

[17] vgl. in Anlehnung an Simon, (Wettbewerbsvorteile), in: ZfB, 1988, S. 464
[18] vgl. Webster; Wind, (Buying Behavior), in: JoM, 4/1972, S. 12-14

Abb.1-15

> (1) Der **Türöffner** (*Gate Keeper*; Wächter): Auch scheinbar unwichtige Mitarbeiter des Kunden können Vorgänge in Hintergrund unterstützen oder blockieren. Außendienstmitarbeiter wissen, warum sie der Chefsekretärin mit einem großen Blumenstrauß zum Geburtstag gratulieren.
> (2) Der **Beeinflusser** (*Influencer*): Er hat keine offizielle Funktion im Einkaufsprozess, kann aber dank guter Beziehungen Entscheidungen lancieren.
> (3) Der **Einkäufer** (*Buyer*): Er bearbeitet den Einkaufsvorgang und verantwortet das Einkaufsrisiko. An ihm führt kein Weg vorbei.
> (4) Der **Entscheider** (*Decision Maker*): Er hat das letzte Wort bei Einkaufsentscheidungen mit besonderem Risiko oder einer besonderen finanziellen Tragweite. Bei großen Beschaffungsentscheidungen (Vorstandsentscheidungen) sind oft mehrere Entscheider zu überzeugen.
> (5) Der **Anwender** (*User*): Diese sind bei Industriegütern die Nutzer eines Produktes bei der Be- oder Verarbeitung. Der Einkäufer wird eine Produktbeurteilung der Anwender nicht übergehen können.

Das Marketing wird nun in drei Schritten vorgehen: (1) das Käuferverhalten analysieren, (2) Nachfrager mit ähnlichem Verhaltensprofil zu Zielgruppen bündeln und (3) Verkaufsmaßnahmen auf Zielgruppen oder Zielkunden ausrichten.

b.) Kaufentscheidungen und Kaufprozesse

„Marketing beginnt immer beim Kunden."[19] Um Marktbedürfnisse richtig einzuschätzen und Marketingmaßnahmen zielgerichtet zu planen, muss das Käuferverhalten in seinen Gesetzmäßigkeiten erkannt werden. Die zentralen Fragen:
(1) Welche **Rolle** spielt die Einzelperson im Kaufprozess, und welchen Gruppeneinflüssen (Meinungsführer, soziale Netzwerke) ist der Käufer ausgesetzt?
(2) Was ist der **Kaufanlass**? Gibt es z.B. Kaufbestimmungsfaktoren (z.B. Küchenherd defekt, die den Kunden unter Kaufdruck setzen (Frage: *Wo ist seine PAIN*)?
(3) Welche (**extraindividuellen**) **Kaufeinflussfaktoren** sind feststellbar?
(4) Welche in der Person liegenden, psychologischen (**intraindividuellen**) **Faktoren** üben welchen Einfluß auf die Kaufentscheidung aus?
(5) Welchen Einfluss üben **Kaufsituation** und **Kaufumgebung** (Point of Sale = POS) auf die Kaufentscheidung aus (**situative Faktoren**)?

67% aller Konsumgüterkäufe sind Impulskäufe. Die Kaufwahl erfolgt in max. 60 Sekunden.

Kaufentscheidungen können nach zunehmenden Problemlösungsanforderungen (nach zunehmendem Kaufstress für den Kunden) systematisiert werden:
(1) **Routinekäufe** stellen programmierte Problemlösungen auf Grund von positiven Kauferfahrungen dar. Auch Markentreue (Lieferantentreue) wirkt sich hier aus.
(2) **Impulskäufe** erfolgen meist intuitiv und befriedigen Kauflust (Eustress).
(3) **Panikkäufe** sind eine spezielle Form der Impulskäufe. Der Kauf erfolgt aus Sorge oder gar Angst. Der Käufer steht unter negativem Stress (Disstress).
(4) **Beschränkte Problemlösungskäufe** sind typisch für den Kauf von Gebrauchsgütern, bei denen der Kunde eine wohl überlegte Anbieterauswahl treffen möchte (Kauf eines Handys, einer Kamera). Der Kunde strebt nach rationalem Verhalten.
(5) **Extensive Problemlösungskäufe** beinhalten hohe Kaufrisiken und beziehen sich deshalb auf „Einmal-" (Hausbau) und „Quasi-Einmal-Entscheidungen" (z.B. Weltreise, neues Wohnzimmer). Fehlkäufe werden für den Kunden u.U. teuer.
(6) **Zwangskäufe** erzeugen Kaufstress nicht durch einen Wahlakt unter Produktalternativen, sondern durch Zwänge, Beeinflussungen oder Repressalien, die von Institutionen oder Bezugspersonen ausgehen (*Bezirksschornsteinfeger, Traurin-*

---
[19] Seiler, (Marketing), 2001, S. 76

ge, KFZ-Nummernschild, GEZ, Arena-Card für Allianz Arena).

Eine Kaufentscheidung lässt sich, Spontankäufe ausgeklammert, als **Kaufprozess** beschreiben. Kaufprozesse laufen üblicherweise in fünf Phasen ab:[20]
(1) **Anregungsphase** (*Welche Bedürfnisse / Bedarfe sollen befriedigt werden?*),
(2) **Suchphase** (*Wann, wo kaufen; welche Anbieter/Produkte in Betracht ziehen?*),
(3) **Abwägungsphase** (*Welche Kaufalternativen kommen in die engere Auswahl?*),
(4) **Auswahlphase (Entscheidung i.e.S.**) mit der endgültigen Produktwahl,
(5) **Bestätigungsphase** (Sammeln positiver oder negativer Kauferfahrung; meist Unterdrücken von negativen Kauferfahrungen (der sog. **Halo-Effekt**)).

c.) Käuferverhalten

Das Käuferverhalten hängt zunächst von der Art des Kaufprozesses sowie von Kaufanlässen und Kaufumständen ab. Es werden unterschieden:[21]
(1) **Habituelles Kaufverhalten** bei Gütern des täglichen Bedarfs. Man trinkt sein Bier im Stammlokal. Bei Kauf von Steaks vertraut man seinem Metzger. Der Konsument verlässt sich auf seine Kauferfahrungen. In gewohnheitsbestimmten Kaufprozessen schränkt er seine Alternativenwahl gemäß Abb.1-16 ein.

Abb.1-16

EINGRENZUNG DER KAUFALTERNATIVEN DURCH DEN KUNDEN	
① **Awareness Set** ⇨	alle Produkte, die dem Kunden bekannt sind
② **Processed Set** ⇨	alle Produkte, die er irgendwann schon einmal als Kaufalternative durchdacht hat
③ **Evoked Set** ⇨	alle Produkte, die in der aktuellen Kaufsituation in der engen Auswahl sind

(2) **Impulsgesteuertes Kaufverhalten:** als Reaktion auf wenig bewusst verarbeitete Reize. Die sog. Convenience Goods (z.B. in den Tankstellen-Shops oder an den Supermarktkassen) werden typischerweise impulsgesteuert gekauft. Eine interessante Frage ist z.B., ob eine reißerisch aufgemachte Fernsehzeitung wirklich impulsiv gekauft wird oder ob Zeitungen eher einem habituellen Kaufverhalten unterliegen. Dann könnten sich die Medien die anregenden Titelseiten sparen.

Rationales Kaufverhalten = überlegte Nutzenmaximierung des Käufers.

(3) **Rationales Kaufverhalten**: das durch sorgfältige Definition des Kaufzieles, umfangreiche Informationsbeschaffung über Kaufalternativen, Erarbeitung und nutzenbewertendem Vergleich dieser Kaufalternativen und eine optimierende Produktwahl gekennzeichnet ist.
(4) **Sozial abhängiges (beeinflusstes) Kaufverhalten**: das die Entscheidungswahl des Käufers einengt, da dieser durch Bezugsgruppen oder Meinungsführer beeinflusst oder gar zu einer Produktwahl gedrängt wird.

d.) Erklärungsansätze für das Käuferverhalten

Für die Analyse und Vorhersage des Käuferverhaltens, gibt es unterschiedliche Erklärungsmodelle. Sie zu bearbeiten ist Aufgabe der Marktforschung:
- **Totalansätze** versuchen, das Käuferverhalten ganzheitlich unter Einbezug aller Kaufdeterminanten zu erfassen. Praktisch ist das eine Illusion.
- **Strukturansätze** beschränken sich auf **partielle Beziehungen zwischen kaufbeeinflussenden Variablen**. Sie zerlegen den Käufer und sein Verhalten in **Kauf**-**Bestimmungsfaktoren**. Durch Kombination von Bestimmungsfaktoren entstehen **Käufertypen** (z.B. Konsument männlich, Alter um die 30, ledig, Akademiker, mittleres Einkommen, sportbegeistert usw.). Diese Strukturansätze bil-

---

[20] vgl. in ähnlicher Form Kotler; Keller; Bliemel; (Marketing-Management), 2007, S. 295-305
[21] vgl. Hüttner; von Ahsen; Schwarting, (Marketing), 1999, S. 15 unter Bezug auf eine Systematik von Weinberg.

Abb.1-17

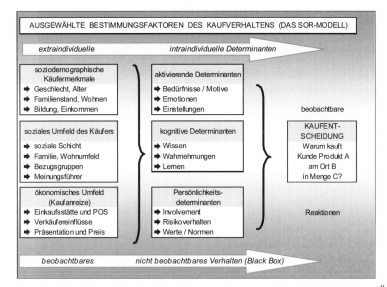

den die Grundlage für die **Marktsegmentierung**. Abb.1-17 bietet eine Übersicht gängiger Bestimmungsfaktoren (Determinanten) für das Käuferverhalten, die in Abschnitt e.) behandelt werden.[22] Die Abbildung zeigt den typischen neobehavioristischen **SOR-Ansatz**[23]: Ein beobachtbarer **S**timulus wirkt als Reiz auf den **O**rganismus, und daraus folgt eine ebenfalls beobachtbare **R**eaktion des Individuums (des Käufers). Das Problem liegt in der **Black Box**: Was sich wirklich im Menschen bei seinem Denken, Entscheiden und Tun abspielt, kann nicht direkt gemessen werden. Die Marktforschung versucht, diesen Gesetzmäßigkeiten durch Experimente auf die Spur zu kommen (s. Abschnitt 3.2.8.).

- **Prozessansätze** analysieren das Kaufverhalten als Abfolge von Phasen. Praktikabel sind nur Partialmodelle, die sich auf einzelne Phasen, wie z.B. auf die Informationssuche des Konsumenten im Vorfeld eines Kaufs, beschränken. Komplexe Prozessansätze versuchen, das gesamte Käuferverhalten abzubilden. Meist kommen hierbei Computersimulationsmodelle zum Einsatz.
- **Prognoseansätze** versuchen Kaufentscheidungen mit Hilfe mathematisch-statistischer Modelle vorauszusagen (Bsp.: *Markoff-Ketten*).

Wir werden uns im folgenden auf Strukturansätze beschränken und dabei nicht zwischen Privat- (Konsum-) und Firmen- bzw. Geschäftskunden unterscheiden.

e.) Bestimmungsfaktoren des Käuferverhaltens

1. Stimuli: ➡ *Beobachtbare, außerhalb einer Person liegende (extraindividuelle) Erklärungsvariablen*

Die Zusammenhänge zwischen **demografischen** und **soziodemografischen** Kundenmerkmalen und Kaufentscheidungen lassen sich recht gut feststellen. Auch die Kaufeinflüsse des **ökonomischen Kaufumfeldes** lassen sich erfassen. Bei der Ausgestaltung von Einkaufsstätten führen (1) eine Lebensstil-Atmosphäre, (2) aktivierende Produktpräsentationen (z.B. Wandbohrer zum Ausprobieren), (3) Lernerlebnisse, (4) Spaß-Erlebnisse, (5) Wettkampf-Anreize (z.B. Gewinnspiel) und (6) geschultes Verkäuferverhalten zu einer **anregenden Kaufatmosphäre**. Andere Fakto-

---

[22] vgl. Bänsch, (Käuferverhalten), 2002, S. 4
[23] SOR = Stimulus - Organismus - Response. Im Gegensatz hierzu beschränkt sich der klassisch-behavioristische SR-Ansatz nur auf die Messung direkt messbarer Faktoren und Einflüsse.

Abb.1-18

ren dagegen verlieren an Wirkungskraft; z.B. ständige Tiefstpreisankündigungen oder die langweilige Hintergrundmusik vieler Möbelhäuser.

Nicht zu unterschätzende Kaufeinflüsse kommen aus dem **sozialen Umfeld** des Käufers.[24] Dieser ist Beeinflussungen und Zwängen durch seine **Rolle in einer sozialen Schicht und seinen Status**, von Seiten der **Familie** sowie durch **Bezugsgruppen (Freunde) und Meinungsführer** ausgesetzt. Meinungsführer sind imstande, die Meinung anderer zu beeinflussen oder zu ändern.[25] Mit diesen Fragen beschäftigen soziologische Kaufverhaltenstheorien. Abb.1-18 liefert zwei Beispiele.

SOZIOLOGISCHE KONSUM-ERKLÄRUNGSMODELLE		
DAS MODELL DER SOZIALEN SCHICHTEN		
Soziale Schicht	Anteil	Konsum-Verhaltensmerkmal
7. Obere Oberschicht	1%	konservativ - elitär
6. untere Oberschicht	2%	Luxuskonsum - Statuskäufe
5. obere Mittelschicht	12%	Lebensqualitäts-Konsum
4. Mittelschicht	31%	Trendkäufe - Markenkonsum
3. untere Mittelschicht	38%	Qualitätskonsum
2. obere Unterschicht	9%	Preiskäufer
1. untere Unterschicht	7%	situativer Konsum
DAS MODELL DES FAMILIEN-LEBENSZYKLUS		
Lebensphase	Anmerkungen	Konsum-Verhaltensmerkmal
1. junge Singles		Grundausstattung, Trendkonsum
2. neue Familie	ohne Kinder	Wohnung, Reisen, Mode
3. Volles Nest 1	Kinder < 6 J.	praktische Konsumgüter
4. Volles Nest 2	Kinder > 6 J.	Sport-, Freizeitartikel, Haus
5. Volles Nest 3	ältere Kinder	Ersatzbeschaffungen
6. Leeres Nest 1	noch im Beruf	Reisen, Bücher, Gesundheit
7. Leeres Nest 2	Ruhestand	Gesundheit, Altersswohnsitz
8. Senioren-Singels		medizinische Versorgung

Für den Markterfolg eines Anbieters ist es wichtig zu wissen, welche Kundentypen wie schnell auf neue Produkte reagieren. Abb.1-19 skizziert hierzu das klassische Modell der **Diffusionstheorie**. Die Diffusionstheorie analysiert Gesetzmässigkeiten, wie schnell neue Produkte (Innovationen) in die Märkte dringen. Im Zentrum steht die typische **Adoptionskurve** mit den Innovationsbereitschaften von Käuferschichten.[26] Die Markteinführung eines neuen Produktes im Markt wird umso erfolgreicher sein, je umfassender ein Anschub durch meinungsbildende Frühkäufer gelingt und je schneller jeweils das Potenzial einer Käuferschicht ausgeschöpft wird.

Frage: In welchem Zeitraum nach Produkteinführung kaufen Konsumenten neue Produkte? Die Erfahrung: *Early Adopters*: ½ Jahr nach Einführung, *frühe Einsteiger*: 12 Monate, *späte Einsteiger:* 2 Jahre, *selektive Käufer:* 1 bis 3 Neuprodukte in 2 Jahren, *Verweigerer*: kaufen innerhalb von 2 Jahren kein Neuprodukt.

Abb.1-19

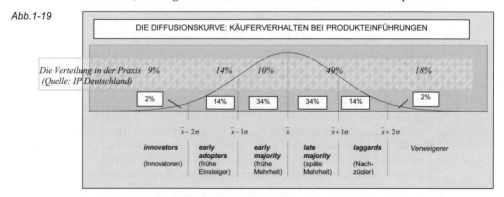

---

[24] vgl. z.B. die ausführlichen Darstellungen bei Foscht; Swoboda, (Käuferverhalten), 2009, S. 130-147
[25] Pepels, (Käuferverhalten), 2005, S. 134

2. Black Box: ➧ *Nicht beobachtbare, innerhalb einer Person liegende (intraindividuelle) Erklärungsvariablen*

Zu unterscheiden sind ❶ **aktivierende**, ❷ **kognitive** (erkenntnisbezogene) und ❸ **persönlichkeitsbezogene** Determinanten des Käuferverhaltens.

❶ **Aktivierende Determinanten** versorgen den Konsumenten mit **Kaufenergie**.[27] Die menschliche Aktivierung durchläuft Phasen vom Schlafzustand, über entspannte Wachheit, wache Aufmerksamkeit, starke Erregung bis hin zur Panik.[28] Einkaufsfahrten mit Gewinnspielen oder anregende Models bei Produktvorstellungen zielen in diesem Sinne darauf ab, den Konsumenten zu aktivieren.

Emotionen (Gefühle) sind die Grundbausteine der Aktivierung.[29] Sie sind jene psychischen Erregungszustände, die wir subjektiv als Interesse, Freude, Glück, Ärger, Zorn, Wut, Kummer, Enttäuschung etc. wahrnehmen. Zur emotionalen Beeinflussung des Käuferverhaltens werden folgende Reize eingesetzt:[30]

- **affektive Schlüsselreize**: Bilder, Symbole, Erotik mit unmittelbarer, biologisch-programmierter Reizwirkung (Mann-/Frau-Kaufreaktionen; Gefühlswelten der ersten Lebensjahre),
- **kognitive Schlüsselreize**: Qualitätsnachweise, Tests, Überraschungen, Lerneffekte, Prominentenempfehlungen, d.h. alle Reize, die den Käufer zu einer Informationssuche und -verarbeitung anregen,
- **physische Schlüsselreize**: Musik, Duft, Farbe, schöne Formen, Haptik etc.

Durch die hochinteressante Erforschung der **inneren Bilder (Imagery)** versucht das Marketing hinter das Geheimnis zu kommen, welche Schlüsselreize über welche Bildtransformationen in der rechten Gehirnhälfte (bei Rechtshändern) zu welchen Emotionen und dann schlussendlich zu Produkterinnerungen, Kaufpräferenzen und Kaufentscheidungen führen.[31] Tritt zu den Emotionen eine Zielorientierung im Handeln hinzu, dann sind **Motivationen / Motive** berührt. Motivationen kanalisieren Emotionen in Richtung Kaufwünsche. Sie versorgen den Käufer mit Kaufenergie und richten sein Handeln auf eine Produktauswahl aus. Unterschieden werden:

- **primäre** (ungelernte, biogene) und **sekundäre** (angelernte) Motive,
- **intrinsische** (der Käufer belohnt sich durch den Kauf selbst) und **extrinsische** (Kauf zielt auf Belohnung und Anerkennung durch die Außenwelt ab) Motive,
- **unbewusste** und **bewusste** Motive.

Ein Beispiel für eine spezielle Motivationstheorie, die Bedürfnispyramide von *Maslow*, wurde zu Beginn dieses Buches bereits vorgestellt (Abb.1-1). Der Ansatz liefert einen nützlichen Bezugsrahmen für die Erklärung des Käuferverhaltens. Die Hypothese einer gesetzmäßigen Rangordnung der Motive mit den aus ihnen resultierenden Bedürfnissen und Kaufentscheidungen ist allerdings empirisch nicht belegt.[32]

Nachhaltiger als durch Motive werden Kaufentscheidungen durch **Einstellungen** beeinflusst. Das Verhaltenskonstrukt Einstellung gilt als die zur Erklärung des Käu-

---

[26] vgl. Foscht; Swoboda, (Käuferverhalten), 2009, S. 134
[27] vgl. zu den umfassenden verhaltensbezogenen Zusammenhängen mit vielen Beispielen: Kroeber-Riel; Weinberg; Gröppel-Klein, (Konsumentenverhalten), 2009, S. 51 ff.
[28] typischer Semesterrhythmus von Studenten
[29] Interessanterweise erwähnt Kotler sie im Rahmen der Erklärung des Kaufverhaltens in seinem Standardwerk nicht: vgl. Kotler; Keller; Bliemel, (Marketing-Management), 2007, S. 284-291.
[30] vgl. Pepels, (Käuferverhalten), 2005, S. 53
[31] vgl. Kroeber-Riel, (innere Bilder), in: Marketing, 8/1986, S. 81-96
[32] vgl. Hüttner; von Ahsen; Schwarting, (Marketing), 1999, S. 26-27

ferverhaltens am häufigsten herangezogene Variable. Einstellungen sind **innere, relativ dauerhafte** Bereitschaften (Prädispositionen) eines Käufers, auf bestimmte Reize schematisch zu reagieren. Personen, Sachen oder Themen werden mit Bewertungen (Valenzen) belegt, die sich durch Erfahrungen dauerhaft festigen. Einstellungen zu einem Kaufobjekt sind geprägt von
(1) einer gefühlsmäßigen (= **affektive**) Komponente,
(2) einer verstandesmäßigen (= **kognitive**) Komponente und einem
(3) mit einer bestimmten Einstellung verbundenen Handlungsdrang (= **konative** Komponente = Kaufabsicht, Kaufdrang).[33]

❷ **Kognitive Determinanten** folgen den aktivierenden Kauf-Einflussgrößen. Durch sie organisiert der Käufer gedanklich (verstandesmäßig) seine Umwelt.[34] Im Mittelpunkt stehen Wahrnehmung und Lernen. Die **Wahrnehmung** umfasst alle Vorgänge der Aufnahme, Selektion (Filterung), Organisation (Strukturierung) und Interpretation von Informationen über Produkte, Themen, Sachverhalte. Das **Lernen** geht über die Wahrnehmung hinaus. Lernen bewirkt systematische Verhaltensänderungen aufgrund von Erfahrungen.[35] Mit dem Ziel einer Käuferbeeinflussung sind zwei Phänomene beachtenswert:
- **Selektive Wahrnehmung**: Der Käufer hat bestimmte Erwartungen an ein Produkt. Die Umwelt (Verkäufer, Werbung) bietet (glaubt zu bieten) objektive Produktinformationen. Die Wahrnehmung des Kunden ist dann ein Kompromiss aus beiden. Wahrgenommen wird eine Schnittmenge aus objektiven Informationen und subjektiven Erwartungen.[36] Der Käufer negiert bewusst oder unbewusst dissonante Informationen und „dichtet" Elemente gemäß seiner Erwartungshaltung hinzu. Mit steigender Informationsüberlastung werden Informationen zunehmend unterdrückt.
- **Konditionierung**, speziell die emotionale Konditionierung:[37] Der Käufer (das Individuum) reagiert auf bestimmte Reize reflexartig. Wird ein an sich neutraler Reiz wiederholt mit einem reflexauslösenden Reiz gekoppelt, dann wird bald der früher neutrale Reiz die Reflexreaktion (Kaufakt) auch ohne Auftreten des stimulierenden Reizes auslösen. So wird z.B. die Zigarettenmarke *Marlboro* mit den Reizen Naturlandschaft, Cowboy, Freiheit geladen.

❸ Die **Persönlichkeit** stellt bei jedem Menschen ein unverwechselbares, relativ stabiles und den Zeitablauf überdauerndes Verhaltenskorrelat dar.[38] Die Persönlichkeit liefert den Rahmen für die wichtigen Verhaltensprädispositionen (Voreinstellungen des Verhaltens) **Involvement, wahrgenommenes Risiko** und **Werte.**

Involvement ist ein Schlüssel zum beruflichen und privaten Erfolg. Involvement kennzeichnet „*die Ich-Beteiligung bzw. das gedankliche Engagement und die damit verbundene Aktivierung, mit der sich jemand einem Sachverhalt oder einer Aktivität zuwendet.*"[39] Also wird es für den Anbieter eines Produktes darum gehen, beim Kunden **High-involvement-Käufe** zu induzieren. Diese sind dem Käufer wichtig und stehen in enger Verbindung zu seiner Persönlichkeit und seiner Selbsteinschätzung. **Low-involvement-Käufe** werden in der Regel über den Preis entschieden.

---

[33] vgl. Meffert; Burmann; Kirchgeorg, (Marketing), 2008, S. 122
[34] vgl. Meffert, (Marketingforschung), 1992, S. 60-66
[35] vgl. Pepels, (Käuferverhalten), 2005, S. 93-106
[36] vgl. Pepels, (Käuferverhalten), 2005, S. 93
[37] vgl. zu dem Phänomen: Meffert; Burmann; Kirchgeorg, (Marketing), 2008, S. 115-116 sowie die dort angegebene Literatur
[38] vgl. hierzu und im folgenden Foscht; Swoboda, (Käuferverhalten), 2009, S. 119-121
[39] Kroeber-Riel; Weinberg; Gröppel-Klein, (Konsumentenverhalten), 2009, S. 386

Die Strategie der Cluburlaubanbieter liegt darin, die Urlauber zu High-Involvement-Buchungen zu verführen (Genuss durch Animation, Geselligkeit, Sportprogramm). Ziel ist Konditionierung des Kunden durch Gemeinschaftserfahrungen und damit eine stärkere Kundenbindung.

Jeder Kauf ist mit **Opfer (Einsatz) und Risiko** verbunden. Das Kaufobjekt könnte den Erwartungen nicht entsprechen (psychisches Risiko durch Unzufriedenheit), nicht funktionieren (funktionales Risiko), den Käufer eventuell sogar schädigen (gesundheitliches Risiko, soziales Risiko) oder ihm unvorhergesehene Folgekosten bringen (finanzielles Risiko). Jedes Individuum nimmt Risiken auf seine Art wahr (**perceived Risk = wahrgenommenes Risiko**) und bewertet individuell nach seiner **Risikopräferenz**. Zwischen Risikofreude eines Kunden (Last-Minute-Käufer, Gebrauchtwagenkäufer) und Risikofeindlichkeit (Verkaufsargument von Versicherungsgesellschaften) liegt eine große Spannweite. Während einer Kaufverhandlung ist es wichtig, jede Art von Risikoempfindungen auf Kundenseite zu vermeiden. Die Gesundheitswarnungen auf Zigarettenschachteln zeigen andererseits, wie die Verbraucher effektive Risiken unterdrücken, wenn sie auf ein Gut fixiert sind.

Zu den Persönlichkeitsdeterminanten gehören schließlich noch **Werthaltungen**. Diese bilden das Überzeugungssystem einer Person. Das Individuum verfügt über (1) einige Dutzend globaler Überzeugungen (Grundethiken), (2) Hunderte von bereichsbezogenen Werten (religiöse, soziale, berufliche Überzeugungen) und gar (3) Tausende von sachbezogenen Überzeugungen; z.B. betreffend Produkte oder Produkteigenschaften. Auch **Lebensstil-Überzeugungen** sind Ausdruck von Werthaltungen. Sie verdichten das individuelle Wertegerüst eines Käufers. Für die marktorientierte Unternehmensführung liegt die besondere Herausforderung darin, sich unablässig einem gesellschaftlichen und lebensstilbezogenen Wertewandel (auch: Zeitgeist) anzupassen.

Bei Geschäftskunden werden die intraindividuellen Käufermerkmale um interpersonelle (organisatorische) Faktoren, wie Zielvorgaben, Abteilungszwänge, geringere Handlungsspielräume durch Einkaufsverträge oder ganz einfach durch technische Sachzwänge ergänzt. Der Kunde beeinflusst den Kaufprozess durchaus mit seinen Persönlichkeitsfaktoren. Die eigentliche Kaufentscheidung ist jedoch geschäftlich reglementiert. Psychologische Einflusskräfte wirken besonders im Vorfeld eines Kaufabschlusses (**Beziehungsmanagement**). Die Akquisitionsphasen, die stark vom Aufbau menschlicher Beziehungen geprägt werden, erstrecken sich bei größeren Maschinenbau- oder Anlageobjekten oft über jahrelange Zeiträume.

Das Stat. Bundesamt meldet für Deutschland: 82,3 Mio. Einwohner in 39,8 Mio. Haushalten.

Das Marketing sucht den durchschnittlichen Kunden. Der Vertrieb kennt den durchschnittlichen Kunden nicht.

1.1.8. Marktsegmentierung und Zielgruppenbildung

a.) Klassische Zielgruppenbildung in Privat- u. Geschäftsmärkten

Kennen wir Wünsche und Kaufverhalten der Kunden, dann kann ein Marketing mit der „Gießkanne" verhindert werden. Dies ist Ziel der Marktsegmentierung.[40]

➧ **Marktsegmentierung** umfasst alle Maßnahmen, um
(1) Käufer mit gleichen oder zumindest sehr ähnlichen Merkmalen und Verhaltenseigenschaften zu definierten Gruppen, den **Marktsegmenten**, zusammenzufassen (Clusterbildung),
(2) aus den Marktsegmenten **Zielgruppen** herauszufiltern
(3) und Marketing- und Vertriebsaktionen auf **Zielkunden** hin auszurichten (wichtig hierfür: zielgruppenadäquate **Positionierung** des eigenen Angebotes).

---

[40] vgl. zu den fachlichen Grundlagen Freter, (Markt- und Kundensegmentierung), 2008

Abb.1-20

Diese drei Schritte - **Markt segmentieren**, **Zielmarkt auswählen** und **Positionierung** - sowie die Bestimmung der Zielgruppen-Bearbeitungsmaßnahmen kennzeichnen den STP-Segmentierungsansatz von *Kotler* mit den Teilaufgaben der Abb. 1-20.[41]

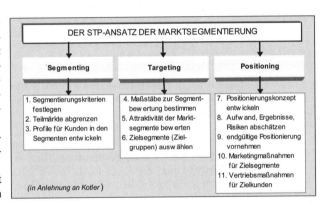

Nach der Haushaltsdatenbank von *AZ Direct* ist man bis 35 Jahre jung und über 55 Jahre alt.

Marktsegmentierung engt die Streuverluste des Massenmarketing ein, wenn folgende Anforderungen an ein Marktsegment bzw. an eine Zielgruppe erfüllt sind:[42]

(1) Ein Segment sollte quantitativ (durch Segmentierungs- bzw. Zielgruppenvariablen) oder qualitativ (durch Typenbildung, s. später) sauber abgrenzbar sein.

(2) Ein Segment sollte hinsichtlich Größe und Gewinnpotenzial eine ausreichende Größe besitzen, damit sich die Zielgruppenbearbeitung kostenmäßig lohnt.

(3) Ein Segment (die Zielgruppe) sollte medial leicht erreichbar (kontaktierbar) sein (also nicht: Senioren über das Internet ansprechen).

(4) Die Marktsegmente sollten nachhaltig voneinander getrennt sein.

(5) Die Segmentbearbeitung sollte für den Anbieter kostengünstig möglich sein.

Je präziser die Positionierung der Kundenerwartungen trifft und je feiner die Marketing- und Vertriebsmaßnahmen auf **homogene Käufersegmente** (Zielgruppen) ausgerichtet werden, desto geringer fallen die **Streuverluste** durch die Käufer aus, die nicht erreicht werden oder die sich nicht angesprochen fühlen. Schön ist es, wenn sich Kundensegmente durch einfach zu beobachtende Merkmale in ihrem Kaufverhalten unterscheiden. Diese klassische, soziodemografische Zielgruppenbildung wird heute durch moderne Ansätze ergänzt.

Fünf Ansätze der Marktsegmentierung und Zielgruppenbildung sind zu unterscheiden:

(1) **Mono-attributive Zielgruppen** werden nach nur einem kaufentscheidenden Merkmal, einem Attribut, gebildet. Bsp.: Ein Lehrbuch *für alle BWL-Studenten* oder ein Tag der offenen Tür *für alle Anwohner* eines Wohnviertels.

(2) Häufiger werden **multi-attributive Zielgruppen** gebildet. Dazu werden ausgewählte Segmentierungsparameter der Abb.1-21 kombiniert. Bsp.: Die drei Durchschnittshaushalte der amtlichen Statistik = *4-Personen-Haushalt mit höherem, 4-Personen-Haushalt mit mittlerem und 2-Personen-Haushalt mit niedrigem Einkommen* (Segmentbildung also durch Personenzahl und Einkommen).

(3) Nicht von längerer Dauer ist die **ereignisbezogene Zielgruppenbildung (Event-Zielgruppen)**. Bsp.: Bandenwerbung in Stadien; Zielgruppe sind z.B. alle Besucher einer Sportveranstaltung oder die DSDS-Fangemeinde.

(4) Die Zielgruppenbildung nach **Lebensstilen (Lifestyle-Zielgruppen)** und das

(5) **Szene-Marketing (Szene-Zielgruppen)** werden wegen ihrer wachsenden Bedeutung weiter unten gesondert beschrieben.

---

[41] vgl. Kotler, (Marketing-Management), 2001, S. 415
[42] vgl. Kotler; Keller; Bliemel, (Marketing-Management), 2007, S. 386

1. Kapitel: Die Grundlagen

Abb.1-21

ZIELGRUPPENMERKMALE FÜR DIE MARKTSEGMENTIERUNG			
Demografische Merkmale	Sozioökonomische Merkmale	Psychologische Merkmale	Merkmale des sichtbaren des Kaufverhaltens
Klassische Marktsegmentierungskriterien für Konsumgütermärkte			
⇨ Geschlecht ⇨ Alter, Lebenszyklus ⇨ Religion, Ethik ⇨ Familienstand, Kinder ⇨ Herkunftsland ⇨ Wohnregion, Gebietstyp ⇨ Wohnort, Ortsgröße ⇨ Wohnsituation ⇨ Freizeitverhalten ⇨ Einfluss in Gruppen, Vereinen ⇨ Politische Ausrichtung	⇨ Haushaltsgröße ⇨ Schulbildung ⇨ Beruf ⇨ Einkommen ⇨ Haushaltskaufkraft ⇨ Besitzmerkmale ⇨ Urlaubsverhalten ⇨ Ausbildungsinteressen ⇨ Spendenverhalten ⇨ Sparneigung	⇨ Persönlichkeit ⇨ Wissen, Kenntnisse ⇨ Interessen, Hobbys ⇨ Neigungen ⇨ Ansprüche ⇨ Einstellungen ⇨ Konsumeinstellungen ⇨ Präferenzen, Wünsche ⇨ Kaufabsichten ⇨ Risikofreude ⇨ Umweltbewusstsein ⇨ Religiosität	⇨ Bevorzugte Einkaufsstätten, Einkaufsstättentreue ⇨ Kaufkanäle, Off-/Online ⇨ Einkaufszeiten ⇨ Konsumschwerpunkte ⇨ Markentreue ⇨ Kaufhäufigkeiten ⇨ Kaufmengen ⇨ Preisverhalten ⇨ Bonität, Zahlungsverhalt. ⇨ Beeinflussbarkeit am Point of Sale (POS) ⇨ Nachkauf-Verhalten ⇨ Mediennutzung
Übertragung der Konsumgüter-Segmentierung auf BtoB-Märkte (Geschäftsmärkte)			
⇨ Firmenstandorte ⇨ Firmenstammdaten ⇨ Konzernzugehörigkeiten ⇨ Leistungsangebot des Kunden = Branchenzugehörigkeit ⇨ Maschinelle Ausrüstung des Kunden ⇨ Rechtliche Beschreibungskriterien	⇨ Kundenbilanzen ⇨ Geschäftsberichte ⇨ Finanzanalysen ⇨ Einkaufsbudgets ⇨ Potenziale ⇨ Lieferanteile von Wettbewerbern ⇨ Hauptkunden des Kunden ⇨ Hauptwettbewerber	Gleiche Merkmale wie im Konsumbereich, jedoch zu beziehen auf die Mitglieder des Buying-Centers beim Kunden bzw. auf die Verhandlungspartner auf Seiten des Kunden	⇨ Einkaufsverhalten des Kunden ⇨ Insbes. Bestellrhythmen ⇨ Lagerpolitik des Kunden ⇨ Zahlungsverhalten des Kunden ⇨ Besondere Wettbewerbspräferenzen des Kunden ⇨ Bevorzugte Lieferfristen

Die Segmentierungskonzepte werden im folgenden beschrieben.

b.) Klassische Attributs-Segmentierung

Die **klassische Zielgruppenbildung** erfolgt durch Kombination von Käufermerkmalen bzw. Segmentierungskriterien (**Attributs-Segmentierung**). Abb.1-21 enthält im oberen Teil in den linken zwei Spalten die häufigsten Abgrenzungkriterien (**Attribute**) zur Segmentierung von Zielgruppen in BtoC-Märkten.[43]

Abb.1-22 liefert ein Praxisbeispiel für die klassische **Multi-Attributs-Segmentierung**. Das Beispiel zeigt auch, wie aus der Segmentierung Wettbewerbsstrategien abgeleitet werden können.[44] Die neue Marke *Alpina LivingStyle* wird auf die lukrati-

Abb.1-22

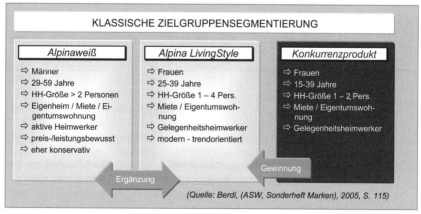

---

[43] vgl. Freter, (Marktsegmentierung), 2008, S. 93; Steffenhagen, (Marketing), 2000, S. 47, Weis, (Marketing), 2009, S. 137-139

ve Zielgruppe trendorientierter junger Heimwerkerinnen ausgerichtet. Insofern ergänzt die neue Marke das klassische Produkt und bildet mit ihr eine synergetische Markendehnung. Ein Konkurrenzprodukt mit ähnlichem Nutzerprofil aber ohne Lebensstilbezug wird dagegen angegriffen.

Abb.1-23 zeigt, wie Käufersegmente in einem Verhaltensraum visualisiert werden können. Die Verhaltensvariablen[45] **Preisbewusstsein** und **Risikopräferenz** (Veränderungsbereitschaft) werden zu Käufertypen für Wintergärten kombiniert. Produkteigenschaften und Marketingmaßnahmen sind dann auf diese Kundentypen hin abzustimmen. Jeder Käufer soll den zu seinen Einstellungen passenden Wintergarten finden. In der Gegenrichtung liefert die Marktsegmentierung eine Richtschnur für Produktentwicklungen und -veränderungen. Dieser Ansatz ist der Lebensstil-Kundensegmentierung schon sehr nahe.

Abb.1-23

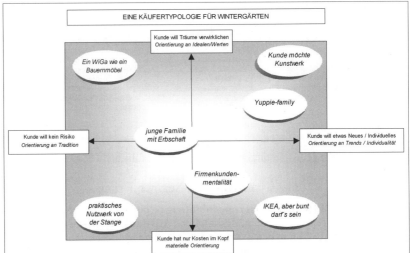

In den **Geschäftsmärkten** spielen vorrangig **betriebswirtschaftliche, rechtliche** und **technische Zielgruppenkriterien** eine Rolle. Zunächst wird die Unternehmung als Ganzes segmentiert. Abb.1-21 zeigt im unteren Teil mögliche Segmentierungskriterien für Kundenfirmen. In der Praxis werden Zielgruppen vor allem nach „harten" Attributen abgegrenzt. Industriegütermärkte werden daher segmentiert nach

(1) **Branchen** (z.B. Zielgruppe Molkereien),
(2) **Regionen** (z.B. Zielgruppe Molkereien in Nordamerika mit den dort herrschen lebensmittelrechtlichen Bedingungen),
(3) **technologischen Bedingungen** (z.B.: alle Molkereien mit Ersatzbedarf für Maschinentyp X im Jahr 2012; alle Unternehmen, die bei der Stahlerzeugung nach dem Verfahren y arbeiten),
(4) der **Form der Unternehmensorganisation** oder dem Ablauf von Entscheidungsprozessen in Käuferunternehmen (Buying-Center) (z.B. Zielgruppe: alle technischen Meinungsführer in den US-amerikanischen Milchindustrie).

Letztlich besteht eine Kundenfirma dann wieder aus handelnden Personen. Es können daher auch deren Verhaltensmerkmale abgegrenzt und kombiniert werden, so dass sich z.B. charakteristische (Ein)Käufertypen mit spezifischen Kaufverhaltensweisen ergeben. Es dominiert aber die Firmensegmentierung.

---

[44] vgl. Berdi, CH., (Alpina), in: Sonderheft Marken 2005 der Absatzwirtschaft, S. 114-117
[45] Zum Positionierungsansatz vgl. Abschnitt 4.2.3. dieses Buches

c.) Lifestyle-Konzepte / Lebensstil-Segmentierung

Lifestyle-Segmentierungen überwinden die starren Baukästen der demografischen und sozio- bzw. sozialökonomischen Attributs-Segmentierung. Einstellungen und persönliche Werthaltungen der Verbraucher prägen bestimmte Lebensstile. Man erfasst Lifestyles (1) als Besitz oder Verwendung von bestimmten Ge- oder Verbrauchsgütern mit deutlichem Ausdruck von Lebensgewohnheiten und (2) mit Hilfe von **AIO-Kriterien** (Activities, Interests, Opinions) auf Käuferseite.[46]

Eine regelmäßige Marktsegmentierung auf der Grundlage einer Befragung von über 20.000 Panel-Haushalten führt zu den **16 EURO-SOCIO-Styles** der *GfK*.[47] Abb.1-24 liefert ein den EURO-Styles ähnliches Beispiel.[48] Die **lebensstilbasierten Kundensegmente** bekommen griffige Bezeichnungen und Beschreibungen der typischen Käufer-Verhaltensweisen. Abb.1-24 gibt neben den Lebensstil-Bezeichnungen auch die Häufigkeitsverteilungen der Kundensegmente an.

Abb.1-24

```
┌─────────────────────────────────────────────────────────────────┐
│           LIFESTYLE-TYPEN IN DEUTSCHLAND  (alte Länder)         │
└─────────────────────────────────────────────────────────────────┘
```

① Traditioneller Lebensstil ⇨ die aufgeschlossene Häusliche: ERIKA (10%)
⇨ der Bodenständige: ERWIN (13%)
⇨ die Bescheidene, Pflichtbewusste: WILHELMINE (14%)

② Gehobener Lebensstil ⇨ die Arrivierten: FRANK und FRANZISKA (7%)
⇨ die neue Familie: CLAUS und CLAUDIA (7%)
⇨ die jungen Individualisten: STEFAN und STEFANIE (6%)

③ Moderner Lebensstil ⇨ die Aufstiegsorientierten: MICHAEL und MICHAELA (8%)
⇨ die trendbewussten Mitmacher: MARTIN u. MARTINA (8%)
⇨ die Geltungsbedürftigen: INGO und INGE (7%)

④ Jugendlicher Lebensstil ⇨ die Fun-orientierten: TIM und TINA (7%)
⇨ die Angepasste: MONIKA (8%).
⇨ der Coole: EDDI (7%).

(Quelle: Studie der Agentur Conrad & Burnett, 1990; dargstellt in Rogge, (Werbung), 2004, S. 118)

Der Ansatz wurde von der *GfK* für die **weltweite Marktsegmentierung** erweitert. Mit den **Roper-Consumer-Styles** steht eine Lebensstil-Segmentierung für 38 Länder auf 5 Kontinenten zur Verfügung (2008). Hierzu befragt die *GfK* jährlich mehr als 100.000 Konsumenten nach ihren Lebensstilen, Einstellungen und Verbrauchsgewohnheiten.

Abb.1-25 skizziert als weiteres Beispiel den **Milieu-Ansatz** des Heidelberger Institutes *Socovision*. Seit 1979 nimmt das Institut Lebensstil-Segmentierungen der deutschen Bevölkerung vor. Es wird auch von **Lebenswelt-Segmenten** gesprochen. Derzeitige Basis: 50.000 Befragungen. Die Korrelation von Werthaltungen mit sozialen Schichten führt zu **Käufersegmenten** (Milieus), die sich für Marketingkampagnen als besonders tragfähig erwiesen haben.[49] In der speziellen Untersuchung der Abbildung wurden 1.000 Online-Nutzer telefonisch befragt.[50] Ergebnis: Mit 19 Prozent ist die größte Verbreitung der Internet-Nutzung im *modernen Arbeitnehmermilieu* anzutreffen.

---

[46] vgl. Bauer; Sauer; Müller, (Lifestyle-Typologien), ASW, 9/2003, S. 36-39
[47] vgl. Meffert, (Marketingforschung), 1992, S. 79-80 sowie die dort angegebene Literatur
[48] zur Quelle vgl. Rogge, (Werbung), 2004, S. 118
[49] vgl. Rogge, (Werbung), 2004, S. 119-120, auf der Grundlage von Sinus Sociovision 2003.
[50] Quelle MGM; zit. in: o.V. (Consumer-Eliten), in: ASW, 1-2/2000, S. 118. Die Prozentangaben beschreiben den Anteil eines Milieus an den Online-Nutzern der Stichprobe. Dahinter sind in Klammern die Anteile der Milieu-Segmente an der westdeutschen Gesamtbevölkerung angegeben.

Abb. 1-25

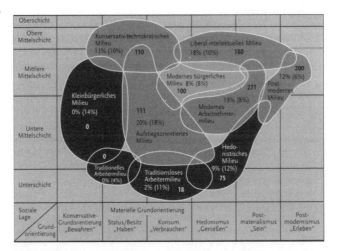

Da der Milieu-Anteil an der Gesamtbevölkerung nur bei 8 Prozent liegt (s. die Angabe in Klammern), ist die Internetnutzung dieses Käufersegmentes folglich überproportional hoch. An zweiter Stelle liegt das *postmoderne Milieu*. Im *modernen Arbeitnehmermilieu* sind die Verbraucher an handfesten Informationen über Computer, Shopping und Finanzen interessiert sind, während die User des *postmodernen Milieus* sich eher für Freundschaften im Web und für Veranstaltungen interessieren. Marketingstrategien werden unmittelbar auf diese Sozialmilieus hin ausgerichtet.

Die Zielgruppenforschung im sozialen Milieu, das **Aufdecken von Lebenswelten**, hat sich in der gehobenen Marktsegmentierung durchgesetzt. Als Konkurrenz zum Heidelberger Milieu-Ansatz (Hauptanwender *Deutsche Bank*, *Bahn AG*), operiert *Sigma* mit einem ähnlichen Ansatz (Hauptkunden in der Automobilindustrie).

Weitere, bekannte Kundensegmentierungen basieren auf der *Typologie der Wünsche (TDW)* des *Burda-Community Networks*, der Zielgruppenbildung der Frauenzeitschrift *Brigitte*, der *Outfit-5-Typologie* des *Spiegel-Verlags* oder der *PKW-Käufertypologie* von *Bauer-Media*.[51] Die Frauenzeitschrift *Freundin* segmentiert seit 2004 den Typ der **Klasse-Frauen**: Anspruchsvolle, selbstsichere und markenbewusste Verbraucherinnen, die Märkte bewegen und Marken machen. 8,93 Mio. sog. Klasse-Frauen werden für Deutschland geschätzt. Ihr Anteil an der Leserschaft der Zeitschrift *Freundin* beträgt 39 Prozent.

Nach gleichen Methoden werden Zielgruppen für bestimmte Märkte oder Produkte identifiziert. Aus einem *GfK-Testpanel* mit 16.000 Verbrauchern hat sich eine **Typologie der Bekleidungsstile** ergeben, die in Abb.1-26 dargestellt ist. Für jeden Frauentyp sind charakteristische Unter- und Oberbekleidungen und Accessoires festgestellt worden. Auch die bevorzugten Marken und Einkaufsstätten der Frauentypen sind umfassend erforscht.[52]

Die klassische sozio-demografische Segmentierung nach Attributen und die Lebensstil-Segmentierung können auch kombiniert werden. Der typische *Porsche 911er-Käufer* ist männlich, ca. 45 Jahre alt, verheiratet und verfügt über ein Haushaltsbruttoeinkommen zwischen 300.000 und 400.000 Euro. Auf dieser Grundlage lassen sich

---

[51] vgl. auch die interessanten Hinweise auf Studien über Typologien in: ASW, 3/2001, S. 61; Bauer; Sauer; Müller, (Lifestyle-Typologien), in: ASW, 9/2003, S. 38
[52] vgl. Albaum, (Frauen), in: TextilWirtschaft v. 18.1.2001, S. 180-181

Abb.1-26

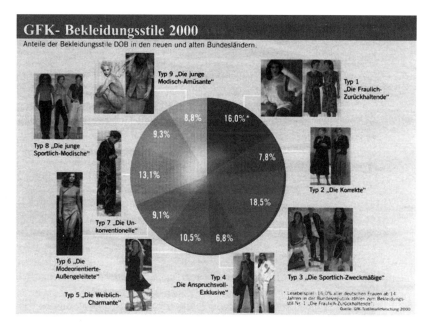

zwei Lebensstile deutlich voneinander abgrenzen. Bei den *Top Guns* stehen Sportlichkeit und Fahrerlebnis im Vordergrund. Die *Proud Patrons* schätzen das Besitz- bzw. Prestigeerlebnis.[53]

d.) Ethno-Zielgruppen und Ethno-Marketing

Angesichts von 15,3 Mio. Bundesbürgern mit Zuwanderungsbiographie wird zunehmend gefordert, diese Zielgruppen präziser zu segmentieren und Werbung, Güter und Dienstleistungen spezifischer auf deren Bedürfnisse hin auszurichten. Ein Ethno-Marketing würde einen grossen Beitrag zu einer besseren Integration von Ausländern in Deutschland beitragen. Bislang fehlt es noch an Forschung, wie verhindert werden kann, dass ein Ethno-Marketing zum Ghetto-Marketing abgleitet.[54]

e.) Die 10 wichtigsten aktuellen Zielgruppen

Die **Lifestyle-Typologien** werden im Zuge der fortschreitenden Käuferforschung immer weiter verfeinert. Marketiers und Trendforscher nehmen heute die folgenden zehn plakativen Zielgruppen ins Visier:[55]

(1) **Smart-Shopper**: Der Smart-Shopper mit der Begehrlichkeit, Top-Produkte zu Discount-Preisen zu bekommen, stellt heute das Feindbild der Markenartikelindustrie dar. Dieser Kundentyp wird in diesem Buch noch an verschiedenen Stellen behandelt. Typischer Werbespot: *Ich bin doch nicht blöd* (*Media-Markt*).

(2) **Best-Ager**: Die über 50-jährigen (bzw. Käufersegment 55+) werden sich zukünftig zu eine der wichtigsten Konsumzielgruppen entwickeln.

(3) **Lohas**: Die Lohas (Lifestyle of Health and Sustainability) leben einerseits ökologisch bewusst, sind andererseits aber auch dem Konsum, dem Hedonismus und der Ästhetik zugeneigt. Portal: *www.utopia.de*. Kultmarke *Apple*.

(4) **Generation Golf**: Zielgruppe der mittlerweile 40-Jährigen; von *Florian Illies* im Jahr 2000 unter dem gleichnamigen Begriff beschrieben. Bevorzugen Quali-

---

[53] vgl. den Hinweis in ASW, Sonderheft Marken 2004, S. 23
[54] vgl. ZAW , (Werbung), 2009, S. 43-44
[55] vgl. HORIZONT-Report Nr. 34 v. 21. August 2008 mit charakteristischen Zielgruppen-Fotos.

tätsprodukte und Marken. Typische Marke: *VW*.
(5) **Neue Spießer**: Die Zielgruppe wächst seit 2000. Themen: Neue Bürgerlichkeit und Rauchverbot. Typische Werbung: der *Lena*-Spot der *LBS*.
(6) **Spaßgesellschaft**: Comedy boomt in der Werbung. Spaß statt Krise. Alles begann 1999 mit dem Slogan von *Veronika Pohl* für die Telefonauskunft 11880: „Da werden Sie geholfen."
(7) **Yuppies**: Die **Young Urban Professionals** sind die Verlierer bei den Zielgruppen. Zu stark ist ihr Image mit der Wall-Street verbunden. Statussymbole: *Rolex* Uhr und *Porsche*. Mittlerweile sind viele Lifestyle-Magazine dieser Zielgruppe eingestellt worden. Yuppies passen nicht mehr in die Konsumlandschaft.
(8) **Digitale Bohème**: Stattdessen ist neue Sachlichkeit angesagt. Hart arbeitende Singles, die am Notebook hängen. *Holm Friebe* beschrieb die Zielgruppe 2006 in seinem Buch *Wir nennen es Arbeit*. Symbol: *Das Netzwerk Zentrale Intelligenz Agentur*.
(9) **Metrosexuelle**: *David Beckham* mit der *Gillette*-Werbung gab dieser Zielgruppe den Rahmen: Urbane Männer, die die weibliche Seite ihrer Persönlichkeit leben.
(10) **Girlies**: Auch diese, in den 90er-Jahren aufgekommene Zielgruppe, verliert an Bedeutung. *Britney Spears* und *Kylie Minogue* sind keine Ikonen mehr. Auch die deutsche Identifikationsfigur *Heike Makatsch* ist nicht mehr „richtig jung".

Alle genannten Segmentierungen beruhen auf dem Paradigma, dass die markanten Kundentypen eine hohe Stabilität in Bezug in ihrem Kaufverhalten aufweisen.
Hypothese: Wenn die Konsumenten mit den Eigenschaften xy *Nivea* kaufen, dann werden sie, solange sie diesem Käufersegment angehören, immer zur *Nivea* greifen. Dieses klassische Paradigma der Marktsegmentierung gerät jedoch zunehmend ins Wanken. Immer schnellerer Umfeldveränderungen (z.B. Weiterbildung, Berufswechsel) oder **Szenen** verändern dauerhaft oder periodisch die Segmentzugehörigkeit.

f.) Typologieauflösung beim Szene-Marketing

Beim **Szene-Marketing** lösen sich die durch Merkmalskombinationen oder Lebensstile gebildeten Kundensegmente auf. Es folgt das Zeitalter des hybriden, d.h. des nicht mehr in klassische Schubladen ablegbaren Verbrauchers. Das Symbol ist der *Porsche*-Fahrer mit der *ALDI*-Tüte. In *Big Brother* erschaffen die Medien eine eigene Scheinwelt. Szenen kreieren neue, vergängliche Produkte. Die Konsumenten gehen in den ständig wechselnden Szenen auf. Massen schlucken Individuen. *Gerken* bezeichnet dies als **Interfusionstheorie**.[56] Massen lassen sich durch Magie, Mythen und Fetische faszinieren und nicht durch „sterile" Produkteigenschaften. Produkte (z.B. Fernseh-Shows, Kleidung) werden deshalb gezielt auf Massenphänome einer gesellschaftlichen Evolution ausgerichtet (*Love Parade, Papst-Besuch*).[57]

„Die Leute sind mehr am Mythos interessiert als an Fakten."
Julia Roberts in einem Interview.

Marktorientierte Unternehmensführung im Sinne des Szene-Marketing würde bedeuten, das Unternehmen und seine Produkte den sich ständig verändernden Szene-Verhaltensweisen der Käufer anzupassen, eigene Szenen zu schaffen und neue, schnell vergängliche Produkte und Dienstleistungen hierauf auszurichten.[58] ***Deutschlands next Top Model*** wird so zum Erfolgsmodell.

---

[56] vgl. zu diesem Ansatz Gerken, (Abschied), 1990; sowie auch mit gleichem Titel in: MJ, 3/1990, S. 262-270
[57] vgl. Gerken; Merks, (Zukunft), 1996, S. 14
[58] vgl. auch Kreilkamp; Nöthel, (Scene-Positionierung), 1996, S. 134-144

1.1.9. Vom Massenmarketing zum Individualmarketing (1to1-Marketing)

„Mass marketing doesn't really work"[59] *(In der deutschen Übersetzung heißt es: „Massenmarketing funktioniert eigentlich nicht").*

Die Möglichkeiten des Marketing, Kundensegmente zu bilden und hieraus ausgewählte Zielgruppen bedürfnisgerecht zu bearbeiten, erscheinen unerschöpflich. Das Marketing steht deshalb vor der **Grundsatzentscheidung**
(1) Märkte undifferenziert zu bearbeiten ⇨ **Massenmarketing**,
(2) Marktsegmente zu identifizieren und Zielgruppen zu bearbeiten ⇨ **segmentiertes Marketing / Zielgruppenmarketing / Nischenmarketing** oder
(3) sich konzentriert auf einzelne Kunden auszurichten ⇨ **konzentriertes / individuelles Marketing / Individualmarketing / 1to1-Marketing**.[60]

Kotler bringt Produktangebote und Marktsegmente (Zielgruppen) in eine Beziehung:
(1) Bei der **vollständigen Marktabdeckung** wird an alle Marktsegmente das gleiche Leistungsangebot verkauft (**undifferenziertes Marketing**), oder es werden mehrere (alle) Marktsegmente mit unterschiedlichen Angeboten bedient (**differenziertes Marketing**).
(2) Bei der **selektiven Spezialisierung** wird im Fall einer **Produktspezialisierung** jeder ausgewählten Zielgruppe ein Produkt angeboten oder – im Fall der **Marktspezialisierung** – ein Marktsegment mit passenden Produkten intensiv bearbeitet.
(3) Beim **konzentrierten Marketing** (1to1) erhält jeder Interessent eine individuelle Ansprache und ein auf ihn zugeschnittenes Produkt (*Dell Computer*).[61]

Abb.1-27 bildet hieraus ein Schema.[62] Der Weg von links nach rechts kennzeichnet den Wandel von den Verkäufer- zu den Käufermärkten.

Abb.1-27

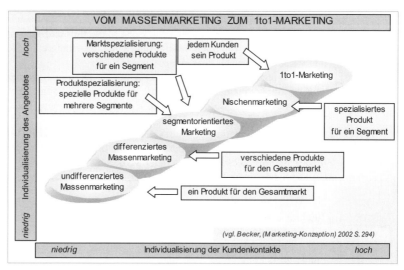

Das moderne Marketing propagiert das **1to1-** oder **Individualmarketing** als Zukunftsweg für den Markterfolg. 1to1-Marketing fordert als weitestgehende Form der

---

[59] Siebel; Malone, (Virtual Selling), 1996, S. 55 (dtsch. Übersetzung 1998, S. 53)
[60] vgl. Belz u.a., (Verkaufskompetenz), 1996, S. 94-98.
[61] Vgl. Kotler; Keller; Bliemel, (Marketing-Management), 2007, S. 388-390
[62] Quelle: vgl. in ähnlicher Form bei Becker, (Marketing-Konzeption), 2006, S. 293-299

Marktsegmentierung, jeden einzelnen Kunden als singuläre Zielgruppe zu begreifen und konsequenterweise individuelle bedürfnisgerechte Marketingstrategien zu kreieren. In letzter Konsequenz erhält jeder Kunde ein **Unikat**.

Ein **Trend zur individualisierten Kundenansprache** hat seit einigen Jahren deutlich zugenommen. Zunehmende Streuverluste durch immer weniger unterscheidbare Produkte, durch Massenkommunikation in Massenmedien und durch prioritätslose Verkaufsbemühungen (Motto: *Alle Kunden sind Könige und verdienen eine gleiche Behandlung*) zwingen die Unternehmen in Richtung Segmentbildung (**Nischen**) und zu individuellen Verkaufsbemühungen. Das ist die Sicht des Marketing. Der Vertrieb dagegen wird automatisch dahin tendieren, auf jeden Kunden individuell einzugehen. Sehr oft übersieht die Marketingtheorie diese individualisierende Kraft des persönlichen Verkaufs. Jedoch ist der persönliche Kundenkontakt die teuerste Kontaktform. Ein Kundenbesuch rechnet sich nur bei ausreichend hoher Kaufwahrscheinlichkeit der angesprochenen Interessenten und Kunden. Die **Herausforderung des Marketing** liegt also darin, dass sich auch die nicht persönlich angesprochenen Kunden gut betreut fühlen. Und über den Einzelkunden hinausgehende Marketingkommunikation wird auch zukünftig unabdingbar sein, um ein Marktimage für Produkte, Produktprogramme und für die Gesamtunternehmung zu gestalten.

So spüren wir, dass Marktbearbeitung zur Kunst wird und dass es etwas gibt, das über den transaktionalen Verkauf hinausgeht. Es ist an der Zeit, dass sich das Marketing als eine selbstbewusste Philosophie der Untenehmensführung zu Wort meldet.

1.2. Der Weg zur marktorientierten Unternehmensführung

1.2.1. Historische Entwicklung des Marketing

a.) Entwicklung zur Marketing-Wissenschaft

Aus drei Gründen fällt es schwer, für das Marketing und für seine Entwicklung zur marktorientierten Unternehmensführung einen geschichtlich lückenlosen Ablauf mit überschneidungsfreien Phasen aufzuzeigen:
(1) Die Wiege des Marketing steht in Amerika. Die Entwicklungsphasen des Marketing hin zu einem in Wissenschaft und Praxis anerkannten Fachgebiet weichen in den USA und in Europa mit deutlicher Zeitverschiebung voneinander ab.
(2) Literatur (Theorie) und Wirtschaftspraxis weichen nach wie vor bei der Auslegung des Marketingbegriffes voneinander ab. Der in der Theorie etablierte Marketingbegriff ist insbesondere für kleine und mittlere Unternehmen oft noch ein Fremdwort. Diese verstehen unter Marketing vornehmlich PR und Werbung.
(3) Die historischen Entwicklungsphasen überlappen sich stark.

Die Marketingidee entstand aus einer Geisteshaltung, die sich zwischen 1860 und 1900 im Zuge der amerikanischen Industrialisierung entwickeln konnte. In dem Klima eines unvergleichlichen wirtschaftlichen Aufschwungs festigte sich eine Business-, Salesmanship- und Distribution Culture, gegenüber der Europa heute noch immer zurückliegt. Von treibender Kraft war dabei die Landwirtschaft. Im Zuge einer Agrarrevolte begannen die Farmer, ihre landwirtschaftlichen Absatzprobleme durch Absatzmittler und Distributionsnetze zu lösen.[63]

Die 30er Jahre waren dann durch die **Tayloristische Massenproduktion** geprägt. In Amerika vollzog sich eine zweite industrielle und landwirtschaftliche Revolution.

---

[63] vgl. Bubik, (Geschichte), 1996, S. 39. 1916 veröffentlichte z.B. Weld ein Buch mit dem Titel: The Marketing of Farm Products, vgl. Weld, (Farm Products), 1916 (Marketing als Vermarktung!)

Gegen Ende dieser Epoche rückten Überkapazitäten und ein aufkommendes Verbraucherbewusstsein immer mehr den Käufer in das Blickfeld der Produkt- und Marktentscheidungen. Die Ära des **Consumer Movement** begann. Die ersten Marktforschungseinrichtungen wurden gegründet (z.B. 1929: *Consumers' Research Inc.*). Während dieser ersten Blütezeit der amerikanischen Konsumgesellschaft sickert der Marketingbegriff unaufhaltsam in die Wirtschaftswelt ein. Ab 1907 erschien in Toronto eine Wochenzeitschrift namens *Marketing*.[64] *Ralph Starr Butler* und *Converse* veröffentlichten unter den Titeln *Marketing Methods* (1916) bzw. *Marketing, Methods and Policies* (1921) die ersten umfassenden methodischen Werke.[65] Die Gründungen des *Journal of Marketing* (1936) sowie der *American Marketing Association* (*AMA*, 1937) sind weitere Höhepunkte in der Entwicklung des Marketing.[66] Diese Geschehnisse bewirkten bis etwa 1945, dass sich das Marketing
(1) mit einem **wissenschaftlichen Anspruch**,
(2) einer **Kompetenz**, das Käuferverhalten zu erklären und vorauszusagen und
(3) einer **Entscheidungsaufgabe** (Managerial Function) in den USA etablierte.

In Deutschland dagegen fristete das Marketing infolge der späteren Industrialisierung und der Kriegsjahre bis Ende der 50er Jahre ein Schattendasein. Das „wissenschaftliche Stammhaus", die Betriebswirtschaftslehre, hatte andere Probleme zu lösen:
(1) die Loslösung von der „ehrwürdigen" Nationalökonomie,
(2) die Anerkennung als Wissenschaft im Spektrum der Geisteswissenschaften,
(3) die Auseinandersetzung mit der lange diskriminierten Handelsbetriebslehre. Diese konnte sich durch die 1898 in Leipzig und Aachen gegründeten Handelshochschulen legitimieren und einen eigenen Weg beanspruchen.

Die Betriebswirtschaftslehre befand sich auf einer „*Flucht nach innen*"[67] in die rationale, zahlenbestimmte Welt der Produktions-, Bilanzierungs- und Kostentheorie. Bis Mitte der 20er Jahre blieben die Absatzfunktionen aus der sog. Allgemeinen Betriebswirtschaftslehre verbannt. Das Exil endete im Zuge des wirtschaftlichen Wiederaufstiegs mit bahnbrechenden, absatzwirtschaftlichen Veröffentlichungen.[68] Die Markt- und Verbraucherforschung durch die Vertreter der *Nürnberger Schule* und die unterschiedlichen Absatzfunktionen kristallisierten sich unter wissenschaftlicher Anerkennung und Aufmerksamkeit durch die Unternehmenspraxis heraus. Bereits 1928 stieß das **Postulat einer marktorientierten Unternehmensführung** von *Schäfer* auf hohe Aufmerksamkeit:

> *Die "...unternehmerischen Produktions- und Absatzdispositionen müssen ... ständig am Markt orientiert sein".*[69]

Im gleichen Jahr begann der *Verein Deutscher Ingenieure* (*VDI*) Schriften über Vertriebsorganisation und Marktforschung herauszugeben. *Bergler* schrieb 1933, dass der Absatz „*in das Zentrum der Unternehmensaufgaben*" rücken solle.[70] 1935 wurde die *Gesellschaft für Konsumforschung* (*GfK*) gegründet, und der *Verband Deutscher Diplomkaufleute* startete 1936 die Schriftenreihe *Absatzwirtschaft*. Die Formel vom **Primat des Absatzes** taucht in der deutschsprachigen Literatur auf.[71] Nach Kriegs-

---

[64] vgl. Rageth, (Basis), 1996, S. 19
[65] Bücher nicht mehr greifbar: vgl. die Literaturangaben bei Bubik, (Geschichte), 1996, S. 46
[66] wobei interessant ist, dass sich eine Werbeforschung (advertising research) sogar noch vor der Marketing-Theorie entwickeln konnte.
[67] Bubik, (Geschichte), 1996, S. 77
[68] vgl. hier nur als Auswahl: Schäfer, (Wirtschaftsbeobachtung), 1925; Seyffert, (Werbelehre), 1929; Oberparleiter, (Warenhandel), 1930; aber auch schon früher, allerdings stark aus makroökonomischer Sicht: Schär, (Handelsbetriebslehre), 1911
[69] Schäfer, (Marktbeobachtung), 1928, S. 9
[70] Bergler, (Vertriebsingenieure), in: ZfB, 1933, S. 240
[71] vgl. Bubik, (Geschichte), 1996, S. 108 sowie die dort angegebene Literatur

unterbrechung entwickelte sich die Absatzwissenschaft in Deutschland zu einer Lehre vom Instrumentaleinsatz fort. Dabei war es 1955 *Gutenbergs* Verdienst, den Absatz endgültig in die *Allgemeine Betriebswirtschaftslehre* verankert und einen allgemeinen Konsens für die praxeologische Bedeutung untermauert zu haben.[72]

Aber erst ab Mitte der 50er Jahre festigte sich der als exotisch abgestempelte Marketingbegriff in Deutschland. Die Wirtschaft übernahm die Konzeptionen der Marketinginstrumente und des Marketing-Mix von *McCarthy*[73] und *Borden*[74] und schwenkte auf die Konzeption des Marketing-Management von *Kotler*[75] u.a. ein.

Gefördert wurden diese Strömungen bis 1970 durch einen spürbaren **Marktwandel hin zu den Käufermärkten**. Das Marketing trat in Forschung, Lehre und (Großunternehmens-)Praxis einen Siegeszug an; hin zu einer **entscheidungs-**, **system-** und auch **verhaltensbezogenen Markterklärungs-** und **-beeinflussungslehre**. Es hatte schon Signalwirkung, als *Nieschlag, Dichtl und Hörschgen* 1971 den Titel ihres renommierten Standardwerkes von *Einführung in die Lehre der Absatzwirtschaft* zu *Marketing – Ein entscheidungstheoretischer Ansatz* änderten.

Ab dem Ende der 70er Jahre flossen dann die amerikanischen und deutschen Marketing-Strömungen zusammen. Dies war nicht zuletzt ein Verdienst großer, internationaler Unternehmensberatungen, wie *McKinsey* oder *Boston Consulting Group*. Ihnen gelang es, die Problemkomplexe der strategischen Unternehmensführung in das Marketing einzubringen. Das Marketing konnte sich nun auch mit anerkannten Methoden (u.a. mit der Portfolioplanung) an der Unternehmens-Gesamtplanung beteiligen und Anstöße zu mehr Marktorientierung geben.[76] Gesellschaftspolitisch aufgewertet und inhaltlich ausgeweitet wird das Marketing seit Mitte der 80er Jahre durch die Orientierungen am menschlichen Verhalten[77] sowie an der sozialen und ökologischen Umwelt (**Sozio-Marketing**, **Öko-Marketing**).[78]

Wie wird die Entwicklung im 3. Jahrtausends weitergehen?
> *„Wir steuern auf eine Welt zu, in der die Menschen eine Art **web lifestyle** führen: das Internet wird der zentrale Marktplatz, wo wir einkaufen, verkaufen, uns informieren und wo wir investieren."*[79]

Mit noch viel dramatischeren Auswirkungen als bislang absehbar wird die weltweite Kommunikationsvernetzung und die Vision, 24 Stunden am Tag weltweit einzukaufen, Marketing und Vertrieb verändern. Das Ein- und Verkaufen im Internet bringt jahrzehntealte, tradierte Arbeitsteilungen zwischen Hersteller und Handel ins Wanken. Und: Das Marketing wird mobil. Werbebotschaften und Kaufprozesse werden auf Handy und Smartphone übertragen. Die Reize des **virtuellen Marketing** verschmelzen mit dem **mobilen Marketing** zu einer neuen Realität; wenn sich vor einem Getränkeladen ein Avatar auf meinem Handy meldet und mich zum Kauf einer neuen Biersorte zu verführen versucht.

---

[72] vgl. Gutenberg, (Absatz), 1955. Die Beschränkungen lagen jedoch damals im Negieren des amerikanischen Wissenslevels und in einer Überbetonung des faktortheoretischen Ansatzes und der mikroökonomischen Preistheorie. Absatzlehre statt Marketing!
[73] vgl. McCarthy, (Basic Marketing), 1964
[74] vgl. Borden, (Concept), 1965
[75] vgl. Kotler, (Marketing-Management), 1967 (frühe Auflage)
[76] aus der Fülle der Literaturansätze hier nur exemplarisch: Aaker, (Strategic Market Management), 2005; Buzzell; Gale, (PIMS-Programm), 1989; Hinterhuber, (Unternehmensführung), 2004
[77] in Deutschland sicherlich unter Führung von Kroeber-Riel, (Konsumentenverhalten), 1975
[78] vgl. exemplarisch: Lazer; Kelley (Hrsg.), (Social Marketing), 1973; Kotler, (Generic Concept), in: JoM, 2/1972, S. 46-54; Kotler, (Social Marketing), 1978
[79] Bill Gates im Interview mit MM: o.V., (Keine Feinde), in: MM, 11/1997, S. 130

b.) Marktphilosophien - Unternehmerische Orientierungen

Abb.1-28

Die Entwicklungsphasen des Marketing korrespondieren mit unternehmerischen Grundhaltungen gegenüber Kunden und Öffentlichkeit. Abb.1-28 kombiniert das Phasenmodell von *Meffert* mit den unternehmerischen Marktorientierungen von *Kotler*.[80] Abb.1-29 zeigt den Ablauf einer doch schon recht langen Marketinggeschichte.

```
UNTERNEHMERISCHE GRUND-
ORIENTIERUNGEN GEGENÜBER
KUNDEN UND WETTBEWERBERN IN DER GE-
SCHICHTE DES MARKETING

① Phase der Produktionsorientierung
② Phase der Produktorientierung
③ Phase der Verkaufsorientierung
④ Phase der strategischen Marketingorientierung
⑤ Phase der Sozial- und Umweltorientierung
⑥ Phase des virtuellen Marketing (Cyber-Marketing)
⑦ Phase des Systemmarketing (CRM, SCM)
```

Die **Produktionsorientierung** war Folge der Verkäufermärkte. Der Engpass lag im Warenangebot. Die angebotene Ware wurde den Verkäufern aus der Hand gerissen. *Henry Ford* leistete sich das geflügelte Wort: „*Die Konsumenten können jedes Auto haben, Hauptsache es ist schwarz.*" Die Unternehmensstrategien zielten auf Kapazitätserweiterung. *Gutenberg* entwickelte nach diesem Paradigma seinen **faktortheoretischen Ansatz**.[81] Das Marketing im Sinne von Bedürfnisanalyse und Bedürfnisschaffung spielte keine Rolle. Die Produktionsorientierung bestimmte die Jahre der Industrialisierung und des Wiederaufbaus nach den Kriegen.

Doch mit wachsendem Wohlstand wurden die Verbraucher anspruchsvoller. Sie können aus einem Überangebot auswählen. Erst jetzt, wo Verkaufen immer schwerer wird, wird das Marketing geboren. Eine Marktforschung beginnt, das Verbraucherverhalten zu analysieren. Wollen Verbraucher wirklich nur schwarze Autos? Die Produktionsorientierung geht in eine **Produktorientierung** über, d.h. in eine Orientierung an Verbraucherwünschen und Produktgestaltungen. Ein Produktmanager wird zum Mittler zwischen Produktion, Vertrieb und Kunde. Welche Produktwünsche haben die Kunden? Wie kann das Leistungsangebot verbessert werden?

Im Zuge der zeitlich folgenden **Verkaufsorientierung** wird das Marketing weiter hoffähig. Zwar regiert noch immer der „hemdsärmelige Verkäufer". Doch wird es jetzt zur respektierlichen Aufgabe gut ausgebildeter Marketing-Manager, den Verkauf zu unterstützen. Marketingfachleute sollen
- mit akademischen Methoden neue Bedürfnisse finden (Marktforschung),
- ein Markenbewusstsein bei den Konsumenten entwickeln,
- Konkurrenten beobachten und Wettbewerbsstrategien vorschlagen,
- den Verkauf am Point of Sale unterstützen (Kampagnen, Verkaufsförderung, Messen, Ausstellungen),
- den Verkäufern Kundenpsychologie nahebringen.

So stehen die Marktphilosophien der Phasen 1 bis 3 für den Wandel der **Verkäufermärkte** (d.h.: die Marktmacht liegt bei den Produzenten) zu **Käufermärkten**, mit einer Macht bei den vermeintlich mündigen Konsumenten.

Marketing beginnt im Kopf. Marketing ist eine Geschäftsphilosophie.

Diese Orientierungen münden Ende der 70er Jahren in einen **Führungsanspruch des Marketing** ein. Das Marketing beschränkt sich nun nicht mehr auf die Verkaufsunterstützung. Marketingfachleute wollen das Unternehmensbild in der Öffentlichkeit und den strategischen Unternehmenskurs (mit)bestimmen. Für den Vertrieb

---
[80] vgl. Meffert; Burmann; Kirchgeorg, (Marketing), 2008, S. 7-12; Kotler; Bliemel, (Marketing-Management), 2007, S. 18-31
[81] vgl. Gutenberg, (Produktion), 1983, S. 2-10

Abb. 1-29

ABGRENZUNG HISTORISCHER ENTWICKLUNGSPHASEN DES MARKETING			
	USA	Deutschland	Unternehmerische Konzeptionen
1860 - 1900	amerikanische Industrialisierung,	Handelshochschulen	Produktions- konzeptionen
1900 -1930	Taylorismus, Massenproduktion	Nürnberger Schule	
1907	Zeitschrift Marketing	Handels- betriebslehre	Produkt- konzeptionen
1930	Beginn Konsumenten- bewegung		
1950	Marketing umfassend etabliert	Marketing kommt nach Deutschland	Verkaufs- konzeptionen
1955		Gutenberg etabliert Absatzlehre	
1960 - 1970	McCarthy: Marketing-Instrumentarium Marketing-Mix mit den 4 P Perfektionierung des Instrumentaleinsatzes		Marketing- konzeptionen
1980	Marketing wird Managementkonzeption		
1980 - 1990	Portfolio-Methoden - strategische Marketingplanung Marketing = marktorientierte Unternehmensführung Globalisierungs-Strategien / Triadenmarketing		Strategisches Marketing
seit 1990	Marketing für Nonprofit-Unternehmen Marketing bietet Alternativen zur "Profit-Kultur"		Sozial-, Öko- Marketing
seit 1998	Marketing im Internet - eCommerce, Portale, Web 2.0 virtuelle Kauf- und Verkaufswelten, mobile Marketing		Virtuelles Marketing
seit 2000	CRM als Instrument für eine kundenzentrierte Geschäfts- philosophie und Integration kundenbezogener Prozesse		System- Marketing

„Marketing und Management können in dieser Welt eine wunderbare Aufgabe übernehmen: sie für die Menschen verbessern." (Wilkes, 1992, S. 11).

bleibt jetzt „nur noch" die operative Umsetzung der Marketing-Instrumente. **Kundenorientierung lautet die Devise**. Die „hohe Schule des Marketing" bildet sich heran. Doch erst in den 80er Jahren gelingt es großen Unternehmensberatungen, das **Konzept eines strategischen Marketing** auf Top-Management-Ebene zu festigen.

Mit Unterstützung durch internationale Unternehmensberatungen wird das **Marketinginstrumentarium** weiter perfektioniert, um

(1) **strategische Marktforschung** zu betreiben und um dadurch
(2) neue Produkte **gezielt auf Verbraucherwünsche** hin zu entwickeln (mit Hilfe von Produktmarketing, Produktmanagement),
(3) **weltweite Firmenidentitäten** bei Interessenten, Kunden und in der Öffentlichkeit zu schaffen (Image-Politik, Corporate Identity, Kommunikationspolitik),
(4) auf der Grundlage von (2) und (3) Produkte und Unternehmen zu **Marken** zu entwickeln (Markenpolitik, Markenführung, Positionierung),
(5) mit großen Handelsketten **partnerschaftliche Marktstrategien** zu entwickeln (Handelsstrategien, Key Account Management[82]),
(6) dabei mehrere **Kanäle und Distributionsstufen aufeinander abzustimmen** (vertikales Marketing, begonnen in den 70er Jahren, Multikanalvertrieb),
(7) sich von Wettbewerbern abzusetzen (Erarbeiten von **Wettbewerbsvorteilen**),
(8) und Marktanteile **weltweit** zu sichern (Globalisierung der Märkte).

Aufgaben des Marketing

Die 90er Jahre bringen eine **Umwelt- und Sozialorientierung** des Marketing und eine Besinnung auf geistig kulturelle Werte. Ganzheitliche Konzeptionen sind gefragt, die wirtschaftliche, soziale, kulturelle und ökologische Aspekte umfassen. Jeder bekommt ein Recht auf „sein" Marketing: die Spitzenvertreter von Wirtschaft, Politik und Gewerkschaften, Künstler, Sportvereine, der *ADAC*, *Greenpeace* oder der Student mit eigenem Logo und Briefkopf. Marketing erobert die Gesellschaft; insbe-

---

[82] vgl. zum Key Account Management: Sidow, (Key Account Management), 2007

c.) Marketing – Das Dilemma der Marketingdefinition

Die bisherigen Ausführungen standen im Licht eines selbstbewussten Marketingverständnisses. Dieses gipfelt in dem strategischen Anspruch des Marketing. Dazu gehört nach *Meffert* unabdingbar eine **unternehmerische Denkhaltung**:

> ➡ *"Marketing als Ausdruck eines marktorientierten unternehmerischen Denkstils, der sich durch eine schöpferische, systematische und zuweilen auch aggressive Note auszeichnet..."*[83]

„Die Strategie und die Kraft kommen aus dem Marketing." (Herbert Hainer, CEO von *Adidas*, in: ASW 2/2004, S. 122)

Diese Denkhaltung führt zur **marktorientierten Unternehmensführung**.[84]

> ➡ *"Marketing als Führungskonzeption kann umschrieben werden als die bewusste Führung des gesamten Unternehmens vom Absatzmarkt her, d.h. der Kunde und seine Nutzenansprüche sowie ihre konsequente Erfüllung stehen im Mittelpunkt des unternehmerischen Handelns..."*[85]
>
> ➡ In der **Mission des *Deutschen Marketing-Verbandes*** definiert Prof. Esch Marketing aktuell wie folgt: *"Marketing im Sinne einer marktorientierten Unternehmensführung kennzeichnet die Ausrichtung aller relevanten Unternehmensaktivitäten auf die Wünsche und Bedürfnisse von Anspruchsgruppen."*
>
> ➡ Dabei stellt sich dem Marketing die Aufgabe, **Kunden- und Kostenorientierung** in Einklang zu bringen: *"Marketing bedeutet, unter Beteiligung aller Mitarbeiter auf effiziente Art und Weise einen überlegenen Kundennutzen zu schaffen, um überdurchschnittliche Gewinne zu erzielen."*[86]

„Marketing als Unternehmensfunktion sitzt zwischen allen Stühlen. Der Nutzen und die Chance systematischer Planung als Fundament für erfolgreiches Marketing werden oft von allen Beteiligten unterschätzt." (Dr. Ralf E. Strauß, Leiter Produktmanagement CRM Marketing der SAP AG, zit. in ASW, 8/2008, S. 7)

In der Praxis wird das Marketing diesem Anspruch nicht ganz gerecht. Fragt man Führungskräfte nach ihrer Marktorientierung, so werden sich bestimmt alle zum Marketing bekennen. Doch leider ist es in Deutschland noch immer nicht gelungen, das Marketing (den Marketingleiter) organisatorisch auf Top-Management-Ebene zu verankern und dadurch zum Thema der Gesamtunternehmung zu machen. „Who needs a Chief Marketing Officer anyway?", so die provozierende Frage.[87] Geradezu ernüchternd ist das Ergebnis einer Recherche der Bad Homburger Unternehmensberatung *Marketing Corporation*: *"In 17 der 30 größten Konzerne gibt es, über alle Branchen hinweg, im Vorstand gar keine Zuständigkeit für Marketing und Vertrieb - darunter so bekannte Unternehmen wie Allianz, Daimler, Lufthansa, Metro oder Siemens."*[88] Nicht nur mittelständische Unternehmen drängen das Marketing noch immer einseitig in die Ecke von Werbung, PR und Verkaufsförderung.

Wo liegt das **Dilemma**? Ganz abgesehen von dem in der Öffentlichkeit oft noch fehlenden Verständnis für den Marketingbegriff liegt ein fachliches Problem darin, dass das Marketing gemäß Abb. 30 in doppelter Weise definiert werden kann: Marketing als (1) **strategisches Marketing** und (2) als **operatives Marketing**.

---

[83] zitiert aus einer älteren Auflage von Nieschlag; Dichtl; Hörschgen, (Marketing), 1985, S. 8
[84] Meffert, (Marktorientierte Unternehmensführung), 1991, S. 31-49. Mittlerweile haben sich auch Nieschlag; Dichtl; Hörschgen dieser Begriffswendung (dem Konzept der marktorientierten Unternehmensführung) angeschlossen: vgl. Nieschlag; Dichtl; Hörschgen, (Marketing), 2002, S. 14
[85] vgl. Becker, (Marketing-Konzeption), 2006, S. 3
[86] Meyer, Davidson, (Offensives Marketing), 2001, S. 14
[87] vgl. Seiwert, (Vitamin C), in: ASW, 7/2006, S. 12
[88] vgl. Engeser, (Stiefmütterlich), in: Wirtschaftswoche, 6/2001, S. 110-111

Abb.1-30

Wenn jemand über Marketing spricht, dann muss man immer genau hinhören, ob die strategische oder die operative Begriffsauslegung gemeint ist:
(1) **Marketing als unternehmerische Denkhaltung** (Philosophie, Kultur) steht für die Markt- und Kundenorientierung aller Mitarbeiter. **Marketing als Strategie** umfasst die im strategischen Dreieck (Abb.1-13) aufgezeigten Stoßrichtungen. Marketing ist hiernach Chefsache. Der Vertrieb wird zum „*integralen Bestandteil einer ganzheitlichen, integrierten Marketingkonzeption.*"; d.h., zu einem Instrument im Rahmen des Marketing-Mix (s. Abb.1-45).[89]
(2) **Marketing als Funktion, Methode, Organisation oder System** meint schlichtweg: *Marketing ist das, was die Marketingabteilung tut.* **Marketing als Methode** umfasst das Arsenal der Instrumente zur Marktbearbeitung (z.B. Marktforschung, Werbung, PR, Produktmanagement). Marketing wird in der Organisation zum Partner des Vertriebs. Marketing- und Vertriebsmitarbeiter sind Verbündete!

Wichtig: Eine Marketingabteilung ist also kein Beweis für wirkliche Marktorientierung! **Und**: Eine starke Marktorientierung ist für eine Unternehmung auch dann möglich, wenn sie über keine Marketingabteilung verfügt (z.B., weil die Marketingaufgaben auf externe Dienstleister verlagert sind).

Meyer und *Davidson* führen Gründe an, warum das Marketing in unserer Wirtschaft noch nicht wie gewünscht auf Führungsebene etabliert ist:[90]
(1) Das Marketing hat sich im eigenen Haus, insbesondere gegen die Produktion, die Finanzabteilung und das Controlling, nicht durchsetzen können.
(2) Das Marketing hat es oft versäumt, die sog. **Stakeholder** (Mitarbeiter, Lieferanten, Aktionäre, Öffentlichkeit) für sich einzunehmen.
(3) Das Management hat es versäumt, Mitarbeiter abteilungsübergreifend mit dem Marketinggedanken zu "infizieren".
(4) Das Marketing macht seinen Beitrag zur Wertschöpfung nicht genug deutlich.

---
[89] vgl. Ahlert u.a., (Marketing und Vertrieb), 2007, S. 213
[90] vgl. Meyer; Davidson, (Offensives Marketing), 2001, S. 15

(5) Das Marketing hat die einzelnen Instrumente zu stark isoliert optimiert, anstatt integrierte Lösungen anzustreben (= abteilungsübergreifend Kundenprozesse).
(6) Hinzu kommt eine Aussage, die der Autor dieses Buches propagiert: **Das Marketing vernetzt seine Prozesse zu wenig mit dem Vertrieb** und gewinnt dadurch nicht genug innerbetriebliche Macht. Ohne innerbetriebliche operative Macht gewinnt das Marketing dann nicht genug strategischen Einfluss.

Abb.1-31

Bei *General Electric* gibt es die Funktion des **Chief Marketing Officers** (CMO), direkt dem CEO unterstellt und mit der Aufgabe, den „*Geist des Marketing in den Konzern zu tragen.*"

Die Frage ist, was ein Marketingleiter (**CMO = Chief Marketing Officer**) tun kann, um auf die höchste Managementebene aufzusteigen. Abb.1-31 formuliert hierzu zehn Empfehlungen.[91]

Eines der zentralen Hindernisse für Marketingkarrieren wurde noch gar nicht erwähnt. In den meisten Unternehmen „spielt die Musik" im Vertrieb und nicht im Marketing. So kommen wir nun zur wichtigen **Begriffsbestimmung für den Vertrieb**. Nach dem strategischen Marketingverständnis ist der Vertrieb ein Bestandteil des Marketing-Mix (s. Abb.1-45). Der Vertrieb/Verkauf folgt der Marketingstrategie. Dagegen arbeiten operativ betrachtet Marketing und Vertrieb mit ihren jeweiligen Aufgaben und Methoden auf Augenhöhe. Unternehmenskultur und Führungsstil entscheiden darüber, ob sie gute Kollegen oder Konkurrenten sind.

10 EMPFEHLUNGEN FÜR EINEN MARKETINGLEITER FÜR DEN AUFSTIEG IN DAS TOP-MANAGEMENT	
①	Erweitern Sie permanent und gezielt Ihre Kompetenzen (z.B. Controllingkenntnisse).
②	Übernehmen Sie zeitweise eine leitende Position in einem Schwellenland.
③	Sammeln Sie Erfahrungen in mindestens einem Geschäftsfeld außerhalb des Marketing.
④	Engagieren Sie sich in möglichst vielen marketingfernen Projekten.
⑤	Arbeiten Sie eng mit Kollegen aus zentralen Unternehmensfunktionen zusammen.
⑥	Zeigen Sie den Leitern der zentralen Unternehmensfunktionen, dass Sie gut mit Zahlen umgehen können und die Gesamtzusammenhänge im Unternehmen verstehen
⑦	Perfektionieren Sie Ihre Kommunikationsfähigkeiten.
⑧	Lernen Sie, schwierige Entscheidungen zu fällen.
⑨	Weisen Sie nach, wie Sie als CMO das Unternehmensergebnis positiv beeinflussen.
⑩	Suchen Sie sich einen Mentor auf Geschäftsführungs- bzw. Vorstandsebene.

Deshalb kann die Frage nach den Karrierechancen für Marketingleiter auch so beantwortet werden: Die besten Top-Management-Chancen haben marktorientierte Führungskräfte, wenn Sie in eine **Gesamtverantwortung für Marketing und Vertrieb** hineinwachsen, wie in Abb.1-33 dargestellt.

Bei der begrifflichen Abgrenzung zum Vertrieb steht das Marketing in engem Zusammenhang mit weiteren, marktlichen Begriffen der Unternehmenspraxis: **Absatz, Umsatz, Verkauf, Vertrieb**. Abb.1-32 bietet hierzu ein Glossar.

1.2.2. Die Abgrenzung von Marketing und Vertrieb nach strategischen und der operativen Aufgabenstellungen

Cirka sieben bis acht Tausend Studenten (schätzungsweise 20 % aller BWL-Diplomanden) verlassen jährlich Deutschlands Hochschulen mit einer Spezialisierung im Studienschwerpunkt (Hauptfach) Marketing.[92] Sie studieren nach Prüfungsordnungen, die auf der von Amerika beeinflussten, strategischen Marketingphilosophie beruhen. MarketingabsolventInnen träumen den eben geschilderten Traum vom Aufstieg in das Top-Management.

---

[91] Monsees, (Spitze), in: ASW, 5/2009, S. 41
[92] Für ca 30.000 betriebswirtschaftliche Hochschulabsolventen schätzen wir folgende Schwerpunktverteilung: 30% Rechnungswesen und Controlling, je 20% in den Schwerpunkten Marketing sowie Finanzen / Banken und die restlichen 30% aufgeteilt auf die weiteren gängigen Schwerpunktinhalte; vgl. zu den Daten 1998: Risch; Sommer, (Jetzt oder nie), in: MM, 3/1998, S. 244.

Abb.1-32

> **Absatz**
> ist ein modernes Synonym für den von *Gutenberg* geprägten Begriff der **betrieblichen Leistungsverwertung**. Heute wird der Begriff Absatz i.d.R. auf die **Absatzmenge x** beschränkt.
>
> **Umsatz** (betriebeswirtschaftlich Umsatzerlöse)
> entsteht durch die durch Preise bewerteten Verkaufsmengen (Umsatz = Preis x Absatzmenge). Wenn Kunden nicht zahlen, führen Umsatzerlöse nicht zu finanziellen Einnahmen.
>
> **Vertrieb** („veraltet": Distribution; auch **Verkauf im weiteren Sinne**)
> Der **Vertrieb / die Vertriebspolitik** (Praxisbegriff: **Vertriebsmanagement**) umfasst alle Funktionen und Tätigkeiten, Methoden und Instrumente, Strukturen und Abläufe (Prozesse), Funktionalitäten und Systeme zur Gewinnung von Aufträgen (**Umsatzgenerierung**), zur **Kundensicherung** und zur **Warenbereitstellung**,
> 1. durch eine Gestaltung des **Vertriebssystems**, bestehend aus **Verkaufsform**, **Vertriebsorganisation** und **Vertriebssteuerung**,
> 2. durch die Gewinnung, Pflege und Sicherung (Bindung) von Kunden (= **Verkaufspolitik** i.e.S. = die **akquisitorische Komponente des Vertriebs**)
> 3. und die Bereitstellung von Gütern und Dienstleistungen in der richtigen Menge am richtigen Ort zur richtigen Zeit (die **logistische Komponente** des Vertriebs = **Distributionslogistik**, Vertriebslogistik oder seltener Marketing-Logistik).
> 4. Mit der Vertriebspolitik ist in vielen Märkten die Aufgabe der Gewinnung und Führung von Vertriebspartnern und der Organisation der Absatzwege verbunden (**Vertriebskanalpolitik, Absatzwegepolitik, Vertriebspartnerpolitik**).
> 5. In größeren Unternehmen erhält das Vertriebsressort oft ein eigenständiges **Vertriebscontrolling**.
>
> Beim Vertriebschef liegt die Gesamtverantwortung einer Unternehmung für die marktbezogenen Zielgrößen Absatz, Umsatz, Vertriebsergebnis, Marktanteil und für qualitative Ziele, wie z.B. Kundenzufriedenheit.
>
> **Verkauf** (im engeren Sinne)
> Verkaufen ist die **Grundfunktion des Vertriebs** und umfasst alle direkt auf einen Verkaufsabschluss (Umsatzgenerierung) gerichteten Aktivitäten. Der Verkauf kann persönlich (Außendienst) oder unpersönlich erfolgen (Telefon, PC, Versandhandel). Kleinere Unternehmen verwenden oft Verkauf und Vertrieb synonym.
>
> **Marketing**
> 1. bedeutet als **strategisches Marketing** die Ausrichtung aller Unternehmensfunktionen auf den Markt (= auf Kunden, Vertriebspartner, Wettbewerber, Technologien, Umwelt) unter dem **Primat des Marktes** (kundenzentrierte Geschäftsphilosophie),
> 2. umfasst als **operatives Marketing** die typischen Aufgabengebiete einer Marketingabteilung: **Marktforschung**, **Marketing-Services** (z.B. Produktmanagement, Verkaufsförderung) wie **Marketingkommunikation** (PR, Werbung, Katalogwesen, Messewesen, Event-Management).
>
> In Deutschland wird der Marketingbegriff leider oft einseitig operativ ausgelegt und bezieht sich dann nur auf typische Aufgabengebiete der Marketingabteilung, vor allem auf Werbung.
>
> Für das Marketing im strategischen Sinne steht auch der Begriff marktorientierte Unternehmensführung. Zu einer marktorientierten Unternehmensführung (**ganzheitliches Marketing**) gehören nach dem **Triadenkonzept** (1) eine Marktstrategie des Managements, (2) ein Vertrieb, der innerhalb der anderen betrieblichen Funktionen (Abteilungen) mindestens gleichberechtigt ist und (3) ein geachteter Marketing-Service durch die Marketingabteilung und von Seiten externer Dienstleister.

„Marketing und Werbung ist genauso sinnig wie Obst und Äpfel." Kritik von Weeser-Krell darüber, dass Marketing in der Praxis oft mit Werbung gleichgesetzt wird. (zit. in ASW, 4/1998, S. 123)

Hochschulabsolventen werden aber nicht gleich Unternehmenschef. Ihr Praxisschock ist oftmals gross, wenn sie in die „Niederungen der Operative" eintauchen, auf einen Arbeitsplatz mit Postein- und -ausgang gesetzt werden und ihre Visitenkarte mit Funktionsbezeichnung erhalten. Dann werden sie feststellen:
(1) In der Praxis dominiert die operative Sichtweise: Marketing und Vertrieb teilen sich klar definierte Aufgaben, wie der untere Teil der Abb.1-33 zeigt.
(2) **„Vertrieb schlägt Marketing"**: Auf einen Arbeitsplatz in der Marketingabteilung kommen bis zu fünf Mitarbeiterstellen im Vertrieb.
(3) Marketingmitarbeiter gelten oft noch immer als „Exoten" (Spezialisten), die sich mit **Werbung, PR, Verkaufsförderung,** sowie beratenden Funktionen wie **Marktforschung, Produktmanagement** und **Markenführung** beschäftigen.

„Einer unserer Erfolgsfaktoren ist, dass Marketing und Vertrieb von einem Vorstand verantwortet werden." (A. Küchle, Wüstenrot und Württembergische AG, zit. in ASW 5/2009, S. 38).

Es leuchtet ein, dass eine gute Zusammenarbeit zwischen den beiden Ressortleitungen eine Grundvoraussetzung für den Markt- und damit Unternehmenserfolg bildet. Im Gegensatz zu unserem Konzept sieht *Ahlert* sogar noch das Markenmanagement als ein eigenes Ressort. Dem wollen wir nicht folgen. Markenpolitik (Branding) ist und bleibt Top-Verantwortung der Marketingleitung. Zustimmen möchten wir *Ahlert* aber, wenn er sagt: *„Das Triumvirat von Vertriebs-, Marketing- und Markenmanager ist kein Anachronismus, sondern das „Gebot der Stunde"".*[93]

Die operative Trennung von Marketing und Vertrieb kommt auch gut in den Stellenanzeigen der Tageszeitungen und in den Anfragen von Headhuntern zum Ausdruck. Die Praxis vertritt die Meinung: **Wir leben vom Verkauf, und das Marketing arbeitet zu** (in den in Abb.1-33 aufgeführten Funktionen). Deshalb sind Verkauf und Marketing oft gleichberechtigt einem Marketing- und Vertriebsleiter unterstellt.

Abb.1-33

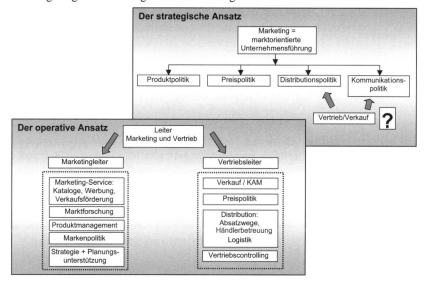

Ca. 25% der 30 Dax-CEO kommt lt. einer Untersuchung von *Odgers Berndtson* aus Marketing- und Vertriebs-Führungspositionen (vgl. Hinweis in ASW 11/2009, S. 6).

Auch Arbeitsmarktstatistiken trennen nach der operativen Arbeitsplatzsicht Marketing und Vertrieb. Die Statistiken belegen, dass der Vertrieb mehr BWL-Hochschulabsolventen beim Berufsstart als das Marketing aufnimmt.[94] Den Marketing-Lehrstühlen wird deshalb vorgeworfen, dass sie durch eine Versteifung auf das strategische Marketing und durch eine **Vernachlässigung der Vertriebsmanagementausbildung** am Bedarf der Wirtschaft vorbei ausbilden. Die von der deutschen Marketingausbildung „verbildeten" Hochschulabsolventen seien deshalb nach Berufseinstieg überrascht, welche Karrierechancen sich ihnen im Verkauf bieten.[95]

Die Studierenden sollten sich aber durch diese Frage, **ob der Vertrieb im Unternehmensalltag zum Marketing gehört oder ihm neben- oder untergeordnet ist**, nicht verunsichern lassen. Entscheidend ist, dass an den Hochschulen überhaupt die Elemente der Kundenorientierung vermittelt werden. Im Endeffekt geht es immer um den Kunden und um die Instrumente einer marktorientierten Unternehmensführung.

---

[93] Ahlert, (Marketing und Vertrieb), 2005, S. 229
[94] Das Arbeitsfeld Marketing liegt deutlich hinter Finanzen/Controlling und Vertrieb/Verkauf: vgl. die jährlichen START-Statistiken von Staufenbiel für Hochschulabsolventen. Dadurch wird wieder die für Studierende im Schwerpunkt Marketing irritierende Trennung zwischen Marketing und Vertrieb signalisiert, die nicht der geltenden Prüfungsordnung entspricht.
[95] vgl. Gronwald; Rust; Schmalholz, (Von draußen), in: MM, 8/1999, S. 136-150

1.2.3. Das Gebäude der marktorientierten Unternehmensführung

a.) Das TRIADENKONZEPT des Marketing

Marktorientierte Unternehmensführung verlangt, die Gesamtunternehmung auf den Kunden hin auszurichten. Konsequente Marktorientierung führt zur **Marketing driven Company**. Was zeichnet eine Marketing driven Company aus, die die unternehmerische Denkhaltung (Philosophie) des Marketing verinnerlicht hat und bei der täglichen Kundenbetreuung beherzigt? *Meffert* gibt eine Antwort auf diese Frage. Er prägte den Begriff des **dualen Marketing-Führungskonzeptes** mit zwei zentralen Kriterien. Diese formulieren wir hier als Fragen:[96]

Das Leitkonzept von OBI: Wir wollen Olympiasieger sein in der Disziplin "Dienst am Kunden". (www.obi.de)

① Entscheidet und handelt die Geschäftsführung (Top-Management) nach einem marktorientieren Leitkonzept und koordiniert sie kundenorientiert (bedürfnisorientiert) alle betrieblichen Funktionsbereiche?

② Operiert das Marketing gleichberechtigt innerhalb der betrieblichen Funktionsbereiche (innerhalb der Abteilungen / Ressorts)?

Meffert u.a. übersehen allerdings in Hochschultradition die starke Rolle des für die primäre Wertschöpfung zuständigen Vertriebs. Wir sprechen deshalb lieber von einem **triadischen Führungskonzept unter Einbezug des Vertriebs**:

(1) Nach diesem bleibt es bei der Hauptforderung *Mefferts* nach einem von der Geschäftsführung vorgelebten marktorientierten Leitkonzept.

(2) Die Anforderung ② von *Meffert* wird auf den Vertrieb fokussiert. Mutig gesagt: Der Vertrieb sollte <u>mindestens</u> gleichberechtigt im Rahmen der betrieblichen Funktionsbereiche sein. Er sollte sogar Priorität in betrieblichen Entscheidungssituationen bekommen, wenn es um Kundennutzen und Marktanteile geht.

(3) Ein dritter Punkt respektiert die Rolle der Marketingabteilung. Marktorienterte Unternehmensführung verlangt nach einen geachteten Marketing-Service, der alle betrieblichen Bereiche mit marktbezogenen Informationen und Dienstleistungen (Strategie, Kommunikation, Verkaufsförderung) versorgt.

b.) Der EXPANSIONSPFAD des Marketing

Abb.1-34

Das Schicksal der dot.coms aus der **New Economy** hat gezeigt, was passiert, wenn bei zu viel Marketing das Verkaufen vergessen wird. Der Lebenszyklus eines nachhaltigen Geschäftsmodells sollte also mit dem Verkaufen beginnen. Doch nur mit Abverkauf, ohne den Service des Marketing, wird die Unternehmung auch keine Zukunft haben. Gewisse Marketingfunktionen sollten den Verkauf folglich von Anfang an be-

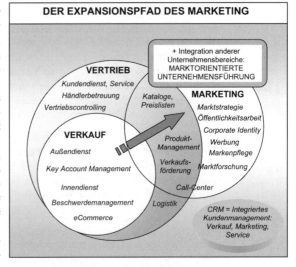

---

[96] vgl. Meffert; Burmann; Kirchgeorg, (Marketing), 2008, S. 12

gleiten. Diese Marketingfunktionen werden sich im Laufe des Unternehmenswachstums aus der Verkaufsarbeit heraus weiter entwickeln und zunächst dem Vertrieb sehr nahe sein (z.B. Kataloge, Messeaktivitäten, Verkaufsförderung). Ab einer bestimmten Unternehmensgröße wird das Marketing dann eine eigene Abteilung mit entsprechenden Kompetenzen beanspruchen. Aus dem Verkauf heraus und über die breiter gefasste Vertriebsfunktion hinaus kann sich das Marketing nun zu einem eigenständigen Ressort und zu einem strategischen Treiber für die Gesamtunternehmung entwickeln. Am Ende des Expansionspfades ist das (strategische) Marketing zum Kapitän einer marktorientierten Unternehmensführung herangereift. Abb.1-34 veranschaulicht den Weg der Marketingemanzipation.

c.) Die Elemente der Marktorientierung

Marktorientierung ruht nach Abb.1-35 auf fünf Säulen:

(1) Im Zentrum stehen die Kunden mit ihren Erwartungen und Wünschen. Marktorientierung beruht somit vor allem auf **Kundenorientierung** (auch **Kundenzentrierung**).

(2) Die **Technologieorientierung** verfolgt das Ziel, Produkte und Services auf technologisch höchstem Stand zu halten.

(3) Die **Wettbewerbsorientierung** analysiert das Marktverhalten der Konkurrenz und schafft gegen die Konkurrenz Wettbewerbsvorteile.

(4) Die **Vertriebspartnerorientierung** soll die für den Markterfolg notwendigen Vertriebspartner in den Absatzwegen suchen und sichern.

(5) Die betriebswirtschaftliche **Ergebnisorientierung** spielt **Wachposten** für alle Marktaktionen. Sie verlangt, alle Ressourcen und Potenziale der Unternehmung betriebswirtschaftlich mit den Markterfordernissen in Einklang zu bringen. Bei aller Marketing-Euphorie darf nicht vergessen werden, dass „am Ende des Tages" Cash-Flows, Renditen und (Bilanz)-Ergebnisse zählen!

Abb.1-36 enthält zehn Anforderungen an eine marktorientierte Unternehmensführung.[97] Die Weichen hierfür muss die Unternehmensleitung stellen.

	10 ANFORDERUNGEN AN EINE MARKTORIENTIERTE UNTERNEHMENSFÜHRUNG	
①	Nutzenorientierung	⇨ Alle Anstrengungen sind auf Kundennutzen hin auszurichten
②	Verhaltensorientierung	⇨ Marketing muss das Käuferverhalten der Zielgruppen beachten
③	Informationsorientierung	⇨ Keine Marktentscheidung ohne solide Informationsbasis!
④	Strategieorientierung	⇨ Marktentscheidungen sollten auf langfristigen Strategien beruhen
⑤	Aktionsorientierung	⇨ Systematisches Agieren statt hektisches Reagieren im Markt!
⑥	Segmentierungsorient.	⇨ Käuferschichten segmentieren! Kein Marketing mit der Gießkanne!
⑦	Prozessorientierung	⇨ Kundenprozesse bereichsübergreifend integrieren!
⑧	Systemorientierung	⇨ Kundenprozesse sind IT-mäßig zu unterstützen (CRM, ECR, SCM)
⑨	Sozialorientierung	⇨ Marketing übernimmt eine Corporate Social Responsibility (CSR)
⑩	Umweltorientierung	⇨ Marketing trägt heute auch eine ökologische Verantwortung

---

[97] vgl. auch die Ausführungen von Meffert; Burmann; Kirchgeorg, (Marketing), 2008, S. 12-17

Abb.1-37 Ein Forschungsprojekt der *Universität Bremen* mit dem *BBDO* misst den Grad der Marktorientierung deutscher *DAX*-Unternehmen nach folgenden Kriterien: (1) Wie gewinnen Unternehmen Marktinformationen, wie verbreiten sie sie und wie reagieren sie auf sie, (2) wie konsistent sind die Unternehmensstrategien und (3) wie hoch ist der Einfluss der Marketingabteilung auf Unternehmensentscheidungen? Auch Faktoren wie Innovationsfähigkeit und Risikobereitschaft werden erfasst. Abb.1-37 zeigt die so ermittelte Rangliste der marktorientiertesten Unternehmen 2009.[98]

DIE 10 MARKTORIENTIERTESTEN DEUTSCHEN UNTERNEHMEN 2009

#	Unternehmen	Punkte
①	Volkswagen	⇨ 508 Punkte
②	Wüstenrot	⇨ 494 Punkte
③	Henkel	⇨ 484 Punkte
④	Kässbohrer	⇨ 479 Punkte
⑤	SMA Solar	⇨ 478 Punkte
⑥	Hawesko Holding	⇨ 474 Punkte
⑦	Pfleiderer	⇨ 471 Punkte
⑧	Siemens	⇨ 469 Punkte
⑨	Sartorius	⇨ 467 Punkte
⑩	ADIDAS	⇨ 464 Punkte

(Quelle: ASW, 5/2009, S. 35)

d.) Die Elemente der Kundenorientierung

> *„24365" – so lautet die Devise des Modeunternehmens Wormland. Sie symbolisiert die Verpflichtung aller Mitarbeiter, 24 Stunden täglich, an 365 Tagen an den Kunden zu denken und für ihn da zu sein."*[99]

Zentrales Element der marktorientierten Unternehmensführung ist der Kunde. Denn ihm „verdankt" das Unternehmen Beschäftigung (Absatz), Liquidität (Umsatz) und Wachstum (Gewinn). Damit Kundenorientierung erfolgreich verwirklicht werden kann, müssen nach Abb.1-38 **drei Erfolgsfaktoren für Kundenbeziehungen** zusammenwirken. Dieser Verbund wird auch als **Wirkungskette des Markterfolgs** bezeichnet.[100] Die Definitionen zu den einzelnen Bausteinen lauten wie folgt:

➡ **Kundenorientierung** kann auch treffend durch **Customer Excellenz** beschrieben werden: *„Customer Excellence ist das authentische Erfüllen oder Übertreffen konkreter und emotionaler Schlüsselerwartungen von Kunden, wo immer und wann immer sie in Kontakt mit dem Unternehmen treten."* (Definition der *CAS Software AG, Karlsruhe*)

➡ **Customer Intimacy** geht noch einen Schritt weiter und schafft es, einen tiefen emotionalen Zugang zu dem Interessenten oder Kunden zu finden. Ein Beispiel ist die Vision eines „third place" von *Starbucks*. *Starbucks* gibt dem Kunden die Vision eines weiteren Zuhauses neben Heim und Büro.[101]

➡ **Kundennähe** gibt dem Kunden das subjektive Gefühl, dass sich der Lieferant um ihn kümmert, seine Belange und Probleme ernst nimmt und den Kontakt und eine dauerhafte Beziehung sucht.

➡ **Kundenzufriedenheiten**: Die Zufriedenheiten des Kunden mit einer Kaufentscheidung (**transaktionale Zufriedenheit**) oder mit einer Geschäftsbeziehung (**dynamische Zufriedenheit**) können dann aus einer vom Kunden empfundenen Nähe gezielt beobachtet, gesichert und gestärkt werden ...

➡ **Kundenbindung**: ... und dies mit der Zielsetzung, den Kunden bei Wiederholungs- oder Zusatzkäufen an das eigene Angebot zu binden. Was bringt z.B. die beste Beratung im Fachhandel in der Innenstadt, wenn der Kunde den sperrigen Fernseher schlussendlich wegen eines fehlenden Parkplatzes bei einem Verbrauchermarkt vor der Stadt in seinen PKW hievt?

---

[98] vgl. Hermes, (Innovation), in: ASW 5/2009, S. 35-39
[99] vgl. Müller, (Kunden), in: TW v. 27.5.1999, S. 42
[100] vgl. Bruhn; Homburg, (Kundenbindungsmanagement), 2008, S. 10
[101] vgl. Aaker, (Strategic Market Management), 2005, S. 168

> Eine sehr wertvolle Bindung ist die **Kundenloyalität**[102]; zu verstehen als **freiwillige Bindung eines Kunden** an ein Produkt bzw. eine Marke, einen Lieferanten oder beziehungsorientiert an einen Verkäufer oder an eine Einkaufsstätte. Dementsprechend unterscheiden wir (a) **Produkt-/Markentreue**, (b) **Lieferanten-/Verkäufertreue**, (c) **Einkaufsstättentreue**.

Abb.1-38

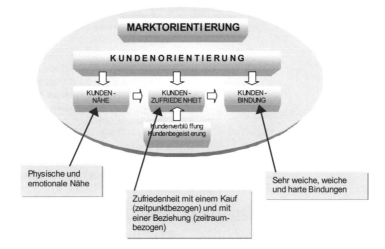

Namhafte Autoren stellen eine **Kundenloyalität** als eigenständiges Wirkungselement zwischen die Kundenzufriedenheit und die Kundenbindung.[103] Wir folgen dem nicht, weil wir die Loyalität für eine spezielle Unterform der Bindung halten. Kundenloyalität bedeutet freiwillige Bindung = die **Königsform der Kundenbindung**.

e.) Marketingorientierung versus Kundenorientierung

So ist die Notwendigkeit zu einer markt- und kundenorientierten Unternehmensführung jetzt aufgezeigt – aber auch die Einflussgrenze, an die das Marketing im Unternehmensalltag stösst. In deutschen Unternehmen wird das Marketing überwiegend auf der operativen Ebene kurzgehalten. Kundenorientierung wird in der Unternehmenspraxis vor allem vom Vertrieb umgesetzt. *John Quelch*, Professor der *Harvard Business School* in Boston, bestätigt diese Trennung zwischen marketing- und kundenorientierten Unternehmen auch für die USA. **Kundenorientierte Unternehmen seien heute die Regel, marketinggetriebene Unternehmen dagegen die Ausnahme**: *„Marketinggeführte Unternehmen wie Procter & Gamble sind sehr selten. Ich würde sagen, davon gibt es heute weniger als früher."*[104]

Der Begriff marktorientierte Unternehmensführung führt beide Bereiche zusammen. Der Weg zu einer markt- und kundengetriebenen Unternehmung kann durch das 8-Stufenmodell der Abb.1-39 beschrieben werden. Die Spannweite ist groß – von Automatenverkauf und Kundenfeindlichkeit bis hin zu einer Welt, in der die Kunden über Produkte, Preis und Kommunikation (mit)entscheiden und in der das Marketing eine Mitverantwortung für den Schutz der Umwelt und gesellschaftliche Werte übernimmt.

---

[102] vgl. Homburg; Giering, (Kundenloyalität), in: ASW, 1-2/2000, S. 83
[103] vgl. Bruhn; Homburg, (Kundenbindungsmanagement), 2008, S. 10
[104] Zitat John Quelch in: Seiwert, (Vitamin C), in: ASW, 7/2006, S. 16

Abb.1-39

1.3. Vom Handeln zur Unternehmenspolitik

1.3.1. Die Handlungsimpulse aus dem Markt

Wie kommt es zu marktorientierten Entscheidungen. Es gibt viele Ereignisse und Trends im Markt, die die Unternehmen zu Aktionen oder Reaktionen veranlassen. Wenn z.B. Umsatz- oder Ergebnisplanungen nicht erreicht werden, dann können Marktentwicklungen die Ursache sein. Oder betriebliche Ereignisse (z.B. Reklamationen, Produktänderungen); oder es sind Umweltauflagen, die Marktaktivitäten antreiben. *Kotler* beschreibt typische Nachfragekonstellationen und die dazu passenden Marktstrategien der Unternehmen.[105] Die Strategien sind durch den Einsatz von Marketing- und Vertriebsinstrumenten auf operativer Ebene umzusetzen.

Abb.1-40

NACHFRAGEABHÄNGIGE HANDLUNGSIMPULSE DER MARKTORIENTIERTEN UNTERNEHMENSFÜHRUNG			
Marktproblem	Aufgaben von Marketing und Vertrieb	Möglicher Strategiebegriff	Beispiele für Produkte
⇨ Fehlende Nachfrage	⇨ Bedürfnisse wecken	⇨ Anreiz-Marketing	⇨ Öko-Produkte
⇨ Stockende Nachfrage	⇨ Nachfrage beleben	⇨ Revitalisierungs-Mar.	⇨ Solaranlagen
⇨ Schwankende Nachfrage	⇨ Nachfrage stabilisieren	⇨ Stabilisierungs-Mar.	⇨ Osterhasen
⇨ Latente Nachfrage	⇨ Nachfrage entwickeln	⇨ Entwicklungs-Mar.	⇨ Küchencomputer
⇨ Optimale Nachfrage	⇨ Nachfrage erhalten	⇨ Sicherungs-Marketing	⇨ Handy´s
⇨ Über-Nachfrage	⇨ Nachfrage reduzieren	⇨ Reduktions-Marketing	⇨ Aktienüberzeichnung
⇨ Schädigende Nachfrage	⇨ Nachfrage eliminieren	⇨ Kontra-Marketing	⇨ Drogen

1.3.2. Von den Handlungsimpulsen zur Unternehmenspolitik

➡ Unternehmerisches Handeln bedeutet, im Rahmen geplanter Maßnahmen / Aktionen definierte Instrumente zur Zielerreichung einzusetzen.

Marktorientierte Unternehmensführung verlangt eine systematische Auswahl und Gestaltung der Werkzeuge zur Kundengewinnung, -betreuung und -sicherung. Zu bestimmen sind die **Instrumente von Marketing und Vertrieb**, nach der Theorie

---
[105] vgl. in Anlehnung an Kotler; Keller; Bliemel, (Marketing-Management), 2007, S. 34-35

Abb.1-41

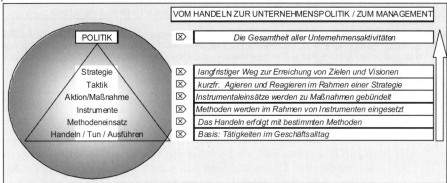

die **Aktionsvariablen**. *Gutenberg* prägte für die Gesamtheit aller Instrumente den Begriff des **absatzpolitischen Instrumentariums**.[106]

Wer gibt Führungskräften die geeigneten Instrumente? Antwort: Das Management ist selbst gefordert, die marktgeeigneten Grundbausteine des Tuns (Handelns) zu definieren und als Werkzeuge zu optimieren. Alle Instrumente zusammen bilden das Marketing- und Vertriebsinstrumentarium. Mit seinem Instrumentaleinsatz steht der Marketing- und Vertriebsbereich nicht im luftleeren Raum. Er ordnet sich in die Gesamtheit aller zielorientierten Unternehmensaktivitäten ein. Alle zusammen formen die **Unternehmenspolitik**. Abb.1-41 stellt die Instrumente in einer Hierarchie vom Tun über Aktionen, Taktik und Strategie bis hin zur Unternehmenspolitik dar. Oft werden die Begriffe Maßnahme und Aktion synonym gebraucht.

1.3.3. Das Marketing- und Vertriebsinstrumentarium

Um Marketing- und Vertriebsinstrumente besser steuern und kostenrechnerisch erfassen zu können, wird für sie eine Ordnung geschaffen. Abb.1-42 zeigt ausgewählte Instrumentaltypologien im Lichte eines strategischen Marketingansatzes.

In der Marketingtheorie hat sich das Schema der 4 P's von *McCarthy*[107] mit den Oberinstrumenten **Product, Place, Price** und **Promotion** bewährt. Dieses Buch folgt in den Hauptkapiteln dieser Systematik. Begrifflich nehmen wir allerdings einige Abweichungen zu den üblichen Übersetzungen Produkt-, Distributions- (Place), Preis- und Kommunikationspolitik vor. Jeder der Haupt-Instrumentalbereiche erfüllt bestimmte Aufgabenstellungen, wie Abb.1-43 zeigt.

Abb.1-42

Die Marketing- und Vertriebsinstrumente bilden den Werkzeugkasten für die Marktbearbeitung.

AUSGEWÄHLTE SYSTEMATIKEN FÜR MARKETING-MIX INSTRUMENTE (ohne Wertung)			
McCarthy 1960	Gutenberg 1965	Nieschlag / Dichtl / Hörschgen seit 1969	Kotler Stand 2007
- Product	- Produktgestaltung	- Produktpolitik	- Produkt- u. Markenpolitik
- Place	- Preispolitik	- Entgeltpolitik	- Dienstleistungspolitik
- Price	- Absatzmethode	- Distributionspolitik	- Preismanagement
- Promotion	- Werbung	- Kommunikationspolitik	- integrierte Kommunikation
Böcker 1972	Meffert (ca 1975?)	Homburg/Krohmer 2006	- Werbeprogramme
- Produktpolitik	- Produkt- u. Programmpolitik	- Produktpolitik	- Verkaufsförderung, PR
- Distributionspolitik	- Kontrahierungspolitik	- Preispolitik	- Verkauf, Verkaufsorg.
- Kommunikationspolitik	- Distributionspolitik	- Vertriebspolitik	- Distributionssystem
Becker 2006	- Kommunikationspolitik	- Kommunikationspolitik	- Handelsmanagement
- Angebotspolitik			- Warenlogistik
- Distributionspolitik			- Direkt- + Online-Marketing
- Kommunikationspolitik			

---

[106] vgl. Gutenberg, (Absatz), 1970, S. 123

Abb. 1-43

ZIELSETZUNGEN DER HAUPTINSTRUMENTE DES MARKETING
① LEISTUNGSPROGRAMMPOLITIK ⇨ Gestaltung bedürfnisbefriedigender Sachgüter, Dienst- und Serviceleistungen
② KONDITIONENPOLITIK ⇨ Marktgerechte u. kaufmännische Optimierung der finanziellen Kunden"opfer"
③ KOMMUNIKATIONSPOLITIK ⇨ Schaffung von Images, Aufmerksamkeiten, Erinnerungswerten und Kaufpräferenzen
④ VERTRIEBSPOLITIK ⇨ Umsatzgenerierung, Kundenbindung und Warenbereitstellung (Distribution)
Ein spezielles Marketinginstrument der Handelsunternehmen:
⑤ INFRASTRUKTURPOLITIK ⇨ Optimierung von Standorten/Verkaufsstellen (Outlets) im stationären Handel

Leistungsprogrammpolitik

Der in der Literatur vorherrschende Begriff Produktpolitik ist eng verwandt mit dem Begriff Produktion. Er erscheint wenig biegsam für den Einbezug von Dienstleistungen und Services. Er vernachlässigt zudem die Verbundwirkungen mit anderen selbst erstellten oder zugekauften Leistungen (Kaufteilen). Deshalb wird hier von Leistungsprogrammpolitik (im Handel: **Sortimentspolitik**) gesprochen. Zur Leistungsprogrammpolitik gehören folgende Unterinstrumente:

(1) die **Innovationspolitik**, die als Gemeinschaftsarbeit von Marketing, Vertrieb und Technik eine Unternehmung durch neuartige Materialien, Rezepturen, Produkte und Prozesse beständig in der Spitze des technischen Fortschritts halten soll,

(2) die **klassische Produktpolitik**, d.h. die Gestaltung eines einzelnen Produktes (oder einer Produktgruppe) einschließlich Verpackung,

(3) die **Programmgestaltung** (im Handel: Sortimentsgestaltung), d.h. die Bündelung von Produkten, Dienstleistungen, Kaufteilen und Handelsware,

(4) die **Dienstleistungs-** und **Servicepolitik**, d.h. die Ausgestaltung aller produktbegleitenden oder sachproduktunabhängigen Service- und Dienstleistungen einschließlich Anwendungstechnik und Kundendienst.

Konditionenpolitik:

Becker spricht der Preispolitik die Eigenständigkeit ab.[108] Den Faktor Preis vereint er mit der Produktgestaltung zur Angebotspolitik. Wir gehen diesen Weg nicht. Marktorientierte Unternehmensführung lebt von einem konstruktiven Konflikt zwischen der nach höchster Kundenzufriedenheit strebenden Produktgestaltung einerseits und der sich aus dem Marktpreisniveau und der Kalkulation ableitenden Preisfindung andererseits. Stellt man Leistungsangebotspolitik und Konditionenpolitik nebeneinander, bleibt dieser Konflikt griffiger.

Auf der anderen Seite verliert der „Katalogpreis" eines Produktes an Bedeutung. Die Preisgestaltungsräume schwinden im Zuge einer Normierung der Märkte. So degeneriert die Preisauszeichnung (z.B. ein Listenpreis) zu einem einzelnen Element innerhalb eines Spektrums von Konditionenbestandteilen. Früher stand allein der Preis für den Gegenwert, den der Kunde als Gegenleistung für die gekaufte Ware aufzubringen hatte. Heute wird der (Grund)Preis oftmals „augenwischerisch" niedrig angesetzt. Es sind dann andere Konditionenbestandteile, die den Charakter verdeckter und in ihren Auswirkungen auf die Zukunft verlagerter Opfer haben. Bekannt sind die Beispiele der nur scheinbar günstigen Softwarepreise oder der Handy-Preise von 1 Euro. Die Bindung des Kunden und die Folgekosten durch Updates oder monatliche Handygrundgebühren über 24 Monate sind Preisbestandteile, die in diesen Fällen weit höher liegen als der Grundpreis.

Deshalb wählen wir den Begriff Konditionenpolitik mit vier Instrumentalbereichen:
(1) **Grundpreis / Preislage**: Preisschild, Listenpreis, Tarifpreis, Katalogpreis, etc.,

---

[107] vgl. McCarthy, (Basic Marketing), 1960
[108] vgl. Becker, (Marketing-Konzeption), 2006, S. 487-488

(2) weitere, direkt mit **dem Preis verbundene Preisauf- oder -abschlägen**,
(3) sonstige **monetäre Konditionenelemente** (z.B. kostenlose Wartung),
(4) sonstige **nichtmonetäre Konditionenelemente** (z.B. Probefahrten).

Wie schon gesagt, in der Praxis liegt die Preishoheit beim Vertrieb und nicht beim Marketing und auch das nur scheinbar – denn das letzte Wort haben in der Praxis Finanz- und Rechnungswesen (das Controlling).

Der Ursprung des Distributionsbegriffs liegt in Lebensmittelverteilungsproblemen amerikanischer Farmer angesichts der Bevölkerungsexplosion in den Städten Ende des letzten Jahrhunderts.

Vertriebspolitik (Distributionspolitik) - Verkaufspolitik i.w.S.:
Forscht man nach, warum die Marketingliteratur den wenig kundenfreundlichen Begriff Distributionspolitik so inniglich liebt[109], dann wird man bei einer Definition der *American Marketing Association* (AMA) aus dem Jahre 1948 fündig:[110]
   „Marketing ist die Erfüllung derjenigen Unternehmensfunktionen, die den Fluss von Gütern und Dienstleistungen vom Produzenten zum Verbraucher bzw. Verwender lenken." (die beziehungslose Distributionsorientierung des Marketing)

Doch diesem Distributionsbegriff fehlen menschliche Beziehungen mit ihren Emotionen, die das **Verkaufen im Verdrängungswettbewerb** heute kennzeichnen. Mit Blick auf die Wirtschaftspraxis, insbesondere im Mittelstand, wollen wir deshalb den Begriff Vertriebspolitik dem der Distributionspolitik vorziehen – im Einklang z.B. mit *Homburg/Krohmer*.[111] Ausführliche Begründungen folgen im 6. Kapitel. Der **Vertrieb** (Distribution, Verkaufspolitik i.w.S.) sorgt für den Umsatz und für die Warendistribution. Die **Vertriebspolitik** umfasst alle Aktivitäten, die den Kunden zum Kaufabschluss führen und im Hinblick auf Folgekäufe binden (**Verkauf = akquisitorische Komponente**), sowie die Ware beim Kunden bereitstellen (**logistische Komponente**). Hinzu treten als ordnender Rahmen das **Vertriebssystem** und die Auswahl von und Zusammenarbeit mit Vertriebspartnern (**Absatzwegepolitik**).

Im einzelnen besteht die **Vertriebspolitik** aus
(1) dem **Vertriebssystem** mit (1) der Vertriebsorganisation, (2) der Gestaltung der Verkaufsform mit persönlichem und unpersönlichem Verkauf (letzterer z.B. als Automatenhandel, Versandhandel oder Verkaufen über das Internet) und (3) der Vertriebssteuerung (zuweilen auch noch aus einem Vertriebscontrolling),
(2) der **Verkaufspolitik** i.e.S., d.h. der Kundengewinnung (Akquisition) und der Kundenpflege (Kundensicherung – Kundenbindung) mit den Zielen der Umsatzgenerierung und Umsatzsicherung,
(3) der **Vertriebskanal**, **Vertriebspartnerpolitik** (Absatzwegepolitik),
(4) der **Vertriebslogistik**, d.h. der Warenverteilung (physische Distribution, Lieferservice), die in der Praxis allerdings nur selten organisatorisch dem Vertrieb unterstellt ist.

Kommunikationspolitik:
Jeder Verkaufsvorgang beruht auf einem Austausch (Transfer) von Botschaften (Bild-, Sprach-, Tonbotschaften etc.). Es ist nicht möglich, nicht zu kommunizieren. Marktorientierte Unternehmensführung blickt weit über die traditionelle „Reklame" hinaus und schöpft das gesamte Spektrum der heute verfügbaren Kommunikationsmedien aus, um durch die Kraft der Bilder und Worte Aufmerksamkeiten zu erreichen und um Erinnerungswerte, Kaufanreize und Präferenzen zu schaffen. Als Unterinstrumente werden abgegrenzt:

---

[109] der in der Praxis vor allem im Konsumgüterbereich gängig ist, wenn Hersteller sich im Verkauf fremder Distributionsorgane (Großhandel, Einzelhandel) bedienen.
[110] Meffert; Burmann; Kirchgeorg, (Marketing), 2008, S. 10
[111] vgl. Homburg; Krohmer, (Marketingmanagement), 2009, S. 8

(1) die unternehmensbezogenen Instrumente der **Imagepolitik**: Public Relations / Corporate Identity (mit *Corporate Design, Corporate Behavior, Corporate Communication,* und *Corporate Culture*), sowie sonstige imagebildende Instrumente wie z.B. Sponsoring, Event-Marketing,
(2) die unpersönliche **Medienwerbung** in Film, Funk, TV (Klassik-Medien),
(3) die persönliche **Direktwerbung** (Direktmarketing),
(4) die **Verkaufsförderung** (Promotion, Messen, Ausstellungen).

Abb.1-45 ordnet nach diesem klassischen 4er-Schema einen Baukasten der Marketing- und Vertriebsinstrumente. Die Abbildung listet die Ober-, sowie weiter unterteilt Unterinstrumente auf, die im Rahmen von Maßnahmen / Aktionen zum Einsatz kommen. Diese werden ab dem 4. Kapitel beschrieben.

Mit der klassischen Vierer-Einteilung können die Marktaktivitäten der meisten BtoC- und BtoB-Branchen gut strukturiert werden. Es gibt aber sicherlich Marktbereiche, in denen andere Einteilungen sinnvoller sind. So könnte das absatzpolitische Instrumentarium für **Handelsbetriebe** wie folgt aufgebaut werden:

Abb.1-44

DER MARKETING-MIX FÜR HANDELSBETRIEBE	
Ober-Instrumente	Unter-Instrumente und Entscheidungsparameter
Standortpolitik	• Abgrenzung des Einzugsgebietes • Standortwahl • Außenbereich und Facility-Gestaltung
Verkaufsraumgestaltung (Instore-Management)	• Ladenlayout • Raumzuteilung • Regalorganisation
Sortimentspolitik	• Sortimentsbreite und -tiefe • Sortimentsentscheidungen
Markenpolitik	• Handelsmarken • Angebot von Markenartikeln
Preispolitik	• Preispositionierung des Gesamtangebotes • Sonderaktionen
Verkaufspolitik / Kundenpolitik	• Art der Ansprache und Behandlung von Kunden • Beratungsniveau
Kommunikationspolitik	• Werbung in Tageszeitungen • Instore-Promotion • Werbung im Außenbereich
Servicepolitik	• Art und Umfang von Service- bzw. Mehrwertleistungen

(*Quelle: in Anlehnung und Erweiterung von Liebmann; Zentes, Swoboda, (Handelsmanagement), 2008, S. 450*)

Marketing- und Vertriebsinstrumente sollen kunden- und gleichzeitig kostenorientiert zum Einsatz kommen. Um diesen Spagat zu bewältigen, sind eine Reihe von Fragen zu klären. Abb.1-46 bietet hierfür eine Fragen-Checkliste.

Strategie = die richtigen Dinge tun.
Taktik = die Dinge im richtigen Moment richtig tun.[112]

Wichtige Typen von Instrumentalentscheidungen sind zu beachten:
- **Strategische / operativ-taktische Instrumentalentscheidungen**. Strategische Entscheidungen bestimmen die „große Linie". Nach *Clausewitz* ist die Strategie die Lehre vom Krieg. Von der Markt- und Kundenstrategie hängt langfristig die Unternehmensexistenz ab. **Taktik** ist die Lehre von den einzelnen Schlachten, um den Krieg zu gewinnen.

---

[112] vgl. Kotler; Keller; Bliemel, (Marketing-Management), 2007, S. 88

Abb.1-45

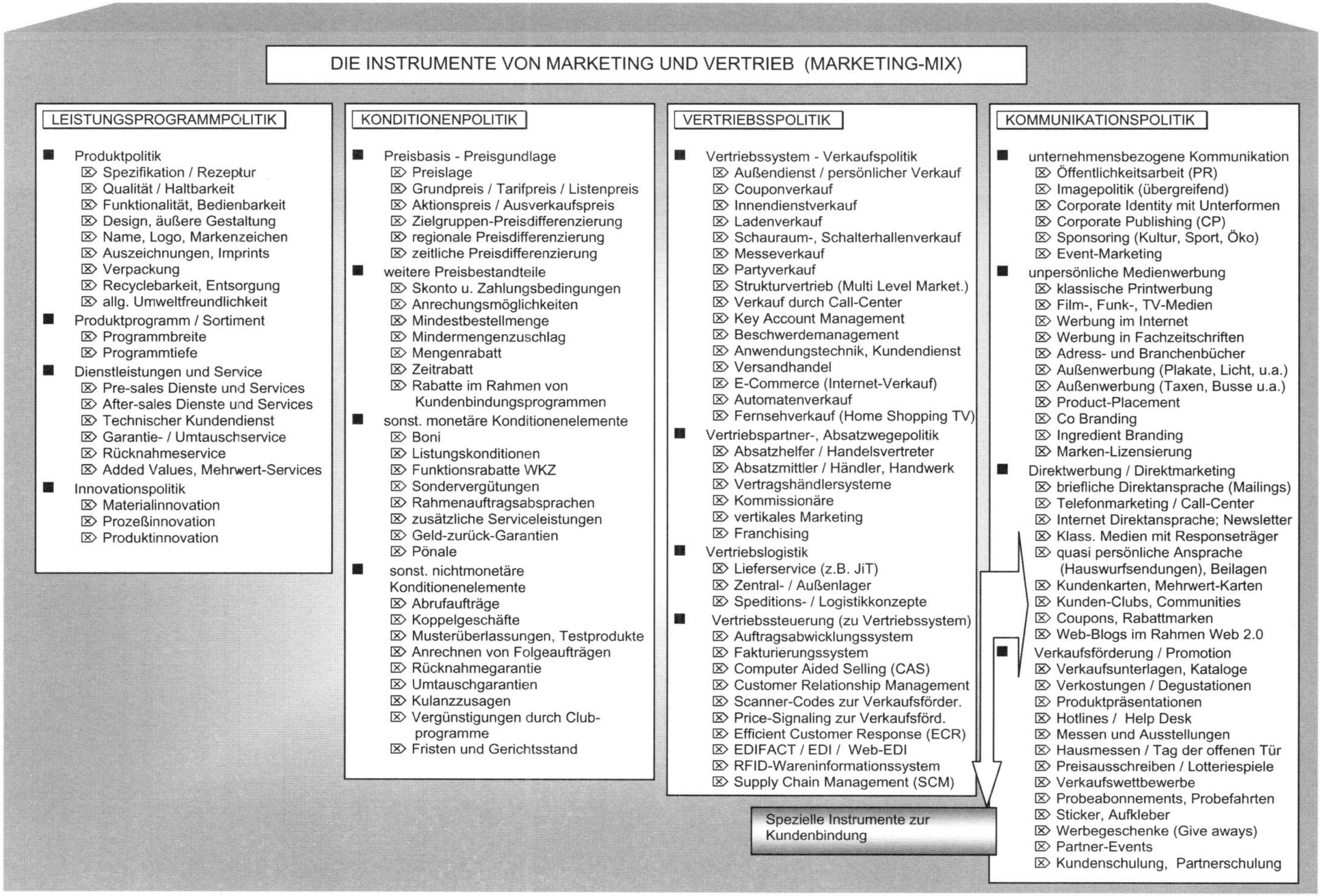

DIE INSTRUMENTE VON MARKETING UND VERTRIEB (MARKETING-MIX)

LEISTUNGSPROGRAMMPOLITIK

Produktpolitik
- Spezifikation / Rezeptur
- Qualität / Haltbarkeit
- Funktionalität, Bedienbarkeit
- Design, äußere Gestaltung
- Name, Logo, Markenzeichen
- Auszeichnungen, Imprints
- Verpackung
- Recyclebarkeit, Entsorgung
- allg. Umweltfreundlichkeit

Produktprogramm / Sortiment
- Programmbreite
- Programmtiefe

Dienstleistungen und Service
- Pre-sales Dienste und Services
- After-sales Dienste und Services
- Technischer Kundendienst
- Garantie- / Umtauschservice
- Rücknahmeservice
- Added Values, Mehrwert-Services

Innovationspolitik
- Materialinnovation
- Prozeßinnovation
- Produktinnovation

KONDITIONENPOLITIK

Preisbasis - Preisgrundlage
- Preislage
- Grundpreis / Tarifpreis / Listenpreis
- Aktionspreis / Ausverkaufspreis
- Zielgruppen-Preisdifferenzierung
- regionale Preisdifferenzierung
- zeitliche Preisdifferenzierung

weitere Preisbestandteile
- Skonto u. Zahlungsbedingungen
- Anrechnungsmöglichkeiten
- Mindestbestellmenge
- Mindermengenzuschlag
- Mengenrabatt
- Zeitrabatt
- Rabatte im Rahmen von Kundenbindungsprogrammen

sonst. monetäre Konditionenelemente
- Boni
- Listungskonditionen
- Funktionsrabatte WKZ
- Sondervergütungen
- Rahmenauftragsabsprachen
- zusätzliche Serviceleistungen
- Geld-zurück-Garantien
- Pönale

sonst. nichtmonetäre Konditionenelemente
- Abrufaufträge
- Koppelgeschäfte
- Musterüberlassungen, Testprodukte
- Anrechnen von Folgeaufträgen
- Rücknahmegarantie
- Umtauschgarantien
- Kulanzzusagen
- Vergünstigungen durch Clubprogramme
- Fristen und Gerichtsstand

VERTRIEBSPOLITIK

Vertriebssystem - Verkaufspolitik
- Außendienst / persönlicher Verkauf
- Couponverkauf
- Innendienstverkauf
- Ladenverkauf
- Schauraum-, Schalterhallenverkauf
- Messeverkauf
- Partyverkauf
- Strukturvertrieb (Multi Level Market.)
- Verkauf durch Call-Center
- Key Account Management
- Beschwerdemanagement
- Anwendungstechnik, Kundendienst
- Versandhandel
- E-Commerce (Internet-Verkauf)
- Automatenverkauf
- Fernsehverkauf (Home Shopping TV)

Vertriebspartner-, Absatzwegepolitik
- Absatzhelfer / Handelsvertreter
- Absatzmittler / Händler, Handwerk
- Vertragshändlersysteme
- Kommissionäre
- vertikales Marketing
- Franchising

Vertriebslogistik
- Lieferservice (z.B. JiT)
- Zentral- / Außenlager
- Speditions- / Logistikkonzepte
- Vertriebssteuerung (zu Vertriebssystem)
- Auftragsabwicklungssystem
- Fakturierungssystem
- Computer Aided Selling (CAS)
- Customer Relationship Management
- Scanner-Codes zur Verkaufsförder.
- Price-Signaling zur Verkaufsförd.
- Efficient Customer Response (ECR)
- EDIFACT / EDI / Web-EDI
- RFID-Warenerinformationssystem
- Supply Chain Management (SCM)

KOMMUNIKATIONSPOLITIK

unternehmensbezogene Kommunikation
- Öffentlichkeitsarbeit (PR)
- Imagepolitik (übergreifend)
- Corporate Identity mit Unterformen
- Corporate Publishing (CP)
- Sponsoring (Kultur, Sport, Öko)
- Event-Marketing

unpersönliche Medienwerbung
- klassische Printwerbung
- Film-, Funk-, TV-Medien
- Werbung im Internet
- Werbung in Fachzeitschriften
- Adress- und Branchenbücher
- Außenwerbung (Plakate, Licht, u.a.)
- Außenwerbung (Taxen, Busse u.a.)
- Product-Placement
- Co Branding
- Ingredient Branding
- Marken-Lizensierung

Direktwerbung / Direktmarketing
- briefliche Direktansprache (Mailings)
- Telefonmarketing / Call-Center
- Internet Direktansprache; Newsletter
- Klass. Medien mit Responseträger
- quasi persönliche Ansprache (Hauswurfsendungen), Beilagen
- Kundenkarten, Mehrwert-Karten
- Kunden-Clubs, Communities
- Coupons, Rabattmarken
- Web-Blogs im Rahmen Web 2.0
- Verkaufsförderung / Promotion
- Verkaufsunterlagen, Kataloge
- Verkostungen / Degustationen
- Produktpräsentationen
- Hotlines / Help Desk
- Messen und Ausstellungen
- Hausmessen / Tag der offenen Tür
- Preisausschreiben / Lotteriespiele
- Verkaufswettbewerbe
- Probeabonnements, Probefahrten
- Sticker, Aufkleber
- Werbegeschenke (Give aways)
- Partner-Events
- Kundenschulung, Partnerschulung

Spezielle Instrumente zur Kundenbindung

Abb.1-46

DIE 10 W-FRAGEN DES INSTRUMENTALEINSATZES
① Alternativen-Frage ⇨ Welche Instrumente sind einsetzbar / verfügbar?
② Auswahl-Frage ⇨ Welche Instrumente werden ausgewählt und eingesetzt?
③ Qualitäts-Frage ⇨ Wie sollen die Instrumente eingesetzt werden?
④ Quantitäts-Frage ⇨ In welchem Umfang werden die Instrumente eingesetzt?
⑤ Zeit-Frage ⇨ In welcher Häufigkeit und zeitlichen Reihenfolge?
⑥ Orts-Frage ⇨ Wo werden die Instrumente eingesetzt?
⑦ Kombinations-Frage ⇨ Wie werden die Instrumente kombiniert?
⑧ Budget-Frage ⇨ Welcher Kostenrahmen gilt für den Instrumentaleinsatz?
⑨ Erfolgs-Frage ⇨ Wie wird der Erfolg des Instrumentaleinsatzes gemessen?
⑩ Verantwortungs-Frage ⇨ Wer ist für Einsatz und Erfolg des Instruments zuständig?

Taktisch kann man eine Schlacht verlieren, wenn sich dafür am Ende des Tages der Gesamterfolg einstellt. In der Praxis bedeutet Taktik oft der listenreiche Instrumentaleinsatz in speziellen, schwierigen Situationen.

Operative Entscheidungen (das operative Geschäft) umfassen die Fülle der kurzfristig angelegten Alltagshandlungen. Sie sollten im Einklang mit den langfristigen Zielsetzungen und der Strategie stehen. Im operativen Geschäft versucht man oft, seinen Konkurrenten durch überraschende Taktiken Wettbewerbsvorteile abzuringen.

- **Langfristige / mittelfristige / kurzfristige Instrumentalentscheidungen.** Übliche Zeiträume für diese Unterteilung sind 5 - 20 Jahre / 3 - 5 Jahre / 1 - 3 Jahre. Die Zeiträume werden immer kürzer. Im operativen Alltag beziehen sich kurzfristige Entscheidungen oft nur auf Monats- oder Wochenfristen.

- **Einmalentscheidungen / repetitive (wiederholbare) Entscheidungen.** Instrumentalentscheidungen unter **Sicherheit** (in der Praxis Illusion), unter **Risiko** (Wahrscheinlichkeiten für zukünftige Umweltzustände sind in etwa abschätzbar) und Entscheidungen unter **Unsicherheit** (keine Risikowahrscheinlichkeiten absehbar; alle Zukunftsentwicklungen sind gleich wahrscheinlich).[113]

Abb.1-47 Für die Marketingtheorie ist die Instrumentalforschung von überragender Bedeutung. In der Praxis dagegen sind die Instrumente „nur" Mittel zum Zweck. Vordringlich haben Manager ihre Verantwortungsbereiche im Auge – die Planungseinheiten (z.B. Tochergesellschaften, Sparten, Geschäftsfelder, Produktgruppen, Artikel) – für die Ziele zu erfüllen sind. Zur Zielerfüllung werden Maßnahmen bestimmt, in deren Rahmen Methoden angewendet und Instrumente eingesetzt werden.

INSTRUMENTALZUSAMMENHÄNGE

Ziele für Planungseinheiten:
erfordern Durchführung von Maßnahmen
⇩
Erfolg von Maßnahmen:
erfordert den Einsatz von Instrumenten
⇩
Einsatz von Instrumenten:
dient der Zielerreichung der Planungseinheiten

Bsp.: Um den Bekanntheitsgrad der Produktgruppe Haarwaschmittel um 20 % zu steigern, wird als Maßnahme eine Werbekampagne durchgeführt, bei der die Instrumente TV-Spot und Anzeigenwerbung in abgestimmter Weise eingesetzt werden.

---

[113] zum Begriff der Entscheidungen und zu den unterschiedlichen Sicherheitsgraden vgl. Wöhe, (Einführung), 2008, S. 96-107

1.3.4. Die optimale Kombination der Instrumente (Marketing-Mix)

Marketing- und Vertriebsinstrumente wirken nicht isoliert voneinander. Sie beeinflussen sich, verstärken oder schwächen sich gegenseitig (positive oder negative **Synergieeffekte** (durch **Interkorrelation**) oder übertragen korrelativ Wirkungen auf andere Instrumente (**Carry-over-Effekte**). Ziel der marktorientierten Unternehmensführung wird es natürlich sein, Instrumente im Rahmen der geplanten Maßnahmen in einer bestmöglichen Kombination zum Einsatz zu bringen. Die Marktwucht eines Maßnahmenbündels sollte stets größer sein als die Addition der Einzelwirkungen der eingesetzten Instrumente (*2 + 2 = 5 Effekt*; auch **Synergieeffekt** genannt). Die Theorie träumt hierfür den Traum von einer simultanen Optimierung der Marketingmix-Instrumente. *Gutenberg* sprach von der *"optimalen Kombination der absatzpolitischen Instrumente"*.[114] *Borden* formulierte 1964 sein richtungsweisendes *"Concept of the Marketing-Mix"*.[115] Mathematische Modelle berechnen Optimallösungen, wie das Modell von *Dorfman und Steiner*.[116] Deren Theorem besagt nach den Erkenntnissen der klassischen Grenznutzentheorie:

> *Bei abnehmenden Erfolgsgrenzraten ist der Instrumentalmix optimal, wenn es egal ist, für welches Instrument die nächste Geldeinheit eingesetzt wird.*

Für die Grundlagenforschung ist dies wichtig. Die Praxis kann das Optimierungsideal jedoch kaum verwirklichen. Ein optimaler Marketing-Mix ist nicht zu bestimmen.

Wie aber wird ein Marketing-Mix in der Praxis gebildet?

- ⊠ Für eine Marktstrategie sind die Marketing- und Vertriebsinstrumente so aufeinander abzustimmen, dass sie sich gegenseitig, d.h. komplementär, fördern. Auf Abb.2-9 mit der Darstellung typischer Zielbeziehungen wird Bezug genommen.
- ⊠ Die Ausgestaltung des Marketing-Mix ist eine Kostenfrage. Im Normalfall führen die Einzelinstrumente einen harten Auswahlkampf gegeneinander (**Primat des Budgets**). Bsp.: *Wie sollen 5 Mio. Euro Werbebudget auf 3 Produktgruppen aufgeteilt werden?* Nur in (strategischen) Ausnahmefällen folgen Budgets den Instrumenten. Es gilt dann das **Primat der Strategie** *(Wir tun das, koste es, was es wolle...).*
- ⊠ Dieser Budgetkampf kann besonders dann dramatische Formen annehmen, wenn unterschiedliche Unternehmensbereiche betroffen sind. Das 8. Kapitel dieses Buches zeigt Wege auf, wie divergierende Ressortinteressen nach dem Postulat der marktorientierten Unternehmensführung geeint werden können.
- ⊠ Die Instrumentalzusammensetzung eines Marketing-Mix bleibt in der Praxis im Zeitablauf keineswegs konstant. Beeinflusst durch situative Umstände, durch das Marktverhalten der Konkurrenz oder durch Zieländerungen unterliegt der Mix ständigen Veränderungen. Man spricht auch vom **Phänomen der Moving Targets**. Beim Einsatz von Instrumenten muss eine ausreichende Flexibilität gewahrt bleiben.
- ⊠ Andererseits gibt es im Mix auch unveränderbare Größen, die sich einer kurzfristigen, optimierenden Veränderung entziehen. So sind Vertriebsmaßnahmen für Großkunden im Planungszeitraum oft vertraglich festgelegt, Marktpreise vorgegeben, Außendienstmannschaften über bestimmte Zeiträume als fixe Faktoren zu betrachten, und Verträge mit Werbeagenturen haben Kündigungsfristen.

---

[114] vgl. Gutenberg, (Absatz), 1984, S. 9 (Instrumentalvariablen), sowie S. 104 ff.
[115] vgl. Borden, (Marketing-Mix), 1965, S. 386-397
[116] vgl. Dorfman; Steiner, (Optimal Advertising), in: American Economic Review, 12/1954, S. 826-836

Für die marktorientierte Unternehmensführung steht der Begriff Marketing-Mix also nicht für ein "mathematisch" optimiertes Ganzes. Der Marketing- und Vertriebsmix ist schlicht das Bündel aller laufenden Marketing- und Vertriebsmaßnahmen.

1.4. Einsatz der Marketinginstrumente in verschiedenen Wirtschaftsbereichen

1.4.1. Marktspielregeln in der Konsumgütermärkten

Die Marketing- und Vertriebsinstrumente besitzen in der Praxis sehr unterschiedliche Bedeutungen, je nach Branche und Unternehmensgröße. Bestimmte Instrumentarien und Prozesse sind typisch für bestimmte Märkte. Welche Marktspielregeln gelten für die klassischen Marktbereiche?

Kotler bezeichnet die Konsumgüterindustrie als *Wiege des Marketing*. Im Zuge eines Marktwandels von Verkäufer- zu Käufermärkten waren Konsumgüterhersteller wie *Unilever* oder *Procter&Gamble* (im Jahr 1927) die Vorreiter, die mit wissenschaftlichen Programmen das Verbraucherverhalten erforschten und mit psychologischen Methoden zu beeinflussen versuchten. Spezielle Funktionen wie die **Marktforschung**, das **Produktmanagement**, das **Key Account Management** (KAM) oder die alle Marketingfunktionen umspannende **Markenpolitik** sind kennzeichnend für die Bearbeitung der Konsumgütermärkte. Generell gilt: **Mit zunehmender Qualität einer Markenführung (Branding) nimmt auch die Qualität der Marketingfunktion zu**. Das Problem ist nur, dass die Nutzung des Kundenwissens stark auf Produktgestaltung und Werbung beschränkt bleibt. Denn in Konsumgütermärkten dominiert der indirekte Vertrieb. Die Macht am Point of Sale (POS) hat der Handel.

Abb.1-48 bildet das Marktspiel in den klassischen Konsumgütermärkten ab:
- Zwischen Hersteller und Konsument operiert der Handel als Warenverteiler und Marktbetreuer (zu den Funktionen des Handels s. Abb.6-75). Der Verbraucher akzeptiert, nicht direkt vom Hersteller kaufen zu können. Dies gilt für die klassi-

Abb.1-48

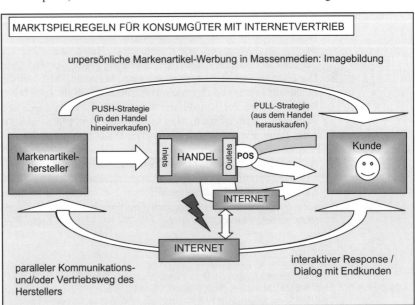

schen Konsummärkte. Im Rahmen des vertikalen Marketing sind jedoch auch Markenhersteller (z.B. in der Damen-/Herrenmode) zunehmend im Direktgeschäft (durch eigene Shops: **Business-to-Consumer**) engagiert.[117]
- Gleiches gilt, wenn Hersteller durch das **Internet** verstärkt Kontakte zu den Konsumenten suchen oder gar an sie verkaufen. **Konfliktpotenziale** liegen in der Abstimmung der Web-Strategien der Hersteller mit denen des Handels.
- Die Markenartikelhersteller streben nach breiter Marktabdeckung (**Flächendistribution**) über die Handelsschienen. Im Rahmen einer konzentrierten Schlüsselkundenbetreuung (**Key Account Management**) ringen sie mit den Einkaufszentralen (**Inlets**) der Handelskonzerne um Jahreskontrakte (**Push-Strategien**). Selbständige oder gruppengebundene Flächengroßhändler übernehmen dann die Weiterverteilung an die Einzelhandelsgeschäfte (**Outlets**).
- Eigene Außendienstler (Bezirksreisende) der Hersteller betreuen die Outlets in der Fläche verkäuferisch (Flächenvertrieb). Merchandiser pflegen die Regale.
- Durch klassische **Medienwerbung** schaffen die Hersteller Markenpräferenzen bei den Endverbrauchern. Ziel ist ein **Nachfrage-Pull-Effekt**: Die Verbraucher sollen die Produkte am POS gewissermaßen aus den Handelsregalen ziehen.
- Auch die **Verkaufsförderung** (Sales Promotion) liegt bei den Herstellern. Sie schulen und motivieren den Handel (**Handelspromotion**) wie auch die Endkunden (**Consumer-Promotion**, z.B. durch Verkostungen).
- Über Produktpreise kann der Verbraucher beim klassischen Konsumgut kaum verhandeln. Die Preispolitik am POS liegt offiziell beim Handel, trotz der **unverbindlichen Preisempfehlungen** der Hersteller.
- Bei **Convenience-Gütern** (Gütern des täglichen Bedarfs) spielt der Spontankauf eine große Rolle. Die marktorientierte Unternehmensführung muss demnach Kaufen zum Erlebnis machen, muss spontane Kauflust wecken.
- Bei **Shoppinggütern** (Güter des gehobenen Bedarfs) kauft der Konsument mit dem Produkt auch einen Lebensstil. Das Marketing muss also Produkte durch ein klares Lebensgefühl anreichern.
- Der Verbraucher erwartet Kaufanreize und Lebensstil-Gefühle. Hersteller und Handel wollen diese Erwartungen erfüllen - mit einem starken Gerangel um die Kostenverteilung in den Vertriebskanälen.

Die Spielregeln in den Vertriebskanälen sind weitgehend durch Machtverhältnisse bestimmt. Lange sah es so aus, als würden die großen Handelskonzerne angesichts der weiter fortschreitenden Konzentration immer stärker das Sagen haben. Das 6. Kapitel enthält hierzu besondere Ausführungen. Jetzt hoffen die Hersteller darauf, dass ihnen der Internet-Vertrieb neue Möglichkeiten zu direkten Kundenkontakten eröffnet. Ein *Bundesverband Direktvertrieb* versucht, immer mehr klassische Konsumgüter ohne Einschaltung des Handels zu vermarkten. Aber auch der Handel spricht mit Hilfe des Internets Kunden an und wirbt für Handelsmarken. Strategieabstimmungen werden notwendig. Der Trend geht zum **Multi Channel Marketing** im Sinne von CRM. Das Marktspiel wird auf jeden Fall vielfältiger und komplizierter. Kapitel 6.3.1.d. wird diese Überlegungen fortsetzen.

1.4.2. Marktspielregeln in den Geschäftsmärkten

In Abb.1-11 wurden bereits die Merkmale der Geschäftsmärkte dargestellt. In unterschiedlichem Ausmaß sind die Erfolgsregeln der Konsumgütervermarktung und speziell die der Markenführung mittlerweile von der Investitionsgüterindustrie übernommen worden.Volkswirtschaftlich ist es wichtig: **Die Nachfrage nach Industrie-**

---
[117] z.B. durch eigene Shops oder durch Werksverkauf (Factory Outlet). S. 6. Kapitel

gütern leitet sich stets aus der Konsumnachfrage ab. Immer steht am Schluss der Wertschöpfungskette ein Verbraucher, der
(1) entweder ein Konsumgut verbraucht oder gebraucht, das auf vorherigen Wertschöpfungsstufen auf technischen Anlagen hergestellt worden ist, oder
(2) ohne Eigentum ein Industriegut nutzt, das nicht in seinen Ge- oder Verbrauch übergeht (z.B. einen ICE-Abteilwagen oder ein Taxi).

Das Geschehen in den Industriegütermärkten stellt sich als mehrstufiger Marketing- und Vertriebsprozess dar. Abb.1-9 verdeutlichte dies bereits anhand der Wertschöpfungskette eines Airbus.[118] Es ist ein weiter Weg vom Rohstoff Stahl zum Düsen-Jet für die Urlaubsreise. Das Spannende: **Marketing und Vertrieb sind auf allen Ebenen der Wertschöpfungsketten präsent**. Produkte, die nur einmal verkauft werden (z.B. selbstgebrannter Schnaps oder selbstgebastelte Puppen im Direktverkauf an Freunde) sind die Ausnahmen. Wegen der Mehrstufigkeit beträgt das Transaktionsvolumen der Geschäftsmärkte das Fünffache des Konsumgüterverkaufs.

Gravierende Änderungen von Spielregeln treten z.B. auf, wenn Wertschöpfungsstufen zusammengefasst oder auseinandergerissen werden.[119] Ein Beispiel aus der Automobilindustrie: Im Rahmen neuer Einkaufsstrategien müssen viele Zulieferer jetzt an sog. **Systemlieferanten** liefern und nicht mehr direkt an die Automobilhersteller.[120] Dies bedeutet für sie ein Rückfall auf eine vorgelagerte Vertriebsstufe mit Verlust der direkten Großkundenbeziehung. Für die Unterlieferanten bringt der veränderte Lieferantenstatus erhebliche Risiken, aber durchaus auch Chancen mit sich.[121]

Geschäftsmärkte sind unter Bezug auf Abb.1-8, 1-9, 1-10 und 1-11 durch folgende **Besonderheiten** gekennzeichnet:
- **Psychologische Kaufvariablen verlieren (vordergründig) an Bedeutung**. Der Kaufbedarf ist weniger die Folge einer Bedürfnisweckung, sondern ergibt sich durch technische Notwendigkeiten (Ersatz eines Krans) oder durch die Entwicklung der Endnachfrage. Einkäufer dürfen auch oft nicht frei entscheiden, sondern müssen sich an Einkaufsrichtlinien halten. Außerdem spielen Emotionen dann keine Rolle, wenn ein Anbieter die geforderten technischen Spezifikationen eines Schlüsselkunden nicht erfüllen kann.
- Für das Verhältnis zwischen (Markenartikel)Industrie und Einkaufszentralen des Handels wie auch Industriegüterkunden gilt gleichermaßen: Die Beziehungspflege (**Relationship-Marketing**) wird zu einem wesentlichen Erfolgsfaktor, um als Lieferant langfristig im Spiel zu bleiben.[122]
- *Backhaus* bemerkt ein **Interaktionsparadigma**. Gegenstand der Industriemärkte sind "... *interaktiv verhandelte Leistungs- und Gegenleistungspakete unter Mitwirkung von Drittparteien (z.B. staatlichen Organen)....*"[123]
- Trotz „professioneller" Kundennähe wird die **Kundenbindung** schwerer, da nicht nur Einzelpersonen, sondern Abteilungen (Interessennetzwerke) zu betreuen sind. Verkaufs- und Technik-Teams (das **Selling-Center**) stehen den Ein-

---
[118] ein analoges Beispiel aus dem Bereich der Konsumgüterindustrie (von der Textilfaser zum Kleidungsstück) ist zu finden bei Kotler; Keller; Bliemel, (Marketing-Management), 2007, S. 77
[119] Es deuten sich große Einschränkungen an, wenn im Zuge des Trends zum Supply Change Management (SCM) Einkauf- und Verkaufsprozesse immer mehr standardisiert werden.
[120] hierzu gibt es einen leicht verständlichen Überblick in: o.V., (Automobil-Zulieferer), in: ADAC-Motorwelt, 1/1998, S. 16-19
[121] vgl. die Diplomarbeiten von Schießl, (Unterlieferanten), 1998 sowie Maier, (Lieferantenpositionen), 1998
[122] vgl. Gummesson, (Relationship-Marketing), 1997 (englisch: 2. Aufl. 2006)
[123] vgl. Backhaus; Voeth, (Industriegütermarketing), 2007, S. 12

kaufsteams (das **Buying-Center**) gegenüber. In BtoB ist **Networking** angesagt.
- Instrumente der **vertraglichen Kundenbindung** (z.B. vertragliche Vereinbarungen, Wartungsverträge, Modell-Lieferanteilsvereinbarungen) spielen eine wesentlich größere Rolle als bei Konsumgütern.
- In vielen Branchen ist ein **technischer Handel** zwischengeschaltet. Auch an ihn stellt der Industriekunde höhere Anforderungen (Beratungen, Reparaturservice) als im Standard-Konsumbereich (Diese Aussage gilt nicht für höherwertige Konsum-Gebrauchsgüter, wie Autos, Fernseher, Küchengeräte etc.).
- Technische Märkte sind fragmentierter; als Folge der Vielfalt technischer Anlagen, Komponenten und Teile (vom Staudamm bis zur kleinsten Schraube). **Die technische Welt ist ein Universum von Marktnischen.**
- Technische Geschäfte sind durchweg **international** ausgerichtet.
- Der Balanceakt für die marktorientierte Unternehmensführung liegt darin, **technische und kaufmännische Faktoren in einen Ausgleich** zu bringen. Beim Ketchup achtet die Hausfrau selten auf die Rezeptur. Bei Maschinen gelten dagegen Spezifikationen (specs) als Heiligtümer. Anders als im Konsumbereich können Industriekunden diese Spezifikationen vorgeben bzw. beeinflussen. Gemeinsame Entwicklungsprojekte von Hersteller und Kunde sind die Regel.
- Der Preis ist in weitaus stärkerem Maße Verhandlungssache als bei Konsumgütern. Oft werden Produkte sogar auf bestimmte Preisstellungen hin entwickelt oder produziert (**Target Pricing** im Maschinen- und Anlagenbau).
- **Direktwerbung** und **Fachmessen** dominieren gegenüber der breit angelegten, mit hohen Streuverlusten verbundenen Werbung in Massenmedien.
- Kaufentscheidungsprozesse laufen i.d.R. **länger**, sind **formalisierter** und bergen für beide Seiten **höhere Risiken**.
- Unter Kaufleuten gelten andere Gesetze und Vorschriften als in der Beziehung zwischen Kaufmann und Privatperson (HGB statt BGB).

1.4.3. Marktspielregeln im Handels- und Dienstleistungssektor

Auch der Handels- und Dienstleistungssektor, allen voran Banken, Versicherungen, Energieversorger, Telekommunikationsunternehmen, *Die Bahn* und die *Post AG*, bekennen sich heute zur marktorientierten Unternehmensführung. Eine besondere Herausforderung liegt im Wesen der Dienstleistung. Dienstleistungen sind nicht physisch greifbar. Ihr Wert ist nicht unmittelbar nachvollziehbar, und das Leistungsangebot - da nicht lagerbar - muss im Augenblick der Nachfrage verfügbar sein (vgl. noch einmal Abb.1-4).
- In der Konsumgüterindustrie spielen Handelsgruppen infolge eines Konzentrationsprozesses eine zunehmend gewichtigere Rolle. Konzerne wie die *Metro* oder *ALDI* geben den Lieferanten Marktspielregeln vor. Die Hersteller reagieren mit qualifiziertem **Key Account Management** und mit Strategien des **vertikalen Marketing**.
- Auch Handelsunternehmen formen an ihren **Images** und forcieren eigene Marken, die die klassischen Produzentenmarken unter Druck setzen.
- Die besondere Herausforderung für die marktorientierte Unternehmensführung liegt darin, **Dienstleistungen wie materielle Güter** in den Köpfen der Kunden zu verankern. Sehr gutes Beispiel sind die Imagestrategien von *Yellow* und *O₂*: *Strom ist gelb* und *O₂ can do*.
- Beim stationären Handel bzw. beim stationären Dienstleistungsgeschäft (Bankfilialen) muss die **Standortpolitik** (Ort, Art und Ausgestaltung des Verkaufsladens / des Outlets) als ein wichtiges und eigenständiges Marketing- und Vertriebsinstrument angesehen werden.

1.4.4. Marktspielregeln für Nonprofit-Organisationen

Bei nicht erwerbsmäßig ausgerichteten Organisationen liegen die Schwerpunkte der Marktarbeit in der **Verkaufs-** (Anwerben und Pflegen von Mitgliedern) und in der **Kommunikationspolitik** (Öffentlichkeitsarbeit und Imagebildung). Eine wichtige, steuerlich begründete Spielregel folgt aus dem **Postulat der Gemeinnützigkeit**. Politiker und Parteien, Kirchen und Sportverbände, Gewerkschaften und Vereine artikulieren satzungsgemäß ihre Verantwortung für den Bürger und die Umwelt. Hinter den Kulissen jedoch gelten für das Wirken (und manchmal auch für die Dotierung) der Organisationsführer, für die interne Organisation selbst und für das Marketing die gleichen professionellen Bedingungen und Anforderungen wie in Wirtschaftsunternehmen. Das betrifft auch Zielsetzungen und Entscheidungen auf Managementebene.

2. DAS MARKETING-MANAGEMENT

2.1. Grundbegriffe und Grundzusammenhänge

2.1.1. Management-Begriff und Management-Funktionen

Marketing- und Vertriebschefs, marktorientierte Unternehmensführer: Man bewundert sie als „Macher" und schätzt an ihnen vier Wesenszüge:
(1) die Bereitschaft zum Handeln und Entscheiden,
(2) eine damit verbundene systematische Vorgehensweise,
(3) die Bereitschaft, Verantwortung für Entscheidungen zu übernehmen und
(4) einen Führungsanspruch.
Synonym zum Managerbegriff wird von **Führungskräften** gesprochen.

Definiert werden Manager auf eine institutionale und eine funktionale Weise:[124]
- **Institutionell** durch die Zugehörigkeit zu Personengruppen, die Führungsaufgaben wahrnehmen; üblicherweise unterschieden in *TOP-MANAGEMENT / MIDDLE MANAGEMENT / LOWER MANAGEMENT*. Zum Top-Management werden in weiter Abgrenzung alle leitenden Angestellten, in engerer Abgrenzung nur geschäftsführende Gesellschafter, Vorstände, Geschäftsführer und Generalbevollmächtigte gezählt. Hinsichtlich ihrer hierarchischen Stellung im Betrieb gehören Marketing- und Vertriebschefs mindestens dem mittleren Management an.
- **Funktional** durch typische Führungstätigkeiten: *ZIELE SETZEN* + *PLANEN* + *ORGANISIEREN* + *FÜHREN* + *KONTROLLIEREN*; skizziert in Abb.2-1.

Managementaufgaben sind nicht nur den Führungskräften der Wirtschaft vorbehalten. Jeder von uns ist **Manager seines Lebens** und vollzieht unablässig Managementprozesse. So planen und organisieren Studenten (hoffentlich) ihren Hochschulalltag, ohne dass sie sich deshalb der Managementverantwortung (für sich selbst) immer bewusst sind. Man spricht in diesem Zusammenhang von **Metaprozessen**, die den betriebswirtschaftlich definierten Managementprozessen übergeordnet sind.

Abb.2-1

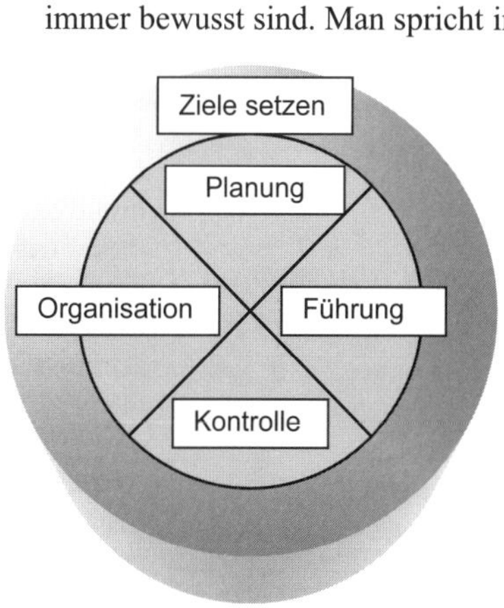

Zu den Metaaufgaben zählen Vorgänge wie Erkennen, Bewerten, Entscheiden, Durchsetzen; aber auch die bereits genannten Grundprozesse des Zielesetzens, Planens, Organisierens, Kontrollierens etc. Nicht managen würde bedeuten, in den Tag hinein zu leben. Von Führungskräften wird verlangt, dass sie besondere Stärken bei Metaprozessen in bester Weise auch auf geschäftliche Vorgänge übertragen können, um Marketing- und Vertriebsinstrumente so einzusetzen, dass Ziele für Planungseinheiten erfüllt werden. Innerhalb der Metaprozesse haben **Entscheidungsprozesse** eine herausragende Bedeutung. Spricht man in der Praxis von einer Managemententscheidung, dann ist meist die abschließende End-Entscheidung für ein komplexes und riskantes Unternehmensproblem gemeint. Die vielen kleinen Entscheidungen, die auf dem Weg dorthin zu fällen sind, also die Metaprozesse, werden nicht beachtet bzw. „gehen unter".

---

[124] vgl. zu dieser Abgrenzung und einer umfassenden Darstellung verschiedenartiger Definitionen dieses aus der Praxis geprägten Begriffs: Staehle, (Management), 1999, S. 71-95

Abb.2-2

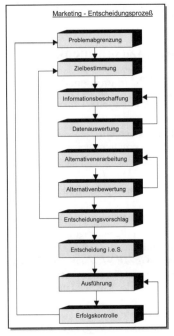

Abb.2-3

Abb.2-2 zeigt den typischen Ablauf eines **Meta-Entscheidungsprozesses**. Dargestellt sind die Bearbeitungsstufen zur Lösung eines Entscheidungsproblems. In Managementseminaren wird oft auf Metaprozessebene trainiert. Die Entscheidungsfreudigkeit und die Entscheidungsmethodik einer Führungskraft sollen verbessert werden. Eine gute Selbsterkenntnis der eigenen Stärken und Schwächen beim alltäglichen Entscheiden ist Grundvoraussetzung für ein erfolgreiches Arbeiten im Beruf.

Abb.2-3 verbindet Metaprozesse mit den höher verdichteten Managementprozessen. Beide Ebenen stehen über einer Instrumentalebene. Die Führungskraft entscheidet über den Einsatz von Instrumenten, die wiederum so einzusetzen sind, dass bestimmte Zielsetzungen für die betrieblichen Planungseinheiten erreicht werden. Ein Problem für die Führungskräfte liegt in der Praxis darin, dass ihr Erfolg hauptsächlich nach den Ergebnissen auf der Ebene der Planungseinheiten bemessen wird (z.B. Umsatz und Rendite eines ganz bestimmten Produktes). Mit welcher Qualität sie ihre Metaprozesse strukturiert und den Instrumentaleinsatz geplant und organisiert haben, danach wird kaum gefragt.

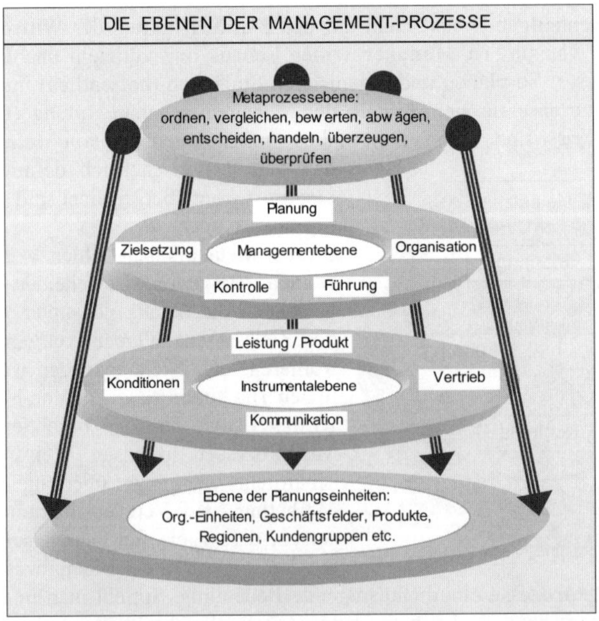

Eine Managementausbildung beruht folglich auf der grundlegenden Hypothese, dass Geschäftsergebnisse, also der Erfolg betriebswirtschaftlicher Entscheidungen, positiv mit der Qualität der Anwendung von Managementmethoden korreliert. Literatur und Wirtschaftspresse belegen aber immer wieder Beispiele von kaufmännisch erfolgreichen „Chaoten". Nur werden dann die Chaoten, die gescheitert sind, verschwiegen. Und es stellt sich die Frage, ob ein „Management by Zufall und Intuition" dauerhaft erfolgreich sein kann.

2.1.2. Marketing-Konzeptionen

Erst denken, dann handeln: Diese Worte beschreiben den Sinn des konzeptionellen Arbeitens. Bevor HochschulabsolventInnen in der Praxis operativ mitarbeiten, müssen sie sich durch Konzeptionen bewähren.

Marketing und Vertrieb benötigen Mitarbeiter, die nicht nur Kunden betreuen, sondern auch konzeptionell stark sind. Gute Konzepte schützen vor Pleiten. Das beweisen Existenzgründungsanalysen eindrucksvoll.[125]

> ➡ **Konzepte** beschreiben die Wege von Ideen zu deren Realisierung. Unternehmerische Konzeptionen sind die **gedanklichen Fundamente der marktorientierten Unternehmensführung**.
>
> ➡ Unter einer **Konzeption** oder einem Konzept wollen wir hier die umfassende, schriftliche Darstellung einer unternehmerischen Idee oder einer Vision verstehen[126], die unter bestimmten Annahmen in die Realität umgesetzt werden soll.

Im **Gegensatz zu einer Planung** ist eine Konzeption
- im Vorstadium konkreter Überlegungen, d.h. über ein Projekt ist (meistens) noch nicht entschieden,
- umfassender (Planung enthält oft nur die wesentlichen Schritte und Termine zur Zielerreichung),
- i.d.R. noch ohne Zielvorgabe (Oft dienen Konzeptionen einer Zielbestimmung, die dann dem Plan vorgegeben wird),
- weniger konkret als eine Planung, die eine detaillierte Realisierung der Konzeption durch Festlegung von Maßnahmen, Fristen und Verantwortlichkeiten im Auge hat.

Abb.2-4 zeigt mögliche Inhalte von Konzeptionen. Eine unternehmerische Gesamtkonzeption wird viele Elemente enthalten. Die konzeptionelle Alltagsarbeit sieht bescheidener aus. Sie beschäftigt sich nur mit einem oder mit einer Auswahl dieser Bausteine.

Konzeptionen werden in folgenden **Arbeitsschritten** erstellt:
(1) Das konzeptionell zu bearbeitende Thema wird zunächst einer **Ist-Analyse** unterzogen (Lagebeurteilung) und in seinen **Möglichkeiten** und **Grenzen** sowie **Chancen** und **Risiken** ausgelotet. (Schema der **SWOT-Analyse**: *Strengths*, *Weaknesses*, *Opportunities*, *Threats*; s. Abb.2-17).

A.2-4

INHALTE VON KONZEPTIONEN

Konzepte betreffend Lage und Trends für das technische und politische Umfeld (Ziel: Aktionen/Reaktionen auf Umfeld)
- Technologiekonzepte
- Wettbewerbskonzepte
- Konzepte zur Beeinflussung eigener Stärken und Schwächen
- Ökologische Konzepte

Konzepte für Unternehmensphilosophie und Unternehmensziele:
- Konzepte für Leitbilder und Leitlinien für die Geschäftspolitik: (*Policies* und *Practices*)
- Konzepte für Corporate Identity mit Corporate Design, Corporate Behavior, Corporate Communication
- CRM-Konzeptionen

Basisstrategie-Konzeptionen
- Marktsegmentierungs-/Zielgruppenkonzepte
- Marktgebietskonzepte
- Geschäftsfeldkonzepte
- Marktbeeinflussungskonzepte
- Marktpartnerkonzepte
- Wettbewerbskonzepte
- Technologiekonzepte; z.B. SCM
- Marktpositionierungskonzepte
- Marktentwicklungskonzepte, z.B. Wachstumskonzepte, Konsolidierungskonzepte und Rückzugskonzepte

Konzepte für den strategischen und operativen Einsatz von Instrumenten der marktorientierten Unternehmensführung
- Beschaffungskonzepte
- Leistungsprogrammkonzepte
- Preispolitische Konzepte
- Vertriebskonzepte
- Kommunikationskonzepte
- Markenpolitische Konzepte
- Personalpolitische Konzepte

Konzepte für die operative Planung und Budgetplanung für Planungseinheiten
- Auftragseingang / Auslastung
- Absatz (Menge)
- Umsatz
- Ergebnis
- Marktanteil
- Vertriebskosten
- Kundenzufriedenheit
- Kundenbindung
- Lieferservice

Konzepte für die Einführung, Implementierung und Durchführung von strategischen und operativen Aktionen

Konzepte für die Kontrolle und Zielsicherung während der Durchführung von Vorhaben und Projekten

---

[125] vgl. die interessanten Statistiken bei Geisen, (Gründungskonzept), 1999, S. 2
[126] Becker versteht unter einer Konzeption einen „schlüssigen, ganzheitlichen Handlungsplan („Fahrplan"), der sich an angestrebten Zielen („Wunschorten") orientiert, für ihre Realisierung geeignete Strategien („Route") wählt und auf ihrer Grundlage die adäquaten Marketinginstrumente („Beförderungsmittel") festlegt.": Becker, (Marketing-Konzeption), 2006, S. 5.

(2) Die Ist-Situation wird mit den **Soll-Vorstellungen** (bestehende oder neue Zielsetzungen) verglichen.

(3) Je nach **Abweichungen zwischen Soll und Ist** (den Gaps = Lücken) ist über **Handlungsprioritäten** und **Budgets** zu entscheiden.

(4) Es folgt die Planung von Maßnahmen / Aktionen zur **Schließung der Ziellücken** (der Soll-/Ist-Abweichungen) mit Bestimmung der dazu notwendigen Ressourcen und Kosten.

(5) Vor einer endgültigen Realisierung wird oft noch einmal abschließend über das Projekt entschieden (**Go-No-Entscheidung**).

(6) Es folgen **Organisation, Implementierung** (Einführung) und praktische **Durchführung** des Vorhabens (**Realisierung im Rahmen der Planung**) mit der erfolgsentscheidenden Aufgabe der **Mitarbeiterführung**.

(7) Ein **Kontrollprogramm** überwacht die Zielerreichung der Konzeption. Die Kontrolle führt wieder zurück in die Ist-Analyse. Führen Maßnahmen nicht zum Erfolg, wird u.U. die Planung revidiert. Wird das gesamte Vorhaben in Frage gestellt, muss die Konzeption überdacht werden.

Abb.2-5

Dieser in Abb.2-5 veranschaulichte Management-Regelkreislauf stoppt nie. Ziele halten die Prozesse am Laufen. Deshalb folgt jetzt der Blick auf das marktbezogene Zielsystem.

2.2. Marketing-Zielsystem (Zielpyramide)

2.2.1. Zielelemente

Ein **Ziel** ist ein bewusst angestrebter und erreichbarer Zustand. **Visionen** sind weiter entfernt liegende, noch unscharfe Zielvorstellungen. **Utopien** sind unerreichbare Visionen. Sie enthalten keine Zielelemente. **Spekulationen** haben den Charakter von Vermutungen. Der zielorientiert vorgehende, rational entscheidende Mensch entspricht einem Grundparadigma der Betriebswirtschaftslehre: dem Bild des **homo oeconomicus**. Dieser verfolgt das für alle Menschen geltende **Rationalprinzip**[127] nach kaufmännischen Regeln (das Rationalprinzip wird dann **ökonomisches Prinzip** genannt). Wirtschaftliches Handeln ohne Ziele scheint weit verbreitet zu sein, wie die Vielzahl hierfür geltender Managementbegriffe andeutet: *Management by Chaos, Management by Chance* (Zufall) oder *Management by muddling through,* wie die Engländer, oder *System-D* (se débrouiller), wie die Franzosen sagen.

Für Marktstrategien sind folgende **Zielbestandteile** zu definieren: **Zielinhalt** und **Zielobjekt** (z.B. Steigerung des Bekanntheitsgrades einer neuen Kaffeesorte), **Zielausmaß** (z.B. angestrebter Bekanntheitsgrad 30%) mit **Zeitbezug** (z.B. bis Ende 2013), **Zielgruppe** (bei Generation 50+) und oft auch ein regionaler **Zielmarkt** (z.B. Schweiz). Die besonderen **Herausforderungen** für die marktorientierte Unternehmensführung liegen darin,

---

[127] Dies bedeutet: ein gegebenes Ziel mit möglichst geringer Kraftanstrengung zu erreichen (= **Minimumprinzip**) oder mit gegebenen Mitteln möglichst viel zu erreichen (= **Maximumprinzip**).

Ein Weg zur Zielerreichung muss überprüfbar sein.

▷ dass in der Praxis sog. **Ober- und Unterziele** in **Zielpyramiden** zu steuern sind, deren Zusammenhang nicht verloren gehen darf,
▷ dass dabei Konflikte für die Führungskräfte zwischen firmenbezogenen und personenbezogenen Zielen zu entdecken und auszugleichen sind,
▷ dass Ziele (von oben) und Mittel (nach unten) nicht verwechselt werden dürfen
▷ und dass vor allen Dingen Ziele überprüfbar (operationalisierbar[128]) sein müssen. Ohne **Ziel-Operationalisierung** bleibt die Erfolgsmessung eine Angelegenheit persönlicher Einschätzungen durch den Vorgesetzten.

Folgende Zielarten sind im Rahmen einer **Zieltypologie** zu unterscheiden:
- nach dem Zeitraum **langfristige**, **mittelfristige** und **kurzfristige** Ziele,
- bzw. **strategische** und **operative** Ziele,
- nach der hierarchischen Verantwortung **Top-Management-**, **Middle-Management-** und **Lower-Management-Ziele**,
- nach der hierarchischen Über- oder Unterordnung **Ober-** und **Unterziele**,
- nach der Messbarkeit **quantitative** (harte) und **qualitative** (weiche) Ziele,
- nach der Optimierungsrichtung **Maximal-** und **Minimalziele**
- sowie **sachbezogene** und **personenbezogene** Ziele.

Mitarbeiterziele sind nach **SMART-Schema** zu vereinbaren: Ziele sollten **spezifisch (S)**, **messbar (M)**, **anspruchsvoll (A)**, **realistisch (R)** sein und **terminiert (T)** sein.

2.2.2. Übergeordnete Ziele der marktorientierten Unternehmensführung

a.) Oberste Zielebene: Vision - Mission - Firmengrundsätze

Abb.2-6

"Wenig anspruchsvolle Visionen locken keinen hinter dem Ofen hervor, andererseits werden unrealistische, zu hoch gesteckte Visionen wie Seifenblasen zerplatzen." (Michael Soeglin, Projektkoordination Zukunftsvision Siemens Konzern)

Abb.2-6 zeigt die Ebenen der Zielpyramide. Auf oberster Ebene entwickelt das Top-Management
(1) eine unternehmerische **Vision**, die sich in einer **Business Mission**[129], d.h. einer **Geschäftsidee** (Frage: *Wozu sind wir überhaupt da?*) und in **Firmengrundsätzen (Unternehmensleitlinien)** niederschlagen muss, um gelebt werden zu können,
(2) das zur Vision und zum Unternehmensauftrag passende Leistungsangebot (Frage: *Was sind unsere Kernkompetenzen; wie wollen wir uns mit unseren Produkten und Dienstleistungen von Wettbewerbern unterscheiden?*),

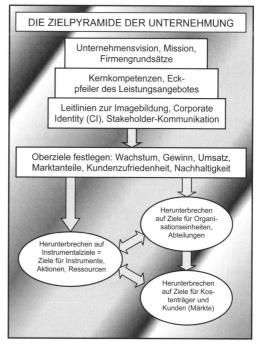

---
[128] zum Problem der Operationalisierung vgl. Hünerberg, (Marketing), 1984, S. 72
[129] die Mission konkretisiert den Unternehmenszweck: vgl. Becker, (Marketing-Konzeption), 2006, S. 39

Die alles entscheidende Frage: *Was wäre im Markt, wenn es uns als Firma nicht mehr gibt?*

(3) die grundsätzlichen Vorstellungen über das Unternehmensbild (Image), das in den Köpfen der Kunden und der Öffentlichkeit bestehen soll (Frage: *Welche Identität (= Corporate Identity) wollen wir uns geben, um in den Köpfen der Interessenten und Kunden mit positiven inneren Bildern verbunden zu sein?*).

Bestehende Visionen, Missionen und Leitbilder sind grundsätzlich zu überprüfen
- in Unternehmenskrisen bzw. bei anhaltender Unternehmensstagnation,
- in oder nach starken Wachstums- oder Schrumpfungsphasen,
- bei der Einführung von CRM-Systemen,
- bei Änderungen von Kapitalverhältnissen und bei den Gesellschaftern,
- bei einem Wechsel im Top-Management,

"Wer ein grosses Unternehmen aufbauen will, muss grosse Träume haben." (Howard Schultz, Starbucks[130])

Visionen setzen starke unternehmerische Kräfte frei. Um Mitarbeiter und Kunden wirklich zu begeistern, sollte eine Vision folgende Bedingungen erfüllen:
- Sie muss realisierbar sein (keine Utopie, keine Spekulation!).
- Sie wird glaubwürdig, wenn sie auf persönlichen Überzeugungen der Unternehmensleiter, der Führungskräfte und Mitarbeiter beruht.
- Sie muss "festgefahrene" Zustände nachhaltig verändern können.
- Dazu muss sie in einprägsame Leitbilder umsetzbar sein.
- Sie sollte dem Wettbewerbsumfeld angemessen sein, wie z.B. die Vision von NEC: „*future world leader in communications and computer*".[131]

Buchner formuliert ein **SPEZI-Modell** für starke Visionen:[132]
S = eine Vision muss **sinnlich** wahrnehmbar sein,
P = eine Vision muss **positiv** wirken, orientiert auf Aktivität und Attraktivität,
E = eine Vision muss **verwirklichbar** sein (s.o.),
Z = eine Vision muss im Zusammenhang mit dem unternehmerischen **Umfeld** stehen (Markt, Wettbewerb, Technik),
I = eine Vision muss gute Absichten integrieren können; gleichsam **integer** sein.

Große Visionen
Coca Cola: für jeden Menschen im Umkreis von 50 Metern erreichbar;
Microsoft: Ein PC in jedem Haushalt mit *Microsoft* Betriebssystem.

Visionäre werden bewundert, weil sie **retropolieren** können: Sie befreien sich von aktuellen Zuständen und Zwängen und stellen ihre eigene Situation und ihr Handeln in Frage. Sie wirken glaubwürdig und können ihre Führungskräfte mitreißen.
„*Wir fragten uns*", schreibt Bill Gates *in seinem Buch*, „*was wird sein, wenn Rechenleistung fast umsonst zu haben sein wird. Wir waren überzeugt, dass der Computer sich durchsetzen würde, durch billigere Rechenleistung und durch gute neue Software, die dieser ausnutzen würde. Wir setzten auf die erstere und produzierten die letztere, als sonst niemand daran dachte. Unsere Grundkenntnis machte alles andere ein bißchen einfacher. Wir waren zur rechten Zeit am rechten Ort. Wir waren als erste da, und unser Anfangserfolg gab uns die Möglichkeit, viele gescheite Leute anzuheuern. Wir bauten ein weltweites Vertriebsnetz auf und steckten den Gewinn in neue Produkte. Wir hatten von Anfang an die richtige Richtung eingeschlagen.*"[133]

Zu einer erfolgreichen Vision gehört natürlich auch Glück. Und Glück lässt sich nicht erzwingen!

Eine Vision muss in eine **Geschäftsidee (Geschäftsauftrag)** überführt werden. Englisch: **Business Mission**. Die Business Mission fixiert den unternehmerischen Grundauftrag verbindlich und gibt damit einen Rahmen für das Angebot an Sachgütern und Dienstleistungen vor.

---

[130] Hirn, (Rastlos), in: MM, 5/2001, S. 136
[131] vgl. Henzler, (Management), 1991, S. 38-39
[132] vgl. Buchner, (Vision), 1995, S. 21-25
[133] Gates, (Weg), 1997, S. 45

Geschäftsideen besitzen z.B. für Existenzgründungsprogramme eine hohe Bedeutung. *Rasner* definiert fünf **Anforderungen an eine erfolgreiche Geschäftside**:[134]
(1) Eine Geschäftsidee soll gezielt **Bedürfnisse**, **Wünsche** und **Sehnsüchte** der Kunden ansprechen.
(2) Eine Geschäftsidee soll vom **Kundennutzen** und nicht vom eigenen Können ausgehen (sollte das eigene Können auf Kundennutzen ausrichten: Anmerkung des Autors).
(3) Geschäftsideen sollten eine **Differenzierung zum Wettbewerb** ermöglichen.
(4) Eine Geschäftsidee kann durchaus ein **Wettbewerbsangebot kopieren**, muss dann aber deutlich besser sein.
(5) Geschäftsideen sollen mit langfristigen **Trends** in Einklang stehen.

Nicht selten bleiben die großen Visionen "im Herzen" der Unternehmensgründer (*Grundig*) bzw. lassen sich als Vision nicht griffig genug an Mitarbeiter und Öffentlichkeit kommunizieren. So ist es u.a. Aufgabe des Marketing, Unternehmensvisionen publikationsgerecht aufzubereiten.

Diese Überlegungen schlagen sich schriftlich in der **Unternehmensverfassung** (die Firmenbibel) nieder. Sie enthält als **Firmengrundsätze** bzw. -Leitlinien:
(1) die schriftlichen Ausformulierungen des **Unternehmensleitbildes**
(2) grundsätzliche Regelungen für das **Verhältnis der Unternehmung nach außen** (z.B.: *Wie stehen wir zu unseren Kunden, zu unseren Lieferanten, zur Umwelt?*),
(3) **unternehmensinterne Verhaltensgrundsätze** für die Führung von Mitarbeitern und für den Umgang miteinander.

Josef Ackermann schwörte die 90.000 Mitarbeiter der Deutschen Bank via Internet auf seine Leinlinien ein: www.manager-magazin.de /link/db-leitlinien/

Unternehmensgrundsätze sollen Mitarbeiter motivieren, nachhaltig sein und ein positives Image in der Öffentlichkeit prägen. Vor allem sollen sie zur Unternehmenskultur passen. Business Mission, Unternehmensleitbilder und Führungsgrundsätze sind deshalb Mitarbeitern, Kunden und Lieferanten gegenüber offen zu kommunizieren. Leider wirken die Unternehmensgrundsätze vieler Unternehmen wie „frisch aus dem Werbeflyer" und austauschbar. Werden Unternehmensvision und Geschäftsauftrag, Leitbilder und Führungsgrundsätze aber wirklich gelebt, dann bilden sie den **Kompass für eine Unternehmenskultur**. Ein konsistentes Bild in der Öffentlichkeit ergibt sich, wenn die Unternehmensverfassung in Affinität zu bestimmten **Meta-Bestimmungsfaktoren** einer Kultur steht:[135]
(1) Tradition und Firmengeschichte,
(2) Wünsche und Ansprüche von Gesellschaftern und Kapitalgebern,
(3) die Umweltsituation,
(4) vorhandener Spielraum für Ressourcen
(5) und die besonderen Kompetenzen der Unternehmung.

Das Werte-System von Daimler: **PRIDE** = Passion, Respect, Integrity, Discipline, Excellence.

Abb. 2-7 zeigt, wie der *Degussa Konzern* auf beispielhafte Weise diesen ideellen Überbau für die Unternehmensstrategie geschaffen hat.[136] Auch in Bezug auf die weitere Darstellung der Ziele der *Degussa* in den Geschäftsfeldern kann dieser Geschäftsbericht als perfekt beurteilt werden. Man beachte nur die Leitbegriffe der Schrift: *Innovation - Marktführung - Begeisterung - Kundennähe - Werte*. Dadurch möchte der Geschäftsbericht nachhaltige Impulse für die Erreichung der Firmenziele liefern.

---

[134] vgl. Rasner; Füser; Faix, (Existenzgründer-Buch), 1997, S. 52
[135] vgl. Kotler; Keller; Bliemel, (Marketing-Management), 2007, S. 90-94
[136] vgl. Degussa, (Fokus on Value), Geschäftsbericht 2001, S. 12-13

Abb. 2-7

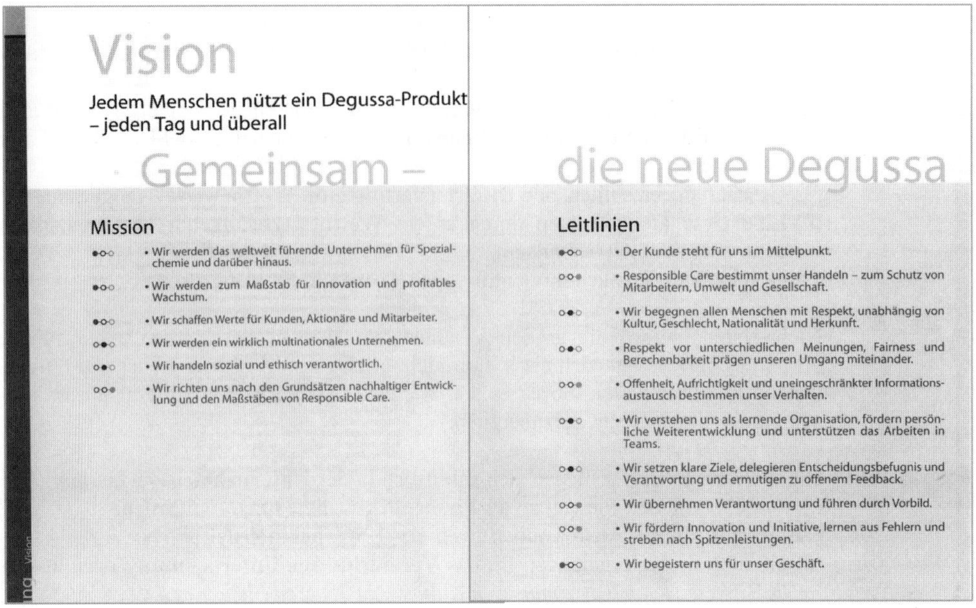

Vision
Jedem Menschen nützt ein Degussa-Produkt
– jeden Tag und überall

Gemeinsam – die neue Degussa

Mission	Leitlinien
• Wir werden das weltweit führende Unternehmen für Spezialchemie und darüber hinaus.	• Der Kunde steht für uns im Mittelpunkt.
• Wir werden zum Maßstab für Innovation und profitables Wachstum.	• Responsible Care bestimmt unser Handeln – zum Schutz von Mitarbeitern, Umwelt und Gesellschaft.
• Wir schaffen Werte für Kunden, Aktionäre und Mitarbeiter.	• Wir begegnen allen Menschen mit Respekt, unabhängig von Kultur, Geschlecht, Nationalität und Herkunft.
• Wir werden ein wirklich multinationales Unternehmen.	• Respekt vor unterschiedlichen Meinungen, Fairness und Berechenbarkeit prägen unseren Umgang miteinander.
• Wir handeln sozial und ethisch verantwortlich.	• Offenheit, Aufrichtigkeit und uneingeschränkter Informationsaustausch bestimmen unser Verhalten.
• Wir richten uns nach den Grundsätzen nachhaltiger Entwicklung und den Maßstäben von Responsible Care.	• Wir verstehen uns als lernende Organisation, fördern persönliche Weiterentwicklung und unterstützen das Arbeiten in Teams.
	• Wir setzen klare Ziele, delegieren Entscheidungsbefugnis und Verantwortung und ermutigen zu offenem Feedback.
	• Wir übernehmen Verantwortung und führen durch Vorbild.
	• Wir fördern Innovation und Initiative, lernen aus Fehlern und streben nach Spitzenleistungen.
	• Wir begeistern uns für unser Geschäft.

b.) Zielebene für Kernkompetenzen und Leistungsprogramm

"Wir haben eine klare Strategie. Wir werden das fortsetzen, was wir am besten können - aber wir werden es noch besser machen. Die Erfahrungen unserer hoch motivierten Mitarbeiterinnen und Mitarbeiter und das Potenzial unserer erfolgreichen Automobilmarken stehen dafür. Gleichzeitig werden wir unsere globalen Möglichkeiten und Aktivitäten nutzen, um die weltbesten Personenwagen und Nutzfahrzeuge in allen Segmenten und allen Märkten anzubieten."
(DaimlerChrysler Aktionärsbrief zum Jahreswechsel 2000/2001; im Schatten der damaligen Krise bei Chrysler)

Besitzt eine Unternehmung die Fähigkeiten, den durch Vision und Business Mission proklamierten Weg zu gehen? Wo liegen die **Kernkompetenzen**, d.h. die Stärken, die die planende Unternehmung von Wettbewerbern signifikant unterscheidet? Kernkompetenzen sind **Schlüsselfähigkeiten**, die folgende Anforderungen erfüllen sollten:
(1) Kernkompetenzen sollten ressort- bzw. geschäftsfeldübergreifend nutzbar sein.
(2) Kernkompetenzen sollten Zugang zu unterschiedlichen Märkten ermöglichen.
(3) Kernkompetenzen sollten von der Konkurrenz nur schwer imitierbar sein.
(4) Kernkompetenzen sollten Merkmale von Gütern und Dienstleistungen hervorbringen, die von den Kunden als sehr wichtig bewertet werden.
(5) Kernkompetenzen sollten stabil (dauerhaft) sein.

Unternehmen wie *GTE, NEC, Matsushita* und *Canon* haben, ausgehend von einem Zielsystem, ihre gesamte Konzernorganisation auf Kernkompetenzen ausgerichtet.[137] Es ist Ausdruck moderner Unternehmensführung, sich die fehlenden Kompetenzen im Wege des Zukaufs (Mergers and Aquisitions) zu beschaffen.

---
[137] vgl. Prahalad; Hamel, (Kernkompetenzen), in: HBM, 2/1991, S. 73-78

2. Kapitel: Das Marketing-Management

c.) Zielebene der Imagepolitik und der Corporate Identity (CI)

Der Unternehmenszweck und die Leitbilder liefern die Impulse zum gezielten Aufbau eines Unternehmensbildes in der Öffentlichkeit. Im Rahmen der alles umgreifenden Imagepolitik[138] erhält das Anstreben einer **unverwechselbaren Firmenidentität** (Corporate Identity) eine hohe Bedeutung. Corporate Identity will positive Bilder in den Köpfen von Mitarbeitern, Kunden und Öffentlichkeit durch Aufbau einer sprichwörtlichen **Unternehmenspersönlichkeit** erzeugen.[139] In die CI fließen der gegenwärtigen Zustand der Unternehmung, ihre Tradition, die Einstellungen der Führungskräfte und Mitarbeiter sowie die bisherige Unternehmenspolitik ein. Im Idealfall wird die Unternehmensidentität durch eine reale Persönlichkeit verkörpert. Die *Deutsche Post* bediente sich der Gebrüder *Gottschalk*, *E.On* warb mit *Monika Ferres* und *Beckenbauer* spielt das Zugpferd für O_2.

Es ist dabei eine wichtige Frage, ob die gewünschte Unternehmensidentität (**Selbstbild**) mit dem subjektiv im Kunden entstandenen Bild (**Fremdbild**) übereinstimmt (s. Abb.7-11). Dissonanzen zwischen gesteuerter CI und dem in den Verbraucherköpfen verankerten Marktimage lassen Marketingstrategien ins Leere laufen. Wir werden das Thema CI-Gestaltung später im Rahmen der Kommunikationspolitik behandeln (s. Abschnitt 7.4.2.).

d.) Zielebene der quantitativen und qualitativen Oberziele

Um von Visionen und Leitbildern zu konkreten Markthandlungen zu kommen, sind
(1) die Visionen und Leitlinien in **überprüfbare Oberziele** für die Gesamtunternehmung und für große Unternehmensbereiche umzusetzen und
(2) diese Oberziele auf operative **Planungseinheiten** herunterzubrechen (Top down Approach). Planungseinheiten sind „Zielträger". Die operativen Planungseinheiten übernehmen aus den Oberzielen die ihnen zugerechneten Zielbeiträge und starten einen rückmeldenden Zielabstimmungsprozess mit dem Management (Bottom up approach*)*, um deren Plausibilität zu diskutieren

Abb.2-8

QUALITATIVE UND QUANTITATIVE (OBER)ZIELE	
Qualitative (weiche) Ziele	Quantitative (harte) Ziele
• Existenzsicherung • Sozialer Betriebs"frieden" • Compliance-Ziele • Innovationskraft • Kompetenz, Wissen • Unternehmensimage • Markenbekanntheit • Markteinfluss, Macht • Mitarbeiterzufriedenheit • Kundenzufriedenheit • Kundentreue (Loyalität) • Ökologische Ziele • Soziale Ziele (CSR) • Ziele Unternehmensethik, auch mitarbeiterbezogen	• Gewinn, Deckungsbeitrag • Rendite (ROS,ROI,ROCE) • Eigenkapitalquote =EK/GK • Cash Flow (Liquidität) • Auftragseingang • Lagerbestand • Lieferzeiten, Lieferservice • Kapazitätsauslastung • Absatzmengen • Umsatzerlöse • Marktanteil Gesamtmarkt • Zielgruppen-Marktanteile • Wachstumsraten • Kosten(budget)ziele • Kostensteigerungsziele

Abb.2-8 stellt wichtige qualitative und quantitative Oberziele gegenüber. Die „weichen" Oberziele auf Geschäftsführungsebene (z.B. sozialer Frieden) und auf Marketingebene (z.B. Image) werden durch „harte", messbare Ziele (z.B. Marktanteile) ergänzt. Das Controlling spielt eine grosse Rolle bei den Zielsetzungen: Es bringt Kosten-, Effizienz- und Ressourcenziele in die marktorientierte Zielpyramide ein.

e.) Zielebene der Funktionsbereiche (Ressorts, Abteilungen)

Eine Produktionsunternehmung besteht aus den Funktionsbereichen (Ressorts) Beschaffung, Fertigung, kaufmännische Verwaltung, Marketing und Vertrieb. Bei einer funktionalen Unternehmensorganisation, wie sie in vielen kleinen und mittleren Unternehmen heute noch vorherrscht, sind diese Funktionsbereiche selbständige, ihr

---

[138] Begriffe und Zusammenhänge werden eingehend im 7. Kapitel erläutert
[139] vgl. zum CI: Homburg; Krohmer, (Marketingmangement), 2009, S. 803-804

Budget verwaltende Planungseinheiten. Das sog. Herunterbrechen der Oberziele auf die Ressorts erfolgt in der Weise, dass den umsatzverantwortlichen Abteilungen Erfolgs- und Kostenziele, den nicht umsatzverantwortlichen Ressorts dagegen nur Kosten- und Effizienzziele zugeordnet werden.[140] Doch zunehmend müssen auch traditionell nicht operative Abteilungen ihr Leistungsangebot außerhalb der eigenen Unternehmung vermarkten. So bieten z.B. das Rechenzentrum oder der firmeneigene Fuhrpark ihre Dienste betriebsextern an.

> *Weltweit Nr. 1 im Outsourcing ist IBM mit seinem Computer-Dienstleistungsunternehmen. Daimler tritt als Service-Komplettanbieter für Speditionsfirmen auf. Marriott führt Krankenhaus-, Hochschul- und Sportkantinen in eigener Regie.[141]*

So unterwerfen sich auch Arbeitsbereiche außerhalb von Marketing und Vertrieb marktwirtschaftlichen Erfolgskriterien. Eine ehemalige Stabsabteilung muss plötzlich selbst Marketing betreiben. Dies ist ein moderner Ausdruck von Marktorientierung.

f.) Zielebene der Geschäftseinheiten und Geschäftsfelder

Eine marktorientierte Unternehmensführung stellt nicht betriebliche Abteilungen in den Fokus, sondern markt- bzw. kundenbezogene Leistungsbereiche. Die Oberziele des Managements sind auf abrechnungsfähige Planungseinheiten zu verteilen:

(1) Herunterbrechen der Oberziele auf **organisatorische Unternehmenseinheiten**, d.h. auf Geschäftseinheiten = GE, strategische Geschäftseinheiten = SGE oder englisch: Buiness Units (BU) bzw. Strategic Business Units (SBU). I.d.R. handelt es sich um Konzernteile, Länder-, Tochtergesellschaften, Niederlassungen, Vertriebsabteilungen oder auf unterstem Level um Arbeitsstellen.

(2) Herunterbrechen der Oberziele auf **erfolgtragende Produktgruppen** und Einzelprodukte (kleinste Einheit: Kostenträger),

(3) Herunterbrechen der Oberziele auf **budgetierbare Planungseinheiten**, d.h. mit abnehmender Größenordnung auf Sparten, Geschäftsfelder (GF, SGF) oder Produkt- / Marktsegmente (PMS). Sehr oft wird zwischen Geschäftseinheit und Geschäftsfeld kein Unterschied gemacht. Ansonsten kann eine Geschäftseinheit in mehreren Geschäftsfeldern tätig sein.

(4) Herunterbrechen der Oberziele auf wichtige **Vertriebspartnergruppen**. Es gibt dann strategische und operative Zielvorgaben für Großhändler, Einzelhändler, Handelsvertreter, Agenten, Subunternehmer etc.

(5) Herunterbrechen der Oberziele auf wichtige **Kundengruppen** (Branchen, Zielgruppen). Oft wird auch von Geschäftstypen gesprochen (Consumer-Geschäft, Händler-Geschäft, OEM-Geschäft). Die **Kundenerfolgsrechnung** bereitet den Unternehmen in der Praxis damals wie heute besondere Probleme.[142]

Die einzelnen Ebenen der Zielzuordnung werden auch als **Planungsebenen** bezeichnet. Diese Planungsebenen stehen in enger Beziehung. Das Abrufen der Zielsysteme erfolgt in Computersystemen (Bsp.: **Business Warehouse** (BW) von *SAP*). Auf Knopfdruck sind, je nach Fragestellung, Auswertungen für jede gewünschte Planungsebene verfügbar. Die Summierungen über die Zielwerte aller Planungsebenen führen stets zum Wert des Oberzieles für die Gesamtunternehmung.

---

[140] Die nicht umsatzverantwortlichen Ressorts können allerdings durch Verrechnungspreise bewertet und leistungsorientiert gesteuert werden

[141] vgl. o.V., (Outsourcing-Boom), in: PM-Beratungsbrief v. 22.7.1996, S. 1

[142] vgl. zu den Gründen: o.V., (Kundenerfolgsrechnung), in: PM-Beratungsbrief v. 27.1.1997, S. 1. Hauptprobleme: 1. Probleme der Kostenzurechnung, 2. zu hohe Kosten, 3. EDV-technische Probleme, 4. zu geringer Nutzen, 5. Informationsüberlastung; gemäß einer empirischen Untersuchung der Gesellschaft für innovatives Marketing (GIM) in Nürnberg. Eine klassische Kundendeckungsbeitrags-Analyse zeigt Sidow, (KAM), 2007, S. 158-161

g.) Zielebene der Maßnahmen und Aktionen (Instrumentalziele)

Beim Herunterbrechen der Oberziele durch die Unternehmenshierarchie ergeben sich auf jeder Ebene Ziel-/Mittelbeziehungen. Maßnahmen oder Aktionen sind Mittel, um Ziele von Planungseinheiten zu erreichen. Dem Charakter nach werden für die Marketing- und Vertriebsinstrumente eher Leistungsvorgaben und gleichzeitig Budgetrestriktionen formuliert.

Beispiel: Es ist Ziel, den Bekanntheitsgrad der Marke CASSIS-Apfel (= die Planungseinheit) um 25% zu steigern. Geplant wird eine Werbekampagne mit dem Mittelziel, den Bekanntheitsgrad der Planungseinheit entsprechend zu steigern bei einem Werbebudget von 1,5 Mio. Euro. Erfolgsverantwortlich ist die Planungseinheit. Es scheint nur so, als gebe sie die Verantwortung zur Zielerreichung an die Werbung (an das Instrument Kommunikationspolitik) ab. Ist die Werbeaktion nicht erfolgreich, wird von der Planungseinheit Rechenschaft verlangt.

So sind für alle Instrumentalbereiche (z.B. für die Werbung, Messen, Außendienst, Kundendienst) Erfolgs- und Budgetziele für den Ressourceneinsatz festzulegen; aber nie zum Selbstzweck, sondern immer zum Vorteil (zur Zielerreichung) einer Planungseinheit. Stets werden **Spannungsfelder** zwischen den Zielen für die übergeordneten Planungseinheiten und den begrenzten Mittelbudgets zu überwinden sein.

Beispiel: Können wir das Umsatzziel von 20 Mio. Euro im Verkaufsgebiet Süd mit einem Werbebudget von 1 Mio. Euro erreichen? Welches Umsatzziel könnte realistisch sein, wenn nur 0,5 Mio. Euro zur Verfügung stehen? Welche zusätzlichen Instrumente (Maßnahmen) müssten eingesetzt werden, um die mangelnde Schlagkraft der Werbung auszugleichen? Welche Budgets wären hierfür anzusetzen?

Ein **Phänomen in der Praxis**: Manager lenken ihre Aufmerksamkeit oft auf Konfliktsymptome und übersehen die eigentlichen Problemursachen: **divergierende Interessenlagen** von Mitarbeitern und Kollegen.

2.2.3. Zielbeziehungen

a.) Konfliktfreie, indifferente oder komplementäre Zielbeziehungen

Die Marketing- und Vertriebsziele werden vertikal durch alle Unternehmensebenen und horizontal über alle betrieblichen Bereiche aufgebrochen. Sie stehen dabei in konfliktfreien (indifferenten oder synergetisch/komplementären) oder konfliktären Beziehungen zueinander. Abb.2-9 verdeutlicht vier idealtypische Konstellationen.[143] Konfliktfrei sind Zielbeziehungen, wenn Ziele unabhängig voneinander wirken sich gegenseitig fördern; oder wenn sogar eine Zielerreichung erst die Voraussetzung für eine weitere Zielsetzung schafft. Im letzten Fall wird von konditionalen Zielbeziehungen gesprochen.[144]

b.) Konfliktäre Zielbeziehungen

Zielkonflikte sind Unverträglichkeiten von Zielen untereinander. Zu überwinden sind
(1) Spannungsfelder zwischen den Ober- und Unterzielen (Bsp.: Die operative Ebene akzeptiert vorgegebene Oberziele nicht und verfremdet sie in eigenem Sinne),
(2) Spannungsfelder zwischen Zielen gleichrangiger Ressorts (z.B.: Der Vertrieb soll Kundenzufriedenheit bei Kleinaufträgen maximieren, die Fertigung soll durch größere Losgrößen Kosten senken),
(3) Spannungsfelder zwischen ökonomischen und ökologischen Zielen,
(4) Spannungsfelder zwischen Zielen der Unternehmensführung und persönlichen Zielsetzungen von Mitarbeitern.

---

[143] vgl. Wöhe, (Einführung), 2008, S. 77-79
[144] vgl. Hüttner; von Ahsen; Schwarting, (Marketing), 1999, S. 281

Abb. 2-9

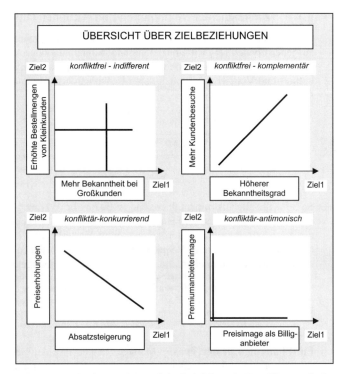

In der Praxis von Marketing und Vertrieb sind folgende Konflikte typisch:
- **Verkaufsleiterkonflikt**: Das Ziel einer Umsatzsteigerung bei Kunden steht mit einer gleichzeitig durchzusetzenden Preiserhöhung in Konflikt. Die Problematik der Preiselastizität der Nachfrage wird übersehen.
- **Strategischer Positionierungskonflikt**: Entsteht, wenn gleichzeitig Qualitätsführerschaft und niedrige Kosten angestrebt werden.
- **Ressourcenkonflikt im Verkauf**: Eine verstärkte Verkaufstätigkeit bei Stammkunden geht zu Lasten einer Neukundengewinnung.
- Ein **Konflikt des kostenoptimierten Verkaufs** (**Lean-Selling**): Profitziele stehen in Konflikt mit sozialen Zielen und Mitarbeiterzufriedenheit.
- **Sanierungskonflikt**: Kurzfristige Gewinne werden zu Lasten eines langfristigen Wachstums realisiert (**Shareholder Value**).
- **Konflikt zwischen Ökonomie und Ökologie**: Billige Wegwerfverpackungen stehen in Konflikt mit kostspieligen Recycling-Kartons.
- **Globalisierungskonflikt**: Eine weltweite Programmstandardisierung steht u.U. im Widerspruch mit nationalen Differenzierungen (Zu suchen ist ein Kompromiss zwischen „*think global, act local*").
- **Volkswirtschaftlicher Zielkonflikt**: Er besteht zwischen Wachstum, Preisstabilität und Vollbeschäftigung und außenwirtschaftlichem Gleichgewicht (das magische Viereck in der Volkswirtschaftslehre).

Zielkonflikte sind nicht zwangsläufig Ausdruck fehlerhafter Abstimmungen im Management. Zielkonflikte sind auch nicht immer nachteilig. Es gibt in der marktorientierten Unternehmensführung bewusst zugelassene Zielkonflikte; z.B. um einen Erfolgswettkampf zwischen Abteilungen zu fördern. Eine **Kunst der Führung** liegt in der Herbeiführung und in der Beherrschung **konstruktiver Zielkonflikte**. Nach der Zielbestimmung können die Planungsaufgaben in Angriff genommen werden.

2.3. Planung der marktorientierten Unternehmensführung

2.3.1. Grundlagen

a.) Planungsbegriff

„Erfreue Dich an dem, was Du schon erreicht hast, wie auch an Deinen Plänen." Desiderata, (Lebensregel), 2008, S. 14

„Planung stellt einen ordnenden Akt dar, indem sie vorschreibt, wie sich der Betriebsprozess vollziehen soll." [145] Kurz gesagt: **Planung bedeutet, frühzeitig festzulegen, wer was bis wann tun muss.** Kennzeichen für ein planerisches Vorgehen sind:
(1) eine **Zukunftsorientierung**, die sich in Zielsetzungen zeigt,
(2) eine Bereitschaft zur **Risikoübernahme**, die mit der Ungewissheit über die Zukunft zunimmt,
(3) ein Aufzeigen von **Maßnahmen** zur Zielerreichung,
(4) eine geordnete, d.h. **systematische Vorgehensweise**.

> ➤ Die **Planung** von Marketing und Vertrieb legt fest, mit welchem Leistungsangebot auf welchen Märkten (d.h. bei welchen Kunden und Zielgruppen) mit welchen Maßnahmen (d.h. mit welchen Instrumenten) in welchem Zeitraum welche Ergebnisse (Ziele) erreicht werden sollen und wer die Erfolgsverantwortung übernimmt.

Einer guten Planung sollte eine Konzeption zugrunde liegen Für die marktorientierte Unternehmensführung erfüllt die Planung dann folgende Aufgaben:

> (1) Das Marktgeschehen ist anhand von Fakten nachvollziehbar vorauszusagen. ➤ **Prognosefunktion** (Planung darf nicht auf Spekulation beruhen).
> (2) Es sind alternative Wege zur Zielerreichung aufzuzeigen ➤ **Alternativengenerierungsfunktion**.
> (3) Dabei sind unvorhersehbare Ereignisse (Eventualitäten, Diskontinuitäten) in die Überlegungen einzubeziehen ➤ **What if-Funktion** (der sog. Plan-B).
> (4) Personal- und Sachmittel sind den Marktmaßnahmen zuzuordnen ➤ **Ressourcenallokationsfunktion**.
> (5) Zuständigkeiten/Verantwortlichkeiten für die handelnden Führungskräfte sind festzulegen ➤ **Verantwortungszuteilungsfunktion**.
> (6) Ziele und Planabweichungen sind schriftlich zu analysieren ➤ **Protokollierungs-/Dokumentationsfunktion**.
> (7) Planung soll motivieren und zuweilen auch „bestrafen" ➤ **Motivations-/Sanktionsfunktion**.

b.) Planungsgrundsätze der marktorientierten Unternehmensführung

Folgende Grundsätze sind bei der Planung zu beachten:
- **Grundsatz der Zweckmäßigkeit**: Es macht z.B. wenig Sinn, einer kleinen Verkaufsmannschaft ein Konzernplanungssystem überzustülpen.
- **Grundsatz der Vollständigkeit**: Alle von den Maßnahmen Betroffenen sind in die Planungsprozedur einzubeziehen.
- **Grundsatz der Balance von Kontinuität und Flexibilität**: Einerseits soll die Marktplanung den operativen Ressorts eine klare Orientierung vorgeben. Andererseits muss für unvorhergesehene Ereignisse ausreichend Flexibilität bestehen.
- **Grundsatz der Machbarkeit (Feasibility)**: Träume sind zwar schön. Doch Wunschträume werden von einer „beinharten" Vertriebsmannschaft nicht ernst genommen. So hoch die Ziele auch liegen, sie müssen erreichbar sein.

---

[145] Gutenberg, (Produktion), 1983, S. 148

- **Grundsatz der Ganzheitlichkeit**: Interdependenzen (Wechselwirkungen) zwischen Zielen, Instrumenten und Marktbereichen sind zu beachten.
- **Grundsatz des Gegenstromprinzips**: Die Informationsströme vom Top Management hinunter in die operativen Ebenen und umgekehrt müssen abgestimmt sein. Führungskräfte, die nur nach unten „funken", ohne Rückmeldungen zu registrieren, verlieren den Bezug zur wirtschaftlichen Realität.
- **Grundsatz des Ausgleichsgesetzes der Planung**: Nach *Gutenberg* soll sich die Planung kurzfristig am Engpass (am schwächsten Teilbereich) ausrichten (bzw. den aktuellen Engpass zu beseitigen suchen). Langfristig gilt es, alle Unternehmensbereiche harmonisch (engpassfrei) aufeinander abzustimmen.[146]
- **Grundsatz der Verantwortungsübernahme**: Für die Planungsmaßnahmen müssen Entscheidungsträger verantwortlich zeichnen. Maßnahmen ohne Zuständigkeit und ohne Zeit- und Mittelvorgabe sind Spielerei.
- **Grundsatz der Lernfähigkeit**: Eine Marktplanung muss offen für Veränderungen sein. An unrealistischen Planungen sollte man nicht festhalten.
- **Grundsatz der Motivationskraft**: Planung muss herausfordern, den Verantwortlichen Energie zum Handeln bieten, sollte „sportlichen Ehrgeiz" wecken. Das Allerwichtigste ist natürlich, dass Mitarbeiter und Führungskräfte in vollem Umfang über die Unternehmensvision und -strategie informiert sind.

c.) Bildung von Planungseinheiten

Was wird geplant? Alles beginnt mit der Bestimmung der Planungsobjekte. Ausgehend vom betrieblichen Rechnungswesen können Planungseinheiten aus Kostenstellen heraus abgeleitet und zusammengesetzt werden (**Inputorientierung**), oder aus Marktleistungen als Kostenträger (**Outputorientierung**). Der innenwirksame Kostenstellenansatz kann stufenweise ausgeweitet werden: Ausgehend von einzelnen Kostenstellen für Mitarbeiter (z.B. Außendienst) über Vertriebsabteilungen, Vertriebsniederlassungen, Tochtergesellschaften bis hin zu Konzerngesellschaften. Geplant und gesteuert werden dann der Ressourceneinsatz (Mengen-, Kosten-, Zeitvorgaben) für die Marktbearbeitung und speziell die Effizienz der Kunden- und Marktbetreuung (Zeit und Kosten für bestimmte Abläufe, Prozesse). Auf der Leistungsseite (Absatz, Umsatz, Ergebnis, Marktanteil, Kundenzufriedenheit) können einzelne Produktvarianten, Produkte, Produktgruppen bis hin zu ganzen Geschäftsfeldern oder Konzerngesellschaften als Planungseinheiten definiert werden. Zu unterscheiden sind also:
- **innenwirksame**, aus der Sicht von Rechnungswesen und Controlling relevante Planungseinheiten (Planungsziele: niedrige Kosten, geringer Zeitaufwand) und
- **außenwirksame**, d.h. in Bezug auf den Kundenerfolg relevante Planungseinheiten (Planungsziele: hoher und andauernder Markterfolg, d.h. Auftragseingang, Umsatz, Ergebnis, Marktanteil).

Abb.2-10

DIE BILDUNG VON PLANUNGSEINHEITEN	
Geschäftseinheiten (input-, organisationsorientiert)	*Leistungseinheiten (output-, kundenorientiert)*
⇨ Arbeitsplatz, Stelle ⇨ Gruppe, Abteilung, Ressort ⇨ Profit Center ⇨ Vertriebsniederlassung ⇨ Tochtergesellschaft ⇨ (strategische) Geschäftseinheit (GE,SGE) ⇨ strategischer Geschäftsbereich (GB, SGB) ⇨ Sparte, Division ⇨ Unternehmung, Konzernbereich, Konzern	Einfache Leistungseinheiten ⇨ Artikel, Produkt ⇨ Produktgruppe Komplexe Leistungseinheiten ⇨ Produkt-/Marktsegment (PMS) ⇨ (strategisches) Geschäftsfeld (GF, SGF)

---

[146] vgl. Gutenberg, (Produktion), 1970, S. 163-164

Die Praxis kennt gemäß Abb.2-10 zahlreiche unternehmensindividuelle Bezeichnungen. Im allgemeinen wird der Begriff der Geschäftseinheit eher für innerbetriebliche Erfolgseinheiten herangezogen. Sparten oder Geschäftsfelder fassen meist Marktaktivitäten zu Planungseinheiten zusammen. Oft werden die Begriffe Sparte, Geschäftseinheit und Geschäftsfeld aber auch synonym verwendet.[147]

Abb.2-11

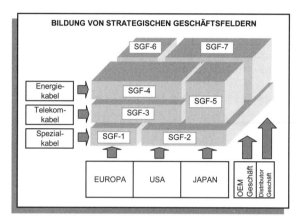

Für die marktorientierte Unternehmensführung ist eine **Geschäftsfeldplanung** empfehlenswert. Geschäftsfelder entstehen durch Kombinationen von Leistungseinheiten und Zielgruppen. Die Zielgruppen werden üblicherweise nach Regionen und / oder Käuferschichten segmentiert. Abb.2-11 zeigt hierzu ein Beispiel aus der Kabelindustrie.

Die Unternehmung steuert 7 Geschäftsfelder (SGF), die sich aus der Kombination von Produktgruppen, Ländergruppen gemäß Triade und Vertriebskanälen (Direktgeschäft mit großen Ausrüstern einerseits und Händlergeschäft mit Distributoren andererseits) ergeben. Beispielsweise wird das Handelsgeschäft für USA und Japan im Energie- und Telefonkabelbereich integriert geplant (SGF-7). Im Spezialkabelbereich werden zusätzlich die Schlüsselkunden aus einer Hand bedient (SGF-2).

d.) Abgrenzung von strategischer und operativer Planung

Planungseinheiten werden zunächst strategisch, dann operativ geplant. **Strategisch** zu planen sind Visionen, Kernkompetenzen, strategische Zielgruppen, Innovationen, Investitionen, die langfristigen Oberziele (vor allem Marktanteile und langfristige Umsatz- und Ergebnisvorgaben) und die grundsätzlichen Maßnahmen zur Erreichung der strategischen Oberziele. Die **operative Planung** (OP) stellt einen kürzerfristigen, detailliert zu planenden Zeitabschnitt innerhalb des strategischen Planungshorizontes dar. Sie umfasst Wochen- und Monatspläne mit den Budgets und einer Vielzahl kurz- und mittelfristiger Maßnahmen (To do's) im Einklang mit der Gesamtstrategie. Eine **taktische Planung** ergänzt die routinemäßige, operative Planung zusätzlich um ein situatives Element (taktisches Agieren oder Reagieren). Abb.2-12 listet Unterscheidungsmerkmale von strategischer und operativer Planung auf. Beide Planungsbereiche stehen nicht nebeneinander. Vielmehr geht die detailliertere OP auf der Zeitachse gleitend in die SP über. **Die SP umschließt die OP**.

Abb.2-12

UNTERSCHIEDE ZWISCHEN STRATEGISCHER UND OPERATIVER PLANUNG	
Strategische Planung (langfristig)	*Operative Planung (kurz- und mittelfristig)*
• Hauptverantwortung auf Geschäftsführungsebene	• Hauptverantwortung im mittleren Management
• Planungshorizont 3 (5) – 10 Jahre	• Planungshorizont 1 – 3 Jahre
• Deshalb hohe Unsicherheit	• Geringere Unsicherheit
• Entwicklungsbrüche sind abzuschätzen	• Entwicklungsbrüche sind zu meistern
• Planungsmethoden flexibel	• Planungsmethoden standardisiert
• Szenarien spielen große Rolle	• Szenarien kommen kaum zu Einsatz
• Konzentration auf zentrale Zielgrößen	• Differenzierung der Ziele in viele Größen
• Ressorts werden integriert betrachtet	• Ressorts werden differenziert betrachtet
• Oberziele werden infrage gestellt	• Oberziele werden nicht infrage gestellt

---

[147] vgl. Henzler, (Strategische Planung), in: ZfB, 12/1988, S. 1290

e.) Planungshorizont

Über welchen Zeitraum soll geplant werden?
- Eine kurzfristige / operative Planung erstreckt sich auf 1 bis 3 Jahre; Tendenz abnehmend auf 1 bis max. 2 Jahre.
- Eine mittelfristige Planung (so sie nicht bereits in die strategische Planung eingeht) erstreckt sich i.d.R. über 3 (2) bis 5 (3) Jahre.
- Der strategische Planungszeitraum hängt vom Lebenszyklus der Produkttechnologie ab. In schnelllebigen Branchen (z.B. in der Computerindustrie) ist bereits ein 2-Jahreszeitraum als langfristig anzusehen. In technologisch relativ stabilen Märkten laufen die strategischen Planungszeiträume bis zu 10 Jahre.

„Operativ kann nur das aus der Unternehmung geholt werden, was strategisch im Unternehmen vorher geschaffen wurde."[148]

Für die strategische Planung reichen Halbjahres- und Jahreszahlen. Mit kürzerem Planungshorizont sind die Zielwerte immer mehr zu detaillieren. Operativ sind daher bis ins Detail Maschinenbelegungen, Arbeitsschichten und Materialeinsätze zu bestimmen. Fehlen Arbeitskräfte, dann braucht man ca. ½ bis 1 Jahr Vorlauf für Personalmaßnahmen. Für diese kurzen Zeiträume hat die operative Planung detaillierte Wochen- und auf jeden Fall Monatsbudgets zu erstellen.

f.) Rollierende / revolvierende Planung

Eine strategische Planung sollte jährlich rollierend erfolgen. Die Unternehmung in Abb.2-13 plant jedes Jahr für 5 Jahre im voraus. Der Planungshorizont rückt jährlich um ein Jahr weiter. Jedes Jahr wird folglich fünf Mal planerisch bearbeitet. Die rollierende Planung läuft dabei in folgenden Planungsschritten ab:

(1) Die Werte des laufenden Jahres werden mit denen des Vorjahres verglichen und auf mögliche Trendänderungen hin überprüft. Ziel ist ein frühes Erkennen sich anbahnender **Ziellücken (Gaps)**.
(2) Die IST-Werte werden gegen die operativen Zielvorgaben des laufenden Jahres gespiegelt. Sind die Planvorgaben grundsätzlich nicht mehr erreichbar, ist über eine Neueinschätzung für das laufende Jahr (**Forecast**) zu entscheiden.
(3) Für die ersten zwei Jahre (OP-1 und OP-2) werden Zielvorgaben, Maßnahmen und Budgets monatlich und quartalsweise bestimmt.
(4) Für den (strategischen) Zeitraum danach (im vorliegenden Beispiel für weitere 3 Jahre) sind halbjährliche und später jährliche Zielvorgaben und Maßnahmen zu erarbeiten. Die Planwerte am Ende des Planungszeitraums sollten in einem sinnvollen Zusammenhang mit der strategischen Vision stehen.

Abb.2-13

Das Verfahren hat für den strategischen Planer seine Tücken. Wird z.B. ein neues Produkt in noch ferner Zukunft mit euphorischen Planzahlen angesetzt, so rückt die

	Situation im Jahr 2009	2010	2011	2012	2013	2014	2015	2016	2017
2010	⊠	Ist-Vorjahr	Forecast lfd. J.	OP-1	OP-2	SP-1	SP-2	SP-3	
2011	⊠	⊠	Ist-Vorjahr	Forecast lfd. J.	OP-1	OP-2	SP-1	SP-2	SP-3
2012	⊠		⊠	Ist-Vorjahr	Forecast lfd. J.	OP-1	OP-2	SP-1	SP-2
2013	⊠			⊠	Ist-Vorjahr	Forecast lfd. J.	OP-1	OP-2	SP-1
2014	⊠				⊠	Ist-Vorjahr	Forecast lfd. J.	OP-1	OP-2
2015	⊠					⊠	Ist-Vorjahr	Forecast lfd. J.	OP-1
2016	⊠						⊠	Ist-Vorjahr	Forecast lfd. J.
2017	⊠							⊠	Ist-Vorjahr
2018	⊠								⊠

Wie detailliert zu planen:
Ist, Vorjahr — wochen- und monatsweise
Forecast lfd. J. — wochen- und monatsweise
OP-1 — monatsweise
OP-2 — quartalsweise
SP-1 — halbjahresweise
SP 2-3 — jahresweise

---
[148] Preißler, (Controlling), 2007, S. 21

Planzahl dann Jahr für Jahr unerbittlich in die operative Nähe. Träume sinken jährlich abwärts auf den Boden der Realität. Der Begriff **Hockey-stick-Effekt** beschreibt dieses Phänomen langfristig zu optimistisch denkender Führungskräfte recht anschaulich. Die Zahlenreihen verlaufen ähnlich der Form eines Hockeyschlägers.

g.) Marktpotenzial - Absatzvolumen

Abb.2-14

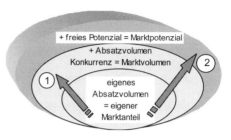

Marktpotenziale sind die überragenden Orientierungsgrößen für die Planung. Die gegenwärtigen **Absatzvolumina** (Absatzmengen) aller Wettbewerber ergeben das aktuell realisierte **Marktvolumen** einer Branche. Gegebenenfalls existiert bei den Kunden zusätzlich noch ein momentan nicht ausschöpftes Absatzvolumen. Wird dieses eventuell **freie Potenzial** zum realisierten Marktvolumen hinzugerechnet, ergibt sich das gesamte **Marktpotenzial** (Absatzpotenzial) einer Branche.[149] Oft werden die Potenziale auch in Umsatz gemessen. Strukturelle Preiseinflüsse, z.B. Preisschwankungen im Zeitablauf oder gravierende Preisunterschiede zwischen Wettbewerbern, verfälschen dann die Werte. Ein Markt kann mengenmäßig noch wachsen (Absatz-Marktpotenzial steigt), wertmäßig infolge eines relativ stärkeren Preisverfalls jedoch schrumpfen (Umsatz-Marktpotenzial sinkt). Die vertrieblichen Akquisitionsbemühungen können darauf zielen, Wettbewerbern Marktanteile abzunehmen (Strategierichtung ①: **Wettbewerbsangriff**) oder einen Teil des derzeit freien Marktpotenzials abzuschöpfen (Strategierichtung ②: **wettbewerbsfriedlicher Weg**).

h.) Marktanteilsbegriffe

Marktanteile sind herausragende unternehmerische Oberziele. Sie spiegeln den Erfolg der eigenen Marktbearbeitung im Vergleich zu der der Konkurrenten wieder. Sie demonstrieren Marktmacht. **Drei Marktanteilsbegriffe** sind zu unterscheiden:

(1) **Gesamtmarktanteil** = Bsp.: Absatz *VW Golf* in Prozent vom PKW-Gesamtabsatz aller Typen im Markt,
(2) **relevanter Marktanteil** = Bsp.: Absatz *VW Golf* in Prozent vom PKW-Absatz in der Mittelklasse und
(3) **relativer Marktanteil** = Bsp.: Absatz *VW Golf* im Verhältnis zum Absatz des stärksten oder, je nach Festlegung, der 1 - 3 stärksten Konkurrenten (Indexzahl).

Marktanteile sind Kompassnadeln für die strategische Planung. Konzerne operieren mit Weltmarktanteilen. Mittelständische Unternehmen sollten sich auf ihren Regionalmarkt ausrichten, so sie nicht auch im Weltmarkt tätig sind. Um Marktanteilsziele festzulegen, muss gesichertes Wissen über Kunden und Wettbewerber und deren Einkaufspotenziale vorliegen. Faszinierend für die marktorientierte Unternehmensführung ist ein relativer Marktanteil (Verhältnis zum stärksten Wettbewerber) größer als 1. Er kennzeichnet die Position des **dominierenden Marktführers**.

---

[149] vgl. auch die Grafik bei Weis, (Marketing), 2009, S. 82-84

2.3.2. Ist-Analysen im Vorfeld der Planung
a.) Das Leitkonzept des House of Strategy

Laut Kaplan (Begründer der Balanced Scorecard) kennen nur 5 bis 10% der Angestellten die Strategie ihres Unternehmens. (zit. in: is report 4/2003, S. 27)

Für viele mittelständische Unternehmen ist eine strategische Planung noch immer ein Buch mit sieben Siegeln. Doch sind Unternehmen ohne Planung im Lichte von Basel II heute nicht mehr kreditwürdig. Leider gibt es kein Idealkonzept für eine SP. Viele Firmen entwickeln daher eigene Vorgehensweisen zur Planung und Budgetierung. Unternehmensberatungen warten mit eigenen Planungskonzepten auf.

Strategos - (altgriechisch) der Feldherr, der weit vorausdenkt

Strategie – „... Fortbildung eines ursprünglich leitenden Gedankens entsprechend den stets sich ändernden Verhältnissen..." (General von Moltke)

Für die marktorientierte Unternehmensführung liegt die Herausforderung darin, die Anforderungen von Marketing und Vertrieb von Anfang an in die Gesamt-Unternehmensplanung zu integrieren. Die Marktstrategie wird zum essentiellen Bestandteil der Unternehmensstrategie. Abb. 2-15 skizziert ein Schema für eine marktorientierte strategische Planung nach dem **House of Strategy**.

Abb.2-15

Die strategische Planung beginnt mit den Festlegungen des Top-Managements und der daraus folgenden Ableitung der strategischen Oberziele (vor allem Umsatz, Ergebnis, Marktanteil und Kundenzufriedenheit). Alle Planungsschritte werden von einer Umfeldanalyse, von der Ressourcenplanung und der Instrumentalplanung begleitet. Die Besonderheit ist, dass die Bestimmung der strategischen Zielgruppen und der auf diese auszurichtenden Leistungsangebote recht früh erfolgt. In den Mittelpunkt der operativen Planung werden dann die kundenbezogenen Prozesse gestellt. Dies ist eine kundenorientierte Planung. Natürlich laufen die entsprechenden Planungen für den Einkauf oder die Produktions- und Finanzplanung parallel. Auf allen Ebenen werden Ziele und Maßnahmen definiert.

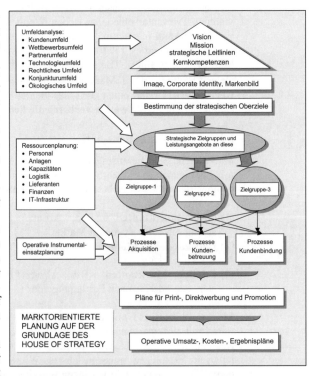

Die Frage ist, mit welchem Druck ein derartiger Planungsprozess in Gang kommt. Grundsätzlich besteht sicher das Erfordernis, eine schon bestehende strategische Planung nach dem beschriebenen revolvierenden Verfahren fortzuschreiben. Folgende

Umstände erhöhen diesen Planungsdruck und drängen die Führungskräfte dazu, auch alternative Zukunftsentwicklungen zu durchdenken.

(1) **Strategische Impulse**: Es gibt sog. strategische Ereignisse, die verstärkte Planungsbemühungen ratsam werden lassen. Prioritäten für derartige strategische Projekte werden nicht durch Ist-Zahlen untermauert, sondern durch Vorhersagen, Gutachten, Spekulationen (Bsp.: *Ein Hauptwettbewerber wird aufgekauft, Krieg im Haupt-Exportland; Konkurrent eröffnet bahnbrechendes Patent etc.*).[150]

(2) **Promotoren-Impulse**: Ebenso forcieren Manager Planrevisionen ohne Vorliegen von Ziellücken; bei Management-Wechsel oder in besonderen Firmensituationen (z.B. vor oder nach Aufkäufen). Auch Banken lösen Planungsdruck aus.

(3) **Ziellücken-Impulse**: Der größte Planungsdruck kommt jedoch auf, wenn sich Führungskräfte mit langfristig drohenden Planungslücken konfrontiert sehen.

b.) Gap-Analysen zum Erkennen strategischer Planungslücken

Gap-Analysen sind Soll-/Ist-Abweichungsanalysen. Sie sollen zukünftig drohende Planabweichungen rechtzeitig erkennen. Abb.2-16 zeigt das Phänomen der sich im Zeitablauf ausdehnenden **Ziellücken** (Gaps) und wie diese durch laufende und noch mögliche Sondermaßnahmen abgebaut werden können. Neben der realistischerweise erwarteten Entwicklung können auch pessimistische und optimistische Zukunftsverläufe einbezogen werden. Der in Abb.2-16 geplante Produktbereich ist in einer schwierigen Lage. Sondermaßnahmen zur Abmilderung der drohenden Umsatzlücke wirken sich erst 2011 aus. Selbst bei optimistischer Zukunftserwartung und trotz der vorgesehenen Zusatzmaßnahmen kann die Ziellücke im strategischen Zeitraum nicht geschlossen werden. Entweder ist die gesamte Unternehmensplanung als unrealis-

Abb.2-16

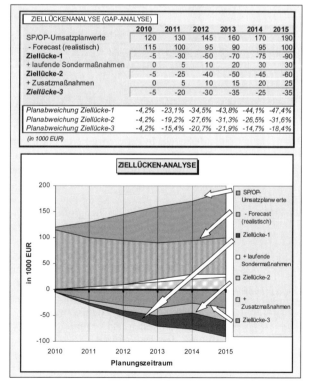

---

[150] das gilt auch für neue Produkte, für die noch keine Ist-Zahlen vorliegen

tisch zu revidieren; oder es müssen dringend weitere Aktionen zum Schließen der Ziellücke in Angriff genommen werden.

c.) SWOT-Analysen zum Aufdecken strategischer Schwächen

Alle Strategien bleiben Wunschträume, wenn die Unternehmung ihre Ist-Situation nicht ganzheitlich analysiert. Deshalb sollte jede Unternehmensplanung im Vorfeld eine **SWOT-Analyse** durchführen. Diese betrachtet mit den **Strengths / Weaknesses / Opportunities** und **Threats** zum einen unternehmensinterne Chancen- bzw. Risikopotenziale und zum anderen Einflüsse, die aus dem Unternehmensumfeld eine Strategie positiv oder negativ beeinflussen können. Abb.2-17 zeigt eine typische Struktur. Das Beispiel enthält die in Deutschland gescheiterte *Wal-Mart*-Strategie.

Abb.2-17

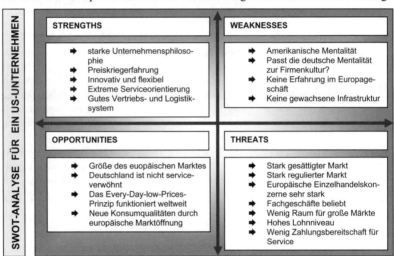

d.) Polaritätenprofile zur Analyse von Stärken-/Schwächen

Die SWOT-Matrix ist eine qualitative strategische Standortbestimmung mit starkem Zukunftsbezug. In differenzierterer Form können Stärken und Schwächen mit Hilfe von **Polaritätenprofilen** visualisiert werden. Profile haben auch den Vorteil, dass man die eigenen Vorteils- / Nachteilspositionen in Relation zu den **Hauptkonkurrenten** sichtbar machen kann.

Abb.2-18

Methodisch ist ein Polaritätenprofil *"ein aus dem semantischen Differential abgeleitetes, multidimensionales Verfahren zur Messung von Einstellungen."*[151] Alle in Abb.2-18 aufgeführten Planungsobjekte können nach den für sie als relevant erachteten Beurteilungskriterien auf Beurteilungsskalen bewertet werden. Die einzelnen Einschätzungen der sog. Items werden durch Linienzug verbunden. So ergibt sich das typische **Profilbild der Polaritäten**. Aussagefähig ist die

BEURTEILUNGSOBJEKTE FÜR PROFILANALYSEN
(1) Produkte / Marken
(2) Geschäftsfelder
(3) Niederlassungen
(4) Wettbewerber
(5) Länder, Verkaufsregionen
(6) Produktgestaltungen
(7) Werbeanzeigen
(8) Messestände
(9) Mitarbeiterqualifikationen
(10) Kundenattraktivitäten

---

[151] Diese von Hofstätter erarbeitete Methode des „semantischen Differentials" arbeitet stets mit einer Anzahl von 24 feststehenden Eigenschaftspaaren (Itempaaren) arbeitet, anhand derer die Befragten ihre Einstellungen zu ganz unterschiedlichen Objekte abgeben, vgl. Hofstätter, (Sozialpsychologie), 1973, S. 259.

Abb.2-19

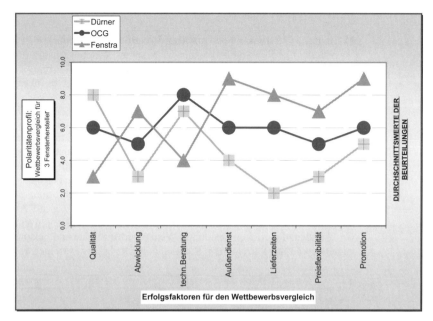

Methode erst durch die vergleichende Darstellung von zwei oder mehreren Eigenschaftsprofilen in der gleichen Grafik (Produktvergleich, Konkurrenzvergleich etc.).

Abb.2-19 liefert einen Wettbewerbsvergleich für drei Fensterhersteller nach der Profiltechnik. Nach den Expertenurteilen legt *Fenstra* bei vergleichsweise schlechterer Qualität die Priorität auf den Verkauf, während die Stärken von *Dürner* bei *Qualität* und *technischer Beratung* gesehen werden. Die Firma *OCG* verfolgt einen Mittelweg zwischen Qualitäts- und Verkaufskompetenzen; bis auf die *technische Beratung*, wo man führend ist. Das Beispiel vergleicht die Ist-Einschätzungen mehrerer Wettbewerber. Ebenso können Soll-/Ist-Vergleich sehr gut mit der Profilmethode durchgeführt werden.

Profilanalysen sind für verschiedene Auswertungen sehr zu empfehlen:
- Für **Stärken-/Schwächenanalysen** durch vergleichende Gegenüberstellung der Beurteilungswerte der verschiedenen Untersuchungsobjekte,
- für **Soll-/Ist-Analysen** für angestrebte Eigenschaften oder Leistungen von Untersuchungsobjekten durch Vergleich von Zielwerten und Ist-Zuständen,
- für **Gestern-/Heute-Analysen** durch vergleichende Darstellung von Beurteilungen einzelner Untersuchungsobjekte zu verschiedenen Zeitpunkten. Der Strichzug der Profillinie kann auch in eine runde Trapezdarstellung überführt werden (s. Flächendiagramm bei *MS Excel*).

Diese Ausführungen leiten zu einem der wichtigsten Analysebereiche der strategischen Planung hin: zu der Analyse des Marktes bzw. der wichtigsten Konkurrenten.

e.) Wettbewerbsanalyse

Grundsätzlich können alle Methoden zur Bestimmung der eigenen Stärken und Schwächen (alle Methoden der Ist-Analyse) auch auf Wettbewerbskonstellationen angewendet werden. Das Wissen über die Konkurrenz sollte in einer **Wettbewerber-Datenbank** gespeichert werden.

Wettbewerber-Datenbank

> ➡ In einer **Wettbewerber-Datenbank** werden systematisch von allen Mitarbeitern mit Marktkontakt alle relevanten Wettbewerbsinformationen gesammelt und den Unternehmensressorts auf Abruf zur Verfügung gestellt. Die Wettbewerber-Datenbank enthält nicht nur quantitative, überprüfbare Informationen über Wettbewerber, sondern auch qualitative Einschätzungen und Vermutungen von Mitarbeitern und Experten über die Konkurrenz.

Abb.2-20 enthält systematisch zu erfassende Wettbewerbsinformationen. Wichtig ist eine kontinuierliche Datenpflege. Dabei arbeiten Finanzwesen und Marketing/Vertrieb Hand in Hand. Auch F&E und Fertigung sind gefordert, Annahmen über Innovationspotenziale, Stärken und Schwächen in der Fertigung und über Kostenstrukturen der Konkurrenz zu treffen. Die Wettbewerbsinformationen sollten allen Mitarbeitern mit Kundenkontakt in einem **Data Warehouse** auf Abruf zur Verfügung stehen. Ratsam ist es ferner, die Lieferanteile von Konkurrenten bei eigenen Großkunden, die größten bekannten Wettbewerbsprojekte und bekannte Kampfpreisangebote von Konkurrenten im Rahmen von CRM/CAS-Systemen zu pflegen.

Abb.2-20

INHALTE EINER WETTBEWERBSDATENBANK (WETTBEWERBER-DATABASE)

- Kapitalverhältnisse (durch Auskunft, Geschäftsberichte etc.)
- Mitglieder der Geschäftsführung, wichtigste (beste) Führungskräfte (Firmenbrief, Geschäftsbericht)
- Bonität, Zahlungsverhalten (Auskunft, Buchhaltung)
- Ertragssituation (informelle Quellen)
- Hausbank und Bankverbindungen (aus Geschäftsbriefen ersichtlich)
- allgemeine Geschäftsbedingungen (über befreundete Kunden besorgen)
- Internationale Aktivitäten, Standorte, Niederlassungen (Geschäftsbericht, Außendienst)
- Technische Ausrüstungen, maschinelle Anlagen und darauf aufbauend Daten (Annahmen) über Kostenstrukturen (schwierig zu eruieren)
- Haupthändler, wichtigste Vertriebspartner (Außendienstinformationen, Verkaufsunterlagen des Wettbewerbs)
- Hauptkunden und geschätzte Lieferanteile der Wettbewerber (Außendienstinfomationen)
- Hauptprodukte und deren Stärken und Schwächen (Kundenbefragungen, Produktanalysen)
- Lieferzeiten, Liefertreue (aus Angebotsanalysen, Kundenaussagen)
- Patente (Patenrecherchen durch Produktmanagement und Technik)
- Messebeteiligungen (i.d.R. bekannt)
- Werbeagentur (aus Werbebroschüren) und Werbestrategie
- beste Außendienstmitarbeiter (eigener Außendienst, man kennt sich)
- Gehaltsniveau von Führungskräften und Außendienstmitarbeitern (über Headhunter zu eruieren)
- strategische Positionierung (zu analysieren durch Marketingabteilung)
- Listenpreisniveau, Kampfpreise, Sonderkonditionen (aus Angebotsanalysen, Kundenaussagen, Analyse von verlorenen oder gewonnenen Projekten)
- Kundenzeitungen der Wettbewerber (evtl. mit Hilfe von guten Kunden beschaffen)

(Quelle: Winkelmann, (Außendienst-Management), 1999, S. 274-275)

Wettbewerber-Positionierungen
Eine andere, für die Konsumgüterindustrie typische Konkurrenzanalyse stellt Wettbewerbsprodukte in von den Käufern als kaufbestimmend empfundenen Nutzenräumen dar. Diese **strategische Nutzenanalyse** deckt dann mögliche Stoßrichtungen für die Gestaltung und Vermarktung eigener Produkte oder Produktgruppen auf. Wegen des Bezugs zur Leistungsprogrammpolitik wird die Positionierungstechnik in Abschnitt 4.2.3. aufgezeigt.

2.3.3. Offene Ansätze der Strategischen Planung

Der marktorientierten Unternehmensführung steht ein Arsenal von Planungsmethoden zur Verfügung. Hier werden unterschieden:
(1) **Offene Planungsansätze**: Diese bieten Roadmaps bzw. Checklisten für planerische Vorgehensweisen. Die Entscheidung über die beste strategische Alternative wird aber den Führungskräften überlassen.

(2) **Geschlossene Planungsansätze**: Diese bieten dem Management zugleich mit der Vorgehensweise eine optimale oder angemessene Lösung sowie Maßnahmenempfehlungen. Hierzu zählen mathematische Optimierungsmodelle (z.B. die lineare Programmierung), die aber in der Praxis kaum zur Anwendung kommen.

Strategie-Baukästen / Checklisten zur strategischen Planung
Zunächst werden offene Planungsansätze vorgestellt. Bei der Planung sind Prioritäten für strategische Stoßrichtungen zu setzen. Einer der bekanntesten Ansätze für einen Strategiebaukasten stammt von *Becker*.[152] Nach *Becker* müssen sich Unternehmen auf mindestens vier strategischen Ebenen festlegen. "*Das aber heißt, dass die optimale marketing-strategische Steuerungsleistung erst durch entsprechende **mehrdimensionale Strategiefestlegungen** (= Strategiekombinationen* – realisiert nach der Methode des morphologischen Kastens*) erreicht wird.*"[153]

Die **strategische Tiefe** eines Strategieprogramms ist dabei durch die Anzahl der Ebenen, die **strategische Breite** durch die Anzahl der Entscheidungsalternativen auf jeder Ebene bestimmt:
(1) **Marktfeldstrategien** legen die grundsätzliche Ausrichtung des Leistungsprogramms fest (s. hierzu den Ansatz von *Ansoff* mit der Abb.2-24),
(2) **Marktstimulierungsstrategien** bestimmen die Art und Weise der Marktbeeinflussung. Präferenz-Strategien sind typische Markenartikelstrategien, die Leistungsvorteile für obere und mittlere Marktsegmente bieten. Preis-Mengen-Strategien gelten für Discount-Märkte. Für diese stehen Preisvorteile im Vordergrund.
(3) **Marktparzellierungsstrategien** differenzieren den Standardisierungsgrad der Marktbearbeitung. Entweder werden Massenmärkte bedient oder Marktsegmente, die jeweils vollständig oder nur teilweise bearbeitet werden.
(4) Letztlich legen **Marktarealstrategien** die regionalen Aktionsschwerpunkte für Marketing- und Vertriebsmaßnahmen fest.

Abb.2-21

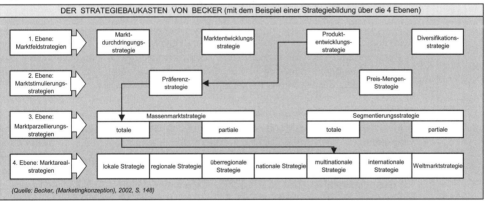

In der Praxis reichen vier Ebenen zur Bündelung von Strategiepaketen zu einer Gesamtstrategie nicht aus. Die Praxis kennt folgende strategische Stoßrichtungen:
(1) Die **Wachstums-, Konsolidierungs-** oder **Schrumpfungsstrategie**:
    Durch Auswahl einer dieser drei Alternativen wird die unternehmerische Grundrichtung bestimmt. Ist die Basisstrategie klar, dann können gemäß den folgenden Orientierungen Teilstrategien entwickelt und kombiniert werden.
(2) Die **Innovationsstrategie / Technologiestrategie** zielt auf Wettbewerbsvorsprünge durch neuartige Produkte oder neue Verfahrenstechniken.

---

[152] vgl. Becker, (Marketing-Konzeption), 2006, S. 147-388
[153] Becker, (Marketing-Konzeption), 2006, S. 352

(3) Die **Zielgruppenstrategie** bereitet die Geschäftsfeldstrategie vor. Erfolgstreibende Kundensegmente sind nach den Segmentierungsmerkmalen der Abb.1-21 zu bestimmen. Für technische Produkte sind ergänzende Größen zur Zielgruppenabgrenzung heranzuziehen (z.B. Produktanwendungen, Struktur und Alter des Maschinenbestandes, besondere technische Anforderungen etc).[154]

(4) Die **Geschäftsfeldstrategie** enthält dann die Ziele und Maßnahmen für die Produkt-/Marktsegmente, (s. zur PMS- bzw. SGF-Bildung die Abb.2-11); ausgerichtet auf die strategischen Zielgruppen (Bestimmung der strategischen Leistungsangebote).

(5) Die **Wettbewerbsstrategie** formuliert Angriffe gegen oder Abwehr von Konkurrenten oder bestimmt Maßnahmen für ein wettbewerbsneutrales Verhalten.

(6) Die **Marktpositionierungstrategie** fasst die strategischen Stoßrichtungen (2) bis (5) zusammen. Sie versieht Produktgruppen oder Produkte mit besonderen, von den Kunden als wettbewerbsdifferenzierend empfundenen Nutzeneigenschaften. Die SP soll unverwechselbare Nutzenpositionen im Vergleich zu Wettbewerbsangeboten realisieren (s. Abschnitt 4.2.3.).

(7) Die **Gebietsstrategien** legen Marketing- und Vertriebsprioritäten für Kontinente, Länder, Regionen, Verkaufsgebiete fest.[155]

(8) Die **Instrumentalstrategien** betreffen Ziele und Maßnahmen für die operativen Geschäftsbereiche. Sie bestimmen, wie die Märkte und Zielgruppen zu bearbeiten sind und mit welcher Priorität und welchen Budgets die ausgewählten Marketing- und Vertriebsinstrumente zum Einsatz kommen sollen.

(9) **Marktpartnerstrategien / Absatzwegestrategien** erarbeiten Ziele und Maßnahmen zur Gestaltung der Absatzwege und zur Suche nach und Führung von Vertriebspartnern; insbesondere im Bereich Fachhandel und Fachhandwerk.

(10) Die **Organisations-** und **Personalstrategie** legt die zur Realisierung der genannten Teilstrategien erforderlichen Ressourcen fest; vor allem betreffend den Mitarbeiterstamm.

Diese Checkliste ist hilfreich, um eine Marktsituation aus verschiedenen Blickwinkeln heraus zu beleuchten und um eine Strategierichtung für den Markterfolg zu bestimmen. Spezielle Planungsansätze konzentrieren sich dann weiterführend nur auf einen oder wenige strategische Erfolgsfaktoren. Hierzu zählt z.B. der Ansatz von *Kotler*. Er rückt die **Wettbewerbsverhältnisse** in den Blickpunkt.

Das System der marktpositionsabhängigen Strategien von Kotler
Kotler stellt die eigene Markt- und Machtstellung an den Anfang der strategischen Überlegungen. Vier grundsätzliche Marktpositionen sind nach Abb.2-22 in Relation zum Wettbewerb zu unterscheiden.[156] Wie erwähnt, nimmt dieser offene Planungsansatz dem Planenden die Entscheidung über die anzustrebende Marktposition und die dazu einzuschlagenden strategischen Maßnahmen nicht ab. Je nach angestrebter, zukünftiger Position empfehlen sich aber bestimmte Maßnahmenschwerpunkte. Nach Entscheidung über die grobe strategische Stoßrichtung sind für die einzelnen Planungseinheiten Planzahlen und strategische Einzelmaßnahmen, passend zu den bestehenden und angestrebten Marktpositionen, auszuarbeiten.

---

[154] vgl. Winkelmann, (Marktsegmentierung), 1999, S. 112-129; vgl. auch die Ausführungen zur Zielgruppenbildung und Marktsegmentierung im 1. Kapitel

[155] vgl. z.B. die Triadenstrategie, die davon ausgeht, dass unter der Zielsetzung eines weltweiten Marketing (Globalisierung) Strategieschwerpunkte in den großen 3 Arealen Amerika, Asien und Europa zu bilden sind: vgl. Becker, (Marketing-Konzeption), 2006, S. 339

[156] vgl. Kotler; Keller; Bliemel, (Marketing-Management), 2007, S. 1110-1131. Die Prozentwerte unter den Spaltenbezeichnungen geben idealtypische Marktanteile wieder, die natürlich im Einzelfall ganz anders aussehen können. Man beachte aber, dass der oder die Marktführer und Verfolger zusammen auf 70% Marktanteil kommen. Dies dürfte eine sinnvolle empirische Größe sein.

Abb.2-22

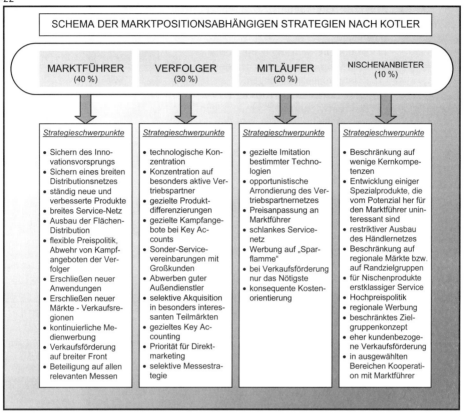

Kotler entnahm die „typischen" Marktanteile für die vier Konkurrenztypen aus der PIMS-Forschung. *Golder* und *Tellis* kritisieren insbesondere den mit 40 Prozent sehr hohen Marktanteil für den Marktführer. Sie weisen zudem nach, dass auch die Position des Verfolgers recht attraktiv sein kann:[157]

- Der durchschnittliche Marktanteil für Pioniere liegt nur bei 10 Prozent.
- Die ehemaligen Pioniere sind nur noch in 4 der 36 von *Golder* und *Tellis* untersuchten Produktkategorien Marktführer.
- Eine Marktführung in einem Produktbereich lässt sich nur max. 5 Jahre halten.
- Die Versagerrate der Marktführer liegt bei 47 Prozent.

Die 4-Felder Produkt-/Marktmatrix von Ansoff

Ansoff stellt die Planung des Leistungsangebotes in den Mittelpunkt.[158] Die Gesamtstrategie ergibt sich als Kombination von alten oder neuen Produkten mit alten oder neuen Märkten (s. Abb.2-23). Märkte können als Regionen, Anwendungen oder Zielgruppen definiert werden. Sind z.B. **neue Produkte für bestehende Märkte** zu forcieren, so spricht man von einer **Produktentwicklungsstrategie**. Der Produktbegriff sollte aber nicht zu eng ausgelegt werden. Es geht um Produktgruppen oder um strategische Geschäftsfelder, von der ganze Produktionsanlagen, Werke oder Unternehmensteile abhängen. Deshalb wird hier der Begriff SGF-Entwicklung bevorzugt. Grundsätzlich unterscheidet *Ansoff* vier strategische Alternativen:

---

[157] vgl. Golder, G.J.; Tellis, G.J.: (Pioneer Advantage), in: Journal of Marketing Research, 1993, S. 158-170
[158] vgl. Ansoff, (Marketing Strategy), 1966, S. 133 ff.

Abb.2-23 **Marktdurchdringung** = stärkere Ausschöpfung bestehender Kundenpotenziale,
(1) **Marktentwicklung** = mit vorhandenen Produkten in neue Märkte (Zielgruppen) eindringen,
(2) **Geschäftsfeldentwicklung / Produktentwicklung** = mit neuen Produkten bestehende Märkte sichern oder ausweiten
(3) und **Diversifikation** (neue Geschäftsfelder für neue Märkte entwickeln).

Abb.2-24 enthält Schwerpunktmaßnahmen für die einzelnen Strategien des *Ansoff-Schemas*.[159] Weitere Erläuterungen folgen im 4. Kapitel.

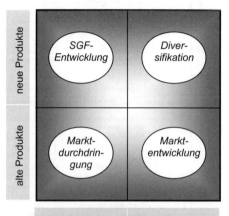

Abb.2-24

		bestehende Märkte	neue Märkte
neue Produkte	⊠	**PRODUKTENTWICKLUNG** • Neuproduktentwicklung • Innovationen marktreif entwickeln • Produktdifferenzierung • Vertragsentwicklung • Firmenübernahme • Lizenzkauf	**DIVERSIFIKATION** • auf gleicher Wertschöpfungsstufe (horizontal) • auf vor- oder nachgelagerter Stufe (vertikal) • ohne Bezug zum bisherigen Geschäft (lateral)
bestehende Produkte	⊠	**MARKTDURCHDRINGUNG** • Verstärkung Neukundensuche • Steigerung Einkaufsmenge • Verkürzung Folgekauffrequenz • Wettbewerbsverdrängung • Erschließung neuer Zielgruppen • Cross-Selling • Produktvariation • Zweitmarkenstrategie	**MARKTENTWICKLUNG** • Nutzen neuer gesetzlicher Anwendungsvorschriften • Erschließung neuer Anwendungen • regionale Geschäftsausweitung bzw. Internationalisierung • Erschließung neuer Vertriebskanäle

Die Unternehmensberatung Cap Gemini Ernst & Young untersuchte 1995 die Strategien erfolgreicher Unternehmen. 40% der Unternehmen waren mit der Strategie der Diversifikation erfolgreich. 24% betrieben Marktentwicklung, 18% verfolgten Produktentwicklung und wiederum 18% legten sich auf die Strategie einer verstärkten Marktdurchdringung fest.[160] Die Schlussfolgerungen der Studie:
(1) Einproduktfirmen schaffen nicht mehr Werte als diversifizierte.
(2) Konglomerate besitzen zusätzliche Möglichkeiten, Shareholder Value zu schaffen.
(3) Der rasche Wandel und das Zusammenwachsen von Branchen kommen hochdiversifizierten Unternehmen zugute.

Dagegen steht die Devise: **Zurück zu den Kernkompetenzen**. Das Thema wurde vor einigen Jahren aktuell; durch den Strategiewechsel des *Daimler* Konzerns von der Ära *Reuter* (Aufbau eines Technologiekonzerns durch Diversifikation) hin zur bis heute geltenden Mission von *Schrempp*: Zurück zur Kernkompetenz Auto.

Das bedeutet: Fehlende Kernkompetenzen werden zugekauft. Geschäftsfelder ohne Kernkompetenzen werden abgestossen. Im Widerspruch zu der Forderung nach **Beschränkung auf Kernkompetenzen** stehen jedoch Studien wie die der *Premium*

---
[159] vgl. als Erweiterung zu Weis, (Marketing), 2009, S. 249
[160] vgl. o.V. (Mutmacher), in: MM, 12/1995, S. 140-144

Conglomerates der *Boston Consulting Group*. Diversifizierte Mischkonzerne verdienen danach nicht die Bezeichnung „*lahme Dinosaurier und Wertevernichter*".[161]

Einbezug von strategischen Kostenvorteilen bei Porter
Nach *Porter* sollten Strategien die Erfolgstreiber Marktsegmentierung einerseits sowie hohe Qualität versus niedrige Kosten andererseits in den Mittelpunkt stellen:[162]

(1) Soll das Leistungsprogramm einen Gesamtmarkt bedienen, oder will man sich auf Teilmärkte (technologische Nischen, nur ausgewählte Zielgruppen, Länderbegrenzungen) beschränken?

(2) Wie will man sich den Kunden gegenüber profilieren: durch Leistungsvorteile (Qualitätsvorteile) oder durch Preisvorteile? Eine Preisführerschaft (niedrige Preise!) muss durch Kostenvorteile abgesichert sein.

Abb.2-25

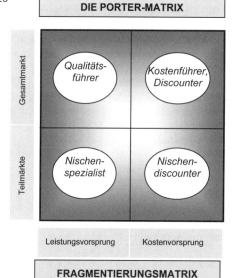

Abb.2-26

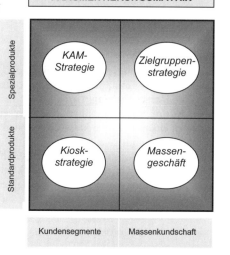

Abb.2-25 zeigt die daraus folgenden vier Basisstrategien:
(1) die **Qualitätsführerschaft** mit Leistungsvorteilen im Gesamtmarkt, aber auch mit dem Risiko eines hohen Kostenniveaus (Hochpreisstrategie),
(2) die Strategie eines **Nischenspezialisten** mit Qualitätsvorteilen in den ausgewählten Teilmärkten (für die ausgewählten Zielgruppen),
(3) die auf Massenmärkte (Economies of Scale[163]) zielende **Gesamtmarkt-Kostenführerschaft** mit dauerhaften Niedrigpreisen bei kalkuliert verringerten Produktqualitäten,
(4) die auf das Erobern von Teilzielgruppen ausgerichtete **Niedrigpreisstrategie** in Teilmärkten (**Nischendiscounter**).

Für die marktorientierte Unternehmensführung sind die auf Leistungsvorteile zielenden Strategien mit hohen Herausforderungen verbunden. Großkunden sind immer weniger bereit, Qualitätsführerschaften bei ihren Einkaufspreisvorstellungen zu honorieren. Teilmarktstrategien bergen das Risiko, dass die Absatzmengen nicht groß genug sind, um signifikante Kostendegressionseffekte zu erzielen.

Fragmentierungsmatrix
Abb.2-26 verbindet die Frage der Komplexität auf der Leistungsangebotsseite mit der Komplexität der Anforderungen bei der Kundenbetreuung.

---
[161] vgl. die Ausführungen bei Nölting, (Anstoß), in: MM, 12/1996, S. 146-158
[162] vgl. Porter, (Wettbewerbsstrategie), 2008, S. 71-85
[163] vgl. zu diesem Phänomen: Becker, (Marketing-Konzeption), 2006, S. 313, 458 ff.

Eine Ausrichtung auf Großkunden (Key Accounts) mit der Vermarktung individueller Problemlösungen erfordert andere Strategien als die Distribution von Standardprodukten (Commodities) in Massenmärkten. Anhand der strategischen Ausgangsmatrix lassen sich Geschäftschancen und -risiken voraussagen.

Im nächsten Schritt ist nach Planungsansätzen zu fragen, die auch eine Richtung für optimale Lösungen und Maßnahmen vorgeben.

2.3.4. Geschlossene Konzepte der Strategischen Portfolioplanung

Die grundlegende Planungstechnik
Le Portefeuille ist eine Brieftasche. In einem Finanzportfolio sind Kapitalanlagen im Hinblick auf die Zielsetzungen Gewinn und Risiko optimal zu mischen.[164] In der Politik versinnbildlicht ein Portfolio die Dokumentenmappe des Ministers mit allen wichtigen Ressortvorgängen.[165] Diese Leitidee einer strategisch-ganzheitlichen Optimierung aller geschäftlichen Aktivitäten wurde in den 70er Jahren in die Betriebswirtschaftslehre übernommen. Als Werkzeuge der strategischen Planung sind Portfolios mittlerweile bei größeren Unternehmen bestens etabliert. Zu verdanken ist dieser Planungsansatz Unternehmensberatungen wie der *Boston Consulting Group* oder *McKinsey* sowie der renommierten Datenbank aus dem *PIMS*-Projekt.[166] Der besondere Vorteil der Portfoliotechnik: Ein Portfolio zeichnet gleichsam eine „Landkarte des Marktgeschehens". Es lenkt die marktorientierte Unternehmensführung mit großer Visualisierungskraft auf die Fragen:

> ➡ Wo stehen unsere Planungseinheiten[167] im Wettbewerbsvergleich, veranschaulicht durch Positionen in einer zweidimensionalen Matrix?
> ➡ Welche Planungseinheiten sollen strategisch forciert, welche in ihrer Bedeutung zurückgenommen werden?
> ➡ Befindet sich das Portfolio in einem finanzwirtschaftlichen Gleichgewicht, so dass die Unternehmung, ohne auf Fremdkapital angewiesen zu sein, den Weg zur strategischen Zielerreichung meistern kann?

Wir zählen die Portfoliotechnik zu den geschlossenen Ansätzen. Denn die Planungsmethodik empfiehlt dem Planenden, je nach Position einer Planungseinheit im Portfolio, eine **Leitstrategie (Normstrategie)** mit geeigneten Planungsmaßnahmen. Den offenen Planungsansätzen sind keine Maßnahmenvorschläge inhärent.

Die 4-Felder BCG-Matrix und Normstrategien
Es ist ein Phänomen, wie lange sich das Planungskonzept der *Boston Consulting Group*[168] in Theorie und Praxis behauptet. Der Grund liegt u.a. in einer faszinierenden Einfachheit: **Der Markterfolg einer Unternehmung wird auf zwei Erfolgsfaktoren, Marktanteil und Marktwachstum, zurückgeführt**. Nach diesen beiden Größen lassen sich Planungseinheiten in einem Portfolio klassifizieren und optimieren. Die Planungsmethode läuft in folgenden Schritten ab:
(1) Entscheidung, was geplant werden soll (**Bestimmung der Planungseinheiten**),
(2) Bestimmung (Marktanalyse) der relevanten (oder relativen) **Marktanteile** der Planungseinheiten sowie der **Marktwachstumsraten** (über 1 bis 3 Jahre),
(3) <u>sinnvolle</u> **Dichotomisierung** der Erfolgsfaktoren Marktanteil und Marktwachs-

---
[164] Zu den finanzwirtschaftlichen Ausgangsgedanken der Portfoliotheorie vgl. Süchting, 1978, S. 274 ff.
[165] vgl. Preißler, (Controlling), 2007, S. 257
[166] vgl. zur Studie „Profit impact on market strategy" Buzzel; Gale, (PIMS), 1989
[167] den Ausdruck einer Planungseinheit wollen wir zukünftig anstelle von Produkt, Produktgruppe, Geschäftsfeld o.ä. benutzen.
[168] vgl. Dunst, (Portfolio Management), 1979

tum in *hoch* und *niedrig*, so dass sich die Planungseinheiten möglichst gut in der Portfoliomatrix verteilt darstellen,
(4) **Positionierung** der Planungseinheiten in der Portfoliomatrix gemäß den Werten der Marktanalyse in den Portfoliofeldern,
(5) **Beurteilung der Wettbewerbsfähigkeit** des Gesamtportfolios,
(6) **Bestimmung von Normstrategien** für die Planungseinheiten in den 4 Feldern,
(7) Ableiten von **Planzahlen** und **Einzelmaßnahmen** für die Planungseinheiten entsprechend der optimalen Normstrategie (strategisch und operativ).

⊠ MARKTANTEIL	⊠ MARKTWACHSTUM
■ relevanter Marktanteil 0 – 100% oder	■ Wachstum des relevanten Marktes in %
■ relativer Marktanteil <1, 1, >1	■ 0 bis sinnvolle Wachstumsrate
■ Skala zu teilen in niedrig / hoch	■ Wachstum zu teilen in niedrig / hoch

Die Werte für das Marktwachstum und die Marktanteile der Konkurrenten können durch Expertenbefragungen, Marktanalysen, Verbandskontakte, Branchenexperten oder durch Wettbewerbsaustausch auf Messen oder Konferenzen gewonnen werden. Sie sind als Einschätzungen von Fachleuten nach „bestem Wissen und Gewissen" zu akzeptieren.[169]

Abb.2-27 zeigt die typische BCG-Portfoliostruktur. Werden die beiden Positionierungsachsen Marktanteil und Marktwachstum sinnvoll in *hoch* und *niedrig* unterteilt, so ergeben sich kombinativ vier Felder mit den plastischen Bezeichnungen *Question Marks, Stars, Cash Cows, Dogs*. Die Planungseinheiten sind gemäß ihren Prozentwerten in der Matrix zu positionieren. Die Umsatzvolumina sollten durch die Kreisgrößen wiedergegeben werden. Die Pfeile skizzieren den Weg einer

Abb.2-27

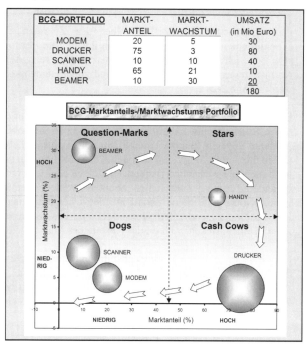

In vielen BCG-Projekten wird mit dem relativen statt mit dem relevanten Marktanteil gearbeitet (s. z.B. Kotler; Keller; Bliemel, 2007, S. 96)

Abb.2-28

DIE 4-FELDER DER BCG-MATRIX UND EMPFOHLENE NORMSTRATEGIEN
① QUESTION MARKS = Fragezeichen, Nachwuchs ⊳ Produkte prüfen / ggf. **Wachstumsstrategie** / investieren ② STARS = Sterne, Renner ⊳ **Kräftigungsstrategien** / investieren / ausbauen ③ CASH COWS = Melkkühe, Cash Flow Bringer ⊳ **Sicherungsstrategien** / Investitionen einschränken ④ POOR DOGS = Arme Hunde, Problemprodukte ⊳ **Marktaustrittsstrategien** / desinvestieren

Abb.2-29

MARKETING- UND VERTRIEBSMASSNAHMEN FÜR DIE PORTFOLIO-FELDER

	QUESTION MARKS	STARS
Technologiepolitik	➪ F&E abschließen, Serienreife	➪ Technologievorsprung sichern
Vertriebspartnerpolitik	➪ Händlernetz aufbauen	➪ Händlernetz optimieren
Leistungsprogrammpolitik	➪ technische Optimierung	➪ Produktvariationen
Konditionenpolitik	➪ Einführungspreis-Strategie	➪ umsatzfördernde Rabattpolitik
Verkaufspolitik	➪ Aufbau Vertriebskanäle	➪ Aufbau Key Account Management
Kommunikationspolitik	➪ Media-Einführungswerbung	➪ verstärkte Direktwerbung
	DOGS	CASH COWS
Technologiepolitik	➪ nur noch Ersatzteil-Optimierung	➪ Produktdifferenzierungen
Vertriebspartnerpolitik	➪ keine neuen Händler mehr	➪ Verkaufsförderung für Relaunch
Leistungsprogrammpolitik	➪ keine Produktentwicklung mehr	➪ Wertanalyse, Kosten senken
Konditionenpolitik	➪ Ausverkaufspreise	➪ Start Abverkaufsaktionen
Verkaufspolitik	➪ Außendienstbesuche einstellen	➪ verstärkt Händler einschalten
Kommunikationspolitik	➪ Werbung zurückfahren	➪ Abverkaufswerbung

Planungseinheiten im Portfolio über den Zeitraum des **Produktlebenszyklus** (**Technologielebenszyklus**).[170] Je nach Position im Portfolio sind sinnvolle strategische Stoßrichtungen, die sog. **Normstrategien**, einzuschlagen (Abb.2-28). Diese Normstrategien müssen branchen- und unternehmensspezifisch weiter verfeinert werden (Abb.2-29).

Die marktorientierte Unternehmensführung hat die Aufgabe, **Question Marks** zu neuen **Stars** zu entwickeln. **Cash Kühe** sind so lange wie möglich zu sichern (zu „melken"). Deren finanzwirtschaftliche Überschüsse fließen in die neuen Produkte und in die Sterne. **Dogs** sind strengen Kostenanalysen zu unterziehen. Sie werden bei nicht mehr ausreichenden Deckungsbeiträgen oder wenn die gebundenen Ressourcen in anderen Unternehmensteilen benötigt werden, eleminiert (Marktaustritt). **Relaunch-Strategien** zielen darauf ab, den Übergang einer Melkkuh-Position in die Dog-Position zu verhindern, bzw. Melkkuh-Positionen zu sichern. Auf jeden Fall muss in einer kritischen Phase der Absturz des Marktanteils verhindert werden.

Die Grenzwerte, wann Marktwachstum und Marktanteile als über-, wann als unterdurchschnittlich zu beurteilen sind, sollten durch Experten abgesichert werden. Nach Abb.2-30 kann die gleiche Marktsituation sonst zu einem Topp- oder einem Flop-Portfolio mit grundsätzlich unterschiedlichen Normstrategien führen.

---

[169] ausgenommen Monopole oder Oligopol-Branchen mit sehr guten Insider-Verbindungen oder Branchen, die volkswirtschaftlich umfassend erfasst werden. So kennen z.B. die KFZ-Hersteller ihre Marktanteile (nach Zulassungen) sehr genau durch das Kraftfahrzeugbundesamt in Flensburg.

[170] Vgl. zum Produktlebenszyklus Haedrich; Tomczak, (Produktpolitik), 1996, S. 98-107; Homburg; Krohmer, (Marketingmanagement), 2009, S. 441

Abb.2-30

Übung:
(1) Beschreiben Sie für beide Skaleneinteilungen bei gleichem Produktprogramm die Normstrategien.
(2) Welche Planung ist die "richtige"?

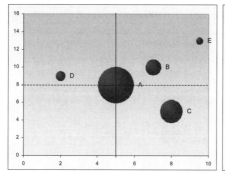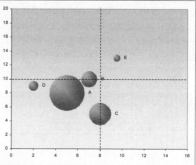

Die Portfoliomethode ist äußerst flexibel. Nicht nur produktbezogene Portfolios können erstellt werden, wie die Abb.2-31 zeigt.

Abb.2-31

MÖGLICHKEITEN DER PORTFOLIO-BILDUNG	
① Unternehmensportfolios	⇨ Positionierung von Tochtergesellschaften
② Wettbewerbsportfolios	⇨ Positionierung von Wettbewerbern
③ Länderportfolios	⇨ Positionierung von Ländern und Regionen
④ Technologieportfolios	⇨ Positionierung ganzer Technologien
⑤ Kundenportfolios	⇨ Positionierung von Schlüsselkunden

„Richtig und konsequent praktiziertes Portfolio-Management grenzt die schwachen Marken aus und konzentriert die Ressourcen auf potenzielle Gewinner."[171]

Portfolioplanung mit relativen Marktanteilen

Das Beispiel der Abb.2-27 beruhte auf prozentualen Marktanteilen im **relevanten Markt**. *General Electric* war jedoch speziell daran interessiert, die Relationen (Abstände) zum Wettbewerb in der Planung deutlich werden zu lassen. Man wollte sich nur in Marktsegmenten bewegen, in denen GE eine Marktführer- oder eine Second-Best-Position erreichen und halten kann. Wenn in besonderer Weise die Relationen der eigenen Geschäftsfelder zur Konkurrenz sichtbar werden sollen, dann sollte ergänzend mit **relativen Marktanteilen** geplant werden.[172]

Ein gutes Beispiel bietet hierzu die *GlaxoSmithKline*.[173] GSK ist mit 37 Mrd. US$ Umsatz und knapp 100.000 Mitarbeiter einer der Weltmarktführer bei Pharma- und Gesundheitsprodukten. Der deutschen Tochtergesellschaft in Bühl ist es gelungen, nahezu alle Marken innerhalb von 10 Jahren als definierte **Powerbrands** zu Marktführern aufzubauen. Für diese Leistung in dem hart umkämpften Markt erhielt seinerzeit *SmithKline Beecham* den **Deutschen Marketingpreis 1998**.

Abb.2-32 stellt die Markenportfolios im Zeitraum 1985 und 1997 gegenüber. 1985 bestand das Portfolio aus einem bunten Mix von Produkten ohne ausreichende Finanzkraft, um führende Marktpositionen zu erreichen. *Duschdas* war vom Umsatzvolumen zu klein. Von den Cash-Generatoren fehlte *Odol* die Wachstumsperspektive. *Uhu* passte nicht in das Programm. Das Portfolio 1997 zeigt die Konzentration auf Gesundheitsprodukte. Im Sog der Strategie hat sich selbst die ehemals träge Marke *Dr. Best* zu einem Marktführer entwickelt. Die Geschäftsleitung führt den Erfolg auf den konsequenten Einsatz der Portfoliotechnik zurück.

---

[171] aus dem Interview mit Scheske in gleicher Quelle, S. 99
[172] wobei die planende Unternehmung dann bei allen Portfolio-Eintragungen mit einer relativen Marktanteilsposition > 1 eine marktführende Stellung in dem Geschäftsfeld innehält: vgl. das Beispiel bei Kotler; Keller; Bliemel, (Marketing-Management), 2007, S. 96
[173] vgl. Clef, U.: (Powerbrands), in: ASW, Sondernummer Oktober 1998, S. 98-107

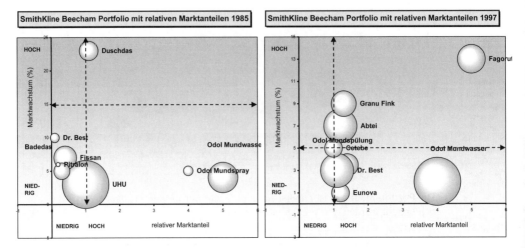

Abb.2-32

In ein Portfolio könnten auch die Planungseinheiten von Wettbewerbern eingetragen werden. Die Portfoliokreise für Produkte oder Geschäftsfelder im gleichen relevanten Markt liegen dann jeweils auf horizontalen Linien, da davon auszugehen ist, dass für alle Anbieter das gleiche Marktwachstum gilt. Das Portfolio wird dann aber schnell unübersichtlich. Daher ist es empfehlenswert, die Hauptwettbewerber in gesonderten Portfolios darzustellen.

Dynamische Portfolios
Die Positionierungen im Portfolio sind Momentaufnahmen bzw. sollten die Entwicklung in einem überschaubaren Zeitraum (z.B. über 1 - 3 Jahre) widerspiegeln. Für zukünftige Zielpositionen sind Zukunftsportfolios zu erstellen. Es können auch mehrere zeitverschiedene Positionen einer Planungseinheit in einer Matrix dargestellt werden. Man erkennt die Veränderungen der Wettbewerbsfähigkeit im Zeitablauf. Bei mehreren Planungseinheiten wird ein Portfolio jedoch unübersichtlich.

Erfahrungskurveneffekt und Wachstumsdruck
Das BCG-Konzept drängt die Unternehmen in eine **Schlacht um Marktanteile**. Der Schnellere gewinnt, weil er eher Kostendegressionseffekte nutzen kann als seine Konkurrenten, um

- bei unveränderter Preisstellung höhere Gewinne zu erzielen oder
- trotz Preisrücknahmen unveränderte Gewinnspannen zu erzielen und dadurch Wettbewerber mit (noch) geringerem Marktanteil und daher ungünstigerer Kostenstruktur zu benachteiligen.[174]

Das Geheimnis liegt in dem empirisch nachgewiesenen **Phänomen der Erfahrungskurve**. Nach dieser Hypothese sinken (nur in einem bestimmten Mengenbereich) bei einer Produktionsmengen-Verdoppelung (und vollständigem Abverkauf) die Stückkosten um ca. 20 – 30%.[175] Abb.2-33 nennt vier Ursachen für die Kostendegressionseffekte. Praktiker sprechen von einem der wenigen **Laws of Business**, obwohl auch das Erfahrungskurven-Konzept mit Problemen behaftet ist.[176] Kritisch wird angemerkt, dass es sich hierbei nur um **potenzielle** Kostensenkungsspielräume

---

[174] u.U. kann der schnelle Innovator Wettbewerber dann ganz aus dem Markt heraushalten
[175] vgl. zum Konzept der Erfahrungskurve z.B. Becker, (Marketing-Konzeption), 2006, S. 422-424 sowie die dort angegebene Literatur
[176] vgl. Backhaus; Voeth, (Industriegütermarketing), 2007, S. 248

Abb.2-33

handeln kann. Unwirtschaftlichkeiten großer Unternehmenseinheiten können den sinkenden Durchschnittskosten entgegenwirken.

Trotz dieser Einwände: Die **PIMS-Studie** hat eine hohe positive Korrelation zwischen Marktanteil und Rentabilität nachgewiesen.[177] Es klingt auch plausibel, dass in wachstumsschwachen Märkten und schwachen Konjunkturphasen Marktführer kaum einzuholen sind. Die Folgen sind Erstarrung der Konkurrenzsituation und zunehmende Monopolisierung. Der Slogan *„zurück zu den Kernkompetenzen"* kennzeichnet diesen Trend. Großanbieter respektieren gegenseitig ihre Geschäftsfelder mit hohen Marktanteilen und schieben sich untereinander die nicht mehr ins Portfolio passenden, marktanteilsschwachen Geschäftsfelder zu.

9-Felder Marktattraktivitäts-Wettbewerbsvorteils-Portfolio von McKinsey
Das Beratungsunternehmen *McKinsey* kritisiert die BCG-Konzeption wie folgt:[178]
(1) Zwei Erfolgsgrößen (Marktanteil und Marktwachstum) allein reichen nicht aus, um Planungseinheiten vollständig und zukunftsweisend zu beurteilen. Vielmehr entscheidet in der Praxis eine **Vielzahl oft branchenabhängiger Erfolgsfaktoren** über den Markterfolg.
(2) Neben den **quantitativen** (hard Facts) sollten auch **qualitative** Beurteilungsmaßstäbe (soft Facts) in die Beurteilungen mit einbezogen werden.
(3) Die Dichotomisierung *niedrig/hoch* sollte feiner differenziert werden, so dass z.B. eine Portfoliomatrix mit 3 mal 3 Feldern eine **präzisere Feinbestimmung** für Strategien ermöglicht als eine 2 mal 2 Matrix.

Die Planungsmethode verlangt folglich die Festlegung und Bewertung aller wichtigen, erfolgsbestimmenden branchen- und unternehmensspezifischen Erfolgsfaktoren.[179] Die zahlreiche Bewertungsfaktoren werden dann am Ende des Verfahrens wieder zu zwei Portfoliodimensionen (den Matrixachsen) zusammengefasst:
⇨ Aus Marktanteil wird **relative Wettbewerbsstärke**; Unternehmen mit hohem

---

[177] vgl. zum Projekt *Profit Impact on Market Strategy*: Buzzel; Gale, (PIMS), 1989, S. 3 ff.; vgl. auch die prägnante Zusammenfassung bei Homburg; Krohmer, (Marketingmanagement), 2009, S. 423-434
[178] vgl. Hüttner; von Ahsen, (Marketing), 1999, S. 100-102. Der 9-Felder-Ansatz steht im Mittelpunkt des Buches von Hinterhuber: Hinterhuber, (Unternehmensführung), 2004
[179] zum Konzept der kritischen Erfolgsfaktoren vgl. Hinterhuber, (Unternehmensführung), 2004; s. ferner: Homburg; Krohmer, (Marketingmanagement), 2009, S. 423-434

Marktanteile sollten auch bei der Mehrfaktorenbewertung vorne liegen.
⇨ Aus Marktwachstum wird **Marktattraktivität**; Märkte mit hohem Wachstum sind attraktiver als schwächelnde Märkte (s. noch einmal Abb.2-27).

Im einzelnen fallen bei der Planung die folgenden **Arbeitsschritte** an:
(1) Zunächst sind die kritischen Erfolgsfaktoren zu bestimmen, die jeweils die **Wettbewerbsstärke** und die **Marktattraktivität** beeinflussen und nach denen die Planungseinheiten beurteilt werden sollen.
(2) Für die Erfolgsfaktoren beider Gruppen sind Bedeutungsgewichte festzulegen (= Gewichtung nach Bedeutung der Faktoren relativ zueinander; Summe der Gewichte je 1; das entspricht 100%).
(3) Sachverständige Mitarbeiter und Experten bewerten dann die Planungseinheiten hinsichtlich der Erfolgsfaktoren (hinsichtlich ihrer Erfolgspositionen).
(4) Multiplikation der Gewichte mit den Erfolgsfaktor-Bewertungen und Aufsummierung der Werte (d.h. der Scores) zu den Portfolio-Positionierungswerten.
(5) Positionierung der Planungseinheiten in einem Portfolio mit einer 3 mal 3-Felder-Einteilung und Bestimmung der zum Portfoliofeld am besten passenden Normstrategie für die Planungseinheiten gemäß Abb.2-28.
(6) Herunterbrechen der Normstrategien der Planungseinheiten in detaillierte Zeit-, Maßnahmen- und Budetpläne; strategisch und operativ.

Das Management, Marketing und Vertrieb und interne und externe Fachleute kommen in Workshops zusammen, um zu gewichten und zu bewerten. **Moderationstechnik** ist angesagt. Die Fachleute stehen vor einem besonderen Problem: Die Menge der kritischen Erfolgsfaktoren, die den Unternehmenserfolg bestimmen, scheint unüberschaubar. Dementsprechend umfassend sind die in der Literatur empfohlenen Faktorenlisten.[180] In der Praxis werden die damit verbundenen Beurteilungsprozeduren (vor allem die Entscheidung über die Gewichtungen für die Erfolgsfaktoren sowie Bewertungen aller Faktoren) schnell zu komplex. Außerdem besteht bei einer Bewertung von mehreren Erfolgsfaktoren die Gefahr, dass die Faktoren untereinander korreliert sind. Die Positionierungswerte sind dann wenig brauchbar. Um praktikabel arbeiten zu können, wird starke Vereinfachung gewünscht. In den Planungsworkshops haben Mitarbeiter immer wieder große Schwierigkeiten, die Fülle der ihnen aus der täglichen Arbeit bekannten Einflussfaktoren einzugrenzen. Wie läßt sich der Erfolg einer Planungseinheit pragmatisch auf wenige Hauptfaktoren reduzieren?

Das in Abb.2-34 dargestellte Planungsbeispiel geht von zehn zentralen Erfolgsfaktoren aus; je fünf zur Beurteilung der Marktattraktivität und der relativen Wettbewerbsstärke. Die Faktorengruppen sind relativ zueinander gewichtet (mit Summe der Gewichte = 1 in jeder Gruppe). Für die Expertenurteile ist eine Spannweite von *1 (strategische Lagebeurteilung katastrophal)* bis 10 (*strategische Lagebeurteilung hervorragend*) vorgegeben.

Die fünf Bewertungsfragen zur **Marktattraktivität** lauten hier im Beispiel:
(1) Wie wichtig ist die der Planungseinheit zugrunde liegende **Fertigungstechnologie** derzeit für die Unternehmung?
(2) Wie ist das **Marktpotenzial** dieser Technologie im strategischen Planungszeitraum einzuschätzen? Droht Gefahr durch Substitutionswettbewerb?

---

[180] vgl. z.B. Hinterhuber, (Unternehmensführung), Band I, 2004, S. 158 ff.; oder Nieschlag; Dichtl; Hörschgen, (Marketing), 2002, S. 145-146; vgl. auch die übersichtlichen Darstellungen bei Becker, (Marketing-Konzeption), 2006, S. 430-435

Abb. 2-34

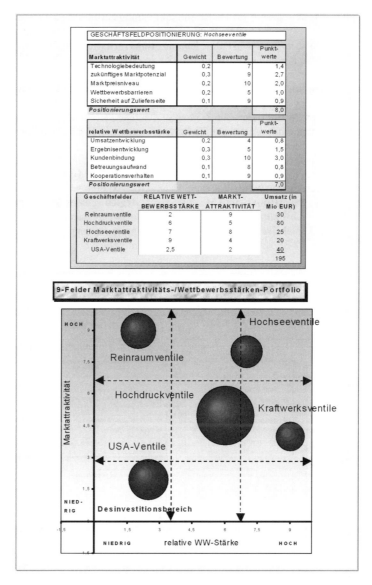

(3) Wie wird sich das **Marktpreisniveau** weiterentwickeln?
(4) Wie gering sind die **Eintrittsbarrieren** für neue Wettbewerber einzuschätzen (Achtung: umgekehrte Bewertungsrichtung!)?
(5) Wie hoch sind **Fertigungssicherheit** und Sicherheit der Rohstoff- und Teileversorgung von Seiten der eigenen Zulieferanten zu beurteilen?

Die **relative Wettbewerbsstärke** wird durch folgende Erfolgsfaktoren gemessen:
(1) Wie sind **Umsatzlage** und **Umsatzperspektiven** für die Planungseinheit zu beurteilen?
(2) Wie sind **Ergebnissituation** und **Ergebnisperspektiven** im Planungszeitraum zu bewerten?
(3) Wie stark ist die **Kundenbindung** bei den Großkunden und damit die Absicherung eines Großteils des Umsatzes?

(4) Wie gering ist der **Kundenbetreuungsaufwand** in diesem Markt (Effizienz und Vertriebskosten – Achtung: umgekehrte Bewertungsrichtung)?
(5) Wie positiv ist das **Kooperationsverhalten** der Schlüsselkunden dieser Planungseinheit einzuschätzen?

Die hier ausgewählten Erfolgsfaktoren bzw. Beurteilungsfragen sind nur als Vorschläge zu verstehen und werden sicher nicht für alle Unternehmen gelten.
Das Portfolio der Abb.2-34 zeigt die charakteristische 9-Felder-Struktur. Die Trennlinien sind in etwa bei 3,3 bzw. 6,6 gezogen. Die Kreisflächen entsprechen wie bei der BCG-Matrix den Umsatzerlösen.

Das 9-Felder Portfolio ermöglicht gegenüber der BCG-Matrix eine feinere Differenzierung von Normstrategien. Dabei kristallisieren sich **drei Strategietypen** heraus:
(1) **Investitions- und Wachstumsstrategien** (Felder der Mittelbindung),
(2) **Abschöpfungs- oder Desinvestitionsstrategien** (Felder der Mittelfreisetzung),
(3) **selektive Strategien** (für die diagonalen Felder).
Abb.2-35 liefert eine Übersicht über sinnvolle Normstrategien.[181]

Wo liegt die Bedeutung der strategischen Portfolioplanung, insbesondere für kleine und mittlere Unternehmen? Die Portfoliotechnik bietet der marktorientierten Unter-

Abb.2-35

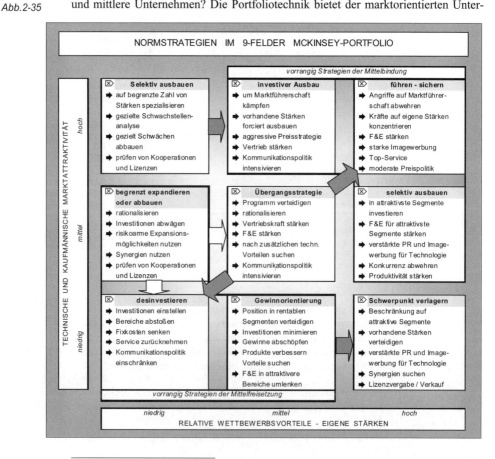

---

[181] vgl. zu dieser „Multifaktorenmethode" von General Electric mit einigen Abänderungen: Kotler; Keller; Bliemel, (Marketing-Management), 2007, S. 99-100

nehmensführung ein überschaubares und flexibles Arbeitskonzept:
- Sie motiviert Vorgesetzte und Mitarbeitern zu einer qualifizierten Diskussion.
- Sie visualisiert die Marktsituation – und Bilder sagen mehr als Worte.
- Sie fokussiert Unternehmen auf die strategischen Erfolgsfaktoren.
- Sie integriert grundlegende fachliche Konzepte, wie die Produktlebenszyklustheorie, das Erfahrungskurvenkonzept, das Konzept der Mischung von Risiko und Erfolg und erzwingt umfassende Markt- und Erfolgsanalysen.

Strategische Planungstableaus – mittel- und langfristige Business-Pläne
Mit der Portfolioanalyse und der Entscheidung über die Normstrategien ist der Grundstein für die strategische Planung gelegt. Die Normstrategien müssen nun für die operative Umsetzung in Planzahlen und Maßnahmenlisten überführt werden. Die Umsetzung von strategischen Vorhaben in konkrete Ziele und Budgetvorgaben für die Planungseinheiten wird in der Praxis oft vernachlässigt. Dabei hängt die Kraft einer Planung von der **Operationalisierung** der Zielgrößen ab.[182] Die besten visionären Überlegungen bleiben wirkungslos, wenn Erfolg oder Misserfolg nicht im Zeitablauf überprüfbar sind.

Abb.2-36 liefert ein Beispiel, wie **Planungstableaus** (Geschäftspläne) für Geschäftseinheiten bzw. Geschäftsfelder aufgebaut werden können. Es handelt sich um eine Planung für das Jahr 2010. Im revolvierenden, strategischen Planungszeitraum sind die Absatz-, Umsatz-, Ergebnis- und Marktanteilszahlen für die Planungseinheit miteinander verknüpft. Die kurzfristige operative Planung ist in die strategische Zahlenreihe eingeklinkt und wird jedes Jahr durch Neueinschätzungen (Forecasts) überprüft. Planunterschreitungen sind möglich, solange nicht die Strategie gefährdet ist.

Zahlen allein bewegen nichts. Den Zahlen müssen daher **Maßnahmen** folgen, wie die Zielvorgaben erfüllt werden sollen. Die **Planungsmaßnahmen** sind permanent nachzuhalten: *Wer muss was (Maßnahmen / Instrumentaleinsatz) im Planungszeitraum tun, um eine Strategie zum Erfolg zu führen?* Abb.2-37 skizziert eine Formular-

Abb.2-36

	STRATEGISCHES PLANUNGSTABLEAU FÜR GESCHÄFTSEINHEITEN / GESCHÄFTSFELDER / PMS								
	Beschreibung des Gesamtmarktes	:	Hochdruckventile-Airliner						
	Beschreibung des relevanten Marktes	:	Hochdruckventile-Airliner - USA-Standard						
	Werte in Mio EUR - Mengen in TStck.		2009 Ist Vj.	2010 lfd.	2011 OP-1	2012 OP-2	2013 SP-1	2014 SP-2	2015 SP-3	2016 SP-4
Gesamtmarkt	Marktvolumen Gesamtmarkt	Wert	460	480	500	510	540	560	600	600
		Menge	230	240	250	255	270	280	300	300
	Marktwachstum	%	-	4%	4%	2%	6%	4%	7%	0%
	eigener MA am Gesamtmarkt	%	9%	10%	12%	14%	15%	16%	17%	17%
	MA härtester Wettbewerber	%	15%	15%	14%	12%	11%	9%	10%	10%
relevanter Markt	Marktvolumen	Wert	150	175	180	180	200	200	220	220
		Menge	55	60	65	65	70	70	80	80
	Anteil am Gesamtmarkt	%	24%	25%	26%	25%	26%	25%	27%	27%
	Marktwachstum	%	-	9%	8%	0%	8%	0%	14%	0%
	Absatz härtester Konkurrent	Menge	35	35	35	30	30	25	30	30
	eigene Absatzmengen	Menge	20	25	30	35	40	45	50	50
	eigene Umsatzerlöse	MioEUR	60	75	90	105	120	135	150	150
	rechn. Durchschnittspreis	EUR/Stck	3000	3000	3000	3000	3000	3000	3000	3000
	Wachstum eigener Absatz	%		25%	20%	17%	14%	13%	11%	0%
	eigener Marktanteil relev.Ma.	%	36%	42%	46%	54%	57%	64%	63%	63%
	MA härtester Wettbewerber	%	64%	58%	54%	46%	43%	36%	38%	38%
	eigener relativer Marktanteil	Relation	0,57	0,71	0,86	1,17	1,33	1,80	1,67	1,67
	Betriebsergebnis-1	Wert	9,0	11,0	12,0	14,0	16,0	18,0	20,0	20,0
		%	45,0%	44,0%	40,0%	40,0%	40,0%	40,0%	40,0%	40,0%
Strateg. Maßn.	Technische Maßnahmen		Entwicklung OSG-Reihe		OSG-2		OSG-Electronic		Zeta-Patent	
	Wettbewerbsbezogene Maßnahmen		MaFo		Angriff Europa			Sicherungsstrategie		
	Vertriebspartnerbezogene Maßnahmen		eCommerce		Multikanalstrategie			Direktvertrieb USA		

---

[182] vgl. zum Begriff und zur Problematik der Operationalisierung: Becker, (Marketing-Konzeption), 2006, S. 108 ff.

struktur für den Maßnahmenteil (Planungsmodule) der strategischen Planung. Wir raten davon ab, unterschiedliche Maßnahmenlisten für die SP und die OP zu führen. Die ursprünglich langfristigen Terminierungen rücken lediglich in den operativen Handlungszeitraum. Die **To-do-Listen** werden im Zeitraum der operativen Planung konkreter und feiner. Was dabei oft übersehen wird: **Eine Strategie gerät mit der Zeit immer mehr auf den Prüfstand der Gegenwart**. Für jede langfristige Strategie rückt die Stunde der Wahrheit Jahr für Jahr näher.

Abb.2-37

STRATEGISCHE / OPERATIVE PLANUNG - MASSNAHMENBLATT						
Produktgruppe / Planungseinheit / Geschäftsfeld:				Zeitraum 2010 - 2016		
Nr.	zuständiges Ressort	Beschreibung der Maßnahme	verantwortlich	Promotor	Termin	Budget	Milestones

zu erstellen sind nach diesem Schema Maßnahmenblätter für:
1.) SP-1: Maßnahmen im Bereich Produkt- und Konditionenpolitik
2.) SP-2: Maßnahmen im Bereich Verkaufspolitik, Kundenbetreuung
3.) SP-3: Maßnahmen im Bereich Kommunikationspolitik (Schwerpunkte: Werbung, Messen, Verkaufsförderung)
4.) SP-4: Maßnahmen im Bereich Innovationspolitik (Schwerpunkte: Forschung und Entwicklung, Patente, Produktentwicklung)
5.) SP-5: Maßnahmen im Bereich Wettbewerbspolitik (Schwerpunkte: Kauf von Wettbewerbern, Strategien gegen Wettbewerber)
6.) SP-6: Maßnahmen in den Bereichen Instrastruktur (Standorte) und Logistik (Schwerpunkte: Lagerwesen, Transport)
7.) SP-7: Maßnahmen im Bereich Personalpolitik (Schwerpunkte: Mitarbeiterstruktur und Förderung Qualifikationsniveau)

Datum: genehmigt:

Das Maßnahmenformular der Abb.2-37 bietet zwei Besonderheiten. Zum einen wird jedem Planungsverantwortlichen ein **Machtpromotor**[183] aus der obersten Führungsetage zur Seite gestellt, der bei Problemen auf Wunsch des Teams „väterlich" koordinierend eingreift. Zum anderen werden für die Maßnahmenpläne von Anfang an Zeitpunkte und Maßstäbe dfür die **Erfolgskontrolle** *(*Milestones*)* festgelegt.

Bei allen aufgezeigten Planungsverfahren ist zu beachten: Der Erfolg der eigenen Planungsmaßnahmen hängt maßgeblich vom Verhalten der Konkurrenten ab. So erhält die eigene Wettbewerbsstrategie eine entscheidende Bedeutung.

2.3.5. Wettbewerbsstrategien

a.) Allgemeine Abwehr- und Angriffsstrategien

Die beste Strategie ist wirkungslos, wenn Konkurrenten sie abwehren oder „übertrumpfen" können. Zwei grundsätzliche Szenarien sind vorstellbar:
(1) Die eigene Unternehmung wird attackiert, befindet sich also in der **Verteidigerposition** *(Defender)* (Abb.2-38).
(2) Die eigene Unternehmung ist **Angreifer** *(Attacker)* im Markt und versucht, einen Konkurrenten unter Druck zu setzen (Abb.2-39).[184]

Warum soll die strategische Planung nicht die Erkenntnisse der historischen Kriegsführung nutzen? Marktführer in **Verteidigungspositionen** werden im einfachsten Fall ihre **Flanke verteidigen** *(Flanking Defense*, in Abb.2-38 nicht eingezeichnet). *Coca Cola* kauft beispielsweise trotz des hohen Weltmarktanteils weitere Fruchtdrinkhersteller auf, um von der Seite keinen Eindringling in das Kerngeschäft zu forcieren. Bei der **Präventivverteidigung** *(Preemtive Defense)* würde man Gerüchte über Preissenkungen streuen, wann immer sich ein Konkurrenzangriff andeutet. Die **Gegenangriff-Strategie** *(Counter Offensive Defense)* legt es nahe, sofort mit Dumpingpreisen Großkunden des Wettbewerbers anzugehen, wenn dieser bei eigenen

---

[183] vgl. zum Promotoren-Modell: Gemünden; Walter, (Beziehungspromotor), in: ZfB, 9/1995, S. 971-986; verantwortlich für die Durchführung wichtiger Aufgaben sind oft Fachpromotoren.

[184] vgl. auch im folgenden Kotler, (Warfare), in: Journal of Business Strategy, Winter 1981, S. 30-41

Abb. 2-38

Abb. 2-39

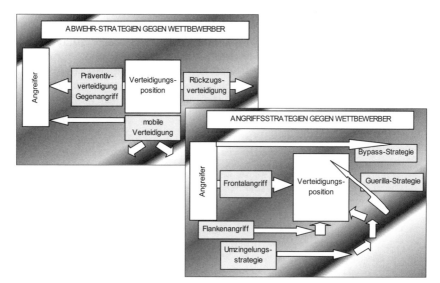

Kunden mit Kampfangeboten vorstellig wird (Sieger ist dann wohl der Kunde). Die **mobile Verteidigung** (*Mobile Defense*) reagiert auf Konkurrenzattacken an wechselnden Standorten (Reaktionsspiele von *Media-Markt* und *Pro-Markt*). Bei der **Rückzugsverteidigung** (*Contraction Defense*) gibt man schwache Marktsegmente auf, um noch „zu retten, was zu retten ist."

Ist man selbst in der **Angreiferposition**, dann stehen ebenfalls diverse strategische Optionen zur Verfügung. Kritisch zu beurteilen sind **Frontalangriffe** (*Frontal Attack*), wie die Angriffsbeispiele von *RCA* und *Xerox* gegen *IBM* belegen. Dann ist es schon ungefährlicher, **schwache Flanken** des Gegners aufzuweichen (*Flank Attack*). Konkret kann das z.B. bedeuten, einen Marktführer dort anzugreifen, wo man eine Chance hat, über längere Zeit ignoriert zu werden. Die **Umzingelungs-** oder **Kesseltaktik** (*Encirclement Attack*) stützt sich auf eine großangelegte Offensive an mehreren Fronten. Die Produktpolitiken und Produkt-Einführungsstrategien von *HP* und *Canon* für ihre Drucker sind Beispiele hierfür. **Umgeleitete Angriffe** (*Bypass Attack*) sind für den Angegriffenen gefährlich, weil er die Konsequenzen nicht unmittelbar spürt. Ein Beispiel ist das **technologische Leap-Frogging**. Der Angreifer „umgeht" das marktbeherrschende Produkt eines Marktführers und entwickelt geduldig und im Stillen eine neue Basisinnovation. Bleibt dem Angegriffenen der *Bypass* verborgen, dann wird er in Zukunft dem neuen Produkt nichts entgegensetzen können.

Neben diesen generischen Strategien haben sich im Marketing ganz spezielle strategische Ansätze entwickelt.

b.) Guerilla-Marketing

Der Begriff wurde Mitte der 80er Jahre von *Jay Conrad Levinson* geprägt. Die **Guerilla-Strategie** (*Guerilla-Attack*) ist besonders für kleine Unternehmen mit wenigen Kapitalressourcen empfehlenswert. Praktiziert wird eine „Politik der kleinen Nadelstiche". Eine kontinuierliche Folge von isoliert betrachtet harmlosen Sonderangeboten, Verkaufsförderungs- oder Mailingaktionen sollen Konkurrenten zermürben und ins Wanken bringen. Guerilla-Marketing kann aber auch überraschend, unkonventionell und provozierend sein. Die Strategie sollte sich außerhalb der klassischen Werbekanäle und -Traditionen bewegen, um höchste Aufmerksamkeit zu erreichen. Zum Guerilla-Marketing gehört Querdenken.

c.) Ambush-Marketing

Ambush-Marketing wird auch als Schmarotzer- oder Trittbrettfahrermarketing bezeichnet (to ambush = aus dem Hinterhalt überfallen). Der größte Einsatzbereich ist das Unterlaufen von Sponsoringverträgen.[185] Oft lassen Großveranstaltungen nur eine begrenzte Zahl von Sponsoren zu, oder es werden zahlenmäßig begrenzte Sponsoren-Pools gebildet. Ein „historisches" Beispiel mag die Ambush-Strategie verdeutlichen:

> *Bei der Fußball-WM 1994 in den USA war Nike kein offizieller Sponsor. Beim Finale zwischen Brasilien und Italien verteilte Nike deshalb 70.000 Baseballcaps und Firmenlogos in den Farben der brasilianischen Mannschaft. Das Stadion glich einem „Nike Meer", während Umbro, dem offiziellen Sponsor der brasilianischen Mannschaft, keine Aufmerksamkeit zuteil wurde.*

Derartige „Nicklichkeiten" im großen Stil sind heute bei vielen publikumswirksamen Events zu beobachten. Die Strategie ist aber nicht ganz ungefährlich. Es ist darauf zu achten, dass Rechte offizieller Sponsoren nicht verletzt werden.

d.) Affiliate-Marketing

Innerhalb des Bundesverbandes Digitale Wirtschaft (BVDW) gibt es einen Arbeitskreis Affiliate-Marketing, der sich eine Reihe spezialisierter Agenturen angeschlossen haben.

Eine neue Strategievariante entstand im Internet: Das Bewerben und Verkaufen von Produkten und Dienstleistungen mit Hilfe von Web-Partnerschaften. Diese Strategie unterbindet das Gegen- und fördert das Miteinander. Ein **Advertiser** (auch Merchant) möchte seine Leistungen via Internet anbieten und sucht sich Vertriebspartner (die **Affiliates** oder **Publisher**), die in Online- und mobilen Angeboten Werbe- und Verkaufsmittel für Advertiser einbinden können. Advertiser sind dadurch auf zahlreichen Partnerseiten vertreten. Das Affiliate-Marketing funktioniert innerhalb eines Netzwerkes von Verbündeten. Affiliate-Netzwerke oder -Plattformen stellen als Dienstleister das Instrumentarium zur Verfügung und übernehmen die technische und kaufmännische Abwicklung. Wichtig sind hierbei transparente Regeln der Zusammenarbeit und spezielle Konditionenmodelle. Diese moderne Form des Empfehlungs- und Unterstützungsmarketing ist besonders für kleine und mittlere Unternehmen eine sehr sinnvolle Strategie, um begrenzte Kräfte im Markt zu bündeln. Nach Schätzungen des Online-Vermarkterkreises wurden bereits 2008 268 Mio. Euro für Affiliate-Marketing ausgegeben.[186]

Neben dem Wettbewerb sind auch die Entwicklungen zu analysieren, die die strategische Planung aus dem politischen, rechtlichen und gesellschaftlichen Umfeld heraus beeinflussen. Am Ende des Planungsverfahrens liegen das **House of Strategy**, die langfristigen Maßnahmen zur Zielerreichung, die auf die operativen Planungseinheiten heruntergebrochenen Oberziele und das strategische Zahlentableau vor. Im nächsten Schritt muss die Strategie nun auf die operative Ebene transponiert werden.

2.3.6. Operative Planung

Operiert eine Unternehmung auf der Grundlage einer strategischen Planung, dann beschreibt die operative Planung einen kurzfristigen Zeitabschnitt des Planungshorizontes. Die OP ist folglich inhärenter Bestandteil der SP. Im operativen Planungszeitraum sind Zielvorgaben und Maßnahmen wochen-, monats-, quartalsweise und nach Jahren (im Vergleich zum Vorjahr-, Planjahr und zum Jahres-Forecast) auszuweisen. Operative Pläne mit Erfolgs-, Zeit-, Budget- und Aufgabenvorgaben sind

---

[185] vgl. Liebetrau, (Ambush Marketing), 2007, S. 13-23
[186] vgl. den Hinweis in acquisa, 9/2008, S. 20

heute Standard in der deutschen Industrie.
Die operative Planung enthält dabei die detaillierten Erfolgs- und Kostenwerte der Planungseinheiten über einen Zeitrahmen von ein bis maximal drei Jahren. Abb.2-40 liefert ein Beispiel für Monats- und Jahresumsätze. Im Mittelpunkt der operativen Planung stehen üblicherweise die Wertgrößen Auftragseingang, Auftragsbestand, Absatz(menge), Umsatz sowie alle relevanten Kostengrößen; **jeweils (1) als Ist- und (2) Soll-Werte und (3) im Vergleich zu mindestens einem Vorjahreswert.**

Für die marktorientierte Unternehmensführung wird empfohlen:
- Auftragseingang- und Umsatzdaten durch Parallellaufen von Kostendaten (zum Zwecke eines umfassenden Vertriebscontrolling) zu ergänzen,
- die Planung mit einer im Zeitablauf abnehmenden Detailliertheit aufzubauen: im kurzfristigen Bereich der Monatsplanung nach Arbeitstagen, dann nach Kalenderwochen, Monaten, Quartalen und ab drei Jahren nach Halbjahres- und Jahreswerten etc.; wobei computergestützt beliebige Zusammenfassungen (Verdichtungen, Integrationsstufen) möglich sein sollten,
- die Planung in Planungsebenen aufzuspalten: nach Ländern, Verkaufsgebieten, Außendienstmitarbeitern, Warengruppen, Artikelgruppen, Niederlassungen, Kundengruppen (die Dimensionen des sog. **OLAP-Würfels**),
- die Planung während des Jahres nicht zu verändern (anzupassen), sondern Ist- und ursprüngliche Planwerte erforderlichenfalls durch eine Neueinschätzung der Verkaufsmannschaft (Forecasts) zu ergänzen,
- den zu erwartenden Jahresumsatz mit einem Kunden als Anteil vom geschätzten Einkaufspotenzial zu berechnen (oder Absatzmengen, um Preiseffekte herauszuhalten), um so Lieferanteile und - summiert über alle Kunden - Marktanteile abzuschätzen. Dies erfordert die Mitarbeit des Außendienstes (Kundenbefragungen),
- Vergangenheitsvergleiche für 1 Jahr (nach Monaten), bis 3 Jahre (nach Quartalen) und bis zu 10 Jahren (nach Jahresendsummen) zu ermöglichen,
- eine kumulierte, revolvierende 12-Monatsumsatzrechnung mitlaufen zu lassen (*Wie würden die Zahlen aussehen, wenn heute Jahresende wäre?*),
- alle Berechnungen als Mengen- (Absatz), Umsatzrechnungen und mit Ausweis der Durchschnittspreis-Entwicklung durchzuführen. Die Absatz-, Umsatz- und Preisentwicklungen sollten immer im Marktvergleich analysiert werden.
- Was sagen stolze + 8% Mengensteigerungen, wenn der relevante Gesamtmarkt um + 14 % gestiegen ist? Dann sinkt der eigene Marktanteil! Was sagt der Erfolg eines „Durchdrückens" einer 1,5%igen Preiserhöhung, wenn die Branche im Durchschnitt + 2,1% bei den Abnehmern erreichen konnte?
- In die OP nicht nur „harte Fakten" aufzunehmen, sondern auch „weiche Daten", wie Kundenattraktivitäten oder Kundenzufriedenheiten (s. Abschnitt 6.4.4.e.).

Für das OP-Berichtswesen sind knappe **Wochenberichte** empfehlenswert, mit Angabe wesentlicher Kundenvorgänge und Ausweis von Wochen-Auftragseingang, Auftragsbestand und zu erwartendem Auslieferungsvolumen bis Monatsende. **Monatlich** liefern die Verkaufsbereiche **Marktberichte**, unter Bezug auf den erreichten Monatsabschluss, wie auch auf den Soll- / Ist-Stand der (kumulierten) Jahresplanung. Quartalsberichte sollten speziell die wettbewerbsbezogenen Marktbewegungen analysieren. **Kampfpreise** von Konkurrenten sollten ebenso systematisch erfasst werden wie **Beanstandungen** und **Reklamationen** oder Begründungen für **verlorene Aufträge** (Lost order Reports). Monatlich ist die Ziel-Erreichbarkeit der Jahresplanung zu überprüfen. Im ungünstigen Fall wird eine **Neueinschätzung** erforderlich.

Abb. 2-40

COLUMBUS UNTERNEHMENSPLANUNG
OPERATIVE PLANUNG FIRMA HEGL-Bau – nach Ablauf des Jahres 2010 / Vorjahresdaten 2009

PLANDATEN Jahr 2010 Monat: 12
alle Umsatzwerte in Mio. EUR - Abweichungen in %-Werten

Kennzahl	Kürzel	Jan.	Febr.	März	April	Mai	Juni	Juli	Aug.	Sept.	Okt.	Nov.	Dez.	Ges.
gesch. Marktanteil nach roll.12-Monatsumsatz	MA-Anteil	18%	18%	17%	18%	18%	18%	18%	17%	17%	16%	17%	17%	
Summe Kundenpotenziale im relevanten Markt	Potential-J	1000,0	1000,0	1000,0	1000,0	1000,0	1000,0	1000,0	1000,0	1100,0	1100,0	1100,0	1100,0	
Abweichung Jahresums. kum. zu Forecast	Umskum-IJ/Forecast	7,5%	15,5%	26,5%	39,0%	47,5%	55,0%	59,0%	64,7%	72,1%	78,4%	90,0%	100,5%	100,5%
Umsatz-Neueinschätzung	Forecast	200,0	200,0	200,0	200,0	200,0	200,0	200,0	190,0	190,0	190,0	190,0	190,0	190,0
unterjährige Hochrechng. zu Planum. kum.	UmsHoRe-J/Ums-Pl	-10,0	-7,0	6,0	17,0	14,0	10,0	1,1	-7,8	-8,7	-10,6	-6,7	-4,5	-4,5
rollierender 12-Monatsumsatz zu Planumsatz	roll12MoUms/UmsPl-J	-11,0	-8,5	-13,5	-10,5	-10,0	-11,5	-9,0	-8,5	-6,5	-10,5	-8,0	-4,5	-4,5
Jahresumsatz kum. zu Planumsatz Gesamtjahr	Umskum-IJ/Ums-Pl	-92,5	-84,5	-73,5	-61,0	-52,5	-45,0	-41,0	-38,5	-31,5	-25,5	-14,5	-4,5	-4,5
unterjährige Umsatzhochrechnung lfd. Jahr	UmsHoRe-IJ	180,0	186,0	212,0	234,0	228,0	220,0	202,3	184,5	182,7	178,8	186,5	191,0	191,0
rollierender 12-Monatsumsatz	roll.12MoUms	178,0	183,0	173,0	179,0	180,0	177,0	182,0	183,0	187,0	179,0	184,0	191,0	191,0
Jahresumsatz Plan	Ums-Pl	200,0	200,0	200,0	200,0	200,0	200,0	200,0	200,0	200,0	200,0	200,0	200,0	200,0
Auftragsbestand lfd. Jahr zum Vorjahr	AbAB-VJ	-8,8	0,0	-2,1	2,1	2,7	3,6	3,8	5,0	0,9	0,8	-1,5	-2,9	-2,9
Auftragsbestand Vorjahr	AB-VJ	144,8	138,0	142,0	143,0	146,0	146,0	142,0	132,0	120,0	116,0	130,0	132,0	138,0	138,0
Auftragsbestand lfd. Jahr	AB-IJ	132,0	138,0	139,0	146,0	150,0	146,0	145,0	140,0	137,0	126,0	117,0	123,0	134,0	134,0
monatl. Umsatzabw. kum. zum Plan	AbMoUmskum-Pl	87,5	72,2	60,6	47,2	30,1	12,2	14,6	13,9	3,0	-8,6	-6,6	-4,5	-4,5
Umsatzabw. kumuliert zum Vorjahr	AbMoUmskum-VJ	36,4	40,9	-1,9	6,8	6,7	2,8	7,3	7,9	10,5	3,5	6,2	9,8	9,8
Planumsatz kumuliert im lfd. Jahr	Umskum-Pl	8,0	18,0	33,0	53,0	73,0	98,0	103,0	108,0	133,0	163,0	183,0	200,0	200,0
Jahresums. kumuliert im Vorjahr	Umskum-VJ	11,0	22,0	54,0	73,0	89,0	107,0	110,0	114,0	124,0	144,0	161,0	174,0	174,0
Jahresums. monatlich kumuliert	Umskum-IJ	15,0	31,0	53,0	78,0	95,0	110,0	118,0	123,0	137,0	149,0	171,0	191,0	191,0
Abw. Monatsumsatz zum Plan	AbMoUms-Pl	87,5	60,0	46,7	25,0	-15,0	-40,0	60,0	0,0	-44,0	-60,0	10,0	17,6	-4,5
Abw. Monatsums. zum Vorjahr	AbMoUms-VJ	66,7	45,5	-31,3	31,6	6,3	-16,7	166,7	25,0	40,0	-40,0	29,4	53,8	11,0
Monatsumsatz Plan	MoUms-Pl	8,0	10,0	15,0	20,0	20,0	25,0	5,0	5,0	25,0	30,0	20,0	17,0	200,0
Monatsumsatz Vorjahr	MoUms-VJ	9,0	11,0	32,0	19,0	16,0	18,0	3,0	4,0	10,0	20,0	17,0	13,0	172,0
Monatsumsatz lfd. Jahr	MoUms-IJ	15,0	16,0	22,0	25,0	17,0	15,0	8,0	5,0	14,0	12,0	22,0	20,0	191,0

Prof. Dr. Peter Winkelmann - marktorientierte Unternehmensführung - FH Landshut
- 03.12.2009/OP-Umsatzplanung-operativePlanung-HeglBau-2010-Abb2-40.xls/395 -

Abb.2-41

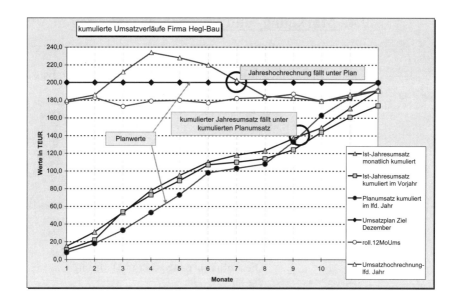

Abb.2-41 enthält eine typische Auswertung im Rahmen der operativen Umsatzplanung. Der geplante Jahresumsatz wurde leicht verfehlt. Was bedeutet das für die Planung des Folgejahres? Der Grafik liegen die Daten der Abb.2-40 zugrunde.

So gut auch strategisch und / oder operativ geplant wird: Keine Planung kann einer Führungskraft die unternehmerischen Entscheidungen abnehmen. Abb.2-42 zeigt eine strategische Zeitreihe für ein technisches Produkt. Wie beurteilen Sie die Situation? Würden Sie das Ventilprodukt weiter produzieren? Welche ergänzenden Informationen wünschen Sie sich noch für Ihre Entscheidung?

Abb.2-42

PLANUNGSTABLEAU FÜR EIN DICHTUNGSVENTIL				PROGNOSE		
	2008	2009	2010	2011	2012	2013
Preis/qm (in US-$)	$ 5,80	$ 5,50	$ 5,40	$ 5,00	$ 4,80	$ 4,80
Herstellkosten-2 (HK-2)	$ 3,70	$ 3,80	$ 4,20	$ 4,40	$ 4,60	$ 4,70
Deckungsbeitrag auf HK-2	$ 2,10	$ 1,70	$ 1,20	$ 0,60	$ 0,20	$ 0,10
Absatzmenge qm	1.200.000	1.000.000	900.000	800.000	600.000	400.000
Marktpotential in qm	3.400.000	3.500.000	3.800.000	3.700.000	4.000.000	4.000.000
eigener Marktanteil (in %)	35,3%	28,6%	23,7%	21,6%	15,0%	10,0%
Umsatz (in US-$)	6.960.000	5.500.000	4.860.000	4.000.000	2.880.000	1.920.000
Ergebnis (in US-$)	2.520.000	1.700.000	1.080.000	480.000	120.000	40.000
Umsatzrendite (in %)	36,2%	30,9%	22,2%	12,0%	4,2%	2,1%

2.4. Marketing- und Vertriebsorganisation

2.4.1. Grundlagen

a.) Ziele und Aufgaben der Marketing- und Vertriebsorganisation

Abb.2-43

Die Organisation schafft einen ordnenden Rahmen für die Maßnahmen zur Zielerreichung (für die Strategieumsetzung). Sie stellt die Gesamtheit aller generellen Regelungen betreffend Strukturen und Abläufe dar.[187] Personal und Sachmittel sind in bestmöglicher Weise zu kombinieren. Die Herausforderung für die marktorientierte Unternehmensführung: Kundenorientierung der Organisation mit Kostenoptimierung auszubalancieren.

Der Aufbau einer Organisation erfolgt gemäß klassischer Organisationstheorie in 2 Schritten:

1.) Die **Aufgabenanalyse** strukturiert die einzelnen Aufgaben nach:
- Tätigkeit
- Objekt
- Sachmittel
- Rang/Priorität
- Phasen

2.) Die **Aufgabensynthese** setzt dann zusammen:
- Stellen
- Verantwortungen
- Kompetenzen
- Gruppen, Abteilungen, Bereiche
- Konzerne

Aufbauorganisation / Strukturorganisation

Die **Aufbauorganisation** in Marketing und Vertrieb ist zuständig für:
(1) Festlegung der kundenorientiert zu erfüllenden Aufgaben,
(2) Zuordnung der Aufgaben/Prozesse zu Personalstellen (niedergelegt in Stellenbeschreibungen),
(3) Regelung der Über- (Vorgesetzte) und Unterstellungen (Mitarbeiter) für die Stellen. Die Strukturorganisation schafft die offizielle Hierarchie, dokumentiert im **Organigramm**. Die Frage im Praxisjargon: *Wer berichtet an wen*?
(4) Bestimmung der Verantwortungen der Stelleninhaber
(5) und der erforderlichen Kompetenzen (disziplinarische und / oder fachliche Anweisungsrechte). Diese zeigen sich u.a. in den Unterschriftsvollmachten i.A., i.V. und Prokura.
(6) Zusammenfassung der Stellen zu Gruppen, Abteilungen, Niederlassungen, Geschäftsbereichen, Tochtergesellschaften, etc.

Ablauforganisation

Die **Ablauforganisation** regelt:
(1) die Arbeitsbeziehungen zwischen den Stellen/Ressorts,
(2) die Abläufe der Arbeitsvorgänge mit Zeitvorgaben,
(3) die Berichtswege (Fluss von Anweisungen und Informationen durch die Hierarchie),
(4) die Daten-/Dokumentenorganisation mit Formularwesen,
(5) die Regeln zur Archivierung/Dokumentation.

Diese Aufgabenbereiche kennzeichnen die **formelle (offizielle) Organisation**, festgeschrieben in Organigrammen, Stellenbeschreibungen, Unterschriftsvollmachten, Ablaufplänen und Formularvorschriften. Nicht selten aber scheitern Führungskräfte an der **informellen (informalen, inoffiziellen)** Organisation. Diese steht für die „ungeschriebenen Gesetze" eines Sozialsystems, d.h. für die "wahren" Informations- und Machtbeziehungen der Mitarbeiter und Führungskräfte untereinander.

---

[187] vgl. zu den drei Begriffsauslegungen (1) Organisation als zielgerichtetes, bestimmten Regeln unterworfenes soziales System, als (2) Inbegriff aller auf Aufgabenteilung und Koordination abzielenden Regelungen zum Zwecke der Zielerreichung einer Unternehmung und (3) als Bezeichnung für alle Prozesse, die die Schaffung der zuvor genannten Regelungen zum Ziel haben: Kossbiel; Spengler, (Organisation), 1992, Sp. 1949

b.) Grundsätze einer marktorientierten Organisation

Folgende Grundsätze sind bei der Gestaltung einer Organisation zu beachten:
(1) Der **Grundsatz der optimalen Arbeitsteilung**: Diesbezüglich hat im Vertrieb der Teamgedanke (**Team-Selling**) zu neuen kollegialen Formen der Zusammenarbeit geführt. Leitlinie vor allem: Keine Gräben zwischen Innendienst und Außendienst und zwischen Flächenvertrieb und Key Account Management!
(2) Der **Grundsatz der Wirtschaftlichkeit**: Neue Impulse brachte das **Lean-Selling** mit der Idee des schlanken Vertriebs. Nachdem in den vergangenen Jahren die industriellen Fertigungsbereiche unter Reorganisationsdruck standen, werden jetzt die Marketing- und Vertriebsabteilungen im Hinblick auf mehr Effizienz und Kostensenkung durchforstet.
(3) Der **Grundsatz der Kontinuität**: Von Führungskräften wird erwartet, dass sie die Struktur- und Ablaufregelungen konsequent umsetzen und einhalten. Es gilt, die Glaubwürdigkeit einer Organisation in den Augen der Mitglieder zu sichern.

Bill Gates:
Nicht der
Bessere, der
Schnellere
gewinnt!

(4) Dagegen stehen allerdings der **Grundsatz der Flexibilität**: Zielsetzungen sind Schnelligkeit und flexible Anpassungsfähigkeit. Es ist eine Illusion zu glauben, dass mit einer Neuorganisation eine Unternehmensentwicklung abgeschlossen wäre. Angesichts immer schnellerer Veränderungszyklen von Produkten und Märkten werden auch die Unternehmensorganisationen zu schneller Anpassung gezwungen.
(5) Der **Grundsatz** *„soviel Zentralisation wie nötig, soviel Dezentralisation wie möglich"*: Unverändert gilt die Hypothese, dass durch Verlagerung der vertrieblichen Entscheidungskompetenz an die Verkaufs"front" schneller agiert und eine größere Marktnähe (Kundennähe) erreicht werden kann. Wichtig wird dann die Verfügbarkeit der aktuell wichtigen Kunden- und Auftragsdaten beim Kundengespräch, am **Point of Sale** (POS). Dies hat mit zum Aufschwung der Computer Aided Selling Systeme (CAS) und von CRM beigetragen.[188] In der Zentrale verbleiben nur die Funktionen, die zur Gesamtleitung, zur Koordination der Bereiche und für einen unternehmensweiten Service notwendig sind.
(6) Der **Grundsatz der Virtualität**: Unternehmen nehmen von traditionell festen Organisationsstrukturen und Hierarchien Abstand.[189] Organisationseinheiten und Mitarbeiter fügen sich nur noch befristet, für wechselnde Aufgabenstellungen und Projekte zusammen.[190] Gerne wird diesbezüglich *Puma* als virtuelles Unternehmen angeführt. Auch feste Büroarbeitsplätze verlieren an Bedeutung. Der Trend geht zum Internet-vernetzten Heimarbeitsplatz (**Cocooning**), ein anderer zu hotelähnlich organisierten Hauptquartieren für Mitarbeiter, die weltweit arbeiten und nur sporadisch ihr Büro benötigen.

c.) Fundamentale Organisationsentscheidungen

Vier Fragen bestimmen den Aufbau einer marktorientierten Organisation:
(1) **Stellen- und Abteilungsbildung**: Welche Aufgaben sind zu erfüllen? Wie werden (wie viele?) Mitarbeiterstellen zur Aufgabenerfüllung geschaffen?
(2) Wie werden durch Über-/Unterstellungen in Mitarbeiterbeziehungen hierarchische **Abteilungsstrukturen** geschaffen? Welche Kontrollspannen (**Span of Control**) sollen für die Vorgesetzten dieser Organisationseinheiten gelten?
(3) Wie setzt man Abteilungen oder Bereiche zu einer **marktorientierten Gesamtorganisation zusamme**n?
(4) Wie soll speziell die Arbeitsteilung zwischen Marketing und Vertrieb aussehen?

---

[188] vgl. Winkelmann, (Vertriebskonzeption), 2008, S. 224 ff.
[189] Virtuell heißt: nicht real, sondern (nur noch) der Möglichkeit nach vorhanden
[190] vgl. den Hinweis in ASW, Sonderheft Oktober 1997

> ① **Wie werden Arbeitsstellen gebildet?**

Mitarbeiterstellen können grundsätzlich nach Funktionen/Tätigkeiten (**Verrichtungsprinzip**), nach Objekten, z.B. nach Produkten, Produktgruppen, Regionen, Kundengruppen o.ä. (**Objektprinzip**), und – relativ neuartig – nach kundenorientierten Prozessen (**Prozessprinzip**)[191] geschaffen werden. Diese Prinzipien entscheiden über die Strukturen von Organisationseinheiten und damit weiterführend auch über die Organisation der Unternehmung als Ganzes. Denn es folgen idealtypisch

- aus dem Verrichtungsprinzip ⇨ die sog. funktionale Organisation,
- aus dem Objektprinzip ⇨ die sog. Geschäftsbereichs-, Produktgruppen-, Länder- oder Kundengruppenorganisation,
- aus dem Prozessprinzip ⇨ die sog. Prozessorganisation.

Bei Anwendung des **Verrichtungsprinzips** wird z.B. die Kundenbetreuung im Innendienst aufgeteilt in Angebotserstellung, Auftragsabwicklung, Fakturierung etc. Vorteile liegen in einer Spezialisierung. Nachteile können durch viele Schnittstellen mit erheblichem Abstimmungsbedarf entstehen. Der Mitarbeiter verliert den ganzheitlichen Blick auf den Kundenvorgang. Typischerweise ist der Marketing-Service nach Funktionen gegliedert. Hier wird auch der Spezialist gewünscht.

Im operativen Vertrieb gilt oft das **Objektprinzip**: die Abgrenzung nach Ländern, Regionen (Regionalprinzip) und / oder nach Produktgruppen (Geschäftsbereichen). Die diesen Objekten zugehörigen Kunden werden i.d.R. „generalistisch" betreut nach dem Prinzip: **One Face to the Customer**). Eine gemeinsame Erfolgsverantwortung von Innendienst und Außendienst führt zu hoher Identifikation mit den Kunden einer Region oder eines Geschäftsfeldes. Anders als beim Verrichtungsprinzip wird ein Wettbewerb der Organisationseinheiten (Erfolgs- / Misserfolgsvergleich) untereinander in Gang gesetzt. Nachteilig ist die Gefahr von Ressortegoismus.

Das **Prozessprinzip** basiert auf einer **Reengineering-Idee**. Wenn man die bestehende Organisation zerschlagen und aus Kundensicht neu ordnen würde: Wie könnte man dann den Mitarbeitern abteilungsübergreifende Verantwortungen für Arbeitsabläufe zuteilen? Gefordert werden für strikt kundenorientierte Prozesse:
- Verzicht auf Vorgänge ohne Wertschöpfung,
- parallele und synchrone Vorgangsbearbeitung im Team statt sequentielles Durchschieben von Teilvorgängen durch Abteilungen,
- zentrale Steuerung der Vorgänge mittels computergestützter **Workflows**,[192]
- Abbau unnötiger Schnittstellen.[193]

> ② **Wie werden Arbeitsstellen zu Abteilungen zusammengefügt?**

Arbeitsstellen werden nach bestimmten Ordnungsprinzipien zu Arbeitsgruppen/Abteilungen zusammengefasst. Durch Über-/Unterstellungen ergibt sich eine Hierarchie. Hierbei stellen sich erneut drei entscheidende Fragen:

Frage-1: Sollen Überstellungsbeziehungen eindeutig sein?
Mit dem Bottom-up-Blick geht es darum, ob ein Mitarbeiter an einen oder an mehr als einen Vorgesetzten „berichtet". Der klassische Vertrieb schätzt das auf *Fayol*

---

[191] zu diesen Grundlagen vgl. Bestmann, (Kompendium), 2001, S. 139-144
[192] vgl. zum Konzept der Workflows Winkelmann, (Vertriebskonzeption), 2008, S. 218-220
[193] zu diesen Punkten vgl. Stauffert, (Geschäftsprozessoptimierung), S. 10-11

zurückgehende **Einliniensystem**[194] wegen der Eindeutigkeit von Weisungsbefugnissen. Beispiel: Ein Außendienstmitarbeiter berichtet an seinen Regionalvertriebsleiter und dieser an den Verkaufsleiter Deutschland. Die Gesamtverantwortung hat ein Direktor Marketing und Vertrieb, an den in direkter Linie der Verkaufsleiter Deutschland, der Exportleiter und der Leiter des Marketing-Service berichten. Trotz klarer Weisungs- und Verantwortungsbeziehungen hat das Ordnungsprinzip Nachteile. Hierarchien verfestigen sich leicht. Die Organisation wird schwerfällig, wenn dominante Vorgesetzte eine Querkommunikation zwischen den Abteilungen (*Fayol'sche Brücken*) unterbinden.

Beim **Mehrliniensystem (Funktionsmeistersystem)**, das auf *Taylor*[195] zurückgeht, berichtet ein Mitarbeiter an mindestens zwei Vorgesetzte. Man findet Mehrliniensysteme oft in Unternehmensberatungen, Werbeagenturen oder generell in Kleinunternehmen, wo es weniger um Kompetenzen und Karriere geht. Jeder ist weisungsbefugt den Mitarbeitern gegenüber, die für eine anliegende Aufgaben Fachleute sind.

Frage-2: Wie hoch soll die Span of Control sein?
Mit einem Top-down Blick ist zu regeln, wieviele Mitarbeiter ein Vorgesetzter in welchen Funktionen führen sollte. Viele Unternehmen bewegen sich in Richtung flache Hierarchien. Das kann zu zunehmenden Kontrollspannen führen. Immer weniger Vorgesetzte sind für relativ mehr Mitarbeiter zuständig. Im allgemeinen wird für die nächsttiefere Ebene eine Kontrollspanne von 3 bis 4 empfohlen. In Regionalvertrieben kann ein Verkaufsleiter schon einmal 8 bis 11 Kundenbetreuer führen.

Es geht stets um das sinnvolle Zusammenwirken von Stabs- und Linienfunktionen.

Frage-3: Beratende oder disziplinarische Verantwortungen?
Für jeden Mitarbeiter ist zu regeln, wer wem **disziplinarisch** über- bzw. unterstellt ist und / oder gegenüber welchen Mitarbeitern bzw. Kollegen lediglich **fachlich-beratende** Anweisungsrechte ausgeübt werden dürfen. Diese Fragestellung besitzt eine wichtige Bedeutung für die Zusammenarbeit der Abteilungen untereinander.

Aus Abteilungssicht ist in gleichem Sinne zu regeln, ob eine Abteilung als **(beratende) Stabs-** oder als **(operative) Linienabteilung** wirken soll. Eine operative **Linienverantwortung** beinhaltet die Übernahme einer messbaren Erfolgsverantwortung. Die Beiträge zur Zielerreichung müssen transparent und vergleichbar sein. Ein Verkaufsleiter steht typischerweise in einer derartigen Linienverantwortung. Es ist aber nicht sinnvoll und möglich, alle Führungskräfte in Linienverantwortungen zu nehmen. Bestimmte Arbeitsstellen bzw. Abteilungen erhalten Beratungs- und Service-, jedoch keine disziplinarische Verantwortung. Man spricht von **Stabsfunktionen** (Staff working).[196] Eine typische Stabsabteilung ist z.B. die Personalabteilung.

Stäbe treten auch innerhalb von Stabsabteilungen auf. Ein Produktmanagement operiert üblicherweise als Stabsstelle innerhalb einer Stabsabteilung Marketing. Auf Grund seiner Mittlerfunktion zwischen Technik und Verkauf kann ein Produktmanager (PM) den Kollegen im Vertrieb durchaus Weisungen geben. Nur handelt es sich dann um beratende, nicht um disziplinarische Weisungsrechte.

Stehen Verkaufs- und Marketingleiter hierarchisch auf gleicher Ebene, so zeigt die Praxis: **Das letzte Wort spricht der operative Linienchef**. Es ist also Aufgabe der Marketing- und Vertriebsgesamtleitung, für eine harmonische Zusammenarbeit von

---

[194] vgl. Fayol, (Administration), 1916
[195] vgl. Taylor, (Scientific Management), 1911
[196] ursprünglich Kontroll- und Koordinierungsfunktionen beim Militär: vgl. Staehle, (Management), 1999, S. 707-709

Stab und Linie zu sorgen. Keinesfalls sollte man sich auf eine Diskussion einlassen, die von einer **natürlichen Feindschaft** zwischen Marketing und Vertrieb ausgeht.[197]

③ **Wie wird die Unternehmens-Gesamtorganisation gebildet?**

Marketing und Vertrieb müssen nun in der Gesamtorganisation verankert werden.[198] Drei grundlegende Organisationsformen sind grafisch in Abb.2-44 dargestellt. Zum Teil tragen die Organisationseinheiten nicht mehr ausdrücklich die "Amts"-Bezeichnungen Marketing und Vertrieb. Marktorientierung ist nämlich keine Frage von Türschild und Visitenkarte.

2.4.2. Die Marktorientierung der Gesamtorganisation

a.) Die klassische funktionale Organisation

Die funktionale Organisation ist noch immer vorherrschend bei kleinen und mittleren Unternehmen.

Bei der funktionalen Organisation werden der Geschäftsführung nach dem Verrichtungsprinzip (also nach Funktionen; z.B. Einkauf, Verkauf, EDV) gegliederte Abteilungen unterstellt.[199] In der Praxis ist für diese Organisation typisch:
- **Spezialisierung nach Fachkompetenzen** (Fachleute bilden eine Abteilung),
- **Einheitlichkeit der Auftragserteilung** (eindeutige Unterstellungsverhältnisse)
- und **Entscheidungszentralisation** (die Zentrale hat das „Sagen").

Die funktionale Organisation fördert die Kompetenzbildung, ist jedoch anfällig für Ressortegoismen, Bürokratie und Schwerfälligkeit. Bei steigender Unternehmensgröße und zunehmender Komplexität des Leistungsprogramms verliert sie an Bedeutung für die marktorientierte Unternehmensführung, weil sich dann alle Produktgruppen-, Vertriebsregionen- und Kundengruppeninteressen in einem übermächtigen Gesamtvertrieb ballen. So entsteht die Idee, die Funktion Vertrieb in selbständig operierende, dezentrale Erfolgseinheiten aufzuspalten und diesen aus Gründen der Kostenzurechnung auch, soweit möglich und sinnvoll, eigene betriebliche Funktionen (z.B. Einkauf, Verwaltung, Fertigung, Logistik) zuzuweisen.

b.) Die Geschäftsbereichsorganisation / Spartenorganisation

Die Geschäftsbereichsorganisation soll die Entscheidungskompetenz marktnah **dezentralisieren** und gleichzeitig **eindeutige Erfolgs- und Kostenzuordnungen** ermöglichen. Die mangelnde Marktnähe und die Schwerfälligkeit der funktionalen Organisation sollen überwunden werden. Man spricht auch von divisionaler Organisation und im Sinne des Controllings von **Profit Center Organisation**. Die betrieblichen Funktionsbereiche werden aufgespalten in
- Zentralstäbe mit abteilungsübergreifender Koordinierung- und Unterstützungsfunktion (Finanzwesen und Controlling, Personal, EDV) und
- den Geschäftsbereichen direkt zugeordnete Funktionen mit kundenbezogenen Aufgaben (z.B. Einkauf, Verkauf, Lager, Logistik).[200]

Die Marketing- und Vertriebsmitarbeiter sind den erfolgsverantwortlichen Sparten, Geschäftseinheiten oder Geschäftsfeldern zugeteilt. Die Geschäftsbereichsleiter handeln unternehmerisch als **Marktmanager**. Sie führen aber die Bezeichnung *Marketing und Vertrieb* zumeist nicht mehr auf der Visitenkarte. Auf oberer Ebene wird die Unternehmung also nach dem Objektprinzip gegliedert. Innerhalb der Bereiche sind dann oft funktionale Organisationen zu finden.

---

[197] vgl. Dannenberg, (Alte Feinde), in: MM, 2/1997, S. 76-81
[198] vgl. zu den grundsätzlichen Stellenverbindungen Staehle, (Management), 1999, S. 704-717
[199] vgl. hierzu das Beispiel aus Becker, (Marketing-Konzeption), 2006, S. 840
[200] soweit Anlagen technisch auf bestimmte Produktbereiche zugeschnitten sind

Abb.2-44

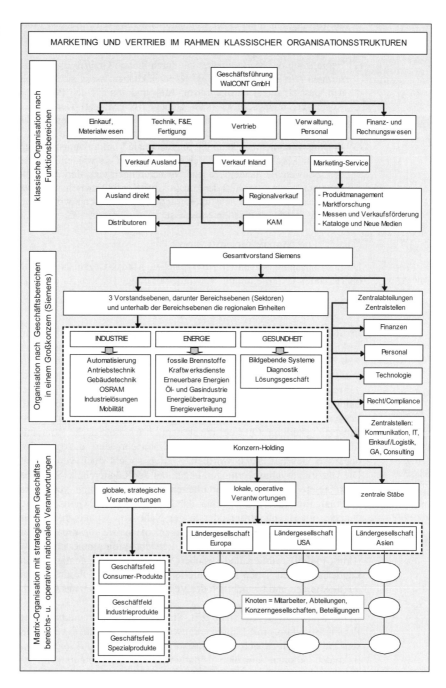

In der Praxis treten zuweilen drei Probleme auf:[201]
(1) Behinderung der Marktorientierung durch zu starke **Controller-Dominanz**: Oft entsteht diese (Profit-Center-) Organisationsform in Unternehmenskrisen. **Cost Cutting** lautet dann die Devise. Controller übernehmen die Geschäftsbereichsver-

---
[201] vgl. Grochla, (organisatorische Gestaltung), 1982, S. 137

antwortung. Dann hat es die Kundenorientierung schwer. Diese Problematik ist aber eigentlich nicht der Organisationsform inhärent, sondern hängt von der Führungsphilosophie des Managements ab.

(2) Begrenzung der Marktorientierung durch interne Grabenkämpfe bei **Kostenzurechnungen** (Umlagen): Markt- und Kundenaktionen lassen sich nicht immer eindeutig den Geschäftsbereichen zuordnen. Aufgrund des auf den Profit Centern lastenden Kostenzurechnungsdrucks (statt Umlagenverrechnung) werden der Gesamtunternehmung nutzende, imagefördernde Maßnahmen oft unterlassen. Welche Abteilung möchte dann noch einer Hochschule Werbekataloge schicken?

(3) In BtoB-Unternehmen kann die internationale Marktorientierung durch eine zu starke Techniklastigkeit und dadurch ein Übersehen der wahren Kundenbedürfnisse leiden. Notwendige länderbezogene Nuancierungen von Marketing und Vertrieb werden unterlassen. Hier hilft der konstruktive Konflikt zwischen den strategisch ausgerichteten Geschäftsbereichsführern und den länderverantwortlichen Managern, der für eine Matrixorganisation typisch ist.

c.) Die Matrix-Organisation

Die Kernphilosophie einer Matrixorganisation lautet: „Think global – act local". Auf der einen Seite stehen die strategischen Produktverantwortungen in der Zentrale, auf der anderen die regionalen Vermarktungsverantwortungen der nationalen Geschäftsführer.

Diese Überlegungen führen zur typischen Matrix-Organisation einer international operierenden Unternehmung. So wurde vor einigen Jahren für die *SAP* verkündet:

> *„Eine Matrixorganisation, die in ihren Grundzügen bereits feststeht, soll der SAP mehr Branchen-Know-how und Marktnähe verschaffen."*[202]

In einer "echten" Matrix-Organisation sind **zwei Linienorganisationen** miteinander verknüpft, die durch das Management koordiniert werden müssen (s. unterer Teil der Abb.2-44). Eine Matrix verbindet in der Praxis zumeist Geschäftsfeldzuständigkeiten mit Regionalverantwortungen. Geschäftsbereichsleiter und Länderchefs, beide Seiten vertreten entsprechend ihrer Matrixdimension Umsatz- und Ergebnisplanungen. Summiert über die Geschäftsbereiche wie auch über die Regionen stimmen die Umsatz- und Ergebnissummen selbstverständlich überein. Praktisch besteht daher Verantwortungsteilung. Oft liegt die strategisch-technologische Kompetenz bei den Geschäftsbereichsleitungen. Die Regionalmanager sind dagegen für das taktisch-operative Geschäft verantwortlich.[203] Man spricht auch vom **Landlord-Konzept**. Die Disziplinarverantwortungen liegen bei den Länderchefs. Sie geben den in ihrem Land agierenden Vertriebsmitarbeitern den arbeits- und versicherungsrechtlichen Rückhalt (**act local**). Die Leiter der strategischen Geschäftseinheiten domizilieren dagegen im Hauptquartier oder in der Nähe von wichtigen Forschungs- und Entwicklungs- oder Fertigungseinrichtungen. Sie haben die produktbezogenen Anweisungsrechte. Sie sorgen dafür, dass Leistungsprogramme im weltweiten Maßstab (**think global**) etabliert und gesichert werden. In permanenter Abstimmung mit den Länderfachleuten haben sie kulturelle Unterschiede im Produktdesign, bei den Produktleistungen und hinsichtlich der Vermarktungstaktiken auszugleichen.

Keine Matrix liegt vor, wenn z.B. Stabs- (z.B. ein Produktmanagement oder eine Personalabteilung) mit Linienverantwortung (z.B. Verkauf) verbunden ist.[204] In diesem Fall handelt es sich vielmehr um die typische Stab-/Linienbeziehung. Als Matrixknoten können einzelne Mitarbeiter, Vertriebsabteilungen, Niederlassungen, Tochtergesellschaften oder sogar Konzernteile operieren. Weisungen erhalten sie von beiden Seiten der Matrix. Die innerhalb der Matrix (als Matrixknoten) eingebundenen Marketing- und Vertriebsmitarbeiter haben folglich „zwei Hüte" auf: Sie berichten jeweils an zwei Vorgesetzte. Das kann zu erheblichen Konflikten führen.

---

[202] Rieker, (Baustelle), in: MM, 4/1998, S. 116
[203] vgl. zur Matrixorganisation auch Becker, (Marketing-Konzeption), 2006, S. 842-843
[204] wie z.B. zu finden bei: Meffert; Burmann; Kirchgeorg, (Marketing), 2008, S. 777

Eine Matrix-Organisation "lebt" vom konstruktiven Konflikt zwischen den beiden Führungsdimensionen.

Selbstverständlich führt auch eine Matrix-Organisation auf allen Ebenen Stäbe; z.B. die oben erwähnten, beim Hauptquartier verbleibenden Zentralstäbe.[205] So erhalten die Mitarbeiter in den Matrixknoten auch noch von dritter Seite Anweisungen, nämlich durch die mit Richtlinienkompetenz ausgestatteten Stabsabteilungen. Die Matrixorganisation ist deshalb gefürchtet. Sie erfordert eine gut ausgeprägte **Problemlösungskultur**. Diese kann durch starke Unternehmensführer gewährleistet werden. Gehen diese Führer, dann kann auch eine Matrix-Ära enden, wie das Beispiel der Managerlegende *Barnevik* und *ABB* zeigte.[206]

Im Zuge einer konsequenten Ausrichtung auf Kundenprozesse ist die *Wampfler AG* von einer produktbezogenen Profit-Center-Organisation auf eine problemlösungsorientierte Matrix-Organisation übergegangen.[207] Denn die Profit Center waren zuvor einseitig auf den Verkauf des eigenen Programms fokussiert. Die Kunden aber wollten Produkte aus mehreren Profit Centern beziehen. Jetzt stehen fünf **Business Units** (*Cranes, Transport, Machinery&Equipment, Handling Systems* und *Safety Systems*) mit produktübergreifenden Problemlösungen sog. Marktorganisationen (Gesellschaften und Representative Offices) gegenüber. Die BU´s sind zuständig für die Entwicklung von Segmentstrategien, Definition von Zielgruppen und Koordination der Key Accounts, Preispolitik, weltweite Ressourcenkoordination. Die Marktorganisationen verantworten die Umsetzung der Strategie, die länderspezifische Abwicklung der lokalen Projekte, operative Preispolitik, Erfassung und Abstimmen der lokalen Kundenanforderungen. Durch die Matrix-Organisation sollen die Vertriebskanäle auch gezielt mit Ideen durch das Marketing versorgt werden.

d.) Die Prozessorganisation

Es wäre ein Bruch mit der klassischen betriebswirtschaftlichen Theorie, würde man die Unternehmenshierarchie auflösen und die gesamte Unternehmung nach kundenorientierten Prozessen strukturieren.

Abb.2-45

Grundlage ist das **Wertkettenmodell** von *Porter*.[208] Wie Säulen stehen die operativen Betriebsabteilungen nebeneinander (Funktionsgliederung). Horizontal werden sie durch abteilungsübergreifende Stabsabteilungen unterstützt. Abb.2-45 verdeutlicht das Modell. Um das **Prozessprinzip** zu realisieren, müssten Team-Mitarbeiter für die Kundenprozesse Kundengewinnung, Kundenpflege, Reklamationsabwicklung, Nachbetreuung und Service etc.

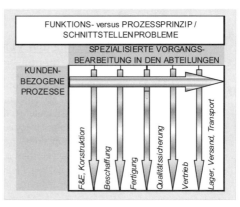

Überleben im Marktkampf: Früher überlegene Produkte – heute überlegene Prozesse.

ressortübergreifend verantwortlich sein. An die Stelle klassischer Abteilungsleiter treten Prozessverantwortliche. Im Endeffekt führt das zur konsequenten Kundenorientierung. Aber unsere Organisationskultur ist noch nicht soweit, als dass Menschen

---
[205] Man sollte also nicht von einer eigenständigen Stab-/Linienorganisation sprechen. Stäbe und Linien sind in allen Organisationskonzepten zu finden.
[206] vgl. Werres, (Vollender), in: MM, 2/2001, S. 96
[207] vgl. Ziegler, (Investgüter-Marketing), in: ASW, 7/2001, S. 42-46. Die *Wampfler AG* ist einer der Weltmarktführer von Komponenten und Systemen zur mobilen Energie- und Datenübertragung und zur Gestaltung und Absicherung von Gefahrenbereichen.
[208] vgl. Porter, (Wettbewerbsstrategie), 2008

auf klare Hierarchielinien verzichten möchten. Doch die Entwicklung geht in Richtung einer neuen Prozesskultur. Reichten früher überlegene Produkte zum Überleben im Markt aus, so werden zukünftig überlegene Prozesse die entscheidenden Erfolgsfaktoren sein. So entsteht ein Trend zum **Business Process Management** (BPM).

e.) Organisationsleitlinien für die Customer driven Company

Marktorientierung beginnt beim einzelnen Mitarbeiter. Alle Mitarbeiter zusammen sollten die Kultur einer **Customer driven Company** prägen. Wovon kann die **Wirkungskraft** der Marktorientierung von Unternehmen abhängen? Abb.2-46 formuliert hierzu zehn Leitlinien.

Abb.2-46

DIE ERFOLGSCHANCEN EINER ORGANISATION DURCH MARKTORIENTIERUNG NEHMEN ZU:
(1) bei Abkehr vom Funktionalprinzip und Hinwendung zu prozessorientierten Teams (Gruppen) mit dezentralen Entscheidungsbefugnissen,
(2) je stärker dezentrale Stäbe in das Marktgeschehen mit eingebunden sind (z.B. in Form von Projektteams mit Umsetzungsautorität),
(3) je unmittelbarer Forschung und Entwicklung auf die Geschäftsfelder ausgerichtet sind (evtl. sogar Zuordnung von F&E-Mitarbeitern zu Produktgruppen / Geschäftsfeldern),
(4) je mehr Geschäftsfeld-Manager aus dem Ressort Marketing und Vertrieb in die Geschäftsführung aufsteigen (Führungskräfte mit Verkaufs-, Kundenerfahrung),
(5) je eindeutiger sich die Material- und Fertigungsbereiche den Produktprogrammen der Geschäftsfelder zuordnen lassen,
(6) je stärker neben den Geschäftsfeldinteressen auch Regionalinteressen (Kultureinflüsse) bei den strategischen Entscheidungen Gewicht bekommen,
(7) je durchgängiger die Unternehmensbereiche durch CRM verbunden sind,
(8) je besser die Qualität der Kundendatenbank ist und alle Mitarbeiter mit Kundenkontakt Zugriff auf die gleichen, aktuellen Kundendaten haben,
(9) je stärker Tochter- bzw. Auslandsgesellschaften in die Gesamtorganisation integriert sind,
(10) je besser die Vertriebspartner (Handel, Handwerk, Handelsvertreter) in die Marketingkonzeption eingebunden sind.

Der Blick richtet jetzt wieder auf die Ressorts Marketing und Vertrieb. Wie können die Rollen und die organisatorischen Verankerungen der Marketing- und Vertriebsabteilung in der Gesamtorganisation gestaltet werden?

2.4.3. Marketing und Vertrieb in der Aufbauorganisation der Unternehmung

Grundsätzlich sind folgende Formen der Verankerung des Marketing in die Gesamtorganisation möglich, geordnet nach zunehmenden **Machtbefugnissen**:
(1) Marketing als Assistentenstelle beim Verkaufs-/Vertriebsleiter,
(2) Marketing als Team, Gruppe oder Abteilung im Verkauf,
(3) Marketing als Hauptabteilung; Verkaufs- und Marketingleiter sind gleichgestellt,
(4) Marketing als zentrale Stabsabteilung der Geschäftsführung oder dem Vorstand zugeordnet; mit starken fachlichen (nicht disziplinarischen) Anweisungsrechten gegenüber anderen Abteilungen ausgestattet.

Für das **Zusammenspiel zwischen Verkauf und Marketing** im Dienst des Kunden sind zwei typische Konstellationen in der Gesamtorganisation abzuwägen:
① Marketing-Service als Stabsstelle auf Geschäftsführungsebene, der Verkaufsleitung übergeordnet, mit fachlichen Weisungsrechten und mit der Autorität des obersten Chefs im Rücken,
② Marketing-Service der Verkaufsmannschaft zugeordnet. Zwar fehlt den Marketing-Spezialisten dann oft der Gesamtüberblick, die Identifikation mit dem Erfolg oder auch Misserfolg der Verkaufsmannschaft wiegt jedoch stark. Nicht selten fließen dem Marketingteam mit der Zeit auch Linienaufgaben zu.

Die zweite Lösung ist aufwändig, wenn eine Unternehmung über mehrere Vertriebsbereiche verfügt. Dann müssen die dezentralisierten Marketingstellen koordiniert werden. Dennoch geht der Trend momentan zur Dezentralisierung, damit das Marketing seine Budgets unmittelbar durch Service für den Verkauf rechtfertigen kann.

Abb.2-4 veranschaulicht auf den beiden Achsen Abstufungen für die
(1) **Bedeutung des Vertriebs** innerhalb der betrieblichen Funktionsbereiche (horizontal) und auf einer zweiten Ebene (vertikal) für die
(2) **Bedeutung des Marketing** (Strategie, Produktmanagement, Kommunikation, Verkaufsunterstützung).

Abb.2-47

80% aller Marketingabteilungen berichten direkt an die erste Führungsebene der Unternehmen. (Hinweis in: ASW 4/2005, S. 70)

Die Bedeutungszunahme von Marketing und Vertrieb lässt sich durch einen Pfad von links unten nach rechts oben beschreiben. Beim Feld links unten ist z.B. der Verkaufsleiter in einer funktionalen Organisation einem technischen Geschäftsführer unterstellt. Eine Marketingabteilung existiert nicht. Mit zunehmender Marktorientierung rücken Marketing- und Vertriebsverantwortungen in die Unternehmensspitze. Die Produkt- und Kundengruppen werden zu strategischen Geschäftseinheiten zusammengefasst, und das Marketing unterstützt als Service alle Unternehmensebenen.

So kennzeichnet Abb.2-47 rechts oben die Situation der BMW AG. Dem Vorstandsvorsitzenden ist eine mächtige Marketingzentralabteilung direkt zugeordnet. Zudem sind die dezentralen Geschäftseinheiten mit eigener Marketingkompetenz ausgestattet.

2.4.4. Funktionen der Marketing- und der Vertriebsabteilung

Das *Institut für Mittelstandsforschung (IfM)* zählt ca. 700.000 mittelständische Unternehmen und bezeichnet 250.000 von ihnen (ca. 35%) als relevant für ein modernes Marketing. Diese **KMU** erstellen z.B. Marketingplanungen. Nach diesem Denkansatz wären also 250.000 Marketingabteilungen in Deutschland mit Stellen und Arbeitsbeschreibungen, Zielen etc. zu organisieren.[209]

Die typischen Funktionen einer Marketingabteilung sind aus der Abb.2-48 ersichtlich. Weniger bekannt sind die Funktionen und Entwicklungschancen im Vertrieb. Sie werden deshalb in Abb.2-49 dargestellt.

---

[209] vgl. den Hinweis in: ASW, 5/2004, S. 22; *www.impulse.de/mind.* (spricht von 900.000 Firmen).

Kleinstbetriebe: bis 9 Mitarbeiter und 2 Mio. € Jahresumsatz, Kleinbetriebe (bis 49 / 10 Mio.), mittlere Unternehmen (249 / 50 Mio.), großer Mittelstand (499 / 50 Mio.), Großunternehmen (über 500 / über 50 Mio. € Umsatz).

In größeren Unternehmen sind regelmäßig mehrere Vertriebsbereiche oder -abteilungen parallel zu organisieren. Mit Blick auf Abb.1-44 (*Siemens*) können wir sogar sagen: Jeder Geschäftsbereich verantwortet sogar mehrere Vertriebsorganisationen. Abb.6-10 im 6. Kapitel liefert eine Schätzung für die Zahl deutscher Vertriebsorganisationen. Unsere Rechnung geht von fast 400.000 Organisationseinheiten (Bereiche, Abteilungen, Gruppen) aus, für die die Funktionen Vertriebs-/Verkaufsleiter, Leiter Innendienst (Backoffice), Exportleitung, evtl. Vertriebscontrolling, Händlerbetreuung, Leiter Key Account Management oder Kundenservice mit entsprechend qualifizierten Mitarbeitern zu besetzen sind.

Die **Strukturorganisation im Verkauf** wirft immer wieder folgende Fragen auf:
- Soll der **Innendienst**[210] (**Backoffice**) als Expertenteam von der Zentrale aus den Außendienst unterstützen oder sollte er besser in die Regionalteams (räumlich im Verbund mit den Außendienstmitarbeitern) „eingepflanzt" werden?[211] Ein Trend geht dahin, dass die Außendienstmitarbeiter verstärkt mit Laptop und vom Heimbüro aus Abwicklungsaufgaben (Angebotserstellung, Lieferzeitenkontrolle) übernehmen, während der Innendienst zunehmend mit verantwortungsvollen Aufgaben der Interessentenqualifizierung, Neukundenansprache und Kleinkundenbetreuung beauftragt wird. Die Grenzen von Innendienst und Außendienst verschwimmen. Die zentralen Innendienste werden entschlackt und dafür verstärkt neue, kundennahe Arbeitsstellen geschaffen.
- Umfang und Komplexität des Geschäftes und die Marktdurchdringung entscheiden mit darüber, ob sich die Einführung einer **Regionalvertriebsebene** (und in Fortführung die Errichtung regionaler Niederlassungen / Vertriebsgesellschaften) lohnt. Fragen dieser Art werden im 6. Kapitel behandelt.
- Die Frage nach einer organisatorisch selbständigen **Schlüsselkundenbetreuung (Key Account Management)** stellt sich, wenn wichtige Kundengruppen eine konzentrierte und hochqualifizierte Betreuung erfordern. Diese Situation herrscht z.B. im Konsumgüterbereich, wo sechs Handelskonzerne ca. 70% des Einzelhandelsumsatzes auf sich vereinigen. Die besondere Führungsaufgabe für den Vertriebsleiter liegt dann darin, mögliche Konflikte zwischen den Key Account Managern (in den Augen des Flächenvertriebs: die „Rosinenpicker") und dem Flächenvertrieb zu vereiteln.
- Eine weitere Frage betrifft den Aufbau und die organisatorische Eingliederung des **Auslandsvertriebs**. Bei kleineren Firmen erledigt der Verkaufsleiter den Export (die Betreuung von Handelsvertretern / Händlern im Ausland) oft nebenbei mit. Im Zuge der Geschäftsausweitung kommt es dann i.d.R. zur Abspaltung einer eigenständigen Auslandsabteilung. Bei weltweit operierenden (globalisierten) Unternehmen verliert der Inlandsvertrieb weiter an Priorität – Deutschland wird zu einer Verkaufsregion neben anderen. Eine Praxistendenz geht zum Europavertrieb, die der Großunternehmen zum **Triadenvertrieb** mit eigenständigen Marktstrategien für Amerika, Asien und Europa.[212] Ob der Einbezug des riesigen chinesischen Marktes eines Tages zu einer Quadrade führt?
- Die Literatur ordnet die Bereiche Logistik / Lager / Transport oft dem Vertrieb zu. Doch diese Bereiche liegen in der Praxis meistens beim Materialwesen bzw. bei den Werken. Der Verkauf, auf schnelle Lieferzeiten und Termintreue bedacht, steht in alltäglichen, kollegialen Abstimmungen zur Material- und Fertigungswirtschaft sowie zur Versandleitung.

---

[210] Wir wollen im folgenden bei dem tradierten Begriff „Innendienst" bleiben, obwohl eine Auffrischung dieses Begriffs sicher an der Zeit wäre (im Sinne von Customer Service).
[211] In jedem Fall wird eine Koordinationsinstanz in der Zentrale verbleiben.
[212] vgl. zum Triadenmarketing Hüttner; von Ahsen; Schwarting, (Marketing-Management), 1999, S. 9

2. Kapitel: Das Marketing-Management

- Aktuell wird die Frage diskutiert, welche Auswirkungen das **Customer Relationship Management** (CRM) auf die Strukturorganisation im Vertrieb hat. Dem Wesen nach fordert CRM eine **Integration der Prozesse aller kundennaher Abteilungen**; also zumindest von Marketing, Verkauf und Service/Kundendienst.

Abb.2-48

AUDI beschäftigt z.B. 280 Mitarbeiter im zentralen Marketing.

FUNKTIONEN / STELLEN / ORGANISATIONSEINHEITEN IM MARKETINGBEREICH

① Marketing als Stabsstelle bei der Geschäftsführung oder beim Vertriebschef
  ⇨ Strategie, Planung, Statistik, Vertriebscontrolling, Assistenz der Geschäftsführung
② Marketing als Serviceteam mit Schwerpunkt Kommunikation
  ⇨ Public Relations, Werbung, Agenturarbeit, Kataloge, Preislisten
③ Marktforschungsteam als Teil des Marketing
  ⇨ Marktbeobachtung, Marktforschung; Zusammenarbeit mit MaFo-Instituten
④ Produktmanagement - Markenmanagement (Branding-Team)
  ⇨ Produktpflege und –förderung, Aufbau und Pflege von Markenwerten
⑤ Promotion-Team für Verkaufsförderung, Messeauftritt und Event-Marketing
  ⇨ Verkaufstraining, Händlerbetreuung, Messeplanung, Promotion-Aktionen, Events
⑥ Merchandising-Gruppe
  ⇨ Regalpflege bei den Outlets des Handels, Beratung am Point of Sale (POS)
⑦ Trade-Marketing Gruppe
  ⇨ Betreuung und Serviceleistungen für große Handelskunden
⑧ Marketing-Service international
  ⇨ Aufbau und Pflege eines internationalen Händlernetzes, Marketingkoordination
⑨ Customer Relationship Manager
  ⇨ zuständig für Kundenbindungsprogramme, Kundenzufriedenheitsanalysen und CRM-Software, Koordinator für Kundenprozesse, Koordinator für CRM-Software
⑩ E-Business Manager, E-Business-Abteilung, Web-Office
  ⇨ zuständig für die Internet-Konzeption, Web-Auftritt, Firmenportal

Abb.2-49

FUNKTIONEN / STELLEN / ORGANISATIONSEINHEITEN IM VERTRIEBSBEREICH

① Regionalvertrieb: Bezirksreisender, Außendienstverkäufer (ADM)
  ⇨ Verkäufer im Flächenvertrieb; z.B. zur Betreuung von Handels-Outlets
② Beratungsvertrieb: Verkaufsrepräsentant, Verkäufer mit stark beratender Tätigkeit
  ⇨ z.B. Pharmaberater
③ Key Account Management
  ⇨ Schlüsselkundenbetreuer mit überwiegend konzeptionellen Aufgaben
④ Innendienstverkäufer
  ⇨ Kundenservice, Bearbeitung der Anfragen, Angebote, Aufträge
⑤ Customer Service, kaufmännischer Kundendienst, Service-Center,
  ⇨ Kundenbetreuung im Call-Center oder Customer Interaction Center
⑥ Händlerbetreuung
  ⇨ Verkäuferische Gewinnung und Betreuung von Vertriebspartnern
⑦ Vertriebscontrolling
  ⇨ Aufbereitung und Analyse aller internen- und externen vertriebsrelevanten Daten
⑧ Vertriebssteuerung
  ⇨ Qualitätssicherung im Vertrieb, Aufbau und Pflege des CRM-Systems
⑨ Vertriebsassistenz
  ⇨ Unterstützung der Vertriebsleitung in konzeptionellen Fragen
⑩ Vertriebsleitung
  ⇨ verantwortliche Leitung von Innen- und Außendienst und vom Kundenservice

Das würde bedeuten, dass entweder dem Vertrieb die integrierte Gesamtverantwortung für CRM zu übertragen ist, oder man müsste die typische vertriebliche Funktionalorganisation auf Prozessorganisation (z.B. **Kundenprozess-Teams**) umstellen. Derzeit ist uns nur eine Unternehmung mit Prozessorganisation bekannt: die *Busch-Jaeger Elektro GmbH* im *GE-Konzern*.

Abb.2-48 zeigt typische Arbeitsbereiche innerhalb einer Marketingabteilung. Die Aufgabenbereiche können Gruppen oder Unterabteilungen bilden. Abb.2-49 bietet entsprechend einen Überblick über Funktionen und Zuständigkeiten im Vertrieb.

Marketing und Vertrieb arbeiten üblicherweise mit externen Dienstleistern (Agenturen) zusammen. Man holt sich Kompetenz von außen. Zunehmend werden auch Gesamtfunktionen nach außen verlagert (Outsourcing). Es entwickelt sich z.B. ein Marktsegment der Leasing-Außendienste.

2.5. Marktorientierte Führung

2.5.1. Führungseigenschaften und Führungserfolg

Abb.2-50

Der Mitarbeiter ist der wichtigste Erfolgsfaktor für die Umsetzung der Unternehmensstrategie. Führung erfolgt auf allen Ebenen der Hierarchie. Es geht um das Miteinander-Umgehen von Vorgesetzten, unterstellten Mitarbeitern und Kollegen sowie um die Behandlung von Kunden, Lieferanten und Marktpartnern zur Erreichung der Unternehmensziele unter bestmöglicher Wahrung der persönlichen Ziele und Interessen.

FÜHRUNG BEINHALTET:
① die Kunst, sich selbst zu führen
② die Kunst, sich führen zu lassen
③ die Kunst, andere zu führen

Abb.2-51

HIERARCHIELEVEL IM RESSORT MARKETING UND VERTRIEB			Für Sozialkompetenz wichtig:
Eigentümerebene	⊠	marktorientierter, geschäftsführender Gesellschafter	• Durchsetzen
Top Management	⊠	Vorstand / Geschäftsführer Marketing und Vertrieb	• Engagement
Lower Top-Management	⊠	Direktor Marketing und Vertrieb, Geschäftsbereichsleiter	• Gefühle zeigen
Oberes Middle Management	⊠	Verkaufsleiter, Marketingleiter, Leiter Key Accounting	
Middle-Management	⊠	Leiter Innendienst, Verkaufsgebietsleiter, Produktmanager	• Informieren
Lower Management	⊠	Gruppenleiter Kundenbetreuung, Key Account Manager	• Kritisieren
AT-Ebene (außertarif)	⊠	Außendienstmitarbeiter, Anwendungstechniker	• Kritik empfangen
Sachbearbeitungsebene	⊠	Innendienst, Fakturierung, Verkäufer im Innendienst	• Loyalität beweisen

• Präsentieren
• Repräsentieren
• Schlichten
• Solidarität zeigen
• Tolerieren
• Überzeugen
• Verantwortung übernehmen
• Verhandeln
• Zuhören

Abb.2-51 skizziert die Führungsebenen einer Unternehmung im Marketing- und Vertriebsressort. Steigen Marketing- oder Vertriebsleiter in höhere Managementetagen auf, dann verlieren sie oft die Bezeichnung Verkauf / Vertrieb auf ihrer Visitenkarte. Deshalb steht im die marktorientierte Führungskraft im Blickpunkt dieses Buches, egal, was die "Amtsbezeichnung" im Organigramm besagt.

Von einer marktorientierten Führungskraft werden fachliche Fähigkeiten vorausgesetzt. Das Anforderungsprofil verschiebt sich – bereits für Berufsanfänger – immer mehr in Richtung **Sozialkompetenz**.[213] Soziale Fähigkeiten (Soft Skills) beweisen sich in der kollegialen Zusammenarbeit wie auch in speziellen Situationen:

---

[213] vgl. zu den Inhalten dieses Begriffs: Faix, (Soziale Kompetenz), 1991, S. 71ff.

- bei **Vorstellungs-** bzw. **Einstellungsgesprächen**,
- bei **Zielvereinbarungen** mit zu führenden Mitarbeitern,
- bei **Mitarbeiterbeurteilungen**,
- bei **Gehaltsgesprächen** mit Mitarbeitern, insbesondere, wenn es um Leitungsprämien für den Außendienst geht,
- bei **Kritikgesprächen** und **Leistungsbeurteilungen**,
- in kritischen **Verhandlungssituationen** mit Kunden und Lieferanten.

Führungserfolg hängt vor allem ab vom
(1) äußeren Erscheinungsbild und einer persönlichen Ausstrahlung,
(2) von Sprache, Gestik, Körpersprache (Kinsetik),
(3) vom persönlichen Arbeitsstil, Methodik, Prioritätensetzung,
(4) vom Einsatzwillen und von der persönlichen Begeisterungsfähigkeit (Involvement, Selbstmotivation),
(5) von Belastbarkeit, Durchhaltevermögen, Frustrationstoleranz,
(6) von Mut bzw. Entscheidungsfreudigkeit,
(7) vom Einfühlungsvermögen und vom allgemeinen Verhalten[214], z.B. bei informellen Ereignissen (Weihnachtsfeiern, Jubiläen),
(8) vom Verhalten gegenüber „Untergebenen" (wichtig: Motivations- und Kritikkultur fördern und fordern),
(9) vom Verhalten gegenüber Vorgesetzten (wichtig: Loyalität und Durchsetzungskraft),
(10) von einem einwandfreien Verhalten gegenüber Kunden und externen Partnern (wichtig: ein positives Bild in der Öffentlichkeit).

Diese Schlüsselqualifikationen werden umrahmt von **Vorbildfunktion, Charisma** und **Menschlichkeit**. Ohne diese Schlüsselqualitäten sind keine Verbündeten zu gewinnen. Und ohne Verbündete wird der Aufstieg in der Hierarchie dornig. Letztlich braucht man auch Glück für den beruflichen Aufstieg (Fortune).

2.5.2. Führungsstile in Marketing und Vertrieb

> *"Mit gnadenloser Härte und rüdem Ton führt Tom Siebel seine Softwarefirma. Der Erfolg: Das US-Unternehmen wächst rasant und ist hoch profitabel. .... Jedes halbe Jahr werden die 5.200 Angestellten von ihren Vorgesetzten beurteilt und auf Ranglisten eingeordnet. Die schwächsten 5 Prozent werden alsbald gefeuert."[215]*

Führen und geführt werden in Marketing und Vertrieb ist eine Frage der Balance von Kopf und Bauch; bzw. von Systemen und Intuition.

Seit dem Erfolg des Harzburger Modells Ende der 70er Jahre[216] werden sog. Führungsstile proklamiert und hinsichtlich ihrer Motivationskraft beurteilt.[217] Aus der Fülle der plakativ klingenden Führungsphilosophien werden hier wegen einer besonderen Bedeutung für die marktorientierte Unternehmensführung hervorgehoben:

(1) **Management by Control and Direction** (autoritärer Führungsstil)
Dieser Führungsstil gilt heute als überholt. Alle Vorgänge werden mittels eines engmaschigen Netzes von Ergebnis-, Verhaltens- und Leistungskontrollen gesteuert. Ein autoritärer Führungsstil scheint noch immer vorherrschendes Leitprinzip für Organisationen zu sein, die unter starkem Erfolgsdruck bzw. Druck von außen stehen (Sanierungsfälle). Das Management-Prinzip entspricht der Kultur von Unternehmen, in denen sich geschäftsführende Gesellschafter nicht von

---
[214] Jeder kennt Zeiten, da hieß das „Verhalten in der Schule".
[215] Müller, (General), in: MM, 10/2000, S. 140 und S. 144
[216] vgl. in einer älteren Auflage: Staehle, (Management), 1984, S. 387
[217] vgl. die umfassende Darstellung bei Hopfenbeck, (Betriebswirtschaftslehre), 2002, div. Stellen

Wie entsteht ein Diamant: Druck, Druck, Druck! *Und wie ein Brillant*: Schleifen, Schleifen, Schleifen. Kajo Neukirchen, "legendärer" Chef der Metallgesellschaft, der Führungskräfte mit Brillanten verglich.[218]	Entscheidungsbefugnissen trennen wollen. Sie erziehen dann Führungskräfte, die froh über die Möglichkeiten der Rückdelegation sind und jedem Risiko unternehmerischer Entscheidungen ausweichen. Kennzeichen: Firmen, in denen der Chef persönlich den Kunden Preise und Lieferzeiten nennt und die Mitarbeiter artig daneben sitzen.

(2) **Laissez faire Führungsstil**

Die Dinge laufen lassen: So gehen Führungskräfte einer Auseinandersetzung mit ihren Mitarbeitern aus dem Weg. Es wird nicht geführt. Die Mitarbeiter erhalten keine Orientierungen, was von ihnen erwartet wird und wo sie stehen. Es herrscht trügerischer Betriebsfrieden, solange die Zahlen stimmen. Aber dann .....

(3) **Management by Motivation** (partnerschaftliche, motivierende Führung)

Management by Motivation geht davon aus, dass Leistungsbereitschaft und Leistungsfähigkeit der Marketing- und Vertriebsmitarbeiter durch gezielte menschliche und materielle Zuwendungen „gesteigert" werden können. Unzählige Seminarveranstaltungen laufen unter der Zielsetzung: *Jetzt motivieren Sie mir meine Leute mal....* Nach *Sprenger* beruht dieses Führungsverhalten allerdings auf „*methodisiertem Misstrauen*":

Sprenger spricht von einer „Geröllhalde des Misstrauens". (S.42)	„*Ursprung aller Motivierung ist eine behauptete oder beobachtete Lücke zwischen tatsächlicher und möglicher Arbeitsleistung. Die zur Schließung dieser Lücke erfundene Motivierung stellt damit ein Handeln dar, dessen axiomatische Basis unübersehbar Verdacht und Misstrauen sind.*"[219] „*Mitarbeiter sind motiviert. Motivation kann man nicht steigern ohne immense Spät- und Nebenkosten für alle Beteiligten. Bringt der Mitarbeiter nicht die erwartete Leistung, dann hat ihn etwas demotiviert. Oder aber es mangelt an Leistungsfähigkeit bzw. an Leistungsmöglichkeit.*"[220]

Es sollte daher Hauptanliegen einer Führungskraft sein, **nicht zu demotivieren**. Eine einzige unbeherrschte und unberechtigte Kritik, z.B. im Beisein von Kollegen, kann monatelange Motivationsbemühungen des Vorgesetzten zunichte machen.

(4) **Management by Objectives** (Führung durch Zielvereinbarung)

Im Rahmen abgesprochener Zielvereinbarungen kann der Vertriebsmitarbeiter weitgehend frei entscheiden und handeln. Leistungsgespräche zwischen Vorgesetztem und Mitarbeiter, meist im Rahmen der Jahresplanung, bilden die Grundlage für die Delegation von Entscheidungsbefugnissen im Verkauf. Dies setzt eine entsprechende Mitarbeiterqualifikation, Vertrauen und faire Zwischenkontrollen von Teilschritten voraus. Die Vorgehensweise vereinigt auch Elemente der Führungsprinzipien *Management by Delegation* und *Management by Motivation*; letzteres nur in dem Fall, in dem der Vertriebsmitarbeiter auch wirklich eigenverantwortlich arbeiten möchte.

Sprenger fordert „*Entkoppeln Sie Geld und Motivation.*" (S. 167)	Fein ausgetüftelte Provisionssysteme werden zuweilen mit dem Ziel eingerichtet, Mitarbeiter zu Höchstleistungen zu **motivieren**. Nach *Sprenger* ist dies Heuchelei. Provisionssysteme implizieren, dass der Mitarbeiter ohne Provision keine 100%ige Leistung bringt. Eine gefährliche Anreizspirale wird in Gang gesetzt. Der Außendienstmitarbeiter wird dazu tendieren, bei den Planzahlen „schwarz zu sehen" (zu mauern), um seine erwarteten Provisionserlöse zu steigern. Die Vertriebsleitung ist dagegen daran interessiert, die Ziellatte immer höher zu hängen. Und wer Verkäuferwettbewerbe als Motivationsinstrument betrachtet, gerät in den Teufelskreis wachsender Siegprämien-Ansprüche: War gestern der Ausflug in den Biergarten an die Isar noch gut genug, so muss die Reise morgen in die Karibik gehen.

---

[218] Hoffmann; Linden: (Rambo), in: MM, 12/1997, S. 96
[219] Sprenger, (Mythos), 2007, S. 42
[220] Sprenger, (Mythos), 2007, S. 205

2. Kapitel: Das Marketing-Management 113

Für eine leistungsgerechte Bezahlung wäre es wohl die höchste Motivation, wenn sich der Mitarbeiter nach seinem **Marktwert** vergütet wüsste. Zu empfehlen sind Beteiligungen an zusätzlichen Deckungsbeiträgen, die der Mitarbeiter durch eine erfolgreiche Erledigung von Sonderaufgaben für seine Unternehmung erwirtschaftet. Oder es wird ein Bonus gezahlt, wenn sich der Mitarbeiter verstärkt bei einer CRM-Einführung engagiert. Dazu bedarf es einer jährlichen Leistungsplanung mit Zielvereinbarungen und regelmäßigen Mitarbeitergesprächen.

"Wir haben es oft vergeblich versucht. Diese Saison hatten wir aber die Typen für die big points im Team." (Andreas Voss nach dem Aufstieg des MSV Duisburg 2005 in die 1. Bundesliga).

Die Personalführung ist also gefordert. Systematische Mitarbeiterförderung (**Personalentwicklung**) wird zur Grundvoraussetzung für Mitarbeiterzufriedenheit und dadurch Kundenzufriedenheit. Um Mitarbeiter zu fördern, deren Kompetenzen zu entwickeln und sie zu Teams zu formen, sind vier Prinzipien beachtenswert:[221]

(1) Das **Feedback-Prinzip** fordert die Festlegung klarer Ziele für die Mitarbeiter mit aussagekräftigen und zeitnahen Rückmeldungen über die Zielerreichung.
(2) Das **Reiz-Reaktions-Prinzip** erfordert Rückmeldungen und entsprechende Konsequenzen im Falle von Zielüber- bzw. -unterschreitungen.
(3) Nach dem Prinzip des **strukturierten Lernens** sind Maßnahmen zur Höherqualifizierung der Mitarbeiter festzulegen (die lernende Organisation).
(4) Nach dem **Support-Prinzip** sind den Mitarbeitern die zur Zielerreichung erforderlichen Kompetenzen und Ressourcen zur Verfügung zu stellen.

Ein entscheidender Faktor für das Führungsklima - und auf lange Sicht wichtiger noch als materielle Anreize - ist die **Vorbildfunktion des Marketing- und Vertriebsleiters**. Hier hat CRM einen deutlichen Wandel in der Führungsrolle bewirkt. Nach dem **traditionellen Rollenbild** war der Vertriebsleiter:

- **Cheerleader**, um seine Verkaufsmannschaft ständig zu Höchstleistungen anzustacheln,
- **Weihnachtsmann**, um die Verkaufsmitarbeiter mit Bestleistungen vor den Augen der anderen zu belohnen und
- **Scharfrichter**, um Verkäufer, die ihre Planzahlen nicht erfüllen, zu sanktionieren.[222]

Zugegeben, der Marketing- und Vertriebsleiter ist als Vorgesetzter natürlich verlängerter Arm der Geschäftsführung (sofern er nicht selbst Mitglied der Geschäftsführung ist). Jedoch drängen die Umwälzungen in den Vertriebsorganisationen im Zuge von **CRM** (s. auch Abschnitt 6.3.3.) die Vorgesetzten in neue Rollen. Der Marketing- und Vertriebsleiter ist heute

- **Fürsprecher** (**Coach**) für eine kompetent und weitgehend eigenständig operierende Verkaufscrew gegenüber der Geschäftsleitung,
- **Werkzeugmacher**, der die Richtung für neue Methoden und Systeme der Vertriebssteuerung vorgibt,
- **Organisator** der Vertriebsmannschaft, um maximale Effizienz zu erreichen.

Diese Rollen sind gut mit einem **situativen Führungsstil** zu vereinbaren. Man geht heute davon aus, dass sich ein programmiertes Vorgesetztenverhalten bei der Führung der Mitarbeiter schnell abschleift und nicht alle Facetten möglicher zwischenmenschlicher Ereignisse abdecken kann. Eine Führungskraft in Marketing und Vertrieb sollte daher über die Souveränität verfügen, in Situationen mit unterschiedlichen fachlichen und menschlichen Problematiken angemessen zu reagieren.

---

[221] vgl. Bartscher; Schulze, (Dienstleistungsmanagement), in: Personal, 4/2000, S. 204-205
[222] vgl. zu diesen plakativen Bezeichnungen und zu den Trends in der Vertriebsführung: Siebel; Malone, (Revolution), 1998, S. 174-185

Infolge des hohen Kostendrucks werden immer wieder flache Hierarchien als Ausweg aus einem Führungs- und Kostendilemma proklamiert. Doch flache Hierarchien sind gefährlich, wenn die Führungskultur fehlt. Neue informale Machtstrukturen entstehen. Oft werden Entscheidungen dann unbemerkt an die Vorgesetztenebene rückdeligiert.

Zusammenfassend ist in der Praxis zu beobachten, dass Vorgesetzte immer weniger klar und konsequent führen. Der Trend geht hin zu sich **selbstführenden Organisationen**. Chefs und immer besser ausgebildete Mitarbeiter nutzen die gleichen Instrumente zur Erfolgsmessung. Ein Mitarbeiter muss in eigener Verantwortung eruieren, wenn sich Ziellücken anbahnen. Er muss die zur Planerreichung notwendigen Ressourcen eigenständig abfordern. Aus Sachbearbeitern werden Marktmanager. Mit Profit-Centern bzw. Planungseinheiten, die nachhaltig ihre Ziele nicht erreichen, zeigt das Management immer weniger Geduld. Sie kommen auf eine Verkaufsliste.

Diese Anmerkungen unterstreichen die zunehmende Bedeutung der Instrumente zur Erfolgsmessung in Marketing und Vertrieb. *„Es ist ein Irrtum zu glauben, nur die Abläufe in der Produktion seien logisch und genau berechenbar, Marketing hingegen sei eine Soft Science"*, so zu den Zeiten von *DaimlerChysler* die ehemalige Werbe-Chefin, *Julie Roehm*, über die Erfolgsfaktoren des Konzernmarketing.[223] Oder, wie es die im Jahr 2008 mit damals 31 Jahren jüngste Marketing-Professorin *Franziska Völckner* ausdrückte: *„Ich sehe es als notwendig an, Marketingentscheidungen in Euro bewerten zu können."*[224] So rückt nun das Marketing- und Vertriebscontrolling in den Mittelpunkt der Betrachtung.

---

[223] zit. in Seiwert, (Mr. Marketing), in: ASW, 1/2006, S. 14
[224] zit. aus einem Interview in der ASW; s. Zitat in ASW, 2/2008, S. 102

2.6. Das Marketing- und Vertriebscontrolling

2.6.1. Controlling-Philosophie für die marktorientierte Unternehmensführung

"Was nicht gemessen werden kann, wird auch nicht gemacht." Controllerweisheit.

Vertrieb ist Emotion, so die Meinung der Verkaufsbateilung. Die auf harte Fakten ausgerichteten Controller werden daher oftmals als „Störenfriede" empfunden. Aus dem Blickwinkel der marktorientierten Unternehmensführung sind der abwehrenden Vertriebshaltung zwei gewichtige Argumente entgegenzuhalten:
(1) Das Marktgeschehen und die Abläufe innerhalb der Unternehmung sind derart komplex geworden, dass ein Kundenmanagement aus dem Bauch heraus schnell die Existenz der Unternehmung gefährden kann. Absatz, Umsatz und Kosten sind so auszubalancieren, dass die Unternehmung strategisch auf Zielspur bleibt.
(2) Widerstände gegen das Controlling entstammen oft einem falsch verstandenen Controllingbegriff und der **Angst vor Kontrolle**.

Controlling hilft, im Markt von der Reaktion in die Aktion zu kommen.

„*Controlling ist also nicht Nachkontrollieren.*"[225] Das Controlling wird für Marketing und Vertrieb durch eine **Koordinierungsfunktion** und **Unterstützungsfunktion** wertvoll.[226] Es stellt der marktorientierten Unternehmensführung ein Instrumentarium zur Verfügung, um aus der Reaktion (des traditionell angelegten, vergangenheitsorientierten Rechnungswesens) in die Aktion zu kommen. So können wichtige, von *Preißler* aufgezeigte Funktionen des Controllings[227] in die Sprache der marktorientierten Unternehmensführung übersetzt werden:
(1) Das Controlling gibt dem Marketing- und Vertriebsbereich eine besondere **Priorität** im Rahmen des gesamtunternehmerischen Entscheidungsprozesses.
(2) Nach dem klassischen Controllerdreieck soll das Controlling helfen, die (a) Qualität und (b) die Schnelligkeit von kundenorientierten Prozessen zu verbessern sowie Vertriebs- und Marketingkosten zu reduzieren.
(3) Das Controlling führt permanent **Soll/Ist-Vergleiche** für die Planungseinheiten durch, bewertet Abweichungen im Hinblick auf eine mögliche Störung der Gesamtstrategie und initiiert bei Erfordernis sog. **Rückkoppelungsprozesse**.
(4) Das Controlling soll **Schwachstellen** im Unternehmen rechtzeitig erkennen und nach Ursachenfindung dauerhaft verhindern.
(5) Das Controlling gibt der marktorientierten Unternehmensführung auf diese Weise ein **Frühwarnsystem** an die Hand.
So vertreten Controller oft den Anspruch, **Lotse oder Navigator** des betrieblichen Schiffes zu sein.[228] Die operativen Bereiche sehen das manchmal anders. Es ist daher wichtig, die Aufgabenbereiche des Controllings herauszustellen, die der Marketing- und Vertriebsleitung echten Nutzen bei Planung und Steuerung bringen.

2.6.2. Aufgabenbereiche des Marketing- und Vertriebscontrollings

Für ein marktorientiertes Controlling reicht es nicht aus, die üblichen Aufgabenbereiche des Controllings lediglich als Vertriebscontrolling zu bezeichnen.[229]

---

[225] Preißler, (Kosten-Nutzen-Verhältnis), 1996, S. 221
[226] Lt. Horvath ist es Hauptaufgabe des Controllings, die Unternehmensleitung bei der Lösung des Anpassungs- und Koordinierungsproblems zu unterstützen: (1) Das Controlling ist Teil der Unternehmensführung. (2) Es sorgt dafür, dass die Unternehmensleitung mit ergebnisorientierten Informationen versorgt wird. (3) Ein Schwerpunkt der Arbeit ist die Mitwirkung am Planungsprozess. (4) Im Fokus steht das Ergebnisziel. In diesem „traditionellen" Aufgabenspektrum findet sich kein Bezug zur marktorientierten Unternehmensführung: vgl. Horvath, (Controlling), 2009, S. 15-16
[227] zu den Funktionen vgl. Preißler, (Controlling), 2007, S. 14-23
[228] nicht aber Kapitän: vgl. Preißler, (Controlling), 2007, S. 15
[229] vgl. z.B. Hüttner; von Ahsen; Schwarting, (Marketing), 1999, S. 330

Abb.2-52

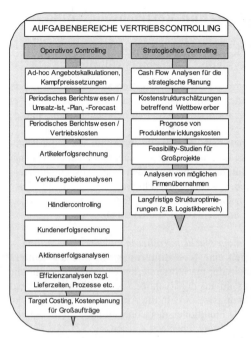

Marketing und Vertrieb benötigen Analyseunterstützung für einige brisante operative und auch strategische Aufgaben. Abb.2-52 gibt eine Auswahl. Einige Aufgaben werden im Rahmen der Vertriebsstatistik und der Routineberichterstattung des Rechnungswesens erledigt (z.B. Artikelerfolgsrechnung, Vertriebskosten-Controlling, Umsatz-Reporting). **Spezielle Teilaufgaben** sind dagegen methodisch derart anspruchsvoll, dass ihre Bearbeitung einem neuen, eigenständigen Analysebereich zugewiesen wird: **Business Intelligence** (BI) mit dem Teilbereich **Sales Intelligence** (SI). Die Controllingarbeit wird systemtechnisch so organisiert, dass die Controllingdaten dem Vertrieb stets aktuell im CRM zur Verfügung stehen.[230]

Spezielle Controllingprojekte beschäftigen sich mit folgenden Sachverhalten:
- Analyse der Effizienz erfolgswichtiger kundenorientierter **Prozesse**,
- Performance von **Händlern und Vertriebspartnern**,
- eine verrechnungstechnisch anspruchsvolle **Kundenerfolgsrechnung**,
- komplizierte Erfolgsanalysen für **Marketingaktionen** (z.B. Werbewirkungsanalysen, Kampagnenerfolge),
- kritische Zielkosten-Projekte (**Target Costing**) zur Senkung von Preisuntergrenzen für preiskritische Großaufträge,[231]
- anspruchsvolle Schätzungen von **Kostenstrukturen** der Wettbewerber,
- von hohen Zukunftsunsicherheiten geprägte Prognosen für die **Forschungs- und Entwicklungskosten** von neuen Produkten,
- Machbarkeitsstudien (**Feasibility-Studies**) für riskante Großprojekte
- und die alle „Künste" der betriebswirtschaftlichen Analyse fordernden Wirtschaftlichkeitsanalysen für **Lizenz- oder Firmenkäufe** bzw. -verkäufe.

Der Vertrieb ist verantwortlich für die Absatzplanung, nicht das Controlling!

Für das Marketing- und Vertriebscontrolling gelten als Leitlinien:
- ⊠ Das Controlling stellt alle kunden- und marktbezogenen Daten für die analytischen Aufbereitungen und für Reports zusammen.
- ⊠ In den Daten und Analysen sollten die Mitarbeiter ihre Alltagsarbeit wiedergespiegelt sehen. Wichtig ist also die Analyse von Frontend-Daten.
- ⊠ Keinesfalls entbindet das Controlling die Führungskräfte von der Pflicht, die erforderlichen Marktdaten für die Planung bereitzustellen. Folgende Ausrede ist nicht zulässig: *„Jetzt haben wir einen Controller. Folglich braucht sich der Vertrieb um die Zahlen nicht mehr kümmern."*
- ⊠ Teile der Controllingarbeit sollten in die operativen Bereiche verlagert werden.
- ⊠ Das Controlling sollte Frühwarn- und Benchmarking-Funktionen übernehmen.

---

[230] vgl. Winkelmann, (Vertriebskonzeption), 2008, das 10. Kapitel, S. 631 ff.
[231] vgl. zur marktorientierten Kostenplanung Kenter, (Target Costing), 1996, S. 121-138

2.6.3. Zentrale Steuerungskennzahlen für den Vertrieb

„Ohne Metric Marketing geht nichts." (Dieter Zetsche, CEO *Daimler*)

Das Controlling orientiert sich an Fakten. Im Vordergrund stehen Kennzahlen[232] (Kennziffern) und weiterführend Kennzahlensysteme. Kennzahlen sind aber nur aussagefähig, wenn sie (1) im **Vorjahresvergleich**, (2) als **Plan/Ist-Abweichungen** (3) im **Wettbewerbsvergleich** oder (4) im Vergleich zu einem **Forecast** vorliegen. Die Bedeutung einer Kennziffer kann branchen- und unternehmensindividuell sehr unterschiedlich sein. Für Außendienst-orientierte Unternehmen haben sich dennoch die Kennziffernstrukturen der Abb.2-53 generell bewährt.

Abb.2-53

BEREICH		SPEZIELLE KENNZIFFERN (= ➡ KZ)
Umsatz und Deckungsbeitrag	Verkäuferleistung	➡ Umsatz pro Verkäufer ➡ Neukundenumsatz pro Verkäufer ➡ Akquirierter Deckungsbeitrag pro Verkäufer ➡ Neukunden pro Verkäufer / Neue A-Kunden pro Verkäufer • Kennziffern zum Vergleich von Verkaufsgebieten sind analog zu erstellen
	Kundendeckungsbeitrag	➡ Kundenerlöse minus zurechenbare (direkte) Kundenkosten
	Umsatzanteile	➡ Anteile der einzelnen Kunden(gruppen)umsätze am Gesamtumsatz • Grundlage der sog. ABC-Analyse = Abhängigkeitsanalyse, wie abhängig sind wir von Großkunden einerseits und Kleinkunden andererseits.
	Umsatzlücke	➡ Umsatzsoll minus Umsatz-Ist minus noch erwarteter Umsatz • hochgerechnet auf Jahresende ergibt Prognose der Planlücke
Marktanteile	Marktanteile	➡ Gesamtmarktanteil: eigener Absatz / Gesamtmarktpotenzial ➡ relevanter Marktanteil: eigener Absatz / Marktpotenzial im relev. Markt ➡ relativer Marktanteil: eigener Absatz / Absatz der härtesten Wettbewerber oder des härtesten Wettbewerbers oder des Marktführers
	Lieferanteile (Shares of Wallet)	➡ eigene Anteile an Gesamt-Einkaufswerten der Kunden im relev.Markt ➡ durchschnittliche Lieferanteile, bezogen auf die Kundengruppen
	Marktdurchdringung	➡ Anzahl eigener Kunden / Anzahl aller relevanten Kunden im Markt ➡ Distributionsrate: Verkaufsstellen mit mindestens einem Stück im Regal / Gesamtzahl Verkaufsstellen
	Potenzialausschöpfung = Marktanteile	➡ Umsatzanteil am Gesamtmarktpotenzial einer Verkaufsregion ➡ Umsatzanteil / durchschnittliche Lieferanteile der Hauptwettbewerber
Akquisitionserfolge	Akquisitionsquote	➡ Anzahl Erstaufträge / Anzahl aller Aufträge oder Aufträge Stammkunden
	Erfolgsquote für Angebote	➡ Anzahl gewonnene Aufträge / Anzahl Angebote ➡ Oder umgekehrt: Anzahl Angebote / Anzahl Aufträge ➡ Anzahl Neukundenangebote / Anzahl alle Angebote
	Hit-Rate für Besuche	➡ Anzahl Verkaufsabschlüsse / Anzahl aller Besuche ➡ Anzahl Verkaufsabschlüsse / Anzahl relevante Akquisitionsbesuche ➡ Anzahl Kundenbesuche bis zum Abschlusserfolg
	Erfolgsquote für Neukundengewinnung	➡ Anzahl der Abschlüsse / Anzahl bearbeitete Neukunden ➡ Anzahl Neukunden / Anzahl aller Kunden bzw. Relation Stammkunden
Strukturdaten	Besuchsleistung	➡ Anzahl Kundenbesuche pro Reisewoche, pro Reisetage ➡ Anzahl Reisetage / Gesamtzahl aktive Außendienstzeit (ca. 210 Tage) ➡ durchschnittliche Besuchszeit pro Reisetag
	Kundenstrukturkennziffern	➡ Anzahl und Umsatzanteile der A-, B-, C-, D-, E-Kunden ➡ durchschnittliche Zahl der Aufträge pro Kunde oder Produkt ➡ durchschnittliche Auftragsgröße pro Kunde oder Produkt ➡ Anteil Passivkunden, d.h. Anteil der Kunden ohne Umsatz, an Gesamtk.
	Kundenzufriedenheit	➡ Stammkundenbindung: Anzahl Stammkunden / Gesamtkunden ➡ Kündigerquote: Anzahl Kündiger / Gesamtkunden ➡ Kundenfluktuation: Relation gewonnene zu verlorene Kunden
Prozessdaten	Zeitdauer kritischer Abläufe	➡ durchschnittl. Durchlaufzeit eines Angebotes ➡ durchschnittl. Verweilzeit offener Angebote ➡ durchschnittl. Reaktionszeiten der Kunden bis Auftragsvergabe ➡ durchschnittl. Zeit eines Auftragsdurchlaufs ➡ durchschnittl. Zahlungsziel der Kunden ➡ durchschnittl. Durchlaufzeit einer Reklamation

(Anmerkung: Der Schrägstrich „/" bedeutet: dividiert durch)

---

[232] vgl. z.B. die Aufstellung bei Schimmel-Schloo: (Zahlen), in: acquisa, 1/1998, S. 13-19; vgl. die Ausführungen von Hofbauer; Hellwig, (Vertriebsmanagement), 2005, S. 191 ff.

Abb.2-54

AUSGEWÄHLTE KENNZAHLEN AUS DEM NIELSEN-HANDELSPANEL			
Die Firma *Alpenkäse* konnte für Ihr Produkt Edamer folgende Daten aus dem *Nielsen Handelspanel* gewinnen. Dabei wird die Warengruppe, der das Produkt Y angehört, in 79.275 Geschäften geführt.			
	Kennzahl / Beschreibung	Ermittlung	Wert
①	**Durchschnittspreis** Mengengewichteter Endverbraucherpreis je Einheit (Packung) und Berichtsperiode	Erhebung	4,68 €/kg
②	**Endverbraucherabsatz** Absatz des Einzelhandels an den Endverbraucher in der Berichtsperiode	Erhebung	359,9 Tsd.kg
③	**Endverbraucherumsatz** Endverbraucherabsatz bewertet zum Durchschnittspreis	= ② * ①	359,9 * 4,68 = 1.684 T€
④	**Durchschnittlicher Monatsabsatz** Durchschnittlicher Absatz eines Artikels pro Monat und führendem Geschäft	= (② / 2) / (⑨ * ⑤)	(359,9/2) / (79.275 * 0,06) = 38 kg
⑤	**Distribution führend numerisch** Prozentsatz aller Geschäfte, die mindestens ein Stück des betreffenden Artikels in der Berichtsperiode geführt haben	Erhebung	6 %
⑥	**Distribution führend gewichtet** Prozentsatz des Gesamtumsatzes aller Geschäfte, die mindestens ein Stück des betreffenden Artikels in der Berichtsperiode geführt haben, am gesamten Umsatz der Warengruppe	Erhebung	13 %
⑦	**Distributionsqualität** Gibt Auskunft über die Anzahl führender Geschäfte im Verhältnis zur Umsatzbedeutung dieser Geschäfte[233]	= ⑥ / ⑤	13 / 6 = 2,17
⑧	**Proportionalisierter Durchschnittsabsatz** Durchschnittlicher Absatz pro Geschäft und Monat in einem für die Warengruppe durchschnittlich statistisch bedeutenden Geschäft	= ④ / ⑦	38 / 2,17 = 17,51 kg
(Quelle: ACNielsen, (Handelspanel), ohne Datum, S. 101-122)			Anfertigung J. Katz

Für die Konsumgüterindustrie haben sich **Distributionskennzahlen** des *Nielsen Handelspanels* zur Bewertung von Artikelgruppen und Oulets bewährt (s. Abb.2-54). Wichtig ist, dass Controller Marktvorgänge mit Sachverstand beurteilen können.

In vielen Unternehmen wird das Controlling von Menschen ausgearbeitet, die zu wenig in das unmittelbare Geschehen des Marketing und Vertrieb involviert sind..[234]

2.6.4. Verkaufsgebietscontrolling

Klammert man hier das Thema Kostencontrolling einmal aus, dann beantwortet ein Verkaufsgebietscontrolling (VKB-Controlling) die folgenden Fragen:
(1) Wie sind die **Kundenstrukturen** der VKB vergleichend zu beurteilen?
(2) Wie sind die **Potenziale** der Aktiv-Kunden im Verhältnis zu den Nicht-Kunden (Passivkunden (Umsatz 0) oder Wettbewerbskunden) zu beurteilen?
(3) In welchem Verhältnis steht die **Besuchstätigkeit** des Außendienstes zum **Auftragserfolg**?
(4) Wie sind die **Potenzialausschöpfungen** der VKB zu beurteilen; d.h. zum einen die durchschnittlichen Lieferanteile bei den Ist-Kunden (Shares of Wallet),
(5) zum anderen die **Marktdurchdringung** (Verhältnis der Ist-Kunden zur Gesamtzahl der Kunden in den VKB)?
(6) Wie stellen sich die **Umsatz-Marktanteile** in den VKB im Vergleich dar?

Abb.2-55 liefert ein Beispiel für ein Verkaufsgebietscontrolling.[235] Drei Verkaufsgebiete werden verglichen.

---
[233] vgl. hierzu Nielsen GmbH: Das AC Nielsen-Handelspanel – Anwendungs- und Nutzungsmöglichkeiten, Frankfurt am Main, S. 113
[234] eine zitierte Aussage der Praxis in: Schimmel-Schloo, (Zahlen), in: acquisa, 1/1998, S. 13
[235] Quelle: Winkelmann, (Außendienst-Management), 1999, S. 80. Weitere Beispiele sind zu finden bei Winkelmann, (Vertriebskonzeption), 2008, S. 676-682.

Abb.2-55

VERKAUFSGEBIETSCONTROLLING

	VKB-1		VKB-2		VKB-3		GESAMT	
1 A-Kunden	14	13,1%	7	2,5%	10	7,6%	31	6,0%
2 B-Kunden	26	24,3%	42	14,9%	19	14,4%	87	16,7%
3 C-Kunden	56	52,3%	208	74,0%	55	41,7%	319	61,3%
4 D-Kunden	3	2,8%	13	4,6%	3	2,3%	19	3,7%
5 Handel u. sonstige Kunden	8	7,5%	11	3,9%	45	34,1%	64	12,3%
6 *Kunden gesamt*	*107*	*100,0%*	*281*	*100,0%*	*132*	*100,0%*	*520*	*100,0%*
7 Umsatzpotenzial Kunden	26.000.000,00 €	68,4%	38.000.000,00 €	98,2%	30.000.000,00 €	94,9%	94.000.000,00 €	86,8%
8 Ist-Umsatz	**8.752.300,00 €**		**4.200.870,00 €**		**7.654.881,00 €**		**20.608.051,00 €**	
9 Aufträge	212		311		522		1.045	
10 durchschn. Auftragsgröße	41.284,43 €		13.507,62 €		14.664,52 €		19.720,62 €	
11 RMP-Kunden	80		14		40		134	
12 durchschn.Pot.RMP-Kunde	150.000,00 €		50.000,00 €		40.000,00 €		240.000,00 €	
13 RMP-Umsatzpotenzial	12.000.000,00 €	31,6%	700.000,00 €	1,8%	1.600.000,00 €	5,1%	14.300.000,00 €	13,2%
14 VKB-Kunden gesamt	**187**		**295**		**172**		**654**	
15 VKB-Umsatzpotenzial gesamt	38.000.000,00 €	100,0%	38.700.000,00 €	100,0%	31.600.000,00 €	100,0%	108.300.000,00 €	100,0%
16 qualifizierte Kundenkontakte	2.135		4.300		2.977		9.412	
17 Verkaufskontakte / Kunde	20,0		15,3		22,6		18,1	
18 Besuche/A-Kunden	208	14,9	36	5,1	102	10,2	346	11,2
19 Besuche/B-Kunden	256	9,8	162	3,9	98	5,2	516	5,9
20 Besuche/C-Kunden	59	1,1	876	4,2	11	0,2	946	3,0
21 Besuche/D-Kunden	5	1,7	1	0,1	2	0,7	8	0,4
22 Besuche Handel u. sonst.	68	8,5	16	1,5	625	13,9	709	11,1
23 Besuche gesamt	596	5,6	1.091	3,9	838	6,3	2.525	4,9
24 Mögliche Besuche	900		900		900		2.700	
25 Belastungskoeffizient	0,66		1,21		0,93		0,94	
26 Besuche/Auftrag	2,8		3,5		1,6		2,4	
27 Umsatz/Besuch	14.685,07 €		3.850,48 €		9.134,70 €		8.161,60 €	
28 Umsatz/Kunde	81.797,20 €		14.949,72 €		57.991,52 €		39.630,87 €	
29 Umsatzpotenzial/Kunde	242.990,65 €		135.231,32 €		227.272,73 €		180.769,23 €	
30 Umsatz/Auftrag	41.284,43 €		13.507,62 €		14.664,52 €		19.720,62 €	
31 Aufträge/Kunde	2,0		1,1		4,0		2,0	
Potenzialausschöpfungen								
32 Lieferanteile bei Kunden	33,7%		11,1%		25,5%		21,9%	
33 VKB-Durchdringung	57,2%		95,3%		76,7%		79,5%	
34 VKB-Marktanteile	23,0%		10,9%		24,2%		19,0%	

Im Beispiel der Abb.2-55 bedeuten:
- **Positionen**: Angebotspositionen, d.h. Anzahl der Artikel mit mindestens einer Verkaufsmenge von einem Stück,
- **RMP-Kunden** (Restmarktpotenzial): die zu verfolgenden Interessenten (Angebotskunden, Zielkunden) sowie Wettbewerbskunden mit geringer Kundenbindung bzw. mit spürbarem Interesse an einem Lieferantenwechsel,
- **Soll-Besuche**: sind gemäß Besuchsprioritäten für Kundengruppen ausgelegt; und zwar so, dass der Außendienstmitarbeiter bei Erfüllung des Besuchsprogramms bei seiner täglichen Arbeitszeit voll ausgelastet ist (unter Berücksichtigung von Zeitreserven),
- **Außendienst-Belastungskoeffizient**: Anteil der Ist-Besuche an den insgesamt erforderlichen (maximal vorgesehenen) Besuchen laut Besuchsprogramm,
- **Lieferanteile bei Kunden**: Anteil der realisierten Umsätze an den Einkaufsbudgets der Kunden (Marktanteile bei den Kunden = Shares of Wallet),
- **VKB-Durchdringung**: Anteil der Ist-Kunden an der Gesamtzahl der relevanten Kunden im Verkaufsgebiet (Ist-Kunden + RMP-Kunden). Auf Outlets bezogen entspricht diese Kennziffer der **Distributionsrate** in der Konsumgüterindustrie.
- **VKB-Marktanteil**: Realisierte Umsätze im Verhältnis zum gesamten relevanten Marktpotenzial des Verkaufsgebietes (Wertmäßiger Marktanteil).

Der Einfachheit halber wird davon ausgegangen, dass für jedes VKB nur ein Außendienstmitarbeiter zuständig ist. Der **Vergleich der VKB** lässt dann folgende Aussagen zu:
(1) **VKB-3** beliefert mit 95,7% fast alle Kunden; bei einer Arbeitsüberlastung von 7%. Der Schwerpunkt der Arbeit liegt jedoch bei den kleineren Kunden. Folglich sind Liefer- und Marktanteile im Wege eines stärkeren Key Accounting bei den größeren Potenzialen zu erhöhen.
(2) **VKB-2** zeigt ein hohes Potenzial und einen erreichten hohen Umsatz pro Kunde. Jedoch sind 1/3 der Kunden noch nicht akquiriert. Die Besuchsauslastung liegt bei ca. 100% (Besuchsvorgaben sind nur Richtlinien/Rahmenempfehlungen zur Optimierung der Gesamtorganisation! Keinesfalls soll und kann sich der Außendienstmitarbeiter immer daran halten!). Hier muss strukturell angesetzt werden, um bei der VKB-Durchdringung und Marktanteil weiter zu kommen.
(3) **VKB-1** hat sich vor allem um Großkunden bemüht und erreicht hohe Lieferanteile bei den bestehenden Kunden. Die Besuchsbelastung verrät noch Reserven. Es sollten verstärkt weitere Interessenten bzw. Zielkunden akquiriert werden.

Was die Auswertung auszeichnet:
- Die unterschiedlichen Kundenstrukturen der Verkaufsgebiete werden im Auge behalten.
- Der Außendienstmitarbeiter wird nicht auf alle möglichen Neukontakte (Leads) „gejagt". Im Rahmen der RMP-Kunden werden für Interessenten und akquisitionswürdige Wettbewerbskunden Prioritäten gesetzt.
- Die Verkaufsgebiete werden anhand der Zielgrößen **Lieferanteile**, **Marktdurchdringung** und **Gesamtmarkt-Anteile** verglichen.
- Zusätzlich werden Aussagen zu Über- und Unterauslastungen der Verkaufsmitarbeiter möglich (Belastungskoeffizienten im Verkauf).

Das Beispiel deckt besondere Marktprobleme in der Region-3 auf. Die Verkaufskräfte sind nicht optimal eingesetzt. Um ein vollständiges Bild zu erhalten, müsste das dargestellte Marktcontrolling noch um eine **Verkaufskostenanalyse** erweitert werden.

2.6.5. Benchmarking und Frühwarnung in Marketing und Vertrieb

Benchmarking bedeutet: Vom Besten lernen, um selbst Spitze zu sein.

Das Controlling soll einen Unternehmenszustand nicht festzementieren. Ziel sollte ein **permanentes Streben nach Verbesserungen** und nach **Wettbewerbsvorteilen** sein. Hierzu werden Marketing- und Vertrieb nach der Idee des **Benchmarkings** geführt.[236] Nicht erreichte Benchmarks bewirken Frühwarnungen.

➡ **Benchmarking** stellt
(1) eine Managementkonzeption dar,
(2) bei der **die Stellschrauben des Erfolgs** (die **Erfolgsfaktoren**),
(3) **systematisch und regelmäßig gemessen**
(4) und an einem **Standard** (Ideal: am Branchenbesten) ausgerichtet werden.

Im Gegensatz zum konventionellen Betriebsvergleich
(1) steht ausdrücklich ein **Streben nach Spitzenleistungen** im Vordergrund,
(2) tritt als zusätzlicher Aspekt die **Optimierung betrieblicher Abläufe** (**Prozessoptimierung**) hinzu.

Welche **Benchmark-Vergleichsmaßstäbe** sind sinnvoll? Ein Vertriebsbereich mit seinen Verkaufsbezirken kann
(1) sich mit eigenen, bisher erreichten **Bestleistungen** (vergleichbar wie im Sport: die persönlichen Bestleistungen),
(2) bei Konzernunternehmen mit den **besten Leistungen im Unternehmen** (**Best Practice**),
(3) in einem Branchenvergleich mit dem **Branchendurchschnitt** (Wettbewerbsstandard),
(4) in einem **Best-in-Class** Vergleich mit dem **Branchenführer**,
(5) in einem Industrievergleich mit dem **Leistungsführer** im Heimmarkt (**Best of best Domestic**),
(6) oder mit dem **Weltmarktführer** (**Best of best Global**) vergleichen.

Benchmarking hat im Zusammenhang mit der Vergleichsstudie über die weltgrößten Automobilwerke von *Womack*, *Jones* und *Roos* eine hohe Bedeutung erlangt.[237] Was als ganzheitliches Konzept zur Sicherung bzw. Sanierung ganzer Industrien und Branchengruppen gedacht war, hat in der Praxis - und hier insbesondere in der Vertriebspraxis - längst nicht die entsprechende Verbreitung erlangt. Folgende **Voraussetzungen** sollten für ein erfolgreiches Benchmarking gegeben sein:
(1) Das Top-Management sollte keine Scheu vor Offenlegung sensibler Daten im Wettbewerbsvergleich haben.
(2) Führende Unternehmen sollten ein Interesse haben, Verfolgern Anreize zu Verbesserungen zu geben.
(3) Keine Mängel in Kostenrechnungs- / Controllingsystemen.
(4) Kontinuierliche Datenerhebung,
(5) Konsequenz bei der Umsetzung von Verbesserungsmaßnahmen und
(6) keine Mitarbeiter-Blockaden aus Sorge vor Durchleuchtung und permanentem Leistungsdruck.

Marketing- und Vertriebsleiter zeigen ein zunehmendes Interesse an einem ressortbezogenen Benchmarking. Der Grund liegt im **Voranschreiten der CRM- und Business Intelligence-Systeme**, die heute eine problemlose, flexibel auf Vertriebsbe-

---
[236] vgl. hierzu und zu den folgenden Ausführungen: Winkelmann, (Frühwarnsystem), in: salesprofi, 6/1999, S. 40-44
[237] vgl. Womack; Jones; Roos, (Revolution), 1992

Abb. 2-56

KENNZAHLEN FÜR EIN MARKTORIENTIERTES BENCHMARKING			
Kundenstrukturen	Außendienst-Management	Service-Prozesse	Planung und Controlling
⇨ Groß-/Kleinkundenanteile ⇨ Neu-/Altkundenanteile ⇨ Direkt-/Handelskundenanteile ⇨ Top-Ten Umsatzanteil ⇨ Kunden-Deckungsbeitragsanteile ⇨ Anteil Passivkunden; Kunden mit Umsatz 0 ⇨ Kundenanteile nach Branchen, Anwendungen ⇨ Kundenattraktiväten (gemäß Einschätzung SP)	⇨ Besuchsfrequenzen für Kundengruppen ⇨ Anzahl relevanter Kontakte pro Kunde ⇨ dto. Besuchszeiten ⇨ effektive Besuchszeit pro Verkäufer ⇨ Besuche, Angebote, Aufträge, Umsatz pro ADM/Region ⇨ Angebots-Erfolgsquoten (Hit-Rates) ⇨ Stornoquoten (bei Finanzdienstleistern) ⇨ Kundenzufriedenheitsindizes	⇨ Durchschnittl. Wartezeiten der Kunden ⇨ Zeitbedarf für Auftragsdurchlauf ⇨ Liefermintreue ⇨ Reklamationsquote ⇨ Zeitbedarf für Beschwerdedurchlauf ⇨ Zeitbedarf für Produktanpassung ⇨ Zeitbedarf für Terminänderung ⇨ Durchschnittl. Reklamationskosten	⇨ Vertriebskostenanteile ⇨ Reisekostenanteile ⇨ Kosten Innendienst ⇨ Marketing-Kosten für die Kundenbetreuung ⇨ Den Kunden/Kundengruppen zugerechnete direkte Kosten ⇨ Kunden-Umsatzrenditen (Spannen) ⇨ Rabattquote ⇨ Umsatz-/Kostenanteile nach Produkten / Produktgruppen ⇨ Durch Kunden verursachte Auftragskosten

(Quelle: u.a. Winkelmann, (Frühwarnsystem), in: salesprofi, 6/1999, S. 42)

dürfnisse angepasste Datenerfassung und Datenauswertung (auf Knopfdruck – keine Mehrarbeit) erlauben. Vertriebsmannschaften müssen sich angesichts hoher Vertriebskostenanteile (ca. 15 – 30%) und vieler Ineffizienzvorwürfe von Seiten Geschäftsführung und Technik der Herausforderung nach nachweisbaren Verbesserungen in der Kundenbetreuung, beim Serviceverhalten und bei den Kostenstrukturen stellen.

„Ge-benchmarked" werden können alle Arten von Planungseinheiten, z.B. Geschäftsbereiche und deren -prozesse, Call-Center, Regionalvertriebe oder Vertriebspartner. Die Vergleichskennziffern, d.h. die Benchmarks, beziehen sich auf **Kosten**, **Qualitäten** (z.B. garbage-per-million = gpm-Werte) oder **Zeiteinheiten** (zur Messung von Bearbeitungs- / Durchlaufzeiten). Abb.2-56 zeigt, welche Benchmarks für (1) Kundenstrukturen, (2) Außendienst-Management, (3) Service-Prozesse und (4) Planung und Controlling in Frage kommen können.

Benchmarking bietet dem Vertrieb eine **Chance auf Höherqualifizierung**; und dies mit Hilfe eines CRM/CAS-Systems frei vom „Gängelband des Controllings" in eigener Regie. In der Regel werden für die Kennziffern auch Schwellenwerte als **Frühwarn-Parameter** gesetzt. Die Systeme geben dann **Alert-Meldungen** oder setzen Ampellichter (rot, gelb, grün) zur schnellen Warninformation.

2.6.6. Kundenerfolgsrechnung (Kundendeckungsbeitragsrechnung)

Im Idealfall beinhaltet das Vertriebscontrolling auch eine **Kundenerfolgsrechnung**. Ausgehend von den Brutto- bzw. Nettoerlösen sind den Kunden alle direkten Kosten der bezogenen Produkte und Dienstleistungen zu belasten. Werden von den Roherträgen der Kunden dann weiter die direkten, ihnen zurechenbaren Vertriebs- und Marketingkosten abgezogen, dann ergeben sich gestaffelte Kunden-Deckungsbeiträge (nicht wie in der herkömmlichen Kostenrechnung die der Produkte) zur Fixkostendeckung. Eine Alternative wäre es, die Vertriebsgemeinkosten mit Hilfe von Umlagen (Verrechnungssätze) auf die Kunden aufzuteilen. In diesem Fall ergäbe sich als Summe aller Kundendeckungsbeiträge ein Vertriebsdeckungsbeitrag zur Abdeckung der verbliebenen Fixkosten von Fertigung und kaufmännischer Verwaltung. Abb.2-57 liefert die Struktur einer Kundenerfolgsrechnung, bei der nur direkte Kosten in Ansatz gebracht sind. Die Vertriebsgemeinkosten sind mit vom Deckungsbeitrag zu tragen.

Gemäß den Ergebnisstrukturen können **Kundengruppen** nach Profitabilität (Kundensegmenten, Marktsegmenten) gebildet werden. Es ergibt sich eine **Absatzsegmentrechnung** – ein wertvolles Spezialinstrument für Planung und Controlling. Ein weiterführender Schritt wäre es, das Vertriebscontrolling als ein Instrument zur permanenten Leistungsverbesserung auszubauen.

Abb.2-57

AUFBAU EINER KUNDENERFOLGSRECHNUNG / KUNDEN-DECKUNGSBEITRAGSRECHNUNG						
	GDS-Technik		Meuser		Wilder	
Bruttoumsatz	347.618,00 €		204.980,00 €		188.750,00 €	
Durchschnittsrabatt	12,6%		9,5%		7,6%	
Bruttoerlös	303.818,13 €	100,0%	185.506,90 €	100,0%	174.405,00 €	100,0%
Skonto, Erlösschmälerungen	- 7.570,00 €	-2,5%	- 12.500,00 €	-6,7%	- 4.700,00 €	-2,7%
Boni	- 10.000,00 €	-3,3%	- €	0,0%	- €	0,0%
Nettoerlös	**286.248,13 €**	**94,2%**	**173.006,90 €**	**93,3%**	**169.705,00 €**	**97,3%**
direkte Artikelkosten / Wareneinsatz	- 188.900,00 €	-62,2%	- 122.450,00 €	-66,0%	- 92.470,00 €	-53,0%
Rohertrag	**97.348,13 €**	**32,0%**	**50.556,90 €**	**27,3%**	**77.235,00 €**	**44,3%**
direkte Kosten Außendienst	- 15.900,00 €	-5,2%	- 8.900,00 €	-4,8%	- 9.300,00 €	-5,3%
direkte Kosten Innendienst	- 9.650,00 €	-3,2%	- 2.400,00 €	-1,3%	- 5.320,00 €	-3,1%
direkte Kosten Logistik	- 26.590,00 €	-8,8%	- 12.060,00 €	-6,5%	- 12.400,00 €	-7,1%
Su. direkte Vertriebskosten	- 52.140,00 €	-17,2%	- 23.360,00 €	-12,6%	- 27.020,00 €	-15,5%
Kunden-Deckungsbeitrag-1	**45.208,13 €**	**14,9%**	**27.196,90 €**	**14,7%**	**50.215,00 €**	**28,8%**
direkte Servicekosten	- 28.000,00 €	-9,2%	- 5.300,00 €	-2,9%	- 2.200,00 €	-1,3%
direkte Aktionskosten	- 11.000,00 €	-3,6%	- 2.240,00 €	-1,2%	- 6.700,00 €	-3,8%
direkte sonstige Marketingkosten	- 1.000,00 €	-0,3%	- 1.200,00 €	-0,6%	- 2.300,00 €	-1,3%
Su. direkte Marketingkosten	- 40.000,00 €	-13,2%	- 8.740,00 €	-4,7%	- 11.200,00 €	-6,4%
Kunden-Deckungsbeitrag-2	**5.208,13 €**	**1,7%**	**18.456,90 €**	**9,9%**	**39.015,00 €**	**22,4%**

2.6.7. Balanced Scorecard (BSC)

„*The balanced scorecard complements financial measures of past performance with measures of the drivers of future performance*"[238]

Die von *Kaplan* und *Norton* 1992 veröffentlichte Idee hat sich mittlerweile zu einem der anerkanntesten Managementwerkzeuge zur Kontrolle und Steuerung von Unternehmens- oder Geschäftsbereichsstrategien entwickelt.[239]

➡ Die **Balanced Scorecard (BSC)** von *Kaplan* und *Norton*
ist ein System von i.d.R. maximal 24 aufeinander abgestimmten Kennziffern,
(1) die sich auf **vier Performance-Bereiche** verteilen; die **Finanz-, Kunden-, Prozess-** und **Lernperspektive** (s. Abb.2-58).
(2) Dabei werden klassische Controllinggrößen mit weichen (qualitativen) Erfolgsfaktoren verknüpft.
(3) Die Perspektiven und ihre Kennziffern stehen in einem **Ziel-/Mittel-Zusammenhang**, sind also regelkreismäßig verknüpft.
(4) Für jede Perspektive sind **Erfolgstreiber (KPD)**, **Ziele**, **Zielwerte (KPI)**, **Maßnahmen**, **Termine** und **Verantwortlichkeiten** zu erarbeiten.
➡ Die **Balanced Scorecard Methode** ist somit ein Planungs- und Controllingwerkzeug zur ganzheitlichen und mehrdimensionalen Steuerung von Unternehmen und Unternehmensteilen.

Die BSC-Methode könnte auch im Abschnitt 2.3. bei den Planungsmethoden beschrieben werden. Die Methode ist eine **offene Planungsmethode**, denn sie liefert außer der Vorschrift zur strukturellen Verbindung der Analyseperspektiven keine Vorschriften. Jede Balanced Scorecard mit ihren Kennzahlen muss unternehmensindividuell gestaltet werden. Hierin liegt ein lukratives Arbeitsfeld für Unternehmensberatungen.

---

[238] vgl. zu diesem Ansatz Kaplan; Norton, (Balanced Scorecard), 1997; Brunner; Sprich, (Performance Management), in: IO, 6/1998, S. 30-36
[239] vgl. Kaplan; Norton, (Performance), in: HBR, 1/2 1992, S. 71-79

Abb. 2-58

STRUKTUR DER BALANCED SCORECARD (BSC)	
Die 4 Perspektiven (Performance-Bereiche) der BSC	Jeder der 4 Analysebereiche besteht aus
(1) **FINANZPERSPEKTIVE**: Mit welchen finanziellen (und profitmäßigen) Erfolgen wollen wir unseren Gesellschaftern gegenüber auftreten (z.B. Wachstum, Wirtschaftlichkeit, Wertsteigerungen, Cash-Flow, Return on Capital employed)? (2) **KUNDENPERSPEKTIVE**: Wie wollen wir aus Kundensicht dastehen (z.B. bei den **Kernkennzahlen**: Marktanteil, Kundentreue, Kundenakquisition, Kundenzufriedenheit, Kundenrentabilität; und bei **Wertangeboten**: Image, Reaktions- und Lieferzeiten, Produkt- und Serviceeigenschaften)? (3) **INTERNE PROZESSPERSPEKTIVE**: In welchen Geschäftsprozessen müssen wir die Besten sein, um unsere Teilhaber und Kunden zu befriedigen (z.B. Innovationspozess, Betriebsprozess, Serviceprozess)? (4) **LERN- UND ENTWICKLUNGSPERSPEKTIVE**: Woran erkennen wir, dass wir auch im Mitarbeiterbereich die notwendigen Erfolgsvoraussetzungen schaffen (z.B. Mitarbeiterzufriedenheit, Personaltreue, Mitarbeiterproduktivität, Motivation und Zielausrichtung)?	Definition der Erfolgstreiber (**KPD** = Key Performance Drivers) und Erfolgskennzahlen (**KPI** = Key Performance Indicators) | Zielvorgaben für die Key Performance Indicators | Maßnahmen - Termine - Milestones | Verantwortlichkeiten

Kaplan und *Norton* gingen bei dem ursprünglichen Aufbau ihrer Scorecard gemäß Abb.2-58 von einem Regelkreis aus, der die Perspektiven logisch verbindet:
(1) Den Ausgangspunkt bildet eine auf **permanentes Lernen** eingestellte Organisation mit motivierten und kompetenten Mitarbeitern.
(2) Kompetente Mitarbeiter gestalten **kundenorientierte** und **effiziente Prozesse**.
(3) Kundenorientierte und effiziente Prozesse führen zu **zufriedenen Kunden**.
(4) Geschäfte mit zufriedenen Kunden schlagen sich positiv im **Finanz- und Bilanzbereich** nieder.

Eine Balanced Scorecard sollte ausgewogen und überschaubar sein. Nicht mehr als 24 Kennziffern sollten zur Überwachung der Perspektiven herangezogen werden; d.h. max. sechs Kennziffern pro Leistungsbereich. Die Marketing- und Vertriebskennziffern gehören dabei zur **Kundenperspektive**. Mit den **Lernprozessen** als Teil der Prozessperspektive hat die BSC auch die **Weiterentwicklung des Mitarbeiterpotenzials** (Mitarbeiterqualifikation, -zufriedenheit und Mitarbeitertreue) im Auge. Dieser für die Fortentwicklung einer Unternehmung so wichtige Bereich kommt beim konventionellen Vertriebscontrolling eindeutig zu kurz.

Die Arbeit von Marketing und Vertrieb ist derzeit von einem zunehmenden Konflikt zwischen Kunden- und Kostenorientierung gezeichnet. Dieser Konflikt äußert sich in zwei speziellen Spannungsfeldern: **Effizienz versus Effektivität** und **Standardisierung versus Individualisierung**. Die BSC mildert den Konflikt, indem sie die Kundenperspektive gleichberechtigt neben die Finanzperspektive stellt.

Das BSC-Managementwerkzeug ist universell in allen Branchen und Unternehmensbereichen einsetzbar. *Bauer*, *Meeder* und *Jordan* nutzen z.B. eine Balanced Scorecard für ein Werbecontrolling im Marketing.[240] Abb.2-59 zeigt die angepasste Scorecard.

Die BSC-Methode sollte aber nicht überschätzt werden. So bestechend einfach der Ansatz auch scheinen mag, **es existiert kein allgemein gültiger Kennzahlensatz**. Eine BSC bleibt deshalb wirkungslos, wenn für die Perspektiven im konkreten Fall nicht die geeigneten **Erfolgstreiber (KPD)** und deren **Messindikatoren (KPI)** iden-

---

[240] vgl. Bauer; Meeder; Jordan, (Werbecontrolling), in: ASW, 1/2001, S. 62-65

Abb. 2-59

BALANCED SCORECARD FÜR WERBEKAMPAGNEN			
ZIEL	KENNZAHLEN	ZIELWERTE	MASSNAHMEN
1. Finanzperspektive			
Kostenersparnis Kostenstelle, Werbeagentur (Copy)	Produktionskosten	⇨ 20.000 EURO	Target Costing
Kostenersparnis bei Gemeinkosten	Gemeinkosten Werbeabteilung	⇨ 20 %	Zero Base Budgeting
2. Kundenperspektive			
Markenbekanntheit	Recall-Werte	⇨ Top of Mind	Massierte Schaltungen
Verbesserung der Markensympathie	Sympathie-Rating	1. Platz im relevanten Set	Emotionale Aufladung
3. Prozessperspektive			
Reibungslose interne und externe Koordination	Terminabweichungen	⇨ 0	Bildung eines bereichsübergreifenden Koordinationsteams
Verbesserung der strategischen Analyse	Detailliertheit der Briefings	⇨ 10 obligatorische Analyse-Elemente	Richtlinien einführen (Analyse-Handbuch)
4. Lernen und Entwicklung - interne Perspektive			
Permanenter werblicher Wettbewerbsvergleich	Rückstand zur Best Practice	⇨ 0	Benchmarking
Permanente Verbesserung des werblichen Know-hows	Qualifikation der an der Werbung beteiligten Mitarbeiter	⇨ Mindestens 3 Tage Fortbildung pro Jahr und Mitarbeiter	Teilnahmepflicht an Schulungen, Workshops, Seminaren
(Quelle: Bauer; Meeder; Jordan, (Werbecontrolling), in: ASW, 1/2001, S. 64)			

tifiziert sind. Aber selbst wenn ein Kennzahlensystem Schwächen aufweist, ist es von großem Vorteil, dass in den BSC-Planungsworkshops Verkrustungen und Fehlentwicklungen der Vergangenheit aufgedeckt werden. *Bauer, Meeder* und *Jordan* betrachten die BSC daher auch als "*Kommunikationsinstrument, das interdisziplinäre Diskussionen anregt...*".[241]

Jedoch, die beste Controllingmethode und intensive Diskussionen helfen nicht, wenn die Inputdaten für Planung und Controlling mit Fehlern behaftet sind. Die Qualität einer Marketing- und Vertriebsplanung und die des Marktcontrollings hängen stets davon ab, in welchem Umfang (Datenquantität) und mit welcher Sorgfalt (Datenqualität) die für Marktentscheidungen notwendigen Informationen (die sog. entscheidungsrelevanten Daten) gesammelt, ausgewertet und präsentiert werden. So rücken jetzt die Marktdatengewinnung und das Marktinformationssystem der Unternehmung in den Mittelpunkt der Betrachtung.

---

[241] Bauer; Meeder; Jordan, (Werbecontrolling), in: ASW, 1/2001, S. 65

3. DAS MARKTINFORMATIONSSYSTEM

3.1. Grundbegriffe und Grundzusammenhänge

3.1.1. Marketingforschung und Marktforschung

Abb.3-1

Praktiker verlassen sich bei ihren Entscheidungen oft auf Erfahrungen und unternehmerisches Gespür. Der Wert von Erfahrungen und Instinkten ist unstrittig. Das Management verlangt jedoch eine solide Absicherung von Marktentscheidungen durch nachvollziehbare Fakten. Die Theorie geht von einem Modell einer optimalen Informationsversorgung aus (Abb.3-1).[242] Unter der Annahme abnehmender Informationsgrenznutzen und steigender Informationsgrenzkosten liegt die unter Nutzen-/Kostenerwägungen optimale Informationsmenge im Punkt gleicher Kurvensteigungen. Dort entspricht der Nutzen einer weiteren Informationseinheit den Kosten (Grenzkosten), die dafür anfallen. Da diese funktionalen Zusammenhänge in der Praxis nicht sichtbar sind, ist es eine Frage von Kompetenz und Erfahrung, wann ein Entscheider den Eindruck gewinnt, dass sich der Aufwand einer weiteren Informationssuche zur Lösung eines Entscheidungsproblems nicht mehr lohnt.

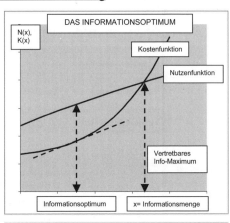

Abb.3-2

In der Praxis geht es also um eine bestmögliche Informationsversorgung. Die Fragen der Abb.3-2 sind zu klären. Gefährlich ist es, wenn Manager in der Hektik des Berufsalltages gar nicht nach bestmöglicher Informationsversorgung streben:[243]

- **Führungskräfte neigen zur Vereinfachung (Komplexitätsreduktion)**. Sie begrenzen bewusst ihre Informationssuche.
- Sie reduzieren ihre Alternativen heuristisch auf eine enge Wahl.
- Sie beschränken sich zuweilen sogar auf eine einzige (Lieblings-) Alternative.
- Ihre Informations-Suchbemühungen unterliegen erheblichen Schwankungen.
- Nicht selten ist auch das Gegenteil, eine **Überinformation** (Information Overload), in der Praxis anzutreffen. Fachleute werden ununterbrochen um Studien und zusätzliche Informationen bemüht, nur damit eine wichtige (riskante) Entscheidung weiter hinausgezögert werden kann.

Ohne Frage hängt die Qualität von Marktentscheidungen von der **Güte** und dem **Umfang** der Informationen über Märkte, Kunden und Wettbewerber ab. Diese Marktdaten bilden den **Kern des Informationssystems** der Unternehmung. Herzstück für Marketing und Vertrieb ist die **Kundendatenbank** (Database). In Erkenntnis, dass

---

[242] vgl. zu der Theorie des Informationsoptimums Link; Hildebrand, (Database Marketing), 1993, S. 3; in Anlehnung an eine Arbeit von Meffert aus dem Jahr 1986
[243] vgl. zu diesen empirischen Befunden: Gemünden, (Informationsverhalten), 1993, S. 850

Marktentscheidungen nicht dem Zufall überlassen bleiben sollten, entwickelte sich in Wissenschaft und Praxis ein vielfältiges Forschungsgebiet für die Gewinnung, Auswertung und Darstellung von Marktdaten. Die Literatur definiert eine übergeordnete **Marketingforschung** und versteht darunter die Gewinnung und Verarbeitung jeglicher inner- und außerbetrieblich erreichbaren Informationen über das Marktgeschehen.[244] Die **Marktforschung** ist Teil dieser **Marketingforschung**.[245]

> ➧ **Marketingforschung** umfasst die Gewinnung, Auswertung und Interpretation von Informationen über jetzige und zukünftige Marktsituationen für markt-, insbes. kundenbezogene Entscheidungen eines Unternehmens.[246]
> ➧ **Marktforschung** umfasst die Beschaffungsmarktforschung und die Absatzmarktforschung.
> ➧ Sie sichtet immer erst vorhandene Daten. Reichen diese nicht aus, werden gezielt Daten erhoben (**Feldmarktforschung** = **Field Research**).
> ➧ Marktforschungsunternehmen ergänzen betriebsinterne Studien und Datensammlungen über das Marktgeschehen. So ist die Marktforschung heute ein bedeutender Dienstleistungsbereich (Berufsfeld Marktforschung).
> ➧ Der Begriff Marktforschung ist doppelt definiert: (1) **Marktforschung als Methode** (z.B. Umfragen, Experimente, Panels) und (2) **Marktforschung als Institution** (z.B. Institute wie *Nielsen, GfK, TNS Infratest*).
> ➧ Im Rahmen der Marktforschung können weitere, wichtige Teilbereiche abgegrenzt werden, vor allem **Konkurrenzmarktforschung**, **Käuferverhaltensforschung** und **Preisforschung**.

Mit dem Marktforschungsbegriff hat die Praxis zuweilen Schwierigkeiten. Der Zusatz „Forschung" wirkt gerade auf mittelständische Firmen eher abschreckend. Man verbindet Marktforschung mit anspruchsvollen und kostspieligen Recherchen professioneller Marktforschungsinstitute, die 2009 weltweit ein Auftragsvolumen von über 30 Mrd. US-$ bearbeiteten. Wir wollen deshalb klarstellen:

Der Gründer der deutschen Marktforschung ist Prof. Wilhelm Vershofen, 1925; durch Gründung des Instituts für Wirtschaftsbeobachtung der Deutschen Fertigwaren an der Nürnberger Handelshochschule.

> ➧ **Marktforschung** umfasst <u>alle</u> Methoden der betriebsinternen und -externen Marktdatengewinnung, -auswertung und -interpretation. Sie ist damit wichtige Aufgabe aller Mitarbeiter mit Kundenkontakt.
> ➧ Marktforschung ist systematische Marktwissensgewinnung zur Stärkung des **Marktinformationssystems** einer Unternehmung.
> ➧ Marktforschung ist Teil des **Wissensmanagements** einer Unternehmung.

Die Mitarbeiter in Marketing und Vertrieb erfüllen diese Aufgaben durch:
- das Sammeln und Verdichten von Markt- und Kundeninformationen im Vertriebsalltag (eine von Innen- und Außendienst oft vernachlässigte Aufgabe) und
- durch regelmäßige oder projektbezogene Marktanalysen, bei denen zu entscheiden ist, ob sie von eigenen Mitarbeitern durchgeführt (**Eigenmarktforschung**) oder an externe Spezialisten vergeben werden (**Fremdmarktforschung**, Auftragsforschung der Marktforschungsinstitute).

Die Erfahrung lehrt: Mitarbeiter, die kein Interesse und keine Freude an einer empirischen Datengewinnung haben, zeigen auch regelmäßig Schwächen beim konzeptionellen Arbeiten. Die Zukunft in Marketing und Vertrieb gehört den Kollegen, die wichtige Informationen entscheidungsrelevant aufbereiten und nutzen können.

---

[244] darin z.B. enthalten die Schreibtischforschung (Desk Research), nicht jedoch die Beschaffungsmarktforschung. Diese gehört aber in der Theorie wiederum zur Marktforschung.
[245] vgl. Koch, (Marktforschung), 2009, S. 2
[246] vgl. in Anlehnung an Meffert; Burmann; Kirchgeorg, (Marketingforschung), 2009, S. 93

3.1.2. Ziele der Marktinformationsgewinnung

Die Marktforschung dient der Wissensmehrung und damit der Weiterentwicklung der Betriebswirtschaftslehre. Marketing und Vertrieb bewohnen eine Etage in diesem Wissensgebäude. Stets geht es der Forschung darum,[247]

① die Wirtschaftsrealität zu **beschreiben (Deskription)**, wozu wir Definitionen, Klassifikationen und Abbildungsraster (z.B. Tabellen, Diagramme) benötigen
(Bsp.: Bilanzen, Bevölkerungsstatistik, KFZ-Marktanteile des Kraftfahrzeugbundesamtes),

② die Wirtschaftsrealität zu **erklären (Explikation)**, d.h. Hypothesen[248] (Wenn-Dann-Aussagen ⇨ Gesetzmäßigkeiten) über reale Sachverhalte zu formulieren (Vorgang der Hypothesengewinnung) und diese Hypothesen in der Praxis (Empirie) zu testen (Hypothesenüberprüfung).
(Beispiele für Hypothesen: Wenn der Produktpreis steigt, nimmt die Absatzmenge ab. Die Erinnerungswirkung einer bildhaften Anzeige ist höher als die einer textbetonten Anzeige).
Wissen und Fähigkeiten steigen (1) durch den Zufluss neuer Hypothesen und (2) durch den Abfluss von Hypothesen, die sich in der Praxis als falsch erweisen (Falsifikation von Hypothesen).[249] Die Hypothesenbearbeitung erfolgt **retrospektiv** *(Immer wenn die Verpackung grüne Aufschrift hatte, dann war das Produkt ein Erfolg)* oder **prospektiv**, d.h. als **Prognose** *(Wenn wir das neue Produkt bei der Markteinführung 2011 mit der grünen Aufschrift versehen, dann wird die Aktion mit großer Wahrscheinlichkeit ein Erfolg)*,

③ die Wirtschaftsrealität zu **gestalten (Praxeologie)**, indem auf der Grundlage nicht verworfener Hypothesen dem Unternehmen die Vor- und Nachteile bestimmter Maßnahmen aufgezeigt werden (wertfreie Handlungsempfehlungen) oder indem auf der Grundlage normativ-ethischer Werturteile bestimmte Maßnahmen vorgeschrieben werden (**Präskription**; Bsp.: Mülltrennung ist eine „Bürgerpflicht").

Anspruchsvolle Marktuntersuchungen verfolgen alle Wissenschaftsziele. Denn betriebswirtschaftliches Arbeiten sollte sich nicht auf reine Realitätsbeschreibungen beschränken, und ein Wissen über Gesetzmäßigkeiten sollte für konkrete marktbezogene Handlungen genutzt werden (Aufgabe einer Realwissenschaft).

3.2. Methoden zur Marktinformationsgewinnung

3.2.1. Grundbegriffe und Grundzusammenhänge

Abb.3-3 zeigt die gängigen Erhebungsverfahren im Zusammenhang; unter Einschluss der zunehmend wichtiger werdenden Computerunterstützung in der Marktforschung. Grundsätzlich muss gefragt werden, (1) ob ein Problem mit betriebsinternen Daten gelöst werden kann oder ob externe Informationen verarbeitet werden müssen. Eine weitere Frage bezieht sich darauf, (2) ob die bereits vorliegenden internen und / oder Daten ausreichen oder ob weitere, spezielle und aktuelle Daten erhoben werden müssen. Diese Aspekte führen zu der wichtigen Unterscheidung zwischen betriebsinternen und -externen **Sekundär- und Primärhebungen**.

---

[247] vgl. zur Methodologie der Betriebswirtschaftslehre: Chmielewicz, (Forschungskonzeptionen), 1979, S. 1-48; vgl. auch die Zusammenfassung bei: Winkelmann, (Investitionsschübe), 1982, S. 3-8
[248] Hypothesen sind „unbewiesene Vermutungen" über Ursache-/Wirkungszusammenhänge (auch als Gesetzmäßigkeiten bezeichnet); aufgebaut in der Form von Wenn-Dann-Aussagen.
[249] vgl. zum Wissenschaftsprogramm des *kritischen Rationalismus* und zum Falsifikationsansatz im Besonderen: Popper, (Logik), 2005, S. 54-68. Zum daraus abgeleiteteten Forschungsprogramm der *empirischen Theorie der Unternehmung* vgl. die Zusammenfassung von Witte, (Empirische Forschung), 1974, Spalte 1263-1282

Abb.3-3

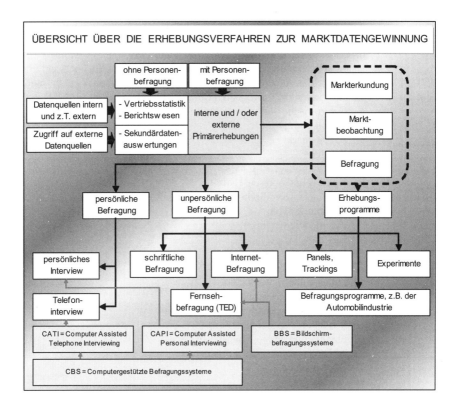

ÜBERSICHT ÜBER DIE ERHEBUNGSVERFAHREN ZUR MARKTDATENGEWINNUNG

3.2.2. Analyse vorhandener Daten: Sekundärforschung

Jede Untersuchung startet mit einer Bestandsaufnahme vorhandener Informationen zur Themenstellung. Von Sekundärdaten spricht man dann, wenn die Informationen aus betriebsexternen Quellen stammen.

➥ *„Unter **Sekundärforschung** versteht man die Aufbereitung, Analyse und Auswertung von (externen - der Autor) Daten, die bereits vorhanden sind und früher für andere Zielsetzungen bereits erhoben wurden."*[250]

Abb.3-4

Sekundärdaten bieten sich für einen Themeneinstieg[251] oder zur Formulierung von Ausgangshypothesen an (Explorationsphase). Für neuartige, komplexe und auf Hypothesenprüfung zielende Projekte eignen sich Sekundärquellen als (alleinige) Datenbasis nicht. In der Praxis wäre es ein Glücksfall, wenn eine Sekundärerhebung die aktuelle betriebliche Fragestellung exakt träfe.

Zu klären ist, **welche** Informationen zu einem anstehenden Thema intern oder extern **wo** verfügbar sind. Die fremden Daten müssen überprüft (validiert) werden. Abb.3-4 enthält hierzu kritische Fragen. Die

FRAGEN ZUR BEURTEILUNG VON SEKUNDÄRDATEN

❶ Ist die Datenquelle „seriös"?

❷ Wie genau trifft die Untersuchung die eigene Themenstellung?

❸ Werden die Methoden der Datengewinnung und -auswertung offengelegt?

❹ Wie aktuell, repräsentativ, gültig und zuverlässig sind die Daten?

❺ Sind Folgeuntersuchungen vorgesehen?

---

[250] Weis; Steinmetz, (Marktforschung), 2008, S. 62
[251] vgl. zum wichtigen Instrument der schöpferischen und noch unstrukturierten Vorgehensweise der Exploration: Berekoven; Eckert; Ellenrieder, (Marktforschung), 2006, S. 95-96

Überprüfungen sollten sich vor allem auf Repräsentanz, Gültigkeit und Zuverlässigkeit der Daten beziehen. Abb.3-10 geht hierauf gesondert ein. Umfangreiche Sekundärdaten bietet das **Statistische Jahrbuch** der Bundesrepublik Deutschland.[252] Die Daten sind allerdings vorwiegend aus volkswirtschaftlicher Sicht zusammengestellt. Bei einzelunternehmerischen Fragestellungen wird man kaum fündig werden. Die Hauptrubriken der verfügbaren Daten lauten:

Abb.3-5

1. Geografische und meteorologische Angaben
2. Bevölkerung
3. Arbeitsmarkt
4. Wahlen
5. Informationsgesellschaft
6. Bildung und Wissenschaft
7. Kultur, Freizeit, Sport
8. Sozialleistungen
9. Gesundheitswesen
10. Justiz
11. Bauen und Wohnen
12. Umwelt
13. Land- und Forstwirtschaft
14. Produzierendes Gewerbe
15. Binnehandel, Gastgewerbe, Tourismus
16. Verkehr
17. Finanz- und andere Dienstleistungen
18. Außenhandel
19. Unternehmen
20. Preise

Abb.3-6

21. Verdienste und Arbeitskosten
22. Wirtschaftsrechnungen privat. Haushalte
23. Finanzen und Steuern
24. Volkswirtschaftliche Gesamtrechnungen
25. Zahlungsbilanz

DATENQUELLEN DER SEKUNDÄRSTATISTIK
• Statistisches Jahrbuch
• Statistische Landesämter
• Deutsche Bundesbank
• Kraftfahrzeug-Bundesamt
• anerkannte Wirtschaftsinstitute, z.B. IfO-Institut, Institut für Weltwirtschaft, Deutsches Institut für Wirtschaftsforschung, Gesellschaft für Konsumforschung etc.
• IHK und Handwerkskammern
• Verbandsstatistiken (z.B. ZVEI, VDMA, VDI)
• Informationsdienste
• Info-Datenbanken
• Bankenstatistiken
• Firmen-Geschäftsberichte
• Messekataloge
• Branchenzeitschriften
• Fachzeitschriften
• Hochschulinstitute, z.B. Institut für Handelsforschung, Köln
• Nachschlagewerke
• Adressbücher
• **Alle Informationsquellen im Internet recherchierbar**

Vorteile von Sekundäranalysen	Nachteile von Sekundäranalysen
• schnelle Verfügbarkeit	• Daten sind oft schon veraltet
• kostengünstige Informationsbeschaffung	• Erhebungs-Design oft schwer ausfindig zu machen
• Image bekannter Quelle nutzbar	• Daten meist nicht exakt auf die Thematik hin zugeschnitten
• Querhinweise auf ähnliche Studien werden mitgeliefert (erspart Recherchearbeit)	• Fehler in ursprünglicher Primärerhebung werden übernommen
• Kennenlernen neuer Quellen, Chance auf neue Kontakte	• kritische Daten bleiben oft geheim (Studie nicht vollständig)

Abb.3-5 listet öffentliche Bezugsquellen für Sekundärdaten auf. Eine umfangreiche Zusammenfassung unterschiedlicher Informationsquellen bieten *Weis* und *Steinmetz*.[253] In ihrer Zusammenstellung weisen sie auch auf Datenbanken hin, die im Rahmen des **Internets** abrufbar sind. Datenbankrecherchen im Internet sind heute für internationale Literatur-, Presse- und Patentrecherchen unverzichtbar.

> Als Beispiel sei die GENIOS Wirtschaftsdatenbank der Verlagsgruppe Handelsblatt erwähnt[254]. GENIOS hat Zugriff auf über1000 Online-Datenbanken mit rund 60 Mio. Unternehmens- und 37 Mio. Personeninformationen. Abrufbar sind Firmen- und Marktdaten, Wettbewerbsinformationen, Branchendienste, Pressearchive, Ausschnittsdienste, Informationen zu Recht und Steuern u.v.a.m. Auch umfangreiche Intranet- und Extranet-Applikationen sowie entsprechende Consultingleistungen sind im Angebot (www.genios.de).

---

[252] vgl. Statistisches Jahrbuch der Bundesrepublik Deutschland, 2008
[253] vgl. Weis; Steinmetz, (Marktforschung), 2008, S. 65-74 mit Darstellung einer Datenbankübersicht von Heinzelbecker. Eine hervorragende Zusammenfassung weiterer, externer Datenbanken für die Marktforschung ist auch zu finden bei Koch, (Marktforschung), 2009, S. 47
[254] GENIOS ist der aktuell größte deutsche Online-Anbieter von Wirtschafts- und Presseinformationen: vgl. *www.genios.de.*

Die amtliche Statistik bietet den Unternehmen i.d.R. wenig Hilfe bei spezifischen Fragestellungen. Die Konsumbranchen bedienen sich regelmäßiger Sekundärstudien bekannter Marktforschungsinstitute (vgl. Abb.3-27). Spezielle Brancheninformationen liegen bei Handelskammern und Wirtschaftsverbänden vor. Nicht selten verschließen sich Unternehmen aber einer Datenherausgabe aus Angst vor Wettbewerbsnachteilen. So gibt es bedeutende Industriemärkte, in denen die wenigen Anbieter ihre Marktanteile nicht kennen. Lieferanteile sind „Herrschaftswissen", die von wenigen Entscheidungsträgern auf Konferenzen oder Verbandstreffen unter der Hand getauscht werden. Man kennt die Schwächen der offiziellen Zahlen, will aber „Informationstrittbrettfahrern" keine Vorteile ohne Gegenleistung gewähren.

3.2.3. Vertriebsstatistik / Berichtswesen

Abb.3-7

> ➡ Aufgabe der **Vertriebsstatistik** ist die regelmäßige Auswertung zumeist intern vorhandener Markt- und Kostendaten. Sie ist **Teil des Berichtswesens** der Unternehmung und i.d.R. organisatorisch dem Rechnungswesen / Controlling zugeordnet.

DATENPAKETE DER VERTRIEBSSTATISTIK
- Auftragseingänge
- Auftragsbestände
- Lagerbestände
- Lagerreichweiten
- Kapazitätsauslastungen
- Lieferzeiten
- Umsatzerlöse
- Außenstände (Debitoren)
- Preisentwicklungen
- Vertriebskosten
- Material-, Personalkosten
- Ergebnisentwicklung
- Prognosen für alle genannten Datenbereiche

Die Routineberichterstattung erstellt **Wochen-, Monats-** und **Quartalsberichte** für die Datenbereiche der Abb.3-7. Bearbeitet werden auch Projekte und Sonderanalysen. Es geht dann eher um interne, Kosten- und Effizienzverbesserungen berührende Fragestellungen und weniger um unmittelbar markt- und kundenbezogene Themen.[255]

3.2.4. Schreibtischforschung (Desk Research)

> ➡ Außerhalb des regulären Berichtswesens fallen immer wieder ad hoc Analyseaufgaben an, für die **keine spezielle Datenerhebung im Markt** erfolgen kann. Man spricht dann von **Schreibtischforschung** (Desk Research).

Hierzu zählen Lieferzeiten-, Händler-, Lagerhaltungsauswertungen, sofern sie nicht im regelmäßigen Berichtswesen gemeldet werden. Diese internen Analysen stützen sich dann vor allem auf Sekundärquellen und auf Daten des Controllings. Literaturbezogene Marketing-Diplomarbeiten fallen z.B. auch in diese Kategorie.

Zur Beantwortung der drängenden betriebs- oder marktbezogenen Fragestellungen reichen die vorhandenen Datenquellen zumeist nicht aus. Welche Möglichkeiten bieten sich den Unternehmen oder beauftragten Marktforschungsinstituten, bislang nicht zugängliche, entscheidungsrelevante Daten im Markt zu erheben?

3.2.5. Markterkundung

Shopping ist Markterkundung des Konsumenten.

> ➡ Bei der **Markterkundung** werden Sachverhalte oder Entwicklungen bei Kunden, Vertriebspartnern, Wettbewerbern oder Lieferanten unregelmäßig, unstrukturiert (pragmatisch) und schnell aufgenommen („*aufgehellt*"[256]).

Oft erfolgen Markterkundungen im Vorfeld von Marktforschungsprojekten, um Aufgabenstellungen und Projektrahmen abzustecken und erste Forschungshypothesen zu entwickeln. Man spricht dann auch von **Marktexploration**.[257]

---

[255] vgl. hierzu grundlegend Preißler, (Kosten-Nutzen-Verhältnis), 1996
[256] Gutenberg spricht treffend von „Marktaufhellung" und vom „Stadium der Vorerwägung": vgl. Gutenberg, (Absatz), 1984, S. 107. Vgl. ferner Weis; Steinmetz, (Marktforschung), 2008, S. 23
[257] Die Exploration soll ein Problem hinreichend präzisieren, d.h. alle relevanten Sachverhalte vorklären, vgl. Friedrichs, (Sozialforschung), 1973, S. 121-123 (bzw. 14. Aufl. 1990)

3.2.6. Marktbeobachtung

> Die **Markterkundung** wird durch eine **präzise Aufgabenstellung** und eine **systematische Untersuchungsweise** zur **Marktbeobachtung**. Personen (Beobachter) oder technische Geräte nehmen nach einem Beobachtungsplan sinnlich wahrnehmbare Sachverhalte (durch Sehen, Hören, Tasten, Zählen) auf und werten diese aus.

Retail Ethnography ist die lückenlose Beschattung des Konsumenten beim Einkauf durch geschickt platzierte Videokameras und Mikrofone.

Ein Kaufhausdetektiv ist z.B. ein Marktbeobachter. Zu den technischen Geräten zählen Kameras, Tonbänder, Mikrophone oder auch Zählkreuze in Warenhäusern. Der Vorteil der Beobachtung: Geschehnisse können unbeeinflusst in ihrem natürlichen Ablauf festgehalten werden. Folgende Verfahren werden unterschieden:
(1) **Feld-** (z.B. im Supermarkt) und **Laborbeobachtung** (künstliche Situation),
(2) **teilnehmende** (Beobachter mischt sich unter Konsumenten) und **nicht teilnehmende** Beobachtung (Methode versteckte Kamera),
(3) **persönliche** (Beobachter) und **unpersönliche** (Geräte) Beobachtung,
(4) nach der Einweihung der beobachteten Personen **biotische** (Versuchsperson hat keinerlei Informationen über die Beobachtung), **quasi-biotische** (Versuchsperson weiß nur, dass sie beobachtet wird), **nicht durchschaubare** (Versuchsperson weiß, was beobachtet wird, kennt aber nicht das Untersuchungsziel) und **offene Beobachtung** (Versuchsperson kennt Ziel und Inhalt der Untersuchung),[258]
(5) Beobachtung zur **Hypothesengewinnung** und zur **Hypothesenüberprüfung**.
> *Ein Beispiel für den letztgenannten Typ sind Regalbeobachtungen, bei denen die Verhaltensweisen von Konsumenten auf veränderte Produktplatzierungen festgehalten werden. Auch die Messung von Augenbewegungen und Körperreaktionen beim Lesen von Werbeanzeigen mit Hilfe des Tachistoskops oder des Elektroenzephalogramms (EEG) sind bekannte Beispiele für anspruchsvolle Beobachtungsverfahren.[259]*

Beobachtungsverfahren bilden oft die Grundlage für Experimente (s. 3.2.8.).

3.2.7. Marktbefragung - Primärerhebung

a.) Befragungsformen

> Die **Befragung** gilt als **Königsweg der Primärmarktforschung**.[260] Einzelpersonen oder Gruppen werden um Meinungen bzw. Beurteilungen gebeten. Ihre mündlichen, schriftlichen oder per Computer abgegebenen Aussagen werden nach einem Erhebungsplan systematisch erfasst und ausgewertet.

Grundsätzlich sind folgende Formen der Befragung zu unterscheiden:
(1) nach dem Durchführenden, d.h. dem **Befragungsträger**: **Eigen-** und **Fremdbefragung** (in der Praxis oft kombinierte Formen),
(2) nach dem **Umfang** der zentralen Fragestellungen: **Einthemen-** oder **Mehrthemen-Befragung** (Bus-Erhebung),
(3) nach dem **Umfang der Stichprobe** (der **Befragungspersonen**): **Vollerhebung** der gesamten Grundgesamtheit oder **Teilerhebung** (Stichprobe),
(4) nach der Zahl der **Befragten**: **Personenbefragung** (Konsumentenbefragung, Expertenbefragung etc.) und **Gruppenbefragung** (z.B. Familienbefragung),
(5) nach der **Befragungsart**:
  (a) **persönliche** (mündliche) **Befragung**, durchgeführt als **Interview-**, **Straßen-**, **POS-** oder **Telefoninterview-Befragung** (**CATI**) sowie
  (b) **unpersönliche Befragung**, durchgeführt als (schriftliche) **Fragebogen-Befra-**

---

[258] vgl. Koch, (Marktforschung), 2009, S. 69
[259] zum Tachistoskop vgl. Kroeber-Riel; Weinberg; Gröppel-Klein (Konsumentenverhalten), 2009, S. 325 ff.; vgl. auch Nieschlag, Dichtl; Hörschgen, (Marketing), 2002, 465-468
[260] René König, ein bedeutender Sozialforscher, hat diesen Satz geprägt

gung, **Fernseh-Befragung** (Ted) oder **Computer-Befragung** (**Online-Befragung, Internet-Befragung**),
(6) nach der **Häufigkeit** der Erhebung: **Einmalbefragung, Mehrfachbefragung** und **Zeitraumbefragung (Panel)**,

Abb.3-8 vergleicht die Befragungsformen nach relevanten Kriterien. Abb. 3-9 stellt die Vor- und Nachteile von Eigen- und Fremdmarktforschung gegenüber.[261]

Abb.3-8

KRITERIENVERGLEICH FÜR PRIMÄRERHEBUNGSVERFAHREN				
Kriterien	**Interview**	**Telefon**	**Fragebogen**	**Internet**
Repräsentanz	begrenzt	mittel	hoch	Zielgruppenproblem
Rücklaufquote / Akzeptanz	hoch	mittel-hoch	niedrig	sehr niedrig
Sinnvolle Anzahl der Fragen	hoch	gering-mittel	gering	mittel
Fragen-Schwierigkeitsgrad	hoch	mittel	niedrig	niedrig
Überprüfung der Validität	hoch	mittel-hoch	kritisch	sehr kritisch
Überprüfung der Reliabilität	kritisch	kritisch	hoch	hoch
Zeitaufwand der Befragung	sehr hoch	gering	mittel	gering
Kosten pro Kontakt	hoch	mittel	gering	sehr gering
Anonymität	keine	keine	möglich	gering

Abb.3-9

VORTEILE (V) UND NACHTEILE (N) VON FREMD- UND EIGENMARKTFORSCHUNG	
EIGENMARKTFORSCHUNG	**FREMDMARKTFORSCHUNG**
V: zumeist gute Detailkenntnis des Marktes	V: Marktforschungsexperten im Einsatz
V: schneller Start eines Projektes	V: größere Akzeptanz bei Befragten wegen Neutralität
V: evtl. Geheimhaltungsvorteil (in der Praxis irrelevant)	V: größere Objektivität – keine "Betriebsblindheit"
V: i.d.R. geringere (variable) Kosten	V: spezielles Auswertungs-Know-how vorhanden
N: Arbeitsbelastung der eigenen Mitarbeiter	V: Synergievorteile durch ähnliche Befragungen
N: oft fehlendes Auswertungs-Know-how	N: fehlende interne Marktkentnis (Schulungen!)
N: evtl. Akzeptanzprobleme bei den Kunden	N: Interviewer dem Auftraggeber unbekannt
N: Gefahr der „Schönfärberei" (keine Objektivität)	N: eventuell höhere Kosten (Opportunitätskostenfrage)

Eine qualifizierte Untersuchung benötigt eine ausreichend hohe **Repräsentanz**. Daher werden Verbraucher und Wirtschaftsunternehmen gerne großzahlig mit schriftlichen Fragebögen befragt. Die **schriftliche Befragung** bietet sich bei großen Konsumuntersuchungen mit eher einfachen Fragestellungen zu Produkten oder Produktvorteilen an. Rücklaufquoten von erfahrungsgemäß unter 10% - selbst wenn die Befragung mit einem Preisausschreiben gekoppelt ist – sichern dann immer noch eine ausreichend hohe **Repräsentanz**. Die größere Faszination liegt jedoch im persönlichen Gespräch mit dem Befragten. Das **Interview** ermöglicht einen interaktiven Dialog und schafft ein Vertrauensverhältnis. Schwierigere Fragestellungen können behandelt werden. Der Interviewer kann überprüfen, mit welcher Ensthaftigkeit und mit welchem Verständnis der Befragte die Fragen beantwortet. Er kann erläuternd eingreifen und so die **Validität (Gültigkeit)** der Befragung sichern. Es bedarf allerdings einiger Erfahrung und einer Interviewerschulung, damit die Antwortgebung nicht durch die Fragetechnik und das Verhalten des Interviewers beeinflusst wird. Unter diesem Aspekt ist die **Reliabilität (Zuverlässigkeit)** einer Erhebung gesichert, wenn die Antworten unabhängig von Ort, Zeit, Umständen der Befragung und vom Interviewer sind. Abb.3-10 gibt einen Überblick über die elementaren Fehler (Risiken) bei Befragungen.[262]

---

[261] vgl. in Anlehnung an: Weis; Steinmetz, (Marktforschung), 2008, S. 43
[262] vgl. insbes. zum Fehler 1. und 2. Art: Friedrichs, (Sozialforschung), 1990, S. 389; zu den Fragen von Validität und Reliabilität vgl. insbes.: Attesslander, (empirische Sozialforschung), 2008, S. 191, Homburg; Krohmer, (Marketingmanagement), 2009, S. 245-249

Abb.3-10

DIE ELEMENTAREN FEHLER IN ERHEBUNGSPROGRAMMEN

❶ Fehler 3. Art: Es wird das „falsche" Problem gelöst
Bsp.: Man bekämpft mangelnde Motivation eines Außendienstes durch finanzielle Anreize. In Wahrheit aber sehen die Verkäufer grundlegende Mängel bei den Produkten und identifizieren sich nicht mit ihrer Arbeit.
Abhilfe: auf „politischer" Ebene, persönliche Gespräche, Experten zu Rate ziehen

❷ Verletzung der Repräsentanz bei Stichprobenuntersuchungen:
Die Messergebnisse sind nicht umfangreich genug, um für die Grundgesamtheit zu sprechen.
Bsp.: Für eine Untersuchung über das Einkaufsverhalten von Senioren wird nur ein Seniorenstift befragt.
Abhilfe: Überprüfen des Stichprobenumfangs, intensive Pilotuntersuchung, Kontrollstichproben

❸ Fehler 1. Art bei Stichprobenuntersuchungen:
Die (Null)Hypothese – zwischen 2 Variablen besteht kein Zusammenhang – wird auf Grund eines außerhalb des Signifikanzbereiches liegenden Wertes verworfen, obwohl sie richtig ist (Ablehnen einer richtigen Hypothese).
Bsp.: Beim Vergleich von Befragungen über Kundenzufriedenheit in zwei Verkaufsgebieten wird ein signifikanter Unterschied proklamiert (Vermutung: Verkäufereinfluss), obwohl dies unzutreffend ist.
Abhilfe: Signifikanzniveau überprüfen und ggf. erhöhen

❹ Fehler 2. Art bei Stichprobenuntersuchungen:
Die Nullhypothese (es besteht kein Zusammenhang) wird angenommen, obwohl sie falsch ist (Annehmen einer falschen Hypothese).
Beispiel: Beim Vergleich von zwei Verbraucherstichproben wird festgestellt, dass die Form einer neuen Verpackung keinen Einfluss hinsichtlich einer Impulskaufneigung ausübt.
Abhilfe: Signifikanzniveau überprüfen und ggf. verringern

❺ Verletzung der Objektivität:
Befragtenauswahl, Befragungsvorgang und Messdesign können nicht intersubjektiv nachvollzogen werden.
Beispiel: Ominöse Ergebnisse eines von einem Hersteller finanzierten, fingierten Warentests
Abhilfe: Klare Dokumentation des Forschungsprogramms, Einbindung von Experten, Veröffentlichung der Ergebnisse, Offenlegen der Befragungsdaten

❻ Verletzung der Validität (Gültigkeit) einer Messung:
Die Fragen eines Fragebogens treffen nicht das, was eigentlich gemessen werden soll. Wie zutreffend sind die Antworten eines Befragten?
Beispiel: Als Kriterium für die Personaleinstellung eines „logisch" denkenden Verkäufers wird die Mathematikabschlussnote des Schulzeugnisses herangezogen. Oder: Ein Verbraucher kreuzt den Fragebogen wahllos an.
Abhilfe: Antworten hinterfragen, Kontrollfragen

❼ Verletzung der Reliabilität (Verlässlichkeit, Zuverlässigkeit) einer Messung:
Mit dem Fragebogen werden unter gleichen Erhebungsbedingungen an anderem Ort oder bei veränderten Interviewern nicht die gleichen Ergebnisse erzielt (Stabilität und Genauigkeit der Ergebnisse bei wiederholten Messungen).
Beispiel: Bei der Befragung von Geschäftsreisenden über deren Konsumverhalten bei Dienstreisen erhalten weibliche Interviewer regelmäßig andere Antworten als männliche Befrager.
Abhilfe: Umgebungs- und Situationseinflüsse der Befragung kontrollieren, Vergleichstests, Interviewer schulen, neutrales Befragungsverhalten der Interviewer sicherstellen

---

b.) Ablauf einer Primärerhebung

Mündliche wie auch schriftliche Primärerhebungen laufen nach den Stufen der Abb.3-11 ab.[263] Nach der Bestimmung des Untersuchungsziels (Themenabgrenzung) und der Sichtung des vorhandenen Datenmaterials (Sekundäranalyse) werden erste Ideen zu den Fragenbereichen oder auch schon konkrete Fragen zu Papier gebracht. Dabei entstehen die Fragen nicht im luftleeren Raum. Ausgangspunkte sind Hypothesen, die das Untersuchungsthema betreffen. Befragungszeit ist knapp und kostbar. Daher muss jede Interview- oder Fragebogenfrage gerechtfertigt sein. Sie ist es, wenn sie in einem Hypothesenbezug steht. Bei persönlichen Befragungen entsteht zudem ein **Interviewleitfaden**, das „Drehbuch" für den oder die Interviewer.

Dieser **Interviewleitfaden** (Checkliste) hilft dem Befragenden, auch in kritischen Befragungssituationen seine Befragungstaktik und seinen Rahmenzeitplan einzuhalten. Ein Interviewleitfaden ist auch dann sinnvoll, wenn die Studie von einer Einzelperson durchgeführt wird.

---
[263] vgl. in Erweiterung von Weis; Steinmetz, (Marktforschung), 2008, S. 132

Abb. 3-11

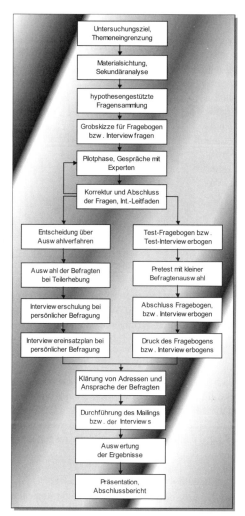

Die Entscheidung über den Umfang der Befragung (**Voll-** oder **Teilerhebung**) ist bereits bei der Aufgabenstellung der Untersuchung zu fällen. Nur bei speziellen Themenstellungen und bei kleinen Zielgruppen sind Vollerhebungen vertretbar. Die **typische Marktbefragung** (insbes. im Konsumgüterbereich) ist eine **Teilerhebung**. Aus der Grundgesamtheit wird eine Stichprobe ausgewählt (gezogen). Nach welchen Kriterien das geschehen kann, wird im folgenden Abschnitt behandelt.

Große Sorgfalt ist auf eine **Pilotphase** zu legen. Themeneingrenzung, Methodik und Fragebogen sind kritisch mit Kollegen und Experten zu diskutieren:
(1) Sind die treffenden Ausgangsvermutungen zum Thema (Hypothesen) erfasst?
(2) Sind diese Hypothesen in verständlicher Form in Erhebungsfragen transformiert?
(3) Ist die Fragenanzahl (der Fragebogenumfang) sinnvoll?

Der Fragebogen bzw. der Interview-Leitfaden sollten am Ende der Pilotphase feststehen. Anschließend ist er von einer überschaubaren Zahl von Versuchspersonen in einem Vortest (**Pretest**) auszutesten. Kommen die Fragen gut an, dann können die Pretestergebnisse mit in die Hauptauswertung einbezogen werden. Das ist natürlich nicht möglich, wenn Befragtenreaktionen im **Pretest** noch relevante Änderungen am Fragebogen notwendig machen.

Bei der schriftlichen Befragung wird der Fragebogen per Post, Fax oder E-Mail versandt. Beim Interview verbleibt er als Leitfaden in den Händen des Interviewers. Zuweilen wird er dem Befragten auch zur besseren Orientierung ausgehändigt. E-Mail-Fragebögen werden direkt am Bildschirm beantwortet und auch ausgewertet. Mündliche Interviews sind auf ½ Stunde bis 1 Stunde auszulegen. Bei der Terminvereinbarung gelten 45 Minuten Interviewzeit für die Befragten als kritische Grenze, selbst wenn gut vorbereitete Befragungen dann bis zu 1 ½ Stunden problemlos laufen. Schriftliche Fragebögen sollten in 5 bis maximal 15 Minuten ausfüllbar sein. Bei mündlichen Befragungen ist zur **Sicherung der Reliabilität** eine **Interviewerschulung** erforderlich. Das Geschlecht, das Verhalten oder persönliche Eigenarten des Interviewers dürfen keinen Einfluss auf das Antwortverhalten der Befragten nehmen. Im folgenden werden einige dieser Arbeitsschritte vertieft behandelt.

c.) Auswahl der Befragten

Vollerhebungen

Abb.3-12 Eine Grundgesamtheit, z.B. die Gruppe der Automobilhersteller, weist bestimmte Eigenschaften auf. Eine Marktuntersuchung soll diese Eigenschaften (Merkmalsausprägungen) repräsentativ erfassen. Erfüllt wird diese Forderung bei Vollerhebung aller Untersuchungseinheiten; Validität und Reliabilität im Erhebungsverfahren vorausgesetzt. Aus Kosten-, Zeit- und Organisationsgründen sind Vollerhebungen nur bei überschaubaren Grundgesamtheiten, z.B. in stark fragmentierten Märkten (Nischenmärkte, Oligopole) sinnvoll. Bei großen Grundgesamtheiten gelingt es der Marktforschungspraxis auch im Wege der Teilerhebungen die Merkmalsausprägungen der Grundgesamtheit repräsentativ zu erfassen. Deshalb stützen sich insbesondere Konsumentenbefragungen erfolgreich auf Teilerhebungen.

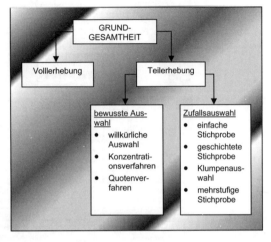

Teilerhebungen

Teilerhebungen beschränken sich auf eine Auswahl der Grundgesamtheit (Stichprobe).[264] Die Stichprobenauswahl soll zu einem verkleinerten Abbild der Grundgesamtheit führen, sie repräsentativ abbilden. Dazu müßte jede Untersuchungseinheit die gleiche Chance haben, in der Befragung berücksichtigt zu werden. Dies ist nicht gewährleistet, wenn bewusst <u>nicht</u> nach dem **Zufallsprinzip** ausgewählt wird.

Willkürliche Auswahl

Eine bewusste Auswahl kann willkürlich „*auf's Geratewohl*" erfolgen, meist nach Verfügbarkeit der Informanten. Die Repräsentanz kann nicht gesichert und vor allem nicht überprüft werden. Dennoch bietet sich diese schnelle und kostengünstige Vorgehensweise für **explorative Studien** an. Die Marktforscher suchen erst einmal einen Einstieg in eine neue Materie. Sie eruieren Ausgangshypothesen, d.h. Vermutungen, warum in der Praxis bestimmte Probleme oder Wirkungen auftreten. Eine willkürliche Auswahl ist auch typisch für Pilotstudien. Man befragt ausgesuchte und erreichbare Experten.

Nach der **empirischen Theorie der Unternehmung**[265] ist eine willkürliche Auswahl durchaus zulässig, um bestehende Behauptungen über die Realität (Hypothesen) einem Falsifikationsversuch (Widerlegung einer Hypothese) auszusetzen. Eine Widerlegung, und selbst wenn der Befragte willkürlich gewählt wurde, bringt eine Hypothese (zu einer Gesetzmäßigkeit) zu Fall (Prinzip der strengen Falsifikation).

Konzentrationsverfahren

Die genannten Einschränkungen gelten ebenso für das Konzentrationsverfahren. Hier spielt jedoch eine Repräsentanzüberlegung eine besondere Rolle. Das Verfahren kon-

---

[264] vgl. zu den Grundformen der Auswahlverfahren die übersichtliche Darstellung bei Koch, (Marktforschung), 2009, S. 22-31
[265] vgl. die Übersicht über die Forschungsansätze bei Hauschildt; Grün, (Ergebnisse), 1993

zentriert sich von Anfang an auf Erhebungseinheiten, von denen der Marktforscher weiß, dass sie eine dominierende Bedeutung für die Grundgesamtheit bzw. für die Ergebnisse der Studie haben. Halten z.B. in einem Marktsegment 3 von 20 Wettbewerbern 60% des Marktanteils, dann kann man davon ausgehen, Markttendenzen bereits mit einer Befragung dieser drei führenden Anbieter repräsentativ zu erfassen. Durch das Wegschneiden der mittleren und kleineren Mitbewerber können natürlich wichtige Meinungsströmungen übersehen werden.

Quotenverfahren

Das Quotenverfahren beruht auf der Annahme, dass bekannte Grundmerkmale der Befragten (z.B. Geschlecht, Ausbildung, Einkommen, Wohnregion etc.) die Merkmalsausprägungen der Untersuchungsvariablen bestimmen. Eine Stichprobe wird nun so konstruiert, dass die Stichprobenverteilung der Grundmerkmale der Verteilung in der Grundgesamtheit (sofern bekannt) entspricht. Wenn man weiß, dass in einem Kreativ-Urlaubsclub 80% weibliche Singles buchen, dann sollte eine 100er Stichprobe für eine Zufriedenheitsuntersuchung auch aus 80 weiblichen Singles bestehen. Unter Bezug auf dieses Merkmalspiegelbild wird oft pragmatisch von einer repräsentativen Untersuchung gesprochen. Das ist jedoch nur dann zulässig, wenn ein signifikanter Zusammenhang zwischen den Grundmerkmalen und der Ausprägung der Untersuchungsvariablen nachgewiesen ist. Ist das nicht der Fall, dann wird der gesamte Ansatz hypothetisch. Ein statistischer Fehler kann nicht berechnet werden. Das Verfahren ist jedoch flexibel und kostengünstig. Marktforschungsinstitute verweisen auf gute Erfahrungen mit der Repräsentanzkraft vorbestimmter Grundmerkmale wie Geschlecht, Alter oder Ausbildungsstand. Deshalb ist dieses Auswahlverfahren in der Praxis weit verbreitet; insbesondere für Ad-hoc-Konsumbefragungen, für Panelbefragungen oder für die Erhebung politischer Einstellungen. Es sind durchaus befriedigende Ergebnisse zu erwarten.[266]

Einfaches Stichprobenverfahren

Die klassische Vorgehensweise entspricht einer Urnenziehung[267] mit bekannter Grundgesamtheit. Typische Fragestellungen für Stichprobenuntersuchungen sind z.B.:

> *Beispiel-1:* Betrachtet werden alle Vertriebsleiter in Deutschland mit einer Umsatzverantwortung zwischen 10 und 50 Mio. Euro p.a. Wie hoch ist deren durchschnittliches Gesamtjahreseinkommen?

> *Beispiel-2:* Betrachtet werden alle Verbraucherinnen im Alter über 40 Jahre und einem versteuerten Haushaltseinkommen über 100 TEUR p.a. Wie hoch ist der Bekanntheitsgrad der in Bayern angesiedelten Designermarke Trixi Schober?

Da es nicht möglich ist, alle Einheiten der Grundgesamtheit zu befragen, werden nach dem **Zufallsprinzip**[268] **(Prinzip der Wahrscheinlichkeitsauswahl)** Stichproben gebildet. Die Untersuchungseinheiten werden „gezogen". Dies erfolgt bei kleinen Grundgesamtheiten durch Auszählen, bei großen computergestützt mit Hilfe von Zufallsgeneratoren. Von den Werten der Stichprobe soll dann auf den wahren Wert der Grundgesamtheit geschlossen werden. Der Fachbegriff lautet **Repräsentationsschluss**.[269] Die Stichprobe repräsentiert die Grundgesamtheit.

---

[266] vgl. Bleymüller; Gehlert; Gülicher, (Statistik), 2008, S. 71-76
[267] aus einer Urne werden nach dem Zufallsprinzip x Kugeln gezogen
[268] auch Prinzip der Wahrscheinlichkeitsauswahl, wobei jedes Element die gleiche Chance hat, in die Auswahl zu kommen: vgl. auch im folgenden Bleymüller; Gehlert; Gülicher, (Statistik), 2008, S. 37 ff.; Friedrichs, (empirische Sozialforschung), 1973, S. 135-143
[269] vgl. Hünerberg, (Marketing), 1984, S. 118. Der umgekehrte Weg ist der Inklusionsschluss, bei dem Stichprobenwerte für eine bekannte Grundgesamtheit vorausgesagt werden.

Abb.3-13

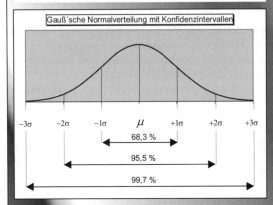

> **Basiswissen zur Normalverteilung**
>
> Die Normalverteilung ist für die Praxis von hoher Bedeutung, da viele Verteilungen von Zufallsvariablen (zumindest näherungsweise) der Form einer Normalverteilung entsprechen. Sie ist auch unter dem Namen Gauß'sche Glockenkurve oder Gaußverteilung bekannt.

Wie in der Abbildung ersichtlich wird, verläuft die Dichtefunktion der Normalverteilung symmetrisch, nähert sich asymptotisch der x-Achse und hat ein Maximum bei $x = \mu$. Je kleiner der Streuungsparameter σ ist, desto höher ist das Niveau des Hochpunkts (Maximum). Die Gesamtfläche zwischen der Verteilung und der X-Achse ist gleich 1. Die Wahrscheinlichkeit dafür, daß eine normalverteilte Zufallsvariable einen Wert im Intervall von $\mu \pm \sigma$ bzw. $\mu \pm 2\sigma$ bzw. $\mu \pm 3\sigma$ annimmt, beträgt 68,3% bzw. 95,5% bzw. 99,7%. Eine Parallelverschiebung entlang der X-Achse wird durch eine Veränderung des Lageparameters μ erreicht. Die Wendepunkte der Funktion liegen bei $x = \mu \pm \sigma$. Eine Normalverteilung mit den Parametern $\mu = 0$ und $\sigma = 1$ nennt man Standardnormalverteilung. Jede spezifische Normalverteilung läßt sich in eine Standardnormalverteilung transformieren durch die Formel: $z = \dfrac{x - \mu}{\sigma}$.

Für jede Stichprobe ergeben sich Mittelwerte; für das **Beispiel-1** z.B. ein Jahreseinkommen von 90 TEUR als Durchschnitt bei 100 Befragten), im **Beispiel-2** ein Bekanntheitsgrad von z.B. 22% bei 100 Verbraucherinnen. Es wäre nun reiner Zufall, wenn dieser eine Stichprobenwert mit dem wahren Wert der Grundgesamtheit übereinstimmen würde. Was geschieht aber, wenn jetzt mehrfach Stichproben gebildet (im Prinzip sogar unendlich viele) und die Mittelwerte grafisch abgebildet werden. Dann kommen einige Mittelwerte sehr selten vor (z.B. Jahreseinkommen 1 Mio. Euro, oder im Beispiel-2 ein Bekanntheitsgrad von 100%). Andere Mittelwerte würden sich in einem engeren Bereich häufen. Je mehr Stichproben gezogen werden, desto enger schmiegen sich die Stichprobenwerte um die wahren Mittelwerte an, werden von ihm sozusagen „eingefangen".

Dies ist der **Denkansatz unendlich vieler Zufallsstichproben**. Ein anderer Weg wäre die Vergrößerung der Stichprobe. Dann steigt die Wahrscheinlichkeit, dass der Stichprobenwert den wahren Wert der Grundgesamtheit repräsentiert. Und wenn alle Einheiten der Grundgesamtheit ausgewählt werden (z.B. Vollerhebung bei Vertriebsleitern einer kleinen technischen Marktnische mit nur 10 Herstellern), dann gewinnt man logischerweise mit 100% Sicherheit den zu suchenden (zu schätzenden) Wert der Grundgesamtheit.

Alle Stichprobenansätze zielen letztlich auf Satzkonstruktionen der folgenden Art:

> ➧ Mit einer Sicherheit von 1-a % kann gesagt werden, dass der wahre Mittelwert der Grundgesamtheit in einem bestimmten Intervall - im **Konfidenzintervall** oder Vertrauensintervall - von Stichprobenmittelwerten liegt.
> ➧ Es bleibt eine **Irrtumswahrscheinlichkeit** von a %, dass der gesuchte Wert außerhalb dieses Intervalls liegt.

Es soll nun ein solches Intervall (= Vertrauensbereich, Konfidenzintervall) für eine Verteilung von Stichprobenmittelwerten bestimmt werden, in dem man den unbekannten, wahren Mittelwert μ der Grundgesamtheit mit einer vorgegebenen Wahrscheinlichkeit $(1-\alpha)$ (= Konfidenzniveau, Sicherheitsgrad, Konfidenzzahl) „einfängt".[270] Dazu müssen in Bezug auf die Verteilung der Grundgesamtheit zwei grundsätzliche Fälle unterschieden werden, deren statistische Formeln in Abb.3-14 dargestellt sind:

Abb.3-14

Formelübersicht		
X_i normalverteilt		
Voraussetzungen		Grenzen des Konfidenzintervalls
Standardabweichung	Stichprobenumfang	
σ_x bekannt	n beliebig	① $\bar{x} \pm z_{1-\frac{\alpha}{2}} \cdot \frac{\sigma_x}{\sqrt{n}}$
σ_x unbekannt (S ist erwartungstreuer Schätzer für σ_x)	n beliebig (n ≤ 40)	② $\bar{x} \pm t_{1-\frac{\alpha}{2};n-1} \cdot \frac{S}{\sqrt{n}}$
	n > 40	③ $\bar{x} \pm z_{1-\frac{\alpha}{2}} \cdot \frac{S}{\sqrt{n}}$
X_i beliebig verteilt		
Voraussetzungen		Grenzen des Konfidenzintervalls
Standardabweichung	Stichprobenumfang	
σ_x bekannt	n > 40	④ $\bar{x} \pm z_{1-\frac{\alpha}{2}} \cdot \frac{\sigma_x}{\sqrt{n}}$
σ_x unbekannt (S ist erwartungstreuer Schätzer für σ_x)	n > 40	⑤ $\bar{x} \pm z_{1-\frac{\alpha}{2}} \cdot \frac{S}{\sqrt{n}}$

Schätzer für die Standardabweichung in der Grundgesamtheit

$$⑥\; S = \sqrt{\frac{1}{n-1}\sum_{i=1}^{n}(x_i - \bar{x})^2}$$

Formeln für den Stichprobenumfang

$$⑦\; n \geq \left(\frac{2\sigma \cdot z_{1-\frac{\alpha}{2}}}{d}\right)^2 \qquad ⑧\; n \geq \left(\frac{2S \cdot t_{1-\frac{\alpha}{2},n-1}}{d}\right)^2 \qquad ⑨\; n \geq \left(\frac{2S \cdot z_{1-\frac{\alpha}{2}}}{d}\right)^2$$

Fall-1: Normalverteilte Grundgesamtheit
In diesem Fall folgt die Verteilung der Stichprobenmittelwerte ebenfalls einer Normalverteilung. Mit Hilfe der Formeln ①, ② oder ③ (s. Abb.3-14) kann man die Grenzen für das Konfidenzintervall in Abhängigkeit von Standardabweichung, Stichprobenumfang und Sicherheitsgrad bestimmen. Ist σ_x unbekannt, muss man auf die Standardabweichung S in der Stichprobe (vgl. Formel ⑥) als erwartungstreuen Schätzer für σ_x zurückgreifen.

Das folgende Beispiel bezieht sich auf eine normalverteilte Grundgesamtheit mit bekannter Standardabweichung.

---

[270] "einfangen" veranschaulicht recht plastisch die Intervallbestimmung: vgl. hierzu Puhani, (Statistik), 2008, S. 175 ff., vgl. insbesondere zu den Formeln: Gumbsheimer, (Betriebsstatistik), 2008

Beispiel: Bestimmung eines Konfidenzintervalls:
Es soll die Zeit geschätzt werden, in der sich Kunden im Ausstellungsraum eines BMW - Händlers aufhalten. Es werden 100 Besucher (Stichprobe) beobachtet, für die eine durchschnittliche Verweilzeit von 40 Minuten gemessen wurde. Aus ähnlichen Untersuchungen ist für σ_x ein Wert von 11 Minuten bekannt. Gesucht ist die zu erwartende durchschnittliche Verweilzeit in diesem Ausstellungsraum mit einer Irrtumswahrscheinlichkeit von 5% (Konfidenzniveau 95%).

$$\bar{x} \pm z_{1-\frac{\alpha}{2}} \cdot \frac{\sigma_x}{\sqrt{n}} = 40 \pm 1{,}96 \cdot \frac{11}{\sqrt{100}} = 40 \pm 2{,}156 \text{ Minuten}$$

Aufgrund dieses Ergebnisses kann der BMW-Händler nun mit 95 % Sicherheit (also hoher Sicherheit) feststellen, dass sich seine Interessenten mit einer Dauer von 40 ± 2,156 Minuten in seiner Niederlassung aufhalten werden. Überlegungen dieser Art sind für den Händler interessant, um statistisch gesicherte Aussagen über die Größe und zeitliche Belastung seines Verkaufspersonals zu treffen. Mit Hilfe der Marktforschung werden derart kritische Sachverhalte nicht durch persönliche Eindrücke sondern durch statistisch überprüfte und damit haltbare Fakten gestützt.

Fall-2: Beliebig verteilte Grundgesamtheit
Unabhängig von der Verteilung in der Grundgesamtheit lässt sich bei einer hinreichend großen Stichprobenanzahl (Faustregel: n > 40) annehmen, dass die Verteilung der Stichprobenmittelwerte einer Normalverteilung folgt (man spricht vom **zentralen Grenzwertsatz**[271]). Mit Hilfe der Formeln ④ bzw. ⑤ lassen sich dann die Grenzen des Konfidenzintervalls berechnen.

Bestimmung eines optimalen Stichprobenumfangs
(Anzahl von Befragten oder Untersuchungsobjekten)
Der Stichprobenumfang berechnet sich nach der Formel ⑦, ⑧ bzw. ⑨. d ist dabei die Breite des Konfidenzintervalls.

Beispiel: Bestimmung eines Stichprobenumfangs
Die Firma Förstina Sprudel füllt Apfelsaft ab. Die Abfüllmenge der Saftflaschen ist aufgrund technischer Gegebenheiten normalverteilt. Das Qualitätsmanagement fordert nun für die Überprüfung der Abfüllprozesse ein Konfidenzintervall, das nicht größer als 0,01l ist, bezogen auf eine mittlere Abfüllmenge auf einem Konfidenzniveau von 95%. σ beträgt 0,03l. Gesucht ist der hierzu nötige Stichprobenumfang:

$$n \geq \left(\frac{2\sigma \cdot z_{1-\frac{\alpha}{2}}}{d}\right)^2 = \left(\frac{2 \cdot 0{,}03 \cdot 1{,}96}{0{,}01}\right)^2 = 138{,}30$$

Eine Stichprobe muss mindestens 139 Einheiten umfassen, um die Anforderungen des Qualitätswesens zu erfüllen.

Geschichtete Stichprobe
Beim geschichteten Stichprobenverfahren wird eine heterogene Grundgesamtheit in homogene Teilgesamtheiten aufgespalten. Bei einer Untersuchung des Zeitschriften-Leseverhaltens würde man die Befragten nach ihrer Berufsausbildung schichten. Aus den Schichten werden dann Zufallsstichproben entnommen. Die Vorgehensweise ähnelt dem Quotenverfahren, bei dem die Teilstichproben allerdings willkürlich kon-

---

[271] vgl. zum zentralen Grenzwertsatz: Bleymüller; Gehlert; Gülicher, (Statistik), 2008, S. 78

struiert werden. Durch die Schichtung kann der durch Heterogenität der Grundgesamtheit auftretende Zufallsfehler erheblich reduziert werden.

Klumpenauswahl

Werden beim geschichteten Stichprobenverfahren Befragungseinheiten aus allen Schichten gezogen, so werden bei der Klumpenauswahl nach dem Zufallsprinzip Konsumenten zu Klumpen zusammengefasst und nur bestimmte Klumpen ausgewählt. Die nicht gewählten Klumpen bleiben unberücksichtigt. Nach Auswahl eines Klumpens haben folglich nicht mehr alle Untersuchungseinheiten eine Chance, in der Erhebung berücksichtigt zu werden. Insbesondere bei großer räumlicher Ausdehnung der Grundgesamtheit bringt das Verfahren wirtschaftliche Vorteile. Die Marktforscher können z.B. aus Städten, Stadtteilen oder Hochhäusern räumliche Klumpen bilden. Die Gefahr liegt in einem **Klumpungseffekt**. Es kann sein, dass die Klumpen in sich zwar hoch homogen sind, die ausgewählten Klumpen jedoch im Vergleich zur Merkmalsverteilung in der Grundgesamtheit stark abweichen. Diese Gefahr wird deutlich, wenn sich eine Haushaltsuntersuchung auf Hochhäuser konzentriert, ländliche Wohngebietsklumpen jedoch nicht in die Auswahl kommen.

Mehrstufige Stichprobe

Die mehrstufige Auswahl verdichtet umfangreiche Grundgesamtheiten recht schnell, indem mehrfach Zufallsauswahlen aus immer kleineren Teilmengen vorgenommen werden. So können bei einer Bevölkerungsbefragung auf oberster Ebene Bundesländer zufällig ausgewählt werden, dann auf nächsttieferer Ebene Regionen, dann aus den Regionen Postleitzahlgebiete und auf unterster Ebene Straßenzüge. Erst auf dieser letzten Ebene werden Befragte zufällig ausgewählt. Während beim Klumpenverfahren die Frage der Zusammensetzung der Klumpen (Ziel ist eine homogene Klumpenbildung) von Anfang an eine Rolle spielt, ist die Zusammensetzung der Teilstichproben (Auswahl der Klumpen) bei der mehrstufigen Auswahl erst auf der untersten Ebene relevant.

Die Einhaltung des Zufallsprinzips ist im Sinne einer methodisch korrekten Wissensgewinnung sicher ein hohes Ziel. Ausreichend Zeit, Ressourcen und Kenntnis der Grundgesamtheit sind hierzu Voraussetzung. Die Praxis geht oft pragmatisch vor und weicht auf das Quoten- oder Konzentrationsverfahren aus. Bei den Zufallsauswahlen besitzen das geschichtete Stichprobenverfahren und das Klumpenverfahren eine besondere Bedeutung. Bei Befragungen mit kleinem Budget[272] darf man durchaus mehr Mut zu einer pragmatischen Vorgehensweise zeigen. Dies sollte auch für praxisgesteuerte Hochschuldiplomarbeiten gelten. Im Sinne der wissenschaftlichen Redlichkeit sollte der Marktforscher aber in jedem Fall seine Vorgehensweise offenlegen und einen Nachweis über seine Erhebungsdaten führen.

d.) Fragenaufbau und Fragetechnik

Fragengestaltung und Fragetechnik sind im Vorfeld einer Befragung zu planen. Die Qualität einer Untersuchung hängt davon ab, ob der Themensteller die wesentlichen Einflussgrößen zur Erklärung des Sachverhaltes (Hypothesen) erkennt und in verständliche und auswertbare Erhebungsfragen umsetzt.[273] Bei der persönlichen Befragung orientiert sich der Interviewer an einem **Interviewleitfaden**, bei einer telefonischen Befragung am **Telefonleitfaden** (Teleskript).

---

[272] Vorsicht ist dann natürlich bei Hypothesenprüfungen geboten
[273] Der Themensteller muss also theoretische Überlegungen an den Anfang seiner Studie stellen: „*Empirische betriebswirtschaftliche Forschung nimmt stets von einer empirischen Theorie ihren Ausgang.*": Witte, (empirische Forschung), in: HdB, 1974, Spalte 1270

Der Leitfaden fungiert als **Regieanweisung**. Er enthält:
- die Fragen in der richtigen Reihenfolge,
- Gedankenstützen, wie die Fragen im Gespräch in geschickter Weise zu stellen sind,
- Hinweise (Richtwerte) für den zeitlichen Ablauf des Interviews
- und Hilfestellungen für besondere Interviewsituationen (z.B.: *Wie sollte reagiert werden, wenn der Befragte bei Frage-x die Antwort verweigert?*).

Wer fragt, der führt.

Mit Hilfe einer geschickten **Fragetechnik** können Art und Aufbau der Fragen optimal auf das Thema und die Befragten hin abgestimmt werden. Dies gilt bedingt auch für unpersönliche Befragung. Die wichtigsten **Fragearten** sind:
(1) die **subjektive Frage** (Meinungen, Gefühlen erfragen) und die **objektive Frage** (nachprüfbare Sachverhalte erfragen),
(2) die **schriftliche**, die **mündliche** und die **Online** gestellte Frage,
(3) die **geschlossene**[274] (vorgegebene Antwortkategorien zum Ankreuzen) und die **offene** (keine Antwortmöglichkeiten vorgegeben: *Was halten Sie von ...*) Frage,
(4) die **direkte** *(Haben Sie...)* und die **indirekte** *(Können Sie sich vorstellen, dass andere ....)* Frage,
(5) die **harte** *(Nehmen Sie vor einer Klausur Drogen?)* und die **weiche** *(Was halten Sie von „gewissen anregenden Mitteln" vor Klausuren?)* Frage.

Abb.3-15 typologisiert Fragen nach ihrem taktischen Nutzen. Neben Art, Aufbau und taktischer Präsentation der Erhebungsfragen haben **Vertrauenswürdigkeit**, **Kompetenz** und auch **Cleverness** des Interviewers entscheidenden Einfluss auf den Erfolg einer Marktstudie. Es gehört durchaus verkäuferisches Talent dazu, einen Befragten für die Themenstellung und die Untersuchungsfragen zu interessieren. Wenn auch Preisausschreiben oder Give-aways (Kinokarten, Kugelschreiber, Notizblöcke) den Befragten immer wieder Anreize bieten sollen, letztlich zählt der persönliche Nutzen, den der Befragte für sich aus der Befragung zieht. Diesen zu transportieren, ist eine besondere Herausforderung bei schriftlichen Befragungen. Hier muss der Fragebogen die persönliche Überzeugungskraft des Interviewers ersetzen.

Abb.3-15

SYSTEMATIK TAKTISCHER FRAGEN	
① Aufwärmfragen, Kontakt-, Eisbrecherfragen	⇨ sollen am Anfang des Interviews Interesse wecken
② Fragen zur Person, zur Unternehmung	⇨ Stammdaten, ermöglichen Zuordnung des Befragten
③ Einführungs-, Hinführungsfragen	⇨ leiten zum Themenkern hin, stimmen den Befragten ein
④ Kernfragen, Sachfragen	⇨ behandeln die Hauptthematik
⑤ Motivationsfragen, Erholungsfragen	⇨ sollen „Durchhänger" vermeiden, sorgen für Abwechslung
⑥ Kontrollfragen	⇨ sollen Validitätsüberprüfung ermöglichen
⑦ Ankerfragen	⇨ schaffen Möglichkeiten zum Nachfassen
⑧ Rhetorische Fragen	⇨ sollen Diskussion in Gang halten; sind ohne Substanz

e.) Planung und Durchführung einer schriftlichen Befragung

Bei der schriftlichen Befragung fehlt die Interaktion zwischen Interviewer und Befragtem. Der Fragesteller kann deshalb nur schwer überprüfen, mit welcher Ernsthaftigkeit und mit welchem Sachverstand der Fragebogen bearbeitet wird. Umso mehr Sorgfalt sollte auf die Fragebogenerstellung gelegt werden. Die Risiken liegen somit in der Gefährdung der **Validität**, während die **Reliabilität** als gesichert gelten

---

[274] Geschlossene Fragen können in folgenden Formen gestellt werden: (1) Ja-Nein Alternativen, (2) Auswahl aus mehreren Alternativen, (3) Bildung von Rangordnungen, (4) Benotung auf Einschätzungsskalen: s. auch den Gliederungspunkt f. zur Skalierungstechnik. Zu Form und Art von Fragen vgl. Atteslander, (empirische Sozialforschung), 2008, S. 133-146.

kann. Abb.3-16 zeigt Arbeitsschritte, Fragen und Empfehlungen zur Planung schriftlicher Befragungen, die zum großen Teil auch für persönliche Befragungen gelten. Insofern präzisiert Abb.3-16 das Ablaufschema der Abb.3-11.

Abb.3-16

	PHASE	ARBEITSSCHRITTE FÜR SCHRIFTLICHE BEFRAGUNGEN
①	Konzeptphase, Zielsetzung, Problemformulierung	• Klare Problemdefinition und Abgrenzung der Aufgabenstellung (Zielsetzungen!) • Klärung des zur Verfügung stehenden Budgets, Finanzierungsfragen • Vollerhebung oder Teilerhebung? Bestimmung des Adressenpools • Literaturanalyse: Nach Fragen und Befunden aus ähnlich gelagerten Studien suchen • Offene oder geschlossene, direkte oder indirekte Fragestellungen? • Start mit einem Fragen-Brainstorming • Grobe Aufteilung in Ober- und Unterfragen, Gliederung der Fragenbereiche
②	Pilotphase, Exploration	• Fragenbereiche und Kernfragen mit Experten durchsprechen • Sind alle wichtigen Hypothesen (Vermutungen) in Fragen umgesetzt? • Liegen „spannende" Hypothesen vor? Könnten „langweilige" Ergebnisse drohen? • Sind die Fragen sauber voneinander getrennt und angemessen detailliert? • Wie sollen die Fragen ausgewertet werden: Niveaus / Konstruktion der Antwortskalen
③	Fragebogenerstellung	• Ist die Reihenfolge der Fragen sinnvoll? • Sind geschlossene und offene Fragen gut ausbalanciert? • Geht die Abfolge von den einfacheren Fragen zu den schwierigeren? • Sind komplizierte Fragen nicht aneinandergekettet? • Sind taktische Fragen ergänzt (z.B. Aufwärmfragen, Kontrollfragen, Schlussfrage)? • Ist das Fragebogen-Layout ansprechend? Passt es zum Thema?
④	Vorbereitung des Mailings	• Sind die Adressen geklärt, auf Richtigkeit überprüft, evtl. angereichert? • Ggf. Adressaten persönlich vorinformieren (nicht bei Massenbefragungen) • Ist das Anschreiben an die Befragten ansprechend? • Erhalten die Befragten Hintergrundinformationen zum Thema? • Ist die Geheimhaltungsfrage (Anonymität) geklärt? • Sind Termin und Adressen für Rückantworten bestimmt? • Wer zahlt Rückporto (gut: Fax, Internet)?
⑤	Pretest	• Ist die Pretest-Gruppe ausgewählt worden und informiert? • Ausgewählte Kontrollanrufe bei der Pretest-Gruppe: Wie kommen Umfang, Inhalt und Layout des Fragebogens an? • Validitätsprüfung: Wie sind wichtige und vor allem kritische Fragen verstanden worden (Ergebnisspiegelung der Kontrollfragen)? • Werden bestimmte Fragen häufig verweigert? • Sind überflüssige oder korrelativ verbundene Fragen erkennbar? • Erster Test für Auswertungsprogramm und Auswertungsdateistruktur • Was ergibt die Probeauswertung: Sind bereits Tendenzen sichtbar? • Ist die Rücklaufquote abschätzbar? Welcher Rücklauf ist notwendig?
⑥	Hauptuntersuchung	• Sind die Adressen endgültig bestimmt und qualifiziert (überprüft)? • Welcher Befragungstermin ist sinnvoll (z.B. nicht über Wochenende, Urlaubszeit, Jahresabschlussperiode etc.)? • Ist die Rücksendefrist für Fragebögen sinnvoll festgelegt (5 – 14 Tage)? • Gibt es Anreize zur Antwortgebung (Preisausschreiben, Info-Material)? • Ist Post- / Faxversand kostenmäßig optimiert?
⑦	Auswertung	• Auswertungsdateien sinnvoll anlegen (sinnvoll schon beim Pretest) • Auswertungsprogramm und Datenbank aktivieren (z.B. SPSS) • Antwortcodierungen vornehmen – Datensicherungen nicht vergessen! • Antwortauswertungen und Ergebnisse kontrollieren (Plausibilitäts-Checks) • Layout für Präsentation und Grafiken erstellen • Ergebnisse zusammenfassen, Antwortstatements vorbereiten
⑧	Präsentation	• Erstellung von Untersuchungsbericht und Präsentation • Abschließende Stellungnahme zur zentralen Forschungsaufgabe (-hypothese) • Offizielle Veröffentlichung bzw. Übergabe an Auftraggeber, evtl. Presse-Info

Ein spezielles Praxisproblem ist die **Fragebogenmüdigkeit** von Konsumenten oder Firmen. Um das Interesse der Befragten an einer Fragebogenerhebung zu steigern, sind drei Aspekte besonders zu beachten:

(1) Der Befragte muss für eine Antwortgebung motiviert sein. Bei wenig umfangreichen Befragungen sollte der Fragebogen telefonisch avisiert und die zu Befragenden über den Hintergrund der Untersuchung informiert werden. Der Aufwand ist natürlich enorm. Auf jeden Fall ist viel Wert auf ein **persönliches Anschreiben**, auf **fachliche Erläuterungen** zum Fragebogen und auf die **Ziele der Studie** zu legen. Zur Motivation trägt es auch bei, wenn die Teilnehmer später eine Rückmeldung zu den Befragungsergebnissen erhalten.[275]

(2) Es sollte dem Befragten ein (fachliches) Vergnügen bereiten, den Fragebogen auszufüllen. Die Sachthematik sollte im Fragebogen lebendig zum Ausdruck kommen. Vielleicht ist die Kopie eines Zeitungsartikels greifbar, der den aktuellen Praxisbezug der Untersuchung unterstreicht.

(3) Die **Rücklaufquote** steht und fällt mit Umfang, Inhalt und Form (Layout) des Fragebogens. Der Fragebogen kann farbige Elemente enthalten und mit (wenigen) Bildern und Grafiken angereichert sein. Auf jeden Fall soll er „schlank" anmuten und möglichst nur 2 Seiten umfassen. Besser 1 Seite doppelseitig mit 8er Schriftgröße beschreiben, als 3 ½ Seiten einseitig in Schriftgröße 12.

Doch was bringt eine hohe Rücklaufquote, wenn sich die Befragungsdaten nicht sinnvoll auswerten lassen? Es sollte daher keine Befragung anlaufen, bevor nicht Klarheit über die Skalierung (Erfassung, Messung) der Antworten besteht.

f.) Antworterfassung - Skalierungsverfahren

Skalenniveaus

Meinungen von Befragten zu erfahren, ist immer interessant. Doch wie kann ich eine Meinungsäußerung statistisch auswerten? Dies erfolgt mit Hilfe von Skalen. Skalen sind Messinstrumente zur Erfassung von verbalen Antworten, die auf einem Skalenkontinuum numerisch codiert werden können.[276] **Skalierungsverfahren** schaffen geeichte Maßstäbe, die eine Wertezuordnung zu den in der Untersuchung erhobenen Ausprägungen von Variablen erlauben. So ermöglicht ein Thermometer die Zuordnung von Messwerten zu Temperaturen. Unterschiedliche Skalierungsverfahren haben zu abweichenden Temperaturskalen in europäischen und angelsächsischen Ländern geführt. Nach den mathematischen Eigenschaften gibt es **vier grundlegende Skalentypen**, die unterschiedliche statistische Berechnungen erlauben:

(1) **Nominalskalen** erlauben nur Zuordnungen (*trifft zu / trifft nicht zu, männlich oder weiblich, ja/nein/weiß nicht*). Die Ausprägungen müssen sich logisch ausschließen. Für die Antwortkategorien können absolute und relative Häufigkeiten gebildet werden. Die wichtigsten Testverfahren sind der Chi^2-Test und die Kontingenzanalyse. Praxisbeispiel: Wahlergebnis-Voraussage.

(2) **Ordinalskalen** geben Rangeinstufungen ohne Bewertungen wieder, z.B. die Rangfolge der bei befragten Autofahrern beliebtesten PKW-Marken. Über Präferenzabstände kann nichts gesagt werden. Berechnen lassen sich Mediane, Quartile und Rangkorrelationen. Ein gutes Praxisbeispiel: eine Weinprobe.

(3) **Intervallskalen** gehen über Rangnennungen hinaus und bewerten Sachverhalte nach Skalenpunkten. Sie haben keinen absoluten (natürlichen) Nullpunkt. Beispiele sind Kundenzufriedenheitswerte, Zustimmungsgrade zu Werbeaussagen, von Käufern empfundene Produktattraktivitäten etc. Die Skalenwerte geben Einschätzungen / Beurteilungen der Befragten wieder. Man spricht auch von **Rating- oder Einstellungsskalen**. Werden die Skalenpunkte nicht im Rahmen der o.a.

---

[275] Andernfalls erhebt die Praxis den Vorwurf einer „Informationsverschmutzung".
[276] vgl. zu Skalen und Skalierungsverfahren die übersichtlichen Zusammenfassungen bei Koch, (Marktforschung), 2009, 145 ff.; Kroeber-Riel; Weinberg; Gröppel-Klein, (Konsumentenverhalten), 2009, S. 237 ff., Weis; Steinmetz, (Marktforschung), 2008, S. 141 ff.

Skalierungsverfahren großzahlig geeicht, dann sind die Abstände zwischen den Skalenpunkten praktisch willkürlich gesetzt. Regression und Korrelation, t-Test, F-Test, Produkt-Moment-Korrelation sowie das Bündel der Multivariatenverfahren (Varianzanalyse, Diskriminanzanalyse, Clusteranalyse, Faktorenanalyse) ermöglichen vielfältige Auswertungen und Tests für das Erhebungsmaterial. Abschnitt 3.4. wird hierauf eingehen. Praxisbeispiel: Kundenzufriedenheitsanalyse.

(4) **Rationalskalen / Verhältnisskalen** dagegen verfügen über einen natürlichen Nullpunkt. Die Abstände zwischen den Skalenpunkten sind gleich. Beispiele für Rationalskalen sind die Maßeinheiten Alter, Gewicht, Einkommen, Zahl der unterstellten Mitarbeiter, Lieferverzögerungen in Tagen. Bei dieser mathematisch "vollkommensten" Skalenform sind alle statistischen Verfahren anwendbar.

Sind die Skalenniveaus (Messniveaus) bestimmt, dann sind die für die Erhebungsfragen auswertungsfähige Antwortskalen zu erarbeiten.

Ordinalskalen / Rangreihenskalen (Bildung von Rangfolgen)
Rangreihenskalen sind für die Befragten immer wieder spannend. Wegen ihres „spielerischen Charakters" bei der Anwendung ist den Befragten oft nicht bewusst, dass ihre Antworten codiert werden.

In der Praxis können Rangbildungen gemäß Abb.3-17 gebildet werden. Die Rangabstände zwischen den Items sind zahlenmäßig nicht zu fassen. Man weiß also nicht, wie hoch der Vorsprung der beliebtesten Duftmarke oder der markantesten PKW-Anzeige gegenüber dem oder den Nachplatzierten ausfällt. Das gilt für jede Position in der Präferenzfolge. Naheliegend sind Berechnungen von durchschnittlichen Rangplätzen und Häufigkeiten von Rangplätzen (Bsp.: *Wie oft liegt eine Weinsorte auf Platz 1?*). Werden die Befragten dann nach Gruppen segmentiert, dann lassen sich Nullhypothesen-Tests für diese Gruppen durchführen. Haben z.B. 100 Studentinnen und 100 Geschäftsfrauen 8 Parfum-Marken in eine Präferenzfolge gebracht, dann lässt sich testen, ob zwischen den Rangfolgen der Befragten-Gruppen ein signifikanter Unterschied besteht (oder ob die Rangabweichungen der Gruppen als zufällig anzusehen sind). Die klassische Experimentalsituation liegt vor, wenn eine Gruppe einem Reiz ausgesetzt wird:

> *Bsp.: Je 100 Geschäftsfrauen (homogene Gruppen) erstellen ihre Präferenzordnungen für die Parfummarken. Dabei kann eine Gruppe in angenehmer, luxuriöser Atmosphäre auswählen, die andere Gruppe unter Stress und „Kellerraumbedingungen". Frage: Übt die Kaufatmosphäre einen signifikanten Einfluss auf die Rangfolge der Duftbewertungen aus?*

Abb.3-17

METHODEN ZUR BILDUNG VON RANGREIHENSKALEN	
① Rangplatzmethode	⇨ Für vorgegebene Items (z.B. Parfum-Duftstoffe) soll der Befragte lediglich Rangplätze vergeben.
② Auswahl-Methode	⇨ Aus einer Menge von x Items (z.B. verschiedenfarbige Joghurtbecher) soll der Befragte y auswählen (maximal alle) und in einer Rangordnung seiner Präferenzen aufstellen.
③ Rangeintrag-Methode	⇨ Der Befragte trägt die Items gemäß seiner Präferenzen in eine Rangliste ein. Die Gegenstände sind nicht physisch vorhanden.
④ Offene Item Methode	⇨ Hier wählen die Befragten ohne vorgegebene Auswahlliste aus. Erfasst werden Erinnerungen. Bsp.: *„Sie haben eben die Süddeutsche Zeitung gelesen. Welche Automobilanzeigen sind Ihnen positiv aufgefallen?"*
⑤ OIM+Präferenzmethode	⇨ Zusätzlich zur Auswahl erstellt der Befragte seine Präferenzordnung. Bsp.: *„In welcher Reihenfolge haben Ihnen die Anzeigen zugesagt?"*

Abb.3-18

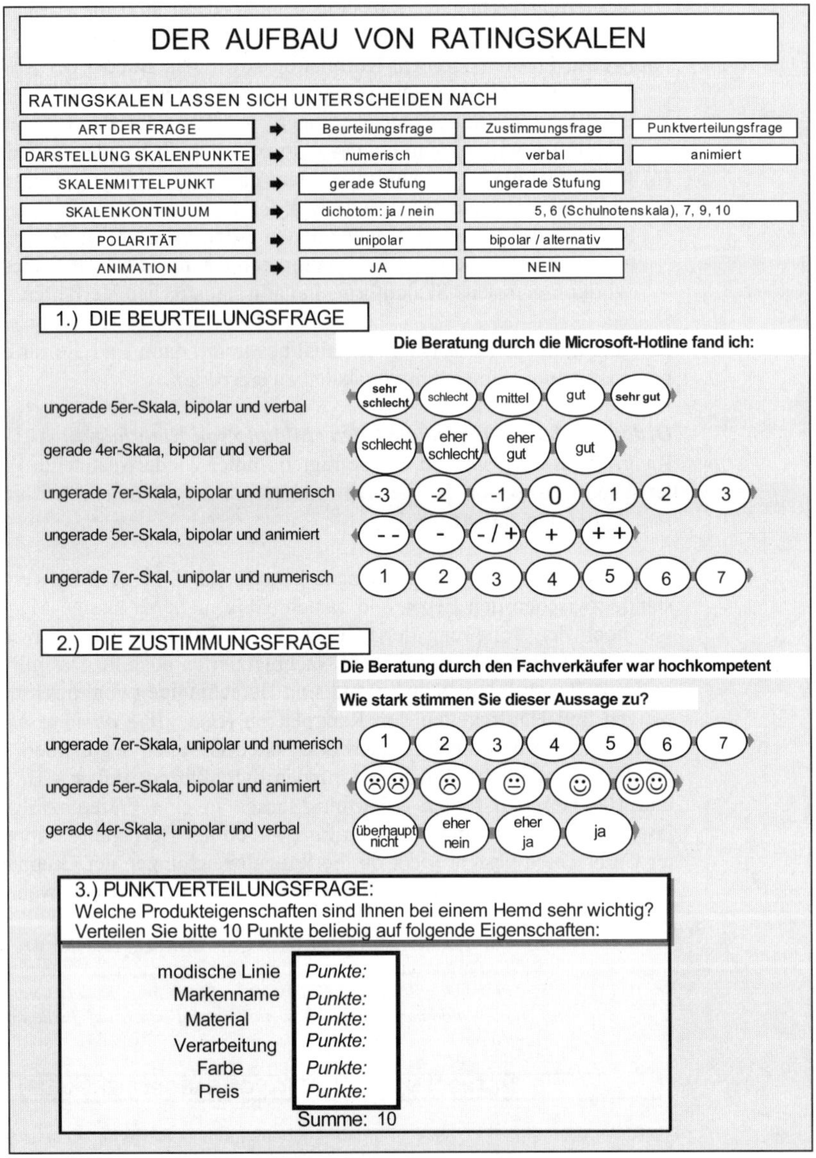

DER AUFBAU VON RATINGSKALEN

RATINGSKALEN LASSEN SICH UNTERSCHEIDEN NACH

ART DER FRAGE	➜	Beurteilungsfrage	Zustimmungsfrage	Punktverteilungsfrage
DARSTELLUNG SKALENPUNKTE	➜	numerisch	verbal	animiert
SKALENMITTELPUNKT	➜	gerade Stufung	ungerade Stufung	
SKALENKONTINUUM	➜	dichotom: ja / nein	5, 6 (Schulnotenskala), 7, 9, 10	
POLARITÄT	➜	unipolar	bipolar / alternativ	
ANIMATION	➜	JA	NEIN	

1.) DIE BEURTEILUNGSFRAGE

Die Beratung durch die Microsoft-Hotline fand ich:

ungerade 5er-Skala, bipolar und verbal	sehr schlecht – schlecht – mittel – gut – sehr gut
gerade 4er-Skala, bipolar und verbal	schlecht – eher schlecht – eher gut – gut
ungerade 7er-Skala, bipolar und numerisch	-3 -2 -1 0 1 2 3
ungerade 5er-Skala, bipolar und animiert	- - - -/+ + ++
ungerade 7er-Skal, unipolar und numerisch	1 2 3 4 5 6 7

2.) DIE ZUSTIMMUNGSFRAGE

Die Beratung durch den Fachverkäufer war hochkompetent
Wie stark stimmen Sie dieser Aussage zu?

ungerade 7er-Skala, unipolar und numerisch	1 2 3 4 5 6 7
ungerade 5er-Skala, bipolar und animiert	☹☹ ☹ 😐 ☺ ☺☺
gerade 4er-Skala, unipolar und verbal	überhaupt nicht – eher nein – eher ja – ja

3.) PUNKTVERTEILUNGSFRAGE:
Welche Produkteigenschaften sind Ihnen bei einem Hemd sehr wichtig?
Verteilen Sie bitte 10 Punkte beliebig auf folgende Eigenschaften:

modische Linie	Punkte:
Markenname	Punkte:
Material	Punkte:
Verarbeitung	Punkte:
Farbe	Punkte:
Preis	Punkte:
Summe:	10

Intervallskalen / Ratingskalen (Messung von Einstellungen)

Ratingskalen sind Beurteilungs- bzw. Einschätzungskontinua. Sie haben die größte Bedeutung für die empirische Sozialforschung, weil man mit ihnen zu messen versucht, was eigentlich einer zahlenmäßigen Erfassung nicht zugänglich ist. Auf einem **Gegensatzkontinuum** zwischen *plus* oder *minus*, *gut* oder *schlecht*, *modern* oder *alt* etc. gibt der Befragte seine Beurteilung zu der Fragestellung ab. **Er positioniert sich mit seiner Einstellung auf einer Beurteilungsskala.** Mathematisch ist kein (natürlicher) Nullpunkt definiert. Die Gleichheit der Beurteilungsintervalle lässt sich nur beweisen, wenn die Skala selbst vorher zum Gegenstand eines Skalenkonstruktionsprogramms (einer Skalierungstechnik) wird, bevor dann diese geeichte Skala als Messinstrument den Befragten vorgelegt wird.[277] Die Marktforschungspraxis geht allerdings großzügiger mit Ratingskalen um. Die statistischen Auswertungen behandeln sie als Skalen mit gleichen Intervallen (Intervallskalen) und mit Nullpunkt. Sie werden zu Quasi-Verhältnisskalen mit uneingeschränkten Auswertungsmöglichkeiten.

In der Marktforschung und speziell bei der Konstruktion von Ratingskalen spielt der Begriff **Item** eine große Rolle. Unter einem Item versteht man den konkreten Gegenstand oder den Begriff, den der Befragte auf einer Skala bewerten oder im Fall einer Ordinalskala in eine Reihenfolge bringen soll. Dieses Item muss den übergeordneten Sachverhalt repräsentieren, den die Frage treffen soll. Der Sachverhalt wiederum muss in Relation zu der hinter der Frage liegenden Hypothese stehen. Das Problem für Marktforschung liegt nun darin, dass ein bestimmter Sachverhalt (nehmen wir z.B. *Umweltbewusstsein*) durch eine Vielzahl von Items erfasst werden kann. Eine Skalenkonstruktion beginnt also mit der Definition des zu der Hypothese passenden Attributes (z.B. *Autofahrverhalten als Ausdruck des Umweltbewusstseins*) und dann mit der Sammlung möglicher Items (*Einstellungen des Befragten zur Geschwindigkeitsbeschränkung, zum Fahrradfahren, Fußgänger, autofreie Zonen etc.*). Im letzten Schritt muss eine Auswahl der am besten geeigneten Items erfolgen.

Abb.3-18 zeigt in mehreren Teilgrafiken die wichtigsten Arten von Ratingskalen und nennt Kriterien für die Skalengestaltung:

(1) Die **Beurteilungsfrage** oder **Einschätzungsfrage** verlangt vom Befragten, Eigenschaften oder Sachverhalte zu bewerten. Der Befragte vermerkt seine Einschätzung auf der Antwortskala. Eine spezielle Form ist die **Zustimmungsfrage,** die den Befragten mit einem Statement konfrontiert (einer geschlossenen Aussage). Auf der Skala kreuzt er den Grad seiner Zustimmung zu der Aussage an. Interessant sind **Punktverteilungsfragen**, bei denen der Befragte eine vorgegebene Zahl von Bewertungspunkten auf meist ebenfalls vorgegebene Items verteilen muss. Die Punktverteilungsfrage (oder Konstantsummenfrage) findet bei Praxisbefragungen großen Anklang.[278] Die Methode führt zu einer standardisierten Verhältnisskala, da alle Befragten die gleiche Punktzahl verteilen.

(2) Punkt 1.) der Abb.3-18 enthält Beispiele für verbale, numerische und animierte Bezeichnungen für die **Skalenstufen**. Jede Skala muss Bezeichnungen für die Skalenabschnitte aufweisen, damit der Befragte seine Antwort einem Skalenabschnitt eindeutig zuordnen kann. Für jede verbale Skala muss ferner ein Zahlenschema für die Auswertung (Codierung) vorbereitet sein. Die sechsstufige Schulnotenskala mit den Noten sehr gut (1) bis ungenügend (6) wird gerne für Konsumentenbefragungen gewählt. Bei ihr wirkt sich **ein Fehler der Zentraltendenz**[279] verstärkt aus: Befragte neigen generell zu neutralen, mittleren Bewertungsnoten. Sie scheuen Extremurteile. Die Noten 1 und 6 werden daher erfahrungsgemäß selten vergeben. Für die Auswertung werden Schulskalen oft umcodiert (d.h. 1 = ungenügend, 6 = sehr gut). Denn bei Ergebnispräsentationen assoziieren die Befrag-

---

[277] Das ist die eigentliche **Skalierungstechnik**. „Durchkonstruierte", statistisch gesicherte Skalen sind z.B. die *Guttmann-Skala* oder die *Likert-Skala* in der Sozialforschung. Werden Skalen dagegen pragmatisch erstellt – und das ist in der praktischen Marktforschung die Regel – dann werden die Beurteilungen der Befragten mathematischen Operationen unterzogen, die formal nicht korrekt sind. Das lässt sich am Beispiel der „Schulnotenskala" gut zeigen: Ist ein mit *gut* bewerteter Deutschaufsatz wirklich als gute Leistung zu bewerten, wenn es z.B. nur die Skalenstufen *sehr gut - gut - schwach -sehr schwach* gibt? Vgl. zu den konstruierten, statistisch gesicherten Skalen: Koch, (Marktforschung), 2009, S. 148-156; Kroeber-Riel; Weinberg; Gröppel-Klein, (Konsumentenverhalten), 2009, S. 242-243

[278] sie wird auch als Skala der konstanten Summenbildung (Konstantsummenskala) bezeichnet: vgl. Green; Tull, (Marktforschung), 1982, S. 165-166

[279] vgl. Heller; Rosemann, (empirische Untersuchungen), 1974, S. 43

ten höhere Punktzahlen auch mit besseren Gesamturteilen. Animierte Skalen spielen im professionellen Bereich keine besondere Rolle. Man findet sie eher bei einfachen Kundenzufriedenheitsbefragungen in Hotels oder Handelsgeschäften, meist in Form von *Smileys*[280]: ☺ ☹ ☻.

(3) Wichtig für den Skalenaufbau ist die bereits erwähnte Klärung des **neutralen Antwortbereiches** bzw. des Skalenmittelpunktes. Bei der Kauf-Zustimmungsfrage der Abb.3-18 kann der Befragte durch das Mittelintervall in eine neutrale Wertung flüchten. Wie die Erfahrung zeigt, neigen Befragte gerade unter Befragungsstress zur Abgabe neutraler Urteile, die dann für den Untersuchungszweck wenig bringen. Geradzahlig gestufte Skalen dagegen zwingen den Befragten zu einer Tendenzaussage, selbst wenn z.B. auf einer 1-10er Skala die mittleren Werte 5 und 6 mit *mittel/neutral* überschrieben sind. Der Befragte meint, eine neutrale Wertung abzugeben. Seine Urteilswaagschale muss sich jedoch eindeutig einer Wertungsseite zuneigen.

(4) Gute Erfahrungen liegen auch für die **0bis10-Skala** vor. Diese bietet dem Befragten ein stark differenziertes, aber noch überschaubares Kontinuum für seine Einschätzung. 10er Skalen lassen sich bei Auswertungen leicht in Prozentwerte umrechnen. Ein Zufriedenheitsniveau von 73% sagt in der Praxis erfahrungsgemäß mehr aus als ein Mittelwert von 7,3. Neben der 10er-Skalierung sind 5, 6, 7 und 9 gängige Werte für Skalenabstufungen. Auswertungen mit zwei oder drei Stellen hinter dem Komma sind „Augenwischerei", wenn der Befragte sich nur für drei Urteilsausprägungen (z.B. gut, mittel, schlecht) entscheiden konnte. Grobe Einschätzungen werden durch Mittelwerte künstlich verfeinert. Wir empfehlen deshalb Skalen mit mindestens 4, besser 6 oder 7 und höchstens 10 Abstufungen.

(5) **Bipolare Skalen** lassen die Befragten offene Gegensätze zwischen *gut / schlecht*, *schwach / stark*, *-3* und *+3* etc. beurteilen. Bipolarität bringt große Vorteile, wenn die Fragestellung tatsächlich eine Gegensätzlichkeit in sich birgt. Bsp.: *Fühlt sich dieser Kleidungsstoff Ihrem Gefühl nach eher kühl oder eher warm an*? Werden auf diese Weise zahlreiche Eigenschaftsgegensätze, wie warm/kalt, modern/altmodisch, hell/dunkel etc. abgefragt (z.B. gegensätzliche Eigenschaften, die die Attraktivität der Kaffeemaschine bei den Verbrauchern ausmachen), dann lassen sich sprachliche Begriffsräume, die sog. **semantischen Differentiale**, ausloten.[281] Die Antworten der Befragten können zeichnerisch durch Verbindung der Skalenbenotungen visualisiert werden. Es ergeben sich sog. Eigenschafts- oder **Polaritätenprofile**. Die Profildarstellung ist besonders dann interessant, wenn die Befragten ihre Einstellungen zu verschiedenen Urteilsobjekten auf den Skalen ankreuzen und die Beurteilungsunterschiede in einer Grafik sichtbar gemacht werden sollen (s. hierzu auch Abb.2-19).

(6) **Unipolare Skalen** bieten sich für die Messung durchgängig ansteigender Niveaus und Erreichungsgrade an, z.B. bei der Erfragung von Kundenzufriedenheiten. Die Befragten sollten über ein natürliches Empfinden für einen Bewertungsraum (Kontinuum) zwischen 0 (gar nicht) und 100% (alles) verfügen.

Bei allen Skalenkonstruktionen ist es wichtig, die Wortassoziationen der Befragten zu kennen. Wenn nicht bekannt ist, was die Befragten z.B. unter *modern* verstehen, dann lassen sich die Befragungsergebnisse auch nicht sinnvoll interpretieren.

---

[280] Fachausdruck Kunin-Skala: vgl. Weis; Steinmetz, (Marktforschung), 2008, S. 145
[281] entwickelt von Osgood und Hofstätter, um die semantische Bedeutung von Objekten (z.B. *modernes Design*) anhand von Assoziationen zu messen. Ca. 20 Gegensatz-Polaritäten reichen erfahrungsgemäß aus, um einen semantischen Raum auszuschöpfen: vgl. Friedrichs, (empirische Sozialforschung), 1973, S. 184-188; Kroeber-Riel; Weinberg; Gröppel-Klein, (Konsumentenverhalten), 2009, S. 243-253

3. Kapitel: Das Marktinformationssystem 149

Abb.3-19

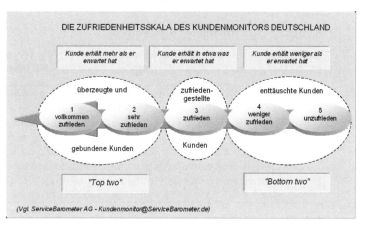

Abb.3-20

Die Stewards in den *Marriot Hotels* bitten ihre Gäste ausdrücklich um Ausfüllen von Fragebögen. Ihre Gehälter hängen teilweise von den Gästeurteilen ab.

Abb.3-19 beweist, **wie unterschiedlich Konsumenten den Zufriedenheitsbegriff auslegen**.[282] Nach diesem Befund wären 12,5% der Kunden, die einer befragenden Unternehmung ihre Zufriedenheit bestätigen, keinesfalls als sichere Kunden anzusehen. Dieser Sachverhalt bringt Unsicherheiten für alle direkten Zufriedenheitsabfragen, die skalenmäßig wie der **Kundenmonitor Deutschland** (früher **deutsches Kundenbarometer**; Herausgeber: *ServiceBarometer AG*) verbalisiert sind.[283] Abb.3-20 zeigt den Aufbau der in Deutschland bekanntesten Kundenzufriedenheitsskala.

Bei Kundenbefragungen sollte auch gefragt werden, wie wichtig die Merkmale den Befragten sind. Wichtigkeitseinschätzungen relativen Zufriedenheitsurteile.

> Es gehört zur Gepflogenheit guter Hotels, bei den Gästen Zufriedenheitsuntersuchungen durchzuführen. Wegen „unprofessioneller" Durchführung (oder spürbarer Halbherzigkeit der Befragung?) reagieren Hotelgäste nur in Einzelfällen. Die Bögen verstauben mit Eselsohren in den Hotelzimmern. Oft bieten auch schlampige Fragebögen den Gästen wenig Anreiz zur Urteilsabgabe. Es reicht auch nicht aus, nur nach der Zufriedenheit der Kunden zu fragen. Es ist auch danach zu fragen, wie wichtig ihnen die Leistungskriterien sind.

Neben den grundsätzlichen Fehlerquellen für empirische Befragungen sind während Pilot-Phase und Pretest weitere situationsabhängige **Verzerrungen** (**Bias**) beim Beantworten (Ankreuzen) von Ratingskalen aufzuspüren und zu verhindern:

(1) **Fehler der Zentraltendenz**: Befragte neigen zur Abgabe neutraler Wertungen. Es ergibt sich keine eindeutige Meinungsbildung.

(2) **Gefahr des „forcierten Ratings"**: Wenn es keinen neutralen Antwortbereich gibt, muss geprüft werden, ob die Fragenformulierung die Befragten nicht in eine Richtung drängt. Beispiel: Abfrage eines Öko-Bewußtseins.

(3) **Spielfehler**: Die Befragten kreuzen wahllos an (z.B. wegen Überforderung).

---

[282] vgl. o.V., (Tools), in: M&M, 1/1997, S. 38
[283] vgl. Bruhn; Murmann, (Kundenbarometer), 1998, S. 135-138; *www.servicebarometer.de*

(4) **Ja-Tendenz**: Die Befragten bevorzugen tendenziell positive Wertungen.
(5) **Impuls-Fehler**: Die Fragestellungen reizen zu unüberlegten Beurteilungen.
(6) **Fehler des Konsistenzzwanges**: Tendieren Antworten in eine Richtung, so neigen Befragte bei anderen Urteilen zu Kompromissen, um konsistent zu wirken.
(7) **Gefälligkeitsfehler**: Bei Persönlichkeitsurteilen werden oft Gefälligkeiten ausgesprochen. Einkäufer möchten z.B. ihrem Kundenbetreuer nicht schaden.
(8) **Halo-Effekt**: Ein Kunde hat oft nur einen vagen Gesamteindruck von einem neuen, zu bewertenden Produkt. Dann beurteilt er alle Produktmerkmale im Lichte dieses Gesamteindrucks, selbst wenn ihm einige Eigenschaften des neuen Produktes, wenn er sie isoliert beurteilt, nicht gefallen.

3.2.8. Experimente / Testverfahren

Experimente oder Tests sind die **Elitewerkzeuge für die Hypothesenprüfung**, d.h. für die Suche nach Ursache- / Wirkungszusammenhängen (Gesetzmäßigkeiten).

> ➡ Unter einem **Experiment** versteht man einen wiederholbaren Versuchsablauf, der es durch die Messung von einem oder von mehreren auf eine abhängige Variable (z.B. Kaufpräferenz) wirkenden Einflussfaktoren (den Reizen = **Stimuli**, z.B. eine neue Farbe für ein Waschmittel) erlaubt, eine Marktforschungshypothese auf Signifikanz (gegen die Nullhypothese, d.h. Annahme, dass die Reize keinen wesentlichen Einfluss ausüben) zu testen.
> ➡ Experimente sollten unter kontrollierten, vorher festgelegten Umweltbedingungen ablaufen, um Störeinflüsse aus dem Umfeld zu neutralisieren.

Experimente sind Testansätze zur systematischen Prüfung von Reiz-Hypothesen. Falls *Milka* vorhat, die *lila Kuh* in eine *gelbe* zu wandeln, dann wäre das ohne umfangreiche Konsumententests gefährlich. Wichtig ist, dass die Reaktionsunterschiede von Versuchs- und Kontrollgruppen eindeutig auf den Reizeinfluss zurückgeführt werden können. Dies wird in idealer Weise nur im Labor erreicht. Die Kombinationen von Testgruppe (*Experimentalgruppe E*) und *Kontrollgruppe (C)* mit *Beobachtungen (O = Observed)* von *Reizeinflüssen (X)* führt zu den **typischen Experimentalanordnungen** der Abb.3-21.[284]

Abb.3-21

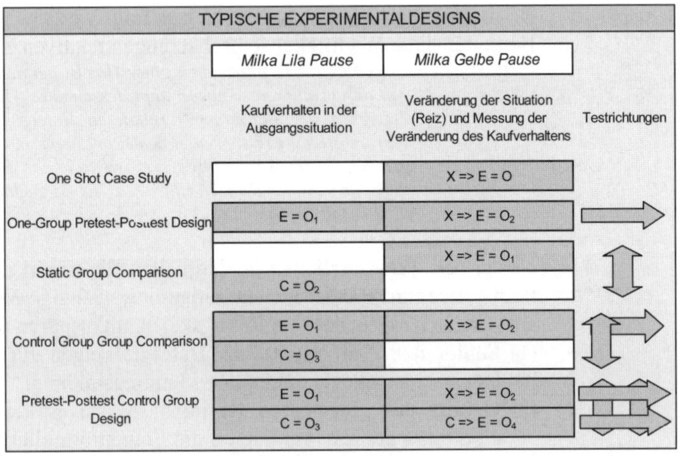

	TYPISCHE EXPERIMENTALDESIGNS		
	Milka Lila Pause	Milka Gelbe Pause	
	Kaufverhalten in der Ausgangssituation	Veränderung der Situation (Reiz) und Messung der Veränderung des Kaufverhaltens	Testrichtungen
One Shot Case Study		$X \Rightarrow E = O$	
One-Group Pretest-Posttest Design	$E = O_1$	$X \Rightarrow E = O_2$	
Static Group Comparison		$X \Rightarrow E = O_1$	
	$C = O_2$		
Control Group Group Comparison	$E = O_1$	$X \Rightarrow E = O_2$	
	$C = O_3$		
Pretest-Posttest Control Group Design	$E = O_1$	$X \Rightarrow E = O_2$	
	$C = O_3$	$C \Rightarrow E = O_4$	

---

[284] vgl. zu den Test-Designs Homburg; Krohmer, (Marketingmanagement), 2009, S. 267-282

Abb.3-22

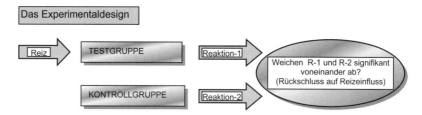

Abb.3-22 zeigt den häufig eingesetzten **Grundtyp des Static Group Comparison**. In zwei Supermärkten finden zwei strukturgleiche Käuferschichten ein Markenprodukt in gleicher Regalposition. Plötzlich wird die Regalposition des einen Produktes verbessert. Mehrkäufe der Testgruppe (Experimentalgruppe) im Vergleich zu einer Kontrollgruppe werden auf den Reizeinfluss zurückgeführt.

Ein Experiment darf nicht als Alternative zur Beobachtung oder Befragung gesehen werden, wie das die Literatur zuweilen tut. Alle klassischen Erhebungsverfahren können in Experimenten Anwendung finden.

Zu unterscheiden sind fünf **Arten von Experimenten** bzw. von empirischen Tests:[285]

(1) **Beobachtungsexperimente** und **Befragungsexperimente**: Beobachtungsexperimente sind besonders gut geeignet, Hypothesen über das Verbraucherverhalten zu prüfen. *Bsp.: Wie reagieren Kunden auf unterschiedliche Regalplatzierungen eines Produktes?* Denn die Beobachteten erhalten keine Informationen über das Experiment. Befragungsexperimente bieten andererseits den Vorteil einer Interaktion mit den Befragten und erlauben somit auch das Testen komplizierter Sachverhalte.

(2) **Feldexperimente** und **Laborexperimente**:

Abb.3-23

Feldexperimente finden unter natürlichen Bedingungen statt. Dem Vorteil des Austestens unter realen Bedingungen steht der Nachteil der Gefahr nicht kontrollierbarer Störeinflüsse gegenüber. **Laboruntersuchungen** finden unter künstlichen Bedingungen statt. Sie gelten als Domäne der psychologischen und sozialpsychologischen Forschung. Für Marketing und Vertrieb ist das Feldexperiment vorherrschend. Abb.3-23 zeigt Voraussetzungen für eine Experimentalsituation.

(3) Insbesondere bei Feldexperimenten werden unterschieden: (a) **Produkttests** (getestet werden Produkteigenschaften unabhängig von den Verkaufsbedingungen), (b) **Storetests** in ausgesuchten Einzelhandelsgeschäften (*GfK-Storetest*), bei dem Testprodukte unter realen Bedingungen vermarktet werden, und (c) **Markttests** (regionale Testmärkte, Bsp.: *Nielsen-Markttest*), die die Simulation flächendeckender, realer Marktsituationen zur Aufgabe haben. Der *Nielsen*-Markttest überprüft speziell das Verhalten von Zielgruppen.

VORAUSSETZUNGEN FÜR DIE DURCHFÜHRUNG VON EXPERIMENTEN

❶ **Wiederholbarkeit** der Erhebungssituation

❷ **Kausalanalyse**: Die Wirkungsrichtung zwischen der unabhängigen und der abhängigen Variablen muss klar sein. Die Beziehung muss irreversibel (nicht umkehrbar) sein.

❸ **Kontrolle der Erhebungsbedingungen**: Insbesondere dürfen keine unkontrollierten Störeinflüsse in den Reiz-/Reaktionsvorgang hineinwirken.

❹ **Definition der Erhebungssituation**: Dazu ist es notwendig, die Erhebungssituation genau festzulegen und im Ablauf zu planen.

❺ **Einhalten einer „Experimentalethik"**: Der Vorgang der gezielten Beeinflussung der Experimentalgruppe darf nach strengem ethischem Massstab die Grenze zur „bewussten Täuschung" (Manipulation) nicht überschreiten.

---

[285] vgl. die Zusammenfassung bei Weis; Steinmetz, (Marktforschung), 2008, S. 209-242

(4) **Simultanexperimente** und **sukzessives Experimente**:
Diese Unterscheidung bezieht sich darauf, ob im Experiment mit getrennten Versuchs- und Kontrollgruppen, die gleichzeitig untersucht werden, gearbeitet wird oder ausschließlich mit einer Gruppe. Beim Eingruppenexperiment fungiert diese zuerst als Kontroll- und dann als unter Reizeinfluss gesetzte Versuchsgruppe.[286]

(5) **Simulationsexperimente**:
Die Simulation stellt eine Sonderform dar. Reale Prozesse werden in einem mathematischen Simulationsmodell reproduziert. Störgrößen können kontrolliert mit einbezogen werden. **Weltsimulationsmodelle** haben vor einigen Jahren eine besondere Rolle gespielt. Die zeitliche Reichweite der natürlichen Erdressourcen (Erdöl) wurde unter Annahmen des Bevölkerungswachstums und möglicher Klimaentwicklungen analysiert. Es ist still geworden um diese Art von Zukunftsvoraussagen.[287]

Welche **Fragestellungen** im Bereich der Käuferforschung können mit Hilfe von Tests bearbeitet werden? Sechs Zielsetzungen bzw. Testformen sind gängig:[288]

(1) **Akzeptanztests**: Wie stark ist eine Kaufabsicht von bestimmten Reizen (z.B. Produktdesign oder Art der Warenpräsentation am POS) abhängig?

(2) **Präferenztests**: Wird ein Produkt signifikant Wettbewerbsprodukten vorgezogen und wenn ja, welchen? Die Testsets sind dann Warenkörbe.

(3) **Deskriptionstests**: Werden bestimmte Produkteigenschaften signifikant stärker wahrgenommen und bewertet als andere? Stimuli sind die abgefragten Produkteigenschaften.

(4) **Diskriminanztests**: Durch welche Eigenschaften werden Produkte von verschiedenen Käufergruppen signifikant unterschiedlich wahrgenommen, bzw. welche Produkteigenschaften trennen Käuferschichten (z.B. Hochpreis- und Discountpreis-Käufer)?

(5) **Wahrnehmungstests**: Durch welche Eigenschaften wird ein Produkt überhaupt von den Konsumenten bemerkt (auch: **Awareness-Tests**)?

(6) **Evaluationstests**: Werden verschiedene Produkte von den befragten Konsumenten als Ganzheiten signifikant unterschiedlich empfunden bzw. beurteilt?

In Bezug auf die **statistische Testarithmetik** sind zu unterscheiden[289]:

(1) **Parametertests** prüfen die Nullhypothese, ob ein erhobener Wert (Mittelwert und Streuungsmaße) einer Stichprobe nicht signifikant von dem statistischen Wert in der Grundgesamtheit abweicht. Bsp.: *Die Käuferpräferenzen für zwei Duftvarianten einer neuen Hautcreme werden gemessen. Werden die Duftvarianten von den Verbraucherinnen signifikant unterschiedlich beurteilt?*

(2) **Anpassungstests** prüfen die Nullhypothese, ob eine bestimmte Verteilung nicht signifikant von einer vorgegebenen Verteilungsfunktion abweicht: *Das berühmte Würfelexperiment. Ein Würfel wird 1000mal geworfen. Sind die Augenzahlen dann gleichverteilt - handelt es sich also um einen „fairen" Würfel?*[290]

(3) **Unabhängigkeitstests** prüfen die Nullhypothese, ob bestimmte Merkmale einer Grundgesamtheit unabhängig voneinander sind. Bsp. für eine Nullhypothese: *Die Farbgebung für einen PC hat keinen Einfluss auf die Kaufwahl.*

Ausgewählte Testbeispiele aus der Käuferforschung werden im Zusammenhang mit den Auswertungsmethoden vorgestellt (Abschnitt 3.4.3.).

---

[286] vgl. zu den Experimentaltypen: Weis; Steinmetz, (Marktforschung), 2008, S. 211-213
[287] vgl. Forrester, (Industrial Dynamics), 1972
[288] vgl. in Anlehnung an Koch, (Marktforschung), 2009, S. 109-110
[289] vgl. als Überblick Homburg; Krohmer, (Marketingmanagement), 2009, S. 313 ff.
[290] vgl. die anschauliche Darstellung des Münz- oder Würfelwurfes mit dem sich ergebenden Erscheinungsbild der Normalverteilung: Heller; Rosemann, (empirische Untersuchungen), 1974, S. 171-179

Von Zuhause blitzschnell auf zitierfähiges Wirtschaftswissen zugreifen!

Kostenfreier Newsletter unter **econo**mag.de

Oldenbourg Wissenschaftsverlag GmbH · Rosenheimer Straße 145 · 81671 München

Bild: Stock.XCH

3.3. Institutionen der Primärmarktforschung

3.3.1. Marktforschungsinstitute als Partner der Wirtschaft

Abb.3-24

Die 2008 größten Marktforschungsinstitute der Welt waren *Nielsen* (3,4 Mrd. Euro Umsatz), *Kantar/TNS Infratest* (3 Mrd.), *IMS Health (1,6 Mrd.)*, *GfK* (1,2 Mrd.) und *IPSOS* (1 Mrd.).

Der Weltmarkt für Marktforschung wurde 2005 auf 18,7 Mrd. Euro geschätzt. Die dem *Arbeitskreis Deutscher Markt- und Sozialforschungsinstitute* (*ADM*, Frankfurt) angeschlossenen 166 Institute erwirtschafteten 2008 mit 15.638 festangestellten Mitarbeitern ein Umsatzvolumen von 1,8 Mrd. Euro. Das dürfte ca. 90 Prozent der gesamten deutschen Marktforschung beinhalten. Das Auftragsvolumen hat sich damit seit 1986 mehr als vervierfacht. Fast 18 Mio. Interviews wurden im Jahr 2008 geführt.

DIE 10 GRÖSSTEN DEUTSCHEN MARKTFORSCHUNGSINSTITUTE NACH UMSATZ 2008	
① GfK-Gruppe	⇨ 1227 Mio. Euro
② TNS Infratest	⇨ 215 Mio. Euro
③ Nielsen	⇨ 83 Mio. Euro
④ IPSOS	⇨ 43 Mio. Euro
⑤ Synovate	⇨ 33 Mio. Euro
⑥ Research Internat.	⇨ 30 Mio. Euro
⑦ Psyma	⇨ 26 Mio. Euro
⑧ Maritz Research	⇨ 22 Mio. Euro
⑨ Leyhausen	⇨ 20 Mio. Euro
⑩ Kleffmann	⇨ 19 Mio. Euro
(Quelle: Context Absatzwirtschaft, Sonderheft Media & Research 2009, S. 6)	

Der *ADM* hat sich folgende Aufgaben gestellt:
- Wahrung des Ansehens der Markt- und Sozialforschung in der Öffentlichkeit und Förderung des Vertrauens der Öffentlichkeit in die Markt- und Sozialforschung,
- Schutz der Auftraggeber vor unzulänglichen Untersuchungen und Schutz der Öffentlichkeit vor unzulänglichen Veröffentlichungen,
- Bekämpfung des unlauteren Wettbewerbs,
- Verbindung zu nationalen und internationalen Organisationen,
- Förderung von wissenschaftlicher Grundlagenforschung und Hochschulen.[291]

Abb.3-24 bietet die deutsche Umsatzrangliste der Marktforschungsinstitute. Abb.3-25 analysiert die Struktur der gewerbsmäßigen Marktforschung in Deutschland.

Neben dem *ADM* sind weitere Verbände der Markt- und Sozialforschung um Ansehen, Qualitätssicherung und um die Durchsetzung von Standesregeln bemüht. In Deutschland sind das z.B. die *Arbeitsgemeinschaft Sozialwissenschaftlicher Institute e.V.* (*ASI*) und der *Berufsverband Deutscher Markt- und Sozialforscher e.V.* (*BVM*, Berlin) sowie im europäischen Rahmen die *European Society for Opinion and Marketing Research* (*ESOMAR*, Amsterdam). Weltweit ist die *World Association for Public Opinion Research* (*WAPOR*) tätig.

Abb.3-25

STRUKTUR DER MARKTFORSCHUNG IN DEUTSCHLAND 2008			
Basis-Methoden	*Untersuchungsarten*	*Branchen (Auswahl)*	*Befragungsmethoden*
• 92% Primärforschung quantitativ • 7% Primärforschung qualitativ • 1% Sekundärforschung und Desk Research	• 64% Ad-hoc-Forschung • 27% Panels • 6% andere kontinuierliche Programme • 2% Omnibus-Erhebungen • 1% Sonstiges	• 59% Konsumgüterindustrie • 14% Pharmazeutische Industrie • 10% Investitionsgüterindustrie • 7% Medien, Verlage • 3% Banken, Versicherungen	• 21% persönliche Interviews, davon 12% traditionell Paper and Pencil, 9% CAPI • 42% Telefoninterviews • 6% schriftliche Befragungen • 31% Online-Befragungen (2003: 10% !)

(Quelle: ADM - Arbeitskreis Deutscher Markt- und Sozialforschungsinstitute e.V.; www.adm-ev.de; 2008)

---

[291] vgl. Broschüren des ADM: Geschichte, Aufgaben und Ziele des ADM; ferner *www.adm-ev.de*

Folgende Kriterien können zur **Auswahl eines Marktforschungsunternehmens** für eine Marktanalyse herangezogen werden:
(1) Erfahrung und Reputation auf dem Untersuchungsgebiet,
(2) Mitgliedschaft in einem der Fachverbände *ADM* oder *BVM* zur Sicherstellung von Seriösität und qualitativer Mindestanforderungen,
(3) erfolgreiche Projekte in der eigenen Branche und entsprechende Referenzen,
(4) eventuell sogar Erfahrungen aus einer früheren Zusammenarbeit,
(5) technische und personelle Ausstattung des Instituts (Teststudio, geschulte Interviewer, Analysesoftware),
(6) professionelles Projektmanagement und Regelung einer regelmäßigen Berichterstattung über den Projektfortschritt,
(7) Sicherung der Vertraulichkeit für hochsensible Marktdaten,
(8) zu erwartende Art der Präsentation und Qualität der Dokumentation,
(9) zusätzlicher Consulting-Service (Beratungsleistungen für den Auftraggeber),
(10) Basispreis und zu erwartende Sonder- bzw. Zusatzkosten.

3.3.2. Leistungsangebote ausgewählter Marktforschungsinstitute

Die Marktforschungsinstitute haben sich teilweise auf bestimmte Fragestellungen, Verfahren und / oder Branchen spezialisiert. Dieser Umstand erleichtert die Auswahlentscheidung. Die folgende Leistungsübersicht beschränkt sich aus Platzgründen auf wenige, führende Institute. Sie erhebt keinen Anspruch auf Vollständigkeit und gibt auch keine Wertung wieder.

GfK

1934 gründeten Ludwig Erhard, „Vater" des deutschen Wirtschaftswunders, zusammen mit Wilhelm Vershofen und Erich Schäfer die *Gesellschaft für Konsumforschung e.V.*

Die *GfK* ist weltweit das viertgrößte Marktforschungsunternehmen und beschäftigt über 10.000 Mitarbeiterinnen und Mitarbeiter. Aus über 100 Ländern liefern 150 operative Unternehmen das Wissen über alle wichtigen Konsumgüter-, Pharma-, Medien- und Dienstleistungsmärkte. Das Angebot ist in 3 Sektoren aufgeteilt; entsprechend den zentralen Datenquellen: *Custom Research*, *Retail and Technology* und *Media*. 2008 erwirtschaftete die *GfK*-Gruppe weltweit einen Umsatz von 1,22 Mrd. Euro.
(1) Der Sektor **Custom Research** bietet in über 30 Ländern und über Kooperationen in mehr als 60 weiteren Ländern Informations- und Beratungsservices für operative und strategische Marketingentscheidungen. *Custom Research* verfügt über ein breit gefächertes Angebot an Tests und Studien insbesondere zu Produkt- und Preispolitik, Markenführung, Kommunikation, Distribution und Kundenloyalität. Das Portfolio des Sektors umfasst exklusiv auf individuelle Fragestellungen zugeschnittene Ad-hoc-Studien, sowie kontinuierlich erhobene Daten, zum Beispiel aus Haushalts- und Ärztepanels.
(2) Im Sektor **Retail and Technology** werden Informationen erhoben, die auf kontinuierlichen Erhebungen und Analysen der Umsätze von technischen Konsumgütern im Einzelhandel in über 80 Ländern basieren. Die Quelle der Informationen ist der Handel (mit Datenerhebung am Point of Sale). Die Angebote umfassen regelmäßig erscheinende Analysen sowie besondere Studien zu den Marktsegmenten Unterhaltungselektronik, Fototechnik und Optik, elektrische Haushaltsgeräte, Informationstechnologie und Bürokommunikation, Telekommunikation, Mode, Tourismus und Unterhaltungsmedien.
(3) Informationsservices zu Reichweiten, Intensität und Art der Nutzung von Medien und Medienangeboten sowie zu deren Akzeptanz in über 20 Ländern Europas und in den USA bietet der **Sektor Media**. Das Angebot richtet sich an Kunden aus Medienunternehmen, Agenturen und der Markenartikelindustrie. Es beinhaltet sowohl regelmäßige als auch einmalig durchgeführte Studien und Analysen.

Die *GfK-Omnibus-Befragungen* sind Mehrthemenerhebungen. In regelmäßigen Abständen werden repräsentative Konsumentenstichproben befragt, wobei sich Auftraggeber aus verschiedenen Branchen mit ihren individuellen Fragebögen an den so genannten Omnibus anhängen können und dadurch die Fixkosten teilen. In Deutschland befragen der *GfK CLASSIC BUS*, der *GfK TELEFON BUS* und der *GfK eBUS* wöchentlich je 1.000 Personen. Diese werden nach zahlreichen soziodemografischen Merkmalen selektiert und bilden die Bevölkerung repräsentativ ab. Untersuchungsaufgaben des *GfK-Omnibus-Systems* sind zum Beispiel:
- Messung des Bekanntheitsgrads von Unternehmen und Marken,
- Ermittlung von Werbeerinnerung,
- Verhaltens- und Einstellungsmessungen,
- Imageermittlung,
- Preistests,
- Strukturdatenerhebungen sowie Soziodemografische Zielgruppenanalysen,
- wie auch anspruchsvolle multivariate Analysen.

Im internationalen Rahmen befragen der *GfK EURO BUS* und der *GfK GLOBO BUS* mindestens einmal monatlich 1.000 Verbraucher in allen wichtigen Märkten der Welt. Für jede Befragung wird eine neue Stichprobe gebildet, um Abstumpfungen der Teilnehmer zu vermeiden. Mit den *GfK Roper-Consumer-Styles* (s. Abschnitt 1.1.8.c.) steht eine Lebensstil-Segmentierung für 38 Länder auf fünf Kontinenten zur Verfügung. Mehr als 100.000 Verbraucher werden zu ihrem Kaufverhalten befragt.

Die *GfK Marktforschung* hat über viele Jahre weltweit ein System der ganzheitlichen Marken- und Kommunikationsforschung etabliert. Der umfassende Forschungsansatz liefert Entscheidungshilfen für alle Phasen der Markenführung im Image- und Kommunikationswettbewerb. Das modulartig aufgebaute Leistungsangebot umfasst u.a. die folgenden Analyseinstrumente (Auswahl):

(1) **TARGET®POSITIONING** ist ein Instrument zur Unterstützung der strategischen Markenführung. Die fünf Module sind in Abb.3-26 anschaulich dargestellt.[292] Der Fokus dieses Forschungsansatzes liegt auf der Erarbeitung einer erfolgversprechenden Positionierung für eine Marke und der optimalen Gestaltung der relevanten Markenkontaktpunkte. Kennzeichnend für dieses Tool ist ein hoher Anteil an qualitativen Modulen - von Tiefeninterviews mit dem Management im Vorfeld, über Netzwerkanalysen bei der Zielgruppe bis hin zu Umsetzungsworkshops im Unternehmen und Kreativworkshops mit der Zielgruppe für die Ausgestaltung der erarbeiteten Positionierung.

(2) Das *GfK BVTSM (Brand Vitality Tracking)* ist ein Instrument für das Markencontrolling, mit dem sich der Erfolg einer erarbeiteten Positionierungsstrategie im Zeitverlauf quantifizieren lässt. Der Fokus von *BVTSM* liegt zum einen auf der Überprüfung, inwieweit die Verankerung der Markenidentität bei der Zielgruppe gelingt. Zum anderen auf der Messung der Effektivität und Effizienz der einzelnen Markenkontaktpunkte, an denen sich die Markenidentität abbilden soll. Auf Basis komplexer Analysen lassen sich die einzelnen Marketingmix-Instrumente hinsichtlich ihrer Relevanz priorisieren und Optimierungsempfehlungen für Budgaufteilungen erstellen. Die im Rahmen von *BVTSM* erhobenen Kerngrößen leiten sich aus dem *GfK*-Markenführungsmodell ab. Darüber hinaus verfügt die *GfK* über ein **Markencockpit-System**. Durch das Markencockpit lassen sich die Trackingergebnisse für unterschiedliche Anspruchsgruppen im Unternehmen elektronisch aufbereiten und anschaulich darstellen.

---

[292] vgl. Grimm; Högl; Hupp, (Target Positioning), 1999 sowie die Broschüre **TARGET®POSITIONING** der GfK; vgl. auch *www.gfk.de*

Abb.3-26

Target Positioning
- Ein Tool zur Unterstützung des strategischen Markenmanagement -

Schlüsselmodul des Target-Ansatzes:
Brand Potential Index (BPI)
- BPI gibt Aufschluss über die Attraktivität einer Marke gegenüber anderen konkurrierenden Marken.
- Reflektiert die gefühls- und verstandesmäßige Wertschätzung der betrachteten Marke durch den Konsumenten.
- Analysiert kognitive, emotionale und verhaltensbezogene Kriterien im Wege der konfirmatorischen Faktorenanalyse (KFA).
- Signifikanter Zusammenhang zwischen BPI und Marktanteil ist nachgewiesen (s. Abbildung).

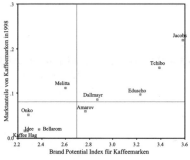

Diagnosemodul-1: Positioning Radar
- Sammelt in Workshops mit Produktkäufern und Branchenexperten die kaufbestimmenden Produkteigenschaften.
- Identifiziert „weiche" Produkteigenschaften (z. B. Images), die in Low-Involvement Situation Markenwahl beeinflussen.

Diagnosemodul-2: Evoked Set Analyses
- Dient der Bestimmung der wesentlichen Wettbewerber (vom Verbraucher als Kaufalternativen wahrgenommene Marken) und ihrer Konkurrenzbeziehungen.

Diagnosemodul-3: Identity Analysis
- Entwicklung eines Persönlichkeitsprofils für die untersuchte Marke und deren Mitbewerber unter Berücksichtigung:
- eines Imageprofils, das funktionale und emotionale Eigenschaften berücksichtigt,
- eines standardisierten Itemsatzes von Persönlichkeitsmerkmalen,
- zentraler Werthaltungen der Konsumenten sowie
- geeichter projektiver Testbildsätze (PTS-Bilder).

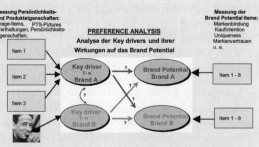

Diagnosemodul-4: Preference Analysis
- Bestimmt mittels kausalanalytischer Techniken aus der Vielzahl der möglichen funktionalen und emotionalen Positionierungseigenschaften solche, die eine signifikante Verbesserung des Brand Potentials bewirken.
- Identifikation der Key Drivers für die zukünftige erfolgversprechende Positionierung einer Marke im Wettbewerbsumfeld.

Diagnosemodul-5: Positioning Creator
- Führt die Ergebnisse der vorgelagerten Module in Workshops mit Branchenexperten zusammen, um ein erfolgversprechendes Positionierungsfeld unter Berücksichtigung firmenspezifischer Aspekte abzuleiten.
- Stützt sich dadurch auf eine ganzheitliche und umfassende Analyse des untersuchten Marktes.
- Legt fest, durch welche psychologische Zusatznutzen Verbraucher langfristig an die Marke gebunden werden sollen.
- Gibt nachvollziehbare Empfehlungen für den kommunikativen Marktauftritt.

Quelle und mit freundlicher Unterstützung: Dr. Oliver Hupp, GfK Marktforschung GmbH (www.gfk.cube.net)

(3) **AD*VANTAGE®Multimedia** misst die effektiven Werbewirkungen eines Werbemittels und prognostiziert die Wirkungen von Kampagnen der Schaltung.
(4) **GfK CUT** untersucht kontinuierlich die Wirkungen von Kommunikationsmaßnahmen einer Marke und ihrer Wettbewerber in der Zielgruppe. Auf Basis der Erhebungsdaten zeigt die *GfK* ihren Kunden Optimierungspotenziale auf.
Als innovative Neuentwicklungen bietet die *GfK* u.a. an: den *GfK SMART* (Superior Mystery Shopping Administration and Reporting Technology), die *GfK NewProductWorks* Datenbank, den *GfK Target Group Profiler (TGP)* oder den *GfK Price Performance Planner (PPP)*.

TNS Infratest (2009 mit Research International verschmolzen)
TNS Infratest ist das zweitgrößte deutsche Institut für kundenindividuelle Auftragsforschung. "*Unsere ganze Forschung und Beratung dient einem einzigen Zweck: unseren Auftraggebern Wissen bereitzustellen, das im Markt, im Wettbewerb und in allen Bereichen der strategischen und taktischen Unternehmensführung zu Wachstum und Ertrag beitragen kann.*"[293] Die *TNS Gruppe* erwirtschaftete 2007 mit 1.100 Mitarbeitern, davon 585 Projektleitern und Beratern, 1,63 Mrd. Euro Umsatz. In Deutschland bearbeiteten 2008 4.000 Interviewer 3.800 Marktforschungs- und Beratungsprojekte. Für die Datenerhebung stehen 1100 CATI-Stationen (Computer Assisted Telephone Interviewing), 8 Telefonstudios und 1.500 CAPI-Stationen (Computer Assisted Personal Interviewing) zur Verfügung. *TNS* sieht sich an der Spitze der Internet- und Online-Forschung. Der hohe Anspruch von *TNS* lautet: „*Nobody does it better*". Als Arbeitsfelder und Dienstleistungsangebote sind ausgewiesen:

- Automobilmarktforschung,
- Brand & Communications,
- Consumer & Retail,
- Energiemarktforschung,
- Finanzmarktforschung,
- Gesundheitsforschung,
- Industry Products & Services,
- IT / Telekommunikation,
- Medienforschung,
- Messeforschung,
- Mystery Research,
- New Interactive Centre (NICe),
- Politik- / Wahlforschung,
- Qualitative Marktforschung,
- Rechtsforschung,
- Social Marketing,
- Sozialforschung,
- Sport & Sponsoring,
- Stakeholder Management

In allen Forschungsfeldern gibt es standardisierte und patentierte Produkte. So ist z.B. für die **Kundenbindungsmessung** der *TRI*M*-Index ein führendes Instrument. *TRI*M - Measuring, Managing, Monitoring* - bildet die Qualität der Kundenbindung von Unternehmen oder Unternehmensteilen durch einen zusammenfassenden Index ab. Eine Zeitraumanalyse gibt einem Unternehmen Hinweise, inwieweit Geschäftspolitiken greifen oder verändert werden müssen. Eine Analyse der Kundenbindungstreiber im *TRI*M Grid* identifiziert strategische Handlungsfelder und priorisiert Maßnahmen. Referenzkunde für den *TRI*M*-Index ist z.B. die *Telekom*.[294]

---

[293] www.tns-infratest.com, www.tns-global.com
[294] vgl. Scharioth; Pirner, (TRI*M), 1999, S. 323-347

The Nielsen Company

Die *Nielsen* Zielsetzung: „*Wir wollen weltweit zum Erfolg unserer Kunden beitragen, indem wir sie dabei unterstützen, ihre Märkte besser zu verstehen.*"

The *Nielsen Company* ist ein führendes globales Informations- und Medienunternehmen, das seinen Kunden weltweit essentielle und integrierte Marketing- und Media-Informationen sowie Analysen und Branchenexpertise zur Verfügung stellt. *Nielsen* nimmt führende Marktpositionen in den Bereichen Marketing- und Verbraucherinformationen, Media-Informationen zu Fernsehen, Online-, Mobil- und weiteren Medien, Fachmessen sowie Business Publications (*Billboard*, *The Hollywood Reporter*, *Adweek*) ein. Das in Privatbesitz befindliche Unternehmen ist in mehr als 100 Ländern aktiv mit Hauptsitz in New York (USA). In Deutschland erwirtschaftete *Nielsen* 2008 mit 509 Mitarbeitern einen Jahresumsatz von 83 Mio. Euro. *Nielsen* konzentriert die Marktforschungsangebote auf folgende Geschäftsfelder:

(1) Das **Handelspanel** gilt als Eckpfeiler der *Nielsen* Marktforschung. Informationen über Produktentwicklungen, Marktanteile, Distributionen und Preise aus über 150.000 Geschäften aus mehr als 65 Ländern sind verfügbar. Seit 1979 bietet *Nielsen* ein auf Scanning-Technologie basiertes Panel *MarketTrack* an. Weitere Einzelheiten folgen später.

(2) **Consumer Panel - Haushaltspanel**: Mit der Haushaltspanel-Forschung wird das Kaufverhalten der Verbraucher aus über 300.000 Haushalten in weltweit 28 Ländern mit Hilfe von Scannern verfolgt. Die Paneldaten geben Aufschluss über die Einkäufe in allen aufgesuchten Verkaufsstätten und stellen Informationen über die Käufer, deren Einstellungen und den Einfluss von Marketingaktivitäten auf das Kaufverhalten bereit. Das deutsche *Nielsen-Haushaltspanel* ist ein gesamtdeutsches, repräsentatives Haushaltspanel mit 15.000 Haushalten. Die Panelhaushalte berichten stellvertretend für alle Haushalte in der Bundesrepublik Deutschland kontinuierlich über ihre Einkäufe von Gütern des täglichen Bedarfs. Es bietet alle wesentlichen Informationen zum Einkaufs- und Nutzungsverhalten und zu Verbrauchereinstellungen und ist eine maßgebliche Quelle für das Verständnis des Verbraucherverhaltens und der Kaufmuster für jedes Bevölkerungssegment in jeder Art von Verkaufsstätte.

(3) **Nielsen Media Research** ermittelt die Fernsehgewohnheiten von 150.000 Einzelpersonen in mehr als 50.000 Haushalten in 25 Ländern. In 30 Ländern werden Werbebudgets erhoben. Die Daten können als Entscheidungshilfen für die eigene Wettbewerbsstrategie dienen.

(4) **Nielsen Consumer Research** liefert maßgeschneiderte Antworten auf Fragestellungen rund um Marketing- und vertriebsrelevante Themen wie Branding, Pricing oder Shopper mittels Konsumenten-Befragung. Es werden die Möglichkeiten genutzt, Informationen aus Konsumenten-Befragungen mit den Daten des Handels- und Haushalts-Panels zu verbinden, um dadurch ganzheitliche Empfehlungen zu liefern. In den internationalen Kompetenzcentern wurden moderne, standardisierte Methoden z.B. zu Markensteuerung, Kundenzufriedenheit oder Kaufentscheidungstreiber entwickelt. Diese werden von lokalen Experten-Teams mit spezifischem Markt-Know-how umgesetzt und an die Fragestellungen der Kunden angepasst. *Nielsen Consumer Research* bietet neben tiefenpsychologischen Fokusgruppen alle quantitativen Erhebungsmethoden an (Erhebungen online, CATI, Fragebogen-Erhebung oder Interview).

(5) Die **Decision Support Services** bieten Softwarelösungen für das Reporting inkl. grafische Aufbereitungen und Entscheidungshilfen für vielfältige Fragestellungen. Paneldatenbanken können für maßgeschneiderte Analysen genutzt, die Software in das firmeneigene Informationssystem integriert werden.

(6) In Europa werden jährlich viele tausend neue Produkte in den Handel gebracht. Ein optimaler Promotion-Mix ist genauso wichtig wie eine langfristige Preisstrategie. **Nielsen Custom Analytics** unterstützt die strategischen und taktischen Marketing- und Vertriebsentscheidungen durch maßgeschneiderte Lösungen.

Durch Integration mehrerer Datenquellen bietet Custom Analytics auch eine erfolgsorientierte Begleitung pragmatischer Lösungen am POS. Außerdem wird eine Vielzahl von Analysen rund um das Einkaufs- und Nutzungsverhalten, vielseitige Einfragemöglichkeiten in das Haushaltspanel mit der Option der Verknüpfung mit dem tatsächlichen Einkaufsverhalten, diverse Möglichkeiten der Segmentierung von Zielgruppen, die Analyse von Direct Mail-Aktionen, Qualitätsmessungen sowie die Durchführung kundenspezifischer Projekte angeboten.

(7) Interessant ist ferner das Angebot im Segment **Regal-Management** (*Merchandising Services*). Diese Service-Module schaffen eine Grundlage für ein integriertes Category Management und erarbeiten Empfehlungen zur Sortimentsplanung, Regaloptimierung (vgl. die Software *Spaceman*) Raumnutzung, Warenbestandsverwaltung, Produktplatzierung, Preisgestaltung und für Promotionmaßnahmen.

Innerhalb dieser Geschäftssegmente bietet *Nielsen* zahlreiche Services an. Eine Auswahl wird im Abschnitt 3.3.3. im Zusammenhang mit der Panelforschung vorgestellt.

IPSOS

Weltweit operiert die *IPSOS Gruppe* mit 8.800 Vollzeitbeschäftigten und Niederlassungen in 60 Ländern. *IPSOS* erwirtschaftete 2008 mit Studien in über 100 Ländern 979 Mio. Euro Umsatz. Im Ranking der Ad-hoc-Institute liegt *IPSOS* weltweit an Nr. 3. *IPSOS Deutschland* entstand 1999 durch Zusammenschluss der Institute *GFM, GETAS* und *WBA* und *INRA*. *IPSOS Deutschland* beschäftigt an den Standorten Hamburg und Mölln 430 festangestellte Mitarbeiter. Mit 2.300 freiberuflichen Interviewern wurden 2008 Umsatzerlöse in Höhe von 42,5 Mio. Euro erzielt. *IPSOS* konzentriert sich auf folgende Kernbereiche: (1) Erforschung von Marktpotenzialen und Markttrends, (2) Produkt- und Werbetests, (3) Erforschung von Kundenbeziehungen, (4) Messung von Medien- bzw. Werbewirkungen und (5) weltweite Meinungsforschung. Weiter differenziert bietet *IPSOS* Leistungen in den folgenden Forschungsbereichen an: *Automobilforschung, Consumer Research, Dienstleistungsforschung, empirische Rechtsforschung, Eventforschung, Health Research, Omnibus-Systeme, Onlineforschung, Pharmaforschung, Sponsoringforschung, Modeling und Forecasting.*

Institut Allensbach

Das *Institut Allensbach* wird hier wegen seiner historischen Bedeutung für die deutsche Markt- und Meinungsforschung dargestellt. Es wurde 1947 als erste deutsche Einrichtung für die repräsentative Markt- und Meinungsforschung gegründet.[295] Mitbegründerin war *Prof. Dr. Elisabeth Noelle-Neumann*. Von historischer Bedeutung sind die ersten Betriebsuntersuchungen (*Schiesser* 1948 und *Dunlop* 1953) und die ersten Radiohörer-Umfragen, z.B. beim *Nordwestdeutschen Rundfunk* 1948/49. Mit ca. 100 festangestellten Mitarbeitern und 2000 freien Interviewern wurden 2008 ca. 9,1 Mio. Euro Umsatz erwirtschaftet. Jährlich werden ca. 100 Studien mit 80.000 bis 90.000 Interviews erstellt. Das besondere Know-how liegt in der Durchführung von mündlichen Blitzinterviews innerhalb von 3 bis 5 Tagen. Weitere Kompetenzbereiche sind die Wahldemoskopie und die empirische Sozialforschung wie auch die jährliche Messung des Kaufverhaltens und des Konsumklimas. Bemerkenswert ist dabei der hohe Anteil von 80% Face-to-Face-Interviews. Bekannt sind vor allem die *Allensbacher Markt- und Werbeträger-Analyse* (*AWA*: Seit 44 Jahren jährlich) werden über 20.000 Verbraucher zu ihren Konsumgewohnheiten und Kaufplänen sowie zur Zeitungs-, Zeitschriften-, Radio- und Fernsehnutzung befragt) und die *Allensbacher Computer- und Telekommunikationsanalyse* (*ATCA*: Seit 1997 werden jährlich 10.000 Personen zur Nutzung der Neuen Medien befragt).

---

[295] vgl. *www.ifd-allensbach.de, www.awa-online.de*

Abb.3-27 soll diesen Überblick abrunden und zeigt ausgewählte, regelmäßige Markt- und Mediananalysen sowie Tools der etablierten Institute zusammen.[296]

Abb.3-27

AUSGEWÄHLTE MARKT-/MEDIASTUDIEN UND -TOOLS IN DEUTSCHLAND		
Studie	Methodik	Zielsetzung
Allensbacher Werbeträger Analyse (AWA) vom *Institut für Demoskopie Allensbach* (www.awa-online.de)	Mehrthemen-Umfrage nach Single-Source-Ansatz. 21.000 Mündlich-persönliche Interviews in der deutschen Bevölkerung und in Privathaushalten.	• Ermittlung von Medien-Reichweiten • soziodemografische Merkmale von Zielgruppen, Konsumverhalten, Markttrends
AWA First Class vom Institut für Demoskopie Allensbach (www.ifd-allensbach.de)	7.800 mündliche Interviews in der deutschen Bevölkerung ab 14 Jahre im gesellschaftlich-wirtschaftlichen Status 1 (Grundgesamtheit = 6,6 Mio.)	• Informationen über den privaten Lebensbereich der gesamten First-Class-Zielgruppe
ACTA Allensbacher Computer- und Technik-Analyse vom Institut für Demoskopie Allensbach (www.acta-online.de)	10.369 mündliche Interviews mit strukturiertem, standardisiertem Fragebogen. Deutsche Bevölkerung, 14-64 Jahre.	• Erhebung der Ausbreitung neuer Technologien in privaten Haushalten • Entwicklung der Nutzung und Auswirkungen auf das Informations- und Konsumverhalten
Communication Networks (CN) vom Focus Magazin Verlag (www.medialine.de)	25.000 CAPI-Face-to-Face-Interviews. Permanente Befragung mit 1.000 Interviews pro Monat.	• Größte Entscheiderstichprobe in Deutschland mit Informationen zu beruflichen Kompetenzen und zum privaten Konsum der Entscheider • Beleuchtet 11 Märkte (u.a. moderne IuK-Technologien, Finanzen, PKW) • Trendprognosen zum Konsumverhalten
Concept Contest von IPSOS (www.ipsos.de)	Konsumenten werden in einem mehrstufigen Verfahren in relevanten Lebensbereichen besucht, beobachtet und befragt	• Marktstudie in den Bereichen FMCG, Health, Telekommunikations- und Finanzdienstleistungen
GfK NPD Funnel der GfK Marktforschung (www.gfk.com)	Ineinandergreifende Forschungsmodule aus der qualitativen und quantitativen Marktforschung	• Marktanalyse zu Fast Moving Consumer Goods
Leseranalyse Entscheidungsträger (LAE) vom Verein LAE (17 Verlage und Agenturen), (www.lae.de)	10.000 CATI- und CAPI-Befragungen, zweijährig	• Mediennutzung und Medienreichweite in Entscheider-Zielgruppen (leitende Angestellte, freie Berufe, höhere Beamte, Selbständige) • Informationen über Betriebe und Entscheidungskompetenzen
Media-Analyse (MA) der Arbeitsgemeinschaft Media-Analyse (www.agma-mmc.de)	Zweimal jährlich Befragungen in der deutschen Bevölkerung ab 14 Jahre in Privathaushalten. 39.000 Befragungen bzgl. Pressemedien, 64.000 Befragungen zum Hörfunkverhalten, Plakatanalysen	• Die AG.MA vereint 250 wichtige Unternehmen der Werbewirtschaft • Umfassendste Werbeträgeranalyse und Medienutzungsanalyse. Gilt als „Werbewährung" für die Mediaselektion in Deutschland.
Nielsen BASES von Nielsen (www.nielsen.com)	Beobachtung des Verbraucherverhaltens bei virtuellen Shopping-Tripps	• Tool zur Neuproduktbewertung in Interaktion mit dem gesamten Portfolio eines Herstellers und seiner Wettbewerber
Shopper Research Box der Forschungsgruppe g/d/p (www.gdp-group.com)	Über 10.000 Befragungen durch automatisierte Verfahren	• Informationen über Drogeriemärkte • Marktpositionen von Konsumgüterherstellern
TdW Typologie der Wünsche von Burda Community Network (www.tdwi.com)	Repräsentative Bevölkerungsbefragung in Einzelinterviews	• Aktuellste Studie zum Konsum- und Mediennutzungsverhalten in Deutschland
Verbraucheranalyse (VA) von der Axel Springer und Bauer Verlagsgruppe www.verbraucheranalyse.de	30.300 mündliche und schriftliche Befragungen in der deutschsprachigen Bevölkerung	• Verbrauchsverhalten der deutschen Bevölkerung ab 14 Jahre • Informationen über 172 Printmedien und weitere Medien • 500 Produktbereiche mit 1.800 Marken • Freizeitverhalten u.v.a.m.
Verbraucher- und Medienanalyse von RMS, AS&S sowie ZDF-Werbefernsehen (www.vuma.de)	23.500 persönliche Interviews zur Radio-/TV-Nutzung, Haushaltsbuchführung zum Selbstausfüllen	• Wichtigste Marktstudie für elektronische Medien. Kombiniert Nutzungsdaten von Radio und TV mit detaillierten Konsumdaten • 250 Produktfamilien mit über 1000 Marken
(Quelle: Auszüge aus Sonderheft Media&Research der Absatzwirtschaft, 2008, S. 60, S. 38)		

---

[296] Der vollständige Überblick ist zu finden im Sonderheft *Media&Research* der ASW 2008.

Als Haupttrends in der institutionellen Marktforschung sind (1) die zunehmende Internationalisierung, (2) Fusionen/Konzentrationsprozesse, (3) zunehmende Marktforschung im Internet und (4) Kundenforderungen nach immer schnellerer und standardisierter Ergebnisbereitstellung in internationalen Datenbanken zu nennen.

3.3.3. Panels und Trackings als institutionalisierte Zeitraumerhebungen

a.) Panelformen

Auf Panels entfallen 40% aller Marktforschungsbudgets.

Panels kombinieren die Methoden der persönlichen und schriftlichen Befragung sowie die der Beobachtung (wie beim TV-Panel mit Hilfe von Registriergeräten). Sie bilden die Grundlage für Zeitraumanalysen. **Panels sind die Paradepferde der größeren Marktforschungsinstitute**. Es gehört viel Erfahrung dazu, über längere Zeiträume hinweg Befragungsprogramme aufzubauen und weiter zu entwickeln.

Single Source Panels erheben gleichzeitig Informationen über das Kaufverhalten wie auch über das Mediennutzungsverhalten.

> ➡ **Panels** sind Erhebungen, bei denen ein gleichbleibender, repräsentativer Kreis von Einzelpersonen, Haushalten oder Unternehmen über einen längeren Zeitraum hinweg nach der gleichen Methode zu den gleichen Sachverhalten befragt wird.
> ➡ Beim **Tracking** können die Befragten variieren. Die Stichproben müssen jedoch strukturgleich sein.

Die erhobenen Sachverhalte reichen von einfachen Erfassungen von Kaufentscheidungen über die Erhebung von Meinungen der Konsumenten zu neuen Produkten oder Produkteigenschaften bis hin zu komplexen Kundenbeurteilungen von Werbemaßnahmen oder Imagekampagnen für Auftraggeber aller Art. Abb.3-28 liefert eine Typologie der **Panelformen**.[297]

b.) Haushaltspanels

Über die im Bereich *ConsumerScan* laufenden Verbraucherpanels der *GfK* werden in Deutschland Daten zu den Konsumgewohnheiten von 30.000 Haushalten und 25.000 Einzelpersonen erhoben. Die Hauhalte bzw. Konsumenten erfassen täglich ihre Einkäufe per Electronic Diary, einem EAN-Handscanner, der es zudem erlaubt, Informationen über Produkte ohne EAN-Code anhand eines Codebuches einzugeben. Mit dem neuen *ScanIT* können die eingescannten Daten am PC bearbeitet und über das

Abb.3-28

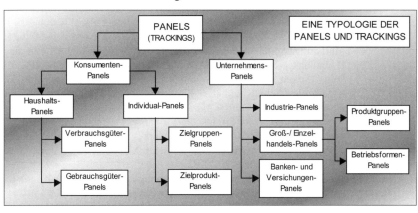

---

[297] vgl. in Anlehnung an Weis, (Marketing), 2009, S. 210

Mit dem Europanel erhebt die *GfK* die Konsumgewohnheiten in 47 Ländern.

Internet verschickt werden. Während im Bereich *ConsumerScan* Verbrauchsgüter erfasst werden, liefert der Bereich *ConsumerScope* Informationen zum Einkaufsverhalten bei langlebigen Gebrauchsgütern und zur Nutzung von Dienstleistungen wie z.B. Tourismus, Verkehr, Post etc. Diese Daten werden per Online- und Briefpanels gewonnen. Sie liegen teilweise auch im internationalen Vergleich vor.

Verbraucherpanels liefern letztlich Erkenntnisse über soziodemografische Käuferstrukturen. So ermöglichen sie Segmentierungen mit Beschreibungen von Käufern nach Einstellungen. Die Stichproben sind umfangreich und repräsentativ und führen zu statistisch abgesicherten Ergebnissen zu zentralen Fragestellungen:
- Erst- und Wiederkaufsraten von Produkten bei Konsumentenzielgruppen,
- Warengruppentrends (Zukunft von Produkten und Produktgruppen),
- Markentreue (Markenloyalität) und Markenwechsel,
- Käuferwanderungen (in andere Kundensegmente),
- Erfolgschancen von Produkteinführungen,
- Erfolge von Marketingaktionen, VKF-Maßnahmen und von Werbekampagnen
- Marktmodellrechnungen, Prognosen, Simulationen u.v.a.m.

Es gibt auch zahlreiche branchenbezogene Haushaltspanels. Das *GfK-Textilpanel* ist z.B. mit 16.000 Teilnehmern das größte deutsche Verbraucherpanel zur Untersuchung von textilen Warengruppen. Die Marktforschungsinstitute setzen für die Haushaltspanels spezialisierte Analysepakete ein. *Nielsen* bietet beispielsweise im Rahmen des vorne erwähnten *Homescan-Panels* folgende Analysen an:
- Eine **Warenkorb-Analyse**, die der Frage nach Besonderheiten der Käufer (Käuferschichten) nachgeht, die eine bestimmte Marke X im Warenkorb haben (*Wie wertvoll ist der Käufer einer bestimmten Marke?*).
- Eine Analyse der **Erst- und Wiederkäufe** und der Determinanten, die über den Folgekauf einer Marke bei einem bestimmten Konsumententyp entscheiden.
- Eine **Markenwechsel-Analyse**, die z.B. folgenden Fragen nachgeht:
  (1) Substituiert Marke x das Wettbewerbsprodukt y, oder setzt sie sich on top?
  (2) Welche Marken erwirtschaften welche Gewinne bzw. Verluste?
  (3) Können neue Käufer für die Warengruppe gewonnen werden?
- Eine **Heavy Buyer-Analyse**, die das besondere Kaufverhalten jener Verbraucher untersucht, mit denen sich potenziell der höchste Umsatz erzielen läßt.

c.) Handelspanels

Bei den **Handelspanels** verdient das 1954 eingeführte *Nielsen Einzelhandelspanel* eine besondere Erwähnung. 1999 wurde dieses Panel durch das scanningbasierte Handelspanel *MarketTrack* abgelöst. *MarketTrack* bietet vielfältige Möglichkeiten, Marketingaktivitäten zu analysieren. Die Informationen in der *MarketTrack*-Datenbank erlauben die Bewertung der wichtigsten Entwicklungen von Einzelartikeln, Marken, Warengruppen und Marktsegmenten. Es lassen sich die Gründe für die Umsatzentwicklung und der Marktanteil eines Produktes detailliert aufzeigen. Im einzelnen umfasst *Nielsen MarketTrack*:
- Beurteilung einer Produkt-Performance,
- Bewertung der Effektivität von Marketing- und Vertriebsstrategien,
- Überprüfung der Effizienz taktischer Maßnahmen am POS durch wochengenaue Datenabgrenzung,
- Analyse des Einflusses von Neuprodukteinführungen und Line Extensions,
- Messung der Effekte kurzfristiger Preisaktivitäten,
- Erarbeitung von Argumenten zur Unterstützung des Produktlistings und als Basis für ein partnerschaftliches Warengruppenmanagement mit dem Handel.

Abb.3-29

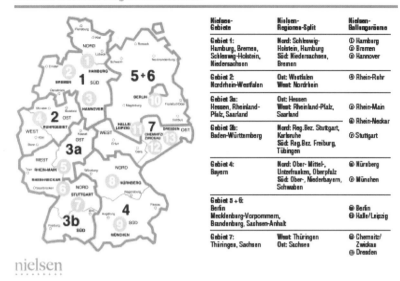

Die **Kaufkraft** in Deutschland betrug 2009 pro Einwohner 18.946 Euro; gesamtes verfügbares Nettoeinkommen: 1.558 Mrd. Euro (Quelle: *GfK*).

Abb.3-29 veranschaulicht die Struktur der *Nielsen* Gebiete. Sie enthält 6 Kerngebiete (nach Zusammenlegung der Gebiete 5 und 6 im Jahr 2008), 12 regionale Splits und 13 industrielle Ballungsräume. Die von *Nielsen* definierten Regionalstrukturen sind Grundlage für die Marktforschungs- und Regionalstudien vielerwissenschaftlicher Institute sowie für die Media-Analysen von Zeitungen und Zeitschriften.

Neben *Nielsen* bieten auch andere Institute repräsentative Haushalts- und Handelspanels an. Sie konzentrieren sich z.T. auf bestimmte Produktgruppen (z.B. *GfK Gartenmarkt-Panel*) oder Käufertypen (z.B. *G&I Babypanel*).

d.) Fernsehzuschauerpanels

Fernsehzuschauerpanels analysieren das Verhalten und die Gewohnheiten der Fernsehzuschauer. Dadurch liefern sie Empfehlungen für die Medienbelegung der werbenden Wirtschaft. Hierzu enthält Abschnitt 7.7.6.b. ein Beispiel der *GfK*.

e.) Industriepanels

Eine große Signalwirkung für Politik und Wirtschaft übt der *ifo*-**Konjunkturtest** aus.[298] Über 7.000 Unternehmen geben monatlich ihre Konjunktureinschätzungen und ihre kurzfristigen Kapazitätsplanungen bekannt. Aus diesen Meldungen wird als „Stimmungsvariable" der deutschen Wirtschaft der *ifo*-**Geschäftsklimaindex** berechnet. Da die Gruppe der antwortenden Unternehmen nicht konstant bleibt, handelt es sich methodisch um ein Tracking.

Abb.3-30 ist insofern spannend, als der Geschäftsklimaindex den Stimmungsumschwung der deutschen Wirtschaft im Zuge der Finanzkrise 2008-2010 gut zum Ausdruck bringt.

---

[298] vgl. *www.ifo.de*. Mit mehr als 210 Mitarbeitern gehört das Münchner *ifo-Institut* zu den führenden europäischen Wirtschaftsforschungsinstituten.

Abb.3-30

Der **Konsumklimaindex** der *GfK* ist zwar kein Panel, verdient aber als Ergänzung zum BtoB-*ifo*-Konjunkturtest hier eine Erwähnung. Auf dem Höhepunkt der sog. Finanzkrise, im September 2008, stand er auf 1,5 und stieg dann bis zum Dezember 2009 – kurz vor Abschluss dieser Buchüberarbeitung - wieder auf 3,7 an.

f.) Panelrepräsentanz und Panelsterblichkeit

Vor allem folgende Effekte können die **Repräsentanz eines Panels** gefährden:[299]
(1) **Coverage-Probleme** entstehen, wenn durch ein Panel die Käufe in einer betroffenen Warengruppe nicht vollständig erfasst werden. Ein Beispiel ist der Unterwegskonsum. Oder es entstehen Abweichungen, wenn ein Panelteilnehmer für andere einkauft und dies als eigenen Konsum bei der Meldung vermerkt.
(2) Unter **Panelsterblichkeit** wird das Ausscheiden (Fluktuation) von Panel-Mitgliedern im Zeitablauf verstanden. Bei einem durchschnittlichem Teilnehmerverlust von 15 Prozent pro Jahr verbleiben in einem Panel als „*Bodensatz*" nach 3 Jahren nur noch 60 Prozent.[300]
(3) **Lerneffekte** (Fachbegriff: **Paneleffekt**) verfälschen die Ergebnisse, wenn die Panelteilnehmer sich durch die Einkaufsberichte „kontrolliert" fühlen und deshalb ihr Kaufverhalten schleichend ändern. Im Vergleich zu Nicht-Panelhaushalten ist das Kaufverhalten dann nicht mehr repräsentativ.
(4) Wenn Panel-Teilnehmer dazu neigen, bei bestimmten, meist prestigeträchtigen Warenarten erhöhte Einkaufsmengen anzugeben, dann spricht man von einem **Schummel-Effekt** (auch: **Over-Reporting**). Durch die fortschreitende elektronische Erfassung verliert dieser Effekt an Bedeutung.
(5) Ein **Ermüdungseffekt** bewirkt Nachlässigkeiten und Meldefehler im Zeitablauf. Es kommt zu **Under-Reporting**. Deshalb wird regelmäßig ein Anteil der Meldehaushalte ausgewechselt.

Die **Tracking-Verfahren** können diese Probleme teilweise abmildern. Nach Erhebung der Marktdaten müssen diese nun ausgewertet werden. In der Praxis geschieht das nicht händisch, sondern durch bewährte Statistik-Software.

---

[299] vgl. Kuß, (Marktforschung), 2007, S. 140-141
[300] vgl. Koch, (Marktforschung), 2009, S. 85

3.4. Methoden zur Marktdatenauswertung

3.4.1. Beschreibung von Datenbeständen

Die weiteren Schritte des Marktforschungsprozesses bestehen aus dem Festlegen von Auswertungsplan und Auswertungsmethode, dem Aufbereiten und Ordnen der erhobenen Daten und den Entscheidungen über die Art von Dokumentation und Präsentation. Für die Auswertung der gewonnenen Marktdaten bietet die Statistik folgende Verfahren an:[301]

(1) **Deskriptive Verfahren** beschreiben Zustände, Ereignisse oder Vorgänge vollständig und aussagekräftig. Beziehungen und Abhängigkeiten zwischen den Daten (Variablen) werden nicht untersucht. Hypothesen werden nicht bearbeitet.

(2) Aufgabe der **analytischen Verfahren** ist es, Richtung und Stärke von Zusammenhängen zwischen einer (= **univariate Analysen**: z.B. Umsatzentwicklung im Zeitablauf), zwei (= **bivariate Analysen**: z.B. Einfluss des Preises auf den Absatz eines Produktes) oder mehreren Variablen (= **multivariate Analysen**: z.B. Einfluss von Preis, Werbebudget und Verkaufseinsatz auf den Absatz eines Produktes) zu untersuchen.

(3) **Testverfahren**, auch Verfahren der Inferenzstatistik genannt, überprüfen Hypothesen auf Signifikanz. Dabei sind Parametertests, Anpassungstests und Unabhängigkeitstests zu unterscheiden.

Im ersten Schritt sind die erhobenen Daten mit ihren Merkmalsausprägungen (die Variablen mit den Variablenausprägungen) in eine Häufigkeitstabelle zu überführen. Üblicherweise erhalten die Variablen Codenummern. Die einzelnen Untersuchungswerte (**Beobachtungen**) werden in die „Muttertabelle" eingetragen und dort nach den Häufigkeiten ihres Auftretens oder ihrer Werte (absolute Häufigkeitsverteilung), nach prozentualen Anteilen (relative Häufigkeitsverteilung) oder kumuliert (Aufaddieren der Prozentwerte bis 100%) ausgewertet.[302]

Grafische Darstellungen der Merkmals- bzw. Werteverteilungen erfolgen üblicherweise als Punktdiagramme, Histogramme, Treppenpolygone, Säulendarstellungen, Balkendiagramme, Kreisdiagramme oder Trapezdiagramme. Schon die gängigen Homeoffice-Programme lassen bei den Darstellungsmöglichkeiten kaum Wünsche offen. Abb.3-31 zeigt Auswertungsbeispiele anhand einer Umsatzanalyse für den deutschen Lebensmitteleinzelhandel.[303]

Die Ergebnisdarstellungen erfolgen i.d.R. als Kuchen-, Säulen- und Punktdiagramme. Kuchendiagamme werden bei mehreren Untersuchungsobjekten schnell unübersichtlich. Netzdiagramme (auch Trapezdiagramme genannt) eignen sich nur für vergleichende Darstellungen von Untersuchungsobjekten (Analyse von Flächenüberdeckungen und Lücken). Sie stellen eigentlich Profile (vgl. Abb.2-19) in Kreisform dar. Das Auge lässt sich leicht täuschen. Falsche Eindrücke oder sogar Manipulationen entstehen beispielsweise durch räumliche Verzerrungen (insbes. bei Kuchendiagrammen) und durch Abschneiden von Skalenabschnitten (bei Säulen- und Punktdiagrammen) in den Auswertungen.

---

[301] vgl. zu den Abgrenzungen: Kuß, (Marktforschung), 2007, S. 34-40
[302] die statistischen Darstellungen sind in diesem Buch bewusst knapp gehalten.Vgl. Gumbsheimer, (Betriebsstatistik), 1996; Homburg; Krohmer, (Marketingmanagement), 2009, S. 313 ff.; Kuß, (Marktforschung), 2007, S. 173 ff.
[303] Datenquelle M+M Eurodata 2001, zit. in MM 1/2002, S. 65

Abb. 3-31

MARKTANTEILSANALYSE FÜR DEN DEUTSCHEN LEBENSMITTELEINZELHANDEL 2008
(Beispiel für deskriptive Datenauswertungen mit *MS-Excel*)

Nr	Nur FOOD (Werte nach TradeDimensions)	Umsatz (in Mrd. Euro)	Mittelwert- abweichung (in %)	Variations- koeffizient	Marktanteile im Gesamtmarkt	
1	Edeka-Gruppe	33,9	67,00	0,67	21%	*Das bedeutet:*
2	Rewe-Gruppe	24,7	21,67	0,22	15%	*Die 6 größten*
3	Schwarz-Gruppe	21,5	5,91	0,06	13%	*Einzelhan-*
4	Aldi-Gruppe	19,8	-2,46	-0,02	12%	*delskonzerne*
5	Metro-Gruppe	13,4	-33,99	-0,34	8%	*halten 76 %*
6	Tengelmann-Gruppe	8,5	-58,13	-0,58	5%	*des gesamten*
	Summe:	121,8			76%	*LEH-Marktes.*
	Mittelwert:	20,30		Rest:	24%	(**nur FOOD**)
	Varianz S² :	65,48		Summe:	100%	
	Standardabweichung S:	8,09		Su. Mrd. €	160,9	

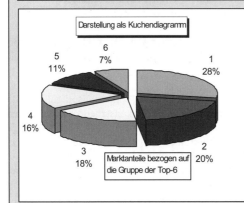

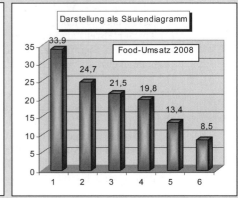

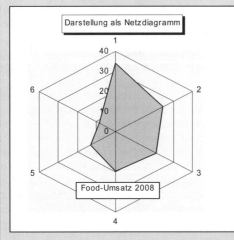

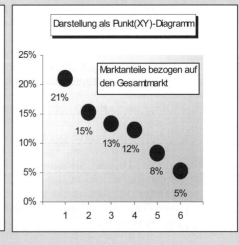

Für die Häufigkeitsverteilungen werden **Lageparameter** und **Streuungsmaße** berechnet.[304] Die Rechengänge werden als bekannt vorausgesetzt und hier nicht mathematisch dargestellt:
- Der **Modalwert** ist der häufigste Wert einer Verteilung. Er steht für die Lage des Maximums der Verteilung. Bei multimodaler Verteilung können mehrere häufigste Werte auftreten. Der Modus ist schnell und einfach feststellbar.
- Werden 9 Preisauszeichnungen einer Flasche *Chivas Regal* der Höhe nach geordnet, dann kennzeichnet der **Median**, auch Zentralwert genannt, den Preis der fünften Flasche. Er halbiert die Reihe der Merkmalswerte. Bei gerader Anzahl, z.B. bei 20 Flaschen, wird der Durchschnitt (Mittelwert) zwischen der 10. und 11. Flasche gebildet. Sowohl der **Modus**, wie auch der **Median** werden von Ausreisserwerten einer Verteilung nicht beeinflusst.
- Beim **arithmetischen Mittel (Mittelwert, Durchschnitt)** wird die Summe der Merkmalsausprägungen, im obigen Fall die Summe der Flaschenpreise, durch die Anzahl geteilt (ungewogenes Verfahren). Beim gewogenen Verfahren werden die Merkmalsausprägungen noch mit Gewichtungsfaktoren multipliziert, dann aufaddiert und schließlich durch die Summe der Gewichtungspunkte dividiert. Voraussetzung ist mindestens eine Intervallskalierung. Der Einfluss von Ausreisserwerten auf den Mittelwert ist im Einzelfall zu prüfen. Haben wir eine Zahlenreihe von 9 mal den Wert 10 und 1 mal den Wert 1000, dann sagt das einfache arithmetische Mittel von 109 nicht viel aus.
- Der Vollständigkeit halber sind noch das **geometrische** und das **harmonische Mittel** zu erwähnen.

Die wichtigsten **Streuungsmaße** sind:
- Die **Spannweite** (Range) ist die Differenz zwischen der größten und der kleinsten Merkmalsausprägung.
- Die **mittlere absolute Abweichung** ist der Durchschnitt aller absoluten Abweichungen der Merkmalswerte vom Mittelwert. Er stellt ein einfaches Streuungsmaß dar, bei dem Ausreißerwerte sich nicht rechnerisch auswirken.
- Von großer Wichtigkeit für die statistischen Testverfahren ist die **Varianz**. Errechnet wird sie als Durchschnitt der quadrierten Abweichungen der Merkmalswerte vom Mittelwert. Durch das Quadrieren werden negative Abweichungen positiv, und Ausreisserwerte werden stärker gewichtet.
- Die Quadratwurzel aus der Varianz ergibt die **Standardabweichung**. Sie stellt die durchschnittliche Merkmalsabweichung um den Mittelwert dar. Die Quadratwurzel führt die Varianz wieder in die Maßeinheit der Merkmalswerte zurück. Höhere Abweichungswerte sind durch die vorhergehende Quadrierung bei der Varianzberechnung berücksichtigt. Die Standardabweichung gilt als das repräsentative Maß für die Streuung einer Verteilung.
- Um die durchschnittlichen Streuungen von verschiedenen Verteilungen "auf einen Nenner" zu bringen, wird die Standardabweichung in Prozent des Mittelwertes ausgedrückt. Dividiert man also die Standardabweichung durch den Mittelwert, so ergibt sich der **Variationskoeffizient** als ein Maß für die durchschnittliche prozentuale Abweichung in der Verteilung. Bei Einstellungsskalen signalisiert der Variationskoeffizient auf anschauliche Weise, bei welchen Items die Befragten mit ihren Urteilen gut übereinstimmen und bei welchen eher kontroverse Auffassungen bestehen.

Diese deskriptiven Grundauswertungen werden durch die Formparameter **Schiefe** und **Wölbung** einer Verteilung ergänzt. Die Schiefe errechnet sich nach *Pearson* aus der

---

[304] vgl. auch Gumbsheimer, (Betriebsstatistik), 2008, S. 6 ff.

Differenz zwischen dem Mittelwert und dem Modus, dividiert durch die Standardabweichung.[305]

Hinsichtlich bivariaten Analysen, d.h. deskriptiven Auswertungen von zwei Variablen, wird auf die **Konzentrationskurve** und den **Gini-Koeffizienten** verwiesen. Nach der Beschreibung einer Merkmalsverteilung werden jetzt weiterführend Beziehungen und Abhängigkeiten zwischen den Merkmalsgrößen untersucht.

3.4.2. Analyse von Zusammenhängen

a.) Die Art und Stärke von Merkmalszusammenhängen

Abb.3-32 definiert die gängigen Verfahren zur Analyse des Zusammenhangs zwischen Variablen. Die **Regressions-** und die **Korrelationsanalyse** untersuchen grundlegende Variablenbeziehungen und kommen besonders häufig zum Einsatz.

Abb.3-32

ANALYTISCHE VERFAHREN ZUR DATENAUSWERTUNG

① Regressionsanalyse ⇨ untersucht die Art und die Richtung (Tendenz) des Zusammenhangs einer abhängigen und einer oder mehrerer unabhängiger Variablen

② Korrelationsanalyse ⇨ misst die Stärke von Variablenzusammenhängen

③ Varianzanalyse ⇨ ermöglicht Zusammenhangsanalysen auch bei nominal skalierten unabhängigen Variablen

④ Diskriminanzanalyse ⇨ erklärt die gruppenweise Trennung von Untersuchungsobjekten durch unabhängige, charakterisierende Variable

⑤ Clusteranalyse ⇨ teilt Untersuchungsobjekte entsprechend ihrer Ähnlichkeit auf möglichst homogene Gruppen auf

⑥ Faktorenanalyse ⇨ positioniert Untersuchungsobjekte nach Ähnlichkeitsdistanzen in einem Eigenschaftsraum

⑦ Conjoint-Analyse ⇨ analysiert die Einflussanteile von Eigenschaften (Teilnutzen) auf Gesamturteile (Gesamtnutzen)

Die **Regression** prüft die Beziehung zwischen einer definierten abhängigen und einer oder mehreren unabhängigen Variablen. Der zweite Fall wird als **multiple Regression** bezeichnet. Die mathematische Fragestellung lautet: W*ie kann ich in das Punktediagramm der Merkmalsverteilung (mit x als unabhängige, eventuell auf y wirkende Variable, und y als abhängige, eventuell von x beeinflusste Variable) eine Funktion in der Weise legen, dass die Summe der Abweichungsquadrate der Funktionswerte zu den Merkmalswerten minimal ist?* Diese Funktion wird **Regressionsfunktion** genannt. Sie steht stellvertretend für alle Merkmalswerte. Mathematisch wird das Problem durch die „Methode der kleinsten Quadrate" gelöst.[306] Drei **Voraussetzungen** müssen erfüllt sein:
(1) Die Merkmalswerte müssen metrisch skaliert sein (mindestens Intervallniveau).
(2) Welche die unabhängige und welche die abhängige Variable ist, muss klar sein.
(3) Der Funktionstyp für die Regressionsfunktion muss vorab bestimmt werden.

Beim Funktionstyp gibt es lineare wie auch nicht-lineare Verläufe. Froh ist man bei empirischen Untersuchungen immer dann, wenn die Merkmalswerte im x-/y-Diagramm einen linearen Zusammenhang vermuten lassen. Die beiden bestimmenden Parameter einer Regressionsgeraden sind dann recht einfach zu berechnen, wie im Beispiel der Abb.3-32 dargestellt. **a** gibt den Wert der abhängigen Variablen bei $x = 0$

---

[305] vgl. zu den univariaten statistischen Verfahren den kompakten Überblick bei Homburg; Krohmer, (Marketingmanagement), 2009, S. 315-320

[306] vgl. die mathematischen Darstellungen bei Homburg; Krohmer, (Marketingmanagement), 2009, S. 322-328

an. **b** ist als **Steigung** der Funktion ein Maß für die Richtung des Zusammenhangs. Bei positivem b wächst y mit x. Es besteht ein positiver Merkmalszusammenhang (z.B. zwischen Alter und Einkommen). Ebenso gibt es negative Regressionen sowie Regressionen mit dem Wert b = 0, bei denen kein Zusammenhang zwischen den Merkmalen besteht ist. Die Grafik zeigt Punktwolken oder waagrechte Linien.

Neben der **Richtung** eines Zusammenhangs interessiert besonders die **Stärke** einer Variablenabhängigkeit. Hierzu wird im Fall metrischer Daten[307] der **Korrelationskoeffizient r** nach *Bravais-Pearson* berechnet nach den Formeln in Abb.3-34.

Eine Korrelation ist mathematisch durch folgende Werte begrenzt:

- r = -1: Vollständig negativer Zusammenhang. Geometrisch liegen alle Merkmalswerte bei linearer Regression entlang einer abwärts gerichteten Geraden (vgl. hierzu auch die Abb.3-33).
- r = 0: Punktwolke: Die Variablen sind voneinander unabhängig.
- r = +1: Vollständig positiver Zusammenhang zwischen den Merkmalen. Geometrisch liegen bei linearem Zusammenhang alle Punkte auf einer aufwärts gerichteten Geraden.

Weiterhin gilt:
- $-0.4 \leq r \leq 0.0$; $0.0 \leq r < 0.4$ ⇨ niedriger Zusammenhang
- $-0.7 \leq r < -0.4$; $0.4 \leq r < 0.7$ ⇨ mittlerer Zusammenhang
- $-1.0 \leq r < -0.7$; $0.7 \leq r \leq 1.0$ ⇨ hoher Zusammenhang

Abb.3-33

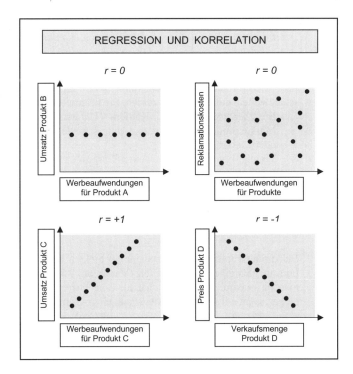

---

[307] Im Fall von Rangdaten kommt üblicherweise der Rangkorrelationskoeffizient nach Kendall zur Anwendung, bei Nominaldaten der Korrelationskoeffizient nach Spearman. S. die einschlägige Statistikliteratur: vgl. z.B. Puhani, (Statistik), 2008

Abb.3-33 gibt einen Überblick über unterschiedliche Merkmalsverteilungen und entsprechende Korrelationskoeffizienten. Durch **Quadrierung des Korrelationskoeffizienten** ergibt sich das **Bestimmtheitsmaß** r^2. Es besagt, wieviel Prozent der Varianz der Merkmalswerte durch die unabhängige Variable (durch die Regression) erklärt werden. Bei einer Korrelation von r = 1 wird die gesamte Varianz durch die unabhängige Variable erklärt.

Die Anwendungsmöglichkeiten der Regressions- und Korrelationsanalyse in der Praxis sind vielfältig. Im **Praxisbeispiel** der Abb.3-34 kann durch die geringe Korrelation bzw. das geringe Bestimmtheitsmaß (Einkaufsverhalten der Händler weicht stark voneinander ab) geschlossen werden, dass einige Tiefbauhändler gegen die Exklusivverträge verstoßen und sich im lukrativen Formstückgeschäft aus billigen Fremdlieferantenquellen bedienen.[308] Es ist immer wieder verblüffend, in welchem Maße derart abgesicherte Fakten Verhandlungspositionen in der Praxis stärken.

Die Regressionsanalyse eignet sich auch gut für **Prognosen**. Die x-Achse wird dann zur Zeitachse. Durch Einsetzen eines beliebigen Zeitpunktes x (z.B. ein zukünftiges Jahr) in die Funktion lässt sich ein zu erwartender y-Wert (z.B. Umsatz) vorhersagen. Dieser Sachverhalt wird bei der **Trendprognose** wieder aufgegriffen.

b.) Varianzanalyse

Die Varianzanalyse misst die Abhängigkeit einer metrischen Variablen (z.B. Grad einer Markentreue von Konsumenten) von einer oder mehreren nominalen Variablen (z.B. männliche und weibliche Käufer). In Abhängigkeit von den Modellannahmen gibt es verschiedene Berechnungsverfahren. Bedeutende betriebswirtschaftliche Untersuchungen basieren auf varianzanalytischen Signifikanztests (z.B. die Analyse der Determinanten der Kundenzufriedenheit von *Homburg* (s. Abschnitt 6.4.9.c).

c.) Diskriminanzanalyse

Eine Diskriminanzanalyse bestimmt Merkmalsausprägungen, durch die Gruppen scharf voneinander getrennt werden. Sie beantwortet Fragen der folgenden Art:
- Bestehen zwischen den Käufern (Untersuchungsgruppen) von verschiedenen Markenprodukten signifikante Unterschiede hinsichtlich einzelner Eigenschaften oder Merkmale?
- Welche Eigenschaften aus einer Gesamtheit von unabhängigen Merkmalen trennen Käufer und Nichtkäufer von unterschiedlichen Marken?
- Welches Gewicht (Bedeutung) kommt einem Merkmal bei der Trennung der Gruppen zu?
- Welcher der Käufergruppen kann ein zusätzlicher Konsument aufgrund seiner individuellen Merkmalsstruktur zugeordnet werden?

Bekannte Gruppen von Untersuchungsobjekten lassen sich also durch eine Kombination unabhängiger Eigenschaften (Variablen) optimal trennen (d.h. mit einer mathematisch maximierten Trennschärfe). Eine bisher unbekannte (neue) Untersuchungseinheit kann aufgrund ihrer Merkmale einer Gruppe zugeordnet werden.

Während die Diskriminanzanalyse auf Trennung von Untersuchungsobjekten ausgerichtet ist, ist es Aufgabe der Clusteranalyse, Untersuchungsobjekte in mathematisch optimaler Weise zu homogenen Gruppen zusammenzufassen.

---

[308] Allerdings könnte eine hohe Korrelation auch bedeuten, dass alle Händler gleichermaßen untreu sind. Die Regression würde dann eine „Untreuerelation" zwischen den Rohr- und Formstückmengen widerspiegeln.

Abb.3-34

HÄNDLERTREUE-ANALYSE MIT HILFE VON REGRESSION UND KORRELATION

PROBLEMSTELLUNG:
Ein Hersteller von Abwasserrohren hat Exklusivverträge mit den Tiefbauhändlern A – K abgeschlossen. Plötzlich entsteht der Verdacht, dass einige Händler „fremdgehen" und vertragsbrüchig bei billigere Fremdlieferanten einkaufen. Man kann davon ausgehen, dass das Mengenverhältnis der Tonnagen der Rohre **x** zu denen der Formstücke (= Verbindungsstücke, Kupplungen) **y** für alle Händler in etwa konstant sein sollte. Eine Regressions- und Korrelationsanalyse soll die „Händlertreue" analysieren; nachvollziehbar als Richtung und Stärke des Zusammenhangs von Rohr- und Formstückmengen.

Händl.	x_i	y_i	x_i^2	$x_i \cdot y_i$
A	652	47	425.104	30.644
B	1.252	120	1.567.504	150.240
C	1.323	20	1.750.329	26.460
D	949	11	900.601	10.439
E	1.517	81	2.301.289	122.877
F	432	10	186.624	4.320
G	152	5	23.104	760
H	1.180	87	1.392.400	102.660
I	769	10	591.361	7.690
J	681	58	463.761	39.498
K	410	37	168.100	15.170
Σ	9.317	486	9.770.177	510.758

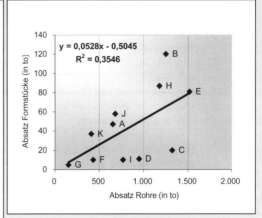

① $y = a + bx$

② $a = \dfrac{\sum x_i^2 \sum y_i - \sum x_i \sum x_i y_i}{n \sum x_i^2 - (\sum x_i)^2}$

③ $b = \dfrac{n \sum x_i y_i - \sum x_i \sum y_i}{n \sum x_i^2 - (\sum x_i)^2}$

④ $r^2 = \left(\dfrac{\sum\limits_{i}^{n}(x_i - \bar{x})(y_i - \bar{y})}{\sqrt{\sum\limits_{i=1}^{n}(x_i - \bar{x})^2 \sum\limits_{i=1}^{n}(y_i - \bar{y})^2}} \right)^2$

⑤ $r = \sqrt{r^2}$

① $y = -0,5045 + 0,0528x$

② $a = \dfrac{9.770.177 \cdot 486 - 9.317 \cdot 510.758}{11 \cdot 9.770.177 - 86.806.489} = -0,5045$

③ $b = \dfrac{11 \cdot 510.758 - 9.317 \cdot 486}{11 \cdot 9.770.177 - 86.806.489} = 0,0528$

④ $r^2 = \left(\dfrac{99.116}{\sqrt{1.878.678 \cdot 14.746}} \right)^2 = 0,3546$

⑤ $r = 0,5955$

r^2 = 35%; d.h. nur 35% der Abweichungen werden durch die Regression erklärt. r = 0,60 bedeutet dann nur mittelstarke Korrelation

① *Geradengleichung*
② *y – Achsenabschnitt*
③ *Steigung*
④ *Bestimmtheitsmaß*
⑤ *Korrelationskoeffizient*

ERGEBNIS:
Händler, die über der Regressionsgeraden positioniert sind, kaufen überproportional Formstücke, Händler unterhalb der Regression beziehen überproportional Abwasserrohre. Die relativ schwache Korrelation beweist das heterogene Einkaufsverhalten der Händler. Kritisch sind die Händler G, F, I, D und C zu beurteilen, deren Formstückeinkäufe proportional hinter den Rohrtonnagen zurückbleiben. Sie sollten besucht und auf mögliche Fremdbezüge hin angesprochen werden.

d.) Clusteranalyse

Die Clusteranalyse bringt eine Anzahl von Personen oder Produkten entsprechend der Ähnlichkeit von Merkmalseigenschaften in eine natürliche Ordnung von sich unterscheidenden Gruppen oder Klassen. Im Gegensatz zur Diskriminanzanalyse sind die Gruppen in der Ausgangssituation unbekannt. Aufgrund von unabhängigen Merkmalen bildet das Verfahren aus den Untersuchungseinheiten in der Weise Gruppen, dass die Gruppen in sich möglichst homogen (Minimierung der Varianz innerhalb einer Gruppe), die Unterschiede zwischen den Gruppen aber möglichst groß sind (Maximierung der Varianzen zwischen den Gruppen). Bei den komplexen **hierarchischen Verfahren** ist die Anzahl der Cluster a priori nicht bekannt. Rechnerisch einfacher und auch für große Datenmengen geeignet sind die **iterativen Verfahren**. Bei diesen ist die Anzahl der Cluster allerdings im Voraus festzulegen.

Beispiele für Fragestellungen von Clusteranalysen sind:[309]
- Wie lassen sich Messebesucher nach Besuchertypen einteilen?
- Welche Frauentypen lassen sich nach ihrem Modeverhalten unterscheiden?
- Wie können die Leser einer Zeitschrift in Zielgruppen aufgeteilt werden?
- Welche Typen von Cluburlaubern lassen sich nach ihrem Urlaubsverhalten voneinander abgrenzen?

Die Clusteranalyse hat für die **Marktsegmentierung** und speziell für die **Zielgruppenbildung** eine große Bedeutung. Hinzu kommt der Vorteil einer anschaulichen grafischen Darstellung der Ergebnisse.

e.) Faktorenanalyse

Die Faktorenanalyse ist das **Königsinstrument für die Produktpositionierung**. Mit ihr kann eine Menge von gegenseitig abhängigen, metrischen Merkmalen (die beobachteten Ausgangsvariablen) auf eine geringe Anzahl von unabhängigen Merkmalen (die „kritischen" **Faktoren** oder **Dimensionen**) reduziert werden.

> *Ein Beispiel für eine Fragestellung: „Wie lässt sich die Vielzahl von Eigenschaften, die Käufer von Tee als wichtig empfinden, auf wenige aussagefähige Faktoren reduzieren? Und wie lassen sich die einzelnen Teesorten aufgrund dieser Faktoren beschreiben?"*[310]

Umfangreiche Datenbestände lassen sich so auf wenige Faktoren reduzieren, dass einerseits eine übersichtliche Struktur der Merkmalsmenge erreicht wird und andererseits der damit einhergehende Informationsverlust möglichst gering bleibt. Die Einsatzgebiete sind vielfältig. Die Faktorenanalyse
- konstruiert abgesicherte Skalen (Messinstrumente) für die Imageforschung,
- bestimmt die Dimensionen eines Merkmalsraumes für Käuferpräferenzen (*Welche sind die wirklich wichtigen Faktoren für eine Kaufentscheidung?*),
- bestimmt, durch welche Merkmale sich Anbieter aus der Sicht der Kunden signifikant unterscheiden (**Produktpositionierung**[311]),
- reduziert eine Vielzahl von Beurteilungskriterien auf die wirklich entscheidenden Bestimmungsfaktoren für die Kundenzufriedenheit.

---

[309] vgl. hierzu Weis; Steinmetz, (Marktforschung), 2008, S. 349-370, mit einer sehr anschaulichen Darstellung der verschiedenen statistischen Verfahren.
[310] Weis; Steinmetz, (Marktforschung), 2008, S. 340; s. auch dort die übersichtliche Verfahrensdarstellung mit einem Beispiel.
[311] Vgl. Müller, (Produktpositionierung), in: WISU, 8/9 1997, S. 739-748

Abb.3-35

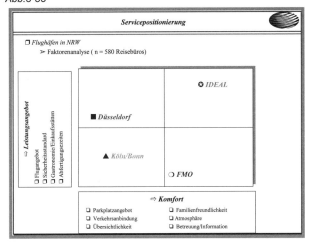

Beispiel: Ein Flughafen in NRW stellte Ende der 90er Jahre fest, dass er bei den Privatreise-Buchungen von den Reisebüros nur unterdurchschnittlich berücksichtigt wurde. In einer Wettbewerbsstudie mit Hilfe der Faktorenanalyse wurden daraufhin 580 Reisebüros gebeten, jeweils 15 buchungsrelevante Servicemerkmale in Bezug auf die Servicequalitäten zu bewerten (Ratingskalen).
1.) Die Faktorenanalyse verdichtete die 15 Servicemerkmale zunächst auf die zwei grundlegenden Dimensionen Komfort (z.B. Parkplatzangebote, Familienfreundlichkeit) und Leistungsangebot (z.B. Flugangebote, Abfertigungszeiten).
2.) Die konkurrierenden Flughäfen wurden alsdann nach den Faktorwerten im zweidimensionalen Eigenschaftsraum positioniert. So werden die Servicestärken bzw. -schwächen der konkurrierenden Flughäfen relativ zueinander sichtbar.
3.) Zusätzlich konfigurierten die Reisebüros einen als ideal empfundenen Wunschflughafen. Wettbewerbsprofilierende Marktstrategien werden ermöglicht. Abb3.-34 zeigt das Ergebnis.[312]

Ein spezielles Problem der Faktorenanalyse sollte erwähnt werden: Die Qualität des Ergebnisses hängt entscheidend davon ab, mit welchen Begriffen die Übervariablen bezeichnet werden. Das Verfahren „spuckt" lediglich formale Variablen mit deren **Faktorladungen** aus. Sowohl Anzahl der Übervariablen wie auch deren Interpretation sind vom Untersuchungsteam festzulegen (Analyse der Faktorladungen).

f.)   Conjoint-Measurement (CM)

Nur auf den ersten Blick beurteilt ein Kunde ein Produkt als Ganzes in Bezug auf einen Gesamtnutzen. Der Gesamtnutzen aber stellt sich für den Käufer letztlich als Kompromiss aus der Bewertung einzelner Produkteigenschaften dar.

> *Der Kunde kann sich einen neuen PKW aus einem Baukastenangebot zusammenstellen. Alle Produktvarianten haben für ihn bestimmte Teilnutzen. Wie lassen sich Gesamtwertschätzungen der KFZ-Käufer auf diese Baustein-Varianten aufteilen?*

Die Conjoint-Measurement-Analyse geht davon aus, dass sich der Gesamtnutzen eines Produktes für einen Kunden additiv aus Teilnutzen zusammensetzt. Sie leitet Teilnutzen (Nutzen von Eigenschaftskombinationen) aus dem Gesamtnutzen des Endproduktes ab. Ein CM-Projekt zur **Teilnutzenanalyse** läuft in 8 Phasen ab:[313]

(1) Festlegung einer nicht zu großen Zahl von Merkmalen (z.B. PKW-Marke, Höchstgeschwindigkeit, Benzinverbrauch, Ausstattungsklasse, Sicherheit, Preis),
(2) Bestimmung der Merkmalsausprägungen (Ausstattungsvarianten),
(3) Befragung von Test-Konsumenten, die die Ausstattungsvarianten paarweise zu bewerten haben (Aufspüren von Präferenzen),
(4) Berechnung von einzelnen Teilnutzenwerten nach einem statistischen Verfahren,
(5) Zusammenfassung von Konsumenten mit ähnlichen Teil-Nutzenfunktionen,
(6) Konstruktion einer Preis-Absatz-Funktion aus den Teilnutzenwerten,
(7) Ableitung gewinnoptimaler Preise für die Ausstattungsvarianten,
(8) Entwicklung einer Marketingstrategie als Fazit.

---

[312] Quelle: Prof. Dr. Wolfgang Müller, Institut für Markt-Management, 1999
[313] vgl. Simon; Dolan, (Power Pricing), 1997, S. 62-89

Bei einer Vielzahl von Merkmalsausprägungen wird die Konsumentenbefragung durch das Gesetz der Kombinatorik schnell unüberschaubar. Auch mathematisch ist die Methode nicht unproblematisch. Es kommen Iterations- und Simulationsverfahren zum Einsatz. Um das Rechenverfahren zu vereinfachen, wird auf das sog. *Poor-Man-Verfahren* zurückgegriffen.

CM-Analysen sind gut dazu geeignet,
- optimale Preis-/Leistungspakete zusammenzustellen (z.B. Ausstattungsvarianten für Fahrzeugtypen),
- die Eigenschaften von Produkten im Markt zu verbessern,
- Preis-Absatz-Funktionen abzuschätzen.

Koch unterstreicht die **prognostischen Möglichkeiten** der CM-Methode für die Produktentwicklung und die Produktgestaltung.[314] Conjoint-Measurement kann die Beiträge neuer und / oder zusätzlicher Produkteigenschaften zum Gesamturteil eines Konsumenten über das Produkt vorhersagen. Welche Ausstattungsvarianten sollte ein Baukastensystem aufweisen? Welche sind die attraktivsten Ausstattungsvarianten bei der Kreation von neuen Fahrzeugtypen?

3.4.3. Testverfahren / Testen von Hypothesen

a.) Untersuchung von Nominalwerten (Punkt-Vierfelder-Korrelation nach *Pearson*)

Die Grundlagen der Teststatistik (Inferenzstatistik) wurden bereits aufgezeigt.[315] Zu beantworten sind Untersuchungsfragen der folgenden Art:
(1) Wie lassen sich aus einer Stichprobe die „wahren Werte" der Grundgesamtheit abschätzen?

Abb.3-36
(2) Unterliegt eine Grundgesamtheit nach den Stichprobenwerten einer bestimmten Verteilungsform (sind z.B. die Umsätze von Außendienstmitarbeitern einer Unternehmung normalverteilt)?
(3) Sind zwei Variablen (z.B. Kundenbesuche und Kundenzufriedenheit) voneinander unabhängig (Nullhypothese trifft zu) oder nicht (Nullhypothese wird verworfen)?

	Nullhypothese ist richtig	Nullhypothese ist falsch
Test nimmt Nullhypothese an	Entscheidung richtig	Fehler 2. Art (Beta-Fehler)
Test lehnt Nullhypothese ab	Fehler 1. Art (Alpha-Fehler)	Entscheidung richtig

Ergänzend zu den bereits in Abschnitt 3.2.8. dargestellten Parametertests werden im Folgenden Unabhängigkeitstests für nominale und ordinale Daten behandelt.

Abb.3-37 veranschaulicht als erstes Beispiel die Punkt-Vierfelder-Korrelation nach *Pearson*. Die Punkt-Vierfelder-Korrelation (Chi^2-Test) eignet sich für die Prüfung der Unabhängigkeit von nominalskalierten Daten zweier Stichproben. Bei zwei nominalskalierten Daten (Ja-/Nein-Zuordnungen) wird auch von Kontingenzanalyse gesprochen.[316] Das Beispiel der Abb.3-37 enthält Merkmalskombinationen für nominale Daten (ja / nein – Zugehörigkeiten).

---

[314] vgl. zu dieser Verfahrensbeurteilung: Koch, (Marktforschung), 2009, S. 277-278. Koch beschreibt auch übersichtlich die beiden wichtigsten Rechenverfahren: die Profilmethode und die Zwei-Faktoren-Methode; s. dort S. 228-233.
[315] vgl. noch einmal Abschnitt 3.2.7.c
[316] vgl. Hünerberg, (Marketing), 1984, S. 122

Abb.3-37

PUNKT-VIERFELDER KORRELATIONSANALYSE MIT HILFE DES PEARSON CHI²-TEST

AUFGABENSTELLUNG: An zwei homogenen Konsumentenstichproben ist zu untersuchen, ob Hinweise auf besondere Umweltfreundlichkeit auf der Produktverpackung die Käuferpräferenz für ein Produkt signifikant steigern können.

FRAGE AN KONSUMENTEN: *Würden Sie das Produkt X bevorzugt kaufen?*

NULLHYPOTHESE H_0: Öko-Hinweise auf der Verpackung üben keinen signifikanten Einfluss auf die Kaufpräferenzen aus

RECHENGANG:

a) Man zählt die Merkmalskombinationen aus, und trägt sie in eine Vierfeldertafel ein:

	+	-
+	A	B
-	C	D

b) Korrelationskoeffizient wird berechnet: $Phi = \dfrac{AD - BC}{\sqrt{(A+B)(C+D)(A+C)(B+D)}}$ oder $Phi = \sqrt{\dfrac{Chi^2}{N}}$

c) Man ermittelt den zugehörigen Chi²-Wert: $Chi^2 = N \cdot Phi^2$

d) In einem statistischen Tabellenwerk liest man unter dF = 1 den Chi²-Wert bei dem geforderten Signifikanzniveau ab. Ist der errechnete Wert größer als der zulässige Chi²-Wert, dann weisen wir H_0 zurück; ist er kleiner, dann behalten wir H_0 bei.

Das bedeutet für ein konkretes Beispiel:

a) Die Antworten der Befragten in den beiden Stichproben werden ausgezählt und in die Vierfeldertafel eingetragen (Befragtengruppe-1: Produkt mit Öko-Hinweis auf Verpackung, Befragtengruppe-2: nur normale Verpackung vorgelegt; jeweils im Vergleich zu demselben Wettbewerbsprodukt):

	Öko-Verpackung	Normale Verpackung	Σ
Ja: Produkt wird gewählt	Feld A 192	Feld C 142	334
Nein: Wettbewerbsprodukt wird gewählt	Feld B 108	Feld D 158	266
Σ	300	300	600

b) Der Korrelationskoeffizient wird wie folgt berechnet:

$$Phi = \dfrac{192 \cdot 158 - 108 \cdot 142}{\sqrt{(192+108)(142+158)(192+142)(108+158)}} = \dfrac{15000}{89420{,}13196} = 0{,}1677$$

Anm.: die beiden Stichproben (hier 300) brauchen keinesfalls gleich groß zu sein

c) Man ermittelt den zugehörigen Chi²-Wert:
$Chi^2 = 300 \cdot 0{,}1677^2 = 8{,}4370$

d) Ergebnis: Statistische Tabellenwerke weisen bei dF = 1 und einem geforderten Signifikanzniveau von 5 % (Rest-Irrtumswahrscheinlichkeit $p < 0{,}05$) einen Chi²-Wert von 3,84 aus. Der errechnete Wert liegt über dem Chi²-Wert bei der zugelassenen Irrtumswahrscheinlichkeit. Damit ist die Annahme eines signifikanten Einflusses eines Umwelthinweises auf der Produktverpackung auf die Käuferpräferenz bestätigt. Die Nullhypothese (kein Zusammenhang) kann zurückgewiesen werden.

Abb.3-38

RANGREIHEN – KORRELATION (rho) NACH SPEARMAN

AUFGABENSTELLUNG UND NULLHYPOTHESE H_0: Bei den Kaufpräferenzen für 8 Wohnzimmertische (erhoben als Präferenzrangfolgen Nr. 1 bis Nr. 8) gibt es keine signifikanten Unterschiede zwischen den Rangurteilen von 20 männlichen und 20 weiblichen Befragten.

Auswertungs-design	Stich-probe-1	Stich-probe-2
Untersuchungsobjekt-1		
Untersuchungsobjekt-2	Ränge R_1	Ränge R_2
....		
Untersuchungsobjekt-n		

RECHENGANG:
a) Den Untersuchungsobjekten oder den Erhebungswerten werden Rangplätze (bzw. durchschnittliche Ränge) zugeordnet (R_1 und R_2); sofern nicht aus der Befragung direkt Rangdaten vorliegen. Ränge / Meßwerte gleicher Größe erhalten mittlere Ränge.
b) Für jede Stichprobe werden die Differenzen zwischen den Rangplätzen gebildet (*d*). Diese Differenzen werden quadriert (*d²*), und die Quadrate addiert ($\sum d^2$).

c) Der Rangkorrelationskoeffizient wird wie folgt berechnet:

$$Rho = \frac{6 \sum d^2}{N(N^2 - 1)}$$

d) Die Signifikanzprüfung erfolgt für kleine Stichproben (n < 31) mit Hilfe der kritischen rho-Werte, Für größere Stichproben gilt die t-Verteilung (s. Statistikbücher). Stichprobenumfang mindestens 5. Ist der errechnete rho-Wert gleich oder größer als der Wert, der bei dem entsprechenden Stichprobenumfang unter Berücksichtigung eines geforderten Signifikanzniveaus in der Statistiktabelle ausgewiesen wird, dann besteht ein bei der zugelassenen Irrtumswahrscheinlichkeit signifikanter Zusammenhang zwischen den Rangordnungen, d.h. die Nullhypothese kann verworfen werden.

Das bedeutet für das Beispiel (N = 8):

	männliche Befragte	weibliche Befragte	d	d²
Wohnzimmertisch-1	4.	5.	-1	1
Wohnzimmertisch-2	6.	4.	2	4
Wohnzimmertisch-3	1.	7.	-6	36
Wohnzimmertisch-4	3.	6.	-3	9
Wohnzimmertisch-5	2.	8.	-6	36
Wohnzimmertisch-6	7.	1.	6	36
Wohnzimmertisch-7	5.	3.	2	4
Wohnzimmertisch-8	8.	2.	6	36
			Σ:	162

a) Die Rangplätze sind in diesem Fall Durchschnittsränge der beiden Befragtengruppen (R_1 und R_2). Durchschnittswerte gleicher Größe würden mittlere Ränge erhalten.
b) Für die beiden Untersuchungsgruppen werden die Differenzen zwischen den beiden Rangplätzen gebildet (*d*). Diese Differenzen werden quadriert (*d²*), und die Quadrate werden addiert ($\sum d^2$).
c) Der Rangkorrelationskoeffizient wird wie folgt berechnet:

$$Rho = 1 - \frac{6 \cdot 162}{8 \cdot (64 - 1)} = 0{,}9286 \quad \text{(Wertebereich für } rho\text{: - 1 bis + 1)}$$

d) Bei N = 8 und einem geforderten Signifikanzniveau von 5 % beträgt der rho-Wert 0,377. Der aus der Stichprobe errechnete Wert liegt deutlich darüber. Zwischen den geschlechterspezifischen Rangordnungen für das Möbelstück besteht ein hochsignifikanter Zusammenhang. Die Nullhypothese ist zu verwerfen.

Abb.3-39

VERGLEICH VON RANGREIHEN DURCH DEN KONKORDANZKOEFFIZIENTEN VON KENDALL

AUFGABENSTELLUNG UND NULLHYPOTHESE:
Fünf Außendienstmitarbeiter sollen sechs Händler nach deren Leistungsfähigkeit beurteilen und in eine Rangordnung (Hitliste) bringen. H_0: Zwischen den Beurteilungen bestehen keine Übereinstimmungen. Gleiche Rangwerte sind als zufällig zu betrachten.

Nullhypothese H_0: Es gibt keine signifikante Übereinstimmung bei den Beurteilungen (Rangfolgen).

RECHENGANG:
a) Die Ergebnisse werden in eine Tabelle mit k Spalten (Zahl der Beurteiler bzw. Rangreihen) und N Reihen (Beurteilungsobjekte) eingetragen.
b) Für jede Reihe wird die Rangsumme (R_1) gebildet.
c) Alle Rangsummen werden addiert und durch N dividiert: $\dfrac{\sum R_j}{N}$. Das Ergebnis ist die durchschnittliche Rangsumme.
d) Von jeder Rangsumme wird die durchschnittliche Rangsumme subtrahiert, das Ergebnis quadriert $\left(R_j - \dfrac{\sum R_j}{N}\right)^2$ und die Summe der Quadrate gebildet. Man erhält die Quadratsumme $\left(QUSR = \sum \left(R_j - \dfrac{\sum R_j}{N}\right)^2\right)$.
e) Der Konkordanzkoeffizient wird wie folgt berechnet: $W = \dfrac{12 \, QUSR}{k^2(N^3 - N)}$
f) Die Prüfung auf Signifikanz erfolgt bei kleinen Stichproben (N<8; k von 3 bis 20) mit Hilfe der Kendall-Konkordanz-Koeffizientenabelle (s. stat. Tabellenwerk). Ist die errechnete Quadratsumme gleich oder größer als der entsprechende Tabellenwert, kann H_0 zurückgewiesen werden.
Bei größeren Stichproben (N>=8) erfolgt die Prüfung über die Chi-Quadrat-Verteilung nach der Beziehung Chi² = k (N-1) W; dF = N -1. Ist der errechnete Chi²-Wert gleich oder größer als der Tabellenwert, dann kann H_0 zurückgewiesen werden. Die Rangurteile stimmen signifikant überein.

RECHENGANG FÜR DAS BEISPIEL:

	AD1	AD2	AD3	AD4	AD5	R_1	$\left(R_j - \dfrac{\sum R_j}{N}\right)^2$
Händler-1	3.	4.	5.	6.	5.	23	32,1
Händler-2	4.	1.	2.	3.	2.	12	28,4
Händler-3	1.	3.	1.	1.	1.	7	106,8
Händler-4	2.	2.	4.	2.	3.	13	18,8
Händler-5	6.	5.	3.	4.	5.	23	32,1
Händler-6	5.	6.	6.	5.	4.	26	75,1
						Σ: 104	Σ: 293,3

$\left(R_j - \dfrac{\sum R_j}{N}\right)^2 = 17,33$ (s. Formel d)

QUSR = 293,3

$W = \dfrac{12 \, QUSR}{k^2(N^3 - N)} = \dfrac{12 \cdot 293,3}{5^2(6^3 - 6)} = 0,6704$ (Maß für die Stärke des Zusammenhangs)

ERGEBNIS:
Der QUSR-Wert beträgt 293,3. Für k = 6 und N = 5 beträgt der kritische Wert bei einem geforderten Signifikanzniveau von 5 % 136,1. Der berechnete Wert liegt deutlich darüber. Eine signifikante Übereinstimmung zwischen den Rangordnungen ist damit bewiesen. Das zeigt auch der Konkordanz-Korrelationswert von 0,67 (W kann nur zwischen 0 und 1 liegen).

Die Nullhypothese (H_0: *Zwischen dem Verpackungshinweis auf ein umweltfreundliches Produkt und einer Kaufpräferenz besteht kein Zusammenhang*) wird einem Chi^2-Unabhängigkeitstest unterworfen.[317] Testgröße für die Signifikanzprüfung ist der Chi^2-Wert einer Chi^2-Verteilung mit (r-1)*(s-1) Freiheitsgraden (r = Anzahl der Zeilen, s = Anzahl der Spalten der Häufigkeitstabelle). Im Beispielfall der Vierfelder-Korrelation ist folglich der Freiheitsgrad dF = 1. Die Chi^2–Verteilung entstammt der Normalverteilung. Sie beginnt allerdings bei 0 und ist nicht symmetrisch. Der Signifikanz-Prüfwert ist jeweils den Tabellen gängiger Statistiklehrbücher zu entnehmen.[318] Im Praxisbeispiel wird ein Zusammenhang zwischen den beiden Variablen Umwelthinweis und Kaufpräferenz auf hohem Signifikanzniveau bestätigt.

b.) Untersuchung von zwei Rangordnungen (C Kontingenztest nach *Pearson*)

Abb.3-38 bietet ein Beispiel für die Suche nach signifikanten Unterschieden zwischen zwei einfachen Rangordnungen. Die Fragestellung lautet: *„Welcher Zusammenhang besteht zwischen zwei Merkmalen, deren Messwerte als Rangdaten vorliegen oder denen Rangplätze zugeordnet werden können?"*[319] Im vorliegenden Fall wird der **Geschlechtereinfluss** auf Kaufpräferenzen hin untersucht. Beurteilen Männer und Frauen die beworbenen Möbelstücke unterschiedlich? Als Testverfahren bietet sich die Rangreihen-Korrelation nach *Spearman* an. Der Stichprobenumfang N muss mindestens 5 betragen. Ein hochsignifikanter Geschlechtereinfluss wird bereits bei Inaugenscheinnahme der Rangfolgen der Abb.3-38 deutlich.

c.) Untersuchung mehrerer Rangordnungen (Konkordanzkoeffizient nach *Kendall*)

Über den vorhergehenden Ansatz hinaus geht die folgende Fragestellung: *Wie hoch sind die Übereinstimmungen zwischen mehreren Rangreihen, die von mehreren (k) Befragten hinsichtlich mehrerer (N) Beurteilungsobjekte aufgestellt wurden?* Fragte also der rho-Wert nach dem Zusammenhang und nach signifikanten Unterschieden zwischen zwei Rangreihen, so wird jetzt nach einem Maß für die Stärke eines Zusammenhanges mehrerer Rangreihen gesucht. Dieses Maß für die Stärke der Übereinstimmung von ordinalen Messwerten (Beurteilungen, Einstufungen) ist der Konkordanzkoeffizient W nach *Kendall*. Wie der Korrelationskoeffizient nach *Bravais* und *Pearson* kann auch er nur Werte zwischen 0 und 1 annehmen. Die Signifikanzprüfung erfolgt nach einem Quadratsummenwert QUSR. Das Verfahren eignet sich bereits bei kleinen Stichproben (N < 8; k von 3 bis 20). Je nach Stichprobenumfang gibt es unterschiedliche statistische Prüfgrößen. Ist N größer/gleich 8, dann wird auf die Chi^2-Verteilung zurückgegriffen.

In Abb.3-39 haben Außendienstmitarbeiter die Leistungsfähigkeit von Handelspartnern beurteilt.. Die Verkäuferurteile stimmen auf hohem Signifikanzniveau überein. Das Meinungsbild des Vertriebs über die Qualität der Händler einer Verkaufsregion ist somit eindeutig. Eine fundierte Faktenbasis wird geschaffen, um mit den schwächer beurteilten Handelspartnern über die Ursachen zu sprechen.

Die Ausführungen dieses Abschnittes bezogen sich auf bereits vorliegende bzw. erhobene Marktwerte. Der folgende Abschnitt befasst sich mit der Vorhersage des zukünftigen Geschehens.

---

[317] vgl. zu den Grundlagen Homburg; Krohmer, (Marketingmanagement), 2009, S. 343-345
[318] z.B. Bohley, (Formeln), 1998
[319] Heller; Rosemann, (empirische Untersuchungen), 1974, S. 137

3.4.4. Ideengewinnung und Geschäftsprognosen

a.) Übersicht über Kreativitätstechniken und Prognoseverfahren

Im Rahmen der Unternehmensplanung sind ständig neue Ideen und Maßnahmen zu entwickeln sowie vielfältige Markt- und Geschäftsprognosen zu erstellen.

➧ **Prognosen** sind Vorhersagen über künftige Ereignisse oder Entwicklungen, die sich auf Annahmen und Fakten stützen.
➧ **Hochrechnungen** projezieren Ist-Daten anhand von Annahmen in die Zukunft.

Abb.3-40

Gottlieb Daimler schätzte 1901 die zukünftige Weltnachfrage nach PKW auf max. 1 Mio. (aus Mangel an Chauffeuren). *IBM*-Chef Watson prophezeite 1943, dass nur 5 Organisationen einen Computer benötigen würden. *Digital-Equipment* Gründer Jenneth O. Olsen sah 1977 keinen Grund für Privathaushalte, einen Computer zu besitzen.

Abb.3-40 zeigt zwei qualitative und eine quantitative Säule für die Erarbeitung von Zukunftsvorstellungen und neuen Ideen:

(1) **Kreativitätstechniken** sollen Ereignisse vorhersagen und neuartige Lösungen hervorbringen. Sie entwerfen unter bestimmten Annahmen (z.B. über die langfristige Rohstoffentwicklung, zukünftiges Verbraucherverhalten, Wettbewerbsstrategien) Szenarien für zukünftige Marktanteile, Umsätze, Ergebnisse. Kreativitätstechniken nutzen i.d.R. gruppendynamische Prozesse. Sie werden nicht nur im Rahmen der Marktprognose angewendet, sondern unterstützen die Ideenfindung in allen Bereichen der strategischen Planung und des Marketing-Mix.

(2) **Expertenbefragungen** unterstützen die Planung und helfen bei Geschäftsentwicklungsprognosen. So stützt sich der *IFO-Geschäftsklimaindex* auf ein Unternehmens-Panel. Insbesondere **Forecasts** beruhen auf Expertenurteilen, wobei die Urteile eigener, kompetenter Mitarbeiter miteinzubeziehen sind.

(3) **Quantitative Prognoseverfahren** werden vom Controlling oder von der Marketingabteilung erstellt. Zumeist werden Vergangenheitsdaten von Auftragseingang, Umsatz und Ergebnis als Grundlage für kurz- und mittelfristige Hochrechnungen herangezogen. Für die langfristige Prognose sind mathematische Verfahren kritisch zu beurteilen, weil sie keine Diskontinuitäten voraussagen können (s. z.B. die Vorhersage der sog. Finanzkrise 2009/10).

b.) Kreativitätstechniken

"Wie wird der Winter", fragten die Indianer ihren Medizinmann. „Ich weiß nicht, vielleicht wird er sehr kalt", so lautete die Antwort. Und die Indianer machten sich fleißig daran, ihren Wald abzuholzen. Doch nach einiger Zeit bekamen die Indianer Zweifel und fragten den Medizinmann des Nachbardorfes. Und wieder bekamen sie die gleiche Antwort und fuhren mit dem Abholzen fort. Der Zweifel blieb, und so fragten sie schließlich beim Wetterdienst nach. Und da endlich bekamen sie Gewissheit: „Kalt wird der Winter", so der Wetterdienst, „denn die Indianer sind schon kräftig am Holzschlagen...."

Kreativitätstechniken sind strukturierte Vorgehensweisen zum Aufspüren von neuen Ideen und von neuem Wissen. Ziel ist die Optimierung der Ideenfindung unter beson-

Abb.3-41

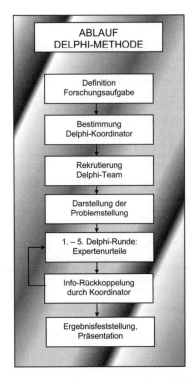

derer Ausnutzung einer Gruppendynamik in Projektgruppen (Think-Tanks).

Delphi-Technik
Eine spezielle Art der Gruppenprognose ist die **Delphi-Technik**. Abb.3-41 zeigt den Ablauf des Verfahrens.[320] 8 – 15 Experten bilden das Delphi-Team. Im klassischen Ablauf stehen die Experten nicht in persönlichem Kontakt miteinander. Sie übermitteln dem **Delphi-Koordinator** schriftlich ihre Stellungnahmen. Der Koordinator fasst die Ergebnisse zusammen und gibt sie über drei bis fünf Runden wieder an das Team zur Begutachtung zurück.

Die Experten persönlich zusammen, wenn sich die Ergebnisse zu sehr angleichen oder, im gegenteiligen Fall, wenn sich abweichende Meinungen verhärten. Die Frage ist also, ob die Gruppe am Schluss des Prozesses auf einen gemeinsamen Kurs einschwenkt, oder ob sich alternative Szenarien gegenüberstehen. Die Qualität der Prognose hängt von der Kompetenz der Teammitglieder und letztlich auch von der Integrationsfähigkeit des Delphi-Koordinators ab.

Szenario-Technik
Die Szenario-Technik ist im Prinzip ähnlich aufgebaut. Mit der Methode soll speziell herausgearbeitet werden, welche Einflussfaktoren unter welchen Annahmen zu einer zukünftigen Situation führen. Das Endergebnis (das Szenario) wird also am Anfang fixiert oder zumindest in Umrissen skizziert (Bsp. für eine Fragestellung: *„Entwerfen wir ein Szenario, wie wir uns im chinesischen Markt halten können."*). Im Regelfall läuft ein Szenario-Projekt in folgenden Arbeitsschritten ab:
(1) Klärung der Aufgabenstellung,
(2) Strukturierung des Untersuchungsfeldes,
(3) Definition von Einflussfaktoren für Zukunftszustände,
(4) Umfeldanalyse,
(5) Bildung von Deskriptoren (Elemente der Situationsbeschreibung),
(6) erste Projektionen, d.h. Ableitung möglicher Zukunftszustände,
(7) Bestimmung von Alternativannahmen,
(8) Ableitung von Zukunftsbildern für die Alternativannahmen,
(9) Beschreibung von Störereignissen,
(10) Auswirkungen der Störereignisse auf die Zukunftsbilder.

Als Ergebnis liegt oft nicht eine Prognose vor, sondern es sind höchst unterschiedliche Zukunftszustände definiert, die bildlich wie aus einem Trichter fließen. Innerhalb des Entwicklungsstromes bewegen sich Hochrechnungen der bisherigen Entwicklung, wie auch die von Entwicklungen, die durch die Störgrößen (Trendbrüche) bestimmt sind. Begrenzt wird das Bündel mögliche Zukunftszustände durch einen oberen (optimistische Variante) und einen unteren (pessimistische Variante) Eckwert.

---

[320] vgl. auch im folgenden die Zusammenfassung bei Weis; Steinmetz, (Marktforschung), 2008, S. 400-401

c.) Außendienst-, Partner- und Expertenbefragungen

„Es ist immer etwas schwierig mit Prognosen, insbesondere, wenn sie die Zukunft betreffen."
(Niels Bohr, dänischer Physiker)

Die Praxis steht den Kreativitätstechniken häufig kritisch gegenüber; mit dem Argument, die Verfahren seien zu kompliziert. Man verlässt sich lieber auf eigene Erfahrungen oder auf die Meinungen von Experten. Regelmäßig werden befragt

- Außendienstmitarbeiter,
- Vertriebspartner (Handelspartner),
- Fachexperten in Verbänden (die ihre Zukunftsabschätzungen wiederum von Verbandsmitgliedern bekommen)
- wissenschaftliche Institute und Hochschulen
- gute Kunden oder gar
- ausgewählte Wettbewerber, die man auf Fachtagungen oder Verbandsmeetings trifft.
- Zu erwähnen sind auch institutionalisierte Zukunftsbefragungen, wie der *ifo-Geschäftsklimaindex* (ein Industrie-Panel).

Die Expertenurteile erfolgen oft willkürlich; so ein Vorwurf der Literatur.[321] Allerdings sind auch die systematischen Kreativtechniken stark durch Intuitionen (Eingebungen) geprägt. Nur stammen diese dann von externen Experten.

Für die marktorientierte Unternehmensführung ist es wichtig, dass Führungskräfte, Experten und Mitarbeiter regelmäßig einen **Zukunftsdialog** führen. **Implizites Wissen** gibt es in den Unternehmen genug. Das Problem liegt aber darin, die Kreativität aus den Köpfen der Mitarbeiter zu befreien und strategisch aufzubereiten. Im Sinne eines **Wissensmanagements** ist die Fülle der operativen Alltagsinformationen systematisch zu strategischen Einschätzungen über die Zukunft zu verdichten.[322] Mathematische Prognosemethoden können den Führungskräften die Aufgabe der Informationsaufbereitung nur bedingt abnehmen.

d.) Quantitative Prognoseverfahren

Die quantitativen Verfahren rechnen (extrapolieren) Vergangenheitswerte für
- Marktpotenziale,
- Marktanteile,
- Auftragseingänge,
- Auftragsbestände,
- Kapazitätsauslastungen,
- Lagerbestände,
- Ein- und Verkaufspreise,
- Umsatzerlöse,
- Vertriebskosten,
- betriebswirtschaftliche Gewinne

auf Zeitpunkte in der Zukunft hoch.[323] Bei der Extrapolation von Vergangenheitsdaten können Zukunftsaspekte mit einbezogen werden (z.B. eine grundlegende Änderung der Trendfunktion). Zwei Fragestellungen rücken in den Vordergrund:
(1) Wie verläuft der Trend? Ist eine bestehende Planung noch zu halten?
(2) Wie lautet die Vorhersage für eine ganz bestimmte Zielgröße (z.B. Umsatz einer Produktgruppe) zu einem bestimmten, zukünftigen Zeitpunkt?

---

[321] vgl. zur Thematik Weis, (Marketing), 2009, S. 215
[322] vgl. Winkelmann, (Wissensspeicher), in: ASW, Sondernummer 10/1999, S. 168-170
[323] In der Literatur wird oft einfach von Absatzprognosen gesprochen: vgl. Meffert, (Marketingforschung), 1992, S. 333. Sekundärdaten werden zusätzlich herangezogen, um die Plausibilität der eigenen Datenhochrechnung zu prüfen.

Meistens wird ein mathematischer (gesetzmäßiger) Zusammenhang zwischen der zu prognostizierenden Erfolgsgröße und einer oder mehrerer erklärender Einflussgrößen unterstellt. In diesem Abschnitt wird die Zeit als erklärende Variable herangezogen. Ebenso könnten z.B. der Einfluss von Kundenbesuchen und Messekosten auf den zukünftigen Umsatz analysiert werden.[324] Grundsätzlich werden vier Ansätze zur Datenhochrechnung unterschieden:[325]
(1) Methode der **unterjährigen Prognose**,
(2) Methode der **gleitenden Durchschnitte** (gewichtet, ungewichtet),
(3) Methode der **exponentiellen Glättung**,
(4) Methode der **Trendextrapolation**.
Bei allen Prognoseverfahren sind die Datenreihen vorab um irreguläre, saisonale bzw. zyklische Schwankungen zu bereinigen.[326]

Methode der unterjährigen Prognose
Bei diesem Verfahren wird der seit Jahresbeginn kumulierte Umsatz arbeitstagmäßig (oder grob wochen-, monatsmäßig) auf das Jahresende hochgerechnet (Wertgröße / abgelaufene Tage x 360 bzw. mal Anzahl von Arbeitstagen oder Arbeitsschichten). Je näher das Jahresende rückt, desto präziser wird der Prognosewert. In den ersten Monaten eines laufenden Jahres ist die Prognose dagegen wenig aussagekräftig.

ÜBUNGSBEISPIEL:	
Umsatz laut Jahresplan	135 Mio. EUR
Umsatz am 10.5.2011	44,6 Mio. EUR
Arbeitstage 2011: 248 ./. 14 Tage Betriebsferien	234 Tage (durchgängig Zweischichtbetrieb)
Arbeitstage am 10.5.	91 Tage
Multiplikationsfaktor	243 / 91 = 2,67
Prognoseumsatz	2,67 x 44,6 Mio = 119,1 Mio. EUR
Planunterschreitung laut Prognose	**- 11,8%**

Methode der gleitenden Durchschnitte
Die Methode soll Datenverläufe verstetigen, d.h. von kurzfristigen Schwankungen frei halten, und auf der Grundlage eines geglätteten Verlaufs zukünftige Werte hochrechnen. Erreicht wird dies, indem ein Durchschnitt (Mittelwert) aus den letzten **n** Beobachtungswerten gebildet und dieser als Prognosewert für den Zeitpunkt t+1 angesetzt wird. In der Praxis wird **n** oft zwischen 3 und 6 gewählt. Mit zunehmendem **n** wird die Datenreihe immer stärker geglättet. Bei Vorliegen des „wahren" Ist-Wertes ersetzt dieser dann den Prognosewert. Je geringer die Abweichungen zwischen den gleitenden Durchschnitten und den Ist-Werten bei Betrachtung eines längeren Zeitraumes ausfallen, desto besser ist die Güte des gewählten n zu beurteilen.

Die Methode der gewogenen gleitenden Durchschnitte modifiziert das Verfahren. Die zurückliegenden Werte nicht gleichgewichtig behandelt, sondern mit Gewichtungsfaktoren (in der Summe = 1) versehen. Der Vorteil: Aktuellere Daten gehen mit größerem Gewicht in die Rechnung ein als weiter zurückliegende. Treten in den Zeitreihen Niveausprünge auf, dann führt diese Methode zu besseren Ergebnissen.[327]

Wird die Summe (also kein Mittelwert) über **n = 12** gebildet, dann ergibt sich ein **gleitender (rollierender) Jahreswert**. Werden Umsatzerlöse betrachtet, dann wird die Frage beantwortet: *Wie hoch wäre der Jahresumsatz, wenn heute Jahresabschluss wäre?* Derartige Berechnungen liefern praktikable Hochrechnungen für die operative Planung.

---
[324] Mathematisch handelt es sich wieder um die Regressions- und Korrelationsanalyse.
[325] vgl. auch: Weis; Steinmetz, (Marktforschung), 2008, S. 404-415
[326] Beispiel: Die sensiblen Arbeitslosenzahlen werden immer saisonbereinigt genannt, weil es keinen Sinn macht, Winterwerte einfach mit Frühjahrswerten zu vergleichen (Einfluss der Bauindustrie).
[327] vgl. Koch, (Marktforschung), 2009, S. 246-247

3. Kapitel: Das Marktinformationssystem

Methode der exponentiellen Glättung

Abb.3-42

FORMEL FÜR EXPONENTIELLE GLÄTTUNG:
$$y_{t+1} = a\,x_t + (1-a)\,y_t$$
(wobei $0 < a < 1$)

Abb.3-42 enthält die Grundformel der exponentiellen Glättung *(Exponential Smoothing)*. Es handelt sich um eine Weiterentwicklung der Methode des gewogenen Durchschnitts. Der Prognosewert für den Zeitpunkt t+1 setzt sich aus a % des letzten Beobachtungswertes und (1-a) % des von der Zeitreihe bislang errechneten Glättungswertes zusammen. Je größer der Glättungsparameter *a* gewählt wird, desto größer wird der Einfluss aktueller Werte auf die weitere Entwicklung; bzw. desto geringer fällt die Glättung im Zeitverlauf aus. Abb.3-44 liefert Absatzprognosen für den Verkauf von Trinkwasserrohren nach verschiedenen gleitenden Durchschnitten und nach der Methode der exponentiellen Glättung.

Methode der Trendextrapolation

Die Methode der Trendextrapolation basiert auf Hypothesen über die mathematische Verlaufsform eines Trends. Gemäß einer Trendverlauf-Annahme werden die Trendfunktionen aus den Vergangenheitsdaten nach der Methode der kleinsten Quadrate abgeleitet. Abb.3-43 enthält typische Verlaufsform-Annahmen mit entsprechenden Trendfunktionen. Abb.3-45 beschreibt die lineare Trendextrapolation anhand eines Beispiels. Mathematisch handelt es sich bei einer Trendfunktion um die bereits behandelte Regressionsfunktion, wobei die x-/y-Daten im Falle einer Zeitreihe in einer

Abb.3-43

BEISPIELE FÜR TRENDFUNKTIONEN

① linearer Trend $\Rightarrow y = a + bx$
② parabolischer Trend $\Rightarrow y = a + bx + cx^2$
③ exponentieller Trend $\Rightarrow y = a * b^x$
④ logistischer Trend $\Rightarrow y = a / (1 + b - e)$

1 zu 1 Beziehung (pro Zeitpunkt t existiert nur ein Wert für y) stehen. Bei der Regressionsanalyse liegen dagegen i.d.R. Punktwolken vor (für jeden x-Wert sind mehrere y-Werte möglich). Dieser Unterschied ist mathematisch ohne Bedeutung.

Der **Vorteil der Trendextrapolation**: Unter der Annahme einer stabilen Verlaufsgesetzmäßigkeit können zukünftige Jahreszahlen in die Funktion eingesetzt und die Prognosewerte recht einfach errechnet werden. Der Nachteil des Verfahrens liegt in der Annahme eines konstanten Funktionsverlaufs. Die Verfahren der gleitenden Durchschnitte und die exponentielle Glättung passen sich schneller an Entwicklungsbrüche (Friktionen, Diskontinuitäten) an. Verändert sich z.B. ein linearer Trend aus der Vergangenheit in eine exponentielle Verlaufsform, so muss dies rechtzeitig bemerkt und der Rechenansatz (die mathematische Verlaufsfunktion) entsprechend geändert werden. Sonst ist die Prognose von vornherein nicht haltbar.

Die richtige Wahl des statistischen Verfahrens ist eine notwendige, aber keinesfalls hinreichende Bedingung für eine erfolgreiche Geschäftsprognose. Über die Auswahl eines geeigneten statistischen Verfahrens hinaus ist es wichtig,

☒ den Außendienst in ein routinemäßiges Prognoseverfahren einzubinden,[328]
☒ nicht davon auszugehen, dass die Entwicklungsverläufe der Vergangenheit zukünftig unverändert bleiben,
☒ sondern mit Hilfe von Experten Diskontinuitätsszenarien zu entwickeln (dabei auch „quer" zu denken),
☒ zu erwartende Abweichungen bei den operativen Zahlen stets auf den strategischen Planungszeitraum hochzurechnen,

---

[328] wozu sich dann ein CRM/CAS-System bestens eignet: vgl. Winkelmann, (Vertriebssteuerung), in: ASW, 3/1998, S. 70-73

⊠ intuitive Verfahren und mathematische Verfahren nicht als Gegensätze zu sehen sondern in sinnvoller Weise zu verbinden,
⊠ computergestützte Auswertungsverfahren einzusetzen, die heute kostengünstig erhältlich sind (z.B. SPSS).[329]

Abb.3-44

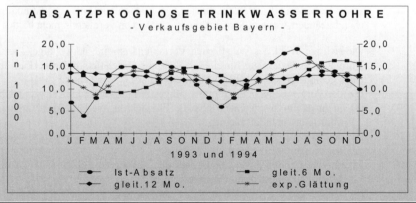

---

[329] vgl. Lehnert, (SPSS), 1996

Abb.3-45

TRENDANALYSE / TRENDPROGNOSE MIT HILFE DER LINEAREN REGRESSION

AUFGABENSTELLUNG: Für eine regionale Verkaufsniederlassung besteht eine strategische Umsatzplanung für den Zeitraum 2000 bis 2010. Vorgegeben ist eine Umsatzverdreifachung von 1 Mio. auf 3 Mio. Euro. 2003/04 kam es auf Grund eines Wettbewerbsangriffs zu einem starken Einbruch. Bis 2006 hat sich das Geschäft wieder erholt. Lässt ein linearer Trend die Aussage zu, dass bis zum Jahre 2010 das Umsatzziel von 3 Mio. Euro erreicht wird?

Jahre	t	Umsatz (in tausend EUR)	Umsatz (kumuliert in tausend EUR)	ty_t	t^2	y_t^2
2000	1	1.000	1.000	1.000	1	1.000.000
2001	2	1.300	2.300	2.600	4	1.690.000
2002	3	1.700	4.000	5.100	9	2.890.000
2003	4	1.200	5.200	4.800	16	1.440.000
2004	5	1.000	6.200	5.000	25	1.000.000
2005	6	1.500	7.700	9.000	36	2.250.000
2006	7	2.000	9.700	14.000	49	4.000.000
2007	-			-	-	-
2008	-			-	-	-
2009	-			-	-	-
2010	-			-	-	-
Summe	28	9.700		41.500	140	14.270.000

Streudiagramm zur Trendberechnung
$y = 96,429x + 1000$
$R^2 = 0,3142$

① $y_t = a + b \cdot t + u_t$ ② $a = \dfrac{\sum t^2 \sum y_t - \sum t \sum y_t t}{n \sum t^2 - (\sum t)^2}$ ③ $b = \dfrac{n \sum ty_t - \sum t \sum y_t}{n \sum t^2 - (\sum t)^2}$

④ $r_{yt}^2 = \left(\dfrac{n \sum ty_t - \sum t \sum y_t}{\sqrt{n \sum t^2 - (\sum t)^2} \cdot \sqrt{n \sum y_t^2 - (\sum y_t)^2}} \right)^2$ ⑤ $r = \sqrt{r^2}$

① $y_t = 96,43x + 1000$ ② $a = \dfrac{140 \cdot 9.700 - 28 \cdot 41.500}{7 \cdot 140 - 784} = 1000$ / a ist der y-Wert bei t = 0

③ $b = \dfrac{7 \cdot 41.500 - 28 \cdot 9.700}{7 \cdot 140 - 784} = 96,43$ / b ist das Steigungsmaß

④ $r_{yt}^2 = \left(\dfrac{7 \cdot 41.500 - 28 \cdot 9.700}{\sqrt{7 \cdot 140 - 784} \cdot \sqrt{7 \cdot 14.270.000 - 94.090.000}} \right)^2 = 0,3142$

⑤ $r = \sqrt{0,3142} = 0,5605$ / d. h. nur ein relativ schwacher Zusammenhang der Werte mit t

ERGEBNIS:
Legt man für einen langen Planungszeitraum ein lineares Marktwachstum zu Grunde, dann führt der Rechenansatz zu der Trendfunktion (Regressionsfunktion):

$$y = 96 t + 1000$$ (Achtung im Excel-Diagramm steht x für t)

Setzt man für das Jahr 2010 t = 10 in die Trendfunktion ein, dann ergibt sich ein Prognoseumsatz von 1,96 Mio. Euro. Das heißt, im langfristigen Trend wird die Zielmarke verfehlt, was auch grafisch durch die Trendfunktion deutlich wird (s. oben).
In einem solchen Fall wird man sich nicht auf die lineare Trendprognose verlassen, sondern alle Planungsprämissen überprüfen und eine Neueinschätzung durchführen.

3.5. Datenintegration im Marktinformationssystem

3.5.1. Database

Nur 27,7% von 220 befragten Unternehmen werten ihre Kundendaten systematisch aus (Quelle: Sempora, zit. in acquisa, 4/2003, S. 32)

Die im Rahmen von Marktanalysen (Marktforschung) gewonnenen Daten sind in einer logischen Ordnung abzuspeichern und bei Bedarf den Mitarbeitern mit Kundenkontakt zur Verfügung zu stellen. Die *Porsche AG* hält auf diese Weise ein detailliertes Wissen über 1 Mio. Interessenten und Kunden vor. Informationsbedarf besteht permanent, z.b. anlässlich eines Kundenanrufs am Telefon, bei der Vorbereitung eines Kundenbesuchs, im Rahmen der monatlichen Budgetplanung, bei der strategischen Planung oder bei Kundenanfragen jeglicher Art. Die Daten der Marktanalysen können mit den Daten der operativen Prozesse (den Daten des **Transaktionssystems**) zu einer mächtigen **Database** zusammengeführt werden.

➡ Die **Database** ist das Herzstück des **Marktinformationssystems**.[330]
➡ Eine Database ist eine **relationale Datenbank**, in der alle Kundendaten, Kundenvorgänge (Kundenhistorie) und Marktanalysedaten abgelegt sind.[331] Sie speichert alle harten und weichen[332] Informationen über Interessenten, Kunden (Markt-Röntgenbilder) und Wettbewerber mit dem Ziel, Kunden individuell anzusprechen (1to1-Dialog) und nutzenorientiert zu betreuen.
➡ Durch diese Zielsetzung ermöglicht die Database ein **Database-Marketing**, wie es z.B. die großen Versandunternehmen perfektioniert haben (s. Kap.7.8.).

Wissen ist Marktmacht: Die Database sorgt für Kompetenz der Mitarbeiter beim Kundenkontakt. Sie soll aber auch die Unternehmensführung bei Managemententscheidungen unterstützen. Hierzu ist das Konzept des **Data Warehouse** entwickelt worden. Das Data Warehous von *Karstadt/Quelle* enthielt z.B. 20 Mio. Haushalte.

3.5.2. Data Warehouse und Data Mart

Hinweisschild in einem Unternehmen in Thun, Schweiz: Im Fall eines Feuers: 1. Kundenkartei retten. Dann 2. Gebäude schnellstens verlassen.

➡ Ein **Data Warehouse** ist ein von den operativen DV-Systemen separiertes Datenbankverwaltungs- und -verknüpfungssystem, das Kunden- und Marktdaten themenorientiert, zeitbezogen und dauerhaft sammelt und unternehmensübergreifend definierten Nutzergruppen gemäß Benutzerrechten zur Verfügung stellt. Die Konzeption wurde von *W.H. Immon* entwickelt.
➡ Ein **Data Warehouse** soll die Führungskräfte bei wichtigen Entscheidungen unterstützen und ist deshalb Bestandteil des Managementinformationssystems. Anders als das klassische MIS ist es zukunftsorientiert.
➡ Ein **Data Mart** beschränkt sich nur auf einen Teilbereich eines Datenwarenhauses. Er dient der Informationsversorgung bestimmter Abteilungen bzw. Nutzergruppen (Abteilungen, Bereiche, Produktsparten).
➡ Eine **Database** stellt oft die integrierte Kundendatenbank im Rahmen einer Warehouse-Konzeption da.
➡ Eine Trend in der Datenauswertung geht in Richtung **Online Analytical Processing (OLAP)**. Die Daten werden in multidimensionaler Form, durch eine sog. Cubebildung, gespeichert. Komplexe, mehrdimensionale Analysen können dann ohne Programmierung, auf Knopfdruck, vorgenommen werden (z.B. Produktumsatz a, in Verkaufsregionen b und f, in den Monaten m und n).

---

[330] vgl. zu den Ansätzen von Marketinginformationssystemen insbes. Link; Hildebrand, (Database Marketing), 1993 und die entsprechenden Ausführungen bei Mülder; Weis, (Computerintegriertes Marketing), 1995, S. 157-168

[331] vgl. Link; Hildebrand, (Database Marketing), 1993, S. 29-90

[332] die sog. „soft Facts", wie Einstellungen zum Markt und zu Wettbewerbern, Kundenzufriedenheiten, besondere Interessen und Verhaltensweisen der Kunden, vertrauliche Interna, etc.

Abb.3-46

Durch ein Datenwarenhaus werden Wissen und Transparenz zur Unternehmensmaxime erklärt. Hinter dem Konzept steht die Unternehmenskultur des permanenten, freiwilligen Lernens: Die Mitarbeiter sollen sich Wissen aus freien Stücken beschaffen; sozusagen Wissen surfen. Weg von **Informationen als Bringschuld** und hin zur **Informationsversorgung als Holschuld**.

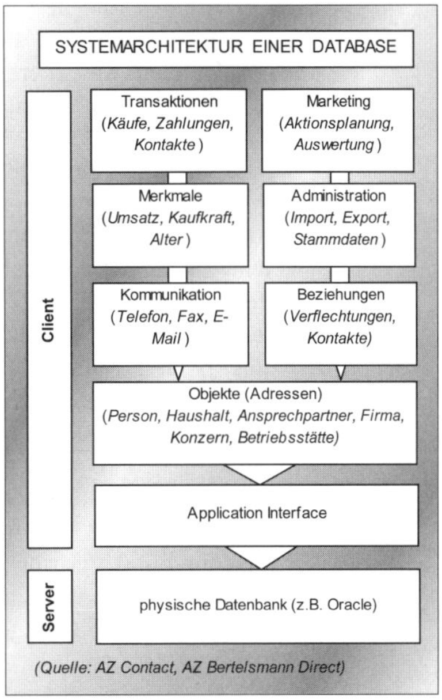

Durch Umzüge ändern sich in Deutschland täglich 25.000 Adressen. Allgemein gelten 20% aller Datenbank-Adressen als unzustellbar. (vgl. VLS, 7/2003, S. 3)

Abb.3-46 beschreibt den Aufbau der Marketing-Database von *AZ Bertelsmann Direct* (*AZ Direct*). Als Hauptvorteile betont *Bertelsmann*:
- Verwaltung beliebiger Daten,
- internationale Ausrichtung,
- Mandantenfähigkeit (insbes. für SAP-Anbindung),
- Interation Adressmanagement-Tools,
- Operatives Kampagnenmanagement (Direktmarketing-Aktionen),
- Call-Center-Einsatz.

Ein Data Warhouse der Superlative ist das der *Deutschen Lufthansa* mit 1 Terabyte Rohdatenvolumen, über 10 Mio. *Miles&More*-Kunden, 300 Mio. Kundentransaktionen, 350 Mio. Check-in-Aktivitäten und 900 Mio. Kundentransaktionen!

3.5.3. Datamining

"Der Kunde ist König, doch niemand kennt ihn. Front-Manager im Marketing und Verkauf tragen aus dem Stegreif alle Einzelheiten über ihr Produktsegment vor, aber welche Wünsche und Probleme die Kunden haben, ist für die meisten Marketiers ein Buch mit sieben Siegeln."[333]

Durch Datamining kann die DiBa feststellen, welches Produkt zu jedem der 2,5 Mio. Kunden am besten passt.

Alle aufgezeigten Markttests beruhen auf Ausgangshypothesen. Die Unternehmung hat z.B. eine Vermutung, dass bestimmte Variablen eine Kaufentscheidung für ein Produkt oder die Zufriedenheit der Konsumenten beeinflussen, und man misst dann Stärke und Abhängigkeiten dieser a priori definierten Einflussgrößen. Selbst die Faktorenanalyse bedient sich gewisser Ausgangsvariablen (oder Items). Wie aber lassen sich völlig unbekannte und oftmals überraschende Kaufvariablen und deren Zusammenhänge aufspüren. Dieses **Aufspüren a prioi unbekannter Zusammenhänge (Muster, Patterns, Profile) im Kaufverhalten** ist Anliegen des Dataminings.[334]

➥ *"Datamining ist der Prozess des Entdeckens bedeutsamer neuer Zusammenhänge, Muster und Trends durch die Analyse großer Datensätze mittels Mustererkennung sowie statistischer und mathematischer Verfahren."* (E. Brethenoux, Gartner Group).
➥ Wissenschaftstheoretisch handelt es sich um **explorative Analysen**.

Vereinfacht kann gesagt werden: Die klassische Marktforschung analysiert was und warum gekauft wurde. Datamining trifft Voraussagen, was gekauft werden wird:
- 40 Prozent der männlichen Kunden, die zur Biermarke x greifen, kaufen auch Zigaretten der Marke y,

---

[333] Beuthner, (CRM), in: IT-Director, 12/2000, S. 70
[334] vgl. Ahlemeyer-Stubbe, (Datamining), in: acquisa, 6/2000, S. 22

- Kunden, die den Rückkaufwert ihrer Lebensversicherung erfragen, wollen mit 90-prozentiger Wahrscheinlichkeit kündigen,
- Kunden, die Interesse an dem PKW-Modell x zeigen, sind mit 80 prozentiger Wahrscheinlichkeit auch für die Sonderausstattung y zu begeistern.

Datamining ist auf große Datenbestände angewiesen, wie sie z.B. bei Banken, Versicherungen, Stromversorgern, Kreditkarten- oder Telekommunikationsunternehmen vorliegen. Insofern hängen Datamining und Data Warehouse zusammen. Ein Data Warehouse stellt dem Datamining Massendaten für explorative Auswertungen zur Verfügung. Dabei hat Datamining ein spezielles Problem zu lösen. Über 90 Prozent der in einem Unternehmen anfallenden Daten sind nicht numerischer Natur. Es sind dies Briefe, Sprachaufzeichnungen, E-Mails, SMS-Mails. So verlagert sich der Schwerpunkt des Datamining hin zur statistischen Auswertung von verbalen Daten (**Text-Mining-Tools**).[335]

Von der Information zur Aktion.

Marktforschung und Marketing wollen den Kunden und sein Verhalten genau sezieren. Aber wozu? Der Aufwand lohnt nur dann, wenn die Informationen von Marktforschung und Vertriebscontrolling sehr schnell beim Kunden, für Aktionen am Point of Sale, genutzt werden können. Diese Feedback-Schleife des Kundenwissens wird durch **Closed Loop** angestrebt.

3.5.4. Closed Loop

▶ Durch einen **Closed Loop** werden sämtliche Kontakt- oder Transaktionsdaten, die im Rahmen von Marketingaktionen (Call-Center, Kampagnen, Direktmarketing), Marktforschung oder im Wege betriebswirtschaftlicher Analysen (Business Intelligence) gewonnen werden, nach Analyse und Aufbereitung in Form eines Informationskreislaufes an die Abteilungen mit Kundenkontakt zurückgegeben. Ziel ist ein aktueller und konsistenter Informationsstand in allen kundenbezogenen Anwendungen (Applikationen) und eine schnelle Umsetzung von neuen Markt- und Kundeninformationen in Aktionen.

Abb.3-47

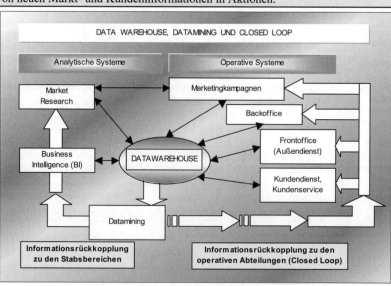

---

[335] Diese Entwicklungen werden insbesondere von IBM, Oracle und Microsoft stark forciert: vgl. Haines, (Zahlen), in: Client/Server, 5/2000, S. 82

Im klassischen Marketing arbeiten Call-Center und Frontend (Außendienst) auf herkömmliche Weise mit separaten Datenbeständen. Auch die im Rahmen von Kampagnen gewonnen Kundendaten müssen oft umständlich und zeitraubend an die Kundenbetreuer in Innen- und Außendienst zwecks Weiterverfolgung (Akquisition) übergeben werden. Der Closed Loop-Ansatz hilft, diesen **Graben zwischen Marketing und Vertrieb zu überwinden** und Daten integriert und regelkreismäßig den Kundenabteilungen zur Verfügung zu stellen.[336] Dies geschieht mit Hilfe von CRM-Systemen. Diese stossen selbststeuernd Kundenaktionen auf der Grundlage von generiertem (Markt)Wissen an. Abb.3-47 schematisiert das Closed Loop-Konzept.

Gerade größere Konsumunternehmen arbeiten hart daran, ihren BtoC-Direktvertrieb durch Closed Loop-Konzepte ausbauen (Energieversorger, *Lufthansa, Die Bahn, Deutsche Telekom, Bertelsmann*, Telekommunikationsanbieter, Kundenkartenanbieter, Versandunternehmen etc.). Der Closed Loop soll eine der wichtigsten Fragen von Marketing und Vertrieb lösen: *Wie komme ich schnell von der Information in die Aktion?*

3.6. Die Bedeutung des Marktinformationssystems für die Marktorientierte Unternehmensführung

Abb.3-48

FAKTEN ZUM WISSENSMANAGEMENT

① Die weltweit verfügbaren Informationen betragen ca. 12 Exabyte = 12 Mio. Terabyte.
② 20 Terabyte entsprechen dem Dateninhalt der Staatsbibliothek der USA.
③ 1999 wurden 1,5 Exabyte neuer Daten generiert. Dieser Wert wird sich in den kommenden Jahren jeweils verdoppeln.
④ Nur 0,003 % aller Informationen liegen in gedruckter Form vor; 93 % sind bereits digital gespeichert.
⑤ Auf jeden Bürger der Erde entfallen ca. 250 Megabyte Daten.

(*Untersuchungen der Universität von Berkeley, Californien. Vgl. Brockhagen, (retten), in: FAZ v. 20.3.2001, S. B9*)

Marktforschung ist Aufgabe aller Führungskräfte und Mitarbeiter mit Kundenkontakten.

Die strategische Bedeutung der Marktforschung und des Marktinformationssystems für die marktorientierte Unternehmensführung liegt nach *Meffert* in den sechs grundlegenden Funktionen gemäß Abb.3-49:[337]

Hierzu ist anzumerken:
- ☒ Marktforschung ist heute eine notwendige Tagesaufgabe für alle Mitarbeiter mit Kunden- und Wettbewerbskontakten.
- ☒ Zu viele Markt(forschungs)informationen verstauben leider nach Projektabschluss und Ergebnispräsentation in den Ablagen. Sie finden keinen Zugang in integrierte Datenbanken und können dann auch nicht im Sinne des Closed Loops für gezielte Kundenaktionen genutzt werden. Kostspielige Marktforschungsstu-

Abb.3-49

DIE STRATEGISCHEN FUNKTIONEN DES MARKTINFORMATIONSSYSTEMS

① Frühwarnfunktion ⇨ Marktrisiken können frühzeitig aufgespürt werden
② Innovationsfunktion ⇨ vielfältige Informationen erleichtern kreative Lösungen
③ Managementfunktion ⇨ Management-Entscheidungen werden abgesichert
④ Unsicherheitsreduktions-Funktion ⇨ mehr Transparenz über Märkte und Kunden wird geschaffen
⑤ Strategische Funktion ⇨ Marktinformationssystem als Grundlage für die strategische Planung
⑥ Servicefunktion ⇨ alle Unternehmensbereiche können das Marktwissen nutzen

---

[336] vgl. Martin, (Closed Loop), in: acquisa, 11/2000, S. 10-14

dien sind abgeschlossen, aber Marketing und Vertrieb erhalten keinen Zugriff auf die Ergebnisse und haben keinen Nutzen hiervon.

- Alle Mitarbeiter sollten deshalb darüber informiert sein, welche Daten wo mit welcher Zugangsberechtigung liegen (Data Warehouse Konzept).
- Von zentraler Bedeutung ist in diesem Zusammenhang die sog. **integrierte Kundendatenbank.** Nicht selten wird die Einspeisung von Markt- und Kundendaten in die **digitale Kundenakte** verhindert, weil die Verantwortung für die Datenpflege nicht geklärt ist. Wenn jeder Mitarbeiter mit Kundenkontakt Marktforschungsverantwortung trägt, dann sollte sich auch jeder für die Pflege der von ihm eingebrachten Informationen zuständig fühlen.
- Immer wieder spannend ist in der Praxis die Frage nach eigenen und fremden Marktanteilen. Das gilt insbesondere für die oft stark fragmentierten technischen Märkte. Hier sollten der Austausch mit Hauptwettbewerbern nicht gescheut und die Bande zu Kammern und Fachverbänden enger geknüpft werden. Für die Verbandsvorstände heißt das, Aufklärung über die Vorteile eines Datenaustausches zu betreiben und die Fachverbandsmitglieder stärker in die Pflicht zu nehmen. Warum viel Geld in Marktanteilsstudien investieren, wenn am Abend nach der Verbandssitzung Marktinformationen aus erster Hand verfügbar sind? Das Entscheidende ist natürlich, dass die Wettbewerbskollegen diesen Daten trauen. Bei zunehmender Professionalität im Management wird dies immer weniger zu einer „Frage der Weltanschauung". Denn zur Professionalität gehört es, einem Konkurrenten Vertrauen entgegen zu bringen. Betrogen wird man nur einmal - und die Welt ist klein.
- Ein „kleines Budget", wie es oft im Mittelstand zu finden ist, sollte kein Hemmschuh für mehr Marktwissen sein. Kleinere regionale Marktforschungsinstitute bieten heute Spezialstudien, die auf jedes Budget hin zugeschnitten sind. Und oft wird auch im Rahmen von Bachelor-Arbeiten hervorragende Marktforschung mit kleinem Budget geleistet.

Der Verleger der New York Times, Rutherford D. Rogers, im Februar 1988: "Wir ertrinken in Informationen und dürsten nach Wissen."

Der Unternehmensdatenberg wächst laut einer Studie von *MicroStrategy* um jährlich 75 bis 150 Prozent. Ein einzelner Mitarbeiter kann kaum noch überblicken, welche Informationen für zukünftige Entscheidungen Relevanz besitzen - und wo er diese Daten finden kann. *Wenn Siemens wüsste, was Siemens weiss.* Ein **Information Overload** droht. Dieser Zukunftsblick unterstreicht abschließend noch einmal die Bedeutung eines effizient organisierten Marktinformationssystems für die Arbeit von Marketing und Vertrieb.

Nach der Erarbeitung der strategischen und operativen Unternehmensziele und -maßnahmen und deren Absicherung durch Marktdaten ist jetzt über den Einsatz der Marketing- und Vertriebsinstrumente zu entscheiden.

---

[337] vgl. Meffert; Burmann; Kirchgeorg, (Marketing), 2008, S. 95

4. DIE LEISTUNGSPROGRAMMPOLITIK

4.1. Grundbegriffe und Grundzusammenhänge

4.1.1. Leistungsprogrammpolitik - Ziele und Aufgaben

79% der mittelständischen Unternehmen halten die Neu- und Weiterentwicklung von Produkten und Dienstleistungen für die Entwicklung ihres Betriebes für äußerst bzw. sehr wichtig. (TNS Infratest-Umfrage im Auftrag der Deutschen Bank).

Die Produktpolitik gilt als „*Herz des Marketing*".[338] Gute Produkte sichern die Marktanteile von morgen. Schlechte Produkte lassen sich auch durch ein noch so gutes Marketing nicht dauerhaft kaschieren. Intelligente Produktvorteile geben den Unternehmen auf den sich immer weiter angleichenden Märkten zeitliche Wettbewerbsvorsprünge.[339] Der Konkurrenzkampf setzt die Unternehmen deshalb unter Innovationsdruck. Neue Technologien und Produkte[340] sind Ausdruck unternehmerischer Dynamik. Die Unternehmen befinden sich in einer Beschleunigungsspirale, die sich immer schneller dreht und deren Auswirkungen alljährlich auf den Fachmessen (vor allem auf der Hannover-Messe) zu beobachten sind.[341]

Für das Marketing stellt alles, „*was einer Person angeboten werden kann, um ein Bedürfnis oder einen Wunsch zu befriedigen*,"[342] ein Produkt dar. Diese Definition ist weit gefasst. Sie bezieht selbstverständlich Dienstleistungen ein. Abschnitt 1.1.2. lieferte bereits eine Systematik der Güter und Dienstleistungen. Abb.1-4 fügte Sachgut-, Service- und Dienstleistungen zu Kombinationen zusammen. Üblicherweise behandeln Lehrbücher die produktbezogenen Zusammenhänge im Rahmen des Marketingmix-Instrumentes **Produktpolitik**. Unbestreitbar bildet auch das einzelne Produkt (die singuläre Leistung) den Ausgangspunkt aller Überlegungen. Offensichtlich bringen die Unternehmen aber abgestimmte Bündel von materiellen und immateriellen Leistungen, sog. **Leistungsprogramme**, in die Märkte (Beispiel: *Hugo Boss*). Um diesen Aspekt der Steuerung von Leistungsbündeln zu betonen, wird hier von Leistungsprogrammpolitik gesprochen. Die Produktpolitik ist dann der zentrale Bestandteil der umfassenden Leistungsprogrammpolitik.

> ➡ Die **Leistungsprogrammpolitik** umfasst alle Instrumente und Maßnahmen zur Erschaffung, zur Gestaltung, zur Pflege und zur Marktaufgabe von Sachgütern und/oder vermarktbaren Dienstleistungen in Kombination mit Serviceleistungen mit den Zielen Emotionalisierung und Wettbewerbsdifferenzierung.
> ➡ Die **Angebotspolitik** umfasst die Leistungsprogramm- und die Preispolitik.

Leistungsprogrammpolitik ist nicht allein Aufgabe des Marketing. Die Bereiche F&E, Fertigung, Materialwirtschaft, Einkauf und Anwendungsechnik sind in die marktbezogenen Fragen der Leistungsprogrammpolitik mit einzubeziehen.

---

[338] vgl. Becker, (Marketing-Konzeption), 1998, S. 490 (in der neuen 8. Aufl. 2006 auf die Produktleistung eingegrenzt, s. dort S. 490); vgl. auch Haedrich; Tomczak, (Produktpolitik), 1996, S. 7
[339] es sei denn, man kann von einem sicheren Patentschutz oder einer geheimen Rezeptur profitieren, wie das augenscheinlich *Coca Cola* oder *Underberg* können.
[340] Unter Innovationen wollen wir hier Produkte oder Fertigungsverfahren verstehen, die für die anbietende Unternehmung grundsätzlich neu sind und vom Markt auch als echte Neuerung des Anbieters aufgenommen werden.
[341] Backhaus meint: „*Die Beschleunigungsspirale treibt die Wirtschaft zu immer schnellerem Wechsel. Erfahrung und Orientierung gehen verloren.*": Backhaus, (Langsamkeit), in: MM, 11/1997, S. 246
[342] Kotler; Keller; Bliemel, (Marketing-Management), 2007, S. 12

Abb.4-1

Abb.4-2

für:
Systeme,
Anlagen,
Komponenten, Produkte, Teile, Dienstleistungen und Serviceleistungen.

Abb.4-1 stellt die Entscheidungsfelder der Leistungsprogrammpolitik im Zusammenhang dar. Am Anfang stehen übergeordnete Fragen der strategischen Ausrichtung des Leistungsangebotes, bevor es im Rahmen der Produktpolitik i.e.S. an die Gestaltung des einzelnen Produktes und die der komplettierenden Dienst- und Serviceleistungen geht. Wie ist das Leistungsprogramm der Unternehmung zu beurteilen? Wie werden Produkte geschaffen und im Zeitablauf über den Lebenszyklus verändert? Welche Service- und Dienstleistungen sind zur Komplettierung der Kernleistung sinnvoll? Diese Fragen werden in diesem Kapitel behandelt.

Zunächst soll die Vielschichtigkeit des Produktbegriffes verdeutlicht werden. Abb.4-2 zeigt die Ebenen des Produktbegriffes, die für die Leistungsprogrammpolitik aus unterschiedlichen Blickrichtungen heraus wichtig sind. Der Produktbegriff ist also außerordentlich komplex. Bei *Fisherman's Friend* z.B. denkt der Lebensmittelchemiker nüchtern an die Spezifikation bzw. an die Rezeptur. Der Konsument dagegen spürt die frische Brise und Weite des Atlantiks. Das Produkt fügt sich in seine Gefühlswelt ein. Als Marke erobert das Produkt *Fisherman's Friend* so einen kleinen Raum in seinem Kopf.[343] Der Käufer erwartet von einem Produkt Nutzenerbringungen. Die Leistungsprogrammpolitik wird also einen Weg von der Produktidee über die Gestaltung des Produktes bis hin in die Gefühlswelt des Käufers zu gehen haben. Hilfreich für die Weggestaltung ist die Kenntnis vom **Zwiebelschalenaufbau** der Produkteigenschaften.

4.1.2. Das Zwiebelschalenmodell eines Produktes

Die Eigenschaften eines Produktes formen gewissermaßen eine Zwiebelschale:[344]
(1) Der **Produktkern** steht im Zentrum. Er verkörpert die gundlegende Problemlösung, den Grundnutzen aus Käufersicht. Der Produktkern ist die Idee einer Problemlösung. *Bsp. für einen neuen Duschkopf: Waschwasser von oben.*
(2) Das **generische Produkt** stellt das funktionsfähige Basisprodukt dar. Dieses erfüllt lediglich den Grundnutzen. *Bsp.: Schlauch und Brause.*
(3) Das **erwartete Produkt** enthält alle nutzenbringenden Eigenschaften und das übliche Aussehen, das der Käufer bzw. die im Visier stehende Käuferschicht

---
[343] nicht wissend, dass es sich um ein gekauftes Markenzeichen handelt. Es ist also das Marketing, das den Schlüssel für das Herz des Verbrauchers liefert, nicht die Rezeptur.
[344] vgl. in Anlehnung an eine Darstellung von Kotler; Keller; Bliemel, (Marketing-Management), 2007, S. 492-494; sowie Scharf; Schubert, (Marketing), 2001, S. 67-70

Abb.4-3

Die „Produkterweiterung" bei *Rolls-Royce*:
1. Kühlerfigur Emily,
2. Regenschirm in Vordertür,
3. steil stehender Kühlergrill,
4. gegenläufig öffnende Türen.

mindestens erwartet. *Bsp.: 1,5m biegsamer Schlauch, Duschkopf mit Wassersieb, leicht wechselbare Dichtung.*

(4) Das **erweiterte Produkt** ist Ergebnis der zusätzlichen Anstrengungen der Hersteller, sich durch besondere Produkteigenschaften voneinander zu unterscheiden. Es ergänzt das erwartete Produkt um die Zusatznutzen (**Added Values**). *Bsp.: Duschkopf mit exklusivem Design und Entkalkungsautomatik.*

(5) Das **maximale Produkt** definiert sich durch den maximalen Gestaltungsrahmen für die Produkteigenschaften (**Produktvision**). Es ist Aufgabe der Innovationspolitik, die Grenzen des maximal Möglichen stetig auszudehnen. Das Marketing muss darauf hinwirken, dass sich die Kundenerwartungen entsprechend mit entwickeln. Ansonsten verkommen alle Produkte irgendwann zu Commodities. *Bsp.: Duschkopf mit elektronisch geregeltem Wasserdruck und Entkalkungselektronik, wahlweise Champagnerdusch-Umstellung für Studentenheime.* Controlling und Technik formulieren die Restriktionen.

Diese Ausführungen betonen eine notwendige enge Verzahnung von F&E bzw. Technik und Marketing. Aufgaben der Leistungsprogrammpolitik sind es folglich,
(1) Technik (Geschmack) <u>und</u> Produktdesign kostenmäßig tragbar auf Verbraucherwünsche hin auszurichten,
(2) dabei die Kunden für neuartige Problemlösungen (Bedürfnisweckung) und neue technische Funktionalitäten zu gewinnen,
(3) diese falls möglich durch Schulungen, Systeme, Verträge (Wartungsverträge) o.ä. Instrumente zu binden (**Kundenbindung**),
(4) sich vom Wettbewerb zu differenzieren und so Wettbewerbsvorteile zu erringen.

4.1.3. Die Produkt-Nutzenhierarchie

Abb.4-4

Beziehungsnutzen: "*Ich habe eine Beziehung zu meiner Schere*", sagte die Friseuse. "*Nur mit ihr kann ich schneiden. Sie hat 250 Euro gekostet, und ich habe sie jetzt 8 Jahre. Sie hat länger gehalten als meine Ehe.*" (Salon Carin)

Ein Produkt ist nur Mittel zum Zweck. Den Kunden interessiert in erster Linie die Lösung seines „Problems". Seine Nutzenerwartungen müssen erfüllt werden.[345] Die Nutzen von Konsumgütern ordnen sich in der Konsumtheorie in Form einer hierarchischen Pyramide, wie sie *Maslow* in seiner Bedürfnispyramide aufzeigt (s. noch einmal Abb.1-1). Abb.4-4 spannt den Bogen weiter und bezieht auch Nutzenkategorien von Industriegütern ein. Die höchsten Stufen der Nutzenerfüllungen beinhalten Prestigenutzen und Erfolgsnutzen. Der Erfolgsnutzen schlägt

sich bei einem Geschäftskunden in dessen betriebswirtschaftlichen Erfolgskriterien, wie Umsatz, Marktanteil und Marktmacht, Gewinn etc., nieder.

Aber nicht nur technische und kaufmännische Nutzenkategorien sind zu beachten. Bei erfolgreichen Produkten schafft es das Marketing, dass emotionale Bindungen zwischen Produkt und Besitzer entstehen. Insbesondere im Dienstleistungsgeschäft spielt der **Beziehungsnutzen** eine überragende Rolle.

---

[345] Kairies spricht hier von den KBF´s, den **Key Buying Factors**. Diese zu erforschen, ist zentrale Aufgabe des Produktmanagements. Vgl. Kairies, (Produktmanagement), 2009, S. 59

4.1.4. Die Produktprogramm-/Sortimentshierarchie

Abb.4-5

Abb.4-5 zeigt die Ebenen der Produkthierarchie. Es überlappen sich sortimentsbezogene Sachverhalte mit Phänomenen der Marktseite. Am Anfang der Leistungsprogrammplanung steht zunächst eine Beurteilung des Leistungsprogramms.

```
DIE EBENEN DER PRODUKTHIERARCHIE
1. Artikelvariante: Dübel 5mm (unterste Ebene für EDV-Schlüssel)
2. Artikel: Dübel
3. Produkttyp / Sorte / Sortimentslinie: Wanddübel
4. Produktmarke: Fischer Dübel
5. Produktlinie: fertigungstechnisch zusammenhängende Produkte, hier
   Kunststoffdübel 4 – 5 mm
6. Produktgruppe / Sortimentsgruppe: Befestigungsmaterialien
7. Produktfamilie / Warengruppe: Baumaterialien Decke und Wand
8. Produktklasse / Warengattung: Bau- und Heimwerkermaterialien
9. Bedürfnisfamilie / Warenbereich: feste Verankerung
```

4.2. Strategische Stoßrichtungen

4.2.1. Die Orientierung am Technologie-Lebenszyklus

Im Vorfeld der strategischen Programmplanung sind die Produkte hinsichtlich ihres technischen Standes zu überprüfen. Abb.4-6 zeigt die Lebenszykluspositionen ausgewählter Technologien (leider Stand 2000).[346] Die Wirtschaftswissenschaften haben auf diese Weise das biologische Paradigma vom Entstehen, Wachsen und Vergehen von Organismen in das Konzept eines Produktlebenszyklus überführt. Die Literatur liefert oft komplizierte Grafiken, die die zeitlichen Verläufe von Umsatz und Ergebnis in einer Zeichnung darstellen.[347] Wir raten dringend, nur die Absatzmengen für Technologien zu betrachten, um die Einflüsse der Verkaufs- und Preispolitik aus dem Verlauf der Lebenszykluskurven herauszuhalten.[348]

Abb.4-6

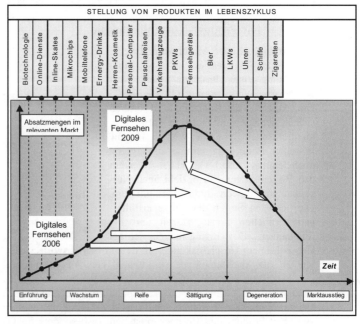

Wachstums-Highlights 2009: Flachbildschirme, Smartphones, Kleinwagen.

---

[346] Quelle: Meffert, (Marketing), 2000, S. 342; dort als Abbildung 3-34
[347] vgl. z.B. die idealtypischen Verläufe bei Weis, (Marketing), 2009, S. 252; Meffert; Burmann, Kirchgeorg, (Marketing), 2008, S. 445 u. 821; Haedrich; Tomczak, (Produktpolitik), 1996, S. 99

4. Kapitel: Die Leistungsprogrammpolitik   195

Abb.4-7

BEZUGSGRÖSSEN FÜR DEN PRODUKTLEBENSZYKLUS	
① Technologien	⇨ z.B. Intel-Pentium Chip
② Branchen	⇨ z.B. TV-Flachbildschirm-Industrie
③ Produktgruppen	⇨ z.B. schnurloseTelefone
④ Produktgenerationen	⇨ z.B. Mercedes E-Klasse
⑤ Modellreihen	⇨ z.B. VW Golf 2011

Wichtig auch: Die Kurve zeigt jährliche Absatzmengen. Im Schrifttum wird dies nicht immer erwähnt. Die Absatzmengen können gemäß Abb.4-7 auf unterschiedliche Bezugsgrößen bezogen sein. Die Bezugsgrößen sollten aber immer mit dem technischen Fortschritt korrelieren. Zur Bestimmung der Strategie für ein einzelnes Produkt ist die Lebenszyklusanalyse ungeeignet.[349] Die Leistungsprogrammpolitik fragt danach, in welcher Lebensphase sich die Technologie befindet, auf der die Produkte eines Geschäftsfeldes bzw. einer Planungseinheit beruhen.

Die **Phasen** des Lebenszyklus sind nicht klar voneinander zu trennen. Abb.4-8 dient daher nur zur Orientierung.[350] Die Phasengrenzen entsprechen auch nicht exakt denen der Abb.4-6. Zuweilen werden Reifephase und Sättigungsphase gleichgesetzt. Für die Degenerationsphase werden auch Begriffe wie Schrumpfungs-, Rückgangs- oder Niedergangsphase verwendet. Viele Produkte verharren in der Degeneration.

In den Phasen des Produktlebenszyklus hat die Leistungsprogrammpolitik die folgenden Aufgaben zu erfüllen:[351]
(1) Am Anfang steht die **Neuproduktentwicklung**. Sie begleitet das Produkt auf dem Weg von der Erfindung (**Invention**) über die Realisierung (**Innovation**) bis hin zur **Markteinführung** und noch darüber hinaus. Auf diesem Weg arbeiten Technik und Vertrieb eng zusammen. Fehlentscheidungen in diesen Phasen führen zu Entwicklungsabbrüchen, erfolglosen Markteinführungen (Produktflops[352]) oder Rückholaktionen für unausgereifte Produkte. Schnell muss es gehen. Der Produktlebenszyklus eines neuen Handys beträgt nur noch 6 Monate.
(2) Schon bald nach der Markteinführung droht Alterung infolge technischen Fortschritts. Man reagiert hierauf und auch auf den zunehmenden Konkurrenzdruck durch **Produktvariationen** und / oder **Produktdifferenzierungen**.

Abb.4-8

PHASENABGRENZUNGEN FÜR DEN PRODUKTLEBENSZYKLUS			
Phase	Beginn	Ende	strategische Stoßrichtung
- Einführungsphase	ab erstem Umsatz	Gewinnschwelle	Vertriebs-, Werbestrategie
- Wachstumsphase	Gewinnschwelle	maximale Wachstumsrate	Markenprofilierung
- Reifephase	sinkende Mengenzuwächse	max. Durchschnittswachstum	Produktvariation
- Sättigungsphase	max. Durchschnittswachstum	Absatzmaximum	Produktdifferenzierung
- Degenerationsphase	Absatzmaximum	Folgetechnologie etabliert	Abverkaufsmaßnahmen
- Marktausstiegsphase	Verlustzone in Aussicht	Produktelimination	opportunistisches Verhalten

---

[348] So ergeben sich z.B. am Anfang völlig unterschiedliche Verläufe beim Vergleich von *Skimming Price* und *Penetration Price Policy*. Vgl. die entsprechenden Ausführungen im 5. Kapitel.
[349] vgl. auch die Kritik bei Meffert, (Marketing), 2000, S. 333. Außerdem gibt es Meinungen, der PLZ sei das Ergebnis von und nicht die Ursache (Bestimmungsvariable) für Marketingstrategien: vgl. Kotler; Keller; Bliemel, (Marketing-Management), 2007, S. 1033
[350] vgl. Kairies, (Produktmanagement), 2009, S. 67
[351] vgl. zu den Abgrenzungen der Phasen des Produktlebenszyklus auch Homburg; Krohmer, (Marketingmanagement), 2009, S. 435-436
[352] Man geht davon aus, dass nur 1 Produktidee von ca. 50 – 60 in einem erfolgreichen Neuprodukt endet. Kotler spricht vom „*Dilemma der Neuproduktentwicklung*": Die Unternehmen sind trotz niedriger Erfolgsaussichten für ein Entwicklungsvorhaben zu Produktentwicklungen gezwungen: vgl. Kotler; Keller; Bliemel, (Marketing-Management), 2007

In der Praxis gelten 90% der neuen Produkte als Weiterentwicklungen (= **Line Extensions**).

> ➡ **Produktvariationen** sind Veränderungen bestehender Produkte.[353] Produkteigenschaften werden ersetzt, verbessert, hinzugefügt oder weggelassen. Neue, angepasste Service- und Dienstleistungen sollen für zusätzliche Kaufanreize sorgen. Produktvariationen sind bereits am Ende der Wachstums- bzw. zu Beginn der Sättigungsphase zu erwägen, wenn Wettbewerbsvorsprünge durch gute Nachfolgeprodukte schwinden.
>
> ➡ **Produktdifferenzierungen** folgen spätestens in der Sättigungsphase. Sie führen zu einem parallelen Angebot von zusätzlichen Produktvarianten, um alte Zielgruppen zu halten und neue Zielgruppen zu gewinnen.[354] Insofern sind Produktdifferenzierungen strategische Instrumente für eine systematische Marktentwicklung, wie bei der Darstellung der Produkt-/Marktmatrix von *Ansoff* aufgezeigt wurde (vgl. Abb.2-23).

Die Zahl der im Handel in den letzten Jahren angebotenen Artikel ist um 140% gestiegen, die der Produktvarianten um 420%. (Quelle: ASW, 2/2006, S. 32)

(3) Irgendwann in der Niedergangsphase kommt ein Zeitpunkt (Point of no Return), ab dem der Rückzug aus dem Markt erfolgt. Man spricht auch von **Produktelimination**. Das Produkt wird nicht mehr beworben. Es gibt Abverkaufsaktionen, und letztlich verschwindet das Gut aus dem Angebot. Im technischen Geschäft bleibt der Ersatzteilverkauf, der dann meist höhere Deckungsbeiträge erwirtschaftet als das Produkt in der Niedergangsphase.

Die marktorientierte Unternehmensführung hat sich auf den Wechsel von Werden und Vergehen der Material- und Fertigungstechnologien einzustellen. Selbst eine gute Wettbewerbsposition in den frühen Phasen des Lebenszyklus kann einen dauerhaften Markterfolg nicht garantieren. Diskontinuitäten, z.B. neue Rechtsprechungen oder plötzlich aufkommender Substitutionswettbewerb, können den Zyklus innerhalb kurzer Zeit wegbrechen lassen.[355] Schon gar nicht kann der Lebenszyklus etwas über den Markterfolg eines einzelnen Produktes eines Anbieters sagen. Die Produkterfindung und -gestaltung schaffen lediglich Grundvoraussetzungen. Der langfristige Produkterfolg hängt von der Vermarktung und von dem Konkurrenzverhalten ab. So können wir *Hüttel* folgen:

> *„Das Lebensrisiko von Produkten ist hoch, „unnatürliche Todesfälle" sind an der Tagesordnung. In den meisten der genannten Fälle ist die Lebenszyklusphase des Verfalls noch nicht erreicht, wenn bereits die „Sterbeglocke" läutet."*[356]

4.2.2. Die Orientierung an Produkt- und SGF-Portfolios

Das Potenzial eines Leistungsangebotes wird in der Portfolio-Analyse durch den Marktanteil bzw. die relative Wettbewerbsstärke erfasst. Der Planungsansatz wurde eingehend im Abschnitt 2.3.4. beschrieben. Die Leistungsprogrammpolitik leitet ihre Produkt- und Programmentscheidungen wie folgt aus Portfolio-Positionen ab:

- aus der Positionierung der eigenen Produkte oder der eigenen Geschäftsfelder im Portfolio mit dem Ziel
  a.) diese in bekannter Weise in förderungswürdige und förderungsunwürdige Produkte zu trennen (*Fragezeichen / Sterne / Melkkühe / Arme Hunde*),
  b.) daraus die geeigneten Prioritäten für Produktvariationen, Produktdifferenzierungen oder Neuproduktentwicklungen abzuleiten,
  c.) und gemäß dem Ziel der Ergebnisorientierung für ein finanzwirtschaftlich ausgewogenes Portfolio zu sorgen,
- aus der Positionierung der eigenen Produkte im direkten Vergleich mit den Angeboten der Konkurrenten.

---

[353] vgl. Hüttel, (Produktpolitik), 1998, S. 301-314
[354] vgl. Homburg; Krohmer, (Marketingmanagement), 2009, S. 591-594
[355] vgl. Winkelmann, (Investitionsschübe), 1982, S. 1-3
[356] Hüttel, (Produktpolitik), 1998, S. 149

Je nach Portfolio-Position sind unterschiedliche Produktstrategien ratsam:[357]
- ⊠ Für **Question-Mark-Positionen**: Die Produkte sind technisch zu optimieren. Marketing und Vertrieb müssen sie über die kritische Wachstumsschwellen in Star-Positionen mit hohen Marktanteilen drücken (Vorteil: Kostendegression!).
- ⊠ Für **Star-Positionen**: Diese sind durch Produktverbesserungen abzusichern. Produktvariationen und Programmergänzungen (Produktdifferenzierungen) zählen zu den Aufgaben der Modellpflege in der späteren Lebenszyklusphase.
- ⊠ Für **Melkkuh-Positionen**: Besondere F&E-Aktivitäten sind nicht mehr sinnvoll. Die Priorität gilt bereits dem Nachfolgeprodukt, dem Stern von morgen. Ausnahme: Relaunch-Strategien, die durch gezielte technische Veränderungen und marktbezogene Aktionen versuchen, ein Produkt in der Melk-Position zu stabilisieren und damit den Niedergang in die Dog-Position zu verhindern.
- ⊠ Für **Dog-Positionen**: Die Produktentwicklung wird endgültig eingestellt. Der Marktaustritt ist dann eine Marketing- und eine Kostenentscheidung.

4.2.3. Die Orientierung an Positionierungen und Einzigartigkeiten

„Für einen Heerführer ist das Aufstellen seiner Truppen, sie also zu positionieren, eine wesentliche Voraussetzung für den Erfolg in der Schlacht."[358]

Andere Produktstrategien orientieren sich konsequent am individuellen Kundennutzen: *„Jede angebotene Leistung besitzt im subjektiven Blickwinkel der Kunden eine bestimmte Position im Markt."*[359]

> ➜ Ein Käufer denkt und fühlt in individuellen Bedürfnis- bzw. Nutzenräumen. Es ist Aufgabe der **Produktpositionierung**, die Stellung eines Produktes im Nutzenraum der Käufer aufzuspüren (**reale Produktposition**) und eine eigene, unverwechselbare Angebotsposition im Vergleich zu Konkurrenzprodukten zu definieren, so dass sich hieraus Ziele und Aufgaben für die Produktgestaltung und für die Marktkommunikation (Werbung) ergeben.[360]
> ➜ Ein Produkt hat gute Erfolgschancen, wenn seine Produktposition im Nutzenraum mit der durchschnittlichen Wunschposition der Käufer der Zielgruppe übereinstimmt (**ideale Produktposition**).

Ein **Positionierungsverfahren** läuft in folgenden Schritten ab:
(1) Zunächst sind die kaufentscheidenden Nutzeneigenschaften der Produkte im Wege von Käuferbefragungen zu eruieren (Marktforschungsprojekt).
(2) Anschließend gewichten Käufer diese Produkteigenschaften in den Relationen zueinander nach ihren Nutzenempfindungen (reale Produktpositionen).
(3) Die gemessenen **realen Produktpositionen** werden in Nutzenportfolios (in Eigenschaftsräumen) visualisiert.
(4) Gleiches geschieht mit den zu vergleichenden Wettbewerbsprodukten.
(5) Für das eigene Produkt ist dann eine sog. **Core Benefit Position** (CBP) zu suchen. Eine CBP ist eine unverwechselbare Position im gefühlten Nutzenraum (Präferenzraum), die noch nicht von Wettbewerbern besetzt ist.[361]
(6) Entsprechend den kundenseitig geäußerten Idealvorstellungen zu einem Produkt (*Wie sieht Ihr ideales Produkt aus?*) lassen sich abschließend die Kunden im gleichen Eigenschaftsraum scannen. Das Ergebnis sind **ideale Kundenpositionen** im gleichen Präferenzraum.

---

[357] vgl. auch Meffert, (Marketing), 2000, S. 363
[358] Weinhold-Stünzi, (positionieren), 1996, S. 46
[359] Haedrich; Tomczak, (Produktpolitik), 1996, S. 136
[360] vgl. zum Ursprung Ries; Trout, (Positioning), 1986; Freter, (Marktsegmentierung), 2008; sowie das ausführliche Werk von Tomczak; Rudolph; Roosdorp, (Positionierung), 1996; ferner Woratschek, (Positionierung), 1998, S. 694-710. Hintergrund der Positionierungsansätze sind die aus der Sozialpsychologie stammenden joint space Modelle.
[361] vgl. das Beispiel bei Scharf; Schubert, (Marketing), 2001, S. 118

(7) Kunden, die im Nutzenraum in Gruppen nahe beieinander gruppiert sind, sind zu Kundensegmenten zusammenzufassen (Cluster-Bildung).

Abb.4-9 veranschaulicht die Vorgehensweise. Die Entfernungen zwischen den Kunden- und den Produktpositionen erlauben Prognosen über die Kaufwahrscheinlichkeiten für die einzelnen Produkte. Die Abstände lassen bestimmte strategische Stoßrichtungen sinnvoll erscheinen:
- Wenn sich die eigene Position im Nutzenraum mit einem Kundensegment deckt, dann ist weniger die Leistungsprogrammpolitik gefordert als vielmehr eine segmentspezifische Kommunikations- und Vertriebsstrategie.
- Falls nicht, dann gilt es, das eigene Produkt hinsichtlich Design, Leistungsfähigkeit und Marktbotschaft mit einem tragfähigen Kundensegment zur Deckung zu bringen; d.h., das eigene Produkt neu zu positionieren.

Zu unterscheiden sind die reaktive (passive) und die aktive Positionierung:[362]
(1) Bei der **reaktiven (passiven) Positionierung** wird das Produkt an bekannte und bestehende Kundenwünsche angepasst. Man fährt eine defensive Produkt- und eine aggressive Wettbewerbsstrategie (auch: Strategie der Imitatoren).
(2) Bei der **aktiven Positionierung** nach *Ries* und *Trout* werden Kunden beeinflusst und auf trendsetzende Produkte vorbereitet. Es werden neue Nutzen und dadurch neue Märkte geschaffen. Beim Unterfall der
  (a) **Outside-in-Orientierung** werden latente, d.h. versteckt vorhandene (schlummernde) Bedürfnisse geweckt und die eigene Produkt-Problemlösung auf diese hin ausgerichtet. Ein Produkt weckt einen schlafenden Markt.
  (b) Bei der **Inside-out-Orientierung** geht es darum, für eine eigene Produktlösung nicht vorhandene Kundenbedürfnisse völlig neu zu entwickeln („Traumfabrik"). Ein Produkt schafft sich seinen Markt. Hier spielt auch der Zeitgeist eine Rolle. Frage: *Wann sind Konsumenten reif für ein neues Bedürfnis?*

Abb.4-9

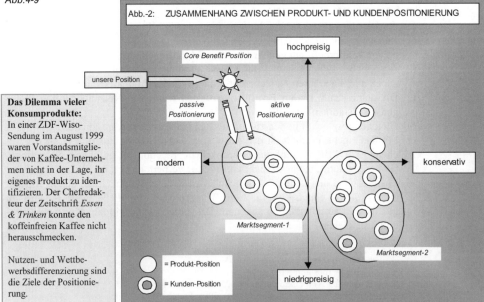

Das Dilemma vieler Konsumprodukte: In einer ZDF-Wiso-Sendung im August 1999 waren Vorstandsmitglieder von Kaffee-Unternehmen nicht in der Lage, ihr eigenes Produkt zu identifizieren. Der Chefredakteur der Zeitschrift *Essen & Trinken* konnte den koffeinfreien Kaffee nicht herausschmecken.

Nutzen- und Wettbewerbsdifferenzierung sind die Ziele der Positionierung.

---
[362] Diese Abgrenzung geht auf Tomczak zurück: vgl. Haedrich; Tomczak, (Produktpolitik), 1996, S. 143-150 sowie die dort angegebenen Originalquellen; ferner: Ries; Trout, (Positioning), 1986

Eine wichtige Frage bei der Vorbereitung einer Positionierungsstrategie lautet: **Was sind überhaupt die kaufentscheidenden Nutzenkriterien (Positionierungskriterien), anhand derer ein oder mehrere Produkte von den zu befragenden Konsumenten bewertet werden sollen?** Zunächst gelten für Positionierungsmerkmale folgende vier Anforderungen:[363]

Abb.4-10

(1) Eine Nutzeneigenschaft muss für den Käufer **wichtig** sein.
(2) Eine Nutzeneigenschaft muss vom Käufer deutlich **wahrnehmbar** sein.
(3) Die Unternehmung muss über das entsprechende **Know-how** zur produktmäßigen Umsetzung der Nutzeneigenschaft verfügen.
(4) Eine Nutzeneigenschaft sollte **dauerhaft stabil** sein, d.h. ihre Bedeutung für die Käufer längerfristig behalten (in der Praxis langfristig kaum möglich).

Abb.4-11

Diese vier Fragen sind besonders dann ernsthaft zu prüfen, wenn Nutzeneigenschaften a priori vorgegeben werden. Dies gilt für die zahlreichen Positionierungsansätze, bei denen pragmatisch mit zwei bipolaren Skalen gearbeitet wird. Abb.4-10 zeigt hierzu einen typischen Eigenschaftsraum. Die Wichtigkeit (Relevanz) der a priori festgelegten Nutzeneigenschaften sollte durch Pretests überprüft werden. Aber auch bei positiven Vortests bleibt die Gefahr, die wirklich wichtigen Produkteigenschaften zu übersehen. Nur faktorenanalytische Verfahren

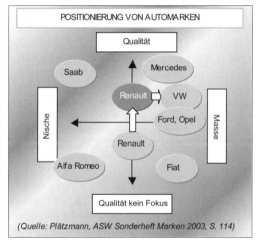

(Quelle: Plätzmann, ASW Sonderheft Marken 2003, S. 114)

können die verborgenen Nutzenkriterien (die als Hintergrundvariablen wirken) aufdecken.[364] Trotz dieser methodischen Schwachstelle stellt die pragmatische Produktpositionierung heute ein unverzichtbares Instrument für die Bestimmung strategischer Stoßrichtungen der Leistungsprogrammpolitik dar. Abb.4-11 veranschaulicht, wie 36 Autofahrer sich auf einen Marken-Konsens geeinigt haben. Die Konsequenz aus der reaktiven Positionierung: Ein Qualitäts-Upgrade für die Marke Renault.

Eine CBP ist nicht zu verwechseln mit der **Unique Selling Proposition (USP**; Begriff geprägt von *R. Reeves* 1961), die ebenfalls auf Einzigartigkeit eines Produktes abzielt. Im Gegensatz zur CBP bezieht sich die USP aber nicht auf psychologische, sondern auf objektiv nachweisbare Einzigartigkeiten (als Ausdruck eines **komparativen Wettbewerbsvorteils**[365]):

---

[363] vgl. z.B. Haedrich; Tomczak, (Produktpolitik), 1996, S. 137 sowie die dort angegebene Literatur
[364] vgl. zur Anwendung der Faktorenanalyse im Rahmen der Produktpositionierung und zum Problem der „Faktorladungen": Green; Tull, (Marketingforschung), 1982, S. 406 ff.
[365] vgl. hierzu die Ausführungen von Backhaus; Voeth, (Industriegütermarketing), 2007, S. 15-28

Abb.4-12

WETTBEWERBSVORTEILE DURCH EINZIGARTIGE ANGEBOTSPOSITIONEN
① Monopol: ⇨ einziger Anbieter in einem Markt (TÜV, Schornsteinfeger, *Kabel Deu.*)
② USP: ⇨ nachweisbarer, einzigartiger Produkt-/Angebotsvorteil (*Linux*)
③ CBP: ⇨ Alleinstellung im gefühlten Kundennutzen-Raum (*Rolex*)
④ UCP: ⇨ unverwechselbarer Markenauftritt, einzigartige Werbebotschaft

Das Geheimnis der Lindt-Schokolade: „Im Jahre 1879 gelang Rodolphe Lindt eine bahnbrechende Entwicklung, die den Weltruhm des Hauses Lindt und damit der Schweiz als Herkunftsland der feinsten Chocoladen bis heute begründet: Durch das sog. Conchierverfahren konnte erstmalig eine Chocolade hergestellt werden, die auf der Zunge zergeht... Die besondere Note aber bleibt ein kleines Geheimnis..."
(*Aufdruck auf der Schokoladenverpackung*)

USP und CBP: Wettbewerbsvorteile sind planbar.

Begründungen für Unique Selling Propositions können sein:
(1) Ein besonderes Know-how für ein bestimmtes Fertigungsverfahren,
(2) ein Patent,
(3) ein Geheimrezept (gutes Beispiel: die Rezeptur von *Coca Cola*),
(4) einziger Anbieter, der einen bestimmten Werkstoff (z.B. Titan) verarbeiten kann (aber nicht unbedingt einziger Anbieter im relevanten Markt),
(5) einziger Anbieter mit einem Zugriff auf einen bestimmten strategischen Rohstoff.

Einige Autoren zählen auch **werbliche Alleinstellungen** (einzigartige Werbebotschaften) zu den Einzigartigkeiten – sozusagen als Gegensatz zum Me too Angebot.[366] Beispiele sind: *Nichts ist unmöglich (Toyota), Im Falle eines Falles... (UHU), Die machen das (Telekom), Wenn's um's Geld geht (Sparkasse), Freude am Fahren (BMW), Unter'm Strich zähl' ich (Postbank), O_2 can do*. Dies lässt sich rechtfertigen, wenn die Werbaussagen oder Werbebilder den Charakter geflügelter Worte (Kultaussagen) angenommen haben. Die Fachwelt spricht dann von **Unique Communication Position (UCP)**. Eine Einzigartigkeit aber nur auf Marketingkraft zu gründen, ist gefährlich. Produktqualität und Service müssen passen.

Man kann darüber streiten, ob CBP's oder USP's einen langlebigeren Markterfolg absichern. Patente z.B. sind zeitlich begrenzt und können umgangen werden; ebenso wie die Käuferwünsche ständigen Wandlungen unterliegen (z.B. durch den Zeitgeist). Abb.4-12 stellt die Typen einzigartiger Angebotspositionen zusammen.

Die **Nachhaltigkeit einer Positionierung** hängt dann ab von
(1) der Stärke des Alleinstellungsmerkmals bzw. der Wettbewerbsdifferenzierung,
(2) der Größe bzw. Marktrelevanz der Zielgruppe,
(3) dem Image des Anbieters,
(4) dem Nutzenangebot (Grund- und Zusatznutzen) des oder der Produkte,
(5) der Kontinuität in der Kommunikationspolitik (s. Kapitel 7).

Ein Positionierungsansatz ist keineswegs auf einzelne Produkte oder Marken beschränkt. Wie bei der Portfoliotechnik lassen sich Produktgruppen, Geschäftsfelder oder – wie im Beispiel – ganze Unternehmen positionieren. Abb.7-13 im 7. Kapitel zeigt, wie Marken nach ihren Images bei den Kunden positioniert werden können.

---

[366] vgl. Pepels, (Marketing), 2009, S. 99. Laut Pepels bringt eine UCP folgende Vorteile: Sie ist relativ sicher, denn ein Imitator würde sofort entlarvt. Sie ist unanfällig gegen den technischen Fortschritt, und sie lässt eine emotionalisierte Umsetzung in der Werbung zu.

Leider werden oft die idealen Kunden(wunsch)positionen nicht analysiert.[367] Es werden nur Ist-Positionierungen vorgenommen, wie im Beispiel der Abb.4-11.

4.2.4. Die Orientierung an Kernkompetenzen

Die Produktpositionierung setzt die Philosophie des Marketing um, Leistungsangebote auf Kundenwünsche hin auszurichten. Meistens verändern sich Kundenwünsche nur graduell. Man bleibt so auf bewährten Pfaden. Neuartige Kundenbedürfnisse können aber Neuausrichtungen des Leistungsprogramms verlangen. Dann ist zu überprüfen, ob man sich mit einer neuen Produktkonzeption noch im Rahmen seiner besonderen technischen und vertrieblichen Stärken, d.h. seiner **Kernkompetenzen**, bewegen würde. **Kernkompetenzen** sind besondere Fähigkeiten, Erfahrungen oder Ressourcen, die der Unternehmung im Markt Vorteile gegenüber Wettbewerbern bieten.[368] Kernkompetenzen besitzen für die Sicherung einer starken Marktposition hohen Wert, wenn fünf strategische Voraussetzungen erfüllt sind:[369]

(1) Sie sollten sich nicht nur in einem starken Produkt niederschlagen, sondern auch anderen Produktgruppen oder Unternehmensbereichen zugute kommen.
(2) Sie sollten an Interessenten und Kunden kommunizierbar sein und dadurch einer Unternehmung den Zugang zu Märkten öffnen.
(3) Sie sollten eine Fertigung von Produkten mit deutlichen und nachhaltigen Wettbewerbsvorteilen erlauben,
(4) dauerhaft vermarktbar
(5) und von Wettbewerbern nur schwer imitierbar sein. Eine USP ist oft Ausdruck einer nicht nachahmbaren Kernkompetenz (Stabilo Boss Leuchtstifte).

Im wesentlichen sind es **drei Überprüfungen**, sog. **Fits**, die bei einer neuen Produktidee vorgenommen werden sollten:
(1) **Kernkompetenz-Fit**: *Trifft das Produkt die eigene Kernkompetenz?*
(2) **Strategie-Fit**: *Passt das Produkt in die laufende Marktstrategie, insbesondere in die Markenstrategie?*
(3) **Herstellungs-Fit**: *Lässt sich das Produkt auf den bestehenden Produktionsanlagen fertigen oder sind Investitionen erforderlich?*

Abb.4-13

Abb.4-13 zeigt strategische Stoßrichtungen auf. Nischenanbieter konzentrieren sich konsequent auf eine Kernkompetenz und verzichten auf Kundengruppen mit außerhalb ihrer Fähigkeiten liegenden Bedürfnisstrukturen. Auf Kernkompetenzen kann sich die Unternehmung nicht ausruhen. Im strategischen Planungszeitraum muss sie sich den wandelnden Kundenbedürfnissen anpassen. Hohe Herausforderungen entstehen durch Diskontinuitäten, wenn Marktwünsche plötzlich in Richtungen laufen, die mit den bisherigen Kernkompetenzen nicht mehr abgedeckt werden können. Erwähnt sei z.B. der mittlerweile vollzogene Wandel von der TV-Bildröhre zum Flachbildschirm oder der aufkommende PKW-Elektromotor. Fragen wir uns z.B.: Wieviele Kernkompetenzen sind mit dem Niedergang der Lochkartentechnologie ebenfalls untergegangen?

	bisherige Kundenbedürfnisse	neue Kundenbedürfnisse
Kernkompetenz	gesicherte Marktposition	Ausbau Leistungsprogramm
keine Kernkompetenz	opportunistisches Geschäft	Kompetenzentwicklung (z.B. Kauf von Know-how)

---

[367] Ein anschauliches Beispiel, das Produkte und Kunden positioniert, ist die „Katzenfutter-Positionierung" bei: Meffert, (Marketing), 2000, S. 355
[368] Das gilt sicher nicht für den Fall, dass mehrere Wettbewerber die gleichen Kernkompetenzen aufweisen. Vgl. zum Ansatz des Kompetenz-Management: Prahalad; Hamel, (Kernkompetenzen), in: HM, 2/1991, S. 66-77, Haedrich; Tomczak, (Produktpolitik), 1996, S. 93-95
[369] zu einigen Punkten vgl. Prahalad; Hamel, (Kernkompetenzen), in: HM, 2/1991, S. 70

Die Portfoliotechnik geht gemäß **Erfahrungskurveneffekt** davon aus, dass hohe Marktanteile starke Kernkompetenzen fördern. Kernkompetenzen sind demnach Ausdruck fortgeschrittener Positionen auf der Erfahrungskurve. Das muss aber nicht so sein. Es gibt genug Beispiele für kleinere Unternehmen, die mit kleinen Marktanteilen ihre Kernkompetenzen in Marktnischen ausspielen. Generell aber ist anzunehmen, dass die Umsatzrenner die Stärken des eigenen Leistungsprogramms widerspiegeln. Um diese Stärken zu finden und gezielt auszubauen, kann also untersucht werden, welche Produkte absatz-, umsatz- oder auch ergebnismäßig einen hohen Anteil am Leistungsprogramm innehalten. So bieten sich **Programmstrukturanalysen** als weitere Instrumente für die Ist-Analyse des Leistungsprogramms an.

4.2.5. Die Orientierung an kaufmännischen Programmstrukturen

Nach den strategischen Betrachtungen folgt nun ein absachließender Blick auf die kaufmännischen Erfolgsdaten der Produkte. Das Controlling gibt der Produktpolitik wichtige Orientierungen. Die klassische ABC-Analyse[370] untersucht, wieviel Prozent der Produkte, Produktgruppen oder Geschäftsfelder wieviel Prozent von einer Erfolgsgröße (z.B. Absatz, Umsatz, DB) erreichen. Die Untersuchungsobjekte werden dazu in eine Rangfolge gemäß ihren Prozentanteilen an der Bezugsgröße gebracht. **Programmstrukturanalysen** gibt es je nach Bezugsgröße:[371]

(1) **Absatz-Strukturanalysen** beziehen die Absatzmengen der einzelnen Produkte auf den Gesamtabsatz und analysieren Mengenkonzentrationen. Wieviel Prozent der Produkte vereinen wieviel Prozent der Mengenkapazität? In welcher Konzentration ist die Kapazitätsauslastung von wenigen Absatzträgern abhängig? Wieviel Prozent vom Absatz halten andererseits Produkte mit nur geringen Verkaufsmengen, etc.?

(2) **Umsatz-Strukturanalysen** setzen entsprechend an der Umsatzrangfolge an. Sie weisen die Umsatzkonzentrationen für **Renner** und **Penner** aus. Während Absatzstrukturanalysen aus Sicht der Fertigung sinnvoll sind (Kapazitäts-, Beschäftigungsabhängigkeiten), erfolgen Umsatzstrukturanalysen eher aus finanzwirtschaftlichen Erwägungen (Produktabhängigkeiten des Cash-Flow).

(3) **Deckungsbeitrags-Strukturanalysen** berechnen Produktrangfolgen nach Gewinnbeiträgen und analysieren die Gewinnabhängigkeiten von einzelnen Produkten oder von Großkunden, die diese Produkte in großen Mengen beziehen.

(4) **Kunden-Strukturanalysen** analysieren in gleicher Weise Kundengruppen,

(5) **Alters-Strukturanalysen** clustern Angebotsleistungen nach Produktalter.

Im Hinblick auf hohe **Fertigungs- und Bearbeitungseffizienz** gilt es als vorteilhaft, wenn das Geschäft auf wenigen starken Produkten ruht (Vorteil der Konzentration der Kräfte). Andererseits können hieraus **gefährliche Abhängigkeiten** resultieren. Das Ziel einer **Risikomischung** würde daher für eine ausgewogene Zahl gleich starker Produkte sprechen. Strukturanalysen erlauben Aussagen, in welcher Balance diese kontroversen, leistungsprogrammpolitischen Zielsetzungen zueinander stehen.

Im Idealfall halten absatzstarke (umsatzstarke) Produkte auch hohe Ergebnisanteile. Dies entspräche dem Phänomen der Erfahrungskurve mit sinkenden Durchschnittskosten bei zunehmenden Fertigungsmengen. In der Praxis ist das nicht immer der Fall. Großkunden üben erheblichen Druck auf die Preise aus. Die absatzstarken Produkte sind oftmals nur Kapazitätsfüller. Ihr prozentualer Ergebnisanteil liegt weit unter ihrem Beschäftigungsbeitrag. Erhebliche Ergebnisrisiken sind die Folge.

---

[370] vgl. z.B. Winkelmann, (Vertriebskonzeption), 2008, S. 321-324
[371] Eine Kundenstrukturanalyse ist ebenso aufzubauen, so dass hier auf die Darstellung des Rechenganges verzichtet werden kann. Vgl. die Darstellung bei Hüttel, (Produktpolitik), 1998, S. 163-171 oder das Beispiel bei Winkelmann, (Außendienst-Management), 1999, S. 103

Abb.4-14

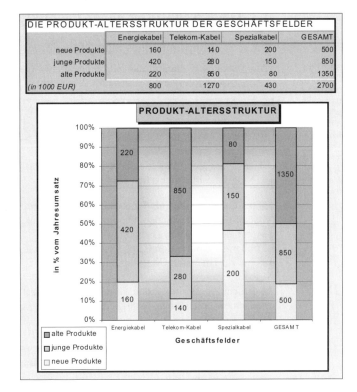

Dabei bedeuten:

Neue Produkte:
Markteinführung im laufenden Jahr
Junge Produkte:
Markteinführung vor 2 bis 3 Jahren
Alte Produkte:
Markteinführung vor mehr als 3 Jahren.

Das *Institut der Deutschen Wirtschaft* meldet für 2005 bezogen auf einen 5-Jahres-Rahmen folgende Produkt-Umsatzanteile für alle Unternehmen:
26,3% neue Produkte,
26,5% verbesserte Produkte.

Siemens macht 75 % des Umsatzes mit Produkten jünger als 5 Jahre.

Eine **ausgewogene Altersstruktur** im Produktprogramm entspricht dem Idealbild eines ausgewogenen Portfolios. Für eine Altersstrukturanalyse sind die Produkte den verschiedenen Lebenszyklusphasen zuzuordnen. Das Alter eines Produktes sollte allerdings durch seine Lebenserwartung relativiert werden.[372] Wie bereits aufgezeigt, gestalten sich die Produktzuordnungen zu Lebenszyklusphasen in der Praxis sehr schwierig – abgesehen von eindeutigen Technologiebezügen (z.B. bei Computer-Chips). Die Unternehmen behelfen sich durch pragmatisches Erfassen der Zeiträume seit Markteinführung eines Produktes.

Abb.4-14 liefert hierzu ein Beispiel. Nach der Auswertung ist das technisch stark standardisierte Geschäftsfeld Telekommunikation am wenigsten innovativ. Hier halten die älteren Produkte einen Umsatzanteil von mehr als 65 Prozent. Der Bereich Spezialkabel ist dagegen wegen des Marktdrucks zu kundenindividuellen Problemlösungen viel stärker zu Produktneuheiten gezwungen. Fast 50 Prozent beträgt der Umsatzanteil der Markteinführungen. Auf ein Praxisproblem ist hinzuweisen: Sind Zulieferer in starkem Maße an OEM-Kunden gebunden, dann ist ihre Produkt-Altersstruktur von der Innovationkraft der OEM-Kunden abhängig.

Wir gehen zunächst von dem Fall eines überalterten Produktprogramms aus, so dass Innovationen für das Überleben der Unternehmung dringend notwendig werden. Wie kann das Unternehmen Ideen für neue Produkte (Innovationen) gewinnen?

---

[372] vgl. Hüttel, (Produktpolitik), 1998, S. 168-169, der auf die richtige Vorgehensweise bei der Altersstruktur-Analyse aufmerksam macht

4.3. Die Erschaffung neuer Produkte (Produktinnovation)

4.3.1. Schaffung eines innovationsfördernden Klimas

Nach dem Forschungsbericht zur technologischen Leistungsfähigkeit Deutschlands ist der deutsche Marktanteil bei forschungsintensiven Gütern weltweit von 1999 bis 2002 von 14,5% auf 15,6% angestiegen.

Von *Schumpeter* stammt das Bild eines innovativen Unternehmers, der durch seine schöpferische Energie die Wirtschaft vorantreibt.[373]

> ➨ *Hauschildt* spricht von **Innovationen**, wenn Produkte (**Produktinnovationen**) oder Verfahren (**Prozessinnovationen**) für eine Unternehmung grundsätzlich neu sind[374] und / oder innerhalb einer Unternehmung oder einer Branche erstmalig eingeführt werden.[375]
>
> ➨ Im Sinne des Marketing sprechen Käufer von einer Innovation, wenn sie ein Produkt subjektiv als neuartig empfinden.

Innovationen werden als Elemente eines übergeordneten, unternehmerischen Kreativitätsprozesses verstanden. Dieser läuft volkswirtschaftlich in drei Phasen ab:
(1) von der **Invention** (Erfindung)
(2) über die **Innovation** (Umsetzung zur Marktreife)
(3) bis zur **Diffusion** (Markteinführung).

In diesem Abschnitt werden Produktentwicklungen betrachtet, die für die Unternehmen einen erheblichen Neuigkeitsgehalt aufweisen. Ihre Markteinführung ist mit großen unternehmerischen Chancen, aber auch mit besonderen Risiken verbunden. Innovationen werden auf vielfältige Weise klassifiziert:
1. Nach dem **Neuigkeitsgehalt** (der Innovationsintensität):
    ⇨ echte Innovationen sind Weltneuheiten (**Basisinnovationen, Breakthrough-Innovationen**),
    ⇨ Quasi-Innovationen sind stark an bestehende Produkte angelehnt (z.B. der Schritt vom *Pentium 4* zum *Dual-Core-Chip*),
    ⇨ Scheininnovationen „gaukeln" dem Verbraucher eine radikale Neuartigkeit vor. Im Grunde sind bisherige Produkte kaum verändert worden.
2. Nach den **Branchenauswirkungen**:
    ⇨ Ergänzungsinnovationen erweitern das Warenangebot,
    ⇨ Substitutionsinnovationen lassen infolge von Technologieaustausch ganze Branchen sterben (z.B. werden LCD-Flachbildschirme schon bald die klassische Bildröhre ablösen).
3. Nach der **Innovationszielsetzung**:[376]
    ⇨ Innovationen, die veraltete Produkte ablösen,
    ⇨ Innovationen, die zusätzliche Nachfrage schaffen,
    ⇨ Innovationen, die eine (temporäre) Alleinstellung im Markt begründen,
    ⇨ Innovationen, die das Unternehmensimage verbessern,
    ⇨ Innovationen, die den Einstieg in ganz neue Marktbereiche ermöglichen (Diversifikation).
4. Nach einer **Raumdimension**:[377]
    ⇨ globale Innovationen beanspruchen weltweite Geltung,
    ⇨ regional begrenzte Innovationen beschränken sich auf Gebiete (z.B. Europa).

---

[373] Schumpeter, (Entwicklung), 1912, S.15: „*Es ist jener Typus, der hedonistisches Gleichgewicht verachtet und nicht ängstlich auf das Risiko blickt.*" (s. auch den Nachdruck 2006)
[374] Wir wollen es also nicht so weit gefasst ausdrücken wie Scharf; Schubert, die definieren: „*Der Begriff Innovation bedeutet in allgemeiner Form, etwas Neues zu schaffen.*": Scharf; Schubert, (Marketing), 2001, S. 102
[375] vgl. Hauschildt; Salomo, (Innovationsmanagement), 2007, S. 7-26
[376] oder, wie Witt ausführt, der Innovationsform: vgl. Witt, (Produktinnovation), 1996, 1-2
[377] vgl. Meffert; Burmann; Kirchgeorg, (Marketing), 2008, S. 410-411

Abb.4-15

Siehe auch die interessante und aktuelle Zusammenstellung bei www.schlüsseltechnologien.de.

SCHLÜSSELTECHNOLOGIEN DES 21. JAHRHUNDERTS	
① Mikrosystemtechnik	⇨ 20 Mrd. Euro Marktpotenzial
② Photonik	⇨ integriert Mikroelektronik, Optoelektronik, Mikrooptik
③ Brennstoffzelle	⇨ insbesondere mobil zum Einsatz in Fahrzeugen
④ Hochleistungswerkstoffe	⇨ z.B. Tissue Engineering, 10 Mrd. Euro Potenzial
⑤ Mechatronik	⇨ Kombination mechanischer u. elektronischer Teile
⑥ Supraleitung	⇨ Revolution für die Energieeinsparung
⑦ Nanotechnologie	⇨ 100 Mrd. Euro Marktpotenzial
⑧ Biotechnologie	⇨ z.B. Genomik, 90 Mrd. Euro Marktpotenzial

Der **Innovationsbegriff i.e.S.** bezieht sich dann nur auf die Phase der Realisierung einer Erfindung.[378] Der **Innovationsbegriff i.w.S.** umschließt dagegen den gesamten Prozess der Neuproduktentwicklung. Neuartige Produkte in wachsenden Märkten können dauerhafte Wettbewerbsvorsprünge schaffen. Die Unternehmen sollten Vorteile haben, die in den in Abb.4-15 aufgeführten Zukunftstechnologien tätig sind.[379]

Der unternehmerische Innovationsprozess sollte nicht nur vom technischen Fortschritt (**Technology-Push**) sondern vor allem von neuen Kundenbedürfnissen (**Need-Pull**) beflügelt werden. Diese kündigen sich i.d.R. durch frühe Signale an. Im Sinne der marktorientierten Unternehmensführung entscheiden letztlich Kundenbedürfnisse über den Innovationserfolg:

Das virtuelle Küken Tamagotchi war objektiv völlig nutzlos. Es traf aber ein echtes Käuferbedürfnis und fand deshalb kurzfristig einen gigantischen Markt.[380]

Ein Innovieren um jeden Preis ist nicht sinnvoll. Auch die Entscheidung zur **Nicht-Innovation** (Unterlassungsalternative) oder eine **Marktfolger-Strategie** mit den Möglichkeiten des Nachahmens oder des Lizenzkaufs können sich im Einzelfall als strategisch sinnvoll erweisen.[381] Marktführer allerdings sind gezwungen, permanent nach innovativen Ideen zu suchen; nicht nur im Bereich F&E. Zur Schaffung von Wettbewerbsvorsprüngen ist Innovation keine Domäne der Ingenieure, sondern Dauerverpflichtung jeder marktorientierten Führungskraft.[382]

„Good thinking" Das Unmögliche denken und es dann möglich machen. Good thinking führt zu Innovationen. So lautet die Devise von *Dow Chemical.*

Wie kann ein **kreatives Klima für eine ständige Suche nach Verbesserungen** und **Neuerungen** gefördert werden? Banal klingen Forderungen nach einem guten Führungsklima und einem kreativen Umfeld für die mit Produktentwicklungen befassten Mitarbeiter. Darüber hinaus sind Voraussetzungen zu schaffen, die den menschlichen Erfindergeist beflügeln und zur Ideenpreisgabe motivieren:
- ⊠ Der Eigensinn und die Unbeirrbarkeit "querdenkender" Mitarbeiter ist zu tolerieren, sofern deren Ideen der Gemeinschaft zugute kommen.
- ⊠ Auch Experimentierfreude und Spieltrieb sind zu fördern. Wie lange wurde wohl probiert, ein Stein auf einem Holzscheit zu reiben, bis sich ein Feuer entfachte?
- ⊠ Die Merk- und Lernfähigkeit der Organisation ist zu entwickeln. Das schließt regelmäßige Außenimpulse für die Führungskräfte auf Weiterbildungsseminaren, Kongressen, Symposien etc. ein.

---

[378] Der Erfinder wäre danach also noch kein Innovator. Innovatoren brauchen nicht die Erfinder zu sein. Erfindungen, die z.B. als Patente in Aktenschränken verstauben (Schubladenpatente), werden demnach nicht zu Innovationen.
[379] vgl. Trommsdorff; Binsack, (Innovationen), in: ASW, 11/1997, S. 61-62; Potenziale angepasst
[380] vgl. Trommsdorff; Binsack, (Innovationen), in: ASW, 11/1997, S. 64
[381] vgl. Hauschildt; Salomo, (Innovationsmanagement), 2007, S. 63-71
[382] vgl. zur „Dauerverpflichtung": Hauschildt; Salomo, (Innovationsmanagement), 2007, S. 48

▷ Neue Ideen sind mit finanziellen Anreizen zu fördern. Hierzu zählt auch ein **betriebliches Vorschlagswesen** mit Mitarbeiter-Belohnungen, die leider allzu oft nur für nachweisbare Kostensenkungen gewährt werden.
▷ Verbesserungsvorschläge müssen weiterverfolgt und umgesetzt werden. Veränderungen müssen organisiert werden (Change-Mangagement).
▷ Auch ehrgeizige Ziele, mit denen sich die Mitarbeiter identifizieren oder ein „gemeinsamer (Markt)Gegner" spornen die Erfindertätigkeit der Mitarbeiter an.
▷ Und: Es ist nicht einzusehen, warum Innovationsvorschläge (Verbesserungsvorschläge) immer von Seiten der Technik erwartet werden. Die Mitarbeiter von Marketing und Vertrieb sollten angeregt werden, Verbesserungsvorschläge aus den Kundenkontakten heraus in die Unternehmung zu tragen.

Abb.4-16

Die 10 innovativsten Unternehmen der Welt: *Apple, Google, 3M, Toyota, Microsoft, GE, P&G, Nokia, Starbucks und IBM.*
(Quelle: WiWo, 10/2006, S. 80)

Zahlreiche empirische Studien versuchen hinter das Geheimnis des Innovationserfolges zu kommen.[383] *Kleinschmidt, Geschka* und *Cooper* eruierten die in Abb.4-16 genannten Schlüsselfaktoren für den Erfolg einer Produktentwicklung.[384]

SCHLÜSSELFAKTOREN FÜR DEN INNOVATIONSERFOLG
① Produktüberlegenheit durch „einzigartigen" Nutzen (CBP, USP)
② Klare Produkt- bzw. Projektdefinitionen (Ziele und Konzepte)
③ Ausnutzen von Technologie-Synergien
④ Systematische Vorbereitung der eigentlichen Produktentwicklung
⑤ Erstklassige Umsetzung der technischen Eigenschaften
⑥ Erstklassige Planung der Markteinführung
⑦ Sich Einstellen auf Marktwiderstände und Marktsynergien

4.3.2. Strategien der Innovationsübernahme

Neue Produktideen können auch betriebsextern bezogen werden. Gerade Einzelerfinder bringen ihre Ideen nicht selbst zur Marktreife und -einführung:

(1) **Innovationskauf:** Kleine Ingenieurbüros oder auch Großunternehmen, die bestimmte Erfindungen nicht selbst nutzen wollen oder können, bieten Inventionen zum Kauf an. Diese werden wie marktfähige Güter gehandelt und von kapitalkräftigeren, bezüglich Ressourcen und Organisation besser gestellten Unternehmen zur Marktreife geführt.

(2) **Joint-Venture-Gründung**: Mehrere Unternehmen teilen sich das Innovationsrisiko. Sie bündeln das Investitionskapital und betreiben die Umsetzung zur Marktreife gemeinsam in Form eines Profit Center mit eigener Rechtspersönlichkeit.

(3) **Firmenübernahme**: Einen Schritt weiter geht die Strategie kapitalkräftiger Unternehmen, nicht nur die Innovation, sondern gleich das ganze innovative Unternehmen zu kaufen.

(4) Beim **Lizenzkauf** bleibt die Innovation im Eigentum des Erfinders, der sie Dritten zur Nutzung anbietet. Die Lizenznahme kann folgende Vorteile haben:
   • Der Lizenznehmer erhält Zugang zu einer Technologie, die ihm sonst verschlossen bleibt.
   • Er erhält ohne Zeitaufwand schnell Zugang zum Know-how - und dies
   • ohne F&E-Ressourcen und Kapital aufbringen zu müssen.

(5) **Imitation**: Innovationen werden oft schnell kopiert. Imitatoren verfolgen gezielt die Strategie, Markteintrittsbarrieren (einschließlich Patente) zu umgehen und Vorsprünge des Innovators wettzumachen. Die Imitationsstrategie ist vor allem dann erfolgreich, wenn der Innovator noch nicht in hohe Marktanteile gekommen ist bzw. – wie die *Deutsche Telekom* – Kostendegressionen nicht rechtzeitig zum Anlass für konkurrenzabschreckende Preissenkungen genommen hat. Profitable Märkte ziehen dann zwangsläufig Imitatoren an.

---

[383] vgl. z.B. die Zusammenstellung bei Hauschildt, (Innovationserfolg), in: ZfB, 4/1991, S. 451-476
[384] vgl. leicht verändert Kleinschmidt; Geschka; Cooper, (Erfolgsfaktor), 1996, S. 9-10

4.3.3. Strategien des Trend-Managements

*Ein gutes Beispiel für neue, trendsetzende Produkte: die knallbunten Plastikschuhe **Crocs**. Die USP: wasserfestes Granulat.*

Marktorientierte Unternehmensführung bedingt, mit dem „Ohr beim Kunden" frühe Signale für neue Marktströmungen aufzugreifen. Aktuelle Trends sind im Hinblick auf eigene Marktchancen zu beurteilen, neue Trends frühzeitig zu erkennen. Die Herausforderung liegt in dem Schritt von der Reaktion (Trendanpassung) zur Aktion (Trendgestaltung). Die Verbreitung (Diffusion) von Trends ist immer das Ergebnis aus einem Zusammenspiel von sozialen, ökonomischen, technischen und politisch-gesellschaftlichen Umfeldentwicklungen mit den Aktivitäten der Branche. Aus Sicht der marktorientierten Unternehmensführung sind Trends also nicht nur als Rahmenbedingungen (passiv) zu akzeptieren. Sie sind vielmehr innerhalb gewisser Grenzen beeinflussbar und gezielt nutzbar. *Schuster* führt hierzu aus: *„Damit ist Trendforschung ein wichtiges Instrument, um Märkte mit innovativen Leistungsangeboten zu kreieren bzw. um etablierte Märkte weiterzuentwickeln."*[385]

Die für ein Trend-Management geeigneten Methoden sind in Abb.4-17 aufgeführt.[386] Die durch die Trendforschung gewonnenen Informationen sind nach *Schuster* im Rahmen eines **systematischen Trend-Managements** umzusetzen. Hierzu sind trendfolgende und trendsetzende Prozesse zu definieren.

Abb.4-17

ANSÄTZE FÜR EIN TREND-MANAGEMENT	
Methode der Trend-Spezifizierung	
Kennzeichen:	ein allgemeiner Trend fächert sich in Sub-Trends auf
Beispiel:	Körperdekorationsbewegung: Tattoos, Piercing, Bodypainting, Burning
Trend-Management:	laufende und systematische Erfassung von schwachen Signalen, permanenter Kontakt mit der Szene (mit Innovatoren, Meinungsführern, Journalisten)
Methode der Trend-Verschmelzung	
Kennzeichen:	Zusammenführung mehrerer Trends zu einem übergeordneten Trend
Beispiel:	Wellness-Trend als Amalgam aus den Bedürfnissen nach physischem und psychischem Wohlbefinden
Trend-Management:	Neudefinition des Marktes, Entwicklung zielgruppenspezifischer Leistungsangebote, begleitende Kommunikationspolitik
Methode der Trend-Demokratisierung	
Kennzeichen:	vom Exklusiven, Höherpreisigen zum Durchschnittlichen (Mainstream)
Beispiel:	Produkte und Dienstleistungen der Mobilkommunikation
Trend-Management:	Nutzung aller Möglichkeiten zur Kostenreduktion, Produktvereinfachung und "Abspecken" von Leistungen, Erschliessung neuer Vertriebswege
Methode der Trend-Aufwertung	
Kennzeichen:	vom Marginalen, Ungewohnten zum Akzeptablen (aus Mainstream-Perspektive)
Beispiel:	"Domestizierung" von Extrem-Sportarten mit Erlebniswerten (Thrill) für breitere Konsumentenschichten: Rafting, Canyoning, Free Climbing
Trend-Management:	Anpassung des Leistungsangebotes, insbesondere Produktdesign und ergänzende Serviceleistungen (Schulungen etc.), Marktöffnung durch neue Vertriebswege, unterstützende Umpositionierung mit Hilfe der Kommunikationspolitik
Methode des Trend-Transfers	
Kennzeichen:	Verbreitung von einem Kulturkreis in einen anderen
Beispiel:	Übernahme von Produkten der Naturvölker-Kosmetik in hochentwickelte Märkte: Hautschutz durch Pflanzencreme aus afrikanischer Sheabutter
Trend-Management:	konsequente internationale Umfeldbeobachtung, Zusammenarbeit mit Länder- bzw. Kulturexperten
Methode der Trend-Umkehr	
Kennzeichen:	Entwicklung einer Gegentendenz als Folge eines bereits manifestierten Trends
Beispiel:	Entstehung von Relax-Drinks als Reaktion auf die Energy-Drink-Welle
Trend-Management:	laufender Kontakt mit den Produktverwendern, neue Segmentierung des Marktes, innovatives Produktkonzept
Quelle: Design-Management FH Landshut - Prof. Dr. H.W. Schuster	

---

[385] vgl. auch im folgenden Schuster, (Design-Management), 2000, S. 143
[386] vgl. Schuster, (Design-Management), 2000, S. 144 ff.

4.3.4. Neuproduktentwicklung (Produktentwicklungsprozess)

„Am Anfang schaute ich mich um, konnte aber den Wagen, von dem ich träumte, nicht finden. Also beschloss ich, ihn mir selbst zu bauen."
(Prof. Dr.-Ing. h.c. Ferdinand Porsche)

a.) Ideen-Suchphase

Abb.4-19 zeigt auf der folgenden Seite die Schritte bei der Produktentwicklung mit den begleitenden Marketingaktivitäten auf. Die Literatur geht oft von der Anfangssituation des leeren Tisches aus. Man tut so, als gäbe es noch kein Produkt. In diesem Fall beginnt die Suche nach innovativen Produktideen unter Einsatz von sog. Kreativitätstechniken.[387] Zu diesen zählen z.B. **Brainstorming, Methode 635, Synektik** oder die **Methode des morphologischen Kastens**.[388] Abb.4-18 zeigt als Beispiel einen morphologischen Kasten. Eine Produktidee entsteht und wächst durch systematische Ideenkombinatorik.[389]

Abb.4-18

UHRKONSTRUKTION MIT MORPHOLOGISCHEM KASTEN				
		Extensionale Merkmale		
		Bekannte und mögliche Lösungen		
Intensionale Merkmale	1. Energiequelle	Aufzug von Hand	Stromnetz	Batterie
	2. Energiespeicher	Gewichte	Feder	Akkumulator
	3. Motor	Federmotor	Elektro	Hydraulik
	4. Geschwindigkeitsregler	Fliehkraftregler	Hippscher-Pendel	Netzfrequenz
	5. Getriebe	Zahnrad	Kette	Magnet
	6. Anzeige	Zeiger, Zifferblatt	LCD	Wendeblätter

Die genannten Kreativtechniken eignen sich aber keinesfalls nur für die Ideensuche im Rahmen der Innovationspolitik. Sie lassen sich auf vielfältige kaufmännische, technische und auch private Fragestellungen im Alltag anwenden. Bei der Produktentwicklung nutzt die Praxis derartige Kreativitätstechniken vor allem für spezielle Detailprobleme. Oft moderieren dann neutrale Moderatoren eine Ideengewinnung innerhalb einer Expertengruppe. Besser noch als die oben erwähnten, klassischen Verfahren hat sich allerdings die **Meta-Plan-Methode** durchgesetzt. Hierbei werden Ideenkärtchen schrittweise zu Prioritätsgruppen zusammengefasst und dann weiter verarbeitet. Insofern ist die Meta-Plan Methode als halbschriftliches Brainstorming für größere Arbeitsgruppen zu verstehen.

Die Start-up-Situation ist jedoch in der Praxis die Ausnahme. Marktorientierte Unternehmensführung erfordert eine permanente Ideensuche im Berufsalltag. Aus dem Strom laufender Vorgänge müssen frühe Signale des technischen Fortschritts und sich ändernder Kundenwünsche an das Produkt gefiltert werden.

„Wir haben es uns zum Ziel gesetzt, jedes Jahr mindestens eine bedeutende technologische Innovation vorzustellen."
(Herbert Hainer, Adidas)

Für die Mitarbeiter von Produktmanagement und Technik ist es Routinearbeit, Informationen aus Besuchsberichten, Patentanmeldungen, Fachveröffentlichungen, Kundenanregungen, Hinweisen von Messen, von Wettbewerbern sowie aus dem Reklamations- und Vorschlagswesen herauszufiltern. In regelmäßigen Abstimmungen geben die Kollegen aus der Technik bzw. die Chemiker in der Nahrungs- und Genussmittel- oder Pharmaindustrie ihre Erkenntnisse aus der Grundlagen- und der angewandten Forschung mit ein. Abb.4-20 zeigt die einer Unternehmung zugänglichen Ideenquellen für neue Produkte und Dienstleistungen; hier speziell zugeschnitten auf Unternehmen des Maschinen- und Anlagenbaus. Wie äußert sich Innovationsdruck praktisch? Spätestens auf der nächsten Branchenmesse sollten neue Produkte vorstellungsreif sein. In den heutigen Verdrängungsmärkten kann es sich kein technisches Unternehmen mehr leisten, mehr als ein Jahr nicht zu innovieren. Dann hat man bereits den Anschluss verpasst.[390]

---

[387] vgl. zu diesen Verfahren Weiß, (Marketing), 2004, S. 256-263
[388] vgl. die Übersicht bei Pepels, (Marketing), 2009, S. 410-412
[389] vgl. zu diesem Beispiel Nieschlag; Dichtl; Hörschgen, (Marketing), 2002, S. 699
[390] vgl. zu den klassischen Ansätzen der Suchfeldanalyse: Haedrich; Tomczak, (Produktpolitik), 1996, S. 159-170 sowie die dort angegebene Literatur

Abb.4-19
Abb.4-20

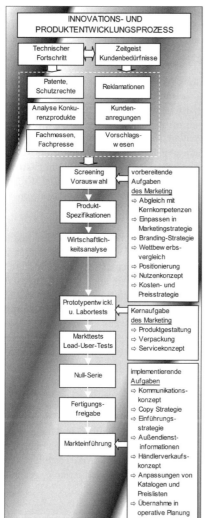

INNOVATIONEN - IDEEN FÜR DEN MITTELSTAND
(Angaben in Prozent – Mehrfachnennungen möglich)
① Kundenwünsche: ⇨ 94%
② Messen: ⇨ 72%
③ Mitarbeiter: ⇨ 60%
④ Fachzeitschriften: ⇨ 52%
⑤ eigene F&E-Abteilung: ⇨ 34%
⑥ Patent-Datenbanken: ⇨ 7%
⑦ andere Datenbanken: ⇨ 4%
⑧ Innovationsbörsen: ⇨ 3%
(Quelle: IW-Umfrage bei 1.871 mittelständischen Unternehmen. In: iw-Dienst Nr. 26, v. 25.6.1998 – Institut der Deutschen Wirtschaft)

Es wird zunehmend wichtiger, Produktideen von Anbeginn an auf Kundenwünsche auszurichten. Abschnitt 8.3.3. beschreibt später dieses Konzept des sog. **Target-Designs**.

b.) Produkt-Konkretisierungsphase

Um die Fülle der Ideen zu sieben und in F&E-Prioritäten zu überführen, fallen vorrangig **sieben Hauptaufgaben** an:

(1) Klärung der **Machbarkeit** (feasibility) in der Vorauswahl-Phase: Lässt sich eine Produktidee technisch oder chemisch realisieren? Welche Investitionen sind hierzu erforderlich?

(2) Passt das neue Produkt zur eigenen **Kernkompetenz** (Kompetenz-Fit)?

(3) **Kundenanalyse**: Kann sich die Produktidee **bei den Käufern durchsetzen?** Hierzu sind mögliche, **psychologische Kaufwiderstände** der Kunden gegen sachlich noch so überzeugend wirkende Produktvorzüge abzuschätzen.[391] Bietet das neue Produkt echte Mehrwerte (Added Values)?

(4) **Positionierung**: Im Konsumgütergeschäft sollte die Produktplanung auf einer **Produktpositionierung** beruhen (s. Abb.4-9). Die Nutzenwerte des neuen Produktes für die Zielgruppe werden im Vergleich zu Konkurrenzangeboten betrachtet. Die Positionierung ist strategische Aufgabe.

(5) **Wettbewerbsanalyse**: Auf operativer Ebene ist zu klären, ob Konkurrenten eine Markteinführung verhindern oder erheblich erschweren könnten. In diesem Zusammenhang sind **Patentrecherchen** unerläßlich. Gibt es Marktbarrieren?

(6) **Wirtschaftlichkeitsanalyse**: Sie soll die marktbezogenen Chancen und Risiken mit den Kosten von Entwicklung, Fertigung und späterer Vermarktung in Einklang bringen. Wie hoch ist das zu erwartende Absatz- und Umsatzpotenzial?

---

[391] So stand z.B. die Einstellung der konservativen LKW-Entwicklungsingenieure gegen eine funktionsfähige Kunststoffblattfeder: Zucker von gentechnisch optimierten Rüben wird von den Verbrauchern abgelehnt, obwohl der Zucker molekular mit herkömmlichem Zucker identisch ist: vgl. Trommsdorff; Binsack, (Innovationen), in: ASW, 11/1997, S. 63

(7) Grundsatzentscheidungen über die technischen bzw. rezepturmäßigen **Produkteigenschaften**: Zu erstellen sind erste Rohkonzepte für **Pflichtenhefte**, nach denen später die Aktivitäten von F&E wie auch von der Fertigung[392] auszurichten sind. Hier setzt dann die eigentliche Produktgestaltung an.

Basiert die Wirtschaftlichkeitsprüfung von Produktideen auf einer **betriebswirtschaftlichen Investitionsrechnung**, so sind folgende Probleme zu beachten:
(1) Gerade bei Innovationen sind Kosten- und Erfolgsschätzungen äußerst fragwürdig. Führungskräfte begeben sich oft auf Glatteis, indem sie mit Wunschzahlen operieren, um Projekte erst einmal anzuschieben. Nach der Markteinführung holt die Realität recht schnell die Wunschpläne ein.[393] Und seltsamerweise fragt später auch niemand mehr nach der ursprünglichen Wirtschaftlichkeitsrechnung.
(2) Ansätze der konventionellen Kostenrechnung (konventionelle Vollkosten-/ Gemeinkostenverrechnung) bergen die Gefahr, dass Innovationen von vorn herein aus dem Markt kalkuliert werden.

Nach Abschluss aller Überlegungen ist oft zwischen mehreren Produktalternativen zu entscheiden. Abb.4-21 skizziert eine **Nutzen- / Kostenanalyse** zur Auswahl eines Prototyps für Rohrkupplungen. **Nutzwertananalysen (Scoring-Modelle)**, bieten den großen Vorteil, dass sowohl „weiche" (Nutzen), wie auch „harte" Beurteilungsdaten (Kosten, Gewinnschwellen-Mengen) berücksichtigt werden können. Entschieden wird nach **Gewinnschwellen-Mengen** oder nach **Kosten pro Nutzenpunkt**. Eine kostspieligere Alternative kann sich durchsetzen, wenn sie vergleichsweise geringere Kosten pro Nutzenpunkt vorweisen kann.[394] Im vorliegenden Beispiel wurde der Prototyp X305 zur Realisierung freigegeben. Er weist gleichzeitig die niedrigste Gewinnschwellenmenge aus.

c.) Produkt-Realisierungsphase (ohne Produktgestaltung)

Nach der Produktentscheidung wird das Pflichtenheft mit den Spezifikationen bzw. Rezepturen für das neu zu entwickelnde Produkt erstellt. **Das Marketing kümmert sich jetzt um die gestalterischen Aufgaben** (Design, Produktname, Markierungen, Verpackung). Diese werden in Abschnitt 4.4. gesondert dargestellt. Gemäß Pflichtenheft wird ein Prototyp, die erste funktionsfähige Modellvariante, geschaffen.

Abb.4-21

NUTZWERTANALYSE FÜR ENTWICKLUNGSALTERNATIVEN FÜR ROHRKUPPLUNGEN

	Muss-Kriterien alle erfüllt?		Ja		Ja		Ja	
			Prototyp-X305		Prototyp-X325		Prototyp-X500	
		Gewichte	Bewertung	Scores	Bewertung	Scores	Bewertung	Scores
1.	Produkt-Deckungsbeitrag	20	8	160	10	200	5	100
2.	Kürze des Entwicklungszeitraum	15	7	105	8	120	10	150
3.	Nutzung von Know-how	15	7	105	6	90	10	150
4.	Innovationsgehalt	5	9	45	10	50	7	35
5.	USP-Gehalt (nicht kopierbar)	10	5	50	10	100	8	80
6.	Umsatzerwartung Jahre 1 - 3	10	10	100	6	60	7	70
7.	Steigerung Kundennutzen	20	10	200	8	160	7	140
8.	Fertigungssicherheit	5	8	40	7	35	10	50
		100		64 805		65 815		64 775
	Erreichungsgrad der Bewertungen			80%		81%		80%
	ENTWICKLUNGSKOSTEN (EUR)			280000		420000		320000
	Deckungsbeitrag pro Stück (EUR)			1250		1750		860
	BREAK EVEN MENGE (Stck)			**224**		**240**		**372**
	Kosten pro Score (EUR)			**348**		**515**		**413**

---

[392] Was nutzen die besten Produktideen, wenn sie sich nicht sicher in der Produktion umsetzen lassen
[393] Es ist daher wichtig, dass das Controlling die Erfolgs- und Kostenanalyse weiterführt
[394] vgl. zu den Scoring-Modellen im Rahmen von Produktbewertungen z.B. Witt, (Produktinnovation), 1996, S. 36-38, oder die Zusammenstellung bei Hüttel, (Produktpolitik), 1998, S. 194-197 sowie die dort angegebene Literatur

4. Kapitel: Die Leistungsprogrammpolitik

Erhebliche Kosteneinsparungen bietet dazu das **Virtual Design**. Prototypen werden mit Hilfe von CAD-Programmen simuliert und ausgetestet. Das Kaiserslauterner Systemhaus *Tecmath* kann mit Hilfe von Bodyscannern reale Menschen im Computer abbilden, so dass sich Kleidung, Möbel, Werkzeuge ergonomisch optimieren lassen. *Ford* konnte vor einigen Jahren rechtzeitig verhindern, dass im *Focus* nur Personen bis 180 cm Körpergröße Platz gehabt hätten.[395]

Industrie-Prototypen werden i.d.R. von Großkunden[396] (**Lead User**) vorgetestet. Bei Konsumgütern werden Labortests mit Testpersonen durchgeführt. Die Testbefunde führen zu vorläufigen Spezifikationen bzw. Rezepturen. Nach Abschluss dieser Vortests wird das neue Produkt (weiter) optimiert, die Spezifikationen oder auch Rezepturen endgültig festgeschrieben und eine Nullserie für die Fertigung aufgegeben. Das gilt gleichermaßen für Konsum- wie auch Industriegüter. Danach kommt wieder das Marketing ins Spiel. Es folgen externe Markttests (z.B. in Panels) sowie intern eine Optimierung der Fertigungsverfahren im Hinblick auf Effizienz und Qualitätssicherung. Neue Automobile werden anonymisiert im Straßenverkehr getestet. Bei PKW haben sich auch **Auto-Kliniken** bewährt. Ausgesuchte eigene Kunden und Fahrer von Fremdfabrikaten begutachten in streng abgeschirmten Hallen anhand von vielseitigen Checklisten die Konkurrenzfabrikate. Bis ins kleinste Detail werden die Geräusche des Scheibenwischers oder der Klang des Zuschlagens der Autotür in Bezug auf Markenvorstellungen und Eindrücke der Konsumenten verglichen. Auch die Prüfzeichen (*TÜV*, *Fresenius* etc.) sind einzuholen.

Innovationsrate bei Lebensmitteln (Umsatzanteil der Artikel jünger als 18 Monate): Waschmittel 40%, Süßwaren 35%, Shampoos 32%, Röstkaffee 31%, TKK 28%, Bier 12%. (Quelle: *GfK Consumer Scan* 2004 / 2005)

Nach Vollzug der ersten Fertigungsserien, abschließender Begutachtung der Markttests bzw. bei Industrieprodukten der Großkundentests geben F&E und Fertigung das Produkt zur Serienreife frei. Das heißt nicht, dass die Techniker oder Chemiker damit ihre Arbeit beendet haben. In der Phase der Markteinführung wird die Technik die Marketing- und Vertriebsanstrengungen weiter begleiten. Das Schlimmste, was passieren kann, sind imageschädigende Rückrufaktionen für Lebensmittel oder Industriegüter. Formell ist die Produkteinführung nach externer Freigabe durch den Kunden abgeschlossen (bei Konsumgütern: durch die Listung im Handel). **Nach einer allgemeinen Erfahrungsregel schaffen von 100 Produktideen nur 4 – 6 die Markteinführung.**[397] Letztlich wird sich von diesen **nur eine** Innovation erfolgreich im Markt durchsetzen. Eine Produktentwicklung gilt als erfolgreich, wenn sie das erste Jahr nach Markteinführung überlebt.[398]

4.3.5. Innovationscontrolling

Damit ist die Frage der Erfolgsmessung der Innovationstätigkeit berührt. Wie lässt sich der Erfolg von Neuentwicklungen überhaupt messen? Betriebswirtschaftlich sicherlich durch Marktanteile und Marktwachstum unter Wahrung vorgegebener Ergebnisraten. Eine zentrale Kontrollgröße ist die Innovationsrate:

⊠ Im Zeitablauf zu verfolgen ist die **Produktinnovationsrate** im Leistungsprogramm:

Innovationsrate = Absatz oder Umsatz der neuen Produkte im ersten Jahr nach Markteinführung im Verhältnis zum Gesamtabsatz bzw. Gesamtumsatz des Geschäftsfeldes (in Prozent).

---

[395] vgl. o.V., (Virtual Design), in: PM-Beratungsbrief v. 25.5.1999, S. 4
[396] mit denen sog. Entwicklungspartnerschaften vereinbart sind, wie es z.B. in der Automobilindustrie oder im Anlagenbau üblich ist.
[397] vgl. den Hinweis zu den Flop-Raten: Homburg; Krohmer, (Marketingmanagement), 2009, S. 543
[398] 28.000 neue Food-Artikel wurden 1996 vom deutschen Lebensmittelhandel neu eingeführt. Fast die Hälfte war nach Ablauf eines Jahres wieder aus den Regalen verschwunden: vgl. Drosten, (Konditionen), in: ASW, 12/1997, S. 36.

⊠ Die Innovationsrate sollte nach einer Erfahrungsregel zwischen 10 und 20 Prozent liegen (bezogen auf Absatzmengen; Problematik der Einführungsmengen beachten, s. noch einmal die Diffusionskurve in Abb.1-19).

Abb.4-22

Benchmarks für die Innovationsquote in der Automobilindustrie: *BMW* 5,4%, *VW* 5,2%, *Daimler* 4,6%, *Toyota* 4,4% (Hinweis in: MM 9/2009, S. 71).

ERFOLGSKONTROLLE FÜR DIE INNOVATIONSTÄTIGKEIT	
Der betriebswirtschaftliche Erfolg der Innovationstätigkeit kann durch Kennziffern erfasst werden. Daneben gibt es weitere image- und strategiebezogene Vorteile (weiche Erfolgsfaktoren)	
Kennzahl / Beschreibung	Kennziffern (nur sinnvoll im Zeit- oder Benchmark-Vergleich
(1) Anteil der F&E-Kosten am Umsatz	(F&E-Kosten) : Nettoumsatz x 100
(2) F&E-Effizienz-Index	(Umsatz mit Produkten < 5 Jahre) : F&E-Kosten x 100
(3) Umsatzanteil Neuprodukte	(Umsatz mit Produkten < 5 Jahre) : Umsatz x 100
(4) Neuprodukt-Umsatz pro F&E-Mitarbeiter	Neuprodukt-Umsatz : F&E-Mitarbeiterzahl
(5) F&E-Personalkostenanteil	F&E-Personalkosten : F&E-Kosten x 100
(6) F&E-Plankostenabweichung	F&E-Istkosten : F&E-Sollkosten x 100
(7) Investitionen pro F&E-Mitarbeiter	F&E-Aufwendungen : F&E-Mitarbeiterzahl
(8) Kostenanteil Fehlerbehebung	Fehlerbehebungskosten : F&E-Kosten x 100
(9) Anteil Änderungskosten	Änderungskosten : F&E-Kosten x 100
(10) Kostenanteil Qualitätssicherung	Qualitätssicherungskosten : F&E-Kosten x 100
(Quelle: Boutellier; Völker; Voit, (Innovations-Controlling), 1999)	

Boutellier u.a. schlagen eine Reihe weiterer Parameter für die Innovationserfolgsmessung vor.[399] Die Kennziffern der Abb.4-22 können nur als Richtschnur dienen, denn sie umfassen - wie so oft - nur harte betriebswirtschaftliche Fakten. Wichtige qualitative Erfolgsgrößen (z.B. Markteinfluss, Imagegewinn durch Neuprodukte, Motivation der Mitarbeiter) sind ausgeklammert. In BtoB-Märkten ist es wichtig, die eigene Innovationstätigkeit kundenbezogen zu analysieren. Welchen Wert hat eine vermeintlich überragende Innovationstätigkeit, wenn sie nur einem Großkunden zugute kommt, der auf der Ergebnisseite keine befriedigenden Deckungsbeiträge bringt? **Innovationsanalyse ohne Kundenanalyse bleibt daher unvollständig.**

Der erste chinesische Kaiser *Qin Shihuangdi* (ca. 221 v. Ch.) legte sehr grossen Wert auf die **Qualität der Fertigung** seiner ca. 7.000 Terrakotta-Soldaten. Jedem Soldaten seines Mausoleums waren ein Meister und ein Qualitätsprüfer zugeordnet. Fand der Prüfer einen Fehler, wurde der Meister umgebracht. Fand er keinen Fehler, wurde er selbst umgebracht.

Die bisherigen Abschnitte beschrieben die große Linie der Ideenfindung und der Entwicklung von neuen Produkten. Die speziellen Zuständigkeiten des Marketing (speziell Produktmanagement) blieben ausgeklammert. Welche Aufgaben fallen bei der Neugestaltung oder Veränderung eines Produktes für das Marketing an?

4.4. Produktgestaltung (Produktpolitik im engeren Sinne)

4.4.1. Produktleistungsplanung / Qualitätsplanung

➡ Die **Produktgestaltung** im Rahmen des Marketing umfasst alle Instrumente und Maßnahmen zur Festlegung oder Veränderung von Produkteigenschaften unter kunden-, kosten- und konkurrenzbezogenen Gesichtspunkten.[400]
➡ Vier **Vorgaben** sind zu beachten: (1) technische Vorgaben, (2) die "Veredelungschancen" des Marketing, (3) Ziele einer Markenschaffung sowie (4) rechtliche, ökologische und normenbezogene Vorschriften (z.B. nach DIN).
➡ Ein **Produktmanagement** agiert als Vermittler zwischen Kundenwünschen, Innovationsgrenzen von F&E, technischen Möglichkeiten der Produktion, Kostenüberlegungen des Controllings und Verkaufszielen des Vertriebs.

---

[399] vgl. Boutellier; Völker; Voit, (Innovations-Controlling), 1999
[400] Wir beschäftigen uns also nicht mit technischen Konstruktionsdetails oder chemischen Fragen der Produktzusammensetzung. Vgl. zum marketingbezogenen Begriff der Produktgestaltung; Scharf; Schubert, (Marketing), 2001, S. 89.

Abb.4-23

| ZIELE FÜR PRODUKTPOLI- |
| TISCHE MASSNAHMEN |

❶ Erstgestaltung einer Innovation / einer Produktneuentwicklung

❷ Auffrischen eines älteren Produktes (Design-/ Qualitätsrelaunch) = Produktvariation

❸ Anpassen eines Produktes an geänderte Käuferwünsche

❹ Anpassen eines Produktes an neue Produkte der Konkurrenz

❺ Kreieren eines zusätzlichen Produktes in enger Anlehnung an ein bestehendes zum Zwecke einer Produktdifferenzierung

❻ Kreieren einer scheinbaren Produktverbesserung oder eines scheinbar neuen Produktes, z.B. für einen Messeauftritt (Pseudoentwicklung)

Abb.4-23 listet Zielsetzungen für produktgestalterische Maßnahmen auf. Die innovative Neugestaltung eines Produktes ist in der Praxis eher die Ausnahme. Der Routinealltag des Produktmanagers besteht aus Anpassungsmaßnahmen im Rahmen der Modellpflege, bzw. aus Produktvariationen und -differenzierungen. Abb.1-43 stellte bereits die wesentlichen Arbeitsbereiche der Leistungsprogrammpolitik zusammen.[401]

Ausgangsüberlegungen der Produktplanung richten sich zunächst auf das **Leistungsvermögen** (*Was soll das Produkt können?*) und die **Qualität**[402] (*Wie gut soll das Produkt sein?*). Beide Begriffe gehören eng zusammen. Jedoch: Ein gutes Leistungsvermögen wird nicht als Qualitätsvorteil empfunden, wenn der Käufer in seiner Problem- oder Bedarfssituation viel höhere oder andere Erwartungen hegt. Qualitätsurteile ergeben sich folglich erst durch **Abgleich von Leistungserwartungen mit individuell empfundenen Produkteignungen** für bestimmte Einsatzzwecke.[403] Zu unterscheiden sind dabei **objektive** (nachprüfbare) und **subjektive** Qualitätsbeurteilungen. Gerade weil das Qualitätsempfinden so subjektiv ist, kommt dem Marketing mit seinen Beeinflussungsmöglichkeiten eine hohe Bedeutung zu.[404]

„*Qualität ist, wenn der Kunde und nicht das Auto zurückkommt.*" (Xaver Franz, Leiter QM-Gesamtfahrzeuge *BMW*)

Bei der Qualitätsplanung sind drei **Qualitätskategorien** zu beachten:[405]
(1) **Such-Qualitäten**: Diese entsprechen messbaren Leistungsmerkmalen. Sie können vom Kunden im Kaufprozess gezielt gesucht und verglichen werden (z.B. Farbe eines Autos, Benzinverbrauch o.ä.).
(2) **Erfahrungs-Qualitäten**: Diese werden nach Gebrauch oder Inanspruchnahme eines Angebotes beurteilt. Sie können oft nicht a priori am Produkt überprüft werden (z.B. Kauf eines Fernsehers).
(3) **Glaubens- oder Vertrauens-Qualitäten**: Diese erhärten sich durch emotionale Bewertungen. Das Anbieterimage und ein persönliches Vertrauensverhältnis (Beziehungsqualität) zu dem Kundenbetreuer sind ausschlaggebend (z.B. ärztliche Beratung, garantierte Rendite eines Investment-Fonds).

Beim Rückblick auf das **Zwiebelkonzept** eines Produktes (vgl. noch einmal Abb.4-3) können Produktqualitäten auch wie folgt strukturiert werden:
(1) Die **Basisqualität** entspricht dem generischen Produkt.
(2) Die **Leistungsqualität** macht aus einem normalen ein gutes Produkt.
(3) Die **Distinguierungsqualität** schafft Vorteile gegenüber Konkurrenzprodukten.
(4) Die **Begeisterungsqualität** soll Käufer begeistern und binden.

Bei der Qualitätsplanung sind unbedingt die Zusammenhänge zwischen Kundenerwartungen und Kundenzufriedenheit zu beachten (s. *Kano-Modell* Abb.6-53).

---

[401] Ein bekannte Einteilung der Instrumente der Produktgestaltung stammt von Koppelmann, (Produktmarketing), 1993, S. 250; s. ferner Mayer, (Produktgestaltung), 1993, S. 27
[402] Der Qualitätsbegriff ist keinesfalls eindeutig. Und stets sind die Kunden unsicher bzgl. der Qualitäten der angebotenen Produkte: vgl. Homburg; Krohmer, (Marketingmanagement), 2009, S. 58
[403] Der teleologische Qualitätsbegriff: Abgleich von Bedürfnissen mit Produkteigenschaften im Rahmen von Wahrnehmungs-/Beurteilungsprozessen: vgl. Hansen u.a., (Produktpolitik), 2001, S. 19
[404] Deshalb ist nicht zu verstehen, warum Scharf und Schubert die Qualität nur auf objektiv feststellbare Produktmerkmale beziehen: vgl. Scharf; Schubert, (Marketing), 2001, S. 90
[405] vgl. Bartscher; Schulze, (Dienstleistungsmanagement), in: Personal, 4/2000, S. 200

Mit Hilfe dieser Typlogie kann die Qualitätsplanung **überlegene Nutzenwerte** anvisieren. Folgende Kundennutzen-Typen sind dabei marktgerecht zu dosieren:
(1) **gebrauchstechnischer Nutzen**: Funktionalität, Haltbarkeit, Bedienbarkeit,
(2) **ästhetischer und sinnlicher Nutzen**: modernes Aussehen, Geschmack,
(3) **sozialer Nutzen**: Prestige-, Distinguierungsnutzen [406],
(4) **ökologischer Nutzen**: energiesparende Materialien, Recyclingfähigkeit.

Abb.4-24

Eine **Produktplanung** lässt sich dann gemäß Abb.4-24 aufbauen. AUFBAU EINER PRODUKTPLANUNG

Die folgenden 5 Eigenschaften nur als Auswahl	Basisleistungen	Zusatzleistungen	speziell wettbewerbsdifferenzierende Leistungen	speziell Begeisterungs- und Bindungsleistungen	arrondierende Dienst- und Serviceleistungen
1. Funktionalität					
2. Design					
3. Prestige					
4. Ökologie					
5. Preis, Kosten					

Abb.4-25

Leistungsvermögen
Funktionalität
Bedienbarkeit
Wirtschaftlichkeit
Haltbarkeit
Zusatznutzen
Aussehen
Verpackung
Entsorgung

Eine Produktplanung lässt sich z.B. gemäß Abb.4-24 aufbauen. Dabei sind zahlreiche, **direkt einsetzbare Qualitätseigenschaften** mit F&E, ggf. den Lebensmittelchemikern, Produktion (wegen Produktionssicherheit), Verkauf, Controlling (wegen Kostentragfähigkeit) und Qualitätssicherung (QS) abzustimmen:
(1) **Produktleistung, Leistungsvermögen**, unter Beachtung von rechtlichen, ökologischen, technischen Normen, Vorschriften, Branchenstandards,
(2) **Funktionalität**, oft vorgegeben durch Branchen- und Prüfstandards,
(3) **Haltbarkeit**, entsprechend den normalen Anwendungsbedingungen,
(4) **Produktäußeres**, Design mit Einfluss auf das Qualitätsempfinden der Käufer,
(5) **Bedienbarkeit**, mit den Faktoren einfache Bedienung und Bediensicherheit,
(6) **Wirtschaftlichkeit**, resultierend aus dem Preis- / Leistungsverhältnis,
(7) **Zusatznutzen**, z.B. Reparaturhilfen, kostenlose Hotline,
(8) **Verpackung** mit Qualitätsimage und logistischen Funktionen (RFID-Tags),
(9) Eigenschaften zur umweltschonenden Verwendung und **Entsorgung**.
(10) Als Marke muss das Produkt im **Marken-Einklang** mit den anderen Produkten (Marken, evtl. Dachmarke) des Unternehmens stehen (s. Kapitel 7.14.3.e.).

Nicht für alle Qualitätsinstrumente ist das Marketing zuständig. Wird eine Produktinnovation dominierend von der Technik vorangetrieben, dann sind die Gestaltungsspielräume des Marketing vor allem auf Designfragen und Verpackung beschränkt. Es sind auch nicht alle Qualitätselemente gleich wichtig. Nach einer Untersuchung der *GfK* entscheiden 48% der Verbraucher beim Kauf langlebiger Gebrauchsgüter nach der Funktionalität, 17% nach dem Produktäußeren (Design). Nur für 35% der Käufer ist ein günstiger Preis das ausschlaggebende Kaufkriterium.[407]

Die Produktqualität kann mit Hilfe von **Eigenschaftsmatrizen** optimiert werden (Abb.4-26).[408] Zu realisieren sind vom Kunden erfahrbare, wettbewerbsüberlegene Produkteigenschaften. Die Qualitätsparameter werden bei technischen Produkten in den oben erwähnten Produktspezifikationen / Lastenheften (den sog. specs), bei Lebensmitteln in Rezepturen dokumentiert.

---

[406] vgl. Schuster, (Konsumverhalten), in: Jahrbuch der Absatz- und Verbrauchsforschung, 2/1994, S. 108-121; 3/1994, S. 218-231
[407] vgl. o.V., (Funktionalität), in: PM-Beratungsbrief v. 10.3.1997, S. 1
[408] vgl. Haedrich; Tomczak, (Produktpolitik), 1996, S. 30, sowie die dort angegebene Literatur

Abb.4-26

Die DIN EN ISO8402/3.3 fordert: „Die Qualitätsplanung muss die vom Kunden festgelegten Aufgaben und Termine berücksichtigen und speziell festgelegte Methoden beinhalten."

NUTZENORIENTIERTE PLANUNG VON QUALITÄTSELEMENTEN						
	Nutzenkriterien, die Wettbewerbsvorteile bringen sollen					
		technische Grundfunktionalitäten	Komfort, Bedienungssicherheit	Haltbarkeit	Wirtschaftlichkeit	Umweltfreundlichkeit
1. Material						
2. Komponenten						
3. Verarbeitung						
4. Design						
5. Verpackung						

4.4.2. Produktäußeres / Produktdesign / Design-Management

Ein anmutiges Produkt sticht ins Auge. Leider wird bei technischen Produkten die Macht des Designs oft übersehen. Das Produktäußere ist deshalb bedeutsam,
- weil der Käufer hieraus Rückschlüsse auf die Qualität zieht,
- weil er hieraus Preisvorstellungen ableitet,
- weil es ihm die Freiheit gibt, seinen Lebensstil in dem Produkt zu verwirklichen,
- weil es ihm dadurch auch eine Chance auf soziale Abhebung bietet.
- Ein gutes Design kann eine Marke prägen (*Porsche-Design*).

„Das BMW Design kann man meiner Meinung nach am besten mit einem Diamanten vergleichen: klar, beständig, unverwechselbar. Daraus entfaltet sich ein ganzes Spektrum von Farben, Formen und Facetten. Breit gefächert und doch: In jedem Detail erkennt man immer den einen Ursprung." Christopher E. Bangle, Leiter Entwicklung Design – BMW Lifestyle (Zitat 1999)

Die Firma Braun in Kronberg optimiert Geräusche für Föns, elektrische Zahnbürsten, Wecker etc.

Nach dem früheren *DIHT*-Präsidenten *Stihl* zählt ein gutes Industriedesign sogar zu den strategischen Faktoren der Unternehmensführung. Die neun Praxisbeispiele von *Schuster* in Abb.4-27 unterstreichen die strategische Bedeutung eines guten Design-Managements.

Produkte mit einem besonderen haptischen Designelement: Underberg, Orangina, Nivea-Dose, Coke-Flasche, Vileda, Ritter Sport.

Das Produktäußere ist ein umfassender Begriff für zahlreiche Produkteigenschaften, die durch Technik und Marketing gestaltbar sind:
(1) **Größe**,
(2) **Gewicht**,
(3) **Material** mit Oberflächenbeschaffenheit, Anfühlbarkeit = **Haptik**,
(4) **sichtbare Produktbestandteile** wirken gleichzeitig als Qualitätsmerkmale (*Was gehört alles zu der ALNO-Küchenzeile? Was ist dran am neuen iPOD?*),
(5) **Design i.e.S.**, d.h. **Form, Stil**, unter Bezug auf Mode, Zeitgeist, Retro,
(6) **Farbe**, farblicher Eindruck, **Glanz**,
(7) **Geruch, Geschmack** (z.B. bei Kosmetika, bei Lebensmitteln, Zahnpasta)**,**
(8) **Konsistenz** (z.B. bei Margarine),
(9) **Klang** (z.B. bei HiFi-Geräten, Automotoren, Küchengeräten etc),
(10) **Transport-** und **Lagervorrichtungen**.

Koppelmann beschreibt eine Vielzahl von Gestaltungsmöglichkeiten mit ihren jeweiligen Vor- und Nachteilen.[409] Abb.4-28 greift beispielhaft die Bedeutung von Farben heraus. Die Übersicht kann unmöglich erschöpfend sein. Allein 25.000 Farben sind in der Automobilindustrie definiert. Die Produktgestaltung kann durch bestehende gewerbliche Schutzrechte eingeengt sein; vor allem zum Schutz vor Markenpiraterie. Das gilt insbesondere für den Produktnamen und für das Logo.

---

[409] vgl. Koppelmann, (Produktmarketing), 2001, S. 325-512

Abb.4-27

PRAXISBEISPIELE FÜR DESIGNORIENTIERTE PRODUKTPOLITIK			
Funktion des Design	Beispiel	Erläuterung	Weitere Erfolgsfaktoren
Schaffung von Markenbekanntheit	FSB www.fsb.de	Deutliche Steigerung des Bekanntheitsgrades dieses mittelständischen Herstellers von Beschlägen durch (kostengünstige) Design-P.R., z.B. Gestaltungs-Symposien, Design-Wettbewerbe	Kommunikationskonzept zur Ansprache verschiedener Zielgruppen: Verbraucher, Handel, Empfehler (Planer)
Image-Aufwertung einer Marke	Audi www.audi.de	Profilierung durch Design-Kompetenz im gesamten Programm; große Rolle dabei von besonders imageprägenden "Speerspitzen"-Produkten (Audi TT)	Gezielte Ansprache von Journalisten und Multiplikatoren, um Imagewandel zu beschleunigen
Sicherung des Hochlohn-Produktionsstandortes Deutschland	Koziol www.koziol.de	Permanente Innovationspolitik für Kunststofferzeugnisse mit ‚witziger' Produktsprache (oft Geschenkbedarf)	Verhinderung von Markenpiraterie (Produktimitationen)
	Loewe www.loewe.de	Erfolgreicher Anbieter von designorientierten Unterhaltungselektronik-Produkten	Einführung neuer zielgruppengerechter Produkte (z.B. Internet-TV)
Ausbruch aus gesättigten Märkten	Dyson www.dyson.com	Staubsauger und Waschmaschine mit neuartigem technischen Prinzip und innovativem Design	Gezielte Vermittlung der Produktbesonderheit (wie beutelloser Staubsauger) gegenüber Handel und Verbraucher
Neudefinition einer Produktgattung	Smart www.smart.com	Wiederbelebung des Kleinstwagens, technische Weiterentwicklungen sowie pfiffiges Design	Professionelles Einführungsmarketing, daneben ,"längerer Atem" aufgrund von diversen Marktwiderständen
Positionierung im unteren Preis- / Leistungssegment	Swatch www.swatch.com	Frontalangriff auf die ausländische Billig-Konkurrenz durch laufende Design-Innovationen (Anfang der 80er Jahre)	Radikale Vereinfachung der Produktfertigung (Modularisierung, Automatisierung)
Förderung der Markteinführung / Diffusion einer Innovation	Bandai www.bandai.com	Tamagotchi als Pionier für ‚Cyberpets'; Design vermittelt vertraute Gestaltungsmuster (z.B. Eisymbolik, intuitive Bedienung)	Nutzung der sehr großen Produktpublizität in den Medien für Nachfolge-Produkte
Zielgruppendifferenzierung	Nokia www.nokia.com	Design heterogenisiert ursprüngliche Universalprodukte und schafft Preisspielräume	Definition hinreichend großer und stabiler Segmente
Internationale Expansion im Top-Segment	Bulthaup www.bulthaup.de	Exklusive Designpolitik erlaubt die Ansprache länderübergreifender Marktschichten	Beachtung länderspezifischer technischer Produktanforderungen (Normen, Standards)
(Quelle: Schuster, (Designpolitik), München 2002)			

Abb.4-28

20% aller deutschen Unternehmen setzen Produktdesign strategisch ein und betreiben somit eine designorientierte Produktpolitik. (Hinweis ASW, 8/2004, S. 92)

FARBSIGNALE UND IHRE BOTSCHAFTEN			
	Signal	Symbol	Bedeutung in der Werbung
1. blau	Freiheit, Weite, Ferne	Vernunft, Überlegenheit	stark fallend
2. grün	Natur, Innovation	Hoffnung, Lebensfreude	steigend
3. rot	Achtung, Stop, Feuer	Liebe, Gefahr	stabil
4. weiß	Sauberkeit, Unschuld	Freude, Reinheit	stark steigend
5. gelb	Aktivität, Aufmerksamkeit	Licht, Kommunikation	sehr stark steigend
6. schwarz	Individualität, Trauer	Funktionalität, Abgrenzung	stabil
7. violett	Kühle, Distanz	Ferne, Intelligenz	steigend

4. Kapitel: Die Leistungsprogrammpolitik

„Hochemotionale, individuell maßgeschneiderte Produkte mit außergewöhnlichem Design und höchstem Kundennutzen sind Ausdruck unserer konsequenten Premiumstrategie." (Frank-Peter Arndt, Vorstand Produktion der BMW Group)

Nicht immer sind die technisch überlegenen Produkte auch die von Kunden präferierten. In Zeiten zunehmender technischer Normierungen jonglieren auch die Industriegüterhersteller immer bewusster mit Produktäußerlichkeiten, Auffälligkeiten und Attraktivität. Die emotionale Wirkung, die von einem Design ausgeht, entscheidet über den Produkterfolg. *„Design wird zur Waffe im Wettbewerb"*.[410] Design-Management zielt auf Produktästhetik. *„Die Ästhetik ist die Kraft, die Gefühle schafft."*[411] Ein Trucker sieht sein Fahrzeug eben nicht als Nutzgegenstand. Martialische Designelemente geben ihm Gefühle von Freiheit und Macht auf der Straße. Der Grund: Über das Design sendet ein Produkt emotionale Botschaften aus.

Schuster erkennt z.B. einen engen Zusammenhang zwischen Design und **prestigegeleitetem Konsumverhalten (Distinktkonsum, Geltungskonsum)**.[412] Die *Adidas*-Streifen machen aus jedem Straßenfußballer einen Weltstar. Das Konzept des Distinktkonsums beschränkt sich keinesfalls auf Konsumgüter, wie an prestigeträchtigen Verwaltungsgebäuden von Wirtschaftsunternehmen, an imposanten Schiffen, Kränen, Traktoren oder LKW gut zu sehen ist. Die Qualitätselemente sind deshalb in systematischer Weise zu planen, wie Abb.4-29 zeigt. Im modischen Bereich ist nach wie vor Attraktivität angesagt. Auffälligkeit dagegen scheint out zu sein. Im Trend liegen Gestaltungselemente wie Understatement (Bescheidenheit) und Funktionalität. Bei Industrieprodukten legen die Kunden hohen Wert auf ein funktionelles Design (ohne „Schnick-Schnack"); z.B. bei Kränen oder Gabelstaplern.

Abb.4-29

	GESTALTUNG DES PRODUKTÄUSSEREN / DESIGN-OPTIMIERUNG				
	Design-Botschaften				
Design-Ansatzpunkte:	innovativ, trendsetzend	auffällig, flippig	Understatement-orientiert	attraktiv, angenehm	funktionell, schlicht
1. Produktkern					
2. Produktäußeres					
3. Verpackung					
4. Produktpräsentation					

Woran erkennt man ein gutes Design? Zentrale Messlatte ist nach *Schuster* die **Zielgruppenausrichtung**.[413] Entscheidend ist, inwieweit die Bedürfnisse und Erwartungen der Kunden sowie - bei Konsumgütern - die Vorstellungen des Handels bei der Produktgestaltung berücksichtigt werden. Nach Klärung dieser Zielgruppenbezogenheit sind weitere fünf Aspekte zu beachten:
(1) Gutes Design ist keine Oberflächenkosmetik für das äußere Erscheinungsbild, sondern bezieht sich auf das gesamte Nutzenbündel eines Produktes. Deshalb ist neben dem ästhetisch-sinnlichen Nutzen immer der gebrauchstechnische, ökologische sowie der Distinktionsnutzen mit in die Gestaltung einzubeziehen.
(2) Gutes Design dient nicht nur zur Profilierung in oberen Marktschichten mit gehobenem Preis- und Qualitätsniveau, sondern ist immer mehr auch für mittlere und untere Marktschichten von Bedeutung. Dies wird besonders deutlich, wenn man sich die enormen Marktpotenziale, insbesondere in asiatischen Ländern mit geringer Kaufkraft, vor Augen führt. Auch ein preiswertes und robustes Chinaauto wird sich ohne kulturentsprechendes gutes Design nicht durchsetzen.
(3) Gutes Design bezieht sich nicht nur auf das Sachgüter, sondern auch auf das

---

[410] Ahrens; Pittner, (Kraft), Interview mit dem Designprofessor Rido Busse, in: MM, 5/1998, S. 310-321; hier S. 310. Das Design-Zentrum Nordrhein-Westfalen hat allerdings festgestellt, dass erst 15% aller Industrieunternehmen systematisches Design-Management betreiben, s. S. 313.
[411] vgl. Ahrens; Pittner, (Kraft), in: MM, 5/1998, S. 310; zum Zitat von Stihl: S. 319
[412] vgl. Schuster, (Prestigeleitetes Konsumverhalten), in: Jahrbuch der Absatz- und Verbrauchsforschung, 2/1994, S. 108-121; sowie 3/1994, S. 218-231
[413] vgl. hierzu und zu den 5 Merkmalen: Schuster, (Designpolitik), 2002

Dienstleistungsdesign. Dies ist auf den steigenden Stellenwert des tertiären Sektors zurückzuführen. Zentrale Aufgabe ist es dabei, immaterielle Leistungen zu visualisieren und damit begreif- und unterscheidbar zu machen. So ist im Falle einer Fluggesellschaft zu überprüfen, mit Hilfe welcher Instrumente des Corporate Designs (CI = das einheitliche Erscheinungsbild des Unternehmens) Sicherheit und Service vermittelt werden können.

(4) Für Verleih-, Leasing-, Sharing- und Poolingkonzepte erhalten neuartige Gestaltungsmerkmale für ein vandalismussicheres Design zunehmende Bedeutung.

(5) Als weitere Zielgruppe rücken die Mitarbeiter des Unternehmens in das Blickfeld. Ein gutes Design erfüllt auch für die Mitarbeiter eine wichtige Identifikations- und Motivationsfunktion.

Abb.4-30

Auf die Design-Gestaltung sind Design-Agenturen wie auch firmeneigene Teams spezialisiert. Regelmäßig werden in Deutschland und weltweit Designwettbewerbe veranstaltet. Abb. 4-30 zeigt die in einem *Ranking Industriedesign* ermittelten führenden zehn Agenturen bzw. Hersteller mit den ansprechendsten Produktgestaltungen für technische Produkte.[414]

RANKING INDUSTRIEDESIGN 04/05
(1) designafaires
(2) Teams Design
(3) Festo
(4) Siemens
(5) Heidelberger Druck
(6) Design Tech
(7) Busse Design Ulm
(8) Black&Decker
(9) Hitachi Koki
(10) Studiowerk Design
(Quelle: www.rankingdesign.com, seither keine neue Studie)

4.4.3. Produktname (Markenname) und Logo

„Ein Markenname zielt aufs Herz. Das gilt für den Industriekunden ebenso wie für Handy-Käufer." (Kurt Hellström - Konzernchef von Ericsson)[415]

„Krieg der Worte: *Die Produktqualität bringt selten eine Marke nach vorn. Erst das richtige Schlagwort verweist die Konkurrenz auf die hinteren Plätze.*"[416]

Der größte Traum des Marketing ist es, ein Produkt zur Marke zu entwickeln. Das Produkt muss dazu eine sog. Markenpersönlichkeit entwickeln. Und eine Geschichte erzählen können. Eine Marke ist folglich weit mehr als eine Produktgestalt. Wegen der überragenden Bedeutung der Kommunikation bei der Markenbildung (Branding) wird die Markenpolitik im Kapitel 7.14. gesondert behandelt.

Im Konsum- und auch zunehmend im technischen Geschäft hat die Namensfindung also eine strategische Bedeutung, da sie das Branding unterstützt. **Wichtige Erfolgsfaktoren für die Namensgebung** sind:
(1) keine Konflikte mit bestehenden Schutzrechten,
(2) gute Aussprechbarkeit,
(3) kreative Elemente, ein besonderer sprachlicher "Kick",
(4) Einfachheit, hohe Merkfähigkeit,
(5) gute Unterscheidbarkeit,[417] hohe Wiedererkennbarkeit,
(6) Nachhaltigkeit, Unabhängigkeit vom Zeitgeist,
(7) spürbarer und positiver Lebensstil-Bezug,[418]
(8) keine Kollision mit anderen Unternehmensmarken,
(9) positiver Bezug zum Image der Gesamtunternehmung,
(10) Akzeptanz auf internationaler Ebene.

---

[414] Grundlage sind die in 19 Designwettbewerben erzielten Preise und Auszeichnungen: vgl. Ahrens, (gute Formen), in: MM, 5/1998, S. 298-308; Aktualisierung 2004/05 www.rankingdesign.de
[415] vgl. Preissner; Schwarzer, (zurückhaltend), Interview mit Kurt Hellström, in: MM, 10/2000, S. 79
[416] Brandtner, (Krieg), in: MM, 6/1999, S. 186
[417] vgl. zu diesen vier Faktoren Hüttel, (Produktpolitik), 1998, S. 175
[418] kennzeichnet die Fähigkeit eines Begriffs / Namens, Träger eines Lebensstils zu sein

Abb.4-36

Der aktuelle Claim von *TUI*, abgestimmt auf das Logo: *"Putting a smile on people's face"*.

Es gibt übrigens noch Produkte ohne Namen: *Wissen Sie, wie die Holzklötzchen heißen, mit denen am Kassenband im Supermarkt die Waren der einzelnen Kunden getrennt werden?*[423]

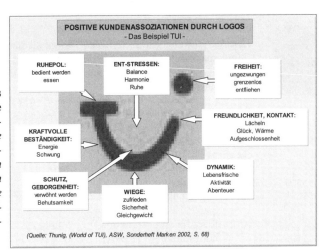

4.4.4. Etikett, Packungsbeilage, Aufdrucke (Imprints)

Neben Name und Logo enthalten Produkt und Verpackung eine Fülle weiterer Aufdrucke und Beilagen:
(1) Zum Teil sind sie **rechtlich vorgeschrieben**,
Bsp.: *Herstellerhinweis, Verfalldatum, Gewichtsangabe Fleischeinlage, Hinweise „Fragen Sie Ihren …" bzw. „Rauchen schadet der Gesundheit".*
(2) Sie unterstützen die **Markenprofilierung**, sind also Teil der Produktbotschaft bzw. der Werbebotschaft, und müssen daher mit den Corporate Identity Richtlinien des Unternehmens in Einklang stehen.[424]
Bsp.: *die kleine Cola-Flasche als Aufdruck auf der 1 Ltr.-Flasche, Haribo-Bär, Meister Propper Figur, Hölzchen-Spiele auf Thomy Senf, Rubbelpunkte auf dem Schein der SKL-Klassenlotterie, das Kaffee-Fair-Konzept.*
(3) Die Angaben haben **informativen Charakter** mit Käufernutzen.
Bsp.: *Öffnungs-, Wiederverschließhinweise, Prüfurteile, -zeichen, Prüfsiegel, DIN-Normen, Testergebnis Stiftung Warentest, Zubereitungshinweise, Serviervorschläge, Gebrauchsanleitungen, „vor Sonne schützen", Umweltengel.*
(4) Zunehmend sollen Imprints einen **Kundendialog** anstossen, z.B. durch Preisausschreiben oder Hotlines, Bsp.: *Kraft Verbraucherservice 01802-258588.*
(5) Letztlich dienen Imprints als **logistische Bestandteile der Verpackung**,
Bsp.: *Scan-Codes, Transporthinweise.*

Große Obacht ist bei der Gestaltung von Packungsbeilagen und Gebrauchsanleitungen zu geben. Fehler bei Produktinformationen und Verpackungshinweisen gehen nach den Verbraucherschutzgesetzen zu Lasten der Hersteller.

---

[423] Dieses bislang noch ungelöste Problem des Marketing wurde unlängst angegangen. Im Jetzt-Magazin der Süddeutschen Zeitung wurden bemerkenswerte Vorschläge eingereicht; wie z.B. *Fressalientrennding* (Angi), *Stuffdivider* (Lina), *Eydasgehörmitteil* (Urner), *Konsumtrenner* (Maxe), *Konsum-Oxer* (Markus), *Plastiktoblerone* (Nina), *Kundenknüppel* (Notax), *Meinstrennbrett* (Anna), *Kassen-Klomb* (Heike), *Zuvielzahlprohibitor* (Ingmar) u.a.m. Diese Infos verdanke ich Frau Lüthen.
[424] und damit Teil der Kommunikationspolitik

4.4.5. Verpackung

Die Verpackung gilt nach *Switch-Design* als das „*Gesicht einer Marke*". Gerade die Umverpackung verschmilzt mit dem Produkt zu einer präferenzbildenden Einheit. Zu gestalten sind **Transportverpackungen** und **Umverpackungen**. Das bereits oben erwähnte klassische Beispiel:

> Coke druckt die kleine 0,2 Lt. Flasche (also eine Verpackung), mit der Coca Cola zur Weltmarke geworden ist, als Bildchen auf die großen Flaschen und Dosen.

Abb.4-37

Lt. OLG Düsseldorf (6 U 45/00) dürfen Kunden im Kaufhaus Verpackungen regresslos öffnen. Evtl. muss Schadenersatz für Wiederherstellung der Verpackung geleistet werden.

Verpackungen üben folgende Funktionen aus:
(1) Schutzfunktion (Kisten, Container),
(2) Transportfunktion (Fernsehkarton),
(3) Lagerfunktion,
(4) Mengenabgrenzungsfunktion (Flaschen, Säcke, Fässer),
(5) Identifizierungsfunktion, Markenbeziehungsfunktion (*Perrier, Coca Cola Flasche*),
(6) Anreizfunktion – Werbefunktion (Bsp.: Flakons von Kosmetika),
(7) Ökologische Funktion (Bsp.: die Rücksendebeutel für *HP Patronen*),
(8) Informationsfunktion (z.B. Lager-, Transporthinweise),
(9) Erziehungsfunktion (Gefährdungsaufdruck auf Zigarettenschachtel),
(10) Zusatznutzenfunktion (*Thomy* Senfgläser als Trinkgläser).

EMPFEHLUNGEN FÜR DIE VERPACKUNGSGESTALTUNG	
①	Die Verpackung muss mit dem Inhalt eine präferenzbildende Einheit darstellen.
②	Die Verpackung sollte dem Erzeugnis adäquat sein (keine Mogelpackungen).
③	Die Verpackung soll die Produktvorteile eindeutig herausstellen.
④	Die Verpackung sollte dem Verbraucher Einrichtungs- und Gebrauchshinweise geben.
⑤	Die Verpackung sollte zielgruppenkonform sein.
⑥	Die Verpackung sollte einen hohen Erinnerungswert besitzen.
⑦	Die Verpackung sollte gut zu öffnen und leicht zu transportieren sein.
⑧	Die Verpackung sollte physiologisch unbedenklich sein (auch für Kinder ungefährlich).
⑨	Die Verpackung sollte sympathisch wirken.
⑩	Die Verpackung sollte leicht zu entsorgen sein.

„We need a bottle which a person will recognize as a Coca-Cola bottle, even when he feels it in the dark."
(Franklin Thomas, 1912, Coca-Cola Museum Atlanta)

Der grüne Punkt ist nur ein Lizenzvertrag zur Markennutzung. Entsorgungsverträge müssen gesondert abgeschlossen werden.

Verpackungen erfüllen wichtige Marketingaufgaben. Besonders deutlich ist die Anreizfunktion der Verpackung für Kosmetika. Solange die Verbraucherin den Parfumduft nicht riecht, repräsentiert der Flakon den Inhalt. Ein Beispiel mit Weltgeltung: *Chanel No. 5*. Hersteller, Handel, Verbraucher und Staat stellen unterschiedliche Anforderungen an eine Verpackung, die zu einem Ausgleich gebracht werden müssen.[425] Abb.4-37 enthält Empfehlungen für marketinggerechte Verpackungen.

Im Zuge der Umwelt- und Entsorgungssensibilisierung ist das Verpackungswesen in Deutschland stark reglementiert. Die Verpackungsverordnung der Bundesrepublik Deutschland formuliert Rücknahmeverpflichtungen der Hersteller für Transportverpackungen (seit 1.12.91), Umverpackungen (ab 1.4.92) und Verkaufsverpackungen (seit 1.1.93), es sei denn, die Hersteller oder Händler beteiligen sich an einem flächendeckenden Entsorgungssystem für die Verbraucher.[426] Am 1. Januar 2009 ist die 5. Novelle der Verpackungsverordnung in Kraft getreten. Nach ihr sind Hersteller und Vertreiber von mit Ware befüllten Verkaufsverpackungen, die typischerweise an den privaten Endverbraucher abgegeben werden, jetzt verpflichtet, diese an dem dualen System zu beteiligen. Für die Privatwirtschaft ist hierzu das *„Duale System Deutschland Gesellschaft für Abfallvermeidung und Sekundärrohstoffgewinnung mbH"* gemäß §6 VerpackVO tätig. 460 Mrd. recyclefähige Verkaufsverpackungen sind mit dem *Grünen Punkt* gekennzeichnet – als Wegweiser zur Wertstofftrennung für 39,7 Mio. deutsche Privathaushalte. Die Effizienz des Systems ist umstritten.

---

[425] vgl. zu dieser Grafik Haedrich; Tomczak, (Produktpolitik), 1996, S. 35
[426] vgl. auch zu den Vorschriften zur DSD-Pfandlösung, DSD-ElektroG-Service, DSD-Standortentsorgung, Entsorgung von Transportverpackungen: *www.gruener-punkt.de*

4.5. Planung des Leistungsprogramms (des Sortiments)

4.5.1. Kundenorientierung versus Kostenorientierung

Lehrbücher gehen oft vereinfachend von Einproduktunternehmen aus. In der Praxis ist das die Ausnahme (z.B. *Underberg, Zündhölzer*). Wirtschaftsunternehmen kombinieren eine Vielzahl von Güter- und Dienstleistungen zu Produkt- oder Verkaufsprogrammen. Der Handel bündelt die Produkte verschiedener Hersteller zu Sortimenten. Die Ausführungen zu einem ausgewogenen Portfolio und zu den Programmstrukturanalysen in diesem Kapitel betonten bereits die strategische Brisanz des Themas Produktmix bzw. das der Sortimentsoptimierung. Theoretische Erkenntnisse zu diesem Kombinationsproblem sind dünn gesät.[427]

Für die marktorientierte Unternehmensführung liegt die strategische Herausforderung im **Ausbalancieren der Kunden- und Kostenorientierung**. Im 2. Kapitel klang dies bereits als Fragmentierungsproblematik an. *Reiß* und *Beck* definieren gemäß Abb.4-38 ein 4-Felder-Spannungsfeld mit den Kriterien Spezialisierung des Leistungsprogramms und Preisniveau. Die Kombination von *teuren und standardisierten Leistungen* wäre fatal, die Kombination von *preiswerten und individualisierten Lösungen* geradezu ideal.[428] Der Kostendruck zwingt die Unternehmen jedoch zum Angebot kundenspezifischer Problemlösungen zu Preisen von Commodities.

Der Trend geht deshalb hin zu modularen Angeboten aus Baukastensystemen, die die Kunden als auf sie zugeschnittene Problemlösungen empfinden. Ein gutes Beispiel hierfür ist der Computerhersteller *Dell*.

Abb.4-38

Die *BMW*-Montage in Dingolfing ist stolz: Es laufen am Band nicht zwei gleiche Fahrzeuge hintereinander durch!

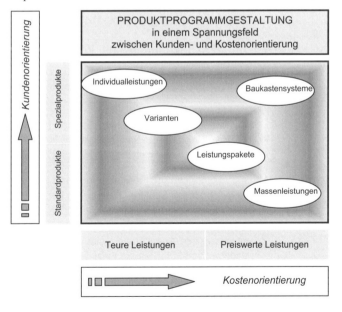

---

[427] Die Theorie bietet an, im Wege von Verfahren wie der linearen Programmierung optimale Programmstrukturen zu berechnen. In der Praxis wird oft überhaupt keine Programmpolitik betrieben, und das trotz eines Leistungsangebotes von Tausenden von Artikeln.
[428] vgl. Reiß; Beck, (Mass Customization), 1995, S. 64

4.5.2. Kriterien zur Programm- und Sortimentsbildung

Über die Kunden-, Wettbewerbs- und Kostenkriterien hinaus orientieren Herstellerunternehmen die Ausweitungen (Produktdifferenzierungen) und Kombinationen ihrer Leistungsprogramme (Programmbildungen) an

(1) **Problemlösungskompetenzen** (Bsp.: *Microsoft* erstellt nur Software),
(2) **Materialien** (Bsp.: der Mischkonzern *Freudenberg* innoviert in allen Segmenten, wo Leder substituiert (*Vileda*) oder Textilien mit Metall kombiniert werden),
(3) **Zielgruppen** (Bsp.: Seminarprogramme nur für Versicherungen),
(4) Möglichkeiten, die Kunden in Richtung höherwertige Produkte und Dienstleistungen zu entwickeln (**Up-Selling Optionen**),
(5) Möglichkeiten, den Kunden arrondierende Leistungen anzubieten (**Cross-Selling-Optionen**) (Bsp.: Automobilhersteller unterhalten eigene Finanzierungsinstitute, *Tchibo* weitet die Shop-Sortimente ständig aus),
(6) **Bindungsoptionen**, d.h. Möglichkeiten, Kunden durch spezielle Dienstleistungen zu binden (z.B. bietet die *Telekom* Seminare für Geschäftskunden an).

Groß- und Einzelhandel haben eine Sortimentsbildungsaufgabe zu erfüllen. Gesichtspunkte für die **Bildung und Spezialisierung von Handelssortimenten** sind:[429]
- Ausrichtung an dem Produktmaterial oder an der Herkunft der Güter (Bsp.: Möbelfachgeschäft nur für *Rattan*-Möbel),
- Ausrichtung an Käufersegmenten und Zielgruppen (Bsp.: Möbelgeschäft für „*junges Wohnen*"),
- Ausrichtung an Preislagen (Bsp.: *Woolworth-Kaufhäuser*),
- Ausrichtung an Komplementär- und Kompensationsprodukten (Bsp.: neue Diosortimente in Drogerien).
- Ergänzend kann die Ausrichtung an Serviceanforderungen genannt werden (Bsp.: Entscheidung zwischen Discounter und Fachgeschäft).

4.5.3. Programmbreite und Programmtiefe

Das einzelne Produkt hat sich in ein Leistungsprogramm des Herstellers bzw. in ein Sortiment im Handel einzufügen. Diese sind in Breite und Tiefe festzulegen.

> ➡ Die **Programmbreite / Sortimentsbreite** bezieht sich auf die Anzahl (Vielfalt) der Produktgruppen bzw. Artikelgruppen.[430]
> ➡ Die **Programmtiefe / Sortimentstiefe** bezieht sich auf die Anzahl der Produkt- bzw. Artikelvarianten innerhalb einer Produktgruppe / eines Sortiments.

Abb.4-39

Flaches Sortiment: *Weltbild* bietet in den Stores nur noch Bestseller an.

Abb.4-39 kombiniert die Programmbreite mit der Programmtiefe:

① entspricht einem Schuhdiscounter mit beschränktem Sortiment und Konzentration auf wenige, gängige Größen;
② entspricht der Ausrichtung eines Innenstadtkaufhauses mit einem zwar umfangreichen Programm, aber nur wenigen Varianten innerhalb der Teilsortimente;
③ kennzeichnet Fachgeschäfte, die in einem konzentrierten Sortiment alle Artikelvarianten (Bsp. alle Schuhgrößen) führen;
④ entspricht der Strategie der großen Verbrauchermärkte, dem Konsumenten eine

	schmales Programm	breites Programm
flaches Programm	①	②
tiefes Programm	③	④

---

[429] vgl. Weis, (Marketing), 2009, S. 321-322
[430] vgl. die Darstellung bei Meffert; Burmann,; Kirchgeorg, (Marketing), 2008, S. 402; Scharf; Schubert, (Marketing), 2001, S. 75

Ansammlung von Fachgeschäften unter einem Dach zu bieten. Sortimente, die nicht in die eigene Kernkompetenz fallen, werden von externen Handelsgeschäften bzw. von Fremdfirmen nach dem Shop-Prinzip integriert.

Keineswegs wird das, was verkauft wird, immer selbst hergestellt. Für die Übereinstimmung von Produktions- und Verkaufsprogramm gibt es drei Konstellationen:
(1) Produktionsprogramm = Verkaufsprogramm,
(2) Produktionsprogramm < Verkaufsprogramm: Industrieunternehmen haben heute die Händleridee der Sortimentsarrondierung übernommen. Was nicht selbst produziert wird, wird zugekauft (Handelsware, Kaufteile).
(3) Produktionsprogramm > Verkaufsprogramm: In diesem Fall werden erstellte Leistungen innerhalb eines Konzerns vermarktet (Eigenbedarf) oder an gute Kunden oder Mitarbeiter verschenkt. So sind z.B. *BASF* und *Carl Freudenberg* dafür bekannt, dass sie eigene Weinlagen unterhalten. Die Weine gelten unter Kunden und Mitarbeitern als beliebte Weihnachtsgeschenke (Kundenbindung).

Produkte werden heute einerseits immer erklärungsbedürftiger. Anderseits werden die Angebote im Zuge einer internationalen Normierung und Standardisierung zunehmend austauschbarer. Deshalb sollen Dienst- und Serviceleistungen im Kampf um den Kunden nachhaltige Wettbewerbsvorteile schaffen.

4.6. Dienstleistungen, Service und Kundendienst

4.6.1. Bedeutung für das Leistungsprogramm

Die Studie der Absatzwirtschaft *„Wachstumsmotor Service"* kommt zu dem Schluss: *„Nur mit überlegener Dienstleistungsqualität, einer gelebten Dienstleistungskultur und der intensiven Pflege von Kundenbeziehungen lassen sich Kundenbindung und langfristiges Wachstum im Service erzielen".*[431] Die Zeitschrift *Impulse* und der VDMA fanden in einer Untersuchung über **Lieferantenwechsel** heraus, dass nur zu 15 Prozent der Preis und nur zu 20 Prozent ein besseres Produkt den Ausschlag gegeben hat. Zu 65 Prozent waren die Kunden mit dem Service über die gesamte Nutzungsdauer des Produktes unzufrieden.

Eine griffige Definition für **Dienst- und Serviceleistungen** zu finden, scheint gar nicht so einfach.[432] Hier hilft ein Blick zurück auf die Abb.1-5 im ersten Kapitel, wo Dienste und Services durch das **Phänomen der Immaterialität** beschrieben wurden.

> ➡ **Dienstleistungen** sind kostenpflichtig erbrachte immaterielle Leistungen, die definierte Zustände oder Eigenschaften an Menschen und / oder Sachen herstellen oder bestimmte Eigenschaften, Zustände oder Fähigkeiten sichern (z.B. Maschinenwartung).[433]
> ➡ **Serviceleistungen** werden als kostenlose oder teilweise kostenlose Zusatzleistungen zu einer materiellen oder immateriellen Kernleistung erbracht.[434] Sie ergänzen Kernleistungen vor oder nach der Inanspruchnahme. Sie bieten Mehrwerte zur Wettbewerbsdifferenzierung.

---

[431] Wissensseite in ASW, 6/2003, S. 40; vgl. dort auch den Hinweis auf Studie von Impuls/VDMA
[432] und wie Bieberstein ausführt, gibt es auch keine allgemein anerkannte Definition: vgl. Bieberstein, (Dienstleistungsmarketing), 2006, S. 26; vgl. zu den unterschiedlichen Begriffsabgrenzungen auch Hüttel, (Produktpolitik), 1998, S. 280-281 sowie die dort angegebene Literatur; Kotler spricht von einer Zunahme warenbegleitender Dienstleistungen: vgl. Kotler; Keller; Bliemel, (Marketing-Management), 2007, S. 547 und S. 573-575. Dienst- und Serviceleistungen werden nicht unterschieden.
[433] vgl. die verschiedenen Definitionen bei Bieberstein, (Dienstleistungsmarketing), 2006, S. 35
[434] vgl. Bieberstein, (Dienstleistungsmarketing), 2006, S. 233

➡ Diese Abgrenzung erfolgt aus **preispolitischer Sicht**. Die Praxis macht diese Unterscheidung oft nicht und stellt den Kunden auch Service in Rechnung.

Im produzierenden Gewerbe stehen Sachgüter mit Dienst- und Serviceleistungen in einem oft logischen Zusammenhang. Für technische Produkte ist es typisch, dass sie von Kundendienstleistungen begleitet werden, die entweder selbst oder fremd erbracht werden. Abb.1-4 hatte bereits die möglichen Kombinationen von Sachgütern, Dienstleistungen und Service aufgezeigt. Abb.4-40 betrachtet die Zusammenhänge aus einem anderen Blickwinkel und beschreibt Angebotsgraduierungen vom Sachgut zur reinen Serviceleistung.

Abb.4-40

LEISTUNGSSTUFEN VOM SACHGUT ZUR SERVICELEISTUNG	
① reines Sachprodukt	➪ Zeitung am Kiosk
② Sachprodukt mit ergänzendem Service	➪ Möbelkauf und kostenlose Aufstellung
③ Sachprodukt mit ergänzender Dienstleistung	➪ PKW und Werkstatt-Kundendienst
④ Dienstleistung mit ergänzendem Sachprodukt	➪ Handyvertrag mit „kostenlosem" Handy
⑤ reine Dienstleistung	➪ Steuerberater, Masseur, Arzt
⑥ reine Serviceleistung	➪ Schülerlotse, Polizist, Lehrer

Service beginnt mit Kundenberatung.

Serviceleistungen beruhen bis auf maschinelle Fernwartung auf menschlichen Zuwendungen. Service hat viel mit Aufmerksamkeit, Dienen und Unterstützung zu tun. *À votre service* auf Französisch: Eine Kontaktperson steht persönlich zur Verfügung. Serviceleistungen begleiten heute die meisten Sachgüter. Angesichts gesättigter Märkte und austauschbarer Sachgüter gilt ein guter Service als „*Wachtumsmotor*".[435] Serviceleistungen sind der „Speck" im Leistungangebot.

Es ist nicht immer einfach, neue Serviceleistungen zu kreieren, die Mehrwerte (**Added Values**) übertragen. Beispiele in den Krisenjahren 2009/10: Wer in Amerika arbeitslos wird, konnte *Hyundai* bitten, für ein paar Monate die Ratenzahlungen zu übernehmen oder den Wagen zurückzunehmen. Bei der Airline *Jet-Blue* durfte der Kunde bei Arbeitsplatzverlust kostenlos Flüge stornieren. Der Herrenausstatter *Jos. A. Bank* nahm kostenlos einen Business-Anzug zurück.

Unternehmen mit
- **deutlich wahrnehmbar in den Markt kommunizierten** und
- **qualitativ gleichbleibenden** Service- und Dienstleistungen

werden von den Kunden als kompetent, zuverlässig und innovativ wahrgenommen. Sie sind vom Wettbewerb nicht so leicht kopierbar. Bei nachlassendem Service reagieren die Kunden dagegen sehr sensibel.

Eine Untersuchung ergab: 40% der zu einem Produktwechsel Befragten erklärten, dass ein unbefriedigender Service der Grund für den Lieferantenwechsel war. Nur 8% der Kunden wechselten auf Grund von Produktmängeln. Nur bei 9% war der Preis der Anlass.[436]

Um Dienst- und Serviceleistungen in gleichmäßiger Qualität und Zuverlässigkeit zu erbringen, bedarf es einer von den Mitarbeitern verinnerlichten **Servicekultur**. Diese lässt sich nicht herbeipredigen und schon gar nicht befehlen. Erfolgreiche Unternehmen entwickeln deshalb Leitlinien und Benchmarks im Servicebereich. **Qualitätsmanagement** für das Service- und Dienstleistungsprogramm wird immer wichtiger. Immer wieder erstaunt es dann Kunden, wenn für bislang kostenlose Serviceleistungen vom Anbieter plötzlich Kostenbeiträge erhoben werden. Dann vollzieht ein An-

---
[435] Fuchs, (Markenservice), 1997, S. 165-168
[436] vgl. Soliman; Justus, Arena, (Hersteller), in: HBM, 2/1997, S. 19

4. Kapitel: Die Leistungsprogrammpolitik

Abb.4-41

bieter den **Schritt in das Dienstleistungsgeschäft**. Mängelbehebungen beim Möbelkauf erfolgen nur innerhalb der Garantiezeit als kostenloser Service. Nach der Garantiezeit stellen sie eine kostenpflichtige Dienstleistung dar. Wie kann man den Kunden diese Übergänge schmackhaft machen - wenn Service plötzlich Geld kostet? Abb.4-41 enthält Vorschläge für die heikle Aufgabe, **aus kostenfreiem Service kostenpflichtige Dienstleistungen zu machen**.

Wie gut das gelingt, hängt davon ab, ob im Vorfeld der Dienstleistungsstrategie die Kundenwünsche genau erfasst werden. Wie eine Dienstleistungsstrategie vorbereitet werden kann, zeigt eine Studie des *Fraunhofer-Institutes für Produktionstechnik und Automatisierung*.[437] 122 Entscheider und Einkäufer von Serviceleistungen aus der Automobilindustrie und aus dem Maschinen- und Anlagenbau wurden befragt. Inte-

AUS KOSTENFREIEM SERVICE KOSTENPFLICHTIGE DIENSTLEISTUNGEN MACHEN	
①	Basispreis des Sachgutes deutlich senken
②	Dienstleistungen nicht nebenher kommunizieren - Kommunikation einerseits an die Marke koppeln,
③	andererseits zusätzlich als eigenständige Leistung bewerben
④	Dienstleistungen genau auf die Wünsche der Kunden hin zuschneiden (Kundenbefragung!)
⑤	Dienstleistungen mit Prestige aufladen
⑥	Die erste Ausführung kostenlos anbieten; evtl. auch weiterhin bei größeren Inanspruchnahmen kostenfreie Zusatzleistungen bieten (Kaufanreize)
⑦	Eindeutige Konditionen und Bereitstellungszeiten (Erreichbarkeit!)
⑧	Interessante Package-Angebote
⑨	Klar definierte Garantieleistungen
⑩	Kostenkontrolle, Erfolgs-Controlling, Kunden-Zufriedenheitsbefragungen

ressant ist eine Portfolio-Gegenüberstellung vom *Interesse der Kunden* an den verschiedenen Dienstleistungen und den *Zahlungsbereitschaften*. Folgende **Ergebnisse der Studie** verdienen eine besondere Aufmerksamkeit:

- Kunden erwarten lange vor dem Kauf Dienstleistungen und Services.
- Kunden wünschen mehr Verfügbarkeit von Informationen über das Dienstleistungsangebot der Hersteller.
- Man schätzt erfolgsorientierte Bezahlung statt Bezahlung nach Ausführung.
- Serviceverträge stoßen auf Ablehnung. Die Kunden möchten keine Bindungen.
- Wachsende Zahlungsbereitschaft für Teleservice, Ferndiagnose, Helpdesk.
- Großes Interesse besteht an Alternativen zum Neukauf von Anlagen, z.B. an Dienstleistungen wie Leasing oder Maschinenvermietung.

"Service beginnt lange vor dem Maschinenkauf."[438]

Wenn von einem **Weg in die Dienstleistungsgesellschaft** gesprochen wird, dann sind von Sachgütern losgelöste, eigenständige immaterielle Leistungen gemeint. Banken, Versicherungen, Verkehrsunternehmen wie die *Lufthansa AG*, die *Deutsche Telekom*, die *Post AG*, die TV- und die Medienunternehmen wie auch der große Marktbereich des Groß- und Einzelhandels. Diese ausgewählten Beispiele stehen für das an Bedeutung stetig zunehmende Dienstleistungsgewerbe in Deutschland. Hierzu zählt auch der technische Kundendienst. Ohne ihn würden die Maschinen der Industrie stillstehen.

4.6.2. Kundendienst - Pre-Sales und After-Sales (After-Market)

Der technische Kundendienst ergänzt das Sachgüterangebot und bietet kostenpflichtige Dienstleistungen, aber auch kostenfreie Serviceleistungen (vor allem während der Garantiezeit) an.[439] Der Kundendienst erfüllt folgende Funktionen:

---

[437] vgl. Sihn; Proksch; Lehmann, (Dienstleistungen), in: Service Today, 6/2000, S. 38-40
[438] Sihn; Proksch; Lehmann, (Dienstleistungen), in: Service Today, 6/2000, S. 38
[439] vgl. zum Themengebiet eines eigenständigen Dienstleistungsmarketing: Meffert; Bruhn, (Dienstleistungsmarketing), 2006; vgl. auch Hofbauer; Hellwig, (Vertriebsmanagement), 2005, S. 174 ff.

(1) **Problemlösungsfunktion**: Zunächst müssen die Servicetechniker über die entsprechenden Fähigkeiten und Ausstattungen zur Lösung technischer und zuweilen auch kleinerer kaufmännischer Probleme beim Kunden verfügen.
(2) **Informationsfunktion**: Der Kundendienst wirkt wie eine Informationsdrehscheibe. Kundenanregungen und -beanstandungen können schnell an die entsprechenden betrieblichen Stellen weitergereicht werden. Die *Microsoft Hotline (0180-5251199)* liefert ein gutes Beispiel für die Informationsbeschaffung aus dem Markt.
(3) **Akquisitionsfunktion**: Der Kundendienst sollte sich als Teil des Verkaufs begreifen und im Rahmen von CRM (s. Abschnitt 6.3.3.) Verkaufsfunktionen übernehmen. Er steht in engem Kundenkontakt und ist oft Kummerkasten der Kunden, so dass er um die Stärken und Schwächen der eigenen Produkte sehr gut Bescheid weiß. Eine wichtige Funktion ist in diesem Zusammenhang auch die Bedarfsanalyse beim Kunden mit Meldungen an den Außendienst über mögliche Potenziale für Ersatz- und Zusatzkäufe.
(4) **Cross-Selling-, Up-Selling-Funktion**: Gerade in der After-Sales-Phase bieten sich Chancen für den Überkreuz- und Aufwertungsverkauf.
(5) **Kundenbindungsfunktion**: Der Kundendienst leistet dadurch einen wesentlichen Beitrag zur Bindung von Bestandskunden und zur Vorqualifizierung und Vorbindung von potenziellen Neukunden.
(6) **Imagefunktion**: Der Kundendienst wird zum "Aushängeschild" eines Anbieters im Markt; gerade weil er oft in kritischer Mission beim Kunden ist.
(7) **Marketing-Mix-Unterstützungsfunktion**: Der Kundendienst unterstützt auf diese Weise alle Instrumente des Marketing-Mix. Unzufriedenheit mit dem Service kann z.B. kostspielige Werbekampagnen zunichte machen. Bei einem Spitzenservice dagegen akzeptieren Kunden höhere Produktpreise.[440]

Diese Funktionen werden im Investitionsgüter- und im Gebrauchsgüterbereich erbracht; und zwar als **Kleingeräte-** (darunter **Hausgeräte-**), **Großgeräte-** und **Anlagen-/Systemservice**. In jedem Fall verstärkt guter Service die **Kundenbindung** in der Phase nach dem Kauf[441] Kundendienstleistungen erfolgen ferner **kaufvorbereitend** (als Pre-Sales-Aktivitäten) oder **kaufnachbereitend** (als After-Sales-Aktivi-

Abb.4-42

	KAUFMÄNNISCHE DIENSTE UND SERVICES	TECHNISCHE DIENSTE UND SERVICES
PRE-SALES	• Beratung • Angebotserstellung • Marktforschungsdaten • Finanzierungsberatung • Wirtschaftlichkeitsrechnung • Finanzdienstleistungen • Beantragung öffentlicher Mittel • Bestelldienst • Schulung • Lizenzverträge	• Zeichnungen, Projektierung • Dokumentation, Datenblätter • Seminare und Fachvorträge • Technische Vorprüfungen • Probelieferung, Musterüberlassung • Vorübergehend Leihmaschinen • Installationsinformationen • Anpassung der Peripherie • Einweisung von Technikern • Einbauvorbereitung
AFTER-SALES	• Kundenzeitschrift • Newsletter • Umtauschservice • Kulanz und Garantie • Versicherungsdienst • Updates für Software • Kaufmännische Hotline • Betriebskostenberatung • Schulungen, Ausbildung • Ersatzzeitpunktempfehlungen	• Anlieferung, Rückn. Verpackung • Montage und opt. Einstellung • Rücknahme Altgerät • Inbetriebnahme, Installationstests • Hotline, Helpdesk • Ferndiagnose, Teleservice • Technische Nachkontrolle • Reparatur und Wartung • Verbrauchsoptimierung • Ersatzteilservice • Entsorgung, Recycling

---
[440] zu diesen drei Funktionen vgl. Meffert, (Marketing), 2000, S. 941-943
[441] vgl. Harms, (Kundendienstmanagement), 1999, S. 75

täten); abgesehen von Beratung und speziellem Service beim Kaufakt (am POS) selbst. Abb.4-42 liefert eine Typologie der Dienst- und Serviceleistungen im **technischen Kundendienst**. Das Schema unterscheidet kaufmännische und technische Dienste am Kunden.

Die weiter unten folgende Abb.4-46 wird das Bild vervollständigen. Sie liefert eine Übersicht über typische Service- und Dienstleistungen im Einzelhandel; im konkreten Fall bezogen auf ein Innenstadt-Warenhaus.

4.6.3. Innovative Supportkonzepte: Von der Hotline zum Help Desk

Neuartige „Rettungsdienste" werden entwickelt, um den Kunden speziell in den sensiblen Gebrauchsgütermärkten schnelle Unterstützung zu bieten. Abb.4-43 zeigt ausgewählte Ansätze. Die Konzepte dienen auch der systematischen Anwenderforschung, der Kundenbindung und der Folgekauf-Vorbereitung. Wichtig ist die Anbindung an eine integrierte Kundendatenbank, damit aktiver Vertrieb, Anwendungstechnik und Service-Abteilung auf die gleichen Informationen zugreifen können.

Abb.4-43

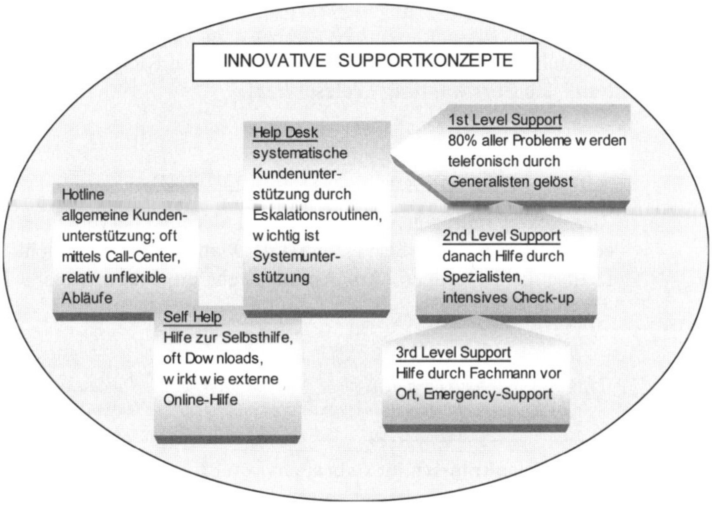

INNOVATIVE SUPPORTKONZEPTE

Hotline
allgemeine Kundenunterstützung; oft mittels Call-Center, relativ unflexible Abläufe

Help Desk
systematische Kundenunterstützung durch Eskalationsroutinen, wichtig ist Systemunterstützung

Self Help
Hilfe zur Selbsthilfe, oft Downloads, wirkt wie externe Online-Hilfe

1st Level Support
80% aller Probleme werden telefonisch durch Generalisten gelöst

2nd Level Support
danach Hilfe durch Spezialisten, intensives Check-up

3rd Level Support
Hilfe durch Fachmann vor Ort, Emergency-Support

CBR = Case based Reasoning: Ein automatisierter Rückgriff auf umfangreiche Fallsammlungen soll dem Call-Center-Agenten schnelle Problemlösungen ermöglichen.

Die Zukunft liegt in mehrstufigen **Help Desk Systemen**. Grundsätzlich gelten für deren Aufbau vier Zielsetzungen:[442]

(1) **Standardisierung**: Möglichst durchgängige Standardisierung aller eingesetzten Technologien und Prozesse.
(2) **Knowledge Engineering**: Wissensdatenbanken, um aus Fehlern zu lernen.
(3) **Integrierte Services**: Der Help Desk muss integraler Bestandteil des gesamten Serviceprozesses sein.
(4) **Asset Management**: Die Anwenderprofile müssen bekannt sein, um gezielt Unterstützung bieten zu können (Kundenqualifizierung).

I.d.R. sind drei Unterstützungsebenen um das Kundenwohl bemüht. Jeweils die nächsthöhere Ebene wird nach dem **Eskalationsprinzip** eingeschaltet. Beispiel:
• Grundsätzlich fungiert ein Help Desk als alleinige Kontaktstelle für alle Kundenprobleme (Single-Point-of-Contact-Prinzip (**SPOC**)).

---

[442] vgl. Herms, (GlobalHelp), mit dem Beispiel für den Help Desk bei Siemens IT Service, in: Service Today, 4/2000, S. 20-26

- 90 Prozent aller Anrufe sollen innerhalb von 30 Sekunden angenommen werden können (messbare Erreichbarkeit).
- Nicht mehr als 5 Prozent aller Anrufer dürfen wegen zu langer Wartezeiten wieder auflegen (**Abandon Rate**). Diese Punkte ergeben ein **90/30/5-Service-Level**.
- 80 Prozent aller Probleme sind im **1st Level Support** telefonisch zu lösen.
- Kann die erste Service-Stufe das Problem nicht lösen, wird zu den Spezialisten im 2nd Level Support durchgestellt.
- Nur im Fall, dass auch dort dem Kunden nicht geholfen werden kann, wird auf der dritten Stufe ein Servicetechniker zur Abhilfe beim Kunden bereitgestellt.

Ein reibungsloser und schneller Austausch der kaufmännischen und technischen Kundendaten wird im Sinne einer CRM-Prozessintegration (s. Abschnitt 6.3.3.g.) zum entscheidenden Erfolgsfaktor. *Siemens IT Service* führt regelmäßig Befragungen zur Kundenzufriedenheit durch. Zielsetzung ist, dass mindestens 80 Prozent aller Kunden die Zufriedenheit mit *gut* beurteilen. Aus Sicht der Privatkunden klaffen Wunsch und Wirklichkeit der von den Herstellern propagierten Serviceversprechen oft jedoch noch stark auseinander. Den profitableren Geschäftskunden wird meist professionelle Hilfe geboten; z.B. durch spezielle Servicenummern im Rahmen von Wartungsverträgen. "Otto Normalverbraucher" dagegen wird mit seinen Sorgen allein gelassen. Weitere Servicetrends gehen in Richtung **Condition-Monitoring Systems** und **Fernwartung** (Teleservice).

4.6.4. Messung von Servicequalitäten

Regelmäßig befragen Wirtschafts- und Verbraucherverbände die Kunden über Servicewartungen und Servicequalität. Man will mehr Licht in die „Servicewüste Deutschland" bringen. Am Anfang steht die Frage, welche Leistungen die Käufer wirklich schätzen:

An der Universität Erlangen-Nürnberg sind die kaufentscheidenden Servicefaktoren für Gebrauchsgüter erhoben worden.[443] Kunden erwarten vor allem in Bezug auf technische Funktionalitäten mehr Hilfestellungen und Sicherheit (s. Abb.4-44).

Abb.4-44

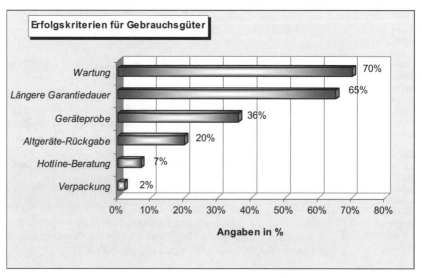

---
[443] vgl. o.V., (Kundenurteil), in: PM-Beratungsbrief v. 3.11.1997, S. 3

Abb.4-45

KUNDENZUFRIEDENHEITSFAKTOREN NACH DEM SERVQUAL-KONZEPT	
① Sichtbare Faktoren	⇨ Erscheinungsbild von Betriebs- und Geschäftsausstattung
	⇨ Erscheinungsbild der Mitarbeiter, Firmenwagen
	⇨ gute Gestaltung von Broschüren und schriftlichen Unterlagen
② Zuverlässigkeit	⇨ pünktliche Erledigung
	⇨ präzise Ausführung
③ Entgegenkommen	⇨ Auskünfte an den Kunden, wann und wie eine Leistung erfüllt wird
	⇨ prompte Bedienung
④ Kompetenz	⇨ Beherrschung des notwendigen beruflichen Könnens
	⇨ Fachwissen
⑤ Zuvorkommenheit	⇨ Höflichkeit und Freundlichkeit des Fachpersonals
⑥ Vertrauenswürdigkeit	⇨ Glaubwürdigkeit und Ehrlichkeit beweisen
⑦ Sicherheit	⇨ keine Zweifel oder Eindrücke von Risiken aufkommen lassen
⑧ Erreichbarkeit	⇨ leichter Zugang zu Ansprechpartnern
⑨ Kommunikation	⇨ dem Kunden zuhören
	⇨ sich in einer für Laien verständlichen Sprache ausdrücken können
⑩ Kundenverständnis	⇨ aufrichtiges Interesse an Kundenproblemen zeigen
	⇨ Kundenbedürfnisse eruieren

(vgl. Zeithaml/Parasuraman/Berry 1992, 34-37)

Kundenbefragungen helfen bei der Ausgestaltung eines wettbewerbsüberlegenen Serviceprogramms. Eine **Überprüfung von bestehenden Service- und Dienstleistungen** sollte folgende Fragen beinhalten:
(1) Wie gut wird eine bestimmte Leistung aus Kundensicht erbracht?
(2) Wie wichtig ist diese Leistung für den Kunden?
(3) Wird die Leistung vom Kunden überhaupt wahrgenommen (gewürdigt)?
(4) Was ist die erbrachte Leistung dem Kunden wirklich wert?

In einer bundesweiten Testkaufstudie von 500 Kunden in Warenhäusern wurden nur 7% begrüßt und nur 13% aktiv angesprochen.[444]

Im ersten Schritt ist es naheliegend, Kunden nach ihrer Zufriedenheit mit den empfangenen immateriellen Leistungen zu befragen. Zur Bewertung von Dienstleistungen hat sich das Befragungsschema nach dem **SERVQUAL-Konzept** bewährt.[445] Abb.4-45 gibt die Kundenzufriedenheitsparameter nach dem SERVQUAL-Konzept wieder. Ursprünglich 97 Erfolgseigenschaften wurden auf **zehn kompakte Bewertungskriterien** reduziert. **Jedoch sagen Zufriedenheitsurteile allein noch nichts über die Wichtigkeiten der einzelnen Dienst- und Serviceleistungen für die Kunden aus**. Aus Sicht von Marketing und Controlling ist es nicht ratsam, kostspielige Anstrengungen bei Leistungen zu unternehmen, die für die Kunden keine wichtige Rolle spielen. Umgekehrt sollte die Performance der eigenen Anstrengungen unbedingt dort verbessert werden, wo aus Kundensicht wichtige Leistungen nur mangelhaft erbracht werden. Abb.4-47 liefert eine Portfolio-Auswertung für Leistungsmerkmale, wie sie im Rahmen des *Kundenmonitors Deutschland* **(Deutsches Kundenbarometer)** regelmäßig für das Dienstleistungsgewerbe erhoben werden.[446] Je nach Positionierung einer Leistung in einem der vier Felder sind die angegebenen **strategischen Stoßrichtungen** zu empfehlen: (1) diese Dienstleistungen bzw. Service wegen fehlender Wichtigkeit einsparen, (2) diese Qualitätsniveau sichern, (3) wichtige, aber unbefriedigend erbrachte Leistungen mit Priorität verbessern und (4) schwächere Leistungen, die unwichtig sind, eventuell akzeptieren („Mut zur Lücke") oder aus dem Angebot nehmen.

---

[444] vgl. den Hinweis zu der Untersuchung von Mercuri International in ASW, 10/1997, S. 26
[445] vgl. Zeithaml; Parasuraman; Berry, (Qualitätsservice), 1992, S. 199-205
[446] vgl. Kundenmonitor Deutschland; zit. in ASW, 12/2000, S. 74

Dieser Logik folgend, sind für die Leistungen bzw. für die Zufriedenheitsfaktoren in den vier Feldern der Abb.4-46 auch folgende Bezeichnungen üblich:
(1) **Hygienefaktoren**: als selbstverständlich empfundene Serviceleistungen, die – wenn schlecht erbracht – zu Unzufriedenheit führen (Bsp.: sauberes Geschirr),
(2) **Motivatoren**: für die Kunden wichtige Services mit exzellenter Ausführung,
(3) **versteckte Chancen**: gut erbrachte Services, die aber für die Kunden keine besondere Priorität haben; die Chance liegt darin, die Services wertvoll zu machen,
(4) **Einsparmöglichkeiten**: schlecht erbrachte, aber relativ unwichtige Services.

Immer wieder beklagt der Einzelhandel, dass er für die Kunden wichtige Serviceleistungen zwar in bester Weise erbringt, dass diese von den Käufern allerdings kaum wahrgenommen und auch nicht preislich honoriert werden. Wer kennt nicht den Fall, dass eine Kundentoilette zur dringenden Angelegenheit wird, jedoch vermisst man in den Kaufhausgängen ein schnell erkennbares Hinweisschild. Es kommt also für Dienst- und Serviceleister darauf an, die auszuführenden Leistungen durch ein geschicktes Marketing besser bekannt zu machen.

Abb.4-46 gibt das Ergebnis der bereits erwähnten Kundenbefragung in einem Münchner Innenstadtwarenhaus wieder. Die angebotenen Service- und Dienstleistungen finden in der Tat nicht alle die geschätzte Aufmerksamkeit der Kunden.[447] Das enttäuschende Ergebnis legt es nahe, in der in Abb.4-47 geschilderten Weise **Bekanntheitsgrade und Wichtigkeitseinschätzungen** in einer Portfolio-Matrix gegenüber zu stellen. Das Marketing sollte unbedingt die Leistungen besser kommunizieren, die relativ wenig bekannt, den Käufern aber besonders wichtig sind.

Abb.4-47

Eine weiterführende Analysevariante wäre eine 4-Felder-Gegenüberstellung der positiven / negativen Gewinnbeiträge der einzelnen Dienstleistungen mit den positiven / negativen Zufriedenheitsurteilen der Käufer.[448]

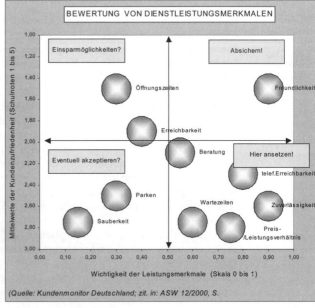

---

[447] Ergebnis einer Marktstudie an der FH Landshut.

Abb.4-48

	EMPFEHLUNGEN FÜR DIE DIENSTLEISTUNGS- UND SERVICEPOLITIK
①	Es ist sicherzustellen, dass die angebotenen Dienst- und Serviceleistungen vom Kunden auch bekannt sind und beachtet werden können.
②	Es ist zu prüfen, ob die Dienst- und Serviceleistungen von den Kunden auch positiv aufgenommen werden (Bedarfsprüfung).
③	Angebotene Dienstleistungen müssen perfekt durchgeführt werden. Auch für den Service gilt: Besser keine Serviceleistungen als „schlampiger" Service.
④	Serviceleistungen zum Ausgleich von Produktschwächen sollten eine Selbstverständlichkeit sein (Bsp. großer Softwareanbieter).
⑤	Bei überraschend aufkommenden Servicenotwendigkeiten sollte unverzüglich, mit offener Verbraucherinformation und absolut kulant reagiert werden (Bsp.: Rückrufaktionen in der Automobilindustrie).
⑥	Auch Serviceleistungen müssen sich rechnen. Es kann nur darum gehen, „ein Stück" besser zu sein als die Konkurrenz.
⑦	Bei offensichtlicher Nutzenerbringung akzeptieren die Kunden Preise (Kosten) für Serviceleistungen. Die Konditionen müssen aber von Anfang an transparent sein. Der Wert (Vorteile, Nutzen) der immateriellen Leistungen ist an die Kunden zu kommunizieren.
⑧	Serviceleistungen in Problemfällen (Beschwerden) sind als Verkaufschancen für die Zukunft zu begreifen, nicht als Lästigkeiten.
⑨	Was Kunden besonders schätzen: Serviceleistungen, die den in Deutschland herrschenden, rigiden Arbeitszeit- und Tarifregelungen „ein Schnippchen schlagen".
⑩	Nicht alle Service- und Dienstleistungen müssen selbst erbracht werden. Externe Partner besitzen auf manchen Gebieten eine höhere Fachkompetenz.

Ziel aller Analysen ist es, Prioritäten für die Angebotsauswahl möglicher Dienst- bzw. Serviceleistungen zu bestimmen. Welche Leistungen sollen welchen Kunden(gruppen) angeboten werden? Welche Leistungen erhalten welche Kunden kostenfrei? Dienst- und Serviceleistungen sind zu teuer, als dass man sie an Kunden verschleudert, die diese nicht wertschätzen oder nicht bezahlen wollen.

Die ideale Methode zur Messung von Servicequalitäten gibt es nicht. In der Praxis dominieren Konsumentenbefragungen mit Hilfe von Ratingskalen. Neuerdings wird eine interessante Variante diskutiert: das **Mystery-Shopping** durch speziell ausgewählte und geschulte Testpersonen (Mystery-Shopper), die verdeckt als Testkäufer agieren.[449] Laut *Drees* ist die **Methode der Scheinkäufe** *"grundsätzlich die einzige Methode zur objektiven, kundenorientierten Qualitätsmessung."*[450] Abb.4-48 enthält abschließende Empfehlungen für die Servicepolitik.

4.6.5. Gewährleistungen / Garantieleistungen

Über die gesetzliche Gewährleistung hinausgehende Garantieleistungen üben eine hohe Imagewirkung auf die Verbraucher aus. Zu unterscheiden sind **Garantieumfang** und **Garantiedauer**. Oft ist die gesetzlich bestehende Gewährleistungsfrist zum Schutz der Verbraucher bei den Kunden nicht bekannt und wird als besonderer Service herausgestellt. Seit Januar 2002 gilt in der EU ein verändertes Garantierecht. Die gesetzlich vorgeschriebene Gewährleistungsfrist für neue und auch gebrauchte Verbrauchsgüter wurde von 6 Monaten auf 2 Jahre ausgedehnt. Das gilt auch für BtoB-Märkte. Zum Vorteil der Kunden gilt dann auch eine **Umkehr der Beweislast bei offenkundig fehlerhaften Produkten im ersten Halbjahr**.

In vielen Marktsegmenten können sich die Kunden derzeit über die gesetzlichen Fristen hinausgehende Garantiezeiten „zukaufen" (z.B. im PC-Bereich bis zu 3 Jahre; vgl. auch die Mehrjahres-Garantien der KFZ-Hersteller). „**Geld-zurück-Garantien**" stellen dagegen echte **Kulanzleistungen** dar.[451] Es gibt sie in drei Formen:

---

[448] vgl. Köther, (Customer), 1998, S. 61. Die vier Felder des Portfolios erhalten dann die Bezeichnungen: Optionale Leistungen, Star-Leistungen, kritische Leistungen und strategische Leistungen.
[449] vgl. Drees; Schiller, (Servicequalität), in: ASW, 9/2000, S. 66-71
[450] Drees; Schiller, (Servicequalität), in: ASW, 9/2000, S. 66
[451] vgl. Kotler; Keller; Bliemel, (Marketing-Management), 2007, S. 580-581

Das **Loyalitätsversprechen** von *Land's End (Guaranteed.Period ®)*: „Falls Sie nicht zu 100% mit einem unserer Artikel zufrieden sind, können Sie ihn jederzeit an uns zurücksenden, und wir erstatten Ihnen den vollen Kaufpreis."

(1) „Geld zurück", falls bei Erwerb oder Auslieferung nachgewiesen werden kann, dass ein Wettbewerber das gleiche Produkt preiswerter anbietet (Bsp.: die „Geld zurück"-Garantie vom Möbelhaus *Biller*).

(2) „Geld zurück", falls der gleiche Sachverhalt innerhalb einer bestimmten Frist nachgewiesen werden kann. (Bsp.: die Preisgarantie von *OBI*):

> „Wenn Sie bei OBI einen Artikel kaufen und innerhalb einer Woche herausfinden, dass Sie ihn bei der Konkurrenz zu einem günstigeren Preis bekommen können, so können Sie das Gekaufte wieder zurückgeben. Sie bekommen dann von uns nicht nur Ihr Geld zurück, sondern noch eine Aufwandspauschale von 5,- Euro, als Mühegeld sozusagen."[452]

(3) „Geld zurück" ohne Begründung bei Nichtgefallen innerhalb einer bestimmten Frist, sofern die Ware vollständig und unbeschädigt zurückgegeben wird (Bsp.: die Rückgabeversprechen von *IKEA* und *Land's End*). Diese Regelung kann als besonders verbraucherfreundlich bezeichnet werden.

Diese Kulanzleistungen sind wirksame Instrumente, um sich von Wettbewerbern abzuheben. Sie schaffen Preisvertrauen. Aber sie können auch die Spielregeln einer freien Marktpreisbildung untergraben. Hierüber haben Verbraucherschutzverbände und das **Gesetz gegen den unlauteren Wettbewerb** (GUW) zu wachen. Seit 1.1.2002 gilt im Privatkundengeschäft die mehrfach erweiterte *„EU-Richtlinie über den Verbrauchsgüterkauf und die Garantien für Verbrauchsgüter"*.

4.6.6. Organisation der Dienstleistungs- und Servicepolitik

> *Die Märkte sind gesättigt, die angebotenen Produkte werden immer homogener. Deshalb müssen Hersteller und Handel Zusatzleistungen kreieren, um ihre Produkte wieder unterscheidbarer zu gestalten und differenzierende Kundennutzen anzusprechen. „Das Thema wird Jahr für Jahr brisanter".*[453]

Immaterielle Leistungen sind nicht lagerbar. Sie müssen **auf Abruf vorgehalten** werden und sind daher personal- und kostenintensiv. Der Servicebereich bedarf demnach einer effizienten Organisation. Aus diesem Grund werden Dienst- und Serviceleistungen zunehmend an spezialisierte externe Partner vergeben (Outsourcing). Die flächendeckenden Händlersysteme der Automobilindustrie oder der Trend zur Privatisierung öffentlicher Leistungen sind hierfür Beispiele.

Folgende **Organisationskonzepte** sind für herstellerbezogene Dienst- und Serviceleistungen in der Praxis zu finden:
(1) Hersteller-Kundendienst in Eigenregie,
(2) Hersteller-Kundendienst mit Vertragskundendienstnetz,
(3) Hersteller-Kundendienst mit offenem Händlernetz,
(4) Händler-Kundendienst ohne Lieferantenbindung,
(5) Händler-Kundendienst mit Vertragskundendienstnetz,
(6) freier technischer Kundendienst mit Vertragskundendienstnetz,
(7) freier technischer Kundendienst in Eigenregie.[454]

abnehmender Herstellereinfluss

Die praktische Umsetzung kann z.B. in den folgenden Formen erfolgen:
- Technische Kundendienste der Hersteller übernehmen in BtoB alle mit der Produktanlieferung, Produktinstallation und -wartung verbundenen Aufgaben. Sie sollten organisatorisch dem Vertrieb und nicht der Technik zugeordnet werden.

---

[452] Werbebeilagen von OBI
[453] Eine Aussage des GfK-Bereichs für Kundenzufriedenheitsforschung; zitiert in: o.V., (Servicewüste), in: Landshuter Zeitung v. 7.9.98
[454] vgl. Harms, (Kundendienstmanagement), 1999, S. 91

- Für Gebrauchsgüter (z.B. Küchengeräte) sind für den technischen Kundendienst flächendeckende Servicenetze mit Vertriebspartnern üblich.
- Für den Anlieferungsservice bestehen Vereinbarungen mit Spediteuren (Bsp.: *Viking* liefert innerhalb von 24 Stunden mit *DTP*).
- Der Reparatur- und Ersatzteilservice im Haus wird zumeist der Technik zugewiesen (oft beim Versand); ansonsten auf Vertragshändler ausgelagert.
- Finanzierungs- und Kreditleistungen werden i.d.R. als externe Einheiten geführt, oft im Zusammenschluss mit einem etablierten Kreditinstitut.
- Beschwerdemanagement und Umtauschservice liegen beim Verkauf.

Abb.4-49

MARKT FÜR GEBÄUDEAUFZÜGE	Neugeschäft	After Market
Umsatz	33%	67%
Gewinn	0 %	100%

Abb.4-50

- Zusatznutzen
- bessere Marktpositionierung
- Wettbewerbsvorteile
- Kundenbindung

Verkauf/Vertrieb ↔ Abbau von Gartenzäunen ↔ Dienstleistung

4.6.7. Koordination von Verkauf und Dienstleistungspolitik

Abb.4-49 belegt: Manche Branchen leben von den After-Sales-Dienstleistungen und nicht vom Neugeschäft (sog. After Market). Marktorientierte Unternehmensführung erfordert folglich eine enge Abstimmung von Verkauf und Service. Der Verkauf bereitet die Profite von morgen vor. Diese Koordination von Verkauf und Service ist eine wichtige Forderung von Customer Relationship Management (CRM). Abb.4-50 verdeutlicht das Thema anhand einer kleinen Symbolik.[455]

Verkäufer und Servicetechniker sollten sich deshalb eng abstimmen, um:
- über den Kunden beiderseits gleich informiert zu sein,
- bei der Kundenqualifizierung (s. Abschnitt 6.4.4.) zu gleichen Urteilen über die Kundenprioritäten zu kommen,
- Verkaufsbetreuung und technischer Service vor allem bei Schlüsselkunden gut aufeinander abzustimmen,
- das gilt insbesondere für Problemfälle wie Beanstandungen und Reklamationen,
- gemeinsam eine abgestimmte Wettbewerbsbeobachtung im Markt vorzunehmen,
- sich zu einigen bei den Beurteilungen der Kunden hinsichtlich Kundenzufriedenheit und Kundenbindung,
- gemeinsam Ersatz-, Folge- und Zusatzbedarfe der Kunden einzuschätzen.
- Zusammengefasst gilt die **Devise**: Verkauf und Kundendienst sollten beim Kunden über gleiche Informationen verfügen und "mit einer Zunge" sprechen.

Marktanteile werden heute verstärkt durch Serviceleistungen und durch ein positives Serviceimage im Markt entschieden. Aber auch der beste Service kann ein Produkt auf Dauer nicht retten, wenn das Preis-/Leistungsverhältnis nicht stimmt. Dieses sicherzustellen ist vorrangige Aufgabe des Produktmanagements.

---

[455] für die Grafik danke ich Herrn Volker Osdoba, Keller Lufttechnik GmbH & Co.KG

4.7. Das Produktmanagement als Koordinator des Leistungsprogramms

Abb.4-51

Die Markteinführung von neuen Produkten wird immer riskanter. Abb.4-51 zeigt die heute notwendigen Markteinführungskosten und Misserfolgswahrscheinlichkeiten nach einer Befragung von Führungskräften der Konsumgüterindustrie.[456]

KONSUMMARKEN MARKTEINFÜHRUNGSKOSTEN (MEK) / FLOP-RISIKEN		
① Bier	⇨ MEK: 86 Mio. €	⇨ Flop-Risko: 55%
② Tafelschokolade	⇨ MEK: 75 Mio. €	⇨ Flop-Risko: 28%
③ Shampoo	⇨ MEK: 48 Mio. €	⇨ Flop-Risko: 41%

Deshalb sind zuerst die großen US-amerikanischen Konsumgüterhersteller in der Phase des Marktwandels von den Verkäufer- zu den Käufermärkten dazu übergegangen, die Aufgabenbereiche der Produktbetreuung und Produktpflege aus dem Verkauf herauszulösen und in die Verantwortung von Marketingspezialisten zu legen: den **Produktmanagern**.

> *Procter&Gamble gilt als Vorreiter für diese Organisationsform. Im Jahr 1927 wurde ein Mitarbeiter beauftragt, sich ausschließlich der Entwicklung und Förderung einer Zweitmarke zur Seife Camay zu widmen. Nachdem dieser Erfolg hatte, wurden zusätzliche Produktmanager benannt. Der Mitarbeiter wurde später Chef bei P&G.*

Gute Produktmanager pflegen ihre Produkte wie Babys.

➨ Das **Produktmanagement** umfasst alle Aufgaben zur Gestaltung und Sicherung eines „ausgewogenen" Leistungsangebotes. Das Produktmanagement ist verantwortlich für ein ausgeglichenes Produktportfolio und für den Aufbau, die Führung und die Sicherung starker Produkte.
➨ Das Produktmanagement hat somit eine zentrale Marketing(service)funktion.
➨ In vielen Unternehmen wird auch vom **Produktmarketing** gesprochen.
➨ Viele Konsumgüterhersteller nehmen eine abteilungsmäßige Trennung zwischen Produkt- und Markenmanagement vor.
➨ **Produktmanager** verstehen sich als Koordinatoren zwischen (1) Kundenwünschen und den Vorstellungen der technischen bzw. lebensmittelchemischen Produktentwicklung, (2) zwischen Kundenvorstellungen und der betrieblichen Produktion und dem Einkauf (insbes. in Bezug auf kritische Teile und Qualitätssicherung) sowie (3) zwischen Kunde und Vertrieb.[457]

Abb.4-52

Abb.4-52 verdeutlicht die **Koordinationsfunktion** des Produktmanagements. Unbelastet von operativen Verkaufsvorgaben sind Produktmanager dafür zuständig,
(1) den im Produktlebenszyklus niedergehenden Produkten (Dogs) stets ausreichend neue, zukunftsträchtige Produkte gegenüberzustellen,
(2) neue Produkte exakt auf die Kundenwünsche hin auszurichten,

---
[456] Quelle Prof. Sattler/GfK zit. in: o.V., (Teure Marken), in: PM-Beratungsbrief v. 8.6.1998, S. 1
[457] vgl. zu weiteren Schnittstellen Lippmann, (Marktchancen), 2008, S. 52-55

(3) neue Produkte mit den Möglichkeiten der Fertigung abzustimmen,
(4) dass die Produktentwicklung nicht einseitig den Ehrgeiz von F&E befriedigt, sondern zu nachweislichen Wettbewerbsvorteilen führt,
(5) Produkte zu Marken weiter zu entwickeln.

Abb.4-53

Abb.4-53 listet die wichtigsten Aufgaben eines Produktmanagers auf. In der Konsumgüterindustrie ist das Produktmanagement ein angesehener Bereich innerhalb des zentralen Marketing. In ihrer Stabsfunktion haben die Produktmanager aber formell keine Anweisungsrechte gegenüber Mitarbeitern der operativen Unternehmensressorts. Um ausreichend durchsetzungsfähig zu arbeiten, sollten Produktmanager daher neben hoher fachlicher Kompetenz auch über Verkaufserfahrungen sowie über ein hohes Maß an Sozialkompetenz (Teamfähigkeit) verfügen.

Angesichts der zunehmenden Konkurrenz beim Vertrieb technischer Produkte hat sich das Produktmanagement heute auch in der Investitionsgüterindustrie fest etabliert. In technischen Unternehmen wird diese Funktion überraschend oft von Betriebswirten und nicht von Ingenieuren wahrgenommen, um der Kundenorientierung mehr Gewicht zu geben. Organisatorisch unterstellt wird das Produktmanagement üblicherweise dem Marketingleiter und in den Fällen, in denen eine Unternehmung auf eine Marketingabteilung verzichtet, der Vertriebsleitung.

AUFGABEN EINES PRODUKTMANAGERS	
①	Erarbeitung von Produktanforderungen; Führung von Pflichtenheft und Spezifikationen
②	Vorbereitung der F&E-Projektanträge / Investitionsanträge
③	Stärken-/Schwächenanalysen für die Produkte im Vergleich zum Wettbewerb, Marktforschung
④	Überwachung von Beanstandungen und Reklamationen sowie Kundenanregungen für Verbesserungen
⑤	Mitarbeit im Wertanalyse-Team mit Fertigung und F&E
⑥	Patentrecherchen, Schutzrechte
⑦	Regelmäßige Informationsgespräche mit Schlüsselkunden, Messe- und Kongressbesuche
⑧	Kundenzufriedenheitsanalysen
⑨	Kataloge, Dokumentationen; Zusammenarbeit mit Werbeagenturen
⑩	Außendienst-Schulungen / Kunden-Promotion, zus. mit Agenturen

Hat ein Produkt wenig Markterfolg, dann komt es oft zu einer Auseinandersetzung zwischen Produktmanagement und Verkauf. Beide Seiten geben sich die Schuld für Produkt-Flops (gescheiterte Markteinführungen). Zunächst geht man der Frage nach, ob die Ursache für den Marktmisserfolg vielleicht in einer falschen Produktkonzeption liegt oder ob der Verkauf nicht seine Leistung gebracht hat? Am Ende sind sich Produktmanagement und Verkauf dann oft bei der Feststellung einig, dass die Fertigungskosten zu hoch und der Marktpreis nicht wettbewerbsfähig waren. Sofort stellt sich die Frage, wer in einem Unternehmen auf welche Weise die Preisgestaltung vornimmt.

5. DIE KONDITIONENPOLITIK

5.1. Grundbegriffe und Grundzusammenhänge

5.1.1. Preise und Konditionen

Das „gescheiterte" Preissystem der Bahn AG „kostete" 600 Mio. Euro (Hinweis in: *Die Welt* v. 29.9.2004)

Der Preis ist das „dramatischste" Mittel der Wettbewerbsauseinandersetzung. Denn Preisprobleme schlagen sofort auf die Gewinne durch. Preispolitische Entscheidungen erfüllen die Manager daher oft mit Sorge: *„Pricing ist ein Gebiet, über das Manager selten mit großer Begeisterung sprechen."*[458] Teilweise wird die Preispolitik nicht als eigenständiges Marketinginstrument verstanden. Becker sieht in diesem Sinne die Preisgestaltung untrennbar mit dem Produkt verzahnt und rät von einer *„isolierten Heraushebung der Preispolitik als eigenständiger Instrumentalbereich"* ab.[459] Andere Fachleute hingegen betonen die Eigenständigkeit eines Preismanagements. In vielen Branchen tobt ein gnadenloser Preiskampf. Dabei ist für den Betriebswirt klar: *„Der Preis ist der effektivste Gewinntreiber. Und beim Gewinn schneiden deutsche Unternehmen im internationalen Vergleich .... schlecht ab."*[460]

Im Widerspruch zur Theorie liegt die Preishoheit in der Praxis nur in seltenen Fällen allein beim Marketing. Preisentscheidungen sind Kollegialentscheidungen zwischen Rechnungswesen/Controlling, Vertrieb und Marketing.

„Als Computer Associates 1993 sein Buchhaltungsprogramm Simple – Money auf den Markt brachte, legte die Firma einen sehr mutigen Preis für die erste Million Kopien fest: Null."[461]

Dabei ist zu beachten, dass der einzelne (Listen)Preis oft nur <u>ein</u> Element der Gegenleistung für ein gekauftes Gut darstellt. Manchmal sogar ein scheinbar unwichtiges. Es gibt Handys zum Preis von 0,99 Euro und Software zum Preis Null. Und in vielen Märkten haben sich Produktleistungen und Preise soweit angenähert, dass sich die Wettbewerbsauseinandersetzung vom „reinen Preis" weg auf andere Stellschrauben der Preispolitik verlagert. Zahlreiche Bestandteile einer Rechnungslegung bilden zusammen das **Konditionenbündel**. Der Preis bleibt gleichwohl die wichtigste Grundgröße <u>innerhalb</u> dieses Konditionenbündels. Alle Konditionenelemente haben eines gemeinsam: **Als Gegenleistung für ein Produkt oder eine Dienstleistung fordern sie dem Käufer sofort oder später ein finanzielles (monetäres) oder auch ein nicht-monetäres Opfer ab (Gegenleistung).**

➡ Die **Konditionenpolitik** umfasst alle Maßnahmen zur Gestaltung des vom Käufer wahrgenommenen Verhältnisses zwischen der Nutzenstiftung eines Gutes und den monetären und nicht-monetären Gegenleistungen, der er zu erbringen hat. Zentrales Element ist die Preisauszeichnung (Listenpreis).

➡ Die **Entscheidungsfelder der Konditionenpolitik** sind: (1) Bestimmung von Preispositionierungen und Preislagen für das gesamte Angebotsprogramm, (2) Einführungspreissetzung, (3) Preisvariationen im Zeitablauf, (4) Rabatte und Bonifikationen, (5) Sonderpreissetzung (Kampfpreise und Aktionspreise) sowie die (6) Preisdifferenzierung in horizontaler und vertikaler Form.

Anstatt Preispolitik ist in der Marketingliteratur oft der Begriff **Kontrahierungspolitik** zu finden. Die Praxis weiß mit diesem Begriff nichts anzufangen.

---

[458] Dolan; Simon, (Power Pricing), 1997, S. 7
[459] Becker, (Marketing-Konzeption), 2006, S. 488. Nach Becker ist der Preiswettbewerb in hohem Maße von einem Qualitätswettbewerb überlagert. Becker fasst Produkt, Programm und Preis zur Produktleistung zusammen und ordnet diese der Angebotspolitik der Unternehmung zu, vgl. S. 489
[460] Simon; Faßnacht, (Preismanagement), 2009, S. 1
[461] Backhaus, erwähnt die Firma Computer Associates bei der Einführung ihres Buchhaltungsprogramms Simple Money; vgl. Backhaus, (Fixkostenfalle), in: MM, 3/1998, S. 134

5. Kapitel: Die Konditionenpolitik

Im **indirekten Markenartikelgeschäft** findet Preispolitik auf zwei Ebenen statt:
(1) Auf der der Key Account Ebene verhandeln die Hersteller mit dem Handel, um gelistet zu werden und mit Hilfe günstiger Konditionen möglichst viel „*in den Handel hinein zu verkaufen*" (**Push-Preise** sollen die Regale füllen).[462]
(2) Auf Endverbraucher-Ebene sollen günstige Preise bewirken, dass die Konsumenten die Regale möglichst schnell wieder leeren (**Pull-Preise** sollen aus den Regalen herausverkaufen). Am POS ist theoretisch der Handel für die Konditionen zuständig. Praktisch aber beruhen die Endverbraucherpreise auf Vereinbarungen zwischen Herstellern und Handel (unverbindliche Preisempfehlungen).

Diese zwei preispolitischen Ebenen gelten im **technischen Geschäft** nur für Katalogware, Ersatzteile und für standardisierte Artikel, die über den technischen Handel abgesetzt werden. Im BtoB-Direktgeschäft werden (1) spezifizierte Produkte und Commodities zu Katalogpreisen abzüglich Rabatte und Sonderkonditionen angeboten. (2) Bei komplexen Produkten, Großmaschinen und Anlagen werden dagegen Preise projektweise kalkuliert und ausgehandelt (Projektkalkulationen).

Folgende **Herausforderungen** gelten für den Preis als Marketinginstrument:[463]
(1) Preisänderungen lassen sich ohne Zeitverzug realisieren. Im Industriegütergeschäft gibt es allerdings oft zeitliche Preisbindungen.
(2) Preisänderungen können ohne Vorab-Investitionen und somit ohne Vorlaufkosten durchgeführt werden.
(3) Empirische Studien belegen, dass die mengenmäßige Reaktion der Nachfrage (die sog. Elastizität der Nachfrage) auf eine 10%-ige Preisänderung etwa zehn bis zwanzig Mal so hoch ausfällt wie auf eine 10%-ige Änderung des Werbebudgets.
(4) Außerdem reagiert die Nachfrage auf Preisänderungen wesentlich schneller als auf andere Marketing- und Vertriebsmaßnahmen.
(5) Preisänderungen können kaum geheim gehalten werden. Somit werden auch die Wettbewerber auf Preisänderungen schnell reagieren. Die Folge: Preisreduktionen allein führen nicht zu dauerhaften Wettbewerbsvorteilen.
(6) Wettbewerber reagieren auf preispolitische Maßnahmen aber nicht nur schneller, sondern auch intensiver als bei anderen Marketinginstrumenten. Die Konkurrenz-Reaktionselastizität liegt beim Preis etwa doppelt so hoch wie bei Werbung.
(7) Die Auflistung von *Simon* kann ergänzt werden: Preisveränderungen sind in einer Richtung irreversibel: Preissenkungen für reguläre Ware (nicht Sonderangebote) können in der Praxis kaum rückgängig gemacht werden.
(8) Preissetzungen haben zwei sensiblen Rückwirkungen auf das Leistungsangebot:
1. Der Kunde verbindet mit einer Preishöhe eine bestimmte Qualitätserwartung.
2. Werden in Käufermärkten Preise von Großkunden diktiert, dann passen die Hersteller ihre Produktleistungen vorsichtig wertanalytisch (kostenmäßig) an.

Diese Besonderheiten unterstreichen: Preise und Konditionen sind höchst sensible Waffen der marktorientierten Unternehmensführung. Preisentscheidungen schlagen sofort auf die betriebswirtschaftlichen Erfolgsgrößen Umsatz und Ergebnis durch. Umso erstaunlicher ist die Tatsache, dass Unternehmen ihre Preissetzungen offenbar mehrheitlich nicht durch Marktanalysen absichern.[464] Deshalb ist es wichtig, die Wirkungszusammenhänge des **Marktregulativs Preis** zu erkennen.

---
[462] Diese Ebene der Preispolitik wird in den Lehrbüchern oft übersehen. Das ist dann ein Grund dafür, dass die Verkaufspolitik im Konsumgüterbereich nicht die Beachtung findet, die sie in der Praxis eben auf dieser ersten Ebene (Key Account Management) hat. Vgl. hierzu die Einführungen im 6. Kapitel.
[463] vgl. in einigen Punkten Simon; Fassnacht, (Preismanagement), 2009, S. 7-9
[464] nach Dolan und Simon gehen nur 12% der Unternehmen bei der Preisfindung analytisch vor: vgl. Dolan; Simon, (Power Pricing), 1997, S. 14

5.1.2. Preis-Nutzen-Zusammenhänge

a.) Die klassische Preis-Absatz-Funktion

„Wir kennen von allem den Preis, aber nicht den Wert."
(Oscar Wilde)

Das zentrale Paradigma der mikroökonomischen Preistheorie ist die Preis-Absatz-Funktion (im folgenden PAF) mit einem negativ-reziproken[465] Zusammenhang zwischen Preis und Menge. Die **Grundhypothesen zur fallenden PAF** lauten:
(1) Ein Preis entspricht einem bewerteten Käufer-Grenznutzen. D.h.: Ein Nachfrager wird solange das Produkt kaufen, solange der Preis den von ihm empfundenen Grenznutzen nicht übersteigt (kleiner-gleich-Bedingung).
(2) Eine PAF ist die horizontale Aggregation der Grenznutzen aller Käufer.
(3) Mit fallendem Preis sind immer mehr Käuferschichten bereit, das Gut zu kaufen. Sinkt der Preis auf Null, wird eine **Sättigungsmenge** (maximale Absatzmenge) erreicht.
(4) Mit steigendem Preis sind immer weniger Kunden zum Kauf bereit. Bei einem **Prohibitivpreis** ist kein Käufer mehr zum Kauf bereit (Menge x = 0).
Es gelten zusätzlich die formalen Annahmen eines vollkommenen Marktes; d.h.
(5) ein stetiger Verlauf (zu jedem Preis ist eine Nachfragemenge definiert)
(6) und eine Marktreaktion ohne Zeitverzögerung (Situation an der Börse: Bei einem bestimmten Preis wird sofort die Nachfragemenge gemäß PAF wirksam).

Simon liefert ein Praxisbeispiel für die Ermittlung einer PAF.[466] Doch die geforderten theoretischen Bedingungen sind in der Empirie praktisch nur auf Rohstoff- und Börsenmärkten und teilweise im Internet gegeben. Das heißt aber nicht, dass Preis-Absatz-Funktionen deshalb keine Bedeutung für die Praxis haben. Sie sind sogar von allerhöchster Bedeutung. Sie zu negieren, kann eine Unternehmung in den Ruin treiben. Das Problem ist nur: Die mathematischen Funktionen sind in der Realität, wenn überhaupt, nur schwer ermittelbar. Der Vertriebsleiter greift auf Erfahrung und Gespür zurück, um eine PAF für seinen Markt abzuschätzen. Marktforschung und Erfahrung sollen zwei preispolitische Kernfragen beantworten:
(1) Wie stark steigt / fällt eine Nachfrage<u>menge</u>, wenn der Preis sinkt / steigt?
(2) Steigt oder sinkt der <u>Umsatz</u> (Preis mal Menge) bei einer Preissenkung bzw. sinkt oder steigt der Umsatz bei einer Preiserhöhung?

Bei einer Preisänderung ist also unter der Annahme eines vollkommenen Marktes die Richtung der Absatzmengenänderung voraussehbar, nicht aber die Umsatzauswirkung. Die Frage, wie sich eine Preisänderung auf den Umsatz auswirkt, kann nur in Kenntnis der **Preiselastizität der Nachfrage** beantworten werden:

➡ Die **Preiselastizität der Nachfrage** $-e$ ist definiert als prozentuale (relative) Mengenänderung (dx / x) im Verhältnis zur prozentualen (relativen) Preisänderung (dp / p). Man beachte: Die Preiselastizität gibt somit (angenähert) die **prozentuale Mengenänderung pro 1% Preisänderung** an. Wegen der gegenläufigen Bewegung von Menge und Preis (negative Steigung der PAF) ist e negativ. Man definiert die Elastizität deshalb gerne als $-e$ und erhält so positive Werte (minus ein Minus-Wert = ein Plus-Wert; symbolisch. [e]).
➡ Generell gilt: Mit steigendem Preis auf einer PAF steigt auch [e] (bzw. $-e$). Bei Annäherung des Preises an den **Prohibitivpreis** (Preis, bei dem kein Interessent mehr zu kaufen bereit ist, d.h. Absatzmenge Null) tendiert der absolute Wert [e] der Elastizität gegen unendlich, bei Annäherung des Preises gegen Null (d.h. bei der **Sättigungsmenge**) tendiert auch [e] gegen Null.

---

[465] Je höher der Preis, desto niedriger die Absatzmenge und umgekehrt
[466] vgl. Simon; Kucher, (Preisabsatzfunktionen), in: ZfB, 1/1988, S. 171-183

- ➜ Also gibt es zwischen Prohibitivpreis und Sättigungsmenge eine Preis-/Mengenkombination, für die gilt: $-e = [e] = 1$.
- ➜ $[e] = 1$ gilt für die Preis- / Mengenkombination von ½ Sättigungsmenge und ½ Prohibitivpreis. In diesem Punkt liegt der unter einer PAF maximal erreichbare Umsatz. In diesem Punkt fallen bei infinitesimaler Betrachtung eine relative Preiserhöhung/-senkung und ein relativer Mengenrückgang/-zuwachs gleich hoch aus (Folge: Bei infinitesimal kleiner Preisänderung bleibt der Umsatz unverändert).
- ➜ Ist $[e] > 1$ bis unendlich (Abschnitt bis zum Prohibitivpreis), dann spricht man von elastischer, ist $[e] < 1$ bis Null (bis zur Sättigungsmenge), von unelastischer Nachfrage (➜ elastisch bedeutet überproportionale, unelastisch bedeutet unterproportionale Reaktion der Nachfragemenge auf eine Preisänderung). Bei überproportionaler Reaktion verändert sich die Nachfragemenge prozentual stärker als der Preis, bei unterproportionaler Reaktion ist die Sachlage umgekehrt.
- ➜ Substitutionsbeziehungen zu Konkurrenzprodukten im relevanten Markt können durch **Kreuzpreiselastizitäten** (auch: **Triffin'sche Koeffizienten**) erfasst werden; zu berechnen als relative Mengenänderung Produkt B dividiert durch relative Preisänderung eines Produktes A. Je höher die Elastizität ausfällt, desto stärker ist die Konkurrenzbeziehung zu beurteilen.

Abb.5-1

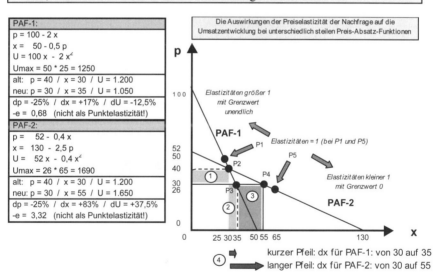

Die Frage lautet stets: *Um wieviel Prozent steigt (fällt) eine Absatzmenge x, bezogen auf die Ausgangsmenge, bei einer Preissenkung (Preiserhöhung) von 1 %?* Abb.5-1 erläutert die Zusammenhänge anhand von zwei PAF mit unterschiedlichen Gesamt-Preiselastizitäten der Nachfrage.[467]

Es ist wichtig, **drei Elastizitätsbetrachtungen** zu unterscheiden:
(1) **Vergleich von verschiedenen PAF**: Reagiert die Nachfrage eines **Gesamtmarktes** elastischer oder unelastischer als die eines anderen (bezogen auf eine gleiche Preisveränderung und ausgehend vom gleichen Ausgangspreis auf beiden PAF)? Das Marketing fragt: *Benzin oder Bier – welcher Markt reagiert elastischer?*

---

[467] d steht in der Abb.5-1 für Delta = Differenz. Die Preiselastizität wird als absoluter Wert, also positiv, definiert.

(2) **Vergleich von Streckenabschnitten** auf einer **einzelnen PAF**: Reagiert die Nachfrage in einem Streckenabschnitt (Preisänderungsbereich) einer PAF elastischer oder unelastischer als in einem anderen? Diese Betrachtungsweise ist wichtig für die Preisentscheidungen der Vertriebsleitung.

(3) **Punktelastizitäten**: Gleiche Fragestellung wie (2), jedoch bezogen auf einen "unendlich kleinen" Streckenabschnitt auf der PAF; d.h. Limesbildung bei Vorliegen einer mathematischen (ableitbaren) Funktion. Diese Sichtweise ist wichtig für die Marketingwissenschaft.

Zur Frage-1: Betrachtung ganzer Funktionen (siehe Abb.5-1)
Da beide PAF durch den Punkt P2 (p = 40, x = 30) laufen, kann hier die obige Frage-(1) beantwortet werden. Beide PAF sollen jetzt prozentual von der gleichen relativen Preissenkung um 25% (von 40 auf 30) betroffen sein. Bei welcher PAF reagiert die Absatzmenge (d.h. Mengenzuwachse) relativ stärker? Generell gilt:

⊠ **Eine Nachfragemenge reagiert umso sensibler, je flacher (d.h. je elastischer) die PAF verläuft.**

Abb.5-1 belegt dies durch Vergleich der Flächen ② und ③. Bei der für beide PAF gleich hohen Preissenkung um 25% verliert PAF-1 die Umsatzfläche ① und gewinnt nur die relativ kleinere Umsatzfläche ② hinzu. Diese entspricht dem kurzen Pfeil bei ④. Bei der PAF-2 führt die Preissenkung dagegen zu einem Zugewinn der relativ größeren Umsatzfläche ③. Der Vertriebsleiter mit der relativ unelastischeren (steileren) PAF-1 beklagt einen Umsatzrückgang von -12,5 %. Die Vertriebsführung mit der relativ elastischeren PAF-2 freut sich dagegen über einen Umsatzzuwachs von stolzen +37,5%; obwohl für beide die gleiche Preissenkung gilt.

Bei einer PAF mit **geringer Steigung** spricht man folglich von einer (vergleichsweise) **elastischen Nachfrage**. Im Extremfall einer PAF mit Steigung Null (unendlich elastisch) gibt es nur einen Preis, zu dem jede beliebige Menge abgesetzt wird. Ein Anbieter, der es wagt, über diesen Preis zu gehen, verliert seine gesamte Kundschaft. Senkt ein Anbieter den Preis, fließt ihm die gesamte Nachfrage zu, so dass auch die Wettbewerber wiederum ihre Preise nach unten anpassen müssen.[468] Die Thematik wird später im Zusammenhang mit der Preissetzung bei der Marktform der vollkommenen Konkurrenz wieder aufgegriffen.

Bei einem **steilen PAF-Verlauf** reagiert die Nachfrage **unelastisch**. Dies ist Kennzeichen der Vorteilssituation von Monopolisten, Künstlern, Spitzensportlern und Top-Managern. Sie können praktisch jeden Preis fordern. Erhöhen sie ihre Preisforderungen, wird die Nachfragemenge nur wenig zurückgehen. Im Extremfall einer Elastizität von Null (PAF vollkommen unelastisch, Steigung unendlich) müssen die Kunden für ihre feste Nachfragemenge jeden Preis akzeptieren. Vier Beispiele: Auto-TÜV, Bezirksschornsteinfeger, Kabel Deutschland, Müllentsorgung, LKW-Maut.

Zur Frage-2: Absatz- und Umsatzprognosen für eine einzelne Funktion
PAF-1 und PAF-2 sollen jetzt isoliert voneinander in Bezug auf die Preiselastizitäten auf ihren PAF-Abschnitten betrachtet werden. Abb.5-1 zeigt: Bei den Prohibitivpreisen (100 bei PAF-1, 52 bei PAF-2) ist die Preiselastizität der Nachfrage (absolut) unendlich (dx / x geht gegen unendlich, dp / p tendiert gegen 0), bei den Sättigungsmengen (50 bei PAF-1, 130 bei PAF-2) ist $[e]$ = Null (die relative Mengenänderung tendiert gegen Null, die relative Preisänderung gegen unendlich). Man bilde die

---

[468] So lange, wie der Preis noch über den Grenzkosten eines Anbieters liegt. Anbieter, bei denen der Preis unter die Grenzkosten sinkt (die sog. Grenzanbieter), sind nicht mehr wettbewerbsfähig und scheiden aus dem Markt aus (Theorem der vollkommenen Konkurrenz).

Kombinationen aus der Hälfte der Prohibitivpreise mit der Hälfte der Sättigungsmengen. Genau in diesen Punkten ist für beide PAF die Preiselastizität $[e] = 1$ (siehe die Punkte P1 für PAF-1, P5 für PAF-2). Dort ist jeweils das Quadrat von Menge mal Preis, d.h. der Umsatz, (darstellbar als Fläche unter der PAF) am größten; mit 1.250 für PAF-1 und 1.690 für PAF-2. Bei Preisen oberhalb dieses Gleichgewichtspunktes (mit Elastizitäten $[e]$ größer 1 bis unendlich) liegt der elastische, bei Preisen unterhalb $[e] = 1$ (mit $[e]$ kleiner 1 bis 0) der unelastische Bereich einer PAF.

Der Vertriebsleiter von PAF-1 kann seinen Umsatz nicht steigern, weil er eine Preissenkung im unelastischen PAF-Bereich vornimmt und dort die relative Mengensteigerung relativ geringer ausfällt als die relative Preissenkung (Verlust der Fläche ① und Gewinn der kleineren Fläche ②). Der Umsatzverlust durch die Preissenkung ist also höher als der Umsatzgewinn durch den Mengenzuwachs. Bei einer Preiserhöhung von 40 auf 50 wäre der Umsatzverlust durch den Mengenrückgang niedriger ausgefallen als der Umsatzgewinn durch die Preiserhöhung; d.h. im unelastischen Bereich steigt der Umsatz bei einer Preiserhöhung.

Der Vertriebsleiter der PAF-2 dagegen bleibt bei der Preissenkung von 40 auf 30 links von P5, d.h. im elastischen Bereich. Er nimmt eine Preissenkung im elastischen Bereich vor, was im Gegensatz zur Situation der PAF-1 bedeutet, dass der Umsatzgewinn durch die Mengensteigerung höher ausfällt als der Umsatzrückgang durch die Preissenkung. Umgekehrt würde der Vertriebsleiter der PAF-2 bei einer Preiserhöhung im elastischen Bereich (links von P5 mit $[e] = 1$) eine Umsatzeinbuße erleiden. Hierzu noch folgendes Beispiel für die PAF-1:

(1) Würde der Preis p von 50,5 um 1% auf 50 fallen, dann wächst die Absatzmenge ebenfalls um 1% (gerundet); von 24,75 auf 25. Der Umsatz bleibt dann in P1 bei der Änderung von 1.249,9 auf 1.250 in etwa konstant.

(2) Steigt der Preis im elastischen Bereich um 1% von 80 auf 80,8, dann beträgt der Absatzmengenrückgang von 10 auf 9,6 ganze 4%. Der Umsatz wird daher zum Missvergnügen des Vertriebsleiters um ca. 3% von 800 auf 775,7 sinken.

(3) Im unelastischen Bereich führt dagegen eine Preiserhöhung um 1% von 20 auf 20,2 nur zu einem Nachfragerückgang in Höhe von 0,25% (von 40 auf 39,9). Der Umsatz steigt deshalb um 0,75% von 800 auf 806.

> **WISSENSTEST**
> *Frage*: Was bedeutet die Nachfrageelastizität des Preises, und für welche Marktform könnte diese Elastizität interessant sein?
> *Lösung*: Eine Elastizität ist immer definiert als Quotient von *Wirkung / Ursache*. Genau umgekehrt zur Preiselastizität der Nachfrage wird hier gefragt, wie der Preis auf Änderungen der Nachfrage reagiert. Zu konstruieren wäre also der Quotient: *relative Preisänderung / relative Mengenänderung*. Frage: In welcher Marktform (Handelsform) sind die Nachfrager so stark, dass sie sich zusammentun und einen Anbieter zur Preisreaktion zwingen können? Wir verweisen hierzu auf das **Power-Shopping**, eine Auktions-Handelsform im Internet. Je mehr Nachfrager sich für ein Gut zuammenschließen, desto stärker muss der Anbieter seinen Rabatt erhöhen. (vgl. hierzu Abschnitt 5.3.2.b)

Das bedeutet für die Preispolitik:

⊠ Im **elastischen Bereich** ($[e]$ zwischen 1 bis unendlich) einer PAF können die Unternehmen ihren Umsatz trotz Preissenkungen erhöhen. Der relative Mengenzuwachs übersteigt die relative Preissenkung (Die Menge reagiert stärker).

⊠ Im **unelastischen Bereich** einer PAF ($[e]$ zwischen 1 bis 0) werden die Unternehmen trotz Preiserhöhungen ihren Umsatz steigern können. Der relative Preiseffekt übersteigt den relativen Mengenrückgang.

⊠ **Deshalb gilt generell**: Preiserhöhungen sollten nur im unelastischen PAF-Bereich vorgenommen werden, Preisreduzierungen im elastischen Bereich.

Abb.5-2   Abb.5-2 liefert eine Übersicht über empirisch ermittelte Preiselastizitäten (Achtung, hier gilt: $+e$).[469]
Abb.5-3 und 5-4 stellen noch einmal alle Sachverhalte im Zusammenhang dar.
Diese mikroökonomischen Betrachtungen der Preistheorie vernachlässigen jedoch die Kostenseite, Verhaltensbesonderheiten der Kunden und vor allem die subjektiven Nutzenempfindungen auf Käuferseite.

PREISELASTIZITÄTEN VON PKW-MARKEN	
① Audi A4	⇨ -1,93
② 3er BMW	⇨ -2,12
③ Mercedes C-Klasse	⇨ -2,19
④ VW Golf	⇨ -2,90
⑤ Ford Focus	⇨ -5,01
⑥ Opel Astra	⇨ -5,70
⑦ Toyota Corolla	⇨ -8,04

Abb.5-3

AUSWIRKUNGEN DER PREISELASTIZITÄT			
markante Elastizitäten	-e = unendlich	-e = 1	-e = 0
kritische PAF-Gesamtverläufe	Bei horizontalem Verlauf gilt: Bereits eine kleine Preiserhöhung verursacht totalen Nachfrageverlust (völlig elastisch)		Bei vertikalem Verlauf gilt: Eine Preisänderung verursacht keine Änderung der Nachfragemenge (völlig unelastisch)
Abschnitte von PAF mit Steigung kleiner unendlich und größer Null	unendl. > -e > 1 Elastischer Bereich: Eine relative Mengenänderung übersteigt die relative Preisänderung	-e = 1 Infinitesimal, nur in einem ganz kleinen Bereich gilt: Eine relative Mengenänderung entspricht der relativen Preisänderung	1 > -e > 0 Unelastischer Bereich: Eine relative Preisänderung übersteigt die relative Mengenänderung
Preissenkung	Umsatz steigt	infinitesimal: Umsatz konstant	Umsatz sinkt
Preiserhöhung	Umsatz sinkt	infinitesimal: Umsatz konstant	Umsatz steigt
kritische PAF-Punkte	Nahe am Prohibitivpreis gilt: Bereits eine kleine Preiserhöhung verursacht extremen Nachfragerückgang	Eine Preiserhöhung um x% verursacht einen gleich starken Nachfragerückgang (gilt nur infinitesimal im Ausgleichspunkt!)	Nahe an der Sättigungsmenge gilt: Eine Preissenkung verursacht relativ kaum noch eine Steigerung der Nachfragemenge

Abb.5-4

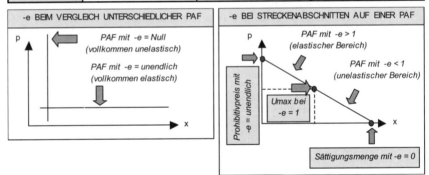

b.)   Das Phänomen des Nettonutzens

Es geht um mehr als nur Preis-/Mengenkombinationen. Preisverhalten ist Psychologie! Der Kunde optimiert beim Kauf seinen individuellen Nettonutzen:

NETTONUTZEN = Persönlicher NUTZEN minus PREIS.

Ein Kunde wird einen Angebotspreis in einem Spannungsfeld von zwei Faktoren beurteilen: zwischen seinem wahrgenommenen Produktnutzen einerseits und seiner Zahlungsbereitschaft und Zahlungsfähigkeit andererseits. Nutzen und Zahlungsbereitschaft hängen wiederum von weiteren Faktoren ab. Abb.5-5 veranschaulicht dieses System wichtiger Einflussfaktoren der Preiswahrnehmung nach *Simon*.[470]

---

[469] vgl. Weisz, (Lifecycle-Gestaltung), 2007, S. 269
[470] vgl. Simon, (Preismanagement), 1992, S. 4. In Ausgabe 2009 nicht enthalten.

5. Kapitel: Die Konditionenpolitik

Abb.5-5

DER PREIS-NUTZEN-ZUSAMMENHANG

Produkt / Dienstleistung → wahrgenommener Nutzen der Leistung → Preis ← Zahlungsbereitschaft und -fähigkeit ← Kundenbedürfnisse und -wünsche; Einfluss anderer Marketinginstrumente; finanzielle Situation des Kunden

Anbieter können sich in Kenntnis dieser Gesetzmäßigkeit Wettbewerbsvorteile verschaffen, indem sie
(1) entweder bei gleichem Preis den Kundennutzen erhöhen (durch Service oder Added Values)
(2) oder bei gleichem Nutzen den Preis senken.

Beispiel Bahncard: Kunden empfinden den Nutzen des 50%-Rabattes dreimal so hoch wie den des 25%-Rabattes (vgl. Hinweis in ASW, 8/2003, S. 32).

Das bedeutet für die Verkaufspraxis:

☒ Ein Produkt kann für einen Kunden nicht unrelativiert („*einfach so*") zu teuer sein, sondern nur im Verhältnis zu dem von ihm wahrgenommenen, subjektiven Nutzen. Der Kunde entscheidet über den Kauf nach einem Preis- / Leistungsverhältnis; bezogen auf seine individuellen Empfindungen. Man könnte auch sagen: **Der Kunden entscheidet nach einem Preis- / Nutzenverhältnis**. Danach kann ein Produkt nicht "billig"sein, sondern bestenfalls "preiswert".

c.) Psychologische Einflüsse auf die Preis-Absatz-Funktion und Preiskäufer-Typologien

Preis-Absatzfunktionen verlaufen in der Praxis keinesfalls linear. Sie enthalten Brüche und Verzerrungen. Psychologische Einflüsse des Käuferverhaltens verhindern idealtypische Verläufe. Das beginnt mit der **individuellen Preiswahrnehmung**, die vor allem für Konsumgüter relevant ist. Preiswahrnehmungen hängen grundsätzlich von **motivationalen**, **kognitiven** und **situativen** Faktoren ab (Abb.5-6).[471]

Abb.5-6

EINFLUSSFAKTOREN DER PREISWAHRNEHMUNG UND DER PREISBEURTEILUNG		
Motivationale Faktoren	Kognitive Faktoren	Faktoren der Kaufsituation
• Persönliche Preis-Betroffenheit • Einstellung zum Geld • Generosität oder Sparsamkeit • Qualitätsempfinden • Empfinden für Preisschwellen • Vertrauen in den Anbieter • Streben nach sozialer Anerkennung durch den Kauf • Ökologische Einstellung • Entscheidungsfreudigkeit	• Fähigkeit zur Qualitätsbeurteilung • Preis- / Kauferinnerungen; spez. Merkfähigkeit für Preise • Intelligenz (z.B. für Preisumrechnungen) • Selbstvertrauen bei Preisverhandlung • Kenntnis / Anwendung von Entscheidungsregeln beim Kauf	• Preisdarstellung, Etikettierung • Überschaubarkeit des Angebotes • Konkurrenzpreise / Preisniveau • Aktuelle Sonderangebote • Gratisleistungen beim Kauf • Zeitdruck beim Kauf • Taktik des Verkäufers • Aktuelle Finanzsituation des Käufers • Preisimage der Einkaufsstätte

So kommt es, dass die **objektiven Preissetzungen** und **subjektiven Preiswahrnehmungen** der Kunden auseinanderklaffen.[472] Beispiel: In einer Untersuchung wurden für einen Markenartikel Ladenpreise erhoben.[473] Eine Preisauszeichnung lag bei 8,98, eine andere bei 10,98. Die Befragten sollten nun diesen objektiven Preisen subjektive Preisempfindungen auf einer 7er-Skala zwischen 1 (*sehr billig*) und 7 (*sehr teuer*) zuweisen. Dabei erhielt der erste Preis im Mittelwert den subjektiven Preis von 3,22. Der höhere Preis wurde mit 5,89 bewertet. Nun gab es ein weiteres Preisangebot in Höhe von 9,98. Rein rechnerisch müsste hierfür der subjektive Preis 4,56 betragen. Tatsächlich aber nannten die Konsumenten einen subjektiven Preis von 4,27. Die Preisauszeichnung von 9,98 bringt somit einen subjektiven Preisvorteil

---
[471] vgl. Simon; Fassnacht, (Preismanagement), 2009, S. 152 ff.
[472] vgl. Homburg; Krohmer, (Marketingmanagement), 2009, S. 675-677
[473] vgl. Kaas; Hay, (Preisschwellen), in: ZfbF, 5/1984, S. 333-346

in Höhe von 0,29. Bzw. der Preis 10,98 ist mit einem subjektiven Preisnachteil in dieser Höhe verbunden. Der subjektiv empfundene Preisvor-/-nachteil wird vermutlich durch eine **Preisschwelle** beim Preis 10 beeinflusst (s. nächsten Abschnitt).

Folgende anomale Verhaltenseffekte bewirken sogar, dass die Käufer von bestimmten Produkten trotz steigender Preise erhöhte Mengen nachfragen und umgekehrt:[474]

- Beim **Qualitätseffekt** verbinden Qualitätskäufer mit einem höheren Preis ein höheres Leistungsvermögen und eine bessere Haltbarkeit eines Produktes. Das Produkt wird durch einen höheren Preis höherwertig und stärker nachfragt.
- Der **Veblen-Effekt** wirkt ähnlich. Nur geht es hierbei nicht um Qualitätspräferenzen, sondern um ein erhöhtes Prestige durch Wohlstandskonsum. Wegen des "Ich-kann-mir-das-leisten"-Effektes fragen Prestigekäufer bei steigendem Preis mehr nach (positive Preiselastizität).
- Der **Snob-Effekt** geht in die andere Richtung. Sinkt der Preis eines Markenproduktes auf das Niveau der Preislage von Massenprodukten bzw. wird das Produkt von Massenkäufern verstärkt nachgefragt, dann kaufen elitäre Kundensegmente das Produkt ganz bewusst nicht mehr.
- Der **Smart-Shopper-Effekt** (Schnäppchenjäger-Effekt) entkoppelt die Qualität vom Preis. Er verlangt Markenqualität zum Discountpreis.
- Der **Panik-Effekt** (auch: **Hamsterkauf-Effekt**): Je schneller ein Preis steigt, desto stärker steigt der Kaufwunsch der Interessenten, die das Produkt auf jeden Fall haben wollen, aber eigentlich niedrigere Preisvorstellungen hatten (Börse).
- Der **Bandwagon-Effekt** beschreibt den gleichen Effekt in genereller Form. Unabhängig vom Preis wird ein Produkt stärker nachgefragt, wenn alle es wollen.
- Beim **Mitläufer-Effekt** geht der Bandwagon-Effekt von Meinungsführern aus. Der Kunde orientiert sein Kaufverhalten an Bezugspersonen: *Wenn Prominente das Produkt haben, will ich es auch besitzen; der Preis spielt keine Rolle.*
- Der **Giffen-Effekt** stellt fest: Der Anteil höherwertiger Produkte an den Konsumausgaben nimmt mit steigendem Einkommen zu und umgekehrt.
- Nach dem **Engel-Effekt** nimmt mit steigendem Einkommen der Anteil der Konsumausgaben an den Haushaltsausgaben ab (dadurch sinkendes –e).

Die genannten Effekte verformen die idealtypische negative Steigung der PAF in bestimmten Streckenabschnitten. Infolge dieser Verhaltenseinflüsse lassen sich Käufertypologien nach Preis- und Qualitätspräferenzen bestimmen. Abb.5-7 zeigt ein Beispiel aus dem Tourismusmarkt. Generell geht der Trend dahin, dass das subjektive Empfinden der Käufer für teure Produkte zu- und das für preisgünstige Produkte abnimmt. **Die Preissensibilität nimmt allgemein zu.** Es wird immer

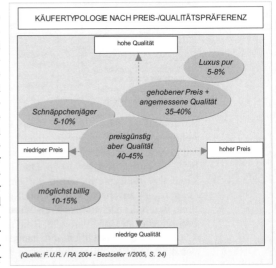

„Mit scharfem Blick nach Kennerweise, seh' ich zunächst mal nach dem Preise. Und bei genauerer Betrachtung steigt mit dem Preise auch die Achtung."
(Maler Klecksel, 1. Kapitel, in Wilhelm Busch)

Abb.5-7

Nach *McKinsey* sind nur 22% aller Kunden reine Preiskäufer.
Die *GfK* segmentiert:
30% Hochpreiskäufer,
32% Mitte-Marken-Käufer,
38% Preiskäufer
(vgl. Horizont 13/2007, S. 18).

---

[474] vgl. zu einigen dieser Effekte: Nieschlag; Dichtl; Hörschgen, (Marketing), 2002, S. 761 ff.; Pepels, (Marketing), 2009, S. 581-582. Die Bedingungen eines vollkommenen Marktes sind dann nicht mehr gegeben.

schwerer, neue Angebote als mit dem Werbeargument „preisgünstig" zu positionieren.[475] Und es gibt immer mehr Billigkäufer und Schnäppchenjäger.

So kristallisierten sich sich in einer (von vielen) empirischen Studie fünf relativ stabile Preissegmente für Konsumgüterkäufer heraus:[476]
(1) 28,4% **Preisoptimierer** – mit mittlerer Qualitätspräferenz, mittlerer bis hoher Preisachtsamkeit und leicht negativer Preisbereitschaft,
(2) 20,9% **Markenfans** – mit mittlerer Qualitätspräferenz sowie mittlerer Preisbereitschaft und stark negativer Preisachtsamkeit,
(3) 19,1% **Indifferente** – mit jeweils mittlerer negativer Qualitätspräferenz, mittlerer negativer Preisbereitschaft und mittlerer negativer Preisachtsamkeit,
(4) 18,6% **Billigkäufer** – mit hoher Preisachtsamkeit, hoher negativer Qualitätspräferenz und mittlerer negativer Preisbereitschaft,
(5) 13% **Hochpreiszahler** – mit sehr hoher Preisbereitschaft, niedriger Qualitätspräferenz und leicht negativer Preisachtsamkeit.

d.) Preisschwellen-Einflüsse auf das Kaufverhalten

Das Modehaus *C&A* verzichtet ganz ausdrücklich auf Schwellenpreise bei den Preisauszeichnungen.

Wie bereits aufgezeigt, „manipulieren" Preisschwellen die Preiswahrnehmung. Nicht alle Preisbereiche auf der PAF üben nämlich auf den Konsumenten die gleiche Signalwirkung (Reizwirkung) aus. Der Käufer verspürt „Ecken und Kanten" auf der Preisskala. *Simon* nennt **folgende Preischwellen-Phänomene**:[477]

- Die Konsumenten teilen das Preiskontinuum in diskrete Abschnitte auf. 4,95 € sind „noch lange nicht" 5 €. 2,98 € empfindet der Käufer als ein Preis zwischen 2 und 3.
- Konsumenten nehmen die Preisziffern von links nach rechts mit abnehmender Intensität wahr. Die erste Ziffer beeinflusst die Preiswahrnehmung am stärksten. 9,95 € wird als „9 und etwas" empfunden.

Vor der Euro-Umstellung schafften nur 40% aller Schokoladenmarken die 1 DM-Schwelle. Der Euro nahm Orientierung. Jetzt liegen die Preise zwischen 80 und 90 Cent (vgl. MM, 9/2009, S. 64).

- Kunden geben sich Maximalpreise in runden Werten vor. Sie erlauben sich 1/4 Mio. € für den Hausbau und 20.000 € für ein neues Auto. Liegen Preisangebote vertretbar darüber, wird die Nachfrage dennoch relativ unelastisch reagieren. Man rechnet ja schon von vornherein damit, dass der Kaufpreis über dem eigenen Limit liegen wird.
- Bleiben Preise unter runden Werten, dann entsteht beim Käufer der Eindruck, er könne gegenüber dem runden Preis etwas sparen.
- In diesem Sinne liegt eine Preisschwelle bei ca. 50 €. Wird ein Preis auf unter 50 € gesenkt, kann die Nachfrage überproportional ausgeweitet werden.[478] Die Euro-Einführung hat die Preisschwellendiskussion neu entfacht.
- Gebrochene Preise vermitteln den Eindruck einer sorgfältigen (ehrlichen) Kalkulation auf Seiten des Anbieters.[479]

Die Euro-Umstellung hatte seinerzeit zu einer regen Diskussion über Preisschwellen geführt. Laut Untersuchungen des *GfK-InfoScan* entfielen zu DM-Zeiten 73 Prozent aller Lebensmittelpreise (ohne Frischwaren) auf nur zehn Preisauszeichnungen in einer Bandbreite zwischen 0,99 und 6,99 DM. Durch den Euro-Umrechnungskurs wurde keine dieser verkaufsfördernden Preisschwellen erreicht. Ein Gut zu vormals

---
[475] vgl. die Hinweise in: bestseller, Das Magazin von Horizont, 1/2005, S. 24-25
[476] vgl. die Studie „Preissegmentierung in Konsumgütermärkten", Arbeitspapier Nr. 117 am Lehrstuhl für Marketing an der Universität Erlangen-Nürnberg, Prof. Diller / Prof. Starner; zit. und zusammengefasst in ASW, 4/2004, S. 48
[477] vgl. Simon; Fassnacht, (Preismanagement), 2009, S. 161-164; vgl. zu diesen Phänomenen auch Bänsch, (Verkaufspsychologie), 2006, S. 85-88
[478] vgl. Bilstein; Bieker, (Nachfragekurve), in: ASW, 11/2000, S. 68
[479] vgl. Scharf; Schubert, (Marketing), 2001, S. 155; dort allerdings die Angabe 100 DM

6,99 DM hätte korrekt mit 3,57 € ausgezeichnet werden müssen. Zu beobachten waren neue Schwellenpreise von 3,59 €. Und aus 9,99 DM wurden 5,99 €.

Ein TEURO-Beispiel: *Emser Pastillen*: Früher 3,95 DM für 30 Stück, dann 3,62 € für 40 Stück. Preiserhöhung umgerechnet: +34,4%.

So kam das subjektive Gefühl auf, der Euro sei ein Teuro. Es gibt aber keine Studien, die das beweisen. Im Gegenteil: In einem Projekt von *Hofbauer* an der *FH Ingolstadt* konnten keine signifikanten Preiserhöhungen nach der Umstellung festgestellt werden.[480] Dennoch bleibt der Eindruck: Es sind gerade kleine Gegenstände des täglichen Bedarfs durch den Euro erheblich teurer geworden. Und „Essen gehen".

Bei Konsumgütern ist der Käufer den Preissetzungen der Anbieter wehrlos ausgeliefert. In BtoB-Märkten und bei Gebrauchsgütern kann der Kunde nach Wegfall des Rabattgesetzes und der Preisbindung Preissenkungen oder Zugaben verhandeln. Beim Möbelkauf z.B. sind 10% Preissenkung (davon 3% Skonto) gängig. Im Maschinen- und Anlagenbau werden erhebliche Preisabschläge verhandelt.

Nicht nur durch gebrochene Preisauszeichnungen, sondern auch durch "faule Tricks" versuchen Anbieter, Preistransparenz zu verschleiern und Käufer zu hintergehen. Der Verlauf der „wahren" PAF wird verschleiert:
- Seit 2009: Preisverschleierung durch „krumme" Mogel-Verpackungsgößen!
- Sonderangebotsrabatte sind Abschläge von überhöhten Mondpreisen.
- Aktionsangebote sind von minderer Qualität („Verramschen" von 2. Wahl).
- Die Preisauszeichnung vermittelt dem Kunden den Eindruck, der Preis für ein Kombinationsangebot sei niedriger als die Summe der Einzelpreise (Preisbündelung). Tatsächlich aber enthält z.B. eine HiFi-Anlage zumindest ein minderwertiges und / oder reparaturanfälliges Element.
- Wesentliche Produktbestandteile werden nicht mitgeliefert. So ist es üblich, dass PC-Drucker ohne Druckerkabel ausgeliefert werden. Hiergegen sollten sich die Verbraucher wehren. Druckeranbieter (z.B. *HP*) liefern Erstgeräte ferner nur mit Sparpatronen aus (sehr ärgerlich!). Kartons für Videokameras (z.B. *Sony*) enthalten keine Tasche, neue Autos zuweilen keinen Reservereifen.
- Ein „nacktes" Basis-Küchenangebot erscheint unschlagbar günstig. Überhöhte Preise bei Zusatzelementen machen den Preisvorteil jedoch wieder zunichte. Bsp.: Kücheneinrichtungen, preisgünstige Bodenstaubsauger mit überhöhten Preisen für Staubbeutel, zu kurze Schläuche bei Hochdruckreinigern mit teuren Verlängerungsschläuchen als Sonderzubehör.
- Die Grundversion eines PC-Programmes erscheint „spottbillig". Die jährlichen *Updates* entpuppen sich für den Kunden unerwartet als Kostentreiber.
- Billigangebote dienen dazu, den Verbraucher zum Kauf preislich überhöhter, anderer Produkte zu verführen (Vorgehen bei sog. Butterfahrten).
- Ein Aktionspreis gilt nur in Verbindung mit dem Kauf eines anderen Gutes (Koppelangebote).
- Preisabschläge bis zu 60% gelten bei näherem Hinsehen nur für Einzelstücke, die in einem Stapel regulärer Ware versteckt sind.
- Von Lockvogelangeboten sind nur wenige Verkaufsstücke vorhanden. Dafür sind dann technisch leicht bessere Produkte zu überhöhten Preisen vorhanden.
- Die *Bahn AG* bietet eine preiswerte Zusatz-Bahncard für den Ehepartner an, auf die die abgelaufenen Monate der Erstkarte nicht angerechnet werden.
- Ein Produktpreis wird zwar gesenkt, es wird aber auch der übliche Service deutlich eingeschränkt (Flugreisen ohne Verpflegung bzw. Selbstzahlung).
- Hauskauf nach Bemusterung: Im Preisangebot enthalten ist nur eine Billigausstattung. Der Käufer muss i.d.R. kräftig aufzahlen.

---

[480] vgl. Hofbauer, (Preiseffekte), 2002, S. 29-30; Hofbauer, (Euro-Preisstudie), 2003, S.557; untersucht wurden 1886 Artikel über einen Zeitraum von 6 Monaten während der Euro-Umstellung.

- Eine Service-Taktik des Fachhandels: Das Angebot wird aufgespalten. Beratung und Dienstleistungen werden kostenpflichtig vom Produktgeschäft abgekoppelt.[481]
- Dem Interessenten wird das Märchen vom letzten verfügbaren Stück erzählt (*Wenn Sie jetzt nicht zugreifen, dann ....*).
- Beim Fahrzeugkauf hohe Kosten für Überführung wie auch für Selbstabholung!

Nicht alle Vorgehensweisen sind mit dem *Gesetz gegen den unlauteren Wettbewerb* (UWG) vereinbar. Doch die Verbraucher lassen sich viel gefallen.

5.2. Strategische Stoßrichtungen

5.2.1. Orientierungspunkte für Preisstrategien

Abb.5-8

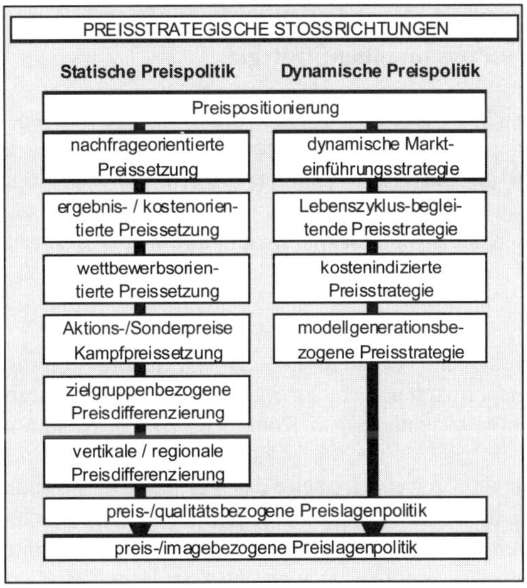

PREISSTRATEGISCHE STOSSRICHTUNGEN	
Statische Preispolitik	Dynamische Preispolitik
Preispositionierung	
nachfrageorientierte Preissetzung	dynamische Markteinführungsstrategie
ergebnis- / kostenorientierte Preissetzung	Lebenszyklus-begleitende Preisstrategie
wettbewerbsorientierte Preissetzung	kostenindizierte Preisstrategie
Aktions-/Sonderpreise Kampfpreissetzung	modellgenerationsbezogene Preisstrategie
zielgruppenbezogene Preisdifferenzierung	
vertikale / regionale Preisdifferenzierung	
preis-/qualitätsbezogene Preislagenpolitik	
preis-/imagebezogene Preislagenpolitik	

Preisentscheidungen stehen an
(1) wenn Produkte geändert werden oder sich Kosten und / oder Qualitätsbedingungen verändert haben (Preisanpassungen),
(2) wenn ein neues Produkt auf den Markt kommt (Markteinführungspreis),
(3) wenn neue regionale Märkte erschlossen werden sollen (Verhinderung von Reimporten),
(4) wenn sich ökonomische Entscheidungsparameter ändern (Marktpreisniveau, Rohstoffkosten, Preiserwartungen der Kunden etc.),
(5) wenn über den Preis gezielt Wettbewerbsangriffe gefahren werden oder auf Wettbewerbsangriffe reagiert werden muss,
(6) wenn temporär der Absatz gefördert werden soll (Sonderangebotspreise, Kampagnenpreise).

Welche Hauptstrategien verfolgt die Konditionenpolitik im Rahmen der marktorientierten Unternehmensführung? Für alle folgenden Ansätze sind **zeitpunktbezogene** und **zeitraumbezogene**, d.h. statische und dynamische **Preisstrategien** zu unterscheiden. Im ersten Fall geht es um die **Preisauszeichnung** (vor allem um die **Initialpreissetzung**), im zweiten Fall um die **Preisanpassungen und –änderungen** im Zeitablauf. Abb.5-8 zeigt das Spektrum der preisstrategischen Ausrichtungen.

Strategiefokus: Gesamtelastizität eines Marktes und der Elastizitätsposition der Preissetzung auf einer Preis-/Absatzfunktion
Die Preissetzung muss sich zunächst an der **Nachfragesituation** und damit am **Machtverhältnis** zwischen Anbieter und Nachfragern orientieren. Im ersten Schritt ist die Gesamtmarktelastizität bei der Preisfindung zu überprüfen, in einem zweiten Schritt die eigene Elastizitätsposition auf einer abgeschätzten Preis-/Absatzfunktion (s. Abb.5-1). So erlauben die theoretischen Marktformenmodelle Monopol und Oli-

---
[481] vgl. Müller-Hagedorn, (Adjustierung), in: ASW, 4/1996, S. 44

gopol gewinnmaximale Preisentscheidungen. Die vollkommene Konkurrenz lässt nur Spielräume auf der Kostenseite. Diese Grundmodelle der Theorie werden im folgenden Abschnitt dargestellt.

Strategiefokus: Auswirkungen auf Erlöse und Kosten
Preisentscheidungen ohne Prüfung der **Gewinnauswirkungen** können existenzgefährdend sein. Preissetzungen erfolgen unter zwei Blickwinkeln und orientieren sich dabei entweder an Voll- oder Teilkosten:
(1) Welche Gewinnspanne bleibt nach Marktreaktion und bei gegebenen Kosten?
(2) Alternativ nach dem **Kostenaufschlagverfahren**: Ist ein Marktpreis nach der Formel Kosten + x % Gewinnaufschlag bei den Kunden durchsetzbar?

Strategiefokus: Reaktionen der Konkurrenz
Bei einer **wettbewerbsorientierten Preissetzung** gibt es als Alternativen die
(1) **Preisführerstrategie** (in diesem Fall das Angebot mit den höchsten Preisen)[482],
(2) verschiedene Varianten der **Preisfolgerstrategie**[483]
(3) und die Preisbrecher- oder **Preisdumping-Strategie**.

Die Strategie nach (3) wird sich auf eine Kostenführerschaft stützen müssen, um längerfristig durchhaltbar zu sein. Von den langfristigen Preisstrategien sind taktische **Kampfpreisentscheidungen** im Einzelfall zu unterscheiden. Bei der Abgabe von Kampfpreisangeboten sind die eigene Kostensituation (Kapazitätsauslastung, Deckungsbeitrag), Priorität des Kunden und Beziehungen zum Wettbewerber abzuwägen.

Frage: Was macht man, wenn beim Angebot von 2 Mountain-Bikes zu 299 und 499 € das teurere ein Ladenhüter ist? Antwort: Man nimmt eine noch höhere Preislage ins Sortiment auf: 899 €.

Strategiefokus: taktische / dynamische Kampfpreissetzungen
In verhandlungsintensiven Branchen (vor allem in BtoB-Märkten mit austauschbaren Produkten) muss täglich preispolitisch agiert oder reagiert werden. Dabei gilt es, im Sinne der beiden letztgenannten Orientierungen Konkurrenten und Kosten im Blick zu behalten.
Bei den Billigflug-Linien hat sich sich mittlerweile das Verfahren des **dynamischen Pricings** eingebürgert. Diese Strategie der tagesaktuellen Preise birgt erhebliche Risiken; vor allen Dingen durch die Verunsicherung der Kunden, die für die gleiche Leistung mehr zahlen müssen. Das Problem ist auch, dass ein Low-Cost-Carrier z.B. mit einem Drittel der verkauften Plätze nur einen Umsatzanteil von 12,6% erreicht.

Strategiefokus: Preisverhalten unterschiedlicher Zielgruppen
Verschiedene Preissetzungen für unterschiedlich opferbereite Zielgruppen ist das Kennzeichen der **horizontalen Preisdifferenzierung**. Verschiedene Varianten eines im wesentlichen unveränderten Produktes werden zu unterschiedlichen Preisen angeboten. Im Fall möglicher Zielgruppen-Austauscheffekte ist diese Preisstrategie riskant.

Strategiefokus: unterschiedliche PAF in abgeschotteten Märkten
Die **vertikale Preisdifferenzierung** dient dagegen der Durchsetzung regional unterschiedlicher Angebotspreise. Dieser Sachverhalt ist wohl dem Autofahrer bei den Benzinpreisen bestens bekannt. Diese können von Ort zu Ort durchaus um bis zu 0,05 Euro abweichen. Von aktueller Bedeutung ist in diesem Zusammenhang auch das Thema KFZ-Reimporte angesichts der EU-Marktöffnung.

---

[482] Im Porter Modell (Abb. 2-25) hat der Preisführer die niedrigsten Preise.
[483] Bei der sog. barometrischen Preisführerschaft passen sich z.B. alle Wettbewerber freiwillig an den Branchenführer an, vgl. z.B. Weis, (Marketing), 2009, S. 350.

5. Kapitel: Die Konditionenpolitik

Strategiefokus: Zeit (Timing)
Die Preisstrategie darf den **Faktor Zeit** nicht außer Acht lassen. Im Zeitablauf wird es nicht beim Markteinführungspreis (bei der Initial-Preissetzung) bleiben. Die Frage einer **zeitlichen Preisdifferenzierung** ist schon bei der Markteinführung eines neuen Produktes vorauszudenken. Wir werden später auf die Grundformen der **Penetration Price Strategy** und der **Skimming Price Strategy** eingehen.

Strategiefokus: Produkt-Lebenszyklus
Eine Preisstrategie sollte das Produkt über den gesamten **Lebenszyklus** begleiten.[484] Verbesserte Produkte der Konkurrenz, Wettbewerbsangriffe auf der preislichen Seite und Abnutzungseffekte beim Kundennutzen (Produkt verliert an Attraktivität) erzwingen Sonderpreisaktionen im Lebenszyklus ab der Sättigungsphase.

Strategiefokus: Kostenentwicklung
Kostenindizierte Preisstrategien im Zeitablauf sind typisch für träge und monopolisierte Märkte. Mit einer lapidaren Kurzformulierung des Bedauerns versenden Banken, Versicherungen, Energieversorger oder Unternehmen der öffentlichen Hand alljährlich ihre Kostenerhöhungsbotschaften an die ohnmächtigen Verbraucher.

Strategiefokus: Modellgeneration / Entwicklungsprojekte
Modellgenerationsbezogene Preisstrategien sind im Großkundengeschäft bei höherwertigen Konsum- und Industriegütern üblich. Hat es z.B. ein Zulieferer der Automobilindustrie geschafft, sich eine Lieferquote über den Zyklus einer Modellgeneration zu sichern, so werden oft die Einkaufs-/Verkaufspreise im Rahmen eines Liefervertrages über den mehrjährigen Modellzyklus vereinbart. Nicht selten verlangen Großkunden dann bei Rahmenaufträgen jährliche Preissenkungen (mit Hinweis auf Kostensenkungseffekte infolge der Erfahrungskurve).

5.2.2. Preispositionierung und Preislagenstrategie

Strategiefokus: Preislagen / Preislagenpolitik

Beispiel: Preislagenstruktur für Hosen für Anfangspreislage, Schwerpunkt- und Spitzenpreislage:
1. Geschäfte mittleres Genre: 60/80/95 €
2. Gehobenes Genre: 80/110/150 €

Unternehmen planen ihre **Einzelpreise** stets im Rahmen marktgerechter **Preislagen**. Diese sind **Von–bis–Korridore**, innerhalb derer ein Produkt (eine Marke) im Verhältnis zu gleichartigen Gütern des eigenen Unternehmens sowie zu denen von Wettbewerbern preislich stimmig positioniert sein muss. Der Markt entscheidet, welche Preislage für welche Güter image- und qualitätsmäßig angemessen ist. Bereits bei der Angebotspreisbestimmung muss das Produkt in die richtige Preislage lanciert werden. Wichtig ist daher die Beobachtung der Preislagen im Zeitablauf. Preislagen verändern sich ständig. Produkte treten hinzu oder scheiden aus. Die Preisempfindlichkeiten der Konsumenten wandeln sich im Zeitablauf.

Vor allem verändert eine **Polarisierung der Käuferschichten** die Preislagen dramatisch. Die Käufer trennen sich in ihren Preiserwartungen immer stärker in **Premium-Käufer** einerseits und **Discount-Käufer** andererseits. **Preislagenstrategien** haben sich daher an den von den Kunden empfundenen Preis-/Leistungsrelation eines Produktes zu orientieren. Dies gilt insbesondere in folgenden Situationen:
(1) bei der nutzenorientierten Positionierung eines neuen Produktes oder einer Produktlinie innerhalb einer bestehenden Preislage,
(2) bei der Positionierung eines Produktes an der Grenze einer Preislage, damit es eventuell in höhere oder niedrigere Preis-/Käufersegmente ausweichen kann (d.h. kein Angriff auf Preislage, sondern Option auf Ausscheren),

---
[484] vgl. Simon; Faßnacht, (Preismanagement), 2009, S. 326-336

(3) bei Kampfpreisen für starke Produkte, um die Grenzen der Preislage aus eigener Kraft zu verschieben (in diesem Fall Angriff auf die Preislage: vgl. z.B. die Preislagen von Tintenstrahl- und jetzt Laserdruckern),
(4) bei Spot-Kampfpreisen für Sondergeschäfte, bei denen keine Zerstörung einer Preislage mit dauerhaftem Preisverfall eintreten darf,
(5) bei der Einführung eines innovativen Produktes mit Schaffung einer neuen Preislage. Innovatoren geben Preislagen vor.

Bei der Preispositionierung werden vor allem zwei Erfolgsvariablen mit dem Preis in eine Beziehung gesetzt:
(1) die **Qualität** ⇨ Preis- / Qualitätsrelation,
(2) das **Image von Produkt und Anbieter** ⇨ Preis- / Image-Relation.

„Deutsche Produkte sind hochpreisig und qualitativ hervorragend. Meist reichen aber 80% dieser Qualität aus – bei 50% des Preises." (Andreas Blume, IHK Pfalz, zit. in: ASW, 5/2005, S. 33)

Beim **Preis-/Qualitätsabgleich** empfindet der Käufer alle Preise auf dem **Pfeil der Preis-/Qualitätskonsistenz** als angemessen.[485] Ein über dem Pfeil liegender Preis wird dann als fairer empfunden, als beispielsweise ein Preis im Positionierungsfeld der Übervorteilung. Der **Schnäppchen-Jäger** wird nach Preisofferten suchen, die im Feld der Smart-Shopper-Strategie angesiedelt sind. Der Abgleich im **Preis-/Image-Portfolio** ist analog zu interpretieren. Alle Preisstellungen auf dem Pfeil der Preis-Image-Konsistenz werden von den Kunden als ausgewogen empfunden. Der *VW-Phaeton* konnte sich bislang nicht richtig durchsetzen, weil sein Verkaufspreis infolge des Images von *VW* als Massenanbieter als überzogen gilt.

In diesen Zusammenhang spielt der Begriff **Aldisierung** eine zunehmende Rolle. Der Kunde verliert sein Vertrauen in die Preis-/Qualitätsrelationen von Marken, wenn er zu erkennen glaubt, dass deutlich preiswertere Handelsmarken die gleiche Qualität bieten wie die teuren Markenprodukte. Nach einer Untersuchung des *Instituts Allensbach* attestieren bereits 53 Prozent aller Verbraucher Discountern wie *Lidl* oder *ALDI* eine besonders gute Qualität der Lebensmittel.[486] Die Zahl der markenfokussierten Käufer in Deutschland ist im Zeitraum 1996 bis heute von 44 auf ca. 33 Prozent geschrumpft. Die Preiselastizität der Markenartikel steigt, deren akquisitorischen Potenziale schrumpfen. Zum Glück deutete sich ab 2006 eine Trendumkehr an.

Abb.5-9

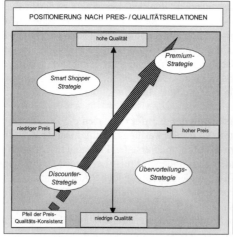
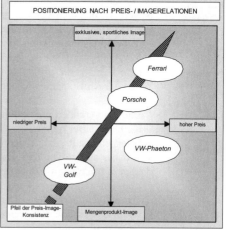

---

[485] vgl. Kotler; Keller; Bliemel, (Marketing-Management), 2007, S. 590-591 bzw. Simon; Faßnacht, (Preismanagement), 2009, S. 30-70.

Nur noch 85 Prozent aller Konsumenten kaufen monatlich einmal bei einem Discounter; nach 89 Prozent im Vorjahr. Dennoch: Der Preiskampf zwischen Herstellern und Handel wird sich weiter verschärfen.

Wie erfolgen Preissetzungen in der Praxis? Nach einer Untersuchung von *Mercuri international* vernachlässigen die Unternehmen eine strategische Ausrichtung ihrer Konditionenpolitik.[487] Die Wirtschaftspraxis leitet die Angebotspreise überwiegend aus internen Größen des Rechnungswesens her, wie Abb.5-10 zeigt. Abb.5-11 enthält weitere Details der Befragung von 85 Unternehmen.[488]

Nicht selten gibt es in der Praxis erhebliche Unsicherheiten, wer oder welche Abteilung über die „Preishoheit" verfügen soll. Kritisch sind Führungskulturen, in denen der Vertrieb bzw. der Vertriebschef eine Ergebnisverantwortung trägt, jedoch keinen oder nur wenig Einfluss auf die Preisgestaltung erhält. Ein weiteres, typisches Praxisproblem ist zuweilen die Unkenntniss von Verkäufern und Innendienstmitarbeitern über die Grundlagen der betriebswirtschaftlichen Kalkulation. Ja, manche mittelständische Unternehmen wagen sogar den Spagat, den Verkaufsmitarbeitern auf der einen Seite mehr Verantwortung für die Ergebnislage zu übertragen, sie auf der anderen Seite aber über die Kosten- und Gewinnsituation im Unklaren zu lassen.

Abb.5-10

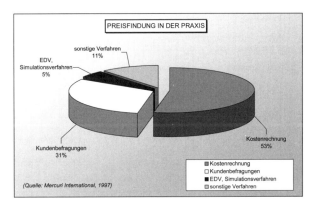

Abb.5-11

PREISENTSCHEIDUNGEN IN DER PRAXIS

① 46% der befragten Unternehmen sind mit ihren Angebotspreisen nicht zufrieden.
② 57% aller Unternehmen wissen nicht, wie der Markt auf Preisveränderungen reagiert.
③ 45% sind durch Wettbewerber zu Preissenkungen gezwungen, 37% durch Kunden.
④ In 61% der Unternehmen entscheidet der Vertrieb über die Preise, in 49% das Produktmanagement.
⑤ In 41% der Unternehmen liegt die letzte Preisentscheidung bei der Geschäftsführung.
⑥ In 48% der Unternehmen basiert die Preisentscheidung vorrangig auf der Kostenrechnung.
⑦ 18% der Unternehmen geben dem Außendienst keinen Preisspielraum; bei 50% der Unternehmen hat der Außendienst einen Rabattspielraum bis zu 10%.
⑧ Nur 33% der Unternehmen berücksichtigen die Einhaltung der Listenpreise bei der Außendienstentlohnung.
⑨ 47% der Unternehmen unterrichten den Außendienst nicht über betriebswirtschaftliche Hintergründe der Preispolitik.
⑩ In 73% der Unternehmen überwacht die Verkaufsleitung die Preispolitik; bei 30% ist dies Sache der Geschäftsführung.

(Quelle: Mercuri international – 85 Unternehmen)

---

[486] vgl. Campillo, (Rabattfalle), in: acquisa, 4/2003, S. 19
[487] vgl. o.V., (Kunst), in: PM-Beratungsbrief v. 3.11.1997, S. 1
[488] vgl. die Zusammenfassung der Befragungsergebnisse in: o.V., (Preise), in: PM-Beratungsbrief v. 8.6.98, S. 2

5.2.3. Das konditionenpolitische Instrumentarium

a.) Die Verhandlungselemente

Zu unterscheiden sind Preisverhandlungen zwischen Markenartikelherstellern und Handel sowie BtoB- und BtoC-Verhandlungen mit Endabnehmern. Was die Konditionenelemente betrifft, die zwischen Anbieter und Geschäftskunde ausgehandelt werden können, so sind heute in der Praxis der Kreativität keine Grenzen gesetzt.[489] Jedes Verhandlungsdetail verlängert den Aushandlungsprozess und lenkt vom Preis der Kernleistung ab. Durch *Lopez* hat die Kunst der Preisverhandlungstaktiken vor Jahren eine hohe Popularität erfahren. Im Konsumgütergeschäft zwingen marktstarke Handelsgruppen ihren Lieferanten immer neue Konditionenelemente auf:

> *„Dass Business-Partner über Preisnachlässe sprechen müssen, gehört zum Geschäft wie die Ware selbst. Dass es heute aber an der 100 Rabattformen gibt, ist nur der Beweis für eine Fehlentwicklung. ... Das Ergebnis dieser Desorientierung ist ein Konditionenkarussell, bei dem nicht nur die Ertragskraft leidet, sondern letztlich auch die Markenkraft ins Trudeln gerät. Mit bösen Folgen."*[490]

Abb.5-12

DAS KONDITIONENPOLITISCHE INSTRUMENTARIUM (BtoC, BtoB, indirekter Vertrieb)		
Grundpreis / Basispreis		
Basispreis	Auszeichnungspreis	aktueller Preis laut Etikett / Preisschild
	Listenpreis	in Preisliste, im Katalog ausgewiesener Grundpreis, Tarifpreis
	Aktionspreis	Mitnahmepreis, Sonderangebotspreis
Preisdifferen-zierungen	Versandaufschläge	zusätzlich zum Grundpreis berechnete Kostenelemente
	Regionaltarife	regionalbezogene (Tarifbezirke) Tarifpreise
	Kundengruppentarife	z.B. Spezialpreise für Schüler, Beamte, Senioren etc.
direkte Preisbestandteile, gesonderte Auf- oder Abschläge		
Zahlungs-konditionen	Skonto	z.B. 30 Tage 2%, direkt von der Rechnung abzusetzen
	Mindermengenzuschlag	Preisaufschlag für Kleinmengen, Kleinkundenaufschlag
	Lieferkonditionen	Aufschläge für Fracht-, Versicherungskosten, s. INCOTERMS
Mengenrabatte	Mengenvolumenrabatt	in Abhängigkeit von Stückzahlen oder Auftragswert
	Auftragsstrukturrabatt	zusätzlicher Preisabschlag bei besonderem Warenbezug
Zeitrabatte	Einführungsrabatt	zeitlich begrenzter Sonderpreis für neues Produkt
	Frühbezugsrabatt	Anreize zur frühen Orderaufgabe bei Saisonartikeln
	Aktionsrabatt	Zusatzrabatte im Rahmen von Promotion-Aktionen
	Saisonrabatt	z.B. in Schlussverkaufsperioden
	Abverkaufsrabatt	Förderung von Auslaufmodellen für begrenzten Zeitraum
	Treuerabatt	honoriert Dauer der Geschäftsbeziehung
Mengenkonditionen	Mindestbestellmengen	Voraussetzungen für Mengenrabatte, Versandeinheiten
sonstige, monetäre Konditionenelemente		
Absatzförderung	Bonus	umsatzbezogene Rückvergütung, i.d.R. am Jahresende
Funktionsvergütung	Pauschalvergütungen	z.B. Großhandel-, Einzelhandel-, OEM-Pauschalen
Marktbearbeitungs-vergütungen	Listungsvergütung	Gebühren für Aufnahme in das Handelssortiment
	Werbevergütung (WKZ)	Kostenbeteiligung der Hersteller an Handelswerbung
	Sonderregalvergütung	Sonderzahlungen der Hersteller für bevorzugte Regalplätze
	Zweitplazierungsvergüt.	Sonderzahlungen für zusätzliche Verkaufsfläche am POS
	Messevergütung	Beteiligung der Hersteller an Messeaktionen des Handels
Projektkonditionen	Rahmenauftragszusage	zugesagter Gesamtumfang eines Geschäftes
	Musterlieferung	z.B. Prototypen, Warenproben, Teststücke (monetäre Werte)
	Serviceleistungen	z.B. Schulungen, Ersatzteildienst, Hotline-Dienste
sonstige, nicht-monetäre Konditionenelemente		
Optionen	Koppelgeschäftszusage	i.d.R. mit Sonderpreisen für andere Produkte verbunden
	Zusage auf Folgeaufträge	Kundenbindung, erscheint noch in keiner Rechnung
	Preisgarantie	Preis wird für bestimmten Zeitraum festgeschrieben
	Rücknahmegarantie	verkaufsabschlussfördernde Option, Kauf ohne Risiko
	Kulanzzusage	stellt kostenlose Serviceleistungen in Aussicht
Fristen	Ausschlussfrist	zeitliche Bindung der Gültigkeit des Angebotes
	Exklusivklausel	umstrittene Geschäftsbindungszusage
rechtl. Klauseln	Gerichtsstand	wichtiges Verhandlungselement bei internationalen Angeboten

---

[489] vgl. zu dem Anwachsen immer „seltsamer" anmutender Konditionenelemente: Jensen, (Abzocker), in: MM, 10/1997, S. 57-66

[490] Drosten, (Konditionen), in: ASW, 12/1997, S. 35

Im Geschäft mit Endverbrauchern hätte das Ende des Rabattgesetzes eine neue "*Kultur des Feilschens*" auslösen können. Doch das hartnäckige Aushandeln von Preisnachlässen ist nicht so sehr Sache der deutschen Konsumenten. Diese vertreten andere Werte: "*Unsere Kunden wollen in angenehmer Atmosphäre möglichst zügig einkaufen, ohne lange zu palavern.*"[491]

Abb.5-12 zeigt die Konditionenelemente der Praxis auf.[492] Am Anfang stehen Preisverhandlungselemente, die für Privatkunden relevant sind. Es folgen Konditionenelemente, die mit Handels- bzw. Industriekunden verhandelt werden. Die Konditionenbestandteile teilen sich in vier Untergruppen auf:

(1) Ausgangspunkt aller Verhandlungsüberlegungen ist stets ein **Grundpreis**, **Tarifpreis** oder **Listenpreis**. Im Konsumgütergeschäft ist dieser der Auszeichnungspreis (Preisetikett), gegen dessen Zahlung dem Käufer die Ware ausgehändigt wird. Aber sowie Etikettpreis, Lieferpreis und Abholpreis (z.B. im Möbelgeschäft) auseinanderfallen, beginnt für den Konsumenten das Abwägen von Konditionenelementen. So bleibt es bei vielen höherwertigen Konsumgütern selten beim Listenpreis.

(2) Die eigentliche Preisverhandlung setzt zunächst an Konditionenelementen an, die sich direkt auf den Endpreis auswirken. Hierunter fallen alle Arten von Rabatten. In vielen technischen Branchen ist der Listenpreis durch enorme Rabattabschläge bereits ad absurdum geführt worden. Die Lieferanten halten ihre Preislisten über Jahre konstant und passen Kostenerhöhungen und Leistungsabgeltungen durch wachsende Rabattabschläge von den Listenpreisen an. Abschläge von 60 – 80% auf Liste sind heute keine Seltenheit. Verhandelt werden **sonstige Konditionenelemente**, die direkt die Listenpreise reduzieren. Mengen- und Zeitrabatte, wie in Abb.5-12 stichwortartig erläutert, stehen dabei im Vordergrund.

(3) Wichtige Kostenelemente sind die **Zahlungsbedingungen**. Das **Skonto** gilt als teuerste Kreditart. Eine Zahlungskondition *14 Tage 2% Skonto, 30 Tage netto* bedeutet, dass man den Warenkauf maximal über 16 Tage (von Tag 15 bis Tag 30) mit Bankkredit finanzieren müsste, um den Abschlag von 2% in Anspruch nehmen zu dürfen. Bezogen auf 360 Tage bedeuten die 16 Tage (360 Tage / 16 Tage) mal 2% Skontozins = 45% Jahreszins. Es lohnt sich also, Skonto in Anspruch zu nehmen; selbst bei Zwischenfinanzierung durch eine Bank.

Oft werden Selbstverständlichkeiten garantiert: „Die Fleurop-Garantie der Fleurop GmbH umfasst u.a. die Lieferung der bestellten Ware in frischer, einwandfreier Qualität."

(4) Darüber hinaus werden **sonstige monetäre Konditionenelemente** verhandelt, die neben den Produktpreisen stehen. Sie werden nicht als weitere Preisabschläge auf die Ware umgelegt. Die meisten Funktionsvergütungen, die Kostenbeteiligungen der Hersteller an den Marktaktivitäten des Handels, werden pauschal abgegolten. Gleiches gilt für Bonuszahlungen am Jahresende, die einem Händler als Prozentwert auf den erreichten Jahresumsatz vergütet werden. Der **Bonus** gehört zu einer Reihe von Konditionenelementen, die den Käufer zur Ausweitung des Geschäftsumfanges motivieren sollen (Incentives). Ein beliebter Verhandlungstrick der Käufer ist es aber, sich den Bonus auf eine Jahresauftragssumme schon auf die Bezüge des laufenden Jahres anrechnen zu lassen. Der Lieferant hat dann wenig Chancen auf Rückerstattung, wenn der vereinbarte Jahresumsatz nicht erreicht wird. Es bleibt ihm höchstens ein Good-Will-Argument für die Preisrunde im nächsten Jahr.

(5) Leichte Preisvorteile bei Angeboten für gleichartige Produkte führen keinesfalls immer zum Auftrag. Zum einen können Interessensgleichheiten, Vertrauenspotenziale oder gute Beziehungen ausschlaggebend für einen Zuschlag sein, zum

---
[491] so Julie Edelmann-Veith, die Sprecherin bei Kaufhof: (Feilschen), in: Landshuter Zeitung v. 26.7.2001: Die Deutschen müssen das Feilschen noch lernen
[492] vgl. auch die Zusammenstellungen bei Steffenhagen, (Konditionengestaltung), 1995, S. 70; oder Meffert, (Marketing), 2000, S. 584 und S. 586 mit der Systematik der Rabatte

anderen werden beide Seiten **nicht-monetäre Verhandlungszugeständnisse** ins Spiel bringen. Im Anlagen- oder größeren Maschinenbaugeschäft ist das immer der Fall. Abwicklungs- und Lieferzeitzusagen, Absprachen über Koppelgeschäfte und Folgeaufträge oder Rücknahme- und Kulanzzusagen gehören in diese Kategorie. Auch die Überlassung kostenloser Muster, Ersatzteile und Wartungsleistungen werden als Verhandlungspunkte eingebracht, deren Vorteile sich nicht unmittelbar in Geldeinheiten umrechnen lassen; ebenso wie Preisgarantien.

> Die Heimwerkerkette *OBI* bietet ihren Kunden sog. *„Kundenschutzgesetze":*
> **Die Verfügbarkeitsgarantie***: „Sollte ein Angebotsartikel aus unserer Werbung einmal nicht vorrätig sein, werden wir Ihnen das Produkt Ihrer Wahl oder ein qualitativ mindestens gleichwertiges schnellstmöglich besorgen und kostenfrei nach Hause liefern."*
> **Die Umtausch- und Rückgabegarantie***: „Unsere Kunden haben ein Recht auf Irrtum. Sollten Sie also innerhalb von zwei Wochen feststellen, dass Sie einen bei uns gekauften Artikel nicht mehr wollen, brauchen, mögen oder noch nie wollten, geben Sie ihn einfach ohne abenteuerliche Begründung zurück."*[493]

(6) Die Konditionenelemente werden durch **Bindungsfristen** abgerundet, bis zu denen der Anbieter sein Preisangebot aufrecht erhält

(7) und die **Gerichtsstandklausel**, bei der man böse Überraschungen erleben kann, wenn zu einer Gerichtssitzung in die Karibik geladen wird.

b.) Die Lieferbedingungen

Abb.5-13

Für den Käufer ist ein Blick in die **Lieferungs- und Zahlungsbedingungen** des Verkäufers unabdingbar, in dem dieser die Grundregeln seines Geschäftes festschreibt. Im Auslandsgeschäft

INCOTERMS – Internationale Lieferbedingungen	
EXW: ex works	Ware + übliche Verpackung
FAS: Free alongside Ship	+ Fracht, Rollgeld, Prüf- und Lagerkosten
FOB: Free on Board	+ Umschlagkosten
CF: Cost and Freight	+ Seefracht
CIF: Cost, Insurance, Freight	+ Seeversicherung
DES: Delivered ex Ship	+ Löschkosten
DEQ: Delivered ex Quai	+ Verzollung
DDP: Delivered Duty Paid	+ Versteuerung
FTC: Free to Customer	+ alle Anlieferungskosten, ohne Einlagerung

gelten die **INCOTERMS**. Die durch sie bestimmte Aufgaben- und Kostenverteilung zwischen Verkäufer und Käufer ist in BtoB-Märkten regelmäßig Gegenstand der Verkaufsverhandlungen. Abb.5-13 listet die gängigen INCOTERMS auf.

Ist der strategische Rahmen für die Preispolitik geklärt, dann kann über den einzelnen Angebotspreis eines Produktes entschieden werden.

5.3. Angebotspreissetzung / Statische Preispolitik

5.3.1. Marktformenbezogene Preisbestimmung der Theorie

a.) Monopolistische Optimierung von Preis und Menge

In der mikroökonomischen Preistheorie bestimmt die Zahl der Anbieter und Nachfrager den optimalen (gewinnmaximierenden) Angebotspreis. Abb.5-14 stellt die idealtypischen Marktformen gegenüber. Für alle Marktformen gelten **entweder** die Annahmen eines **vollkommenen Marktes:**

(1) rationales Verhalten aller Anbieter (diese verfolgen Gewinnmaximierung) und Nachfrager (diese verfolgen Nutzenmaximierung),

(2) uneingeschränkte Markttransparenz (Bedingungen an der Börse),

(3) unendlich hohe Reaktionsgeschwindigkeit der Marktteilnehmer,

---

[493] Quelle: OBI-Werbeprospekt

Abb.5-14

MARKTFORMEN-SCHEMATA DER KLASSISCHEN PREISTHEORIE			
	Anbieter		
	einer	wenige	viele
	monopolistisch	oligopolistisch	polypolistisch
Nachfrager einer monopolistisch	bilaterales Monopol	beschränktes Nachfragemonopol	Nachfrage-monopol
wenige oligopolistisch	beschränktes Angebotsmonopol	bilaterales Oligopol	Nachfrage-oligopol
viele polypolistisch	einseitiges Angebotsmonopol	Angebots-oligopol	bilaterales Polypol
alle Marktformen: vollkommene / unvollkommene Marktbedingungen			

(4) offener Markt (keine Zugangsbehinderungen),
(5) kein reglementierter Markt (d.h. Märkte ohne Gebührenordnung),
(6) keine Verhaltensanomalien bei den Marktteilnehmern (keine sachlichen, zeitlichen oder lieferantenbezogenen Präferenzen der Kunden; also die Einhaltung der sog. Markt-Homogenitätsbedingungen; s. Abschnitt 5.1.2.a),
(7) keine Substitution durch gleichartige Güter,[494]
Ist eine Bedingung nicht erfüllt, liegen **unvollkommene (kritische) Märkte** vor.

Abb.5-15 erläutert in vier Teilgrafiken die wichtigsten Ansätze der Preistheorie zur Bestimmung eines optimalen Angebotspreises.[495] Bei einigen Marktformen der Abb.5-14 - und zwar bei undifferenzierten Machtkonstellationen zwischen Hersteller und Kunde - sind keine optimalen Anbieterpreise und -mengen berechenbar. Diese sind dann Gegenstand von Verkaufsverhandlungen. Die folgenden Ausführungen konzentrieren sich auf optimierbare Marktbedingungen. Ihre Bedeutungen für die Praxis sind im Einzelfall zu untersuchen.

Die EU hat 2009 das 70 Jahre alte Kehrmonopol auf der Grundlage einer neuen Handwerksverordnung beendet.

Ein Grundmodell der Preispolitik ist das **einseitige Angebotsmonopol**, wie es teilweise bei der Briefzustellung der *Deutschen Post AG*, den staatlichen Lotteriegesellschaften, der GEZ, beim Fernverkehr der *Bahn,* beim Schornsteinfeger, beim *TÜV*, bei CD-Lasern oder faktisch beim PC-Konsumchip von *Intel*[496] existiert. Die zuerst genannten Beispiele kennzeichnen künstliche Monopole, die beiden letztgenannten natürliche Monopole. Der Angebotsmonopolist kann autonome Preispolitik betreiben und (theoretisch) seinen gewinnmaximalen Preis ohne Rücksicht auf Konkurrenzreaktionen bestimmen. Gemäß Teilgrafik ① der Abb.5-15 wird er das Preis-/Mengen-/Kostenoptimum **im Cournot'schen Punkt C** realisieren, in dem die Bedingung gilt:

➡ **Grenzerlöse (Grenzumsatz) = Grenzkosten.**

In der Grafik der Abb.5-15 entspricht diesem Gewinnmaximum die Strecke A – B. Das Modell beruht auf folgenden Funktionalitäten:
(1) „normale", lineare PAF, mit der nach unten offenen, hyperbolischen Umsatzfunktion und eine
(2) lineare Kostenfunktion in der Form $K = k_V \, x + K_{Fix}$. Bei anderen Kostenverläufen gilt die Cournot-Optimierungsbedingung selbstverständlich unverändert.

---

[494] Die Einflüsse von Substitutions- sowie Komplementärprodukten können mit der Kreuzpreiselastizität der Nachfrage (Triffin'sche Koeffizienten) erfasst werden; ausgedrückt als relative Mengenänderung eines Produktes A zur relativen Preisänderung eines Produktes B. Bei komplementären Produkten ist die Kreuzpreiselastizität negativ, bei Substitutionsgütern positiv. Bestehen derartige Effekte, sind PAF interkorrelativ miteinander verbunden und daher nicht stabil, optimale Angebotspreise sind nicht isoliert bestimmbar.
[495] vgl. Lorenzer, B., (Pricing-Konzepte), 1998, Anlage-1
[496] trotz des AMD-Konkurrenzchips

Abb.5-15

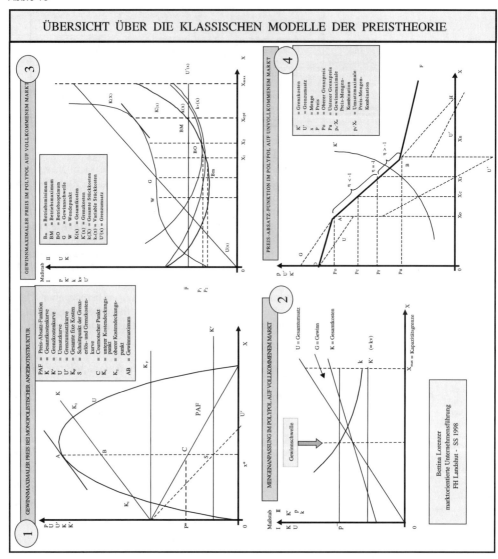

⊠ **Eine zentrale Erkenntnis**: Der Angebotsmonopolist kann wegen seiner Machtstellung die Menge beschränken (Güterknappheit erzeugen), dadurch den Marktpreis beeinflussen und folglich ein Gewinnmaximum im Markt realisieren. Knappheit ist der Schlüssel zu einem hohen Preisniveau!

Monopolsituationen sind in der Praxis recht instabil. Künstliche Monopole sind in Zeiten einer liberalisierten Europäischen Wirtschaftspolitik nicht opportun.[497] Nicht staatlich unterstützte Monopole locken Konkurrenten auf den Markt, die von der Gewinnmaximierungschance profitieren wollen. Nach der Telekommunikation wurden mittlerweile auch die Energiemärkte „dereguliert":

> „Nach mehr als 50 Jahren verlieren die deutschen Energiekonzerne ihre Gebietsmonopole bei der Stromversorgung. Der Bundeswirtschaftsminister geht davon aus, dass das neue Gesetz zu einer spürbaren Senkung der Strom- und Gaspreise beitragen wird."[498]

b.)   Mengenoptimierung bei vollkommener Konkurrenz

Je mehr Anbieter sich in einem Markt um die Kunden bemühen, desto geringer ist der Einfluss eines einzelnen Anbieters auf den Marktpreis. Mit Zunahme der Wahlmöglichkeiten der Käufer (Käufermacht) steigt die Nachfrageelastizität. Der PAF-Verlauf wird flacher (elastischer; s. oben), bis die PAF schließlich im Extremfall der vollkommenen Konkurrenz eine Steigung von Null ([e] = unendlich) aufweist (Parallele zur x-Achse). In diesem Grenzfall des sog. Polypols müssen alle Anbieter den geltenden Marktpreis akzeptieren. Der Marktpreis wird für sie zum „Datum". Sie können ihren Gewinn nur über die Absatzmengen optimieren.[499]

Die Preistheorie beschreibt je nach Kostenverlauf zwei Grundmodelle:
(1) Anbieter im Polypol mit **linearem Kostenverlauf** (Teilgrafik ②) und
(2) Anbieter im Polypol mit **s-förmigem Kostenverlauf** (Teilgrafik ③).

In beiden Fällen gilt wieder die **Optimierungsbedingung: Grenzerlöse = Grenzkosten**. Im Polypol entspricht der Grenzerlös stets dem Marktpreis und ist folglich konstant.[500] Mit Blick auf seine Kostenentwicklung wird der Anbieter bei vollkommener Konkurrenz also seinen Absatz so lange ausweiten, solange die Kosten der nächsten Absatzeinheit (Grenzkosten) den Marktpreis nicht übersteigen. Das bedeutet für die Fälle ② und ③ aus der Abb.5-15:

② Bei linearem Kostenverlauf $K = k_V \cdot x + K_{fix}$ realisiert der Anbieter seinen maximalen Gewinn (bzw. seinen minimalen Verlust) an der Kapazitätsgrenze x_{max}, solange seine Grenzkosten k_v unter dem Verkaufspreis liegen. Tun sie das nicht (Deckungsbeitrag negativ), wird er wegen mangelnder Wettbewerbsfähigkeit aus dem Markt ausscheiden. Zur Abdeckung seiner fixen Kosten (in Teilgrafik ② der Abschnitt auf der K-Achse von 0 bis zum Beginn der Kostenfunktion K) muss er erst die Gewinnschwelle (Break-Even-Punkt) erreichen. Oberhalb der Gewinnschwelle produziert (vertreibt) er in einem mit wachsender Absatzmenge zunehmenden Gewinnbereich.

---

[497] *die Bahn* wird auch ihr Monopol bei Regionalverbindungen verlieren
[498] o.V., Monopolstellung beendet, in: Landshuter Zeitung v. 29.4.98, S. 10
[499] Es gilt theoretisch: Würde ein Anbieter seinen Angebotspreis erhöhen, würde er sofort alle Käufer verlieren. Bei einer Preissenkung fiele ihm die gesamte Nachfrage zu. Daraufhin wären auch alle anderen Anbieter zur Preissenkung gezwungen. Das Preissenkungsspiel setzt sich solange fort, bis der Preis Grenzkostenniveau erreicht. Sogenannte Grenzanbieter, deren Kosten über dem Marktpreis liegen, scheiden schrittweise aus dem Wettbewerb aus.
[500] Der Grenzerlös ist bei jeder Absatzmenge gleich groß, nämlich gleich dem Preis: vgl. Hüttner; von Ahsen; Schwarting, (Marketing-Management), 1999, S. 215

③ Mit Annäherung an die Vollbeschäftigung (Kapazitätsgrenze) verlaufen die Kosten in der Praxis nicht linear. Hingewiesen sei auf Überstundenzuschläge, Ausschuss und zunehmende Wartungskosten. Teilgrafik ③ geht in diesem Sinne davon aus, dass sich mit wachsender Kapazitätsauslastung erst **Effizienzvorteile** (abnehmende Grenzkosten) und später **Effizienznachteile** (zunehmende Grenzkosten) zeigen. Die Auslastungseffekte bewirken die bekannten s-förmigen Kostenverläufe. Die gewinnmaximale Menge x_{opt} eines Anbieters im Polypol ergibt sich mathematisch und grafisch nach dem klassischen marginalanalytischen Ansatz, wie bereits im Monopolfall aufgezeigt.

Übertragen wir die theoretischen Erkenntnisse in die Praxis. Auf den internationalen Märkten sind vor allem **zwei Trends** erkennbar:
(1) Der weltweite Kauf und Verkauf von kernkompetenz-tragenden Unternehmensteilen und die enorm wachsende Kapitalintensität durch technischen Fortschritt verursachen eine **Oligopolisierung auf Anbieterseite**.
(2) Eine hieraus zu befürchtende Monopolisierung der Anbieterpreise ist aber für die Abnehmer (zum Glück) noch nicht feststellbar, weil die Investitionsgüternachfrager im technischen Geschäft wie auch die Handelskonzerne im Konsumgeschäft eben dieser Monopolisierung durch Aufbau von Alternativlieferanten entgegenwirken. So akzeptieren die Einkäufer der Automobilindustrie zwar starke Systemlieferanten, die ihnen auf Grund ihrer Größe Kostendegressionseffekte in den Angebotspreisen weitergeben.[501] Sie halten diese aber mit Hilfe von ausgesuchten Zweitlieferanten in Schach.

Zusammengefasst gilt:
(1) Auf Anbieterseite ist eine zunehmende Spezialisierung und damit Oligopolisierung der Märkte feststellbar.[502]
(2) Die Nachfrager gehen in die Preisverhandlungen jedoch mit polypolistischen Preiserwartungen. Wir sehen in diesem preispolitischen Spannungsfeld eine Ursache dafür, dass die Listenpreisauszeichnung immer mehr an Bedeutung verliert. Entscheidender ist die Zuordnung zur Preislage. In monopolistischen und oligopolistischen Märkten lassen sich Preise leichter stabilisieren. Man weicht aber auf andere, „nebenpreisliche" Konditionenelemente aus.

Erschwerend kommt für die Anbieter bei der Angebotspreisbestimmung hinzu, dass die Bedingungen des vollkommenen Marktes in der Praxis nicht gegeben sind und die Kunden auf vielfältige Weise subjektive Produkt- bzw. Anbieterpräferenzen entwickeln. Diese, von den klassischen Annahmen des vollkommenen Marktes abweichenden Präferenzen, kennzeichnen einen unvollkommenen Markt.

c.) Preisbestimmung auf unvollkommenen Märkten:
Die doppelt geknickte PAF nach *Gutenberg*

Gutenberg entwickelte das Modell der doppelt geknickten PAF. Sie bringt Käuferpräferenzen als ein wesentliches Merkmal unvollkommener Märkte gut zum Ausdruck.[503] Die Teilgrafik ④ der Abb.5-15 sowie der linke Teil der Abb.5-16 skizzieren den Zusammenhang. Innerhalb einer an sich elastischen (polypolistischen) PAF bildet sich infolge von Käuferpräferenzen ein Preisveränderungsbereich mit einer vergleichsweise unelastischen Preiselastizität der Nachfrage heraus. In diesem PAF-

---
[501] und keinesfalls monopolähnliche Preisstellungen wagen würden
[502] Immer mehr Spezialmärkte werden weltweit durch eine abnehmende Zahl von Spezialanbietern bedient. Diese kumulieren Know-how und nutzen Erfahrungskurveneffekte.
[503] vgl. Gutenberg, (Absatz), 1984, S. 243-260

Abschnitt verbirgt sich das **Markenbindungs-Potenzial**.[504] Zwischen den beiden Preisschwellen kann sich der Anbieter tendenziell wie ein Monopolist verhalten. Er kann, wieder nach dem Postulat **Grenzkosten = Grenzerlös**, Preis und Menge zu einem gewinnmaximalen Angebotspreis kombinieren. In der Bandbreite seines **Bindungs-Potenzials A – B** wird er bei einer Preiserhöhung also vergleichsweise weniger Kunden verlieren als außerhalb, wo er als Anbieter in stärkerem Wettbewerb mit Konkurrenten steht. Die Zielsetzung eines Anbieters wird es folglich sein, sich ein Markenbindungspotenzial durch qualitativ gute Produkte und präferenzbildende Marketingmaßnahmen zu schaffen und zu sichern.

Diese Problematik weist sehr enge Bezüge zu den Themen **Kundenbindung** (ein zentrales Thema der Verkaufspolitik) und **Markenpolitik** (ein zentrales Thema der Kommunikationspolitik) auf.

Abb.5-16

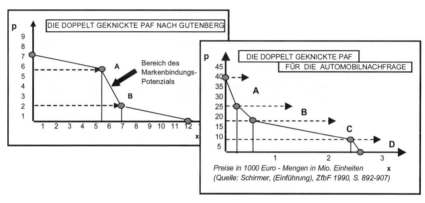

d.) Preisbestimmung auf unvollkommenen Märkten: Die doppelt geknickte PAF für die Automobilnachfrage

Die Elastizitätsverhältnisse der rechten PAF der Abb.5-16 sind konträr zu der von *Gutenberg*. Die rechte Grafik stellt die Gesamtfunktion über alle Segmente der Automobilindustrie dar (allerdings nach dem Stand 1990).[505] Die PKW-Preise sind in 1.000 Euro ausgewiesen. Die x-Achse zählt die kumulierten PKW-Zulassungen in Millionen Einheiten. Die Preise in der Grafik müssten allerdings deutlich nach oben korrigiert werden. Denn die Erhebung (ca. 1988) entstammt einer Zeit, als 40 Prozent der Automobile unter 10 TEUR Listenpreis lagen. Dennoch dürften die von *Schirmer* entdeckten **vier Elastizitätsklassen** heute noch Gültigkeit besitzen:

(1) Bereich-A: Bei Preisen über 25.000 Euro **geringe Preiselastizität** (Preisunterschiede spielen im gehobenen Preissegment keine ausschlaggebende Rolle).
(2) Bereich-B: **Mittlere Preiselastizität** der Nachfrage in einem Bereich zwischen 17.500 und 25.000 Euro.
(3) Bereich-C: **Hohe Preiselastizität** im hart umkämpften Mittelklassesegment mit Preisen zwischen 7.500 und 17.500 Euro.
(4) Bereich-D: **Geringe Preiselastizität** wieder im Segment der Kleinwagen mit Preisen bis zu 7.500 Euro. Diesen Sachverhalt führt *Dietz* auf das begrenzte Produktangebot in diesem Segment zurück; eine Situation, die sich in den letzten Jahren geändert haben dürfte.[506]

---

[504] Gutenberg sprach vom akquisitorischen Potenzial: vgl. Gutenberg, (Absatz), 1984, S. 243
[505] vgl. Schirmer, (Einführung), in: ZfbF, 10/1990, S. 892-907
[506] vgl. Dictz, (Automobilmarketing), 1997, S. 121

Abb.5-17

Wenn Elastizitäten keine Rolle spielen: Der *Phanton* von Rolls Royce liegt bei 440 TEUR und der *Ghost* bei 250 TEUR.

Das bedeutet: In den Segmenten der (1) **Luxusgüter** und der (4) preigünstigen **Kultprodukte** stecken bei diesem PAF-Typ die akquisitorischen Potenziale. Die Hersteller sollten diese Schwellen bei ihrer Preispolitik nicht nach unten bzw. nach oben überschreiten, um zu verhindern, dass die Kunden auf das stark besetzte Anbieterfeld der Mittelklasseprodukte umschwenken. Welche Luxusgut-Segmente bieten den Herstellern flexiblere Preisspielräume? Abb.5-17 bietet hierzu eine interessante Auflistung.

Empirische Untersuchungen belegen derartige Elastizitätsphänomene auch für weniger komplexe Produkte.[507] Im unteren Preisbereich bis ca. 250 Euro verlaufen Nachfragekurven im allgemeinen verhältnismäßig steil und flachen dann bei höheren Preisen stark ab, bis wiederum die Schwelle des Hochpreis-Segmentes des betroffenen relevanten Marktes erreicht ist. Im Zuge des Vordringens von Handelsmarken schwinden die akquisitorischen Potenziale in den etablierten Markensegmenten. Diese klassischen Erkenntnisse der Preistheorie erhalten durch das Internet neue Impulse. Geschäftsmodelle im Internet haben zu einer ungewohnten Preistransparenz geführt.

DIE TOP LUXUS - KONSUMGÜTERBEREICHE	
① Schuhe	⇨ 46,3 %
② Bettwaren	⇨ 41,1 %
③ Wohn-/Schlafzimmermöbel	⇨ 40,2 %
④ Restaurantbesuche	⇨ 37,6 %
⑤ Urlaubsreisen	⇨ 37,0 %
⑥ Kücheneinrichtungen	⇨ 35,9 %
⑦ Oberbekleidung	⇨ 34,8 %
⑧ Elektronische Geräte	⇨ 33,3 %
⑨ Uhren / Schmuck	⇨ 32,6 %
⑩ Autos	⇨ 30,8 %
Rangfolge von Luxuskonsumprodukten nach Einschätzung von 540 Befragten *(Quelle: Agamus Research, Starnberg, zit. in: PM-Beratungsbrief, Nr. 473 v. 14.4.1998, S. 5)*	

5.3.2. Preisfindungsmodelle im Internet

a.) Produktbörsen

Das Internet kann auf Grund der hohen Transparenz und einer schnellen Reaktionsgeschwindigkeit der Marktteilnehmer nahezu die Bedingungen vollkommener Märkte nachstellen. Analog den klassischen Börsenbedingungen (Wertpapier-, Warenbörsen) können auch im Internet viele Anbieter und Nachfrager zu simultanen Preisaktionen und -reaktionen veranlasst werden. Bei Produktbörsen bewegen sich Kauf- und Verkaufangebote rasch aufeinander zu, bis sich ein Kaufpreis einstellt, den alle Parteien akzeptieren.

Abb.5-18

b.) Power-Shopping / Co-Shopping

Am Anfang setzt der Betreiber nur einen Anfangspreis. Je mehr Käufer sich zusammenschließen, umso günstiger wird dieser Preis.[508] Liegen ausreichend Anmeldungen vor, gibt der Anbieter ein endgültiges, verbindliches Preisangebot ab. Alle Nachfrager bekommen dann das Gut zum gleichen Preis. Ziel ist also das Spiel um Mengenrabatte. Wegen dieses möglicherweise "*sittenwidrigen Ausnutzens der Spiellust*" sind Gruppenkäufe nicht unumstritten. Ein Verbot ist erfolgt.[509]

POWER SHOPPING UND PRODUKTBÖRSEN
⇨ www.marktplaats.nl
⇨ www.billiger.de
⇨ www.ciao.com
⇨ www.qxl.de
⇨ www.ebay.de
⇨ www.letsbuyit.com
⇨ www.mobshop.de
⇨ www.coshopper.com
⇨ www.atrada.de
⇨ www.sparsam.de
⇨ www.pricecontrast.com
⇨ www.preisauskunft.de
⇨ www.guenstiger.de
⇨ www.dooyoo.de
⇨ www.intec2000.de
(Recherche 2009)

---

[507] vgl. Bilstein; Bieker, (Nachfragekurve), in: ASW, 11/2000, S. 68
[508] vgl. die interessanten Beispiele in o.V., (Geschenke), in: www.tomorrow.de, 25/2000, S. 66-68
[509] vgl. Urteil gegen *PrimusOnline* von OLG Köln (Aktenzeichen 6 U 204/00). Ein gleiches Urteil gegen *Letsbuyit.com* wurde von höherer Instanz aufgehoben.

c.) Klassische Auktionen

Lt. *GfK* wird heute jeder vierte Euro im Internet bei Auktionen ausgegeben.

In bekannter Weise sind Mindestpreis und Gebotsaufschläge festgelegt. Die Auktion findet in einem festgelegten Zeitraum statt. Der Kaufinteressent mit dem höchsten Gebot innerhalb dieses Zeitraums erhält den Zuschlag.

d.) Top-Down-Auktionen

Die Top-Down-Auktion ist eine spannende Angelegenheit. Man geht von einem Höchstpreis aus, der in bestimmten Zeitabständen um jeweils einen bestimmten Betrag sinkt. Der Interessent, der am schnellsten reagiert (als erster "Nerven" zeigt), erhält den Zuschlag.

e.) Ausschreibungen / Reverse-Auctions

Bei den **Online-Ausschreibungen** bestimmt der Käufer selbst den Preis für sein Wunschprodukt. Er setzt die Anbieter unter Zugzwang, indem er am PC aus einem Katalog ein Produkt auswählt und angibt, wieviel er für dieses Gut maximal zu zahlen bereit wäre. Nach Abschluss einer Frist kann er dann aus den günstigsten Angeboten (sofern diese vorliegen) auswählen. Mit Hilfe der **Transparenz und der schnellen Reaktionen im Internet** wird es möglich, den optimalen Preis für ein Produkt anhand echter Nachfragedaten zu bestimmen. Denn jedem realistischen Preisgebot werden entsprechende Angebotsmengen gegenüberstehen. Mit einer auf diese Weise erzeugten Datenbasis wurde es dem Internet-Auktionator *IhrPreis.de* möglich, "*im Februar 2000 die erste Nachfragekurve in der Geschichte der Marketingforschung zu generieren, die auf echten, verbindlichen Kaufbereitschaften basiert*"; wie man stolz verkündet.[510]

Abb.5-19 zeigt eine PAF für ein Elektronikprodukt. *IhrPreis.de* hat Nachfragefunktionen für zahlreiche Konsumprodukte analysiert und dabei durchweg Anpassungsgüten der linearen Regressionen von über 90 Prozent festgestellt.[511] Überdurchschnittlich häufig konzentriert sich die Nachfrage auf runde Preise (z.B. 100 Euro).

Abb.5-19

Alle Preismodelle im Internet sprechen für eine abwärts gerichtete Preisspirale. Das Internet forciert Billiganbieter. *Backhaus* mildert die Befürchtungen: "*Unternehmer werden Produktvarianten und Preismodelle entwickeln, die trotz Internet einen Vergleich mit vertretbarem Aufwand sinnlos erscheinen lassen.*"[512] Wer kennt sich schon mit den Telefontarifen aus? Sein Fazit: "*Der Markt wird nicht in die Transparenzfalle tappen.*"[513]

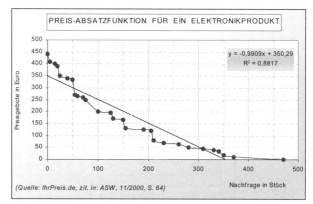

---

[510] Bilstein; Bieker, (Nachfragekurve), in: ASW, 11/2000, S. 64. Siehe dort auch die Grafik.
[511] Übliche Werte für nachempfundene PAF-Regressionen liegen bei 65 Prozent: vgl. Bilstein; Bieker, (Nachfragekurve), in: ASW, 11/2000, S. 64
[512] Backhaus, (Preis-Dickicht), in: MM, 10/2000, S. 117

5.3.3. Kostenorientierte Preisbestimmung und Break-Even-Analyse

Abb.5-20

Kommen wir jetzt zu **konventionellen Preisfindungen** zurück, bei denen ein Anbieter zwar Preislagen und Konkurrenzpreise beachten muss, sich aber dennoch zu einer autonomen Preispolitik imstande fühlt. Die im Abschnitt 5.1.2. geschilderten Sachverhalte führen zu zwei grundlegenden Vorgehensweisen. Im idealtypischen Fall einer monopolistischen oder stark oligopolistischen Angebotssituation werden die Unternehmen den Angebotspreis auf dem Wege der Kostenermittlung plus Gewinnaufschlag festlegen. Man spricht von **progressiver Preiskalkulation** oder **Zuschlagskalkulation**. Abb.5-20 zeigt hierzu das klassische Schema der Vollkosten-Zuschlagskalkulation. Abb.5-21 zeigt die vertriebsrelevante Umsetzung des Ansatzes in Form der **GEZ-Zuschlagskalkulation** (GEZ = Gewinnzuschlag) in einem Zahlenbeispiel. Ausgehend von Selbstkosten in Höhe von 84 Euro und gegebenen Skonto- und Provisionssätzen soll ein Gewinn auf Selbstkosten in Höhe von 25% „in den Preis kalkuliert" werden. Ebenso wird „vorsichtshalber" eine Rabatt-Verhandlungsspanne in Höhe von 5% berücksichtigt. Der Kontrollblick auf die stückbezogenen variablen Kosten zeigt: Vom Nettoerlös bleibt ein positiver Deckungsbeitrag von 56,3% zur Deckung der Fixkosten. Die endgültige Preisentscheidung fällt nach Beantwortung von zwei kritischen Fragen:

PROGRESSIVE PREISBESTIMMUNG DURCH ZUSCHLAGSKALKULATION
Einzelmaterialkosten
+ Materialgemeinkosten
= Materialkosten
+ Lohneinzelkosten
+ Lohngemeinkosten
= **Herstellungskosten**
+ Verwaltungsgemeinkosten
+ Vertriebsgemeinkosten
+ Sondereinzelkosten Vertrieb
= **Selbstkosten**
+ Provisionsaufschlag
+ sonst. Erlösschmälerungen
+ *Gewinnaufschlag*
= Nettoverkaufspreis
+ Rabattaufschlag
= **Bruttoverkaufspreis o. MwSt.**

(1) Entspricht der Bruttoverkaufspreis (Listenpreis) von 147 Euro dem am Markt herrschenden Preisnivau (Liegt der Preis innerhalb der Wettbewerbspreislage)?
(2) Steht der Listenpreis im Einklang mit der aktuellen Produkt- und Preispolitik der Unternehmung, d.h. mit den Preisen anderer firmeneigener Produkte und deren Preis-/Leistungsverhältnisse?

Die **Gewinnzuschlagskalkulation** ist mit allen bekannten Nachteilen der Vollkostenkalkulation[514] behaftet und vernachlässigt zudem den Wirkungsverbund der Preiselastizität der Nachfrage. Die **Vollkostenrechnung** kann insbesondere dazu führen, dass innovative, neue Produkte in derart großem Umfang Gemeinkosten sterbender Produkte mittragen müssen, dass sie wegen vermeintlicher Unwirtschaftlichkeit gar nicht erst zur Markteinführung kommen. Aber selbst wenn eine Zuschlagskalkulation nur mit Teilkosten erfolgt, so bleibt doch der wichtige Aspekt der Nachfrageelastizi-

Abb.5-21

ELEMENTE EINER GEZ-PREISKALKULATION				
Brutto-Verkaufspreis : 147 EUR = 105 %				
Selbstkosten	Gewinnspanne	Provision	Skonto	Rabattaufschlag
60%	25%	3%	12%	5%
Beispiel: 84 EUR = 60%	56 EUR = 40%			7 EUR
	35 EUR	16,80 EUR	4,20 EUR	
Netto-Verkaufspreis: 140 EUR				
Nettoerlös: 119 EUR = 85%				
Nettoerlös: 119 EUR = 100%				
52 EUR = 43,7%	67 EUR = 56,3%			
variable Kosten	Netto-Deckungsbeitrag			

---

[513] Backhaus, (Preis-Dickicht), in: MM, 10/2000, S. 117
[514] Ein Kritikpunkt bezieht sich auf die Verrechnung der Gemeinkosten, die auf der Grundlage von Bezugsgrößen nicht immer dem Prinzip der Kostenverursachung gerecht werden. Auch beeinflussen

5. Kapitel: Die Konditionenpolitik

In der deutschen Industrie verliert die Zuschlagskalkulation auch deshalb zunehmend an Sinn, weil immer mehr Fixkosten auf immer weniger variable Kosten umgelegt werden müssen.[515]

tät außer Acht. Ist ein Bruttoverkaufspreis als Einstandspreis für den Handel nicht wettbewerbsfähig, so wird versucht, an der Rabattstaffel, der Vertreterprovison oder letztlich dann doch am Gewinnaufschlag zu „drehen", um einen Auftrag zu sichern oder ein Produkt in den Märkten zu halten.

In polypolistischen Märkten müssen die Anbieter eine Marktpreislage (Preisrahmen) und oft sogar einen fixen Marktpreis als Datum akzeptieren. Im Wege der **retrograden Preisermittlung**[516] bzw. der **retrograden Kalkulation** versuchen sie dann, die Kosten von den Marktpreisen her zu bestimmen und zu gestalten. Vom Marktpreis ziehen sie ihre Kosten ab und beurteilen die verbleibende Restgröße, den Gewinn oder den Verlust, auf betriebswirtschaftliche Vertretbarkeit.

Überhaupt gilt es als ein Zeichen einer modernen Unternehmensführung, Marktpreis und Gewinnrate als feste Größen zu betrachten. Die Anstrengungen der Unternehmen laufen dann darauf hinaus, Kosten als veränderliche Größe zu optimieren.[517] **Die Frage lautet:** *Wie hoch dürfen die Kosten (Kostenbestandteile) sein, damit später aus Zielpreis und Ziel-Absatzmenge ein bestimmter Zielgewinn erwartet werden kann?* Dieser moderne Preis- und Kostenfindungsansatz wird auch als **Target Costing** bezeichnet. So haben sich über die Jahrzehnte unterschiedliche **Preiskalkulations-Philosophien** entwickelt, wie die Abb.5-22 verdeutlicht.

Abb.5-22

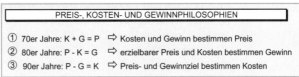

Betriebswirtschaftlich korrekte Preisentscheidungen können allein durch eine Trennung von fixen und variablen Kosten getroffen werden. Die **Break-Even-Analyse** bietet einen betriebswirtschaftlich interessanten Ansatz, um das Zusammenspiel zwischen Preis, Absatzmenge sowie variablen und fixen Kosten aufzuzeigen (s. Teilgrafik ③ der Abb.5-15, sowie Abb.5-23). Abb.5-24 zeigt die rechnerische Herleitung.

Abb.5-23
Abb.5-24

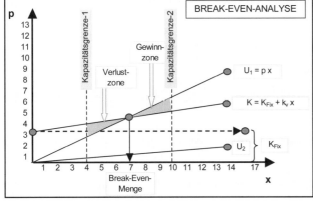

die Preise über die Absatzmengen wiederum die Kosten (Zirkelschluss-Problem). Vgl. die Zusammenfassung und das anschauliche Beispiel bei Scharf; Schubert, (Marketing), 2001, S. 145-147
[515] vgl. Backhaus, (Fixkostenfalle), in: MM, 3/1998, S. 137
[516] da ja der Angebotspreis durch die Marktverhältnisse vorgegeben ist. Wenn der Preis Datum ist, bleiben nur noch Kosten und Mengen als Stellschrauben der Angebotspolitik. Vgl. zum Begriff der retrograden Preisermittlung Weis, (Marketing), 2009, S. 348. Bei der Zielkostenrechnung werden im übrigen *Market into Company*, *Out of Company* und *Out of Competitor* unterschieden.

Ein Beispiel mag die dadurch mögliche Koordination von Kostenrechnung und Preispolitik verdeutlichen. Nehmen wir einmal an, eine Abfülllinie für Holzleim ist mit 70.000 Litern monatlich ausgelastet, die variablen Kosten pro Liter liegen bei 1,45 € und die monatlichen Fixkosten bei 125.000 €. Die Konkurrenz bietet den Heimwerkerketten die 1,5 Lt. Dose zu 4,60 € an. Dann ergibt sich nach Formel 2.) der Abb.5-22 für einen Liter ein kostendeckender Angebotspreis von 3,24 €, d.h. für die 1,5 Lt. Dose 4,85 €. Liegen nun die Einkaufspreise für den Handel bei entsprechender Qualität darüber, z.B. zwischen 5,20 € und 5,60 €, dann ist ein positiver Deckungsbeitrag zu erwarten, und das Produkt ist wettbewerbsfähig. Der Angebotspreis für den Handel wird nun z.B. auf 5,35 € pro 1,5 Lt.-Gebinde (3,57 €/Lt.) festgelegt. Setzt man diesen Angebotspreis in Formel 1.) ein, dann errechnet sich für die Unternehmung eine Gewinnschwellen-Menge von 125.000 : (3,57 – 1,45) = 58.963 Lt. Ab dieser Absatzmenge wären alle Fixkosten abgedeckt und die Unternehmung arbeitet in der finanzwirtschaftlichen Gewinnzone (**Out-of-Pocket-Schwelle**). So zeigt die deckungsbeitragsorientierte Break-Even-Analyse hier den Vorteil gegenüber der Zuschlagskalkulation auf Basis der Vollkosten: Unausgelastete Kapazitäten (Leerkosten) üben keinen preistreibenden Kostendruck aus.[518] Anhand der Break-Even-Analyse lassen sich auch einige spezielle Preisprobleme gut verdeutlichen.

Preisproblem: Die Kapazitätsgrenze liegt unterhalb des Break-Even-Levels
Im einfachen Fall eines konstanten Preises, einer linearen Kostenfunktion und eines positiven Deckungsbeitrages realisiert die Unternehmung das Gewinnmaximum stets an der Kapazitätsgrenze. Liegt die Kapazitätsgrenze aber unterhalb der Break-Even-Menge, dann führt die Produktion an der Kapazitätsgrenze zu einem **Verlustminimum**. Eine beliebte Klausuraufgabe an Hochschulen ist es, die Möglichkeiten und Grenzen einer (1) Senkung der variablen Kosten, einer (2) Preiserhöhung oder einer (3) Senkung der Fixkosten für diesen Fall durchzuspielen, um die Break-Even-Menge unter die Kapazitätsgrenze zu bringen.

Abb.5-24 enthält die wichtigsten Konstellationen:
(1) Der Break-Even-Punkt, für den gilt $G = U - K = 0$, liegt bei $x = 7$.
(2) Bei der Kapazitätsgrenze-1 wird bei $x = 4$ ein Verlustminimum realisiert.
(3) Bei der Kapazitätsgrenze-2 liegt das Gewinnmaximum bei $x = 10$.
(4) Beim Preis von U_2 liegt ein negativer DB vor. Die Produktion ist einzustellen.
Die Break-Even-Betrachtungen gelten unter den Annahmen einer unelastischen Preiselastizität der Nachfrage und konstanter variabler Kosten.

> **WISSENSTEST - SPEZIALFALL:**
> Der Preis p = 4,00 Euro, kv = 1,00 Euro, KFix = 6 Mio. Euro. Die Kapazitätsgrenze liegt bei 1,5 Mio. Stück. Seit Jahren beklagt die Geschäftsführung erhebliche Verluste in diesem Geschäft mit einem wichtigen Kunden. Um wieviel müssten die variablen Kosten durch Rationalisierung und bessere Einkaufspreise gesenkt werden, damit sich ein Gewinn einstellt? Welche Bedeutung hätten in diesem Fall staatliche Subventionen?

Preisproblem: Der Kunde fordert Zusatzrabatt
Im folgenden wollen wir zwei **typische Kampfpreissituationen** betrachten. Gegeben seien folgende Werte eines Angebotes: $x = 200$ Stück, $p = 5$ €, $k_v = 2$ € und $K_{fix} = 200$ €. Als Deckungsbeitrag errechnen sich 600 €, so dass ein Gewinn auf Vollkosten von 400 € verbleibt. Wie kann der Anbieter reagieren, wenn der Kunde einen Zusatzrabatt, d.h. einen Abschlag vom Angebotspreis von m € oder von n % fordert. Der neue, erreichbare Preis ist dann p_n. Der Vertrieb sollte nun versuchen, bei dem

---
[517] zum Target-Costing vgl. Kenter, (Target Costing), 1996, S. 121-138
[518] Wie Meffert aufzeigt, führt die Kosten-plus-Preisbildung somit zu einem prozyklischen Verhalten der Anbieter. Die Folge: in der Rezession liegen die Preisforderungen der Anbieter zu hoch, im Boom zu niedrig; vgl. Meffert, (Marketing), 2000, S. 509.

5. Kapitel: Die Konditionenpolitik 267

Kampfpreis eine höhere Verkaufsmenge herauszuhandeln. Verhandlungsziel sollte es sein, wieder auf den ursprünglichen Deckungsbeitrag zu kommen. Nehmen wir an, der Kunde fordert einen 20%igen Zusatzrabatt, so dass nur noch 4 € Umsatzerlös pro Stück realisiert werden können. Abb.5-25 zeigt die Lösungsformel: 200 mal 3 : 2 = 300 Stück. Wieder errechnet sich ein DB von 600 € und bei unveränderten Fixkosten ein unveränderter Vollkostengewinn von 400 €.

Abb.5-25

Preisproblem: Der Kunde will weniger abnehmen als vereinbart

Wie kann der Anbieter reagieren, wenn der Kunde nicht bereit ist, die dem Angebotspreis zugrunde liegende Verkaufsmenge abzunehmen? Wieder gilt für den Anbieter das **Verhandlungsziel**, den ursprünglich geplanten Gesamt-Deckungsbeitrag zu retten. Abb.5-25 zeigt unter 2.) die Lösung. Man stelle sich vor, der Kunde möchte nach dem obigen Beispiel nur 150 Stück der Ware abnehmen. Ohne Gegenforderung des Vertriebs würde der Deckungsbeitrag dann von 600 auf 450 (- 25%), der Gewinn sogar um 150 € (- 37,5%) abnehmen. Nach der Formel wäre eine Preiserhöhung auf (200 : 150) x 3 + 2 = 6 € erforderlich, um den ursprünglichen Deckungsbeitrag in Höhe von 600 zu sichern.

KAMPFPREISSITUATIONEN
1.) Kunde fordert Rabatt
G1 = (p - k_v) x - Kfix
G2 = (p_n - k_v) x_n - Kfix
G1 = G2 bzw. DB1 = DB2
(p - k_v) x = (p_n - k_v) x_n
x (p - k_v) : (p_n - k_v) = x_n **(neue Menge)**
2.) Kunde reduziert Angebotsmenge
G1 = (p - k_v) x - Kfix
G2 = (p_n - k_v) x_n - Kfix
G1 = G2 bzw. DB1 = DB2
(p - k_v) x + k_v x_n = p_n x_n
(x : x_n) (p - k_v) + k_v = p_n **(neuer Preis)**

Gewinnsteigerung bei 2% Preissteigerung:
VW +111%
DaimlerChrysler +87%
Metro + 82%
TUI +61%
ZF +53%
MAN +46%
Siemens +36%
(*nach Simon-Kucher & Partne*; zit. in salesBusiness, 7/2007, S. 25)

Preisproblem: Kleine Preiszugeständnisse – große Gewinneinbußen!

Diese Ausführungen verdeutlichen die **dramatische Hebelwirkung des Deckungsbeitrages** auf den Gewinn. Wenn der Anbieter dem Kunden im obigen Beispiel beim Verkaufspreis nur um 20 % entgegenkommt (*p* sinkt von 5 auf 4 €), dann geht der Gewinn gleich um 50 % zurück (von 400 auf 200 €). Der Grund liegt in der Konstanz der Fixkosten. **Deckungsbeitragseinbußen schlagen in vollem Umfang auf den Vollkostengewinn durch**. Die Beispiele beweisen also, wie wichtig es für eine Preisverhandlung ist, alle gewinnrelevanten Angebotspunkte genau festzulegen und unter Preisdruck separat über Preis, Menge, Zahlungskonditionen etc. zu verhandeln. Was dieser Abschnitt deutlich machen soll: **Stets sollte die Deckungsbeitragssicherung das vorrangige Verhandlungsziel eines Anbieters sein**.

Abb.5-26 beweist in einigen Vergleichsrechnungen, wie stark Auf- oder Abschläge von den Parametern der betriebswirtschaftlichen Gewinngleichung

$$G = (p - k_v) x - K_{fix}$$

auf den Gewinn durchschlagen.

Abb.5-26

DIE SENSITIVITÄT DER GEWINNGLEICHUNG							
	(p	- kv)	*	x	- Kfix	=	G
Situation ⊠	(20	- 14)	*	800	- 2300	=	2500 100%
p: -10%	(18	- 14)	*	800	- 2300	=	900 -64%
kv: +10%	(20	- 15,4)	*	800	- 2300	=	1380 -45%
x: -10%	(20	- 14)	*	720	- 2300	=	2020 -19%
Kfix: +10%	(20	- 14)	*	800	- 2530	=	2270 -9%

Die höchsten Sensitäten (**Gewinn-Volatibilität**) ergeben sich bei den Parametern, die unmittelbar den Deckungsbeitrag beeinflussen. Das Beispiel soll auch davor warnen, bei Preisverhandlungen nur den Kunden im Auge zu behalten und die betriebliche Kostenseite zu übersehen. Bei Preisverhandlungen sollten die Verkäufer betriebswirtschaftlich denken und die Kostenstrukturen kennen.

Preisproblem: Wie kann man den Preis von anderen Gewinneinflußgrößen isolieren?

Abb.5-27 Abb.5-27 beschreibt einen Fall eines dramatischen Gewinneinbruchs um 37,8%. Die Gewinnflussrechnung ergibt: Die Preise (+2%) und Mengen (+10%) sind zwar gestiegen. Doch eine Kostenstrukturverschlechterung im Fixkostenbereich steht dem entgegen.

GEWINN-FLUSSRECHNUNG IM VERTRIEB				
	2010	2009	2010/2009	Änd. in %
p	5,00 €	5,10 €	0,10 €	2,0%
kv (pro Stück)	3,00 €	3,50 €	0,50 €	16,7%
DB pro Stück	2,00 €	1,60 €	-0,40 €	-20,0%
Absatzmenge	1.000.000,00	1.100.000,00	100.000,00	10,0%
Umsatz	5.000.000,00 €	5.610.000,00 €	610.000,00 €	12,2%
Kv Gesamt	3.000.000,00 €	3.850.000,00 €	850.000,00 €	28,3%
DB Gesamt	2.000.000,00 €	1.760.000,00 €	-240.000,00 €	-12,0%
Fixkosten	1.100.000,00 €	1.200.000,00 €	100.000,00 €	9,1%
Gewinn	900.000,00 €	560.000,00 €	-340.000,00 €	-37,8%
Preiseffekt	100.000,00 €	(Menge alt x Preisänderung)		
Mengeneffekt (DB)	160.000,00 €	(Mengenänderung x DBneu)		
Effizienzeffekt (kv)	-500.000,00 €	(Menge alt x Veränderung kv)		
Kostenstruktureffekt	-100.000,00 €	(Änderung Fixkosten)		
Gewinneffekt	-340.000,00 €			

Eine Effizienzverschlechterung mit der Folge stark erhöhte variabler Stückkosten erweist sich schlußendlich als Hauptbelastungsfaktor. Die gestiegenen variablen Kosten verschlechtern das Ergebnis um 500.000 Euro.

5.3.4. Wettbewerbsorientierte Preisbestimmung

> *"Wer als Marketing-Manager versucht, den optimalen Preis für sein Produkt zu bestimmen, hat meist keine andere Wahl, als sich irgendwie in das existierende Preisgefüge des Wettbewerbs einzupassen. Denn valide Daten über die Preisbereitschaft der Kunden liegt in den seltensten Fällen vor."*[519]

Die Preispolitik darf auch die Wettbewerber und deren Preisverhalten nicht außer Acht lassen. Über den Hebel der Markenpolitik formen bzw. stabilisieren die Konkurrenten die Preislagen. Oft kristallisieren sich im Zeitablauf unabgestimmte (oder verbotenerweise abgestimmte) Preisstrategien der Hauptanbieter in einem Markt heraus. Typische strategische Verhaltensweisen sind z.B.
(1) **Preisführerschaft**: im Gegensatz zur Porter-Matrix mit Höchstpreisen im Markt,
(2) **Preis-Dumping**: ein Wettbewerber setzt grundsätzlich die niedrigsten Preise,
(3) **koalierendes Verhalten**: die Konkurrenzpreise nähern sich an; und
(4) **barometrische** (wechselnde) **Preisführerschaften**. Diese sind ein Ausweg, um kartellrechtlichen Anschuldigungen hinsichtlich Preisabsprachen auszuweichen. Diese Preispolitik wird z.B. bei Mineralölkonzernen deutlich.

Im Bausektor oder bei öffentlichen Ausschreibungen sind Preisverhandlungen reglementiert. Gemäß VOB holen die Einkäufer i.d.R. drei Vergleichsangebote ein. Vor der Öffnung der Angebote dürfen diese nicht eingesehen werden. I.d.R. geht der Zuschlag an den billigsten Anbieter. In den Geschäftsmärkten sind ansonsten **taktische Kampfpreissituationen** mit **fallweisen Vertragsabschlüssen** typisch. Hat ein Einkäufer oder auch ein Techniker für einen Anbieter eine Präferenz (Protektion), dann deutet er diesem nicht selten an, wo die Offerte preislich liegen müsste, um den Auftrag zu vergeben. Derartige Situationen zwingen den Anbieter immer wieder zur Überprüfung der Kalkulation. Sind seine Kapazitäten nicht voll ausgelastet, dann wird ein Anbieter eventuell ein Deckungsbeitragsangebot unterbreiten. Kurzfristig bilden

---

[519] Bilstein; Bieker, (Nachfragekurve), in: ASW, 11/2000, S. 62

hierbei die variablen Kosten die Untergrenze für den Angebotspreis. Die **kurzfristige Angebotspreisuntergrenze** liegt in der Praxis allerdings erfahrungsgemäß bei „variable Kosten plus 10 bis 15% Deckungsbeitrag", um die mit der Angebotsbearbeitung verbundenen direkten Kosten abzudecken. Langfristig muss allerdings auch unter härtesten Wettbewerbsbedingungen ein vollkostendeckender Preis[520] erreicht werden (**langfristige Preisuntergrenze**).

Abb.5-28

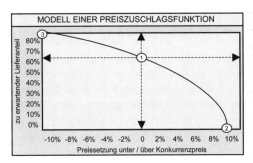

BtoB-Mengengeschäfte werden vom Nachfrager oft auf einige (wenige) Lieferanten aufgeteilt. Das senkt das Einkaufsrisiko und stärkt die Verhandlungsmacht. Zumindest gibt es Erst- und Zweitlieferanten. Der Anbieter sollte Erfahrungen entwickeln, um wie viel sich sein zu erwartender Lieferanteil erhöht oder vermindert, wenn er um x Prozent über oder unter dem Konkurrenzangebot einer Ausgangssituation liegt. ① Im Fall der **Preiszuschlagsfunktion**[521] der Abb.5-28 kann ein Anbieter mit knapp über 60% des Einkaufsbudgets eines OEM für bestimmte Zulieferanteile rechnen. ② Angesichts der harten Wettbewerbssituation muss er befürchten, beim Zuschlag überhaupt nicht mehr berücksichtigt zu werden, sollte der Angebotspreis um 10% über der Konkurrenz liegen. Bei Preissenkungen sind zunächst nur mäßige Lieferanteilserhöhungen zu erwarten. ③ Bei Preissenkungen um 10% wird ein maximaler Lieferanteil von ca. 90% erreicht. Die Preiszuschlagsfunktion gilt unter der Annahme, dass der Konkurrent bei seinem Angebotspreis bleibt, was in der Praxis wohl kaum zu erwarten ist.

Auch bei Konsumgütern sind Fälle bekannt, in denen Angebotspreise aggressiv gegen Konkurrenten gerichtet wurden.
Scharf und Schubert erwähnen die Markteinführung der Tankstellenkette Jet. Um sich den Marktzutritt zu verschaffen, hatte Jet die etablierten Markentankstellen grundsätzlich um einen Pfennig unterboten.[522] *TV Today wurde im Februar 1996 aus Gründen eines Angriffs gegen die Konkurrenz von 2,30 DM auf 1 DM gesenkt. In allen Fällen entsteht die Gefahr einer abwärts gerichteten Preisspirale, bei der es letztlich nur einen Sieger gibt: den Kunden.*

Ohne dass es aber gleich zu einer Wettbewerbsauseinandersetzung kommen muss:
⊠ Vor jeder Angebotsabgabe für einen interessanten Auftrag sollte ein Quervergleich mit erfahrbaren Wettbewerbsofferten durchgeführt werden.

5.3.5. Preispolitik im Preiskrieg

Nach *Simon, Kucher & Partner* liegt ein Preiskrieg vor, wenn
- Preise als Folge von Aktionen und Reaktionen der Konkurrenten unablässig fallen,
- die Preissenkungen dabei in so rascher Abfolge auftreten, dass die Mengeneffekte der Preissenkungen nicht nachvollzogen werden können,
- die Vollkosten einer ganzen Branche über einen längeren Zeitraum nicht mehr gedeckt werden können und
- der Preisdruck sich nicht auf einzelne, preissensitive Kundensegmente bezieht,

---

[520] bzw. eine vollkostendeckende Produktions- und Absatzmenge (Break-Even Menge)
[521] vgl. das Beispiel von Paul (Simon, Kucher & Partners) in Anlehnung an Edelmann (1965), zit. in ASW, 5/2002, S. 41. Dort wird allerdings von einem s-förmigen Verlauf ausgegangen.
[522] vgl. Scharf; Schubert, (Marketing), 2001, S. 165

sondern den gesamten relevanten Markt betrifft.[523]

Es wird von einem **Pricing-IQ** ganzer Branchen gesprochen.[524] Intelligente Branchen schöpfen alle Möglichkeiten aus, um einen exzessiven Preiskrieg zu vermeiden. Denn Preiskriege schwächen die Markenwahrnehmungen der Käufer und schwächen die Markenwerte. So verringerte sich der Durchschnittspreis von Haushaltsgeräten zwischen 1995 und 2002 um 10 Prozent und die Preise für Winterreifen um 25 Prozent. Die Vereinigung der Luftfahrtbranche *IATA* weist auf erhebliche Branchenverluste in den Jahren 2001 (8,2 Mrd. Euro) und 2005 hin (6 Mrd. Euro).

Folgende **Maßnahmen** können die Gefahr eines „Branchenselbstmordes" eindämmen:
(1) eine umfassende Marktforschung hinsichtlich der Rolle des Preises bei der Kundenentscheidung, der eigenen Kompetenzen, der eigenen Kostenposition, der Preissensibilität der Kunden, der Reaktionen der Wettbewerber und der Dynamik der Branche,
(2) intelligente Produktdifferenzierung (s. Abschnitt 4.4.1.),
(3) innovative Preismodelle und Preisstrukturen (d.h. Preisdifferenzierung, s. Abschnitt 5.3.6.) und ein
(4) Price-Signaling als konzertierte Aktion der Hauptwettbewerber; d.h. klare Signale über eine marktgerechte Preispolitik.

In eine Falle scheinen Unternehmen regelmäßig zu laufen: Sie überschätzen die durch Preissenkungen induzierten Mengensteigerungen bzw. sie übersehen das Phänomen der Preiselastizitäten.

5.3.6. Strategien der Angebotspreis-Differenzierung

a.) Horizontale Preisdifferenzierung

Bei allen bisherigen Überlegungen ist das **Dilemma der Einzelpreissetzung** zu beachten: Eigentlich kann ein Vertriebsleiter mit seiner Preissetzung nie zufrieden sein. Zu jedem beliebigen Einzelpreis gibt es Käufer, die auch zu höheren Preisen kaufen würden. Und es gibt Käuferschichten, die zu niedrigeren Preisen mehr kaufen würden. Jede Einzelpreissetzung bringt also auch einen Umsatzverzicht mit sich. An dieser Idee, durch mehrere Preissetzungen die Umsatzfläche unter der PAF besser auszuschöpfen, setzt die horizontale Preisdifferenzierung an.

Beispiel: für **Value-based-Pricing**: *Express Service DHL* für ein Paket: 12,50 Euro, Anlieferung vor 10 Uhr: 23 Euro, Anlieferung vor 9 Uhr: 33 Euro.

> ➡ Bei **horizontaler Preisdifferenzierung** wird ein Produkt auf einem Markt systematisch verschiedenen Zielgruppen (Marktsegmenten) zu verschiedenen Preisen angeboten.
> ➡ **Übliche Differenzierungen** erfolgen nach: gewerblichen/privaten Kunden, Berufsgruppen (z.B. Studentenpreise), Altersgruppen (z.B. Seniorenpreise) Abnahmemengen (z.B. Vielfliegerrabatt), Mitglieder von Kundenclubs /Kundenkarten etc.
> ➡ Preisdifferenzierung beruht auf der Idee des **Value-based-Pricing**: Welcher Nutzen eines Angebotes bewirkt beim Kunden welche Preisbereitschaft? Und die gilt es durch ein Ansetzen differenzierter Preise abzuschöpfen.

Eine Preisdifferenzierung bedingt folglich eine nutzen-/preisbezogene Marktsegmentierung, mit dem Ziel, „*das vorhandene Marktpotenzial dadurch möglichst optimal auszuschöpfen, dass man die unterschiedlichen Preisbereitschaften von Konsumen-*

---
[523] vgl. Laker; Zinöcker, (Preisschlacht), in: ASW, 12/2006, S. 44-47
[524] vgl. Laker; Zinöcker, (Preisschlacht), in: ASW, 12/2006, S. 45

Abb.5-29

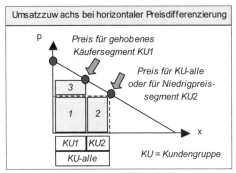

tengruppen bei der Preisgestaltung berücksichtigt, um dadurch den Unternehmensgewinn zu erhöhen."[525] Eine bestehende PAF (mit gegebener Preiselastizität für den Gesamtmarkt) ist derart in Abschnitte zu zerlegen, dass sich jeweils Kundensegmente mit unterschiedlicher Preisbereitschaft ergeben.[526] Anhand der Abb.5-29 lässt sich zeigen, dass zwei Preis-Mengen-Kombinationen unterhalb der PAF zu größerem Flächeninhalt führen (d.h. zu höherem Umsatz) als lediglich eine einzelne Preissetzung; selbst wenn diese beim Umsatzmaximum liegt. Beim niedrigen Preis wird von *KU-alle* das Umsatzmaximum der Quadrate 1+2 realisiert. Bei Preisdifferenzierung bringt das gehobene Käufersegment *KU1* den Umsatz 1+3. Beim niedrigeren Preis kommt *KU2* mit Quadrat 2 hinzu. Der Mehrumsatz durch Quadrat 3 kann aber nur realisiert werden, wenn sich die gehobene Käuferschicht vom Niedrigpreis abschotten läßt. Es leuchtet ein, dass jede weitere Preis-Mengen-Kombination die Fläche unterhalb der PAF vollständiger ausschöpft. Im Fachjargon heißt das: Die horizontale Preisdifferenzierung schöpft die **Konsumentenrente** ab.[527]

Im Extremfall, der in der Praxis sicher kaum zu realisieren ist, würde jeder Abnehmer das Produkt zu „seinem" individuellen Höchstpreis erhalten. Das würde dann aber auch bedeuten, dass ein Kunde, falls er selbst mehrere Produkte nachfragt, diese zu unterschiedlichen Preisen beziehen möchte. Denn mit jedem Bezug nimmt ja sein individueller Grenznutzen ab. Für jede nächste Einheit verlangt er eine Preisermäßigung. Kann er aber dann die n+1te Einheit zu einem Preis von z.B. 5 € bekommen, dann sieht er nicht ein, warum er für die letzte Einheit z.B. 6 € bezahlen muss.

Genau hier liegt die Schwachstelle des Konzeptes. **Kein Kunde zahlt freiwillig mehr als er muss.** Die horizontale Preisdifferenzierung ist nur durchsetzbar, wenn sich die Käufersegmente durch Barrieren voneinander abschotten lassen. *Dolan* und *Simon* unterscheiden vier **Barrieretypen**:[528]

(1) **Produktdifferenzierung**: Bei der Barriere Produktqualität wird das Produkt in mehreren Ausführungen angeboten, die gezielt auf Kundensegmente ausgerichtet sind (z.B. Lifestyle-Segmente). Oft sind es nur kleine Veredelungen oder Zusatzleistungen, wegen der Prestigekäufer nicht zum preiswerteren Produkt greifen. Die Preisdifferenzen sind deutlich größer als die Unterschiede bei den Herstellkosten (Bsp: Das gleiche Buch im Ledereinband und im Paperback – Preisdifferenzierung im Zeitablauf, eine typische Strategie der Buchverlage).

(2) **Verfügbarkeit**: Bestimmte Produktvarianten werden bestimmten Zielgruppen nicht zugänglich gemacht. So werden z.B. die preiswerten Labels der Mode-Designer-Marken in den Top-Geschäften nicht angeboten. *Grohe*-Armaturen gibt es nicht in Baumärkten. Im Werksverkauf werden (angeblich) nur Markenartikel zweiter Wahl verkauft.

---

[525] Scharf; Schubert, (Marketing), 2001, S. 171-172; Value-based-Pricing wird stark von *Simon Kucher & Partner* und von Prof. Schmäh vertreten.
[526] vgl. Nieschlag; Dichtl; Hörschgen, (Marketing), 2002, S. 844-847
[527] Zur Konsumentenrente: links vom Cournot'schen Punkt liegen die Käuferschichten, die das Produkt zu einem günstigeren Preis erhalten als sie maximal zu zahlen bereit wären. Durch Preisdifferenzierung wird dieses Dreieck unterhalb der PAF aufgebrochen: vgl. Nieschlag; Dichtl; Hörschgen, (Marketing), 2002, S. 844
[528] vgl. zu den ersten 4 Barrieretypnen: Dolan; Simon, (Power Pricing), 1997, S. 147 ff.

(3) **Käufermerkmale**: Sonderpreise für Schüler, Exklusivangebote für Club-Mitglieder, Mietwagen-Vorzugsrabatte für *ADAC*-Mitglieder, Sonderangebote für Senioren, Ehepartner-Rabatte kennzeichnen Preisdifferenzierungen, die an nachvollziehbaren Käufermerkmalen festgemacht sind. Wichtig ist, dass die ausgegrenzten Käufer diese Barrieren auch als fair empfinden.

(4) **Kaufbedingungen**: Die Barriere liegt in Bedingungen, durch die sich ein Käufer einen Sonderpreis erdienen muss. Beispiele sind unterschiedliche Reisepreise; je nachdem, ob der Kunde Clubmitglied ist (mit Jahresbeitrag) oder nicht.

(5) **Zeitliche Barrieren**: unterschiedliche Telefontarife im Tagesverlauf, saisonbedingte Preisunterschiede bei Urlaubsreisen, Abendkassenpreise,

(6) **mengenmäßige Preisdifferenzierung**: (z.B. Bahncard, Mengenrabatte), sowie

(7) Differenzierung nach **Inanspruchnahme**: Handy: Minutenabrechnung oder sekundengenaue Preisberechnung,

(8) **Verwendungszweck**: z.B. Preisdifferenzierung nach Speisesalz, Viehsalz, Industriesalz,

In Tokio gibt es Cola-Automaten, bei denen der Preis nach der Außentemperatur differiert.

(9) Differenzierung nach dem **Value-based-Pricing-Ansatz**: Sauna-, Parkhauspreise nach Auslastung, *Coca Cola* Preise nach Außentemperatur (Tokio).

Die marktorientierte Unternehmensführung wird stets abzuwägen haben,

▷ welche Vorteile es bringt, den Gesamtmarkt nicht einheitlich, sondern mit differenzierten **Zielgruppenpreisen** anzugehen, dadurch aber evtl. auf Kostendegressionsvorteile durch hohe Stückzahlen zu verzichten (Diese Problematik wird dann nicht so gravierend sein, wenn die zielgruppenspezifischen Produkte über gleiche Fertigungslinien laufen. Auf jeden Fall wird deutlich, dass hier Leistungsprogrammpolitik und Preispolitik zusammen zu betrachten sind),

▷ wie stark die **Barrieren** zwischen den Käuferschichten ausgeprägt sind bzw. wie hoch der Aufwand wäre, diese Käuferbarrieren aufzubauen.

b.) Vertikale Preisdifferenzierung

➡ Bei der **vertikalen Preisdifferenzierung** wird ein Produkt auf **unterschiedlichen** Märkten zu unterschiedlichen Preisen angeboten.

Bei der horizontalen Preisdifferenzierung werden in einem Markt (unter einer PAF) verschiedene Preis-/Mengenkombinationen realisiert. Existieren dagegen mehrere getrennte Teilmärkte mit unterschiedlichen PAF und unterschiedlichen Nachfrageelastizitäten nebeneinander und können auf diesen Teilmärkten die Angebotspreise isoliert voneinander optimiert werden, dann bietet sich eine **vertikale Preisdifferenzierung** an. Die Literatur hebt hervor, dass dadurch ein höherer Gewinn erzielt werden kann als bei einheitlicher Gewinnmaximierung einer alle Teilmärkte aggregierenden PAF.[529] Dies gilt unter folgenden Voraussetzungen:

(1) Auf den Teilmärkten müssen verschiedene PAF existieren.
(2) Für die Nachfrager müssen Weiterverkäufe auf einem anderen Markt ausgeschlossen sein.
(3) Die Konkurrenzsituation muss die Durchsetzung der unterschiedlichen Preisforderungen zulassen.
(4) Die Zusatzerträge des Anbieters müssen höher liegen als etwaige zusätzliche Marketing- und Logistikkosten.

Es wurde behauptet, dass im Zuge der **europäischen Marktöffnung** vertikale Preisdifferenzierungen in Europa an Bedeutung verlieren würden. Die Praxis zeigt, dass das nicht der Fall ist. Noch immer gibt es KFZ-Reimporte über die holländische oder

---

[529] vgl. das Berechnungsbeispiel bei Nieschlag; Dichtl; Hörschgen, (Marketing), 2002, S. 844-846

die italienische Grenze. Und ab einer bestimmten Entfernung fahren deutsche Autofahrer eben nicht mehr nach Österreich, um zu tanken.

Abb.5-30 Ein plastisches Beispiel für die noch immer anzutreffenden Preisunterschiede liefert der Automobilhandel. Bei 24 Prozent Unterschied im Preisniveau zwischen Deutschland und Griechenland lohnt es sich fast, zum Autokauf nach Athen zu fahren. Diese Aussagen gelten aber nur für Consumer-Märkte. In BtoB profitieren die Kunden von den liberalisierten Märkten. Die *Metro-Gruppe* arbeitet mit EDV-Programmen, durch die die Einkäufer die Konditionen für jeden beliebigen Artikel in Europa vergleichen können.[530]

VW-GOLF-PREISE IN EUROPA
1. Deutschland 13.470 €
2. Italien 13.142 €
3. Frankreich 12.987 €
4. Niederlande 12.304 €
5. Spanien 12.203 €
6. Finnland 11.217 €
7. Großbritannien 10.840 €
(Quelle: Europäisches Verbraucherzentrum, Stand 5/2006; zit. nach Diller, (Preispolitik), 2008, S. 301)

c.) Preisbündelung / Entbündelung / psychologische Preisgestaltung

Preisdifferenzierungen sollen unterschiedliche Preisbereitschaften der Kunden abschöpfen. Dieses Ziel kann auch durch eine Preisbündelung erreicht werden.

> ▶ **Echte Preisbündel**: "*Unter Preisbündelung versteht man die Zusammenfassung mehrerer Teilleistungen zu einem Angebotsbündel, das zu einem Gesamtpreis angeboten wird.*"[531]
> ▶ Bei einem **gemischten Bündel** hat der Käufer die Wahl zwischen dem Angebotsbündel und dem Kauf der einzelnen Teilleistungen. Bei einem **echten Bündel** besteht diese Wahlmöglichkeit nicht.
> ▶ **Entbündelung**: Die **psychologische Preispolitik** tendiert eher zur **Entbündelung**. Es gilt die Hypothese: Bei rechnerisch identischen Gesamtpreisen kann durch eine unterschiedliche Verteilung der Preise auf einzelne Produktelemente die subjektive Preisgünstigkeit aus Kundensicht deutlich variieren.

Abb.5-31 Ein gutes Beispiel sind die Menüpreise von *McDonald's*. **Echte Preisbündel generieren Mehrumsätze**, wenn der Kunde eigentlich auf eine Teilleistung verzichten könnte, jedoch stark an das Kernprodukt gebunden ist. Außerdem werden die Preis- / Leistungsrelationen der Einzelteile verdeckt. Ein gutes Beispiel hierfür sind HiFi-Kompaktanlagen.

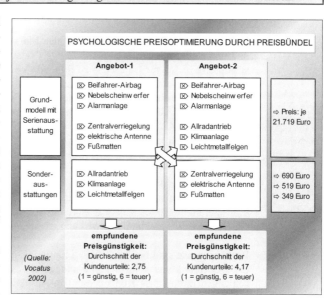

---
[530] vgl. Jensen, (Preis), in: MM, 3/1998, S. 122
[531] Dietz, (Automobilmarketing), 1997, S. 142

Ein **Package-Preis** mutet sehr günstig an. Jedoch ist eine Komponente (oft das Kassettendeck oder die Lautsprecher) von minderer Qualität. Preisbündel werden auch oft für Dienstleistungen quotiert. In einer neuen Heizungsanlage ist z.b. bereits ein Wartungsvertrag enthalten. Auf der anderen Seite nehmen die Anbieter zunehmend **Entbündelungen** vor. Serviceleistungen werden z.b. aus Sachleistungen herausgelöst und als eigenständige Dienstleistungen vermarktet. Um diese Entbündelung dem Kunden schmackhaft zu machen, wird der Preis für die Kernleistung (geringfügig) gesenkt.

Preisbündel haben eine wachsende Bedeutung für die **psychologische Preisoptimierung**. Ein effektiver Preis ist keinesfalls mit dem vom Kunden empfundenen Preis identisch. So ergeben sich interessante Spielräume, um durch eine intelligente Bündelung von Kern- und Sonderleistungen Mehrumsatz zu generieren und zudem Wettbewerbsvorteile zu erringen. Abb.5-31 bietet ein Beispiel aus der Automobilindustrie.[532] Der Gesamtwert beider Angebote ist identisch. Es werden lediglich die Zuordnungen der Ausstattungs- und Preiselemente variiert. Dabei zeigt sich, dass der Preiswertigkeit einer Sonderausstattung eine hohe Bedeutung zukommt. Beim Angebot-1 hat der Käufer das Gefühl, hochwertige Sonderausstattungen preisgünstig zu erhalten. Beim Angebot-2 tritt der gegenteilige Effekt ein. Die Zusatzpreise für Commodity-ähnliche Ausstattungen wirken weniger attraktiv. Kunden sollen also den Eindruck eines preisgünstigen Angebotes bekommen. Einmal durchschnittlich günstig (Grundmodell beim Angebot-1) und drei als günstig empfundene Teilangebote bewirken, dass das Angebot-1 als preislich attraktiver empfunden wird.

5.3.7. Pauschalpreise (Flatrates)

> *"AOL hatte keine Wahl. Alle Anbieter rechnen heute nach Pauschalpreisen ab, so dass AOL nicht bei seiner nutzungsabhängigen Preispolitik bleiben konnte. Der entscheidende Fehler war die viel zu späte Umstellung."*
> *(Der "Preisexperte" Eric G. Mitchell in einer Stellungnahme zum Preissystem von AOL)*[533]

Im Dezember 1996 reagierte *AOL* auf den Markteinstieg von Billiganbietern wie *AT & T* und stellte seine **nutzungsabhängige Preispolitik auf Pauschalpreise** um. Pauschalpreise bieten für Unternehmen folgende **Vorteile**:
(1) Der Kunde wird zur Nutzung und damit zur **Kundenbindung** animiert. Er geht kein Risiko ein, was der Mentalität vieler Verbraucher entgegenkommt.
(2) Pauschalkunden bringen **konstante Einnahmen** (Vorteil für Liquiditätspolitik).
(3) Wenn die Zusatzkosten für neue Kunden relativ gering sind, kann mit Pauschalpreisen **problemlos kalkuliert** werden.
(4) Kostenersparnis: Rund 50 Prozent der Kosten eines Telefongesprächs entfallen auf die Abrechnung. Pauschalpreise bieten durch das einfache Konzept **Einsparmöglichkeiten**.
(5) Pauschalpreise bringen dem Kunden **Servicevorteile**. Wird z.B. in einem Restaurant kostenlos Kaffee nachgeschenkt, dann kostet die zusätzliche Tasse nicht viel. Die Kundenbindungswirkung ist dagegen beachtlich.

Pauschalpreise sind bei "natürlichen Sättigungsgrenzen" ungefährlich. Bei Pauschalpreis-Buffets können nur Wenige unbegrenzt essen. In Freizeitparks sorgen Warteschlangen dafür, dass Kunden die Top-Attraktionen nicht unbegrenzt nutzen. Wer aber nicht aufpasst, den ereilt das Schicksal von *T-Online*: Dauersurfer blockierten die Leitungen und sorgten nicht für die erwarteten, zusätzlichen Werbeeinnahmen

---
[532] vgl. vocatus AG, (Feedback), 4/2002, S. 3
[533] zit. in: o.V., (Pauschalpreise), in: PM-Beratungsbrief v. 14.4.1998, S. 4-5

und E-Commerce-Umsätze. Die Strategie der *Deutschen Telekom*, Internet-Nutzer durch eine attraktive Flatrate an *T-Online* zu binden, hat sich über lange Zeit als Verlustgeschäft erwiesen. "*Das dicke Ende der Flatrate-Coups kommt noch.*"[534]

5.3.8. Werteorientierte Preispolitik (Value-based-Pricing)

Value-based- Pricing ist Teil der werteorientierten Unternehmensführung bzw. des Customer Value and Equity Managements.

Bei jedem Kaufakt spielen Beziehungen und Gefühle eine Rolle. Doch hat die psychologische Kaufbeeinflussung oft Grenzen. Der Firmenkundschaft geht es weniger um ein attraktives Design, um Prestige oder um persönliches Kauf-Wohlbefinden. Technische Notwendigkeiten stehen im Vordergrund. Die entscheidende Frage lautet: *Was bringt ein Angebot für meine Firma?* Der Druck auf Unternehmer und Führungskräfte, im Zuge der **Shareholder Value Maximierung** permanent Mehrwerte für ihre Unternehmen zu generieren, lässt sie vor allem die Werthaltigkeit von Zu-Angeboten hinterfragen. Hier setzt das **Value-based-Pricing** an; auch **Cash Value Pricing** genannt.[535] Beim Value-based-Pricing verhandeln Lieferant und Kunde gemeinsame **Wertschöpfungspotenziale** aus und nicht vorrangig technische Produkteigenschaften. Diese Preispolitik erfordert die Anwendung der Erkenntnisse des Wertemanagements auf die Preisgestaltung. Die Vorteilseffekte für die Kunden (1) Kosteneinsparungen, (2) schnellere Finanzrückflüsse, (3) später anfallende Kosten, (4) Wettbewerbsvorsprünge sowie (4) Kosten- und Zeitersparnisse bei Re-Investitionen sind aus Kundensicht zu bewerten und in die Preisverhandlung einzubringen. Ein spezielles Beispiel: Der Windkraftanlagen-Hersteller *Enercon* differenziert die Wartungspreise in Abhängigkeit vom Kundenertrag. So steigern wertvollere Angebote die Kundenwerte. Diese wiederum erlauben bessere Preisstellungen.

5.4. Dynamische Preispolitik

5.4.1. Initialpreissetzungen und Preisdynamik

Die Angebotspreise unterliegen im Zeitablauf vielfältigen strategischen und situationsbezogenen Änderungseinflüssen. Mit diesen Aspekten beschäftigt sich die **dynamische Preistheorie**. Eine besondere Rolle spielen hierbei preispolitische Maßnahmen, die ein Produkt über den Lebenszyklus begleiten. Bereits bei der Markteinführung stellt sich die Frage, ob die Unternehmung einen zeitlichen Vorsprung zum Abschöpfen schneller Gewinne und damit zur schnellen Amortisation einer Investition nutzen sollte oder ob sie eher darauf bedacht sein sollte, durch möglichst moderate Preissetzungen Konkurrenten wenig Anreiz zum Markteintritt zu bieten. *Simon* stellt als Extreme die **Penetration-Preisstrategie** der **Skimming-Preisstrategie** gegenüber (Abb.5-32).[536]

Die **Penetration-Strategie** mit dem Merkmal niedriger Einstiegspreise hat sich in Massenmärkten bewährt. Dort kommt es darauf an, Produkte ohne besondere Wettbewerbsvorteile (ohne USP´s) schnell in die Flächendistribution zu bringen, um langfristige Erfahrungskurven- und Kostendegressionseffekte zu nutzen. Wie im 2. Kapitel aufgezeigt, drängen die Portfoliostrategien die Unternehmen zur schnellen Marktdurchdringung und damit tendenziell zur Penetrations-Preisstrategie. Mitanbieter werden gezwungen, ebenfalls schnell zu wachsen. Denn Marktanteilsverluste führen zu Kostennachteilen gegenüber schneller wachsenden Konkurrenten. Die Kunden erwarten, dass Anbieter Kosteneinsparungen in den Preisen weitergeben.

---
[534] Müller; Preissner, (Kippe), in: MM, 2/2001, S. 12
[535] vgl. hierzu das Beispiel von Schrank; Litschke, (Preispoker), in: ASW, 9/2002, S. 46-51
[536] vgl. Simon ; Fassnacht, (Preismanagement), 2009, S. 328-333

Abb. 5-32

PREISSTRATEGIEN BEI DER EINFÜHRUNG NEUER PRODUKTE	
Wirkungen der Skimming-Preisstrategie	Wirkungen der Penetration-Preisstrategie
• kurzfristig sind höhere Gewinne realisierbar • schnellere Amortisation von F&E-Investitionen • Gewinnabschöpfung im frühen Prod.-Lebenszyklus • Preisspielraum nach unten gegeben bzw. Kalkulationsreserven vorhanden • horizontale Preisdifferenzierung gut möglich • weniger Druck zu Preiserhöhungen • evtl. positives Image als Qualitätsführer • evtl. aber negatives Preisführer-Image • weniger Kapazität ist vorzuhalten	• hoher Gesamt-DB nur über Stückzahlen möglich • schnelles Ausnutzen von Economies of Scale • dadurch schneller Aufbau einer Marktführerposition • Kosten-, Synergie-, Erfahrungsvorsprünge • Reduzierung eines preislichen Fehlschlagrisikos • Abschreckung möglicher Konkurrenten • geringere Forcierung von Substitutionsprodukten • evtl. Aufbau eines positiven Marktführerimages • spätere Preiserhöhungen evtl. erleichtert • höhere und flexiblere Kapazitätsauslastung
Die Skimming-Preisstrategie ist vorteilhaft, wenn	Die Penetration-Preisstrategie ist vorteilhaft, wenn
• die Zielgruppe relativ preisunempfindlich ist • Preissenkungen neue Zielgruppen erschließen • zukünftig keine Preiserhöhungen möglich sind • Markt-, Absatzentwicklung unsicher ist • kurzfristig hohe Gewinne angestrebt werden • Kapazitäten begrenzt sind • ein innovatives Produkt eingeführt wird • ein deutlicher Wettbewerbsvorsprung besteht • der Produkt-Lebenszyklus kurz ist	• langfristige Gewinnmaximierung angestrebt wird • bedeutende Economies of Scale bestehen • ausreichend Kapazität vorhanden ist • das Produkt wenig innovativ ist • Preis-/Qualitätszusammenhang schwach ist • die Markteintrittsbarrieren niedrig sind • Substitutionsprodukte drohen • spätere Preiserhöhungen durchsetzbar sind • eine Systemführerschaft angestrebt wird

Eine **Skimming-Preisstrategie** bietet sich dagegen an, wenn
(1) das Marktsegment der innovativen Kunden (Innovators) ausreichend groß ist,
(2) das neue Produkte schnell veraltet; oder eine
(3) USP besteht bzw. die Substitutionsgefahr durch Konkurrenzprodukte gering ist,
(4) deutliche Markt-Eintrittsbarrieren für Konkurrenten existieren
(5) und / oder die eigenen Produktions- und Vertriebskapazitäten begrenzt sind.[537]

Die Praxis arbeitet zumeist mit Kombinationen. Eine Markteinführung mit marketinggerechter Anpreisung neuartiger Produktvorteile erfolgt als Skimming-Strategie. Sind die markentreuen Kunden und die Innovatoren bedient, wird auf Penetration-Strategie umgeschaltet, um die weniger preisempfindlichen Käufergruppen zu erobern und fortan Wettbewerber gezielt abzuwehren.

5.4.2. Langfristige Preislagenstrategien

Losgelöst von der speziellen Preispolitik bei der Markteinführung neuer Produkte kann nach **langfristig durchhaltbaren Preislagenstrategien** für das Gesamtprogramm gefragt werden. In idealtypischer Weise sind zu unterscheiden:
(1) die **Prämienpreisstrategie** als Ausdruck eines dauerhaft hohen Preisniveaus und abgesichert durch eine entsprechend hohe Qualität (Qualitätsführerschaft),
(2) die **Promotionspreisstrategie** als das andere Extrem, mit dauerhaften Tiefstpreisen (die Strategie der Discounter) und
(3) die **Preisstrategie eines dauerhaften mittleren Preises**, die sich i.d.R. an Marktpreisniveaus (Preislagen) orientiert.[538]

Die marktorientierte Unternehmensführung wird stets einen langfristig ausgerichteten Preis- und Gewinnpfad (= **strategische Preispolitik**) mit den Verlockungen kurzfristig realisierbarer, höherer oder im Rahmen von Abverkaufsaktionen auch niedrigerer Preise (= **operative Preispolitik**) in Einklang zu bringen haben. Dabei werden die finanzielle Lage der Unternehmung und die Konkurrenzsituation sowohl die strategische wie auch die operative Preispolitik beeinflussen. Hinzu kommt die Aufgabe, auch Vertriebspartner, insbesondere den Handel, durch leistungsgerechte Konditionensysteme in die Preispolitik einzubinden.

---

[537] vgl. zu dem Thema: Homburg; Krohmer, (Marketingmanagement), 2009, S. 642-643
[538] vgl. Sander, (Internationales Preismanagement), 1997, S. 88 sowie die dort angegebene Literatur

5.5. Konditionensysteme in der Konsumgüterindustrie

5.5.1. Preisdruck bei den Konsumgüterherstellern

Abb.5-33

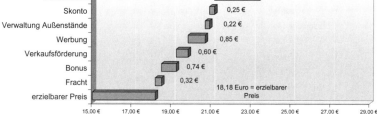

Abb.5-33 veranschaulicht den Kostendruck bei den Konsumgüterherstellern.[539] Die gegenwärtigen, manchmal undurchschaubar erscheinenden Konditionensysteme sind das Erbe einer langjährigen Verhandlungstradition von Hersteller und Handel. In dem Beispiel von *Laker* bleiben von einem Listenpreis von 28,40 € nach Abzug von normalem Händlerrabatt (4,26 €), Mengenrabatt (0,71 €), Sonderrabatt (2,27 €), Skonto (0,25 €), Verwaltung der Außenstände (0,22 €), gemeinsamer Werbung (0,85 €), Vergütung für verkaufsbegleitende Maßnahmen (0,60 €), Bonus (0,74 €) und Fracht (0,32 €) gerade noch einmal 18,18 € als tatsächlich erzielbarer Preis. Die Hersteller geraten in eine 8-stufige Konditionenspirale:[540]

1. *Die Hersteller gewähren dem Handel bessere Konditionen*
2. *und investieren deshalb weniger in Produktentwicklung und Werbung.*
3. *So gewinnen Handelsmarken weiter an Boden. Die Marktanteile der Markenartikel sinken.*
4. *Der Handel fordert deshalb stärkere Verkaufsförderungsmaßnahmen durch die Hersteller und droht mit Auslistung.*
5. *Die Hersteller müssen höhere Werbekostenzuschüsse zahlen und mehr Verkaufsflächen betreuen.*
6. *Ihre Werbe-, Außendienst- und Merchandisingkosten steigen.*
7. *Die Kosten lassen sich nur über höhere Verkaufsmengen abdecken. Dem Handel müssen verstärkt Anreize zur Förderung der Markenartikel gewährt werden.*
8. *Das Karussell des Anreizwettkampfes beginnt wieder bei 1.*

Diese Konditionenspirale kann in drei Richtungen abgemildert werden:
- durch schrittweise Umstellung auf ein nachvollziehbares, leistungsorientiertes **Konditionensystem**, das von allen Partnern akzeptiert wird,
- durch Aufbau **alternativer Absatzkanäle**, in denen hochpreisige Nischenprodukte gezielter vermarktet werden können als über den klassischen Lebensmitteleinzelhandel (falls möglich),[541]
- kritisch zu beurteilen ist hierbei der Aufbau von Online-Direktvertriebskanälen über das Internet (Gefahr der generellen Auslistung durch den Handel),
- durch Ausrichtung der Konditionenpolitik auf eine ganzheitliche, kundenorientierte Strategie (s. den Abschnitt zum **Preis-Eisberg**; Abb.5-36).

---

[539] Quelle: vgl. Laker, (Preislisten), in: ASW, 3/1996, S. 49 (Originalquelle in DM)
[540] vgl. Jensen, (Abzocker), in: MM, 10/1997, S. 66
[541] zu denken wäre an den Vertrieb über Theater, Discos, Fitness-Clubs, Sportvereine oder über eigene Filialen (Shops), vgl. Lorenzer, (Pricing-Konzepte), 1998, S. 16

5.5.2. Preisdruck im Einzelhandel

Abb.5-34

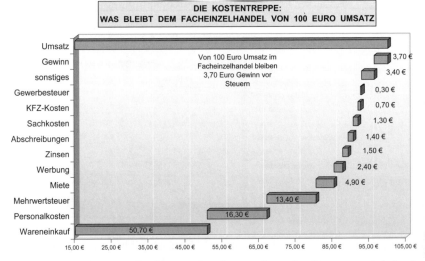

Aber nicht nur die Hersteller klagen über den zunehmenden Kosten- und dadurch Preisdruck. Auch der Facheinzelhandel bangt um seine Existenz. Das Saarbrücker *Institut für Handelsforschung* legte eine Untersuchung vor, nach der dem Fachhandel (nicht Lebensmittel-Einzelhandel) von 100 € Umsatz nur 3,70 € Gewinn vor Steuern bleiben.[542] Abb.5-34 analysiert die Kostenpositionen. Noch stärker sind die Umsatzrenditen im deutschen Lebensmittel-Einzelhandel zusammengeschmolzen: von knapp 5 Prozent im Jahr 1971 auf ca. 0,7 Prozent im Jahr 2003. *"In erbarmungslosen Preiskriegen ruinieren sich die Lebensmittelhändler gegenseitig."*[543]

5.5.3. Gestaltung von Konditionensystemen (Performance Pricing)

Ein Deckungsbeitrag kann im Vertriebskanal nur einmal verteilt werden. Hersteller und Handel müssen ihn sich teilen. Leistungsorientierte Konditionensysteme können die Fundamente langfristiger Partnerschaften zwischen den Parteien bilden. Leider jedoch belegt eine Umfrage von *TCC Consulting,* Hamburg, zahlreiche Schwachstellen in den Konditionensystemen der Markenartikelhersteller:[544]

- Umsatz- und Mengenrabatte werden oft einzelkundenbezogen ausgehandelt.
- Klare Vereinbarungen über Leistungen und Gegenleistungen nach festgelegten, standardisierten Regeln existieren nicht.
- Ein **Performance Pricing**, als ein Instrument, das erfolgsabhängige Preiskomponenten zum Inhalt hat, ist nicht vorhanden.
- Nur die Hälfte der Unternehmen analysiert die Preissensitivität der Kunden (Preiselastizitäten) durch Kunden- und Expertenbefragungen und mit Hilfe von nach Vertriebskanälen abgestuften Preistests.
- Neuprodukte werden nicht im Rahmen klarer Richtlinien gefördert.
- Zahlungsziele und Mindestabnahmemengen werden nicht straff kontrolliert.
- Nur knapp die Hälfte der befragten Unternehmen arbeitet mit Bündelpaketen als Instrument einer taktischen Preispolitik.

---

[542] Quelle: Institut für Handelsforschung, Stand 1999, Globus Grafik Nr. 6798
[543] Hirn, (Magere Kost), in: MM, 5/2000, S. 158; die Renditedaten entstammen dem Bundesverband des Deutschen Lebensmittel-Einzelhandels.
[544] Vgl. Krah, (Konditionenpoker), in: salesBusiness, 7/2002, S. 26-27

Bei der **Gestaltung eines Konditionensystems** sollte deshalb auf folgendes geachtet werden:[545]

(1) Einfachheit und Klarheit des Angebotsprogramms, auch zum Zwecke effizienter Aktualisierungen der Preislisten,
(2) Abgehen von „Mond-Bruttopreisen mit astronomischen Rabattabschlägen". Statt dessen Umschwenken auf kundengruppenbezogene Nettopreise. Dazu Kundenqualifizierung und Entscheidung über Kundenstatus mit Rabattabzug.
(3) Transparenz nach außen und nach innen, damit jeder weiß, wer welchen Rabatt wofür bekommt. Hierzu auch Eindämmung der Rabattkompetenz des Außendienstes, um das neue System zu stabilisieren.
(4) Leistungsorientierung: Jeder Rabatt oder Bonus muss an eine klar definierte Abnehmerleistung gekoppelt sein (**Performance Pricing**).
(5) Berücksichtigung von Substitutions- und Komplementäreffekten (zur Nutzung von **Cross-Selling-Chancen**) innerhalb des eigenen Leistungsprogramms,
(6) dabei auch Einbezug von Chancen und Risiken gegenüber dem Wettbewerb,
(7) Berücksichtigung der Preisbereitschaft der Konsumenten (Preiselastizitäten!),
(8) konsequente Durchsetzung des neuen Konditionensystems,
(9) aber auch Kalkulationsflexibilität und Ermessensspielräume im Tagesgeschäft.

Diese Empfehlungen sind bei dem Aufbau eines Konditionensystems zu berücksichtigen. *Öllrich* schlägt einen Aufbau in fünf Schritten vor:

Abb.5-35

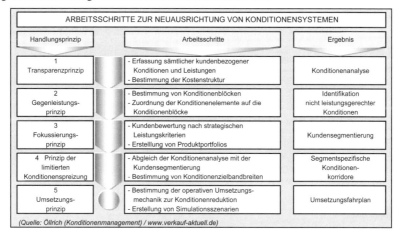

Procter&Gamble hat 1996 ein neues Konditionensystem dieser Art mit dem Namen "New Way" eingeführt. Dazu gehörten:
⇨ *neue, niedrigere Listenpreise bei Streichung der meisten Rabatte, Rückvergütungen und zeitlich begrenzten Preissenkungen,*
⇨ *Weitergabe von Kostenvorteilen an die Handelspartner, die auf kostengünstigere Bestellmengen übergehen,*
⇨ *Optimierung des Auftrags- und Warenflusses,*
⇨ *eine verbesserte, gemeinsame Kundenorientierung mit dem Handel.*

Procter&Gamble konnte *New Way* nur Dank seiner starker Marken (*Pampers, Ariel, Oil of Olaz* etc.) erfolgreich im Handel durchsetzen.[546] Kurzfristig ist es allerdings zu einem Umsatzrückgang in Höhe von 3 Prozent gekommen.

---

[545] vgl. zu der Entwicklung eines Konditionensystems Homburg; Daum, (Erlöse), in: ASW, 10/1997, S. 96-101
[546] vgl. zu diesem Beispiel das ASW-Experten-Forum zur Preispolitik: Kostensenkung ist keine Lösung, in: ASW, 3/1996, S. 54 sowie den Aufsatz von Laker, (Preislisten), in: ASW, 3/1996, S. 48-52

Doch allein durch Optimierung des Konditionensystems mit dem Handel kann dem preislichen Verdrängungswettbewerb nicht entronnen werden. Schließlich entscheidet in letzter Konsequenz der Käufer über den Ausgang des Preiskampfes. Also sollte eine ganzheitliche Strategie bei den Preisempfindungen und Preisängsten der Interessenten und Kunden ansetzen.

5.5.4. Kundenorientierte Konditionenstrategie: Der Preis-Eisberg

Gemäß dem ökonomischen Prinzip der Betriebswirtschaftslehre stehen die Unternehmen bei der Preisfindung unter Gewinnmaximierungsdruck. Statt ihr Preismanagement strategisch auf Zielgruppen auszurichten, *„missbrauchen viele Unternehmen ihre Preise, um Defizite bei Produkt und Service auszugleichen."*[547] Diller merkt darüberhinaus an, dass das Postulat der Gewinnmaximierung zu einem konfliktären Verhältnis zwischen Anbietern und Nachfragern führt.[548] Preise beeinflusse aber Beziehungen. Wie empfinden Kunden die Preisauszeichnungen?

Abb.5-36 veranschaulicht die **Schichten des Preisempfindens der Käufer**. Das Bild ähnelt einem Eisberg.[549] Die meisten Preisempfindungen entstehen unterhalb einer bewussten Wahrnehmungsebene. Vordergründig scheinen immer nur die beiden ersten Ebenen, d.h. Preishöhe und Preisattraktivität, die Kaufentscheidungen der Kunden zu beeinflussen. Hier werden die größten Probleme des Käufers gesehen (sein Kaufrisiko, seine finanzielle Belastung, Dissonanz zwischen Verstand und Gefühl etc.). Diese versucht die unternehmerische Konditionenpolitik mit konventionellen Problemlösungen wie Niedrigpreisen, Rabatten, Preisaktionen, geschickten Preisaus-

Abb.5-36

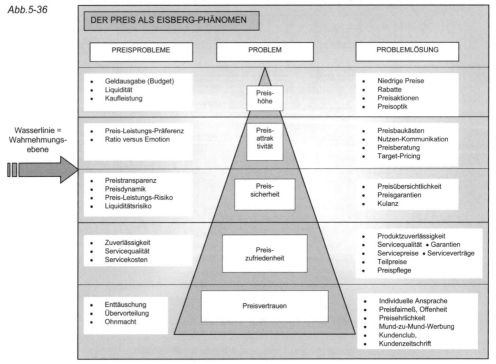

---

[547] Schlote, (würfeln), in: MM, 4/1996, S. 63
[548] vgl. Diller, (Preismanagement), 2008, S. 41, zu den kundenpolitischen Effekten s. auch S. 48

zeichnungen, Preisbaukästen, Kaufberatungen etc. zu lösen. Unter den beiden obersten Schichten liegen jedoch mit **Preissicherheit**, **Preiszufriedenheit** und **Preisvertrauen** weitaus sensiblere und langfristig wichtigere preisliche Erfolgsfaktoren. Gerade das Preisvertrauen schafft eine emotionale Beziehung zwischen Anbieter und Nachfrager. Im Preisvertrauen schlagen sich alle Erfahrungen des Kunden mit dem Lieferanten ganzheitlich nieder. Die marktorientierte Unternehmensführung muss sich deshalb der besonderen Preisprobleme der einzelnen Eisberg-Schichten annehmen und dem Kunden hierfür Problemlösungen bieten. Diese sind in der rechten Spalte der Abb.5-36 aufgeführt.

In letzter Konsequenz sind Preisentscheidungen Ausdruck von **Machtverhältnissen im Absatzkanal**. In grober Abgrenzung werden für die Konditionenverhandlungen zwischen Markenartikelherstellern und Handel drei Machtkonstellationen unterschieden:[550]
(1) **Handelsdominanz**,
(2) **Herstellerdominanz** und
(3) **gleichstarke Verhandlungspositionen** von Hersteller und Handel.

Bei einer marktorientierten Unternehmensführung kann es letztlich nur um den gemeinsamen Erfolg von Hersteller und Handel/Handwerk beim Endkunden gehen. Die verbraucherfreundlichen Problemlösungen im Sinne der Leitlinien des Preis-Eisbergs sollten unabhängig von der Frage der Verhandlungsmacht von Hersteller und Handel realisierbar sein. Die immer wieder beklagten Konflikte zwischen Markenartikelindustrie und Handelskonzernen führen nur zu einer Verunsicherung der Kunden. Auch in BtoB-Märkten sollte es das Ziel von Preisvereinbarungen zwischen Zulieferern und Schlüsselkunden sein, den gemeinsamen Markterfolg in den Endkundenmärkten sicherzustellen. Die Preispolitik wird zum Instrument der Gestaltung von Win-Win-Beziehungen zwischen Industrie und Handel. Diesbezüglich ist der Vertrieb gefordert.

---

[549] vgl. die Zusammenfassung des Preis-Eisbergs von Diller in der ASW, 7/1997, S. 77; die Grafik verdanke ich meiner Studentin Frau Lorenzer: vgl. Lorenzer, (Pricing-Konzepte), 1998, S. 20.
[550] vgl. hierzu das Grundlagenwerk von Steffenhagen, (Konditionengestaltung), 1995

Jeder lebt davon, dass er etwas verkauft.[551]

6. DIE VERTRIEBSPOLITIK

6.1. Grundbegriffe und Grundzusammenhänge

6.1.1. Vertrieb / Verkauf im Rahmen des Marketing-Mix

Abb.6-1

Ein Produkt ist entwickelt und verkaufsreif. Ein hoffentlich wettbewerbsfähiger Verkaufspreis ist bestimmt. Nach *Gutenberg* wird nun die Leistungsverwertung, das Verkaufen, zur überlebensnotwendigen unternehmerischen Aufgabe. **Verkaufen ist eine Grundfunktion des Wirtschaftens.**

Arbeitnehmer und Unternehmer in Verkauf - Schätzung 2009		
Verkäufer im Handel (mit Teilzeit)	2.200.000	52,0%
konventioneller Außendienst (Reisende)	350.000	8,3%
sonst. Finanzdienstleister (geschätzt)	180.000	4,3%
Außendienst Versicherungswirtschaft (mit Innendienst 300.000)	200.000	4,7%
Versicherungsvermittler (inkl. nebenberuflich)	240.000	5,7%
Handelsvertreter (inkl. Teilzeit)	270.000	6,4%
Pharmareferenten	14.000	2,1%
KFZ-Verkauf	100.000	2,6%
Direktverkauf sonstige	100.000	2,4%
Key Account Manager (inkl. 150.000 Vertriebsingenieure)	250.000	5,9%
Verkauf 3. Führungsebene (Vertriebsleiter)	120.000	2,8%
Verkauf 2. Führungsebene (Bereichsleitung, Vertriebsleitung)	50.000	1,2%
Verkauf 1. Führungsebene (Vorstand, GF)	10.000	0,2%
akquirierende Unternehmer, sonstige (ohne Beratungsgewerbe)	150.000	3,5%
© Prof. Dr. Peter Winkelmann	4.234.000	100%
ohne Tankstellen, Apotheken, Brennstoffhandel, Großhandel, bei Verkäufern im Handel: ca. 1,1 Mio. Teilzeitbeschäftigte, bei Handelsvertretern 96.000 Teilzeit (40%); Vertriebsing. 15% von 1 Mio. Ingenieure		
(diverse Quellen und Schätzungen - Marketing und Vertrieb FH Landshut)		

Die Unternehmung „lebt" vom Verkauf. Der Verkauf gilt als *„Speerspitze des Marketing"* und vor allem als *„Brücke des Unternehmens zum Markt"*.[552] Und dies mindestens seit dem 3. Jh. vor Christus, als chinesische Händler Zeitungen auf Marktplätzen und in Wohnstätten vertrieben. Abb.6-1 soll die Bedeutung dieses umfangreichen und für Hochschulabsolventen und Führungskräfte höchst attraktiven Berufsfeldes „Verkauf" unterstreichen. Die Arbeitsmarktstudien von *Staufenbiel* zeigen dann auch, dass die betriebswirtschaftlichen Absolventen am zweithäufigsten ihre Ersteinstellung im Vertrieb/Verkauf finden; nach den Tätigkeitsfeldern Rechnungswesen / Controlling und vor dem klassischen Marketing / Produktmanagement.[553]

Die Marketingausbildung an den Hochschulen ist strategie- und konsumgüterlastig und vernachlässigt die IT!

Hierauf ist die Hochschulausbildung nicht eingerichtet. Der Verkauf wird nach *Belz* an den meisten Hochschulen *„sträflich verdrängt"*.[554] *Steffenhagen* meint, *„dass der Vertrieb ... weder eindeutig dem Einsatz von Marketing-Instrumenten noch eindeutig den Strategieentscheidungen im Marketing oder den marktgerichteten Organisations- bzw. Personalproblemen zugeordnet werden kann."*[555] Verkaufen wird als "Klinkenputzen" abgetan. Es wird dabei übersehen, dass der Mangel in der Praxis in Führungskräften für den Vertrieb liegt. Gesucht werden **Verkaufsmanager**. Und auch eine Marketingkarriere ist heute in renommierten Unternehmen ohne Kundenerfahrungen kaum mehr möglich. Durch die Initiativen von *Homburg, Diller, Krafft, Soenke-Albers* und auch durch den *St. Gallener Kreis* um *Belz* bekommt der Verkauf in der Universitätstheorie nur punktuell mehr Aufmerksamkeit. Noch immer
- hat die Verkaufspolitik in der Literatur keinen festen Platz im Rahmen der zentralen Marketinginstrumente erhalten. Namhafte Autoren behandeln sie als „Anhängsel" der Kommunikationspolitik. Die Lehrbuchgliederungen behandeln den Verkauf dann nachgeordnet hinter Werbung und Verkaufsförderung.[556]

---

[551] Howard Louis Stevenson, schottischer Autor 1850-1894
[552] Witt, (Verkaufsmanagement), 1996, S. 1 und 7
[553] Quelle: Staufenbiel Studie *Berufsplanung für den Management-Nachwuchs*, START 2004 u.a.
[554] was Belz in seinem Zitat auf Universitäten bezieht: vgl. Belz, (Verkaufskompetenz), 1996, S. 8
[555] Steffenhagen, (Marketing), 2008, S. 138
[556] vgl. z.B. die Gliederung von Bruhn, (Kommunikationspolitik), 2009, S. XI (Verkauf als persönliche Kommunikation); Schenk, (Handel), 2007, S. 262.

Abb.6-2

DIE EINORDNUNG DES VERTRIEBS / VERKAUFS IN DEN MARKETING-MIX			
Verkauf ist Teil der Kommunikationspolitik	Distributionspolitik statt Verkauf; oder der Verkauf ist Teil der Distributionspolitik	Vertrieb/Verkauf ist eigenständiger Instrumentalbereich (ersetzt Distributionspolitik)	Doppelte Zuordnung oder unklare Zuordnung
• Baum • Bieberstein • Bruhn • Diller, Haas, Ivens • Kotler, Armstrong, Saunders, Wong • Pepels (1) • Schenk • Seiler • Steffenhagen • Tietz • Vergossen • Vossebein • Weis • Zentes	• Ahlert • Backhaus • Becker • Berndt • Bruns • Geml, Lauer • Hofbauer, Schmidt (2) • Kuß, Tomczak • Nieschlag, Dichtl, Hörschgen • Hüttner, v. Ahsen, Schwarting • Olbrich • Poth • Scharf, Schubert • Scheuch • Specht • Weeser-Krell • Wiesner, Sponholz	• Albers • Belz (Verkauf steht über Distributionspolitik) • Czech-Winkelmann • Dehr, Donath • Gutenberg (Absatzpolitik) • Hofbauer (1) • Hill • Homburg, Krohmer • Krafft • Müller-Hagedorn • Oehme • Winkelmann	• Albers (Bindeglied zwischen Distr.- und Komm.-Politik) • Haller (Distr.Pol. und Teil der Komm.-Pol.) • Kotler, Keller, Bliemel • Meffert, Burmann, Kirchgeorg (Vertrieb als Teil der Distributionspolitik und als „Direktkommunikation") • Pepels (2) • Godefroid, Pförtsch (Trennung Vertrieb und Distributionspolitik)

- Immerhin, viele Marketingautoren behandeln den Verkauf „wenigstens" im Zusammenhang mit der Distribution, d.h. der physischen Warenverteilung in den Märkten.[557] Wenn aber der Verkaufsvorgang im juristischen Sinne aus *Angebot und Annahme (BGB §145)* sowie *Einigung und Übergabe (BGB §929)* besteht: Folgt dann nicht die Warenverteilung einem Verkaufsvorgang? Geht nicht ein Beziehungsprozess dem Rechtsakt und der physischen Distribution voran?

Meinungsverschiedenheiten bestehen also (1) hinsichtlich der Einordnung des Verkaufs in den Marketing-Mix und (2) hinsichtlich der inhaltlichen Begriffsauslegung (Welche Funktionen gehören zum Verkauf?). Abb.6-2 strukturiert verschiedene Literaturmeinungen. Die Unklarheiten und vor allem die Dominanz des „technokratischen" Distributionsbegriffes lassen sich vielleicht wie folgt erklären:

Irrtum

1.) Priorität für die Warenverteilung: Der Distributionsbegriff entstand Ende des 19. Jahrhunderts mit dem Aufkommen der amerikanischen Händlernetze. Diese „**Distributoren**" schafften die Erzeugnisse der Farmer in die bevölkerungsmäßig explodierenden Städte.[558] Dort fanden sie reissenden Absatz (Verkäufermärkte). Möglicherweise verstehen auch die vom Konsumgütervertrieb über Absatzmittler (Handel) geprägten Autoren den Verkauf lediglich als eine Verteilungsfrage. Der Verkauf reduziert sich auf den Griff ins Regal. Der Pull-Ansatz dominiert in den Konsumgütermärkten. Diese Dominanz der Distribution über den Verkauf aus der Sicht von Konsumgüterindustrie und Handel bringt *Ahlert* treffend zum Ausdruck:

> *„Kennzeichnend für die so definierte Distributionspolitik ist die Zwecksetzung der Unternehmung, ihren Absatzgütern physische und kommunikative Präsenz im Absatzmarkt zu verschaffen, ihr „Regalplatz" im Sinne von Konfrontationsmöglichkeiten mit der Verbraucherzielgruppe zu sichern."*[559]

---

[557] *„Zur Distributionspolitik zählen alle Maßnahmen, die ergriffen werden, um das Produkt vom Ort der Herstellung zum Abnehmer zu bringen"*, stellvertretend für viele Autoren mit Warenverteilungssicht: Weis, (Marketing), 2009, S. 86. Irgendwie plagt die Autoren dann doch ein schlechtes Gewissen: „Weil auch das Distributionsmanagement auf die Kunden zielt, existieren freilich zwischen beiden Bereichen Überschneidungen und Interdependenzen ....": Diller; Haase; Ivens, (Verkauf und Kundenmanagement), 2005, S. 24. Warum dann nicht gleich: „Verkaufskommunikation" + Distribution = Vertrieb.

[558] vgl. noch einmal Abschnitt 1.3.3. ; USA: *distribution* = der Handel; Frankreich: *la grande distribution* = der Handel

[559] Ahlert, (Distributionspolitik), 1996, S. 21.

Hiernach wird nicht verkauft, sondern "*konfrontiert*". Eine andere Begriffssicht betont den logistischen Hintergrund, wie bei *Olbrich* nachzuvollziehen ist:[560]

> "*Häufig fallen Produktion und Konsumtion eines Absatzgutes auseinander ..., so dass eine Übermittlung des Absatzgutes vom Produzenten zum Konsumenten erforderlich ist. Die Distributionspolitik umfasst alle Entscheidungen, die die Übermittlung von materiellen und/oder immateriellen Gütern betreffen.*"

Dieses Zitat schließt die Vermarktung immaterieller Leistungen mit ein. Die Praxis hat aber nicht selten Schwierigkeiten, Dienstleistungen in den Distributionsbegriff einzubeziehen. Die Distributionsplitik wird i.d.R. nur auf Sachgüter bezogen.

Eine Beschränkung auf die Wartenverteilung ist vor allem für Unternehmen sinnvoll
- die Sachgüter nicht über eigene Verkaufsorganisationen vertreiben,
- über den Fachhandel oder Fachhandwerk (d.h. indirekt) verkaufen und sich vorrangig an der Zielgröße **Distributionsrate** (= prozentualer Anteil der Handelsgeschäfte, in denen das betreffende Produkt präsent ist) orientieren oder
- über internationale Distributoren-Netzwerke vermarkten (Z.B.: *Texas Instruments, Hitachi*).

Die betroffenen Unternehmen verwenden die Begriffe Vertriebs- oder Verkaufspolitik entweder gar nicht oder sie unterstellen den Verkauf einer Distribution-Policy.

In den Zeiten von CRM und E-Business halten eit den Begriff Distributionspolitik jedoch für kaum noch zeitgemäß und vor allem für nicht kundenorientiert. Er entstammt einer verflossenen Epoche der Verkäufermärkte, in der der Verkäufer das Sagen hatte und in der der Kunde sich nur schüchtern zu Wort melden durfte:

> „*Im Zusammenhang mit dem Absatz von Gütern und Dienstleistungen kommt es bei den unterschiedlichsten Gelegenheiten zu bewusst herbeigeführten persönlichen Kontakten zwischen Käufern und Verkäufern, in deren Verlauf dem Kunden nicht nur (Werbe-)Informationen vermittelt werden, sondern dieser auch Gelegenheit zur Meinungsäußerung erhält.*"[561]

Nach diesem Verständnis sind Kunden „*Distributionssubjekte*".[562] Doch der Marktwind weht in Richtung People Business. Der Kunde hat die Macht. Wir können froh sein, wenn er Zeit für uns hat und mit uns spricht! Der marktorientierten Unternehmensführung liegt eine Konfrontation mit dem Kunden (vgl. noch einmal die Definition von *Ahlert*) absolut fern. In gesättigten Märkten ist "*Verkaufskunst*"[563] angesagt. Es geht nicht um "Subjekte", sondern um Menschen mit ihren Zielen und Wünschen!

Ein Einkäufer im Food-Bereich führt mit Lieferanten ca. 80-150 Jahresgespräche.

Vermutlich übersieht die konsumgüterlastige Literatur die hohen Umsatzvolumina in den Industriemärkten.[564] Und selbst im Konsumgütergeschäft „spielt die Musik" im Verkauf: Jedes Joghurt, das an einen Konsumenten indirekt über den Handel abgesetzt wird, muss erst einmal bei mächtigen Handelsunternehmen gelistet worden sein. **Push-Strategie** bedeutet, an Key Accounts des Handels zu <u>verkaufen</u>, und nicht, 2 Mio. *Ritter Sport* in die Handelsregale zu drücken. Und auch beim Fachhandel am POS wird persönliche Beratung und Verkaufen groß geschrieben – denn sonst

---

[560] und lt. Kollegen Olbrich auch wiederum auf Ahlert zurückzuführen: Olbrich, (Marketing), 2006, S. 218; zur Doppelzuordnung vgl. z.B. S. 270; Ahlert, (Distributionspolitik), 1996, S. 8
[561] aus einer älteren Auflage: Nieschlag; Dichtl; Hörschgen, (Marketing), 1985, S. 420. Mittlerweile findet auch der Vertrieb mehr Raum in dem Lehrbuch: vgl. die 19. Aufl., 2002, S. 935 ff.
[562] vgl. Ahlert, (Distributionspolitik), 1996, S. 72
[563] Eine Entgegnung an Witt: Wenn Marketing das Konzept einer marktorientierten Unternehmensführung ist (vgl. Witt, (Verkaufsmanagement), 1996, S. 5), dann ist die Verkaufskunst notwendiger Bestandteil der Marketing-Kunst; zu diesem Disput vgl. S. 6
[564] die laut *Simon* und *Backhaus* vier- bis fünfmal so hoch liegen wie der Umsatz für Konsumgüter.

fallen immer mehr Märkte in die Hände der Discounter.

Irrtum

2.) Verkauf folgt Kommunikation: Viele Marketing-Wissenschaftler haben ihre fachlichen Wurzeln in der Kommunikationspolitik. Wenn *Weis* schreibt,

> *„die Aufgabenbereiche, die Verkäufer erfüllen müssen, ergeben sich aus den spezifischen Verkaufszielen, die sich wiederum aus den Kommunikations- und Marketingzielen ableiten",*[565]

Verkaufen ist ein primärer Wertschöpfungsprozess, Kommunizieren nicht.

dann folgt hier die Verkaufspolitik der Kommunikationspolitik.[566] Aus Sicht der Praxis ist dies ein Irrtum. Tatsächlich ist es der Verkauf, der direkt die zentralen Erfolgsgrößen Umsatz und Ergebnis bestimmt. Die Kommunikationspolitik wie auch die anderen Mix-Instrumente haben sich den Verkaufszielen unterzuordnen. Im Gegensatz zu der Definition von *Weis* hat in der Praxis die Kommunikationspolitik dem Vertrieb/Verkauf zu dienen (Marketing als Verkaufsunterstützung).

Die Hilflosigkeit der Theorie, den Verkaufsbegriff zuzuordnen - gehört der Verkauf nun zur Distribution oder zur Kommunikation - bringt auch die folgende Definition für das Verkaufsmanagement zum Ausdruck:

> *„Das vielfach dem Kommunikations-Mix zugeordnete Verkaufsmanagement (vgl. Goehrmann) bzw. der persönliche Verkauf kann aus der Behandlung von Distributionsfragen nicht völlig ausgeklammert werden, denn der Aufbau einer eigenen Verkaufsaußendienstorganisation ersetzt nicht selten die Inanspruchnahme betriebsfremder Absatzmittler und –helfer."*[567]

In diesem Zitat kommt ein Dilemma des Marketing an deutschen Hochschulen gut zum Vorschein: Die Lehre orientiert sich viel zu stark am Konsumgütermarketing.

Irrtum

3.) Verkaufen ist Kommunikation: Einige „Schulen" ordnen den Verkauf vollständig der Kommunikationspolitik zu. Die Autoren begründen das damit, dass beim Verkaufsvorgang der Austausch von Botschaften im Mittelpunkt stehe und dass deshalb der (persönliche) Verkauf als Form der Kommunikation zu betrachten sei. Dann wäre aber sofort zu konstatieren, dass eigentlich alle unternehmerischen Handlungen Botschaften vermitteln und dass daher alle Marketing- und Vertriebsinstrumente der Kommunikationspolitik untergeordnet werden müssten. Der Marketing-Mix würde sich auflösen. *Gutenberg* trifft hierzu eine geniale Klarstellung:

> Solange die Schuhverkäuferin sich bemüht „den Verkaufsvorgang dahingehend zu beeinflussen, dass der Kunde sich zum Kauf der Schuhe entschließt, versucht sie „zu verkaufen". Damit betreibt sie aber noch keine Werbung."[568]

Gemäß Abb.7-1 im 7. Kapitel erfüllen alle Kommunikationsinstrumente ganz spezifische Aufgaben und vermitteln dabei besondere Kategorien von Botschaften. So bleiben Vertrieb/Verkauf „*neben der Werbung stehende Instrumente eigener Art.*"[569] Wir wollen jetzt die kritische Auseinandersetzung mit der Theorie beenden und schlagen vor, den Begriff Verkauf in doppelter Weise zu verwenden:

> ➡ als **Verkauf im weiteren Sinne**, den wir als **Vertrieb** bezeichnen und der dann auch die physische Distribution (Warenverteilung) umfasst
> ➡ und als **Verkauf im engeren Sinne**, der dann nur die Kundenbearbeitung, (Kundengewinnung und –sicherung, Verkaufsvorgänge) enthält.

---

[565] Weis, (Marketing), 2009, S. 525
[566] vgl. auch die Klage von Dannenberg, der diese Fehlzuordnung bei 1/3 aller Lehrbücher sieht: vgl. Dannenberg, (Vertriebsmarketing), 1997, S. 18
[567] Specht; Fritz, (Distributionsmanagement), 2005, S. 37
[568] Gutenberg, (Absatz), 1984, S. 358
[569] Gutenberg, (Absatz), 1984, S. 357

Daraus ergeben sich folgende Überlegungen:
- Kommunikationsbotschaften spielen unbestreitbar beim Verkaufen eine große Rolle. Dennoch trägt der Vertrieb eine ganz spezifische Verantwortung: Kunden zu suchen, deren Aufträge zu gewinnen und zu sichern sowie den Käufern auftragsgemäß die Ware bereitzustellen, um letztlich die Absatz- und Umsatzziele zu erreichen. *„Das zentrale Ziel der Verkaufspolitik ist es, durch Verkaufsgespräche einen Verkaufsabschluss zu bewirken."*[570] Daher wird in dieser Schrift der **Verkauf eben nicht der Kommunikationspolitik zu- oder untergeordnet.**
- Alle Aktivitäten auf der Vermarktungsseite – welche Begriffe man auch immer wählen möchte – werden zu einer Instrumentalgruppe zusammengefasst, die wir als **Vertrieb** bezeichnen möchten. Wegen der größeren Praxisrelevanz ziehen wir den Begriff Vertrieb dem der Distributionspolitik vor. Die Vertriebspolitik kann auch als Verkaufspolitik im weiteren Sinne verstanden werden.[571]
- Der **Distributionsbegriff** ist durchaus akzeptabel für Unternehmen, die im Sinne der konsumgütergeprägten Absatzwirtschaft den Warenverteilungsaspekt betonen wollen. Insofern kommen wir der herrschenden Literaturmeinung sogar weiter entgegen als *Belz*, der die Distribution auf die physische Distribution reduziert und dann dem Vertrieb unterordnet.[572]
- Der Vertrieb (die Distribution) besteht aus einer akquisitorischen (Verkauf im engeren Sinne) und einer logistischen Komponente.[573]
- Die Vertriebslogistik ist Teil des Gesamtvertriebs. Die Logistik umfasst lediglich die Überbrückung von Raum und Zeit durch Transport und Lagerhaltung. Sie erstreckt sich nach Literaturmeinung auf alle Maßnahmen, *„die den Leistungsübertragungsweg zum Kunden sicherstellen"*[574] und damit auch auf die Struktur- und Ablaufregelungen für den Absatzweg und die darin handelnden Vertriebspartner. Die Praxis verspürt hier große Schwierigkeiten, Distribution und Logistik auseinander zu halten. Dies ist ein weiteres Argument, den Vertriebsbegriff zu bevorzugen.

6.1.2. Vertriebskonzeptionen als strategischer Überbau

Es ist heute wichtig, die operative Arbeit einer Vertriebsorganisation mit der Unternehmen- bzw. Marktstrategie zu verbinden. Andernfalls träumen Vorstände und Geschäftsführer von den großen Entwürfen, während sich die operativen Geschäftsbereiche in ihrer Alltagsarbeit verselbständigt haben. Die Verbindung von Marktstrategie und operativem Verkauf wird in einer Vertriebskonzeption verankert.[575] Folgende Konzeptionen werden unterschieden:
- **Power-Selling / Rattenjagd-Vertrieb**: Zielsetzung dieser Verkaufskonzeption ist der schnelle Umsatz, der Abverkauf. Es geht i.d.R. um nicht erklärungsbedürftige Produkte. Aber es gibt durchaus Ausnahmen, bei denen auch Beratung und Kundenbindung eine wichtige Rolle spielen (z.B. *Vorwerk*). Der Erfolg dieses Verkaufphilosophie hängt von Verkaufs"kanonen" ab, die dem Geschäft ihren persönlichen Stempel aufdrücken. Es ist alles erlaubt, was zum Verkaufsabschluss führt. **Strukturvertriebe** arbeiten nach diesem Prinzip.
- **Der methodische Verkauf** stellt dagegen Beziehungen, langfristige Geschäftspartnerschaften und Prozesse in den Mittelpunkt. Für den Markterfolg sind hier-

---
[570] Scharf; Schubert, (Marketing), 2001, S. 323
[571] ebenso setzt Dannenberg Vertrieb und Verkauf gleich, vgl. Dannenberg, (Vertriebsmarketing), 1997, S. 17
[572] „Nach unserem Verständnis umfasst Vertrieb den Verkauf und die Distribution (ohne Logistik).": Belz, (Verkaufskompetenz), 1996, S. 18
[573] vgl. Homburg; Krohmer, (Marketingmanagement), 2009, S. 532
[574] Die Definition für Distributionspolitik: Backhaus; Voeth, (Industriegütermarketing), 2007, S. 263.
[575] vl. hierzu ausführlich: Winkelmann, (Vertriebskonzeption), 2008, S. 202-205

zu intelligente Methoden entscheidend. Nicht ein Einzelner trifft Einkaufsentscheidungen, sondern Teams von Technikern, Beratern und Kaufleuten. In jedem Fall handelt es sich um **Beratungsverkauf**. Der **Systemverkauf** oder **Problemlösungsverkauf** in der Investitionsgüterindustrie zielt in diese Richtung. Für den Verkäufer zählen nicht Produktumsätze sondern akquirierte Projekte. Eine Verfeinerung findet der methodische Verkauf derzeit durch den **Werteverkauf** im Rahmen eines **Customer Value and Equity Managements** (Kapitel 6.4.4.i.). Nicht mehr Produkte werden vertrieben, sondern Mehrwerte. Dies ist z.B. die Verkaufsstrategie der Outsourcing-Dienstleistungsanbieter.

- **Der systemgestützte Vertrieb** geht in seiner Instrumentalisierung noch einen Schritt weiter und stützt die Prozesse vom und zum Kunden auf IT-Systeme; d.h. auf Datenbanken und Software-Funktionalitäten. Hierzu zählen die Konzeptionen des **Computer Aided Sellings** (CAS) und weiterführend des **Customer Relationship Managements** (CRM) (s. hierzu Abschnitt 6.3.3.).

Abb. 6-3 zeigt die Grundelemente, die im Rahmen einer Vertriebskonzeption zu gestalten sind. Zum Leben erweckt werden die konzeptionellen Bausteine durch die Vertriebspolitik. Die folgenden Abschnitte gehen auf diese Arbeitsbereiche ein.

Abb.6-3

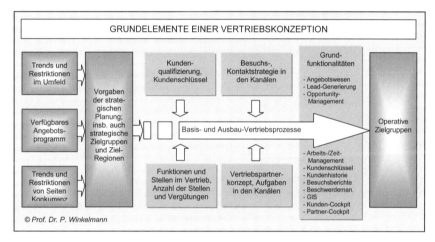

6.1.3. Ziele und Aufgaben der Vertriebspolitik

Die operative Vertriebspolitik und deren Teilbereiche werden nun wie folgt definiert:

> ➡ Die **Vertriebspolitik** umfasst alle Funktionen und Tätigkeiten, Methoden und Instrumente, Strukturen und Abläufe sowie Funktionalitäten und Systeme zur Gewinnung von Aufträgen (Umsatzgenerierung) zur Güterbereitstellung und zur Kundenpflege (Kundensicherung)
> (1) durch eine effiziente Gestaltung des **Vertriebssystems**, bestehend aus **Verkaufsform**, **Vertriebsorganisation** und **Vertriebssteuerung**,
> (2) durch die Gewinnung, Pflege und Sicherung (Bindung) von Kunden (= **Verkaufspolitik** i.e.S. = die akquisitorische Komponente des Vertriebs)
> (3) und die Bereitstellung der Waren (Güter oder Dienstleistungen) in der richtigen Menge am richtigen Ort zur richtigen Zeit (die logistische Komponente des Vertriebs = **Distributionslogistik**, **Vertriebslogistik**).
> (4) Mit der Vertriebspolitik ist in vielen Märkten die Aufgabe der Gewinnung und Führung von Vertriebspartnern und der Organisation des Absatzwege verbunden (**Vertriebskanal-**, **Absatzwege-**, **Vertriebspartnerpolitik**).

- Die Vertriebspolitik besteht somit aus den Bereichen Vertriebssystempolitik, Verkaufspolitik (i.e.S.), Vertriebslogistik sowie der Vertriebskanal- oder Vertriebspartnerpolitik (Absatzwegepolitik).
- In grösseren Unternehmen erhält der Vertrieb ein eigenes Vertriebscontrolling.

Abb.6-4

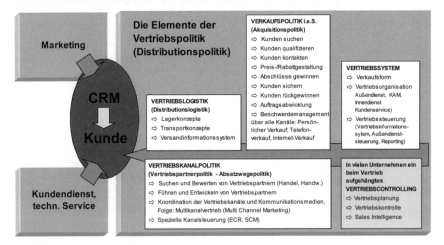

Abb.6-4 zeigt die Themenfelder der Vertriebspolitik im Zusammenhang. Diese Teilbereiche des Vertriebs werden in den folgenden Abschnitten näher erläutert. Sie haben ihre Wurzeln im absatzpolitischen Instrumentarium von *Gutenberg*.

6.1.4. Das vertriebspolitische Instrumentarium

a.) Traditionelle Absatzmethoden nach Gutenberg

Die Betriebswirtschaftslehre verdankt *Gutenberg* eine erste geschlossene Theorie für die betriebliche Absatztätigkeit. Als Absatzmethode bezeichnete er die

„...mit Aktivität geladene Einflußgewinnung auf die Entwicklung des Absatzvolumens, das das Unternehmen anstrebt." [576]

Sein Schema enthält die Elemente (1) **Absatzform**, (2) **Vertriebssystem** und (3) **Absatzweg**. Es hat auch heute noch eine hohe Praxisbedeutung. Innerhalb der Kernelemente nahm *Gutenberg* klassische Unterteilungen vor: [577]

(1) Nach der Art, wie und wo dem Kunden verkauft wird, ist eine Einteilung der **Verkaufsformen** in die **Eigengestaltung** (Residenzprinzip = POS beim Lieferanten, Domizilprinzip = POS beim Kunden, Treffprinzip = POS in neutraler Umgebung und Distanzprinzip = medialer Verkauf), die **Fremdgestaltung** (über Absatzmittler und Absatzhelfer) und die **gebundene Gestaltung** (Verkaufsholding, Verkaufssyndikat, Kontraktmarketing) sinnvoll.[578]

(2) Das **Vertriebssystem** setzt die Verkaufsform in die Praxis um. Es umfasst die Entscheidungsfreiheiten und Verantwortungen für die Verkaufstätigkeit in einem Spannungsfeld zwischen **Zentralisation** (in eigener Regie verkaufen) und **Dezentralisation** (Verkauf auf Partner übertragen):
   1. Beim **eigenen Vertrieb** übernehmen eigene Verkaufsorgane, i.d.R. ein Außendienst (rechtlich: Reisende) die Kundenbearbeitung. Diese Verkaufsform

---
[576] Gutenberg, (Absatz), 1984, S. 8
[577] vgl. zur Begriffsgrundlegung: Gutenberg, (Absatz), 1984, S. 123 ff.
[578] vgl. zu diesen Begriffen Pepels, (Marketing), 2009, S. 844

hat die größte Durchschlagskraft im Markt (qua Weisungsbefugnis), ist jedoch vergleichsweise kostspielig. Auch wirtschaftlich selbständige Tochtergesellschaften im Ausland gelten als eigener Vertrieb.

Die Unterscheidung in Absatzhelfer (z.B. Handelsvertreter) und Absatzmittler (freier Handel) ist nicht mehr zeitgerecht. Vielleicht könnte man besser von Vertriebsunterstützern und Partnerkunden sprechen.

2. Beim **gebundenen Vertrieb** nehmen rechtlich selbständige Verkaufsorgane die Kundenarbeit wahr, die jedoch stark an die Weisungen des Herstellers gebunden sind. Übliche Organe sind Vertragshändler mit Lieferantenbindung, Franchise-Partner oder eng geführte Handelsvertreter. Die gebundenen Vertriebssysteme sind relativ flexibel und z.T. schnell zu realisieren. Nachteilig können sich die geringeren Durchgriffsrechte im Vergleich zum Vertrieb mit eigenen Angestellten auswirken.

3. Beim **ausgegliederten Vertrieb** sind sog. Absatzmittler rechtlich und wirtschaftlich unabhängig tätig. Dies gilt für den Großteil der Handelsorganisationen. Der Hersteller wird dann aber Verkaufsbeauftragte einsetzen, die wiederum die Fachhandwerk und Fachhandel wie „Kunden" pflegen und im Rahmen gewisser Machtspielräume „führen". Dieses Absatzsystem lebt mit einem „gesteuerten Konflikt".

4. Letztlich hat *Gutenberg* noch den Vertrieb in planwirtschaftlichen Systemen als erwähnenswertes Vertriebssystem beschrieben (Verteilungssysteme).

(3) Der **Absatzweg** (modern: **Vertriebskanal**) umfasst die Vertriebsstufen vom Hersteller bis zum Endkunden. Folgende, im Abschnitt 1.1.5. bereits definierte Absatzwegearten sind zu unterscheiden (s. noch einmal Abb.1.10.):

1. Der **Direktvertrieb** durch einen eigenen Außendienst oder über Absatzhelfer (diese übernehmen kein Eigentum an der Ware!) in den Formen **Business-to-Consumer** (z.B. *Dell*-Computer für Privatkunden) oder **Business-to-Business** (Geschäfte mit **Firmenkunden** mit der speziellen Zielgruppe der **Geschäftskunden**). Bei beiden Formen ist der Absatzweg in der Hand des Herstellers (s. Abb.1-10).

2. Der **indirekte Vertrieb** über Absatzmittler (Handel, Handwerk). Diese übernehmen Eigentum, bzw. verkaufen in eigenem Namen und auf eigene Rechnung, (z.B. Groß- oder Einzelhandel oder Exporteure). Oft läuft der indirekte Verkauf über mehrere Kanalstufen (typischerweise in drei Stufen über Groß- und Einzelhandel). Indirekter Vertrieb bedingt i.d.R. den Verkauf an bzw. über Partner und Marketingaktionen am Point of Sale.

Abb.6-5	direkter Vertrieb	indirekter Vertrieb
Konsumgüterverkauf	BtoC, z.B. Direktverkauf von Flugreisen im Internet	BtoBtoC: der klassische Konsumgüterverkauf über Groß- und Einzelhandel
Geschäftsgüterverkauf	BtoB, z.B. Key Account Management in der Automobilindustrie	Z.B. Ersatzteilverkauf über den techn. Handel an Firmenkunden

Abb.6-6	Direkter Vertrieb		Indirekter Vertrieb
Nullstufiger Vertrieb	Innendienstverkauf, Versandhandel oder E-Commerce der Hersteller an Endkunden		-
Einstufiger Vertrieb	Außendienstverkauf, Vertrieb über Niederlassungen oder Tochtergesellschaften an Endkunden		Verkauf durch Agenten, durch Handelsvertreter, Franchising-Partner, auch Strukturvertrieb
Drei- bzw. zweistufiger Vertrieb	-		Verkauf über Großhandel (dreistufig) oder direkt an Handel, Handwerk (zweistufig)

Wir verwenden anstelle des Begriffs Absatzmethode lieber den heute gängigen Begriff Vertrieb. Und wir sehen die Verkaufsform als Merkmal des Vertriebssystems. Damit sind die wesentlichen Strukturelemente des Vertriebs im Sinne von *Gutenberg* umrissen. Dieses Schema wird im folgenden an die aktuellen Bedingungen der Praxis angepasst.

b.) Praxisrelevante Differenzierungen des Vertriebssystems

Abb.1-10 hatte die grundsätzlichen Unterscheidungen zwischen dem direkten (BtoC, BtoB) und dem indirekten Vertrieb herausgearbeitet. Abb.6-5 kommt hierauf zurück, und Abb. 6-6 kombiniert die Formen des direkten und indirekten Vertriebs mit dem null-, ein- und mehrstufigen Vertrieb. In der Konsumgüterindustrie dominiert der indirekte Vertrieb über den Handel, in den technischen Märkten mit beratungsintensiven Produkten der direkte Vertrieb durch Außendienstmitarbeiter; evtl. in Zusammenarbeit mit Handelsvertretern oder mit Organisationen des technischen Handels.

6.2. Strategische Stoßrichtungen

Typische Zielsetzungen und Ansatzpunkte für Vertriebsstrategien sind:
- Umsatzausweitung durch Neukundengewinnung oder durch,
- verstärkte Potenzialausschöpfung im vorhandenen Kundenstamm,
- gezielte Akquisition von Schlüsselkunden der Konkurrenz bzw. Abwehr von Kampfangeboten des Wettbewerbs bei eigenen wichtigen Kunden,
- verstärkte Stammkundenpflege; dabei verstärkte Betreuung von sog. Schlüsselkunden (Key Accounts),
- strukturelle Stärkung des Kundenstammes durch Entwicklung von Kunden mit Zukunftspotenzial (**Customer Development Management**),
- Einführung oder Ausbau eines Key Account Managements,
- Einführung oder Ausbau eines Beschwerdemanagements,
- Ausbau bzw. Optimierung der Verkaufsorganisation, Gründung von Vertriebsniederlassungen oder Vertriebsgesellschaften im In- und Ausland, Verstärkung von Innendienst, Außendienst und Kundendienst,
- Effizienzoptimierung im Verkauf; z.B. durch eine verbesserte Besuchsplanung,
- Aufbau oder Ausbau des Vertriebspartnernetzes; dazu Gewinnung neuer, leistungsfähiger Handelsvertreter oder Händler, Aussortieren leistungsschwacher Handelspartner,
- Erhöhung der Schlagkraft im Markt durch innovative Verkaufsformen des vertikalen Marketing, z.B. durch Aufbau von Franchise-Systemen,
- Stärkung von Lieferservice und Liefertermintreue in Zusammenarbeit mit Materialwirtschaft, Lager- und Transportwesen und Fertigung,
- Entlastung und Verstärkung der Verkaufsarbeit der eigenen Vertriebsorganisation durch neue Medien (Internet, E-Commerce) oder durch den Einsatz von Call-Centern,
- Einführung oder Weiterentwicklung eines IT-Systems zur Vertriebssteuerung (Einführung oder Weiterentwicklung von CRM),
- Outsourcing der Verkaufsmannschaft als extremer Fall eines Ausstiegs aus einer eigengesteuerten Marktbearbeitung.

Die Verkaufsstrategien haben **aktuelle Trends** zu berücksichtigen:
(1) Die Entwicklung zum weltweiten Vertrieb (**Global Selling**) ist für die Großindustrie abgeschlossen. Die europäische Marktöffnung zwingt nun auch kleine und mittlere Unternehmen zum internationalen Wettbewerb.
(2) Auch in Zukunft werden die **Neuen Medien** zu großen Veränderungen führen. Das Internet verändert Marktspielregeln:
- Im Internet werden zukünftig vor allem standardisierte Erzeugnisse (MRO-Teile: Maintenance, Repair, Operations) vertrieben. Neuer Personalbedarf im Verkauf ist durch Verknüpfungen von Außendienststeuerung und E-Commerce zu erwarten. Ein Trend geht dahin, die vertriebliche Beratungsqualität auch im Internet zu sichern.

6. Kapitel: Die Vertriebspolitik

- Die Zusammenarbeit der Markenartikelhersteller mit dem Handel wird eine neue strategische Dimension erhalten. Auf der einen Seite setzen Unternehmen wie *Dell* oder *Vorwerk* konsequent auf Direktvertrieb und schalten den Handel aus.[579] Großunternehmen wie *Nestlé* geben offen zu, direkte Online-Wege zum Konsumenten aufbauen zu wollen.[580] Auf der anderen Seite steht z.B. das *Otto-Konzept,* bei dem Handelskonzerne selbst in die Initiative geht und Lieferanten in seine virtuellen Kaufwelten einbinden.[581] Weitere Ausführungen zu den **Neuen Medien** folgen in Abschnitt 6.5.

Der neue Verkäufer: Vom Umsatzjäger zum Marktmanager. (Eine Devise des VDI)

(3) Anhaltende Unternehmenskonzentrationen in allen Marktbereichen und auf allen Stufen unserer Wirtschaft drängen die Verkaufsorganisationen weiter in Richtung Problemlösungsverkauf und Schlüsselkundenbetreuung (KAM = Key Account Management).[582] Die Kundenbetreuung wird immer komplexer und anspruchsvoller. Der Vertrieb muss hinsichtlich Qualität der Mitarbeiter, Flexibilität von Entscheidungsstrukturen und Niveau der Instrumente mithalten. Hier bestehen besonders gute Berufschancen für Hochschulabsolventen aus dem Studienschwerpunkt Marketing und Vertrieb oder für Wirtschaftsingenieure. Der „hemdsärmelige Verkaufsfürst" wird durch den akademisch geschulten, konzeptionell denkenden und wirtschaftlich rechnenden Vertriebsmitarbeiter ersetzt.

(4) Das richtige Timing von Verkaufsaktionen (**Time to Market**) wird angesichts kürzerer Produktlebenszyklen weiter an Bedeutung gewinnen.[583] Schnelligkeit und Effizienz werden zu strategischen Erfolgsgrößen im Verkauf. Oft schlägt der Schnellere den Besseren.

(5) Konnten es sich Vertriebler früher leisten, einseitig auf ihre Persönlichkeit und Erfahrung zu setzen und ihren eigenen Stil zu prägen (Vertriebskünstler), so werden sie zukünftig stärker den Regeln der unternehmerischen Imagepolitik (der CI-Strategie) und der Teamkultur in Projekten zu folgen haben.

(6) Ebenso deutet sich eine zunehmende Unterstützung für den aktiven Verkauf durch Direktmarketing, Call-Center und Hotline-Marketing an.

(7) Viele der aktuellen Strömungen im Vertrieb lassen sich auf einen kurzen Nenner bringen:: Der Vertrieb auf Zuruf, mit Zettelwirtschaft oder mit Formularen wird abgelöst durch eine **Vertriebsführung mit System**. Kundenmanagement mit modernen CRM/CAS-Systemen ist angesagt (vgl. Abschnitt 6.3.3.).[584]

Neben diesen strategischen Trends kommt es zu Neuorientierungen auf operativer Ebene. Diese werden im folgenden im Rahmen des Vertriebssystems beschrieben.

---

[579] vgl. z.B. die Hinweise in Boldt, (Maßstab), in: MM, 4/1998, S. 140; www.dell.de

[580] „Die Firma Nestlé bekennt sich ausdrücklich dazu, auch am Handel vorbei, mit dem Endverbraucher in Kontakt zu treten. Der Handel wird seine Leistungen neu positionieren müssen." Zitat des Vorstandsmitglieds der Nestlé AG, in: Hallensleben, (Markenvertrieb), in: ASW, 10/1997, S. 179-184

[581] vgl. Hallensleben, (Markenvertrieb), in: ASW, Sondernummer Oktober 1997, S. 180 und www.karstadt.de

[582] vgl. zum Key Account Management das Grundlagenwerk von Senn, (Key Account Management), 1997 sowie Sidow, (KAM), 2007

[583] vgl. Haucke, (Strategischer Verkauf), in: ASW, 4/1998, S. 30

[584] vgl. zu den damit verbundenen Umwälzungen im klassischen Vertrieb: Winkelmann, (Vertriebskonzeption), 2008, S. 224 ff.; Winkelmann, (Umdenken), in: CRM-Report 2001, S. 36-40

6.3. Gestaltung des Vertriebssystems

6.3.1. Festlegung der Verkaufsform

a.) Persönlicher Verkauf (Face to Face)

Nach der Art des Kontaktes mit dem Kunden und nach dem Medieneinsatz können die Verkaufsformen nach Abb.6-7 unterschieden werden. Der **persönliche Verkauf** gilt als Karrierepfad für Vertriebsführungskräfte. Erst der zwischenmenschliche Kontakt von Verkäufer und Kunde bietet durch die Face-to-Face-Situation und durch den Austausch menschlicher Schwingungen (die sog. „Chemie") eine Chance zum Aufbau und zur Pflege von Beziehungen. Das gilt besonders für den Verkauf erklärungsbedürftiger Produkte, wo der Kunde eine Gesprächsperson seines Vertrauens sucht.

Ein **Relationship-Marketing** tritt an die Stelle des verkäufermarktgeprägten Transaktionsmarketing (s. weiter hinten Abb. 6.50). Je nach Ort des Verkaufsgesprächs mit dem Kunden (je nach Point of Sale, POS) sind drei Grundformen des persönlichen Verkaufens zu unterscheiden:

„Die Zukunft gehört der vertriebsorientierten Bank mit Verkaufsprofis im Außendienst, die auch nach Feierabend gerne den Kunden zu Haus beraten."[585]

(1) Beim **stationären Verkauf** ist der Verkäufer an einen POS gebunden (**Residenzprinzip**). Dies ist die klassische Form des Laden- (Handel) und des Schalterhallenverkaufs (Banken). Beraten und verkauft wird in eigenen Verkaufsräumen. Daher sind attraktive Verkaufsräume wichtig, um Kunden anzuziehen. Die Kundenbetreuer der Banken lösen sich derzeit vom festen Standort Schalterhalle und suchen den Weg zum Kunden.

(2) Wechselnde POS kennzeichnen den **nicht-stationären Verkauf** (**Domizilprinzip**). Außendienstmitarbeiter und deren Vorgesetzte (Verkaufsleiter) besuchen ihre Kunden (**Besuchsverkauf oder Außendienstverkauf**) oder treffen sich mit ihnen in Hotels oder Restaurants, auf Messen, auf neutralen Plätzen oder auch, z.B. in Verbindung mit Betriebsbesichtigungen oder Produktpräsentationen, in der eigenen Zentrale. Eine besondere Form ist der **Strukturvertrieb** (**Multi-Level-Marketing**), bei dem der Verkäufer seine Kunden im engeren Kreis von Freunden und Bekannten findet (Schneeball-Prinzip).

(3) Wechselnde stationäre Standorte kennzeichnen den Messe- oder Marktverkauf, den Aktionsverkauf (z.B. vor Kaufhäusern) oder den Partyverkauf (**Treffprinzip**). Hierzu gehören auch Verkaufsfahrten mit Sonderangeboten.

Abb.6-7

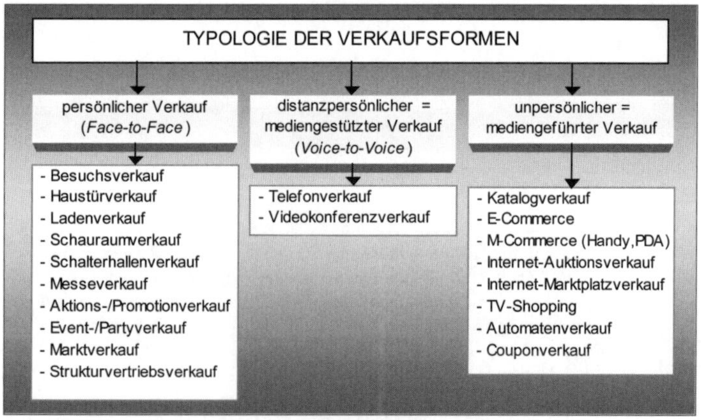

TYPOLOGIE DER VERKAUFSFORMEN		
persönlicher Verkauf (*Face-to-Face*)	distanzpersönlicher = mediengestützter Verkauf (*Voice-to-Voice*)	unpersönlicher = mediengeführter Verkauf
- Besuchsverkauf - Haustürverkauf - Ladenverkauf - Schauraumverkauf - Schalterhallenverkauf - Messeverkauf - Aktions-/Promotionverkauf - Event-/Partyverkauf - Marktverkauf - Strukturvertriebsverkauf	- Telefonverkauf - Videokonferenzverkauf	- Katalogverkauf - E-Commerce - M-Commerce (Handy,PDA) - Internet-Auktionsverkauf - Internet-Marktplatzverkauf - TV-Shopping - Automatenverkauf - Couponverkauf

---

[585] Kundenbrief der Iltis GmbH, Nr. 3, 6/1998, S. 4

b.) Mediengestützter Verkauf (Voice to Voice)

Auch beim mediengestützten oder semipersönlichen Verkauf befinden sich Käufer und Verkäufer in einem interaktiven Dialog; allerdings nicht von Angesicht zu Angesicht. Man ist **online** über ein Medium verbunden.

(1) Von überragender Wichtigkeit ist hier der **Telefonverkauf**. Call-Center ergänzen oder ersetzen den Außendiensteinsatz, so lautet die Schlagrichtung. Ohne kostspielige Außendienstreise wird ein Frage-Antwort-Dialog mit dem Kunden ermöglicht. Das Direktmarketing hat diese Verkaufsform insbesondere zur Ansprache von Interessenten perfektioniert, um deren Potenzial und Kaufinteresse abzuklären und ggf. Besuchstermine für den Außendienst zu vereinbaren.

(2) Von wachsender Bedeutung sind Kundenkontakte und Verkaufsverhandlungen über Videokamera oder Web-Cam (**Videokonferenzen**). Es kommt dann zum Telefonverkauf mit Bildübertragung. Wenn auch Mimik und Kinsetik im Gegensatz zum Telefonverkauf das Verkaufsgespräch mit beeinflussen, so fehlt doch die persönliche Nähe (das Face-to-Face-Feeling). Dennoch wird mit zunehmender Technisierung das Videogespräch weiter vordringen und insbesondere bei etablierten Kundenkontakten einen Großteil der Kundenbesuche erübrigen. Mit ca. 500 Euro Anschaffungskosten pro Anschluss ist die Videokommunikation per PC bereits heute erschwinglich. Im Konsumentenbereich wird es vorerst noch Zufall sein, wenn ein Kunde über eine Web-Cam verfügt. Bei Geschäftskunden wird es nicht mehr lange dauern, bis Key Account Beziehungen durch Videokonferenzen gepflegt werden. Routinebesuche erübrigen sich. Erhebliche Kosteneinsparungen sind möglich.

(3) Hinzu kommt zukünftig der Verkauf über **Smartphones** bzw. **mobile Business**, wobei der Verkäufer im Display zu sehen ist und so face-to-face interagiert.

c.) Mediengeführter Verkauf (Unpersönlicher Verkauf)

Beim unpersönlichen Verkauf laufen die Kundenkontakte ausschließlich über Medien.

- Die dominierende Verkaufsform ist der **Versandhandel** mit schriftlichen, telefonischen und Internet-getragenen Kontakten zwischen Kundenbetreuer und Kunden. Der deutsche Versandhandelsumsatz betrug 2008 ca. 28,6 Mrd. Euro (7,2% vom EH-Umsatz).[586] Unterschieden werden Großversender (*Quelle, Otto, Neckermann*) und Spezialversender (z.B. *Heine, Hach, Viking, Conrad, Wenz, Bader u.a.*). Die Branche wird sich nach der Insolvenz von *Karstadt/Quelle* neu aufstellen. Abb.6-81 listet die größten Versandunternehmen auf.
- Der moderne Vertrieb ist ohne Internet-Verkaufskanal schon nicht mehr vorstellbar. *Conrad* liefert ein gutes Beispiel für das unaufhaltsame Vordringen von **E-Commerce** auf den Versandmärkten.[587] Durch die Fortschritte bei Hardware und Software und die zunehmende Computerisierung der Haushalte bereitet es heute kein Problem mehr, Verbraucher optimal mit Produktinformationen zu versorgen, Auftragsentgegennahme und auch -abwicklung über EDV-Systeme zu steuern und vor allem für ausreichend Sicherheit bei der Zahlungsabwicklung im Internet zu sorgen. Kleidung, Bücher, Elektronik, Hardware, CD´s, Computer und Software, Reisen und Büromaterial verzeichnen die höchsten Internet-Umsätze. Die stärksten Wachstumssprünge für E-Commerce sind in den BtoB-Märkten zu erwarten. Das **Kaufen (M-Commerce) und Verkaufen im Web (E-Commerce)** mit den speziellen Handelsformen der **Internet-Auktionen** und **-Marktplätze** wird eingehend in Abschnitt 6.5. beschrieben.

---

[586] Quelle: bvh, Distanzhandel in Deutschland, 2008
[587] vgl. *www.conrad.de*

Der Pionier im Teleshopping: *OTTO* in Kooperation mit Sat. 1. Die Nr. 1 in Deutschland: *QVC* mit über 650 Mio. Euro in 2008.

- Für **Teleshopping** werden bis 2010 1,6 Mrd. Euro Umsatz erwartet. Marktführer sind *QVC* und *Home-Order-TV* (*H.O.T*). Die Zukunft heißt **Triple-Play** mit einer Vernetzung von TV, Internet und Telefonie durch V-DSL. Bis 2010 werden 3 Mio. angeschlossene Haushalte und ca. 7 Mrd. Euro Umsatz erwartet; Zahlen, die sicher zu optimistisch sind. Aber der Vernetzungstrend ist nicht aufzuhalten.
- Der Verkauf über **Automaten** ist nur für Convenience-Goods (Zigaretten, Süßwaren) oder für Zeitdruck-Käufe (Blumen, Spirituosen, Fahrkarten, Benzin) geeignet. Der Verkauf erfolgt durch Innenautomaten, Außenautomaten oder in Automatenläden mit vollständiger Selbstbedienung.

Zusammengefasst hängt die Verkaufsform stark vom Produkt und den Marktbedingungen ab. Sie prägt die Vertriebsorganisation. *Godefroid* verbindet bestimmte Güterarten (Geschäftsarten) mit geeigneten Verkaufsformen.[588] Abb.6-8 zeigt das Schema. Generell gilt: Der persönliche Verkauf ist umso bedeutsamer,

- je erklärungsbedürftiger ein Produkt ist,
- je langwieriger ein Kaufprozess abläuft,
- je riskanter der Kauf vom Kunden empfunden wird,
- je teurer ein Produkt ist,
- je stärker der Dienstleistungscharakter eines Produktes ist.

Abb.6-8

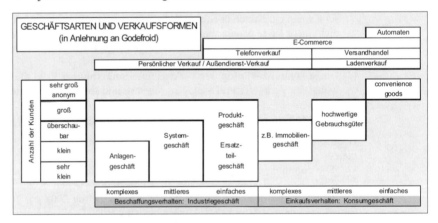

d.) Multiverkaufsformen und Multi Channel Marketing

Leben mit einer Pin-Nummer: Die Symbolik dafür, dass ein Kunde im Rahmen des Multi Channel Marketing aus einer Hand betreut wird.

Früher wurden den Verkaufsformen Vertriebswege zugewiesen, die dann unabhängig voneinander operieren. Doch der Markterfolg in der Praxis hängt von der Kombination der Verkaufsformen und von deren Bündelung zu Multikanalsystemen ab. Verkaufsformen und Vertriebsorganisationen fließen ineinander. Dabei wird zukünftig die folgende Unterscheidung von zunehmender Bedeutung sein:

(1) **Contents** sind die Inhalte typischer Verkaufsvorgänge, z.B. Kundenanfrage, Preisabgabe, Angebotserstellung, Kundenbeschwerde, o.ä.

(2) **Styles** sind die sichtbaren Präsentationen von Contents abgestimmt auf den Vertriebskanal. Ein Angebot sieht als Brief oder als E-Mail unterschiedlich aus.

Abb.6-9 zeigt eine Abfolge von Verkaufsformen und Kanälen nach einem Grad der Komplexität; ausgehend von der fundamentalen Innendienstbetreuung bis hin zu internet-gestützten Mehrkanalvertriebssystemen. Die einzelnen Bausteine der Kette werden in den folgenden Abschnitten behandelt.

---

[588] in Anlehnung an eine Grafik von Godefroid; Pförtsch, (BtoB), 2008, S. 37

Abb.6-9

6.3.2. Aufbau der Vertriebsorganisation

a.) Berufsfelder und Rollen im Vertrieb

Unserer Schätzung nach gibt es in Deutschland bis zu 350.000 Vertriebsorganisationen. In größeren Unternehmen sind Tausende oder Hunderte von Mitarbeitern in Außen- und Innendienst nicht selten über große Entfernungen hinweg zu organisieren. Der *Siemens-Konzern* meldet mehr als 60.000 „Vertriebler", *Vorwerk* über 30.000. Für die *MLP* betreuen 2.500 Berater von 300 Geschäftsstellen aus 620.000 Kunden. *Würth* beschäftigt über 25.000 Außendienstler. Das sind herausfordernde Größenordnungen. Aber schon beim Aufbau einer kleineren bzw. mittelständischen Vertriebsorganisation gilt es, eine Reihe von Fragen zu klären:

(1) Welche Funktionen müssen vom Vertrieb, passend zu Angebotsprogramm und Verkaufsform, bei den Verkaufstätigkeiten erfüllt werden?
(2) Welche Stellen sollen zur Erfüllung dieser Funktionen in welchen Personalstärken besetzt werden, und welche Kompetenzen und Verantwortungen sind den Mitarbeitern zuzuweisen (Stellenbeschreibungen)?
(3) Wie werden die Mitarbeiter vergütet (fix und variabel)?
(4) Wie wird die Verkaufsabteilung in die Unternehmensorganisation verankert (s. Kapitel 2.4.3.)? Welche Über- und Unterordnungsbeziehungen sollen im Verkaufsbereich herrschen? Wie sind die Schnittstellen zu anderen Ressorts (z.B. zu Produktion, Lager, Fuhrpark) zu gestalten?

Abb.6-10

GESCHÄTZTE ZAHL DER DEUTSCHEN VERTRIEBSORGANISATIONEN			
		Beschäftigte	geschätzte Anzahl Vertriebsorganisationen
große Konzerne	500	dto. über 500	10 x 500 = 5.000
Großunternehmen	4.500	über 500	5 x 4.500 = 22.500
großer Mittelstand	12.500	200 bis 499	2 x 12.500 = 25.000
mittlere Mittelbetriebe	20.000	100 bis 199	20.000
kleinere Mittelbetriebe	45.000	50 bis 99	45.000
größere Kleinbetriebe	120.000	20 bis 49	120.000
kleine Kleinbetriebe	200.000	10 bis 19	50% = 100.000
Einzelfirmen, Kleingewerbe	1.700.000	bis 9	0
		Summe	337.500

(Quelle: ausgehend von den BA Zahlen Stand 2001)

(5) Wie sollen Verkaufsgebiete (VKB), Kunden und / oder Produkte mit den entsprechenden Umsatzverantwortungen den Außendienstmitarbeitern zugeordnet werden?
(6) Wie sollen die Verkaufsprozesse ablaufen? Welche Ressourcen und Werkzeuge (Tools) werden den Mitarbeitern zur Verfügung gestellt?

Nicht alle Fragen können in diesem Grundlagenbuch behandelt werden. Auf ein vertiefendes Buch wird daher verwiesen.[589] Abb. 6-11 gibt einen Überblick über die Hauptaufgaben der Funktionsbereiche mit Kundenkontakt: Außendienst, Innendienst, Key Account Management (KAM), Service und Verkaufsleitung. Welche Arbeitsschwerpunkte und Trends sind für Verkaufsmitarbeiter wichtig?

Für die Kundenbetreuer gibt es feine Graduierungen. Siemens ICN kennt z.B. drei Arten von Kundenbetreuern: die normalen **VBs** *(Generalisten), die* **Solution Manager** *(Spezialisten mit Vertriebsauftrag) und die* **Consultants***.*

Durchschnittseinkommen 2009: Vertriebsleiter 140 TEUR, Marketingleiter 120 TEUR, Key Account Manager 88 TEUR, Produktmanager 70 TEUR; zzgl. variable Vergütung: 29 TEUR bzw. 27 TEUR für die Vertriebs- bzw. Marketingleiter (Hinweis ASW 6/2009, S. 79).

Außendienstmitarbeiter - Frontoffice

Die Zeit des „Klinkenputzens" ist passé. Junge BetriebswirtInnen erobern den Vertrieb.[590] Der „Verkaufsbückling" oder das „Drückergeschäft" an der Haustür (der traditionelle ambulante Handel) spielen nur noch in Randbranchen eine Rolle. Das gilt insbesondere auch für das „Heer" der **Vertriebsingenieure**, die sich dem beratenden Verkauf und dem Verkauf von technischem Fortschritt verschrieben haben. Von den rund 900.000 Ingenieuren in Deutschland arbeiten nach Schätzung des *VDI* ca. 40 Prozent in kundennahen Bereichen. Über 150.000 stehen als Vertriebsingenieure in direkter Verkaufsverantwortung.[591]

Verlangt werden heute vom Kundenbetreuer
(1) Involvement, d.h. unbedingter Einsatzwille und Freude an Verantwortung,
(2) die Fähigkeit, Umsatz- und Ergebnisziele mit den Bedürfnissen der Kunden in Einklang zu bringen,
(3) von Nicht-Technikern das Interesse, sich die technischen (oder die naturwissenschaftlichen) Grundkenntnisse über das Verkaufsprogramm anzueignen,[592]

Abb.6-11 **HAUPTZIELE UND -AUFGABEN DER MITARBEITER IM VERKAUF**

Außendienst: Umsatzzielerreichung	Key Account Manager: Umsatz-/Projektzielerreichung
1. Interessentensuche und Potenzialklärung 2. Kundenqualifizierung (Kundenbewertung) 3. Neukundengewinnung 4. Stammkundensicherung (-pflege) 5. Konditionenverhandlungen 6. Marktforschung beim Kunden 7. Produktvorstellungen, Produkteinführungen 8. Abwicklung Beanstandungen mit Innendienst 9. Mitarbeit an strategischer u. operativer Planung 10. Mitarbeit an Verkaufsförderung, Messen	1. Schlüsselkundengewinnung und -sicherung 2. Kontraktmanagement, Konditionenverhandlungen 3. Projektabwicklung mit Kunden 4. Prozessoptimierung mit Kunden 5. Marktforschung mit Kunden 6. Firmen- und Produktpräsentationen 7. Abwicklung Beanstandungen 8. Abstimmung mit Flächenvertrieb 9. Mitarbeit an strategischer u. operativer Planung 10. Mitarbeit an Verkaufsförderung, Messen
Innendienst: Effizienzzielerreichung	**Vertriebsleitung: Umsatz-und Ergebniszielerreichung**
1. Unterstützung Außendienst, Bedarfsklärungen 2. Eigenverantwortliche Kleinkundenbetreuung 3. Telefonische und schriftliche Kundenbetreuung 4. Angebotserstellung und Auftragsabwicklung 5. Fakturierung (Rechnungserstellung) 6. Beschwerdebearbeitung 7. Lieferservice, Abstimmung mit Logistik 8. Unterstützung für Vertriebspartner 9. Mitarbeit an Mailingaktionen, Telefonmarketing 10. Mitarbeit an Verkaufsförderung, Messen	1. Führung der Verkaufsmitarbeiter 2. Förderung der Verkaufsmitarbeiter 3. Richtlinien für die Kundenbetreuung 4. Erarbeitung Akquisitionsstrategie 5. Festlegung Konditionenpolitik 6. Verhandlungen mit Schlüsselkunden 7. Steuerung Vertriebspartner 8. Mitgestaltung des Berichtswesens 9. Strategische und operative Vertriebsplanung 10. Einführung oder Weiterentwicklung von CRM

---

[589] Zu den Themen Vertriebsorganisation und Personaleinsatz im Vertrieb vgl. Winkelmann, (Vertriebskonzeption), 2008, S. 41-117
[590] vgl. Winkelmann, (Durchbruch), in: ASW, 3/1998, S. 72
[591] vgl. Müller, (Technischer Vertrieb), in: ASW, 3/2005, S. 100-102

(4) Überzeugungskraft beim Präsentieren von Produkten und beim Darstellen von Produktvorteilen (auch: Präsentationstechnik),
(5) die Qualifikation, auch international arbeiten zu können (mindestens Fremdsprache Englisch),
(6) konzeptionelle Fähigkeiten, d.h. qualifizierte Mitarbeit am Berichtswesen, an den Soll-/Ist-Analysen von Vertriebsplanung und Vertriebscontrolling. Erforderlich sind auch gute Kenntnisse in der Methodik der strategischen Planung.
(7) Wissen und Kenntnisse im Umgang mit den modernen Kommunikationsmitteln, insbesondere mit dem Laptop, mit dem Datenaustausch mit der Zentrale und mit computergestützter Vertriebssteuerung
(8) und schließlich die menschlichen Fähigkeiten (**Sozialkompetenz**), in flachen Hierarchien und in ambitionierten Marketing- und Vertriebsteams wie auch in ressortübergreifenden Projektgruppen „vorbildlich" mitzuarbeiten.

Abb.6-12

Die amerikanischen Fachbegriffe lauten:
(1) business consultant,
(2) long term ally
(3) business orchestrator

ROLLEN UND ORGANISATORISCHE ERFOLGSFAKTOREN FÜR DEN AUSSENDIENST

Partner-Funktion
Problemlöser-Funktion
Koordinator-Funktion

Erfolgsvoraussetzungen für Mitarbeiter:
- klare Aufgabenstellung
- sichere Einbindung in die Organisation
- Kongruenz von Kompetenz und Verantwortung
- angemessene Ausstattung und Budgets
- Persönlichkeitsstärken / Sozialkompetenz

Um Kunden zufrieden zu stellen oder gar zu „begeistern", sind fördernde Rollen des Verkäufers zu definieren. Ein recht einfaches Schema unterscheidet **Hunter** (Kompetenz Kundengewinnung) und **Farmer** (Kompetenz Kundensicherung). Abb.6-12 zielt stärker auf den Aufbau guter persönlicher Beziehungen und weist dem Außendienstmitarbeiter drei Rollen zu:[593] Als **Partner** sucht der Kundenbetreuer die für beide Seiten beste Lösung (Win-Win-Lösung), fördert den Markterfolg des Kunden und bezieht den Kunden in die eigenen geschäftspolitischen Überlegungen mit ein. Als **Problemlöser** ermittelt er den Kundenbedarf, kennt die Marktverhältnisse des Kunden und optimiert das eigene Leistungsangebot im Hinblick auf den Kundennutzen. Als **Koordinator** ist er der Ansprechpartner des Kunden und dessen Sprachrohr bei innerbetrieblichen Belangen von Produktmanagement, Lieferservice und Produktentwicklung. Diese Ausrichtungen bringen dem Außendienstmitarbeiter heute mehr Entscheidungs- aber auch Verantwortungsspielräume. Man spricht von **Empowerment**.[594]

Seine Betreuungs- und Beratungsleistungen kann ein Verkäufer nach Abb.6-13 im Rahmen von zahlreichen Formen des Verkaufens erbringen. Immer stärker wünschen die Unternehmen (z.B. im IT-Bereich) **Projektbetreuer** als eine besondere Kombination von Außendienstmitarbeiter, Beratungs- und Dienstleistungsverkäufer. Diese haben dafür zu sorgen, dass Organisationsprojekte (z.B. CRM-Einführungen) sachlich und zeitlich korrekt ablaufen und die Anwender dabei ein Höchstmaß an Betreuung erfahren. In diesen Tätigkeitsfeldern bestehen besonders gute Berufschancen für Hochschulabsolventen mit Studienschwerpunkt Marketing und Vertrieb.

Den Erfolg eines Außendienstlers aber nur von dessen Fähigkeiten, von seinem Einsatzwillen und von seiner Persönlichkeit abhängig zu machen, wird nicht funktionieren. Nach Abb.6-12 müssen das Management und die Verkaufsorganisation för-

---

[592] Man geht heute davon aus, dass ein Außendienstmitarbeiter 60% aller Kundenfragen beantworten sollte (FAQ: frequently asked Questions).
[593] vgl. Esser; Steven, (Kunden-Beziehungsmanagement), in: ASW, Sondernummer Oktober 1996, S. 200, die allerdings in der Grafik (Quelle: TMT Europe) von einer Berater- statt Problemlöserfunktion sprechen.
[594] vgl. Rentzsch, (Erfolgsfaktoren), 1995, S. 113

Abb. 6-13

10 FORMEN DES PERSÖNLICHEN VERKAUFS	
① Außendienstverkäufer	⇨ Angestellter (Reisender) mit Besuchstätigkeit
② Haustürverkäufer	⇨ Variante des Besuchsverkaufs in BtoC (z.B. *Vorwerk*)
③ Strukturvertriebsverkäufer	⇨ verkauft im Rahmen von Netzwerken (Multi-Level-Marketing)
④ Innen(dienst)verkäufer	⇨ bedient die Kundschaft vom Schreibtisch aus
⑤ Call-Center-Verkäufer	⇨ verkauft am Telefon
⑥ Stationärer Verkäufer	⇨ wird im Ladengeschäft (Theke) oder im Schauraum tätig
⑦ Beratungsverkäufer	⇨ Beratung, Problemlösungen im Fokus (z.B. Pharmareferent)
⑧ Aktionsverkäufer	⇨ verkauft an wechselnden Standorten (z.B. Messeverkauf)
⑨ Auslieferungsverkäufer	⇨ übernimmt auch logistische Aufgaben: *Bofrost, Eismann*
⑩ Dienstleistungsverkäufer	⇨ verkauft seine Arbeitsleistung

dernde Voraussetzungen für eine erfolgreiche Arbeit im Verkauf schaffen. Einen rechtlichen Schutz genießt der angestellte Außendienstmitarbeiter wegen seiner besonderen Verantwortung und seiner besonderen Handlungsrisiken im Rahmen der §§ 55 ff. HGB. Er gilt als Reisender und kann mit Abschlussvollmacht (i.V.: Abschlussreisender) sein Unternehmen rechtlich vertreten und Geschäfte abschließen.[595] Neben (meist) außertariflichem Gehalt und überdurchschnittlichen Sozialleistungen haben Außendienstler i.d.R. Anspruch auf Provision und Prämie und profitieren von großzügigen Dienstwagen- und Spesenregelungen im Rahmen der steuerlich geltenden Vorschriften. Die juristische Formulierung des Reisenden ist antiquiert und spielt in der Praxis keine Rolle.

Key Account Manager (Schlüsselkundenbetreuer)
Die dargestellten Verkaufsaufgaben gelten im Prinzip auch für die Schlüsselkundenbetreuer (Großkundenbetreuer).

> *„Fast immer lassen sich „wichtige" und „weniger wichtige" Kunden identifizieren. Bei den besonders wichtigen Kunden handelt es sich in der Regel um jene, die zu verlieren sich die Unternehmung einfach nicht leisten kann. Denn von ihnen hängt der Unternehmungserfolg weitgehend ab. Die Praxis bezeichnet diese Kunden üblicherweise als Schlüsselkunden oder Key Accounts."*[596]

Bei einem bedeutenden Industrieunternehmen wie der *Festo AG* betreuen 10 Key Account Manager je 2 bis 3 Schlüsselkunden.

Der Außendienst muss mit der zunehmenden Akademisierung der Einkaufsstäbe von großen Handelsgruppen und Industriekunden Schritt halten. Das erfordert noch mehr Markt- und Problemlösungskompetenz für die Kundenbetreuung. Die Idee eines gemeinsamen Markterfolgs von Lieferant und Schlüsselkunde ist im KAM-Bereich viel stärker ausgeprägt als im Flächenvertrieb. Folgerichtig werden den Key Accountern besondere Kenntnisse und Erfahrungen abverlangt, um in ressort- und firmenübergreifenden Projekt-Teams
(1) mit dem Großkunden gemeinsam neue Produkte zu entwickeln,[597]
(2) mit dem Großkunden gemeinsam Prozesse zu optimieren; um schneller zu werden (z.B. bei der Auftragsabwicklung) und Kostensenkungen zu realisieren.

Wegweisend für diesen Trend zu einer verstärkten Zusammenarbeit zwischen Lieferant und Kunde war die Automobilindustrie mit veränderten Beschaffungsstrategien. Aufgrund der hohen Anforderungen liegen Key Account Manager üblicherweise gehaltlich im AT-Bereich. Weitere Ausführungen folgen im Abschnitt 6.4.10.a.

---

[595] Der Reisende ist aufgrund seines Dienstvertrages damit beauftragt, für seinen Dienstherrn ständig Geschäfte zu vermitteln (ohne Vollmacht) oder abzuschließen (mit Vollmacht); HGB § 55. Mit Abschlussvollmacht ist eine Bestätigung durch den Vertretenen nicht notwendig.
[596] Senn, (Key Account Management), 1997, S. 1; Miller; Heiman, (Schlüsselkunden-Management), 1992, S. 27
[597] vgl. zur kundenorientierten bzw. marktorientierten Produktentwicklung mit dem Postulat der Kundeneinbindung: Backhaus; Voeth, (Industriegütermarketing), 2007, S. 213-215

Kundenservice - Innendienst (Backoffice – Customer Service)

Die MitarbeiterInnen im Innendienst haben in den letzten Jahren eine erhebliche Aufwertung erfahren. Aus Auftragsabwicklern werden Service-Dienstleister:[598]

- Zum einen gibt es Erfahrungen, nach denen die überwiegend weiblichen Mitarbeiter in den Innendiensten die Computerisierung, d.h. die computergestützte Vertriebssteuerung (CAS, CRM) leichter angenommen haben als manche Außendienstkollegen. Ihre Machtstellung wurde dadurch gestärkt. Die Nähe zum Chef und vor allem die ohnehin schon seit Jahren laufende Anbindung des Verkaufs an die EDV (im Rahmen von Warenwirtschaft, Auftragsabwicklung und Fakturierung) haben diesen Effekt noch begünstigt.
- Zum anderen führt der **Lean-Selling Trend** – mit Kostensenkung als Hauptziel – dazu, dass die bislang überwiegend „abwickelnden Innendienste" nun vermehrt mit (Klein)Kundenbetreuung und Marketingservice-Aufgaben (vor allem mit Mailings, Potenzialklärungen, Folgeauftrags-Abfragen) betraut werden.[599] Hinzu kommt eine verstärkte Einbindung der Innendienste in die höher qualifizierten Arbeitsgebiete E-Commerce und Telefonmarketing.
- Der Trend im Servicebereich geht unverändert hin zu mehr Verkaufsdenken und zu mehr Effizienz (z.B. papierlose Verarbeitung) im Verkauf.[600] Eine besondere Rolle spielt dabei das **Team-Selling**.[601] Im Kern bedeutet das: Auflösung der zentralen Innendienste und Zuordnung der Servicemitarbeiter zu schlagkräftigen Verkaufsgruppen mit gemeinsamer Erfolgsverantwortung. Nicht mehr: „*Ihr da draußen, wir da drinnen*", sondern "*Außendienst und Innendienst in einem Boot*" lautet die Devise. Der Ansatz bedingt aber ein Abgehen von der leistungsfeindlichen Tarifgruppensystematik und ein Einbezug des Innendienstes in die für den Außendienst geltenden Provisionsregelungen.

Derzeit gibt es große Unsicherheit, ob der zunehmende Trend zu Heimbüros der Idee des Team-Selling zuwiderläuft.

Technischer Kundendienst - Anwendungstechnik

Kundendiensttechniker schaffen eine starke Kundenbindung und sehen die Anwendungen beim Kunden, die dem Vertrieb verschlossen sind.

Für viele Unternehmen ist die organisatorische Zuordnung der Kundendiensttechniker, bzw. der technischen Kundenberater, eine „Frage der Weltanschauung". Es kann hier nur empfohlen werden, die technischen Kollegen, die regelmäßig mit Problemlösungsaufgaben beim Kunden betraut sind, auch organisatorisch dem Vertrieb zuzuordnen. Einbezogen in die erfolgsverantwortlichen Verkaufsteams wird es den Kundendiensttechniker leichter fallen, Bedarfsklärungen und Wettbewerbsforschung beim Kunden vorzunehmen und Verkäuferbesuche zu initiieren.

Vertriebsleitung

Die Vertriebsleiter sind zunehmend gefordert, gut ausgebildete Außendienstmitarbeiter zu führen und sich stärker um konzeptionelle Themen zu kümmern. Marktuntersuchungen belegen ein auf Führungsebene noch stark ausgeprägtes Festhalten am „hemdsärmeligen" Geschäft. Die Verkaufsmitarbeiter beklagen, dass sich ihre Führungskräfte zu wenig Zeit für regelmäßige Auswertungen von Marktdaten nehmen und vermissen schnelle Rückmeldungen an den Außendienst zum Anstoßen von Kundenaktionen.[602] Es ist nicht mehr tragbar, wenn sich Vertriebsleiter wichtigen Strategiegesprächen mit der Bemerkung verschließen: „*Ja soll ich nun verkaufen oder soll ich hier rumsitzen.*" Und noch immer lassen sich hochdekorierte Vertriebsmanager ihre Mails als Ausdruck von Sekretärinnen vorlegen.

---

[598] zu den Aufgaben des Backoffice vgl. Hofbauer; Hellwig, (Vertriebsmanagement), 2005, S. 126 ff.
[599] vgl. Winkelmann, (Durchblick), in: acquisa, 2/1998, S. 40; Bußmann, (Lean Selling), 1995
[600] vgl. z.B. Zahn; Pawlowitz, (Verkaufsinnendienst), in: acquisa, 5/1998, S. 12-16
[601] vgl. zum Thema Team-Selling Bußmann, W.F.; Rutschke, K., (Team-Selling), 1996
[602] vgl. die Zusammenfassung bei Winkelmann, (Besuchsberichte), in: ASW, 2/1998, S. 82

b.) Strukturorganisation im Vertrieb

Unterstellung unter die Geschäftsführung

Die Einordnung des Vertriebs in die Gesamtorganisationen wurde im 2. Kapitel behandelt. Auf ein Problem möchten wir aufmerksam machen: Wir halten es für keine optimale Lösung, wenn das Marketing der Geschäftsführung zugeordnet ist und der Vertriebsleiter der Geschäftsführung nicht angehört. Die Marketingverantwortung gehört nahe an den Vertrieb, hierarchisch zumindest neben den Vertrieb!

Anzahl der Mitarbeiter

> *Bitte stellen Sie sich vor: In annähernd zwei gleichen Verkaufsgebieten arbeiten zwei Verkäufer. Beide haben den gleichen Umsatz. Beide verfügen über die gleiche verkaufsaktive Zeit pro Jahr. Wer ist dann der Bessere? Beide sind gleich gut oder gleich schlecht - das sagt die Potenzialanalyse. Der zweite Blick verrät: Der eine arbeitet mit einer Arbeitslast von 60 Prozent, sein Kollege mit 120 Prozent. Der erste betreut eine Handvoll Großkunden. Der zweite erreicht den gleichen Umsatz nur mit Kleinkunden. Wer ist jetzt der Bessere? Kann man das überhaupt sagen? Oder lässt der zweite Blick (gemäß sog. Arbeitslastanalyse) nur die Feststellung zu, dass die Gebiete (Kunden) nicht effizient verteilt sind und dass daher noch Reserven im Verkauf stecken?*

Gesucht wird eine Richtschnur zur Bemessung der Anzahl der Mitarbeiter im Außendienst. Zwei Verfahren stehen sich ergänzend gegenüber:

(1) Das **Potenzialverfahren**, das den Außendienstmitarbeitern nach „Daumenregeln" ungefähr gleich große Potenziale zuweist und deren Leistung sich dann allein nach Umsatzzielerreichung bemisst,

(2) das **Arbeitslastverfahren**, das Arbeitsbelastung und Kundenstruktur eines jeden Außendienstmitarbeiters individuell optimiert.

Abb.6-14

Laut *Proudfoot Consulting* beträgt die **verkaufsaktive Zeit** eines Verkäufers beim Kunden 11%, Neukundenakquise 9%, Reisen 15%, interne Abstimmung 18%, Verwaltung 31%. (Hinweis in salesBusiness, 12/2006, S. 7)

In der Praxis werden die beiden Verfahren verknüpft, um die (1) **Personalstärke** im Vertrieb und die (2) **Gebietsoptimierung**, d.h. die optimale Zuordnung von Kunden bzw. Kundenregionen mit deren Kundenumsätzen, zu den einzelnen Außendienstmitarbeitern vorzunehmen. Dabei wird wie folgt vorgegangen:

(1) Das Potenzialverfahren liefert zunächst eine Richtgröße für eine angemessene Außendienststärke.

(2) Diese wird nach Plausibilität, vorhandenen Ressourcen und in Bezug auf finanzielle Tragfähigkeit (Personalkosten) abgeprüft und dann

(3) nach dem Arbeitslastverfahren das **Feintuning** für die endgültige Kadergröße, die Gebietsgrößen und die zugeordneten Kundenanzahlen vorgenommen.

ZEIT- UND KOSTENANALYSE FÜR DEN AUSSENDIENST		
VORGABEN:		
Besuchsvorgabe pro Tag	3,0 Besuche	
Arbeitszeit pro Reisetag	10 Std.	
Fahrleistung p.a.	40.000 km p.a.	
Durchschnittsgeschwindigk.	60 km/h	
KFZ-Kostensatz	0,50 € / km	
Sozialkostensatz	42% Prozent	
Tage	365	
./. Wochenenden	-104	
./. Urlaub und Feiertage	-38	
./. Sonderurlaub, Krankheit	-3	
./. Stammhaus	-6	
./. Regionalbüro (40 x 0,5)	-20	
./. Tagungen	-2	Gesamtzahl Besuche
./. Sonstiges, Seminare etc.	-2	gemäß Vorgabe
Besuchstage	**190**	**570**
Arbeitszeit p.a.	1900	Stunden
Reisezeit p.a.	-667	Stunden
./. Pausen, Staus, Ausfälle	-200	Stunden
verkaufsaktive Zeit p.a.	**1033**	**Stunden**
AD-Einkommen fix+variabel	75.000,00 €	Kosten pro
Sozialkosten	31.500,00 €	Reisetag:
KFZ-Kosten	20.000,00 €	855,26 €
Spesen, Kommunikation	24.000,00 €	Kosten pro
sonstiges	12.000,00 €	Besuch:
Bruttokosten gesamt	**162.500,00 €**	**285,09 €**
		Kosten pro Besuchsstunde:
		157,26 €

6. Kapitel: Die Vertriebspolitik

Abb.6-15

PERSONAL- UND BESUCHSPLANUNG FÜR AUSSENDIENSTMITARBEITER				
Kundengruppe	Anzahl	Besuchsfrequenz	Soll-Besuche	Besuchsdauer	Soll-Stunden
A-Kunden	285	12	3420	2,5	8550
B-Kunden	450	12	5400	1,5	8100
C-Kunden	920	4	3680	1,0	3680
D-Kunden	60	1	60	0,5	30
Ziel-Kunden	90	3	270	1	270
Neukunden	88	18	1584	1,5	2376
Händler	24	6	144	2,5	360
	1917		14558		23366
	Summe Kontakte		Summe Besuche		Summe Stunden

100% = 1 ADM — Arbeitslast nach Besuchsvorgaben: **2426,3%**
Arbeitslast nach verkaufsaktiver Zeit: **2062,3%**

Alles beginnt mit einer Zeit- und Kostenanalyse für den „durchschnittlichen" Außendienstmitarbeiter (s. Abb.6-14) und einer Kundenstrukturplanung (s. Abb.6-15), deren Kundenwertklassen in Abschnitt 6.4.4. erklärt werden. Nach Abb.6-14 kommt der Verkäufer auf 190 Besuchstage mit 570 Soll-Besuchen (Richtschnur).

Das **Potenzialverfahren** geht bildlich „mit der Gießkanne" über die Verkaufsgebiete. Ausgehend von der Faustregel, dass ein Außendienstmitarbeiter zwischen 5 und 7,5 Mio. Euro Umsatz verantworten sollte[603], wären nach Abb.6-14 in Verbindung mit Abb.6-15 zwischen 22 und 26 Außendienstmitarbeiter zur Erfüllung der Betreuungsaufgaben erforderlich. Diese sollten auf einen Jahresumsatz von mindestens 110 (22 Mitarbeiter à 5 Mio. Euro) bis max. 195 Mio. Euro (26 Mitarbeiter à 7,5 Mio. Euro) kommen. Für die Verkäufer wird dann die gesamte Vertriebsregion in Bezirke (Verkaufsgebiete = VKB) mit annähernd gleich großen

(Anmerkung: 14.558 / 570 = 25,5)

(1) Umsatzpotenzialen (**Umsatzpotenzialverfahren**)
(2) Gebieten (**Gebietspotenzialverfahren**) oder
(3) Kaufkraftpotenzialen; z. B. nach *Nielsen*-Kaufkraftkennziffern (**Kaufkraftpotenzialverfahren**) eingeteilt.

Abb.6-16

Abb.6-16 lässt die Schwachstellen dieser Vorgehensweise erkennen. Im Extremfall könnte ein Außendienstmitarbeiter mit einem Großkunden das Umsatzsoll erreichen. Im anderen Fall müsste eine Heerschar kleinerer Kunden betreut werden. Treten erhebliche strukturelle Unterschiede zwischen den Verkaufsgebieten auf, so wird dieses Praktikerverfahren von den Verkäufern schnell als ungerecht empfunden.

	Wenige Kunden	Viele Kunden
Kleines Verkaufsgebiet	① Sinnvoll nur bei Key Account Management	② Konzentrierte Bearbeitung möglich
Großes Verkaufsgebiet	③ Hohe Reisekosten pro Kunde – Neukunden lokalisierbar?	④ Arbeitsbelastung? Kundenqualifizierung! Zu viele Kleinkunden?

Das **Arbeitslastverfahren** strebt dagegen nach gleichmäßiger Auslastung der Außendienstmitarbeiter unter Berücksichtigung der unterschiedlichen Kundenstrukturen und der Entfernungen in den Verkaufsgebieten. Wenn kein Computerprogramm zur Gebietsoptimierung verfügbar ist, dann ist die Prozedur der Abb.6-14 für jeden einzelnen Außendienstmitarbeiter durchzuspielen. Jede Tabelle spiegelt die spezifische Kundenstruktur eines Außendienstmitarbeiters oder einer Region wieder. Gesonderte Arbeitszeitanalysen müssen die unterschiedlichen Reisezeiten in den Regionen erfassen. Wenn dann ein Außendienstmitarbeiter deutlich über 100% der verfügbaren Zeit belastet ist (im schlimmsten Fall reicht dann seine verfügbare Jahresbesuchszeit nicht aus, um alle Kunden gemäß Soll-Vorgaben zu besuchen), ein anderer dagegen stark

---
[603] gilt z.B. für BtoB, hier Maschinenbau; hängt aber generell von Branche und Produkt ab

unterausgelastet ist, dann müssen Gebiets- bzw. Kundenzuordnungen so lange schrittweise modifiziert werden, bis für alle Außendienstmitarbeiter in etwa gleiche Arbeits- und Erfolgsvoraussetzungen bestehen.

So bietet das Arbeitslastverfahren Ansatzpunkte, um Besuchshäufigkeiten und Besuchszeiten zu überprüfen und den Außendienst mit dem Ziel gerechter Arbeitsauslastungen zu optimieren.[604]

Organisation der Umsatzverantwortung
Die Planung der Außendienststärke geht unmittelbar in die Thematik der Gebietsorganisation über. Drei Kernfragen sind zu beantworten:[605]

⇨ **KERNFRAGE-1**: Wie sollen die zu erreichenden Umsatzplanzahlen den Außendienstmitarbeitern zugewiesen werden? Konkret gefragt:
Wer verkauft mit welchen Erfolgsvorgaben welche Produkte an welche Kunden in welchen Verkaufsgebieten?

⇨ **KERNFRAGE-2**: Sind dabei die Umsatzverantwortungen eindeutig zugeteilt? Überlappungen (**Overlays**: Flächenvertrieb und KAM sind beide für einen wichtigen Kunden zuständig) oder graue Zonen (**Gaps**: In einer Verkaufsregion kümmert sich um die Kunden, wer gerade Zeit hat) führen in der Praxis unweigerlich zu Konflikten im Verkaufsteam.

⇨ **KERNFRAGE-2**: Sollen die Außendienstmitarbeiter generalistisch arbeiten und alle Produkte an alle in Frage kommenden Interessenten und Kunden verkaufen, oder sollen sie sich auf bestimmte Kunden- oder Produktgruppen konzentrieren?

Die Beantwortung der Fragen bedingt ein Abwägen der Vor- und Nachteile der folgenden Organisationsformen; im Detail dargestellt in Abb.6-17:[606]

(1) In der Praxis dominiert als durchgängige Gebietsorganisation der **Regionalvertrieb** (territoriale Verkaufsorganisation). Ein nationaler Verkauf wird z.B. in die Verkaufsgebiete (VKB) D-Nord, D-West, D-RPS (Rheinland-Pfalz-Saar), D-Süd und D-Ost eingeteilt; geleitet von je einem Regional-Verkaufsleiter mit Untergruppen z.B. für Baden-Württemberg, Bayern und Osten-Nord und Osten-Süd.
- Vorteile der Gebietsorganisation: Sie berücksichtigt regionale Besonderheiten im Kundenverhalten, schafft kurze Entscheidungswege innerhalb der Verkaufsbüros, führt zu flexibel einsetzbaren Mitarbeitern und begünstigt eine besondere Identifikation der Außendienstmitarbeiter mit „Land und Leuten". Das Regionalteam kann wie ein Profit Center geführt werden. Wichtig ist der Leitsatz: **One Face to the Customer**.
- Nachteile der Gebietsorganisation: Sie verhindert eine Spezialisierung der Verkäufer auf Produkte oder Kundengruppen und damit eine spezielle Kompetenzbildung.[607] Sie verlangt daher einen höheren Ausbildungsaufwand und verursacht erhöhte Fixkosten wegen der parallel geschalteten Verkaufsbüros. Vor allem aber sind Gebietsgrenzen immer willkürlich gesetzt und Gegenstand interner Vertriebskonflikte. Kritische Themen sind z.B. das „Wildern" im Verkaufsgebiet des Kollegen bzw. Probleme, wenn Kunden (in der Praxis auch oft Händler) gebietsüberschreitend tätig sind.

---

[604] vgl. auch die ausführlichere Darstellung der Verfahren in Winkelmann, (Außendienst-Management), 1999, S. 92 ff.
[605] vgl. Winkelmann, (Verkaufspolitik), 1999
[606] vgl. Kotler; Keller; Bliemel, (Marketing-Management), 2007, S. 796-802
[607] vgl. Godefroid; Pförtsch, (BtoB), 2008, S. 296-307

Abb.6-17

VOR- UND NACHTEILE VON GRUNDFORMEN DER VERKAUFSORGANISATION	
Keine Spezialisierung: Vorteile des Regionalvertriebs	Spezialisierung: Vorteile von Produktgruppen- und Kundengruppenorganisation
• Vertrauen durch **One-face-to-the Customer** • Eingehen auf regionale Besonderheiten • Hohe regionale Identifikation der Mitarbeiter • Kurze Entscheidungswege innerhalb des Teams • Mitarbeiter flexibel einsetzbar • Ausgleich von Arbeitsbelastungen • Ausgleich von Umsatzausfällen • Ausschöpfen von Cross-Selling-Potenzialen	• Besondere Kompetenzbildung • Evtl. Imagevorteile bei den Kunden • „Expertenstolz": Motivation der Mitarbeiter • Klare Konzentration auf Zielgruppen • Bei KAM besonders hohe Kundennähe • Schnelle Reaktion auf „frühe Marktsignale" • Produktsteuerung erleichtert • Gezieltere Produktsteuerung möglich • Evtl. Verzicht auf Produktmanagement
Nachteile des Regionalvertriebs	Nachteile von Produktgruppen- und Kundengruppenorganisation
• Hohe Vertriebskosten der Regionalteams • Hoher Ausbildungsaufwand • Einheitliche Vertriebsführung d. Zentrale erschwert • Hoher Koordinationsaufwand VKB mit Zentrale • Gefahr von „Regionalegoismus" • Konflikte an Gebietsgrenzen • Verkäufer forcieren „Lieblingsprodukte"	• Weniger Synergien zwischen Mitarbeitern • Hohe Firmenabhängigkeit von Spezialisten • Führungsprobleme durch „Elitedenken" • Geringere Flexibilität beim Mitarbeitereinsatz • Bei Produktspezialisierung evtl. Überschneidungen • Verkäufer „stirbt" mit seinem Produkt / Kunden • d.h. Ausgleich für Misserfolge eingeschränkt • Längere Anfahrtswege zum Kunden

(2) Die **Kundengruppenorganisation** (oder auch Branchenorganisation) bietet sich an, wenn in unterschiedlichen Branchen oder Kundensegmenten signifikant voneinander abweichende Marktspielregeln herrschen oder ganz spezielles Knowhow verlangt wird. Denkbar für einen Teilelieferanten sind z.B. getrennte Verkaufsgruppen für das OEM-Geschäft, das Kleinkunden-, das Ersatzteilgeschäft, das Geschäft mit Handelspartnern und das Geschäft mit der öffentlichen Hand. Oft fordern bestimmte Kundensegmente auch eine exklusive Betreuung durch Spezialisten. Das Umsatz- bzw. Ergebnispotenzial eines Großkunden bzw. einer Kundengruppe muss den Einsatz eines Spezialisten rechtfertigen. Typische Beispiele für Kundengruppen-Zuordnungen sind daher das **Key Account Management**, zentrale Händlerbetreuung oder ein zentrales Kleinkunden-Management.
- Vorteile der Kundengruppenorganisation: Kundenspezialisierung des Außendienstes, dadurch besondere Know-how- und Kompetenzbildung, Möglichkeiten zu besonders intensiven Kundenbeziehungen mit Ausprägung besonders enger Vertrauensverhältnisse und geringerer Koordinationsaufwand innerhalb der Vertriebsorganisation.
- Nachteile der Kundengruppenorganisation: Abgrenzung zum „Nicht-Schlüsselkunden-Verkauf" konfliktträchtig, höhere Abhängigkeit des Unternehmens vom Know-how der Key Account Manager, keine Kompensationsmöglichkeiten für einen Kundenbetreuer bei Kundenausfällen.

(3) Die **Produktgruppenorganisation** bietet sich bei stark erklärungsbedürftigen Produkten an, die in Anwendungen verschiedener Branchen zum Einsatz kommen. Das Umsatzpotenzial einer Produktgruppe muss ausreichend groß sein, um einen Spezialisten zu finanzieren. Wenn bestimmte Produkte nur bei bestimmten Kundengruppen eingesetzt werden, dann decken sich die Produktgruppen- und Kundengruppenorganisation. Im Prinzip gelten die gleichen Vor- und Nachteile einer Spezialisierung wie bei der Kundengruppenorganisation.
- Vorteile der Produktgruppenorganisation: Produktspezialisierung des Außendienstes, dadurch besondere Know-how- und Kompetenzbildung, geringerer Koordinationsaufwand innerhalb der Vertriebsorganisation, Einsparen eines Produktmanagement.
- Nachteile der Produktgruppenorganisation: Gefahr von „Über-Spezialisten", Inflexibilität (Mitarbeiter schwerer austauschbar), hohe Abhängigkeit des Mitarbeitererfolgs vom Lebenszyklus bzw. vom Erfolg eines Produktes, Abkehr vom One-face-to-the-Customer-Prinzip. Ein Kunde wird möglicherwei-

se von mehreren Außendienstmitarbeitern des gleichen Lieferanten betreut, woraus leicht Abstimmungsprobleme resultieren können.

Im Kern geht es um die Frage: **Generalist oder Spezialist im Vertrieb**. So verlockend die Heranbildung hochkompetenter Fachleute auch scheinen mag, nicht selten nehmen Organisationsumstellungen einen kritischen Verlauf:

> *Die Henkel Ecolab Hygiene ist in den Bereichen Chemikalien, Engineering und Service tätig. Früher hatte man in den Verkaufsgebieten D-Nord, -Süd und -West einen typischen Regionalvertrieb betrieben, ausgerichtet auf die Branchen Brauereien, Molkereien, Feinkost, Fleisch- und Wurstwaren sowie Großkunde Coca Cola. Im Zuge einer Reorganisation wurden die Verkaufsniederlassungen und die Lager aufgelöst und auf eine deutschlandweite Kundengruppen-Organisation umgestellt. Drei Verkaufsgruppen konzentrieren sich auf (1) die Getränkeindustrie, (2) die Molkereien und (3) Food Processing. Über Jahre gewachsene Strukturen wurden zerschlagen. Wegen der größeren Entfernungen wurden mehr Außendienstmitarbeiter notwendig. Die Rendite ging zurück. Später wurde versucht, Generalisten und Spezialisten zu kombinieren.*

In der Praxis sind **Mischformen** gängig, die hier nicht im einzelnen dargestellt werden.[608] Im **Konsumgütergeschäft** dominiert der regionale Flächenvertrieb in Verbindung mit Merchandising-Unterstützung (Regalpflege und Promotion) und einem parallel geschalteten Key Accounting zur Betreuung der Einkaufszentralen. Im **Maschinenbau** dominiert der Regionalvertrieb, im **Anlagenbau** das Key Accounting als Kombination von Kundengruppen- und Produktgruppenvertrieb. Das **Auslandsgeschäft** ist i.d.R. mehrstufig organisiert, wobei oft auf erster Ebene nach Ländern (Verkaufsregionen) und nachgeordnet nach Kundengruppen differenziert wird.

Generalisten und Spezialisten wirken gut zusammen. Generalisten übernehmen die allgemeine Kundenbetreuung. Spezialisten lösen in der Zentrale Spezialprobleme.

c.)   Ablauforganisation im Vertrieb

Zuständigkeiten, Abläufe, Formulare etc. sind so festzulegen, dass die Arbeitsabläufe im Hinblick auf Schnelligkeit, Ressourceneinsatz und Kosten optimiert werden. Im Mittelpunkt werden die Vorgänge der Auftragsentgegennahme und –abwicklung (Order Processing), die kundenbezogene Produktanpassung und –entwicklung sowie die Beschwerdeabwicklung stehen. Der Erfolg einer kundenbezogenen Auftragsabwicklung wird stets davon abhängen, wie die Abstimmungen mit Schnittstellen, z.B. mit Fertigung, Lager und Transportwesen, geregelt sind. In den Vertriebsabläufen muss sich letztlich auch die Strukturorganisation bewähren. Von schnellen und flexiblen Abwicklungsprozessen hängt in starkem Maße die Kundenzufriedenheit ab. Kritische und daher besonders behutsam zu regelnde Vorgänge sind vor allem:
- Bearbeitung von Kundenanfragen,
- Angebotserstellungen,
- Lieferzeitprognosen,
- nachträgliche Änderungen von Angeboten,
- Entscheidungen über Sonderpreise,
- Auftragsbestätigungen,
- nachträgliche Änderungen bei Angebotspositionen in Art (andere, leicht veränderte Produkte) und Menge,
- Terminauslieferungen,
- Rechnungserstellungen (Fakturierung),
- Regelungen bezüglich besonderer Versandmodalitäten,
- Entgegennahme und Abwicklung von Beanstandungen (Beschwerdemanagement),
- Entgegennahme von und Reaktionen auf Kundenanregungen.

---

[608] vgl. z.B. das Beispiel bei Winkelmann, (Verkaufspolitik), 1999, S. 224

Computergestützte Abwicklungssysteme ermöglichen und optimieren die Abläufe:
(1) Das **Warenwirtschaftssystem** für Beschaffungs-, Materialwesen und Fertigung stellt dem Verkauf alle Produktbestands- und Produktflussinformationen zur Verfügung. Lagerbestände und Lieferzeiten stehen im Vordergrund des Interesses.
(2) Das **Auftragsabwicklungssystem** steuert den Kundenauftrag vom Angebot bis zur Auslieferung. Alle Vorgänge werden in der Kundenhistorie (Übersicht über alle offenen und abgeschlossenen Vorgänge mit dem Kunden) dokumentiert.
(3) Das **Fakturierungssystem** übernimmt Rechnungsstellung und Auslieferung. Es stellt die Brücke zur Debitorenbuchhaltung dar.

d.) Optimierung der Verkaufsgebiete

Märkte entwickeln sich stetig weiter. **Geografische Informationssysteme (GIS)** helfen, die Verkaufsorganisation an veränderte Bedingungen anzupassen:
(1) **Verkaufsgebietsanalyse:** GIS visualisieren Markt- und Kundendaten auf Landkarten und analysieren die Stärken und Schwächen von Vertriebsregionen anhand der in Abschnitt 2.6.4. dargestellten Ergebnisse des Vertriebscontrollings. Zu erwähnen sind etablierte Programme wie *RegioGraph* von *GfK GeoMarketing*, *map&market* der *PTV AG* oder *map&sales* von der *map&guide GmbH*.
(2) **Gebietsoptimierung:** Der Verkaufsgebietsanalyse folgt die Gebietsoptimierung. Hinweise zur Funktionsweise wurden bereits im Rahmen des Arbeitslastverfahrens gegeben. Ein führendes System ist z.B. *District* von *GfK GeoMarketing*. Interessant ist auch der Ansatz von *VisiTour* von *FLS*, bei dem eine Tourenplanung für die Außendienstmitarbeiter integriert ist.

Darstellungen der Verfahren erfolgen an anderer Stelle.[609] Die Idee ist nun naheliegend, alle Verkaufsvorgänge softwaremäßig zu integrieren und den gesamten Vertrieb mit modernen IT-Systemen zu steuern.

6.3.3. Vertriebssteuerung mit Systemen (CRM, CAS)

a.) Überblick über die Systemrichtungen

Vertrieb: Das bedeutet bei BMW täglich weltweit 250.000 Kundenkontakte. Auf Zuruf oder mit Zetteln lässt sich dieser Arbeitsanfall nicht bewältigen.

Bei der Aufgabe, die Arbeitsabläufe von Außendienst, Innendienst, Key Account- und Produktmanagement, Anwendungstechnik (Kundendienst), Call-Center und Marketing-Service sowie die Vertriebsleitung mit Tausenden von Kunden und Artikeln zu vernetzen und dabei schnell und effizient das Tagesgeschäft zu bewältigen, kommt die Unternehmung an einer **Vertriebsführung mit System** nicht vorbei. **Marktorientierung kann nicht herbei gepredigt werden.** Sie muss durch EDV-Systeme unterstützt werden. Folgende Systemansätze werden heute unterschieden:

(1) <u>**Systeme mit Fokus Informationsbereitstellung**</u>
Die Kundenstammdaten (Adress-, Telefon- und Auftragsdaten) liegen i.d.R. in den Systemen von Finanzbuchhaltung und Warenwirtschaft. Erhält der Vertrieb ein eigenes Datenmanagement für Lead-Daten und „weiche" Daten, dann werden diese in einem **Vertriebsinformationssystem** (VIS) separiert. Ein **Datawarehouse** verbindet alle Kundendaten zu einem **360-Grad-Blick auf den Kunden**. Zu diesen elektronischen Datenbeständen haben alle Mitarbeiter gemäß Zugriffsrechte Zugang. Das Marketing nutzt die Kundendaten für Aktionen und Kampagnen. Versand- und Direktmarketing-Unternehmen bauen sich mächtige Datenwarenhäuser auf und praktizieren **Database-Marketing**.

---

[609] vgl. Winkelmann, (Vertriebskonzeption), 2008, S. 395-411

(2) **Systeme mit Fokus Außendienststeuerung**
Die Art, wie Daten gehalten werden, sagt noch nichts darüber aus, wie die Unternehmen ihre Kunden betreuen. **Sales Force Automation** (SFA) ist der aus USA stammende Ursprungsbegriff für die Computerisierung der Verkaufsarbeit. In Deutschland ist hierfür der Begriff **Computer Aided Selling** (CAS) gängig. Im einfachen Fall verwalten Innen- und Außendienst nur Adressen, Vorgänge und Termine. Hierfür sind Begriffe wie **Kunden-Kontaktmanagement** (KKM) oder **Kunden-Kontaktsoftware** üblich. **Computer Aided Selling** (CAS) geht weiter. Bei CAS werden alle Vorgänge der Kundengewinnung und Kundensicherung, incl. Auftragsbearbeitung, über Laptop und PC abgewickelt.

(3) **Systeme mit Fokus Kundenprozesse**
Seit Beginn der 90er Jahre übt das Marketing auf den Verkauf einen immer stärkeren Druck in Richtung „systematischer Aufbau und Pflege von Beziehungen" aus. **Weg vom Verteilungsdenken und hin zur kundenorientierten Integration aller kundenbezogenen Prozesse** lautet die Devise. Die im folgenden Abschnitt b. dargestellten Begriffe **Relationship-Marketing, Customer Relationship Marketing** oder **Customer Relationship Management** (CRM) stehen für diesen Trend. Am weitesten gehen Ansätze, die den Kunden mit Hilfe von EDV-Systemen in die eigene Wertschöpfungskette integrieren (z.B. integrierte Bestellabwicklung). Man spricht dann von **Customer Integration Management** (CIM) und zuweilen auch von **Customer Integration (Interaction) Systems** (CIS). Heute ist es üblich, von CRM zu sprechen; unabhängig davon, wie stark die bereichsübergreifende Integration der Kundenprozesse in einer Unternehmung tatsächlich fortgeschritten ist. Viele Unternehmen sprechen von ihrem CRM-System und meinen damit nicht mehr als eine unvernetzte computergestützte Verkaufsabwicklung in Innen- und Außendienst.

(4) **Systeme mit Fokus betriebswirtschaftliche Datenverarbeitung**

ERP = der Mengen- und Wertefahrstuhl durch die Unternehmung.
CRM = Die Ausgestaltung der Kundenetage, damit sich der Kunde wohlfühlt.

Enterprise Resource(s) Planning (ERP) ist der Fachbegriff für Systeme zur vertikalen Vernetzung aller betriebwirtschaftlich relevanten Daten der Gesamtunternehmung. Alle Mengen- und Wertströme der Unternehmung werden mit Hilfe von **Datenbanken** sowie von **Reporting-** und **Steuerungssoftware** erfasst und gelenkt; vom Wareneingang, über die Produktion bis hin zu Verkauf, Fakturierung und Logistik. Man spricht auch von **betriebswirtschaftlicher Standardsoftware**. Führende ERP-Anbieter sind z.B. *SAP* mit *SAP/R3*, *Oracle*, *SAGE*, *KKH* etc. Da bei den ERP-Programmen die Gesamtvernetzung der Unternehmung im Vordergrund steht, haben sie zuweilen Schwächen auf der Ebene der Fachabteilungen mit deren ressortspezifischen Bedürfnissen und Aufgaben. Deshalb klinken sich spezialisierte Abteilungsprogramme (z.B. CRM) mittels Schnittstellen, sozusagen horizontal, in die ERP-Programme ein.

b.)   Von der klassischen Vertriebssteuerung (CAS) zu CRM

Der Trend von der isolierten CAS-Vertriebsautomatisierung zum integrierten CRM betrifft vor allem die Vertriebssoftware zur Kundenansprache und zur Kundenbetreuung. Die Plattform, das **Database-Marketing,** ermöglicht die Analyse und Ansprache von Zielgruppen auf der Grundlage systematisch angelegter Datenbanken mit dem Ziel individualisierter Kundenstrategien. **CAS** (*Computer Aided Selling*) unterstützt, wie oben bereits betont, die Außendiensttätigkeit. **CRM** unternimmt darüber hinaus einen großen Schritt in Richtung marktorientierte Unternehmensführung durch **Integration aller kundenbezogenen Prozesse**.

- **Computer Aided Selling** (CAS; in USA: Sales Force Automation (SFA)) umfasst jede Art von Computerunterstützung im Verkauf – von der Neukundengewinnung über die Kundenbetreuung bis hin zu strategischen Aufgaben wie Kundenqualifizierung, Wettbewerbsbeobachtung, Vertriebsplanung.
- **Customer Relationship Management** (CRM) geht über die Verkaufssteuerung hinaus. Nach der heute gängigen Definition des *CRM-Expertenrates* aus dem *CRM-Jahresgutachten 2004 „integriert CRM alle Prozesse zum und vom Kunden mit dem Ziel, eine Balance zwischen Kunden- und Kostenorientierung zu erreichen."*
- Eine frühere, **merkmalsbezogene Definition** des *DDV* lautete: *"CRM ist ein ganzheitlicher Ansatz zur Unternehmensführung (kundenzentrierte Geschäftsphilosophie). Er integriert und optimiert auf der Grundlage einer Datenbank und Software zur Marktbearbeitung sowie eines definierten Verkaufsprozesses abteilungsübergreifend alle kundenbezogenen Prozesse in Marketing, Vertrieb, Kundendienst, F&E u.a. Zielsetzung von CRM ist die gemeinsame Schaffung von Mehrwerten auf Kunden- und Lieferantenseite über die Lebenszyklen von Geschäftsbeziehungen. Das setzt voraus, dass CRM-Konzepte Vorkehrungen zur permanenten Verbesserung der Kundenprozesse und für ein berufslebenslanges Lernen der Mitarbeiter enthalten."* (Zum Folgeschritt zur marktorientierte Unternehmensführung s. Abb.8-5)
- Auf den Punkt gebracht: CRM ist eine **kundenzentrierte Geschäftsphilosophie**. Und: **CRM bedeutet integriertes Kundenmanagement**.
- Für **BtoB-Unternehmen** bedeutet CRM oft "nur" eine Ausweitung der Außendienststeuerung auf andere kundennahe Abteilungen wie Marketing Service und Anwendungstechnik.
- **Consumer-Unternehmen** richten sich unter der CRM-Flagge oft erstmalig ein eigenes Kampagnenmanagement ein oder bauen sich Internet-Verkaufskanäle parallel zum Handel zu den Kunden auf.
- Leider wird CRM noch zu oft softwarelastig verstanden. CRM ist jedoch ein ganzheitlicher Ansatz zur Unternehmensführung. Die Software ist Werkzeug.
- Ein weiteres Problem: CRM suggeriert, dass Kunden Beziehungen ausdrücklich wünschen und dass eine direkt beeinflussbare Beziehungsrelation zwischen Hersteller und Kunde besteht. In vielen Märkten des indirekten Vertriebs ist das nicht der Fall. CRM gestaltet hier Beziehungen zwischen Herstellern und Vertriebspartnern (**Partner Relationship Management**).

Abb.6-18

KERNELEMENTE VON CRM	
Zentrale Wesenselemente	Zentrale Funktionalitäten
• ganzheitlicher Ansatz zur Unternehmensführung • Mehrwerte in Geschäftsbeziehungen (Win-Win) • Integration aller Kundendaten und Applikationen • Prozessbeschreibungen und -integration, dabei • permanente Prozessverbesserungen (Closed Loop) • mit Hilfe von Datenbank und Steuerungssoftware • Basis: Standard-Verkaufsprozesse (SalesCycle) • mit Optimierung der Customer Touchpoints • Integration aller Vertriebskanäle (Multikanalvertrieb) • Lebenslange Begleitung des Kunden mit • Kundenbindung über Lebens-, Geschäftszyklen • integrierte Effizienzmessung (Business Intelligence)	• Kundenkommunikation und Kundenhistorie • Kundenqualifizierung, Kundenprofil-Erstellung • Individuelle Angebotserstellung, Produktkonfigurator • Opportunity-Management, Angebotsverfolgung • Außendienst-, Kundendienststeuerung, Bes.-Berichte • Closed Loop, Kampagnenmanagement • Call-Center-Einsatz, Customer Care • E-Business-Anbindung, E-Commerce-Shop • Markt-, Wettbewerbsanalyse • Beschwerdemanagement • Gebietsanalyse und –optimierung (GIS) • Benchmarking, Frühwarnung

Abb.6-19

Abb.6-18 verdeutlicht wesentliche Elemente von CRM. Abb.6-19 stellt die wichtigsten in einem **House of CRM** dar.

Link und *Hildebrand* hatten in ihrem richtungsweisenden Buch den Software-Systemen für Marketing und Vertrieb eine rasche Marktdurchsetzung vorausgesagt.[610] Es waren jedoch technische Unzulänglichkeiten, mangelnde Akzeptanz bei den Anwendern (Mitarbeitern) und im Management sowie das Fehlen von Internet-Möglichkeiten, die der computergestützten Vertriebssteuerung sogar bis heute - aller CRM-Euphorie zum Trotz - den großen Durchbruch versagt haben.[611] Die enorme Leistungsexplosion bei Hardware und Software bringt allerdings neuen Schwung in den Markt der Unternehmenssteuerungssysteme.[612] 1997 erzielten die rund 1.000 CRM/CAS-Anbieter weltweit einen Umsatz von 1,6 Mrd. US-Dollar. Bis zum Jahr 2008 wird ein Umsatz von weit ca. 35,7 Mrd. US-Dollar vorausgesagt.[613] Der Druck zur Vertriebsautomatisierung kommt aber nicht von Seiten der IT. Nachdem die Rationalisierungspotenziale in den Fertigungsbereichen der Industrie mittlerweile weitgehend ausgeschöpft sind, erhält der Vertrieb verstärkt Kosten- und Effizienzvorgaben. Der Vertrieb soll **schneller**, **kostengünstiger** und bei Marktaktionen **punktgenauer** (mit weniger Streuverlusten) operieren, so lauten die Zielsetzungen des Managements.

c.) Vorteile von CRM/CAS-Systemen

"Ohne Vertriebssteuerung zu arbeiten bedeutet, mit einer stumpfen Axt einen Wald abzuholzen. (Michael Wentzke, ALD Autoleasing)

CRM/CAS-Systeme erfüllen diese Vorgaben. Sie ermöglichen auf Knopfdruck die papierlose Verarbeitung tausender von Kunden- und Produktdaten, den schnellen Datenaustausch und eine effektive Koordination mit der Zentrale sowie eine rasche Anpassung der Ablauforganisation an sich ändernde Kunden- und Marktbedingungen. *Link* und *Hildebrand* hoben in ihrer klassischen Übersicht sechs **Vorteilspotenziale** von CAS hervor, die heute gleichermaßen für CRM gelten:[614]

(1) **Individualisierungsvorteil**: Aufbauend auf den Optionen des Database-Marketing ermöglicht CRM/CAS eine individuelle Kundenansprache, ein besseres Eingehen auf Kundenwünsche, höhere Beratungskompetenz, professionelle Präsentationen und maßgeschneiderte Produkte und Dienstleistungen.

(2) **Schnelligkeitsvorteil**: Durch die Computertechnologie lassen sich alle Vertriebsprozesse durch CRM/CAS signifikant beschleunigen. Verkaufschancen werden früh erkannt und genutzt, Angebote rasch erstellt. Auf Marktsituationen kann schnell reagiert werden.

(3) **Lernvorteil**: Durch CRM/CAS kann sich der Vertrieb systematisch weiterentwickeln und neue Verkaufsmethoden anwenden. Ein Lernanschub kommt durch die Programme selbst.

---

[610] vgl. Link; Hildebrand, (Database Marketing), 1993
[611] vgl. Winkelmann, (Durchbruch), in: ASW, 3/1998, S. 70-73
[612] abzugrenzen von den vertikalen ERP-Systemen (= Enterprise Ressource Planning) von SAP, BaaN oder PeopleSoft, die unternehmensübergreifend alle Waren- und Geldströme der Unternehmung erfassen.
[613] Laut Frost & Sullivan Statistik, vgl. Computerwoche, 29/2002, S. 29
[614] die Zusammenstellung verbindet die Ausführungen bei Link; Hildebrand, (Database Marketing), 1993, S. 141-147; vgl. ebenso Link; Hildebrand, (Grundlagen), 1997, S. 31-32

(4) **Wiederholungskaufvorteil**: CRM/CAS analysiert Bedarfsstrukturen und Bestellverhalten der Kunden. Ersatzbedarf wird aufgespürt, der Kunde individuell darauf hin akquiriert. Gezielter After-Sales-Service wird ermöglicht.

(5) **Cross-Selling Vorteil**: CRM/CAS spürt Verkaufschancen programmübergreifend auf. Das betrifft auch Verkaufschancen für Dienstleistungen in Verbindung mit Sachgüterbedarf des Kunden.

(6) **Rationalisierungsvorteil**: Laut *Link* und *Hildebrand* lassen sich durch CRM/CAS in vielen Branchen über 30%ige Kostensenkungen in Verwaltung und Vertrieb erreichen.[615] Kunden mit geringerem Kundenwert (niedriger Priorität) werden aufgespürt und der Vertriebsaufwand entsprechend gedrosselt. Geringere Streuverluste fallen an. Der Vorgangsdurchsatz pro Mitarbeiter wird durch die Computerisierung erhöht und beschleunigt. Massenvorgänge und –daten lassen sich papierlos und stets aktuell verarbeiten.

Auf der Basis eines neuen CRM-Systems konnte die DiBa von August 2001 bis Juni 2002 750.000 neue Kunden gewinnen.

CRM-Konzeptionen können weiterführend die folgenden **Vorteile** bringen:
(1) Entlastung der Mitarbeiter von Routinetätigkeiten,
(2) alle relevanten Kundeninformationen stehen (a) schnell, (b) stets aktuell und (c) für alle Unternehmensbereiche transparent zur Verfügung,
(3) dabei insbesondere auch gleicher Informationsstand in allen Vertriebskanälen (Voraussetzung für **Multikanalvertrieb**),
(4) schnelle Kundenqualifizierung mit nachvollziehbarer Ableitung von Kundenprioritäten,
(5) abgestimmte Aktionssteuerung (Kampagnensteuerung) in allen Bereichen,
(6) gezielte Marketing- und Vertriebsmaßnahmen im Laufe der Kundenlebenszyklen (Lebenszyklen von Geschäftsbeziehungen),
(7) Einbindung der Kunden in die Prozesse (**Interactive CRM**),
(8) automatisches Anstossen von Vorgängen durch Ereignisse,
(9) papierlose Verarbeitung, d.h. hohe Effizienz,
(10) Kostensenkung und Rationalisierung; vor allem als Folge von Prozessintegration und Prozessoptimierung.

d.) Operatives, analytisches und kooperatives CRM

CRM-Systeme werden grob in drei Arbeitsbereiche mit Anwendungen, speziellen Datenbanken und Software-Funktionalitäten unterteilt:

➡ *"Das operative CRM umfasst alle Anwendungen, die im direkten Kontakt mit dem Kunden stehen (Frontoffice). Lösungen zur Marketing-, Sales- und Service-Automation unterstützen den Dialog zwischen Kunden und Unternehmen sowie die dazu erforderlichen Geschäftsprozesse."*[616]

➡ Das **analytische CRM** ist oft im Marketing (Marktforschung) angesiedelt und umfasst alle Anwendungen zur Analyse des Kundenverhaltens und zur Ableitung von Zielgruppen und Kaufprofilen. Im Mittelpunkt stehen **Data Warehouse** und **Datamining** (s. Abschnitt 3.5.). Wir ordnen ganz bewusst auch die Arbeitsgebiete Marktplanung und -controlling dem analytischen Bereich zu. Es ist wichtig, die Erkenntnisse des analytischen CRM wieder an die Frontoffice-Bereiche zurückzuspielen (**Closed Loop**; s. Abschnitt e). Ziel des analytischen CRM ist eine Individualisierung von Kundenansprache und Angeboten im Backoffice und im Rahmen von Marketingkampagnen (da der Außendienst seine Kunden ohnehin individuell anspricht).

---

[615] vgl. Link; Hildebrand, (Database Marketing), 1993, S. 147
[616] Hettich; Hippner; Wilde, (CRM), in: WISU, 10/2000, S. 1346-1366

Abb.6-20

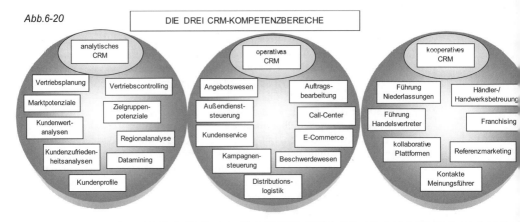

> ➡ Das **kooperative CRM** (im Schrifttum oft **kollaboratives** oder auch **kommunikatives CRM** genannt) umfasst alle Anwendungen zur Steuerung und Abstimmung der Vertriebskanäle und damit zur Harmonisierung der Zusammenarbeit mit Vertriebspartnern (auch: **Relationware**).
> ➡ **Partner Relationship Management** geht über den Systemansatz hinaus und umfasst auch Schulung, Finanzierung u.a. Parterschaftskonzepte.

Abb.6-20 stellt die **CRM-Kompetenzbereiche** in einen Zusammenhang. Es bleibt festzustellen, dass in der Praxis die **Ansätze für das operative CRM bei weitem überwiegen**. Der zweite Blick hinter die Unternehmenskulissen verrät dann, dass die CRM-Prozessintegration bei den meisten Unternehmen noch in den Anfängen steht. Den Anwendern bleibt noch viel zu tun, um erst einmal ihre Datenbanken und ihre Verkaufsautomatisierung (CAS) auf ein akzeptables Niveau zu bringen.[617]

e.) Multikanalfähiges CRM mit Closed Loop

Das Zusammenspiel der CRM-Bereiche kann durch ein Beispiel verdeutlicht werden. Betrachten wir den Prozess einer **Kundenbeschwerde**:

(1) Im **Data Warehouse** laufen die Kundeninformationen aus allen Vertriebskanälen zusammen. Egal, über welchen Kanal der Kunde sich meldet (Telefonat, Mail, Brief, Fax), alle Eingänge müssen mit gleicher Qualität erfasst werden und einen Prozess anstoßen können. In unserem Beispiel geht ein Beschwerde-E-Mail des Kunden im Innendienst ein und wird mit den anderen aktuellen Kundenvorgängen integriert.

(2) Im Bereich des **analytischen CRM**, wird der Vorgang gegen das bestehende Kundenprofil gespiegelt. Ein Beschwerdevorgang ist z.B. unterschiedlich zu bewerten; je nachdem, ob der Kunde sich zum ersten Mal beschwert, oder ob er ein „notorischer Nörgler" ist oder ob er gemäß Kundenqualifizierung als Gelegenheitskunde oder als loyaler Stammkunde einzustufen ist. Es gilt hier, bestehendes Kundenwissen zu verfeinern und die Zielgruppenzuordnung der Kunden ständig zu überprüfen. Nehmen wir jetzt an, ein guter Kunde würde sich zum ersten Mal beschweren. Dann gibt das analytische CRM besondere Warnsignale.

(3) Diese werden im Bereich des **interaktiven CRM** anhand festgelegter Entscheidungsregeln beurteilt. Eine *Engine Rule* gibt Meldung, welche Reaktion in einem solchen Fall über welchen Kanal erfolgen soll. Soll der Chef selbst anrufen, oder soll eine standardisierte Anwortmail gesandt werden? Der Closed Loop spielt die Aktionsempfehlung dann dem verantwortlichen operativen Ressort zu. Dort wird

---

[617] vgl. Winkelmann, (Vertriebsaufgaben), in: ASW, 2/2001, S. 56

die Aktion ausgeführt, z.B. ein Angebot zur Warenrücknahme und Zahlung eines Kulanzbetrages.
(4) Der Vorgang nebst Absprache mit dem Kunden in der Kunden- und der Beschwerdehistorie vermerkt. Die Aktions- und Reaktionsdaten stehen im CRM-Kreislauf zur Verfügung. Bereits jetzt ist eine Wiedervorlage gesetzt, zu der der Kunde anzusprechen und seine Zufriedenheit zu erfragen ist.

Als wichtige Aufgaben von CRM werden sichtbar:
- die Verbindung von Innendienst, Außendienst und Kundenservice,
- das Generieren von Kundenwissen und Ableiten von Kaufprofilen,
- die Personalisierung der Kundenansprache und Individualisierung der Angebote,
- das automatische Anstossen von Aktionen bzw. Kampagnen,
- die Response-Erfassung und -Analyse,
- die systematische Zuweisung von Kunden(gruppen) zu Kampagnen
- und die Closed Loop-Rückführung von Kundeninformationen an die Verkaufsmannschaft (Ziel: permanent vom Kunden lernen).

Betrachten wir einen **Tante-Emma-Laden**. Dort weiß der Einzelhändler durch den jahrelangen Kundenumgang sofort, in welcher Weise angemessen auf eine Beschwerde zu reagieren ist. Doch wie kann man sich behelfen, wenn Millionen von Kundenvorgängen täglich zu bewerten sind und der Kunde in der Masse der Vorgänge für einen einzelnen Sachbearbeiter oder einen Call-Center-Agenten anonym bleibt? Hier schaffen integrierte CRM-Systeme Abhilfe. Auf Knopfdruck, papierlos, wird eine Kundenhistorie transparent. Der Kundenbetreuer kann gemäß Kundenpriorität und in Kenntnis kaufmännischer Konsequenzen reagieren.

f.) Komponenten eines CRM-Systems (Funktionalitäten)

Abb.6-21 gibt einen Überblick über die Module eines CRM/CAS-Systems. Im Mittelpunkt steht ein Kernmodul ① mit **Adressenmanagement (Database, Kundenhistorie), Auftragsbearbeitung** (i.d.R. Zugriff auf Warenwirtschaft und Finanzbuchhaltung, d.h. auf die ERP-software), **Beschwerdemanagement und Chancenmanagement** (Opportunity-Management). Die **Database** ist EDV-technisch eine relationale Datenbank. Sie speichert in systematischer Form alle Kundeninformationen mit dem Ziel, Verkaufschancen frühzeitig aufzuspüren und durch maßgeschneiderte Kontaktstrategien auszuschöpfen. Eine für die Kundenbetreuung wichtige Datei ist in diesem Kontext die **Kundenhistorie**. Sie bietet Einsicht in und Zugriff auf alle bisher stattgefundenen Vorgänge mit den Kunden (Vorgangs-, Kontaktdokumentation). Ein ganz entscheidender Vorteil ist die papierlose Suche und Verarbeitung. Mit dem Grundbaustein verknüpft sind die Arbeitsbereiche Angebotswesen, Auftragsabwicklung und Fakturierung. Es ist sinnvoll, dem zentralen Kundenspeicher auch alle Vorgänge betreffend Dokumentation und Abwicklung von Kundenbeschwerden und Reklamationen zuzuordnen. Dem Kernmodul übergeordnet ist ein ② **Maßnahmenmodul** für die direkte Kundenansprache. Mit Hilfe der hier enthaltenen Dateien und Werkzeuge können Außendienst, Online-Vertrieb, Call-Center (Interaction-Center), Vertriebspartner (kooperatives CRM) und Marketing ihre Kontakte, Aktionen und Kampagnen planen und durchführen. Verbindende Bausteine sind die **Kundenqualifizierung** und das **Besuchsberichtswesen**. Ein ③ **Marktforschungs-, Planungs- und Controllingmodul** (analytisches CRM) ist, eventuell in Verbindung mit **Datamining**, für die Wettbewerbsbeobachtung, für die Vertriebsplanung und für das Vertriebscontrolling zuständig. Letztlich runden ④ **praktische Hilfsmittel** wie Touren- und Routenplanung, Betriebsmittelplanung, Projektsteuerung oder kontinuierliche Verbesserungsprozesse (KVP) auf der Grundlage von Stärken- und Schwächenauswertungen (Grundlage hierzu: Besuchsberichte, Außendienstinformationen) das Spektrum einer CRM-Lösung ab. Auch Terminplanung, Reisekosten- und KFZ-Abrechnungen gehören in diesen Werkzeugkasten.

Abb.6-21

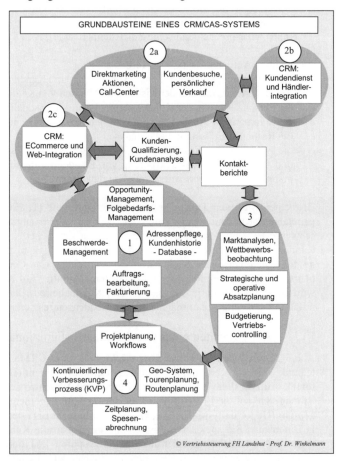

Abb.6-22 zeigt eine typische CRM-Maske für einen Firmenkunden. Die Personendaten sind in einer gesonderten Kontaktpersonen-Maske zusammengestellt. Die Intelligenz steckt in den Details der Arbeitsmasken und damit in den Funktionalitäten, die die Mitarbeiter bei der Kundenbetreuung unterstützen. In der Praxis können sich die Systeme daher sehr stark unterscheiden; durch
- **Basisfunktionalitäten** ("Maskenkultur" der Software-Anbieter),
- **Branchenlösungen** (Templates) und
- **unternehmensindividuelle Anpassungen** (Customizing).

Damit ist die Frage der Vorgehensweise beim Aufbau eines CRM-Systems berührt.

g.) CRM-Aufbau: Aufgaben- und Prozessintegration

Wie kann sich eine Unternehmung ihren Werkzeugkasten der notwendigen CRM-Funktionalitäten zusammenstellen? Der Weg zu CRM ist immer auch ein Weg von Prozessstrukturierung und Prozessoptimierung. Also müssen Strukturen und Prozesse der Kundenakquise, Kundenbetreuung und Nachkauf-Kundenpflege abgebildet werden. Drei Vorgehensweisen haben sich bewährt:

Abb.6-22

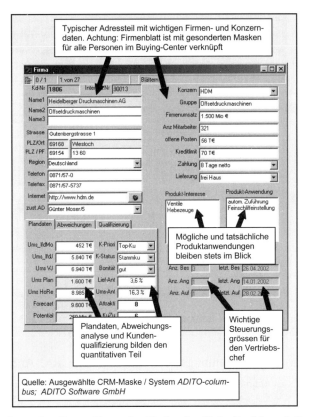

Quelle: Ausgewählte CRM-Maske / System ADITO-columbus; ADITO Software GmbH

(1) **Netzplanartige Darstellung** der Verkaufs- (**SalesCycle**) und Serviceprozesse (**ServiceCycle**) mit Lokalisierung und Optimierung aller Berührungspunkte mit Interessenten und Kunden (**Customer Touchpoints**, auch: **Moments of Truth**),
(2) Zusammenführen von Abteilungen (Verantwortungsbereiche) und SalesCycle (Phasen des Kundenprozesses) in einer **CRM-Integrationsmatrix**,
(3) Zusammenführen von Abteilungen (Verantwortungsbereichen) und Kundenkontaktformen (Telefon, Mail, Brief, Fax, Besuch) in einer **CRM-Kanalintegrationsmatrix**.

Das Prozessmanagement ist ausführlich in einem Fachbuch beschrieben.[618] Abb.6.-23 beschränkt sich auf die grobe Darstellung einer **CRM-Integrationsmatrix**.

Für alle Felder der Integrationsmatrix sind Aufgaben, verbindende Informationsflüsse und Leistungsgrößen (Benchmarks) zur permanenten Verbesserung der Marktbearbeitung festzulegen. Erst auf dieser Basis sollten Software-Tools (Module und Funktionalitäten) anforderungsgerecht ausgewählt und an die spezifischen Unternehmensbedürfnisse angepasst werden. Dazu gibt es drei Vorgehensweisen:
(1) Kauf eines sog. **Standardprogramms** und Aktivierung der benötigten CRM-Funktionen (Bsp.: *mySAP CRM*),
(2) Kauf eines flexiblen Systems und Anpassen von Prozessen und Funktionalitäten an die speziellen Bedingungen einer Unternehmung bzw. einer Branche (**Customizing** von Branchen-Templates),
(3) vollständige Programmierung einer **individuellen Softwarelösung** (abzuraten).

---

[618] vgl. die Beispiele bei: Winkelmann, (Vertriebskonzeption), 2008, S. 205 ff.

Abb. 6-23

DIE ORGANISATION DES SALES-CYCLE (VERKAUFSPROZESS)				
Funktionen ⇨		MARKETING	VERKAUF	SERVICE
Phasen des Verkaufsprozesses	Kunden-identifi-zierung	Call-Center, Mailingkampagnen	Neukundenge-winnungsprogramm, Referenzmarketing	Opportunity-Management im Rahmen von Reparatur und Service
	Kunden-qualifizierung	Klassifikationsschema, Kundengruppen-analysen	Qualifizierungs-Workshop	
	Kunden-gewinnung	Direktmarketing-Aktionen, Kampagnen	Besuchsstrategie	Vertriebsunterstützung durch Promotion
	Order Processing	---	Innendienst	Abwicklung Wartungsaufträge
	Kunden-nach-betreuung	Telemarketing, Call-Center, Hotline	Kundensicherungs-besuche gemäß Kundenqualifizierung	Wartung und Service, technische Hotline
	Spezielle Kunden-bindungen	Kundenzeitung, Kundeneinladungen zu Messen und Events	Pflege persönlicher Beziehungen, Betriebsbesichtigungen	Wartungsverträge, Verfolgung von Kundenanregungen

Wichtig sind gut funktionierende Schnittstellen zum ERP-System, also zur Auftrags-abwicklung, zur Fakturierung und zur Warenwirtschaft.

h.) Empfehlungen zur Auswahl von CRM-Anbietern

Es ist kaum möglich, auf die Frage nach den besten Anbietern bzw. nach den besten CRM/CAS-Systemen eine verbindliche Auskunft zu geben. Auch den in Fachzeit-schriften zuweilen vorgestellten Programm-Rankings sollte man kritisch gegenüber-stehen:

(1) Es gibt nicht das "Über-System", das alle Anforderungen, insbesondere auch die branchenbezogenen, erfüllen kann.

Lt. Markt-analyse von Schwetz Consulting / Trovarit gab es Ende 2006 in Deutschland 160 defi-nierbare CRM-Lösungen.

(2) Wir gehen davon aus, dass es in Deutschland (nur noch) 50 bis 100 kompetente Anbieter kleinerer und mittlerer Lösungen im Kontaktmanagement- und CAS-Bereich, ca. 20 Full-Range-Anbieter im Bereich mittelgroßer CRM-Lösungen und ca. 5 High-End-Anbieter für große CRM-Lösungen im internationalen Maß-stab gibt. Hinzu kommen die Spezialanbieter für Datenbanken, E-Business (z.B. eShop-Anbieter) und analytisches CRM (Data Warehouse, Datamining, Busi-ness- und Sales-Intelligence). Auch ERP-Programme nehmen für sich in An-spruch, CRM-Funktionalitäten zu enthalten (z.B. *SAP, Oracle*), oder sie agieren im Package mit einer aufgesetzten CRM-Lösung (*SAP/R3 + mySAP CRM*).

(3) Umfang, Leistungsfähigkeit und Flexibilität eines CRM-Systems ist von Qualität und Integrationsgrad der zentralen Kundendatenbank und von der Anbindung an Warenwirtschaft und Finanz- und Rechnungswesen abhängig (ERP-Anbindung). Jedes noch so hervorragende CRM-System bleibt eine isolierte Insellösung, wenn der Datentransfer mit Warenwirtschaft und Finanzbuchhaltung nicht klappt.

(4) Viele CRM-Lösungen beruhen auf kundenindividuellen Anpassungen, die nicht in den offiziellen Kataloge und Demos der Softwarehersteller zu finden sind. Was CRM-Anbieter wirklich leisten, bleibt unter der Oberfläche der Werbung verborgen (auch um Ideenklau vorzubeugen).

(5) Die Fachkompetenz der bekannten CRM- und BI-Anbieter ist unbestritten. Aber jeder Softwareanbieter ist nur so gut wie seine Kunden bzw. so gut wie die Plich-tenhefte. Wir bewerten die Kompetenz eines Softwareanbieters folglich danach,

wie flexibel und wie qualifiziert sich der CRM-Anbieter auf das Pflichtenheft mit den kundenseitigen Anforderungen einstellen kann.

(6) Bei der Anfertigung des Pflichtenheftes sollten sich die Anwender fachkundig beraten lassen. Hier jedoch steckt ein Engpass für die Softwareindustrie. Gute Berater und Projektmanager sind knapp. Die Leistungen etablierter Beratungshäuser (*Accenture, ADL, Bearingpoint, CMG, CSC Ploenske, Debis, EDS, Ernst&Young, Gedas, IBM Global Services, Mummert + Partner, PWC, SerCon, Siemens Business Services, SHS* u.v.a.m.) sind kostspielig. Jedoch: Ohne Beraterunterstützung bleiben Projekte schnell im internen Kompetenzgerangel stecken.

(7) Jede Softwarelösung hat nur einen kurzen Lebenszyklus. Der Markt entwickelt sich rasend schnell. Auf den Frühjahrs- und Herbstmessen (*CeBIT, CRM-expo, CRM-World*) jagen sich die Updates.

Zu den führenden CRM-Anbietern zählen u.a. *ADITO, B&R, CAS, CAS Software, Cursor, Frontrange, Merkarion, Microsoft, Oracle/PeopleSoft/Siebel, Pisa, Salesforce.com, SAP, SAGE, Superoffice, Update*. Leistungsvergleiche von CRM- bzw. Vertriebssteuerungssoftware erfolgen an anderer Stelle.[619] Es ist anzuraten, die Leistungen der Softwareangebote nicht anhand der in den Prospekten ausgewiesenen Funktionalitäten zu beurteilen, sondern daran, wie effizient sie in einem **CRM-Pflichtenheft** vorgegebene Marketing- und Vertriebsaufgaben in der Praxis lösen.[620]

i.) Empfehlungen zur Einführung von CRM-Systemen

Abb.6-24 enthält wichtige Einführungsempfehlungen. Immer wieder wird behauptet, über 50 Prozent aller CRM-Einführungen würden scheitern.[621] Dagegen ist einzuwenden, dass der Erfolg einer CRM-Konzeption abhängt
(1) von der Qualität des Pflichtenheftes (Artikulation der Anforderungen),
(2) von den technischen Voraussetzungen beim Anwender,
(3) dabei insbesondere von der Qualität der vorhandenen Datenbanken,
(4) von der EDV-Erfahrung der Anwender,
(5) von der Konsequenz (Investitionsbereitschaft) des Managements,
(6) insofern von den zur Verfügung stehenden Budgets (großes Problem: sog. handgestrickte, halbherzige Sparlösungen),
(7) von der Vorbildfunktion der Führungskräfte (Noch immer gibt es Vertriebsleiter, die keinen PC auf dem Schreibtisch haben und benötigte Daten umständlich vom Controlling oder von den Niederlassungen abrufen),
(8) von der Akzeptanz der Anwender (User).

Deshalb gilt für eine **erfolgreiche CRM/CAS-Einführung** die **Devise**, dass das Pflichtenheft von Anfang an im Team aller betroffenen Abteilungen zu erarbeiten ist. Die Einführung von CRM wird scheitern bzw. wird mit großen Problemen verbunden sein, wenn sie vom Management den Mitarbeitern ohne Vorbereitung und ohne gemeinsam vereinbarte Marktzielsetzungen oktroyiert wird. Zu warnen ist auch vor hektischen Systemeinführungen. Nach einem halben Jahr sollten Grundfunktionen eingeführt sein und problemlos laufen. Über ein weiteres Jahr sind Ausbaustufen vorzubereiten und Erfahrungen zu sammeln. Erst nach zwei Jahren wird man auf eine erfolgreiche CRM-Einführung zurückblicken können.

---

[619] vgl. Winkelmann, (Vertriebskonzeption), 2008, diverse Kapitel
[620] das ist die Vorgehensweise meines Buches im Vahlen Verlag: (Vertriebskonzeption), 2008
[621] vgl. z.B. Studie der GartnerGroup, zit. in Winkelmann, (Vertriebskonzeption), 2008, S. 268

Abb. 6-24

15 GRUNDVORAUSSETZUNGEN UND EMPFEHLUNGEN ZUR EINFÜHRUNG VON CRM

1.) Ordnung in den Datenbanken schaffen; Datenbankintegration sichern (= das Fundament).
2.) Das Gleiche gilt für die Warenwirtschaft, falls Warenwirtschaft außerhalb des Kern-CRM-Systems liegt (ist die Regel).
3.) Einigkeit im Vorfeld über ein kundenorientierte Geschäftsphilosophie herstellen. Das System selbst ist nur Werkzeug. Die entsprechende Firmenkultur muss im Vorfeld gestaltet werden.
4.) Vertriebschef als Werkzeugmacher. Nicht die IT-Abteilung sollte treibende Kraft sein, sondern die Führungskräfte, die auch letztlich für den Markterfolg verantwortlich sind.
5.) Ein CRM-System löst keine Teamprobleme. Menschliche Probleme in oder zwischen den Abteilungen im Vorfeld klären.
6.) Task-Force aller von Kundenprozessen beteiligten Abteilungen bilden. Interne Verbündete sollten die treibenden Kräfte sein, Projektmitarbeiter des Softwarehauses fungieren nur als Coaches.
7.) Wer hat Spass und Ambitionen, den Veränderungsprozess zu begleiten? Diese KollegInnen sollten vorher als sog. Administratoren berufen sein.
8.) Teams und Administratoren entwerfen Grundzüge des Pflichtenheftes: Mit welchen Vorgängen, CRM-Bausteinen und -funktionalitäten, Schlüsselkennzahlen wollen wir künftig unser Kundenmanagement steuern?
9.) Mindestens drei Softwarehäuser gemäss Anforderungen im Pflichtenheft präsentieren lassen.
10.) Bei den Kostenbetrachtungen "Nachholinvestitionen" (Fehler der Vergangenheit, Versäumnisse, z.B. in EDV-Ausrüstung und -schulung) aus der Rechnung heraushalten. Sonst rechnet man sich selbst aus dem Projekt!
11.) Nicht den billigsten Anbieter wählen, sondern den, mit dem die eigene Organisation am besten lernen kann. Je besser das Pflichtenheft, desto gezielter kann das Softwarehaus arbeiten.
12.) Konkurrenzorientiertes und branchenbezogenes Customizing ist wichtig. Man stelle sich vor, alle Unternehmen würden mit einem Siebel-System steuern. CRM muss auf Wettbewerbsvorteile abzielen.
13.) Umstellung mit Pilotprojekt schrittweise beginnen - erst einmal eine Abteilung, eine Region, eine Kundengruppe etc.
14.) Auch Funktionalitäten schrittweise einführen: Kundendatenbank - Historie - Außendienststeuerung - Beschwerdewesen - Opportunity-Management usw.
15.) Den Mitarbeitern die Veränderungsangst nehmen. Ausreichend Ressourcen für Schulung bereitstellen.

(Quelle: Winkelmann, in: C-business NEWS - www.CRM-portal.de
Christoph Busch busch@c-business.com / Ausgabe 2/2001)

Die **Weiterentwicklungen** von CRM gehen in folgende Richtungen:
(1) Mehr Integration von Marktforschung und Controlling (**Business Intelligence**),
(2) Bessere Verzahnung von CRM mit der Unternehmensstrategie und dem Marketing,
(3) verstärkte Berücksichtigung „weicher" Beziehungsfaktoren und Einbezug neuer "Metriken" zur Bewertung weicher Faktoren (z.B. Messung der Kundenbindung),
(4) mehr interaktive Elemente im Kundendialog mit Responsemessung,
(5) dazu Integration von Call-Centern in die Vertriebssteuerung und Weiterentwicklung der Call-Center zu integrierten Customer-Care-Centern (s. Abschnitt 7.8.7.),
(6) sowie eine enge Verknüpfung der **Vertriebssteuerung** mit **E-Commerce**[622] und anderen Kanälen zum Multikanalvertrieb (**Multi Channel Marketing**),
(7) Ausbau des mobilen Verkaufens (**Mobile Business**),
(8) Workflows und andere, spezielle Prozeduren zur Messung und Steigerung des Zeit- und Ressourceneinsatzes im Vertrieb (Ziel: Senkung der Vertriebskosten).

Marktanteile von CRM im Jahr 2009: über 50% der Großunternehmen und erst 10-20% im Mittelstand.

Erst CRM ermöglicht eine Qualitätssicherung kundenbezogener Prozesse. Jedoch arbeiten erst 20 – 30 Prozent der Unternehmen mit CRM. Ca. 50 Prozent aller deutschen Unternehmen operieren im Vertrieb wenigstens auf dem Niveau von Computer Aided Selling. Mehr Aufklärung tut also Not, um die noch oft auf Geschäftsführungsebene existierenden Vorbehalte gegen CRM abzuschwächen und der Vertriebsführung mit System zum endgültigen Durchbruch zu verhelfen.[623] Entscheidend wird dabei eine Vorbildrolle der Marketing- und Vertriebsleiter im Sinne von **Werkzeugmachern** und als **Coaches ihrer Mitarbeiter** zur Milderung von Veränderungsängsten sein.

---

[622] Quelle: Vortrag von Winkelmann auf dem Vertriebsingenieurtag 1999 in Darmstadt
[623] vgl. Winkelmann, (Durchbruch), in: ASW, 3/1998, S. 70 und 72

6.4. Verkaufspolitik (im engeren Sinne)

6.4.1. Kunde und Kundenorientierung

"Wie man ein gutes Bier braut, das wissen wir alle - nur das Verkaufen ist ein Problem." (Brauereibesitzer Herbert Zötler in einem Interview)[624]

> ➪ Als Verkauf wollen wir „*den Vorgang des Kaufvertragsabschlusses einschließlich der zuvor erfolgten Anbahnung in Form der Güterdarbietung, der Kaufberatung und der Kaufverhandlung bezeichnen.*"[625]

Nach einer *EMNID*-Umfrage 2002 bei 500 Unternehmen betrachten die Unternehmen den persönlichen Verkauf als das wichtigste Marktinstrument, vor den Messen und Ausstellungen.

Im Mittelpunkt des Verkaufs steht **König Kunde**. Wer aber ist unser Kunde? Wer seinen Kunden verstehen will, muss ihn aus verschiedenen Blickwinkeln betrachten. Zunächst ist zu fragen:

(1) **Direkter / indirekter Kunde**: Geht es um einen Interessenten oder Kunden, der bei mir kauft oder geht es um einen Absatzmittler, Meinungsführer, Sachverständigen, der indirekt meine Verkaufsbemühungen unterstützt?

(2) **Firmenkunde / Geschäftskunde / Privatkunde**: Wer leistet die Kaufunterschrift: eine Firma, eine Geschäftsmann/-frau mit beruflichem Hintergrund oder ein privater Endkunde mit persönlichen Bedüfnissen? Es geht hier um die Rechtsgrundlage des Geschäftes (s. Punkt (2) der folgenden Auflistung).

Nach Klärung dieser vertriebspolitischen Frage (auch: BtoB, BtoC) sollte ein Interessent oder Kunde in einem 360Grad-Rundumblick durchleuchtet werden (Abb.6-25):

(1) **Abrechnungsdimension**: Der Kunde muss zunächst als **Kundennummer** erfasst sein, damit sich Transaktionsvorgänge verbuchen lassen.

(2) **Rechtsdimension**: Der Kunden als Rechtspersönlichkeit (Person und/oder Firma) ist für die Rechtsverbindlichkeit der Geschäfte relevant.

(3) **Branchendimension**: Den Kunden als Element eines bestimmten Marktes oder Marktsegmentes zu begreifen, ist bedeutsam im Hinblick auf Wettbewerbsverhältnisse, Zukunftseinschätzungen für den Absatzmarkt und damit für die Preispolitik (Der Kunde als Teil einer Preis-Absatzfunktion).

(4) **Potenzialdimension**: Vor allem der Firmenkunde ist im Hinblick auf Einkaufspotenziale, bestehende und erreichbare Lieferanteile wie auch im Hinblick auf den Gewinnbeitrag zu betrachten.

(5) **Zeitdimension**: Den Kunden auf einem **Entwicklungspfad** vom Interessenten zum Neukunden bis zum Stammkunden zu sehen, ist wichtig für einen lebenszyklusadäquaten Einsatz von Verkaufsmaßnahmen. Es kann hier auch von der **Kundenlebenszyklus-Dimension** gesprochen werden.

(6) **Netzwerkdimension**: Die **Rolle des Kunden** mit seinen Aufgaben und Interessen **im Buying-Center-Netzwerk** steht im Mittelpunkt der Verkaufstaktik.

(7) **Geschäftsbeziehungsdimension (Firmenkulturabhängig)**: Hierbei geht es um die Form der geschäftlichen Beziehung; unabhängig vom Verkäufereinfluß. Den Kunden als **Wertschöpfungspartner** zu gewinnen, sollte Ziel jeder Marketingphilosophie sein. Partnerschaften können nur durch eine Kundenorientierung der Gesamtorganisation verwirklicht werden. Wenn das Unternehmen dagegen den Kunden missachtet, können menschliche Beziehungen nicht funktionieren.

(8) **Verkäuferbeziehungsdimension (die „Chemie")**: Wie steht es um die persönlichen, gegenseitigen Wertschätzungen und Emotionen? Diese liegen in Händen jedes einzelnen Kundenbetreuers, der mit jedem Kunden „seine" persönliche Ge-

---

[624] mit dieser Bemerkung würde er mittelständischen Brauern aus der Seele sprechen: vgl. die Meldung *"Mit Liebe zum Bier am Markt bestehen"* in der Landshuter Zeitung v. 12.10.2000
[625] Ahlert, (Distributionspolitik), 1996, S. 27

Abb. 6-25

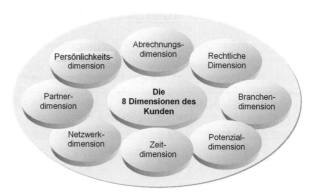

schichte hat. Diese kann von der Haltung der Gesamtorganisation abweichen. Ein Kunde kann z.B. ein treuer Freund des ihn betreuenden Verkäufers sein. Er wird aber als Folge der Kundenbewertung „nur" als C-Kunde behandelt.

6.4.2. Lead-Generierung und Verkaufstrichter-Management

Die Top-5 Unternehmen mit den meisten Kunden: *Ebay* 14,9 Mio., *Amazon* 8,2 Mio., *Tchibo* 4,4 Mio., *Otto* 3,1 Mio., *Weltbild* 2,8 Mio. (Acta 20005)

Diese 360Grad-Kundenbetrachtungen stehen am Anfang einer Neukundensuche. Eine systematische Neukundensuche wird auch als **Lead-Management** bezeichnet. **Ein Lead ist ein aussichtsreicher und daher verfolgungswürdiger Kontakt.** Lead-Qualifizierung bedeutet für den Verkäufer, aus der Fülle seiner möglichen Kontakte die erfolgversprechendsten herauszufiltern. Ein **Lead-Management** definiert den Prozess für die Lead-Qualifizierung und für die Kundengewinnung:

(1) Es muss Klarheit darüber bestehen, wie die Verkaufsverantwortlichen zu neuen Kontaktmöglichkeiten, d.h. zu neuen Interessenten kommen. Unabhängig von der Emsigkeit und dem Akquisitionsgeschick des einzelnen Verkäufers ist eine **Kontaktstrategie für die gesamte Verkaufsorganisation** zu erarbeiten.

(2) Aus Ressourcen- bzw. Kostengründen muss geregelt werden, welche potenziellen Interessenten weiterverfolgt werden sollen und welche nicht. Eine Kunden-Vorqualifizierung (Vorbeurteilung) übernimmt diese Aufgabe der **Lead-Generierung**. Später, nach Kontaktaufnahme mit den Leads, wird die eigentliche Kundenbewertung folgen. Sie entscheidet über zukünftige Kundenbesuche, Telefonkontakte oder Mailing-Aktionen - gemäß Kundenwertigkeiten.

(3) Die Steuerung der Akquisitionsbemühungen erfolgt im sog. **Verkaufstrichter**, auch **Sales Pipeline** oder **Sales Funnel** genannt. Dieser Trichter, in den Verkaufschancen quasi hinein- und hoffentlich viele Aufträge hinausfließen, ist zu organisieren. An ihm lässt sich die Leistungsfähigkeit einer Vertriebsorganisation messen. Wir bezeichnen ihn deshalb als **Kräftespeicher**.

Wie finden die Kundenbetreuer neue Interessenten? Übliche Quellen sind:
- Visitenkarten, Interessenten-Kartei (-Datei),
- Von zunehmender Bedeutung: Suche in prviaten Netzwerken wie *Xing*,
- Adressbücher, Verbandsadressen (auch *IHK*), Adressverlage,
- Existenzgründer-Datei,
- Hinweise und Empfehlungen seitens Stammkunden und Lieferanten,
- Rückgewinnung von verlorenen oder inaktiven Kunden,
- Ansprache von bekannten, wechselbereiten Kunden des Wettbewerbs (Zielkunden aus der RMP-Gruppe),
- Kontaktsuche via Telemarketing (Call-Center-Aktionen),
- Kontaktsuche durch Direct Mails (Werbebriefe mit Antwortcoupon),
- Kontaktsuche über das Internet,

Nicht weite Verkaufstrichter mit geringen Hit-Rates (Auftragserfolgsquoten) sind sinnvoll, sondern enge Trichter mit hohen Hit-Rates.

- Kontakte auf Fachmessen und Ausstellungen (Firmen im Messekatalog!),
- Kontaktsuche auf Fachtagungen, Workshops und Konferenzen,
- Hinweise auf mögliche Kunden aus Fachzeitschriften oder aus der Werbung.

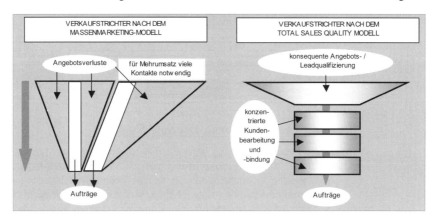

Abb.6-26

Abb.6-26 verdeutlicht das Dilemma des Verkaufstrichters, des **wahren Kräftespeichers der Unternehmung**. Viele Unternehmen geben sich damit zufrieden, wenn aus den Angeboten für 100 Leads im Durchschnitt 10 Aufträge mit durchschnittlichen Umsatzerlösen resultieren. Drohen Umsatzausfälle und werden dann hektisch 25 Neukunden zu deren Kompensation gefordert, dann müssen halt 250 neue Leads akquiriert werden. Doch niemand fragt danach, ob es überhaupt so viele potenzielle Neukunden gibt, was deren Gewinnung "kostet" (Preiszugeständnisse!) und vor allen Dingen, was mit den 225 verlorenen Auftragschancen geschieht. Wer gewinnt aus welchen Gründen diese Geschäfte? Und mit welchem Aufwand hätte man das verhindern können? Diese Gedanken führen zu einer neuen Strategie für den **Verkaufstrichter gemäß Total Sales Quality**:

Der Verkaufstrichter ist der wahre Kräftespeicher der Unternehmung.

- ⊠ Es kann nicht Ziel sein, den Verkaufstrichter mit möglichst vielen Leads zu füllen. Es ist besser, wenigen, dafür aber besser vorqualifizierte Leads konsequent nachzugehen. **Ein Verkaufstrichter muss eng, nicht weit gehalten werden**.
- ⊠ Aus diesem Grund darf der Trichter nicht als einfaches Input-Output-Modell gesehen werden. Er ist als mehrstufiger Prozess zu organisieren.
- ⊠ Auf jeder Stufe sind Leads nach festgelegten Regeln zu qualifizieren. Die Kundengewinnung stellt sich dann als eine **Folge von Go-No-Entscheidungen** dar.
- ⊠ Auf allen Prozessstufen im Trichter sind die Auftragserfolge (Hit-Rates) permanent zu kontrollieren (Controlling des Verkaufstrichters).

Abb.6-27 bietet die Analyse eines mehrstufigen Verkaufstrichters. Von der Vertriebsleitung sind 3 Angebots-Prioritätsstufen mit unterschiedlich komplexen Bearbeitungsschritten, Ressourcenzuteilungen und Kostenrahmen definiert. Eingehende Anfragen sind zunächst im Innendienst *Angebotskontakte*. Erhalten sie mehr Priorität, dann werden sie zu *Nachfasskontakten* hochgestuft. Die *Top-Angebote* gelangen schliesslich auf die Ebene der Intensivkontakte. Jetzt sind sogar Chefbesuche sinnvoll.[626] Ein Unternehmen in der Praxis differenziert z.B. in *Contacts*, *Prospects* und *Hot Prospects*. Ein Verkäufer sollte schauen, dass er seinem Trichter immer frische Leads zuführt. **Der Trichter darf nicht austrocknen**. Aufgabe des Verkaufstrichter- und des Pipeline-Managements ist es, diese regelmäßige Befüllung der Trichterstufen und die Verweildauern, Kosten und Erfolgsquoten der Stufen zu überwachen.

---

[626] das Verfahren wird ausführlich dargestellt in: Winkelmann, (Vertriebskonzeption), 2008, S. 657

Abb.6-27

CONTROLLING VERKAUFS TRICHTER © Prof. Winkelmann	Trichterbestand Monatsanfang	Leads-Zugang lfd. Monat	in Bearbeitung im Trichter	Angebote nicht mehr akut	Absagen - Angebote verloren	Aufträge gewonnen	Hit-Rate auf Trichterstufe	Übergang auf nächste Stufe	noch offen, Bestand Monatsende	Veränderung Trichter-bestand
Angebotskontakt	110	60	170	10	20	10	25%	40	90	-18%
Nachfasskontakt	40	40	80	5	10	20	57%	20	25	-38%
Intensivkontakt	20	20	40	2	5	14	67%		19	-5%
	neue Leads	60		17	35	44	46%	Trichter neu:	134	
		Monat 04/2004		Trichter alt:	170					
				Veränd.Trichter	-21%					

6.4.3. Verkaufsprozess: Der SalesCycle

Durch die Lead-Generierung wird ein Prozess angestossen. Man spricht auch vom **Akquisitions-** oder **Verkaufszyklus** (SalesCycle).[627] Zu klären ist, welche Abteilungen bzw. welche Vertriebsmitarbeiter welche Arbeiten im Kundengewinnungs- und –sicherungsprozess zu übernehmen haben. Wer seine Prozesse nicht organisiert, dem drohen Zeit- und Ressourcenverschwendung mit erhöhten Vertriebskosten. Abb.6-28 zeigt ein Grundmodell des SalesCycles. Neben dem **Grundprozess der Kundengewinnung** sind zahlreiche andere vertriebliche Abläufe zu organisieren (z.B. Beschwerdeprozess, Einführungsprozess für ein neues Produkt, Kunden-Entwicklungsprozess, Händler-Gewinnungsprozess etc.).[628]

➡️ Ein **SalesCycle** (Verkaufszyklus) unterteilt die Kernprozesse des Verkaufs - von der Kundenansprache bis zur Umsatzgenerierung und Nachbetreuung - in kaufrelevante Phasen und definiert für diese Tätigkeiten und Zuständigkeiten. Ein SalesCycle ist als Organigramm des Verkaufsprozesses zu verstehen. Zuweilen wird auch vom CRM-Cycle gesprochen.

Abb.6-28

McDonald's Deutschland verzeichnete 2008 2,58 Mio. Gäste pro Tag!

6.4.4. Kundenbewertung (Kundenqualifizierung)

a.) Ist jeder Kunde König?

Aus einer systematischen Neukundensuche bzw. dem Lead-Management gehen potenzielle Kunden (Interessenten), Gelegenheitskunden oder sogar Stammkunden her-

---

[627] vgl. Hofbauer; Hellwig, (Vertriebsmanagement), 2005, S. 53 mit dem 11-Stufen SellingCycle
[628] vgl. mit alternativen Prozesskonzepten Winkelmann, (Vertriebskonzeption), 2008, S. 205-215

vor. Die Frage ist, ob nun jeder Kunde wirklich König ist. Wollen wir wirklich jeden Kunden zum König krönen? Diese lapidare Forderung vieler Marketing-Propheten birgt nämlich erhebliche Risiken:

(1) Eine derart verstandene Kundenzufriedenheit (Das hieße im Extremfall, dem Kunden jeden Wunsch zum Preis von 0 zu erfüllen) kann einen Lieferanten in den Ruin treiben. **Kundenzufriedenheit muss sich rechnen.** Die Verkaufsanstrengungen müssen dem Potenzialbeitrag des Kunden angemessen sein.

(2) Außerdem führt die Forderung, alle Kunden zu Königen zu machen, zu einer Zersplitterung der Kräfte. Erfüllen Unternehmen alle Wünsche ihrer Kunden, dann ufern Leistungsangebote schnell aus und der Anbieter erleidet Kostennachteile. Gute Kunden müssen die schlechten subventionieren. *Belz* u.a. sprechen bei Gleichbehandlung aller Kunden vom **Passantenmarketing**, das sich allenfalls als Laufkunden-Philosophie eines Kiosks rechtfertigen lässt.[629]

Pension Gartenheim, Schenna, Tirol

So ist *Backhaus* zuzustimmen, wenn er sagt: *„Kundenorientierung heißt nicht, Wünsche zu erfüllen, sondern Zahlungsbereitschaften abzugreifen."*[630] Die kritische Haltung zum Königsbild ist insbesondere angesichts des Trends zu einer schwindenden Kundenloyalität erklärlich. Um Zahlungsbereitschaften, besser Potenziale, abzuschätzen, müssen Kunden qualifiziert werden. Kundenqualifizierung bedeutet, die *Auswahl der Könige* nach festen Bewertungsregeln vorzunehmen.

Wir können nur die Kunden zu Königen machen, die das verdienen.

Welche Argumente sprechen für eine Ungleichbehandlung der Kunden?

(1) Die Vertriebsressourcen reichen i.d.R. nicht (nie) aus, um alle Kunden mit gleicher Intensität zu betreuen. Das wäre zu kostspielig.

(2) Viele Kunden „rechnen" sich nicht. Eine Kundenerfolgsrechnung würde für sie negative Kostendeckungsbeiträge aufzeigen. Geringe Auftragsmengen, nicht kostendeckende Preise und ein unvertretbar hoher Betreuungsaufwand (Nörgelkunde) - diesem Kundentyp gebührt bestimmt nicht die Betreuungspriorität.

(3) Kunden stellen unterschiedliche Anforderungen:[631]

„Natürlich will ein Großkunde anders behandelt werden als ein Kunde aus dem Mittelstand. Für Großkunden sind zum Beispiel betriebswirtschaftliche und technische Konzepte gefordert, für einen kleineren Kunden ist es wichtig, sein Problem ganzheitlich mit einem Partner aus einer Hand zu lösen."[632]

(4) Diese können nicht alle gleich gut erfüllt werden. *Blanchard* und *Bowles* meinen:

„Wer sich um einen guten Kundenservice bemüht, meint aber immer noch, er muss es jedem und in jeder Beziehung recht machen. Und das funktioniert nicht."[633]

Die Betreuungskräfte sollten daher verstärkt dorthin gelenkt werden, wo die eigenen Fähigkeiten die Kundenwünsche besonders gut befriedigen.

(5) Stammkundenpflege und Neukundengewinnung müssen in eine Balance gebracht werden. Auf einer Seite ist immer ein Kompromiss zu finden.

Gutes Marketing bedeutet, einen Kunden nicht spüren zu lassen, dass er nicht zu den Königen zählt.

➤ Aufgabe der **Kundenbewertung (Kundenqualifizierung)** ist somit die Aufteilung des Interessenten- und Kundenstammes in wichtige und unwichtige Kunden. Dazu sind die Kunden aus verschiedenen Blickwinkeln heraus im Hinblick auf ihren Beitrag zur Zielerreichung zu bewerten und zu klassifizieren. Die Kunden erhalten **Prioritäten**, auf die die Vertriebsressourcen und insbesondere die Betreuungsmaßnahmen ausgerichtet werden.

---

[629] vgl. Belz u.a., (Geschäftsbeziehungen), 1998, S. 50
[630] Backhaus, (Kunden), in: MM, 6/1998, S. 141
[631] so gibt es Kunden, die von sich aus gar nicht König sein wollen; die z.B. im Einzelhandelsgeschäft nicht angesprochen und nicht beraten werden wollen. Und auch Könige wollen nicht belästigt werden.
[632] Drosten, (SAP), in: ASW, 3/1998, S. 16
[633] Blanchard; Bowles, (Kundenbegeisterung), 1994, S. 52

Eine Kundenbewertung bestimmt Kundenprioritäten. Das bringt folgende **Vorteile**:
(1) Mehr Aussagefähigkeit über den Wert des Kundenstamms – eine Informationspflicht im Rahmen der **Basel-II-Unternehmensbewertung**.
(2) Bewusste, nachvollziehbare Zuteilung der Unternehmensressourcen auf Interessenten, Kunden und Kundengruppen (Zielgruppen),
(3) mehr Effizienz und Kostenbewusstsein im Vertrieb,
(4) erfolgsorientierte Zielgruppenbildung für Marketingkampagnen,
(5) besseres Eingehen auf Kundenwünsche und dadurch
(6) mehr Souveränität in der Kundenbetreuung,
(7) mehr Agieren, weniger Reagieren im Markt und dadurch Wettbewerbsvorteile,
(8) mehr Zeit für die richtigen (wichtigen) Kunden,[634]
(9) kontinuierlicher Lernprozess für die Mitarbeiter.

Das Marketing weiß, dass 20 Prozent der Kunden Tennis spielen. Der Vertrieb kennt die Kunden, die Tennis spielen.

Verschiedene Interessengruppen benötigen dringend Kundenprioritäten:
(1) Das **Management** fragt nach den Wichtigkeiten bzw. Wertigkeiten von Marktsegmenten. Frage: *Sind wir überhaupt in einem interessanten Markt?*
(2) Das **Marketing** interessiert sich für Prioritäten für unterschiedlich gefilterte Kampagnen-Zielgruppen: *Sollen erst die Kunden in der Altergruppe 35+ das Mailing bekommen oder die Gruppe der Jugendlichen – oder soll man auf eine Kampagnen-Zielgruppe ganz verzichten?*
(3) Die **Vertriebsleitung** fragt nach den Prioritäten für Großkunden. *Soll im nächsten Monat eher BMW oder eher DaimlerChrysler mit Priorität besucht werden?*
(4) Ein **Außendienstmitarbeiter** betrachtet z.B. die Adressen möglicher Neukunden und fragt danach, in welcher Prioritätsreihenfolge er bei einer Neukundenaktion die potenziellen Interessenten angehen soll.
(5) Der **Innendienst** fragt nach Prioritäten (Wichtigkeiten) der zurzeit offenen Angebote, bei denen nachgefasst werden muss.

Die Literatur behandelt überwiegend die **Stammkundenbewertung**; mit dem Problem, dass (wie bei der ABC-Analyse) potente Neukunden übersehen werden. Eigentlich müssten auch Zielkunden und verlorene Kunden einer Bewertung unterliegen.

Es wäre von Vorteil, wenn sich als Nachweis einer Kundenwichtigkeit (Kundenpriorität) ein monetärer Kundenwert (in Euro) berechnen liesse. Branchen wie Banken, Versicherungen oder Leasinggesellschaften können so vorgehen. Das Problem ist nur, dass es verschiedene Kundenwerte gibt:[635]
(1) Der **ökonomische Kundenwert** bewertet Kunden monetär, nach Umsatz oder Deckungsbeitrag. Er fragt letztlich danach, welchen Beitrag ein Kunde zur Eigenkapitalstärkung erbringt. Man nennt diesen „klassischen Kundenwert" auch **Customer Equity (CE)**.[636]
(2) Der **strategische Kundenwert** fragt nach der Kundenwichtigkeit für die eigene Marktstrategie. Auch ein Kleinkunde kann eine hohe strategische Bedeutung haben, wenn er dem Lieferanten z.B. Zugang zu einer neuen Technologie eröffnet.
(3) Der **Informationswert** bewertet Kunden nach ihren Beiträgen zur Stärkung des eigenen Wissens und der eigenen Kompetenz.
(4) Der **Referenzwert** bewertet Kunden danach, wie stark sie den eigenen Markterfolg durch Referenzen, Mund-zu-Mund-Werbung oder sogar kundenseitige Akquisitionsaktivitäten unterstützen (Kunden werben Kunden).

---

[634] vgl. Winkelmann, (Marktsegmentierung), 1999, S. 112-129
[635] vgl. die Zusammenfassung bei Meyer; Dullinger, (Leistungsprogramme), 1998, S. 772-774 nach einer Einteilung der Wertbeiträge von Schleuning 1994.
[636] vgl. Winkelmann, (Kundenstamm), in: IT-Business, 3/2005, S. 2-3

b.) Übersicht über die Verfahren zur Kundenbewertung

Praxisbefragungen ergeben leider: Nur etwa jeder sechste Investitionsgüterhersteller beurteilt permanent und systematisch den Wert seiner Kunden.[637]

Folgende **Verfahren** bieten sich für eine Kundenbewertung an:[638]
(1) **ABC-Analyse nach Umsatz** (Einsatzgrad in der Praxis: 98%),
(2) **ABC-Analyse nach Deckungsbeiträgen** (Kunden-Deckungsbeiträge) (65%),
(3) **Kundenkapitalwertanalyse** (spez. Verfahren für Finanzdienstleister),
(4) **Kundenlebenszyklus-Analyse** (Customer Lifetime Value) (5%),
(5) **Multifaktorenanalyse**: Punktbewertungen (**Scoring-Modelle**), z.B. die „historische" RFMR-Methode (14%),
(6) Kundenbewertung in strategischen und operativen **Kundenportfolios** (23%),
(7) Kundenprioritäten gemäß **Kundenstatus-Analysen** (Kunden-Loyalitätsleiter),
(8) ganzheitliche, strategische Bildung von Kundenprioritäten.

Abb.6-29 gibt eine Übersicht über die gängigen Verfahren zur Kundenqualifizierung. Die Zusammenstellung geht auch auf die Problematik ein, dass der Begriff Kundenwert derzeit doppelt belegt ist:
(1) als **Customer Equity (CE)** = Wert eines Kunden aus Lieferantensicht,
(2) als **Customer Value (CV)** = Wert eines Lieferanten aus Kundensicht.

Nach Amtseintritt von Kleinfeld bei Siemens gab es im Konzern keine Auflistung der 100 größten Kunden (Hinweis in MM, 2/2006, S. 59)

Man kann auch von **Value from the Customer** und **Value to the Customer** sprechen. Bei Wertschöpfungsparterschaften (bzw. bei Win-Win) halten sich CE und CV die Waage. Ein Kunde sollte also auch danach bewertet werden, welche Wertepotenziale ein Lieferant bei ihm zukünftig generieren kann. Ein Kleinkunde muss folglich nicht ewig Kleinkunde bleiben. Durch Value Production kann man ihn eventuell zum mittelgroßen Kunden oder sogar zum Top-Kunden entwickeln. Kundenbewertung sollte deshalb nicht auf den Vergangenheitsblick beschränkt bleiben.

Die bekanntesten Verfahren werden im folgenden vorgestellt. Weitergehende Darstellungen finden sich in ergänzenden Quellen.[639]

c.) Konventionelle ABC-Analysen

Die ABC-Struktur der Deutschen Bahn AG: 4% der Kunden vereinen 85% vom Umsatz, die nächsten 7% 10% vom Umsatz, und 89% aller Kunden tragen lediglich 5% zum Umsatz bei. (Aussage vom früheren Bahnchef Mehdorn in einem TV-Interview 11/2000).

In der Praxis gilt der Umsatz als Hauptbewertungsmaßstab für die Bildung von Kundenprioritäten. Abb.6-30 zeigt den Aufbau einer konventionellen ABC-Analyse am einfachen Beispiel von zehn Unternehmen. Die grundsätzliche Fragestellung lautet:
⇨ **Wieviel Prozent der Kunden erbringen wieviel Prozent vom Umsatz?**

Ausgangspunkt ist eine Rangordnung aller Kunden nach Umsatz bzw. Umsatzanteilen. In der Praxis erbringen oft ca. 20% der Kunden ca. 80% des Umsatzes. Dieser Sachverhalt ist als 20/80-Regel oder **Pareto-Regel** bekannt. Aufgrund zunehmender Unternehmenskonzentrationen tendiert diese Erfahrungsregel immer stärker in Richtung 10/90.[640] Dass die zunehmende Kundenkonzentration als Gefahr geschen wird (zunehmende Abhängigkeit der Unternehmung von wenigen Kunden), spricht für die Relevanz des Verfahrens. Die ABC-Analyse gibt Aufschluss über
(1) den Grad der **Abhängigkeit von Großkunden** einerseits, bzw.
(2) über den Grad einer oft kostentreibenden **Verzettelung im Kleinkundengeschäft** andererseits.

---

[637] gemäß einer Untersuchung von VDI und der CEO AG in Krefeld: vgl. Deppermann; Marzian, (Win-Win), in: ASW, Sondernummer Oktober 1998, S. 142
[638] in Klammern die Anzahl der Unternehmen, die in einer Studie des Instituts für Marketing und Handel der Universität St. Gallen angaben, das Bewertungsverfahren regelmäßig einzusetzen: s. hierzu Hassmann, (Kunden), in: salesBusiness, 3/2005, S. 26
[639] insbesondere bei Winkelmann, (Vertriebskonzeption), 2008, S. 321-367
[640] vgl. o.V., (Kunden klassifizieren), in: acquisa, 7/1997, S. 55

324　Marktorientierte Unternehmensführung

Abb.6-29

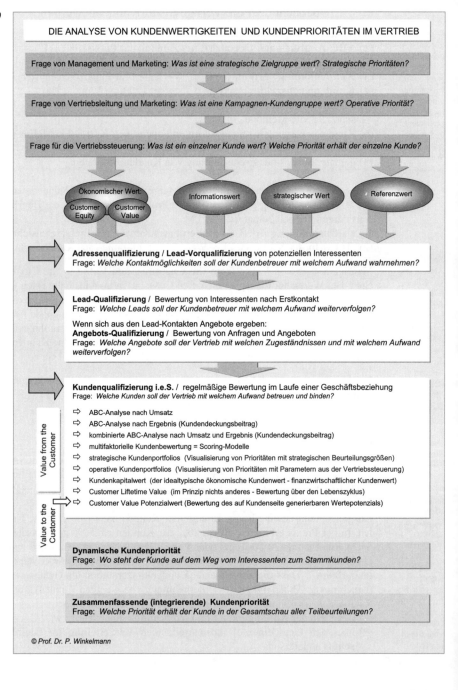

FIRMENRANKING GEMÄSS ABC-ANALYSE				
Rang	Firma	Kundenzahl in % kumuliert	Umsatz in T EUR	Umsatzanteile	Umsatzanteile kumuliert
1	Wilke	10%	1.488	37%	37%
2	HGM	20%	943	24%	61%
3	Arcom	30%	523	13%	74%
4	H&T	40%	438	11%	85%
5	Bosch	50%	312	8%	93%
6	Decker	60%	166	4%	97%
7	SZ	70%	56	1%	98%
8	Fabermann	80%	43	1%	99%
9	Ligo	90%	18	0%	100%
10	Derting	100%	9	0%	100%
	Umsatz gesamt		3.996	100%	

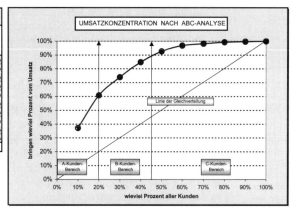

Abb. 6-30

Die 20/80-Regel wird auch als Methode des Pareto-Prinzips genannt.

Wie können die Grenzen für die Kundenklassen sinnvoll bestimmt werden?

(1) **Methode 20/80-Regel**: A-Kunden sind die Kunden, die nach Größe geordnet kumuliert 80% vom Umsatz erbringen. C-Kunden erbringen die „letzten" 10%. B-Kunden sind die im Mittelbereich stehenden Kunden. Alternativ werden in der Praxis auch oft die 20% größten Kunden als A-Kunden bezeichnet.

(2) **Methode 60/90-Regel**: Ansatz-1 bewährt sich dann nicht, wenn der Umsatz von 1 bis 3 Großkunden dominiert wird und zahlreiche mittelgroße und kleine Kunden mit Abstand folgen. Dann erreichen die Top-Kunden zusammen nicht die 80%. Der Ansatz nach Abb.6-30 geht nach einer 60/90-Regel vor: bis 60% Umsatzkumulation A-Kunden, 60-90% B-Kunden und 90-100% C-Kunden. Bei dieser Vorgehensweise wird der mittlere Umsatzbereich gestreckt.

(3) **Top-X-Methode**: Es werden automatisch z.B. die Top-10-Kunden als Top-Kunden bestimmt – bzw. die umsatzschwächsten 200 als Kleinkunden.

(4) **Umsatzanteil-Methode**: Alle Kunden mit mindestens y %-Umsatzanteil werden als A-Kunden eingestuft. Alternativ: Nicht Prozent sondern y Mio. Euro Umsatz.

(5) **Plausibilitätsmethode**: Natürlich entscheiden nicht willkürliche Zahlengrenzen über Kundenprioritäten. Diese bieten lediglich eine Ausgangslösung. Die Führungskräfte werden die Umsatzrangfolge in Augenschein nehmen und nach Erfahrung und Plausibilität ihre Kundengruppen bestimmen. In Abb.6-30 könnte man z.B. die Unternehmen 1 + 2 als Top-Kunden bezeichnen, 3 + 4 als größere mittelgroße sowie 5 + 6 als kleinere mittelgroße Kunden und letztlich 7 – 10 als Kleinkunden. Die Unternehmen sind auch keineswegs an die klassische ABC-Einstufung gebunden. Aufgrund von Plausibilitätsüberlegungen werden sie sich ihre eigenen, sinnvollen Kategorien schaffen.

Eine Umsatzrangfolge der Kunden ist zweifelsohne das **Herzstück jeder Vertriebsanalyse**. Ein Gefühl für die eigene Abhängigkeitssituation (*Welche Kunden sichern momentan unser Geschäft, unsere Auslastung?*) zu entwickeln, hat für ein Unternehmen eine existenzielle Bedeutung. Dennoch drohen Gefahren, wenn allein der Umsatz zur Bestimmung der Kundenprioritäten herangezogen wird:[641]

(1) Neben dem Umsatz gibt es andere, betriebswirtschaftlich sogar wichtigere Beurteilungsgrößen, z.B. **Kundendeckungsbeiträge**. Was besagt ein hoher Umsatz, wenn ein Großkunde die Unternehmung in die roten Zahlen führt?

(2) Die Umsatzbetrachtung vernachlässigt die **Einkaufspotenziale** der Kunden.

(3) Die klassische ABC-Analyse bezieht nur **Vergangenheitswerte** in das Kalkül ein. Was bedeutet ein hoher Umsatz, wenn ein Großkunde morgen Konkurs an-

---

[641] vgl. Winkelmann, (Kundenportfolios), in: acquisa, 7/1997, unter Bezug auf meine Ausführungen auf S. 55, abgedruckt unter o.V., (Kunden klassifizieren).

meldet und heute schon Vorinformationen über seine monetäre Lage vorliegen?
(4) Jeder Großkunde startet als Kleinkunde (C-Kunde). Die ABC-Analyse übersieht den **Kundenstatus**, d.h. den Weg eines Kunden vom Erstkäufer zum Stammkunden mit stabiler Ordertätigkeit.
(5) In diesem Sinne unterdrückt die ABC-Analyse **strategische Elemente**.
(6) Ein weiterer Nachteil: In der ABC-Grafik geht der einzelne Kunde unter, so dass keine Akquisitionsmaßnahmen auf ihn ausgerichtet werden können (wohl aber beim Blick auf die Ranking-Liste der Kunden).

Bei der Ergebnis-ABC-Analyse stellt sich oft heraus, dass 30 bis 40 Prozent der Kunden unrentabel sind. 2/3 der Kunden stehen für 130 bis 140 Prozent des Gewinns (Hinweis von Gerndt in ASW, Sonderausgabe 2008, S. 108)

Bezüglich Punkt (1), die fehlende Gewinnberücksichtigung, kann durch eine gleich aufgebaute Kundendeckungsbeitrags-ABC-Analyse leicht Abhilfe geschaffen werden. Umsatz- und Ergebniskonzentration lassen sich auch zusammen betrachten, indem die den Umsatzkonzentrationen entsprechenden Ergebniskonzentrationen mit in die Grafik eingezeichnet werden. Über Ranking und Konzentrationskurve hinaus kann dann ein Portfolio erstellt werden, in dem die Kunden individuell mit ihren Anteilen am Gesamtumsatz und am Gesamtdeckungsbeitrag positioniert sind. Es zeigen sich Kunden mit über- oder unterdurchschnittlichen Umsatzanteilen in Beziehung zu über- oder unterdurchschnittlichen Kundenumsatzrenditen.[642]

d.)   **Kundenlebenszyklus-Analysen (Customer Lifetime Value)**

Die Fast-Food-Kette Pizza Hut hat berechnet, dass ein Stammkunde im Laufe seines Lebens für rund 7.500 Dollar in den Restaurants der Kette konsumiert.[643]

Die Kundenlebenszyklus-Analyse greift die Kritik der statischen Wertrechnung auf. Nicht die Umsatzerlöse zu einem Beurteilungszeitpunkt sind für die Wichtigkeit eines Kunden ausschlaggebend, sondern die (abdiskontierten) Gesamtumsätze oder Gesamtdeckungsbeiträge, die ein Kunde im Laufe seines **Lebenszyklus der Geschäftsbeziehung** dem Anbieter bringt. Man macht nichts anderes, als das Verfahren der klassischen Investitionsrechnung (hier: Discounted Cash-Flow) auf die durch einen Kunden induzierten Ein- und Auszahlungen anzuwenden.[644] Abb.6-31 erläutert die Auswirkungen von Kundenlebenszyklen in verschiedenen Konsumbranchen.[645] Grundlagen sind Erfahrungen und Annahmen über die durchschnittliche Anzahl der Jahre einer Markentreue. Eine Kunde kann nun über einen Kaufzyklus wie ein Investitionsobjekt gesehen werden; mit prognostizierten Einnahmen und Ausgaben (**Kundenkapitalwert-Rechnung**). Weitergehend soll die Kundenlebenszyklus-Analyse hier nicht behandelt werden.[646] Wenn auch die Vorteilsbeiträge der Kunden jetzt

Abb.6-31

KUNDEN-UMSATZWERTE IN VERSCHIEDENEN BRANCHEN						
	PKW	SB-Warenhaus	Supermarkt	Stromversorger	Tageszeitung	Bier
Gesamtumsatz über den Kunden-Lebenszyklus	210.000	290.000	148.000	66.700	72.800	20.000
durchschnittliche Dauer einer Geschäftsbeziehung	20	12	12	58	17	4
durchschnittlich realisierbarer Umsatz für einen Anbieter	67.000	63.000	32.000	63.400	22.100	2.000
Quelle: Prof. Dr. A. Meyer; zit. in acquisa, Nr. 3/1999, S. 17						

---

[642] Zu dem Einbezug der Ergebnisanalyse vgl. die Beispiele bei Winkelmann, (Außendienst-Management), 1999, S. 97; sowie Winkelmann, (Vertriebskonzeption), 2008, S. 325-328
[643] vgl. den Hinweis in Homburg; Werner, (Kundenorientierung), 1998, S. 140
[644] vgl. die ausführliche Darstellung bei Homburg; Werner, (Kundenorientierung), 1998, S. 140-144; vgl. ferner: Winkelmann, (Vertriebskonzeption), 2008, S. 350-354
[645] vgl. das Beispiel von Meyer, abgedruckt in acquisa, 3/1999, S. 17. Vgl. auch den der klassischen Cash-Flow-Rechnung (Investitionsrechnung) nachempfundenen Ansatz bei Ackerschott, (Vertriebssteuerung), 2001, S. 55-57

dynamisch in die Zukunft projeziert werden, es bleibt der Nachteil der monofaktoriellen Betrachtung von Umsatz oder Ergebnis. Wie aber können gleichzeitig mehrere Beurteilungskriterien berücksichtig werden?

e.) Multifaktoren-Analysen (Scoring-Modelle)

Neben dem Umsatz sollten also weitere Größen zur Ableitung von Kundenbetreuungsprioritäten herangezogen werden. Im Versandhandel gängig ist die **RFMR-Methode**.[647] Der Kunde erhält Punktwerte; je nach (1) dem zeitlichen Abstand zum letzten Kauf (**Recency**), (2) der Kaufhäufigkeit (**Frequency**) und (3) dem zu erwartenden Umsatz (**Monetary-Ratio**). Aus der Summe der Punkte ergibt sich ein Kundenwert. Diese Form eines Scoring-Modells ist nur in BtoC-Marktsegmenten sinnvoll anwendbar, in denen die Kaufzyklen beeinflußbar und stark von persönlichen Präferenzen der Kunden geprägt sind. Neben dem Einkaufsvolumen sind noch weitere Faktoren (Kennziffern) zur ökonomischen Beurteilung von Konsumenten und im Besonderen zur **Bewertung von Käufersegmenten** gängig:
- Einkommen,
- Kaufkraftkennziffern,
- Besitzkennziffern (z.B. Eigenheim),
- Stornobereitschaft (insbes. im Versicherungsgeschäft).

Umfassende Kundenbewertungen in den BtoB-Märkten trennen nach kaufmännischen und technischen Beurteilungsgrößen. Abb.6-32 bewertet drei Kunden anhand relevanter Erfolgsfaktoren. Von besonderer Bedeutung sind in **kaufmännischer Hinsicht**:
- die im Rahmen der ABC-Analyse berechneten **Umsatzanteile** der Kunden, gegenwärtig und zukünftig (Umsatzklasse, Ist- und Ziel),
- derzeitige **Einkaufsbudgets** und Potenziale der Kunden im relevanten Markt,
- die eigenen **Lieferanteile (Shares of Wallet)** bei den Kunden (Potenzialausschöpfungen heute und geschätzt zukünftig),
- die **Kundendeckungsbeiträge**, in denen die in dem relevanten Markt bestehenden Preisspielräume implizit enthalten sind (Deckungsbeitrags-Klassen),[648]
- sowie eine Reihe „weicher Faktoren", wie z.B. **Betreuungsaufwand** für den Kunden oder dessen absehbares **Kooperationsverhalten**.

Abb.6-32

BEISPIEL FÜR EINE KUNDENQUALIFIZIERUNG MIT DER SCORING-METHODE							
			Kunde-A		Kunde-B		Kunde-C
①	KAUFMÄNNISCHE PARAMETER (Gewichtung = 100)	Gewichtungen	Bewertung	Scores	Bewertung	Scores	Bewertung	Scores
	Kundenumsatz (heute und zukünftig)	10	7	70	10	100	3	30
	Einkaufsbudget des Kunden für das Produkt (Verkaufspotenzial)	10	6	60	5	50	6	60
	erreichbarer eigener Lieferanteil am Potenzial des Kunden	20	8	160	5	100	5	100
	Rohgewinnspanne des Kunden (heute, zukünftig)	25	7	175	3	75	10	250
	finanzielle Situation des Kunden / Prognose	15	4	60	2	30	9	135
	Effizienz der Kundenbetreuung = wenig Betreuungsaufwand	8	3	24	2	16	10	80
	gezeigte Treue des Kunden (Kundenbindung / Kundenloyalität)	10	2	20	2	20	10	100
	Referenzwert des Kunden zur Stärkung des eigenen Images	2	9	18	4	8	10	20
②	TECHNISCHE PARAMETER (Gewichtung = 100)	100		587		399		775
	Bedeutung der Technologie für das eigene Geschäft	20	9	180	3	60	10	200
	Zukunft der Technologie (Stand im Technologie-Lebenszyklus)	30	10	300	2	60	9	270
	Sicherheit der Rohstoff- / Teileversorgung (zukünftig)	15	2	30	4	60	9	135
	eigene Fertigungssicherheit (effizienter Herstellungsprozess)	20	7	140	5	100	9	180
	Technische, rechtliche Absicherung der Liefersituation (Patent, USP)	15	7	105	3	45	7	105
	(max. erreichbar sind je 1000 Punkte sind je 1000 Punkte. 1000 Punkte entsprechen 100%)	100		755		325		890
	Ist-Umsatzerlöse in 1000 Euro			450		890		230

---

[646] vgl. die Kunden-Cash-Flow-Rechnung in Winkelmann, (Vertriebskonzeption), 2008, S. 354-356
[647] vgl. Link; Hildebrand, (Database-Marketing), 1993, S. 48-49
[648] Beratungsunternehmen bewerten oft preisliche Situation und Kalkulationssituation parallel. Wegen der Interkorrelation beider Faktoren messen sie dann den Ergebnisfaktor eigentlich doppelt.

- Analog hierzu können Kundenbewertungen nach **technischen Kriterien** vorgenommen werden, z.B. nach **Technologiebedeutung** (für das eigene Geschäft), **Zukunftspotenzial** der Technologie, **Zulieferrisiken** (sofern das Geschäft mit dem Kunden von bestimmten Kaufteilen oder Rohstoffen abhängt), **Fertigungssicherheit** (in Bezug auf die für den Kunden gefertigten Produkte; besonders kritisch bei kundenbezogenen Problemlösungen) und nach bestehenden und zukünftigen **Markteintrittsbarrieren** bzw. nach der Sicherheit der eigenen Lieferantenposition (in nicht-kaufmännischer Hinsicht).

Eine besondere Schwierigkeit liegt darin, für die verschiedenen Beurteilungskriterien sinnvolle Abstufungen (Graduierungen) zu finden, denen feste Skalen-Punktwerte zugeordnet werden können (= die Skalenkonstruktion). Beim gewichteten Rangreihenverfahren sind die Beurteilungskriterien zusätzlich in Relation zueinander mit Gewichten zu versehen. Sind die Beurteilungsskalen auf diese Weise konstruiert, kann jeder Kunde nach den Bewertungskriterien bewertet werden.[649] Nach dem gewichteten oder ungewichteten Rangreihenverfahren werden die Kunden abschließend in eine Rangfolge der Attraktivitäten (Attraktivitäts-Kundenwerte) gebracht. In Abb.6-32 liegt Kunde-C sowohl bei den kaufmännischen wie auch bei den technischen Ratings vorne – trotz der vergleichsweise geringeren Umsatzerlöse. Beide Rangfolgen können auch zu einem Kundenwert (Gesamt-Score) vereinigt werden.[650]

Die Praxis verwendet das Verfahren nur in Einzelfällen. Es gilt als umständlich; besonders wegen der bekannten großen und der vielen, z.T. weniger bekannten kleinen Kunden, bei denen die Kundenprioritäten auf der Hand liegen. Interessanter erscheint es deshalb, sich auf wenige, besonders kritische Beurteilungsfaktoren zu konzentrieren und diese so auszuwerten, dass sich unmittelbar Empfehlungen für eine prioritätengerechte Kundenbetreuung ergeben. Dies leisten Kundenportfolios.

f.) Strategische und operative Kundenportfolios

Unter Rückgriff auf die Methoden der strategischen Geschäftsfeldplanung (s. 2. Kapitel) helfen Kundenportfolios,
- die Grenze eindimensionaler Kundenbewertungen zu überwinden,
- Marktverhältnisse anschaulich darzustellen,
- Kundenprioritäten sachlich begründet abzuleiten.

Strategische Kundenportfolios werden analog den Beurteilungsdimensionen der bekannten 4-Felder- oder 9-Felder-Geschäftsfeldportfolios konstruiert (s. noch einmal Abb.2-27 und Abb.2-34). Abb.6-33 zeigt einen Aufbau nach der 4-Felder BCG-Matrix. Die Achsenbezeichnungen entsprechen sinngemäß denen der 4-Felder-Matrix. Gegenübergestellt werden die *eigenen Lieferanteile bei den Kunden* (anstatt Marktanteil) und das *Umsatzwachstum der Kunden* (anstatt Marktwachstum). So ergeben sich wieder die vier charakteristischen Klassifizierungsfelder; hier als Felder für **Star-Kunden, Fragezeichen-Kunden, Melk-Kunden** und **Abbaukunden** bezeichnet.

> Nach dem 4-Felder-Schema (Kundenattraktivität und eigene Stärke) hat beispielsweise die Firma Flender ESAT erfolgreich Akquisitionsprioritäten für die Einführung eines neuen Dienstleistungsproduktes erarbeitet.[651]

---

[649] Dabei sind die Bewertungsrichtungen genau zu prüfen: Je höher/mehr ..., desto mehr Punkte; bzw. je niedriger/weniger ..., desto mehr Punkte.
[650] Vgl. auch die Beispiele zur Bildung von Kunden-Klassifikationsschlüsseln bei: Verlag Norbert Müller, 1990, S. 27-31. Diese konventionellen Beispiele trennen allerdings nicht nach kaufmännischen und technischen Qualifizierungsparametern.
[651] vgl. Deppermann; Marzian, (Win-Win), in: ASW, Sondernummer 10/1998, S. 142-146

Abb.6-33

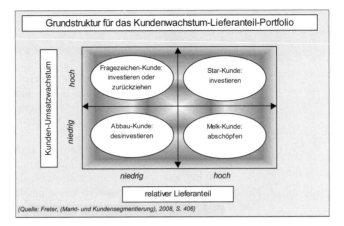

Abb.6-34

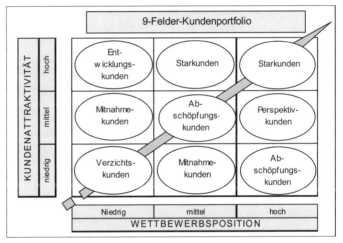

9-Felder-Portfolios ermöglichen feinere Abstufungen für Kundenprioritäten und Betreuungsstrategien. Die Achsenbezeichnungen des Portfolios der Abb.6-33 entsprechen denen der *McKinsey*-Matrix für die Geschäftsfeldplanung (s. noch einmal Abb.2-34). Jedoch: Aus *relativer Wettbewerbsstärke* wird die *eigene Wettbewerbsposition beim Kunden* (im Gegensatz zur 4-Felder-Matrix durch mehrere Bewertungsfaktoren operationalisiert) und an die Stelle der *Marktattraktivität* tritt, wie oben schon erwähnt, die *Kundenattraktivität*.[652]

Strategische Portfolios können wegen des Zeitaufwands für die Datenbeschaffung nur ein- oder zweimal im Jahr erstellt werden; üblicherweise im Rahmen der Marketing- und Vertriebsplanung. Eine andere Kategorie von Kundenportfolios beruht dagegen auf Daten des operativen Vertriebsgeschäfts. Bei den **operativen Kundenportfolios** geht es weniger um die strategische Beurteilung von Kundenstrukturen und weniger um den langfristigen Einsatz von Verkaufsressourcen. Sie sind vielmehr Werkzeuge im Verkaufsalltag. Mit ihrer Hilfe werden aktuelle Betreuungsmaßnahmen durch den Außendienst oder Direktmarketing-Kampagnen für Kundenzielgrup-

---

[652] vgl. Freter, (Kunden-Portfolio-Analyse), 1992, Böing; Barzen, (Kunden-Portfolios), in: ASW, 2/1992, S. 88; 3/1992, S. 102-107

pen oder gar einzelne Kunden bestimmt. Plakative Bezeichnungen für die einzelnen Matrixfelder sind deshalb nur von untergeordneter Bedeutung.

Diese zahlen- und nicht einschätzungsgestützten Portfolios können im Verkaufsalltag bei Bedarf aus den CRM/CAS- oder Business Intelligence-Systemen (BI) abgerufen werden. Damit sind aber vornehmlich als Bewertungsdaten nur Daten aus dem Transaktionssystem geeignet, d.h. Daten, die durch die IT gepflegt werden. Hinzukommen einigermaßen validierbare Informationen aus den Kundenkontakten (z.B. Informationen über Einkaufsbudgets der Kunden).

Diesbezüglich haben sich als kaufmännische Bewertungsgrößen vor allem *Kunden-Umsatzanteile* gemäß ABC-Analyse, *Einkaufspotenziale* (Kundenpotenziale) im relevanten Markt, die eigenen *Potenzialausschöpfungen* (eigene Lieferanteile bei den Kunden), *Kunden-Deckungsbeiträge* sowie gut fassbare *technische* und *kaufmännische Kunden-Attraktivitäten* bewährt. Kombinationen dieser Parameter führen zu den **speziellen Kundenportfolios**:[653]

⇨ **Macht-Portfolio**:
eigene Umsatzanteile der Kunden (%) versus eigene Lieferanteile bei den Kunden (Shares of wallet) ⇨ *„mehr Priorität für umsatzmäßig wichtige Kunden"*,

⇨ **Chancenpotenzial-Portfolio**:
eigene Lieferanteile bei den Kunden (%) versus Einkaufspotenziale der Kunden ⇨ *„mehr Priorität für potenzialmäßig wichtige Kunden"*, und das

⇨ **Kundenrendite-Portfolio**:
eigene Umsatzanteile der Kunden (%) versus Kunden-Umsatzrenditen (Deckungsbeiträge der Kunden in % vom Kundenumsatz) ⇨ *„mehr Priorität für ergebnismäßig wichtige Kunden"*.

Abb.6-35 beschränkt sich auf das Beispiel eines **Macht-Portfolios**.

Was ist anders als bei der konventionellen ABC-Analyse? Jetzt werden die Kunden nach mehr als nur einer Größe (Umsatzanteil) bewertet. Und sie werden in Relationen zueinander in einer Marktlandkarte positioniert. Kundensegmente mit ähnlichen Strukturen und damit Prioritäten werden visualisiert. Im Beispiel-Portfolio sollten vor allem mittelgroße Kunden wie *Harder*, *Binder*, *Loda* und *Bosch* verstärkt akquiriert werden. Die durchgestrichenen Firmen fallen aufgrund zusätzlicher Analysen, die hier nicht dargestellt werden können, aus der Priorität.[654] Die Grafik belegt den praktischen Nutzen der Portfoliotechnik für die Verkaufspolitik. Die Marktbilder bieten eine faktengestützte Grundlage zur Entscheidung über Kundenbetreuungsstrategien. Sie ersetzen eine Vertriebsführung „aus dem Bauch heraus".

g.) Kundenstatus (Kundenbindungs- oder Loyalitätsleiter)

Ein Kunde legt oft einen langwierigen Weg vom potenziellen Interessenten (der das Produkt noch nicht kennt) bis zum regelmäßig kaufenden Stammkunden zurück. Nach gängiger Meinung nehmen Kundentreue (Loyalität) und Kundenbindung von Stufe zu Stufe zu. *Kreutzer* spricht von der **Kunden-Loyalitätsleiter**.[655] Die vergangenheitsorientierten Werte der Portfolios können auf diese Weise durch einen dynamischen **Kundenstatus** ergänzt werden.

---

[653] vgl. Winkelmann, (Kundenportfolios), in: acquisa, 7/1997, S. 58-62; sowie Winkelmann, (Marktsegmentierung), 1999, S. 120-123; Winkelmann, (Vertriebskonzeption), 2008, S. 338-350
[654] Die Deckungsbeitragsbetrachtung ergäbe für diese Firmen negative Deckungsbeiträge, also nicht kostendeckende Preise: vgl. Winkelmann, (Marktsegmentierung), 1999, S. 120-123.
[655] vgl. Kreutzer, (Dialog), in: ASW, 4/1990, S. 106

Abb.6-36

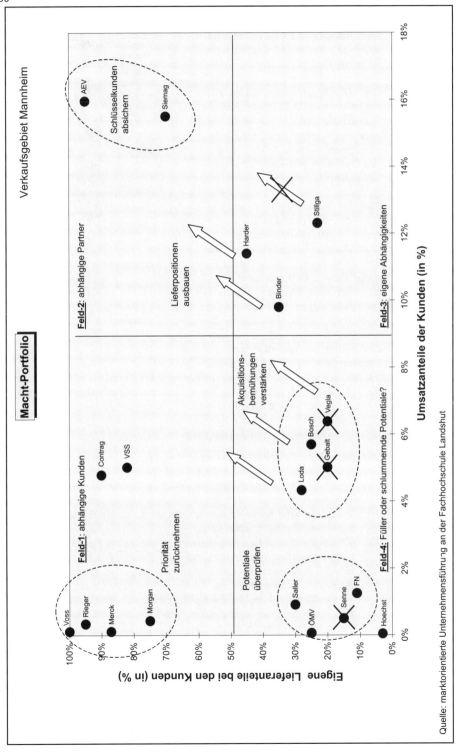

Abb.6-36

Abb.6-36 beschreibt den Entwicklungspfad eines Kunden vom Interessenten zum Stammkunden. Je nach Branche und Produkt sind unterschiedliche Stufen der Kundenleiter sinnvoll.

Die *AZ Direct* unterscheidet z.B. mit *Anonymus, Interessent, Kunde, Stammkunde und Helfer* fünf Entwicklungsschritte für die Kundengewinnung. *Mauch* differenziert in seinem **SalesCycle** sogar 23 Loyalitätsstufen.[656]

Ziel der Verkaufspolitik sollte es sein, den Kunden durch statusgerechte Betreuungsmaßnahmen zum Stammkunden zu entwickeln – sofern nicht Fakten aus der Kundenqualifizierung (z.B. fehlende Bonität oder zu geringes Einkaufspotenzial) dagegen sprechen. Die Abbildung enthält Maßnahmen, die die Weiterentwicklung eines Kunden jeweils zur nächsten Stufe des Kundenstatus unterstützen. Dabei gilt mit dem Ziel einer **Effizienzoptimierung im Vertrieb** die folgende **Leitlinie**:

⊠ Es reicht aus, dem Kunden nur die Betreuungsmaßnahmen zukommen zu lassen, die ihn auf die nächste Stufe der Kundenleiter führen!

h.) Strategische (integrierende) Setzung von Kundenprioritäten

Die **strategische Prioritätensetzung** geht von folgenden Erkenntnissen aus:

⊠ Es gibt keinen allgemeingültigen und optimalen Bewertungsmaßstab zur Bildung von Betreuungsprioritäten. Wichtig ist allein, dass sich die Unternehmung zum Zwecke einer marktorientierten Unternehmensführung eine sinnvolle und einfache Klassifikation schafft, nach dem der Vertrieb wichtige von unwichtigen Kunden trennen kann.

⊠ Es können und sollten quantitative und qualitative Bewertungskriterien herangezogen werden. Die Vertriebsmannschaft sollte den Mut zu subjektiven Werturteilen aufbringen. Weiche Daten, wie Kooperationsverhalten, Kundenzufriedenheit, Lieferantentreue etc. lassen sich auf der Grundlage jahrelanger Aussendiensterfahrungen durchaus valide bewerten. *Lieber subjektiv bewerten als überhaupt nicht bewerten*; selbst wenn der nächste Besuch, z.B. als Konsequenz einer Reklamation, eine Beurteilung stark verändern kann.

Unter Würdigung der Beurteilungen der Kundenqualifizierung sind abschließend vom Vertrieb **zusammenfassende Prioritäten** zumindest für die großen und mittelgroßen Kunden zu vergeben. Dies kann in Workshops im Rahmen der Jahresplanung, geschehen. Externe (Branchenfachleute, Beiräte, Berater, Marketingprofessoren) und interne (Außen- und Innendienst, Key Account Manager, Produktmanager

---

[656] vgl. Mauch, (Sales Cycle), 1990, S. 16

etc.) Experten sollten für die Prozedur zusammenkommen. Vorgeschlagen wird ein Schema mit sieben **strategischen Kundenprioritäten**:

(1) **A-Kunde** ⇨ **Top-Kunde:** ist von hoher kaufmännischer oder technischer Bedeutung für das Geschäft; strategische Stoßrichtung: ➡ Geschäft sichern. Es sollten zusätzlich Top-Kunden mit noch **freiem und erreichbaren (A1)** und mit **ausgeschöpftem Potenzial (A2)** unterschieden werden.

(2) **B-Kunde** ⇨ **Mittelgroßer Kunde mit Entwicklungspotenzial (B1-Kunde) oder mit stagnierendem Einkaufsbudget (B2-Kunde):** Diese Kundengruppe liegt in der Priorität unterhalb der Top-Kunden; das Potenzial wird jedoch oftmals unterschätzt; strategische Stoßrichtungen: ➡ Potenzial klären; falls möglich (bei B1-Kunden) Lieferanteil ausbauen. Den Entwicklungskunden eine besonders hohe Priorität zuweisen (**Customer Development Management**).

(3) **C-Kunde** ⇨ **Kleinkunde:** ist prioritätsmäßig nach den Entwicklungskunden zu positionieren. Die Geschäftsbeziehung wird nicht in Frage gestellt. Strategische Stoßrichtungen: ➡ hohe Effizienz bei der Auftragsabwicklung, Absicherung eines profitablen Preisniveaus.

(4) **D-Kunde** ⇨ **Verzichtskunde:** sollte nicht mehr mit Priorität betreut werden; strategische Stoßrichtungen: ➡ prohibitive (abschreckende) Preiserhöhungen oder an Handelspartner übertragen.

(5) **Neukunde** = neue Kunden sollten, solange bis die erreichbaren Potenziale geklärt sind (max. 1 – 2 Jahre), als gesonderte Kundengruppe geführt werden; strategische Stoßrichtung: ➡ mit Priorität aufbauen, Potenziale klären; absehbare Kleinkunden gleich der C-Kundengruppe zuweisen.

(6) **Zielkunde** ⇨ Zum Rest-Marktpotenzial gehören ernsthafte Interessenten und Wettbewerbskunden mit Wechselinteresse; strategische Stoßrichtungen: ➡ unter Beobachtung halten, auf günstigen Zeitpunkt für Akquisitionsbemühungen warten, weil sonst ein Einstieg, wenn überhaupt, nur über den Preis erfolgen kann.

(7) **Händler und Wiederverkäufer** ⇨ sollten ratsamerweise als eigenständige Umsatzgruppe geführt werden. Wichtig: In ihrer Funktion als verlängerter Arm (Partner) des eigenen Vertriebs sollten sie nicht nach den Beurteilungsmaßstäben für die „normalen" Kunden qualifiziert werden. Für sie ist eine gesonderte Leistungsbewertung (**Partner-Evaluierung**) zu empfehlen.

i.) Neue Kundenwertsicht nach der Customer Value Theorie

Ohne Kundenwerte sind Markenwerte wertlos.

Nach den klassischen Ansätzen zur Kundenbewertung ergibt sich der Kundenwert aus monetären und auch nichtmonetären Vorteilen, die der Kunde dem Anbieter bietet. Diese Sichtweise des **Value from the Customer** ist um den Blickwinkel des **Value to the Customer** zu ergänzen. Ein Anbieter muss erst in einen Kunden investieren, ehe er – Kundenbindung vorausgesetzt – von den Rückflüssen seitens des Kunden durch Folge-, Zusatz- oder werthaltigere Geschäfte profitiert. Nach der neuen Kundenwertsicht gehören Customer Equity (CE) und Customer Value (CV) zusammen und formen das **Customer Value and Equity Management** (CVE).

> ➡ **Customer Equity:** ist der konventionelle Kundenwert. Dieser fragt: *Welchen Wert hat der Kunde für uns?* Er resultiert aus einer Kundenqualifizierung (Kundenwert-Analyse), bei der ein Anbieter jeden Kunden nach ausgewählten, für das Geschäft wichtigen Parametern bewertet (**Value from the Customer-Prinzip**).
>
> ➡ **Customer Value:** Der neue **Kundenwert** nach dem **Customer Value Prinzip** vertritt die **Value to the Customer-Sicht**: *Welchen Wert haben wir bzw. hat unser Angebot für den Kunden?* Dieser entspricht dem monetär bewerteten Kundennutzen. Der Wert eines Kunden bemisst sich nach den Nutzenbeiträgen, die der Kunde dem Angebot des Anbieters zurechnet.

Kundenwerte schaffen Unternehmenswerte (Shareholder Value).

> ➡ **Value Marketing** möchte dem Kunden mit Aktionen und Angeboten gezielt Nutzenvorteile bieten. Für Verkaufsverhandlungen bedeutet das, dem Kunden keine Produkteigenschaften, sondern Wertsteigerungen zu vermitteln. Dazu muss man aber die Nutzenerwartungen seiner Kunden gut kennen.
> ➡ Das **Customer Value and Equity Management** zielt auf eine Balance der Wertegenerierung beim Kunden (Kundeninvestitionen) mit den Rückflüssen aus der Kundenbeziehung. Es entstehen **Win-Win-Partnerschaften**.
> ➡ **FAZIT**: Der Kunde ist der wichtigere, bei dem ein Lieferant das größere Entwicklungspotenzial aufbauen kann. Oder: Der Kunde ist der wichtiger, der die besseren Voraussetzungen für eine Win-Win-Partnerschaft bietet.

Ein gutes Beispiel für Kundenentwicklung nach Customer Value: *Bosch und Siemens Hausgeräte (BSH)*.

Bei überragendem Wertetransfer folgt bei ensprechender Kundenbindung aus dem **Value to the Customer** wiederum eine Erhöhung des **Value from the Customer**. Starke Anbieter entwickeln also werthaltige Kunden. Der Kundenstamm wird zu einer veränderbaren Größe. Abb.6-37 zeigt noch einmal den Zusammenhang. Das Konzept führt dann zwangsläufig zum **Value Marketing**, bei dem der Verkauf von Produkteigenschaften durch den Transfer von Nutzeninhalten abgelöst wird. Value Marketing ist konsequent bestrebt, die eigene Bedeutung (des Lieferanten) beim Kunden auszubauen. Unternehmen wie *Daimler, Bosch Rexroth, Flender Service*, die *Deutsche Leasing AG* oder die *Arvato Gruppe* bekennen sich zu diesem Ansatz:

Als sinnvolles Schema für die **Einteilung der (Mehr)Werte für die Kunden** bietet sich an: (1) *allgemeine Mehrwerte und Arbeitserleichterungen*, (2) *Verbesserungen von Kundenprodukten*, (3) *Verbesserungen von Kundenprozessen* und (4) *Vorteile für Kundeskunden*. Aus Kostengründen und marketingstrategisch muss dann festgelegt werden, welche Mehrwertleistungen welchen Kundengruppen geboten werden.

Als Ergebnis der aufgezeigten, mehrstufigen Kundenqualifizierung liegt eine Rangfolge aller Kunden nach Wichtigkeiten vor. Diese ist Ausgangspunkt für die **Akquisitionsstrategie** aus Sicht des Marketing und die **Kontaktplanungen** von Innen- und Außendienst.

Abb.6-37

Die alte Sicht: "*Mein Gewinn ist Dein Verlust.*"
Die neue Win-Win-Sicht nach Customer-Value: "*Dein Vorteil ist Voraussetzung für meinen Vorteil.*"
(Stefan Brohs, *Continental AG*)

6.4.5. Kundenwertsteigernde Verkaufsstrategien

Marketing und Vertrieb können Kundenwerte entwickeln. Über die Zeiträume der Geschäftsbeziehungen hinweg können Potenziale erkannt und durch abgestimmte Maßnahmen von persönlichem Verkauf und Direktmarketing ausgeschöpft werden. Abb.6-38 zeigt die **Strategien der Kundenentwicklung** auf:

Abb.6-38

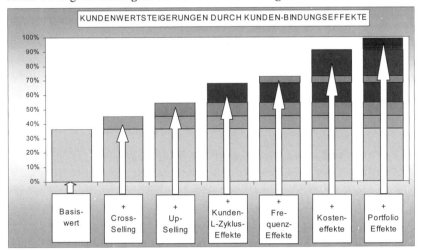

(1) Der Basiswert eines Kunden ist der **transaktionale Kundenwert** - der Discounted Cash-Flow der Kundendeckungsbeiträge aus einem reaktiven Geschäft.
(2) Durch aktive Kundenbetreuung lassen sich in der nächsten Stufe **Cross-Selling-Potenziale** ausschöpfen. Diese Verkaufschancen in affinen Produktbereichen (z.B. Reisen, Reisebekleidung, Reiseversicherung) sind im Rahmen von CRM aufzudecken.
(3) Ebenso ist es möglich, Kunden in höhere Preissegmente hinein zu entwickeln (vom *Audi* A3- zum *A6*-Fahrer). Die Fachwelt sprich von **Up-Selling**.
(4) Weitere Geschäftschancen entstehen durch **Kundenlebenszyklus-begleitende Angebote**: von der *Spielekonsole* über den ersten PC bis zum später beruflich genutzten Notebook.
(5) Mit steigendem Einkommen wird der Kunde auch bereit sein, sein Produkt (z.B. seinen PKW) schneller zu ersetzen. Die Marketing- und Vertriebsstrategie zielt dann darauf ab, die **Kauffrequenzen** der Kunden zu erhöhen.
(6) Sind Geschäftsbeziehungen über Jahre eingefahren, dann steigen die Kundenwerte auch durch **Kosteneffekte**. Gebundene Kunden brauchen z.B. nicht mehr durch kostspielige Image-Mailings angesprochen werden.
(7) Letztlich können im Rahmen der strategischen Planung Prozesse für ganze Kunden-Zielgruppen optimiert werden. Es kommt zu Kundenwertsteigerungen durch **Portfolio-Effekte**.

Durch die Strategien der Kundenentwicklung erhalten Kundenbesuche einen kundenwertbezogenen Sinn. Jetzt stellt sich die Frage nach den Betreuungskonzeptionen.

6.4.6. Betreuungskonzeptionen und Beziehungskonsequenzen

Wer seine Kunden besucht, baut Beziehungen auf. Chaotische Besuchsplanungen führen zu einem instabilen Beziehungsgefüge, das vom Denken und Handeln weniger Verkäufer beeinflusst wird. Auf der Suche nach einer optimalen Betreuungskonzeption sind folgende Punkte zu beachten:

- Betreuungskonzeptionen werden in starkem Maße von den **Marktspielregeln** einer Branche vorbestimmt (s. Abschnitt 1.4.: BtoC, BtoB, BtoBtoC).
- Betreuungskonzeptionen beeinflussen **Verkaufsformen** - und umgekehrt (s. Abschnitt 6.3.1.).
- Betreuungskonzeptionen erfordern entsprechende **Verkaufsorganisationen** (s. Abschnitt 6.3.2.). Nicht selten sind organisatorische Rahmenbedingungen vorgegeben und die Betreuungskonzeptionen sind dahingehend zu optimieren.

Vorteil persönlicher Verkauf:
„Wenn wir nicht mehr vor Ort sind, bestellt der Kunde nur noch nach Bedarf."
(Robert Friedmann, Sprecher der Würth-Konzerngruppe)

Art, Intensität, Organisation und Prozesse der Kundenbetreuung differieren mit der Verkaufskonzeption:

(1) **Stationärer Verkauf**: Der Verkäufer ist darauf angewiesen, dass der Interessent zu ihm kommt. Hier ist es sozusagen der Kunde, der den Lieferanten besucht.

(2) **Regionalvertrieb**: Ein regionaler Kundenstamm wird generalistisch betreut; entweder verkäuferisch oder beratend (z.B. Ärztebesucher). Wichtig sind die im Abschnitt 6.4.4. dargestellten Kundenprioritäten. Es entstehen starke regionale Beziehungsgefüge.

(3) **Besuchstourenverkauf / Bezirksreisendenverkauf**: Bezirksreisende der Markenartikelhersteller besuchen regelmäßig einen festen Kreis von Outlets - in Abstimmung mit Logistik- und Merchandising-Diensten und den auf Key-Account-Ebene getroffenen Listungsvereinbarungen folgend.

(4) **Ad-hoc Verkauf**: Beim Ad-hoc Verkauf geht der Verkäufer dorthin, wo gerade Bedarf ist. Der typische Versicherungsverkauf oder der Haustürverkauf zählen. hierzu. Auch das Handwerk mit seinen Dienstleistungen zählt hierzu.

(5) **Key Account Verkauf**: Definierte Kundenbetreuer sind definierten wichtigen Schlüsselkunden zugeordnet. Sie besuchen diese nach Bedarf und in Absprache. Abschnitt 6.4.10.a. wird auf diese intensivste Konzeption weiter eingehen.

(6) **Key Account Verkauf Konsumgüterindustrie**: Bei dieser besonderen KAM-Spielart betreuen hochqualifizierte Marketiers den begrenzten Kreis der Einkaufszentralen des Konsumgüterhandels (z.B. *Metro, Rewe, Aldi*). Ziele sind Listungen und Regalplatz-Anteile. Nachgeschaltet sorgen dann die Bezirksreisenden und die Logistik-Dienste für die Betreuung der Outlets in der Fläche.

(7) **Projektverkauf**: Vermarktet werden Großvorhaben; typisch für den Grossmaschinen- und Anlagenbau. Während der oft langjährigen Projektier- und Planungsarbeiten entwickeln sich sehr enge Win-Win-Partnerschaften.

(8) **Objektverkauf**: Im Mittelpunkt der Verkaufsbemühungen steht nicht ein Kunde, sondern ein Bauobjekt. An diesem „hängen" dann Netzwerke von direkten (Bauträger) und indirekten Kunden (Planer, Architekten).

(9) **Strukturvertriebsverkauf**: Bedeutet ständige Neukundensuche im Bekanntenkreis oder im regionalen Umfeld. Es geht nicht nur darum, Produkte zu verkaufen. Kunden sollen vielmehr bereit sein, ihrerseits wieder Kunden zu suchen und sich eigene Kundenstämme aufzubauen (Folge: Provisionsbäume).

Die Hauptaktivität im Rahmen einer Kundenbetreuung ist der Kundenbesuch. Was ist bei der Planung und Durchführung von Kundenbesuchen zu beachten?

6.4.7. Besuchsanlässe und Besuchsziele

Der Erfolg der Besuchtätigkeit kann nur bei Vorliegen von Besuchszielen beurteilt werden. Die zentralen Ziele der Besuchstätigkeit folgen aus der Vertriebsplanung und aus den Kundenwerten:

(1) **Neukundengewinnung**: gerichtet auf (a) neue Kundensegmente, (b) neue Anwendungen (Neuprodukte) oder (c) als regionale Geschäftsausweitung.

(2) **Potenzialausschöpfung**: Priorität für ein besseres Erkennen und Ausschöpfen

von noch erreichbaren Umsatzpotenzialen oder Preiserhöhungen bei bestimmten Kundengruppen (Umsatz-/Ergebnisverbesserungen bei Stammkunden).
(3) **Stammkunden- / Beziehungspflege**: intensivere Betreuung von Stammkunden, um deren Lieferantentreue (Loyalität) zu steigern.
(4) **Kundenergebnisstärkung**: Verbesserung des Vertriebsergebnisses durch Verkauf höherwertiger Produkte, Up-Selling und Cross-Selling.
(5) **Kundenrückgewinnung**,
(6) **Effizienzsteigerung / Kostensenkung**: z.B. durch Outsourcing von Vertriebsteilen, Geschäftsverlagerung auf Handelspartner oder Verlagerung von Teilen des Verkaufs auf E-Commerce, gezielter Ausstieg bei Kleinkunden.
(7) **Vertriebspartner-Management**: Suche nach und Gewinnung von Vertriebspartnern sowie deren Förderung (Kontaktaufnahme, Vertragsgespräche, Schulungen, gemeinsame Kundenbesuche, Händler-, Handwerksbetreuung etc.).

Neben der strategischen Ausrichtung bestimmen Sachzwänge den operativen Vertriebsalltag. Täglich werden **Besuchsanlässe** von Kunden vorgegeben:
- Der Kunden wünscht ein Gespräch über die laufenden Vorgänge.
- Der Kunde ist (endlich) zum Preisgespräch und zur Auftragserteilung bereit.
- Der Kunde lädt zum Jahresgespräch mit Präsentation ein.
- Der Kunde will im größeren Rahmen Preise neu verhandeln; oft in Zusammenhang mit einem Jahresgespräch.
- Der Kunde möchte über ein neues Projekt bzw. neuen Bedarf sprechen.
- Der Kunde bittet um Produktpräsentation und Klärung des Leistungsangebotes.
- Der Kunde möchte das Produkt wechseln oder wünscht Produktverbesserung.
- Der Kunde wünscht Reklamationsgespräch bzw. -klärung.
- Der Kunde bittet um persönliche Klärung von Differenzen in einer Auftragsbestätigung oder bei Lieferverzögerungen.
- Der Kunde möchte neue Mitarbeiter oder neue Arbeitsabläufe vorstellen.
- Der Kunde signalisiert Interesse an „Beziehungspflege" oder würde einen Chefbesuch und einen Gedankenaustausch „auf höherer Ebene" schätzen.

So kommen wir zu operativen **Besuchszielen** für den einzelnen Kundenbesuch:
(1) den Kunden vom eigenen Angebot und von der persönlichen Beratungskompetenz überzeugen (Vorstellungsbesuch),
(2) einen neuen Kunden gewinnen und den Erstauftrag erhalten,
(3) ein Angebot in einen Auftrag zu bestmöglichen Konditionen wandeln,
(4) neue Preise und / oder Konditionenänderungen durchsetzen,
(5) Kundenpotenzial sichern, Wettbewerbsangebote abwehren,
(6) nicht ausgeschöpfte Verkaufschancen nutzen (Cross-Selling),
(7) Grundstein für zukünftigen Umsatz legen (neue Projekte besprechen),
(8) Auftragsprognosen und Umsatzvorschau einholen (Lieferprognose),
(9) Meinungsverschiedenheiten ausräumen, Kompromisse finden (Win-Win),
(10) Marktforschung beim Kunden betreiben (z.B. Hinterfragen von Potenzial, Lieferanteil des Wettbewerbs, Informationen zu Wettbewerbern einholen),
(11) Kundenzufriedenheit und Kundenbindung eruieren und stärken,
(12) allgemeine Beziehungspflege, Vertrauen schaffen,
(13) den Kunden als Empfehler gewinnen (**Affiliate-Marketing**).

Die Herausforderung für den Vertrieb liegt darin, die Besuchswünsche der Kunden mit den übergeordneten Zielen in Einklang zu bringen. Dazu wird der Außendienstmitarbeiter einen **routinemäßigen Besuchsrhythmus** anstreben; die Rahmenplanung für die Verkaufstätigkeit. Folgende Punkte sind dabei zu beachten:

(1) Kundenbesuche sind nach **Häufigkeit, Reihenfolge** und **Zeitpunkten** so einzuplanen, dass sie den vorliegenden Kundenprioritäten entsprechen.
(2) Besuchstouren sind so zu bestimmen, dass einerseits entsprechend der Kundenpriorität die geforderten **Soll-Besuchshäufigkeiten** erreicht werden, andererseits aber genug Raum für die immer wieder auftretenden, ungeplanten Besuchsanforderungen bleibt.
(3) **Besuchsrhythmen** und **-zeiten** sind mit den Kundenvorstellungen abzugleichen - im Vergleich (Benchmark) zu Konkurrenzkontakten.
(4) Besuchstouren sind zeit- u. kostenoptimal in **Tages-/Wochenpläne** umzusetzen.
(5) **Großkunden-** und **Kleinkundenbesuche** sind sinnvoll zu kombinieren.
(6) **Stammkundenpflege-** sind mit **Neukundenbesuche** sinnvoll zu verbinden.
(7) **Feste Besuchstermine** (fixed dates) sind durch sog. **Cold Calls** (*Ich bin in der Nähe und würde bei Ihnen gerne einmal vorbeischauen...*) zu ergänzen.
(8) Die persönlichen Besuchsaktivitäten sind sinnvoll mit Direktmarketing-Kontakten abzustimmen (Schulterschluss zwischen Vertrieb und Marketing).

6.4.8. Kundenbesuche – Planung und Durchführung

a.) Touren- und Routenplanung

Hans Knürr (Knürr AG): Hat 70% seiner Zeit für die Kundenpflege verwendet (vgl. sales-Business 3/2003, S. 9)

Abb.6-39

Besuchsstrategie, Besuchsanlässe und –ziele sind nun derart in ein Touren- und Routenprogramm (Besuchsprogramm) umzugießen, dass die **Erfolgsparameter** der Abb.6-39 – *wie intensiv vorbereiten, wie oft besuchen, wie verhalten (Kundenbesuch wie anmelden, wie verhalten, wie verhandeln?), wie lange besuchen, wie nachbearbeiten* – berücksichtigt werden.

Der Außendienstbesuch ist nach Abb.6-41 unbestritten die teuerste Kontaktform. Eine **Besuchsplanung** ist deshalb unabdingbar.[657] Es gelten folgende Leitlinien:

Abb.6-40

- Muss-Besuche (z.B. bei Reklamationen) vor Kann-Besuchen,
- wichtige Kunden vor weniger wichtigen besuchen,
- Umsatzkontakte vor Beziehungskontakten,
- Kundensicherungsbesuche vor Kundenrückgewinnungsbesuchen vor Neukundenbesuchen,
- Reservebesuche (Füllbesuche) zur Kostenverteilung bei langen Anfahrten und Interessenten als Ersatz für Besuchsausfälle in der Rückhand halten,
- pro 4 – 5 Stammkundenbesuche einen Neukundenbesuch einplanen.

KUNDENKONTAKTKOSTEN	
Rundfunk-Spot	0,002 €
ganzseit. Anzeige	0,006 €
TV-Spot	0,008 €
Anzeige Fachzeit.	0,025 €
Mailing	1,50 €
Telemarketing	5,00 €
individueller Brief	38,00 €
Messekontakt	150,00 €
Kundenbesuch	130,00 €
(Quelle: Dannenberg, 1997, S. 23 und Deutsche Post 2003)	

Für die zeit- und kostenoptimale Besuchsplanung gibt es einige Grundregeln:
(1) Bei der **5-Tage-Methode** wird das Verkaufsgebiet in 5 Teilregionen aufgeteilt. Die Tagesabschnitte werden gegenüberliegend angeordnet, um am Folgetag noch einmal schnell zurückspringen zu können.

---

[657] Man beachte auch die Erfahrung der ALLIANZ, dass eine Kundenbindung stark von der Kontaktfrequenz abhängt. Bei Kunden, die länger als 2 Jahre nicht besucht werden, besteht eine hohe Absprunggefahr: vgl. die Meldung in ASW, 11/1997, S. 26

(2) Bei der **Schwerpunkt-Methode** erfolgen Anfahrten in Kundenzentren und von dort aus (evtl. mit Übernachtung) kurze Anfahrten zu den einzelnen Kunden des Schwerpunktes.

(3) Bei der **Efeu-Methode** wird der Reiseweg kreisförmig, wie am Rand eines Blattes zurückgelegt.[658]

(4) Für die täglichen Routen gilt: Bei einfachen Fahrverhältnissen mit kurzen Etappen früh starten und abends den langen Weg zurückfahren.

(5) Bei schwierigen Fahrverhältnissen den Weg zum am weitesten entfernten Kunden sehr früh zurücklegen und nach der Tagesarbeit „zurückhangeln".

GIS-Anbieter z.B.: FLS, GfK GeoMarketing, Map&Guide, PTV.

Bei großem Kundenstamm helfen Systeme. Um die umfangreichen Besuchsaktivitäten in Bezug auf auf die vorgegebenen Soll-Planungen (s. noch einmal Abb.6-15) und Kostenvorgaben zu optimieren, kommen Geografische Informationssysteme (**GIS**) zum Einsatz.[659] Sie platzieren Kunden exakt auf Landkarten, zeigen geografische Unterschiede bei den Kunden- und Absatzschwerpunkten auf (**Mapping** und **Routing**), visualisieren unausgeschöpfte Potenziale, decken Wettbewerbskunden und Handelsstützpunkte auf und verbinden alle Anlaufpunkte prioritätengerecht im Rahmen von **Mehrfrequenz-Tourenplanungen** (Tages-, Wochen- Monatstouren).

Auch bei der **Routenplanung** (optimale Anfahrts- und Zeitplanung für festgelegte Besuchsorte) bewähren sich Computerprogramme als Handwerkszeug des Außendienstes. GPS-Systeme bieten heute
- Adressdaten (einschließlich Standorte, optimale Anfahrten zu Hotels, Gaststätten, Werkstätten etc.),
- Routenoptimierung (kürzeste, schnellste, kostenoptimale, angenehmste Route),
- GPS-Navigation (online über Satellit) mit Zielführung (jederzeit präzise Standortbestimmung) und Stauumgehung,
- aktuelle Verkehrsinformationen und
- Reisekostenabrechnung.

Nur die Fahrt selbst übernehmen, das können die modernen GIS-Hilfsmittel zur Außendienststeuerung noch nicht.

b.) Gesprächsvorbereitung

Abb.6-41

Schlecht vorbereitete Außendienstmitarbeiter sind für die Einkäufer ein Greuel. Eine gute Gesprächsvorbereitung ist dagegen der halbe Auftragserfolg. Gemäß Abb.6-41 werden stets generell gültige sowie spezielle Besuchsvorbereitungen zu treffen sein. Zu einer professionellen Besuchsvorbereitung gehören:

(1) Abklärung von Termin, Ort und Teilnehmern des Gespräches sowie von deren Kompetenzen,
(2) Rückblick auf die Besprechungspunkte des letzten Besuches (laut letztem Besuchsbericht),
(3) Informationen über Verhandlungsziele des Kunden sowie Kundenerwartungen (in Abstimmung mit Innendienst und Vertriebsleitung),
(4) Informationen über die Geschäftsentwicklung mit dem Kunden, d.h. über den Stand von Auftragseingang, Umsatz, Preisabsprachen und anderen Zielgrößen sowie über Soll-Ist-Abweichungen gegenüber der Jahresplanung,
(5) Kenntnis über die noch nicht ausgeschöpften Potenziale beim Kunden (*Wo*

---
[658] vgl. z.B. ähnliche idealtypischen Tourenmuster bei Wolter, (Steuerung), 1972, S. 63-72
[659] vgl. die Praxisbeispiele bei Winkelmann, (Vertriebskonzeption), 2008, S. 395-411

bestehen weitere Angebotsmöglichkeiten ⇨ Cross-Selling?),
(6) Kenntnis über Kundenbeziehungen zur Konkurrenz,
(7) Sachstand über laufende, offene Vorgänge,
(8) insbesondere Sachstand über Termine der nächsten Auslieferungen und über mögliche Lieferverzögerungen,
(9) sowie Sachstand über laufende Beanstandungen und Reklamationen,
(10) Informationen über besondere geschäftspolitische Vorgänge beim Kunden, soweit vorher bekannt (z.B. aus der Wirtschaftspresse), evtl. Bonitätsauskunft.

Besonders wichtig ist die **Einstimmung auf Kundenerwartungen**. Entsprechend der bereits dargestellten Abb.6-12 erwartet der Kunde,
(1) dass der Außendienstmitarbeiter ihm eine **Problemlösungskompetenz** bietet,
(2) dass er sich auf dessen **Mittlerfunktion** (Koordinatorenfunktion) im Stammhaus verlassen kann,
(3) dass er ihm ein verlässlicher und vertrauenswürdiger **Partner** ist.
Nicht immer sind diese Erwartungen im Vorfeld eines Besuches bekannt. Nicht immer wissen die Kunden überhaupt, was sie wollen. Trotzdem gilt:

⊠ Ein **Besuchserfolg** hängt entscheidend von dem Wissen über die produktbezogenen und beziehungsbezogenen Kundenerwartungen ab. Die Erforschung dieser Kundenerwartungen ist ein kundenlebenszyklus-langer Prozess!

Ein guter Außendienstmitarbeiter wird sich seine persönlichen Besuchsziele setzen. Für wichtige Verhandlungspunkte sollten optimistische, pessimistische und realistische Einzelziele bestehen. Die Ziele zu erreichen, wird nicht zuletzt von einer geschickten Besuchsdurchführung abhängen.

c.) Besuchsdurchführung und Verkaufsverhandlungen

Man kann nicht alles kaufen, aber alles verkaufen.

Machtkonstellation als Ausgangspunkt einer Verkaufsverhandlung
Beim Kunden ist der Außendienstmitarbeiter auf sich gestellt. Jetzt zählen neben Produkt und Preis seine **Umgangsformen**, **Vertrauenswürdigkeit** und **fachliche Kompetenz**. Die Vielzahl der von den Verkaufsgurus proklamierten (mehr oder weniger seriösen) „Erfolgsgeheimnisse" hier darzustellen, würde den Rahmen sprengen. Vor allem fünf Fragen bestimmen Ablauf und Erfolg von Verkaufsverhandlungen:
(1) In welchen **Machtpositionen** stehen sich Einkäufer und Verkäufer gegenüber?
(2) Welche **Rolle** spielt der Einkäufer im **Buying Center**? **Persönlichkeitstyp**?
(3) Was für ein **Gesprächsklima** und welcher **Gesprächsstil** sind zu erwarten?
(4) In welchen **Phasen** wird das Verkaufsgespräch vermutlich ablaufen, bzw. in welcher Phase befindet sich ein Gespräch, und was ist verkäuferseitig zu tun, um in die Phase zu kommen, die zum Verkaufsabschluss führt?
(5) Welche **Verkaufspsychologie** ist angebracht, um den Einkäufer bzw. die Mitglieder des Buying-Center für das eigene Leistungsangebot zu gewinnen?

Abb.6-42

Von großer Bedeutung für das Gesprächsklima und für den Erfolg des Kundenbesuchs ist zunächst die Machtverteilung zwischen den Gesprächspartnern. Je nachdem, ob starke oder schwache Einkäufer starken oder schwachen Verkäufern gegenüberstehen, ergeben sich im Verkaufsgespräch unterschiedliche Qualitäten der Interessensdurchsetzung. *Jain* und *Laric* zeigen hierzu ein Szenario möglicher Situatio-

	schwacher Verkäufer	starker Verkäufer
starker Einkäufer	defensive Strategie des Verkäufers	qualifizierte Verhandlung
schwacher Einkäufer	Versteckspiel	diktatorische Strategie des Verkäufers

nen gemäß Abb.6-42 auf.[660]

Die Quintessenz: Mit einem starken Einkäufer (Kunden) zu verhandeln, schafft klarere Verhältnisse und Abschlusschancen als ein Gespräch mit einem unsicheren, lavierenden Kunden. Aus Positionen der Stärke heraus kann ein beiderseits faires Verhandlungsergebnis erwartet werden. Deshalb sollte man schon im Stadium der Besuchsvorbereitung Klarheit über die Hierarchiestellung und die Kompetenzen des Gesprächspartners schaffen.

Verhandlungsklima beeinflusst durch Verkäufer- und Käufertyp
Nach dem **Grid-Ansatz** von *Blake* und *Mouton* beeinflussen die Motivationen von Verkäufer und Käufer das Verhandlungsklima.[661] Nach *Blake* und *Mouton* agieren Verkäufer wie auch Kunde im Verkaufsgespräch in einem Spannungsfeld von
➩ **Aufgabenorientierung** (die Literatur spricht von **Sachorientierung**) und
➩ **Beziehungsorientierung** (**Menschenorientierung**).
In Gitter-Matrizen (den Grids) lassen sich die handelnden Personen zwischen verschieden starken Ausprägungen dieser Orientierungen einordnen. Als Spannungspole stehen sich in Abb.6-43 gegenüber:
(1) Aus **Kundensicht** der Verkäufer im **Verkaufsgitter**: Geringes oder starkes Engagement des Verkäufers für den Verkaufsabschluss (Aufgabenorientierung) einerseits und geringes oder starkes Bemühen um den Kunden (Beziehungsorientierung) andererseits.
(2) Aus **Verkäufersicht** der Kunde im **Kundengitter**: Geringes oder starkes Interesse am Kauf einerseits (Aufgabenorientierung) und niedriges oder starkes Interesse am Verkäufer (Beziehungsorientierung) andererseits.

Blake und *Mouton* schlagen vor, die Stärke der Orientierungen auf 9-stufigen Skalen zu bewerten, so dass sich Matrizen mit 81 Feldern ergeben. Nur die Bedeutungen der Extrempositionen sind in Abb.6-43 plakativ skizziert. Das *Grid-Verkaufsgitter* verdeutlicht fünf charakteristische **Verkaufsstrategien**:[662]
(1) Das **Hard Selling** bzw. die **Verkaufsdruck-Strategie** will den Kunden „überfahren" und schnell den Kaufabschluss erreichen. Dies ist z.B. die Taktik bei bestimmten Haustürgeschäften und die unseriöser Abschleppunternehmen, die ge-

Abb.6-43

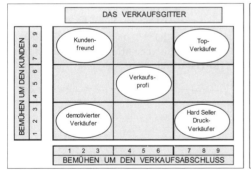
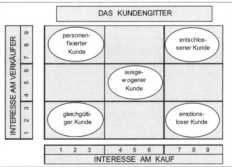

---
[660] vgl. Godefroid; Pförtsch, (BtoB), 2008, S. 69, unter Bezug auf Jain und Laric 1979 und zit. nach Reeder; Brierty; Reeder 1991
[661] vgl. Blake; Mouton, (Grid), 1979. Die Originalquellen sowie weitere Literatur zu dem Thema ist übersichtlich dargestellt bei: Kotler; Keller; Bliemel, (Marketing-Management), 2007, S. 828-829. Vgl. ferner Witt, (Verkaufsmanagement), 1996, S. 119-120

zielt eine Notlage des Kunden ausnutzen. Bei Produkten mit zu erwartenden Folgekäufen ist diese Taktik gefährlich.
(2) Im anderen Extrem, der **Kundenfreund-Strategie**, dominiert die Beziehungspflege über die geschäftliche Seite. Auf Dauer sind Kaufentscheidungen als persönliche Gefälligkeiten für beide Seiten unbefriedigend.
(3) Die **Laissez-faire Strategie** ist Ausdruck eines unmotivierten (desinteressierten) Außendienstmitarbeiters, der nur darauf hofft, dass Preis, Lieferzeit und Produktqualität für eine Kaufentscheidung des Kunden ausreichen.
(4) Die **Profi-Strategie** zeichnet sich durch eine kalkulierte Balance von professioneller Verkaufstechnik und menschlichen Zuwendungen aus.
(5) Die **Begeisterungsstrategie** kennzeichnet den Top-Verkäufer, der sich in sachlicher und persönlicher Hinsicht 100%ig in das Verkaufsgespräch einbringt. Für den Außendienstmitarbeiter können sich aber Loyalitätskonflikte ergeben, wenn er nicht Geschäftliches und Privates ausreichend trennen kann.[663]
Ebenso lässt sich ein Kundengitter mit typischen Einkäuferstrategien erstellen.

Verkaufsgesprächsphasen
Wie jedes Gespräch, so läuft auch eine Verkaufsverhandlung in **typischen Phasen** ab. Diese zu kennen, ihren schrittweisen Ablauf positiv zu beeinflussen und dabei auch die Gesprächszeit (das Timing) im Griff zu haben, ist „hohe Verkaufskunst". Typischerweise sind folgende Verkaufsgesprächsphasen zu erfühlen:

➡ Kontaktphase ➡ Gesprächseröffnungsphase ➡ Argumentationsphase ➡ Abschlussphase ➡ Nachabschlussphase.

Grundsätzlich gilt für Kaufverhandlungen:
- Die Kontaktphase prägt entscheidend die Atmosphäre der folgenden Stufen. Ist der Kunde emotional verschlossen (ablehnend), so wird er auch sachlichen Verkaufsargumenten gegenüber nicht zugänglich sein.
- Die Gesprächseröffnungsphase sollte kurz gehalten werden.
- In der Argumentationsphase sollte der Kunde gleichgewichtig zu Wort kommen.
- Ein Rücksprung auf frühere Gesprächspunkte (Wiederaufwärmen) kann die gesamte Verhandlung aus dem Gleis bringen.
- In der Abschlussphase ist jedes Wort zuviel „gefährlich".

Für den Ablauf des Verkaufsprozesses sind **verkaufspsychologische Phasenmodelle** entwickelt worden. Sie beziehen Elemente ein, die sich beim Kunden auf mentaler Ebene abspielen und letztlich den Verkaufsabschluss beeinflussen. Eine überragende Bedeutung hat hierbei die **AIDA-Verkaufsformel** nach Abb.6-44 von *Lewis* erlangt.[664]

Abb.6-44   Die **AIDA**-Verkaufsformel

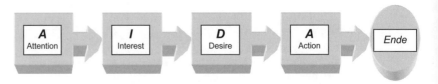

---

[662] unter Abänderung der Begriffe von Blake und Mouton; zu den Strategien einer „*prinzipienbestimmten Verhandlungsführung*" vgl. auch Kotler; Keller; Bliemel, (Marketing-Management), 2007, S. 836-837 sowie die dort angegebene Literatur
[663] vgl. zu den Gefahren der Kundennähe: MacDonald, (Kundennähe), in: HBM, 2/1996, S. 95-103

A Bei der Gesprächseröffnung muss die **Aufmerksamkeit** des Kunden gewonnen werden. Diese Phase ist kritisch bei potenziellen Käufern oder bei überlasteten Einkäufern. Format und Vorgehensweise des Außendienstmitarbeiters sind für den Erfolg entscheidend. Die Phase ist weniger relevant bei programmierten Kaufanlässen, z.B. beim notwendigen Ersatzkauf für technische Güter.

I In der Phase der **Interessenweckung** werden gezielt Produktmuster, Kataloge oder Vorführungen eingesetzt. Beim Verkaufsgespräch im Facheinzelhandel gilt z.B. die Faustregel: Nach längstens zwei Minuten muss das Interesse geweckt sein.

D Es gehört mehr dazu, beim Kunden über das Interesse hinaus echtes **Kaufbegehren** auszulösen. Voraussetzung ist, sofern der Kunde nicht ohnehin unter Kaufdruck steht, dass in der Argumentationsphase etwaige Kaufwiderstände ausgeräumt werden können. Der qualifizierte Verkäufer wird den Kunden auf einem Spannungsbogen führen, der zum Kaufabschluss führt.

A Der durch Handschlag oder Unterschrift besiegelte **Kaufabschluss** beendet den Prozess. *Action* steht hier für die sensiblen Vorgänge kurz vor dem Abschluss (Fachbegriff: **Closing-Phase**). Wie beim „Fußball beim Elfmeterschießen" beschleichen viele Außendienstmitarbeiter kurz vor dem Erfolg Abschlussängste.[665] Fehlt umgekehrt dem Kunden nur ein geringes Maß an Entscheidungsfreude oder bleiben ihm Restzweifel, ob er jetzt auch wirklich die gewünschte Ware zum richtigen Zeitpunkt zu einem günstigen Preis erhält, dann wird er es sich im letzten Moment doch noch anders überlegen. Diese Rückschläge gehören zum Verkaufsalltag.

Abb.6-45

Die DIBABA-Stufen: Definitionsstufe / Identifikationsstufe / Beweisstufe / Annahmestufe / Begierdestufe / Abschlussstufe

Bekannt ist auch die **DIBABA-Formel** von *Goldmann*.[666] *Goldmann* unterscheidet sechs Phasen für ein Verkaufsgespräch: **Angebot definieren – Bedarf identifizieren – Vorteile beweisen – Angebot akzeptieren – Angebot begehren - Abschluss**. Von besonderer Bedeutung ist im Verkaufsgespräch die Beweisstufe. Der Verkäufer sollte eine Gesprächsphase gezielt zum Beweis seiner Produktbehauptungen nutzen. Das überzeugt den Kunden. Neben diesen beiden Verkaufsformeln gibt es noch weitere Prozessschemata, die sich aber nicht allgemein durchsetzen konnten.[667] Ausgewählte Verhaltensregeln zur Besuchsdurchführung enthält die Abb.6-45.

EMPFEHLUNGEN FÜR KUNDENBESUCHE	
①	Kurz vor dem Besuch noch einmal Termin überprüfen
②	Den Kunden nicht warten lassen
③	Über laufende Vorgänge bestens informiert sein
④	Mindestens eine positive Nachricht mitbringen
⑤	Fehler sofort zugeben
⑥	Nie mit dem Kunden streiten
⑦	Den Kunden reden lassen
⑧	Namen von Wettbewerbern sind tabu
⑨	Den Kunden nicht zum Abschluss drängen
⑩	Nie ohne Verhandlungsergebnis und Folgeaufgabe verabschieden

Verkaufspsychologie

Da viele Verkaufsbücher von Beratern und Trainern geschrieben werden[668], nehmen verkaufspsychologische Empfehlungen für die Verkaufsverhandlung in der Literatur einen breiten Raum ein. Nur wenige Schriften zeigen auch die theoretischen Hintergründe auf.[669] An den Anfang stellen wir die Theorie der offenen und versteckten Gesprächsbotschaften. Zwei Beispiele deuten die Problematik an:

> *Sie zu ihm: „Schatz pass auf, die Ampel wird gelb".*
> *Er zu ihr: „Fahr ich oder fährst Du?"*
>
> *Einkäufer zum Verkäufer: „Sehen Sie zu, dass Sie das nächste Mal pünktlich liefern".*
> *Verkäufer zum Einkäufer: „Ich tue doch schon mein Bestes".*

---

[664] vgl. Weis, (Verkaufsgesprächsführung), 2003, S. 54
[665] vgl. Scheitlin, (verkaufen), 1995, S. 314-315
[666] vgl. Goldmann, (Kunden), 1997, S. 245-256
[667] vgl. die Zusammenstellung von 7 Ansätzen bei Weis, (Verkaufsgesprächsführung), 2003, S. 53
[668] so dass immer wieder die strategische Seite des Vertriebs zu kurz kommt
[669] z.B. Bänsch, (Verkaufspsychologie), 2006; aber auch über weite Strecken die entsprechenden Gliederungsabschnitte bei Weis, (Verkaufsgesprächsführung), 2003

Das **quadratische Modell der Kommunikation** hilft, diesen Vorgang besser zu verstehen. Abb.6-46 veranschaulicht den Ansatz.[670] Jede Kommunikation spielt sich nach dieser verhaltenswissenschaftlichen Theorie auf vier Ebenen ab:[671]

Abb.6-46

(1) Auf der **Es-Ebene** wird emotionslos die Sachbotschaft vermittelt (*Es gab bereits Lieferverzögerungen*).

(2) Auf der **Ich-Ebene** gibt der Einkäufer etwas von sich preis (*Bei weiteren Lieferverzögerungen folgen Konsequenzen*).

(3) Auf der **Du-Ebene** ergeht eine Aufforderung (*Kümmern Sie sich bitte persönlich um die Angelegenheit*).

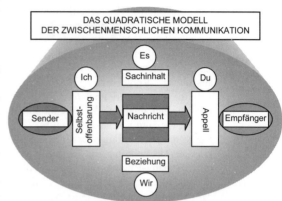

(4) Auf der **Wir-Ebene** wird etwas über die Beziehung ausgesagt (*Ich als Einkäufer habe hier das Sagen*).

Pychologische Kenntnisse und Erfahrungen helfen dem Kundenbetreuer, in kritischen Situationen die versteckten Botschaften des Gesprächspartners richtig zu deuten, klaren Kopf zu behalten und stets den Weg auf die Sachebene zurückzufinden.

Weitere Empfehlungen zur Optimierung des Verhaltens in Verkaufsgesprächen und zur **Versachlichung kritischer Verhandlungssituationen** ergeben sich aus:

(1) der **Transaktionsmethode** von *Berne*, die nach den Ebenen **Eltern-Ich**, **Kindheits-Ich** und **Erwachsenen-Ich** unterscheidet[672]

(2) dem **Modell der psychologischen Spiele** mit den manipulativen Rollen *Verfolger*, *Retter* und *Opfer* im **Karpmann-Dreieck**[673] oder

(3) durch das aus der Sozialpsychologie stammende **Johari-Fenster** von *Luft* und *Ingham*, durch das der Außendienstmitarbeiter Konfliktfelder in Gruppenverhandlungen aufspüren und diplomatisch abmildern kann.

Die Konsequenzen dieser Ansätze für den persönlichen Verkauf werden an anderer Stelle aufgezeigt.[674] Wichtig ist der Spürsinn des Verkäufers, manipulative Spiele zu vermeiden oder sie schon im Ansatz zu unterbrechen.

Verhandlungsstile

Verhandlungsanlass, Machtverhältnisse, Erfahrung und vor allem umwelt- und erziehungsbedingte Faktoren der Persönlichkeit prägen einen Verhandlungsstil. Grundsätzlich werden vier Verhandlungshauptstile unterschieden:[675]

(1) Beim **ethischen Verhandlungsstil** wird die Kaufverhandlung auf eine dialektische Ebene gehoben. Es geht um Größeres. Werte, Vertrauen, der Glaube an ge-

---

[670] vgl. zu dieser Theorie Schulz von Thun, (Reden), 1993, S. 45
[671] zu den Ebenen und den mit ihnen verbundenen Interaktionsmöglichkeiten vgl. Jeschke; Schulze, (Beschwerdemanagement), in: Jahrbuch der Absatz und Verbrauchsforschung, 4/1999, S. 405-407
[672] vgl. Berne, (Spiele), 2007, S. 37-45; Harris, (o.k.), 2006; Schulze, (Dienstleistungsqualität), 2000, S. 266-272
[673] vgl. Schulze, (Dienstleistungsqualität), 2000, S. 272-274
[674] vgl. Winkelmann, (Vertriebskonzeption), 2008, S. 448-452
[675] vgl. Mastenbroek, (Verhandeln), 1992, S. 229

meinsame Werte stehen im Vordergrund des Verkaufsgespräches. Eigentlich fordert die CRM-Philosophie mit dem Ziel einer Win-Win-Partnerschaft diese Art der Verhandlungsführung.

(2) Beim **analytisch-aggressiven Stil** wird dagegen mit Argumenten, Analysen, Fakten um jeden Zentimeter gefeilscht. Die Verhandlungstaktik führt leicht zu verhärteten Fronten.

(3) Der **flexibel-aggressive Stil** ist ist auf Ausgleich angelegt. Auch hier wird hart verhandelt, doch haben beide Parteien ein Interesse an einer Einigung.

(4) Beim **jovialen Stil** stehen Harmonie und Kompromissbereitschaft im Vordergrund. Meist kennen sich die Verhandlungspartner bereits. Selbst seine härtesten Forderungen verpackt der Kunde in Watte. Unerfahrene Kundenbetreuer unterschätzen oft ihre Verhandlungspartner.

Neben den allgemeinen, der Psychologie und der Sozialpsychologie entnommenen Gesetzmäßigkeiten für Art und Ablauf von Verkaufsverhandlungen gibt es spezielle Regelwerke für Verkaufsituationen. Sie werden typischerweise in Verkaufsseminaren trainiert. Im Vordergrund stehen

(1) die **Fragetechnik** (vgl. noch einmal Abschnitt 3.2.7.d.) mit den offenen, geschlossenen, direkten und indirekten Fragen als grundsätzliche Formen,

(2) die **Preisargumentation** und mit dieser in engem Zusammenhang stehend

(3) die **Einwandbehandlung** und letztlich, wie bereits erwähnt,

(4) die **Abschlusstechnik (Closing)**.

Spezielle Verhandlungstechniken: Fragetechnik
In Abschnitt 3.2.7.d. wurde das Thema einer zielführenden Fragentechnik aus Sicht der Marktforschung behandelt. Im Verkaufsgespräch kommen einige Regeln hinzu, die weniger die Art der Fragen als vielmehr die Taktik der Fragestellung betreffen. Bewährt hat sich hierbei die **KROKUS-Technik**:[676] **K** = kurze Fragen stellen, **R** = redundante Fragen vermeiden, **O** = offene Fragen stellen, **K** = konkrete Fragen stellen, **U** = Unterfragen (Schachtelfragen) und Kettenfragen vermeiden, **S** = Suggestivfragen vermeiden. Oft wird lapidar behauptet: *Wer fragt der führt*. Im Verkaufsgespräch jedoch können zu viele Verkäuferfragen leicht nerven. Die Punkte, die ein fragender Kunde berührt, verraten sein wahres Interesse. Deshalb gilt die Königsregel: *Den Auftrag bekommt der Verkäufer, der dem Kunden besser zuhören kann.*

Spezielle Verhandlungstechniken: Closing
„Der Abschluss ist die Krönung des Verkaufsgesprächs."[677] Viele Käufer sind Charmeure – sie führen tolle Gespräche, bekommen aber Herzklopfen, wenn sie den Kunden zur Unterschrift bewegen sollen.[678] Das Trainieren von **Closing-Techniken** kann hier helfen:

⇨ Bei der **Alternativtechnik** wird einfach unterstellt, dass der Kunde nicht mehr nein sagt. Das Gespräch wird auf Wie-Fragen bezüglich der Kaufabwicklung gelenkt (*Sollen wir diese Woche noch liefern oder reicht es Ihnen Dienstag nächste Woche...*).

---

[676] vgl. Schuh, (Change Management), 2005, S. 45
[677] Scheitlin, (Verkaufen), 1995, S. 314
[678] vgl., auch zu den anderen, vorgenannten Techniken, die entsprechenden Abschnitte in den letztgenannten Literaturquellen, wie auch die umfassenden Darstellungen in Behle; vom Hofe (Hrsg.), (Außendienst), 2006, dort speziell auch die S. 216-231; vgl. ferner die zahlreichen Verkaufs"tipps" bei Scheitlin, (Verkaufen), 1995, S. 314-318 sowie Bänsch, (Verkaufspsychologie), 2006, S. 90 Aufmerksam machen möchten wir auch auf Empfehlungen zu einer nutzenorientierten Verkaufsargumentation, dargestellt in Winkelmann, (Außendienst-Management), 1999, S. 186-189

⇨ Bei der **Teilentscheidungstechnik** wird eine (gravierende) Kaufentscheidung in viele (harmlose) Verhandlungsabschnitte zerlegt.

⇨ Dann wird das Gespräch mittels der **Ja-Folge-Technik** in eine positive Antwortfolge gebracht, aus der der Kunde nicht mehr umkehren kann.

⇨ Bei der **Übertreibungstechnik** wird ein schreckhaftes Nein des Kunden provoziert, z.B. durch Ansatz einer überhöhten Bestellmenge, um ihn dann mit einer maßvollen Bestellorder einzufangen *(Gut, dann sollten wir wenigstens mit 5 Stück Lieferorder beginnen...).*

⇨ Die **Technik des letzten Trumpfes** überrumpelt den Kunden durch einen Kaufvorteil im letzten Moment *(Wenn Sie jetzt unterschreiben, dann kann ich Ihnen noch als Vorteil bieten ...).*

⇨ Die **Zeitdruck-Technik** nutzt Termindruck des Kunden aus (*Wenn Sie jetzt ordern, dann schaffen wir es noch, bis zum .... zu liefern*) und die

⇨ **Panik-Technik** weist auf das berühmte letzte Stück Ware hin, das angeblich schon für einen anderen Interessenten reserviert ist.

Vorsicht bei einer routinemäßigen (angelernten) Anwendung derartiger Rezepte ist angebracht! wird. Auch der Einsatz von unbewussten Signalen und die Körpersprache erweisen sich immer wieder als gefährliche Waffen in einer Verhandlung. Ganz besonders ist hier die **Neurolingustische Programmierung** (NLP) zu erwähnen, wo der Kunde durch die Stufen *Spiegeln*, *Führen* und *Ankern* (körperliches Fixieren eines guten Gefühls) regelrecht programmiert wird.

Ein Verkaufsabschluss wird schnell Illusion, wenn beim Kunden ein Gefühl von Misstrauen entsteht. Wer lässt sich schon gerne manipulieren? So sollten seriöse Verkaufsgespräche immer wieder auf drei Punkte hinauslaufen:

⊠ Beide Seiten, Kunde wie auch Verkäufer, sollten ein Verkaufsgespräch als „Sieger" beenden können (die **Win-Win-Situation**),

⊠ Für den Kunden ist das abschließende Gefühl beruhigend, dass sich eine so günstige Einkaufssituation so schnell nicht wieder einstellen wird.[679]

⊠ Die Partner sollten sich beim Abschiednehmen auf den nächsten Kontakt freuen.

Ein (1) Dank des Außendienstmitarbeiters an den Kunden evtl. mit Gratulation zur getroffenen Kaufentscheidung, eine (2) Verabschiedung mit Ausblick auf einen Folgebesuch und (3) „Hausarbeiten" am besten für alle Partner sollten am Abschluss des Kundenbesuches stehen. Dann hinterlässt ein Besuch beim Kunden auch menschliche Spuren.

Beim Pharmahersteller Merck nehmen ca. 300 Pharmareferenten jährlich ca. 1.500 Arztbesuche vor. Das sind jährlich 450.000 Berichte. Vorwerk meldet ca. 160.000 Kundenbesuche p.a.

d.) Besuchsnachbereitung / Besuchsberichte (Kontaktberichte)

Mit der Verabschiedung vom Kunden ist die Arbeit des Kundenbetreuers keineswegs abgeschlossen. Zur marktorientierten Unternehmensführung gehört ein obligatorisches Besuchsberichtswesen (**Reporting**). *„Des einen Freud, des anderen Leid"* wäre hierzu ein passendes Statement aus Sicht des Verkäufers.[680] In der Praxis gibt es leider noch immer Vorbehalte gegen Besuchsberichte; in kleinen und mittleren Unternehmen oft sogar offene Widerstände. Die Verkäufer verweisen auf Zeitmangel und Überlastung. Sie fürchten Kontrolle und Reglementierung ihrer Arbeit. Dennoch belegt die zitierte **Marktstudie**: 94% der befragten Unternehmen arbeiten mit Besuchsberichten, 28% bereits computergestützt (aktuelle Schätzung 2009: 70%).

---

[679] was wiederum als *„Abschlusstechnik der verscherzenden Gelegenheit"* ausgenutzt werden kann: vgl. Bänsch, (Verkaufspsychologie), 2006, S. 92

[680] vgl. hierzu und im folgenden die Ergebnisse einer Markterhebung bei 68 Unternehmen über computergestützte Besuchsberichte von Winkelmann, (Besuchsberichte), in: ASW, 2/1998, S. 82

Welche wichtigen **Grundfunktionen** erfüllen Besuchs- bzw. Kontaktberichte:
(1) Besuchsberichte dienen vor allem der **Kommunikation mit dem Kunden** und der zielgruppengerechten Betreuung.
(2) Besuchsberichte haben eine wichtige **Dokumentationsfunktion**. Geschehnisse und Absprachen werden dokumentiert und dem Gesamt-Informationssystem (CRM-System) zur Verfügung gestellt. Man spricht auch von **Kundenhistorie**.
(3) Besuchsberichte haben großen **Einfluss auf die Intensität und die Qualität der Zusammenarbeit zwischen Außendienst und Innendienst**. Allerdings können Besuchsberichte, auch wenn sie computergestützt sind, Probleme im Vertriebsteam nicht lösen. Sie können keine Zusammenarbeit und kein partnerschaftliches Teilen von Wissen erzwingen. Hierzu bedarf es offener Interessensklärungen und entsprechender ablauforganisatorischer Regelungen. Vor Einsatz des Reporting muss folglich Einigkeit im Verkaufsteam herrschen (Klärung der Spielregeln der Zusammenarbeit). Erst danach sind Berichtssysteme einzuführen.

Die großen **Nachteile bei einem Verzicht auf Besuchsberichte**:
- Das Markt-Know-how wird zum „Herrschaftswissen" einiger weniger.
- Kundenentscheidungen werden überwiegend aus dem Bauch heraus gefällt und nicht auf der Grundlage von Marktfakten.
- Das Marktwissen gerät schnell in Vergessenheit.
- Der Kundenbetreuer nimmt beim Arbeitgeberwechsel sein Marktwissen mit.
- Dringend benötigte Kundeninformationen abzufragen (z.B. Fax-Anfragen an Regionalbüros oder Vertriebsbüros) ist umständlich und dauert zu lange.
- Ohne Strukturierung des Berichtswesens ist es kaum möglich, die Flut der täglichen Informationen zu strategischem Wissen zu verdichten.

Besuchsberichte sind Teil der Marktforschungsaufgabe des Außendienstes.

Die Besuchsnacharbeiten des Kundenbetreuers lassen sich wie folgt gliedern:
(1) Aktualisierung der **Kundenhistorie**. Nach einem Besuch oder Kontakt sind die wichtigsten Vorgänge, Absprachen mit dem Kunden und To do´s aus dem Kontaktbericht herauszufiltern. Im Rahmen von CRM/CAS-Systemen geschieht das automatisch. Gemäß Verteiler sind die Informationen zu streuen. Bestimmte Ereignisse (z.B. Reklamationen) stoßen Workflows an.
(2) Die **Nachbereitungs-Maßnahmen** (Follow-up) erfolgen in Abstimmung und in Arbeitsteilung mit Innendienst, Produktmanagement und Vertriebsleitung. Es sind Angebote zu erstellen, Bestellungen abzuwickeln, Preisvorstellungen zu überprüfen, Lieferzeiten zu klären und / oder zu beschleunigen, Produktänderungen in die Wege zu leiten oder Beanstandungen zu bereinigen.
(3) Die **strategischen Beiträge** (Mithilfe bei Planung und Strategie) des Außendienstmitarbeiters nach den Besuchen erstrecken sich auf Wettbewerbsinformationen, Bemerkungen über Stärken und Schwächen von Produkten, Kundenzufriedenheit, Hinweise auf neue Projekte des Kunden etc. Befreit vom Papierkrieg ist es wichtige Außendienstaufgabe, den betroffenen Betriebsabteilungen die relevanten Marktinformationen zukommen zu lassen und aktiv am Prozess der strategischen Überprüfung und Planung teilzunehmen. Es ist dann aber auch Verpflichtung des Vertriebsleiters, die Außendiensthinweise ernst zu nehmen und in persönlichen Gesprächen mit den Verkaufsmitarbeitern weiter zu verfolgen.[681] Denn in Aktennotizen, schriftlichen Besuchsberichten bzw. strukturierten CRM / CAS-Berichten kann dieses Hintergrundwissen nur angerissen werden.

Das Spektrum relevanter Besuchsberichtsinformationen ist groß. Abb.6-47 spannt

---

[681] dass gerade hier noch große Versäumnisse auf Vertriebsleiter-Seite liegen, hat die Studie gezeigt: vgl. auch Winkelmann, (Durchblick), in: acquisa, 2/1998, S. 39

Abb.6-47

AUSWAHLKATALOG FÜR BESUCHSBERICHTS-INFORMATIONEN		
Besuchshistorie	**Prozessinformationen**	**Wettbewerbsinformationen**
⇨ Ort, Datum, Zeit des Gesprächs	⇨ Stand Auftragseingang	⇨ Wettbewerbsprodukte
⇨ Gesprächspersonen	⇨ Stand Umsatz	⇨ Lieferanteile Wettbewerber
⇨ Besuchsanlass	⇨ Preisabsprachen	⇨ neue Wettbewerber
⇨ Besuchsergebnis / Absprachen	⇨ offene Angebote	⇨ Preisstellungen Wettbewerb
⇨ nächster Schritt / Folgebesuch	⇨ laufende Aufträge	⇨ Stärken / Schwächen Wettb.
	⇨ Beanstandungen	⇨ Personen des Wettbewerbs
Gesprächspartner-Information	⇨ Lieferverzögerungen	⇨ Großabnehmer des Kunden
⇨ Rolle in der Kundenorganisation	⇨ Kundenanregungen	⇨ Hauptwettbewerber d. Kunden
⇨ Vorlieben, Eigenarten, Hobbys	⇨ Hochrechnung Jahresumsatz	
⇨ Einfluß im Buying Center	⇨ Umsatzausblick nächstes Jahr	**Gesamtbewertungen**
⇨ Aufgaben und Kompetenzen	⇨ Lieferanteil beim Kunden	⇨ Gesamtbewertung Besuch
⇨ Spielregeln Verkauf / Technik		⇨ Gesamtbewertung Klima
⇨ Spielregeln Innend. /Außendienst		⇨ Gesamtbewertung kaufmännisch
⇨ Verhandlungstaktiken	**Technische Informationen**	⇨ Gesamtbewertung technisch
⇨ Sekretärin	⇨ neue Produkte des Kunden	⇨ Gesamtb. Kundenzufriedenheit
Firmeninformationen	⇨ neue Projekte des Kunden	⇨ Gesamtb. Kundenbindung
⇨ Lage der Branche	⇨ Folgeaufträge	⇨ Abschätzung Einkaufspotential
⇨ Situation des Kunden	⇨ Preisvorstellungen	
⇨ Bonität	⇨ Terminvorstellungen	
⇨ besondere Firmenereignisse	⇨ Substitutionswettbewerb?	
⇨ Einkaufspotentiale		

den Rahmen. Unterschieden werden als Informationsbereiche die Besuchshistorie (Geschehnisse und Absprachen), Gesprächspartnerinformationen, Unternehmensinformationen, Prozessinformationen, technische Informationen, Wettbewerbsinformationen sowie marktstrategische Gesamtbeurteilungen.

Abb.6-48

Besuchsberichte sind Bestandteil des sog. **Markt- oder Kundenmonitoring**. Abb.6-48 listet wichtige Quellen auf, die erst in der Gesamtschau ein vollständiges Marktbild ergeben. Dabei bleibt der Informationsspeicher des Vertriebs nicht auf Kundenaussagen beschränkt. Es ist wichtig, auch **Marktinformationen über die Kunden des Kunden** und deren Branchenentwicklung regelmäßig zu sammeln und auszuwerten. Auch zu Verbandsführern und Branchenexperten sollte Kontakt gehalten werden, um das aus den Besuchsberichten gewonnene Marktbild abzurunden.

DIE BEOBACHTUNGSBEREICHE DES MARKTMONITORING
① Besuchsberichte des Außendienstes
② Kontaktberichte des Innendienstes
③ Händlerberichte
④ Kundenbeanstandungen, Reklamationen
⑤ Kundenzufriedenheitsbefragungen
⑥ Lieferantenbewertungen
⑦ Berichte von Verbandstagungen
⑧ Kundenmagazine
⑨ „Gerüchteküche" guter Kunden
⑩ Wirtschaftsnachrichten, Fachpresse

Dass zu einer vollständigen Marktbeobachtung auch das Auswerten der Wirtschaftspresse gehört, versteht sich von selbst. Auch die Teilnahme des Vertriebsleiters an Fachtagungen und Konferenzen trägt zur Kompetenzbildung bei. Keinesfalls können Aussagen der folgenden Art akzeptiert werden: *„Ja soll ich nun verkaufen oder an der CRM-expo teilnehmen?"*

Besuchsberichte sollten sich auf die für eine Unternehmung bzw. Branche wichtigsten Informationen beschränken und im Rahmen eines **CRM/CAS-Systems** automatisiert werden. In sog. Drill-down-Menüs sind möglichst viele Antwortvorgaben vorzustrukturieren, die dann vom Kundenbetreuer nur noch am Bildschirm markiert werden brauchen. In das CRM-System fließen dann auch die marktbezogenen (kundenunabhängigen) Informationen des Markt- und Kundenmonitoring ein.

Abb.6-49 zeigt Masken eines computergestützten Besuchsberichtes. Die Besuchshistorie ist im Beispielfall mit speziellen Auswertungsmodulen zur **Wettbewerbsanalyse** verknüpft.[682] Dabei werden allgemeine Informationen über den Wettbewerber und seine Marktstrategie von den Informationen über dessen Produkte mit Preisstellungen sowie Stärken und Schwächen getrennt. So lassen sich unabhängig voneinander Wettbewerber- und Produktvergleiche (in die dann auch die eigenen Produkte einzubeziehen sind) anstellen.

Abb.6-49

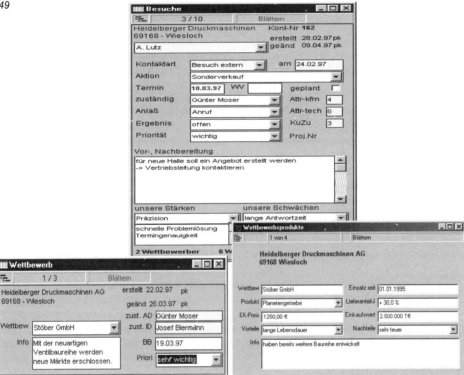

6.4.9. Spezielle Konzepte für das Marketing

a.) Philosophie des Relationship-Marketing

"Netzwerkexperten schätzen, dass jeder Erwachsene mit 500 bis 1.000 Personen soziale Kontakte pflegt. Jeder dieser Bekannten verfügt ebenfalls über 500 bis 1.000 Kontakte. Rein theoretisch stehen jedem also über die Netzwerke der Kunden und Bekannten rund 1 Mio. Kontakte zur Verfügung, die dazu genutzt werden können, die eigenen Ziele zu erreichen." (Kippes, 1999[683])

Die Art, wie Kunden heute von den Unternehmen angesprochen und betreut werden und wie Akquisitionsstrategien in die strategische Unternehmensplanung eingepasst werden, hat sich im Laufe der vergangenen zehn Jahre enorm gewandelt. Neue Denkweisen und Methoden des Marketing lassen das **Verkaufen zur Kunst** werden. Neue **Marktphilosophien beseelen den Vertrieb**. Wichtige, grundlegende Konzeptionen werden im folgenden dargestellt.

---

[682] Die EDV-Masken entstammen dem CRM-Programm adito-columbus der *ADITO Software GmbH*
[683] Kippes, (Beziehungsmarketing), in: Immobilien Praxis & Recht, 11/1999, S. 6

Abb.6-50

Transaktionsmarketing kann als *Stop-and-go-Verkaufen* verstanden werden: *Den Kunden anhauen, umhauen, abhauen!*

	Transaktionsorientiertes Marketing	Relationship Marketing
Ziel	• Verkaufsabschluss und Umsatzgenerierung, Kurzfristziele • Wert der einzelnen Transaktion zählt (Case to case)	• Etablierung langfristiger Geschäftsbeziehungen (Langfristziele) • Langfristige Wertgenerierung durch Kundenintegration zählt
Paradigma	• Mass Production, Economies of Scale: Fertigung lenkt Kunden • Standardisierte Leistungen sind wichtig	• Customized Production, Economies of Scope: Kunden lenken Fertigung • Individualisierte Leistungen sind wichtig
Kundenverständnis	• Bild des anonymen Kunden • Bild der Laufkundschaft: Verkäufer ist vom Kunden unabhängig	• Bild des individuellen Kunden, des gläsernen Kunden • Verkäufer und Kunde stehen in wechselseitiger Abhängigkeit
Marktsicht	• Geschäfte erhalten ihre Wertigkeit durch Produkte und Profite • Priorität für Neukundengewinnung	• Geschäfte erhalten ihre Wertigkeit durch Problemlösungskompetenz • Priorität für Wertsteigerungen von bestehenden Beziehungen
Marketingverständnis	• Produkt im Mittelpunkt • Kundenkontakt als Episode • Standardisierte Verkaufsargumentationen reichen aus	• Service im Mittelpunkt • Kundenkontakt als kontinuierlicher Prozess • Individualisierter Dialog mit Kunden

> *„Die Marketingdisziplin muss sich den Vorwurf gefallen lassen, die Kundenbeziehung weitgehend ignoriert zu haben. Wenn der Kunde überhaupt eine Rolle spielt und nicht ohnehin in aggregierten Größen wie Märkten oder Marktsegmenten verschwindet, dann als manipulierbares Objekt, das auf gewisse Stimuli die erwünschten Reaktionen zeigt."* [684]

Nehmen wir **Deal-based-Selling** als Ausgangsbegriff. Diese Verkaufseinstellung gilt z.B. als Merkmal des Investment Bankings. Sie charakterisiert den **Transaktionsansatz des Verkaufs**.[685] Das Verkäuferinteresse richtet sich dabei auf die einmalige Auftragsgewinnung, ohne perspektivischen Blick auf eine langfristige Kundenbeziehung. So drängt der Transaktionsansatz beide Partner zum kurzfristigen Durchsetzen eigener Interessen. Transaktionsmarketing kann insofern als ein Wechselspiel einseitiger Vorteilsgewinnungen verstanden werden. Am Ende gewinnt niemand. Diese Haltung führt zum Tod dauerhaft guter Geschäftsbeziehungen.

In gesättigten Märkten hat dieses traditionelle **Verteilungsmodell des Verkaufs**[686] daher keine Erfolgschance mehr. Grundlage erfolgreicher Geschäftsabschlüsse sind gute persönliche Beziehungen zwischen Käufer und Verkäufer. Diese werden zur notwendigen, aber nicht hinreichenden Voraussetzung für Kundenzufriedenheit und dauerhafte Kundenbindung. Abb.6-50 stellt die Merkmale des konventionellen, transaktionalen Verkaufsansatzes denen eines **Relationship-Marketing** gegenüber.[687]

Die Relationship-Theorie nach *Berry* u.a. (1983) beruht auf folgenden Gedanken:
(1) Im Konsumgüterbereich sind derart starke Veränderungen (u.a. durch die europäische Marktöffnung) im Fluss, dass Markenartikelhersteller und Handel ihre Ziele im Endkundengeschäft noch stärker gemeinsam anstreben müssen. Gefragt sind Philosophien für eine vertrauensschaffende und gleichzeitig betriebswirtschaftlich erfolgreiche Zusammenarbeit zwischen Lieferant und Kunde.
(2) Füpr den Direktvertrieb unter Geschäftsleuten (**BtoB-Marketing**) bedeutet der Relationship-Ansatz mehr als nur „alter Wein in neuen Schläuchen". Während früher Geschäftsabschlüsse stark auf „*wining and dining*" beruhten, müssen heute hochqualifizierte, zunehmend akademisch ausgebildete Einkäufer und Verkäufer ihre persönlichen Interessen mit den betrieblichen Zielvorgaben in Einklang bringen. Die Geschäftsbeziehungen sind schlichtweg anspruchsvoller geworden. Die Zusammenarbeit mit guten Kunden kann sich derart eng vertiefen, dass der

---

[684] Stahl, (Kundenbeziehung), in: IO, 9/1997, S. 30
[685] Doerig, (Universalbank), 1996, S. 61
[686] nach Kotler das Merkmal der Verkäufermärkte: vgl. noch einmal Kotler; Keller; Bliemel, (Marketing-Management), 2007, S. 20-21
[687] Quelle: in Anlehnung an Wehrli; Wirtz: (Relationship Marketing), , in: ASW, Sondernummer Oktober 1996, S. 26. Heute wird von Customer Relationship Management gesprochen. Man geht davon aus, Beziehungen steuern zu können. Diese Haltung ist in der Praxis zuweilen umstritten.

Kunde mit seinen Fertigungsressourcen Teil des eigenen Wertschöpfungsprozesses wird, die Wertschöpfungsprozesse von Anbieter und Kunde sozusagen verschmelzen. „*Customer Integration – von der Kundenorientierung zur Kundenintegration*", so lautet die Devise.[688]

(3) Im stationären Verkaufsgeschäft (Ladengeschäft) ist es Gebot der Stunde, den Verkäufer davon zu überzeugen, dass der Kunde dort bevorzugt Folgekäufe vornimmt, wo sich eine vertrauensvolle Beziehung mit dem Einzelhandelsverkäufer entwickelt hat. Die Beziehungsbildung ist in weiten Bereichen des Einzelhandels möglich, z.B. bei Elektrogeräten, Film und Foto, Getränke-Shops, Computer und natürlich bei Kleidung, Schuhen und Geschenkartikeln. Das Motto lautet: *Laufkundschaft zu Beziehungskundschaft zu entwickeln.*

Das, was in das Marketing, in zugegeben kopflastiger Form, hineinstrahlt, steht in enger Beziehung mit persönlichen Werten, wie die folgende Definitionskette zeigt:

„*Beziehungsmanagement ersetzt Verkaufen.*" (Geffroy, (Kunde), 2005, S. 49)

➡ **Geschäftskontakt**: Unter einem Kontakt verstehen wir eine persönliche oder unpersönliche Berührung von mindestens zwei Personen, bei denen eine Interaktion erfolgt.

➡ **Geschäftsbeziehung**: Die Personen sind sich bewusst, dass Sie durch berufliche Ziele, Interessen oder Aufgaben verbunden sind.

➡ **Relationship Marketing** "*is marketing based on interaction between networks of relationships.*"[689] Eine ausführliche Definition: "*Relationship Marketing umfasst sämtliche Maßnahmen der Analyse, Planung, Durchführung und Kontrolle, die der Initiierung, Stabilisierung, Intensivierung und Wiederaufnahme sowie gegebenenfalls der Beendigung von Geschäftsbeziehungen zu den Anspruchsgruppen – insbesondere zu den Kunden – des Unternehmens mit dem Ziel des gegenseitigen Nutzens dienen.*"[690]

➡ **Beziehungsmanagement** ist die "*konsequente, aktive Analyse und Gestaltung von Geschäftsbeziehungen zwischen zwei Geschäftspartnern, ... eine auf spezifische Beziehungsziele des Unternehmens ausgerichtete "Außenpolitik", ... die geeignet ist, Kompetenzen für das Unternehmen aufzubauen, die Wettbewerbsvorteile begründen können.*"[691]

➡ **Partnerschaftsmanagement** bedeutet behutsame und dauerhafte Beziehungspflege in der Weise, dass sich beiden Partnern (in der Regel unausgesprochen) die Vorteile aber auch Nachteile der Beziehung bewusst sind und dass den Partnern daran gelegen ist, die Vorteile auszubauen. Ziel: **Win-Win**-Situation.

➡ **Geschäftsfreundschaft** entsteht, wenn sich eine geschäftliche Beziehung von den Arbeitgeberinteressen löst. Die Beziehung wird vorrangig in die Privatsphäre verlegt. Frage an den Leser: *Welche Ihrer geschäftlichen Beziehungen bleiben Ihnen nach der Pensionierung?*

➡ **Geschäftsliebe**: Starverkäufer heiratet Chefeinkäuferin!

Zwischenmenschliche Beziehungen prägen private wie auch geschäftliche **Netzwerke**.[692] Hinter jedem Geschäftsfreund können 1000 weitere, interessante und nutzbare Kontakte stehen. Von "Netzwerkpartnern" erhält man Informationen. Man wird gezielt weiterempfohlen und kann sich bei eigenen Geschäften auf seine Beziehungen berufen. Gute Beziehungen schaffen Vertrauen und bieten Sicherheit. Aus diesen

---

[688] vgl. Kleinaltenkamp, (Customer Integration), 1996, S. 13 ff. sowie zum Zitat S. 5
[689] Gummesson, (Relationship Marketing), 2006, S. 3
[690] Bruhn, (Relationship Marketing), 2009, S. 10
[691] Becker, (Marketing-Konzeption), 2006, S. 628
[692] zum Aufbau von Beziehungsnetzwerken vgl. Kippes, (Beziehungsmarketing), in: Input, 3/1999, S. 38-41

Gründen werden Geschäftsbeziehungen verstärkt langfristig bewertet, verzichtet der Anbieter sogar zuweilen auf kurzfristige Preisvorteile, um seinen Kunden längerfristig zufrieden zu stellen. **Vier Prinzipien** sind zu beachten, damit gute Geschäftsbeziehungen enstehen:[693]

(1) Nach dem **Integrationsprinzip** wächst Partnerschaft aus gemeinsamen Problemlösungen, die wirklich Kundennutzen schaffen. Es geht daher darum, **Vertrauen in Kompetenzen** aufzubauen, damit sich ein Kunde auf den Lieferanten einlässt.
(2) Das **Führungsprinzip** verlangt eine einvernehmliche Atmosphäre der Zusammenarbeit. Der Anbieter darf durchaus die Fäden der Geschäftsbeziehung in der Hand behalten. Die Partnerschaft leidet aber, wenn sie zum Machtspiel wird.
(3) Das **Verrechnungsprinzip** fordert von guten Partnern eine angemessene und gerechte Abgeltung aller Teilleistungen. Beziehungen bewähren sich beim Geld.
(4) Das **Adaptionsprinzip** legt den Geschäftspartnern einen Mittelweg zwischen flexiblen Veränderungen einerseits und einer Kontinuität in den die Geschäftsbeziehung prägenden Elementen andererseits nahe.

Eine Beziehungspflege lässt sich nicht dauerhaft standardisieren oder gar automatisieren. "*Wird eine Beziehung gemänätscht, dann ist sie auch schon tot.*"[694] Wo liegen die **Soft Skills**, die eine Beziehung wirklich erfolgreich machen? *Belz* formuliert hierzu sechs persönlichkeitsbezogene **Kriterien für eine Beziehungsqualität**:

Abb.6-51

„*Lieber kurzfristig Geld verlieren als das Vertrauen der Kunden.*" (Rainald Mohr, Robert Bosch GmbH, zit. in ASW, Marken 2009, S. 118).

DIE SECHS KRITERIEN FÜR DIE QUALITÄT EINER (GESCHÄFTS)BEZIEHUNG	
Sympathie	Affinität, persönliche Nähe, Freundlichkeit, übereinstimmende "Chemie" der Partner, Individualität der Beziehung
Anerkennung	Persönliche Akzeptanz, Bestätigung, Anerkennung des Partners
Vertrauen	Kontinuität und Verlässlichkeit, Stimmigkeit, Fairness und Sicherheit, Transparenz, Offenheit und Ehrlichkeit. Ist „Killer-Faktor" bei Gefährdung.
Gegenseitigkeit	Gemeinsame Interessen, Kooperation, Absichtslosigkeit und Gewicht des Partnerinteresses, Engagement beider Partner, Dialog und Lebendigkeit, Flexibilität, Großzügigkeit, Abhängigkeit und Unabhängigkeit (in einzelnen Beziehungen und Beziehungen zu Gruppen), "Geben" und "Nehmen"
Intensität	Interaktionshäufigkeit und Kontinuität. Beziehungen dürfen nicht "einschlafen".
Kompetenz	Sachliche Stützung, Realitätsbezug, Erfahrungen und herausragende Ereignisse und frühere Sonderleistungen, positive und negative "Critical Incidents" in Beziehungen

(Quelle: Belz, (Geschäftsbeziehungen), 2000, S. 250)

Wenn heute **CRM** als heilsbringender Weg zur "Optimierung" von Geschäftsbeziehungen propagiert wird, dann werden leider die Vorleistungen negiert, die das Relationship Marketing erbracht hat. Bedauerlicherweis hat es die Marketing-Wissenschaft zugelassen, dass aus dem Beziehungs-<u>Marketing</u> mittlerweile ein Beziehungs-<u>Management</u> geworden ist. Denn es ist dem klassischen Marketing leider nicht gelungen, die faszinierende Idee des Relationship Marketing in Massenprozesse zu übertragen. Das klassische Marketing hat ferner die **Macht der IT-Systeme** (welcher Student kennt schon *Oracle*?), die **Notwendigkeit zur Kostenorientierung** und die **Möglichkeiten des Internets** unterschätzt. Ein Kundenkarten-System, wie die *Payback Karte*, muss 100 Mio. Kundentransaktionen p.a. bewältigen. Das Relationship-Marketing blieb darauf beschränkt, Kundenorientierung herbeizupredigen und die schöne Welt des „*der Kunde ist König*" zu beschreiben. CRM dagegen liefert die Instrumente, um Kunden- und Kostenorientierung in Einklang zu bringen und die Qualität von kundenbezogenen Massenprozessen zu sichern. So wird aus Beziehungs-Marketing ein Beziehungs-Management (vgl. zu CRM den Abschnitt 6.3.3.).

---

[693] vgl. Tomczak, (Relationship-Marketing), 1994, S. 200-205
[694] Ausspruch eines Managers auf der CRM-expo 2001

b.) Konzepte der Kundennähe

Der Kunde hat zwei Telefone auf dem Schreibtisch: eines mit einer Leitung zu Ihnen und eines mit einem direkten Draht zur Konkurrenz. Zu welchem Telefon wird er greifen? **Kundennähe bedeutet: Schon in der Leitung zu sein, wenn der Kunde bestellen möchte.** *(P.W.)*

Abb.6-52

Kundennähe gilt als Marketingziel Nr.1: Im Mittelpunkt steht der persönliche Verkauf (s. den Hinweis in: ASW, 1/2004, S. 48).

Kundennähe wurde in Abb.1-38 als einer der drei Grundbausteine der Kundenorientierung vorgestellt. Beziehungen und Bindungen entwickeln sich aus einer Nähe heraus. Dabei muss Nähe keinesfalls immer körperliche Nähe bedeuten. Es reicht, dass ein Lieferant dem Kunden dauerhaft positiv in den Gedanken präsent ist. Nach Abb.6-52 bestimmen vier Faktoren den Grad der effektiven bzw. vom Kunden empfundenen Nähe:

(1) Ein **Direktkontakt** ist der Königsweg der Kundennähe. Dann sieht der Außendienstmitarbeiter jedes Stirnrunzeln des Kunden. Das Prinzip der Kundennähe sollte auch auf die Mitarbeiter des Verkaufsteams (Innendienst) und auf die Technik übertragen werden. Das Selling-Center sucht die Nähe zum Buying-Center.

(2) Die **promotion-beeinflusste Kundennähe** schafft Nähe und Erinnerung durch besondere und idealerweise einzigartige Ereignisse, die dem Kunden positiv im Gedächtnis bleiben. Die geheime Sorge eines Einkaufschefs, nächstes Jahr nicht zum Oktoberfest eingeladen zu werden oder nicht die nächste Folge des Kristallgläser-Sortiments als Weihnachtsgeschenk zu erhalten, bindet ihn – bis zu einem gewissen Grad – treu an den Stammlieferanten.

(3) **Gemeinsame Aufgaben und Erfolge** üben sehr starke bindende Kräfte aus. Hierzu zählen z.B. gemeinsame Produktentwicklungen, Messeauftritte oder Schulungen (z.B. das *Microsoftpartner-Konzept*).

(4) Im Fall von **Verflechtungen** werden gemeinsame Aufgabenerfüllungen institutionalisiert bzw. sanktioniert (*Let's work together*). Es ist dies der Schritt „von der Verlobung zur Heirat". Stehen Kunde und Lieferant erst mit einer gemeinsamen Firma im Handelsregister, ist diese engste Form der Kundennähe vollzogen.

Erst durch Kundennähe lässt sich die Kundenzufriedenheit beobachten und regeln.

c.) Konzepte der Kundenzufriedenheit

Zufriedene Kunden sind (meist) treue Kunden. Die daraus resultierende Forderung nach Kundenzufriedenheit beruht auf Hypothesen und Erfahrungen:[695]

- Zufriedenen Kunden ist es lästig, nach immer neuen Einkaufsquellen zu suchen.
- Wegen 5 Prozent Preisunterschied lösen Kunden eine langjährige Geschäftsbeziehung nicht, wenn sie ansonsten zufrieden sind.

---

[695] Diverse, z.T. auch widersprüchliche Quellen in ASW, MM, HBR, PM-Beratungsbrief, acquisa und anderen Quellen, die sich jeweils auf andere Studien berufen. Vgl. z.B. die Darstellung der Auswirkungen von Kundenzufriedenheit auf den langfristigen Geschäftserfolg in: o.V., (Erfolg), in: PM-Beratungsbrief, v. 28.5.1996, S. 5

Kundenorientierung am Bahnhof Aulendorf, Bodenseekreis:
"Toiletten haben wir nicht mehr. Die sind jetzt in den Zügen."
Aussage des Bahnhofsleiters der Bahn AG.

- Ein zufriedener Kunde teilt durchschnittlich 3 Personen seine positiven Erfahrungen mit. Ein unzufriedener Kunde gibt seine negative „Mund-zu-Mund-Propaganda" an durchschnittlich 11 Personen weiter.[696]
- Nur 30% der unzufriedenen Kunden beschweren sich wirklich.[697]
- Die Zahlen schwanken zwar beträchtlich, aber es wird behauptet, dass es 8 mal so teuer sei, einen neuen Kunden zu gewinnen, als einen Stammkunden zu halten (Achtung: Das gilt nur für kurzfristige Neukundengewinnungskampagnen).
- Zufriedene Kunden bleiben ihrem Lieferanten treu. Bringt ein Neukunde in der Akquisitionsphase noch Verluste, so stellen sich positive Deckungsbeiträge erst mit den Jahren ein. Es ergibt daher keinen Sinn, einen Autokäufer nach seinen einmaligen Jahresausgaben für einen Neuwagenkauf zu bemessen.Vielmehr stellt sich sein Potenzial als Kundenlebenszyklus-Potenzial dar.[698]
- Zufriedene Kunden sprechen Empfehlungen (Referenzen) für ihre Lieferanten aus (Referenzmarketing).
- Aber Achtung: Ein Anlass zur Unzufriedenheit kann langjährige positive Bemühungen um Kundenzufriedenheit auf einen Schlag zunichte machen. Verärgerte Kunden erzählen ihre Erlebnisse im Bekanntenkreis weiter. Vor allem aber werden Kunden schlagartig misstrauisch.

Ein möglicher Nachteil der Kundenzufriedenheit (um jeden Preis) sollte aber nicht übersehen werden:

„Zufriedene Kunden sind teuer. Der Kunde wünscht noch dieses und jenes, er erwartet zahlreiche persönliche Gespräche mit dem Verkäufer und fordert dann als langjähriger Stammkunde einen beträchtlichen Rabatt. Ergebnis: Der Kunde ist glücklich, aber das Unternehmen hat nur Geld gewechselt und keinen Pfennig am Auftrag verdient."[699]

Wann ist ein Kunde zufrieden? Zwei Zufriedenheitsformen sind zu unterscheiden:

> ➡ **Kaufzufriedenheit / transaktionale Kundenzufriedenheit**: Kundenzufriedenheit ist als Ergebnis eines komplexen psychischen Vergleichsprozesses zu verstehen. *„Der Kunde vergleicht seine wahrgenommenen Erfahrungen nach dem Gebrauch eines Produktes oder einer Dienstleistung, die so genannte Ist-Leistung, mit den Erwartungen, Wünschen, individuellen Normen oder einem anderen Vergleichsstandard vor der Nutzung."* [700] Die transaktionale Zufriedenheit bezieht sich auf einen Kaufakt.
> ➡ Die **Beziehungszufriedenheit / dynamische Zufriedenheit** beruht dagegen auf der Zufriedenheit eines Kunden mit seinem Lieferanten über den **Zeitraum einer Geschäftsbeziehung**. Man kann auch von **Kundenlebenszyklus-Zufriedenheit** sprechen. Diese bewirkt Kundenloyalität, wenn (gelegentliche) Kauf-Unzufriedenheiten die Beziehung als Ganzes nicht gefährden.

Folgende Abgleiche nimmt der Kunde beim Kauf eines Sachgutes bzw. bei Inanspruchnahme einer Dienstleistung vor (**Confirmation-Disconfirmation-Paradigma** - zuweilen auch **Expectation-Disconfirmation-Paradigma** genannt):

---

[696] vgl. Meister; Meister, (Kundenzufriedenheit), 1998, S. 14 unter Bezug auf eine Studie des Technical Assistance Programs

[697] ein Ergebnis der GfK-Zufriedenheitsforschung: vgl. o.V., (Servicewüste), in: Landshuter Zeitung v. 7.9.1998

[698] vgl. Meister; Meister, (Kundenzufriedenheit), 1998, S. 9 mit Bezug auf den Wartungs- und Reparaturbereich eines Autohauses: Der Gewinn eines über vier Jahre treuen Kunden ist mehr als dreimal so hoch wie im ersten Jahr.

[699] Betz, (Kundenmanagement), in: acquisa, 3/1998, S. 76

[700] Homburg; Rudolph, (Perspektiven), 1997, S. 33; eine sehr tiefgehende Auseinandersetzung mit der „Worthülse" Kundenzufriedenheit findet sich bei Brendl, (Wandel), 1997, S. 139-140

⊠ Zunächst entwickelt der Kunde Kauferwartungen; abhängig von[701]
➡ seinem persönlichen Anspruchsniveau,
➡ dem Image des Anbieters bzw. des Leistungsangebotes,
➡ dem Leistungsversprechen des Anbieters (Werbung, Produktbeschreibung),
➡ seiner Kenntnis über Kaufalternativen.

⊠ Diese Erwartungen wird er nach dem Kauf abgleichen mit
➡ seinen allgemeinen Erfahrungen mit dem Produkt,
➡ der Grad der für ihn relevanten, aktuellen Problemlösung,
➡ seiner Wahrnehmung des Problemlösungspotenzials des Produktes (*Welche Problemelösungsmöglichkeiten bietet das Produkt noch?*).

Dieser **Abgleich zwischen Erwartungen und Erfahrungen** bestimmt sein Zufriedenheitsniveau. Wie lässt sich dieses messen? Die Frage *„Sind Sie mit uns, bzw. mit unserem Produkt, zufrieden"* ist zweifelsohne naiv. Es kann von keinem Käufer (Konsumenten) verlangt werden, sich auf eine direkte Frage nach der Zufriedenheit euphorisch zu äußern. Welcher Einkäufer gibt z.B. freiwillig zu, dass er mit einem Preis zufrieden ist. Die Kundenantworten wären nicht valide. Das Niveau der Kundenzufriedenheit muss also indirekt messbar gemacht werden. Das geschieht in der Praxis durch umfassende Kundenbefragungen mit mehreren indirekten Fragen.

Die **Messung der Kundenzufriedenheit** ist in der Praxis kompliziert. Zum einen ist Kundenzufriedenheit ein sehr individuell wirkendes und höchst instabiles Phänomen. Zum anderen haben Menschen oft Probleme, ihre eigene Zufriedenheit zu bewerten und sich diesbezüglich zu artikulieren. Ein spezieller Umstand gilt in BtoB, wo ein Einkäufer seinem Lieferanten gegenüber seine Zufriedenheit nicht gerne zugibt.
In der Praxis werden folgende Methoden eingesetzt.
(1) **Objektive Verfahren (faktengestützte Verfahren)** setzen deshalb auch nicht an der Zufriedenheit an. Sie messen eine Kundenzufriedenheit anhand von (a) **kritischen Ereignissen** (z.B. Kundenbeschwerden, Rücksenden) oder (b) **Erfolgsgrößen der Geschäftsentwicklung** (z.B. Anteil Stammkunden am Kundenbestand, Wiederkaufraten, Folgeprojekte).
(2) **Subjektive Verfahren (urteilsgestützte Verfahren)** gründen sich auf Erhebungen. (a) Bei den **indirekten Erhebungen** wird der Begriff Zufriedenheit nicht explizit in den Vordergrund gestellt. Man untersucht die Erfüllungsgrade von Kundenerwartungen oder nimmt Rückschlüsse aus Lieferantenbewertungen vor. (b) Die **direkten Befragungen** fragen dann ganz gezielt die Zufriedenheiten von Kunden anhand definierter Schlüsselfragen ab (*Deutscher Kundenmonitor*).

Oft arbeitet die Praxis bezüglich (2b) mit handgestrickten Fragebögen, in denen der Befrager nach eigenem Gutdünken Zufriedenheitsfaktoren vorgibt, von denen er glaubt, dass sie signifikant die Kundenzufriedenheit bestimmen. Weder weiß er, wie wichtig dem Kunden diese Leistungsmerkmale sind, noch kennt er die Wirkungsstärke dieser Attribute auf die Zufriedenheit seines Kunden.[702] *Homburg* gebührt der Verdienst, in einer varianzanalytischen Praxisstudie den Einfluss allgemeiner Zufriedenheitskriterien auf statistische Signifikanz geprüft zu haben.[703] Seine Untersuchung geht speziell auf die dynamische Kundenzufriedenheit ein.

Die **dynamische Zufriedenheit des Kunden mit einer Geschäftsbeziehung** wird nach *Homburg* bestimmt

---

[701] vgl. zu diesem Paradigma Nieschlag; Dichtl; Hörschgen, (Marketing), 2002, S. 1172-1173
[702] diese merkmalsorientierte Vorgehensweise wird z.B. kritisiert bei Meister, Meister, (Kundenzufriedenheit), 1998, S. 63-72: „*Merkmalsorientierung vernachlässigt die Kundensicht*": s. S. 67
[703] vgl. hierzu und im folgenden: Homburg, (Kundennähe), 2000, S. 99 ff.

(1) auf oberster Ebene von 2 (ursprünglich 3) **Kundenzufriedenheits-Dimensionen**; die sich gut durch die Überschriften **Leistungsangebot** und **Interaktionsverhalten mit dem Kunden** beschreiben lassen; weiter unterteilt durch
(2) **7 Kundenzufriedenheits-Faktoren**[704]; und zwar
- ➡ Produkt- und Leistungsqualität,
- ➡ Qualität der kundenbezogenen Prozesse (z.B. Auftragsabwicklung),
- ➡ Flexibilität im Umgang mit dem Kunden (z.B. Änderung von Lieferzeiten),
- ➡ Qualität der Beratung durch Verkäufer (Verkäuferkompetenz),
- ➡ Offenheit im Informationsverhalten gegenüber dem Kunden,
- ➡ Offenheit für Kundenanregungen und für die Zusammenarbeit mit dem Kunden (Kundenvorschläge und –beanstandungen Ernstnehmen und Umsetzen),
- ➡ Kundenkontakte durch Nicht-Vertriebsleute (auch Geschäftsleitung),

(3) die sich wiederum in **29 Kundenzufriedenheits-Indikatoren** aufspalten, von denen 26 in der Abb.6-54 enthalten sind.

Der Befragungs-Auswertungsbogen der Abb.6-54 beruht auf einem leicht modifizierten Schema von *Homburg*. Dieses hat sich bei Befragungen mittelständischer Unternehmen bewährt. Die Abbildung gibt die Zufriedenheitsurteile eines einzelnen Kunden wieder. Das aus der Meinung des befragten Kunden resultierende Zufriedenheitsurteil (Einzelurteil) liegt mit einem gewichteten Zufriedenheitsindex von 65% im oberen Mittelfeld. Zufriedenheitswerte sagen im übrigen nur in der Relation zueinander und im Vergleich zur Konkurrenz wirklich etwas aus. Was bringt eine hohe Kundenzufriedenheit, wenn der Kunde mit einem Hauptwettbewerber noch zufriedener ist? Die Urteile mehrerer Kunden müssen rechnerisch zusammengefasst werden. Üblicherweise geschieht dies durch Mittelwertbildung.

Entscheidend für den Erfolg der Befragung ist es, die 26 Zufriedenheits-Indikatoren dem Kunden auf einem Fragebogen in der richtigen Frageform nahezubringen. Der Kunde sieht nur den Fragebogen; nicht aber den Auswertungsbogen der Abb.6-54.

Eine andere Einteilung von Zufriedenheitsfaktoren geht auf *Kano* zurück.[705] *Kano* unterscheidet **Basis-**, **Leistungs-** und **Begeisterungsanforderungen** zur Erreichung von Kundenzufriedenheit. Abb. 6-53 verdeutlicht die Faktoren bzw. die Anforderungen an Anbieterleistungen:

Abb.6-53

(1) **Basis-/Hygienefaktoren** werden als selbstverständlich vorausgesetzt. Ihre Nichterfüllung bewirkt Unzufriedenheit. Übererfüllung kann die Zufriedenheit nicht weiter steigern.
(2) **Leistungsfaktoren** werden ausdrücklich erwartet. Ihre Übererfüllung kann die Kundenzufriedenheit nur bis zu einer Sättigungsgrenze steigern.

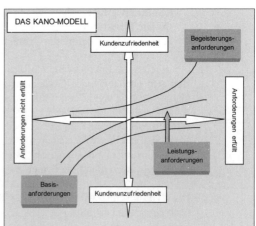

---
[704] vgl. Homburg, (Kundennähe), 2000, S. 116
[705] vgl. Kano, (Attractive Quality), 1984, S. 39-48

Abb.6-54

MESSUNG DER KUNDENZUFRIEDENHEIT IN ANLEHNUNG AN HOMBURG

Dimensionen	Faktoren	Faktor-gewichte	Indikatoren	Indikator-gewichte	Gesamt-gewicht	Indikator-bewertungen 1 bis 10	gewichtete Bewertungen (auf 100%)
DIMENSION LEISTUNGS-ANGEBOT (Qualität)	1. Produkt- und Dienstleistungsqualität	40	1) Kundenurteil Produktqualität	30	12,0	8	9,60
			2) Kundenurteil Servicequalität	20	8,0	7	5,60
			3) Einhalten von Qualitätsanforderungen (Spezifikationen)	30	12,0	9	10,80
			4) "Wenigkeit" von Beanstandungen / Reklamationen	20	8,0	8	6,40
				100	40,0	32	32,40
	2. Qualität der kundenbezogenen Prozesse	20	5) Einhaltung von Lieferterminen	30	6,0	6	3,60
			6) Einhaltung sonstiger Terminzusagen (z.B. Projekte)	30	6,0	7	4,20
			7) störungsfreier Ablauf von Routineprozessen	20	4,0	7	2,80
			8) geringer Kundenaufwand bei Routinevorgängen	20	4,0	9	3,60
				100	20,0	29	14,20
(Flexibilität)	3. Flexibilität im Umgang mit dem Kunden	15	9) Flexibilität in der Preisgestaltung	10	1,5	4	0,60
			10) Flexibilität bei technischen Sonderwünschen	50	7,5	5	3,75
			11) nachträgliche Produktänd. für Kunden kostengünstig	20	3,0	6	1,80
			12) Flexibilität bei Sonder-Terminwünschen des Kunden	10	1,5	6	0,90
			13) Flexibilität bei Auftreten unvorhergesehener Probleme	10	1,5	7	1,05
				100	15,0	28	8,10
DIMENSION INTER-AKTIONS-VERHALTEN	4. Qualität der Verkaufsarbeit	10	14) Verkäuferkompetenz in Bezug auf Kundenanwendung	20	2,0	10	2,00
			15) Verkäuferengagement für Kundenprobleme	20	2,0	9	1,80
			16) fachliche Qualität der Kundenberatung (Wissenstransfer)	30	3,0	7	2,10
			17) Fairness in der Kundenberatung	20	2,0	9	1,80
			18) Betreuungskompetenz des Innendienstes	10	1,0	2	0,20
				100	10,0	37	7,90
	5. Offenheit im Informationsverhalten	5	19) Informationen über kundenbezogene Maßnahmen	30	1,5	9	1,35
			20) frühzeitige Informationen über Produktänderungen	60	3,0	4	1,20
			21) Einweihen des Kunden in strategische Überlegungen	10	0,5	1	0,05
				100	5,0	14	2,60
	6. Offenheit für Anregungen, Zusammenarbeit mit Kunden	5	22) schnelle Reaktion auf Kundenanregungen	40	2,0	4	0,80
			23) gemeinsame Produktentwicklung	30	1,5	10	1,50
			24) gemeinsame Prozessoptimierung / Kostensenkung	30	1,5	2	0,30
				100	5,0	16	2,60
	7. Kundenkontakte durch Nichtvertriebsleute	5	25) regelmäßige Kundenkontakte durch Management	30	1,5	7	1,05
			26) regelmäßige Kundenkontakte durch F&E / Technik	70	3,5	5	1,75
				100	5,0	12	2,80
	Su. Gewichtungspunkte	**100**				**168**	**70,60%**
						65%	gewichtet

Kundenzufriedenheit: erreichte Punkte ↑ ↑
Kundenzufriedenheits-Index, ungewichtet (% von Max. 260)

01.10.98 - KUZU250.xls/ Prof. Dr. Peter Winkelmann / (vgl. Homburg, (Kundennähe), 1995, S. 63ff.)

(3) **Begeisterungsfaktoren** werden vom Kunden nicht erwartet. Ihre Nichterfüllung bewirkt deshalb keine Unzufriedenheit. Werden sie angeboten, dann können sie die Zufriedenheit in Richtung Kundenbegeisterung steigern (Vorsicht: Gewöhnungsgefahr). Die Leistung wird für den Kunden besonders wertvoll.

Die Zufriedenheit der Kunden mit wichtigen Leistungsfaktoren sollte regelmäßig erfragt werden. Folgende Vorgehensweisen sind üblich:[706]
(1) Mitarbeit bei **Lieferantenbewertungen**, wie sie z.B. in der Automobilindustrie gängig sind (Audits); Nachteil: Die Kunden bestimmen das Procedere.
(2) Dokumentieren von **Kundenzufriedenheits-Aussagen** und Einschätzungen durch den Außendienst als Pflichtaufgabe nach jedem Kundenbesuch (einzugeben in ein CRM-System); Nachteil: Manchmal langwieriger Prozess der Harmonisierung der Einschätzungen unterschiedlicher Außendienstmitarbeiter.
(3) **Periodische Kundenbefragungen** durch ein neutrales Institut, z.B. durch eine Hochschule. Nachteile: Hier sparen die Unternehmen oft am falschen Ende durch halbherzige Budgets und zu knappe Zeitvorgaben für die Erhebungen. Außerdem ermüden die Kunden leicht bei wiederholten Abfragen gleicher Sachverhalte.
(4) Indirekte Ableitung: **Rückschlüsse** auf Kundenzufriedenheiten durch Erreichen vereinbarter **Benchmark-Zielvorgaben**. Ein Beispiel: *Unser Kunde ist zufrieden, wenn wir nachweislich die gemeinsam abgestimmte Zielvorgabe von max. 4 Stunden für Lieferzeitauskünfte einhalten.*
(5) Kombination dieser Methoden im Rahmen dauerhafter **Zufriedenheitsprogramme**. Dies dürfte der beste Weg für die Zufriedenheitsmessung sein.

Viele Firmen unternehmen große Anstrengungen, um (a) die Messung der Kundenzufriedenheiten und (b) die Verwertung der Ergebnisse in Richtung systematische Kundenbindungsprogramme zu vollziehen. Beispiele sind das **Customer-Focus-Programm** von *ABB*, das **Premier-Customer-Care-Programm** von *BMW* oder das **Total-Customer-Care-Programm** von *Schott*.[707] Der Softwareanbieter *Oracle* setzt einen **Customer Satisfaction Manager** als Vermittler zwischen Kunde und Vertrieb ein. Die Mitarbeiter der *Marriott*-Hotels bitten ihre Gäste inständig, sich am **Guest Satisfaction Survey** (GSS) zu beteiligen. Der GSS-Index entscheidet mit über die Investitionsmittelzuweisungen für die Hotels. Stets wird es darauf ankommen, die Befragungsprogramme für die Kunden attraktiv zu gestalten, um deren Interesse und das der eigenen Verkaufsmannschaft an den Zufriedenheitsergebnissen wach zu halten. Sonst sind Ermüdungserscheinungen zu befürchten.

Abb.6-55

Wie zufrieden sind Konsumenten mit ihren Anbietern? Seit 1992 befragt der *Kundenmonitor Deutschland* (Herausgeber: *ServiceBarometer AG*, Datenerhebung: *TNS Emnid*) regelmäßig die Zufriedenheit von über 22.000 privaten Verbrauchern mit ihren Anbietern in 23 Kernbranchen.[708] Pro Branche werden telefonisch zwischen 500 und 11.000 Kundenurteile erhoben. Die Verbraucher werden per Zufallsauswahl nach dem ADM-Telefonstichprobensystem ausgewählt. Abb.6-55 zeigt die Rangliste der zehn 2008 am besten beurteilten Dienstleistungsbran-

KUNDENMONITOR DEUTSCHLAND
Ranking der Globalzufriedenheit 2008

① Apotheker	⇨	1,95
② Optiker	⇨	1,99
③ Automobilclubs	⇨	2,01
④ Buchversand und -Clubs	⇨	2,05
⑤ Reiseveranstalter	⇨	2,12
⑥ KFZ-Versicherungen	⇨	2,13
⑦ Fachmärkte Heimtierbedarf	⇨	2,20
⑧ Hörgeräteakustiker	⇨	2,22
⑨ Drogerien, Krankenvers.	⇨	2,24
⑩ Banken und Sparkassen	⇨	2,26

bezogen auf die Zufriedenheitsskala der Abb.3-20. (Quelle: www.kundenmonitor.de)

---

[706] Zum wissenschaftlichen Methodenüberblick vgl. Winkelmann, (Vertriebskonzeption), 2008, S. 129
[707] vgl. die entsprechenden Beiträge in: Simon; Homburg (Hrsg.): (Kundenzufriedenheit), 1997
[708] vgl. dort auch noch einmal die Quellenangabe zum *Deutschen Kundenbarometer;* vgl. zu den aktuellen Daten *www.kundenmonitor.de*

Beste Globalurteile in ihren Branchen 2006: *Toyota* (1,75), *Amazon* (1,83), *Gmündener Ersatzkasse* (1,91), *Debeka* (1,93), *Fielmann* (1,96), *dm* (2,04), *tegut* (2,06), *Globus* (2,1), *Aldi* (2,24), *Yello* (2,24) und *Schwäbisch-Hall*.

chen. Die Spitzenbranchen liegen im Bereich der "*sehr zufrieden*"-Urteile. Die **Globalzufriedenheit** der Konsumenten insgesamt ist z.b. im Zeitraum 1995 bis 2009 kontinuierlich von 61,0% auf über 63% angestiegen ("*vollkommen zufrieden*" = 100%). Die Globalzufriedenheit wird auch als **GCSI, German Customer Satisfaction Index**, bezeichnet. Zur Messung der Zufriedenheit werden u.a. folgende Fragen gestellt:

- **Globalzufriedenheit**: „*Wie zufrieden sind Sie mit den Leistungen von diesem (hauptsächlich genutzten) Anbieter insgesamt? Sind Sie vollkommen zufrieden, sehr zufrieden, zufrieden, weniger zufrieden oder unzufrieden?*"
- **Weiterempfehlungsabsicht**: „*Werden Sie diesen Anbieter an Freunde oder Bekannte weiterempfehlen?*"
- **Wiederkauf-/Wiederwahlabsicht**: „*Werden Sie bei Bedarf wieder bei diesem Anbieter Leistungen nachfragen?*"
- **Wettbewerbsvorteile**: „*Glauben Sie, dass Ihnen dieser Anbieter mehr Vorteile bietet als andere Anbieter, die für Sie in Frage kommen?*"
- **Cross-Buying-Absicht**: „*Werden Sie über die bisherigen Leistungen hinaus noch andere Leistungen dieses Anbieters nutzen?*"

Aufschlussreich bei Zufriedenheitsuntersuchungen sind Vergleiche des **Fremdbildes** (der Zufriedenheitsurteile der Kunden) mit dem **Eigenbild** (der Selbsteinschätzung der Verkaufsmitarbeiter). *Homburg* kommt zu dem erstaunlichen Befund, dass Eigenbewertungen regelmäßig schlechter als Kundenurteile ausfallen.[709]

Abb.6-56

Abhängig von Branche, Produkt und firmenindividuellen Besonderheiten sind nicht alle Zufriedenheitsfaktoren gleich wichtig. Die einzelnen Zufriedenheitsindikatoren sollten daher nach Durchführung einer Kundenbefragung in einem Spannungsfeld zwischen Zufriedenheitswertungen und Wichtigkeiten der einzelnen Erfolgsfaktoren eingeordnet werden. Abb.6-56 zeigt die typische Struktur einer derartigen Positionierung von Zufriedenheitsfaktoren. Je nach Position eines Zufriedenheitsfaktors in der 4-Felder-Matrix sind bestimmte Konsequenzen für die Verkaufspolitik ratsam.[710] Nach diesem Schema wurden in diesem Buch bereits Qualitäten von Dienstleistungen untersucht (Abb.4-47).

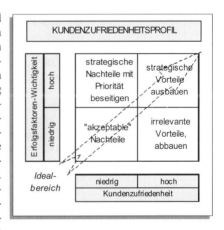

Zufriedene Kunden kommen für ein **Referenzmarketing** in Betracht (s. den 7. Punkt der o.a. Aufzählung). Sie sind auf Anfrage gerne geneigt, ihre positiven Erfahrungen mit dem Lieferanten an Dritte weiterzugeben und können deshalb als **Referenzgeber** in die eigenen Akquisitionsbemühungen eingespannt werden. Referenzmarketing gibt es in vier Varianten:[711]

---

[709] vgl. die unter dem Titel „Große Kluft" dargestellten Vergleiche von Selbsteinschätzungen und Kundenbeurteilungen von Homburg in: Blick durch die Wirtschaft vom 17.6.1996, S. 9
[710] Homburg und Daum sprechen hier von einem **Idealbereich der Konsistenz** bzw. von einer **Konsistenzstrategie**: vgl. Homburg; Daum, (Kostenmanagement), 1997, S. 48 ff.
[711] vgl. zu den Varianten 1 – 3 Belz u.a., (Geschäftsbeziehungen), 1998, S. 140-141

1. Variante: Der zufriedene Kunde gibt an einen Interessenten eine Empfehlung mit der Anregung, sich bei Kaufinteresse an den Lieferanten zu wenden.
2. Variante: Der zufriedene Kunde empfiehlt einen Lieferanten und gibt diesem den Namen des Interessenten. Nach einer Wartezeit fasst der Lieferant nach.
3. Variante: Der Interessent wird vom Lieferanten direkt angesprochen (Kaltakquise) mit dem Hinweis, sich bei dem zufriedenen Kunden gerne eine Referenz einholen zu können. Die Möglichkeit dieser Referenzgebung sollte zwischen Lieferant und zufriedenem Kunden vorher abgestimmt sein.
4. Variante: Bei Stukturvertrieben ist z.B. die Variante üblich, dass ein zufriedener Kunde gegen Erfolgsprämie oder Provision selbst Interessenten ansprechen und Abschlüsse tätigen kann.

Nach dem in Abb.1-38 im 1. Kapitel dargestellten Konzept steht die Kundenzufriedenheit zwischen Kundennähe und Kundenbindung.[712] Es ist keinesfalls sicher, dass zufriedene Kunden wieder bei ihren Lieferanten kaufen. **Kundennähe, Kundenzufriedenheit** und die letztlich für Folgekäufe entscheidende **Kundenbindung** (mit Kundenloyalität als Form einer freiwilligen Bindung) müssen ineinander greifen. Man spricht von der **Erfolgskette der Kundenbindung** oder der **Wirkungskette des Kundenerfolgs**. Anzustreben ist eine Kundenzufriedenheit, bei der sich der Kunde freiwillig und gerne bindet.

d.) Konzepte der Kundenbindung

„Aber Vorsicht! Zufriedene Kunden müssen noch lange nicht treu sein, auch wenn dies auf den ersten Blick noch so logisch erscheinen mag. In der Realität ist das anders."[713]

➡ **Kundenbindung** umfasst alle Maßnahmen, um die Wahlmöglichkeiten eines Interessenten oder Kunden einzuengen, (Folge)Käufe bei Wettbewerbern zu tätigen.
➡ Kundenbindung drückt sich in (1) psychologischen (moralischen), (2) präferenzmäßigen, (3) technischen (d.h. systembedingten), (4) vertraglich-rechtlichen und (4) ökonomischen **Abwanderungs-/Wechselbarrieren** aus.
➡ **Kundenloyalität** ist die spezielle Form einer "weichen" Bindung, bei der sich ein Kunde freiwillig an (1) einen Lieferanten, (2) einen Verkäufer, (3) eine Marke/ein Produkt oder an (4) eine Einkaufsstätte bindet. In diesem Sinne werden **Lieferantentreue**, **Verkäufertreue**, **Marken-/Produkttreue** und **Einkaufsstättentreue** unterschieden.

Eine Untersuchung in der Automobilindustrie ergab: 90% der Käufer gaben an, zufrieden zu sein. Die tatsächliche Markentreue lag aber nur bei 40%.[714]

Leider stellt die Kundenzufriedenheit „nur" eine notwendige, nicht aber hinreichende Bedingung für Folgekäufe dar. Der Kunde ist durch zusätzliche Instrumente an das Lieferunternehmen zu binden. Binden bedeutet Einengen von Handlungs-, in diesem Fall von Beschaffungsalternativen. Zielsetzung ist die Absicherung eines Lieferanteiles durch **Verbundenheit** und **Gebundenheit**.[715]

Drei Bindungsformen sind zu unterscheiden:
(1) "**Sehr weiche**" **Moralappellbindungen**: Der Kunde soll bei Lieferantenwechsel

---
[712] vgl. die bahnbrechenden Ausführungen von Peters; Waterman, (Spitzenleistungen), 2006, S. 255ff.
[713] Meister; Meister, (Kundenzufriedenheit), 1998, S. 8. Untersuchungen zeigen, dass zwischen 65 und 95 Prozent von Wechselkunden mit ihren früheren Lieferanten durchaus zufrieden oder sogar sehr zufrieden gewesen waren: vgl. dort S. 8
[714] vgl. o.V., (Kundenbindung), in: PM-Beratungsbrief v. 23.11.1998, S. 5. Fast 30% aller Firmen unternehmen keine besonderen Anstrengungen, um ihre Kunden an sich zu binden.
[715] vgl. Bruhn, (Relationship Marketing), 2009, S. 135. Verbundenheiten schaffen beim Lieferanten Verhaltensabsichten, Gebundenheiten beeinflussen das faktische Verhalten des Käufers.

Moralappelle: *"Der Gesundheit und der Familie zuliebe: Nimm Sanostol!"*
„Ich kaufe nur Trigema und sichere deutsche Arbeitsplätze."

Abb.6-57

Nach einer Befragung von 30.000 Konsumenten sank der Treuewert für Stammmarken von 1993 bis 2001 von 78 auf 69%. (Landshuter Zeitung v. 6.9.2001)

oder bei Nichtkauf eines Produktes ein „schlechtes Gewissen" bekommen.

(2) **„Weiche" Bindungen, Präferenzbindungen** durch überzeugende Anbieterleistungen: Ein Produkt, ein Werbespot oder ein Verkäufer sind so überragend, dass sich der Kunde freiwillig bindet (Bsp.: die Markentreue von PKW-Käufern).

(3) **„Harte" Bindungen** durch institutionelle Verflechtungen, technische Abhängigkeiten, Verträge oder durch Marketinginstrumente (z.B. Kundenclubs- und –karten). Abb.6-57 zeigt die Instrumente der harten Bindung.[716] Bei den Systembindungen sind z.B. EDI, EDIFACT und ECR zu nennen. Unter die Vertragsbindungen fallen z.B. Teilzahlungskredite an Kunden (z.B. Autofinanzierung) oder Kundenclubs mit Kaufzwang.

HARTE INSTRUMENTE DER KUNDENBINDUNG
Institutionelle Bindungen
⇨ Kapitalbeteiligungen
⇨ gemeinsame Joint Ventures
⇨ Mandate in Aufsichtsgremien
⇨ Sitze in Beiräten
⇨ Tätigkeit in gemeinsamen Verbänden
Technologische Bindungen
⇨ Alleinstellungen
⇨ Systembindungen
⇨ gemeinsame Technologien
⇨ Just-in-Time Belieferung
⇨ Computerized Buying
Vertragliche Bindungen
⇨ Monopolbindungen (TüV, Bahn etc.)
⇨ Langfristige Lieferverträge
⇨ Exklusivverträge
⇨ F&E-Kooperationen
⇨ Lizenz- und Know-how-Verträge
⇨ Wartungs- und Reparaturverträge
Marketing-Bindungen
⇨ Rabatt- / Bonuszusagen
⇨ Kundenclubs
⇨ Kundenkarten
in Anlehnung an Godefroid, 2003, S. 96

Auf weiche Bindungen ist wenig Verlass. Aber auch Bindungen durch Werbung oder Preisvorteile wirken kaum nachhaltig. Harte Bindungen sind gefährlich, wenn Kunden unzufrieden sind. Jeder Vertrag kann gekündigt werden. Zulieferer der Automobilindustrie haben Lehrgeld zahlen müssen, weil Rahmenverträge den Großkunden immer wieder Schlupflöcher bieten. Auch an Software gefesselte Softwarekäufer denken ständig über Auswege aus der Updatefalle nach. Was bleibt, ist die Erkenntnis, dass man langfristig keinen Kunden zum Kauf zwingen (binden) kann. Überzeugende Produkte, Markenwerte und Kundenzufriedenheit mit den Betreuungs- und Serviceleistungen bleiben letztlich die Erfolgsfaktoren der marktorientierten Unternehmensführung - und keine Knebelkonstrukte.

6.4.10. Spezielle Konzepte für das Vertriebsmanagement

a.) Key Account Management

> ➜ **Key Account Management** (KAM) bedeutet, ausgewählte, strategisch wichtige Schlüsselkunden konzentriert durch hochqualifizierte Verkaufsmitarbeiter zu betreuen. Im Vordergrund des KAM stehen Kundenberatung und Projekte mit den Zielen, eine langfristige Partnerschaft aufzubauen und gemeinsame Markterfolge zu realisieren (**Wertschöpfungspartnerschaft**)

KAM tritt in der Praxis in den Spielarten der Abb.6-58 auf. Zu den **Key Accounts** zählen die wichtigsten Kunden, die hohe Anteile am Umsatz, am Ergebnis und am strategischen Zukunftpotenzial eines Lieferanten auf sich vereinen.

Key Accounts sind die Kunden,

> *„die zu verlieren Sie sich nicht leisten können.... und solche, die das Potenzial haben, diese Bedeutung für Sie zu erlangen."*[717]

---

[716] vgl. in der aktuellen Ausgabe die Tabelle von Godefroid; Pförtsch, (BtoB), 2008, S. 96, in Anlehnung an eine Analyse von Rieker. Dort sind die Marketing-Bindungen nicht aufgenommen.
[717] Miller; Heiman, (Schlüsselkunden-Management), 1992, S. 27

Abb.6-58

FORMEN DES KEY ACCOUNT MANAGEMENTS

Konsumgüter-KAM	BtoB-KAM	Service-KAM	Pseudo-KAM
• Key Accounts sind die großen Handelskonzerne und Handelsketten, definiert durch *Nielsen*. • Hochqualifizierte Key Account Manager betreuen ausschließlich die Einkaufszentralen dieser Handelskonzerne (die Inlets). • Die Key Account Manager tragen die volle Umsatz- und Ergebnisverantwortung. • Parallel dazu betreut ein Flächenvertrieb die Outlets, überprüft die Einhaltung der Listungsverträge, sorgt für Regalpflege etc. • KAM in der Konsumgüterindustrie erfordert also eine **Zangenstrategie**.	• Key Accounts sind zu bestimmen • Hochspezialisierte Key Account Manager betreuen ausschließlich und mit voller Umsatz- und Ergebnisverantwortung die Großkunden. • Sie koordinieren Teams von Kaufleuten und Technikern. • Oft gibt es keinen Flächenvertrieb wie in der Konsumgüterindustrie, sondern nur Betreuung der Werke durch Servicetechniker und Betreuung kleinerer Kunden vom Backoffice aus. • In stark fragmentierten Märkten kann es sein, dass ein Lieferant über keine Kleinkunden verfügt. Der gesamte Kundenstamm wird dann nach den Regeln des Key Accounting betreut.	• Der Verkauf wird durch ein KAM im Sinne einer Marketing-Serviceabteilung unterstützt. • Die Key Account Manager beobachten den Markt, koordinieren Einzelaktivitäten und schneiden individuelle Serviceprogramme auf die Bedürfnisse der großen Schlüsselkunden zu. • Demzufolge haben die Key Account Manager dann keine Umsatz- und Ergebnisverantwortung.	• Um Kunden oder Mitarbeiter aufzuwerten, erhalten einige oder alle Verkäufer den Titel eines Key Account Managers; die Kunden werden als Key Accounts angesprochen und aufgewertet. • Die Verkäufer kümmern sich daher nicht ausschließlich um die wichtigsten Kunden sondern teilen KAM-Aktivitäten mit der Betreuung der anderen Kunden. (Teilzeit-KAM). • Die Kunden leiten aus dem Titel Key Account oft Forderungen nach Sonderkonditionen und höherwertigen Serviceleistungen ab. • Man kann auch von einem "**unechten KAM**" sprechen.

(vgl. auch: Winkelmann, (Vertriebskonzeption), 2008, S. 549)

Key Accounts im **Lebensmitteleinzelhandel** sind nach dem Schema von *Nielsen* die Handelsgruppen *REWE* und *Edeka, Markant, Real/Metro, ALDI, Lidl* und *Norma* mit insgesamt 48.326 Outlets und 153,1 Mrd.. Euro Umsatz (1.1.2009).[718] Auch in vielen BtoB-Märkten sind die Key Accounts strategisch vorgegeben; z.B. in der Automobilzulieferindustrie. In nicht so engen BtoB-Märkten werden Key Accounts im Rahmen der **Kundenqualifizierung** zumeist nach den Schlüsselgrößen Umsatz und Ergebnis vorselektiert und dann ergänzend strategisch beurteilt. Es zählt also keinesfalls nur der Umsatz (s. noch einmal die Beurteilungsgrößen der Abb.6-59). Schaut man jedoch nur auf Umsatzerlöse, dann orientiert sich die Praxis immer wieder an bestimmten Umsatzrelationen, um die Gruppe der Key Accounts festzulegen:
- Die Gruppe der Schlüsselkunden erbringt 50 - 60 Prozent vom Umsatz.
- Schlüsselkunden sind die ca. 20 Prozent größten Kunden, die nach der Pareto-Erfahrungsregel ca. 80 Prozent des Umsatzes auf sich vereinen.
- Schlüsselkunden sind automatisch die Top 10-Kunden.

ABB hat ca. 800 Großkunden definiert, die im Rahmen individueller Betreuungsprogramme gepflegt werden.

BtoB-Schlüsselkunden sollten **nicht allein anhand quantitativer Zahlengrößen** bestimmt werden (analog Kundenqualifizierung; s. Abschnitt 6.4.4.e). Strategische Beurteilungsgrößen müssen hinzutreten. Großunternehmen gehen oft standardisiert vor, um potenzielle Schlüsselkunden zu lokalisieren und dann innerhalb von wenigen Jahren planmäßig aufzubauen. Abb.6-59 zeigt die Methodik der *Festo AG*.[719] *Festo* verbindet die Schlüsselkundenselektion mit einer **Globalisierungsstrategie**.

---

[718] vgl. Nielsen, (Universen), 2009, S. 18-21
[719] vgl. Klebert, (Schlüsselkunden), in: ASW, 4/1999, S. 44-46

Abb. 6-59   Die Aufgaben eines **Key Account Managers**, der neben den Kollegen vom Flächenvertrieb steht, wurden bereits in der Abbildung 6.11. dargestellt. Im Vertriebsmanagement ist dafür Sorge zu tragen, dass sich die Schlüsselkundenbetreuer und der Flächenvertrieb (Field Service) synergiehaft ergänzen. Während der Flächenvertrieb eine möglichst hohe Marktdurchdringung erreichen soll, zielt KAM darauf ab,

> **DIE KEY-ACCOUNT AUSWAHL DER FESTO AG**
> ① Definition der interessantesten Branchen (nach Potenzial)
> ② Suche nach den weltweit größten Unternehmen in diesen Branchen, gemessen am Umsatz
> ③ Erstellung einer Top200-Liste (größte u. potenzialstärkste Unternehmen)
> ④ Technische und kaufmännische Analyse der Top200
> **Attraktivität**: Umsatz, Potenzial, Wettbewerbssituation, Preissensibilität, Kundenimage, Meinungsbildnerfunktion
> **Aquisitionschanchen bei jedem der 200 Potenziale**: u.a. Beziehungsqualität, Leistungserwartungen
> **Segmentierungen**: produktbezogen, logistisch, nach Auftragsabwicklungskompetenz, nach Branche.
> ⑤ Selektion und Clustering der Kunden (mit Portfoliotechnik)
> ⑥ Definition der interessantesten Kunden als Key Accounts

(1) durch eine **enge Zusammenarbeit** mit dem Kunden Kompetenzen beider Seiten zu nutzen, um überlegene Produkte in oft kritische Märkte (z.B. Automobilzulieferung) zu bringen,
(2) gemeinsame Markterfolge sicher zu stellen,
(3) durch eine intensive Betreuung eine hohe **Kundenbindung** zu erreichen,[720]
(4) durch die konzentrierte Bearbeitung (dem Kunden genau das geben, was er wirklich wünscht) **Streukosten** zu vermeiden (Problem des Flächenvertriebs),
(5) durch Lieferanten-Kunden-Arbeitsgruppen **Synergiepotenziale** zu erschließen.

Abb. 6-60   Die **Vorteile** einer KAM-Beziehung stellen sich für den Lieferanten allerdings erst nach Jahren in Abstufungen gemäß Abb.6-60 ein.[721] Zunächst sollte die Geschäftsbeziehung mit einem Großkunden den Nutzen gegenseitiger **Frühwarnungen** bringen.

Besteht dann eine gefestigte Vertrauensbasis, wird man die Chancen der Erhöhung von Lieferanteilen durch **Cross-Selling** besser nutzen können. Weitere Vertrauensbildung durch bewährte persönliche Kontakte und bewiesene Win-Win-Transaktionen können im Endstadium zu gemeinsamer Zusammenarbeit (z.B. Marktforschung) und **strategischen Allianzen** führen.

Abb.6-61 zeigt die Schritte zum Aufbau eines Key Account Managements. Den vier Hauptschritten Zielfindung, Strategiebestimmung, Erarbeitung eines Organisationskonzeptes und Implementierung / Umsetzung sind in Abb.6-61 jeweils die wichtigsten Einzelaufgaben zugeordnet.

---

[720] obwohl eine wissenschaftliche Studie aufzeigt, dass sich KAM-Beziehungen gar nicht so von den Beziehungen zu "gewöhnlichen" Kunden unterscheiden: vgl. Ivens, (Key), in: ASW, 2/2003, S. 46
[721] nach Belz und Senn, dargestellt in Belz u.a., (Geschäftsbeziehungen), 1998, S. 101

Abb.6-61

In vielen Marktsegmenten gibt es seit Jahren einen Trend zum KAM. Wegen der hohen Vertriebskosten wird das Standardgeschäft zunehmend auf kostengünstige Verkaufskanäle, wie Innendienst, Call-Center oder E-Commerce, verlagert. Der persönliche Verkauf übernimmt dagegen Elemente des KAM bei werthaltigen Kunden. Der **Trend geht zu einer konzentrierten und stark beratenden Kundenbetreuung** und damit zum Aufbau wertsteigernder Beziehungen in allen Marktbereichen. Ein gutes KAM steigert den Shareholder Value. Es ist allerdings gefährlich, beim Ausbau des KAM Kleinkunden zu vernachlässigen.

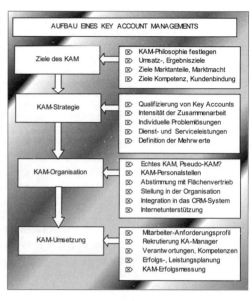

b.) Kleinkunden-Management

Abb.6-62

EMPFEHLUNGEN ZUR KLEINKUNDENBETREUUNG	
①	Außendienstbesuche nur in Ausnahmefällen
②	Überwiegend Telefonbetreuung und E-Commerce
③	Angebotsabgabe per Hand gleich auf Anfragefax
④	Mindestpackungsgrößen - Standardisierung
⑤	Mindestbestellmengen und Mindermengenzuschläge auf den Grundpreis
⑥	Bündelung von Aufträgen – Sonderrabatt für Jahresauftrag
⑦	Nebenleistungen in Rechnung stellen
⑧	Bestellmengen-Pooling mit anderen Kleinkunden
⑨	Kleinmengengeschäft an den Handel übertragen
⑩	Kleinkunden für Referenzmarketing einspannen

Nicht nur Großkunden verdienen eine besondere Aufmerksamkeit, sondern auch Kleinkunden. Wegen der hohen Besuchskosten sind sie effizient und ressoucensparend zu beraten, zu betreuen und zu binden. Abb.6-61 enthält dahingehend ausgewählte Betreuungsvorschläge.

Eine spezielle Beachtung verdienen:

(1) Kleinkunden, die beim **Kundenstatus** erst am Anfang der Kundenleiter stehen, jedoch über ein großes Einkaufspotenzial verfügen,
(2) Kleinkunden mit erheblicher **strategischer Bedeutung**; z.B. weil sie ihren Lieferanten mit einer neuen Technologie in Berührung bringen,
(3) Kleinkunden mit hoher **Referenzkraft**, z.B. weil sie verkaufsseitig Lieferanten von Marktführern sind.

In diesen Fällen können Kleinkunden dann durchaus Betreuungsprioritäten erhalten, wie man sie sonst nur den großen Key Accounts gewährt.

c.) Beschwerdemanagement (Complaint Management)

Wo gehobelt wird, fallen Späne. Eine beanstandungsfreie Geschäftsabwicklung ist Illusion. **Beanstandungen** oder **Beschwerden** sind Ausdruck von Unzufriedenheiten der Kunden. Sie sind ebenso ernst zu nehmen wie **Reklamationen**, bei denen der Kunde seine Unzufriedenheit mit einer kaufrechtlichen Forderung verbindet. Man beachte, dass der Kunde neben einer Beschwerdeäußerung

(1) stillhalten und Unzufriedenheiten aufstauen kann,
(2) unbemerkt einen Lieferantenwechsel vorbereiten und durchführen kann,
(3) imageschädigende Mund-zu-Mund-Propaganda betreiben kann.

Dann ist es schon besser, der Kunde meldet sich zu Wort und gibt dem Vertrieb die Chance, die Beanstandung dauerhaft zu bereinigen. Empirische Untersuchungen belegen:[722]
- 96% der unzufriedenen Kunden melden sich nicht. Hinter jeder Reklamation stehen also 24 schweigende, unzufriedene Kunden.
- Unzufriedene Kunden informieren im Schnitt 9 – 10 Personen über ihre schlechten Erfahrungen – auch wenn diese unberechtigt sind.
- 70% der Kunden, die sich beschwert haben, fühlen sich gebunden und wechseln den Lieferanten nicht. Das gilt insbesondere dann, wenn sie eine schnelle Antwort auf ihre Beanstandung erhalten.[723]
- Bei exzellenter Beschwerdeabwicklung steigt die Wiederkaufrate auf 95%.

Reklamationen bergen große Risiken - vor allem auf Beziehungsebene.

Beschwerden bieten also wichtige Ansatzpunkte für mehr Kundennähe, Verbesserung der Kundenzufriedenheit und zur Erhöhung der Kundenbindung. Deshalb soll es sogar Unternehmen geben, die bis zu einem gewissen Grad Beanstandungen provozieren, um nach professioneller Abwicklung Treuebeweise von „begeisterten" Kunden zu erhalten.[724] Generell ist von dieser Vorgehensweise natürlich abzuraten. Zu groß erscheint die Gefahr, eine negative Entwicklung anzuschieben, die später nicht mehr beherrschbar ist. Und auch bei zufriedenstellender Reklamationsbereinigung hat der Verkäufer höchstens eine zweite Chance. Geht wieder etwas schief, ist das Kundenvertrauen nachhaltig verletzt.

Um trotz Reklamationen Kunden zu halten bzw. das nötige Maß an Kundenbindung zu sichern, sollten Marketing und Vertrieb den Prozess der **Reklamationsaufnahme**, **-auswertung** und **-bereinigung** kundenorientiert organisieren. Einzurichten ist ein computergestütztes **Beschwerdemanagement** mit den Funktionen:[725]
(1) **Reparaturfunktion** (Problembeseitigung) zur Lösung des faktischen Problems und dadurch zur Bereinigung eines u.U. auch rechtlich kritischen Vorgangs; bzw.
(2) **Kundenbindungsfunktion**[726] zur Sicherung der durch den kritischen Vorgang gefährdeten Kundenbeziehung (selbst bei materiell kleinem Schaden!),
(3) **Lernfunktion**, um die Beschwerden zur Beseitigung des Reklamationsgrundes und zur ständigen betrieblichen Leistungsverbesserung zu nutzen,
(4) **Anreizfunktion**, um Mitarbeiter und Abteilungen für einen kontinuierlichen Verbesserungsprozess zu motivieren und
(5) **Imagefunktion**, um die aufgrund der Beschwerden eingeleiteten Verbesserungen positiv in den Markt zu verkünden. Wie wichtig gerade diese letzte Funktion ist, zeigen die Störfälle in der deutschen Chemieindustrie oder die Rückrufaktionen der Automobilhersteller. Bei dieser Funktion geht es dann weniger um die einvernehmlichen Lösungen mit einzelnen Kunden, als vielmehr um die Sicherung eines positiven Unternehmensbildes (des Corporate Image) in der Öffentlichkeit. Abb.6-63 zeigt die Elemente eines Beschwerdesystems. Unternehmen, wie z.B. *Rank Xerox*, haben ihr Beschwerdemanagement EDV-gestützt optimiert. Werden Kundenbeschwerden nicht beantwortet oder bestimmte Bearbeitungsfristen über-

---

[722] vgl. Becker, (Marketing-Konzeption), 2006, S. 83-84 sowie die dort angegebenen Studien
[723] vgl. Bandorf, (Kunde), 1998, S. 150
[724] vgl. das Beispiel bei Bandorf, (Kunde), 1998, S. 81
[725] zu den Funktionen 1 bis 3 vgl. Günter, (Beschwerdemanagement), 1997, S. 280-295
[726] auf diesen wichtigen Punkt weisen Jeschke und Schulze hin: vgl. Jeschke; Schulze, (Beschwerdemanagement), 1999, S. 404-405

Abb.6-63

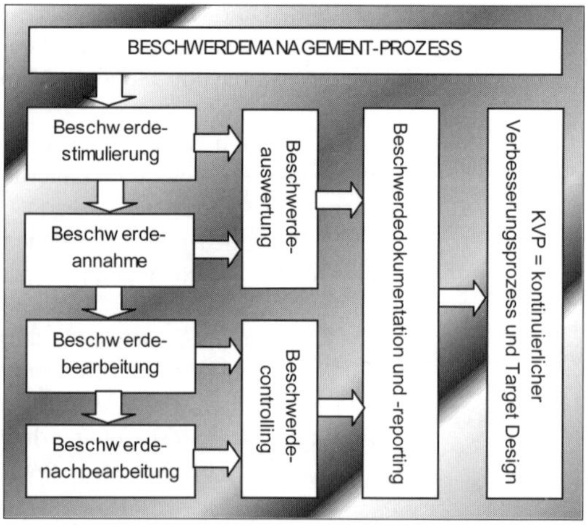

schritten, wird das System selbst aktiv und gibt z.B. Meldungen an die nächst höhere Vorgesetztenebene (**Eskalationsprinzip**).[727] Abb.6-64 enthält ausgewählte Empfehlungen für die **Beschwerdestimulierung**, **Beschwerdeannahme**, die **Beschwerdebearbeitung** und **-nachbearbeitung**.

Für **Kulanzregelungen** mit Kunden gelten folgende Empfehlungen:

- ⊠ Alltagsbeschwerden ohne große Schäden auf beiden Seiten sollten rasch im Wege standardisierter Reaktionen bereinigt werden, die den Kunden keine Anlässe zu weiteren Diskussionen bieten.
- ⊠ Ist größerer emotionaler Schaden entstanden, dann sollten zu einer finanziellen Entschädigung noch **persönliche Gesten durch Geschäftsführung** oder Vertriebsleitung hinzutreten.
- ⊠ Nicht zu unterschätzen ist diese persönliche Geste auch im Falle eines nur geringen materiellen Schadens.
- ⊠ Sind größere materielle Schäden zu verzeichnen, dann ist nach dem **Prinzip der kalkulierten Kulanz** vorzugehen. Trägt der Kunde eine Mitschuld, können durchaus Kompromisslösungen verhandelt werden.
- ⊠ Schäden, die die Öffentlichkeit berühren, sollten nicht hinter dem Berg gehalten werden. Es gilt das **Primat der Imagesicherung**. Zu groß ist bereits das Misstrauen der Öffentlichkeit bezüglich Umweltschäden, Fahrlässigkeiten, Korruption etc. Entscheidend sind Beweise für Kunden und Öffentlichkeit, dass die Ursachen der Probleme dauerhaft abgestellt sind.
- ⊠ Nach Abschluss der Kulanzregelung sollten die "Beschwerdekunden" im Rahmen eines speziellen Kampagnenmanagments nachbetreut werden.

Abb.6-64

	EMPFEHLUNGEN FÜR EIN BESCHWERDEMANAGEMENT
①	Kunden solten aktiv zu Beschwerden ermutigt werden.
②	Für die Beschwerdeannahme sollten Möglichkeiten, Anlaufstellen und Zuständigkeiten festgelegt und bekannt gemacht sein (Hotline, Kummerkasten, Kundentelefon, Kundendienst etc.).
③	Jeder Mitarbeiter sollte sich als Beschwerdemanager begreifen. Es gilt das Prinzip der *complaint ownership*: Der Ansprechpartner, der die Beschwerde entgegennimmt, ist zuständig. Kunden mit Beanstandungen werden nicht weitergereicht.
④	Beanstandungen und Reklamationen sollten standardisiert erfasst werden (in einem CRM-System).
⑤	Für die effiziente Abwicklung sollten Zeitlimits gelten: Ist eine Beschwerde nicht innerhalb von x Tagen bereinigt, ist der Vorgang automatisch der nächst höheren Verantwortungsebene zu melden.
⑥	Der Stand der Bearbeitung sollte nach dem Workflow-Verfahren für alle betroffenen Abteilungen sichtbar bzw. verfolgbar sein.
⑦	Die Schäden auf Kundenseite sollten nach einem System bewertet werden (s. Text). Für die Schadensbereinigungen mit den Kunden sollten klare Regeln gelten.
⑧	Bei größeren Reklamationen, insbes. bei Reklamationen seitens Großkunden, sollten gemeinsame Lösungsvorschläge erarbeitet werden. Nach einem festgelegten Zeitraum nach Bereinigung ist nachzufassen und die Kundenzufriedenheit erneut zu überprüfen.
⑨	Kleine Reklamationen sollten unbürokratisch und vor allem schnell bereinigt werden. Man komme dem Kunden ein wenig mehr entgegen, als er erwartet.
⑩	Es gilt der eherne Marketinggrundsatz: **Ein Kunde reklamiert nie zu Unrecht!**

---

[727] vgl. Bandorf, (Kunde), 1998, S. 153-154

Zusammenfassend kommt es also darauf an, Kundenbeschwerden positiv zu akzeptieren und für **kontinuierliche Verbesserungsprozesse** zu nutzen (KVP). In jeder Beschwerde oder gar Reklamation kann eine Verkaufschance verborgen sein. Schwieriger zu vermeiden sind Umsatzverluste bei schweigenden Kunden.

d.) Churn-Management (Verhinderung von Kundenverlusten)

Abb.6-65

Groß ist die Enttäuschung, wenn ein Kunde seinem Zulieferer überraschend eröffnet, dass er in Zukunft beim Wettbewerber einkaufen wird. Sofort kommt im Verkaufsteam ein schlechtes Gewissen und die Frage auf: *Hätten wir das nicht früher schon irgendwie bemerken können?* Lieferantenwechsel passieren, besonders bei erklärungsbedürftigen Produkten, nicht über Nacht. Sie kündigen sich durch frühe, stille Signale an. Diese aufzuspüren und damit umzugehen, ist Sache des **Churn-Managements**.[728] Der Begriff **Churn** ist eine Kombination von **Change** und **Turn**. Kunden, die ab-

FRÜHE SIGNALE FÜR EINEN KUNDENWECHSEL
① Nachlassender Druck des Kunden
② Nachlassende Freundlichkeit des Kunden
③ Kunde fasst sich zusehends kürzer
④ Kunde lässt sich nicht mehr zum Essen einladen
⑤ Außendienstmitarbeiter wird nicht mehr an den Messestand oder zum Event eingeladen
⑥ Verändertes Bestellverhalten des Kunden. Aufträge werden immer kurzfristiger vergeben
⑦ Kunde reklamiert zunehmend Kleinigkeiten
⑧ Neue Spezifikationen enthalten Referenzwerte der Konkurrenz
⑨ Nachlassendes Interesse des Kunden an Rahmenaufträgen
⑩ Kunde ist nicht mehr zur Referenzabgabe bereit

springen möchten, sollen "wieder umgedreht" werden. Insbesondere für Banken und Versicherungen ist diese Aufgabenstellung von herausragender Bedeutung. Abb.6-65 enthält eine Auswahl früher Signale für einen Kundenverlust, auf die Marketing und Vertrieb achten sollten. Auf die Anwendung von **Datamining**, **Data-Visualisation** und **Data-Warehousing** im Rahmen des Churn-Managements wird verwiesen.[729] Seinen Kunden gut zu kennen, ist eine Grundvoraussetzung zur proaktiven Verhinderung von Kundenabgängen.

e.) Kundenrückgewinnungs-Management

Die *Deutsche Telekom* hat 2006 innerhalb weniger Monate 2,1 Mio. Kunden verloren. Und 600.000 im ersten Quartal 2009 (Hinweise in: MM, 1/2007, S. 69; ASW 11/2009, S. 22).

Ist der schlimmste Fall eingetreten, d.h. vergibt der Kunde Folgeaufträge an Wettbewerber, dann scheut der Außendienst oftmals intensive Rückgewinnungsaktionen. Folgende Gründe werden angeführt:
(1) Es ist den Außendienstmitarbeitern peinlich, Fehler einzugestehen und bei den verlorenen Kunden wie Bittsteller aufzutreten.
(2) Man fürchtet die vernichtende Kundenaussage: „*Ja, wenn ich gewusst hätte, wie gut die Konkurrenz arbeitet, hätte ich schon viel eher beim Wettbewerb gekauft*".
(3) Man befürchtet, dass verlorene Kunden nur unter erheblichen Preiszugeständnissen zurückgewonnen werden können.

Aktuelle Untersuchungen lassen zumindest zweifeln, ob die letzte These Allgemeingültigkeit beanspruchen darf. Erhebungen in unterschiedlichen Branchen belegen für **systematische Rückgewinnungsprogramme** Erfolgsquoten bei den Zielkunden von 11 bis 40 Prozent. Die Renditen betragen zwischen bemerkenswerten 40 und 80 Prozent.[730] Auf Grund einer empirischen Erhebung formulieren *Sauerbrey* und *Henning* folgende **Thesen zum Kunden-Rückgewinnungs-Management**:[731]

---
[728] vgl. z.B. die Ausführungen bei Winkelmann, (Außendienst-Management), 1999, S. 208-209
[729] vgl. Improved Customer Control through Churn-Management: *www.sgi.com/software/mineset/ tech_info/churn.html*
[730] vgl. Homburg; Schäfer, (Ehemalige Kunden), in: FAZ v. 15.2.99, S. 29 sowie die Ergebnisse einer Studie von Sauerbrey; Henning, (Kunden-Rückgewinnung), 2000, S. 13-39
[731] Sauerbrey; Henning, (Kunden-Rückgewinnung), 2000, S. 19-20

(1) Die **Kündigungsquoten** (besonders in den Dienstleistungsbranchen) werden nicht sinken.
(2) Ein professionelles Rückgewinnungsmanagement verspricht hohe Erfolgsquoten.
(3) Die wichtigsten **Erfolgsfaktoren** für die Kundenrückgewinnung sind: (a) starke Motivation und hohe fachliche und kommunikative Fähigkeiten der Mitarbeiter, (b) ausgereifte Database-/EDV-Unterstützung, (c) richtiges Timing der Rückgewinnnungsmaßnahmen, (d) Schaffung von kundenindividuellen Anreizen zur Rückkehr sowie (e) exakte Zielkunden-Selektion.
(4) Die **Bindungsdauer** zurückgewonnener Kunden ist im Durchschnitt nicht schlechter als die von Stammkunden.
(5) Die **Kostenrelationen** zwischen Neukunden-Akquisitionen, Kunden-Rückgewinnung und Kundenbindung liegen bei **6 zu 3 zu 1**.
(6) Bei Rückgewinnungsaktionen sind ROI von 20% und (weit) mehr erzielbar.

Ein Kundenrückgewinnungs-Management empfiehlt folgende Checkliste:[732]

- ▷ Zunächst sollten die Ursachen des Kundenverlustes schonungslos analysiert und beseitigt werden. Eine "zweite Chance" gibt der Kunde noch, aber dann ....
- ▷ Im nächsten Schritt sind die Attraktivitäten (Kundenwertigkeiten) der verlorenen Kunden zu untersuchen.
- ▷ und gegen die Chancen und Kosten eines möglichen Rückgewinnungserfolges abzugleichen.
- ▷ Die einzelnen Rückgewinnungsmaßnahmen sind in einem Kontaktprogramm festzuschreiben (Planung einer Rückgewinnungs-Kampagne),
- ▷ wobei mögliche Zugeständnisse und vor allem die Argumente für eine neuerliche Aufnahme der Geschäftsbeziehung im voraus festzulegen sind (gut durchdachte Vorbereitung der Argumente notwendig).
- ▷ Dass eine behutsame und langfristig angelegte Vorgehensweise ins Auge zu fassen ist, wenn ein früherer Kunde bereits einen längerfristigen Liefervertrag mit einem Konkurrenten abgeschlossen hat, bedarf keiner weiteren Erläuterung.
- ▷ Generell gilt: **Nicht der „Schnee von gestern" sollte im Vordergrund der Gespräche mit dem Kunden stehen, sondern die konkreten Vorteile, die ein Wiedereinstieg bei dem früheren Lieferanten bringt.**
- ▷ Zurückgewonnene Kunden sind eine Zeitlang mit hoher Priorität zu betreuen!

Wir möchten allerdings darauf hinweisen, dass der Kostenvergleich Neukundengewinnung versus Kundenrückgewinnung nicht zielführend ist. Denn eigentlich müsste man für zurückgewonnene Kunden doppelte Kosten in Ansatz bringen: Sie waren ja früher schon einmal Neukunden und haben früher Akquisitionskosten verursacht.

Entscheidender ist vielmehr die Erfahrung, dass eine Kundenrückgewinnung kostenintensiver ist als Kundensicherung (Customer Retention). Kundenverluste lassen sich allerdings erfahrungsgemäß nicht vermeiden. Von besonderer Praxisrelevanz sind daher die strategischen Alternativen:

- **kontinuierliche Neukundensuche**, um den Verkaufstrichter nicht austrocknen zu lassen; allerdings mit der Folge entsprechender Einschränkungen bei der Stammkundenpflege, versus
- **diskontinuierliche Rückgewinnungsaktionen** im Rahmen von Kampagnen, oft in Zusammenarbeit mit Call-Center und Direktmarketing-Agenturen.

Bislang stand der persönliche Verkauf durch eigene Außendienstmitarbeiter im Mittelpunkt. Der Direktvertrieb in den Formen des Besuchs- oder Telefonverkaufs ist

---

[732] vgl. auch die Handlungsempfehlungen bei Winkelmann, (Außendienst-Management),1999, S. 231

aber nur eine von mehreren „Straßen zum Endkunden". Zunehmend entwickelt sich der Internetverkauf zu einem beherrschenden Thema.

6.5. Verkaufen im Internet (E-Commerce)

6.5.1. Der Entwicklungspfad des E-Business

Laut *Direkt Marketing Monitor* sind 71% aller Unternehmen im Internet vertreten.

Was 1969 als *Arpanet* des *Pentagon* zur Sicherung der weltweiten Computerdatenbanken gegen einen globalen Atomschlag begann, hat sich mittlerweile zur "*größten Innovation seit Erfindung der Dampfmaschine*" entwickelt. Das Internet hat unsere beruflichen und privaten Welten in wenigen Jahren gravierend verändert.[733]

Das Einkaufen und Verkaufen im Internet kennt viele Spielarten. **E-Business ist der gemeinsame Begriff für alle Anwendungen**, wobei zum E-Business auch die entsprechende Hardware und Internet-Serviceleistungen zählen. Abb.6-66 verdeutlicht die Bedeutung des *World Wide Web* für alle Wirtschaftsbereiche.[734] Allen Märkten bietet das Internet die **Vorteile** einer zeitlich und räumlich unbegrenzten und überaus kostengünstigen Kommunikation; mit niedrigen Eintrittbarrieren und der Vision, dass in der virtuellen Welt kleine wie große Unternehmen die gleichen Chancen haben. Das Internet ist der Schlüssel zur Globalisierung!

Der Zusammenbruch der sog. **New Economy** Anfang dieses Jahrzehnts brachte nur eine Atempause. Das Internet und die traditionelle Wirtschaftswelt tun sich zu einer neuen **Real Economy** zusammen. Das Ein- und Verkaufen im Internet wird tägliche Routine. Für die historische Entwicklung dieses Erfolgsweges können folgende Phasen unterschieden werden:
(1) bis 1995: **Brochureware**: Übernahme von Katalogen ins Web,
(2) bis 1997: **E-Commerce**: Online-Verkauf, Shops, digitaler Versandhandel,
(3) bis 1999: Ausweitung auf **virtuelle Portale und Marktplätze** in BtoC und vor allem BtoB,
(4) bis 2001: **eCRM**, d.h. Übernahme des Beziehungsmanagments in das Internet,
(5) bis 2010: **E-Enterprise, E-Supply Chain Management**, **Web 2.0-Konzepte** d.h. Übertragung sämtlicher Geschäftsprozesse in das Web,
(6) ab 2008 **Web 2.0**, d.h., „Kunden machen Marketing",
(7) ab 2009 bis 2014 **mobile Business** der neuen Generation.

Abb.6-66

		E-BUSINESS IN VERSCHIEDENEN MARKTBEREICHEN		
		Consumer	Business	Administration
Anbieter der Leistung	Consumer	**Consumer-to-Consumer**: z.B. Internet-Kleinanzeigenmarkt	**Consumer-to-Business**: z.B. Jobbörsen mit Anzeigen von Arbeitssuchenden	**Consumer-to-Administration**: z.B. Steuerabwicklung von Privatpersonen (Einkommenssteuer etc.)
	Business	**Business-to-Consumer**: z.B. Bestellung eines Kunden in einer Internet-Shopping Mall	**Business-to-Business**: z.B. Bestellung eines Unternehmens bei einem Zulieferunternehmen per Web-EDI	**Business-to-Administration**: z.B. Steuerabwicklung von Unternehmen (z.B. Umsatzsteuer)
	Administration	**Administration-to-Consumer**: z.B. Abwicklung von Unterstützungsleistungen (Sozialhilfe, Arbeitslosenhilfe)	**Administration-to-Business**: z.B. Beschaffungsmaßnahmen öffentlicher Institutionen im Internet	**Administration-to-Administration**: z.B. Transaktionen zwischen öffentlichen Institutionen im In- und Ausland

---

[733] vgl. für einen umfassenden Überblick: Hermanns; Sauter, (Electronic Commerce), 2001

Abb.6-67

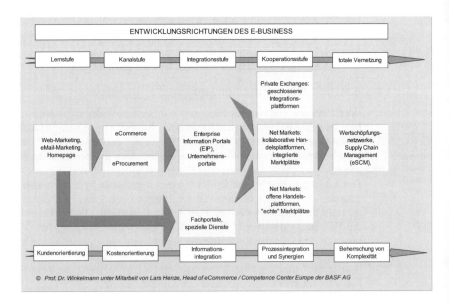

Abb.6-67 skizziert einen **Entwicklungspfad für das E-Business**.[735] Zunächst haben die Unternehmen gelernt und sich durch E-Mail-Marketing und Homepages die Grundlagen für das digitale Zeitalter gelegt. Diese Aktivitäten wurden in Einkaufs- (**E-Procurement**) und Verkaufskanälen (**E-Commerce**) institutionalisiert. Die Einkaufs- und Verkaufs-Shops bieten enorme Kostensenkungspotenziale und erleichtern eine schnelle und kostengünstige Suche nach neuen Lieferanten- und Kundenkontakten. Diese Kanalformen entwickeln sich zu Internet-Portalen (EIPs = **Enterprise Information Portals**) weiter und emanzipieren sich zu virtuellen Werkstoren. Die Portale werden dann weiterführend durch kollaborative Funktionen angereichert. So entstehen **Transaktions**- (Ziel: kostengünstiger Einkauf und Verkauf im globalen Maßstab) und **Kooperationsplattformen** (Ziel: Prozessintegration mit definierten Partnern). Die Unternehmen verknüpfen ihre Wertschöpfungsketten. Der Weg zu einem **internetgestützten Supply Chain Management (E-SCM)** ist vorgezeichnet. Nicht mehr einzelne Wertschöpfungsketten werden über bilaterale Lieferstufen hinweg horizontal oder vertikal verknüpft, sondern ganze Wertschöpfungsnetzwerke von Unter- und Systemlieferanten mit ihren Schlüsselkunden. Die folgenden Abschnitte gehen auf die für Marketing und Vertrieb relevanten Bereiche ein.

6.5.2. E-Commerce

"*E-Commerce ist die moderne Form des Versandhandels.*" (Michael Otto, in: MM, 6/2003, S. 80)

▶ Unter E-Commerce wird der **digitale (Versand)Handel im Internet** verstanden. Kriterien für E-Commerce sind Transaktionen (Verkauf), nicht Werbung.

Im Konsumgüterhandel erreichte E-Commerce 2007 laut *BITKOM* mit 10,9 Mrd. Euro bereits 39,5 Prozent vom gesamten Versandhandelsumsatz. Hinzu kamen 5,9 Mrd. Euro digitale Dienstleistungen wie Downloads und Online-Tickets.[736] Nach *eMarketer* könnte der E-Commerce-Umsatz bis 2011 auf 62,3 Mrd. Euro steigen.[737] 2006 waren bereits mehr als 61 Prozent der 14 bis 64-jährigen Verbraucher online.

---

[734] vgl. Hermanns; Sauter, (Electronic Commerce), 2001, S. 25
[735] vgl. auch zu den folgenden Ausführungen Winkelmann; Heck, (Trends), 2002, S. 4-28
[736] Quelle: BITKOM, zit. in: Computerwoche, 7/2008, S. 24
[737] Quelle: *Forrester Research*, zit. in: Horizont, 49/2006, S. 27

6. Kapitel: Die Vertriebspolitik

Abb.6-68

Umsätze 2006 im Internet in Mrd. €:
Kleidung 2,8; Bücher CDs 1,8; Elektronik 1,4; Hobby/Freizeit 0,7; Möbel 0,5; Drogerie 0,4; Haushaltsgeräte 0,4; Computer 0,4; Auto und Motorrad 0,4.
(Quelle: TNS Infratest)

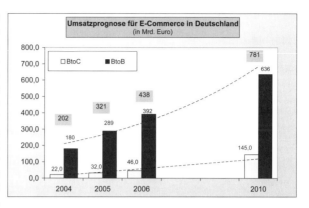

Die *GfK* meldete für 2007 28,8 Mio. Online-Käufer mit durchschnittlich 8,5 Kaufakten jährlich. Statistisch gesehen kauft bereits jeder Dritte im Internet.[738] 27,7 Prozent der Deutschen surfen jeden Tag im Internet (2004: 25,7 %). *Forrester Research* meldet als Zahlen für 2009: 36 Mio. deutsche Verbraucher generieren 31,3 Mrd. USD E-Commerce-Umsatz, was einem jährlichen Durchschnittskauf von 869 USD entspricht.[739] Das Wachstum von E-Commerce ist also beeindruckend – wenngleich der Anteil am deutschen Gesamtkonsum (über 1.500 Mrd. Euro) noch immer relativ niedrig ausfällt.

Weitaus größere Wachstumschancen werden für die BtoB-Märkte prophezeit. Der digitale BtoB-Umsatz in Deutschland betrug bereits im Jahr 2003 103 Mrd. Euro. Abb.6-68 liefert eine Prognose aus dem Jahr 2003 für den E-Commerce-Umsatz bis 2010.[740] Wie sich gezeigt hat: zu optimistisch. Dennoch kommt die Relation BtoC und BtoB gut zum Ausdruck. Leider weichen die Prognosewerte der zahlreichen Studien z.T. erheblich voneinander ab. Die Entwicklung vorauszusagen, gleicht einem Blick in den Kaffeesatz. Eines aber ist gewiss: Die erheblichen **Vorteile des Internets** machen den digitalen Werbe- und Verkaufskanal gleichermaßen für Lieferanten, Anbieter und Käufer attraktiv. Den Stärken stehen allerdings auch Nachteile gegenüber. Abb.6-69 betrachtet die **Vor- und Nachteile von E-Commerce** im Vergleich zum persönlichen Verkauf. Es wäre allerdings unprofessionell, den persönlichen Kontakt und eCommerce als Gegensätze zu betrachten. Es handelt sich vielmehr um Kanalalternativen, die im Verbund zu optimieren sind.

Abb.6-69

VOR- UND NACHTEILE VON E-COMMERCE IM VERGLEICH ZUM AUSSENDIENST	
Vorteile und Chancen gegenüber konventionellem Außendiensteinsatz	Nachteile und Risiken gegenüber konventionellem Außendiensteinsatz
• Einsparung von Außendienstkosten • Entlastung von Innen- und Außendienst • Kunde übernimmt Teil der Auftragsabwicklung • Schnelle Aktualisierung von Preisen u. techn. Daten • Kunde kann Infos zeitlich unbegrenzt abrufen • Kunde kann Infos standortunabhängig abrufen • Kunde kann Infos bei Bedarf abrufen • Kunde kann Infos wiederholt abrufen • Antwortstandardisierung für ca. 60% aller Fragen • Kunde hat auch privat Zugang zu den Daten • Präzisere Steuerung von Produktpräsentationen • Flexible Erfassung von Beanstandungen, Reklamat. • Flexible Terminabsprachen über E-Mail und www • Surfen regt evtl. zu Spontankäufen an	• Manche Kunden bestehen auf persönl. Gespräch • Wettbewerbssituationen undurchschaubar • Buying-Center des Kunden schwerer durchschaubar • Kundenerwartungen weniger transparent • AD ist nicht mehr „alleiniger Hüter" des Kunden • Kunde kann nicht persönlich „gecoached" werden • Individueller Dienst am Kunden erschwert • Klassische Preisverhandlung nicht möglich • Preisdifferenzierung (insbes. regional) erschwert • Evtl. wird Provisionssystem des AD unterlaufen • Markenführung wird wichtiger als Kundenbetreuung • Gefahr einer Corporate Identity Verwässerung • Außendienst muss Web-Inhalt gut kennen • Innendienst verliert Betreuungskompetenz

Für die Hersteller wie auch für Absatzmittler (Handelspartner) kann das Verkaufen im Web auf folgenden Strategien und daraus folgenden Geschäftsmodellen beruhen:

---

[738] vgl. die Hinweise auf weltweite Internet-Studien in: ASW, 4/2005, S. 94-95
[739] Quelle: Forrester Research, zit. in: Computerwoche, 26/2009, S. 12
[740] Quelle: Studie von *EITO* im Auftrag des Bundesverbandes *Informationswirtschaft, Telekommunikation und neue Medien (BITKOM)*, vgl. salesBusiness, 1/2 2007, S. 6

Die 6 größten deutschen Online-Shops 2006: *Ebay, Amazon, Tchibo, Otto, Quelle, Neckermann.*

Ebay forderte die EU 2009 mit Hilfe von 750.000 Unterschriften dazu auf, dass Markenartikelhersteller den Internetverkauf ihrer Produkte nicht mehr einschränken dürfen.

"Wir liefern von der Hallig bis zur Alm." Helmuth Lüchau, Otto Group

(1) E-Commerce ist als **Markterschließungsinstrument** für **kleine Firmen** und **Existenzgründer** interessant, die hinsichtlich Verkaufskraft und Flächendistribution beschränkt sind. Sie können mit Hilfe des Internets eine weltweite Kundengewinnung und Betreuung ohne kostspieligen Außendienst und ohne Absatzmittler anstreben. Beim Sachgütervertrieb gehört zur Web-Strategie eine leistungsfähige Logistik.

(2) E-Commerce ist speziell für die Unternehmen eine Alternative, die unter Verzicht auf Handelspartner konsequent auf **Direktvertrieb** (BtoC) setzen. Bei dieser **handelsausgrenzenden Vertriebsstrategie** sind Fernberatung und eine exzellente Logistik erfolgsentscheidend. Als Aushängeschild wird immer wieder auf *Dell* verwiesen (*www.dell.de*).

(3) Bei einer **handelsintegrierenden Vertriebsstrategie** baut der Hersteller zwar ebenfalls einen direkten Kontaktkanal zum Kunden auf, leitet aber die Kundenkontakte an die Handelspartner zurück, die für die jeweilige Kundenregion verantwortlich sind (Bsp.: *Miele, Philips, Loewe Opta* oder die Automobilhersteller). Die Hersteller beschaffen sich gezielt eigenes Markt-Know-how, um ihre Leistungsangebote besser auf die Kundenwünsche hin ausrichten zu können und um vertrieblich mehr Druck auf den Handel auszuüben. Sie integrieren den Handel in ihre Verkaufsstrategie.

(4) Große **Handelskonzerne** reagieren mit **eigenen Webauftritten**, indem sie den Herstellern Unterschlupf in **virtuellen Einkaufswelten** bieten: den **virtuellen Malls** (Bsp.: die frühere *www.karstadt.de* von *Karstadt* oder *shopping24* von *Otto*). Für die Hersteller wie auch für die websurfenden Kunden sind diese Cyber-Malls besonders spannend, da attraktive Sortimente gebündelt werden. Die Konsumenten wollen auch nicht immer sofort kaufen. Zunächst informieren sie sich über aktuelle Angebote im Internet, um dann in verkürzter Shoppingzeit gezielt auf Web-beworbene Produkte zuzugreifen.

(5) Die bisherigen Beispiele betrafen vorrangig BtoC-Operationen. Noch größer sind die BtoB-Potenziale. Hersteller können Handwerk und Fachhandel via Internet-Informations- und Verkaufskanäle optimal versorgen. Es entstehen Vertriebspartnernetze.

(6) Nicht-beratungsintensive Unternehmen verlagern den Verkauf von standardisierten Artikeln, Ersatzteilen, spezifizierten OEM-Komponenten oder Informationsdienstleistungen auf E-Commerce-Shops. Bei der Form der sog. **Extranets** sind die Zugriffe für die zugangsberechtigen Kunden oder Vertriebspartner durch Passwort gesichert. So kann jeder Kunde seine individuelle Web-Seite mit den für ihn gültigen Konditionen und Vorgangsinformationen abrufen und vor allen Dingen Prozesse anstossen. Abgesehen von den enormen Rationalisierungs- und Kostenvorteilen werden in Außendienst und Innendienst Ressourcen für die Beratung erklärungsbedürftiger Produkte und für die Neukundengewinnung frei. Notwendig ist es jedoch, Außendienststeuerung (CRM) und E-Commerce (sowie ERP) intelligent zu verknüpfen.[741] **Isoliert neben dem Vertrieb stehende Internet-Shops verursachen erhebliche firmeninterne Reibungsverluste.**

(7) Letztlich bietet E-Commerce auch dem nicht-konzerngebundenen **stationären Handel** neue Verkaufschancen. Das klassische Ladengeschäft wird durch einen Internet-Versandshop ergänzt oder ersetzt. (**Click-and-Mortar-Unternehmen**). Derartige Online-Shops funktionieren als komplexe Software-Module (z.B.: *www.intershop.de*). Der E-Shop erreicht jetzt 24 Stunden die Privatsphäre des Kunden. Der Kunde bestellt vom PC und vom TV im Wohnzimmer aus – ohne Parkplatznot und Einkaufsgedränge.

---

[741] vgl. Winkelmann, (E-Commerce), Vortrag auf dem VDI-Jahrestag VIT'99 am 10.6.99 in Darmstadt. Noch immer sind 60% aller Shops nicht integriert!

Der Rekord von *Amazon* an einem Tag im Dezember 2006: 600.000 Bestellungen = 7 Artikel pro Sekunde.

Was dabei nicht übersehen werden darf: Die Initiative, einen E-Shop anzusurfen, geht vom Kunden aus. Internet-Händler mit einem langweiligen, ereignisleeren Web-Auftritt haben es schwer, Online-Käufer zu gewinnen. Dagegen kommen die **Vorteile von E-Commerce** bei einem lebendigen und mehrwerteübertragenden Kundendialog voll zum Tragen (Paradebeispiel: *Amazon*). Die Vorteile liegen
(1) in den Möglichkeiten zum **automatisierten, reaktionsschnellen Kundendialog**,
(2) **ohne zeitliche oder räumliche Begrenzungen**,
(3) in der Schaffung einer **Transparenz im Käuferverhalten**,
(4) den damit verbundenen vielfältigen Möglichkeiten zur **Individualisierung der Angebote (Personalisierung** und **Individualisierung)**
(5) mit erheblichen **Rationalisierungpotenzialen** in den Arbeitsabläufen.
(6) Außerdem gilt: **Im Web sind alle gleich**. Ein Newcomer kann die gleichen Zielgruppen erreichen und auch marketingmäßig ein gleich imposantes Bild abgeben, wie ein im traditionellen Geschäft dominierender, großer Marktführer.

Um den **Online-Dialog** mit Interessenten und Kunden lebendig zu gestalten, bieten sich zahlreiche Werkzeuge an:
(1) In den Webauftritt **integrierte Bestell- und Frage-/Antwortfelder**,
(2) automatisches Erstellen von **E-Mail-Nachrichten** an den Anbieter,
(3) **Text-Chats**, d.h. Felder, in die der Kunde Meinungen, Nachrichten, Fragen etc. eingeben und mit anderen Kunden in einen Informationsaustausch treten kann,
(4) **Call-Back-Routinen**, durch die der Kunde auf Knopfdruck (Call-Back-Button) einen Rückruf des Anbieters, auch zu einer bestimmten Zeit, erbitten kann (oft in Kombination mit einem Call-Center),
(5) **Freecall-Routinen**, durch die der Kunde bei entsprechenden technischen Voraussetzungen umgehend eine kostenfreie Internet-Telefonverbindung (durch Drücken eines Freecall-Buttons) zum Hersteller oder Händler aufbauen kann (oft 900er Nummern ausgehend von einem Call-Center),
(6) **Communities**, mittels derer ein Anbieter seine Fan-Gemeinde pflegen kann, wobei allerdings bei einer echten Community alle Initiativen von den Internet-Usern und nicht vom Anbieter ausgehen.
(7) Hinzu kommen kommunikationsfähige künstliche Wesen: **Avatare**, die sich auch figürlich präsentieren, **Bots** (Roboter) als körperlose Gesprächspartner der Surfer und **Agenten**, die für die Surfer routinemäßige Arbeiten übernehmen.
(8) Als **rechtliche Voraussetzungen** für einen Dialog müssen (double) Opt-In (Zustimmung zum Dialog), eine einfache Möglichkeit zum Opt-out, Registrierungsanfrage, Hinweis auf Geschäftsrücktritt und explizites Bestätigen von allgemeinen Geschäftsbedingungen vorhanden sein – nicht zu vergessen das Impressum für den Web-Auftritt.

Diese Werkzeuge sind intelligent im Rahmen von **Online-Kundenentwicklungsprozesse** einzusetzen. Eine Online-Kundenentwicklung läuft in folgenden Schritten ab:[742]
(1) **Attract**: Interesse des Surfers wecken,
(2) **Engage**: den Surfer zum Web-Angebot bewegen,
(3) **Retain**: den Kunden an das Web-Angebot binden,
(4) **Learn**: aus den Kundenangaben lernen und
(5) **Relate**: mit diesen Erkenntnissen weitere Kundenkontakte individualisieren.

Dabei sollte auf **Qualität** bei folgenden **Erfolgsfaktoren** geachtet werden: (1) sichere **Technologie**, (2) attraktives **Erscheinungsbild**, (3) anwenderfreundliche Funktionalitäten des eigentlichen Shops, (4) reibungslose **Logistik** beim Fullfillment, (5)

---
[742] vgl. Gräf, (Website), in: ASW, 6/2000, S. 52 mit dem Hinweis auf Kierzkowski u.a. 1997

sichere **Datenübertragung** (Verschlüsselung), (6) transparentes **Inkasso** und (6) umfassender **Kundenservice** bei Rückfragen und Beanstandungen. Gerade ein guter **Service** wird beim Online-Einkauf immer wichtiger.

Als die fünf wichtigsten Anforderungen an die Führung eines E-Shops gelten:[743]
(1) **keine Preiserhöhungen** zwischen Bestellung und Lieferung,
(2) **Umtausch** bei Nichtgefallen,
(3) **keine Datenweitergabe** ohne Kundenzustimmung,
(4) Eingabe persönlicher Daten über einen **Sicherheits-Server**,
(5) schnelle **Auftragsbestätigung** per E-Mail.
(6) Beim E-Mail-Marketing (Kundenansprache) kein **Spamming** (s. 7. Kapitel).

Abb.6-70

Dabei sind rechtliche Vorschriften zu beachten. Abb.6-70 zeigt die Eckpunkte des novellierten Fernabsatzgesetzes. Der **E-Mail-Kodex** wird im 7. Kapitel im Zusammenhang mit dem E-Mail-Marketing aufgezeigt. Neuartige Kennzahlensysteme messen den Erfolg von Verkaufskampagnen im Internet. Sie profitieren davon, dass im Internet das Kundenverhalten sofort transparent wird und automatisiert ausgewertet werden kann. Dabei

ECKPUNKTE DES FERNABSATZGESETZES

- Im Internet deutlicher Hinweis auf AGB
- Direkte und unentgeltliche Abrufbarkeit der AGB
- AGB müssen übersichtlich sein – keine Verschleierung
- Umfang der AGB muss zumutbar sein
- Umfassende Informationen an Kunden vor Abschluss
- Ausdrückliches Einverständnis des Kunden bei Vertragsabschluss erforderlich
- Widerrufrecht innerhalb von 2 Wochen ab Erhalt der Ware bzw. bei Dienstleistungen ab Vertragsabschluss
- Uneingeschränktes Rückgaberecht nicht ausschließbar
- Bei Bestellungen bis 40 EURO trägt der Verbraucher die Kosten der Rücksendung, darüber der Verkäufer
- Gültig für Verträge ab 30. Juni 2000
(EU-Fernabsatzrichtlinie)

geht es nicht nur um Transaktionsdaten. Es hilft der Umstand, dass viele Käufer unbedenklich private Informationen in das Netz stellen und somit die Kundenqualifizierung erleichtern. Abb.6-71 beschränkt sich auf die eher unbedenklichen Transaktionsdaten.

Abb.6-71

Stufe	Kennzahl / Beschreibung	Aufbau
	KENNZAHLENSYSTEME ZUM ONLINE-KUNDENENTWICKLUNGSPROZESS	
(0)	**Zielgruppenzugang**: Bekanntmachungseffekt	Anzahl der Personen, denen das Online-Angebot bekannt ist : Anzahl der anvisierten Zielgruppenpersonen
(1)	**Surfer**: Kontakteffizienz	Anzahl der Personen mit einem ersten Kontakt zur Web-Site : Größe der anvisierten Zielgruppe
(2)	**Consumer**: Interaktionseffizienz	Anzahl der Personen, die technische Interaktionsprozesse ausüben (= Dialog) : Anzahl der anvisierten Zielpersonen
	oder	Dto. : Anzahl der Online-Surfer
(3)	**Prosumer**: Dialogeffektivität	Anzahl der Personen, die personelle Interaktionsprozesse ausüben (= zielgerichteter Dialog) : Anzahl der anvisierten Zielgruppenpersonen
(4)	**Buyer**: Kaufauslösung	Anzahl Erstkäufer : Anzahl der Online-Surfer
(5)	**Kundenbindung**: Systembindung	Identifizierte User, die mehrfach technische Interaktionsprozesse ausüben : Anzahl der anvisierten Zielgruppenpersonen
	Communitybindung	Identifizierte User, die mehrfach eigene Beiträge leisten : Anzahl der anvisierten Zielgruppenpersonen
	Kommerziell	Identifizierte User, die mehrfach gekauft haben : Anzahl Erstkäufer (oder Anzahl der Online-Käufer)

(Quelle: ASW, 11/2000, S. 53)   (: bedeutet dividiert durch)

---

[743] Internet-Shopping Report 2001, 10.809 Befragte; vgl. den Hinweis in salesBusiness, 5/2001, S. 50

6.5.3. Mobile Business (M-Commerce)

Gar nicht mehr lange wird es dauern und Konsumenten wie Geschäftsleute können ihre Geschäfte völlig ortsunabhängig im Internet tätigen.

> ➥ **Mobile Business** umfasst sämtliche standortunabhängige, kaufmännische Nutzungen des Internets mit Hilfe von Handy, PDA, Smartphone, Netbook oder Notebook mit Internetanschluss.
> ➥ **M-Commerce** ist standortunabhängiger Ein- und Verkauf. Kunden können zu jeder Zeit und an jedem Ort auf das Internet zugreifen, um Produktinformationen abzurufen und Einkaufs- und Verkaufstransaktionen vorzunehmen.
> ➥ Für **BtoC** ist M-Commerce die mobile Variante des Online-Shoppings.
> ➥ Für **BtoB** steht M-Commerce für den **PDA**- bzw. **Smartphone**- oder **Netbook-gesteuerten** Außendienst.

Die beherrschenden Erfolgsfaktoren für M-Commerce sind **Ubiquität, Convenience, Lokalisierbarkeit, jederzeitige Erreichbarkeit, Sofort-Einwahl** (Instant Connectivity), **Personalisierung** und **Sicherheit** (insbes. auch für die Bezahlung per Handy). Die Idee ist faszinierend, jedem Handy-Nutzer seine individuelle Werbung und exakt auf seine Bedürfnisse zugeschnittene Angebote zuspielen zu können. **Personalisierte Werbung ohne Streuverluste.** M-Commerce ist jedoch ohne eine entsprechende **Technik** (Standards) nicht möglich. Erforderlich sind schnelle, flexible und sichere Datenübertragungen. UMTS, WiMAX, W-Lan Hot-Spots sind hier die Schlagworte.

Ein Boom für das mobile Kaufen und Verkaufen ist vorgezeichnet. Recht optimistischen Schätzungen zufolge (z.B. durch das Frankfurter *Forit Institut*) könnten allein in Deutschland bis zum Jahr 2010 20 Mrd. Euro mobil gehandelt werden; nach nur 25 Mio. Euro im Jahr 2000. Bereits 2002 hatten mehr Menschen mit mobilen Geräten auf das Internet zugegriffen als mit dem PC.[744]

Als eine bedeutende Antriebsfeder für das mobile Business wird ein sich ein spezielles **Mobile-Tagging-Verfahren** erweisen, das seit 2003 in Japan im Einsatz ist und auch als **Semacode-Verfahren** bezeichnet wird. Der Konsument kann mit seinem Handy einen Barcode (Semacode) auf einem Plakat fotografieren, das dargestellte Kleid nebst gewünschter Farbe und Größe spezifizieren und sofort bestellen. Bezahlt wird per Handyrechnung. Noch ungeahnte Semacode-Potenziale werden sich auftun.

Wenn die technischen und kaufmännischen Voraussetzungen gegeben sind, ist mit einem **Aufschwung bei den folgenden Anwendungen** zu rechnen:
- **Mobile Banking** und **Mobile Broking** (Finanzdienstleistungen),
- **Mobile Shopping** (Blumen, Musik, Bücher, Kleidung),
- **Mobile Ticketing** (mobile Reservierungen; auch Reisen, Hotelzimmer etc.),
- **Mobile Auktionen** (z.B. *www.hammerdeal.de, www.suchen.de, www.poenix.de*)
- **Location Based Services** (Navigationsdienste, z.B. Verfolgung gestohlener Autos, Suche nach dem nächstgelegenen Restaurant, Parkhilfen, Stadtführungen),
- **Mobile Nachrichtendienste** (Regionalnachrichten bei wechselnden Standorten)
- **Netzbasierte Spiele** für Mobilgeräte.

Trotz der noch offenen Fragen (Übertragungsstandards, Betriebssysteme, Sicherheit, Virenabwehr, hohe Anforderungen an das Backoffice) ist damit zu rechnen: Handys, PDAs, Smartphones und Netbooks werden zu Einkaufsassistenten der Konsumenten und zu Verkaufsinstrumenten der Außendienstmitarbeiter.

---

[744] vgl. Garbe, (mobile Zielgruppen), in: ASW, 11/2000, S. 110

6.5.4. Virtuelle Marktplätze / Internet-Plattformen

Neben die birelationalen E-Commerce-Verkaufsportale treten zunehmend multirelationale **Internet-Marktplätze**. Wie beim einfachen eCommerce ist ein **Internet-Portal** der Ausgangspunkt. Der Portal-Begriff geht auf die Einstiegsseite von *Yahoo* vor einigen Jahren zurück.[745]

> ➡ Ein **Internet-Portal** stellt Interessenten, Lieferanten, Kunden, der Öffentlichkeit und auch Mitarbeitern das unternehmensweite Know-how und oft personalisierbare Dienstleistungen auf einer einheitlichen Web-Oberfläche zur Verfügung. Von einem einzigen Zugang aus kann ein offener oder geschlossener Benutzerkreis weitgehend intuitiv auf alle Informationen zugreifen und Prozesse anstoßen. Portale bieten i.d.R. Zugang zu E-Commerce-Funktionen.
> ➡ Mehrere Anbieter und / oder Nachfrager oder neutrale Internet-Dienstleister können sich auf sog. **Internet-Plattformen** zu **virtuellen Marktplätzen / Online-Marktplätzen** zusammentun. Online-Marktplätze schaffen ohne Zeitverzögerung Kontakte zwischen einer Vielzahl von Anbietern und Interessenten und ermöglichen weltweite geschäftliche Transaktionen im Internet.[746]
> ➡ **Portale und Plattformen** bedeuten: Computer to People / **Gateways** bedeuten: Computer to Computer (bzw. **Silent Marketing**).

Den virtuellen Marktplätzen wurde um die Jahrtausendwende ein enormes Wachstum vorausgesagt; speziell den BtoB-Plattformen. Folgende Vorteile sprachen für die Wachstumsprognosen:

(1) Online-Marktplätze sind zunehmend **hardware- und betriebssystemunabhängig** und bauen auf standardisierten ERP-Schnittstellen auf.
(2) Sie "simulieren" die **Bedingungen vollkommener Märkte**, d.h. keine räumlichen und zeitlichen Begrenzungen, vollständige Markttransparenz, hohe Reaktionsgeschwindigkeit.
(3) Sie profitieren von **standardisierten Bedienungen** und **multimedialer Attraktivität**.
(4) Sie sind im Vergleich zu klassischen Verkaufsplätzen **kostengünstig**.
(5) Neue Angebote können schnell weltweit bekannt gemacht werden.
(6) Und vor allen Dingen: **Die Teilnehmer der Einkäufer-Plattformen versprechen sich hohe Rationalisierungseffekte und Kostensenkungen durch die Automatisierung von Beschaffungsprozessen.**

Online-Marktplätze bieten gerade mittelständischen und nicht so ressourcenstarken Anbietern die Chance, ihre Angebote zu bündeln und weltweit schnell an neue Zielgruppen heranzutreten. Unterschieden werden Portale und Marktplätze:
- nach **Trägern**: eigengeführte oder neutral geführte Plattformen,
- nach **Marktseite**: einkäufer- und verkäufergetriebene Plattformen; auch: Einkaufs-, Kunden-, Partner- oder Service-Plattformen,
- nach **Märkten**: BtoB- oder BtoC-Plattformen,
- nach **Branchenzahl**: **vertikale Plattformen** dienen einer Branche über alle Wertschöpfungsstufen, **horizontale Plattformen** agieren branchenübergreifend (Automobilkonzerne tun sich zusammen, um aus allen Zulieferbranchen standardisierte MRO-Produkte (Maintenance, Repair, Operations) in größeren Stückzahlen einzukaufen),

---
[745] vgl. Kappe, (Portale), in: Client/Server, 4/2000, S. 23-24
[746] vgl. zu den Begriffen Schneider; Schnetkamp, (E-Markets), 2000, S. 100 ff.; Winkelmann, (Vertriebskonzeption), 2008, S. 514-519

Abb.6-72
- nach **Zugangsbeschränkung**: offene Plattformen, die sich über Transaktionsgebühren finanzieren, und geschlossene (private) Plattformen, die nur per Passwort ausgewählten Teilnehmern zugänglich sind (Extranet-Plattform).

	ein Einkäufer	viele Einkäufer
ein Anbieter	Klassisches E-Commerce	Exklusive Herstellerplattform
viele Anbieter	Exklusive Einkaufsplattform	Marktplatz

Je nach Verhandlungsrelation lassen sich die **vier Geschäftsmodelle** der Abb.6-72 skizzieren.[747] Die zitierten Autoren bewerten in ihrer interessanten Klassifizierung bekannte Handelsunternehmen nach:
(1) **Transaktionseffizienz**, die besonders hoch ist, wenn regelmäßige Bestellungen bei wenigen Lieferanten aufgegeben werden; und einer
(2) **Markteffizienz**, die besonders hoch ist, wenn standardisierte Produkte an Abnehmer mit geringer Einkaufsmacht vertrieben werden.

Bei hoher Markt- und Transaktionseffizienz (*ALDI, Lidl*) sind **bilaterale Systeme** von Vorteil. Bei hoher Markteffizienz und niedriger Transaktionseffizienz (*Metro, Wal-Mart*) kann die **exklusive Einkaufsplattform** (Händlerplattform) empfohlen werden. Bei niedriger Markt- und hoher Transaktionseffizienz (*Swatch, Harman&Kardon*) kann eine **exklusive Herstellerplattform** (zur Versorgung des Handels) gewagt werden. Ein **Marktplatz** bietet sich als Universallösung an, wenn sowohl die Markt- wie auch die Transaktionseffizienz niedrig sind (*Otto, Kaufhof*).

In der Praxis entstehen immer wieder neue, innovative Transaktionsmodelle und Services für virtuelle Marktplätze (s. auch Abschnitt 5.3.2.):[748]
- **virtuelle Kaufhäuser** (*www.primus-online.de, www.guenstiger.de*),
- **virtuelle Shopping-Malls** (*shopping24.de, web-shopping-24, live-shopping-24*),
- **Co-Shopping, Power-Shopping** (*www.primus-online.de, www.sparsam.de*),
- **Live-Auktionen** (*www.1234holsdir.de, www.kopino.com, www.ciao.de*),
- **Board-Auktionen** (*www.ebay.de*),
- **Lieferanten-Suchmaschine** (*www.wlw.de*),
- **schwarze Bretter** (*www.resale.de für BtoB*),
- **Katalogdienste** (*www.giswiki.org/wiki/katalogdienste*),

IT-Technisch sollten Online-Marktplätze mindestens fünf Funktionen bieten:[749]
(1) Die **E-Commerce-Funktion** ermöglicht die wirtschaftlichen Kontakte, Transaktionen und Vertragsabschlüsse.
(2) Die **Content-Funktion** beinhaltet die Zugriffsmöglichkeit aller Marktplatz-Teilnehmer auf alle Arten von Daten, Datenbanken und Prozessen.
(3) Die **Customization-Funktion** ermöglicht eine Individualisierung von Web-Informationen und Angeboten für die unterschiedlichen Marktteilnehmer (1to1-Angebote).
(4) Die **Collaboration-Funktion** ermöglicht den Marktteilnehmern eine enge Zusammenarbeit in einzelnen Aufgabenbereichen (Integrationsoptionen: z.B. gemeinsame Forschung und Entwicklung, gemeinsame Kataloge).
(5) Die **Connectivity-Funktion** vernetzt einen Marktplatz mit anderen Plattformen, Wirtschaftsverbänden, Dienstleistern und auch mit anderen Märkten.

---

[747] vgl. auch im folgenden: Behrenbeck; Menges; Roth; Warschun, (B2B-Geschäftsmodelle), in: ASW, 11/2000, S. 42
[748] Prof. Schildhauer auf einem Vortrag in Aschaffenburg am 6.2.2001
[749] vgl. Schneider; Schnetkamp, (E-Markets), 2000, S. 100-112

Mittlerweile haben die Wachstumserwartungen für die Online-Marktplätze einen Dämpfer bekommen. Ein Beispiel: Von den ca. 2.000 virtuellen Marktplätzen für die Automobilindustrie aus dem Jahr 2000 gibt es nur noch rund 100. Die verbliebenen setzen sich jedoch zunehmend durch.

Während das Prestigeprojekt *Covisint*, die in den Medien so hochstilisierte Einkaufsplattform von *DaimlerChrysler*, *Ford* und *GM*, im Jahr 2004 aufgeben musste, nutzen heute mehr als 2.700 Automobilzulieferer und -hersteller die von *Bosch* und *Continental* gegründete Plattform *SupplyOn*. Das Transaktionvolumen beträgt rund 50 Mrd. Euro jährlich. Auch der Marktplatz für die Marken von *VW*, *Supply.com*, oder Rohstoff-Plattformen wie *eStee, RubberNet* oder *Holzboerse.de* gelten als Erfolgsmodelle.[750] Auf der *CC Hubwoo Plattform (CC-Markets +Chemplorer + Avisium)* ist heute weltweit die Öl-, Gas- und Chemieindustrie vernetzt.

Trotz der Wachstumskonsolidierung wird der Trend weiter in Richtung digitaler Einkauf und Supply Chain Management gehen. Die operativen Funktionen Marketing und Vertrieb könnten durch Online-Marktplätze zukünftig an Gewicht verlieren,

- **wenn der Einkauf nicht mehr einkauft**, sondern nur Beschaffungskonzeptionen und Lieferantenlistungen vorgibt und die Einkaufsvorgänge dann in den operativen Geschäftsbereichen nach standardisierten Regeln ablaufen,
- **wenn der Verkauf nicht mehr verkauft**, sondern die Großkunden über die kollaborativen Plattformen direkt in die ERP-Systeme der Zulieferer greifen und dort Bestellvorgänge abrufen. Der Kunde wird selbst zum Verkäufer.

Es wäre jedenfalls keine gute Vision, wenn die beziehungsorientierte Verkaufarbeit zukünftig den logistischen Anforderungen der Supply Chains zum Opfer fallen würde und wir die Kundenorientierung der Effizienz opfern müssten.

Und noch jemand könnte langfristig als Verlierer dastehen: Wenn sich in den BtoB- und eines Tages auch in den Consumermärkten Anbieter und Nachfrager überwiegend auf virtuellen Plattformen bzw. Online-Marktplätzen begegnen: **Bleibt da noch Platz für den Handel?**

---

[750] vgl. Hofer; Jaenicke, Ebel, (Preiskampf), in: salesBusiness, 9/2008, S. 22-25

6.6. Vertriebskanalpolitik - Vertriebspartnerpolitik

6.6.1. Systematik von Vertriebswegen und Vertriebspartnern

a.) Vertriebswege-/Absatzwege-Typologie

In der Praxis erfolgt der Vertrieb in vielen Branchen in Zusammenarbeit mit Vertriebspartnern über verschiedene Absatzstufen. Wir verwenden im folgenden die Begriffe Vertriebsweg, Absatzweg und Distributionsweg bzw. -kanal synonym.

Ein Vertriebswegweg umfasst „*die Art und Zahl von Institutionen, die ein Produkt vom Hersteller bis zum Endabnehmer durchläuft ...* ".[751] Es müssen aber nicht immer Institutionen sein oder, wie *Kotler* es ausdrückt, „*ineinandergreifende Organisationen*".[752] Sehr oft sind es Einzelpersonen mit besonderem Branchen-Know-how, die in den eigenen Verkauf eingeschaltet sind (z.B. Handelsvertreter; Makler). Wir wollen deshalb synonym von **Vertriebspartnerpolitik** sprechen.

> ➥ Die **Vertriebskanal-** bzw. **Absatzwegepolitik** inklusive der **Vertriebspartnerpolitik** umfasst als klassische Aufgaben[753]
> (1) die Entscheidung über die Stufen eines Absatzweges,
> (2) die Sichtung, Auswahl und Gewinnung geeigneter Vertriebspartner (Vertriebspartner-Qualifizierung),
> (3) die optimale Ausgestaltung der Vertriebskanalprozesse,
> (4) die Koordination und Führung der Vertriebspartner in den Kanälen.
> ➥ **Vertriebskanalstufen** sind vertikal zu planen und zu steuern. Eine **Kanalstufe** liegt immer dann vor, wenn eine Instanz außerhalb des Backoffice Kundenkontakte hat.[754] Ein Außendienst-Vertrieb über Großhändler mit von diesem betreuten freien Einzelhändlern stellt z.B. drei Absatzwegestufen dar. Wird der Großhandel ausgeschaltet, spricht die Praxis vom zweistufigen Vertrieb.
> ➥ Ein Trend geht zum Mehrkanalvertrieb. **Mehrkanalvertrieb (Multi Channel Marketing)** ist die abgestimmte Steuerung paralleler Vertriebswege (oft im Rahmen eines kooperativen CRM). Dabei ist strikt zwischen organistorischen Einheiten, die die Verantwortung für den Markterfolg in einem Kanal tragen, und den Kommunikationsmitteln, die in einem Kanal zum Einsatz kommen, zu unterscheiden. Mehrkanal-Management bedeutet, dass eine definierte Kanaleinheit (z.B. ein Call-Center) mit Hilfe bestimmter Kommunikationsmittel (z.B. Telefon und Fax) bestimmte Aufgaben (z.B. Verkauf von Flugkarten) übernimmt. Beim Multi Channel Marketing sind die Partner in die eigene Vertriebssteuerung mit einbezogen (wichtig: Integration der Kundendaten).

Abb.6-73 skizziert **typische Absatzwege** für Konsum- und Industriegüter. Auf die Definitionen des direkten (BtoC und BtoB) und indirekten Vertriebs (BtoBtoC) im Abschnitt 1.1.4. kann Bezug genommen werden. Größere Unternehmen „tummeln" sich in der Praxis in allen Kanälen. O_2 bietet z.B. speziell auf Firmenkunden zugeschnittene Businessverträge an (BtoB), unterhält eigene O_2-Shops für Endkunden (BtoC) und schaltet Händler wie *Media Markt* und *Saturn* für den indirekten Vertrieb an Endkunden ein.

---

[751] Weis, (Marketing), 2009, S. 392
[752] Kotler; Keller; Bliemel, (Marketing-Management), 2007, S. 849 unter Bezug auf eine Definition von Stern und El-Ansary
[753] vgl. Kotler; Keller; Bliemel, (Marketing-Management), 2007, S. 849 ff.
[754] Wir haben uns damit der Praxisterminologie angeschlossen. Bislang hatten wir den Außendienst nicht als Vertriebsstufe betrachtet.

Abb.6-73

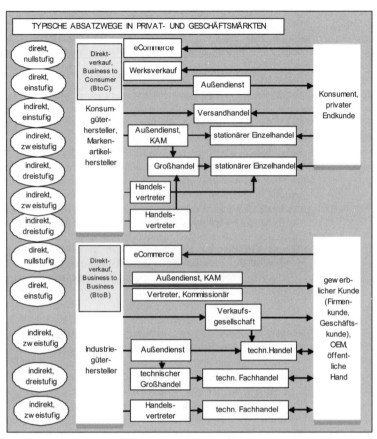

Die brisanten, mit den indirekten Vertriebswegen zusammenhängenden Fragen kommen in der Marketingliteratur (und auch in der CRM-Diskussion) zu kurz. Zunächst einmal sind die für einen Absatzmarkt **am besten geeigneten Vertriebspartner** zu finden, falls der Hersteller, wie in Massenmärkten angebracht, den Verkauf nicht mit eigenen Verkaufsorganen durchführen will.

b.) Vertriebspartner-Typologie und die Aufgaben des Handels

Welche Arten von Vertriebspartner kommen in Betracht?

Handelsvertretung
In Deutschland arbeiten über 60.000 Handelsvertretungen (Handelsvermittlungsbetriebe), die für 175 Mrd. Euro Umsatz vermitteln sowie 5 Mrd. Euro Eigenumsatz erzielen. Sie sind selbständige Gewerbetreibende (Istkaufleute i.S. des § 1 HGB), die **in fremdem Namen und auf fremde Rechnung** Geschäfte abschließen (deshalb: Absatzhelfer). Ca. 24 Prozent aller Handelsvertretungen werden als Einzelfirma betrieben.

Handelsvertretungen sind nur in Ausnahmefällten in BtoC tätig (*Mercedes*). Eine statistische Erhebung des *CDH* zeigt, dass die Hauptkunden der Handelsvertretungen sowohl im produzierenden Gewerbe (Industrie 47 Prozent, Handwerk 19 Prozent) als auch im Handel liegen. Rund 54 Prozent der Handelsvertretungen nennen den Einzelhandel als Kunden, 52 Prozent den Großhandel, 7 Prozent entfallen auf die Gast-

Abb.6-74

ronomie, fast 15 Prozent auf öffentliche Institutionen. Im Durchschnitt vertrat jede Handelsvertretung 2008 sechs Lieferanten.

Als traditionsreiche Kaufmannsform genießen sie Rechtsschutz im Rahmen der §§84-92 HGB. §91 HGB trifft die wichtige Unterscheidung zwischen Vermittlungs- und Abschlussvertreter. Der Handelsvertreter hat die Interessen seines Auftraggebers und Geschäftsgeheimnisse zu wahren. Für die vermittelten Geschäfte erhält er eine Provision bei relativ geringen Fixbezügen.

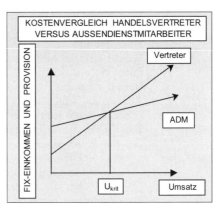

Deshalb bieten sich Handelsvertreter besonders dann an, wenn beim Umsatz die kritische Masse fehlt (der Umsatz also links von U_{krit} der Abb.6-74 liegt), um einen eigenen Außendienst zu finanzieren. Abb.6-74 veranschaulicht das umsatzabhängige Entscheidungsproblem der Wahl zwischen Reisenden und Handelsvertretern. Die Entscheidung für oder gegen den Handelsvertreterverkauf hängt aber nicht nur vom Umsatz ab. Handelsvertreter bieten **Branchenkontakte** als Know-how und Möglichkeiten zur **Sortimentsbündelung**. Je qualifizierter das Know-how ist, desto kritischer muss sich ein Hersteller fragen:
(1) Soll ein Handelsvertreter nur für das eigene Unternehmen tätig sein oder als Mehrfirmenvertreter auch für andere (Konkurrenten ausgeschlossen)?
(2) In welchem Maße soll ein Handelsvertreter **Gebietsschutz** erhalten?

Zu beachten ist, dass Handelsvertreter nur selten an Endverbraucher verkaufen. I.d.R. betreuen sie im Auftrag der Hersteller Fachhandel und Fachhandwerk. Je enger ein Handelsvertreter dabei vertraglich gebunden wird, desto stärker ist seine Verhandlungsposition in Bezug auf einen **Ausgleichsanspruch** im Falle einer Trennung. Eine Vertretungsform mit besonders starker Lieferantenbindung ist der **Agenturvertrieb** (z.B. *Quelle-Agenturen, Tankstellen*). Agenturen sind in ein einheitliches Präsentationskonzept eingebunden und erhalten i.d.R. Gebietsschutz. Ihre Räumlichkeiten (die Agentur) haben die Agenturen weitgehend selbst zu finanzieren. Eingelagerte Ware brauchen sie nicht vorzufinanzieren.

Kommissionäre
Auch Kommissionäre sind Absatzhelfer, übernehmen also kein Eigentum an der Ware, handeln allerdings in eigenem Namen (§§ 383ff. HGB). Gegen Kommission bzw. Provision übernehmen sie für ihre Auftraggeber gewerbsmäßig die Warengeschäfte. Im Gegensatz zum Handelsvertreter braucht ein Kommissionär den Namen seines Auftraggebers nicht preiszugeben. I.d.R. genießen sie keinen Gebietsschutz. Beispiele sind die Depotsysteme von *Tchibo* oder die der Kosmetikhersteller in Apotheken.

Makler
Auch Handelsmakler (§§ 93ff HGB) gehören zu dieser Kategorie der Absatzhelfer. Ihre Aufgabe beschränkt sich darauf, vertragswillige Partner zusammenzuführen (Vermittlung von Verträgen). Sie haben die Interessen beider Seiten zu wahren. Die Maklergebühr (Courtage) wird bei Nachweis eines Geschäftsabschlusses fällig. Vertriebliche Praxisbedeutung haben sie vor allem im Zusammenhang mit Bank-, Versicherungs- und Immobiliengeschäften.

Großhandel und Einzelhandel sowie Fachhandwerk als Absatzmittler
Handels- und Handwerksbetriebe kaufen in eigenem Namen und auf eigene Rechnung. Sie übernehmen Eigentum an der Ware und sind damit Absatzmittler. Der Handel steht im Mittelpunkt des indirekten Vertriebs (BtoBtoC). Im **funktionalen Sinne** umfasst der Handel den gesamten Warenaustausch einer Volkswirtschaft. Der Handel verbindet folglich Gütererstellung und Konsum. Nach dieser traditionellen Abgrenzung würde auch der direkte Verkauf der Hersteller eine Handelstätigkeit sein. Die Praxis geht daher vom **institutionellen Handelsbegriff** aus, der im Gesetz über die Berufsausbildung im **Einzelhandel** verankert ist. Einzelhandel betreibt,
(1) wer Waren anschafft (Eigentum!) und sie unverändert oder nach üblicher Be- oder Verarbeitung in offenen Verkaufsstellen an Endverbraucher in konsumadäquaten Mengen anbietet,
(2) wer Muster oder Proben zur Entgegennahme von Bestellungen zeigt
(3) oder Waren versendet, die nach Katalog, Proben oder Mustern bestellt werden (Versandhandel).

In Massenmärkten sind dem Einzelhandel für die Vordistribution **Großhandelsbetriebe** vorgeschaltet. Diese verkaufen regaladäquate Mengen zu günstigeren Großhandelspreisen an Wiederverkäufer und Wiederverarbeiter. In manchen Branchen wird der Großhandel nur noch wegen einer Vorfinanzierungsfunktion geschätzt. Beim **Streckengeschäft** liefert der Hersteller direkt an. Im grenzüberschreitenden Warenverkehr werden noch **Ein-** und **Ausfuhrhandel** unterschieden.[755]

Abb.6-75

AUFGABEN DES HANDELS NACH DEM FUNKTIONENMODELL	
I. ÜBERBRÜCKUNGSFUNKTIONEN	
1. Raumüberbrückungsfunktion / Transportfunktion	Handel überbrückt für Hersteller räumliche Entfernungen zu den Kunden; Handel übernimmt Transportaufgaben (Ausnahme: Streckengeschäfte)
2. Zeitüberbrückungsfunktion	
a.) Lagerfunktion	Lagerhaltung des Handels gleicht Bedarfsschwankungen des Marktes aus.
b.) Vorausdispositionsfunktion	Lagerhaltung des Handels wirkt als Puffer für die Produktionsplanungen der Hersteller
c.) Kreditfunktion	I.d.R. übernimmt der Großhandel durch die Vorfinanzierung der Ware das Delkredererisiko für die Hersteller
3. Preisausgleichsfunktion	Preispolitik des Handels hält Preis-/Leistungsniveaus der Sortimente in marktgerechten Relationen und korrigiert Mengenungleichgewichte durch Sonderangebots-Aktionen und Zweitplatzierungen
II. WARENFUNKTIONEN	
1. Quantitätsfunktion / Mengenumwandlungsfunktion	Handel kauft in herstellergerechten Mengen und verkauft in abnehmergerechten Mengen (Sammeln und Teilen)
2. Qualitätsfunktion / Manipulationsfunktion	Handel sortiert, mischt, veredelt oder verpackt Ware gemäß Kundenwünsche
3. Sortimentsfunktion	Handel stellt aus Vielfalt des Warenangebotes eine attraktive und betriebstypenentsprechende Auswahl zusammen
III. MARKETINGFUNKTIONEN	
1. Markterschließungsfunktion / Marktbetreuungsfunktion	Handel erschließt und betreut lokale und regionale Märkte zum Vorteil der Hersteller
2. Interessenwahrungsfunktion / Informations- und Beratungsfunktion	Handel ist Koordinator und Berater im Interesse von Herstellern und Endkunden

---

[755] sowie Außen- und Binnenhandel, vgl. Haller, (Handels-Marketing), 2001, S. 18

Heute bestimmen große Handelskonzerne unsere Konsumwelt.[756] Die Abb.6-77 und 6-78 listen die größten Handelskonzerne auf. Beim technischen Handel sind z.B. Konzerne wie *Stinnes, Haniel, Raab Karcher, Thyssen Schulte, Cordes&Graefe, Richter&Frenzel* zu nennen. Die Handelsbetriebe erfüllen für die Wirtschaft wichtige Funktionen. Das historische **Funktionenmodell des Handels** der Abb.6-75 geht auf *Oberparleiter* zurück.[757]

Durch ihre breite Marktabdeckung und Kundennähe können die Hersteller von **fünf Verstärkungsfunktionen** des Handels profitieren:[758]
(1) Zum einen nutzen die Hersteller den Handel als **Distributionsverstärker**. Dazu werden sie (a) entweder keine Händler ausschließen (**intensive Distribution**) oder (b) Händler gezielt nach bestimmten Kriterien auswählen (**selektive Distribution**) oder (c) sich nur mit wenigen Top-Händlern verbünden (**exklusive Distribution**). Diese Auswahl betrifft die **Vertriebspartnerstrategie**.
(2) Indem Handelspartner den werblichen Marktauftritt eines Herstellers unterstützen, wirken sie als **Imageverstärker**.
(3) Als **Platzierungsverstärker** bringt der Handel die Herstellerprodukte auf die Regalplätze (Gate-Keeper-Funktion des Handels durch Listung und Auslistung).
(4) Mit seiner Fachkompetenz und den persönlichen Beziehungen zu den Kunden vor Ort unterstützt der Fachhandel die Hersteller als **Beratungsverstärker**.
(5) Letztlich übernehmen die Handelspartner für die Hersteller eine **Serviceverstärkungsfunktion** durch Reparatur- und Wartungsdienstleistungen.

Was die Hersteller in diesem Zusammenhang beklagen: Der Handel vernachlässige eine **Bindungsfunktion** zur Stärkung der Herstellermarken. Vor allem durch die Profilierung von Handelsmarken würde der Handel in Richtung Einkaufsstättentreue und weniger in Richtung Lieferantentreue (Markentreue) tätig sein.

c.) Branchentypische Vertriebswege

Im Zusammenspiel von eigenen und fremden Vertriebsorganen ergeben sich in der Praxis **branchentypische Geschäftsmodelle** für die Vertriebswege. Abb.6-76 skizziert ausgewählte Vertriebswegestrukturen. Nicht berücksichtigt sind die zunehmend wichtigeren Internet-Kontakt- und -Verkaufskanäle. Sie lassen sich unschwer in die Teilgrafiken eintragen und verbinden dann Hersteller und Endabnehmer, Hersteller und Handel, Großhandel mit Einzelhandel und den Handel mit den Endabnehmern. Es entstehen **Multikanal-Netzwerke**, die im Rahmen eines Multi Channel Marketing zu steuern sind.

Für die konsumnahen Verbrauchs- und Gebrauchsgütermärkte gilt in den Vertriebswegen eine **historisch gewachsene Arbeitsteilung** zwischen Hersteller und Absatzmittlern. Abb.6-75 hat die Unterstützungs- und Koordinierungsaufgaben des Handels für die Industrie aufgezeigt. Der Handel seinerseits verfolgt vorrangig folgende Ziele:
(1) hohe regionale Potenzialausschöpfung,
(2) Gewinnung neuer Kunden,
(3) Erhöhung der Einkaufshäufigkeiten (Kauffrequenzen),
(4) Erhöhung des durchschnittlichen Einkaufsbetrages,
(5) Einkaufsstättentreue des Kunden statt Markentreue (siehe oben).

---

[756] zur Stellung des Handels in der Volkswirtschaft vgl. Haller, (Handels-Marketing), 2001, S. 25-27
[757] vgl. Oberparleiter, (Warenhandel), 1930; vgl. ferner die historischen Schriften von Schär, (Handelsbetriebslehre), 1911 sowie in einer späteren Ausgabe Seyffert, (Wirtschaftslehre), 1972
[758] vgl. hierzu Irrgang, (vertikales Marketing), 1989, S. 3-7 sowie die dort angegebene Literatur

Wegen der Ziele (1) bis (4) sollte der Handel an starken Herstellern zur Bildung attraktiver Sortimente interessiert sein. Ziel (5) aber bringt den systemimmanenten Konflikt zwischen Hersteller und Handel zum Ausdruck.[759]

Abb.6-76

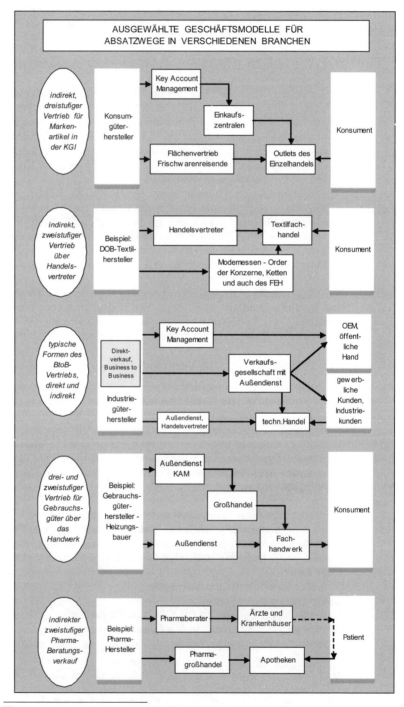

[759] vgl. Irrgang, (vertikales Marketing), 1989, S. 7

d.) Zielkonflikte zwischen Hersteller und Handel

„Trotz aller Sonntagsreden von der Partnerschaft: Hersteller und Handel verfolgen sehr häufig unterschiedliche Ziele."[760]

Abb.6-76

ZIELKONFLIKTE ZWISCHEN HERSTELLER UND HANDEL	
Herstellerinteressen	Handelsinteressen
• Handel soll alle neuen Produkte abnehmen • Dominanz für das Herstellermarken-Image • Verkauf des Gesamtprogramms • Möglichst viele Vororder durch den Handel • Kontinuierlicher Abverkauf an den Handel • Fertigungsoptimale Bestellmengen • Mindestbestellmengen für den Handel • Preisprobleme zu Lasten der Handelsspanne • Keine Warenrücknahme (Remissionen) • Abverkaufsrisiken beim Handel • Bevorzugte Regalplatzierung für eigene Produkte • Handel soll überregional für Hersteller werben • Hersteller entscheidet über Marktauftritt am POS	• Listung nur für „Renner"-Produkte • Dominanz für Handels- und Handelsmarkenimage • Zielgruppenbezogene Sortimentsauswahl • Möglichst wenig Vororder bei den Herstellern • Bestellmengen entsprechend der Nachfrage • Nur regalfüllende Bestellmengen • Flexible Nachbestellmöglichkeit • Preisprobleme zu Lasten der Einkaufspreise • Rückgaberecht für Lagerware • Abverkaufsrisiken beim Hersteller • Sortimentsgerechte Warenplatzierungen • Regionale und lokale Standortwerbung • Handel entscheidet über Marktauftritt am POS
Spezielle Forderungen in Industriegütermärkten	
• Techn. Handel soll hohe Servicekompetenz zeigen • Handel soll Verkaufsgebietsgrenzen respektieren • Handel integriert sich in Vertriebssteuerung / CRM • Gemeinsame strategische Marktplanung • Mehr Preisflexibilität bei Kampfangeboten • Mitarbeit des Handels am Vertriebscontrolling	• Serviceverantwortung liegt beim Hersteller • Keine Gebietsgrenzen für den Handel • Kampfpreise gehen zu Lasten der Hersteller • Planungsautonomie • ECR-Führerschaft beim Handel • Hersteller soll auf vertikales Marketing verzichten

Abb.6-76 stellt die abweichenden Interessen von Hersteller und Handel gegenüber. Sieht man von weichen strategischen Zielsetzungen wie Image- und Marktmacht ab, dann lassen sich alle Absatzkanalprobleme auf eine betriebswirtschaftliche Problematik zurückführen: Werden von relativ unbeweglichen Marktpreisen auf gesättigten Märkten die variablen Kosten aller Vertriebspartner abgezogen, dann bleibt ein Kanal-Deckungsbeitrag. Und dieser kann nur einmal verteilt werden. Was unternehmen nun Hersteller und Handel, um den eigenen Kostendruck zu mildern, um Druck auf Handelsspannen bzw. Herstellerpreise auszuüben und vor allem um Kunden attraktive Einkaufsalternativen zu bieten?

Das größte Problem für den Handel: Der Anteil der Einzelhandelsumsätze am Privatkonsum sank von 41,1% (1991) über 35% (1996) auf 31,7% (2000) und auf 27,8% (2005). (Quelle: *Stat. BA* und *KPMG*-Prognose).

6.6.2. Strategien des Handels

a.) Konzentration im Handel

Der Einzelhandel schließt sich zu Gruppen und Konzernen zusammen. Seit etwa 1970 ist ein beschleunigter **Konzentrationsprozess** im Handel sichtbar.[761] Kosten-, Synergievorteile und vor allem mehr Marktmacht gegenüber Wettbewerbern und Lieferanten sind die zentralen Zielsetzungen. In den Massenmärkten der Lebensmittel, Textilien oder der „braunen Ware" (Radio, TV, Hifi) geht der Trend hin zu Zusammenschlüssen zu **Filialunternehmen** (nach statistischem Bundesamt mindestens 5 Filialen erforderlich: z.B. *Metro, Tengelmann, ALDI*), zu **Verbundgruppen** (d.h. Einkaufsverbände und freiwillige Ketten) unabhängiger Händler auf der Grundlage vertraglicher Regelungen (z.B. *Markant*) sowie zu **Mischformen** (z.B. *Rewe, Edeka*).[762] Die Abb.6-77 und 6-78 ranken die großen Handelsgruppen, die sich mittlerweile international und national formiert haben.

---

[760] Irrgang, (vertikales Marketing), 1989, S. 7
[761] vgl. hierzu die umfangreichen statistischen Daten bei Oehme, (Handels-Marketing), 2001, S. 32-40; S. 316-322; Jensen, (Groß und schwach), in: MM, 12/1995, S. 110-119
[762] zur Struktur des Einzelhandels vgl. Haller, (Handels-Marketing), 2001, S. 39-49

Abb.6-77,
78, 79

DIE GRÖSSTEN HANDELSKONZERNE DER WELT NACH UMSATZ 2007	
① Wal-Markt (US)	⇨ 374,5 Mrd. USD
② Carrefour (F)	⇨ 112,6 Mrd. USD
③ Tesco (GB)	⇨ 94,7 Mrd. USD
④ Metro (D)	⇨ 87,6 Mrd. USD
⑤ Home Depot (US)	⇨ 77,3 Mrd. USD
⑥ Kroger Co. (US)	⇨ 70,2 Mrd. USD
⑦ Schwarz (D)	⇨ 69,3 Mrd. USD
⑧ Target Co. (US)	⇨ 63,3 Mrd. USD
⑨ Costco (US)	⇨ 63,1 Mrd. USD
⑩ Aldi (D)	⇨ 58,5 Mrd. USD

Nur Einzelhandel. Quelle: *Deloitte Studie 2009: Global Power of Retailing, 2009*

RANGLISTE DER DEUTSCHEN HANDELSUNTERNEHMEN NACH UMSATZ 2008 (Food und Nonfood)	
① Edeka-Gruppe	⇨ 37,6 Mrd. EUR
② Rewe-Gruppe	⇨ 34,0 Mrd. EUR
③ Metro-Gruppe	⇨ 31,6 Mrd. EUR
④ Schwarz-Gruppe	⇨ 26,5 Mrd. EUR
⑤ Aldi-Gruppe	⇨ 24,5 Mrd. EUR
⑥ Tengelmann	⇨ 14,0 Mrd. EUR
⑦ Lekkerland	⇨ 7,9 Mrd. EUR
⑧ Schlecker	⇨ 5,1 Mrd. EUR
⑨ Karstadt	⇨ 4,4 Mrd. EUR
⑩ Globus	⇨ 3,9 Mrd. EUR

(Quelle: Trade Dimensions 2009)

TANTE EMMA STIRBT
Bedienungsläden im Einzelhandel in Westdeutschland:
1961: 138.700
1966: 91.200
1971: 31.100
1976: 13.950
1981: 8.650
1986: 7.650
1991: 6.800
1996: 6.450
(Quelle: GLOBUS-Grafik Nr. 3827; gemäß EHI)

Marktanteile im deutschen Einzelhandel 2005:
Edeka 18,1%,
Metro 16,2%,
Rewe 15,5%,
ALDI 10,4%,
Tengelmann 6,5%, sonstige 22,5%
(Quelle: Planet Retail, in: MM 2/2006, S. 34)

Eine Folge dieser Entwicklung ist das **Sterben des kleinen Einzelhandelsgeschäftes** um die Ecke (Tante Emma), wie die Abb.6-79 bis 1996 verdeutlicht. Jetzt gerät auch das Fachgeschäft für gehobene Sortimente in der Innenstadt unter starken Ertragsdruck. Der Einzelkämpfer in der Handelslandschaft kann nur durch Service und erstklassige Beratung überleben. Dieses Phänomen ist Ausdruck einer Betriebstypendynamik, mit der der Handel auf den Wandel wirtschaftlicher Rahmenbedingungen, auf ein verändertes Verbraucherverhalten und auf neue Strategien der Hersteller reagiert.

b.) Differenzierung von Betriebstypen

Im Wandel der Zeit entstehen und vergehen neue Handelsbetriebstypen. Von einer Dynamik der Betriebsformen ist die Rede. Vergleichbar mit dem Lebenszyklus der Herstellerprodukte kann ein Betriebstypen-Lebenszyklus für Handelsbetriebe betrachtet werden.[763] Grundsätzlich lassen sich die **Betriebsformen des stationären Handels** nach (1) Qualitätsniveau des Sortiments, (2) Sortimentsbreite und -tiefe, (3) Preislage, (4) Standort, (5) Rechtsform, (6) Herstellerbindung und vor allem nach (6) Ladengröße einteilen. Bezogen auf das Kriterium Geschäftsgröße ergibt sich in etwa die folgende Rangordnung für die Outlets des Einzelhandels:[764]

Fachgeschäft

Das Fachgeschäft ist eine Betriebsform des Non-Food-Sektors mit breitem und tiefem Sortiment innerhalb einer Branche, mit Verkaufsflächen zwischen 200 und 600 qm, angesiedelt in Wohn- und Citylagen, mit qualifizierter Beratung und Serviceleistungen auf gehobenem Preisniveau.

Lebensmittel-SB-Laden (klein: < 100 qm) (2009 nicht mehr in der *Nielsen*-Statistik)
Angeboten werden Grundlebensmittel des täglichen Bedarfs auf bis zu 100 qm Verkaufsfläche in Selbstbedienung; meist ohne Frischwaren.

Supermarkt (klein: 100-400 qm, groß 400-900 qm)
Der Supermarkt ist das Fachgeschäft des Lebensmitteleinzelhandels, mit Verkaufsflächen zwischen 100 und 899 qm und einem Sortiment von 5.000 – 8.000 Artikeln mittlerer Qualitäts- und Preislagen. Oft ist ein Frischebereich integriert (Wurst, Käse). Wichtig ist die Nachbarschaftslage. 9 Mio. Kunden besuchen täglich *Edeka*.

---

[763] vgl. Haller, (Handels-Marketing), 2001, S. 53
[764] vgl. Nielsen, (Universen), 2008. **ACHTUNG**: Nielsen hat Betriebstypendefinitionen 2008 geändert

Discounter

Discounter sind Lebensmittel-Einzelhandelsgeschäfte, für deren Absatzpolitik das **Discount-Prinzip** maßgeblich ist (Niedrigpreise, begrenztes Sortiment); unabhängig von der Größe der Verkaufsfläche. Beispiele sind *Netto*, *Plus*, *Norma*, *ALDI*, *Lidl* oder *Penny*. Der Discounteranteil am LEH-Umsatz lag 2008 bei 37,2 Prozent.

Was die Discounter gefährlich macht: Sie rücken ab vom Billigimage: ALDI als Anwalt des kleinen Mannes, IKEA als Shopping-Center für Cocooning, Ryanair als Unruhestifter im Dienste des Verbrauchers. (vgl. ASW 4/2003, S. 14)

Kaufhaus

Das Kaufhaus ist ein größerer Einzelhandelsbetrieb in der Innenstadt. Geboten werden gestraffte Sortimente spezieller Warengruppen. In mindestens einer Branche wird ein tiefes Sortiment geführt. Auf einen Food-Bereich (außer Süßwaren, Spirituosen) wird zunehmend verzichtet. I.d.R. ist keine Selbstbedienung möglich.

Warenhaus

Das Warenhaus liegt mit Mindestverkaufsflächen ab 3.000 qm größenordnungsmäßig darüber. Vermarktet werden sowohl breite als auch tiefe Sortimente. „Alles unter einem Dach" lautet die traditionelle Devise. Es mischen sich Bereiche mit Bedienung und Selbstbedienung. Fehlende Sortimentsbereiche (z. B. Food) werden als Mietflächen vergeben (Store in the Shop). Vollsortiment: 20.000 – 30.000 Artikel. Die Frage, die die Öffentlichkeit zum Zeitpunkt des Schreibens dieser 7. Auflage beschäftigt: Was wird aus den *Karstadt/Arcandor* Warenhäusern?

Umsatzvergleich 2008: großer Verbrauchermarkt: 21 Mio. Euro, kleiner Supermarkt: 0,8 Mio. Euro (Nielsen).

Kleiner Verbrauchermarkt

Kleine Verbrauchermärkte sind Lebensmittel-Einzelhandelsgeschäfte mit einer Verkaufsfläche zwischen 1.000 und 2.499 qm, die ein breites Sortiment des Lebensmittel- und Nichtlebensmittelbereiches in Selbstbedienung anbieten. Die Standorte liegen außerhalb des Innenstadtbereiches. Ausreichend Parkplätze sind obligatorisch.

Großer Verbrauchermarkt und SB-Warenhaus *(ab 2500 qm)*

Stadtrandlagen, große Parkplätze, umfassende Sortimente und Selbstbedienung kennzeichnen diese große und preisaggressive Betriebsform. Oft sind Dienstleister angegliedert. Der Großverbrauchermarkt geht nach internationalen Vereinbarungen bei etwa 4.999 qm Verkaufsfläche in die Betriebsform des SB-Warenhauses über. *Massa*, *Toom*, *Wal-Mart*, *Allkauf*, *Real* sind Beispiele hierfür.

Mega-Store und Shopping-Center *(ab 10.000 qm)*

Der Trend geht zu immer größeren Einkaufszentren. Im Jahr 2004 waren in Deutschland 13 Projekte mit jeweils über 10.000 qm Verkaufsfläche in der Planung. In Dortmund entstand zur Fußball-Weltmeisterschaft 2006 ein Mega-Markt mit 57.000 qm. Das größte Mega-Shopping-Center ist das *centro* in Oberhausen mit 70.000 qm. Die Zahl der Großzentren in Deutschland wird auf 350 geschätzt.

Die Top-3 der Nichtdiscounter: Edeka, Real, Karstadt. Die 3 Top-Discounter: ALDI, Lidl, Plus. 2009 wurden die 2300 Plus-Märkte von Edeka übernommen.

Handelskonzerne versuchen, unterschiedliche Unternehmenstypen (Bsp. Konglomerat *Metro*; s.o.), Betriebstypen und Länderstrategien zu einem schlagkräftigen Mix zu bündeln. Selbstverständlich präsentieren sie sich heute als Multi Channel Unternehmen. Im Mix ihrer Verkaufsstellen streben sie folgende Differenzierungen an:
(1) **Größendifferenzierungen**: ausgewogene Mischung von Groß- und Kleinbetriebsformen,
(2) **Regionaldifferenzierungen**: ausgewogene Mischung der Outlets in Ballungsgebieten und in ländlichen Gebieten und
(3) **Sortimentsdifferenzierungen**: ausgewogene Mischungen von Food- / Non-Food-Sortimenten sowie Discount-, Fach- und Spezialsortimenten.

Abb.6-80   Der „Branchenriese" *Metro* (*mit Metro/Makro C&C, Real, Extra, Media Markt, Saturn, Praktiker, Kaufhof*) operiert weltweit in 26 Ländern mit ca. 300.000 Mitarbeitern. 1.744 Märkte werden in Deutschland unterhalten. Mit unterschiedlichen Strategien bearbeiten die Gebrüder *Theodor* und *Karl Albrecht* den Weltmarkt. (*ALDI Nord und ALDI Süd*). Zusammen kommen sie in Deutschland auf einen Umsatz von 24 Mrd. Euro in 4.267 Filialen. *ALDI Nord* führt ca. 750 Artikel im Sortiment und listet mehr originäre Markenartikel und regionale Produkte. *ALDI Süd* suchte frühzeitig Standorte auf der grünen Wiese oder an Stadträndern. Das Sortiment ist mit 600 Artikeln etwas kleiner. Die Läden sind moderner und stärker technisiert (Scannerkassen). Auch die Auslandsmärkte haben sich die Gebrüder *ALDI* aufgeteilt (Zusammen: 26 Mrd. Euro in 4.745 Filialen und 20 Ländern).[765]

DIE HANDELSUNTERNEHMEN MIT DEN MEISTEN OUTLETS 2004	
① Lekkerland-Tobaccoland	⇨ 70.000
② Schlecker	⇨ 10.806
③ Ringel	⇨ 6.000
④ Tengelmann	⇨ 5.477
⑤ Rewe	⇨ 5.179
⑥ Edeka	⇨ 4.393
⑦ Aldi	⇨ 4.077
⑧ EGV	⇨ 3.700
⑨ Kreyenhop	⇨ 3.500
⑩ Jomo	⇨ 3.500
(Quelle: LebensmittelZeitung, (Handelsunternehmen), 2005, S. 7, div. Quellen aus 2006)	

Abb.6-81   Von unverändert großer wirtschaftlicher Bedeutung ist der **Versandhandel**. Der Umsatzanteil der Versender am gesamten Einzelhandelsumsatz steigt seit Jahren stetig an: bis auf 7,2 Prozent im Jahr 2008. 52 Mio. Deutsche bestellen regelmäßig bei einem Versender. Unterschieden werden Großversender und Spezialversender. Abb.6-81 listet die größten Versandhandelsunternehmen des Jahres 2009 nach Anzahl der Besteller auf. Im Jahr 2008 betrug der **Versandhandelsumsatz** in Deutschland 28,6 Mrd. Euro; davon 16,6 Mrd. Euro Multi Channel Versender, 4,5 Mrd. Euro reine Internet-Versender, 2,08 Mrd. Euro *eBay* Powerseller, 1,4 Mrd. Euro Versender mit Heimat im stationären Handel, 1,2 Mrd. Euro Teleshopper-Versender, 0,74 Mrd. Euro Hersteller-Versender, 0,34 Mrd. Euro Apothekenversand sowie Sonstige. Die größten Wachstumsraten weist der Versandhandel im Internet (E-Commerce) auf.

DIE GRÖSSTEN VERSANDHANDELSUNTERNEHMEN NACH BESTELLER 2009	
① Quelle Gruppe	⇨ 8,8 Mio.
② eBay	⇨ 8,1 Mio.
③ Otto Group	⇨ 7,8 Mio.
④ Amazon.de	⇨ 5,9 Mio.
⑤ Neckermann	⇨ 5,8 Mio.
⑥ Bon Prix	⇨ 4,5 Mio.
⑦ Weltbild	⇨ 2,9 Mio.
⑧ Tchibo	⇨ 2,7 Mio.
⑨ Klingel	⇨ 2,4 Mio.
⑩ Bader	⇨ 1,7 Mio.
(Quelle: VerbraucherAnalyse, W&V 44/2009)	

Als Sonderformen des stationären Einzelhandels ist der Tankstellen-Shop und der Kiosk zu nennen. Von untergeordneter Bedeutung ist beim nicht-stationären Einzelhandel der reisende Handel, der traditionell als **ambulanter Handel** bezeichnet wird.

Der **Großhandel** ist mit seiner Verteiler- und Warenbündelungsfunktion dem Einzelhandel vorgelagert. Dort werden als Betriebsformen der Sortimentsgroßhandel, Spezialhandel, Streckengroßhandel, Zustellgroßhandel, Cash&Carry-Großhandel und der Regal-Großhandel (Rack-Jobber) unterschieden.[766] Mit wachsenden Betriebsgrößen und zunehmendem Leistungsvermögen des Einzelhandels wird der Großhandel in Frage gestellt. In einigen Marktbereichen, z.B. im Pressewesen (Pressegrosso-System), ist die Funktion der Vordistribution dagegen unverzichtbar.

Neue Trends beschleunigen einen Strukturwandel der Betriebsformen. Die Handelskonzerne müssen auf Marktsättigung in konventionellen Marktsegmenten, Zunahme von Single-Haushalten, Alterung der Bevölkerung, zunehmendes Schnäpp-

---

[765] vgl. Boldt; Jensen; Schwarzer, (Tüte), in: MM, 6/2009, S. 33-40
[766] vgl. Scharf; Schubert, (Marketing), 2001, S. 302-305

6. Kapitel: Die Vertriebspolitik

Etwa 27% aller knapp 40 Mio. Haushalte in Deutschland sind bereits Single-Haushalte. 19% unserer Bevölkerung ist über 65 Jahre alt (2008).

chenjäger-Verhalten der Verbraucher (Smart-Shopper), hybride Verbrauchergruppen und vor allem auf Angriffe von internationalen Wettbewerbern reagieren. Die Insolvenz von *KarstadtQuelle* ist hier deutlicher Beleg. Neue, aggressive Betriebsformen kommen auf, die mit wachsender Größe selbst wieder in die Gefahr geraten, zu erodieren. **Store Erosion** ist der Begriff für den Betriebstypenverschleiss.[767]

Als Beweis für diesen **Retail Life Cycle** bzw. das **Wheel of Retailing**[768] wird das enorme Marktwachstum der Verbrauchermärkte und SB-Warenhäuser betont. **Der Trend geht unverändert hin zu größeren, integrierten Flächeneinheiten.** Die zukünftigen Stufen der Betriebstypenevolution im Handel werden **Mega-Stores** und **Malls** nach US-amerikanischem Vorbild sein. Aber auch Techno-Discount und Automatenshops, in Kombination mit Cyber-Stations, werden zum Kauf einladen. 24 Stunden einkaufen, verkaufen wo und wann Menschen kaufen möchten: In diese Nischen strömt eine Bugwelle neuer Betriebsformen.

Strukturwandel: Veränderungen LEH seit 1997: Anzahl der kleineren Märkte -41,4 % und Umsatz -45,7%. Dagegen *ALDI*: Märkte +39,6% und Umsatz +37,5%. Man beachte auch die Entwicklung der restlichen Discounter (Umsatz +59,3%).

Abb.6-82 belegt den Strukturwandel und den dramatischen Trend zu den größeren Betriebsformen innerhalb von 10 Jahren. Zusammenfassend kann gesagt werden: Die Umsätze der großen Betriebsformen haben sich in 10 Jahren verdoppelt, die der kleinen Supermärkte halbiert. Bedauerlicherweise hat *Nielsen* 2008 die Statistik umgestellt. Die qm-Zahlen für die Verbraucher- und die Supermärkte wurden heraufgesetzt, und fast 19.000 kleine Supermärkte unter 100 qm lösen sich sozusagen in Luft auf. Die Macht von *Aldi* wird zukünftig kaschiert. Dafür rücken die kleinen Drogeriemärkte ins Rampenlicht. Deshalb können wir das „Stirb-langsam" der kleinen Betriebstypen in Zukunft leider nicht mehr so leicht verfolgen. Abb.6-83 zeigt die Betriebstypenstatistik nach neuem Schema. Der Start in die neue *Nielsen*-Statistikepoche (*Universen 2008*) begann mit einem erheblichen Umsatzsprung im Vergleich 2006 zu 2007 (von 126 auf 148 Mrd. Euro) und einer friktionsähnlich starken Abnahme der Outlets (1.1.07 alte Rechnung: 55.191; 1.1.07 neue Rechnung: 50.553). In den *Universen 2009* setzt sich der Trend der letzten Jahrzehnte fort.

Abb.6-82

ENTWICKLUNG DER BETRIEBSTYPEN DES LEBENSMITTELEINZELHANDELS - NIELSEN 10-JAHRE									
	ANZAHL DER OUTLETS				UMSATZ IN MIO. EURO				
	1997		1.1.2007	07/97	1997		2006		06/97
SB-Warenhäuser	635	1,2%	706	1,3%	*11,2%*	15.083	13,2%	16.715	13,2%	*10,8%*
grosse Verbrauchermärkte	1.814	3,3%	2.526	4,6%	*39,3%*	15.339	13,5%	20.230	16,0%	*31,9%*
kleine Verbrauchermärkte	4.298	8,1%	4.476	8,1%	*4,1%*	16.668	14,6%	17.200	13,6%	*3,2%*
Verbrauchermärkte	**6.747**	**9,2%**	**7.708**	**14,0%**	*14,2%*	**47.090**	**41,4%**	**54.145**	**42,9%**	*15,0%*
Discountmärkte	**9.813**	**17,8%**	**10.963**	**19,9%**	*11,7%*	**18.816**	**16,5%**	**29.975**	**23,7%**	*59,3%*
Supermärkte	**4.750**	**8,6%**	**3.580**	**6,5%**	*-24,6%*	**13.242**	**11,6%**	**10.100**	**8,0%**	*-23,7%*
restl. Märkte 200 - 399 qm	5.530	10,0%	3.180	5,8%	*-42,5%*	7.235	6,4%	3.775	3,0%	*-47,8%*
restl. Märkte 100 - 199 qm	10.930	19,8%	6.825	12,4%	*-37,6%*	5.890	5,2%	3.750	3,0%	*-36,3%*
restl. Märkte < 100 qm	32.630	59,1%	18.744	34,0%	*-42,6%*	5.640	5,0%	2.656	2,1%	*-52,9%*
restl. Märkte < 400 qm	**49.090**	**66,9%**	**28.749**	**52,1%**	*-41,4%*	**18.765**	**16,5%**	**10.181**	**8,1%**	*-45,7%*
Summe ohne Aldi	*70.400*	*127,6%*	*51.000*	*92,4%*	*-27,6%*	*97.913*	*86,0%*	*104.401*	*82,6%*	*6,6%*
Aldi	3.002	5,4%	4.191	7,6%	*39,6%*	15.952	14,0%	21.930	17,4%	*37,5%*
Alle Märkte	**73.402**	**100,0%**	**55.191**	**100,0%**	*-24,8%*	**113.865**	**100,0%**	**126.331**	**100,0%**	*10,9%*
(Quelle: Nielsen - Universen 2007) - Die schwarzen Felder kennzeichnen die Dramatik der Veränderungen										

Abb.6-83

ENTWICKLUNG DER BETRIEBSTYPEN DES LM-EINZELHANDELS - NEUES SCHEMA VON NIELSEN									
	ANZAHL DER OUTLETS				UMSATZ IN MIO. EURO				
	1.1.2007		1.1.2009		09/07	2006		2008		08/06
Verbrauchermärkte >2500 qm	1.826	3,6%	1.855	3,8%	*1,6%*	36.998	13,5%	38.920	25,4%	*5,2%*
Verbrauchermärkte 1000 - 2499 qm	4.114	8,1%	4.308	8,8%	*4,7%*	19.982	14,6%	21.005	13,7%	*5,1%*
Verbrauchermärkte	**5.940**	**42,2%**	**6.163**	**12,6%**	*3,8%*	**56.980**	**39,6%**	**59.925**	**39,1%**	*5,2%*
Discounter	**15.154**	**30,0%**	**15.573**	**31,9%**	*2,8%*	**51.905**	**16,5%**	**59.025**	**38,5%**	*13,7%*
Supermärkte insgesamt	**15.387**	**30,4%**	**13.098**	**26,8%**	*-14,9%*	**23.296**	**11,6%**	**21.885**	**14,3%**	*-6,1%*
Märkte groß 400 - 999 qm	5.396	10,7%	5.090	10,4%	*-5,7%*	15.833	6,4%	15.695	10,3%	*-0,9%*
Märkte klein 100 - 399 qm	9.991	19,8%	8.008	16,4%	*-19,8%*	7.463	5,0%	6.190	4,0%	*-17,1%*
Drogeriemärkte (< 100 qm)	**14.072**	**27,8%**	**14.005**	**28,7%**	*-0,5%*	**11.535**	**8,0%**	**12.285**	**8,0%**	*6,5%*
Total	**50.553**	**100,0%**	**48.839**	**100,0%**	*-3,4%*	**143.716**	**100,0%**	**153.120**	**100,0%**	*6,5%*
(Quelle: Nielsen - Universen 2009) - LEH > 100 qm inkl. Aldi, Lidl, Norma										

---

[767] vgl. zur Store Erosion: Haller, (Handels-Marketing), 2001, S. 53
[768] vgl. zu diesen Begriffen: Specht; Fritz, (Distributionsmanagement), 2005, S. 98 und 99

c.) Praxisbeispiele für Betriebstypen im Wandel: Themenwarenhäuser und Supermärkte der Zukunft

> **Geiz ist geil:**
> „*Wir gehen in eine Schnäppchen- und Geizkultur, weil Konsum eigentlich nicht mehr spannend ist.*"
> (Matthias Horx, Zukunftsinstitut Kelkheim, *www.zukunftsinstitut.de*)

Um gegen Discounter und Konsumsättigung überleben, entwickeln die Handelskonzerne neue Konzepte; z.b. das **Themenwarenhaus**. Wurden Sortimente in der Vergangenheit nach Warengruppen präsentiert, so schafft man heute Lebensfelder in Szenen und Bildern. Eine **Verkaufsraumdramaturgie** soll Reize vermitteln, Neugier wecken und Erlebniswerte beim Einkauf steigern. Zunächst werden **Warenleitbilder** definiert. Diese entsprechen meist Lebensstil-Bereichen, wie z.b. die Segmente Mode, Persönlichkeit, Genuss / Geselligkeit, Wohnen, Sport / Freizeit, Multimedia und Business. Im nächsten Schritt werden alle Produkte zu **Warenbildern** gebündelt, die zu einem Lebensstilthema passen. Auch die Warenpräsentation selbst soll Spannungsbögen erzeugen, Dramaturgien aufbauen. Dazu werden sog. **Attraktoren** definiert und mit ihnen Lifestyle-Points, Faszinations-Points oder Image-Points geschaffen.

Die Warenpräsentation erfolgt in gängigen Themenbereichen (Konsumfelder):
(1) Living: Wohnen, Gemütlichkeit, Bad und Wellness,
(2) Genuss und Gesellschaft: Küche, Essen und Trinken,
(3) Personality: u.a. Lederwaren, Brillen, Uhren/Schmuck, Kosmetik,
(4) Sport und Freizeit: Fitness, Sauna,
(5) Multimedia und
(6) Fashion: Casual, Classics, Dress In, My Line, Cocktail, Landhaus, Pelze.
Jeder Themenbereich wird von einem Themenmanagement-Team geleitet, dem ein Branchenmanagement vorgeschaltet ist.

> **Die Gegenmeinung:**
> "*Die Geiz ist geil-Haltung macht den Verbrauchern langfristig keinen Spaß – es entwickelt sich ein Gegenpol.*"
> (Jörg Blumtritt, Community Marketing *Burda*)
>
> Der *Metro-Futurestore* Duisburg bekam 2003 vom Verbraucherschutz den *Big Brother-Award* für die Käuferüberwachung.

Der *Kaufhof* setzt auf **Lust-Themenhäuser** (*Lust for Life*), die sich in der Marke *Galaria* manifestieren. Im Februar 2004 wurde das neue Konzept für die *Galeria*-Warenhäuser präsentiert:
(1) Kernzielgruppe sind die „aktive Mitte"-Kunden in der Altersgruppe 35+,
(2) Präsentation der Sortimente in Lifestyle- und Bedarfszusammenhängen, um mehr Inspiration und Cross-Shopping zu bieten (Mission: *Lifestyle für alle*),
(3) Demonstration einer hohen Markenkompetenz durch Fokus auf Premium-Marken (Niemand verkauft so viele Diamanten in Deutschland wie der *Kaufhof*),
(4) großflächige Häuser in teuren Innenstadtlagen,
(5) weitgehender Verzicht auf Rabattauszeichnungen,
(6) Style-Guides für die Filialen sollen ein durchgängiges **Visual Merchandising** sicherstellen,
(7) neue Konzepte für eine verkaufsfördernde Warenpräsentation, die aus einem Store Design Wettbewerb hervorgingen.
Zum 22.2.2004 wurden alle 114 deutschen *Kaufhof*-Warenhäuser auf das **Galeria-Konzept** umgestellt.

Und wie werden wir zukünftig einkaufen? *Procter&Gamble* und *A&P* treiben im Rahmen eines Co-Marketing-Ansatzes das **One-Stop-Shopping** voran. Die Warengruppen Höschenwindeln, Babynahrung oder BabyShampoo werden als Komplementärsortiment im Regal positioniert.[769] In Zeiten rückgängiger Nachfrage sollen Impulskäufe forciert werden. Die *Metro* unterhält in Rheinberg bei Düsseldorf einen **Future-Store** (*Metro Extra*), um gegen die Discounter zu konkurrieren. Im "*Supermarkt der Zukunft*" ist der Einkaufswagen ein fahrbares Informationsterminal. Kassiert wird durch eine vollautomatische Selbstzahlerkasse. Per Funksignal lesbare

---

[769] vgl. den Hinweis in ASW, 6/2001, S. 53

Etiketten lenken Kunden und Merchandiser direkt zum richtigen Warenregalplatz. Die Regaloptimierung erfolgt durch **Radio Frequency Identification** (RFID). Effizienz domiert über menschliche Zuwendung. Von Tante Emma, d.h. von der persönlichen Beratung im Handel, rücken wir immer weiter ab.

Auch neue Betriebstypen kommen auf. Die früher als "Tankstellenlieferant" bekannte *Lekkerland-Tobacco-Gruppe* (2004 8,35 Mrd. Euro Umsatz mit 6.211 Mitarbeitern, Distribution an 70.000 Tankstellen und Outlets) hat 250 sog. **U-Stores** im Rahmen eines Franchise-Konzeptes installiert. Ein U-Store ist die moderne Form eines Kiosks. Er bietet das kompakte Convenience-Sortiment (Süßwaren, Getränke, Tabakwaren) und darüber hinaus Consumer-Dienstleistungen wie Ticket- und Abonnementdienste, bei Ladenöffnungszeiten von 5 bis 22 Uhr.[770] *Aral* hat 2006 den ersten **C-Store** eröffnet: Eine Tankstelle ohne Zapfhahn sozusagen.

Erlebniskauf: *„They may not forget what you say, but they will never forget how you made them feel."* (Carl W. Büchner)

Die Bahn unterhält mit den **DB ServiceStores** ein bundesweites Franchise-System (ausgezeichnet als Franchisesystem des Jahres 2004). Bahnhöfe sollen einen Flair von Einkaufswelten erhalten. Man möchte die Idee der Tankstellen-Shops adaptieren: Convenience-Shops mit breitem Angebot und langen Öffnungszeiten. Bis Ende 2005 waren 175 und bis zum Jahr 2008 500 *DB ServiceStores* geplant. Wenn man so will, offenbaren sich hier clevere Wieder-Auflebungen des Tante-Emma- oder Onkel-Mehmet-Ladens zur Sicherung der Grundversorgung der Bevölkerung.

Für die **Convenience-Versorgung** findet zunehmend der **Impulskanal** Beachtung. In diesem sind Kioske, Bäckereien und LEH-Geschäfte unter 100 qm zusammengefasst.

Auch bei den Discountern gibt es neue Entwicklungen. Zunehmend wird der Ladentyp der **Hard-Discounter** durch Aufnahme von Markenartikeln und einer aufwändigeren Ladengestaltung zum **Soft-Discount-Format** aufgewertet (*Aldi-Süd, Plus, Rewe*). Fachleute sprechen von **Aldinativen**!

d.) Standortdynamik

„Drei Dinge sind ... für den Erfolg im Einzelhandel wichtig, nämlich erstens der Standort, zweitens der Standort und drittens noch einmal der Standort."[771]

Die Veränderung der Erlebniswerte beim Kauf beeinflusst auch die Standortpolitik des Handels. Wie im 1. Kapitel aufgezeigt wurde, ist die Verkaufsstätte (Outlet) für die Imageprofilierung von so großer Bedeutung, dass der Handelsstandort als 5. Marketingmix-Instrument bezeichnet werden kann.[772]

Zu unterscheiden sind **6 Standorttypen**: (1) Innenstadt 1a-Lage, (2) Innenstadt 1b-Lage, (3) Innenstadt Randlage, (4) Nahversorger im Wohngebiet, (5) Einkaufszentrum in der Vorstadt und (6) die „grüne Wiese". Aktuelle Bedeutung haben Standortstrategien zur **besseren Plazierung von Outlets**. Die Handelsunternehmen verfolgen die Zielsetzungen, ihre Outlets (Verkaufsstandorte)

- noch näher an Kundenpotenzialen,
- noch näher an Verkehrsknotenpunkten,
- noch näher an Passantenströmen,
- noch näher am Angebot von ergänzenden Sortimenten,
- noch näher an Plätzen mit Event-Charakter,
- noch näher an kostengünstigen Verkaufsflächen anzusiedeln.

---

[770] vgl. Hassmann, (Convenience), in: salesBusiness 10/2003, S. 8-10
[771] Berekoven, (Einzelhandelsmarketing), 1996, S. 342
[772] vgl. zu den Standortfaktoren Liebmann; Zentes; Swoboda, (Handelsmanagement), 2008, S. 499-500

Negative Folge der letztgenannten Zielsetzung ist das **Innenstadt-Sterben**. Viele Innenstadtstandorte sind für unabhängige Fachgeschäfte mittlerweile unbezahlbar geworden. Hinzu tritt das Phänomen einer allgemeinen Stadtflucht[773] und die rückläufige Zahl von Bürobeschäftigten in den Innenstädten. Der Facheinzelhandel weicht auf 1b-Lagen aus. Ketten und Schaufensterhöhlen erobern die Stadtbilder. Auf der anderen Seite festigen sich virtuelle Einkaufswelten im Internet (**Cyber Shops**). Das stationäre Ladengeschäft ist nur noch „der Möglichkeit nach" vorhanden. *Shopping24* vom *Otto* gilt als gutes Beispiel. Bislang sind *Karstadt, Metro* u.a. offenbar wenig erfolgreich gewesen, Kauferlebnisse im Internet zu simulieren. Dennoch: „ *Alle sprechen davon, dass im Web künftig Milliardenbeträge umgesetzt werden. Aber niemand kann sagen, wie der Point of Sale online aussehen kann. Oder ob es ihn überhaupt noch geben wird.*"[774]

e.) Profilierung von Handelsmarken (Private Labels)

ALDI macht bereits 2/3 seines Umsatzes von 25 Mrd. Euro mit *No Name* Handelsmarken.

Eine weitere strategische Chance für die Auseinandersetzung mit den Markenartikelherstellern einerseits und für den Kampf um die Kunden andererseits liegt in der Profilierung von Handelsmarken. *„Handelsmarken gehören zu den Gewinnern bei den Markenstrategien.*"[775] Diese greifen zunehmend die etablierten Herstellermarken an, die sich ihrerseits in punkto Qualität, Preis und Image in das Premium-Markensegment abzusetzen versuchen (s. Abb.7-87). Aktuelle Zahlen von *GfK Panel Services Consumer Research* belegen: Im Bereich der **Fast Moving Consumer Goods** (FMCG = Lebensmittel, Getränke, Drogeriewaren, Kosmetika) stieg der Umsatzanteil der Handelsmarken laut *GfK* von 1998 bis 2006 von 18,4 auf 35%. Verlierer sind die Hersteller-me-too-Marken mit einem Rückgang von 37,4 auf 30,5%.Dennoch können laut *TNS Infratest* 40% der Verbraucher spontan kein Private Label nennen.

Besonders gefährlich für die klassischen Herstellermarken sind die Gattungsmarken im Billigsegment. *A&P (Tengelmann), Tip (Metro), Die Weißen (Leibbrand), Ja (REWE), Biobio (Plus)* sind Beispiele. Vermarktet werden problemlose Produkte des täglichen Bedarfs mit schnellem Umschlag. Aus dem Blickwinkel der Markenartikelhersteller werden die Verbraucher dahingehend „verdorben", dass die üblicherweise von renommierten Herstellern gebotenen Markenmehrwerte nun auch für namenlose Produkte gelten sollen; und dies zu 30 – 40% niedrigeren Preisen. Die größten Preisdifferenzen der Handels- zu den Herstellermarken gibt es noch bei gekühlten Lebensmitteln (ca. 45%), tiefgekühlten Lebensmitteln (ca. 43%) und Kosmetika (knapp 40%). Dramatisch erodiert sind die Markenaufschläge bei Tiernahrung und Gesundheitsprodukten (ca. 20%) und bei Körperpflegeartikeln (ca. 17%).[776]

Die Discounter gewinnen an Image: 76% der Käufer verbinden die Produkte von *ALDI, Lidl* u.a. nicht mehr mit minderer Qualität.

Das Phänomen der **Aldisierung** wurde bereits angesprochen. Der Verbraucher löst sich von der Vorstellung, dass die klassischen Markenartikel automatisch eine bessere Qualität bieten. *Geiz ist geil* - und *Gutes muss nicht teuer sein*. Der preisaggressive Handel verankert seine Store Brands mit Markenkraft im Verbraucherbewusstsein.

f.) Category Management (CM)

➜ Unter **Category Management** (CM) versteht man die dauerhafte Ausrichtung der Warengruppen auf die Wünsche der Kunden unter Einsatz von Software, in Zusammenarbeit mit kompetenten Industriepartnern und als Ausdruck einer

---

[773] So verloren im Jahr 1997 Berlin 33.000, München 22.000 und Leipzig 10.000 Bewohner.
[774] Boulle; Sperlich, (Mehrwert), in: Global Online, 6/1998, S. 28
[775] Preissner, (Marketing-Praxis), 1997, S. 93
[776] vgl. die Auswertung von Nielsen Global Services in ASW, 5/2004, S. 55

> Gesamt-Marketing-Strategie (Definition des *ECR Council Europa, Best Practice Report*).

Beim Category Management werden ganze Warengruppen wie **Profit Center** gesteuert. Die klassische funktionale Organisation im Handel mit der Trennung von Einkauf und Verkauf wird aufgegeben. Ein Warengruppen-Management (mit Warengruppen-Managern) ist integrierend für Einkauf, Preisgestaltung, Sortimentsstruktur, POS-Warenrepräsentation, Werbung und Logistik verantwortlich. Der Erfolg wird am Category-Deckungsbeitrag, am Marktanteil der Warengruppen und an der Kundenzufriedenheit gemessen. Ein warengruppenbezogener Erfolgsdruck baut sich auf, den die Hersteller, die sich dem CM unterordnen müssen, zu spüren bekommen. Category Management läuft in fünf Phasen ab:
(1) Warengruppen-Analyse mit Bestimmung von Abverkauf-Erfolgsfaktoren,
(2) Zielgruppenbestimmung und Analyse der Kundenpotenziale,
(3) Strategieplanung bis zur Regaloptimierung,
(4) Strategieumsetzung und
(5) Ergebnisbewertung.[777]
Eine besondere **Wettbewerbsbrisanz** entsteht, wenn der Handel die Category-Führerschaft für ein bestimmtes Sortiment einem Markenartikler, dem **Category Captain**, überträgt und dieser dadurch Einfluss auf die Placements seiner Konkurrenten bekommt. Ein namhafter Category Captain ist für viele Handelsketten z.B. *Tobacco Lekkerland* für das Convenience Sortiment.

g.) Efficient Customer Response (ECR)

ECR hat sich als **ganzheitliches Konzept zur Steuerung des gesamten Vertriebsweges** aus dem Category Management heraus entwickelt.[778] Einen großen Schub bekommt die vom Marktgeschen ausgehende, computergestützte Logistiksteuerung durch die RFID-Chips.

> ▶ Zielsetzung von **Efficient Customer Response** ist die computergestützte **Steuerung und Optimierung der gesamten Wertschöpfungskette** vom Hersteller bis zum Kunden. Diese Prozessoptimierung erfolgt wie beim **KANBAN-Prinzip** vom Markt aus. Der Kunde steuert durch sein Nachfrageverhalten den Prozess. Man spricht auch von **Reverse Economy**.

Beispielsweise steuert die zweitgrößte deutsche Drogeriemarktkette, die DM Drogerie Markt GmbH in Karlsruhe, 650 deutsche Filialen und 17 Lieferanten durch ein ECR-System.

Ein Mantelverkauf bei Marks & Spencer wird simultan von der Scannerkasse erfasst. Umgehend erfolgt über das Distributionszentrum in der Nähe von London Meldung an den Lieferanten. Am nächsten Tag hängt der Nachschub wieder im Kölner Textilgeschäft.[779]

Die Wertschöpfungskette wird für Hersteller und Handel zum Boot, das der Kunde rudert: „*Die neue Methode verknüpft beide Lager, sie produzieren und verkaufen im Idealfall wie ein einstufiges Unternehmen. Von den Einsparungen profitieren im besten Fall alle Beteiligten. Vor allem der Kunde...*"[780] Eine Partnerschaft zwischen Hersteller und Handel ist unabdingbare Voraussetzung für den Erfolg.

Die **Zielsetzungen** von ECR lauten:
- wirkungsvolle Reaktion auf Kundenwünsche
- und damit Optimierung der Kundenzufriedenheit,
- bessere „Durchleuchtung" des Verbrauchers,

---

[777] vgl. Haller, (Handels-Marketing), 2001, S. 161-162
[778] vgl. als Standardwerk: von der Heydt, (ECR), 1998; s. auch www.ccg.de
[779] vgl. Becker, (Kundenschiene), in: MM, 6/1997, S. 121; mit dem Beispiel von TESCO
[780] Becker, (Kundenschiene), in: MM, 6/1997, S. 120-121

- und damit Erschließung neuer Umsatzpotenziale,
- ein präziser, papierloser Informationsfluss,
- schnelle Reaktion der gesamten Wertschöpfungskette auf die Nachfrage,
- Minimierung der Kapitalbindung in der Kette,
- Kooperation statt Konfrontation zwischen Hersteller und Handel.

Abb.6-84

DIE BASISELEMENTE VON EFFICIENT CONSUMER / CUSTOMER RESPONSE (ECR)			
Efficient Replenishment	Efficient Store Assortments	Efficient Promotion	Efficient Product Introductions
nachfragegesteuerter Warennachschub	kunden- und renditeorientierte Sortimentsgestaltung und Category Management	systemoptimierte Handels- und Konsumenten-Promotion	Optimierung der Produkteinführung
⇨ automatische Disposition ⇨ synchronisierte Produktion ⇨ Just-in-Time Belieferung ⇨ Cross Docking ⇨ Bestandsreduktion	⇨ kontinuierliche Warengruppenverbesserung ⇨ bedarfsorientierte Warengruppeneinteilung ⇨ Denken in geschlossenen Geschäftseinheiten ⇨ funktionsübergreifende Organisation	⇨ volle Warenverfügbarkeit ⇨ Reduzierung des Handlingaufwands ⇨ Verbessertes Aktions-Know-how ⇨ schnelle Reaktion auf Verbraucherverhalten	⇨ bessere Testmöglichkeit ⇨ schnelle Reaktion auf Verbraucherverhalten ⇨ Absenkung der Floprate
Quelle: Dr. G. Heinemann - Absatzwirtschaft Sondernummer Oktober 1997, S. 189			

Abb.6-84 verdeutlicht die vier Säulen von ECR:

(1) **Efficient Replenishment**: im **Logistikbereich** den von der Nachfrage aus gesteuerten Warennachschub (NOS-Konzeption: **Never out of Stock**),

(2) **Category Management**: die kunden- und renditeorientierte **Sortimentsgestaltung**,

(3) **Efficient Promotion**: im **Marketingbereich** die systemoptimierte Handels- und Konsumentenpromotion und speziell

(4) **Efficient Product Introductions**: die Optimierung der **Markteinführung** neuer Produkte.[781]

Trotz einiger Bedenken gilt ECR als zukunftsweisendes Konzept für die Vertriebspartnerpolitik, gefördert von einer starken Lobby.[782] Studien in USA weisen allein für die Lebensmittelmärkte Rationalisierungspotenziale von 30 Mrd. US-$ nach.[783] Die Durchlaufzeit eines Produktes von der Fertigung bis zum Regal lässt sich von 104 auf 61 Tage reduzieren. ECR funktioniert aber nur bei durchgängiger **Standardisierung der Datenströme** mit Hilfe von **EDI** = *Electronic Data Interchange* oder **EDIFACT** = *Electronic Data Interchange for Administration, Commerce and Transport*. *Karstadt* wickelte bereits 1998 380.000 Aufträge an 577 Lieferanten mittels EDI-Warensteuerung ab. Das entsprach 50% aller Aufträge.[784]

Derzeit befinden sich die Übertragungstechnologien im Umbruch. EDI und EDIFACT sind kostspielig und inflexibel. Gleiche Standards sind oft nur innerhalb einer Branche zu finden. Integrationsserver und ständige Updates bei Einbindung neuer Lieferanten mindern die Effizienz. Mit Hilfe des Internets und des **XML-Standards** lassen sich wesentlich effizientere und kostengünstigere Datenautobahnen aufbauen. Der Trend bei der Übersendung von Geschäftsdaten und -dokumenten geht zum **Web-EDI**. Web-EDI-Lösungen bedienen sich der Internet-Protokolle und lassen flexible Datensuche mittels Browsertechnologien zu. Web-EDI ist multimedial und interaktiv. Die Exklusivität der klassischen EDI-Lösungen entfällt, dafür steigen aber

---

[781] vgl. zu den Einzelinstrumenten die Quelle bei Heinemann, (Dynamisierung), in: ASW, Sondernummer Oktober 1997, S. 189 sowie die entsprechenden Ausführungen bei v.d. Heydt, (ECR), 1999

[782] die Top 5 des Handels und die Top 10 der Konsumgüterhersteller haben sich zu einer losen Interessengemeinschaft mit Namen ECR-Board zusammengeschlossen

[783] vgl. von der Heydt, (ECR), 1997, S. 41

[784] vgl. zum ECR-Einsatz auch den Beitrag von Müller, (Kunden), in: Textilwirtschaft v. 27.5.1999, S. 40-43

auch die **Sicherheitsrisiken**. Fachleuten zufolge haben bereits 2001 Web-EDI-Anwendungen das klassische EDI abgelöst.[785]

ECR schafft hohe Transparenz für die Sortimentsentwicklung. Die Hersteller geraten innerhalb der Wertschöpfungskette in neuartige, computerkontrollierte Wettbewerbssituationen. Außerdem droht ihnen die Verpflichtung zur Just-in-Time-Belieferung. Konzeptionell wird die Entwicklung nicht bei ECR stehen bleiben, sondern sich zu **webbasierten Supply Chain Konzepten** weiterentwickeln (s. Abschnitt 8.8.).

h.) RFID-Chips für das Marketing

Barcodes gibt es etwa seit 1993 (*IBM*). Angeblich war *Wrigleys* Kaugummi das erste scannergesteuerte Produkt.

Die **Radio Frequency Identification** wird – in Verbindung mit dem **Electronic Product Code (EPC)** - zur Schlüsseltechnologie für die Steuerung lückenloser Verkaufs- und Logistikketten.[786] RFID-Systeme verdrängen die Barcodes. Ein RFID-Tag besteht aus einem winzigen Speicherchip (dem Transponder) mit einem ebenso kleinen Antennenmodul. Aktive RFID-Chips (Autoschlüssel mit Funkbedienung) agieren selbständig, wirken über große Reichweite, haben aber nur eine kurze Lebensdauer. Passive RFID-Tags sind kleiner, kostengünstiger und langlebiger. Sie müssen allerdings über ein RFID-Lesegerät angesteuert werden. Ein RFID-Lesegerät kann 200 Transponder auf einmal bedienen.

Für das Marketing wird die RFID-Technologie folgende Konsequenzen haben:
- RFID forciert den Trend zum **Pervasive Computing**: Die menschliche Kommunikation wird partiell durch Computer-Maschinen-Kommunikation abgelöst. Eine *Barbie-Puppe* überprüft via Chip ihre Kinderzimmerumgebung und sorgt dafür, dass die Mutter automatisch ein Angebots-E-Mail mit dem Hinweis auf fehlendes Zubehör erhält.
- Artikel überprüfen ihren Bestand im Regal selbst und lösen bei Unterschreiten bestimmter Sicherheitsmengen selbst Bestellprozesse aus (Bezug zu ECR).
- Durch den auf der Produktverpackung aufgeklebten Tag kann das Verbraucherverhalten ausspioniert werden (Vorwurf an *Gillette* in USA).
- Die Artikelsuche im Supermarkt entfällt. Produkte können direkt angesteuert werden.
- Einkaufswagen werden zum Computer. RFID beschleunigt das Kassieren oder Reklamationsvorgänge.
- Über den Chip und einen Bildschirm lassen sich während des Kaufs direkt Informationen an die Käufer vermitteln.
- Markenprodukte können eindeutig gekennzeichnet und besser gegen Piraterie geschützt werden.

Ohne Zweifel wird sich RFID als starke Kraft für den **Trend zum gläsernen Konsumenten** erweisen. Kein Wunder, dass diese Technologie von Verbraucherschützern argwöhnisch beobachtet wird. Daneben gibt es weitere, bedeutsame Trends.

i.) Trends im Handel

Das Handelsinstitut der *Universität des Saarlandes* führt seit einigen Jahren ein Handels-Szenario (*Handelsmonitor*) durch und wagt einen Ausblick in die Zukunft:[787]
(1) Ein zunehmendes **Bahnhof- und Airport-Shopping** ist Ausdruck einer wachsenden Erlebnis- und Freizeitgesellschaft.

---
[785] vgl. die Hinweise und Statistiken bei Weber, (Electronic-Commerce), 2000, S. 22
[786] vgl. Garber, (RFID-Technologie), in: ASW, 2/2005, S. 30-33; o.V., (Chip), in: isReport, 1+2/2005, S. 34-37
[787] vgl Zentes; Swoboda, (Totalrelaunch), in: ASW, Sonderausgabe 10/1998, S. 24-30

(2) Mit großen Verkaufsflächen und umfassenden Produktangeboten werden internationale Freizeitkonzerne sog. **Urban Entertainment Center** schaffen. Ein Signal hierfür sind die Multiplex-Kinos.

(3) Die **Club-/Event-/Fun-/Fan-Bewegung** wird zwei Schwerpunkte bilden: Das **Kult-Shopping** mit neuartigen Outlets und Standorten (Szene-Lokale, Wellness-Clubs, Formel1-Pisten, Stadion-Shops, Mercedes-Benz Shops etc.) und das **Tourist-Shopping** (auch per Internet), bei dem mit der Reisebuchung auch Kleidung und Reiseausrüstung gekauft werden können.

(4) Für den Bereich **Convenience-Shopping** werden sich Tankstellen, Nice-Price-Geschäfte, Bäckereien, Drogerien und Kioske weiter profilieren. Jährliche Umsatzzuwächse von 5% werden vorausgesagt.

(5) **Factory Outlet Center** (als Betriebstypen der Hersteller; s.u.) werden trotz aller Widerstände auf regionaler Ebene in Ballungsgebieten nicht aufzuhalten sein.

(6) **Electronic Shopping, TV-Shopping,** kurz **Home-Shopping** in Verbindung mit Service-Providern, Clearing-Stellen und Finanz- und Logistikdienstleistern werden sich zu einer machtvollen Distributionsschiene entwickeln.

(7) **Wochenmärkte, Bauernmärkte** und **landwirtschaftliche Direktvermarktung** werden über die Stellung einer Marktnische herauswachsen und insbesondere die Distribution von Öko-Produkten übernehmen.

(8) Die Schnäppchenjäger-Mentalität wird vor den **Second Hand Geschäften** nicht haltmachen. Auch höhere Einkommensschichten werden sich vor dem Kauf von Designer-Ware aus zweiter Hand nicht mehr scheuen.

(9) Die Betriebstypengrenzen verwischen. Der Handel drängt in Herstellerdomänen. *ALDI* ist bereits siebtgrößter Textilanbieter in Deutschland. Bei *Tchibo* und *Eduscho* macht das Kaffeegeschäft nur noch rund die Hälfte des Umsatzes aus. Mit dem *Tchibo*-Bestellmagazin dringt *Tchibo* in Richtung Home-Shopping.

In der Folge werden sich bis zu 40% der Einzelhandelsumsätze auf innovative Anbieter, andere Orte und neuartige Handelsformen verlagern. Auch die Hersteller sind von den Umwälzungen betroffen und müssen reagieren.

6.6.3. Strategien der Hersteller – vertikales Marketing

a.) Absatzmittlergerichtete Basisstrategien

Wie reagieren die Hersteller auf die Strategien der Handelsriesen? Auf welche Weise versuchen sie, selbst **Regie im Absatzkanal** zu übernehmen? Grundsätzlich können Hersteller

(1) Bei einer Marktführung des Handels eher reaktiv oder eher aktiv operieren

(2) oder eher defensiv oder eher aggressiv selbst die Regie im Absatzkanal übernehmen. Die Kombination der Möglichkeiten führt zu den vier **absatzmittlergerichteten Basisstrategien** der Abb.6-85.[788]

Abb.6-85 Von besonderer Brisanz sind alle Maßnahmen der Hersteller oder der Handelsunternehmen, selbst die Regie im Absatzkanal zu übernehmen. Sie verfolgen dann ein **vertikales Marketing**. Demzufolge spricht man von zunehmender Vertikalisierung der Märkte.

Verhalten der Hersteller	Handelsdominanz akzeptieren	Herstellerdominanz anstreben
eher reaktive Strategien	Klassische Push-/Pull-Strategien	Soweit möglich Abkoppeln vom Handel
Eher aktive Strategien	Situationsverbesserung durch Kooperationen	Vertikales Marketing, z.B. eigene Shops

---

[788] vgl. in Anlehnung an Meffert; Burmann, Kirchgeorg, (Marketing), 2008, S. 315

> Unter einem **vertikalen Marketing** versteht man die Strategien der Hersteller oder die des Handels, Macht oder sogar Dominanz im Absatzkanal zu erreichen, indem man Hersteller- und Vertriebsfunktionen selbst übernimmt. Vertikales Hersteller-Marketing kann mit oder ohne Einbindung von Vertragspartnern (Absatzmittlern) erfolgen.

Abb.6-86

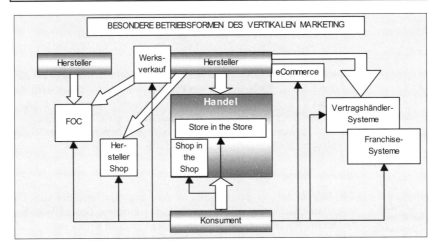

Zielsetzung ist nicht immer die Führerschaft im Absatzkanal. Abb.6-86 bietet eine Übersicht über die zahlreichen Formen des vertikalen Herstellermarketing.

Im Verhältnis zu Groß- und Einzelhandel sind folgende Strategien gängig:[789]
(1) **Motivationsstrategien** respektieren die Machtverhältnisse im Absatzkanal und lassen sie unangetastet. Sie vertrauen auf monetäre Anreize und Leistungsvergütungen, um rechtlich unabhängige Vertriebspartner motivierend in die vertikale Strategie einzubinden. Auf leistungsorientierte Konditionensysteme wurde bereits im Rahmen der Preispolitik im 5. Kapitel eingegangen.
(2) **Kontraktstrategien** streben nach einer stärkeren Bindung von Händlern auf vertraglicher Basis. Sie umfassen alle vertraglichen Vereinbarungen zur längerfristigen Kooperation sowie fallweise Regelungen für die Zusammenarbeit mit den ausgewählten Vertriebspartnern.
(3) **Selektionsstrategien** setzen auf ausgewählte Partner. Es werden nur Handelspartner eingebunden, die bestimmte Voraussetzungen erfüllen. Die Vertriebspartner werden nach Leistungsbereitschaft und Leistungsergebnis selektiert.
(4) **Emanzipationsstrategien** schalten den Handel vollständig aus. Der Hersteller wird mit eigenen Geschäften und eigenem Personal am Point of Sale aktiv.

b.) Profilierung durch Premium-Marken

Handelsmarken und No-Name-Produkte setzen die klassischen Herstellermarken unter Druck. Die Hersteller reagieren auf die vordringenden Handelsmarken, indem sie auf qualitativ, preislich und imagemäßig höher positionierte Segmente ausweichen und **Premiummarken** aufbauen. Im Abschnitt 6.6.2.e. wurden Marken-Marktanteile genannt. In den geeigneten Warengruppen profitieren sie von einem Trend zur **Konsumpolarisierung**. (Verlust der Mittelpreislagen: s. noch einmal

---

[789] zu den Punkten 2 bis 4 vgl. Irrgang, (Vertikales Marketing), 1989, S. 14. Die immer stärker aufkommende Strategie 4 (Totalausschaltung des Handels) ist in der Literatur kaum zu finden.

Abb.5-9 im 5. Kapitel und Abb.7-87 im 7. Kapitel). Zwischen den Schichten der Prestige- und Billigpreis-Käufern dünnen die mittleren Kundensegmente aus.

Neben der verstärkten Markenprofilierung und einvernehmlichen, meist vertraglichen Einflussmaßnahmen auf den Handel (den Stimulierungsstrategien), entwickeln die Hersteller spezielle Betriebstypen und Partnerkonzepte (**Partner Relationship Marketing**), um näher an die Interessenten und Kunden heranzurücken (auch: Strategien der **Vorwärts-Integration**).

c.) Werksverkauf

In beschränktem Umfang ist für 1b-Ware, Überproduktionen und Auslaufmodelle in mittleren Preissegmenten ein Werksverkauf möglich. Dieser wird durch den Handel geduldet.[790] Die Verkaufsmengen sind vergleichsweise gering. Die Hersteller, z.B. im höherwertigen DOB-Bereich, verschaffen sich jedoch Markt-Know-how, das sie dann in eigenen Outlet-Konzepten nutzen können. Wegen dieser Gefahr führt Werksverkauf immer wieder zu Konflikten mit dem Handel.

d.) Shop-Konzepte

Shops sollten im Idealfall 12.500 Euro Umsatz pro Quadratmeter bringen. Die Praxis liegt bei 4.000 bis 5.000 Euro.

Flagship-Stores: Die Aushängeschilder der Hersteller, z.B. *Nivea*, Hamburg, *Nike*, Berlin, *ADIDAS*, Berlin, New York, Paris.

In Deutschland gibt es mehr als 2000 Monomarken-Shops.

Ein Beispiel hierfür ist das **Shop in the Shop Konzept.** Ein Hersteller wird danach selbst am POS aktiv, indem er auf untervermieteten Geschäftsflächen seine Marken in eigener Regie kompakt präsentiert und verkauft. Er bekommt direkten Kontakt zu den Kunden, kann sich knappen Regalplatz in bevorzugten Lagen sichern und sein Corporate Design wahren. Die Kassenführung kann eigenständig sein, läuft aber üblicherweise über die Zentralkasse des Handelsgeschäftes. Dem Käufer gegenüber wird das Bild einer **integrierten Betriebsform** vermittelt. Für den Handel ist diese Spielart des vertikalen Marketing ein zweischneidiges Schwert. Auf der einen Seite kann das Handelsgeschäft von der starken Herstellermarke profitieren und die Ladenpräsentation auflockern. Auf der anderen Seite werden die Spielräume einer eigenen Imageprofilierung des Handels zumindest eingeschränkt. In jedem Fall müssen die beiden Images und werblichen Auftritte kompatibel sein. Eine Designer-Marke wie *Escada* wird keinen Shop bei einem DOB-Discounter unterhalten.

Das **Store in the Store Konzept** geht darüber hinaus. Ein Hersteller mietet sich fest abgegrenzte Etagen. Der Charakter einer integrierten Betriebsform wird aufgegeben. Die überlassene Fläche wird CI-mäßig als eigenständiges Geschäft geführt. Beispiele sind auch die *Edeka*- oder *Spar*-Läden in großen Warenhäusern.

Starke Herstellermarken, besonders im DOB-Bereich, haben diesen letzten Schritt vollzogen und machen dem Handel in unmittelbarer Nachbarschaft mit eigenen Läden Konkurrenz. Der Begriff „Shopperitis" bringt es auf den Punkt: Argwöhnisch sieht der Handel zu, wie *Jil Sander, Bogner, Escada, Zara* u.a. aus Partnerschaften Wettbewerb werden lassen. Und Schadenfreude kommt auf, wenn sich Hersteller-Outlets nicht halten können und die Vermutung aufkommt, dass Hersteller und Handel wohl doch über unterschiedliche Kernkompetenzen verfügen.

e.) Factory Outlet Center (Fabrikladen)

Politischen Zündstoff bringen die Factory Outlet Center (FOC) mit sich. FOC sind mittel- bis großflächige Betriebsformen, in denen mehrere Hersteller Überkapazitäten, Chargen 2. Wahl, Retouren oder Sonder-Labels im hochwertigen Markenartikel-

---

[790] eine Zusammenstellung von 1250 Firmen mit Werksverkauf bietet der Zeppelin Verlag unter dem Titel „Fabrikverkauf in Deutschland" an

Im Mai 2006 waren in Deutschland 4 FOC in Betrieb und 16 in Planung. Spitzenreiter ist GB mit 36 aktiven FOC. 2008 gab es in Europa 141 Oulet-Center.

bereich zu günstigen Preisen direkt an die Endverbraucher vertreiben. Vom Handel besonders gefürchtet sind die in den USA erfolgreich eingeführten **Factory Outlet Malls**, in denen mehrere starke Markenartikelhersteller an verkehrsgünstigen Knotenpunkten ihre Sortimente, auch aktuelle Ware, in geballter Form anbieten. Wird die FO-Mall noch als Erlebniswelt ausgestaltet, dann entstehen hochattraktive Einkaufszentren. Verunsichert melden sich Kommunalpolitiker zu Wort.[791] Sie tragen Sorgen vor, dass die Verbraucher den Innenstadt-Fachgeschäften den Rücken kehren. Aber auch die Markenhersteller gehen Risiken ein. Die möglichen negativen Auswirkungen auf ihr klassisches, über den Handel betriebenes Markengeschäft, sind noch nicht untersucht (Gefahr einer Markenerosion).

f.) E-Commerce im Rahmen des vertikalen Marketing

Die Web-Strategien der Konsumgüterhersteller ändern die Machtverhältnisse in den Absatzkanälen. Hintergründe wurden bereits in Abschnitt 6.6.2. beschrieben. Das in Abb.1-48 skizzierte Konsumgüter-Marktspiel gerät ins Wanken. Im Rahmen des vertikalen Marketing etablieren die Hersteller **direkte, zeitlich nicht begrenzte (keine Ladenöffnungszeiten), weltweite und vor allem dialogorientierte Online-Vertriebskanäle zum Endverbraucher**. Dadurch umgehen sie den Handel. Ein gutes Beispiel ist der bereits vorne erwähnte Computerhersteller *Dell*, der konsequent auf den **Direktvertrieb** an den Verbraucher setzt (*www.dell.de*).[792]

g.) Vertragshändler-Systeme in der Automobilindustrie

Automobilhersteller und große Serienteileproduzenten im Maschinenbau steuern dichte Netze eng gebundener Vertragshändler. Diese Vertragshändler-Systeme[793] beruhen auf dem Konzept des **selektiven Vertriebs**. Ein Hersteller legt Auswahlkriterien für seine Vertriebspartner (qualitative Selektion) sowie die Ausweitung und Dichte seines Netzes (quantitative Selektion) fest. Er bindet nur die ihm am besten geeignet erscheinenden Vertriebspartner an sich. Der Hersteller kann die Gewährung eines Händlervertrages mit Verkaufs- und Leistungsauflagen koppeln und offenkundig gleich geeignete Kandidaten ausschließen. Im einzelnen beruhte das deutsche KFZ-Vertragshändlersystem auf vier Säulen, die bis Ende 2002 durch die EU-Gruppenfreistellungsverordnungen 123/85 und 1475/95 gedeckt waren:[794]

(1) **Markenexklusivität**: Dem Händler ist nur das Führen einer Marke erlaubt.
(2) **Quantitative Exklusivität**: Der Hersteller hat das Recht, in einem Verkaufsgebiet nur einen Händler zu beliefern.
(3) **Qualitative Exklusivität**: Der Hersteller braucht nur an Händler zu verkaufen, die seine (willkürlichen) Voraussetzungskriterien erfüllen.
(4) **Gebietsexklusivität**:DerVertragshändler wird auf ein Verkaufsgebiet beschränkt.

Diese wettbewerbsbeschränkenden Vorgehensweisen standen nicht im Einklang mit Artikel 81 Abs.1 des EU-Vertrages, der jede Art von Wettbewerbseinschränkung untersagt. Die historische Machtstellung der Hersteller wurden daher durch die neue

---

[791] So lauteten Pressestimmen: „Factory-Outlet-Center als Bedrohung für die Region". In der öffentlichen Diskussion sind Projekte mit 23.000 qm Verkaufsfläche in Ingolstadt und 18.000 qm in Schärding. Der Einzugsbereich reicht über 100 km hinaus. Es heißt, die gewachsenen Einzelhandelsstrukturen der Region Landshut werden somit von beiden Seiten buchstäblich „*in die Zange genommen*" "; vgl. o.V., Landshuter Zeitung, April 1998

[792] Die Vorteile dieses Direktvertriebs am Handel vorbei werden am Beispiel von Dell aufgezeigt in: Clement; Peters; Preiss, (Electronic Commerce), 1998, S. 58

[793] daneben gibt es noch, allerdings mit untergeordneter Bedeutung, das Alleinvertriebssystem. Im Gegensatz zum Vertragshändlersystem kann der Handelspartner hier auch an Wiederverkäufer verkaufen, was beim Vertragshändlersystem untersagt ist.

[794] vgl. hierzu und im folgenden Dudenhöffer, (Beziehungsnetze), in: ASW, Sondernummer Oktober 1995, S. 122-130

GVO 1400/2002 ab 1.10.2002 mit einer Übergangsfrist von einem Jahr und einer Laufzeit bis zum 31.5.2010 eingeschränkt. Die Automobilhändler erhalten nun mehr Freiheiten gegenüber den Herstellern. Der Wettbewerb im Service- und Ersatzteilgeschäft soll intensiviert werden. Im Mittelpunkt stehen folgende Änderungen:[795]

- Erhält ein Händler ein Exklusivrecht (exklusiver Vertrieb), dann kann ihm im Verkaufsgebiet der Verkauf an Wiederverkäufer nicht untersagt werden.
- Im selektiven Vertrieb kann ein Hersteller einem Vertragshändler nicht mehr untersagen, im europäischen Wirtschaftsraum eigene Verkaufsniederlassungen oder Auslieferungslager einzurichten und dort anderen Händlern Konkurrenz zu machen.
- Ab Oktober 2003 darf ein Händler in seinem Schauraum - optisch separiert - mehrere Marken anbieten. Mindestens 30% Bezug vom Hersteller ist vorgeschrieben.
- Wettbewerbsbeschränkende Herstellervorgaben für die Händler sind nicht zulässig.
- Herstellerunabhängige Leasinggesellschaften sind zum Schutz der Vertragshändler bei den Rabattgewährungen Endverbrauchern gleichzustellen.
- Ab Oktober 2003 darf ein Händler den Service an eine andere autorisierte Werkstatt delegieren. Eine Werkstättenselektion ist nicht mehr zulässig. Jede Werkstatt, die die Servicestandards erfüllt, muss als Vertragswerkstatt zugelassen werden.
- Das Herstellermonopol für den Vertrieb von Originalersatzteilen entfällt (ca. 16 Mrd. Euro Umsatz). Teilehersteller, die im Erstausrüstungsgeschäft Hersteller beliefern, dürfen selbst Ersatzteile mit Garantieanspruch vertreiben.

Gravierende Marktunterschiede: In Deutschland verkauft ein Autohaus jährlich ca. 135 Neuwagen. In England sind es 395 und in den USA gar 780.

Als Folge wird sich die dramatische Konsolidierung der Händlernetze fortsetzen. 1996 gab es 25.600 Markenhändlerstützpunkte, 2002 ca. 17.000, und 2010 sind es voraussichtlich nur noch 8.000. *VW* hatte bereits seine Händlerzahl deutlich reduziert und diese 2003 noch einmal von 2.000 auf 1.500 abgebaut. Der Trend geht zu **additiven Netzen** mit großen Vertragshändlern, die sich als beratungsintensive Erlebnishäuser in verkehrsgünstiger Lage präsentieren. Am Stadtrand siedeln sich Mehrmarken-Servicehändler an. Die erheblichen Preisdifferenzen in Europa von 20 bis 40 Prozent werden sich angleichen. Die Autokäufer müssen dabei allerdings laut *Dietz* mit Mehrkosten pro Fahrzeug in Höhe von ca. 350 Euro rechnen. Wer als Vertragshändler im Spiel bleibt, hat zwar mehr Macht gegenüber seinem Hersteller, muss sich allerdings in deren Multi Channel Marketing einfügen. Inhaltlich werden sich die Vertragshändlersysteme in Richtung Franchising bewegen.

h.) Franchise-Systeme

Franchising ist die engste Form der Vertriebspartnerbindung im Rahmen des vertikalen Marketing. Die oben geschilderte Problematik der Strategiekonflikte wird verhindert: Der Vertriebspartner (Franchise-Nehmer) „kauft" das Marketing- und Vertriebskonzept des Franchise-Gebers und nutzt dessen CI. So genießt er den Schutz eines starken Markendaches.[796] Franchising wird wie folgt definiert:

> ➡ Beim **Franchising** handelt es sich um eine dauerhaft angelegte, vertragliche Kooperation, bei der ein Franchise-Geber einem Franchise-Nehmer ein definiertes Management- und Marketing-Know-how zur Verfügung stellt und diesem gegen Entgelt das Recht einräumt, Leistungen unter Nutzung seines Namens und seiner Konzeption anzubieten. Der Franchise-Nehmer verpflichtet sich, vorgegebene Qualitäts- und Leistungsstandards einzuhalten und in vollem Umfang das Corporate Identity des Lieferanten zu übernehmen.

---

[795] vgl. Dietz, (Automobilvertrieb), in: ASW, 9/2002, S. 52-55
[796] vgl. zu den Daten und einem Ranking der 20 größten deutschen Franchise-Systeme: *TUI/First* (1420 Betriebe), *Photo Quelle* (1311), *McDonald's* (1262), *Studienkreis* (1010), *Kamps Bakeries* (963), *Schülerhilfe* (932), *Ihr Platz (824)*: End, (Frischer Wind), in salesBusiness, 1/2 2006, S. 10-13

McDonald's 2008: 1045 der 1.333 deutschen Restaurants sind Franchise-Betriebe. (Gründung 1954 durch Ray Kroc)

Franchise-Systeme wie die von *McDonald's* (40.000 Betriebe weltweit!), *Benetton, Holiday Inn, Hertz* oder *Sixt* ermöglichen eine weltweite Durchsetzung standardisierter Leistungsprogramme und globalisierter Marktauftritte im Rahmen vertraglich geregelter Partnerschaften. Sie stehen mehr und mehr in Konkurrenz zu eigenen Vertriebsnetzen. In Deutschland erwirtschafteten 2009 940 Franchisesysteme mit 102.474 Partnern in 129.898 Betrieben ca. 62,5 Mrd. Euro Umsatz. Abb.6-86 stellt die Vor- und Nachteile eines Franchise-Systems aus Hersteller- und aus Partnersicht gegenüber.[797]

Abb.6-86

VOR- UND NACHTEILE EINES FRANCHISE-SYSTEMS	
Vorteile für den Franchise-Geber im Vergleich zum eigenen Niederlassungsnetz	Vorteile für den Franchise-Nehmer im Vergleich zum eigenen Handelsgeschäft
• Schnellere Expansion bei dynamischen Partnern • Fixkostenaufbau auf Seiten der Franchise-Nehmer • Konkursrisiken auf Vertriebspartner verlagert • Keine Haftung für Fremdkapital der Partner • Umsatzabhängige Einnahmen	• Schnellerer Weg in die Selbständigkeit • Geringeres Geschäftsrisiko • Profitieren vom Image des Franchise-Gebers • Übernahme einer bewährten Marketingkonzeption • Unterstützung und Beratung • Laufende Schulung • Finanzierungshilfen • Franchisegebühren sind variable Kosten
Wesentliche Nachteile für den Franchise-Geber	Wesentliche Nachteile für den Franchise-Nehmer
• Geringere Durchgriffsrechte auf Verkaufspersonal • Aufwändige Kontrolle der Vertriebspartner • Erfolg hängt von Partnerqualität ab • Schlechte Partner schaden dem eigenen Image • Häufig Mitbestimmung der Partner • Geringere Flexibilität bei starken Partnern • Bildung von eigenem Markt-Know-how begrenzt	• Nachteile bei einem schwachen Hersteller-Image • Hohe Abhängigkeit vom Franchise-Geber • Keine strategischen Entscheidungsfreiheiten • Geringere Flexibilität in der Preispolitik • Zwang zur Standardisierung • Abhängigkeit vom Erfolg des Herstellers • Oft hohe Einstiegskosten / Gebühren

Abb.6-87

Abb.6-87 bringt die Formen des vertikalen Marketing in eine **Rangfolge der Produzenten-Emanzipation**. Die schwächste Form liegt vor, wenn der Hersteller nur durch Anreize oder durch besonders starke Marken seinen Einfluss auf den Handel zu verstärken sucht. Die stärkste Emanzipation ist erreicht, wenn der Hersteller dem Handel durch eigene Shops in Nachbarschaft zu den Kaufhäusern, durch Factory Outlets oder durch Werksverkauf Konkurrenz macht.

Der Blick auf die Gegenpartei darf nicht fehlen. Es gehört auch zu den Formen des vertikalen Marketing, dass Handelsunternehmen Produzentenfunktionen übernehmen. Dies wird im folgenden Abschnitt anhand des Beispiels *ZARA* beschrieben.

---

[797] Vgl. Hinweis in ProFirma 1/2009, S. 72 (Zahlen der Peckert-Gruppe)

6.6.4. Praxiskonzepte führender Handelskonzerne

a.) C&A

„Bei C&A braucht kein Kunde zu fürchten, im Dickicht zahlloser Rabattaktionenden den richtigen Kaufzeitpunkt zu verpassen."
(Dominic Brenninkmeyer)

Abschließend sollen erfolgreiche Marketingkonzepte führender Handelsunternehmen vorgestellt werden. Die 1861 gegründete Textilkette *C&A* gilt als ein Bollwerk des Handels. In Europa verfügt *C&A* über 1.200 Filialen nebst diversen Store-Typen. Mit 34.000 Mitarbeitern wurde 2008 ein Umsatz von 6,1 Mrd. Euro erwirtschaftet, davon etwa die Hälfte in Deutschland. 900 Lieferanten verkaufen an C&A. Ca. 2 Mio. Kunden besuchen in Europa täglich die Geschäfte von C&A.

Mitte der 90er Jahre geriet *C&A* in eine tiefe Krise. Modebewusste Kunden wandten sich *Boss* und *Joop* zu. Junge Käufer entdeckten die Vertikalen *H&M* und *Zara*. *C&A* reagierte mit übersteigerten Werbeauftritten, die bei den Kunden nicht auf Glaubwürdigkeit stießen. Erst eine Neupositionierung der Marke und ein Zurück zur Glaubwürdigkeit brachten ab 2000 den Umschwung. Das Marketing wurde auf Schlichtheit und Direktheit ausgerichtet. Vor allem legte man sich auf den Preis als imagebildenden Faktor fest. Im Sinne der neuen Strategie gibt es keine Preisschwellen, sondern nur noch runde Preisauszeichnungen. Beispiel: Ein nicht allzu modischer Blazer für 25 Euro. Auf Rabattaktionen wird verzichtet. Fünf strategische Leitlinien stehen im Vordergrund:

1. **Werbekampagnen:** *In den Werbebotschaften werden alle Items weggelassen, die nicht unmittelbar verkaufsfördernd sind. Der Preis steht als Werbeargument im Vordergrund.*
2. **Preispolitik:** *Mit dem Ziel eines Discount-Brandings eine langfristig ausgerichtete, aggressive Angebotspolitik. Schnörkellose Preisauszeichnungen – keine Schwellenpreise.*
3. **Rabattpolitik:** *Keine Beteiligung an ständig wechselnden und zeitlich begrenzten Rabattaktionen.*
4. **Verkaufsförderung:** *Pfiffiges, ganzjähriges Aktionsmarketing.*
5. **Ergebnisziel:** *Fokus auf Rendite statt auf Umsatz um jeden Preis.*

Das aggressive Marketing für die 10 Exklusivmarken geriet in die Medien, als der Konzern zur Euro-Einführung Ende 2001 den Käufern 20 Prozent Preisnachlass auf alle EC- und Kreditkartenkäufe einräumte. Die folgende Abmahnung zog ein Ordnungsgeld von 200.000 Euro nach sich. Doch nach Schätzung des *BGH* konnte *C&A* in der Zeit vom 2. bis 5.1.2002 25 bis 50 Mio. Euro Umsatzsteigerung erzielen. Und das Markenimage eines aggressiven, erfolgreichen Unternehmens wurde gestärkt.

b.) Zara

Wie dargestellt, bedrängen die **„Vertikalen"** sehr aggressiv die klassischen Handelsbetriebstypen. Als Beispiel kann der erfolgreichste Newcomer im DOB-Modebereich angeführt werden: die spanische *Inditex*-Gruppe mit ihren *Zara*-Läden. *Zara* beschäftigt ca. 25.000 Menschen mit Jobs in fast 1.000 Filialen in der ganzen Welt. 200 Designer stehen in den Diensten von *Zara*. Der Mittelpunkt liegt mit mehr als 250 Filialen immer noch im spanischen Heimatmarkt. Dort ist die Kleidung in den *ZARA*-Geschäften besonder günstig, da die Transportkosten für das spanisch-stämmige Unternehmen minimal sind. *Zara* setzt insgesamt über 7 Mrd. Euro mit Mode um und ist damit größer als *H&M*.

Vertikale Unternehmen haben den Vorteil, dass sie sowohl als Hersteller wie auch als Fachhandel operieren. Dadurch sind sie sehr flexibel und kontrollieren die Handelsspannen. Der Eigenfertigungsanteil von *Zara* beispielsweise liegt über 50 Prozent. Den Rest liefern 350 kleine Schneiderbetriebe in Nordportugal und Galizien, die nach Vorgaben von *Zara* produzieren. *Zaras* Erfolg wird auf folgende strategische Erfolgsfaktoren zurückgeführt:[798]

---

[798] vgl. zur Strategie Müller, (Zara), in: TextilWirtschaft v. 18.3.99, S. 42-50

1. **Totale vertikale Integration:** Ausgehend von der Zentrale in Arteixo/Galizien (mit 18 Produktionsstätten auf einem Gelände mit 2.000 Mitarbeitern) hat Inditex eine vollständige, eigene Wertschöpfungskette über alle Stufen realisiert.
2. **Machtvolles Produktmanagement:** in Form eines 100 Mitarbeiter starken, interdisziplinär besetzten Teams.
3. **Filigrane Planung und exaktes Timing:** zugeschnitten auf die Situationen am POS.
4. **Nachfrageorientierte Produktion:** Die Produktion erfolgt erst, wenn sich ein Artikel als gut verkäuflich herausstellt. Nur ein geringer Teil der Ware wird vorproduziert. Das modische Risiko wird minimiert.
5. **Permanente Aktualisierung der Sortimente:** Innerhalb von zwei Wochen wechseln rund 70% der in einem Zara-Laden geführten Artikel.
6. **Flexible Kapazitäten:** Inditex nimmt bewusst höhere Produktions- und Beschaffungskosten in Kauf, um sehr schnell auf veränderte Kundenwünsche (Trends) reagieren zu können.
7. **Rigorose Qualitätssicherung**
8. **Extrem leistungsfähige Logistik:** Das System in Arteixo ist in der Lage, bis zu 40.000 Teile pro Stunde auf bis zu 380 Stores zu verteilen.
9. **Kommunikation ausschließlich über den POS:** Dabei ist das Design der Schaufenster eines der bestgehüteten Geheimnisse bei Zara. Auf konventionelle Werbung wird verzichtet.
10. **Verkaufsfördernde Outfitpräsentation**: Die Läden sind sehr übersichtlich ausgestaltet und vermitteln eine gepflegte, wertige Atmosphäre.
11. **Lockerer Umgangston, aber strenge Regeln**: So sind private Gespräche während der Arbeitszeit nicht gestattet. Alle Mitarbeiter sind umsatzbeteiligt. Außerdem gibt es Teamprämien.
12. **Information und Kommunikation**: Die Firmensteuerung ist auf den schnellen Austausch von Informationen vom und zum POS ausgerichtet. Modernste Computertechnologien kommen zum Einsatz.

So kann *Zara* eine eigenständige, vom klassischen Fachhandel unabhängige Strategie realisieren und dabei andere Vertikale (*Hennes & Mauritz*) zurückdrängen.

c.) ALDI

1962 eröffneten die beiden „Krämersöhne" *Theo Albrecht* (*1922) und sein Bruder *Karl* (*1920) den ersten *Albrecht-Discount*-Laden in Dortmund. Dass sich hinter dieser Geschäftseröffnung ein innovatives Geschäftsmodell verbarg, hat die Konkurrenz über viele Jahre übersehen. Heute gilt *ALDI* als das Discount-Erfolgsmodell schlechthin, das auf dem Weg ist, die Welt zu erobern.[799] Wegen eines Streites, ob sie Zigaretten ins Sortiment nehmen sollten, gingen die *Aldi*-Brüder von Anfang an getrennte Weg. Die Trennlinie zwischen *ALDI-Nord* und *ALDI-Süd* verläuft durch Nordrhein-Westfalen und Hessen (die neuen Bundesländer wurden später *ALDI-Nord* zugeschlagen). Es herrscht dennoch ein großes Einvernehmen zwischen den Gruppen. Die Geschäftsprinzipien sind weitgehend gleich. Im Jahr 2008 meldeten die *ALDI-Gruppen* Umsatzerlöse von 24 Mrd. Euro in Deutschland und 50 Mrd. Euro weltweit. In 20 Ländern unterhält *ALDI* mehr Outlets (4.745) als in Deutschland (4.267).

Die *ALDI*-Unternehmenskultur basiert auf zehn **Erfolgsfaktoren**:
1. *Beschränkung des Sortimens auf wenige Hundert Artikel,*
2. *wenig Markenprodukte, dafür Eigenmarken mit hoher Qualität,*
3. *schlichte Verpackungen,*
4. *karge Ladenausstattungen und Warenpräsentationen,*
5. *niedrige Preise,*
6. *kein Marketing, außer für Abverkaufs-Promotion,*
7. *Finanzierung der Expansion nur aus eigenem Cash-Flow,*
8. *Expansion durch „modernes Klonen". Das Deutschland-Modell wird 1zu1 auf die Auslandsmärkte übertragen.*
9. *Strategie des langen Atems: Auslandseröffnungen werden so lange bearbeitet bis sie erfolgreich laufen.*

---

[799] vgl. Boldt; Jensen; Schwarzer, (Tüte), in: MM, 6/2009, S. 33-40

10. **Bündelung der Einkaufsmacht:** Beide ALDI-Gruppen ordern bei denselben Lieferanten zu gleichen Konditionen.

Das Geschäft in Deutschland wird durch 66 Regionalgesellschaften (35 Nord, 31 Süd) gelenkt und gilt als mittlerweile ausgereizt. Deshalb strebt *ALDI* nach Expansion im Ausland. In den USA gibt es 2009 über 1.000 eigene *ALDI*-Läden (neben 315 der *Trader Joe's* Kette), in Australien 203. In den USA wird *Wal-Mart* gezielt und erfolgreich angegriffen. Das Eindringen von *Wal-Mart* in den deutschen Discountmarkt ist bekanntlich gescheitet. Das ernüchternde Statement: "*Wal-Marts Auftritt in Deutschland - ein Lehrstück für jedes Business: How not to enter a foreign Market.*"[800] Die *Metro* hat 50 der 85 deutschen *Wal-Mart*-Märkte als *Real*-Märkte übernommen. Die *ALDI*-Strategie hat sich als die erfolgreichere zu erwiesen.

ALDI als Ganzes profitiert dabei von einer gewissen Vorreiterrolle von *ALDI-Süd* in Bezug auf mehr Flexibilität und Innovation. So investiert *ALDI-Süd* in automatische Türen und moderne Scannerkassen. Die Stores werden hochwertiger ausgestattet. Das Sortiment ist leicht breiter ausgelegt. Diese Entwicklungen sind als vorsichtige Experimente zu werden, dass sich *ALDI* durchaus dem fortschreitenden Strukturwandel anzupassen weiß.

6.7. Vertriebslogistik (Distributionslogistik)

6.7.1. Zielsetzungen und Aufgaben

Die BWL verwendet den Logistikbegriff nicht einheitlich (alternative Begriffe: Distribution, physische Distribution, Distributionslogistik, Absatzlogistik, Marketinglogistik, Verkaufslogistik etc.). Im Kern geht es um das Halten von Serviceversprechen gegenüber den Kunden und um eine Optimierung der Wertschöpfungskette.

> ➡ Die **Vertriebslogistik / Distributionslogistik / physische Distribution** umfasst alle Aufgaben und Methoden sowie Prozesse und Systeme zur Gestaltung eines kunden- und kostenoptimierten Material- und Informationsflusses entlang der Wertschöpfungskette vom Hersteller bis zum Endabnehmer. Zielsetzung ist die Auslieferung der Ware in der richtigen Menge am richtigen Ort zur bestätigten Lieferzeit.

„Mit der Logistik allein gewinnt man keinen Krieg, aber ohne Logistik verliert man jeden Krieg."[801]

Aus **Kundensicht** soll ein logistischer Auftrag folglich
- die richtigen Produkte,
- zum richtigen Zeitpunkt,
- am richtigen Ort,
- in der richtigen Menge,
- in der vereinbarten Qualität
- und mit den dazugehörigen Informationen
- zu minimierten Kosten zur Verfügung stellen.

Zur Erfüllung dieser Aufgabe wirken drei Bereiche zusammen:
(1) **Lagerwirtschaft**,
(2) inner- und außerbetriebliche **Transportsysteme** sowie
(3) waren- und materialflusssteuernde **Informationssysteme.**

Wegen der verschärften Wettbewerbsbedingungen darf die Vertriebslogistik nicht

---

[800] Hirn, (Einkauf), in: MM, 1/2002, S. 58-59
[801] Rupper, (Unternehmenslogistik), 1991, S. 23

(nur) als transport- und lagertechnisches Instrument verstanden werden[802], sondern vielmehr als Marketingwaffe zum Erreichen von Wettbewerbsvorteilen und zur Sicherung von Kundenzufriedenheit. Die Kundenzufriedenheit hängt unmittelbar von der Leistung (performance) des logistischen Prozesses ab, gemeinhin als **Lieferservice** bezeichnet.[803] Ein Lieferservice verfolgt speziell als logistische **Zielsetzungen**:

⇨ aus **Sicht der Kunden**:
  (1) schnelle Lieferzeiten,
  (2) hohe Lieferzuverlässigkeit (Termineinhaltung, Versorgungssicherheit),
  (3) hohe Transparenz über den Status einer Lieferung (z.B. Verfolgung von Lieferungen über das Internet),
  (4) Absicherung schadensfreier Lieferungen (keine Schäden, kein Schwund) und
  (5) hohe Lieferflexibilität (auch: Befriedigung individueller Kundenwünsche),

⇨ aus **Sicht der Betriebswirtschaft**:
  (1) Prozesssicherheit,
  (2) Reduzierung von Durchlaufzeiten,
  (3) Reduzierung der Warenbestände,
  (4) Senkung von Materialflusskosten,
  (5) Beherrschung der Variantenvielfalt,
  (6) Optimierung des Informationsflusses entlang der logistischen Kette.

Logistik-Desaster: Zu Weihnachten 2001 türmten sich im Frankfurter Flughafen 18.000 nicht oder falsch umgeladene Gepäckstücke. Zum Verzweifeln: Die zentrale Service-Nummer der *Lufthansa*. Lähmende Warteschleifen, für die die Kunden auch noch zahlen müssen.

Oft kommt dabei die Kundenorientierung zu kurz. Die klassische Marketingliteratur negiert, dass die Logistik-Verantwortung in den meisten Unternehmen nicht beim Vertrieb und schon gar nicht beim Marketing liegt. Vielmehr ist die Verantwortung für die Logistik üblicherweise bei den Ressorts Materialwirtschaft, Fertigung oder im Einkauf angesiedelt. Aufgrund der sich verschärfenden wirtschaftlichen Rahmenbedingungen entwickelt sich die Logistik seit Mitte der 80er Jahre zu einem wichtigen Wettbewerbsfaktor für die marktorientierte Unternehmensführung. Der Blick geht zunehmend über die Bereiche Lager und Versand hinaus; hin zu ganzheitlichen Prozessansätzen im Sinne eines **Supply Chain Managements** (SCM). Hierzu erfolgen weitere Erläuterungen im Abschnitt 8.8.

6.7.2. Lagerwirtschaft

Folgende Entscheidungen sind im Rahmen der Lagerwirtschaft zu fällen:
- Für unterschiedliche Produkte sind Lagerkategorien (vom Rohstofflager bis zur Endproduktlagerung) vorzusehen.
- Lagerstandorte sind mit Straßen-, Bahn-, Wasser- oder Luftanbindung einzurichten.
- Der Warenstrom kann zentralisiert über Zentrallager oder dezentralisiert über unabhängige Lager bzw. in Verbundkombinationen gesteuert werden.
- Über die Lagermengenpolitik bzw. Sicherheitspolitik ist zu entscheiden. Die besondere Problematik dieses Punktes wird z.B. deutlich, wenn der Endkunde Just-in-time Belieferung fordert.
- In den Lägern sind Ablaufsysteme einzurichten (z.B. personalgebundene vs. automatisierte Lagerung; chaotische vs. systematische Lagerung).

6.7.3. Transportwirtschaft

Auch die Transportwirtschaft leistet einen erheblichen Beitrag zum Vertriebserfolg und für die Kundenzufriedenheit. Zum Aufbau der inner- und außerbetrieblichen

---

[802] wie es im Begriff der physischen Distribution zum Ausdruck kommt
[803] vgl. Meffert, (Marketing), 2002, S. 653

Transportsysteme sind festzulegen:[804]
(1) die Transportmittel mit den Alternativen LKW, Bahn, Binnenschiff, Seeschiff und Flugzeug,
(2) die Transportwege, z.B. Güterverkehr, Eisenbahngüterverkehr, Binnenschiffahrtsverkehr, Überseeschiffahrtsverkehr oder Luftverkehr,
(3) multimodale Verkehrskonzepte als Kombination verschiedener Transportträger und / oder Transportketten. Anzuführen wären hier z.B. der Huckepackverkehr (Verladung von Last- und Sattelzügen auf Bahn oder Schiff) oder auf Container.

Ein Blick in logistische Fachzeitschriften lohnt. Die Vielfalt der in der Praxis möglichen Logistikkonzepte ist enorm.

6.7.4. Logistische Informationssysteme

Auch der Erfolg der Vertriebslogistik hängt zunehmend stärker von Software (Informationen, Steuerung) als von einer Hardware (den technischen Transportmitteln) ab. Im Mittelpunkt stehen die logistischen Informationssysteme, die das Bestell-, Lager- und Transportwesen im Hinblick auf die Kundenbedürfnisse koordinieren und optimieren. Diese Unternehmensbereiche forcieren einen Trend zur **Real Time Unternehmung**.

> *UPS Tracking*: Über UPS Tracking online werden täglich 14,8 Mio. Warensendungen verfolgt. Schon wenige Minuten nach der Zustellung können die UPS Kunden die mittels UPS DIAD gespeicherten Daten abrufen und Zustellzeit und Name des Empfängers erfahren. Sogar die Bildschirmunterschrift des Empfängers wird übermittelt. *(vgl. www.ups.com oder die Servicenummer 0800-8826630)*

Die Ausführungen zur Logistik und speziell die kritischen Anmerkungen zur innerbetrieblichen Zuordnung des Logistikbereiches sollten zeigen, dass die marktorientierte Unternehmensführung über die Wirkungshorizonte von Marketing(Service) und Vertrieb hinausgehen muss. Alle Unternehmensbereiche leben vom Kunden und sind daher in die kundenbezogenen Überlegungen und Maßnahmen einzubeziehen. Jedes betriebliche Ressort ist gefordert, das Geschäft des Kunden und das des Kundeskunden zu verstehen. Hierauf wird das 8. Kapitel weiter eingehen.

Es macht nun keinen Sinn, alle Interessenten und Kunden persönlich anzusprechen und zu besuchen. Vielmehr müssen kommunikative (werbliche) Maßnahmen zum Zuge kommen, um potenzielle Kunden für ein Produkt bzw. eine Marke zu **interessieren**, die **Erinnerung** an ein Produkt **wachzuhalten** und **Kaufanreize auszulösen** und zu **verstärken**. Dies sind die Kernaufgaben der Kommunikationspolitik. Wenn wir uns jetzt dem Marketinginstrument Kommunikationspolitik zuwenden, mit der finalen Aufgabe, Markenpräferenzen bei den Kunden zu schaffen, dann dürfen wir die Vertriebspolitik nicht aus den Augen verlieren: Denn:

> *„**Brand Value** und **Sales Value** sind zwei Seiten einer Medaille und können nicht gegeneinander ausgespielt werden."*
> *(Frank-Michael Schmidt, CEO Scholz&Friends, zit. in acquisa 8/2009, S. 35)*

---

[804] vgl. zu diesem Themenbereich z.B. Jaeger; Laudel, (Transportmanagement), 1994

Vertiefende Darstellung von Vertriebsproblemen:

Dieses Buch behandelt die Grundlagen von Marketing und Vertrieb. Deshalb wird das Tätigkeitsgebiet Vertrieb/Verkauf als Instrument des Marketing-Mix gleichgewichtig neben die anderen absatzwirtschaftlichen Instrumente gestellt. Wichtige Markt-, Kunden- und Wettbewerbsfragen konnten deshalb nur angerissen werden. Beispielsweise werden folgende Themenstellungen in einem weiterführenden Buch vertieft und dort mit Praxisbeispielen behandelt:

⇨ *Außendienstplanung , -einsatz und -vergütung*
⇨ *Rekrutierung von Fachkräften für den Vertrieb*
⇨ *Leistungsplanung für den Außendienst*
⇨ *Team-Selling*
⇨ *Der Verkäufer als Marktmanager*
⇨ *Die Integration von Service und Kundendienst in den Vertrieb*
⇨ *Verkaufsgebietsoptimierung*
⇨ *Potenzialorientierte Verkaufsplanung*
⇨ *Geografische Informationssysteme*
⇨ *Data Warehouse und Datamining*
⇨ *Systematische Neukundengewinnung*
⇨ *Kundenwertmanagement (Customer Value and Equity Management)*
⇨ *Kampagnenmanagement*
⇨ *Systematische Kundenbindung*
⇨ *Systematisches Beschwerdemanagement*
⇨ *Systematische Kundenrückgewinnung*
⇨ *Kundengespräche und Verhandlungsführung*
⇨ *Einkäufertypen und deren Verhandlungstaktiken*
⇨ *Abwehr unseriöser Wettbewerbspraktiken*
⇨ *Opportunity Management - Angebotscontrolling*
⇨ *Überwachung von Schlüsselangeboten*
⇨ *Steuerung des Verkaufstrichters*
⇨ *Analyse verlorener Angebote*
⇨ *Referenzmarketing*
⇨ *Spezielle Kundenstrategien*
⇨ *Customer Relationship Management (CRM-Systeme)*
⇨ *Beschreibung und Marktübersicht von CRM-Systemen*
⇨ *ROI, Kosten- und Nutzenanalysen für CRM*
⇨ *Auswahl und Einführung von CRM/CAS-Systemen*
⇨ *Wettbewerbsanalyse und Wettbewerbsstrategie*
⇨ *Mitarbeit des Außendienstes an der Strategischen Planung*
⇨ *Planung und Controlling im Vertrieb*
⇨ *Schlagzahlmanagement im Vertrieb*
⇨ *Frühwarnung und Benchmarking*
⇨ *Business Intelligence / Sales Intelligence im Vertrieb*
⇨ *Cockpits / Dashboards als Analyseinstrumente für den Vertrieb*
⇨ *Business Performance Management im Vertrieb*

Vgl. hierzu die entsprechenden Kapitel vom gleichen Autor in:
- **Vertriebskonzeption und Vertriebssteuerung**, Die Instrumente des integrierten Kundenmanagements, 4. Auflage, Vahlen Verlag, München 2008 (weitere Buchangaben s. *www.vertriebssteuerung.de*, *www.amazon.de*).

7. DIE KOMMUNIKATIONSPOLITIK

7.1. Grundlagen der Kommunikationstheorie

7.1.1. Grundbegriffe und Grundzusammenhänge

> ➡ "**Kommunikation** bedeutet die Übermittlung von Informationen und Bedeutungsinhalten zum Zweck der Steuerung von Meinungen, Einstellungen, Erwartungen und Verhaltensweisen bestimmter Adressaten gemäß spezifischer Zielsetzungen."[805]
> ➡ Einfach gesagt: **Kommunikation** ist die Übermittlung (einseitig) oder der Austausch (zweiseitig) von Botschaften.
> ➡ Die **Kommunikationspolitik** umfasst alle Maßnahmen zur Gestaltung und zur Verbreitung von Botschaften mit den Zielen, im Markt Aufmerksamkeiten, Erinnerungen, Kaufpräferenzen,[806] Kaufimpulse und unverwechselbare Identitäten zu schaffen. **Marktkommunikation** wäre ein alternativer Begriff.
> ➡ Die Kommunikationspolitik unterstützt die Verkaufspolitik.

Informationen sind die „Schmierstoffe" unserer Wirtschaftswelt. Kommunikation ist der Austausch von Informationen. Informationen sind **B**otschaften, die dem Empfänger etwas **b**ieten und dadurch etwas **b**ewirken sollen. Wie im Eingangskapitel dargelegt wurde, zielt die Kommunikationspolitik auf die optimale Gestaltung und Verbreitung von Botschaften. Fünf Fragen und daraus folgende **Ziele und Aufgaben** stehen für das Marketing im Vordergrund:

❶ Die Informationstheorie unterscheidet einen Sender,
❷ eine Botschaft,
❸ einen Träger der Botschaft (z.B. Brief, Fax, Anzeige, TV-Spot),
❹ einen Empfänger
❺ und die Wirkung der Botschaft.

(1) Wie kann die Unternehmung durch (Image- oder Werbe-)Botschaften **Interesse** wecken? Aufgabe: **Aufmerksamkeiten** schaffen.
(2) Wie kann die Unternehmung durch Botschaften **Kaufpräferenzen** schaffen, so dass der Kunde bei freier Wahl das Produkt dieses Unternehmens vorzieht? Aufgabe: **Präferenzen** schaffen.
(3) Wie lassen sich über die Präferenzen hinaus **Kaufimpulse** auslösen?
(4) Wie kann die Unternehmung mit ihren Botschaften in **Erinnerung** bleiben? Aufgabe: **Erinnerungen** schaffen.
(5) Wie können Botschaften Unternehmen und Produkten eine unverwechselbare **Identität** geben, mit der sich Kunden, Mitarbeiter und externe Partner gerne identifizieren, von der sie motiviert werden und durch die sie einem Lieferanten gerne treu bleiben? Aufgabe: Identität schafft **Kundenbindung**.

Die Herausforderung der Kommunikationspolitik steckt in 3 fundamentalen Sätzen:
(1) **Es ist nicht möglich, nicht zu kommunizieren!** Auch wenn man nicht miteinander spricht, hat dies eine kommunikative Bedeutung!
(2) Kommunikation ist „*Träger des sozialen Geschehens*"[807]; und die marktorientierte Unternehmensführung prägt in ihrer Qualität die Güte der sozialen Interaktionen mit dem Unternehmensumfeld. „Schlechte" Kommunikation zerstört Beziehungen, selbst wenn die sachliche Basis stimmt.
(3) Es ist nicht wichtig, welche Botschaft vom Sender ausgeht. Entscheidend ist, was beim Empfänger der Botschaft ankommt, bzw. wie er die Botschaft interpretiert.

Viele Werbemillionen verpuffen wirkungslos, weil insbesondere die dritte Aussage zu wenig Beachtung findet. Wenn es nach der ersten Aussage nicht möglich ist, nicht

---
[805] Bruhn, (Kommunikationspolitik), 2009, S. 1
[806] Gutenberg sprach in diesem Sinne von Präferenzpolitik, vgl. Gutenberg, (Absatz), 1984, S. 243
[807] Kroeber-Riel, (Bildkommunikation), 1996, S. 456 unter Bezug auf eine Studie von Hartley und Hartley

Abb.7-1

zu kommunizieren, dann prägen alle Marketing- und Vertriebsinstrumente zusammen die Unternehmenskommunikation. Denn sie vermitteln Botschaften in den Markt. Abb.7-1 zeigt die Kommunikationsinhalte der Marketingmix-Instrumente.[808] Es bringt allerdings wenig, jetzt alle Marketing- und Vertriebsinstrumente der Kommunikationspolitik unterzuordnen. Diese Vorgehensweise entspräche zwar dem vorhin geäußerten Satz (1) „*alles ist Kommunikation*". Das gesamte Marketing würde sich dann aber leerformelartig auf die Kommunikationspolitik reduzieren. Viel sinnvoller ist es deshalb, die Kommunikationspolitik als ein Instrument im Rahmen des Marketingmix zu definieren. Die Kommunikationspolitik hat sich dann als ein Instrument unter mehreren zu bewähren. Sie soll den Verkauf vorbereiten, unterstützen und kundenbindend begleiten. Aufgabe dieses Kapitels wird es folglich sein,

(1) den **Rahmen einer eigenständigen Kommunikationspolitik** für die marktorientierte Unternehmensführung aufzuzeigen
(2) und dabei die **kommunikativen Einzelinstrumente** herauszuarbeiten, die der Gestaltung und Übertragung von Werbebotschaften dienen.

Ausgangspunkt aller Überlegungen bilden die Grundmodelle der Kommunikation.

7.1.2. Grundmodelle der Kommunikation

a.) Die klassische, dialogfreie Kommunikation (Einweg-Marketing)

Abb.7-2

| Sender (Anbieter) | → | Botschaft (Anzeige) | → | Werbeträger (Zeitung) | → | Empfänger (Kunde) |

Abb.7-2 skizziert das Modell der klassischen Werbung. Ein Anbieter (Sender) codiert und sendet seine Botschaft (z.B. Anzeige als Werbemittel) über einen Kanal (z.B.: Zeitschrift als Werbeträger) an den Kunden (Empfänger). Dieser interpretiert (decodiert) die Botschaft aus seiner persönlichen Sicht und reagiert auf eine bestimmte Weise. Ein Kommunikationsvorgang lässt sich dabei nach der *Lasswell*-Formel in folgende Elemente zerlegen:[809]

- **Wer** (Kommunikator = Sender),
- sagt **was** (Kommunikationsinhalt = Botschaft),
- unter welchen Kommunikations**bedingungen**,
- über welchen Kommunikations**kanal** (Brief, Mail, Fax, Internet, SMS, TV),
- zu **wem** (Kommunikant = Empfänger),
- mit welcher **Wirkung** (Kommunikationseffekt, z.B. Kaufentscheidung).

Als Voraussetzungen für eine erfolgreiche Kommunikation gelten:[810]
(1) Sender und Empfänger verfügen über den gleichen Code (Sprache) zur Identifikation und Entschlüsselung der Signale.
(2) Die Partner verfügen über ein ausreichend großes, gemeinsames Zeichenrepertoire (Sprachschatz).

---

[808] dabei ist hier die Standortpolitik des Handels gesondert mit berücksichtigt
[809] vgl. Kroeber-Riel; Weinberg; Gröppel-Klein, (Konsumentenverhalten), 2009, S. 533 mit dem Hinweis auf Lasswell (1967).
[810] vgl. Rogge, (Werbung), 2004, S. 25-26

(3) Über Bedeutung und Verwendung der Zeichen muss Einigkeit herrschen.
(4) Dem Empfänger muss aufgrund von Kontextrahmen und Erfahrungshintergrund eine Interpretation möglich sein (Bewertung der Information).
(5) Die Information muss sich gegen konkurrierende Signale durchsetzen (Überwindung der selektiven Wahrnehmung).
(6) Die Informationsinhalte müssen so gestaltet sein, dass sie gelernt werden können.
(7) Die Informationen müssen die Einstellungs- und Motivationsstruktur des Empfängers ansprechen, um die vom Sender gewünschten Reaktionen auszulösen (also über eine Schwelle der Fühlbarkeit kommen).

Die Informationen wirken sich dann beim Empfänger auf **kognitiver** (denken, wissen, lernen), **affektiver** (fühlen, wünschen, anstreben, bedürfen) und **konativer** Bewusstseinsebene (wählen, entscheiden, handeln) aus.

Der Kommunikationsprozess der Abb.7-2 ist eine Einbahnstraße. Der Botschaftenträger bietet keine automatisierte Response-Möglichkeit. Man spricht deshalb von einstufiger, besser **einseitiger Kommunikation**. Eine Rückmeldung des Empfängers an den Absender der Anzeige ist zwar durch Telefonat oder Brief möglich, bedarf dann aber seiner besonderen Initiative (Anstrengung). Das aufgezeigte Grundmodell ist kennzeichnend für die klassische Print- (Zeitungen, Zeitschriften) und FFF-Werbung (Film, Funk, Fernsehen).

b.) Die neue, interaktive Kommunikation (Dialog-Marketing)

Moderne Kommunikation zielt dagegen auf Reaktion (Response) und Dialog. Notwendig sind kommunikative Prozesse, die dem Empfänger einen Automatismus für eine Reaktion (eine offene Tür) gegenüber dem Sender bieten. Das **Dialog-Marketing** und hier speziell der Internetkanal verfügen über diese Fähigkeit und haben deshalb seit einigen Jahren ein neues Kommunikationszeitalter eingeläutet.

Ein Beispiel ist die **Internet-Werbung**. Der Anbieter speist seine Botschaft in das Web ein. Der Kunde kann im Web raum- und zeitlos kommunizieren. Neben die Kommunikation **durch** den Botschaftenträger (das Medium) tritt eine Kommunikation **mit** dem Medium (s. Abb.7-3). Es entsteht eine Lernschleife. Der Sender (Anbieter) lernt durch die Reaktion seinen Kunden besser kennen und kann die nächste Botschaft gezielter auf den Interessenten oder Kunden ausrichten.

Abb.7-3

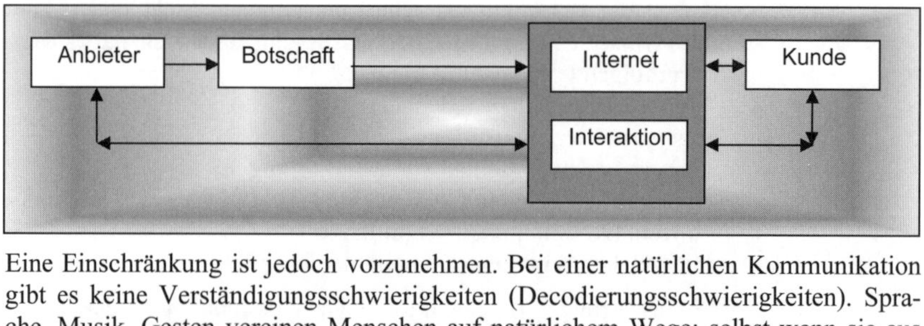

```
Anbieter → Botschaft → Internet ↔ Kunde
                       Interaktion
```

Eine Einschränkung ist jedoch vorzunehmen. Bei einer natürlichen Kommunikation gibt es keine Verständigungsschwierigkeiten (Decodierungsschwierigkeiten). Sprache, Musik, Gesten vereinen Menschen auf natürlichem Wege; selbst wenn sie aus unterschiedlichen Kulturkreisen stammen. Moderne Kommunikationsmedien dagegen transformieren das, was Menschen zum Ausdruck bringen, in komplizierte Codierungsstandards (z.B. in den HTML-Standard der Internet-Kommunikation). Es stehen sich nicht nur zwei Personen, sondern auch zwei Computer gegenüber. Zunehmend hängt es von der Technik (Codierungs- und Decodierungsprotokolle) ab, ob zwischen diesen überhaupt eine Kommunikation zustande kommt. Wir werden immer mehr von der Technik abhängig.

7.1.3. Das kommunikationspolitische Instrumentarium

Zunächst kann nach der Art einer Botschaft gefragt werden. Grundsätzlich sind **verbale** und **nicht-verbale** Informationsinhalte zu unterscheiden. Zu den verbalen Ausdrucksformen gehören Text-, Sprach- und Musikbotschaften. Als nicht-verbale Botschaftsformen sind stehende oder bewegte Bilder, Geräusche, Töne, Mimik, Gestik, Musik, Geschmack, Gerüche oder Anfühlbarkeiten (Haptik) aufzuzählen. Der Kommunikationspolitik steht eine Fülle von Medien und Gestaltungsformen zur Verfügung. Diese **Vielfalt der Instrumente** ist auch notwendig, denn die Unternehmen stehen "*immer seltener in einem Produktwettbewerb, sondern immer häufiger in einem Kommunikationswettbewerb.*"[811] Abb.7-4 schafft ein System von Haupt- und Unterinstrumenten:

Abb.7-4

Procter & Gamble: Das weltweit werbestärkste Unternehmen im Jahr 2009 mit 8,7 Mio. $ Werbeetat.

ÜBERSICHT ÜBER DIE INSTRUMENTE DER KOMMUNIKATIONSPOLITIK

Die alle Instrumente umspannende **Imagepolitik**

Corporate Identity (CI): 4 übergeordnete Instrumente der Imagepolitik

Corporate Design	Corporate Behavior	Corporate Communication	Corporate Culture

Instrumente, die vorrangig das Gesamtimage einer Unternehmung stärken	Instrumente, die vorrangig Unternehmensleistungen, Produktgruppen oder Einzelprodukte bewerben	Instrumente, die vorrangig den Verkauf unterstützen, Kunden direkt ansprechen und binden
Public Relations (PR)	Klassische Printwerbung	Klassische Direktwerbung
Corporate Publishing (CP) ⇨ Geschäftsbericht ⇨ Flyer, Imagebroschüre ⇨ Kundenzeitschrift ⇨ Mitarbeiter- und Partnerzeitschrift ⇨ allgemeiner Newsletter	⇨ Tages-, Wochenzeitungen ⇨ Publikumszeitschriften ⇨ Fachzeitschriften ⇨ Branchen-Werbebücher	⇨ unechte Direktwerbung, Beilagen ⇨ Print, Plakat mit Responseträger ⇨ Schriftliche Direktansprache ⇨ Tele(fon)Marketing ⇨ E-Mail-Marketing, Newsletter
Sponsoring	FFFC-Medien	Verkaufsförderung Sales Promotion
Event-Marketing	⇨ Fernsehen ⇨ Hörfunk ⇨ Filmwerbung ⇨ Werbung im Internet, Banner	⇨ klassische Promotion am POS ⇨ Messen und Ausstellungen ⇨ Produktschulungen ⇨ Betriebsbesichtigungen ⇨ Tag der offenen Tür ⇨ Preisausschreiben
Lobbying	Außenwerbung	Verkaufsunterlagen
	⇨ Plakatwerbung ⇨ Verkehrsmittelwerbung ⇨ Bandenwerbung ⇨ Trikotwerbung ⇨ Lichtwerbung	⇨ Kataloge ⇨ Prospekte ⇨ CD-Rom ⇨ Preislisten ⇨ Branchen-Adressbücher
	Product Placement	Spezielle Bindungsinstrumente
	Co Branding	⇨ Kundenkarten ⇨ Kunden-Clubs ⇨ Couponing, Rabattmarken
	Ingredient Branding	Werbegeschenke (Give Aways)
	Product Licencing	Co-Marketing (gemeinsamer Verkaufsauftritt)

---

[811] Bruhn, (Kommunikationspolitik), 2009, im Vorwort S. V

(1) Kommunikationsinstrumente wie die Corporate-Identity-Politik, die Öffentlichkeitsarbeit (PR), das Corporate Publishing, Sponsoring und Event-Marketing sollen keine speziellen Produkte bewerben, sondern ein positives **Bild der Unternehmung** in der Öffentlichkeit formen.

(2) Die klassische Medienwerbung in Print- und Funkmedien, die Außenwerbung, der große Bereich der Verkaufsförderung mit Messen und Ausstellungen sowie die vielen Spezialinstrumente sollen Erinnerungs- und Präferenzwerte für bestimmte Angebotsleistungen (Produkte) schaffen. In ihrer höchsten Vollendung schafft Werbung **Markenwerte**, d.h. Käuferpräferenzen für Markenprodukte.

(3) Instrumente wie die Direktwerbung, Kataloge und Prospekte, Bindungsinstrumente wie Coupons oder auch Werbegeschenke dienen speziell der **Unterstützung des persönlichen Verkaufs**. Die Werbung dient hier dem Verkauf!

(4) Alle Kommunikationsinstrumente haben ihren Ursprung in einer ganzheitlichen **Imagepolitik** und fließen in dieser wieder zusammen.

„Das Wesen der Werbung ist Freiheit." (Zitat aus dem Gündungsprotokoll des ZAW), 1949.

Die Typologie der Abb.7-4 ordnete die Kommunikationsinstrumente aus einer strategischen Sicht. Eine andere Ordnung ergibt sich aus dem Blick auf den Werbemarkt. Werbeagenturen und Marktforschungsinstitute sowie die *Deutsche Post* versuchen durch vielfältige Statistiken, diesen schier unübersehbaren **Werbemarkt** zahlenmäßig in den Griff zu bekommen. Wie bei der *Nielsen*-Betriebstypenanalyse (Abb.6-83), hat man sich immer wieder mit geänderten Zahlenwerken zu plagen. So liegt eine entscheidende Änderung im *Dialog Marketing Monitor 2009* der *Deutschen Post* gegenüber Vorjahr darin, dass die interessante Kategorie **Klassikmedien mit Response** nicht mehr ausgewiesen wird. Stattdessen ist von Medien mit Dialogelementen die Rede. Dagegen ist einzuwenden, dass Faxwerbung oder Kundenzeitungen keinesfalls immer Dialogelemente aufweisen. Abb.7-5 zeigt die aktuelle Typologie der Werbemedien, die auch in einigen anderen Punkten nicht unumstritten ist. Beispielsweise würde der Autor den Aufbau und die Pflege einer Homepage keinesfalls zu den Dialogmarketingmedien zählen. Außerdem fällt auf, dass nicht mehr - wie seit Jahren - von Direktmarketing die Rede ist, sondern kompromisslos von **Dialogmarketing** (s. Abschnitt 7.7.8.). Nach unserer Meinung gehen diese typologischen Anpassungen also zu weit.

Abb.7-5

DIE STRUKTUR DES WERBEMARKTES IN DEUTSCHLAND		
Klassikmedien	Dialogmarketingmedien	Medien mit Dialogelementen
• TV-Werbung • Funkwerbung • Anzeigenwerbung • Beilagenwerbung • Plakat- und Außenwerbung (Out of Home Medien) • Kinowerbung	• Volladressierte Werbesendungen • Teiladressierte Werbesendungen • Unadressierte Werbesendungen • Aktives Telefonmarketing (Outbound) • Passives Telefonmarketing (Inbound) • Internetauftritt (Aufbau und Pflege der Homepage) • Externes Online-Marketing (Bannerwerbung, Suchmaschinen-Marketing, Affiliate-Marketing, Public Relations)	• Faxwerbung • Promotionaktionen • Kundenzeitschriften (Corporate Publishing) • Messen und Ausstellungen • Mobile Marketing • Couponing

(Quelle: Deutsche Post AG, Dialog Marketing Monitor 2009, S. 10)

Auf 80,9 Mrd. Euro wurde der deutsche Werbemarkt im Jahr 2008 geschätzt; nach 83,2 Mrd. Euro im Vorjahr. Die sog. Finanzkrise hat sich deutlich in den Werbeausgaben der werbetreibenden Wirtschaft niedergeschlagen. Abb.7-6 zeigt die Anteile der drei Kategorien. Ohne Zweifel: Print (Klassikmedien) und das Dialogmarketing stehen seit Jahren in einem unerbittlichen Wettbewerb. Auf der einen Seite werden die Ausgaben für Printmedien immer weiter reduziert, auf der anderen Seite nehmen Klassikmedien immer mehr Responseelemente auf.

Abb.7-6

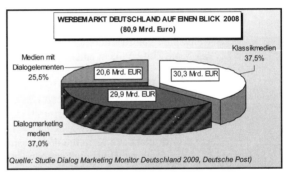

Und – wie die Detailanalyse noch zeigen wird – die Werbung im Internet ist der Gewinner in diesem Strukturwandel der Werbung.

Es ist in diesem Buch kaum möglich, alle denkbaren Kommunikationsmaßnahmen aufzuzählen und zu erläutern. Welche Instrumente bevorzugt im Einzelfall zum Einsatz kommen, ist nicht zuletzt auch eine Frage der Stoßrichtungen, die eine Unternehmung im Rahmen der strategischen Planung verfolgt.

7.2. Strategische Stoßrichtungen

7.2.1. Zielsetzungen und Strategietypen

Ganz wichtig: Eine Werbestrategie ist mit einer CRM-Konzeption in Einklang zu bringen.

Werbung ohne Ziel und Strategie wird zum finanziellen Fass ohne Boden! Zunächst stellt sich die grundsätzliche Frage, ob Kommunikationsmaßnahmen vorrangig das positive Bild einer Unternehmung als Ganzes in der Öffentlichkeit stärken sollen oder ob den Abnehmern eher Produktprogramme oder einzelne Produkte nahegebracht werden sollen. Der erstgenannte Ansatz führt zu imagebildenden Corporate Identity Strategien. Im zweiten Fall sind Werbekampagnen zu entwickeln.

Bezüglich **Zielgruppen** ist zu entscheiden, ob Interessenten, Stammkunden oder die allgemeine Öffentlichkeit (Stakeholder) in das Fadenkreuz der Kommunikationsstrategie rücken. Wie soll der Markt segmentiert werden, um Streuverluste durch Werbung zu minimieren? Bei der klassischen Mediawerbung beispielsweise können bestimmte Zielgruppen nur über Einschaltzeiten (Fernsehzeiten) oder über die Auswahl der Printmedien (Fach-, Zielgruppenzeitschriften) erreicht werden. Beim 1to1-Marketing will der Anbieter kundenindividuelle Kontaktstrategien verwirklichen.[812]

Aktive Kommunikationskampagnen verrücken gemäß der bereits behandelten aktiven Positionierung die Bilder in den Köpfen der Kunden. **Passive** Kommunikationsstrategien passen sich dagegen an veränderte Kundengewohnheiten an. Auch für die **Wettbewerbsauseinandersetzung** ist die Frage nach Aktion oder Reaktion wichtig. Will man sich durch eine aggressive Werbung deutlich vom Wettbewerb abheben (**Differenzierungskommunikation**); oder möchte man eher mit den Werbeaktivitäten der Konkurrenz mithalten (**Anpassungskommunikation**)?

Eine veränderte Rechtslage schafft neue Voraussetzungen für eine aggressivere Kommunikationspolitik. Nach neuem EU-Recht ist vergleichende Werbung grundsätzlich zulässig, (1) wenn der Vergleich nicht irreführend ist, (2) nachprüfbare und typische Eigenschaften miteinander verglichen werden und (3) der Mitbewerber nicht herabgesetzt oder verunglimpft wird.[813]

---

[812] vgl. zu diesem neuen Ansatz des Marketing Boldt, (Maßstab), in: MM, 4/1998, S. 139-150
[813] vgl. Aktenzeichen I ZR 211/05 und I ZR 2/96 – Urteile vom 5.2. und 23.4.1998

Hinsichtlich **der regionalen Reichweite** sind regionale, nationale, internationale und globale Kommunikationsstrategien zu unterscheiden. Soll eine Werbemaßnahme im weltweiten Maßstab durchgeführt werden oder geht es eher darum, eine abgegrenzte, regionale Zielgruppe in einem speziellen Kulturkreis zu erreichen?

Betreffend **Umfang** und **Intensität** einer Werbestrategie ist als quantitative Komponente festzulegen, ob das Niveau der Kommunikationsmaßnahmen (Intensität, Anzahl der sog. **Impressions**) verstärkt, zurückgenommen und / oder qualitativ verändert werden soll. Qualitativ gelten als strategische Alternativen:
- **kontinuierliche** Kommunikationsstrategien, die bewusst an bestehenden bildlichen oder sprachlichen Kommunikationsaussagen festhalten und
- **diskontinuierliche** Kommunikationsstrategien, die den Kunden überraschen und / oder bestehende Bilder verrücken sollen (*Benetton, Bluna*).

Im Rahmen der **dynamischen Kommunikationspolitik** ist zu regeln, wie eine Kommunikationsstrategie ein Produkt im Zeitablauf des Lebenszyklus fördern soll. In der Praxis schwanken Kommunikationsbudgets im Zeitablauf. Empirische Untersuchungen stellen immer wieder fest, dass die Unternehmen mehrheitlich der Kommunikation in guten Zeiten größere und in schlechten Zeiten geringere Budgets zur Verfügung stellen. Nur wenige Unternehmen verfolgen bewusst gegensätzliche Strategien. In Relation zur Konjunkturlage bzw. zur wirtschaftlichen Verfassung einer Unternehmung sind folglich **prozyklische**, **antizyklische** und **konjunkturindifferente** Strategien zu unterscheiden.

Isolierte Kommunikationskampagnen laufen in eigener Regie einer Planungseinheit. **Kooperative Kommunikationskampagnen** erfordern ein Abstimmen unter Vertriebspartnern. Von wachsender Bedeutung ist in diesem Zusammenhang die Verbindung von Herstellerkommunikation und Händlerkommunikation in der Medienwerbung oder auf gemeinsamen Veranstaltungen.

Bei der Planung einer Kampagne ist zu entscheiden über (die **8-W**):
(1) **Werbeobjekte** (die beworbenen Produkte, Unternehmen, Personen),
(2) **Werbeziele**, bezogen auf die **Werbeobjekte**,
(3) **Werbezielgruppen** (die umworbenen Einzelpersonen und Gruppen),
(4) **Werbebudget**,
(5) **Werbemittel** (d.h. Instrumente wie Anzeige, TV-Spot, Plakat, etc.),
(6) **Werbegestaltung / Kreativdimension** eines Werbemittels,
(7) **Werbeträger /-medien** (welches TV-Programm, welche Zeitschrift, etc.)
(8) **Werbeverteilung** (Werbewiederholungen, zeitliche Schaltungen).

Das weltweite Werbebudet von *Daimler* im Jahr 2005: 1,6 Mrd. US-$. Nr. 1 der Werbetreibenden 2006 war *P&G* mit 8,2 Mrd. US-$ vor *Unilever* mit 4,3 Mrd. US-$.

7.2.2. Ansätze zur Budgetbestimmung

Die Kommunikationspolitik erfordert eine kaufmännische Budgetplanung. Der Werbedruck scheint unbegrenzt – die finanziellen Spielräume sind stets zu eng. Mit einem Patentrezept für ein optimales Werbebudget wäre wohl ein letztes Geheimnis der Marketingtheorie gelüftet. Kurzum: Die von der wissenschaftlichen Forschung erarbeiteten Modelle erweisen sich für die praktische Unternehmensführung zumeist als nicht umsetzbar.[814] Die Budgetrahmen sind in der Praxis durch Erfahrungsregeln (empirische Normen), Branchengepflogenheiten und aktuelle finanzielle Möglichkeiten bestimmt.[815] Üblich sind folgende **Budgetierungsmethoden**:

---
[814] vgl. die angesprochenen Ansätze bei: Meffert, (Marketing), 2000, S. 789-799
[815] vgl. Rogge, (Werbung), 2004, S. 149-173

(1) Im Idealfall bilden die strategischen Unternehmensziele die Richtschnur für Umfang und Qualität der Kommunikationsmaßnahmen. Plastisch ist hierfür der Begriff **Ziel- und Aufgaben-Methode** (Objective-and-Task-Method).[816] Sie dürfte für die marktorientierte Unternehmensführung die sinnvollste Methode sein; orientiert an Erfahrungen der Vergangenheit und Gegebenheiten der Branche und unabhängig von Konjunktur - lediglich ausgerichtet auf die strategischen Ziele.

Die 5 werbestärksten deutschen Unternehmen 2008:
1. *Media Markt/ Saturn* (480 Mio. Euro),
2. *P&G* (385 Mio.),
3. *ALDI* (362 Mio.),
4. *Ferrero* (343 Mio.),
5. *L`Oreál* (287 Mio.).

(2) Die verfügbaren finanziellen Mittel sind stets begrenzt. So geht die **ausgabenorientierte Methode** *(*All-we-can-afford-Method) von dem aus, „was man sich leisten" kann; betriebswirtschaftlich z.B. vom erwirtschafteten Cash Flow. Ganz davon abgesehen, dass diese Budgetierungsmethode die strategischen Zielsetzungen und die Wechselwirkungen im Marketing-Mix außer Acht lässt: Die Vorgehensweise verführt zu einem prozyklischen Verhalten. In wirtschaftlich guten Zeiten wird viel, in schlechten Zeiten zu wenig für das Unternehmensimage und für die Produktwerbung getan. Bei einem antizyklischen Verhalten würde man dann also in wirtschaftlich schwachen Zeiten gezielt die Kommunikationsanstrengungen erhöhen – so weit es sich die Unternehmung leisten kann.

(3) Die Problematik eines prozyklischen Verhaltens wird besonders bei **der Prozentsatzmethode** (Percentage-of-Method) deutlich. Nach ihr werden die Werbebudgets als (a) prozentuale Anteile vom Umsatz *(*Percentage-of-Sales-Method) oder vom (b) Gewinn (Percentage-of-Profit-Method) festgelegt. Trotz der geschilderten Nachteile wird die Prozentsatzmethode in der Praxis am häufigsten verwendet. Für Kommunikationsbudgets gängig sind in der Konsumgüterindustrie **Werbequoten** von 6 – 12% und bei Industriegütern von 2 – 6% vom Umsatz. Die Prozentanteile gelten als Richtschnur und werden bei der Unternehmensplanung jährlich an die laufende Strategie und an die Wirtschaftslage angepasst.

(4) Bei der **Benchmark-Methode** orientiert man die Werbequote am Branchendurchschnitt bzw. am Trend der Branche. Der Werbedruck kann als **Share of Advertising** gemessen werden. Die eigenen Werbeaufwendungen werden in Relation zum Durchschnitt der Branche gesetzt (Indexzahl).

(5) Benchmarken kann man sich auch an starken Konkurrenten. Die **konkurrenzorientierte Methode** (Competitive-Method) gibt es in zwei Varianten:

(a) Bei der **Wettbewerbs-Paritäts-Methode** *(*Competitive-Parity-Method) orientieren sich die Kommunikationsanstrengungen an den Budgets der wichtigsten Wettbewerber. Die entsprechende Kennziffer hierzu ist der **Share-of-Voice**, d.h. die eigenen Werbeaufwendungen in Relation zu den Werbeaufwendungen der oder des Branchenführers. Eine Unternehmung verfolgt dann Anpassungswerbung bzw. Anpassungskommunikation.

(b) Nach der **Wettbewerbsanteils-Marktanteils-Methode** (Competitive-Market-Share-Method) korrelieren Werbebudgets mit Marktanteilen. Die Vorgehensweise würde aber dem Denkansatz der Portfoliotheorie widersprechen. Gerade wachstumsstarke und innovative Produkte müssen am Anfang ihres Lebenszyklus mit Hilfe der Kommunikationspolitik in hohe Marktanteile „gepusht" werden. Es ist hier allerdings zwischen dem Unternehmensgesamtbudget und den geschäftsfeldbezogenen Teilbudgets zu unterscheiden. Der Vollständigkeit halber können im Rahmen der Wettbewerbsorientierung noch eine Kommunikations-Marktführer- und eine Kommunikations-Nischenstrategie unterschieden werden.

Diese Budgetierungsansätze schließen sich in der Praxis nicht aus. Die Unternehmen versuchen, alle Aspekte auf einen Nenner zu bringen. Die strategischen Zielsetzungen und die verfügbaren Finanzmittel bestimmen den Rahmen. Keinesfalls aber hängt der Erfolg der Kommunikation „vom Budget" ab. Man weiß: **Werbedruck**

---

[816] vgl. z.B. Weis, (Marketing), 2009, S. 467-469

allein bewegt wenig. So gilt z.B. für Markenprodukte die Regel: **100% mehr Werbedruck (Werbeausgaben) bringt nur ca. 3,5% mehr Marktanteil.**[817] Aber viel zu oft erfüllen Werbeausgaben leider nur eine Legitimationsfunktion:

> *„Mein Hauptkonkurrent hat ein Werbebudget von ca. 8 Mio. Euro. Wir geben sogar 9 Mio. Euro aus. Damit haben wir doch alles Notwendige getan?"*

Wenn auch eine hohe Korrelation zwischen der Höhe eines Kommunikationsbudgets und der Bekanntheit eines Produktes bestimmt nicht zu leugnen ist: Die Qualität muss stimmen. Und es ist dann die Kraft der Bilder, die über die Qualität der Kommunikation und damit letztlich über die Kaufpräferenzen der Kunden entscheidet.

7.2.3. Strategieausrichtungen von Werbekampagnen

a.) Kampagnenausrichtung auf die Produktpositionierung

Stehen Kommunikationsstrategie und –budget fest, dann kann ein Konzept für die Kampagnenplanung erstellt werden. Grundsätzlich sind statische und dynamische (zeitraumbezogene) Aspekte zu beachten. Alle Überlegungen starten mit einem marktforscherischen Blick auf die derzeitigen und die in der Zukunft angestrebten Positionierungen der bestehenden und neuen Produkte im psychologischen Wahrnehmungsraum der Kunden und im Vergleich zum Wettbewerb.

Abschnitt 4.2.3. hat das Verfahren der Produktpositionierung bereits vorgestellt. Design, Qualität und Funktionalität eines Produktes werden auf eine angestrebte Position im Raum der Nutzenempfindungen der Konsumenten hin entwickelt. Diese Positionierungsstrategie muss nun durch adäquate Kommunikationsmaßnahmen umgesetzt werden. Nicht immer halten die Produkteigenschaften im Sinne des neuen Verbraucherschutzrechtes das, was aggressive Positionierungskampagnen im Fernsehen oder in den großen Publikumszeitschriften versprechen. Oft hat der Verbraucher sogar das Gefühl, ein Produkt bleibe technisch unverändert, und es werde eigentlich nur die „Werbetrommel" gerührt. *Pepels* spricht demgemäß von einer **Unique Communication Proposition**; *„ ... eine erlebte Alleinstellung in der Meinung der Nachfrager ... unabhängig davon, ob ein Produkt nun faktisch unique ist oder nicht".*[818]

b.) Kampagnenausrichtung auf Erwartungen von Zielgruppen

Im Visier der Werbung stehen immer auch Zielgruppen. Jüngere Zielgruppen sind offenbar öfters und intensiver, auf jeden Fall anders zu bewerben als ältere. Abb.1-21 hatte ein theoretisches Modell von Einzeldeterminanten zur Erklärung des Käuferverhaltens aufgezeigt. Diese Determinanten lassen sich zu Motivationsfeldern für Kaufentscheidungen bündeln.[819] Sie bergen das eigentliche Geheimnis, warum Käufer ein Produkt einem anderen vorziehen. Es sind:

(1) **Nutzenerwartungen**: In diesem Fall erwartet der Käufer, dass ihm ein Produkt eine überlegene Problemlösung bzw. einen signifikant höheren Nutzen bietet.

(2) **Identitäten**: Bei vielen Produktarten kann sich der Kunde durch eine bestimmte Produktwahl selbst verwirklichen. Das gewählte Produkt ist dann Ausdruck seines persönlichen Lebensstils. Das gilt insbesondere für Designerprodukte, Mode, Autos, Wohneinrichtungen etc.

(3) **Programmierungen**: Viele Kaufentscheidungen sind bereits im Elternhaus oder in der Schule angelernt. Von diesen „frühen Programmen" werden die Kaufent-

---

[817] vgl. Hoffmann, (Profit), in: Welt am Sonntag v. 4.7.1999, S. 54
[818] Pepels, (Marketing), 2009, S. 99. S. noch einmal Abschnitt 4.2.3.
[819] vgl. Buchholz; Wördemann, (Markenwachstum), in: ASW, Sondernummer 10/1997, S. 166

scheidungen für viele Güter des täglichen Bedarfs bestimmt (z.B. für Strümpfe, Unterwäsche, Hemden, Biersorten).
(4) **Normen**: Normen wirken noch stärker als Programmierungen. Mit seiner Kaufentscheidung löst der Konsument nicht selten einen inneren Konflikt. Beispiele: umweltschonende Produkte, alkoholfreies Bier, Zigarettenfilter.
(5) **Emotionen**: Die kaufbeeinflussende Wirkung von Emotionen wurde bereits im 1. Kapitel erläutert.

c.) Kampagnenausrichtung auf Produktlebenszyklen

Bei den dynamischen Aspekten stehen Kampagnen im Vordergrund, die die Produkte über deren Markt- bzw. technologische Lebenszyklen begleiten (s. noch einmal Abschnitt 4.2.1.). Grob zu unterscheiden sind Kampagnen zur (1) **Marktvorbereitung** (z.B. für neue *Intel-Prozessoren*), zur (2) **Markteinführung**, zur (3) Bewerbung von **Produktverbesserungen** (Produktvariationen) oder zur (4) Bewerbung von **Produktdifferenzierungen** (z.B. für PKW-Sondermodelle). Die Herausforderung liegt darin, bereits in dieser Phase der strategischen Kampagnenfestlegung den richtigen Mix für das gesamte Leistungsprogramm zu bestimmen.

d.) Kampagnenausrichtung auf Kundenlebenszyklen

Werbekampagnen werden sich auch an **dynamischen Kundenentwicklungen** orientieren. Zwei Konzepte sind zu unterscheiden:
(1) **Kundenstatus-bezogene Kampagnen** (s. noch einmal Abb.6-36) umfassen vor allem Werbe"feldzüge" zur Neukundengewinnung, zur Erreichung einer größeren Kundenloyalität von Stammkunden oder speziell zur Kundenrückgewinnung. Um Streuverluste im Gesamtmarkt zu vermeiden, werden für derartige Kampagnen meist Instrumente des Direktmarketing eingesetzt (s. Abschnitt 7.8.).
(2) Bei einer anderen Form der Lebenszyklus-Betrachtung geht es darum, Kunden werblich durch **Alterszyklen** (Customer Lifetime Cycle) hindurch zu begleiten. Gehörte Schüler X als 14-jähriger noch zur Zielgruppen von *Sony-Playstations*, so kann Herr X zehn Jahre später wegen eines *Vario-Notebooks* oder einer digitalen Kamera von *Sony* akquiriert werden. Man spricht von **Up-Selling-Strategie**.

e.) Customer Relationship Communication (CRC): Kampagnenausrichtung nach der CRM-Strategie

Im Abschnitt 6.3.3. wurde eine wesentliche Schwachstelle von CRM nicht genannt: In der Praxis beschränkt sich CRM zumeist auf die Vertriebsautomatisierung (insbes. Außendienststeuerung). Der Schulterschluss mit der Kommunikationspolitik (Werbung, Kundendialog, Corporate Publishing) wird nicht gewagt. Das CRM-Spiel wird auf Top-Management-Ebene und in der IT-Abteilung gespielt. Werbung und Dialogmarketing bleiben auf der Ebene des Marketingleiters "hängen". Insofern erkennen wir **zwei Säulen von CRM**:[820]
(1) die herkömmliche (beziehungsorientierte) Vertriebssteuerung als **Customer Relationship Sales** (CRS; konventionelle Verkaufssteuerung) und
(2) die auf den Aufbau werthaltiger Kundenbeziehungen ausgerichtete Kommunikationspolitik: **Customer Relationship Communication** (CRC).

Abb.7-7 verdeutlicht den Zusammenhang. CRC stellt die Kundenkommunikation unter die Führung einer CRM-Strategie. Damit soll verhindert werden, dass Vertrieb (die operativen Geschäftsbereiche) und Marketing wie Inseln nebeneinander stehen.

---

[820] vgl. Winkelmann, (Communication), in: acquisa, 12/2001, S. 8

Abb.7-7

„*Wollen wir ernsthaft die Qualität des Vertriebs verbessern, dann muss die Kundenkommunikation individualisiert werden.*"
(Marzian; Smidt, 2002, S. 148)

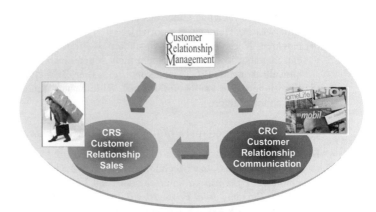

Aufbauend auf der bekannten CRM-Definition lässt sich CRC wie folgt definieren:

> ➡ CRM besteht aus den beiden **Säulen Customer Relationship Sales** (CRS = integrierte Vertriebssteuerung) und **Customer Relationship Communication** (CRC).
> ➡ „*CRC ist eine wesentliche Säule einer CRM-Philosophie. CRC integriert und optimiert auf der Grundlage einer Kunden-Datenbank und einer Unternehmens-/Produktpositionierung medienübergreifend alle Prozesse der Unternehmenskommunikation.*
> *Zielsetzung ist die Harmonisierung aller Kundenbotschaften, ausgerichtet auf Kunden-Lebenszyklen und mit dem Ziel, Kundenbindungen zu stärken. Das setzt voraus, dass CRC-Konzepte Vorkehrungen für eine permanente Verbesserung des Kundenkontaktes und für eine Mitgestaltung des Kunden beinhalten.*"[821]
> ➡ CRM ist nur dann wirklich **integriertes Kundenmanagement**, wenn gilt: **CRM = CRS + CRC**.

Die Kunst liegt darin, die Erfolgselemente von CRM geschickt in die Kundenkommunikation zu übernehmen. Praxiserfolge liegen vor.[822] Da bei CRC den Kundenzeitschriften eine zentrale Bedeutung zukommt, wird diese Thematik im Abschnitt 7.12.6 im Zusammenhang mit dem **Corporate Publishing** vertieft.

Werbekampagnen können nun nach diesen Vorgaben ausgestaltet werden. Aber auch bei perfekter Planung werden die Strategien nur dann erfolgreich sein, wenn sie in den Gedanken der Konsumenten erinnerungskräftige Bilder entstehen lassen.

7.3. IMAGERY: Die Kraft der Bilder

7.3.1. Grundlagen der Bildkommunikation

> "*Denn nicht die Sandburg ist das wichtigste im Sandkasten des Kindes. Das wichtigste ist das Bild einer Sandburg, die das Kind im Sinn hatte, ehe es mit dem Bauen anfing. Warum meinst du, dass das Kind sonst die Burg einhaut, sobald sie fertig ist? .... Ist es dir nie passiert, dass du etwas zeichnen oder basteln wolltest, dass du einfach nicht richtig hinbekommen hast? Du versuchst es immer wieder, aber es klappt nie. Und das liegt daran, dass dein inneres Bild immer vollkommener ist als die Kopien, die du mit den Händen zu formen versuchst.*" (Gaarder, (Kartengeheimnis), 2007, S. 242)[823]

---

[821] vgl. Winkelmann, (Communication), in: acquisa, 12/2001, S. 8
[822] vgl. Campillo, (Dialog-Dirigenten), in: acquisa, 5/2003, S. 34-37
[823] Gaarder, (Kartengeheimnis), 2007, S. 242

„Was zählt, ist die Kraft der Erinnerungswerte ausdrucksstarker Bilder in den Köpfen der Konsumenten."[824]

Bilder sagen mehr als 1000 Worte. Bilder besitzen für das Ansehen und die Markenkraft einer Unternehmung eine derart fundamentale Bedeutung, dass ihnen hier ein gesonderter theoretischer Abschnitt gewidmet wird.

„Bilder sind Schnellschüsse ins Gehirn."[825] Kroeber-Riel definiert: *„Ein Bild ist die Aufzeichnung eines realen oder fiktiven Gegenstands, die dem Gegenstand ähnlich ist und deswegen wie der Gegenstand wahrgenommen werden kann."*[826] Bilder wirken wie Wirklichkeiten.[827] Tatsächlich besitzen Bild und abgebildeter Gegenstand die gleiche Wahrnehmungsqualität. Bilder üben folglich die gleichen Reize aus, wie reale Gegenstände und können Menschen, in unserem Fall Interessenten und Kunden, zum Kauf bewegen. Zwischen der Realität und bildlichen Scheinwirklichkeiten besteht eine magische Verwandtschaft. Manchmal sind Scheinwirklichkeiten sogar schöner als die Realität, wie das Eingangszitat andeutet. Abb.7-8 fasst Fakten zur täglichen Reizüberflutung durch werbliche Bilder zusammen.

Abb.7-8

FAKTEN ZUR MENSCHLICHEN BILDVERARBEITUNG

① Der Mensch kann in 1,5 – 2 Sekunden ein Bild mittlerer Komplexität, in der gleichen Zeit aber nur 7 – 10 Wörter aufnehmen.
② Ein Bildthema wird in 1/100 Sekunde erfasst. 1-2 Sekunden Aufmerksamkeit sind zur Erinnerung für ein Bild mittlerer Komplexität notwendig.
③ Das Gehirn kann bis zu 200 visuelle Bildinformationen pro Sekunde verarbeiten.
④ Der Mensch kann 21 Bilder pro Minute verarbeiten. Bei 75 Jahren Lebensdauer und 8 Stunden Schlaf pro Tag sind das 551.880.000 in der Bilderbibliothek des Lebens.
⑤ Im Durchschnitt bleiben einer Anzeige nur 2 Sekunden, um die Aufmerksamkeit eines Lesers zu gewinnen. In den 2 Sekungen kann der Mensch nur max. 7 Informationen sinnvoll verarbeiten (= die „magical number 7" des Psychologen *Miller* (s. ASW, 12/2003, S. 47).
⑥ Ein Kunde benötigt durchschnittlich nur 3,44 Sekunden, um ein Angebot im Regal zu registrieren und auszuwählen.
⑦ Der Mensch ist pro Tag rund 1.600 konkreten und 5.200 unkonkreten Werbereizimpulsen (Impressions) ausgesetzt. Nur 2% der Impressions bleiben in Erinnerung (Problem der Reizüberflutung).
⑧ Reale Objekte werden besser erinnert als ihre Bilder – Bilder werden besser erinnert als konkrete Wörter – konkrete Wörter werden besser erinnert als abstrakte Wörter.
⑨ Deshalb gilt: Der Mensch behält 10% von dem, was er liest, 20% von dem, was er hört, 30% von dem, was er sieht, 70% von dem, was er sieht und hört und 90% von dem, was er selbst tut (vgl. *Focus* (2002), S. 72).

Eingängige Werbebilder sprechen alle Sinne an:
(1) **Visuelle Bilder**: Sie beinhalten Bildmotive, Bildgröße, -form, -farbe, Detailreichtum, Platzierung (Darstellung im Kontext) des Bildes als Ganzes, räumliche Organisation der Bildinhalte sowie die möglichen Verknüpfungen der Bilder mit Text, Sprache, Musik, Geräuschen etc.
(2) **Akustische Bilder**: Diese werden in der Kommunikation neben Sprache und visuellen Bildern regelmäßig eingesetzt. Sie umfassen Musik, Geräusche oder vokale Sprechmuster. Bekannte akustische Werbebilder sind z.B. der Marsch für das Reinigungsmittel *der General*, die Hymne von *Underberg*, das akustische Signal von *Meister Propper* oder die Sequenz „nichts ist unmöglich, ...".[828]
(3) **Geruchsbilder** (Duftbilder): Beispiel: die Parfümierung von Kosmetikanzeigen in *Brigitte, Elle* oder im *Manager-Magazin* oder der Zitrusduft von Reinigungsmitteln. Jetzt wird sogar versucht, über das Internet Geruchsimpulse an Zusatzgeräte am POS zu geben. In München gibt es ein Duftkino (www.duftkino.de).
(4) **Haptische Bilder**: Hierbei geht es um den Tastsinn. Ein Beispiel ist die rauhe

Scratch'n 'Sniffing ist eine Sonderwerbeform, bei der eine Werbefläche mit Duftstoffen behandelt wird, die sich durch Reibung freisetzen.

---
[824] Wippermann, P.: (Starke Marken), in: ASW, 12/1996, S. 36
[825] Kroeber-Riel, (Bildkommunikation), 1996, S. 53
[826] Kroeber-Riel, (Bildkommunikation), 1996, S. 35, s. auch im folgenden zu den Definitionen
[827] Die Sprache ist dagegen ein verschlüsseltes und „wirklichkeitsfernes" Zeichensystem: Kroeber-Riel, (Bildkommunikation), 1996, S. 36
[828] Wenn Sie gerade an Toyota denken, dann ist das ein Beweis für die die Kraft dieses musikalischen, aber auch sprachlich eingängigen „Erinnerungsbildes".

Verpackung der *Underberg-Flasche*, das Wellenmuster der *Coca Cola-Flasche*, die typischen Anfühlbarkeiten von Automobillenkrädern oder Armaturenbrettern. Bilder entfalten ihre Kraft auf zweistufige Weise:
(1) als **Wahrnehmungsbilder**: Diese müssen beim Empfänger eine Wahrnehmungsschwelle überschreiten und werden dann subjektiv interpretiert und weitergehend
(2) als **Gedächtnisbilder** (Memory Images, Mental Images): Gedächtnisbilder werden für längere Zeit gespeichert und sind aus dem Gedächtnis abrufbar.

Im Gehirn gibt es ein Lust- oder auch Bedrohungszentrum: der **Nucleus Acumbum**. Dieser leuchtet, wenn Männer einen Porsche sehen (zit. in salesBusiness, 6/2009, S. 48).

Gedächtnisbilder gelten als die entscheidenden **inneren Bilder**. Sie werden mit dem inneren Auge betrachtet. Lt. *Kroeber-Riel* werden sie „*gespeicherte Emotionen*".[829] Sie steuern das Verhalten und sind deshalb für die Werbung von herausragender Bedeutung. Die Gehirnforschung sieht die Verarbeitung dieser inneren Bilder (wie auch die kreativen Vorgänge) in der **rechten Gehirnhälfte** angesiedelt. Die **linke Gehirnhälfte** ist mit den kognitiven Prozessen (sprachlich-analytische Vorgänge) des Intellekts befasst. Anfang der 70er Jahre nahm in der Psychologie die Lehre von den inneren Bildern, die **Imagery-Forschung**, ihren Aufschwung:

➡ „*Unter Imagery versteht man die Entstehung, Verarbeitung, Speicherung und Verhaltenswirkung innerer Bilder. Diese Vorgänge finden in einem eigenständigen Gedächtnissystem statt.*"[830]
➡ **Imagery** beschäftigt sich mit der Wirkung von informativen und emotionalen Bildern auf das menschliche Verhalten.

Vor allem *Kroeber-Riel* hat die **Imagery-Forschung** in die betriebswirtschaftliche Forschung, und hier speziell in die Kommunikationspolitik, eingebracht. Die Werbung setzt gezielt Imagerytechniken zur Ansprache und Beeinflussung ihrer Zielgruppen ein. Grundlage sind gesetzmäßige Zusammenhänge von Bildwirkungen. Warum bleiben manche Bilder lange in Erinnerung, andere nicht?

7.3.2. Theorie der Bildgestaltung

a.) Die Aktivierung

Die Aktivierung des Betrachters, d.h. die Erregung von Aufmerksamkeit, stellt die erste Stufe eines Bilderfolges dar. Im Mittelpunkt von Aktivierungstechniken stehen (1) **physisch intensive**, (2) **emotional intensive** und (3) **überraschende Reize**. Physisch intensive Reize gehen vor allem von der **Bildgröße** und von **Farben** aus.

> *Bei einer Auswertung von 600 Anzeigen wurde festgestellt, dass die durchschnittlichen Betrachtungsdauern 2,8 Sek. bei einer zweiseitigen, 2 Sek. bei einer ¾ bis einseitigen und 0,6 Sek. bei einer Anzeige von einer halben Seite betragen.*[831]
> *Vierfarbige Anzeigen erreichen fast dreifache Recallwerte (Erinnerungswerte) wie schwarz-weiße Bilder. Die Farbwirkung geht jedoch fast noch stärker in Richtung Sympathie / Antipathie als in Richtung Aktivierung.*

Emotionale Bildelemente sind die klassischen Reize der Werbung. Die Werbewirtschaft geht davon aus, dass sich wirksame Schlüsselreize, die biologisch vorprogrammierte Reize auslösen, im Zeitablauf kaum abnutzen. Bsp.: Der *Marlboro Cowboy* oder die heile Familienwelt von *Jacobs Krönung*. Nach der Aktivierung ist der Kunde bereit, Werbeinformationen anzunehmen.

b.) Die Informationsvermittlung

Nach der werblichen Aktivierung folgt die bildliche **Umsetzung von Produktvortei-**

---

[829] vgl. Kroeber-Riel, (Bildkommunikation), 1996, S. 42
[830] Kroeber-Riel, (Bildkommunikation), 1996, S. 25.
[831] vgl. Kroeber-Riel, (Bildkommunikation), 1996, S. 104 ff.

len und von Anwendungsbeweisen. Eine besondere Bedeutung hat in diesem Zusammenhang der „**dritte Effekt**" von Bildern, d.h. die Kombination eines beworbenen Produktes mit einer inhaltlich unabhängigen Symbolik, die mit dem Gegenstand nicht unmittelbar in Beziehung steht, aber markante Eigenschaften aufweist. Diese Bildanalogie löst beim Betrachter eine sog. **freie Bildassoziation** aus. Er überträgt die Eigenschaften der ergänzenden Symbolik auf den beworbenen Gegenstand: „*ein Auto, so wendig wie ein Rennpferd.*"[832]

c.) Das Auslösen von Emotionen

Die Werbebotschaften sollen emotionalisieren. Zu unterscheiden sind (1) **Klima-** und (2) **Erlebniswirkungen** (z.B. Lifestyle). Klimawirkungen sind kurzfristiger Natur. Sie sollen den Bildbetrachter für den Moment in eine positive Stimmung versetzen. Erlebniswirkungen haben dagegen dauerhafte Kraft. Sie lösen innere Filme aus (Abenteuererlebnisse, Produktanwendungen, z.B. Autofahrten, Einkauf als Erlebnis, Ausleben eines Lebensstils etc.), die der Konsument vor seinem inneren Auge wiederholt abrufen kann. **Ziel ist die emotionale Konditionierung**. Ein Gegenstand wird immer wieder stereotyp mit einem emotionalen Bild verknüpft, so dass dem Produkt (langsam) ein emotionaler Erlebniswert zuwächst. So ist die *Beck's-Werbung* (viele Grüntöne) zu einem Symbol für das Erlebnis von seemännischer Freiheit und Abenteuer geworden. Das Verkaufsprodukt Bier tritt in den Hintergrund. Drei Voraussetzungen sollten für die Emotionalisierung erfüllt sein:[833]

(1) Vorliegen eines starken emotionalen Reizschemas (z.B. Mutter und Kind, Wald und Natur, Sonne und Speiseeis, Meer und Umwelt, Schwiegermutter),
(2) Einsatz einer Dramaturgie, die diesem Schema wirksam entspricht und eine
(3) lebendige Umsetzung des Bildmotivs bzw. der Dramaturgie.

d.) Die Sprachergänzung

Werbung bindet meist Sprachinformationen ein. Vor allem **Slogans** sollen Bildelemente verstärken und absichern. Die sprachlichen Zusätze helfen, die inneren Bilder des Betrachters zu festigen. Denn Bilder sind oft mehrdeutig interpretierbar. Der Text soll das Bild nicht dominieren, sondern gewissermassen nur einen Rahmen bieten. Entscheidend ist die emotionale Verbindung von Bild und Textbotschaft. Die Sequenz „*Wir machen den Weg frei*" der *Volks- und Raiffeisenbanken* soll hier exemplarisch angeführt werden. Der Konsument soll die komplexe Werbebotschaft (das komplizierte Produkt Finanzdienstleistungen) sprachlich einfach auf einen Punkt bringen. Es gibt zahlreiche Kombinationsmöglichkeiten von Bild- und Textbotschaften.[834] Unter Bezug auf *Wember* weist *Kroeber-Riel* auf das Problem der Bild-Text-Schere hin: Werden z.B. eingängige Bilder durch abstrakte Produktinformationen begleitet, wie es oft bei Messepräsentationen geschieht, dann werden die Textinformationen einfach nicht wahrgenommen.[835] Praktische Hinweise zur Ausgestaltung von Slogans folgen im Abschnitt 7.7.4.d.

e.) Der Aufbau von Gedächtniskraft

Fotos vergilben. Werbebilder sollen bleiben. Die Gedächtnisleistung eines Informationsempfängers (Werbeempfängers) hängt vor allem von seiner persönlichen Aktivierung, einer einprägsamen Gestaltung und Vermittlung der Botschaft und von den Bedingungen ab, unter denen eine Botschaft aufgenommen und verarbeitet wird.

---

[832] Kroeber-Riel, (Bildkommunikation), 1996, S. 135
[833] vgl. Kroeber-Riel, (Bildkommunikation), 1996, S. 162
[834] vgl. Kroeber-Riel, (Bildkommunikation), 1996, S. 76
[835] vgl. Kroeber-Riel, (Bildkommunikation), 1996, S. 185-186

Eine Bilderinnerung baut sich gleichmäßig bei einer Darbietungszeit von 2 – 4 Sekunden auf. Fernsehbilder sollten daher mindestens 2 Sekunden lang sichtbar sein. Zur reinen Wiedererkennung reichen kürzere Schaltzeiten. Damit sich aber Einstellungsänderungen bei Kunden ergeben, sind zahlreiche Wiederholungen notwendig. Kampagnen laufen daher mit wiederkehrenden, sehr ähnlichen Bildern auf dem gleichen Werbeträger über einen längeren Zeitraum. Eine bekannte Technik zur Steigerung der Gedächtniskraft ist die **Reminder-Technik**: Ein Werbespot üblicher Länge wird mit einem verkürzten Ausschnitt einige Minuten später im gleichen Werbeblock kombiniert. Der Kurzspot greift dann nur noch die Schlüsselszene, den Slogan und die Kernmelodie auf. Wichtig für den Aufbau von Gedächtniskraft sind **Schlüsselbilder**. Diese sind Bildmotive, die den Kern einer Botschaft visualisieren:

➡ *„Ein **Schlüsselbild** ist ein bildliches Grundmotiv für den langfristigen Auftritt der Firma oder Marke, das dazu dient, sachliche oder emotionale Angebotsvorteile im Gedächtnis zu verankern.“*[836]

Man denke z.B. an das grüne Schiff von *Beck's Bier* oder an die Balken und weißen Blasen von O_2. Für Schlüsselbilder gilt:[837]
(1) Die Kernelemente eines Schlüsselbildes müssen **eindeutig erkennbar** sein.
(2) Das Schlüsselbild muss **einprägsam und lebendig** gestaltet sein.
(3) Das Schlüsselbild muss in Bezug auf eine Umsetzung in verschiedenen Medien - möglichst mit Überraschungsmomenten - **variationsfähig** sein.
(4) Das Schlüsselbild muss sowohl **kontinuierlich durchhaltbar** wie auch im Zeitablauf **anpassungsfähig** für ein verändertes Käuferverhalten sein.

f.) Abschluss: Die Beeinflussung des Kaufverhaltens

Abb.7-9

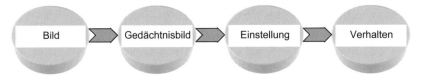

In Kenntnis der Wirkungskette der Abb.7-9 kommt es im Endeffekt darauf an, dass eine Botschaft Käuferverhaltensweisen (Kaufentscheidungen und Wiederholungskäufe) dauerhaft konditioniert; also im „Konsumentenkopf" programmiert. Eine einprägsame, lebendige Bildgestaltung und langfristig konsistente Bildwiederholungen stehen im Vordergrund, um Kaufimpluse auszulösen.[838] Die Werbung verwendet sozusagen eigene **Closing-Techniken**.

7.3.3. Imagerystrategien – Zusammenhang der Bilder mit Imagepolitik und Werbung

Werbekampagnen vermitteln Botschaften. Die Bild-, Ton- und Sprachbotschaften sollten im Einklang mit einer Imagery-Strategie stehen. *„Imagery-Strategien erhöhen nachweisbar die Durchsetzungkraft eines Anbieters auf dem Markt."*[839] Fünf Wirkungszusammenhänge für Botschaften und Bilder sind zu beachten:
⊠ Der formale Marktauftritt der Unternehmung wie auch der aller ihrer Produkte ist zu vereinheitlichen (➡ einheitliches Erscheinungsbild = Corporate Design).

---

[836] Kroeber-Riel, (Bildkommunikation), 1996, S. 201
[837] vgl. Esch; Andresen, (Botschaften), in: ASW, 8/2000, S. 53
[838] vgl. Kroeber-Riel, (Bildkommunikation), 1996, S. 239
[839] Kroeber-Riel, (Bildkommunikation), 1996, S. 239, S. 247

In allen Werbebotschaften wie auch auf allen schriftlichen Firmenunterlagen sollte eine „gleiche, unverwechselbare Handschrift" erkennbar sein.
- ⊠ Alle Botschaften sind aufeinander abzustimmen. Von zentraler Bedeutung sind, wie aufgezeigt, nachhaltige Schlüsselbilder (die visuellen Leitmotive).
- ⊠ Die Botschaften sollten zur Unternehmenskultur passen.
- ⊠ Die Botschaften sollten auf eventuelle interkulturelle Unterschiede in der Akzeptanz bestimmter Schlüsselbilder bei den Zielgruppen hin abgestimmt werden (z.B. ist das Motiv Schwein im Kulturkreis des Islam nicht tragbar).
- ⊠ Der Zeitrahmen für eine Werbekampagne ist so zu bemessen, dass sich die Werbebilder zur Schaffung langfristiger Kaufpräferenzen auch festigen können.
- ⊠ Und letztlich sollten im Sinne von **Customer Relationship Communication** (CRC) die Botschaften und Bilder, die der Vertrieb den Interessenten und Kunden vermittelt, mit denen der Kommunikationspolitik im Einklang stehen. Jede Kommunikation prägt innere Bilder im Markt. Die Kernbotschaften des Verkaufs dürfen von denen der Werbung nicht abweichen.

Auf der Grundlage dieser strategischen Weichenstellungen sind nun die einzelnen Instrumente der Kommunikationspolitik zu planen.

7.4. Entscheidungen auf Geschäftsführungsebene: Imagepolitik und Corporate Identity

7.4.1. Begriff - Bedeutung - Aufgaben

Wendlin Wedekind, früher VW/Porsche, wird mit dem Satz zitiert: „Ich arbeite für das großartigste Unternehmen der Welt. Wir stellen etwas her, was niemand wirklich braucht. Kein Mensch braucht einen Porsche, und trotzdem will ihn jeder haben".

Abb.7-10

„Oh, I have lost my reputation. I have lost the immortal part of myself, and what remains is bestial."
(William Shakespeare, Othello, 2. Akt)

Der Satz von *Wedekind* kennzeichnet die Magie der Image-Kraft. Manager wie Politiker sind deshalb sorgsam darauf bedacht:
(1) ein sympathisches Bild in der Öffentlichkeit abzugeben und zu sichern (Schädlich sind Image-Pannen: z.B. *Shell* mit der Bohrinsel-Affäre *Brent Spa* oder *Benetton* mit einer zwar aufmerksamstarken, aber vom Verbraucher überwiegend als unangenehm empfundenen Werbekampagne),
(2) in der Gesamtschau aller persönlichen und unternehmensbezogenen Aktivitäten mit einem einheitlichen Erscheinungsbild aufzutreten,
(3) welches sie zudem wohltuend und prägnant von Wettbewerbern abhebt
(4) und das voraussichtlich über einen längeren Zeitraum stabil ist.

DIE 15 IMAGE-FÜHRER 2008			
Rang 2006	Rang 2004	Unternehmen	Rufpunkte
1.	1.	Porsche	893
2.	2.	BMW	853
3.	3.	Audi	850
4.	4.	Adidas-Salomon	807
5.	6.	Google	806
6.	17.	Miele	800
7.	7.	Coca-Cola	790
8.	16.	Lufthansa	788
9.	10.	Hugo Boss	784
10.	13.	Nokia	783
11.	24.	Bosch	781
12.	5.	Puma	780
13.	8.	SAP	778
14.	-	Nike	772
15.	-	IKEA	770

(Quelle: MM, 2/2008, S. 56; www.manager-magazin.de)

Abb.7-10 enthält die Aussagen von 2.500 repräsentativ ausgewählten deutschen Führungskräften aus 152 Unternehmen.[840] Unverändert üben Automobilmarken eine hohe Faszination aus. Die wichtigsten **imagebildenden Faktoren** sind: (1) Kundenorientierung, (2) Produkt- und Servicequalität, (3) Managementqualität, (4) Innovati-

---

[840] vgl. Döhle; Werres, (Imageprofile), MM, 2/2008, S. 50-63 - auch mit speziellen Branchenauswertungen. Vgl. auch online: *www.manager-magazin.de/unternehmen/imageprofile/*

onskraft und (5) ethisches Verhalten. Marktorientierte Unternehmensführung bedingt, diese Erfolgsfaktoren permanent zu beobachten und positiv zu beeinlussen.

> ➡ Unter einem **Image** wird das ganzheitliche und gleichzeitig differenzierte Bild verstanden, das eine Person von einem Beurteilungsgegenstand hat.[841]
> ➡ Die **Imagepolitik** umfasst alle Maßnahmen, um bei Interessenten, Kunden und in der Öffentlichkeit ein bestimmtes Bild über eine Unternehmung, eine Person oder über ein Produkt (eine Marke) zu formen oder zu verändern oder um deren Einstellungen in einer bewussten Weise zu beeinflussen (verändern).
> ➡ Das **Problem für die Wirtschaft**: Die Imagepolitik wird leicht vernachlässigt, weil das Image nach deutschem Bilanzrecht keine Berücksichtigung in der Bilanz findet (Thema immaterieller Firmenwert).

In Deutschland misst der ADAC-AutoMarxx (auch PKW-Monitor genannt) das Image von 33 Automarken durch Befragung von 4000 zufällig ausgewählten Autofahrern. Ranking 7/2009: VW vor Opel und Audi.(s. Horizont, 47/2009, S. 22)

Ein Image entspricht einer persönlichen Einstellung des Betrachters zu einem Gegenstand. Die Imagepolitik einer Unternehmung versucht in die "Black Box" des Kunden zu stossen und diese inneren Bilder zu beeinflussen. Die bereits angeführten Punkte (1) Anstreben eines positiven Bildes, (2) eines einheitlichen Erscheinungsbildes und (3) einer Wettbewerbsdifferenzierung umreissen die **Ziele der Imagepolitik**. Grundlage von Images sind die behandelten **inneren Bilder** (Schlüsselbilder).

Die große **Bedeutung der Imagepolitik** für die marktorientierte Unternehmensführung gründet sich auf folgende Sachverhalte:[842]
(1) Images beeinflussen den strategischen Unternehmenserfolg und Marktanteile.
(2) Images sind daher wesentliche Erfolgsfaktoren für den Shareholder Value.
(3) Positive Unternehmensimages ummanteln "liebevoll" die Marken-Images.
(4) Positive Images motivieren auch die eigenen Mitarbeiter stark.
(5) Images sind hochsensibel und können nur bedingt "erzwungen" werden.
(6) Images besitzen wegen eines hohen Zeitbedarfs zum Imageaufbau und bei gleichzeitig großer Gefahr schneller Imageverluste hohe strategische Brisanz.
(7) Alle unternehmerischen Teilbereiche tragen zum Unternehmensimage bei.
(8) Images im Markt, die nicht mit der Unternehmensvision und der Mission in Einklang stehen, sind schädlich! Eine derartige Situation erfordert eine komplette Neuausrichtung der Kommunikationspolitik.

Erfolgreiche, starke Images zeichnen sich durch folgende Qualitäten aus:
(1) **Prägnanz**: Prägnante Images sind durch Klarheit, Richtigkeit und eindeutige Zurechenbarkeit gekennzeichnet. Problematisch sind diffuse Images.
(2) **Konstanz**: Ständig wechselnde Imagebotschaften können sich beim Kunden nicht zu einem positiven Bild verfestigen. Dem Management ist deshalb Kontinuität in der Imagepolitik bzw. Konstanz bei den Botschaften zu empfehlen.
(3) **Differenzierung**: Anzustreben sind Unverwechselbarkeiten gegenüber der Konkurrenz. Ein Image sollte auf Distanz zu Wettbewerbsimages gehen.
(4) **Originalität**: Gute Imagebotschaften sind originell, verblüffen den Empfänger, hinterlassen oft ein Schmunzeln, ohne platt oder anstößig zu wirken. Gute Ideen werden in der Konsumwelt vom Verbraucher honoriert (z.B.: die Alpenbilder von *Lila Pause* oder das Deutschland-Image der *BMW-Werbung*).
(5) **Keine Markenspannungen,** d.h. keine signifikanten Dissonanzen zwischen Markenversprechen und Produkterfahrungen der Käufer.[843]

---

[841] vgl. z.B. die Definitionen bei Trommsdorff, (Konsumentenverhalten), 2004, S. 158 ff.; Andritzky, (Operationalisierbarkeit), 1976, S. 215
[842] vgl. zu einigen Punkten: Huber, (Imageplanung), 1993, S. 76, wobei wir aber wegen der Unerreichbarkeit der inneren Bilder keinesfalls mit Huber übereinstimmen, dass Images vom Management „direkt beeinflussbar" sind.
[843] vgl. Dudenhöffer, (Markenspannung), in: ASW, 3/2003, S. 36-38

(6) **Kongruenz**: Bei starken Images decken sich Selbst- und Fremdbild. Leider sieht einen die Umwelt nicht immer so, wie man das gerne hätte. Hauptziel der Imagepolitik ist folglich eine **möglichst hohe Kongruenz zwischen Selbstimage und dem im Markt gewachsenen Fremdimage**.

Verfügt die Imagepolitik über „eigene" Instrumente? Zunächst gilt:

▷ Alle Aktionen eines Unternehmens, alle Botschaften seiner Mitarbeiter sowie seiner Produkte und Dienstleistungen haben imagebildende Wirkung. So stehen auch alle Marketing- und Vertriebsinstrumente in einer Beziehung zur Imagepolitik. Es macht aber keinen Sinn, „sie alle in die Imagepolitik zu packen".

Es gilt also, bestimmte Aktionsbereiche zu finden, mit denen Images in der Öffentlichkeit positiv beeinflusst werden können. In den letzten Jahren hat sich der Zweig der **Corporate Identity Politik** dazu aufgeschwungen, auf der Grundlage eines kontrollierten äußeren Erscheinungsbildes das Ansehen und die Bilder von Unternehmen und Produkten in der Öffentlichkeit und damit auch bei den Kunden zu prägen.

7.4.2. Corporate Identity (CI)

a.) Beziehung zur Imagepolitik

Die Begriffe Unternehmensimage und Corporate Identity lassen sich nicht scharf voneinander abgrenzen. *Birkigt* und *Stadler* nehmen die Begriffsabgrenzung im Sinne von Eigen- und Fremdbild vor: *„Corporate Identity bezeichnet das Selbstbild des Unternehmens, Corporate Image dagegen sein Fremdbild. Image ist also die Projektion der Identity im sozialen Feld."*[844] Diese Definition stellt eine interne Firmenpersönlichkeit neben ein externes Firmenimage. Wir wollen dem nicht ganz folgen und die Corporate Identity lieber in eine umfassende Imagepolitik einbetten:

▶ Die **Corporate Identity** ist das sichtbare Erscheinungsbild, der sichtbare Marktauftritt einer Unternehmung nach außen und gegenüber den Mitarbeitern. CI ist somit ein **bewusst angestrebtes Erscheinungsbild**.
▶ Das **Image** einer Unternehmung ist das tatsächliche Bild über eine Unternehmung und deren Leistungsprogramm in den Köpfen der Verbraucher (**Fremdbild**).
▶ Die **Coporate Identity Politik** umfasst alle Maßnahmen zur gezielten Gestaltung und hierbei gemeinhin zur bewussten Vereinheitlichung von Firmenbild und Marktauftritt. *"Corporate Identity ist Unternehmenskommunikation mit dem Ziel, die Einstellungen meinungsbildender Gruppen zu einem Unternehmen zu formen oder zu verändern."*[845]
▶ Dabei ist Corporate Identity nicht als eigenständiges Instrument im Rahmen der Kommunikationspolitik zu verstehen sondern als eine Gesamtheit von Gestaltungs- und Ausführungsanweisungen für andere Instrumente.
▶ Die sog. Corporate Identity Politik wird i.d.R. in einem **CI-Handbuch** beschrieben. Über die Einhaltung wacht üblicherweise das Marketing oder eine an die Geschäftsführung berichtende Stabsstelle.
▶ Die Corporate Identity Politik ist der **tragende Kern der Imagepolitik**. Die Imagepolitik geht über die Corporate Identity Politik hinaus. Sie umfasst ergänzend die Fülle von imagebildenden Handlungen und Ereignissen in der Praxis, die oft nicht in die gezielte Steuerung des Erscheinungsbildes

---

[844] Birkigt; Stadler; Funck, (Corporate Identity), 2002, S. 23
[845] Demuth, (Erfolgsfaktor Image), 1994, S. 27. Diese Definition kann aber ebenso gut auf den Bereich Public Relations angewandt werden.

> eingebracht werden (z.B. Auftragsabwicklung, Reklamationswesen) oder nicht eingebracht werden können. Bsp.: Mit Handelspartnern werden gemeinsame imagebildende Maßnahmen abgestimmt. Die Handelspartner wollen sich der Corporate Identity des Lieferanten aber nicht unterordnen. Oder: Eine neue Verpackung soll ein Hochpreis-Image fördern, wird aber nicht im Rahmen der Corporate Identity geplant).

Abb.7-11

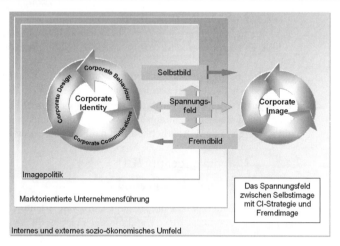

Abb.7-11 veranschaulicht den Zusammenhang zwischen dem Unternehmensimage und der Corporate Identity.[846] Corporate Identity Regelungen sollen also das Unternehmensimage verbessern, **indem beeinflussbare Imagekomponenten vereinheitlicht werden**. Vier unterschiedlich weit gefasste Ansätze für eine gewünschte CI-Standardisierung werden vorgeschlagen:[847]

(1) **Corporate Design**: Der **designorientierte Ansatz** beschränkt sich auf die Vereinheitlichung optischer Erkennungselemente (z.B. *Apple iPOD, iPhone, Porsche Design, Braun-Design, Bang&Olufsen*).
(2) **Corporate Behavior**: Der **führungsorientierte Ansatz** will das Selbstverständnis der Unternehmung mit dem Verhalten der Mitarbeiter in Einklang bringen.
(3) **Corporate Communication**: Der **kommunikationspolitische Ansatz** beschränkt CI auf Maßnahmen von Werbung und PR.
(4) **Corporate Culture**: Die drei Aspekte verschmelzen langfristig zu einer Unternehmenskultur. Diese ist als Resultierende zu verstehen und weniger ein als gestaltbares Instrument der Imagepolitik.

Am einfachsten steuerbar ist das Corporate Design.

b.) Corporate Design

Corporate Design zielt auf Standardisierung visueller Elemente des Auftritts der Unternehmung in der Öffentlichkeit. Das Logo von Unternehmen und Produkten, Produktgestaltungselemente (z.B. der stilisierte blau-weiße *BMW*-Propeller), Gebäudefassaden (z.B. alle Markentankstellen, Einzelhandelsketten), Briefpapier, Visitenkarten, Lastwagenplanen, Verpackungen, kurz: Alle denkbaren Imageträger werden mit den gleichen bzw. aufeinander abgestimmten, sichtbaren Identifikationsmerkmalen ausgestattet. Das Corporate Design legt die **Handschrift des Unternehmens** fest.

---

[846] Herrn Obitayo danke ich für diese Grafik
[847] vgl. in Anlehnung an Meffert, (Marketing-Management), 1994, S. 85-86 sowie die dort angegebene Literatur

Ein Paradebeispiel für ein konsequentes Corporate Design ist die Marke Coca Cola. Das Firmenlogo – der markante, weiße Schriftzug auf rotem Hintergrund – wird weltweit auf Fahrzeugen, Verpackungen, Arbeitskleidung, Briefbögen etc. umgesetzt.

c.) Corporate Behavior

Das Corporate Bevavior wird zunehmen im Rahmen von **Compliance** geregelt.

Corporate Behavior „*bildet die in sich schlüssige und widerspruchsfreie Ausrichtung aller Verhaltensweisen der Unternehmensmitarbeiter im Innen- und Außenverhältnis.*"[848] Wichtig ist, dass Firmeninhaber und Führungskräfte – wie Gallionsfiguren – die Unternehmenswerte vorleben. Der *Mann von Mannesmann* oder *Wolfgang Grupp* von *Trigema* sind hierfür treffende Beispiele. Auch beinhalten Corporate Identity-Handbücher Regeln und Empfehlungen, wie die Mitarbeiter Schriftwechsel und verbale Kommunikation (z.B. die Anrufannahme am Telefon: *Guten Tag, hier ist die Deutsche Telekom, mein Name ist xxx, was kann ich für Sie tun?*) mit Kunden, Lieferanten und der Öffentlichkeit zu führen haben. Die Grenze zur Corporate Communication ist hier fließend.

Fußballstars z.B. verletzen die Grundregeln des Corporate Behavior, wenn sie sich in Funk und Fernsehen in einer Weise zu vereinsinternen Vorgängen äußern, die im Widerspruch zu den Botschaften von Präsidium und Trainer stehen (Lahm, 2009).

d.) Corporate Communication

Corporate Communication umfasst Standardisierungsregeln, nach denen sämtliche Kommunikationsbotschaften in der Öffentlichkeitsarbeit, in der Werbung, im Messewesen, in der Verkaufsförderung, beim Sponsoring etc. auf die gewünschte Unternehmens- oder Produktidentitäten hin abzustimmen sind. Auch die Botschaften im Schriftverkehr und auf Anrufbeantwortern etc. werden vereinheitlicht.

e.) Corporate Culture

Bei einer **CI aus einem Guss** fügen sich alle Elemente zu einer "fühlbaren" **Firmenkultur** zusammen. Eine Unternehmenskultur lässt sich nicht herbeireden. In einer Firma mit ausgeprägter Kultur werden sich nur Mitarbeiter dauerhaft wohlfühlen, die sich nach eigenem Selbstverständnis mit der Firmenkultur identifizieren. So wird zur Corporate Culture von *Daimler-Benz* gesagt:

„*Wer etwas ist oder sein möchte bei Daimler-Benz, der achtet auf die Kleiderordnung; man trägt blau im Schwabenkonzern, hell am Fließband, dunkel auf der Führungsebene.*"[849]

Alle Einstellungen, Normen und das Selbstverständnis der Unternehmung gegenüber ihrer Umwelt sind berührt. Auch der Begriff **Corporate Philosophy** versucht das Phänomen konturierter Imageprofile von Unternehmen zu erfassen.

7.4.3. Imagepositionierung und Imagestrategie

Die Imagepolitik sollte über die operativ gefassten CI-Regelungen und CI-Handbücher hinausgehen. Sie ist als ein umfassender Prozess zur Analyse und Festlegung von Ist- und Soll-Images (Image-Positionierung), zur Auswahl und zum Einsatz imagebildender Instrumente sowie zur Imagekontrolle auszugestalten.[850]

---

[848] Meffert, (Marketing), 2000, S. 708
[849] o.V., (Windsor-Syndrom), in: MM, 3/1998, S. 14
[850] vgl. Hätty, (Markentransfer), 1989, S. 93

Abb.7-12 Ein interessantes Modell liefert die *GfK* im Rahmen des *Brand & Communication Research*. Als wichtigste Imagefaktoren sind **Sympathie** und **Kompetenz** identifiziert. Unternehmen lassen sich nach diesen Faktoren in einem **Reputationsportfolio** mappen.[851] Abb.7-12 liefert eine Auswertung. Ein Zwei-Faktoren-Portfolio ist jedoch zu grob, um differenzierte Imagekampagnen zu fahren. Deshalb durchleuchten höher qualifizierte Imageanalysen die semantischen Potenziale der Unternehmensbilder.

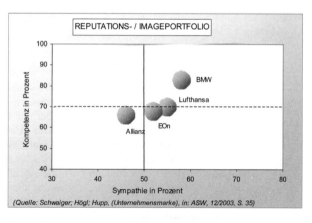

(Quelle: Schwaiger; Högl; Hupp, (Unternehmensmarke), in: ASW, 12/2003, S. 35)

Abb.7-13 zeigt hierzu das *Brand Personality Gameboard* der *GfK* Marktforschung.[852] Die *GfK Marktforschung* und *McKinsey* haben sich zusammengetan und auf dem Ansatz zur Messung von Markenpersönlichkeiten von *Aaker* (1977) ein eigenes Verfahren kreiert. Nach dem im 3. Kapitel beschriebenen Verfahren der multidimensionalen Skalierung werden Marken bzw. Unternehmen in einem Spannungsfeld von 13 Persönlichkeitsmerkmalen in Beziehungen zueinander gesetzt. *Kraft* versus *Geist* und *Vernunft* versus *Lust* sind die gegensätzlichen Pole.

Abb.7-13

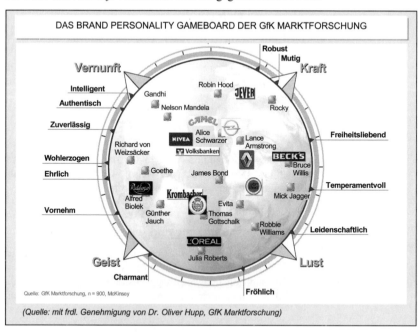

(Quelle: mit frdl. Genehmigung von Dr. Oliver Hupp, GfK Marktforschung)

---

[851] vgl. Schwaiger; Högl; Hupp, (Unternehmensmarke), in: ASW, 12/2003, S. 35
[852] vgl. Hölscher; Hupp, (Persönlichkeiten), in: ASW, Sonderausgabe Marken, 3/2003, S. 122; ferner Manuskript von Dr. Hupp: (Markenpersönlichkeit). Vgl. zur Imagepositionierung alternativ auch den CAPO-Ansatz: Krüger; Buri, (CAPO), in: ASW, Sonderausgabe Marken, 3/2002, S. 92-95

Der Abstand zwischen den Imagepositionen spiegelt den Grad der Ähnlichkeit wider. Die Biermarke *Beck's* (Sail away) ist prägnant in Richtung Freiheitsliebe aufgestellt. *Bruce Willis* entspricht dieser Persönlichkeitsposition. *L'Oreal* repräsentiert französischen Charme. Einem internationalen Image wird am ehesten *Julia Roberts* gerecht.

Die sich aus der **Imagepositionierung** ergebenden Fragen lauten:
- in welchem Imagefeld kaufrelevanter Eigenschaften eine Unternehmung, eine Marke oder eine Person aufgestellt ist,
- ob das Image dort auf ein ausreichend großes Kundensegment trifft,
- welche Positionierungen die relevanten Wettbewerber einnehmen,
- ob eine Position glaubwürdig ist.

Lassen sich diese Fragen eindeutig und positiv beantworten, dann kann nach *Hupp* von einer **Idealpositionierung** gesprochen werden. Das *GfK*-Gameboard bestätigt erneut die große Bedeutung der emotionalen Ladung einer Imagepositionierung. Wer mit den falschen Personen oder Begriffen wirbt, hat keine Chance. Ein konsistenter Imageaufbau ist Grundstein für den für den Markterfolg wichtigen Vertrauensaufbau. *Krombacher* gilt als Positivbeispiel: Seit dem Kampagnenstart mit *Günther Jauch* stieg der Umsatz um 3 Prozent.[853]

7.5. Öffentlichkeitsarbeit (Public Relations)

7.5.1. Begriff - Bedeutung - Aufgaben

"Tue Gutes und lass darüber reden."
(Oeckel)

> ➡ **Public Relations** (PR) umfasst alle Maßnahmen, um (1) die Öffentlichkeit über Vorgänge der Unternehmung zu informieren, (2) ein positives Bild im Unternehmensumfeld zu prägen und (3) um dadurch Vertrauen bei den sog. Stakeholdern und in der Öffentlichkeit aufzubauen.
> ➡ Eine besonders erfolgreiche PR bewirkt, dass Medien und Öffentlichkeit freiwillig positiv über die eigene Unternehmung oder Institution berichten.

Die 3 Top-Positionen im **GfK-Vertrauensindex 2009** halten inne: Feuerwehr, Post und Lehrer. Am Ende des 20er Rankings liegen: Topmanager, Werbeleute und Politiker (vgl. *GfK* Customer Research, zit. in ASW, 7/2009, S. 8).

Gegenüber der Werbung gibt es zwei wesentliche Abgrenzungen:
(1) Werbung zielt auf Kaufpräferenzen und letztlich auf Marktanteile von bestimmten Produkten oder Geschäftsfeldern ab. PR will dagegen mit Hilfe vertrauensbildender Maßnahmen ein positives Image für die Gesamtorganisation (sachlicher Unterschied) erreichen.
(2) Werbung kauft Medien und ist in vollem Umfang für den Inhalt der Werbebotschaften selbst verantwortlich. PR muss die Medien (Öffentlichkeit) durch Wichtigkeit und Inhalt der Themen und Aussagen überzeugen, um dann (im Idealfall ohne Nachdruck) in der Berichterstattung berücksichtigt zu werden. Das gilt natürlich nicht für eigene PR-Medien, wie z.B. eine Hausmesse oder eine Firmenzeitschrift.

Der Begriff Public Relations (PR) hat eine lange Tradition; länger als das Marketing. Der Begriff passt deshalb gut in die übergeordnete Hemisphäre der marktorientierten Unternehmensführung. Der PR-Begriff wurde in der heutigen Bedeutung erstmals 1897 in einem amerikanischen *Yearbook of Railway Literature* erwähnt.[854] Als Vater der modernen Public Relations gilt *Ivy Lee* (1877 – 1934) mit den Erfahrungen, die er als Berater und Verteidiger der Familie *Rockefeller* sammeln konnte. Er brachte PR in seiner *Declaration of Principles* wie folgt auf den Punkt:

---

[853] vgl. Manuskript zum *Brand Personlity Gameboard* von Dr. Hupp, GfK, 2002, S. 8
[854] Vgl. Kalt, (Öffentlichkeitsarbeit und Werbung), 1994, S. 17. Zuvor: Dorman Eaton, 1982

„Unser Plan ist kurz und offen, die Presse und die Bevölkerung schnell und genau über die Tatsachen zu unterrichten, die für sie von Wert und Interesse sind."

Die PR-Agenturen: Ca. 25 PR-Marktführer mit über 50 Mitarbeitern, ca. 100 mittlere Agenturen mit 20 – 50 MA, 350 kleine Agenturen mit 5 – 20 MA, 1.000 PR-Büros mit bis zu 5 MA und ca. 2.000 Einzelberater.

Die größten PR-Agenturen 2008: *PLEON, Media Consulta, Fischer-Appelt, Hering Schuppener, Scholz& Friends, A&B, Oliver Schrott, Hill & Knowlton, Jeschenko* (Quelle: Gerhard A. Pfeffer, PR Journal; Horizont, 15/2009, S. 24).

Carl Hundhausen übertrug den PR-Begriff 1937/38 nach Deutschland; u.a. durch seinen Beitrag *Public Relations* in der ZfB. 1950 übersetzte der damalige PR-Chef der *BASF*, *Albert Oeckl*, Public Relations mit Öffentlichkeitsarbeit.[855] Seither werden die Begriffe synonym verwendet. Der Umsatz der registrierten ca. 3.500 PR-Agenturen in Deutschland liegt wohl in einer Spannweite zwischen. 3,8 bis 5 Mrd. Euro.[856] Mehr als 50.000 Menschen arbeiten hauptberuflich in der PR-Branche.

7.5.2. Aufgabenbereiche

Sechs wichtige **Aufgabenbereiche** fallen in das PR-Ressort:

(1) **Informationsaufgaben**: Im Rahmen der Informationsaufgaben sind relevante Zielgruppen und die Öffentlichkeit über die Unternehmenssituation, Ereignisse und umfeldrelevante Meinungen des Managements zu informieren. Wie man es nicht machen sollte, zeigte vor einigen Jahren der Streit um die Versenkung der Ölverlade- und Lagereinrichtung *Brent Spa* der *Shell AG*. *Shell* verwies auf rechtliche Positionen und auf Fakten. *Greenpeace* agierte auf der emotionalen Ebene. *Shell* beging den Fehler, sich nicht mit *Greenpeace* zusammenzuschließen. Auf der anderen Seite bewies das "Elch-Debakel" der A-Klasse von *Daimler-Benz*, wie man durch eine abgestimmte Vorgehensweise von PR und Werbung eine Niederlage in einen Sieg verwandeln kann.

(2) **Investors-Relations**: PR hat speziell die Kapitaleigner und Aktionäre wie auch alle anderen Stakeholder über wertbeeinflussende Vorgänge im Unternehmen zu informieren.

(3) **Imagebildende Aufgaben**: Um über die Informationgebung hinaus in der Öffentlichkeit ein positives und stabiles Bild von der Unternehmung zu prägen,
- sind gute Kontakte zu den Medien zu pflegen,
- ist die Öffentlichkeit durch Geschäftsberichte, Pressekonferenzen u.a. regelmäßig mit Informationen zu versorgen,
- ist das Unternehmen für die Öffentlichkeit zu öffnen (Werksbesichtigungen, Kontakte mit Hochschulen, Tag der offenen Tür etc.),
- sind öffentliche Anliegen finanziell zu unterstützen (Sponsoring).

(4) **Dialog-/Kommunikationsaufgaben**: PR sollte alle Gelegenheiten nutzen, um einen nutzenbringenden Dialog (Interaktionen) zwischen dem Unternehmen mit den relevanten Zielgruppen zu erreichen und zu pflegen.

(5) **Motivations-** und **Bindungsaufgaben**: PR kann auf diese Weise bewirken, dass Mitarbeiter, Kunden oder Lieferanten „stolz" auf ihre Unternehmung bzw. ihren Geschäftspartner sind und sich loyal (freiwillig) an die Unternehmung binden.

(6) **Lobbying**: Eine gute PR kann der Unternehmung weltweit Türen öffnen und helfen, Verbündete zu gewinnen. PR ist ein unverzichtbarer Katalysator für die Meinungsbildung auf politischer Ebene.

In diesem Sinne hat PR die öffentliche Meinung zu analysieren und vorauszusagen und *„die Unternehmung auf allen Ebenen der Organisation im Hinblick auf Grundsatzentscheidungen, Aktivitäten und Kommunikation, unter Berücksichtigung aller öffentlichen Aspekte und der gesellschaftlichen und staatsbürgerlichen Verantwortung der eigenen Organisation"*[857] zu beraten.

---

[855] vgl. Haedrich, (Öffentlichkeitsarbeit), 1982, S. 5
[856] vgl. zum PR-Markt in Deutschland: *www.neues-prportal.de*; *www.pr-journal.de*
[857] Kalt, (Öffentlichkeitsarbeit und Werbung), 1994, S. 45

Wenn sich die Medienwirtschaft gut informiert fühlt, dann wird sie von sich aus positive Meldungen über die Unternehmung verbreiten. Das ist dann die beste PR und gleichzeitig die kostengünstigste Werbung!

7.5.3. Gestaltung der Öffentlichkeitsarbeit

Folgende **Themeninhalte** bieten sich für Unternehmensveröffentlichungen an:
(1) Veränderungen im Management und bei den Kapitalverhältnissen,
(2) Informationen über Geschäftsbericht, Bilanzergebnis, Unternehmensleitlinien,
(3) Mitteilungen über Strategieänderungen oder neue, innovative Produkte,
(4) Informationen über wesentliche geschäftliche Veränderungen, wie Erweiterungen, Aufstockung von Mitarbeitern, Auslandsengagements, Umzug oder Umbau,
(5) Informationen über Mitarbeiter, Auszubildende, Jubiläen, neue Mitarbeiter,
(6) Öko-Engagement und andere sozialpolitische Engagements,
(7) Spenden-Aktionen und Sponsoring-Maßnahmen,
(8) Beteiligung an Messen und Ausstellungen und Events,
(9) erhaltene Auszeichnungen, wie ISO-Zertifizierung, Gütesiegel, Quality- oder Design-Awards,
(10) Empfänge für Politiker, Verbandsführer und Meinungsführer im Haus.

Abb.7-14

Abb.7-14 enthält 15 Empfehlungen von *Oeckl* zur Planung einer erfolgreichen Öffentlichkeitsarbeit. **PR ist eine dauerhafte Aufgabe** der marktorientierten Unternehmensführung. PR-Arbeit ist dabei höchst sensibel. Ein über Jahre aufgebautes Firmenimage kann über Nacht, z.B. durch eine Umweltaffäre, zerstört werden. Deshalb liegt die Verantwortung für die Öffentlichkeitsarbeit auch in den Händen der Unternehmensleitung oder zumindest in denen einer starken Marketingabteilung.[858]

EMPFEHLUNGEN FÜR DIE ÖFFENTLICHKEITSARBEIT
➡ Agieren, nicht Reagieren bei der Veröffentlichung von Firmennachrichten
➡ Kein Täuschen, Vernebeln oder Verschweigen
➡ Sichern der Glaubwürdigkeit
➡ PR muss kontinuierlich betrieben werden
➡ Pläne, Leistungen, Ergebnisse sind transparent darzustellen
➡ Keine anonymen Aussagen – keine Schleichwerbung
➡ Wahrheit, Klarheit und Einheit von Wort und Tat
➡ PR muss sich auf Tatsachen gründen
➡ PR ist eine Dienstleistungsaufgabe; kein Selbstzweck
➡ Die Beratungsfunktion von PR ist ernst zu nehmen
➡ PR muss Zielgruppen motivieren können
➡ PR muss "mit einer Zunge" reden
➡ PR muss beide Seiten zufriedenstellen: Auftraggeber und Öffentlichkeit
➡ PR erstreckt sich auf das ganze öffentliche Leben
➡ PR ist Dialog – keine Kommunikationseinbahnstraße

7.6. Spezialinstrument: Sponsoring

➡ **Sponsoring** ist unternehmerisches Mäzenatentum. Um in der Öffentlichkeit zum Vorteil eines Geförderten ein positives Image zu bekommen, stellt ein Sponsor dem Geförderten Geld- oder Sachmittel zur Verfügung.

In den vergangenen Jahren wurden vor allem nichtkommerzielle Einrichtungen d.h. Organsationen aus Sport, Kunst und Kultur gefördert. Derzeit ist ein Trend zum

---
[858] Nach einer empirischen Untersuchung ist PR bei 61% der Unternehmen organisatorisch der Geschäftsführung und bei 30% der Unternehmen dem Marketing zugeordnet: vgl. Haedrich, (Öffentlichkeitsarbeit), 1982, S. 33

Abb.7-15

Sponsoring von Medien, speziell von TV-Sendungen, augenfällig. Das **Sponsoring-Volumen** in Deutschland wurde 2009 auf ca. 4,2 Mrd. Euro geschätzt.[859] Abb.7-15 zeigt eine Rangliste der zehn größten Sportsponsoren nach dem Bekanntheitsgrad ihrer Förderungsmaßnahmen. **Drei Besonderheiten** des Sponsorings sind hervorzuheben:

DIE TOP-SPORT-SPONSOREN IN DEUTSCHLAND 2007
1. Sparkassen (60 Mio.€)
2. Telekom (55 Mio. €)
3. Adidas (50 Mio. €)
4. Mercedes (48,7 Mio.€)
5. Audi (42,7 Mio. €)
6. Bayer (29,3 Mio. €)
7. Nike (25 Mio. €)
8. VW (19,3 Mio. €)
9. VR-Banken (14 Mio. €)
10. Coca-Cola (13,7 Mio €)

(1) Sponsoring ist ein „Image-Deal„ und kein „Verkaufs-Deal". Eine Förderung ist nicht mit einer ökonomischen Gegenleistung verbunden, vor allem nicht mit Kaufverpflichtungen seitens des Geförderten. Vielmehr stellt der Geförderte den Namen, Logo und Leistungen des Sponsors positiv heraus, um dadurch dessen Imagebildung in der Öffentlichkeit zu unterstützen.

(2) Beim Sponsoring geht aber auch um Verkaufsförderung, wenn das Konzept den Förderer in Kontakt mit bestimmten Zielgruppen bringt, die für bestimmte Werte einstehen. Beispielsweise bekommt der Förderer einer *Greenpeace*-Veranstaltung Zugang zu umweltsensiblen Zielgruppen. Geschäftschancen ergeben sich dann indirekt.

(3) Im Gegensatz zum später zu behandelnden Event-Marketing bleibt der Sponsor Außenstehenden gegenüber in einer passiven Rolle. Ein guter Sponsor hält sich zurück und zeigt auch keine Produkte. Einflussnahmen auf das Konzept erfolgen im Vorfeld und beziehen sich z.B. auf das Motto der Veranstaltung oder auf Ort, Zeit, Wahrung bestimmter CI-Wünsche und Einsatz bestimmter Werbemittel (z.B. Trikotwerbung, Aufkleber, Fahnen, Bandenwerbung).

Abb.7-16

Fußball WM 2006: 15 internationale und 6 deutsche Sponsorengruppen investierten 700 Mio. Euro in das Sport-Sponsoring. Die meisten Sponsoren hatten schlechte Wiedererkennungsraten. (Quelle: ASW, 7/2006, S. 40).

Die Akteure im Sponsoringbereich sind im *Fachverband für Sponsoring & Sonderwerbeformen e.V.* (*FASPO*; mittlerweile auch Mitglied im *ZAW*) zusammengeschlossen. Abb.7-16 verdeutlicht die Aufteilung der Sponsorengelder auf die vier dominierenden Förderbereiche. Ca. 60% fließen in die Sportförderung. Von zunehmender Bedeutung ist das Medien-Sponsoring – mit der Folge einer zunehmenden Kommerzialisierung des Fernsehens. Immer wichtiger wird auch das Public-Sponsoring. Über 50 Prozent der deutschen Unternehmen betätigen sich bereits als **Corporate Citizen**, wobei auch hier *„zwischen Spendenwesen und kommerziellem Sponsoring noch eine erhebliche Grauzone herrscht."*[860]

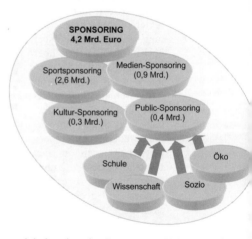

Zwei Umstände erschweren die **Erfolgskontrolle** für das Sponsoring:
(1) Die Sponsoring-Beiträge enthalten i.d.R. keine Produktbotschaften (keine Werbung), für die Werbewirkungen gemessen werden können.
(2) Der Sponsor bleibt offiziell im Hintergrund. Die Aufmerksamkeit der Zielgruppe gilt in erster Linie dem geförderten Event.

---

[859] vgl. Fachverband Sponsoring: *www.faspo.de*; ferner ZAW, (Werbung), 2009, S. 405
[860] zaw, (Werbung), 2005, S. 358

Die eingeschränkte Erfolgskontrolle ist zu aktzeptieren. Denn in Bezug auf die Ethik sollte es den Sponsoren vorrangig um die Förderung ideeller Werte gehen. Sie fördern regionale Vereine und Aktivitäten und engagieren sich dort, wo auch ihre persönlichen Neigungen und Interessen liegen. Ginge es nur um Umsatz, Ergebnis und Marktanteil, dann gibt es wirkungsvollere Kommunikationsinstrumente.

7.7. Unpersönliche Medienwerbung (Klassikwerbung)

7.7.1. Begriff - Bedeutung - Aufgaben

Abb.7-17

Die klassische Medienwerbung spricht Konsumenten nicht persönlich an. Die Werbeaufwendungen für die „Massenwerbung" sind mittlerweile hinter das Direktmarketing zurückgefallen. Im Mittelpunkt stehen die **Printmedien** (Zeitungen, Publikumszeitschriften, Fachzeitschriften, Anzeigenblätter, Adressbücher etc.), die **FFFC-Medien** (öffentlich-rechtliches und privates Fernsehen, Film und Hörfunk, Kino und mit starkem Aufwind die Computer-Online-Medien im Internet) sowie das weite Spektrum der **Außen- und Innenwerbung** durch Plakate und Aufschriften. Dabei bewirbt die klassische Medienwerbung vor allem Markenprodukte. Markensicherung ohne permanente Medienwerbung ist schlichtweg nicht möglich. Abb.7-17 liefert Ergebnisse einer Analyse der Markentreue von Konsumenten.[861] Die hohen Wiederkaufraten sprechen für die hohen Werbeausgaben der Wirtschaft.

MARKENTREUE BEI MARKENARTIKELN

Von den Konsumenten kaufen immer die gleiche Marke:
↳ 87% Zigaretten
↳ 75% Waschmittel
↳ 71% Bier
↳ 71% Röstkaffee
↳ 70% Zahncreme

Achtung: Die Potenzialschätzung des *ZAW* weicht erheblich von der Klassikmedien-Schätzung der *Deutschen Post* ab (30,3 Mrd. Euro 2008).

Die Netto-Werbeeinnahmen erfassbarer Werbeträger 2008 wurden vom *Zentralverband der Werbewirtschaft e.V.* (ZAW) auf 20,4 Mrd. Euro beziffert.[862] Nach Jahren leichten Wachstums war im Vergleich zu 2007 ein Rückgang um 2,2 Prozent zu verzeichnen. Abb.7-18 zeigt die Verteilung der Werbeausgaben 2008 auf die einzelnen Mediengruppen. Mit 4,37 Mrd. Euro führt unverändert dominierend die Werbung in den Tageszeitungen. Hinzu kommen 1,69 Mrd. Euro in Publikumszeitschriften, 1,03 Mrd. Euro in Fachzeitschriften und 0,27 Mrd. Euro in Wochen- und Sonntagszeitschriften. Werbespots für rund 4,04 Mrd. Euro rieselten auf das Fernsehpublikum nieder. Über 300.000 Beschäftige arbeiten in der Werbung.

Abb.7-18

Prognose weltweite Werbeausgaben in 2011: 183 Mrd. USD TV, 140 Mrd. USD Print, 69 Mrd. USD Internet (*Zenith Optimedia*).

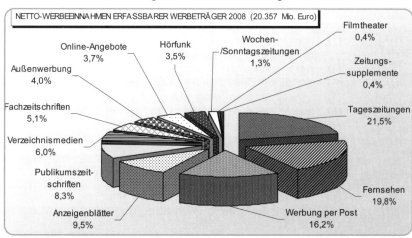

[861] vgl. o.V., (Markenbildung), in: PM-Beratungsbrief v. 16.6.1997, S. 4

Die **unpersönliche Medienwerbung** erhält ihre gesamtwirtschaftliche Bedeutung durch das in Abb.1-48 im 1. Kapitel dargestellte Marktspiel der Konsumgütermärkte. Die Hersteller schaffen am Handel vorbei beim Konsumenten Erinnerungswerte (Markenwerte) und Kaufpräferenzen, die diesen veranlassen, die beworbenen Güter am Regal zu bevorzugen (**Pull-Effekt**). Aber auch im Industriegeschäft ist die anonyme Massenansprache von Kunden und Öffentlichkeit mittlerweile etabliert. Man schaue nur in Fach- und Wirtschaftszeitschriften. Ebenso unverzichtbar ist Werbung heute für den Dienstleistungssektor, für Verbände, Politiker, Parteien etc.

Für alle Werbeträger liegen die **Zielsetzungen der Massenwerbung** darin,
(1) die Umworbenen über die Existenz eines Angebotes zu informieren,
(2) Leistungsvorteile gegenüber vergleichbaren Angeboten herauszustellen,
(3) Bedürfnisse und Gefühle des Wohlbefindens zu wecken,
(4) dadurch Kaufanreize zu stimulieren
(5) und Vorteile / Belohnungen durch eine Kaufentscheidung herauszustellen.

Für die klassische Medienwerbung gelten allerdings gravierende **Begrenzungen:**
(1) Dem Interessenten oder Kunden kann die Botschaft lediglich angeboten werden.
(2) Der Beworbene wird nicht persönlich (namentlich) angesprochen. Es fehlen die persönlichen Beziehungselemente der Kommunikation.
(3) Der Werbetreibende kann nur mit zusätzlichem Aufwand überprüfen, (a) ob und in welchem Umfang die Botschaft die gewünschte Zielgruppe erreicht, (b) wie der Beworbene die Botschaft versteht und empfindet (wertet) und (c) wie er sich schlussendlich bei der Kaufwahl entscheidet.

Diese Beschränkungen lenken den Blick auf das Direktmarketing, das im folgenden Abschnitt beschrieben wird. In beiden Bereichen, der Mediawerbung wie auch der Direktwerbung, werden Planung und Umsetzung einer Werbekampagne üblicherweise in die Hände kompetenter Dienstleister gelegt.

7.7.2. Mediakonzeption und Mediaplanung

a.) Ablauf einer Werbekampagne

Werbekampagnen: 2003 gab es insgesamt 4.933 Kampagnen, davon 30 mit Budgets von 25-30 Mio. Euro und 12 Kampagnen mit Budgets über 50 Mio. Euro.

Eine Werbekampagne beruht auf einer Mediakonzeption und daraus folgend der Werbeplanung. Abb.7-19 veranschaulicht die Schritte, nach denen eine Werbeplanung typischerweise abläuft:

(1) Welche Werbeobjekte (Angebotsleistungen) sollen
(2) bei welchen Werbe-Zielgruppen,
(3) mit welchen Marketingzielen (Marktzielen) beworben werden?
(4) Welches Budget ist für die Kampagne notwendig bzw. steht zur Verfügung?
(5) Welche Aufgaben sollen in der eigenen Werbeabteilung erledigt werden bzw.
(6) welche Agenturen und sonstigen Dienstleister sollen eingeschaltet werden?
(7) Welche Kampagnen sollen geplant werden?
(8) Welche Werbemittel (z.B. Anzeige, Fernseh-Spot, Plakat)
(9) sollen in welcher Form kreativ umgesetzt (Copy Strategy) und auf
(10) welchen Werbeträgern / Medien (Werbeträgerauswahl, Mediaselektion) an die Werbe-Zielgruppen herangetragen werden?
(11) Wie sieht das Werbe-Timing (Anzahl Schaltungen, Schaltpläne) aus?
(12) Wie soll der Erfolg der Werbekampagne überprüft werden?

---

[862] Quelle: Zentralverband der Dtsch. Werbewirtschaft, (Werbung), 2008, S. 17; www.zaw.de

Abb.7-19

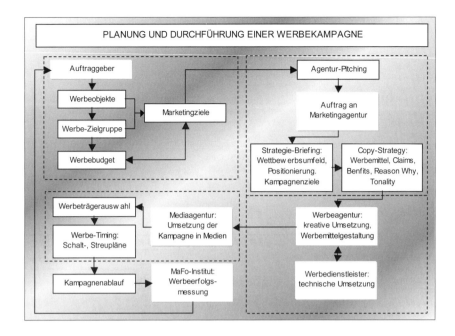

b.) Die Aufgaben der Agenturen

Die drei Mitarbeiterfunktionen in Agenturen: Contacter, Strategen und Kreative.

Nur in Sonderfällen erfolgt Werbearbeit vollständig inhouse. Werbewirtschaft ist Agenturgeschäft. Nach dem Prinzip der Arbeitsteilung (s. Abb.7-20) übernehmen **Marketingagenturen,** auch **Kommunikationsagenturen** genannt, die Werbestrategie (**Copy-Strategie**). Die **kreative Umsetzung** der sog. Copy-Strategy (z.B. Umsetzung eines Scribbles in ein Plakat) betreiben **Werbe-** bzw. **Kreativagenturen**. Diese sind oft Teil der Marketingagenturen. Ca. 3.500 Agenturen bieten in Deutschland Konzeptberatung, die Vermittlung von Unterleistungen und eventuell die Durchführung der Kampagnen an - auch als Full-Service-Agenturen. Die 200 größten Agenturen erwirtschaften einen Umsatz von knapp 2,5 Mrd. Euro. Ca. 17.000 Mitarbeiter sind in der Werbewirtschaft tätig.

Abb.7-20

„Werbung ist keine Spielwiese für Künstler. Werbung ist das Metier der Verkäufer. Denn nur im Verkaufen liegt der Sinn der Werbung, und nur hier in findet Werbung ihre Existenzberechtigung." (Quelle: Imageflyer W&P, Straubing)

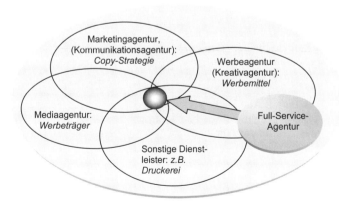

Abb.7-21

Abb.7-22

GROSS-INCOME-ANGABEN TOP 10 DER INHABERGEFÜHRTEN KOMMUNIKATIONSAGENTUREN 2008	
① Scholz&Friends	⇨ 131,3 Mio. Euro
② Serviceplan	⇨ 125,5 Mio. Euro
③ Jung von Matt	⇨ 56,6 Mio. Euro
④ Schaffhausen	⇨ 27,0 Mio. Euro
⑤ Fischer Appelt	⇨ 26,8 Mio. Euro
⑥ Dialogfeld	⇨ 24,1 Mio. Euro
⑦ Flad & Flad	⇨ 21,3 Mio. Euro
⑧ Zum gold. Hirschen	⇨ 18,2 Mio. Euro
⑨ G.V.K.	⇨ 17,4 Mio. Euro
⑩ Kolle Rebbe	⇨ 15,2 Mio. Euro
(Arbeitsgemeinschaft Rankingliste; vgl. Horizont 11/2009, S. 18)	

ETAT-VOLUMEN DER 10 GRÖSSTEN MEDIAAGENTUREN 2008	
① Mediacom	⇨ 3,3 Mrd. Euro
② OMD	⇨ 2,4 Mrd. Euro
③ Carat	⇨ 2,1 Mrd. Euro
④ Mediaedge CIA	⇨ 1,4 Mrd. Euro
⑤ Mindshare	⇨ 1,3 Mrd. Euro
⑥ Mediaplus	⇨ 1,0 Mrd. Euro
⑦ Zenithmedia	⇨ 0,8 Mrd. Euro
⑧ Optimedia	⇨ 0,6 Mrd. Euro
⑨ Vizeum	⇨ 0,6 Mrd. Euro
⑩ Universal McCann	⇨ 0,6 Mrd. Euro
Top 10 = ca. 76 % des Gesamtmarktes	
(Quelle: Horizont 33/2009, S. 20)	

Aufgrund des *Sarbanes Oxley Acts* veröffentlichen viele internationale Netzwerkagenturen seit 2002 keine Umsatzzahlen mehr.

Abb.7-23

Das *Manager-Magazin* spricht im Web von „*Meisterverführern*" und „*Reklameschmieden*".

DER MANAGER-MAGAZIN-KREATIV-INDEX 2009		
Agentur	Punkte	Wichtigste Klienten bzw. Kampagnen
1.) Jung von Matt	1621	⇨ Mercedes-Benz, IKEA, Bosch
2.) Scholz&Friends	1241	⇨ Saturn, FAZ, Vodafone
3.) DBB	951	⇨ VW, Reebok, Henkel
4.) Serviceplan	688	⇨ AOK, BMW, Veltins
5.) Heimat	599	⇨ Hornbach, Audi, Ferrero
6.) Kemper Trautmann	536	⇨ Media Markt, Schwarzkopf
7.) Kolle Rebbe	520	⇨ Bionade, Nike, Otto
8.) Ogilvy&Mather	520	⇨ IKEA, Dove, SAP
9.) TBWA	365	⇨ Adidas, Apple, Nivea
10.) BBDO	416	⇨ Daimler, Postbank, Wrigley
(Quelle: www.manager-magazin.de/it/kreativindex; siehe auch MM, 12/2009, S. 85)		

Abb.7-24

Abb.7-21 liefert die Rangfolge der größten inhabergeführten deutschen Kommunikations- bzw. Marketingagenturen.

Nach den Platzierungen deutscher Werbeagenturen bei den 15 wichtigsten Kreativwettbewerben (führend: Internationales Werbefestival *Cannes*) ermittelt das *Manager-Magazin* jährlich einen *Manager-Magazin-Kreativ-Index*. Abb.7-23 zeigt das Agenturranking bis Platz 10 für das Jahr 2009.

Für die Zusammenarbeit zwischen Auftraggeber, Werbe- und Medienagen-

BEGRIFFE IM AGENTURGESCHÄFT	
Art Director	⇨ verantwortlich für die kreative Arbeit
Berater	⇨ verantwortlich für die Konzeptionen für die Klienten
Billings	⇨ Umsätze der Werbeagenturen
Booklet	⇨ kleines Handbuch zur Dokumentation der Strategie
Copy	⇨ Anzeigentext (s.u. den speziellen Gliederungspunkt)
Copy Strategy	⇨ Briefing der Agentur mit den Eckpunkten der Kampagne
Etat Director	⇨ verantwortlich für die Kundenetats (Budgets)
Flyer	⇨ kleines Faltblatt; meist zur Imagedarstellung
Kampagne	⇨ Werbe"feldzug"
Key Idea	⇨ zündende Kernidee
Key Visual	⇨ bildliches Leitmotiv einer Anzeige / eines Spots
Layout	⇨ Gestaltung und grafischer Aufbau von Seiten
Pappen	⇨ praktische Hilfsmittel für Kundenpräsentationen
Pitch, Pitching	⇨ Präsentation im Wettbewerb mit anderen Agenturen
Scribble	⇨ Skizze eines Kreativentwurfs, meist auf Pappen
Spendings	⇨ Werbeausgaben des Klienten
Spot	⇨ Einzelelement der TV- oder Rundfunkwerbung
Storyboard	⇨ Drehbuch eines Werbe-Spots
Take	⇨ die einzelne Foto- oder TV-Aufnahme

tur gelten branchenspezifische Spielregeln[863] und ein spezielles Vokabular. Abb. 7-24 bietet hierzu ein Glossar.

Die Ergebnisse der kreativen Arbeit, also die Anzeigen, Spots etc., werden auf bezahlten **Werbeträgern** (den **Werbemedien**) platziert und auf einer Zeitschiene „geschaltet". Auf die Verteilung der Werbebudgets durch Platzierung von Anzeigen und Spots in den Medien (Mediaselektion, Werbestreuplanung) haben sich die **Mediaagenturen** spezialisiert. Diese drehen mit ca. 21 Mrd. Euro Medienetats in Deutschland im Jahr 2008 - allein 3,3 Mrd. Euro davon beim Branchenführer *Mediacom* (vor *OMD* und *Carat*) - ein beeindruckendes Umsatzrad. Abb. 7-22 bietet eine Agenturauflistung. Ergänzend werden im Rahmen der Mediaplanung zahlreiche Spezialdienstleister, auch mit medientechnischen Aufgaben, tätig.

7.7.3. Werbemittelauswahl (Werbeinstrumente)

a.) Übersicht über die Werbemittel

Tägliche Werbeimpulse 2004 lt. ZAW: 8375 TV-Spots, 5611 Radiospots, 1693 Anzeigen. Zum Vergleich 1984: 384, 1034, 3598.

Grundsätzlich sind also **Werbemittel** (die **kreative Dimension**: z.B. Anzeige) und **Werbeträger** (die **kaufmännische Dimension**: z.B. *Welt am Sonntag*) zu unterscheiden.[864] Werbemittel drücken die Werbebotschaft in einer **visuellen** (Foto, Film, Zeichnung), **akustischen** (Musik, Sprache, Geräusche), **haptischer** (Anfühlbarkeit) oder **geschmacklichen Form** aus. Vier **Anforderungen** werden an Werbemittel gestellt:[865]

(1) Auf ihnen müssen sich die Werbebotschaften sinnvoll "aufbringen" lassen.
(2) Der Kontakt mit dem Medium soll dem Beworbenen Nutzen bieten, um dadurch zumindest seine Aufmerksamkeit zu erregen.
(3) Ideale Werbemittel bieten die Möglichkeit zur zweistufigen Kommunikation, also zu einem Dialog zwischen Werber und Umworbenem.
(4) Für ein Werbemittel (z.B. eine Anzeige) sollten reichweitenstarke Werbeträger vorhanden sein; vor allem ein breites Angebot von Fachzeitschriften.

„Werbemittel stellen die Verkörperung der gedanklichen Werbebotschaft dar." (Weis, (Marketing), 2009, S. 472). Werbeträger dagegen tragen die Botschaften an die Umworbenen.

Für die kreative Darstellung einer Werbebotschaft bieten sich viele **Werbemittel** an:
(1) Anzeigen (Inserate) in Zeitungen, Zeitschriften oder Adressbüchern,
(2) Beilagen in Zeitungen und Zeitschriften (Supplemente),
(3) Banner auf Web-Seiten im Internet,
(4) Fernseh-Spots und Video-Clips, Handy-Clips (Podcast-Werbung),
(5) Kinowerbung,
(6) Hörfunk-Spots,
(7) Lautsprecherwerbung, z.B. bei Sportveranstaltungen,
(8) Erkennungsmelodien als Bestandteile von TV- oder Funkspots (Jingles),
(9) Werbedias, Werbe-CD's,
(10) Werbeplakate, Werbeposter, auch Werbeplakate auf Litfasssäulen,
(11) Aufkleber jeglicher Art, Stickermotive,
(12) Aufdrucke (Imprints) auf Kleidung (z.B. das *Lacoste*-Krokodil), Einkaufstüten, Telefonkarten, Regenschirmen etc.,

---

[863] Der Beitrag von Hoeppe lässt wohl keine Wünsche offen, was einen tiefgehenden Einblick in Freud und Leid der Agenturarbeit betrifft: vgl. Hoeppe, (Texter), in: MM, 6/1999, S. 242-262
[864] Diese Trennung geht auf Nieschlag, Dichtl und Hörschgen zurück. Der Begriff Werbeträger klingt altmodisch. Er wird auch den neuen Medien nicht mehr gerecht. Immer stärker wird deshalb von Werbemedien statt Werbeträgern gesprochen. Eine Trennung zwischen Werbemittel und Werbeträger wird in Theorie und Praxis nicht immer eingehalten. Auf Abgrenzungsprobleme macht Weis aufmerksam: vgl. Weis, (Marketing), 2009, S. 473. Im übrigen vertauscht Weis dann Werbeträger und Werbemittel: „*Alle Werbemittel dienen als Medium....*"; er meint wohl Werbeträger: vgl. dort S. 473
[865] vgl. zu den Anforderungen Nieschlag; Dichtl; Hörschgen, (Marketing), 2002, S. 1075 ff.

(13) Werbeschriften und Bemalungen auf Bahnen, Bussen, Taxen, Flugzeugen (Verkehrsmittelwerbung),
(14) Werbetafeln, Poster an Häusern oder an öffentlichen Plätzen (City-Lights),
(15) Bannerwerbung in Sportstadien, auf öffentlichen Plätzen, in U-Bahnen,
(16) Schaufensterdekorationen, Aufsteller in Läden (Displays).

Jedes dieser Instrumente besitzt für die Werbung besondere Vor- und Nachteile. Oft ist mit einem Werbemittel auch die Art des Werbeträgers bestimmt.[866]

b.) Print-Anzeigen (Klassische Print-Werbung)

Die großen **Tageszeitungen** (z.B. *FAZ, Süddeutsche, WAZ*) **und Publikumszeitschriften** (z.B. *Stern, Bunte, Focus*) wie auch die **Wochen- und Sonntagszeitungen** (*Welt am Sonntag*) erreichen heute alle Bevölkerungsschichten. Sie sind von regionaler oder überregionaler Bedeutung. Große Zielgruppen sind täglich oder zumindest wöchentlich zu erreichen. Laut Auswertung der **Mediaanalyse** (MA) lesen acht von zehn Bundesbürgern über vierzehn Jahre täglich Zeitung. Die Printmedien dienen vor allem dazu, eine Unternehmung, eine Marke oder ein neues Produkt bekannt zu machen. Sie sind weniger dazu geeignet, detailliert Produktvorteile darzustellen. Der Printmedienmarkt ist heute straff nach Streugebieten organisiert. Kontaktzahlen und andere Medienselektionskriterien werden im Rahmen qualifizierter Erfolgsmessungen ständig aktualisiert. So ist für das werbende Unternehmen eine relativ kostengünstige Mediennutzung möglich.[867] Ca. 6,3 Mrd. Euro hat die werbende Wirtschaft 2008 insgesamt in die öffentliche Zeitungswerbung investiert (-4% gegenüber 2007). Die dominierenden Werbemittel sind Anzeigen und Beilagen.

(Nicht-Publikums)**Zeitschriften** sind dagegen auf spezielle Zielgruppen fokussiert. Es gibt sie als **Special-Interest-Zeitschriften** (z.B. *Eltern, Schöner Wohnen, Kicker Sportmagazin*) oder als **Fachzeitschriften** für bestimmte Berufsgruppen oder Anwendungsgebiete (*Manager Magazin, NWB*). Das Werbeaufkommen beträgt ca. 0,96 Mrd. Euro. Für ca. 1.000 Berufs- und Fachgruppen existieren 1.075 Titel mit einer Auflage von 24,2 Mio. Exemplaren. Allein im PC-Bereich konkurrieren 70 Zeitschriften. Der Nachteil der gegenüber den Publikumsmedien geringeren Auflage wird durch geringere Streuverluste wettgemacht. Fachblätter bieten bessere Response-Möglichkeiten. Auf **Adressbücher** (Verzeichnismedien) und **Anzeigenblätter** wird hier nur verwiesen.[868] Deren Werbeaufkommen betrug 2008 3,23 Mrd. Euro.

c.) TV-Werbung

Ad-Skipping = das Überspringen von Werbung im Fernsehen

Die **Fernsehwerbung** liegt bei den Werbeausgaben mit 4,04 Mrd. Euro hinter denen der Printmedien. Die Privatsender werden immer mächtiger. Grund sind vor allem einige Restriktionen, die den öffentlich-rechtlichen Sendern durch den **Staatsvertrag über den Rundfunk im vereinten Deutschland** vom 31.8.1991 noch immer auferlegt sind. Allerdings sind die Regeln im Rahmen der EU gelockert worden.

- **Blockwerbegebot**: Werbespots dürfen nur blockweise ausgestrahlt werden. Ausnahmen (Einzel-Spots) gelten für Sportsendungen.
- **Maximale Werbezeit**: 12 Minuten pro Stunde.
- **Abstandsregel**: Kino- und Fernsehfilme dürfen alle 30 Minuten einmal unterbrochen werden.
- Gleiches gilt jetzt auch für Kindersendungen, sofern diese eine programmierte Mindestdauer von mehr als 30 Minuten haben.
- Beschränkte Lebensmittelwerbung in Kindersendungen als Selbstverpflichtung.

---

[866] vgl. Rogge, (Werbung), 2004, S. 179
[867] vgl. Scharf; Schubert, (Marketing), 2001, S. 242-247
[868] vgl. zu den aktuellen Zahlen *www.zaw.de*

- Keine Werbung oder Teleshopping-Spots bei Gottesdiensten.
- Produktplatzierungen (Product-Placement) nicht verboten.

> Eine Horrorvorstellung für die Werbewirtschaft: Politische Forderungen nach einem vollständigen Werbeverzicht des öffentlich-rechtlichen Rundfunks (Aktenzeichen 16/12472, Antrag der FDP, Mai 2009).

Der Vorteil der Fernsehwerbung liegt in der **Kraft der bewegten Bilder** und in der **multisensorischen Zuschaueransprache**. Durch die Kombination von Bild, Musik und Sprache berührt die Werbung alle Sinne der Interessenten und Kunden. Im Sekundenbereich können Produktvorteile dynamisiert werden, was beim statischen Printbild natürlich unmöglich ist. Die Vielfalt der Werbemittelgestaltung, von kurzen Spots über Doppel-Spots (**Reminder-Technik**), Werbesendungen, Programmsponsoring bis hin zu speziellen Werbekanälen prädestinieren die Fernsehwerbung besonders für die Produkteinführung und für die Erhaltungswerbung. Der Nachteil liegt in der fehlenden Speicherung. Während sich *Die Zeit* mit den darin enthaltenen Anzeigen und Beilagen beim Autor manchmal über 2 – 3 Wochen stapeln, ist ein 20 - 30 Sekunden Spot schnell vorbei. Ein weiterer Nachteil liegt in den hohen Streuverlusten infolge fehlender Zielgruppendifferenzierung. Und es klingt schon widersinnig, wenn die *Kulmbacher Aktienbrauerei* Sendezeit für die *Kulmbacher Filmnacht* kauft, um die Zuschauer von Werbeunterbrechungen zu verschonen. Trotz dieser Einschränkungen gilt die verkaufsfördernde Wirkung als erwiesen. So stieg im *MediaScan-Panel* der *MGM* die Kaufwahrscheinlichkeit für die beworbenen Produkte kurzfristig deutlich an, wenn die Panel-Haushalte Werbekontakte hatten. Ohne Werbekontakt lag die Kaufwahrscheinlichkeit der Produkte im Durchschnitt nur bei 1,03 Prozent je Haushalt und Woche, mit Werbung bei 1,31 Prozent. Untersucht wurden 1995 62 Marken mit Fernsehwerbung. 74 Prozent der Produkte konnten von diesem Effekt profitieren.[869]

Die TV-Spot-Preise schwanken beträchtlich, je nach Zuschauerattraktivität eines Senders, Sendezeit und laufendem Programm. Spitzenreiter ist die *ARD* mit der sonnabendlichen Sportschau. 20 Sekunden Werbezeit während eines deutschen Halbfinalspiels 2006 kosteten bei *RTL* bis zu 430.000 Euro.[870]

d.) Hörfunk-Werbung

Dem **Hörfunk** fehlt die visuelle Attraktivität von Printmedien, Fernsehen und Kinowerbung. Der Marktanteil ist mit 3,5% (711 Mio. Euro in 2008) relativ gering. Zuweilen hört man den Begriff „*vergessenes Medium*". Doch die Möglichkeiten der Radiowerbung sind noch längst nicht ausgereizt. Denn die Vorteile sind:

> Die 5 reichweitenstärksten Radiosender 2009: 1. *Radio NRW*, 2. *Bayern 1*, 3. *Antenne Bayern*, 4. *SWR 3*, 5. *WDR 2*.

- Das Radio ist laut *Media Analyse Radio* das beliebteste Medium. 81,2% aller Deutschen hören täglich durchschnittlich mehr als 4 Stunden Radio. 340 Hörfunkprogramme bieten sich als Werbeträger an.
- Praktisch alle Botschaften lassen sich akustisch umsetzen.
- Akustische Botschaften bauen starke innere Bilder auf.
- Das Radio begleitet die Konsumenten durch den Tag: In vielen Büros „berieselt" ein „Henkelmann" die Mitarbeiter.
- Hörfunk-Werbung kann auf iPOD oder SmartPhone übertragen werden.
- Hörfunk-Werbung bewirkt Werbeerinnerung im Unbewußten.

Zuweilen wird dem Hörfunk der Nachteil einer geringeren Aufmerksamkeitswirkung zugesprochen; mit dem Argument, der Konsument höre Radio nur als Nebenbeschäf-

---
[869] vgl. die Hinweise auf den Werbewirkungskompaß IPA-plus 1994 und MediaScann MGM/GfK Testmarktforschung 1995, in: MGM MediaGruppe, (Fakten), 1996, ohne Seitenzahl
[870] Vgl. zu anderen Werten auch Rogge, (Werbung), 2004, S. 204. Beispiel: 1 Sek. ZDF am Samstag 19.18 Uhr: 1.112,50 Euro lt. ZDF-Programm-Werbeblockschema 2004.

tigung. Die Fernsehforschung hat das Gegenteil bewiesen. Die Erinnerungsleistung der Werbung steigt mit der Zahl der erreichten Werbekontakte an, selbst wenn die Konzentration nicht ausschließlich auf das Medium gerichtet ist.[871] Der Verlauf der Aufmerksamkeiten für Personen mit und ohne Nebenbeschäftigung ist praktisch gleich. Es ist also ohne weiteres möglich, einem Fernseh- oder auch Hörfunkprogramm zu folgen, wenn dabei beispielsweise gegessen oder gebügelt wird. Werbespots sind so aufgebaut, dass sie auch die passive Aufmerksamkeit auf sich ziehen und dass man sie problemlos versteht.[872]

Die Hörfunkwerbung ist daher für den Aufbau einer Produktbekanntheit gut geeignet. Da sie nur einen Bruchteil der Fernsehwerbung kostet, sind mehrfache Schaltungen kostengünstig möglich. Ihr Nachteil liegt allerdings in der regionalen Aufteilung der Sendegebiete. Das Werbemanagement wird dadurch komplizierter. Bei regionalen Produkten könnte dieser Effekt aber auch gerade erwünscht sein.

e.) Sonderwerbeformen

Klassische Fernseh-Werbeblöcke werden zunehmend durch sog. **Sonderwerbeformen** ergänzt. Man spricht auch von **Special Ads**. Infolge der Kreativität der Privatsender machen klassische Spots nur noch 24 Prozent der Werbezeit aus. 73 Prozent ist bereits Programmsponsoring.[873] Pragmatisch betrachtet ist alles Sonderwerbeform, was nicht klassischer Spot ist. Dabei wird oft das Product-Placement (im Zusammenhang mit einer Promotion) im Fernsehen mit dazu gezählt. Im *Werbe- und Marketingplaner* sind u.a. genannt (s. weitere Formen in Abb.7-27):

Bei der Finalsendung zu Germany´s Next Top Model 2009 beteiligten sich knapp 20 Unternehmen mit Sonderwerbeformen, crossmedialen Konzepten und Lizenzverträgen.

- **Advertiser-Founded Programming (AFP)**: Bereitstellung von sendefähigem Material, das in passende Themenfelder eingebaut werden kann (bis zu ganzen Sendungen: *Pampers TV*, *Lego-Show*),
- **Informercials/Telepromotions**: Dauerwerbesendung mit einer rechlich vorgeschriebenen Mindestlänge (90 Sekunden), die außerhalb von Werbeblöcken platziert werden.
- **Product-Placements** (s. auch Kap. 7.11.1.): Gezielte, oft unterschwellige Einbindung von Produkten in Film- und TV-Produktionen.
- **Splitscreen-Spots**: Werbung und Programm werden zeitgleich in getrennten Fenstern ausgestrahlt. Dabei gibt es Unterformen:
  (a) Der **Diary** ist ein 5-, 7- oder 10-Sek.-Splitscreen-Spot im direkten Anschluss an das Programm, der noch vor Werbetrenner und Werbeblock platziert wird.
  (b) Beim **Cut-in** wird der Spot in die laufende Sendung eingebunden, als
  (c) **vertikale Banderole** oder als **Rahmen** um das Programm.
  (d) Beim **Splitbreak** laufen Werbeinsel und Programm parallel zueinander.
- **Win Ad**: Ist ein Gewinnspiel im Werbeblock im unteren Bildrand.
- **TV-Sponsoring**: Der Werbetreibende wird zu Beginn und am Ende der gesponserten Sendung bis zu 7 Sekunden in Wort und Bild als Sponsor der Werbung genannt.

Die Sonderwerbeformen bringen das Problem mit sich, dass die Fernsehzuschauer nicht mehr klar zwischen Information und Werbung unterscheiden können.

f.) Kino-Werbung

Die Wirkung von **Kino-Spots** ist nicht zu unterschätzen. Der Zuschauer kann nicht

---

[871] vgl. MGM Media Gruppe, (Fakten), 1996, ohne Seitenzahlen
[872] Die Fernsehzuschauer bleiben auch nicht gebannt vor der Bildröhre sitzen, wenn der Werbeblock kommt.
[873] vgl. auch zu den folgenden Ausführungen o.V., (Sonderwerbeformen), in: ASW, 3/2005, S. 92-94

"wegzappen". Nach einer Untersuchung von *Media Research* ist die Kinowerbung dem Fernsehen sowohl in der qualitativen Beurteilung wie auch in der Erinnerungsleistung der Zuschauer deutlich überlegen.[874] Ein Zuschauer merkt sich durchschnittlich sieben Spots. Pro Film werden durchschnittlich zehn bis fünfzehn Spots geschaltet, so dass die Werbeerinnerung bei fünfzig Prozent liegt. Publikumsträchtigen Filmen vorgeschaltet, bietet die Kinowerbung so ein effizientes Werbeumfeld. 76,7 Mio. Euro betrug das Werbeaufkommen für die Kino-Werbung in 2008.

g.) Werbung im Internet

> *"Das Web ist ein globales Medium, das schnell und einfach ein Massenpublikum erreicht. Die Unternehmen können mit den Kunden interaktiv in Kontakt treten, und sie können genau messen, wie viele Konsumenten die Werbebotschaften gesehen haben. Ich glaube, dass die Aufwendungen für Werbung im Internet noch gewaltig wachsen werden."* (Tim Koogle, CEO von Yahoo, in einem Interview mit MM)[875]

Die neuesten Zahlen über Internetnutzer: Alter 14-64 Jahre: 61%; beruflich: 27,6%; Schule, Ausbildung: 11,2% (Quelle: Allensbacher Computer- und Technikanalysen ATA).

Von stark wachsender Bedeutung für die Unternehmenskommunikation sind die **Neuen Medien**; vor allem das **E-Mail** zur Direktansprache und das **World Wide Web** (Internet) als „Datenautobahn" zur Kommunikation. Die Erfolgsgeheimnisse liegen in der dem Werbeträger innewohnenden **Dialogmöglichkeit** (s. noch einmal Abb.7-3) sowie in den Chancen, unabhängig von Raum (weltweit) und Zeit (rund um die Uhr) zu kommunizieren. Abb.7-25 veranschaulicht diese medialen Vorteile. Die **Werbeeinnahmen der Online-Werbeträger** betrugen im Jahr 2008 754 Mio. Euro. 1998 waren es nur 23 Mio. Euro. Die Internet-Werbung weist im Vergleich zu den klassischen Werbemedien ein dramatisches Wachstum auf (+30 Prozent p.a.). Die Internet-Anteile der Unternehmen an den gesamten Kommunikationsbudgete reichen bereits bis 20 Prozent.

Abb.7-25

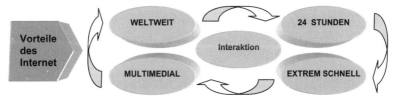

Bei der Planung einer Internet-Werbung sind zunächst einige gundlegende Fragen zu beantworten und Punkte zu beachten, die in Abb.7-26 aufgeführt sind.[876]

Abb.7-26

	CHECKLISTE FÜR ERFOLGREICHE INTERNET-WERBUNG
①	Welche Zielgruppe soll mit dem Online-Auftritt erreicht werden, und welche Inhalte sind für diese User-Gruppe sinnvoll.
②	Welche besonderen, webbezogenen Nutzergewohnheiten hat die Zielgruppe?
③	Verfügt die Web-Agentur über genug Erfahrung im Internetgeschäft?
④	Keine Schnellschüsse. Wie bei Print ist eine umfassende Copy-Strategie zu erstellen.
⑤	Ein Internet-Auftritt ist systematisch auf inhaltliche und technische Fehler zu überprüfen.
⑥	Internet-Auftritte sind regelmäßig zu aktualisieren. Sind die Zuständigkeiten für die Pflege geregelt?
⑦	Vorsicht, wenn Web-Auftritte dezentral in die Geschäftsbereiche verlagert werden. Ist ein Corporate-Design festgelegt? *(angeblich unterhalten Siemens-Mitarbeiter 1,1 Mio. Webseiten!)*
⑧	Der eigene Web-Auftritt sollte regelmäßig mit der Konkurrenz auf Stärken und Schwächen hin verglichen werden.

---

[874] vgl. o.V., (Kinowerbung), in: PM-Beratungsbrief v. 13.1.2001, S. 6
[875] Schwarzer, (Werbung), in: MM, 3/2001, S. 52
[876] vgl. Zu der Checkliste Rickens, (Website-Story), in: MM, 12/2000, S. 290

Stand 2007: Es gibt 2 Mrd. Web- Seiten welt weit.	Angetrieben wird das Internt-Wachstum durch spezialisierte Internet-Agenturen, die der werbetreibenden Wirtschaft neuartige Dienste anbieten:[877] (1) Die **Bannerwerbung** (Platzierung an Kopf oder Fuß einer Seite) war bislang das wichtigste Kommunikationsinstrument. Ein Banner ist eine Werbefläche und entspricht damit einer Printanzeige. Ein Banner wird üblicherweise so lange zum Festpreis vermietet, bis eine festgelegte Nutzerzahl das Banner gesehen hat. Die Bedeutung der Banner sinkt. Früher klickte jeder zwölfte Surfer einen Banner an; heute nur noch jeder Vierhundertste.[878] Deshalb wird die Banner-Technik weiterentwickelt. **Skyscraper** nehmen die gesamte Höhe einer Seite ein, **Cadillac-Banner** die volle Breite. **Nanosites** verbergen hinter einem Banner weitere Mini-Websites, die den Surfer nicht aus dem übergeordneten Banner entlassen. (2) **Weblogs (Blogs)** sind die derzeit flexibelsten Instrumente für den Internet-Dialog. Auf einer Seite öffnet sich ein Dialogfeld. Der Nutzer erhält direkten Kontakt zum Anbieter bzw. kann direkt das Internet „beschreiben". Sog. Blogger verwirklichen sich in Online-Tagebüchern in verschiedenen Themenbereichen. (3) **Abonnements**: Internetseiten sind gegen Bezugspreis dauerhaft zugänglich (Aufruf durch Passwort). (4) **Pay-per-View**: Zu zahlen ist nur für einzelne Seiten, Texte oder Musiktitel. (5) **Internet-Provisionsgeschäfte**: Es wird auf Angebote von Partnern verwiesen. Bestellt ein Kunde, erhält der Verweiser eine Provision. (6) Beim **Content-Syndication** werden Werbeseiten (oder andere Inhalte) an andere Unternehmen zur freien Verfügung weitergegeben. (7) Beim **Web-Sponsoring** werden Sites durch Sponsoren finanziert oder teilfinanziert. Buttons („powered by") oder Textlinks geben Hinweise auf den Sponsor. (8) **E-Mercials** gehen noch einen Schritt weiter. Das Surf-Programm wird komplett für einen Werbefilm unterbrochen, der nicht ausgeblendet werden kann. Neben diesen acht konzeptionellen Ansätzen, die als **Web-Geschäftsmodelle** zu verstehen sind, operiert die Werbewirtschaft mit zahlreichen neuartigen Sonderwerbeformen (Web-Werbemittel). Diese sind in Abb.7-27 zusammengestellt.
Die Web 2.0-Devise: „*Ich bin Internet*". Die **Social Networking Plattform Hierarchie**: *Wer-kennt-wen*: 5,5 Mio. Nutzer, *StayFriends*: 7,5 Mio. *SchülerVZ, studiVZ, meinVZ*: 13,1 Mio, *Facebook* 175 Mio., *MySpace* 220 Mio. weltweit (Tuma 2008, Der Spiegel 2008, S.	h.) Web 2.0 – Eine neue Ära der Internet-Kommunikation Eine nur werbende, quasi stistische Homepage macht als Werbemedium wenig Sinn. Sie reizt einen Surfer kaum mehr zum Ansteuern der Web-Adresse, es sei denn, dieser sucht gezielt nach Informationen. Die Bedeutung des Internets als Werbeträger steigt aber enorm, wenn der Kunden zum **Dialog mit dem Anbieter** animiert wird. Die werbende Homepage muss mehrwertige Zusatzinformationen bieten und den Surfer zum Mitmachen aktivieren.[879] So entwickelt sich das Internet weiter zum **multimedialen Werbeträger mit Responsemöglichkeit**, der alle Vorteile von Print- und Filmwerbung verbindet. Höhepunkt dieser Entwicklung sind Web-Sites, die ausschließlich oder weitgehend aus Inhalten von Internet-Usern bestehen (**User generated Content**). Die Computerexperten *Dale Dougherty* und *Tim O'Reilly* wie auch *Craig Cline* (*Media-Live*) prägten 2004 den Begriff **Web 2.0**. Nach ihrer Vorstellung entwickelt sich das Internet zunehmend zu einer Plattform mit hoher Gestaltungsbereitschaft und weiten Gestaltungsmöglichkeiten der User. Aus Konsumenten werden Akteure. Menschen teilen sich gerne anderen mit. Die Verbraucher gestalten Inhalte, Produkte, Werbung, Verkaufsförderung selbst. Als Beispiele sind zu nennen:

---

[877] vgl. Rickens, (Geschenke), in: MM, 11/2000, S. 314
[878] vgl. o.V. (Banner), in: PM-Beratungsbrief v. 16.6.2001
[879] vgl. Enderle; Wirtz, (Veränderungen), in: ASW, Nr. 1/2008, S. 36-59

- das Lexikon *Wikipedia* mit 1,5 Mio. Einträgen in der englischen Version,
- *MySpace* mit über 500.000 wöchentlichen Registrierungen,
- *YouTube* mit über 70 Mio. Besuchern weltweit pro Tag,
- *Flickr* als weltweit größte Foto-Community,
- *MyVideo* in enger Verzahnung mit TV-Sendern (Pro 7 Sat 1),
- *Clipfish*, das Konzept von RTL,
- *Secondlife.com*, die größte anwender-generierte 3D-Welt im Internet,
- *Twitter.com,* 2009 der „letzte Schrei" mit z.B. 1,8 Mio. Nutzer im Juni 2009.

Laut *Booz, Allen & Hamilton* nutzten bereits Ende 2006 mehr als 12 Mio. Deutsche die sich immer mehr differenzierenden Web 2.0-Anwendungen. Abb.7-28 bietet eine

Abb.7-27

ONLINE-SONDERWERBEFORMEN	
Banderole Ad	⇨ Entwickelt sich ähnlich wie ein Papierstreifen um den Content.
Billboard	⇨ Große Werbefläche in der rechten Navigationsleiste.
Expanding Ad	⇨ Kombination aus Banner und Layer Ad. Fährt die Maus darüber, vergrößert sich das Ad in den Content des Werbemittels.
Floating Ad	⇨ Schwebt über die Website; lässt sich individuell gestalten.
Footer Ad	⇨ Taucht von unten kommend im Browserfenster auf und wird nach wenigen Sekunden wieder ausgeblendet.
Halfpage Ad	⇨ Nimmt die Hälfte des Bildschirms ein, liegt aber nicht über dem Content.
Interstitial	⇨ Wenn der User eine Webseite aufruft, sieht er zunächst statt der Zielseite eine Bildschirm füllende Werbung (Wie Werbeunterbrechung bei TV).
Leaderboard	⇨ Extrem breites Banner, das an oberster Stelle platziert wird und sich sich über die gesamte Seitenbreite erstreckt.
Logo-Cursor/Logo-Icon	⇨ Eine unterhalb des Mauszeigers angehängte Grafik, die die Cursorbewegungen mitmacht.
Medium Rectangle	⇨ Relativ große Werbefläche im Mulitmedia-Format, die sich in der Mitte des Contents öffnet und diesen teilweise verdeckt.
Microsite	⇨ Wird ein Banner angeklickt, öffnet sich eine eigene Mini-Website mit weiterführenden Infos zu den beworbenen Produkten.
Power Curtain	⇨ Beim Öffnen der Seite vergrößert sich das das Werbemittel und schiebt den Content nach unten. Der Content schließt selbstständig und kann durch Mouseover wieder geöffnet werden.
Power Diary	⇨ TV-Werbespots werden ins Internet verlängert. Nach TV-Ausstrahlung werden sie 10 Minuten online geschaltet.
Power Layer	⇨ Großflächiges Werbeformat beliebiger Form. Die Animation verdeckt den Content für eine bestimmte Werbesequenz.
Power Shop	⇨ Animierte Banner; max. 12 Produkte können untereinander platziert und separate verlinkt werden.
Screensaver Ad	⇨ Wie bei einem Bildschirmschoner verschwindet die Anzeige und das gesamte Fenster wird kurz als Werbefläche genutzt.
Scyscraper	⇨ Rechts oder links vom Content hochstehende Banner.
Stick Ad	⇨ Kleine Werbefläche, die beim Scrollen immer sichtbar bleibt. Wird neben dem Content platziert, um ihn nicht zu verdecken.
Split Screen Ad	⇨ Großflächige Werbefläche, die zumeist von rechts einfährt und bis zu einem Drittel des Bildschirms abdeckt.
Stopper	⇨ Banner, das im oberen Drittel der Seite platziert wird.
Superstitial	⇨ Ähnlich einem Pop-up, jedoch Flash-fähig. Lädt im Hintergrund und öffnet sich in einem neuen Fenster, wenn die Werbebotschaft geladen ist.
Tandem Ad	⇨ Die Flash-Werbung endet als Banner und bleibt nach Animation erhalten.
Video Ads	⇨ Bewegte Bilder sind im Trend. Werbefilmchen erregen derzeit die höchste Aufmerksamkeit. *Instream Video*: Videowerbung wird vor, während oder nach Video-Content platziert; oder die Werbung erscheint innerhalb des Video-Contents. *In Banner Video*: Video läuft innerhalb eines Banners auf einer Content-Website. *In Text Video*: Video wird die Werbung beim Roll-over über Text oder Keyword gesehen.
Wallpaper	⇨ Bewegliche Hintergrundbilder hinter dem Content.

(Quelle: Zunke, (Werbeunterhaltung), in: ASW, 4/2006, S. 26 u.a. Quellen.)

Übersicht über **Web 2.0 Geschäftsmodelle**. Technisch gesehen handelt es sich um Weiterentwicklungen von Read-and-Write-Technologien. Hinzu kommen attraktive Gadgets, wie Blogs, Podcasts ode Tags. Dass sich aus diesen technischen Möglichkeiten ein „*Wisdom of the Crowds-Hype*" entwickelt hat, liegt nach Meinung des Trendforschers *Wippermann* an einer **Schwarmintelligenz**: Die Community ist schlauer als jedes ihrer Mitglieder. Menschen schließen sich wie Fischschwärme zusammen. Sie teilen sich gerne und freiwillig anderen mit. Die Frage ist nur, wohin der Gestaltungsdruck der Konsumenten führen wird. Web 2.0 kann zum Bumerang werden, wenn die Werbewirtschaft die Kontrolle über die Werbeinhalte verliert.

Abb. 7-28

AUSGEWÄHLTE WEB 2.0 GESCHÄFTSMODELLE			
Beispiel	Geschäftsmodell	Leistungsangebot	Kundennutzen
Blogs & RSS-Feeds	• Systematisierung und Kompilierung von Online-Tagebüchern • Erträge durch Ad-Sales	• Bereitstellung eines Authoring-Tools zur Erstellung von Blogs • Hosting von Blogs • Kategorisierung von Blogs	• Ungefilterte und persönliche Publikationsmöglichkeit für „Jedermann" • Visuelle Aufbereitung der Inhalte
File Exchange & Content-Sharing (www.youtube.com)	• Archivierung und Systematisierung von User-generated Content (Fotos, Videos) • Erträge durch Banner und Performance Ads	• Bereitstellung von Online-Speicherplatz • Systematisierung von Inhalten, z.B. durch Kategorien und Bewertungen	• Broadcasting für „Jedermann" • Vermittlung eines großen Publikums
Wikis (www.wikipedia.de)	• Sammlung, Systematisierung und Weiterentwicklung von Informationen • Erträge aus Spenden	• Tools zur Erstellung und Editierung von Inhalten durch die Nutzer • Bereitstellung einer Plattform zur Suche und Darstellung von Informationen	• Aggregation von themenspezifischen Informationen • Freiheit hinsichtlich der Inhalte und Autoren • Nutzer als kollektive Redaktion
Podcasts (www.podcast24.de)	• Bereitstellung von Audio- oder Videoinhalten • Erträge durch Pay-per-Use, Abonnements und Bannerwerbung	• Themenspezifische Audio- und Videoinhalte • Möglichkeit eines Abonnements	• Ort- und zeitungebundener Konsum von Inhalten • Automatische Aktualisierung der Inhalte
Mash-ups (www.GoYellow.com)	• Aggregation und Kontextualisierung von Internet-Services • Erträge durch Placement Fees und Pay-for-Performance Ads	• Verknüpfung von Basisdaten (meist Landkarten) mit zusätzlichen Informationen (Adressen, Bilder, Events)	• Mehrwerte durch Verknüpfung relevanter Informationen • Value added Services für Cross Usages
Tagging (www.delicious.com)	• Klassifizierung und Systematisierung von Internetangeboten • Erträge durch den Verkauf von Click-Streams zu Data-Mining-Zwecken	• Zentrale Archivierung und allgemeine Verfügbarkeit von Bookmarks • Verschlagwortung von Bookmarks • Zugriff auf Linksammlungen anderer User	• Individuelle, redaktionelle Aufbereitung des Internets
Social Networking (www.myspace.com)	• Kompilierung und Bereitstellung von user-generierten Inhalten auf einer einzigen Plattform • Erträge durch Bannerwerbung	• Selbstrepräsentation der Nutzer • Vernetzung von Usern untereinander • Vernetzung von Usern und Inhalten	• Vermittlung von sozialen Kontakten • Mediation sozialer Kontakte durch virtuelle Interaktion
Bewertungsportale (www.ciao.de)	• Aggregation und Systematisierung von Produkt- und produktbezogenen Informationen • Erträge durch Vermittlungsprovision und Bannerwerbung	• Aggregation von Produktinformationen • User-generierte Produktbewertungen • Preisvergleiche mit Links zu Onlineshops	• Unabhängige Produktbewertungen von Nutzern • Vereinfachung und Unterstützung bei Entscheidungs- und Kaufprozessen
CtoC-Commerce (www.scout24.de)	• Anbahnung, Aushandlung und Abwicklung von CtoC-Transaktionen • Erträge durch Verkaufsprovision, Angebotsgebühren und Bannerwerbung	• Angebot einer Plattform zum Angebot von Artikeln durch professionelle private User • Bewertungssystem für Käufer und Verkäufer • Transaktionsunterstützung (Zahlungsabwicklung, Käuferschutz)	• Breites und tiefes Produktangebot • Markteffizienz durch hohe Teilnehmerzahlen und Transparenz der Angebote • Niedrige Marktzugangsbarrieren auch für private Nutzer

(Quelle: Enderle; Wirtz, (Veränderungen), in: ASW, 1/2008, S. 36-39; insbes. S. 37)

7.7.4. Gestaltung von Werbemitteln (Anzeigen, Spots)

a.) Copy-Strategie

Es liegt im beiderseitigen Interesse, dass der Werbetreibende und die Kommunikationsagentur so schnell wie möglich einen klaren Auftragsrahmen schaffen.

> ➡ Eine **Copy-Strategie** ist das "Pflichtenheft" für eine Werbekampagne. Sie dokumentiert alle kreativen Anforderungen an die Kampagne. Sie entsteht im Rahmen von Briefingsitzungen von Auftraggeber und Agentur. Eine Copy-Strategie (1) lenkt die kreative Arbeit, (2) dient als Honorargrundlage für die Agenturleistungen und (3) enthält den Leitfaden für die spätere Kampagnendurchführung.[880]

Ein erfolgreicher Claim: Krombacher - Die Perle der Natur.

Ein hervorragendes Teasing- und Key Visual: Der Bauchnabel von Schöfferhofer Weizen.

Das **Strategiebriefing** der Abb.7-9 (strategisches Umfeld, zu bewerbende Leistungen, Werbe-Zielgruppe, Werbeziele, Budgets) gibt den Rahmen vor. In der Copy-Strategie stimmen Klient und Agentur daraus folgend die **kreativen Elemente** ab:[881]

(1) die **Werbe-Zielsetzung** und die gewünschte **Positionierung** des beworbenen Produktes im Nutzenraum (s. Abb.4-9),
(2) das **Nutzenversprechen** (Product Claim, Consumer Benefit),
(3) der **Nutzenbeweis** (Reason why) zur Steigerung des Erinnerungswertes,
(4) das **Aufhängerbild** mit abgeleiteten **Reizbildern** (Teaser, Teasing Visual),
(5) das **Kern-Ideenmotiv** für die Visualisierung der Problemlösung (Key Visual),
(6) der entsprechende verbale oder tonale **Schlüsselreiz** (Key Slogan, Key Jingle),
(7) die **atmosphärische Aufmachung**, im Fachjargon **Tonalität** (Tonality), als „sinnliche" Grundstimmung des oder der Werbemotive.

Abb.7-29 listet beispielhaft die Elemente einer Copy-Strategie für die *Grohtherm 2000* Armatur der Firma *Grohe* auf. Aufgabe der "**Kreativschmieden**" ist dann die kreative Umsetzung der Werbebotschaft entsprechend den Vorgaben des Auftraggebers - limitiert durch Budgets und die Inhalte der Copy-Strategie.

b.) Grundtechniken zur Werbemittelgestaltung

Über den Werbeerfolg entscheiden (neben der Zielgruppenpräsenz des Werbeträgers) visuelle, auditive, haptische oder geschmackliche Ausdrucksformen der Werbung.[882] Die Grundregeln zur Werbemittelgestaltung erörtert *Rogge* umfassend.[883] Bei Anzeigen oder Spots geht es grundsätzlich zunächst um Formen, Farben, Umrandungen,

Abb.7-29

COPY-STRATEGIEELEMENTE FÜR *Grotherm 2000* DER FIRMA *GROHE*	
① Zielsetzung	⇨ Produkteinführung
② Zielgruppe	⇨ gehobene Käuferschichten / Akademiker
③ Positionierung	⇨ umweltfreundliche High-tech Wassersparr-Problemlösung
④ Consumer Benefit	⇨ Einspareffekte beim Wasserverbrauch bis zu 700 Euro
⑤ Reason why	⇨ schnell wirkende Dosier- und Temperaturelektronik
⑥ Key Visual	⇨ spannend aufgemachter Klapptext mit Motivvariationen
⑦ Key Slogan	⇨ „Wenn ihr Geld baden geht"
⑧ Tonality	⇨ gehobenes Genre, kompetente Wassertechnologie

---

[880] Sie ist die "*schriftliche Fisierung der inhaltlichen Grundkonzeption, die es zu kommunizieren gilt.*": Bruhn, (Kommunikationspolitik), 2009, S. 509-510.
[881] vgl. in Anlehnung an Scharf; Schubert, (Marketing), 2001, S. 235-237
[882] vgl. Rogge, (Werbung), 2004, S. 305 ff.

Schriftzeichen (Fonts), Symbole, aber auch um Anordnungen, Größenordnungen und Platzierungen. Für die Auslösung von Erinnerungen, Präferenzen und letztlich Kaufanreizen entscheidet der Wirkungsverbund. Eine optimale Werbemittelgestaltung gibt es nicht. Jedoch sind grundlegende Stile und Techniken für die Wirkungsverbünde in Anzeigen, Plakate oder Fernsehspots bekannt.[884] So lassen sich für eine **Headline-Gestaltung** acht Grundstile unterscheiden:
(1) der **Nachrichtenstil** (*Ford-Nachrichten*),
(2) der **Fragestil** („*Haben Sie heute schon geschweppt?*"),
(3) der **Erzählstil** (*Clausthaler alkoholfrei. Levis*),
(4) der **Aufforderungsstil** („*Ruf doch mal an*"),
(5) der **Drohstil** (*Wer nicht Trigema kauft, gefährdet deutsche Arbeitsplätze*),
(6) der **Aufrüttel-Stil** („*damit Sie im Alter nicht unter der Brücke sitzen*"),
(7) der **1-2-3-Stil** (*quadratisch, praktisch, gut; 11880*),
(8) der **Wissensvermittlungs-Stil** („*Wie Sie mehr aus Ihrer Rente machen*").

Folgende Techniken kreieren die **atmosphärische Aufmachung (Tonality)**:[885]
(1) Die **Slice-of-life-Technik** zeigt zufriedene Produktverwender in Situationen des täglichen Lebens (*Jacob's Krönung*).
(2) Die **Lifestyle-Technik** bringt das beworbene Produkt mit einem bestimmten Lebensstil in Zusammenhang (*Gauloises, Diesel-Jeans*).
(3) Die **Traumwelt-Technik** lockt durch Sehnsüchte und unerfüllbare Wünsche (*Bacardi-Rum, Beck's Bier; OBI: „mach Dir die Welt, wie sie Dir gefällt"*).
(4) Die **Stellvertreter-Technik** stellt eine künstliche Person (*Meister Propper*), ein Tier *(Trigema-Affe)* oder eine natürliche Person (*der Cowboy von Marlboro*) in den Vordergrund. Der Stellvertreter muss für das Produkt stehen.
(5) Die **Symbol-Technik** nutzt Mythen und archaische Bilder.
(6) Die **Jingle-Technik** baut auf Klangbilder (*Telekom, Toyota, McDonald's*).
(7) Die **Nonsense-Technik** nimmt sich selbst nicht ernst (*Bluna, Media Markt*).
(8) Die **Kompetenz-Technik** stellt die Erfahrungen und technischen Vorteile eines Anbieters heraus (*Audi: Vorsprung durch Technik*).
(9) Die **Testimonial-Technik (Zeugen-Technik)** lässt Produktvorteile oder positive Produktnutzung durch einen Fachmann oder einen VIP bestätigen (*Beckenbauer für O₂, Günther Jauch für Krombacher*).
(10) Bei der **Technik des wissenschaftlichen Nachweises (Beweistechnik)** wird eine Beweisführung für die proklamierten Produktvorteile (*Blend-a-med, Dr. Best, Intel*) inszeniert, oder die Werbung bezieht sich auf Testergebnisse der *Stiftung Warentest* oder die anderer Institute.

c.) Gestaltung von Bildbotschaften

90% aller Zeitungsleser betrachten zuerst die Bilder. Nur 40 bis 70% lesen die Überschriften der Artikel.

Der theoretische Rahmen für die Bildgestaltung (s. Imagery, Abschnitt 7.3.) soll hier durch wichtige Erkenntnisse aus der Praxis abgerundet werden. Die Kraft der Bilder entfaltet sich dadurch, dass sie

(1) **informieren** (einfache Bilder für sprachlich schwer vermittelbare Sachverhalte),
(2) **unterhalten** (durch Abwechslung),
(3) **Erlebnisse vermitteln** (Spannung aufbauen, „Story telling"),
(4) **emotionalisieren** (Gefühle auslösen),
(5) **Interpretationen ermöglichen** (Engagement beim Betrachter auslösen).

---

[883] vgl. die umfassenden Aufstellungen bei Rogge, (Werbung), 2004, S. 332-343
[884] vgl. Kotler; Keller; Bliemel, (Marketing-Management), 2007, S. 716
[885] vgl. mit Erweiterungen: Kotler; Keller; Bliemel, (Marketing-Management), 2007, S. 713-714; vgl. auch die umfassenden Zusammenstellungen bei Hünerberg, (Marketing), 1984, S. 249-252

Ein markenbildender Einsatz von Bildern verlangt nach
(1) **Originalität** (eine Bebilderung sollte innovativ sein),
(2) **Exklusivität** (gute Bildmotive sind "einzigartig"),
(3) **Authentizität** (ein Bild sollte glaubwürdig sein).[886]

Gewerbsmäßige Bildagenturen bieten Bilder nach diesen Kriterien an; z.B. *www.photoworks.com, www.akg-images.com, www.corbisimages.com, www. mauritius-images.com, www.strikingimages.com, www.symbolfotos.biz, www.vividia.com, www.gosee.de, www.photodisc.de.*

Werbebilder haben sich ethischen Maßstäben zu unterwerfen. Das im *Stern* von *Benetton* veröffentlichte menschliche Gesäß mit dem Stempelaufdruck "*H.I.V.-Positiv*" verletze die Menschenwürde, so die Begründung des *BGH* für ein Verbot der Anzeige im Jahr 2001.

d.) Gestaltung von Sprachbotschaften (insbes. Slogans)

> Der Slogan des Jahres 2003: "*I'm loving it*" / *Ich liebe es*", von der Agentur *Heye&Partner* für den weltweiten Relaunch von *McDonald's*.
>
> Gefahren durch mangelnde Verständlichkeit: Bsp. Postbank. Aus „*Unter'm Strich zähl'ich*" wird „*Unter'm Strich zahl'ich.*"

Die einführenden Anmerkungen zur Imagery betonten bereits die Notwendigkeit zu einer Abstimmung der bildlichen mit den sprachlichen Botschaften. Innere Bilder entstehen durch das Zusammenspiel von visuellen und sprachlichen Effekten. Aber auch isoliert betrachtet ist die **Generierung einer Sprachbotschaft**, eines Slogans, eine Kunst. Die Unternehmensberatung *Simon-Kucher & Partners* hat bekannte Slogans auf werberelevante Kriterien hin untersucht und daraufhin folgende **Grundsätze für die Gestaltung von Slogans** formuliert:[887]

(1) **Inhalt**: Ein Slogan muss das Thema und die Inhalte, die kommuniziert werden sollen, prägnant treffen.
(2) **Assoziation**: Ein Slogan soll eine direkte Assoziation mit dem werbenden Unternehmen hervorrufen.
(3) **Differenzierung**: Ein Slogan sollte im Vergleich zur Konkurrenzwerbung ausreichend differenziert sein.
(4) **Klang**: Ein Slogan soll gut klingen und dadurch einprägsam sein.
(5) **Verständlichkeit**: Ein Slogan sollte sprachlich verständlich sein.
(6) **Identifikation**: Ein Slogan sollte nicht nur der Kommunikation nach außen dienen, sondern auch der betriebsinternen Kommunikation und Identifikation.
(7) **Internationalität**: Wegen der zunehmenden Globalisierung sollte ein Slogan diese Anforderungen auch in fremdsprachlichen Übersetzungen erfüllen.

Abb.7-30 zeigt Ergebnisse der Auswertung von *Simon, Kucher & Partners*. Besonders wirkungsvoll sind Slogans, die sich auf vorstellbare (gegenständliche, konkrete) Eigenschaften eines beworbenen Produktes beziehen.

e.) Gestaltung von Lebensstil-und Erlebnisbotschaften

Über die Ausstrahlungskraft der Werbebotschaft der *Marlboro* besteht wohl Einigkeit. *Marlboro* verkörpert den Mythos des freien Cowboys und der Weite des amerikanischen Westens. Die Zigarettenmarke stand noch in den 50er Jahren vor dem Aus.[888] Doch eine Hinwendung zum „Mythos Freiheit" hat die Marke gerettet und das heute weltweit starke Image geprägt. Es ist die Macht einer Erlebnisimagination, genauer eines Lebensstils, durch die ein Produkt seinen hohen Erinnerungswert erhält. Daher will die Lebensstil-Werbung alle produktgestalterischen und auch kom-

---
[886] vgl. Schmidt, (Ausdruckskraft), in: ASW, 9/2000, S. 151
[887] vgl. o.V., (Slogan), in: ASW, 11/1999, S. 34
[888] und war übrigens zu jener Zeit eine Frauenzigarette.

Abb. 7-30

VERGLEICH VON WERBE-SLOGANS

Firma	Slogan	Inhalt	Asso-ziation	Diffe-ren-zierung	Klang	Ver-stånd-lichkeit	Identi-fikation
BMW	Freude am Fahren	☺	☺	☹	☺☺	☺	☺☺
SMART	Reduce to the Max	☺	☺	☺	☺	☹☹	☺
Audi	Vorsprung durch Technik	☺☺	☺	☹	☺	☺	☺☺
Nissan	Er kann, sie kann, Nissan	☹☹	☺	☺	☹	☹	☹
Die Bahn	Die Bahn kommt	☺	☺☺	☹	☺☺	☺	☺
Otelo	For a better understanding	☺	☺	☹	☺☺	☺	☺
Nokia	Connecting people	☺	☺	☹	☺☺	☺	☺
AEG	Aus Erfahrung gut	☺☺	☺☺	☺	☺	☺	☺
Otto	Otto - find ich gut	☹	☺☺	☺	☺☺	☺	☺☺
Ellen Betrix	The care company	☺	☺	☺	☺☺	☺	☺
Neckermann	Neckermann macht's möglich	☺☺	☺☺	☺	☺	☺	☺☺
Dresdner Bank	Mit dem grünen Band ...	☹	☺	☺	☺	☺	☺☺
Dresdner Bank	Die Beraterbank	☺	☺	☺☺	☺	☺	☺
Tetra Pack	Irgendwie clever	☺	☺	☺	☺☺	☺	☺

Quelle: eigene Bewertungen von Simon, Kucher & Partners nach 5-Punkte-Skala; zit. aus ASW, 11/1999, S. 34

Abb. 7-31

munikativen Elemente eines Produktes in positive, lebensstilfähige Bilder (Imagerys) transferieren. Dazu muss sich die Werbung dem Wandel der Lebensstile und -gewohnheiten anpassen. *Saturn* greift die Lebensphilosophie der Smart Shopper auf und propagiert den *geilen Geiz*. Rationale Werbebotschaften also sind in Lebensgefühlwelten einzubetten. Alle Sinne sind anzusprechen. Produkt-Management und Werbeagentur müssen gut zusammenarbeiten. Abb. 7-31 zählt bekannte Produkte auf, die in ihren Werbebotschaften charakteristische Lebensstile und Erlebnisinhalten vertreten.

ERLEBNISINHALTE BEKANNTER MARKENARTIKEL

Jacobs Krönung	⇨ Familienfrieden
BMW	⇨ Freude am Fahren
Rowenta Toaster	⇨ Toasten als Frühstückserlebnis
Diesel Jeans	⇨ totale Bewunderung erleben
Schoeffelhofer Weizen	⇨ Prickeln im Nabel
Krombacher Pils	⇨ Sport als Erlebnis
Volks- u. Raiffeisenbk.	⇨ den Weg freimachen
Beck's Bier	⇨ Segeln und Abenteuer
Citroen	⇨ Nichts bewegt Sie wie ein ...
AdvoCard	⇨ Lust am Siegen im Rechtsstreit
Haribo	⇨ Kinder lieben Gottschalk
Hornbacher	⇨ Mach Dein Ding
Tchibo	⇨ Glücksoase
Sparkassen	⇨ Mission Finanz-Check
Saturn	⇨ Wir hassen teuer
Warsteiner	⇨ Die pure Freude

f.) Die Integration von Produkt, Bild und Sprache

Die einzelnen werblichen Elemente dürfen (und können) nicht isoliert voneinander gestaltet werden. **Markenwerbung** zielt auf **Integration aller werblichen Elemente**. Gute Chancen zur Verwirklichung von integrativen Markenbildern haben Produkte mit nachweisbaren Vorteilseigenschaften. Wenn die Key Visuals mit der Zeit an Eindruckskraft verlieren, so sind doch sachlich begründete Produktvorteile vom Verbraucher nicht so leicht zu unterdrücken.

Integrationsprobleme sind auch im Zeitablauf (bei der Kampagnensteuerung) und beim Zusammenwirken verschiedener Werbeträger (Parallelschaltungen, z.B. von Anzeige und Spot) zu lösen. *Esch* und *Andresen* kritisieren eine Zersplitterung der meisten Kommunikationsauftritte und vertreten deshalb das **Konzept einer Integ-**

Abb.7-32   rierten **Kommunikation**.[889] Vor allem im Rahmen von Kampagnen sind Werbebotschaften **formal und inhaltlich zu integrieren**, d.h. ganzheitlich aufeinander abzustimmen. Dies geschieht durch sog. **Klammern**:

CHECKLISTE FÜR ERFOLGREICHE ANZEIGEN	
①	Hat die Anzeige informativen Wert. Stellt sie einen Produktvorteil oder etwas Neues heraus?
②	Vermittelt das Bild die Schlüsselbotschaft?
③	Ist die Headline konkret, klar und direkt?
④	Stehen Bild und Headline in enger Beziehung zueinander?
⑤	Wird der Produkt- oder Firmenname hervorgehoben?
⑥	Enthält die Anzeige Elemente, die ablenken oder zuviel geistige Arbeit verursachen?
⑦	Wie steht es um die Integration bei einer doppelseitigen Anzeige?
⑧	Ist die Anzeige insgesamt gesehen einfach, direkt, aussagekräftig und anschaulich?

(1) **Formale Klammern** sind die typischen Elemente des Corporate Identity, wie Farben, Formen, Typographien oder Präsenzsignale (*Deutsche Telekom, Sixt, McDonald's*).

(2) Eine **inhaltliche Integration durch Sprache** kann durch (2a) identische Aussagen erfolgen (*Volksbanken Raiffeisenbanken: Wir machen den Weg frei; Schwäbisch Hall: Auf diese Steine können Sie bauen; Obi: Wie, wo was weiß Obi*; oft auch mit stets gleichem Jingle) oder durch (2b) semantisch gleiche Aussagen (*AUDI: Vorsprung durch Technik, BMW: Freude am Fahren, Volkswagen: Das Auto*).

(3) Eine **inhaltliche Integration durch Bilder** erfolgt, indem (3a) immer wieder der nahezu gleiche Bildinhalt mit jeweils anderen Texten eingesetzt wird (*Beck's Bier*) oder (3b) indem die einzelnen Bildelemente zwar verändert werden, die Schlüsselbilder aber unverändert bleiben (*Axe, Haribo, O₂*).

Doch auch eine integrierte Kommunikation führt nicht kurzfristig zum Markenbilderfolg. Mit 1,5 Jahren kann ein Unternehmen rechnen, wenn so systematisch vorgegangen wird, wie beim F&E-Prozess für ein neues Produkt.[890] Abb.7-32 enthält weitere Empfehlungen zur Gestaltung einer Anzeige.

Auf die Werbemittelgestaltung folgt die Mediaselektion, d.h. die **Auswahl der geeigneten Träger für die Werbebotschaft**.

7.7.5. Werbeträger / Werbemedien

Abb.7-33   Das als Anzeige, Filmspot oder Plakat gestaltete **Werbemittel** sucht jetzt einen **Werbeträger**. Dieser trägt die Werbebotschaft an die Umworbenen heran. Addiert man zu den offiziellen Werbeträgern laut *ZAW* noch alle Taxen, Straßenbahnen, Anschlagtafeln, Telefonkarten oder auch Internet-Banner, dann überhäufen mehr als 1 Million Werbeträger täglich die Konsumenten mit Werbeeindrücken (Impressions). Es ist nicht möglich, hier alle Werbeträger aufzusummieren, die als Überbringer einer Werbebotschaft in Frage kommen. Abb.7-33 zeigt die wichtigsten Typen. Für eine erarbeitete Anzeigenserie, die kreative Lösung, sind die zielgruppenoptimalen Träger auszuwählen und in einem Kampagnenplan geschickt zu kombinieren.

WERBETRÄGER IN DEUTSCHLAND 2008
⇨ 375 Tageszeitungen
⇨ 27 Wochenzeitungen
⇨ 1.414 Anzeigenblätter
⇨ 894 Publikumszeitschriften
⇨ 1.222 Fachzeitschriften
⇨ 4.000 Kundenzeitschriften
⇨ 261 Telekomm.-Verzeichnisse
⇨ 241 TV-Programme
⇨ 321 Hörfunkprogramme
⇨ 4.810 Kino (Leinwände)
⇨ 339.411 Außenwerbeflächen
(Quelle: ZAW, Werbung in Deutschland, 2009, S. 246)

---

[889] vgl. Esch; Andresen, (Botschaften), in: ASW, 8/2000, S. 52-56; Esch, (integrierte Kommunikation), 1999; aufbauend auf Bruhn, (Kommunikationspolitik), 2009, S. 95 ff.
[890] vgl. Esch; Andresen, (Botschaften), in: ASW, 8/2000, S. 53

Deutschlands stärkste Medienmarke ist die *BILD-Zeitung*. Die Markenfamilie erreicht 27 Mio. Kunden täglich und erhielt den **Deutschen Marketingpreis 2003**.

> ➧ Die **Mediaselektion** wählt den oder die geeigneten Träger für die Werbemittel aus. Sie soll z.B. entscheiden, ob eine Anzeige in der *Wirtschaftswoche* oder im *Manager Magazin* geschaltet wird. Die Medien stehen in harter Konkurrenz zueinander und werben in **Leserschaftsprofilen** mit ihren Erfolgskennziffern. Abb.7-34 zeigt als Beispiel das *Mercedes-Magazin*.[891]
>
> ➧ Dominierende Zielsetzung der Mediaselektion ist die **Minimierung der Streuverluste einer Werbebotschaft**. Ein Streuverlust entsteht, wenn eine Botschaft eine umworbene Person der Zielgruppe nicht erreicht oder, trotz Ansprache, von ihr nicht zur Kenntnis genommen wird.

Die Praxis spricht vom **Mediastreuplan** und weniger vom Werbeträger-Plan. Zu den wichtigsten **Mediaselektionskriterien** zählen:[892]

(1) Die generelle **Attraktivität** des Mediums (z.B. *Spiegel* im Vergleich zu *Focus*),
(2) **Eindrucksqualität** und **Image** des Mediums (Bsp.: *Bild* versus *Die Zeit*),
(3) **zeitliche Verfügbarkeit** des Mediums (Tages-, Wochen- oder Monatszeitung),
(4) **räumliche Reichweite** (Bsp.: *Landshuter Zeitung* versus *FAZ*),
(5) **quantitative Reichweite** (durch die Botschaft erreichte Personenzahl),
(6) in Verbindung mit **Kontaktfrequenzen** (Kontaktsummen und –verteilungen),
(7) **qualitative Reichweite** oder **Zielgruppeneffizienz** (Messung der Streuverluste)
(8) und letztlich der **Kontaktpreis** (1.000er Kontaktpreis).

Abb.7-34

Zu unterscheiden ist die ex ante Analyse von Kontaktchancen bei der **Mediastreuplanung** von der ex post Erfolgsanalyse eines Werbemediums im Rahmen der **Werbeträgerforschung**. Durch das Leserschaftsprofil aus der Abb.7-34 empfiehlt sich z.B. *Mercedes* bei den Werbetreibenden bzw. Mediaagenturen, die die Verteilung der Etatmittel auf die Werbeträger vornehmen.

Für die Messung der Mediaselektionskriterien haben sich **Kennziffern** bewährt. Die Medienwirtschaft hat sich auf Kennzifferndefinitionen der *Informationsgemeinschaft zur Feststellung der Verbreitung von Werbeträgern* (*IVW*) verständigt. Von besonders großer Bedeutung ist der **Kontaktpreis**. Er wird üblicherweise **in Kosten pro 1.000 Werbekontakte** ausgedrückt. In ungewichteter Form werden die Gesamtkosten einer Werbeschaltung durch alle Werbekontakte (in 1.000) dividiert. Diese

---

[891] erhoben nach der AWA Teilstichprobe im Frühjahr 1997 auf Basis 6.534 Befragte und 3 Belegungen. Quelle: ASW, 4/1998, S. 26
[892] vgl. die „historischen" Ausführungen von Freter, (Mediaselektion), 1974, S. 77 ff.; die umfassende Darstellung bei Rogge, (Werbung), 2004, S. 255 ff. sowie die dort angegebene Literatur und die Ausführungen zum Medienprofil und zur Kontaktqualität bei Pepels, (Marketing), 2009, S. 727 ff.

Kennziffer lässt jedoch den Zielgruppenanteil unter den Lesern, Hörern oder Fernsehern unberücksichtigt. Deshalb geht man zum **gewichteten Tausenderpreis** über. Die Insertionskosten werden dann nur auf die Zielpersonen (Multiplikation der Bruttokontakte mit dem Zielgruppenanteil des Werbeträgers) bezogen. Aber auch die gewichteten **1.000er Kontaktpreise** lassen die Qualität der Werbeschaltung und differenzierte Werbekontaktchancen außer Acht.

Deshalb wird der in Abb.7-34 herausgestellte **Affinitäts-Index** zu einem wichtigen Erfolgsmaßstab für das Erreichen der Zielgruppe. Beträgt der Zielgruppenanteil der Angler in der Gesamtbevölkerung z.B. 2% und sind in der Leserschaft eines Freizeitmagazins 8% Angler, dann beträgt der Affinitäts-Index 400. Ein Affinitätswert von 100 bedeutet, dass das gewählte Medium überhaupt keinen Zielgruppenvorteil gebracht hat. Je höher der Affinitäts-Index ausfällt, desto häufiger (präziser) wird die Zielgruppe im Vergleich zur Trefferquote in der Gesamtbevölkerung „getroffen". 43 Gross-Rating-Points würde bedeuten, dass man bei einer Kampagne pro 100 Bruttokontakte 43-mal auf Personen der umworbenen Zielgruppe trifft. 57 Kontakte wären Streuverluste.

Abb.7-35 vertieft die Ausführungen durch ein Beispiel aus der *BAC-Burda Advertising Forschung*.[893] Gemäß *IVW*-Definitionen bedeuten die Kennziffern:
- Die **Bruttoreichweite** zählt alle Leser mit mindestens einem Kontakt (Kontaktchance bzw. erreichte Kontakte gemäß Werteträgerforschung) in Mio.
- Die **Nettoreichweite** gibt alle erreichbaren oder erreichten Zielpersonen mit mindestens einem Kontakt in Mio. an (also ohne Mehrfachkontakte).
- Die **prozentuale Nettoreichweite** errechnet den Anteil der erreichten Zielpersonen an den maximal erreichbaren Zielpersonen (Zielgruppenausschöpfung).
- Die **Bruttokontakte** in Mio. ergeben sich als Summe aller erzielbaren oder erzielten Kontakte (Treffer) in der Zielgruppe.
- Die **Gross Rating Points** (GRP's) rechnen die erzielbaren oder erzielten Bruttokontakte auf 100 Zielpersonen um (Kontakte pro 100 Zielpersonen).

Abb.7-35

[893] vgl. hierzu und im folgenden Burda Advertising Center, (Meßgrößen), 1997

- Die **Zielgruppen-Affinität** gibt den prozentualen Anteil der mindestens einmal durch das Medium erreichten Zielpersonen an allen von diesem Medium erreichten Personen an (Effizienz der Zielgruppe).
- Der **Affinitäts-Index** teilt den Anteil der vom Medium erreichbaren Zielpersonen durch den Zielgruppenanteil in der Gesamtbevölkerung (x 100).

7.7.6. Messung der Werbewirkungen und des Werbeerfolgs

a.) Werbemittel-, Kampagnenerfolge (Werbemittelforschung)

„I know half the money I spend on advertising is wasted. I just don't know which half."[894]

Die Messung des **Werbeerfolgs** kann dreistufig angelegt werden:
(1) **Werbemittelerfolg**: Welche Wirkungen erreicht eine Anzeige, ein Plakate etc. aus welchen Gründen durch die kreativen Elemente bei den Umworbenen?
(2) **Werbeträgererfolg**: Wurden in punkto 1000er-Kontaktpreis, Reichweite, Affinität sowie anderer ökonomischer Parameter die richtigen Medien ausgewählt?
(3) **Gesamterfolg**: In welchem Ausmaß sind die Werbeziele einer Kampagne insgesamt erreicht worden (mehr Bekanntheit, neue Leads, Umsatzgenerierung)?

Abb.7-36

Die **Werbeerfolgskontrolle** betrachtet zunächst die Qualität eines Werbe<u>mittels</u>, also die kreative Wirkung einer Anzeige oder eines TV-Spots. Trifft die Anzeige nicht in das Herz des Kunden, dann bleibt selbst eine Positionierung im reichweitenstärksten Hochglanzmagazin wirkungslos. Abb.7-36 zeigt die Messgrößen für die Werbeerfolgskontrolle.

MESSGRÖSSEN FÜR DEN WERBEMITTELERFOLG		
Kognitive Erfolgsgrößen - bewerten / erinnern -	Affektive Erfolgsgrößen - fühlen -	Konative Erfolgsgrößen - handeln (überprüfbar)
• Werbekontakte • Wiedererkennung (Recognition) • Erinnerung (Recall), gestützt oder nicht-gestützt	• Einstellungen • Assoziationen • Vergleiche	• Kaufabsicht • Effektiver Kauf • Kaufempfehlung • Wiederholungskauf

DAR-Test (Day after Recall): Telefoninterviews einen Tag nach Ausstrahlung eines TV-Spots.

In der Praxis liegt der Schwerpunkt im **kognitiven Messbereich**.[895] Um den Erfolg einer Anzeige, eines TV-Spots oder eines Plakates festzustellen, werden Käufer nach **Wiedererkennung (Recognition)** und der **inhaltlichen Erinnerung** an die TV-Spots und deren Borschaften (**Recall**) befragt:
(1) **Recognition-Tests**: Am bekanntesten ist der **Starch-Test** mit ca. 150 - 200 Testpersonen. Die Tests befragen Leser nach den Kategorien „*noted*" (Anzeige gesehen), „*seen/associated*" (Anzeige global wahrgenommen) und „*read most*" (Anzeige zu mehr als 50% gelesen). Die **Wiedererkennungstests** gelten als recht zuverlässig.[896] Speziell können Ereigniskenntnisse, Werbekenntnisse, Namenskenntnisse und Eigenschaftskenntnisse abgefragt werden.
(2) **Recall-Tests** prüfen weitergehend den Erinnerungsumfang der Umworbenen ab. Bei der **ungestützten Erinnerung** (Unaided Recall) sollen die Befragten Details einer Anzeige ohne jede Hilfestellung beschreiben.[897] Bei der **gestützten Erinnerung** (Aided Recall) werden Hilfestellungen gegeben, z.B. Nennung eines Markennamens, ein kurzer Blick auf das Logo oder Hinweise zum Produkt. Be-

---

[894] Bruhn zitiert diesen berühmten Ausspruch des Händlers John Wanamaker (1837-1922) in seiner 1. Auflage: Bruhn, (Kommunikationspolitik), 1997, S. 359
[895] d.h., es werden keine Einstellungen erfragt, sondern Sachverhalte, vgl. Abschnitt 3.3.5 mit einer Darstellung der etablierten Media-Analysen
[896] vgl. Bruhn, (Kommunikationspolitik), 2009, S. 525-528
[897] vgl. Bruhn, (Kommunikationspolitik), 2009, S. 525-528

Werbewirkung der E.On-Kampagnen: gestützte Bekanntheit: 93%; ungestützte Bekanntheit: 66% (s. Hinweis in: MM, 6/2004, S. 84).

Abb. 7-37

kanntester Vertreter dieser Kategorie ist der **Impact-Test**, bei dem die Befragten eine bereits gelesene Zeitung oder Kärtchen mit den Namen der beworbenen Firmen bzw. Produkte vorgelegt bekommen. Wir blicken mit diesen Analysen auf Inhalte des 3. Kapitels zurück: auf die professionelle Marktforschung mit dem Methodenarsenal der Konsumentenbefragungen, Panels und Store-Tests.

Seit 1992 erfasst der Werbewirkungskompass der IP Deutschland quartalsweise die Kommunikationsleistungen von rund 150 Marken aus 9 Branchen. Ca. 14.000 Interviews werden durchgeführt, um den Werbedruck in Euro pro Person zu berechnen. Abb.7-37 liefert Untersuchungsergebnisse. Die zentrale Kennziffer ist die globale Werbeerinnerung (globale Werbeerinnerung in Relation zu Pro-Kopf-Werbeausgaben). Der Werbedruck von 10 Cent erhält den Indexwert 100. Die Erhebungen belegen, dass das Erinnerungsvermögen stark branchenabhängig ist. So liegt der Indexwert für Margarine bei 145, der für PKW dagegen nur bei 55. Für PKW müssen daher wesentlich mehr Werbeaufwendungen aufgebracht werden, um dieselben Erinnerungswerte wie für Margarine zu erzielen.[898]

```
WERBEDRUCK-INDEX FÜR
GLOBALE WERBERINNERUNG

+ Margarine       ⇨ 145
+ Kaffee          ⇨ 135
+ Waschmittel     ⇨ 111
+ Milchprodukte   ⇨ 105
- Speiseöle       ⇨  90
- Banken          ⇨  85
- Versicherungen  ⇨  75
- PKW             ⇨  55

(100 = 10 Cent)
```

Die Werbewirkungsmessung im **Gefühlsbereich** wurde bereits bei der Skalierungstechnik (Abschnitt 3.2.7.f) beschrieben. **Einstellungen** *(Wie gefällt Ihnen die Anzeige ...?)*, **Assoziationen** *(Wenn Sie den Markennamen Lacoste hören, woran denken Sie dann?)* oder **Vergleiche** *(Suchen Sie sich aus den Anzeigen jeweils zwei aus, die sich sehr ähnlich sind, sowie zwei, die Sie als grundverschieden empfinden)* stehen im Vordergrund der Befragungen. Als Werbeauswirkungen auf das **konkrete Kaufverhalten** können im Markt erfragt werden: (1) **Kaufabsichten**, (2) **konkrete Kaufakte** und (3) **Weiterempfehlungen**.

Die Werbeerfolgsmessung wird durch zwei Phänomene erschwert:
(1) durch einen zeitlichen **Übertragungseffekt**: Eine Anzeige oder ein TV-Spot wirkt nicht unverzüglich. Die Wirkung tritt vielmehr mit einer zeitlichen Verschiebung in Proportionen auf; sie überträgt sich stückweise in die Zukunft.[899]
(2) durch einen **Carry-over-Effekt:** Dieser verhindert eine isolierte Wirkungserfassung einer Werbemaßnahme. Bereits beim Anblick einer Anzeige beeinflussen das Produktäußere (Produktdesign), das empfundene Hersteller-Image wie auch die Kenntnis um den Produktpreis die Wahrnehmung (als Folge des Phänomens der selektiven Wahrnehmung) und die Wirkung des Werbemittels.

Deshalb wurden **Scoring-Modelle** entwickelt. Sie messen die Wirksamkeit von Anzeigen nicht durch Erhebung isolierter Erfolgsparameter, sondern mit Hilfe von multivariablen Bewertungen. Z.B. analysiert der *TachEswa-Index* Werbung anhand der Kriterien **Geschwindigkeit** (einer Werbeaufnahme), **Einstellung** und **Gedächtniswirkung** sowie der Subdimensionen **Aufmerksamkeit, Informationsinhalt, Anzeigenerinnerung, Markenerinnerung, Akzeptanz** und **Persuasion** (Überzeugungskraft).[900] Jedes Werbemittel wird anhand von 160 Kriterien überprüft. Für erfolgreiche Anzeigen oder Spots gilt ein Benchmark (Overall-Score) von 100 und mehr Punkten. Bei einer Analyse der Anzeigen im *Spiegel* und im *Focus* im Oktober 2000 haben vier Anzeigen diese Spitzenwerte erreicht: *Hannoversche Leben, Die Bahn, Fuji* und *jusline.de*. Alle vier **Spitzenanzeigen** zeichnen sich aus durch:

---

[898] Werbewirkungskompass IP Deutschland, zitiert in o.V., (Werbeerinnerung), in: PM-Beratungsbrief v. 25.5.1998, S. 1
[899] vgl. Rogge, (Werbung), 2004, S. 238
[900] vgl. Meyer-Hentschel, (Überdurchschnittlich kreativ), in: ASW, 2/2001, S. 92-93

- eine stark bildorientierte Kommunikation,
- keine "Kopflastigkeit",
- hohe, zielgerichtete Kreativität,
- Fokus auf Dienstleistungen.

Die Erfolgsmessung für Dialogmarketing-Kampagnen wird im folgenden Abschnitt dargestellt (s. auch Abb.7-50).

b.) Werbeträgererfolge (Werbeträgerforschung)

Ein Werbetreibender möchte seine kreativen Werbemittel auf erfolgversprechenden Werbeträgern platzieren. Die Mediaagenturen greifen hierzu bei ihrer Media-Streuplanung auf die systematisch erhobenen Daten der Werbeträgerforschung zurück. Alle größeren Marktforschungsinstitute haben Erhebungsprogramme zur Messung der **Werbekraft von Werbeträgern** laufen. Abb.3-27 lieferte bereits einen Überblick über führende Mediastudien in Deutschland. Abb. 7-35 nahm Bezug auf die *Burda-Leserschaftsanalyse* bei Printmedien. Als bedeutendste Reichweiten-Studien sind noch einmal hervorzuheben:

(1) **Media-Analyse (MA)** der *Arbeitsgemeinschaft Media-Analyse*: Die angeschlossenen Marktforschungsinstitute liefern halbjährlich Leserschaftsdaten (der Befragte muss mindestens eine der letzten 12 Ausgaben genutzt haben) von 39.000 nach dem Random-Route-Verfahren ausgewählten Befragten.

(2) **Allensbacher Werbeträgeranalyse (AWA)**: Das private *Institut für Demoskopie in Allensbach* befragt nach dem Quotenverfahren 21.000 Leser (der Befragte muss eine Zeitschrift mindestens *sehr selten* nutzen), analysiert spezielle Zeitschriftenreichweiten und bietet zahlreiche qualitative Zielgruppeninformationen.

Aufgabe der **Anzeigenmarktforschung** ist es, den Weg einer Zeitschrift von der Druckauflage zu den Leserkontakten und weiter zu den gewünschten Zielgruppenkontakten nachzuverfolgen. Im Mittelpunkt steht die verkaufte Auflage, differenziert nach Einzelverkauf, Abo-Verkauf und sonstigem Verkauf (im wesentlichen Lesezirkel). Das Erfolgskriterium ist die Anzahl der **Leser pro Nummer** (LpN). Die *IVW* definiert:

> „Im Leser pro Nummer werden alle Personen erfasst, die von der durchschnittlichen belegbaren kleinsten Einheit eines Werbeträgers, d.h. bei einmaliger Insertion erreicht werden. In der Praxis der Werbeträgerforschung ist das die Zusammenfassung aller Personen, die im jeweiligen Erscheinungsintervall Kontakt mit irgendeiner Einheit des Werbeträgers hatten." (Broschüre der IVW)

Der Ansatz beruht auf der Gesetzmäßigkeit, dass die Anzahl der Leser einer bestimmten Ausgabe einer Zeitschrift innerhalb eines beliebigen Zeitraums gleich ist der Leserschaft einer beliebigen Ausgabe in einem bestimmten Zeitraum. Beispiel: Die Leser von Heft 10 im Zeitraum Woche 10 bis 16 entsprechen den Lesern der verschiedenen Ausgaben (Hefte 10 bis 16) in der Woche 16. Man kann also die Identität von Leser pro Nummer und Leser im Erscheinungsintervall unterstellen, so dass es nicht notwendig ist, wiederholte Befragungen nach der Nutzung einer bestimmten Nummer durchzuführen. Eine Leserbefragung in Woche 16 ist ausreichend. Durch Berücksichtigung von individuellen Nutzungswahrscheinlichkeiten wird die Analyse weiter verfeinert und der LpN-Wert in einen LpA-Wert überführt.[901]

---

[901] Dazu werden folgende Lesergruppen mit ihren Lesewahrscheinlichkeiten unterschieden: ganz seltene Leser (1 - 24%), seltene Leser (25 – 40%), gelegentliche Leser (41 – 58%), häufige Leser (59 – 82%), Kernleser (83 – 100%). Kernleser lesen praktisch jede Ausgabe.

7. Kapitel: Die Kommunikationspolitik

Die GfK führt weltweit das größte Fernsehforschungspanel. Die Zuschauerdaten gelten als „Währung" der Mediaplanung.

Nicht minder ausgefeilt ist die **Fernsehzuschauerforschung**. Sie wird in Deutschland im Auftrag der *AGF* durchgeführt. Werbewirtschaft und TV-Sender wollen in Erfahrung bringen, welche Zielgruppen zu welchen bevorzugten Zeiten welche TV-Kanäle wie lange nutzen. Sie beschaffen sich die Informationen hierzu vor allem aus dem Panel der *AGF/GfK-Fernsehforschung*. Die Daten werden in 5.640 Panel-Haushalten bei ca. 13.000 Personen erhoben. Auswahlgrundlage für die Quotenstichprobe ist die Grundgesamtheit von 35 Mio. deutschen Haushalten mit 72 Mio. Personen; aufbereitet in der **ma** (**Media-Analyse**) bzw. dem **Mikrozensus** für die EUA-Haushalte.[902]

Das neue *GfK*-Messgerät ist der der *Telecontrol Score (TC Score)*. Er erfasst per Datenfernübertragung (1) wieviele Haushalte mit (2) wievielen Personen mit (3) welchen soziodemografischen Merkmalen (4) welche Fernsehsendungen (5) wie lange sehen. Die Sendernutzungsanalyse der 300 Kanäle erfolgt digital. Bis zu 16 Fernsehzuschauer geben auf dem Gerät ihre personenbezogenen Daten per Knopfdruck ein. Das *AGF/GfK-Fernsehpanel* bietet Auswertungen zu allen relevanten Facts der Fernsehnutzung, wie z.B. Sehdauer, Sehbeteiligung und Marktanteile.

Der FAW weist für 2008 insgesamt 339.411 qm Werbeflächen und einen Gesamtumsatz von 805,38 Mio. Euro aus.

Ein spannender Bereich ist die Erfolgsmessung für die **Out-of-Home-Medien**. Diese werden vom *Fachverband für Außenwerbung* (FAW) betreut. Folgende Messverfahren kommen zum Einsatz:
(1) die **Media-Analyse Plakat** (MA) der Arbeitsgemeinschaft Media-Analyse (AG.MA) zur Grobplanung von Plakatkampagnen; mit Abfrage individueller Wahrnehmungen von 10.000 Personen älter als 14 Jahre (2007 wurden 95 Prozent der Werbeträger Großfläche, Ganzsäule, Citylight-Poster und Megalights, d.h. 287.000 Werbestandorte, erfasst),
(2) das **Plakatbarometer** mit regelmäßiger Erhebung von Werbe- und Motiverinnerungen mit Markenzuordnungen auf Ortsebene (1.800 Fälle pro Ort),
(3) der **Plakatmonitor**, eine regelmäßige Erhebung (2.500 Fälle) von Recognition und Medialeistung mit Berechnung von Reichweiten, Kontakthäufigkeiten/GRP (dient weniger der Standortbewertung),
(4) der **Niko-Index**, eine kontinuierliche Abfrage von Bekanntheit, Werbeerinnerung, Kaufbereitschaft, Image, Medienleistung mit ca. 64.000 Fällen p.a.,
(5) die **G-Wert-Messung** der *GfK* für die Feinplanung von Plakatstandorten,
(6) der **G-Wert-2** auf der Grundlage eines **Frequenzatlasses**, der die Verkehrsfrequenzen aller deutschen Großstädte misst.
(7) Letztlich sind in die **Verbraucher-Analyse** (VA) auch Citylight-Poster und Großflächen einbezogen.

Abb.7-38 Der **G-Wert** der *GfK* ist ein Maß für die Aufmerksamkeitswirkung von Werbemitteln und somit für die **Plakat"-leistung".**

ANALYSE DER AUSSENWERBETRÄGER			
Werbeträger	Anzahl Werbeflächen 2008	Netto-Umsätze 2008	Durchschn. Reichweite
1. Allgemeinstelle	37.050	29,73 Mio. €	-
2. Ganzsäule	15.858	32,96 Mio. €	47,2
3. Großflächen insgesamt	163.977	337,34 Mio. €	85,8
4. Großfl. Einkaufzentrum	-	- €	85,8
5. Großfl. U-/S-Bahn	-	- €	85,8
6. Verkehrsmittelwerbung	-	64,91 Mio. €	-
7. Riesenposter	922	40,91 Mio. €	50,0
8. Citylight-Poster insgesamt	106.495	212,74 Mio. €	85,8
9. Mega-Lights/City-Light	15.109	23,43 Mio. €	-
10. Citylight-Säulen	-	28,67 €	-
(Quelle: Media-Analyse Plakat 2008 – ZAW 2009, S. 386, S.108; Horizont 40/2006, 62)			

---

[902] vgl. GfK (Hrsg.), Fernsehzuschauerforschung, akt. Ausgabe, und interne Infos GfK

Grundlage ist eine Passantenzählung (Passantenfrequenzen) nach verschiedenen Kategorien (z.B. Fußgänger, Autofahrer u.a.). Bei zufällig ausgewählten Passanten in diesen Kategorien werden die erinnerten Plakatkontakte pro Stunde erfragt (Erinnerungs-Anteile für die Plakatflächen). Miteinbezogen werden Beleuchtung, Sichthindernisse und Aufstellwinkel der Werbeträger. 2005/06 wurde erstmalig ein städtischer **Frequenzatlas** auf der Grundlage eines erweiterten **G-Wertes-2** berechnet. Bislang erfasst der Frequenzatlas der *GfK* alle Städte mit mehr als 100.000 Einwohnern. Abb.7-38 liefert Eckdaten aus der *Media-Analyse Plakat 2008*.

> ➡ G-Wert = Passantenfrequenz pro Stunde multipliziert mit Erinnerungs-Anteil.
> ➡ Der Frequenzatlas gibt für einzelne Straßenabschnitte die Anzahl der Passanten als Durchschnittswert pro Stunde an; eingeteilt nach Fußgänger, Autofahrer und Teilnehmer am öffentlichen Nachverkehr.
> ➡ Der Kontaktbegriff der Media-Analyse-Plakat ist der **Plakatseher pro Stelle (PpS)**, der als Werbemittel-Kontaktchance definiert ist. Diese Kontaktdefinition folgt dem internationalen Standardbegriff **Visibility adjusted Contact (VAC)**.

Die vielfältigen Werbemittel der Außenwerbung wurden nicht im Abschnitt 7.7.3.a. beschrieben. Deshalb wird an dieser Stelle auf den Trend zum **Digital Signage** (digitale Beschilderung) aufmerksam gemacht. Digital Signage umfasst den Einsatz digitaler Medieninhalte, also elektronische Plakate, elektronische Verkehrsschilder, Flatscreens am POS oder auf Events. Die Inhalte können kostengünstig erstellt und flexibel programmgesteuert werden. Der teure Plakatdruck entfällt. 2009 betrug der Anteil der digitalen Außenwerbung am gesamten Out-of-Home-Werbemarkt zwar erst 4 Prozent. Es ist aber damit zu rechnen, dass die digitalen Werbemedien zunehmen die klassischen Plakat-Formate zurückdrängen.

c.) Probleme der klassischen Medienwerbung

Aller kreativen Perfektion zum Trotz: Die Wirkung von Print- und TV-Werbekampagnen wird zunehmend angezweifelt:

> *„Früher"*, erinnert sich Peter Wippermann, Trendforscher und Professor für Kommunikationsdesign, *„wussten Unternehmen: Da ist unsere Zielgruppe, da machen wir einen Kringel drum und hauen die Werbung drauf. Das ist jetzt vorbei. Kein Unternehmen könne mehr vorausberechnen, wo es wen erreicht."*[903]

„Der hybride Konsument, der heute Hummer speist und morgen Fischbulette – er wird im Jahr 2020 zum neuen Otto Normalverbraucher." (Christian Rickens, in: MM 2/2006, S. 91)

Die klassischen Zielgruppen verlieren ihre festen Konturen. Ein Symbol hierfür ist der *Audi A6* Fahrer, der bei *ALDI* vorfährt. Es gibt keinen *typischen Audi-Fahrer* mehr. Nichts scheint mehr vorhersehbar. *„Es reicht, blöd zu sein, um Bluna zu trinken."*[904] Die klassische Mediaselektion verliert an Durchschlagskraft. Der Verbraucher verhält sich zusehends hybrider, *„als ungreif- und unbegreifbares Mischwesen, als Konsument ohne echte Eigenschaften, geschlagen mit einem düsteren Hang zur Individualität."*[905] Ein **Szene-Marketing** bricht traditionelle Zielgruppen auseinander (s. Abschnitt 1.1.8.f). In einem interessanten Beitrag brachten *Esch* und *Andresen* das **Dilemma von klassischer Markenpositionierung** (Markenführung) **und Werbung** auf den Punkt. Es ist bemerkenswert, dass diese Vorhaltungen auch vierzehn Jahre später noch Bestand haben:[906]

---

[903] Boldt, (wahres Leben), in: MM, 10/1997, S. 228
[904] Boldt, (wahres Leben), in: MM, 10/1997, S. 236; s. auch die Ka-Werbung von Ford
[905] Boldt, (Maßstab), in: MM, 4/1998, S. 143
[906] z.T. in Anlehnung an Esch; Andresen: (Barrieren), in: Tomczak; Rudolph; Roosdorp (Hrsg.): Positionierung, 1996, S. 78-94

- ⊠ Werbung orientiert sich zu stark vergangenheitsorientiert an vorhandenen und gesättigten Bedürfnissen. (Positivbeispiele: z.B. die Kampagnen von *Hornbacher* oder den *Twingo*.
- ⊠ Die Werbung hält zu stark an Sachbotschaften fest.
- ⊠ Die etablierten Marktforschungsinstitute konservieren überkommene Erfolgsfaktoren. Als Folge laufen die Wettbewerbsprofile (Produkteinschätzungsprofile) heute weitgehend parallel. Alle Hersteller werben mit den gleichen Präferenzkriterien.
- ⊠ Zu viele Marken werden zu defensiv positioniert. Es macht z.B. keinen Sinn, *Citroen* als „sicheres Auto" zu bewerben.
- ⊠ Positionierungsentscheidungen werden vom Top-Management gefällt, sondern von Produktmanagern mit einer relativ hohen Personalfluktuation.
- ⊠ Die strategische Werbung kommt zu kurz. Wegen der kurzfristig angelegten Entlohnungs- und Anreizsysteme sind die Manager auch nicht daran interessiert, den Erfolg vergangener Kampagnen zu messen.
- ⊠ Noch immer finden die Gesetzmäßigkeiten des Imagery zu wenig Beachtung. Beispiel: Viele Marken besetzen den Begriff *Frische*. *Cliff* hat diese durch die Dimensionen Abenteuer und Männlichkeit konsequent umgesetzt. *Fa* dagegen, mit ständig wechselnden Farben und Motiven, hat seine Marke nicht unverwechselbar positionieren können.
- ⊠ Die eingesetzten Werbebilder passen nicht zur Markenhistorie und zur Realität (Bsp.: Die Pünktlichkeits-Werbung der *Bahn AG*).
- ⊠ Mangelnde Kontinuität der Werbebotschaften gefährdet den Erfolg. Der *Citroen Xantia* wurde 1995 mit neun unterschiedlichen Auftritten beworben, die bis auf das Logo keine inhaltlichen und formal integrierenden Elemente aufwiesen. Das Markenbild war zersplittert. Als Gegenbeispiel gilt der *Renault Clio*. Über einen längeren Zeitraum wurde die Szenerie der Paradieslandschaft mit der Zeichentrickschlange in unterschiedlichen Spots durchgehalten. Die gestützte Recall-Analyse erbrachte dann auch ein für *Citroen* vernichtendes Ergebnis.[907]

Consumer Resistance bezeichnet das Phänomen, dass sich Verbraucher durch Marketingaktivitäten gestört fühlen und sich der Werbung entziehen.

Immer wieder erhärten Konsumentenbefragungen die Kritik an der Werbung und verweisen auf eine zunehmende Werbemüdigkeit der Verbraucher. So würden einer *GfK*-Befragung zufolge 45,1% von 2.500 Konsumenten die Werbung gerne einschränken. 22,4% sprechen sich sogar für ein Abschaffen jeglicher Werbung aus.[908] Untersuchungen decken 56 Prozent sog. **"Fernsehverweigerer"** in der Gruppe der 14- bis 29-Jährigen auf; mit Abitur oder weiterführendem Schulabschluss. Die durchschnittliche Sehdauer der 14- bis 49-Jährigen beträgt nur noch 23 Minuten. Gerade die Wenig-Seher sind besonders einkommensstark und gebildet.[909] Nicht anders sieht das Bild bei den Pressemedien aus. Ein Leserschwund ist bei den Tageszeitungen unverkennbar. Das Wort von den "*Zeitungsmuffeln*" macht die Runde.[910] Die werbenden Hersteller suchen die Ursachen bei den Agenturen und werfen diesen mangelnde Kreativität und Budget-Opportunismus vor. Die Kreativen wiederum verweisen auf konservative und risikofeindliche Produktmanager.[911] Eine Studie der *MGM Media Gruppe* München kommt zu dem Schluss:[912]

„Die meisten Briefings der Kunden sind falsch. Sie sind unklar, begeistern nicht, sondern blockieren die Agenturen. Ein gutes Briefing ist jedoch Grundvoraussetzung für gute Ideen."

---

[907] vgl. die Grafiken 3, 4 und 5 des Aufsatzes von Esch und Andresen: Esch; Andresen, (Barrieren), in: ASW, 10/1996, S. 97 und 99
[908] vgl. o.V., (Einschränkung), in: PM-Beratungsbrief v. 5.5.1997, S. 1
[909] vgl. AC Nielsen Single Source, zit. in: o.V., (Werber), in: PM-Beratungsbrief v. 13.1.2001, S. 1
[910] Allensbacher Markt- und Werbeträger-Analyse AWA 1991-2000; zit. in: o.V., (Zeitungsmuffel), in: PM-Beratungsbrief v. 13.1.2001, S. 6
[911] zu diesen Argumenten vgl. Kotler; Keller; Bliemel, (Marketing-Management), 2007, S. 728
[912] o.V., (kreativste Werber), in: PM-Beratungsbrief v. 25.8.1997, S. 6

Es ist also ratsam, Werbeetats nicht aus Alibigründen aufzustellen und Ziele und Strategien mit den Agenturen detailliert zu vereinbaren. Nichts ist schlimmer für eine Agentur als ein Auftraggeber, der nicht weiß, was er will. Denn der Werbeetat gilt als **Hebel für die Markenpolitik**. Doch die Kräfte der klassischen Medienwerbung dürfen auch nicht überbewertet werden. Ein Trend in der Kundenkommunikation geht zur werblichen Direktansprache.

7.8. Direktwerbung / Dialogmarketing

7.8.1. Begriff - Bedeutung - Aufgaben

> *„Wir werden in der Zukunft weniger mit der großen Gießkanne die Kommunikation betreiben. Für uns sind Database-Management, Clienting die Stichworte. Wir werden versuchen, die Kundenbeziehungen direkter und mit größerer Erfolgschance aufzubauen und nicht nur über die Fernsehwerbung zu gehen."*[913]

Lt. Marktfoschung der *Deutschen Post* engagieren sich über 2,8 Mio. Unternehmen in Deutschland im Bereich Dialogmarketing

Die unpersönliche Medienwerbung „macht" Marken. Sie hat aber auch Grenzen:
- hohe Streuverluste und damit hohe Kosten pro Zielgruppenkontakt,
- Zielgruppendifferenzierung ist nur durch Auswahl zielgruppenbezogener Werbeträger möglich (z.B. *Essen & Trinken* versus *Diät*),
- Anonyme Werbung schafft keine persönlichen Beziehungen,
- i.d.R. keine Nachfassmöglichkeiten für den Werbenden, da kein Dialog mit dem Kunden erfolgt (gilt nicht für Anzeige mit Responseträger, Coupon),[914]
- daher im Regelfall kein kundenangepasstes Kontaktprogramm möglich,
- alle Werbeadressaten werden gleich angesprochen, keine Berücksichtigung des Kundenstatus auf dem Weg vom Interessenten zum Stammkunden (s. noch einmal die Kunden-Loyalitätsleiter in der Abb.6-36),
- Werbebotschaften werden immer gleichförmiger, Verbraucher sind übersättigt.

Deshalb haben Versandhäuser in den 60er Jahren große Anstrengungen unternommen, neue Instrumente für eine direkte Ansprache der Konsumenten zu entwickeln. Heute übernehmen spezielle **Direktmarketing-Dienstleister** für die werbetreibende Wirtschaft die Aufgaben,
(1) Adressen von Interessenten zu suchen (*Wer kommt als Kunde in Betracht?*),
(2) Adressen zu qualifizieren (*Was kauft der Kunde?*),
(3) diese Adressen an Anbieter mit besonderen Zielgruppenwünschen zu verleihen oder zu verkaufen (*Wer könnte aus einer Adresse Nutzen ziehen?*)
(4) bzw. selbst, im Auftrag eines Anbieters, diese Interessenten anzusprechen,
(5) um Werbebotschaften zu übermitteln
(6) und Kaufabschlüsse zu generieren.

Diese Adressenanbieter prägten den Begriff Direkt<u>marketing</u>-Unternehmen, obgleich der ursprünglichen Intention gemäß der Name Direkt<u>werbe</u>-Unternehmen angemessener wäre. Im Zeitraum 1988 bis 2008 entwickelte sich ein Wirtschaftsbereich mit einem Auftragsvolumen, das von 6,4 auf 29,9 Mrd. Euro anstieg.[915] Die von der *Deutschen Post* und vom *DDV* favorisierten Formen des Direktmarketing, deren Werbeaufwendungen und prozentualen Anteile sind aus der Abb.7-39 ersichtlich.[916]

---

[913] Interview mit dem früheren DaimlerChrysler Vertriebsvorstand Dr. Zetsche: Zetsche, (Mercedes), in: ASW, 5/1996, S. 14-18. Interview durch Peter Sippel
[914] hier ist allerdings eine wichtige Anmerkung des Deutschen Direktmarketing Verbandes hinzuweisen: Danach enthalten über 30% aller Anzeigen und Beilagen Response-Elemente.
[915] vgl. Studien der Deutsche Post AG, (Dialog Marketing Monitor Deutschland) sowie *www.ddv.de*
[916] Nach den Angaben im Direkt Marketing Monitor 2009 der Deutsche Post AG.

Abb. 7-39

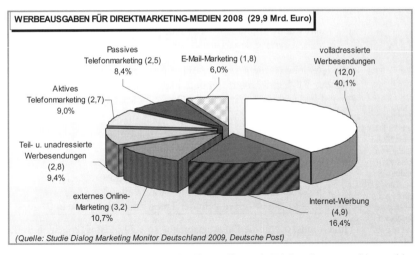

WERBEAUSGABEN FÜR DIREKTMARKETING-MEDIEN 2008 (29,9 Mrd. Euro)

- Passives Telefonmarketing (2,5) 8,4%
- E-Mail-Marketing (1,8) 6,0%
- volladressierte Werbesendungen (12,0) 40,1%
- Aktives Telefonmarketing (2,7) 9,0%
- Teil- u. unadressierte Werbesendungen (2,8) 9,4%
- externes Online-Marketing (3,2) 10,7%
- Internet-Werbung (4,9) 16,4%

(Quelle: Studie Dialog Marketing Monitor Deutschland 2009, Deutsche Post)

„Germany is also the World-champion Mail Order Country. ... Germany sets the Trends in Direct Marketing."
(Quelle: DDV-Meldung)

Wenn wir aus der Abb.7-6 die Klassik-Medien mit Dialogelementen hinzuzählen, dann sind 63 Prozent aller Werbeaufwendungen in Deutschland dem Direktmarketing zuzurechnen. Dabei nimmt Deutschland mit 39% DM-Werbeanteil die führende Position im europäischen Direktmarketing ein. Laut Schätzung der *Deutschen Post* stieg die Zahl der direktmarketingaktiven Unternehmen deutlich von 836.000 (2002) auf knapp 2,9 Mio (2009) an. Definieren wollen wir Direktmarketing wie folgt:

➡ *„Direktmarketing bedeutet, in direktem Dialog mit sorgfältig ausgewählten potenziellen Kunden* (wieso nicht mit bestehenden? Anm. des Autors) *zu treten, um eine unmittelbare Reaktion zu erhalten und um langfristige Kundenbeziehungen herzustellen."*[917]

➡ Praktischer: Das **Direktmarketing** umfasst alle Maßnahmen zur persönlichen und kostengünstigen Ansprache einer großen Anzahl von Interessenten und Kunden; mittels Brief, Telefon, Fax, Mail, SMS, Coupon oder anderer Responseträger (**kommunikationsorientierte Definition**).

➡ **Klassisches Direktmarketing** ist werbende Einzelansprache mit dem Ziel, einen **interaktiven Kundendialog** zu führen.

➡ Wenn verstärkt **Response-Elemente** im Rahmen des Direktmarketing zum Einsatz kommen, dann spricht man von **Dialogmarketing**, um die Intention von Interaktionen mit den Kunden zu betonen. Die *Deutsche Post* spricht im *Dialog Marketing Monitor 2009* nur noch von Dialogmarketing.

➡ Der Begriff **Database-Marketing** nimmt Bezug auf die Arbeit der grossen Versandhandelsunternehmen. Database-Marketing bedeutet personalisierte und individualisierte Direktansprache auf der Grundlage elektronisch qualifizierter und selektierbarer Kundendaten.

Diese Definitionen[918] bieten zwei Vorteile:
- Sie stellt das Direktmarketing als **Direktwerbung** neben den Verkauf und verhindert dadurch, dass der persönliche Verkauf seine Bedeutung als eigenständiges Marketinginstrument verliert und im Direktmarketing untergeht.[919]

---

[917] Kotler; Armstrong; Saunders; Wong, (Marketing), 2007, S. 971
[918] vgl. zu der Fülle möglicher Begriffsauslegungen Holland, (Direktmarketing), 2004, S. 5-9
[919] Dallmer spricht sogar von „Direktbelieferung" mit „Hilfe von Reisenden bzw. Handelsvertretern sowie Verkaufsbüros bzw. Katalog-Show-rooms". Diese Begriffsauslegung geht zu weit: vgl. dort S. 480. Die Vereinnahmung des Verkaufs bzw. die Schaffung einer alle Marketinginstrumente integrie-

- Sie verhindert in gleicher Weise die Vereinnahmung von Verkaufsförderung und Public Relations durch das Direktmarketing, wie sie *Meffert u.a.* vornehmen, wenn sie von „*Direktkommunikation*" sprechen.[920]

Andererseits ist nicht von der Hand zu weisen, dass z.B. ein Werbebrief mit beiliegender Rückantwortkarte unmittelbar zum Kauf einlädt. Call-Center sollen zunehmend verkaufen. Die Grenze des Direktmarketing zur Verkaufspolitik ist fließend.

Oberstes Ziel des DM ist die Steigerung von Kundenzufriedenheit und Kundenbindung. Der direkte Abverkauf liegt nur auf Platz 8 der DM-Ziele (vgl. Meffert; Schneider; Krummenerl, in: ASW, 11/2004, S. 53)

> ▶ **Direktmarketing** umfasst alle Maßnahmen, bei denen auf der Grundlage einer brieflichen, fax-mäßigen, telefonischen, computergestützten oder sonstigen Kommunikation unmittelbar Kaufabschlüsse erzielt werden sollen.
> ▶ Direktmarketing bietet somit Ansatzpunkte, kostspielige Außendienstbesuche zu ersetzen (**verkaufsorientierte Definition**). Nach dieser Auslegung ist Direktmarketing **Direktverkauf ohne Außendiensteinsatz**.
> ▶ Für beide Sichtweisen geht der Trend **zum Dialogmarketing**.

Im Grundsatz soll die Direktansprache sowohl in BtoC wie auch in BtoB
(1) Streuverluste durch korrekte Adressenqualifizierung minimieren,
(2) verstärkt Erinnerungswerte, Produktpräferenzen und Kaufimpulse durch Individualisierung des Angebotes (individuelle Bedürfnisansprache) schaffen
(3) und dies kostengünstig ohne kostspielige Außendienstkontakte.

Als **spezielle Instrumente** des Direktmarketing kommen zum Einsatz (abweichend von der Statistik der *Deutschen Post*):

(1) **(Direkt)mailing-Verfahren (Direct Mails)**: personalisierte, zumeist großzahlige schriftliche Kundenansprache (schriftliches Dialogmarketing),
(2) **Teil- und unadressierte Werbesendungen**: ohne wirklich persönliche Ansprache, sie gelten aber nicht als klassische Werbemedien,
(3) **Telefonmarketing (Telemarketing)**: telefonische Direktansprache; durch ein betriebsinternes oder -externes Call-Center (heute: Solution-Center),
(4) **E-Mailings, Internet-Kontaktprogramme** wie z.B. **Newsletter**: Kundenansprache durch das Internet; früher als interaktive Dienste bezeichnet,
(5) **Klassik-Medien mit Response (Direct-Response-Marketing)**: Printanzeigen wird ein Responseträger (Rückantwortkarte) beigelegt. Zeitschriften erhalten Umhefter. TV-Spots werden mit Response-Elementen angereichert.

Direktmarketing-Instrumente sollen vorrangig folgende **Aufgaben** erledigen:
- **Allg. Marktforschung, Zielgruppenbestimmung, Kundenqualifizierung**,
- Erhebung von Kundenmeinungen (**Responses**), z.B. zu Eigenschaften oder Qualitäten von Produkten,
- **Kundenbedarfsanalysen** mit Hinweisen an den Außendienst, wo sich Besuche lohnen und evtl. Vereinbarung von Außendienstbesuchen (**Terminplanung**),
- **Suche nach Leads**, d.h. Herausfiltern echter Interessenten aus einer Menge von Kontaktadressen zur Unterstützung des Verkaufs,
- Kundenansprache zur **Unterstützung von Handelspartnern und Vertrieb** (z.B. bieten Heizungshersteller wie *Wolf* und *Buderus* ihren Handwerkern Marketingpakete an, mittels derer diese neue Kunden ausfindig machen können),
- **Hotlines** und **Servicedienste** für Interessenten und Kunden,
- **Einladung** von Interessenten und Kunden zu Veranstaltungen,[921]
- **Auftragsannahme und Verkauf**, z.B. Versandhandel und Ticket-Service.

---

renden, übergeordneten Direktmarketing-Ebene ist verständlicherweise für die Autoren reizvoll, die sich speziell mit dieser Thematik befassen: vgl. Holland, (Direktmarketing), 2004, S. 6
[920] vgl. Meffert; Burmann, Kirchgeorg, (Marketing), 2008, S. 670-672
[921] Das Direktmarketing wird dann zu einem Instrument der Verkaufsförderung.

Abb.7-40
Abb.7-41

PRIORITÄTEN DER MARKETINGLEITER FÜR DAS DIREKTMARKETING	
① Telefonmarketing	⇨ 38%
② Call-Center	⇨ 31%
③ Dialogmarketing	⇨ 28%
④ Kunden-Hotlines	⇨ 28%
⑤ Database-Marketing	⇨ 24%
⑥ Direct Response	⇨ 21%
(Quelle: ASW, 9/1998, S. 118)	

UMSATZRANKING DIALOG-AGENTUREN 2008	
1. Defacto, Erlangen	54,0 Mio. Euro
2. GKK Dialog Group, Frankfurt	30,6 Mio. Euro
3. Pepper, München	16,0 Mio. Euro
4. WOB, Viernheim	12,4 Mio. Euro
5. Agencyteam, Stuttgart	11,5 Mio. Euro
6. Chromedia, München	9,3 Mio. Euro
7. Saint Elmo's München	7,5 Mio. Euro
8. KMF Werbung, Hamburg	6,7 Mio. Euro
9. Fritsche Werbeagentur, Hamburg	4,0 Mio. Euro
10. MSB+K, Stuttgart	3,4 Mio. Euro
(Quelle: HORIZONT, 33/2009, S. 17)	

Die große Vision des Direktmarketing ist das **Dialogmarketing**, d.h. die mediale Interaktion mit dem Kunden. Die genannten Ansätze (2) und (5) und auch (4) können nur bedingt als Dialoginstrumente betrachtet werden. Die Kontaktinitiative liegt eben doch wieder beim Kunden. Auch das zukünftige Digitalfernsehen bietet ohne PC-Vernetzung nicht die Möglichkeit der Direktansprache durch die Hersteller.
Abb.7-40 illustriert die Bedeutung der Direktmarketinginstrumente für die Marketingleiter. Die nachrangige Position des Database-Marketing überrascht. Jede DM-Aktion sollte doch auf einer Database beruhen. Abb.7-41 listet die umsatzstärksten Dialogmarketing-Agenturen laut *HORIZONT* und *W&V* auf.

7.8.2. Adressen für das Database-Marketing

Die Database ist die Schatztruhe des Direktmarketing.

Jede Direktansprache ist nur so gut wie die Qualität der Adressen. Adressenquantität und -qualität beweisen sich in einer computergestützten CRM-Kundendatenbank, der **Database**. Diese erfasst zunächst die üblichen **soziodemografischen** (z.B. Alter, Ausbildung, Wohnverhältnisse und Kinderzahl), **sozioökonomischen** (z.B. Beruf, verfügbares Haushaltseinkommen, nachweisbare Produktinteressen und Ausgabeverhalten) und **kaufpsychologischen** Qualifizierungsdaten. Der „gläserne Konsument" gibt aber weit mehr preis: seine Hobbys und Neigungen, sein Freizeit- und Arbeitsverhalten etc. Der **Datenschutz** wird deshalb immer wichtiger und europaweit immer weiter verschärft. Das Database-Marketing erarbeitet dann **kundenindividuelle Marketingstrategien** auf der Grundlage der oft über Jahre gesammelten Kundendaten. Auf die Ausführungen im 3. und 6. Kapitel wird Bezug genommen.[922]
Der Adressenmarkt in Deutschland ist mit mehr als 2.000 Datenbanken sehr gut erschlossen und äußerst vielfältig. Abb.7-42 strukturiert diesen Adressenmarkt. Adressen werden i.d.R. zur Einfach- oder Mehrfachnutzung gemietet, seltener gekauft.

Qualifizierungsdaten umfassen: Branche, Potenzialdaten, Bonitätsdaten, sonst. Firmendaten, Kommunikationsdaten, Entscheiderdaten, Regionaldaten, Geodaten.

Der Branchenführer *AZ Direct GmbH* (*Arvato*-Gruppe) bietet z.B. an[923]
- mehr als 37 Mio. qualifizierten Adressen der *AZ Haushaltsdatenbank*, davon 25 Mio. zielgruppen-typologisiert (s. Abb.1-21) und mit aktueller Altersangabe,
- über 20 Mio. Haushaltsadressen mit Konsum- und Postkaufaffinitäten,
- ca. 4 Mio. qualifizierte Firmenadressen der *AZ Business World Deutschland*,

Bedirect („Be" steht für *Bertelsmann*) vermietet oder verkauft BtoB-Adressmaterial:
- z.B. Informationen über 200.000 Fachverantwortliche und Funktionsträger der 1. und 2. Ebene,
- weit über 4,0 Mio. Führungskräfteinformationen aus allen Unternehmen,
- weit über 1 Mio. Handelsregister-Adressen mit vielen Suchmöglichkeiten.

Die *Schober Information Group* bietet über 1 Mrd. Qualifizierungsdaten an, aus
- der *Business MarketBase* mit 4,5 Mio. Business-Adressen,
- der *Excecutive MarketBase* mit 2,3 Mio. qualifizierten Entscheidern.

---
[922] vgl. hierzu das Grundlagenwerk von Link; Hildebrand, (Database-Marketing), 1993
[923] vgl. www.az-direct.de und www.bedirect.de; beides Unternehmen des Bertelsmann-Konzerns

Abb. 7-42

DER ADRESSENMARKT IN DEUTSCHLAND	
Consumer Adressen	**Business Adressen**
Privatadressen, Privathaushalte	Firmen, selbständige Berufsgruppen, Behörden, Vereine
Postkäufer- / Postkaufinteressenten	Postkäufer- / Postkaufinteressenten
Personen, die gerne im Versandhandel kaufen und / oder auf schriftliche Angebote reagieren	Firmen, die eine positive Einstellung zur Bedarfsdeckung aus Katalogen und Mailings haben
Haushalts-/Privatadressen Datenbanken	Firmenadressen, Datenbanken von Adressverlagen
Für regionale, flächendeckende Aktionen bzw. unter Nutzung von microgeografischen Informationen zur Ansprache spezifischer Zielgruppen	Hohe Marktabdeckung in allen Segmenten, beste Branchentiefenselektion
Haushalts-/Privatadressen, spezifische Zielgruppen	Firmenadressen, Datenbanken, spezifische Zielgruppen
Zur Erreichung von Zielgruppen in bestimmten Lebensphasen (z.B. junge Mütter) mit spezifischen Interessen (z.B. Golfer) oder mit Besitzmerkmalen (z.B. KFZ-Halter)	Hohe Marktabdeckung von spezifischen Segmenten (z.B. EDV-Anwender) und / oder spezifische Informationen
Befragungs- / Lifestyle-Adressen	Befragungsadressen
Durch die Verknüpfung vieler Informationen außergewöhnlich gute Zielgruppendefinition bei kleinen Mengen	Firmen mit aktuell recherchierten Informationen zu Bedarf, Ausstattung, Ansprechpartnern, etc.

(Quelle: DDV (Hrsg.): Direkt zum Kunden, 2002, S. 19)

Feststellung des Datenschutzbeauftragten: Jeder Deutsche über 18 Jahre ist 52mal in Unternehmensdatenbanken gespeichert – ohne den öffentlichen Bereich. 90% dieser Informationen sind ungenutzt.

Besonders wertvoll sind **Privat- oder Firmen-Postkäuferlisten**. In diesen sind Privatpersonen oder Firmen vermerkt, die nachgewiesenermaßen bei Versendern bereits Kaufinteresse gezeigt oder schon einmal auf dem Postweg gekauft haben.

Weitere führende Geomarketing-Anbieter sind u.a. *Acxiom*, *GfK Geomarketing*, *Infas Geodaten*.

Die Anonymität der Konsumenten wird heute immer stärker aufgehoben. Davon profitieren auf der einen Seite die sog. **Fund-Raiser**, die ihre Zielgruppen relativ grob qualifiziert über unadressierte Mailings zu erreichen suchen. Auf der anderen Seite arbeiten Agenturen, die die Zielpersonen für die Direktansprache bis auf Haus- und Haushaltstyp identifizieren können. Dazu nutzen sie **mikrogeografische Systeme**. Ein Beispiel ist *Microm Consumer Marketing*.[924] In der *MOSAIC*-Datenbank wird bundesweit bis auf Hausebene qualifiziert. Die unterste Ebene bilden Zellen mit mindestens fünf Haushalten. *MOSAIC* erlaubt eine Suche nach (sozio)demografischen, (sozio) ökonomischen und geografischen Daten, nach Sinus-Milieus, nach Paneldaten der *GfK* und nach Kaufkraft und Zahlungsausfallrisiko. *Regio Select* ist ein System der *AZ Direct Marketing Bertelsmann GmbH*. Es basiert auf einer geografischen Feingliederung Deutschlands mit insgesamt 500.000 Straßenabschnitten. Diese sind mit Informationen zur Altersstruktur, zum Kaufverhalten, zu Familienstruktur und Bildungsniveau etc. angereichert. Diese Daten werden dann für Kampagnen angeboten.

7.8.3. Response-Elemente für das Direktmarketing

Alle Direktmarketing-Instrumente, die in den folgenden Abschnitten vorgestellt werden, entfalten nur dann ihre Kraft, wenn sie Elemente enthalten, die die Adressaten zu einer Antwort und dadurch zu einer Aufgabe ihrer Anonymität animieren. Diese

---

[924] vgl. *www.microm-online.de*

Abb.7-43

RESPONSE-ELEMENTE FÜR DAS DIREKTMARKETING	
Ad-hoc-Instrumente	Konzeptionelle Instrumente
• Direkte Bestellmöglichkeit auf Werbeträger • Abruf von Zusatzinformationen Print • Abruf von Zusatzinformationen Internet • Rateinholung durch Experten • Dialog mit einem Autor oder einer VIP • Aufruf zu einem Leserbrief • Antwortkarte • Antwort-SMS • Hotline-Nummer mit Zusatzinformationen • Faxabruf • Abruf einer CDM-ROM mit Zusatzinformationen • Links zu interessanten Homepages	• Registriermöglichkeit mit Added-Value-Services • Gewinnspiel • Mitmach-Aktion • Coupon-Abruf • Kundenbefragung • Online-Chat • Newsgroup • Community • Podcasting • Direct Response Radio • Blog (Gefahr einer Verselbständigung)

Antworten der Kunden – die **Responses** – bilden die Grundlage für Verbesserungen von Personalisierung und Individualisierung und für den in Abschnitt 3.5.4. vorgestellten Closed Loop. Voraussetzung ist, dass die antwortenden Kunden erfasst (personalisiert) werden können - oft durch Registrierung – und dass die Antwortelemente etwas über die Wünsche und das Kaufverhalten der Kunden verraten. Denn die Response-Elemente sollen letztlich bedürfnisgenaue Angebote und Kaufentscheidungen ermöglichen. Abb.7-43 stellt gängige Instrumente zusammen. Diese kommen in den in den folgenden Abschnitten beschriebenen Instrumenten zum Einsatz.

7.8.4. Direct Mail Marketing (schriftliche Direktansprache)

Direct Mails umfassen alle Formen der schriftlichen Direktansprache. Mit über 5 Mrd. Werbebriefen (pro Haushalt zwischen 1,5 und 2 Briefe pro Woche) und ca. 10 Mrd. Streuprospekten (ca. 5 – 6 pro Haushalt und Woche) sind sie noch immer das dominierende DM-Instrument. Die Kehrseite: Konsumenten beschweren sich über ungewünschte Werbung per Brief, Fax, eMail, Mobilfunk und Festnetztelefon. In drei **Robinson-Listen** können sich Verbraucher eintragen, um von einer Direktansprache verschont zu bleiben.[925] Der *Deutsche Direktmarketing Verband DDV e.V.* möchte mit seinen über 750 Mitgliedern die Verbraucherakzeptanz für das Direktmarketing stärken. Er ruft seine Mitglieder im Sinne eines Ehrenkodex auf, die Wünsche der in der Liste geführten Konsumenten zu respektieren.[926] Hinzu kommen der Konsumentenschutz durch das Bundesdatenschutzgesetz (BDSG), die EU-Datenschutzrichtlinie vom 31.7.2002, die Kontrolle des Adressgeschäftes durch die Datenschutzbeauftragten und eine Beaufsichtigung durch die Regierungspräsidenten. Die Regelungen nach den drei **Datenschutznovellen** I, II und III 2009 sind:[927]

Ein wesentlicher Grundsatz des novellierten Gesetzes ist das sog. „**Verbotsprinzip mit Erlaubnisvorbehalt**". (vgl. die Kurzübersicht in salesBusiness 10/2009, S. 33)

- Die werbliche Verwendung personenbezogener Daten ist grundsätzlich nur noch mit ausdrücklicher Einwilligung der Betroffenen zulässig. Man spricht von der **Opt-in-Vorschrift**. Zahlreiche Ausnahmen sind nach §28 Abs.3 zulässig: Werbung mit eigenen Kundendaten, Spendenwerbung gemeinnütziger Organisationen, Geschäftswerbung und „Beipackwerbung". Auch zukünftig dürfen Daten aus allgemein zugänglichen Adressverzeichnissen für Werbezwecke benutzt werden. Nur Kaltakquise-Marketer sind also wirklich betroffen.

---

[925] Eintrag unter *info@idi.de*. Ende 2006 gab es 440.000 Einträge in der **Brief-Robinsonliste** des *DDV*, 320.000 Einträge in den **Schutzlisten eMail/Mobil/Telefon** und 100.000 in der **Fax-Robinsonliste** von *BITKOM*. Insgesamt 1,4 Mio. Verbraucher. Ein Eintrag ist auf 5 Jahre befristet. Die Robinson-Liste wird viermal jährlich aktualisiert. 940 DDV-Mitgliedsunternehmen haben sich zu einer freiwilligen Respektierung der Liste verpflichtet. Allerdings: 60% der Adress-Händler in Deutschland gehören nicht dem DDV an und brauchen die Robinson-Liste nicht zu beachten (siehe auch *www.robinsonliste.de*).

[926] zum gemeinsamen Ehrenkodex des DDV und des Call Center Forums Deutschland (CCF) siehe *www.ddv.de/downloads/Service/Ehrenkodex_TeleMedien.pdf*

[927] vgl. hierzu den Anhang zum §9 des Datenschutzgesetzes

- Das **Listenprivileg** bleibt erhalten. Unternehmen dürfen auch zukünftig listenmäßig erfasste Daten (Name, Beruf, Adresse, Tel. Nr.) ohne Zustimmung des Betroffenen nutzen. Allerdings müssen die Werbetreibenden in ihren Werbebriefen die Quelle der Kundendaten eindeutig nachweisen. Deshalb ist zu erwarten, dass Direktmarketer in Zukunft zurückhaltender mit der Weitergabe von Kundendaten sind.
- Gegenüber **Stammkunden** dürfen Angebote unverändert beworben werden.
- Keine Verschärfungen gibt es für die **BtoB-Direktansprache**.
- Personenbezogene Daten sollten „möglichst" anonymisiert werden.
- Personenbezogene Daten dürfen weiterhin für die **Markt- und Meinungsforschung** genutzt werden. Allerdings dürfen Daten, die nicht aus allgemein zugänglichen Quellen stammen, nur für das Forschungsvorhaben genutzt werden, für das sie erhoben wurden.
- **Kopplungsverbot**: Unternehmen dürfen den Abschluss eines Vertrages nicht von einer Einwilligung der Käufer in die Nutzung ihrer personenbezogenen Daten zu Werbezwecken abhängig machen.
- Nach § 34 BDSG kann jeder Bürger bei jeder Institution eine Auskunft über Daten fordern, die zu seiner Person gespeichert sind.
- Schließt ein Konsument die Weitergabe seiner Adresse aus, so darf diese im Adressenmarkt nicht gehandelt werden.
- Im Normalfall werden Adressen „vermietet", d.h. der Adressenverwender bekommt diese nicht in seine Verfügungsgewalt. Der Datenbestand bleibt bei der DM-Gesellschaft (dem neutralen Dritten), die diese vermittelt (**List-Broking**) oder selbst im Bestand führt.
- Der Verkauf seiner Adresse muss dem Kunden mitgeteilt werden.
- Das gilt nicht für öffentliche Daten, die allgemein zugänglich sind, wie z.B. Telefonbücher, Branchenverzeichnisse, Handelsregister oder Messekataloge.
- Das maximale Bußgeld gegen Verstösse gegen das verschärfte Datenschutzgesetz wurde auf 300.000 Euro angehoben.

Abb.7-44

Zur Problematik der Personalisierung: Fast 50% der Pekinger Stadtbevölkerung trägt die Familiennamen Wang, Zhang, Li, Liu oder Zhao.

Abb.7-44 enthält die Prozessschritte für das Direkt-Mail-Marketing laut *DDV*.[928] Die Marketingfunktionen sind hier um Verkaufs- und Abwicklungsaufgaben erweitert. Der Erfolg eines Mailings hängt von zwei wichtigen Parametern ab:
- **Personalisierung** (Stammdaten): Kundenadressen sind exakt zu erfassen.
- **Individualisierung** (zumeist weiche Daten): Auf das Kaufprofil bzw. auf die Bedürfnisstruktur des Kunden wird individuell eingegangen. Ziel ist eine bedürfnisgerechte Angebotserstellung (Individualisierung der Angebote).

Bei der **Personalisierung** und damit hinsichtlich der **Qualität der persönlichen Ansprache** sind sechs Qualitätsabstufungen zu unterscheiden:

(1) **Echte Personalisierung**: Die Ansprache erfolgt mit korrektem Namen und Adresse sowie mit persönlicher Unterschrift des Absenders. Im Briefinhalt wird das Bemühen um eine individuelle Kontaktaufnahme und einen Dialog deutlich.

(2) **Pseudo-Personalisierung**: i.d.R. erkennbar durch eine Computer-Anrede, z.B. *„Sehr geehrte Damen und Herren"*; und dies oft ohne Rücksicht auf Single-Haushalte; wenig Sorgfalt bei Unterzeichnung (z.B. Stempel-Unterschrift oder, noch schlimmer, Unterschrift als Fotokopie).

(3) **System Postwurf-Spezial** der *Deutsche Post AG*: Das Verfahren ist eine Vorstufe der Adressierung: *„Lieber Bewohner des Hauses Am Lurzenhof 1"* (Quasi-Direktansprache = teilpersonalisierte Mailings). Das Angebot besteht seit 1993 und soll Streuverluste mindern, indem Zielgruppen auf Hausebene (nach Alter, Gebäudetyp, Gartenart, Bauweise, Zustand, Wohn-, Ortslage u.a.) selektiert werden. Mindestauflage: 100.000 Stück. Hypothese: Merkmale von Häusern korrelieren mit Lifestyle-Kriterien.

„Andrea kauft selten neue Schuhe, denn sie geht nicht gerne einkaufen. Und wenn, dann kauft sie Reitstiefel. Am liebsten bestellt sie per Katalog. Und sie liebt ihr Handy, um ihren Freundinnen von den neuesten Reiterlebnissen zu erzählen." Hinter jeder Adresse steht eine Geschichte. (Quelle: Werbeprospekt von AZ Direct)

(4) **Briefkastenwerbung, Postwurfsendungen mit Tagespost** (unechte Direktansprache, da Qualifizierung nur auf Haushaltsniveau):
Die *Post AG* unterscheidet bei der unadressierten Haushaltswerbung drei Leistungs- bzw. Tarifgruppen: (1) an alle Haushalte, (2) an alle Haushalte mit Tagespost, (3) an alle Postfachinhaber. Die Distribution lässt sich auf Basis der Zustellgebiete sehr fein steuern.[929]

(5) **Klassik-Werbeträger mit Responseelement**: Viele Anzeigen, Plakate, Beilagen enthalten auf- oder eingedruckte Responseträger. Auch die offene Antwortkarte hat noch nicht ausgedient. Eine persönliche Kundenansprache erfolgt i.d.R. (Ausnahme Abonnements) nicht. Deshalb handelt es sich ebenfalls um eine unechte Direktansprache.

(6) **Zeitungsbeilage**: Sie kommt mit der Tageszeitung auf den Frühstückstisch des Konsumenten, ohne ihm *„Guten Morgen"* zu sagen (keine Direktansprache).

Für eine **Mailingkampagne** sind folgende Schritte zu planen:[930]
(1) **Zielsetzung** der Kampagne,
(2) Eingrenzung der **Zielgruppe**,
(3) Anmietung oder Kauf des **Adressmaterials** (List Research),
(4) Adressenüberprüfung und Abgleich gegen eigene Datenbestände (**Adressenbereinigung**, Matching, List Compiling),
(5) **Adressenanreicherung** (Einkauf zusätzlicher Profildaten von Adressanbietern, um die Kundenbedürfnisse noch besser qualifizieren zu können),
(6) **Potenzialergänzung** (Miete oder Kauf zusätzlicher Zielgruppen-Adressen),
(7) Festlegung von Umfang, Text und Layout des **Mailing-Package**,
(8) Anfertigung und **Druck** des Mailing-Package,

---

[928] Quelle: DDV e.V. (Hrsg.): Direkt zum Kunden, 2002, S. 11
[929] vgl. zu diesen Informationen über Postwurfsendungen: o.V., (Postweg), in: ASW, 10/1996, S. 110-111
[930] vgl. zu den Phasen auch: Randlkofer; Zehetbauer, (Phasenmodell), in: ASW, 3/1997, S. 50-54

(9) Durchführung der **Mailingaktion**,
(10) **Response-Erfassung**, d.h. Erfassung und Auswertung der Rückläufe,
(11) evtl. Folgemailing – **Nachfassaktion**, zumindest bei einer Teilstichprobe,
(12) **Follow-up** bei den Adressaten, die geantwortet haben
(13) und letztlich die abschließende **Erfolgskontrolle** (Responsekontrolle).
(14) Zukünftig: Adresspflege und Änderungsdienst für Folgekampagnen.

> Ein **Selektionsbeispiel** für Direktansprache für Designerbrillen in München: m+w, Kaufkraft hoch +sehr hoch, Interesse an Neuheiten, München: Selektiert: 10.067 Adressen, Kosten: 1.267,70 Euro (*AZ-Direct*).

Für die **Adressenselektion** und **Nutzung der Adressen** (Kampagnenschritte 3 bis 6) gibt es mehrere Möglichkeiten:

(1) **Matchen**, d.h. **Überprüfen** (Dubletten-Check, Updating, Abgleich) eines bestehenden Datenbestandes, meist zugleich durchgeführt mit einer
(2) **Daten-Anreicherung**: Ergänzung und Vervollständigung der eigener Adress-Datenbanken durch Fremdadressen und zusätzliche Qualifizierungsmerkmale,
(3) zur Unterstützung der Neukundensuche: **einfache Datenbank-Selektionen** (Preisbeispiel: 200 Euro Mindestauftragswert),
(4) Mietpreis zur **einmaligen Nutzung** ohne Zusatzinformationen (Beispiel: 1,20 Euro bei 1-499 bis 0,45 Euro bei 7.500-9.999 Mietadressen zur Mailingnutzung. Die Kosten der Call-Nutzung liegen höher: 1,62 Euro bzw. 0,58 Euro.
(5) **Adressen-Leasing**: z.B. zum doppelten Mietpreis sind Zielgruppen im Laufe eines Jahres beliebig oft ansprechbar; inklusive zwei Adressen-Aktualisierungen,
(6) **Dauernutzung** von Adressen – Adressenkauf (Preisbeispiel: 3 bis 4-facher Mietpreis),
(7) **Daten-Abonnement**: Adressenkauf mit regelmäßiger externer Aktualisierung.

Ein typisches **Mailing-Package** enthält:
(1) das Anschreiben,
(2) die darauf abgestimmte Versandhülle (Briefumschlag = das Kuvert),
(3) einen Prospekt, Katalog, Flyer mit ergänzenden Informationen,
(4) oft ein Preisausschreiben, eine Produktprobe (z.B. *Yves Rocher*), ein Gadget (aufgeklebter oder beigefügter Gegenstand), ein Hinweis auf ein Geschenk bei Rücksendung des Coupons (z.B. *Time Life* Bücher), Rubbelpunkte etc.,
(5) einen Responseträger (z.B. Coupon, Bestellschein), evtl. auch als Rückseite,
(6) einen frankierten oder mit dem Hinweis „*Porto zahlt Empfänger*" versehenen Rückumschlag.

Abb.7-45

Nach einer Untersuchung an der *Uni Nürnberg* (Lehrstuhl Prof. Diller) werden 25% aller Mailings ungelesen weggeworfen (**Trash Rate**), 44% werden nach dem Öffnen ungelesen weggeworfen und nur 31% werden gelesen.

ATTRAKTIVITÄTSSTEIGERNDE WERBEMITTEL FÜR MAILINGS	
Beilagen	⇨ liegen lose bei, zum Hausnehmen und Aufheben
Teilbelegung Beilagen	⇨ z.B. Beilagen nur für Frauen
3-D-Beilagen	⇨ stellen sich auf
Individualbeilage	⇨ persönlicher Gruß an den Leser – nur bei Abo-Auflage
Beihefter	⇨ fest eingebundene Faltblätter oder Prospekte
Postkarten Beihefter	⇨ Postkarte durch Perforation mit Zeitschrift verbunden
Print Promotion	⇨ das Heft im Heft, positioniert in der Heftmitte
Flyer	⇨ auch: Titelumhefter/ Karte oder Heft umschließt Zeitung
Tip-on-Card	⇨ Postkarte aufgeklebt auf Basisanzeige, klass. Responseelement
Briefumschlag	⇨ beigeklebt, auch: Beihefter genannt
Booklet	⇨ auf Basisanzeige aufgeklebter, kleiner Prospekt
Warenproben	⇨ auf Basisanzeige aufgeklebtes Produktmuster
CD/Diskette	⇨ Datenträger auf Titelseite oder Basisanzeige aufgeklebt
Ausschlagbare Seiten	⇨ gehört zur Gruppe der Anzeigen-Specials, Nachschlageanzeige
Geschlossene Anzeige	⇨ „Überraschungsei": Leser muss Perforation einreissen
Duftfarben	⇨ Duft wird wie Farbe aufgedruckt oder aufgesprüht
(Quelle: s. Beilagen, Beihefter, Beikleber / Arbeitshilfe der Deutsche Post AG)	

Abb.7-46

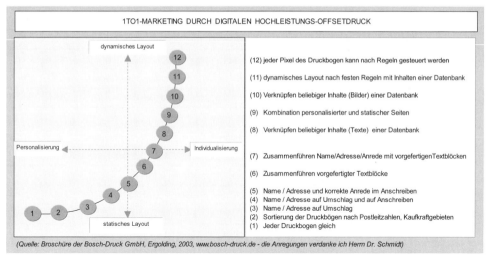

Durchschnittliche Response-Raten: 0,5 – 3,0%. Die Top-Kampagne 2006: Kundenrückgewinnung für *Handelshof-Großmärkte*; 16.000 Mailings, Responsequote: 34%. (Quelle: Mailingtage new, 12/ 2006. S. 5)

Oft werden kunstvolle Mailing-Kreationen geschaffen, um die **Rücklaufquoten** zu erhöhen. Diese liegen in Deutschland erfahrungsgemäß bei 0,5 bis 3%.[931] Abb.7-45 enthält typische Werbemittel zur Steigerung der Attraktivität eines Mailings. Praktische Empfehlungen zur Ausgestaltung von Direktmarketing-Werbemitteln werden auch von *Vögele* gegeben.[932]

Bei deutschlandweiten Mailing-Kampagnen müssen Millionen von Interessenten richtig personalisiert und gemäß Bedürfnisstruktur individualisiert angesprochen werden sollen. Das geht das nicht ohne entsprechende Technik. Im Printbereich wird der Trend zur 1to1-Individualansprache derzeit von den neuen Möglichkeiten des Hochleistungs-Digitaldrucks unterstützt. Mit Hilfe von Kundenschlüsseln steuert eine Software die Zuordnung von Namen, Textbausteinen und Bildern und sorgt letztlich auch dafür, dass der richtige Inhalt in den richtigen Umschlag kommt. Nach Abb.7-46 werden 12 Stufen der Peronalisierung und Individualisierung und der statischen und dynamischen Zuordnung von Inhalten unterschieden. Vertriebsnahe Kampagnen können heute auch über **CRM-Systeme** geplant und abgewickelt werden. Die führenden CRM-Anbieter bieten Kampagnenmodule im Standard an.

Bei einer **Kampagnendurchführung** sind einige Faustregeln zu beachten: Privatleute sollten Mailings Freitag, Samstag oder vor Feiertagen erhalten. Bei Geschäftsleuten hat sich der Empfang zwischen Dienstag und Donnerstag bewährt. An die gleiche Zielgruppe sollten mindestens vier und durchschnittlich sechs Mailingkontakte gehen. Bei Nicht-Reagierern empfiehlt sich ein regelmäßiges Nachfassen über einen Zeitraum von ein bis zwei Jahren.[933] Abb.7-47 enthält ausgewählte Kontrollfragen für eine erfolgreiche Mailingaktion.

Mailingkosten variieren erheblich; je nach Auflage und Aufmachung. Im BtoB-Bereich gestaltet sich die Adressenselektion oft aufwändiger als in BtoC, die Zielgruppen sind kleiner, und die Materialien sind edler aufgemacht. Abb.7-48 bietet Kostenvergleiche aus der Praxis.[934]

---

[931] z.B. den reply-o-letter Fensterbrief. Der Brief dient gleich wieder als Rückumschlag. Ein weiteres Beispiel ist die InfoCard der Deutschen Post (Info Package: Postfach 630763, 22317 Hamburg)
[932] vgl. Vögele, (Blickverlauf), 1991, S. 184
[933] zu diesen Empfehlungen vgl. ohne Artikel: acquisa, 2/1999, S. 54
[934] vgl. DDV e.V. (Hrsg.), (Direkt zum Kunden), 2002, S. 26

Abb.7-47

KONTROLLFRAGEN FÜR ERFOLGREICHE PRINT-MAILINGS
➡ Sind die Adressen ausreichend qualifiziert?
➡ Sind alle Absender- und Kontaktdaten vollständig und korrekt?
➡ Hebt sich der Umschlag von der normalen Post ab? Enthält er alle wichtigen Daten?
➡ Wird der Empfänger namentlich und korrekt angeschrieben und auch in der Anrede angesprochen?
➡ Farbiger Blickfang? Genaues Datum? Zündende Betreff-Zeile?
➡ Wird das Thema konkret und lebendig vorgestellt?
➡ und durch Bildmotive und ein attraktives Layout unterstützt? Unterstreichungen, Farbe!
➡ Verlaufen die Seitenschwerpunkte von links oben nach rechts unten?
➡ Besteht der Text aus kurzen, prägnanten Sätzen? Kein Satz mehr als 15 Worte!
➡ Wird der Text durch Zwischenüberschriften, anregende Aufzählungen (Plus-/Minus; Vor-/Nachteile, etc.) aufgelockert?
➡ Ist die Sprache auf die Zielgruppe hin abgestimmt? Passen die Bildmotive zur Zielgruppe?
➡ Stehen Layout und Grafiken mit dem Werbeauftritt bzw. mit der Corporate Identity in Einklang?
➡ Ist Unterschriftenteil persönlich gehalten und gut lesbar? Namenswiederholung in Druckschrift!
➡ Gibt es ein erinnerungsstarkes Postskriptum? (PS: Wird auf jeden Fall gelesen)
➡ Ist die Response-Aktivierung stark genug? Sind Rückantwort-Coupon oder Hotline sinnvoll. Motivation durch Preisausschreiben? Rückseite als Faxantwort einrichten?
(Nach eigenen Erfahrungen und gemäß Empfehlungen des DDV, zit. in: DDV (Hrsg.): Direkt zum Kunden, 2002, S. 20-23)

Abb.7-48

BEISPIELRECHNUNGEN FÜR DIRECT MAILS				
	Business-to-Consumer		Business-to-Business	
(Kosten pro 1000)	Auflage 10.000	Auflage 100.000	Auflage 3.000	Auflage 25.000
Druck und Weiterverarbeitung	155 €	75 €	210 €	80 €
Personalisierung, schneiden, falzen, kuvertieren, frankieren, postaufliefern	135 €	60 €	150 €	110 €
EDV-Arbeiten	70 €	35 €	80 €	60 €
Anmietung Fremdadressen für einmalige Nutzung	150 €	150 €	260 €	220 €
Porto Infopost Standard 20gr	240 €	240 €	240 €	240 €
Gesamtkosten pro 1000	750 €	560 €	940 €	710 €
Gesamtkosten pro Stück	0,75 €	0,56 €	0,94 €	0,71 €
(Quelle: DDV (Hrsg.): Direkt zum Kunden, 2002, S. 26)				

Mailing-Erfolgsmessung: Das Direktmarketing gilt als das einzige Marketinginstrument, bei dem der Erfolg einer Aktion kontinuierlich durch Fakten gemessen werden kann. Bei schleppender Rücklaufquote stellt sich sofort die Frage nach einem **Nachmailing**. Darüber ist so früh wie möglich zu entscheiden. Spannend ist deshalb die Erfolgsprognose einer Mailingaktion während der Durchführung. Täglich sind die Rückläufe und Rücklaufquoten zu erfassen. Kampagnensysteme erlauben dann Response- und Auftrags-/Umsatzhochrechnungen. Der sog. **Halbwertzeitpunkt (HWZ)** ist erreicht, wenn die Rücklaufkurve den höchsten Punkt drei bis vier Tage überschritten hat. Erfahrungsgemäß ist dann die Hälfte der Rückläufe eingegangen. Nach der Hypothese eines sich abflachenden Kurvenverlaufs schätzen Programme (wie z.B. *VALyou*) Zeitpunkte und Häufigkeiten der noch zu erwartenden, weiteren 50% der Antworten ein. Abb.7-49 liefert hierzu ein praktisches Beispiel. Gemäß HWZ-Analyse wird die **Rücklaufquote (Response-Quote)** 10,4% über Plan liegen.[935]

---

[935] Quelle: *VALyou* Direkt-Marketing Software der Deutsche Post AG; entnommen aus der Broschüre: Kundenbeziehungen enger knüpfen, 1998, S. 7

Abb. 7-49

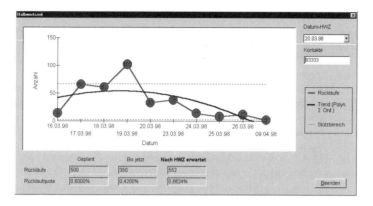

Für das Erfolgscontrolling bieten sich dann folgende Kennziffern an:
(1) **Kosten pro Aussendung** (CpP = Cost per Package),
(2) **Break-even-Rücklauf**: Notwendiger Rücklauf (Anzahl Aufträge), um die Kosten der Aussendung und Auftragsbearbeitungen zu decken.
(3) **Anzahl der Rückläufe** und die wichtige **Rücklaufquote** (RQ = Rückläufer zu Angeschriebene), die in der Praxis im einstelligen Prozent-Bereich liegt,
(4) **Kosten pro Rückantwort** (CpR = Cost per Response),
(5) **Umsatz pro Rückantwort** (SpP = Sales per Package) (oder **Deckungsbeitrag**),
(6) **Kosten pro Euro Umsatz** (CpO = Cost per Order), die Mailingkosten werden auf das Auftragsvolumen (Grundlage: Bestellungen auf Response-Träger) bezogen. Der Kehrwert dieses Quotienten (Umsatz pro Kosteneinheit Aussendung) beantwortet die Frage: *Wieviel Euro Umsatz bringt 1 Euro Mailingkosten?*
(7) **Return on Investment** (ROI): DB der Mailingaktion in Relation zu den Kosten.

Abb.7-50 vergleicht zwei Mailings anhand von Kennziffern.[936] Wichtig ist nicht nur die Rücklaufquote, sondern vor allem der Deckungsbeitrag pro Bestellung. Besonders aufwändig erstellte Mailing-Packages (z.B. der staatlichen Klassenlotterien) lassen hohe Gewinnaussichten der Anbieter vermuten.

Abb.7-50

	ERFOLGSKONTROLLE VON MAILINGAKTIONEN		
	Ein Versandunternehmen führt zwei Mailings durch, bei dem unterschiedlichen Zielgruppen Sonderangebote für bestimmte Sportgeräte unterbreitet werden. Als Erfolg gelten nur Aufträge gemäß Rücklauf		
	Kennzahl / Beschreibung	Mailing-1	Mailing-2
(1)	Zahl der Aussendungen + Bearbeitungen	100.000 Stck.	80.000 Stck.
(2)	Gesamtkosten des Mailing (Fixkosten = Investition)	120.000 Euro	140.000 Euro
(3)	Kosten pro Aussendung	1,20 Euro	1,75 Euro
(4)	Rücklauf - hier: Zahl der Aufträge	2.800	1.600
(5)	Rücklaufquote, Response-Quote, Erfolgsquote: (4) : (1) x 100	2,8 %	2 %
(6)	Auftragswert, Kampagnenumsatz gemäß Rückläufer	560.000 Euro	360.000 Euro
(7)	Durchschnittlicher Auftragswert: (6) : (4) x 100	200 Euro	225 Euro
(8)	Umsatz pro EUR-Aussendung: (6) : (2)	4,68 Euro	2,57 Euro
(9)	Kosten pro Rücklauf, pro Auftrag: (2) : (4) x 100 oder (3) : (5) x 100	42,86 Euro	87,50 Euro
(10)	Deckungsbeitrag pro Auftrag ohne Bearbeitungskosten	40 Euro	100 Euro
(11)	Deckungsbeitrag insgesamt ohne Bearbeitungskosten: (4) x (9)	112.000 Euro	160.000 Euro
(12)	Kosten pro abgewickeltem Auftrag	10 Euro	10 Euro
(13)	Gesamtkosten der Auftragsabwicklung	28.000 Euro	16.000 Euro
(14)	Ergebnis: (11) - (12) - (2)	-36.000 Euro	4.000 Euro
(15)	Return on Investment: (14) : (2) x 100	- 30 %	+ 2,9 %
(16)	Break-Even-Rücklauf: ((2) : ((10) - (12) - (3))) : (1)	4,2 %	1,98 %
	(Quelle: in Anlehnung an VLS-Brief Nr. 684 v. 22.1.2001, S. 2)		

---

[936] vgl. in Anlehnung an ein Beispiel: o.V., (ROI), in: VLS-Brief v. 22.1.2000, S. 2

7.8.5. E-Mail-Marketing / Permission Marketing

"Mailings via E-Mail werden immer noch häufig gleichgesetzt mit klassischen Mailings per Briefpost. Dabei bringt es überhaupt nichts, 250.000 E-Mail-Adressen für 99 Dollar zu kaufen. Denn jeder dieser 250.000 Empfänger in solchen Listen ist abgestumpft durch Tausende Werbe-E-Mails und somit wertlos."[937]

Das Kontaktpotenzial ist mittlerweile enorm: 2007 sind 80% aller Haushalte am Netz. (Quelle: Stat. Bundesamt)

Täglich gehen weltweit 100 Mrd. E-Mails durch das Internet. Ca. 40 Prozent aller Kundenanfragen erfolgen bereits per E-Mail (*GartnerGroup*). E-Mail-Marketing erweist sich als das *"effektivste integrierte und anpassbare Marketinginstrument"*.[938] Große Konzerne bearbeiten mehr als 6 Mio. E-Mails monatlich.

- ➡ Unter **E-Mail-Marketing** versteht man die systematische Kundenansprache im Internet zum Zwecke von Werbung und / oder Verkauf.
- ➡ Gutes E-Mail-Marketing beruht auf **Permission** (= Marketing mit Kundenerlaubnis). Der Kunde gestattet als Opt-in; confirmed Opt-in oder Double-Opt-in, dass ihm E-Mails und Newsletter zu vereinbarten Themen zugesandt werden. Die Erlaubnis kann er jederzeit durch Klick zurückziehen (durch einfaches Opt-out).
- ➡ **Permission Marketing beruht auf der folgenden Hypothese**: Durch sein persönliches Engagement nimmt der Kunde die Anbieterkontakte positiv wahr und fühlt sich an den Mail-Absender gebunden.
- ➡ Automatisierte Personalisierung und Individualisierung eines Mail-Kontaktes sind als **Hauptvorteile** des E-Mail-Marketing anzusehen.

Gegenüber Brief und Fax bieten **E-Mails folgende Vorteile**:
(15) **Schnelligkeit**: Die Zusendung eines E-Mails dauert nur Sekunden.
(16) **Flexibilität**: E-Mail-Verteiler können schnell und flexibel gebildet werden.
(17) **Anlagen**: Anlagen lassen sich auf Knopfdruck anfügen.
(18) **Empfangskontrolle**: Empfang / Durchlauf kann zeitnah kontrolliert werden.
(19) **Messbarkeit**: Eine besondere Rolle spielt dabei das Link-Tracking, d.h. die Verfolgung der weiteren Reaktionen des Mail-Empfängers.
(20) **Kopierbarkeit**: Infolge ihrer Digitalität können E-Mails ohne Qualitätsverlust beliebig oft reproduziert werden.
(21) **Digitale Weiterverarbeitbarkeit**: Durch Einspielen in Softwareanwendungen lassen sie sich einfach weiterverarbeiten.
(22) **Kostengünstigkeit**: E-Mails sind digital und sparen deshalb die Kosten für Papier, Druck und Versendung (Sendekosten: 0,5 bis 5 Cent).
(23) **Multimedialität**: Im HTML-Format können E-Mails wie Briefe und mit Animationen formatiert und multimedial aufbereitet werden.
(24) **Personalisierbarkeit**: Durch Abgleich mit der Kundendatenbank (Database, Data Warehouse, CRM-System) können E-Mails automatisch **personalisiert** (Zuspielen von Personendaten) .....
(25) **Individualisierbarkeit**: ... und **individualisiert** werden (durch Entscheidungsregeln gesteuertes Zuspielen individueller Texte, Bilder, Angebote etc.).
(26) **Rücklaufstärke**: E-Mail Aktionen bringen höhere Rücklaufquoten als klassische Mailings.
(27) **Rücklaufgeschwindigkeit**: Dabei gehen erfahrungsgemäß 80 Prozent der Kundenreaktionen innerhalb von 72 Stunden ein.
(28) **Automatisierte Reaktionsprofile**: Die Kundenreaktionen lassen sich automatisiert messen und Kundenprofile ableiten (**Profiling**).
(29) **Kampagneneignung**: Mails können gut in Kampagnen eingebunden werden.

---

[937] Schwarz, (Permission-Marketing), in: acquisa, 8/2000, S. 44
[938] Seth Godin, der Begründer des Permission Marketing, zit. in: Schwarz, (Permission-Marketing), in: acquisa, 8/2000, S. 44

Abb.7-51

	EMPFEHLUNGEN FÜR EIN ERFOLGREICHES E-MAIL-MARKETING
①	E-Mails und Newsletter können schnell abbestellt werden (Opt-out). Deshalb müssen die Inhalte besonders relevant, interessant und nutzenbringend sein. Der Kunde erwartet einen Mehrwert!
②	E-Mails werden schneller gelesen. Deshalb kurze, prägnante Sätze verwenden.
③	Im Gegensatz zu klassischen Mailings bestehen nur geringe Gestaltungsmöglichkeiten. Deshalb ist besonders intelligentes Texten angesagt.
④	Die Betreffzeile von E-Mails ist der Türöffner. Deshalb ist hier der Kundennutzen präzise herauszustellen und positiv zu texten.
⑤	Bei E-Mails sind Segmentierungen und Individualisierungen blitzschnell durch Datenbank-Abgleich möglich. Kunden erwarten auch eine korrekte Anrede und Bedürfnisansprache.
⑥	Die Sprache sollte lockerer, schneller, weniger formell sein als die in klassischen Print-Mailings.
⑦	Beim klassischen Mailing werden Fehler auch einmal verziehen. Beim E-Mail-Newsletter heißt es jedes Mal: „alles oder nichts". Denn via Opt-out kann eine elektronische Mail sofort abbestellt werden.
⑧	Bei E-Mails kostet es nicht viel mehr, einen ganzen Katalog als Attachment mitzuschicken. Doch Dateianhänge sind bei Serien-E-Mails verpönt. Es ist besser, wenn die Kunden selbst per Hyperlink die gewünschten Daten anfordern.

(Quelle: Schwarz, (Permission Marketing), 2001, S. 180)

Wegen dieser Vorteile werden E-Mailings die brieflichen Direktmarketing-Aktionen zurückdrängen. Allerdings wirken individualisierte Mailingbriefe nachhaltiger. Der Kunde hat den Brief auf dem Tisch liegen und nimmt sich mehr Zeit zum Lesen – so er den Werbebrief akzeptiert. Weil jetzt nicht der Papierkorb droht, sondern der Trash-Klick, gibt es Empfehlungen für erfolgreiche E-Mails gemäß Abb.7-51.[939]

Abb.7-52

E-Mail-Kampagnen sind für das Marketing von zunehmender Bedeutung. Abb.7-52 zeigt den Ablauf einer E-Mail-Kampagne. Im Sinne des Permission-Marketing ist zu beachten:

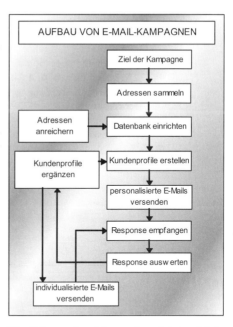

(1) Erfolgsfaktor für Permission-Marketing ist die **Freiwilligkeit**. Weiß der Kunde um die Möglichkeit, ein Abonnement einfach per Mausklick abzubestellen, wird er (vielleicht) doch noch die nächste Ausgabe abwarten.

(2) Der wichtigste Unterschied zwischen E-Mailings und brieflichen Mailings liegt in den **Hyperlinks**. Gibt man dem Kunden die Möglichkeit, von dem Mail aus zu alternativen Adressen zu verzweigen (z.B. zu Fleischgerichten einerseits und vegetarischen Gerichten andererseits), dann kann man Marktforschung betreiben und das Kaufverhalten computergestützt analysieren. Die Erkenntnisse können im nächsten Mail bzw. in individualisierten Produktangeboten berücksichtigt werden.

(3) Aus **Datenschutzgründen** sind die E-Mail-Adressen getrennt von den Informationen über das Klickverhalten (Kaufverhaltensdaten) zu speichern.

Es ist keine Frage und zudem ein Verlockung, dass die Kosten von E-Mails im Vergleich zu klassischen Mailingbriefen vergleichsweise deutlich niedriger liegen.[940]

---

[939] vgl. Schwarz, (Permission), 2001, S. 170-193
[940] bei einem 12-maligen Mailing bei 10.000 Kunden 86 TEUR im Vergleich zu 106 TEUR: vgl. Hiel, (bessere Mailings), in: acquisa, 11/2000, S. 54-56

Allerdings dürfen die Konzeptionskosten nicht übersehen werden, die bei erstmaliger Einrichtung eines E-Mail-Systems anfallen. Per E-Mail kann ein Anbieter auch keine Produktproben versenden. Was letztlich zählt, ist der Mailingerfolg. Diesbezüglich gibt es erste Hinweise, dass Kunden ca. 15 mal häufiger antworten (Response-Rate) als beim traditionellen Printversand.[941] Der Erfolg einer E-Mail-Kampagne sollte sich dann in folgenden Kennziffern niederschlagen:[942]

(1) **Opening Rate**: Anteil der Empfänger, die ein E-Mail öffnen,
(2) **Click through Rate**: Anteil der Empfänger, die auf einen Hyperlink klicken,
(3) **Conversion Rate**: Anteil der Empfänger, die eine gewünschte Aktion durchführen (z.B. eine Registrierung),
(4) **Churn Rate**: Verhältnis von Ab- zu Anmeldungen für einen Newsletter
(5) **Cost per Click**: Gesamtkosten für die E-Mail-Aktion dividiert durch die generierten Klicks,
(6) **Cost per Mill**: Gesamtkosten der Aktion dividiert durch die Anzahl der Empfänger mal 1000,
(7) **Cost per Sale**: Kosten für die E-Mail-Kampagne pro verkaufte Einheit oder im Verhältnis zum generierten Umsatz,
(8) **Bounces**: Anzahl (Anteil) der nicht zustellbaren E-Mails (z.B. weil die Mailbox voll ist).

Der Schritt vom „bloßen" E-Mail zum inhaltlich und journalistisch angereicherten E-Mail-Newsletter ist nicht weit. Werden regelmäßig zu versendende E-Mails an einen definierten Adressatenstamm zu **E-Mail-Newslettern** ausgebaut, so sind folgende Anforderungen bzw. Erfolgsfaktoren zu beachten. Sie werden als die „**6 P**" des E-Mail-Marketing bezeichnet:[943]

(1) **Place**: die Integration des Newsletters in die Web-Site,
(2) **Process**: die An- und Abmeldeprozesse,
(3) **Permission**: der Datenschutz (s.o.),
(4) **Periodicity**: sinnvolle Versandzyklen,
(5) **Personalisation**: korrekte Adresse und Ansprache,
(6) **Presentation**: eine attraktive äußere Form des Newsletters.

Abb. 7-53

	DER ECO-EHRENKODEX FÜR DAS ONLINE-MARKETING
①	Die Unternehmen verpflichten sich zu einer klaren, unmissverständlichen Sprache.
②	Interessenten erhalten nur Informationen, die sie vorher explizit angefordert haben. Die Anforderung regelmäßiger elektronischer Dienste muss ausdrücklich noch einmal bestätigt werden (*confirmed double Opt-In*). Der Empfänger muss stets erkennen, von wem er Informationen erhält.
③	Die Verwendung einer vom Interessenten angegebenen Adresse geschieht ausdrücklich nur zu dem Zweck, der dem Interessenten vorab mitgeteilt oder von ihm genehmigt wurde.
④	Ein Empfänger kann sich bequem und ohne Hemmschwelle selbst vom Verteiler streichen. Eventuell kann eine Kündigung noch einmal bestätigt werden.
⑤	Jede Nachricht enthält einen Hinweis auf Kündigungsmöglichkeit. Dies kann durch einfache Blank-Mails oder durch OK-Abfrage geschehen.
⑥	Kundenadressen dürfen nur auf ausdrücklichen Wunsch des Interessenten weitergegeben werden.
⑦	Der Umgang mit persönlichen Daten wird in einer Datenschutzrichtlinie erläutert. Der Nutzer ist umfassend über die Verarbeitung von Bestands- und Nutzungsdaten zu unterrichten.
⑧	Der Link zu den AGB ist problemlos und in unmittelbarer Nähe zu dem *Opt-In* einzustellen. Der Empfänger muss die Kenntnisnahme der AGB ausdrücklich bestätigen.
(Konzeption Arbeitskreis Recht des ECO: Electronic Commerce Forum)

---

[941] vgl. Hiel, (bessere Mailing), in: acquisa, 11/2000, S. 56
[942] vgl. Vergossen, (Marketing-Kommunikation), 2004, S. 318

SPAM = Spiced Pok and Ham. Lt. *Forrester Research* gehen 2005 täglich 2,3 Mrd. Spam-E-Mails durch das Web. (Hinweis in: isReport, 5/2005, S. 36)	Zusammenfassend gesagt: Das E-Mail-Marketing wird sich im Rahmen der Kommunikationsinstrumente weiter durchsetzen. Jedoch ist ein Kernproblem zu lösen. Die Kunden sind infolge von Spamming und unseriöser Internet-Praktiken zunehmend verärgert. Eigentlich ist die Verwendung von automatischen Kontaktsystemen nach § 13 Abs. 1 der EU-Datenschutzrichtlinie nur bei vorheriger Einwilligung des Teilnehmers gestattet.[944] Ein *Electronic Commerce Forum* im Rahmen des *DDV* hat sich deshalb einen Ehrenkodex für das Internet-Marketing auf die Fahne geschrieben. Abb.7-53 enthält die ***ECO*-Leitlinien**.

7.8.6. Telemarketing / Call-Center

➡ **Tele(fon)marketing** bedeutet dialogorientierte telefonische Kontaktaufnahme mit Interessenten und Kunden und während des Telefonats ein flexibles Eingehen auf deren Reaktionen und Anliegen.
➡ **Telemarketing** ist die Hauptsäule des **Dialogmarketing**.

65% der Weltbevölkerung hat noch nie einen Telefonanruf erhalten.	Das Telefonmarketing verzeichnet hohe Wachstumsraten. In 5.700 Call-Centern führen lt. *DDV* und *Call Center Forum* deutschlandweit täglich 435.000 AgentInnen auf über 200.000 Arbeitsplätzen mehr als 20 Mio. Gespräche mit Interessenten und Kunden. Dieser hat zwar nicht die persönliche Nähe eines Außendienstbesuches, wohl aber dessen situative Interaktivität. Nr. 1 der deutschen Call-Center-Dienstleister ist die *arvato direct services* mit 8.836 Arbeitsplätzen und 779,3 Mio. Euro Umsatz in 2008; vor der *D+S Deutschland* (3.250 Seats, 285,8 Mio. Euro) und der *walter services* (6.810 Seats, 234,6 Mio. Euro).[945] „Ein durchschnittliches" Call-Center verfügt laut *DDV*-Recherche über 72 Seats und beschäftigt 115 Agenten, davon 80 Prozent weibliche Mitarbeiter.
Call-Center-Einsatz: 49% Inhouse, 18% reine Dienstleister, 33% Mischformen. (Quelle: Benchmarkstudie 2004 *Profi-Tel Consulting*)	Nach Untersuchungen des *DDV* arbeiten über 30 Prozent der 5.000 größten deutschen Unternehmen mit Call-Centern. 51 Prozent von ihnen nehmen dabei die Dienste externer Telemarketing-Dienstleister in Anspruch. Die Unternehmen nutzen Telemarketing für (1) Werbekampagnen (Direkt-Marketing-Kampagnen), (2) Bearbeitung von Kundenrückmeldungen (Responses) nach Mailings, Anzeigenkampagnen oder TV- oder Hörfunk-Spots in Form des Kundendialogs, (3) Telefonverkauf (Verkauf von Theaterkarten, Strom- oder Handytarifen, Versandhandelsverkauf etc.), (4) Vertriebsunterstützung für den Außendienst, insbes. Lead-Vorqualifizierung und Terminabsprachen, (5) Vertriebsunterstützung für den Innendienst, insbes. Betreuung von C-Kunden, (6) Dienst- und Serviceleistungen im Rahmen von Hotlines, Kundendienst etc., (7) Verkaufsförderungsmaßnahmen (VKF) zur Vertriebsunterstützung, (8) Forderungsmanagement und Inkasso-Dienstleistungen.

Die Hauptziele eines sytematischen Telefoneinsatzes im Marketing sind Neukundengewinnung (verkaufsorientiertes Telemarketing) und verstärkte Kundenbindung (werbeorientiertes Telemarketing). Abb.7-54 listet die Aufgaben eines Call-Centers gemäß einer Umfrage der *Wirtschaftsförderungsgesellschaft Bremen* (*WfG*) bei 200 Unternehmen auf.[946] Danach dominieren im Telemarketing serviceorientierte Aufgaben. Viel wird sich an dieser Verteilung bis heute nicht geändert haben.

---

[943] vgl. Anweiler, (Newsletter), in: ASW, 4/2003, S. 96
[944] vgl. zu den Problemen der E-Mails Schwarz, (E-Mail-Adressen), in: acquisa, 12/2002, S. 24-27
[945] vgl. das Special Ranking 2009 im CallCenterProfi 2009 (*www.callcenterprofi.de*)
[946] vgl. o.V., (Call Center), in: PM-Beratungsbrief v. 27.1.1997, S. 6

Abb. 7-54

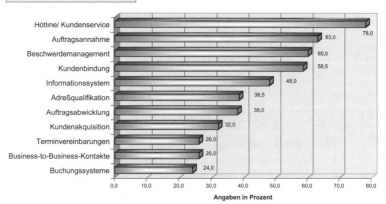

Die Einschränkungen des **UWG** sind zu beachten. In BtoC dürfen Privatleute nicht ohne deren Einwilligung angerufen werden. In BtoB kann von einer „mutmaßlichen Einwilligung" ausgegangen werden. Zum Schutz der Verbraucher wurden 2009 die Regelungen zur Bekämpfung unerlaubter Telefonwerbung verschärft:
(1) Bei Preisangeboten muss ein Hinweis auf enthaltene oder nicht enthaltene Versandkosten gegeben werden.
(2) Das Bußgeld für unerlaubte Telefonwerbung beträgt gemäß § 7 Abs. 2 UWG 50.000 Euro.
(3) Bei Rufnummerunterdrückung bei Werbeanrufen drohen bis zu 10 TEUR Strafe.
(4) Per Telefon geschlossene Verträge (Fernabsatz) können binnen Monatsfrist widerrufen werden. Über das Widerspruchsrecht ist in Schriftform zu belehren.
(5) Schaltungstechnisch abgeschlossene Verträge sind schriftlich zu bestätigen.
(6) Bei einem Anbieterwechsel (z.B. Stromverträge) muss der neue Vertragspartner künftig nachweisen, dass der Kunde den alten Vertrag tatsächlich gekündigt hat (Schutz vor Slamming, d.h. vor „untergeschobenen" Vertragskündigungen.)

Die technischen Voraussetzungen zum Betreiben eines Call-Centers sind hoch. Erforderlich ist eine **ACD-Anlage (Automatic Call Distribution)** mit computergestützter Durchstellsteuerung, Routing (zwecks Optimierung der Telefonkosten) und elektronischer Protokollierung. Besonders leistungsfähig sind **CTI-Anlagen** zur Integration von Computer und Telefonanlage (**Computer Telephony Integration**). Mittels Rufnummernerkennung haben die Telefonagenten ohne Zeitverzug die gesamte Kontakthistorie ihrer Telefonpartner auf dem Bildschirm. Bei **IVR-Systemen (Interactive Voice Response)** unterhält sich der Computer sogar mit dem Anrufer. Speziell im Outbound-Bereich (s.u.) bewähren sich **Power-Dialer-Systeme**. Diese arbeiten umfangreiche Telefonlisten automatisch ab und stellen nur dann zum Agenten durch, wenn sich der Angerufene meldet. Erfolglose Kontaktversuche werden in automatische Wiedervorlageroutinen gespeichert. Aktuelle Trends bei Call-Centern gehen in Richtung **individuelle Sprachcomputerabfrage** (IVR),[947] Integration von Telefon/Handy und Internet sowie Telefonverkauf per Videokonferenz.

Zwei **Grundformen des Telemarketing** sind zu unterscheiden (Abb.7-55):
(1) Beim **Inbound-Marketing** (passives Telefonmarketing) ruft der Kunde an. Die Call-Center stehen den Anfragenden mit Hotlines, Info-Diensten, Beschwerde-

---

[947] Fragt z.B. ein Kunde bei der British Airways nach dem aktuellen Meilenstand, dann wird ihm über eine Sprachanwendung geantwortet: vgl. zu den Trends o.V., (Call Center), in: PM-Beratungsbrief v. 25.5.1998, S. 3. Heute normal: Kontostandabfrage via Handy.

Abb. 7-55

Studie Deutsche Post - Werbeausgaben 2008: Outbound 2,7 Mrd. Euro, Inbound 2,5 Mrd. Euro.

AUFGABEN VON INBOUND- UND OUTBOUND-TELEMARKETING	
Inbound	Outbound
• Telefonempfangservice, Abwesenheitsservice; auch im 24-Stunden-Betrieb • Auskunftsservice, Börsenhotline mit Auskunftsservice • Übernahme telefonischer Überlaufverkehr für Zentrale oder Verkaufsabteilung • Betreiben von Hotlines und Servicenummern, Stördienste (z.B. 0800-IhrFirmenname.de) • Übernahme von Helpdesks, PC Hotline, First- oder Second-Level-Support • Aufnahme von E-Mails, Voice-over-IP-Service • Abwicklung von Paging-, Textnachrichtendiensten • Informationsdrehscheibe für den Außendienst	• Nachfassen bei Angeboten, Kundenaktivierung • Marktbefragungen, Umfragedienste • Kundenzufriedenheits-Befragungen • Adressensuche, Adressenverifizierung, Überprüfung von Datenbanken • Beantwortung von E-Mails • Bedarfsklärung, Lead-Qualifizierung • Besuchsvereinbarungen für den Außendienst • Händlerbetreuung • Begleitung von Produkteinführungen • Begleitung von Promotionaktionen, Kampagnen • Veranstaltungsservice, Messe-, Event-Einladungen • Produktverkauf, Kartenservice • Aktive C-Kundenbetreuung

(Quelle: Jünger, (Dienstleister), in: salesBusiness, 9/2003, S. 41)

Service-Nummern auf einen Blick:
0900-Sprachportale:
0900-1 = Information
0900-3 = Unterhaltung,
0900-5 = z.B. Erotik
0900-9 = Interneteinwahl
0700- = Personal-Numbers
0800- = kostenfreie Hotlines u.a. Dienste
0180- = dto., aber Shared-Cost-Dienste
0137- = Gewinnspiele, Telefonvotings, komplexe Kampagnen
0118- = kostenpflichtige, vorwahlfreie Auskunfts- und Informationsdienste.

management oder Tele-Shopping zur Verfügung. Im strengen Sinne handelt es sich nicht um eine Direktansprache sondern um eine „Direkt-Antwort" und damit nicht um Direktmarketing. In der Praxis spielt das allerdings keine Rolle.

(2) Das **Outbound-Marketing** (aktives Telefonmarketing) verwirklicht die Philosophie der individualisierten Ansprache. Die Initiative geht vom werbenden Unternehmen aus. Das Outbound-Marketing verbindet in der Praxis meist eine kommunikative (Werbung) mit einer akquisitorischen Komponente (Telefonverkauf).

Die *Deutsche Telekom* und andere Provider stellen für das Direktmarketing **Service-Nummern** und **Dienste** zur Verfügung. Beim TMM-Dienst können z.B. mehrere Anrufer gleichzeitig einen Ansagedienst in Anspruch nehmen. Die kostenpflichtigen Servicenummern erregen zunehmend den Ärger von Stammkunden. Diese sind nicht bereit, sich musikalisch den Tag vertreiben zu lassen und Gebühren wie die Standardkundschaft zu zahlen. Der Ausweg liegt in Sondernummern mit Passwort-Charakter oder in speziellen Extranets, auf die der Kunde nur mit Passwort Zugang bekommt. Als besonderer Service sind **Free-Call-Buttons** im Internet zu erwähnen. Beim Aktivieren des Buttons stellt der PC selbständig eine kostenfreie PC-Serviceleitung zum Werbenden her (Internet-Telefonie).

Telemarketing-Kampagnen sind in folgenden Schritten zu planen:
(1) Entscheidung über die Zielsetzung einer Kampagne,
(2) Definition der Zielgruppe,
(3) Anmietung (i.d.R. nicht Kauf) des Adressmaterials,
(4) Selektion und Überprüfung der Adressen (Adressenqualifizierung),
(5) Klärung der Hardware (Telefonanlage und Peripherie),
(6) Erstellen eines Telescripts (Telefonat-Drehbuch),[948]
(7) Telefontraining und Einsprechen der Mitarbeiter (Fachjargon: Agenten),[949]
(8) Durchführung der Calls und dabei begleitend die
(9) Call-Protokollierung (Telefonprotokolle),
(10) nach Durchführung der Kampagne Erfolgsauswertung
(11) und Follow-up-Aktionen für die gewonnenen Leads (Neukunden-Kontakte).

Bei der **Erfolgsmessung** von Call-Centern und Telemarketing-Kampagnen stehen drei Erfolgstreiber im Vordergrund: (1) die **Erreichbarkeit** der Agenten, (2) die

---

[948] s. das Beispiel bei Weis, (Verkaufsmanagement), 2005, S. 243-244
[949] Grundtips z.B.: Rechtshänder halten Hörer links, um rechte Gehirnhälfte anzusteuern, Spiegel auf den Tisch und „Anlächeln" vor dem Telefonat – es gibt da recht abenteuerliche Empfehlungen, die in Spezialbereichen des Telemarketing von besonderer Bedeutung sind.

Prozessqualität (Schnelligkeit, Flexibilität) und (3) die **Kompetenz der Agenten**, die Kundenprobleme zu lösen. Gängige Kennziffern für die Erfolgsmessung sind dann:

Benchmark TNT Express: 90/10/1; 90% Bearbeitung nach 10 Sekunden bei Abbrecherquote von 1%.

(1) **x/y/z-Service-Level**: Ein Service-Level von 80/20/3 bedeutet, dass 80% der Anrufer innerhalb von 20 Sekunden mit einem Agenten verbunden sind; bei einer maximal zulässigen Abbrecherquote (**Abandon-Rate**) von 3%,
(2) Kosten pro Anrufminute,
(3) Anzahl Kontakte pro Stunde,
(4) Kosten pro Call,
(5) Erfolgsquote (Erfolge sind z.B.: qualifizierte Adresse, vereinbarter Besuchstermin, erreichter Kaufabschluss, protokollierte Kundenmeinung),
(6) Aufträge / Umsatz / Deckungsbeitrag pro Stunde,
(7) Aufträge / Umsatz / Deckungsbeitrag pro Kontakt,
(8) Kosten pro Kontakt und
(9) Kosten pro Auftrag.

Gemini Consulting stellte in einer Marktbefragung bei 160 deutschen Call-Center-Betreibern durchschnittliche Gesprächszeiten von 168 Sekunden pro Call und eine Nachbearbeitungszeit von 60 Sekunden fest. Bei Durchschnittskosten von 0,90 Euro pro Anrufminute kostet dann ein Telefonat ca. 3,40 Euro.[950] 400 – 500 Anrufe täglich gelten als Untergrenze für den sinnvollen Betrieb eines externen Call-Centers.

Es müssen nicht immer externe Call-Center zum Einsatz kommen, um die Marktschlagkraft zu stärken. Die Möglichkeiten zur internen Unterstützung des Vertriebs durch das Telefon sind noch längst nicht genutzt. Hierzu sollten die Unternehmen mehr Mitarbeiter aus dem Backoffice zu einem Telefontraining entsenden.

Im Vergleich zum Kundenbesuch gilt die telefonische Ansprache bei anspruchsvollen Kunden nur als „zweite Wahl". In der Praxis deutet sich jedoch an, dass durch ausgefeilte Fragentechnik und vertrauensfördernde Gesprächsführung auch durch einen Telefonkontakt eine hohe Kundenbindung erreicht werden kann.

7.8.7. Vom Call-Center zum Customer-Care-Center

Im Customer Assistance Center von Mercedes-Benz in Maastrich gehen pro Tag ca. 11.000 Anrufe ein.

Allerdings werden auf klassische Telefonfunktionen beschränkte Call-Center zukünftig nicht mehr wettbewerbsfähig sein. Die Kunden legen verstärkt Wert darauf, dass ihnen am Telefon, per Fax oder Mail drängende Probleme umgehend gelöst werden. Auf anheimelnde Telefonstimmen im Sinne von "*Guten Tag, hier ist die Inkompetenz, was kann ich für Sie tun...*" können die Käufer verzichten. Ferner sorgt auch in diesem Bereich des Direktmarketing das Internet für eine Ausweitung von Aufgaben und Kontaktformen. So zeichnet Abb.7-56 den Weg auf, den ein Call-Center von einer organisatorisch allein stehenden Unterstützungsfunktion bis hin zu einem alle Unternehmensbereiche umfassenden und weltweit operierenden Kundenzentrum auf Basis CRM nehmen kann. Die Begriffe sind in der Praxis stark fließend. Dennoch sollen hier richtungsweisende Evolutionsstufen voneinander abgegrenzt werden:Ein Call-Center soll nicht nur Telefonkontakte "managen" sondern **alle Kundenkontaktformen** (Call, Mail, Brief, Fax) beherrschen. Dies kennzeichnet den Schritt zum (Multimedia) **Communication-Center**.

Hinzu kommen höherwertige berufliche Anforderungen für die Call-Center-Agenten in Bezug auf Sachkenntnis und Prozesskenntnis:

---

[950] vgl. zu diesen Werten Thieme; Ceyp, (Call-Center), in: ASW, 5/1998, S. 94

Abb.7-56

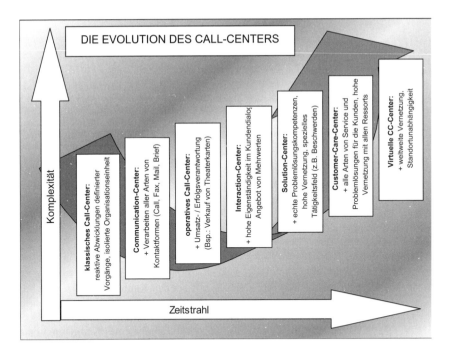

- Ein Call-Center soll den Kunden interaktiv betreuen, mit ihm einen **aktiven Dialog** führen. So entsteht die Nuance des **Interaction-Center**.
- **Solution-Center** zielen auf vorgangsabschließende Bearbeitung. Möglichst viele Vorgänge (80 Prozent) sollen bereits im **1st-Level-Support** zu einem Abschluss gebracht werden (s. noch einmal Abb.4-43). Dadurch werden die Spezialisten der zweiten Beratungsstufe entlastet.
- Werden noch mehr Tätigkeitsfelder übernommen, dann entsteht praktisch ein kompletter Innendienst. Das frühere Call-Center umschließt nun alle **Backoffice-Funktionen**. Für diese **Customer-Care-Zentren** sind schnelle und flexible Informationsübergaben an und Vorgangsvernetzungen mit allen Unternehmensressorts (im Sinne von CRM) erfolgsentscheidend. Die Frage ist, ob Customer-Care-Centren zukünftig eher interne Unternehmensorgane sind, während ja das klassische Call-Center ein externer Dienstleister ist.
- Durch Verzicht auf Standortgebundenheit entstehen **virtuelle Zentren**. Kundenprozesse werden jetzt weltweit, für den Kunden unsichtbar, vernetzt.

Communication-Center bilden das Herzstück von Mehrkanal-Vertriebssystemen (**Multi Channel Marketing**). Kunden lassen sich einen Kontaktkanal heute nicht mehr aufzwingen. Sie entscheiden selbst, auf welchem Weg sie ihre Anbieter ansprechen. Und sie wechseln die Kontaktkanäle ständig. Im Communication-Center fließen die Marktinformationen aller Kanäle gemäß Abb.7-57 zusammen und gehen von dort aus in die Kundendatenbank (Database).

Erhebungen zufolge unterhalten 62,4 Prozent aller Unternehmen eine eigenständige Abteilung für den Kundenservice. 49 Prozent bewerten den Erfolg durch die Steigerung der Kundenzufriedenheit. 55,7 Prozent setzen eine spezielle CC-Software ein, die alle Vorgänge kanalübergreifend steuert. 23,9 Prozent nutzen ein E-Mail-response-Management.[951] Ein Beispiel für einen "*Service bis ins letzte Level dank virtueller Vernetzung*" bietet die *Deutsche Angestellten Krankenkasse*:

---

[951] vgl. End, (Kunden-Service-Center), in: salesBusiness 5/2005, S. 23

Abb.7-57

24 Call-Center-Geschäftsstellen werden durch ein zentrales Call-Center-Management (CCM) bundesweit von Hamburg aus gesteuert. Grundlage ist ein Data Warehouse. Die Kunden sehen von außen nur ein DAK Call-Center, das bundesweit unter einer Servicenummer erreichbar ist. Tatsächlich aber kann jeder Mitarbeiter mit Erfahrungen im Kundenkontakt von dem System angesteuert werden. Einlaufende Gespräche werden in das nächste freie der 24 Kundenzentren weitergeleitet.[952]

7.8.8. Kampagnenmanagement im Zeitablauf und Realtime-Marketing

Ein Mailingbrief, ein Kontakt-Call oder bei den Printmedien eine Zeitungsanzeige sind schnell vergessen. Ein Recall bei den Käufern baut sich erst durch die richtige Verteilung von Werbeimpulsen im Zeitablauf auf und, im Fall von Response, durch **eine schnelle Umsetzung der Kundenreaktionen in Marketingaktionen**. Diese Aufgabe verfolgt das Werbetiming im Rahmen eines **Kampagnenmanagements**.

> ➡ "Ein **Kampagnenmanagement** hat die Aufgabe, den richtigen Kunden zum richtigen Zeitpunkt die richtige Botschaft über den idealen Kommunikationskanal bei optimalen Kosten zu senden."[953]
> ➡ **Realtime-Marketing** zielt darauf ab, nach Kundenreaktionen sofort Marketingaktionen anzustoßen (z.B. ein in dem Moment genau passendes Angebot).
> ➡ Beim **eventgetriggerten Kampagnenmanagement** werden diese "kritischen Ereignisse" (z.B. Heirat eines Bankkunden) von EDV-Systemen automatisch herausgefiltert und Maßnahmen durch Innen- oder Außendienst umgehend empfohlen oder eingeleitet (Funktion des **Closed Loop**).

Wenn die inhaltlichen Botschaften und Elemente einer Werbekampagne geklärt sind, ist hinsichtlich der Durchführung der Kampagne zu entscheiden über
(1) die **Zielsetzung**,
(2) die **Zielgruppe(n)** und
(3) das **Budget** der Kampagne,
(4) den optimalen **Startzeitpunkt**,
(5) die **Dauer** der Kampagne,
(6) die **Anzahl** (Häufigkeit) von **Teilaktionen/Schaltungen**,
(7) die **zeitlichen Abstände** zwischen den Schaltungen,
(8) die **Erfolgsmessung** für die Kampagne.

Hinsichtlich Punkt (5) arbeitet die Werbepraxis oft mit einer **intermittierenden Werbestrategie**. Dabei werden kurze, intensive Kampagnen in unregelmäßigen Zeitabständen durchgeführt. Dies kann bei saisonbezogenen Produkten prozyklisch (prosaisonal) oder antizyklisch (antisaisonal) erfolgen.[954]

---
[952] vgl. Simon, (Call-Center), in: acquisa, 9/2000, S. 59-60
[953] Glossar zum Beitrag: o.V., (Angebot); in: acquisa, 8/2000, S. 2000
[954] vgl. Weis, (Marketing), 2009, S. 491-493

Immer wieder gern zitiert wird eine Untersuchung von *Zielske* aus dem Jahr 1959. Beim Vergleich einer **Diskontinuitätsstrategie** (Aktion mit 1 Kontakt pro Woche über 3 Monate) mit einer **Kontinuitätsstrategie** (1 monatlicher Kontakt über 12 Monate) wurden folgende Ergebnisse deutlich:
⇨ Mit zunehmender Kontakthäufigkeit steigt das Recall-Niveau (Niveau der Wiedererkennung).
⇨ Der Lernerfolg (Erinnerungszuwachs) nimmt allerdings mit zunehmender Kontakthäufigkeit ab.
⇨ Dem Lernvorgang wirkt ein Vergessensvorgang entgegen (Decay).
⇨ Die Ergebnisse insgesamt sprechen für einen gleichmäßigen Werbemitteleinsatz (gleichmäßige Streuung von Kampagnen) im Zeitablauf.[955]

Die Werbeerfolgsforschung belegt, dass einmal gelernte Werbebotschaften zwar nicht so schnell vergessen, jedoch schnell von anderen Botschaften überlagert (interferiert) werden.[956] So sind die sich hochschaukelnden Werbebudgets in der Praxis Ausdruck von Marketinganstrengungen, interferierende Botschaften zu überlagern und dadurch zu neutralisieren.[957]

Der Trend zu „wuchtigen", aber zeitlich begrenzten Kampagnen wird durch **Kampagnen-Websites** unterstützt. Diese präsentieren in begrenzten Zeiträumen Entertainment-Inhalte multimedial und verfolgen die Marktreaktionen digital. Wichtig sind einprägsame Domain-Namen und von Standardinhalten der Markenwerbung abweichende Botschaften und Mehrwerte, um eine Werbeerinnerung zu erreichen. Denn Web-Kampagnen sind kurzlebig. Beispiele für Kampagnen-Websites sind *Coca Colas Cokefridge-Sites*, *www.sag-uns-deine-meinung.de* von *Volvo* zur Einführung des *C30* oder *www.gluecklich-mit-peugeot.de*. Mittlweile werden praktisch alle Großkampagnen der Markenhersteller durch Kampagnen-Websites flankiert.

Bei CRM-gestützten **Direktmarketing-Kampagnen** werden aus der Fülle der Massendaten bzw. aus den Kundendatenbanken **besondere (kritische) Kundenereignisse** automatisiert herausgefiltert und daraus unmittelbar Betreuungsaktivitäten, z.B. einen Glückwunsch, ein neues Angebot, Zusenden eines Testproduktes etc., angestoßen. Sog. **Event-Trigger** prüfen z.B. bei einem Bankkunden regelmäßig die Finanzdaten über alle Konten und unterbreiten dem Kunden bei Erreichen bestimmter Schwellenwerte automatisch Angebote für Kapitalanlagen oder Kredite. Der Begriff **Realtime-Marketing** beschreibt diese Vorgehensweise.[958] **Ereignisauslöser** für ein Realtime-Marketing mit event-getriggerten Aktionen können z.B. sein:

Marketingaktionen haben besondere Erfolgschancen, wenn sie sich an persönlichen Ereignissen beim Kunden orientieren.

(1) persönliche Lebensveränderungen,
(2) berufliche Veränderungen,
(3) bestimmte Kaufentscheidungen,
(4) Gesetzesänderungen, von denen ein Kunde betroffen ist,
(5) Änderungen in wirtschaftlichen Rahmenbedingungen (Zinsen, Immobilienpreise, neue Technologien),
(6) Aktionen von Wettbewerbern. Abb.7-58 zeigt, welche Ereignisse Autohäuser zum Anlass für individuelle Kundenansprachen nehmen.[959] Eine besondere Kreativität bei den Kampagnenanlässen ist hier allerdings nicht zu entdecken.

---

[955] vgl. Meffert, (Marketing), 2000, S. 821-822 mit dem Hinweis auf die Studie von Zielske (1959)
[956] vgl. zur Interferenztheorie Kroeber-Riel; Weinberg; Gröppel-Klein, (Konsumentenverhalten), 2009, S. 281
[957] vgl. Schmalen, (Kommunikationspolitik), 1992, S. 45
[958] Hinweis auf das Buch **Realtime-Marketing** von *Regis McKenna* in: o.V., (Angebot), in: acquisa, 8/2000, S. 50
[959] vgl. die Info in acquisa, 2/2001, S. 7

Abb. 7-58   Angebote sind erst dann erfolgreich individualisiert, wenn der Interessent oder Kunde "mitmacht". *Procter&Gamble* hat diesbezüglich einen richtungsweisenden Weg eingeschlagen (damalige Web-Site: *www.reflect. com*). Jede Konsumentin konnte sich im Internet eine persönliche, an ihren Hauttyp angepasste Kosmetikserie kreieren. Eine Million Bestellungen pro Tag bestätigten das Konzept. Die Aktion von *P&G* gilt als bislang erfolgreichste E-Commerce-Kampagne.

ANLÄSSE VON AUTOHÄUSERN FÜR INDIVIDUALANSPRACHEN	
① Zeit nach Autokauf	⇨ 79,1%
② Geburtstage	⇨ 73,3%
③ Serviceintervalle	⇨ 68,9%
④ Jahresereignisse	⇨ 68,4%
⑤ neue Modelle	⇨ 12,6%
⑥ Events	⇨ 6,3%
(Quelle: samaxis/IfA 2000; 206 Automobilhändler; zit. in acquisa, 2/2001, S. 7)	

Eine derart starke Kundenbindung mit Hilfe von klassischen, anonymen Werbemedien zu erreichen, ist kaum möglich. Die strategische Zukunft der Kommunikationspolitik liegt deshalb im Direktmarketing. Dieses Kapitel hat aber auch die Herausforderungen aufgezeigt, die mit einer werblichen Direktansprache verbunden sind. Abb. 7-59 stellt den Entwicklungspfad des Direktmarketing mit seinen Elementen noch einmal in einem Zusammenhang dar. Am Ende steht die **1to1-Individualansprache**, organisiert in einem Multi Channel Marketing. Vertrieb und Marketingkommunikation sind dann über alle Kanäle hinweg eng verknüpft.

Abb. 7-59

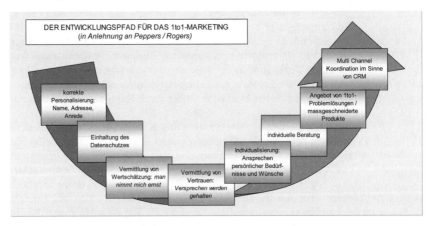

7.9. Verkaufsförderung (VKF – Sales Promotion)

7.9.1. Begriff - Aufgaben - Trends

„Wenn ein Kunde Ihren Prospekt durchblättert, dann ist das, als ob er Ihren Laden betritt. Es kommt darauf an, das Prospekt zu einem Ort zu machen, an den der Kunde gerne zurückkehrt. Gute Prospekte strahlen eine besondere Persönlichkeit – Ihre Persönlichkeit – aus."[960]

➡ **Verkaufsförderung** (VKF, Sales Promotion) umfasst die Planung, Organisation, Durchführung und Kontrolle **zeitlich begrenzter** und **neben der konventionellen Werbung** stehender Aktionen, bei denen in **direktem Kontakt** mit Kunden oder Vertriebspartnern Kommunikations- und / oder Verkaufsziele unterstützt werden. Hinzu kommen Verkaufsunterlagen sowie sonstige Hilfsmittel zur Stärkung der Verkaufsarbeit.

---

[960] Geller, (Response), 1997

> **VKF unterstützt den Verkauf.** Es geht nicht um unmittelbare Umsatzgenerierung. Verkaufsförderung soll vor allem informieren und in der Pre-Sales-Phase Verkaufsanreize schaffen. In der After-Sales-Phase (Nachkaufphase) soll VKF vor allem die Kundenbindung erhöhen.

Das Marketing-Budget der OTTO Group für Kataloge beträgt 1,3 Mio. Euro. Zweimal im Jahr erscheint der Hauptkatalog mit mehr als 1.100 Seiten in Millionen-Auflage. Zusätzlich gibt es rund 60 Spezialkataloge.

Abb.7-60

Auch die Verkaufsförderung für Produkte durch Verkaufsunterlagen und Aktionen am Point of Sale zielt auf Kundenaktivierung. Zur Mindestausstattung von Außen-, Innendienst und Service zählen Flyer, Kataloge, Datenblätter und Preislisten. Diese Medien sollen Interessenten und Kunden ansprechen, interessieren, informieren und zum Kauf motivieren. Sie **unterstützen** die Verkaufsarbeit. Sie **fördern** den Verkauf. Sie transportieren Botschaften, die Interessenten und Kunden lebensnaher berühren als präferenzbildende Werbeanzeigen. Marketingorientierte Unternehmen erkennen dies, stimmen ihre verkaufsfördernden Unterlagen mit den CI-Vorgaben ab und betrachten die Verkaufsförderungsunterlagen als vollwertige Instrumente der Kommunikationspolitik. Denn mehr als 70 Prozent der Kunden stöbern erst im Katalog, bevor sie im Internet bestellen.

Neben die Sachmittel zur Verkaufsförderung treten auf Produkte oder Produktgruppen hin abgestimmte **VKF-Aktionen**, bei denen zu bestimmten Zeiten an bestimmten Orten Marktteilnehmer über die Vorzüge von Produkten informiert und zum Kauf bewegt werden sollen. Schätzungen zufolge investieren deutsche Unternehmen mehr als 2 Mio. Euro jährlich für ca. 3.000 VKF-Aktionen mit dem Handel am POS.[961] Verkaufsförderungsaktionen kamen noch in den 50er Jahren nur sporadisch zum Einsatz. Heute sind sie im Sinne der marktorientierten Unternehmensführung als Teil der Unternehmensstrategie zu verstehen. Abb.7-60 bringt die historische Entwicklung der VKF zum Ausdruck.

ENTWICKLUNGSPHASEN DER VERKAUFSFÖRDERUNG	
① 50er Jahre	⇨ unsystematische, sporadische VKF-Aktionen
② 60er Jahre	⇨ distributionsgebundene VKF
③ 70er Jahre	⇨ VKF als Marketinginstrument
④ 80er Jahre	⇨ Loslösung der VKF vom Vertrieb
⑤ 90er Jahre	⇨ integrierte, strategische VKF

80% aller Produkte präsentieren sich ohne Werbung im Handelsregal. (zit. in ASW, 4/2005, S. 112)

Die Verkaufsförderung erfüllt folgende **Aufgaben und Ziele**:
(1) Steigerung des **Bekanntheitsgrades** und **Imageprofilierung** für ein Produkt (**Produkt-/Markenpromotion**), für ein Leistungsprogramm (**Programmpromotion**) oder (seltener) für eine Unternehmung als Ganzes (**Image-/CI-Promotion**), jeweils in Verbindung mit Abverkaufs-Zielsetzungen,
(2) **Information**, **Schulung** von Mitarbeitern, Vertriebspartnern oder Kunden,
(3) dadurch **Motivation** von Kunden und verkaufenden Vertriebsparntern mit unmittelbarer Umsatzgenerierung (POS-Promotion)
(4) sowie **Kundenbindung** (allerdings nur im Zusammenhang mit weiterführenden Bindungsinstrumenten).

Im Visier stehen drei **Zielgruppen**: eigene Mitarbeiter von Marketing, Vertrieb und Service, Vertriebspartner und Interessenten bzw. Kunden. Aus der Kombination von Zielen und Zielgruppen kann ein Schema für VKF-Aktionen gemäß Abb.7-61 abgeleitet werden:
(1) **vertriebsinterne Promotion** für eigene Mitarbeiter,
(2) **vertriebspartnergerichtete Promotion/Handelsprom** für Handel u. Handwerk,
(3) **abnehmergerichtete Promotion** für Interessenten und Kunden.

---
[961] gemäß einer Studie der *UGW AG*, Wiesbaden, zit. in: acquisa 5/2003, S. 32 (*www.ugw.de*)

Abb.7-61

↓ Zielgruppen / Hauptziele➔	AUSGEWÄHLTE MASSNAHMEN FÜR VERKAUFSFÖRDERUNGSAKTIONEN		
	Steigerung von Bekanntheitsgrad und Image	Information und Schulung	Verkaufsanreiz, Umsatzgenerierung
innengerichtete Promotion: für eigene Verkaufsmannschaft		⇨ Verkaufshandbuch ⇨ Schulungstage	⇨ Verkäuferwettbewerb ⇨ Incentives
handelsgerichtete Promotion: für Vertriebspartner	⇨ Info-Tage f.d. Handel ⇨ Händler-Events	⇨ Händlerkataloge ⇨ Händlerschulungen	⇨ Regalpflege ⇨ Händlerwettbewerbe
abnehmergerichtete Promotion: für Interessenten und Kunden	⇨ Kunden-Clubs ⇨ Tag der offenen Tür	⇨ Hotline / Beratung ⇨ Service-Informationen	⇨ Gewinnspiele ⇨ Verkostungen

Die Palette möglicher VKF-Maßnahmen ist weit gespannt. Die Grenze zum Event-Marketing ist fließend. Aktionspreise möchten wir der Konditionenpolitik zuordnen. Als wichtige Einzelinstrumente sind über Abb.7-61 hinaus anzuführen: Verkaufsunterlagen, Firmenbroschüren, Promotion-Material für den POS und der wichtige Bereich der Produktdemonstrationen.

Durch die direkte Kundenansprache bei VKF-Aktionen können Streuverluste der Mediawerbung vermieden und zu kaufrelevanten Fragen sofort Kundenmeinungen erhoben werden. Dieser Vorteil gegenüber der konventionellen Werbung wird durch den Nachteil relativ hoher Kosten pro Kontakt und die unregelmäßige Durchführung von Promotion-Aktionen erkauft. Deshalb geht ein Trend in Richtung kontinuierlich ablaufende Kundenbindungsprogramme. Auch sind VKF-Sachmittel rasch veraltet. Eine jährliche Aktualisierung von Artikelkatalogen und Preislisten bedeutet gerade für mittlere Unternehmen einen erheblichen Kostenfaktor. Deshalb kommen zunehmend Internet-Kataloge bzw. Downloads von VKF-Materialien zum Einsatz.

Als **Schlüsseltrends** in der VKF sind zu nennen:[962]
(1) Die Motive der klassischen Werbung müssen sich in der VKF-Kommunikation am POS deutlich widerspiegeln.
(2) Als **tailormade Promotions** werden verstärkt VKF-Maßnahmen im Rahmen der Jahresgespräche mit dem Handel vereinbart.
(3) Nach der Idee des **Co-Marketing** vereinbaren mehrere Hersteller gemeinsame, aufeinander abgestimmte Maßnahmen.
(4) Promotion-Displays und Produktauftritt (Design, Verpackung) müssen als Einheit wahrgenommen werden (Homogenität des Erscheinungsbildes).
(5) Promotion-Aktionen dringen in neue Kanäle ein (z.B. in Tankstellen).
(6) Die Promotion am POS ist als Marken-Erlebniswelt zu inszenieren - und zwar als Erlebnis für alle Sinne (Licht, Farben, Musik, Düfte, bewegte Objekte).
(7) Verkostungsaktionen sollen die Kunden-Verweildauer im Outlet verlängern.
(8) POS-Promotion soll den Dialog mit den Kunden fördern. Die Kundenreaktionen sind im Sinne von Database-Marketing und CRM zu speichern und auszuwerten.

7.9.2. Produkt-Promotion

a.) Kundengerichtete Verkaufsförderung

Promotion-Material - Verkaufsunterlagen – Kataloge und Preislisten
Schriftliche Verkaufsunterlagen und Informationsbroschüren für Kunden, den eigenen Außendienst und für Vertriebspartner werden auch zukünftig im Vordergrund der VKF-Arbeit stehen. Das Promotion-Material stärkt in erster Linie die Bekanntheit von Produkten und bietet Mehrwerte durch Informationen.

---
[962] Vgl. Rivinius, (Verkaufsförderung), in: ASW, 6/2001, S. 80-81

Kundenschulungen
Auch Kundenschulungen oder Hotline-Tage gehören zu den Informations- und Schulungsaufgaben der Verkaufsförderung.

POS-Promotion: Verkostungen - Produktvorführungen
Verkostungen (Degustationen) im Food-Bereich sowie Probefahrten oder Versuchsüberlassungen bei technischen Gütern dienen der unmittelbaren Umsatzgenerierung. Aktionen dieser Art sind, gemäß der engen Begriffsauslegung der Verkaufsförderung, zeitlich begrenzt und werden meist von unternehmensfremden Promotion-Firmen durchgeführt. Die Veranstaltungen erhalten zunehmend Event-Charakter.

Allgemeine Stärkung der Kaufanreize und der Präferenzbildung
Preisausschreiben, Incentive-Reisen, Rubbelpunkte, Rabattmarken oder Gimmicks (kleine Beigaben, Geschenke) am POS dienen der werbeunterstützenden, allgemeinen Kundenmotivation. Mit diesen Instrumenten will das Marketing der Reizabstumpfung durch starre Anzeigen und Zeitungsbeilagen beikommen. Mittlerweile jedoch gibt es so viele Preisausschreiben mit so vielen „windigen" Gewinnen, dass die Verbraucher zunehmend misstrauischer werden und die Kaufpräferenzen schaffenden Werbeeffekte dieser Art von Verkaufsförderung schwinden.

b.) Vertriebspartnergerichtete Verkaufsförderung

In vielen Punkten decken sich die auf Interessenten und Kunden ausgerichteten VKF-Maßnahmen mit denen, die Vertriebspartner unterstützen und motivieren.

Motivation und Förderung des Push-Hineinverkaufs in den Handel
Hierzu dienen Incentive-Aktionen, Händler-Verkaufswettbewerbe, Platzierungs- oder Schauraum- / Schaufensterwettbewerbe. Auch Ausschreibungen, wie z.B. „*Vertriebspartner des Monats*",[963] sind unter diesem Punkt anzuführen.

Information und Ausbildung
Durch Informations- und Schulungsunterlagen und -maßnahmen versuchen Lieferanten indirekt verkaufssteigernde Kräfte bei den Vertriebspartnern freizusetzen. Auch spezielle Ausbildungsprogramme für den Handel, Händlertreffen, -tagungen und -zeitschriften sind hier zu nennen.

Betriebswirtschaftliche Beratung
Die Bandbreite reicht von Existenzgründungshilfen bis hin zu ausgefeilten Unternehmensberatungen für unterstützungsbedürftige Partner.[964] Die etablierten Fenster- und Heizungshersteller beispielsweise bieten ihren Handwerkspartnern umfassende Dienstleistungspakete an; mit Organisations- und Finanzierungshilfen, Kalkulationsempfehlungen, Beratungen bei Lager und Logistik sowie werksseitig gesteuerten Adressensuch- und Mailingprogrammen.

Outlet- bzw. POS-Unterstützung
Wichtigster Bereich ist die **Regalpflege (Merchandising)**.[965] Der Lieferant nimmt seinem Handelspartner die Überwachung, Auffüllung und Optimierung der Regaleinheiten ab (Spacements). Die Waren sollen am POS wirksam und günstig platziert

---

[963] VKF-Aktionen dieser Art sind z.B. typisch für Franchise-Systeme
[964] Die Idee ist, den Partnern die Gelegenheit zu geben, sich am besten Kollegen auszurichten oder im Rahmen eines Benchmarkings am stärksten Konkurrenten.
[965] Der Begriff Merchandising wird daneben auch für den Fanartikel-Verkauf von Popgruppen und Sportvereinen verwendet.

"Wo die Augen keinen Halt finden, gehen auch die Füße vorbei." (Claudia Rivinus, ASW 6/2001, S. 80)

werden. Oft werden diese Dienste von selbständigen Spezialunternehmen (Rack Jobber) im Auftrag der Hersteller wahrgenommen. Ebenfalls am POS spielt sich die Beratung bei der **Ausgestaltung der Verkaufsräume** ab. Die Palette der VKF-Maßnahmen am POS umfasst z.B.

- Gestaltung von Schauraum (Verkaufsraum), Schaufenster und Verkaufsfläche,
- Beratung für attraktivere Platzierung von Warengruppen und Artikeln,
- Verbesserung der Auszeichnung der Ware,
- Aufstellen von Displays und anderen Verkaufshilfen (z.B. von Musterstücken).

7.9.3. Programm-Promotion: Messen und Ausstellungen

a.) Begriff - Bedeutung - Aufgaben

Das Messewesen ist heute ein weltweites Geschäft. Am Anfang der historischen Entwicklung steht die Weltausstellung 1851 in London mit 6 Mio. Besuchern und bereits 14.000 Ausstellern. Die Weltausstellung in Paris 1931 zählte 32 Mio. Besucher auf 2 Mio. qm Fläche. Messehallen werden aufgebaut und wieder abgerissen. Städte verändern ihr Stadtbild für die internationalen Besuchermagnete. Messen sind Statussymbole für die austragenden Länder, Städte und Gemeinden.

Mit den Worten „**ite missa est**" eröffneten die Priester mittelalterliche Märkte. Möglicherweise liegt hier der Ursprung des Messebegriffs.[966]

Im Jahr 2008 fanden in Deutschland 153 überregionale Messen statt. 176.485 Aussteller aus dem In- und Ausland lockten auf über 7 Mio. qm Ausstellungsfläche 10,3 Mio. Besucher an. Als Instrumente zur Imagebildung und Verkaufsförderung sind Messen und Ausstellungen von herausragender Bedeutung.[967] Sie gelten als Nabelschauen der Konsum- und Industriegüterwelt. Ihre Aufgabe ist es, über das gesamte Leistungsangebot einer Unternehmung (einer Branche) zu informieren, Beziehungen zu pflegen und neue Kunden und Vertriebspartner zu gewinnen. Auf den großen Fachmessen werden maßgebliche Geschäftsabschlüsse getätigt. Abb.7-62 bietet einen Überblick über die größten deutschen Messen Stand Ende 2008.[968] Nach §§ 64 und 65 der Gewerbeordnung und den Richtlinien des ZAW wird definiert:

Abb.7-62

DIE 10 GRÖSSTEN MESSEN IN DEUTSCHLAND 2008 UND FRÜHER					
	Aussteller		Besucher		Standfläche qm
Int. Tourismus-Börse, Berlin 2008	1	7.595			
Buchmesse, Frankfurt 2008	2	7.373	8	299.112	
ANUGA, Köln 2007	3	6.323			
CeBIT, Hannover 2008	4	5.168	2	512.327	2	223.482
Hannover Messe, Hannover 2008	5	4.846			8	178.622
MEDICA, Düsseldorf 2008	6	4.831				
Ambiente, Frankfurt 2008	7	4.580			4	195.326
Automechanica, Frankfurt 2008	8	4.471			10	173.533
ACHEMA, Frankfurt 2006	9	3.880				
Eisenwarenmesse, Köln 2008	10	3.270				
IAA-PKW, Frankfurt 2007			1	971.500		
bauma + mining, München 2007			3	501.523	1	397.634
Grüne Woche, Berlin 2008			4	424.502		
drupa, Düsseldorf 2008			5	390.044	7	179.109
Essen Motor Show, Essen 2008			6	352.800		
AGRITECHNICA, Hannover 2007			7	340.756	5	183.170
IAA-Nutzfahrzeuge, Hannover 2008			9	298.200	3	214.185
boot, Düsseldorf 2008			10	267.379		
Interpack Düsseldorf, 2008					9	175.007
EMO, Hannover 2007					6	180.158
(Quelle: Ausstellungs- und Messe-Ausschuss der Deutschen Wirtschaft e.V. (AUMA) / Stand 7/2009)						

Rund 67% aller weltweit führenden Messen (Leitmessen) finden in Deutschland statt.

---

[966] vgl. Oehring, (Architektur), 1992, S. 35
[967] vgl. *www.auma.de* und *www.auma-messen.de*. Die Branche beschäftigt ca. 100.000 Personen.
[968] Ich danke Herrn Kötter von der AUMA für die Übermittlung der aktuellen Daten.

7. Kapitel: Die Kommunikationspolitik

Nach 50 Jahren Ausrichtung darf sich die IHM, München, Internationale Handwerksmesse nennen, obwohl sie eigenlich eine Ausstellung für Konsumenten ist.

> ➤ Eine **Messe** ist eine zeitlich begrenzte, im allgemeinen regelmäßig am gleichen Ort wiederkehrende Veranstaltung, auf der eine Vielzahl von Ausstellern das wesentliche Angebot eines oder mehrerer Wirtschaftszweige darstellt und überwiegend nach Mustern an gewerbliche Wiederverkäufer, gewerbliche Verbraucher oder Großabnehmer vertreibt. Der Veranstalter kann in beschränktem Umfang an einzelnen Tagen während bestimmter Öffnungszeiten Letztverbraucher zum Kauf zulassen (§ 64 Abs. 1, GO).
> ➤ Eine **Ausstellung** ist eine zeitlich begrenzte Veranstaltung, auf der eine Vielzahl von Ausstellern ein repräsentatives Angebot eines oder mehrerer Wirtschaftszweige oder Wirtschaftsgebiete ausstellt und vertreibt oder über dieses Angebot zum Zwecke der Absatzförderung informiert.[969]
> ➤ Auf einen kurzen Nenner gebracht: Messen sind Abschlussmärkte für Einkäufer[970], Ausstellungen sind Informations- und Kaufmärkte für Endverbraucher.

Der Einfachheit halber wird im folgenden nur von Messen gesprochen. Es gibt:
(1) nach dem **Einzugsgebiet**: regionale, nationale, internationale Messen,
(2) nach den **Märkten**: Konsumgüter-, Industriegüter-, Dienstleistungsmessen,
(3) nach der **Anbieterstruktur**: Gewerbe-, Berufsstände-, Handwerk-, Industrie-, Dienstleistungsmessen u.v.a.m.,
(4) nach der **Angebotsbreite**: Universalmessen, Fachmessen, Einbranchen-, Mehrbranchenmessen,
(5) nach der **Funktion**: Verkaufsveranstaltung, Informationsveranstaltung; s.o.,
(6) nach dem **Standort**: fester Messeplatz, Wandermesse,
(7) nach der **Dauer**: Dauermessen, periodische Messen.

Nach einer EMNID-Befragung 2002 bei 500 Unternehmen sind Messen und Ausstellungen das zweitwichtigste Marketinginstrument.

Je nach **Zielsetzung** verfolgen Aussteller wie auch die Besucher bestimmte **Strategien** bei ihrer Messeteilnahme. Sie nehmen teil, um
(1) sich über das Angebot der Branche, neue Technologien und Produkte und Trends zu informieren (**Informationsstrategie**),
(2) gezielt Preis-Leistungsverhältnisse einer Branche zu eruieren, Wettbewerbsvergleiche vorzunehmen, neue Techniken zu sichten (**Marktforschungsstrategie**),
(3) intensiv bestehende Kunden zu treffen (**Stammkundenpflege**),
(4) neue Zielgruppen anzusprechen (**Zielgruppenerschließungsstrategie**),
(5) Geschäfte anzubahnen, Verkaufsabschlüsse zu tätigen (**Verkaufsstrategie**),
(6) neue Produkte zu bewerben und einzuführen (**Markteinführungsstrategie**),
(7) bekannter zu werden, Image und CI zu stärken (**Imageprofilierungsstrategie**),
(8) Beziehungen zu pflegen (sowohl Aussteller als auch Besucher untereinander, z.B. im Rahmen von Einkäufer-Erfahrungskreisen, als natürlich auch Aussteller mit Kunden) (**Beziehungspflegestrategie**),
(9) neue Vertriebspartner zu finden, z.B. ausländische Handelsvertreter oder Exporteure, Importeure (**Vertriebspartnerstrategie**),
(10) oder um ganz einfach (oft traditionsgemäß) präsent zu sein (**Präsenzstrategie**).

Wie für VKF-Maßnahmen charakteristisch, spielen werbliche Ausrüstungs- und Gestaltungselemente eine große Rolle für den Erfolg. Messestände sollen informieren, unterhalten und ein Ort der Begegnung sein. Networking mit seinen Messekunden ist angesagt.

---

[969] Die Weltausstellung ist z.B. eine Ausstellung i.e.S., d.h. eine reine Informationsveranstaltung.
[970] Hierzu zählen auch: Börsen, Auktionen, Submissionen, Märkte, Einschreibungen, Lizitationen: vgl. die Aufstellung bei Pepels, (Marketing), 2009, S. 566-572.

b.) Messestand-Gestaltung

Mit Messegesellschaft und Messeagentur sind folgende Punkte zu verhandeln:
- Standplatzierung auf dem Messegelände,
- Standgröße (ab 12 qm, ab 20 qm Raumgefühl),
- Art des Standes, Standkonzeption und Standbauweise (z.B. Office, Bistro, Freifläche etc.),[971]
- Grafik und Beschriftung,
- Farbe und Licht,
- Vorrichtungen für Exponate (z.B. Wasseranschluss, Extra-Stromanschluss etc.),
- Bewirtung (Catering),
- sonstige, von der Messegesellschaft in Anspruch zu nehmende Dienstleistungen (z.B.: Telefon, Fax-Anschluss, PC-Netzintegration, Aufnahme in Presseverteiler, Aussteller-Verzeichnis, Katalogservice, Versicherungen etc.).

Messestände sollten mindestens 12 qm Fläche aufweisen. Ab 20 qm stellt sich Raumgefühl ein. 40 qm erlauben bereits eine kleine Koje mit Besprechungsräumen. Folgende **Standtypen** sind zu unterscheiden:

(1) Der **Reihenstand** (nur zum Gang offen) ist die häufigste und preiswerteste Form. Kostenbeispiel *Hannover-Messe* 2009: 184 Euro/qm.[972]

(2) Der **Eckstand** hat zwei freie Seiten und bietet daher eine bessere Sicht und eine größere Gestaltungsfreiheit. Die besten Plätze liegen in der Nähe zum Haupteingang oder bei einem wichtigen Durchgang.[973] *Hannover-Messe*: 230 Euro/qm.

(3) Der **Kopfstand** ist mit seinen drei offenen Fronten zu empfehlen, wenn die Exponate oder Firmeninformationen wenig Wandfläche beanspruchen. Er bietet guten Freiraum für die flächenmäßige Platzierung der Exponate oder für Besucher-Sitzgruppen. Kopfstände ziehen i.d.R. viele Besucher an. Kostenbeispiel für die *Hannover-Messe* 2009: 260 Euro/qm.

(4) Der **Insel- oder Blockstand** ist nach allen Seiten zugänglich. Er verlangt erfahrungsgemäß eine Mindestgröße von ca. 500 qm und gute Messeerfahrungen des Standpersonals. Durch Kabinen, Displaywände und Besucher-Sitzgruppen ist eine hochflexible Gestaltung einer Messestand-Landschaft möglich. Kostenbeispiel *Hannover-Messe* 2009: 295 Euro/qm.

(5) Das **Freigelände** ist sinnvoll bei großen Exponaten aus dem Industriebereich (Kräne, Lastwagen etc.) oder für Aktionsstände (Wasserspiele, Exponate mit hoher Geräuschentwicklung etc.). Kostenbeispiel: 100 Euro/qm.

c.) Messe-Durchführung

Messebeteiligungen sind kostspielig, vor allem angesichts bei wiederholten Teilnahmen.[974] Damit eine Messe ein Erfolg wird, sind folgende Punkte sorgfältig zu planen und vorzubereiten:
- die Messe-**Zielsetzungen** im Einklang mit der Unternehmensstrategie,[975]
- die besonders zu **fördernden Produkte** (auch: Markteinführungen),
- die verstärkt anzusprechenden **Besucherzielgruppen**,

---

[971] eine anschauliche Übersicht von Standalternativen findet sich bei: Clausen, (Messe), in: acquisa, 1/1998, S. 53

[972] zu den Kostenbeispielen vgl. die Anmeldeunterlagen der GHM zur Internationalen Handwerksmesse (IHM) 2004

[973] vgl. zu den Vor- und Nachteilen der Standtypen: Leicher, (Messen), 1990, S. 12 ff.

[974] Wir empfehlen eine mindestens dreimalige Teilnahme.

[975] vgl. Amon, (Messe-Ziele), in: Marketing-Journal, 1/1991, S. 56. Für viele Unternehmen ist die Neukundengewinnung vorrangiges Ziel einer Messebeteiligung. Studien haben jedoch ergeben, dass 7 von 10 Fachbesuchern nicht ausreichend kontaktiert werden und dass nur 2 von 10 mit der Gesprächsqualität auf der Messe zufrieden sind: vgl. Clausen, (Messe), in: acquisa, 1/1998, S. 50

- eine die Zielgruppen zum Messebesuch animierende **Einladungsaktion**,
- ein **Standkonzept**, abgestimmt auf die Ziele der Messeteilnahme und und im Einklang mit der CI-Strategie, attraktive Beleuchtungen, Farben, Beschriftungen sowie ein einheitliches Erscheinungsbild der Standbesatzung,
- interessante und anregende **Exponate** (Ausstellungsstücke),
- Auswahl und Messetraining der **Standbesatzung** (Messe-Spielregeln),
- ein **Aktionsprogramm** für den Stand mit Event-Charakter,
- **Verhaltensregeln** für die Phasen vor, während eines Messegesprächs und nach dem Kundenkontakt,
- ein Konzept zur **Presse- und VIP-Betreuung** (wichtig: Pressemappe),
- sinnvolle **Messe-Kontaktberichte**,
- eine effiziente und kostengünstige **Auf- und Abbauorganisation**,
- eine Analysekonzeption für die **Auswertung des Messeerfolgs,**
- ein Konzept für die **Nachverfolgung** (Follow-up) der Messekontakte (Leads).

Abb.7-63

CHECKLISTE FÜR EINEN ERFOLGREICHEN MESSEAUFTRITT	
①	Klare Zielsetzungen für die Messebeteiligung, die mit dem Standteam abgesprochen sind. Nach der Messe Erfolgsauswertung und Manöverkritik.
②	Homogenes Erscheinungsbild des Messestandes im Einklang mit Corporate Identity.
③	Aktionen am Stand: Exponate, die anregen, in Bewegung sind, etwas anschaulich beweisen.
④	Extraraum und / oder Sitzgruppe für vertrauliche Gespräche. Angemessene Standverpflegung.
⑤	Motivierte Standbesatzung, die sich als Top-Team begreift.
⑥	Die Mitarbeiter erarbeiten auf Workshop Standspielregeln: • Besondere Serviceregeln für VIP´s, ausländische Gäste und auch für Wettbewerber am Stand. • Besondere Vorkehrungen, damit für Stammkunden am Stand ausreichend Zeit bleibt. • Limitierte Sprechzeiten, falls Besucherandrang Zeitkapazität der Standbesatzung überfordert.
⑦	Differenzierte Messegeschenke (*give-aways*) für gute Kunden und Laufkundschaft.
⑧	Keine Katalogherausgabe ohne Visitenkarte!
⑨	Messe-Besuchsbericht ist Pflicht nach jedem Kontakt! Auswertung im CRM-System.
⑩	Nach der Messe innerhalb von 14 Tagen Follow-up Aktion (im Sinne des Closed Loops).

Abb.7-63 gibt weiterführende Empfehlungen für das Messemanagement. Folgende **Besuchertypen** sind bei Fachmessen am Messestand zu betreuen:
(1) Der **qualifizierte Messebesucher** nutzt „seine" Fachmesse regelmäßig, ist gut vorbereitet, führt zielgerichtet Gespräche, will sich umfassend informieren und tätigt auch Kaufabschlüsse. Hierzu zählen insbesondere Stammkunden.
(2) Der **sporadische Messebesucher** hat ein aktuelles Problem, sucht hierzu eine Lösung und benötigt Beratung. Er vertritt oft nur ein begrenztes Potenzial.
(3) Der **beziehungsorientierte Messebesucher** besucht Fachkollegen, erhofft sich Anregungen für seine Arbeit und Signale für neue Trends. Aktuelle Projekte oder Aufträge stehen nicht an. Der Kontakt ist aber wichtig für die Beziehungspflege.
(4) Der **Messebummler** ist nur oberflächlich informiert, sucht Abwechslung, Werbegeschenke, liebt Kekse und stiehlt Standzeit.
(5) Der **Vertretungssuchende** nutzt die Messe, um an einem Ort viele Aussteller zu sichten und sich dann gezielt bei ausgewählten Ausstellern um neue Vertriebspartnerschaften zu bemühen. Ausländische Handelsorganisationen gehen i.d.R. so vor, um in kurzer Zeit möglichst viele Kontakte zu knüpfen.
(6) **VIP-Besucher** (z.B. Politiker) und **Pressevertreter** besuchen gerne gezielt Messestände, die gut zu ihrem Image passen oder wo besonders förderungswürdige Produkte (z.B. Umwelttechnik, Biotechnologie) ausgestellt werden. Für diese Besuchergruppen sind Betreuungsmaßnahmen und Pressemappen vorzubereiten.

Abb. 7-64   Immer wieder stellt sich die Frage, wie **Wettbewerber am Stand** empfangen werden sollten. Mehr Abgeklärtheit und Offenheit ist angesagt. Das betrifft insbesondere den Katalogaustausch. Geht der Aussteller auf einer Messe nicht nach dem *do ut des*-Prinzip vor, wird sich ein Konkurrent den aktuellen Katalog halt über einen Schlüsselkunden besorgen. Messekontakte bieten auch gute Möglichkeiten, „rein zufällig" etwas über die Preisentwicklung zu erfahren und ein Auge auf die besten Mitarbeiter der Konkurrenz zu werfen. Personalrekrutierung auf Messen ist kostengünstiger als über Anzeigen oder Personalvermittlungen.

> MICROSOFT-MESSEPHILOSOPHIE
> 1. Wir machen die Messe nicht für uns selbst, sondern für unsere Kunden.
> 2. Der Kunde hat keine Zeit zu verschenken, er will neue Erkenntnisse gewinnen.
> 3. Wir wollen nicht langweilen, sondern so interessant sein wie unsere Produkte.
> 4. Messeerfolg heißt: Positive Botschaften mitgeben.
> 5. Nirgendwo haben wir die Hand so nahe am Puls unserer Kunden wie auf Messen.
> (Quelle: Auma Messeforum 1998)

d.)   Messe-Erfolgskontrolle

Die **Erfolgskontrolle** für eine Messe oder für eine Ausstellung erfolgt aus zwei Blickwinkeln heraus:
- Die Messegesellschaft analysiert den Erfolg der **gesamten Messe**.
- Die Aussteller interessieren vor allem für den Erfolg der **eigenen Messebeteiligung**; evtl. unabhängig vom Erfolg der Gesamtveranstaltung.

Die **Messegesellschaften**, aber auch die Aussteller analysieren den Gesamterfolg der Veranstaltung anhand von Parametern, bei denen die **Besucherdichte** eine besondere Rolle spielt. Mit diesen Erfolgsdaten akquiriert sie dann neue Aussteller:
(1) Anzahl der Aussteller; Anteil ausländischer Aussteller, Anteil neuer Aussteller,
(2) Gesamt-Standfläche der Veranstaltung und Veränderung gegenüber Vormesse,
(3) durchschnittliche Netto-Standfläche pro Aussteller,
(4) Anzahl der Besucher; Anteil Fachbesucher, Anteil ausländischer Besucher,
(5) Relation Fachbesucher zu Nettofläche als spezielle Effizienzkennziffer.[976]

Ergänzend hierzu erfolgen **Besucherbefragungen**, wie sie z.B. neutral von der *Gesellschaft zur freiwilligen Selbstkontrolle von Messe- und Ausstellungszahlen* (*FKM*) durchgeführt werden. Diese **Besucherstrukturtests** erheben Herkunft, Wirtschaftszweig, Hierarchieebene, berufliche Stellung, Aufgabenbereich des Besuchers und sein Verhalten auf der Messe (Häufigkeit von Messebesuchen, Aufenthaltsdauer, Anzahl der besuchten Aussteller).

Aus Sicht der Aussteller ist der Nutzen einer Messe"investition" nur schwer messbar, wenn es sich um keine Ordermesse handelt. Im Anlagengeschäft oder bei Software kann es ein bis zwei Jahre dauern, bis aus einem Messekontakt ein Geschäft geworden ist. Viele Unternehmen betrachten Messen daher strategisch als „**Hygienefaktoren**".[977] Denn schon zwei Jahre Messeabstinenz können zu erheblichen Rückschlägen beim Leistungsprofil und beim Image führen. Ein Aussteller versucht den Erfolg daher zunächst einmal in den **standbezogenen Messedaten** nachzuweisen:
(1) Besucher pro Tag pro Netto-Standfläche,
(2) Besucher pro Tag pro Teammitglied Standbesetzung,
(3) durchschnittliche Gesprächszeit pro Besucher je Teammitglied,
(4) Gesamtkosten des Messestandes incl. laufende Kosten,
(5) Anzahl der generierten Leads (verfolgungswürdige Messekontakte), gesamt, pro Tag, pro qm Netto-Standfläche, pro Teammitglied Standbesetzung,

---

[976] vgl. Rominski, (Effizienz-Maßstäbe), in: ASW, 6/1994, S. 104; Dietrich, (Messezahlen), in: ASW, 8/1995, S. 106-108
[977] Hygienefaktoren: Die Vorteile fallen nicht auf. Doch deutliche Nachteile hat man, wenn sie fehlen.

(6) Kosten pro verfolgungswürdigem Kontakt,
(7) Messe-ROI (durch Messe generierte Deckungsbeiträge / Messekosten).

Nach einer Meldung der AUMA im Jahr 2007 beträgt der Messeanteil am Kommunikationsbudget der Unternehmen durchschnittlich ca. 50 Prozent.

Für die Analyse des Messeerfolgs können standardisierte Instrumente herangezogen werden:
(1) Die *AUMA* bietet ein handliches Online-Tool zum Download an. Kosten und Nutzen einer Messeteilnahme können gegenübergestellt werden (*www.auma.de*).
(2) Ein Muss sind die Berichte der *Gesellschaft zur Freiwilligen Kontrolle von Messe- und Ausstellungszahlen* (**FKM-Bericht**). 251 Messen in Deutschland und 25 im Ausland werden nach einheitlichen Kennzahlen bewertet (*www.auma.de*).
(3) Die *GfK* bietet mit dem **Trade-Fair-Check** ein modulares System zur Bewertung von Messebeteiligungen an. Es reicht über Besucherzählungen, Wegverlaufsanalysen und Mystery-Visits bis hin zu Wettbewerbsvergleichen und Auswertungen von Lead-Bearbeitungen der Aussteller (*www.gfk.de*).
(4) Die *TU Chemnitz* hat zusammen mit dem *Messeinstitut Laubenheim* eine Balanced Scorecard zur ganzheitlichen Bewertung von Messeauftritten erarbeitet (*www.messe-institut.de*).
(5) Die ITK-Branche stellt mit dem **BITKOM-Messepilot** ein Web-Portal zur Erfolgsanalyse und zum Erfahrungsaustausch der Messeteilnehmer zur Verfügung (*www.messepilot.de*).

Als gesamte **Messekosten** nennt die *AUMA* einen **Erfahrungswert** von 600 Euro pro qm-Netto-Standfläche. Daneben gilt die Faustformel *„Standmiete mal Faktor 5 bis 12"*.[978] Es gibt allerdings erhebliche strukturelle Unterschiede bei den Erfolgsmaßstäben; je nachdem, ob es sich um eine Konsumgüter- oder um eine Investitionsgüterveranstaltung handelt und ob bei Messen nur Fachbesucher (insbes. Einkäufer) oder auch (an bestimmten Tagen) „Schaulustige" Zugangsberechtigung erhalten. Die *AUMA* veröffentlicht eine **Kostenstrukturanalyse** für deutsche Messebeteilungen mit folgenden Werten:[979] (1) Standbau/Ausstattung/Gestaltung: 39%, (2) Personal- und Reisekosten: 21%, (3) Grundkosten (Standmiete u.a.): 20%, (4) Standservice und Kommunikation: 12%, (5) andere Kosten: 5%.

Messebesucher werden immer anspruchsvoller, so dass auch die Kundenbetreuung auf der Messe immer kostspieliger wird. Zudem nehmen Messeveranstaltungen immer mehr Event-Charakter an. Um Kosten zu senken, etablieren sich Internet-Messen mit virtuellen Standbegehungen (vgl. *www.acquisa-crm-expo.de*).

7.10. Event-Marketing

Events bringen frischen Schwung in die oft eintönig eingefahrene Verkaufsförderung. Sie schaffen intensive Kundennähe. Ein Happening-Charakter und das Flair besonders seltener oder sogar exklusiver Ereignisse sollen die an der Aktion teilnehmenden Gäste begeistern, dauerhafte Erinnerungswerte schaffen und die Kundenbindung stärken. Der Event wird zur *„Plattform zur Unternehmenskommunikation"*.[980] Es *"bündelt die Faszination einer Marke zu einem Zeitpunkt, an einem Ort."*[981] In diesem Sinne kann definiert werden:

---

[978] Harbecke, (Messeerfolg), 1996, S. 30 unter Hinweis auf eine AUMA-Auswertung und Roth, (Messen), 1981, S. 168
[979] vgl. die Daten der AUMA. Unter *www.auma-messen.de* bietet die AUMA auch einen kostenlosen Download für einen Messe-Nutzen-Check an.
[980] Bruhn, (Kommunikationspolitik), 2009, S. 443
[981] Zitat aus der Event-Wissensseite ASW, 2/2003, S. 43

➡ Ein **Event** ist eine Veranstaltung mit dem Anspruch einer besonderen Seltenheit und Wertigkeit und mit dem Charakter der „Inszenierung" eines besonderen Ereignisses.

➡ Unter **Event-Marketing** versteht man die Planung, Durchführung und Kontrolle derartiger Ereignisse mit dem Ziel einer besonderen Kundenbindung.

Event im Trend: 43 bzw. 53 führende Eventagenturen melden 1999 2.952 und 2003 3.494 Events (*Forum Marketing Event-Agenturen*).

Deutsche Unternehmen meldeten in einer Repräsentativbefragung als **Event-Ziele**:[982] (1) 62% Kundenbindung, (2) 45% Imageverbesserung, 24% Aufmerksamkeit für die Marke steigern, (3) 13% Umsatzziele und (4) 11% Motivation. In der Praxis dominieren zu deren Erfüllung die in der Abb.7-65 dargestellten Event-Formen. Gemäß den internen und externen Zielsetzungen dienen Events der Motivation und Bindung firmeninterner Zielgruppen (Aktionäre, Händler, Mitarbeiter) wie auch der Ansprache von Interessenten und Kunden.

Abb.7-65

FORMEN DES EVENT-MARKETING		
Art des Events	Zielgruppe	Veranstaltungen
Firmeninterne Events	Führungskräfte, Mitarbeiter aller Hierarchieebenen, Vertriebspartner, Angehörige von Mitarbeitern	⇨ Aktionärsversammlungen ⇨ Außendienstkonferenzen ⇨ Vertriebspartnertagungen ⇨ Festakte, Jubiläen ⇨ Sommer-, Weihnachtsfeiern ⇨ Incentive-Events für Top-Verkäufer
Firmenexterne Events	Interessenten, Neukunden, Schlüsselkunden, Stammkunden, Öffentlichkeit	⇨ Pressekonferenzen ⇨ Kongresse ⇨ Sportveranstaltungen ⇨ Musikveranstaltungen ⇨ Dichterlesungen ⇨ Starauftritte ⇨ Talkshows; z.B. mit Politikern ⇨ Kleinkunsttage ⇨ Ausstellungen ⇨ Kinderbelustigungen ⇨ Mitmachaktionen; z.B. mit ADAC ⇨ Web-Events, z.B. Web-Promi-Chats

Das Problem: Nicht jedes Fest ist gleich ein Event. Ein Event sollte durch Erlebniswert und Kaufstimulanz eine herkömmliche VKF-Maßnahme übertreffen. Sechs Anforderungen gelten hierfür, auf die sich spezialisierte **Event-Agenturen** (Abb.7-66) ausrichten:[983]

(1) Ein Event soll in der **Gefühls- und Erfahrungswelt** des Teilnehmers verankert werden und bei ihm eine starke positive Emotionalisierung erreichen.

(2) Ein Event soll wie ein besonderes und idealerweise **unwiederholbares Ereignis** empfunden werden.

Abb.7-66

(3) Ein Event soll **Authentizität** und **Exklusivität** vermitteln.

Die Top 30 Event-Agenturen erwirtschafteten 2007 160 Mio. Euro Honorarumsatz.

(4) Im Gegensatz zur konventionellen Produkt-Promotion sind Events auf die Bedürfnisse eines **ausgewählten Publikums** auszurichten.

(5) Events sollen den Teilnehmern die Möglichkeit zum **persönlichen Dialog** bieten. Teilnehmerreaktionen sind für die Erfolgsüberprüfung wichtig.

EVENT-AGENTUREN 2007	
1. Vok Dams Gruppe	23,5 Mio. Euro
2. Kogag Bremshey & Domning	10,6 Mio. Euro
3. Avantgarde	9,2 Mio. Euro
4. Scholz & Friends	7,6 Mio. Euro
5. Pleon Event + Sponsoring	7,1 Mio. Euro
6. Max.Sense	6,7 Mio. Euro
7. Uniplan International	6,5 Mio. Euro
8. CB.Clausecker/Bingel/Ereig.	6,2 Mio. Euro
9. Marbet Marion&Bettina Würth	5,3 Mio. Euro
10. KFP	5,1 Mio. Euro
(Quelle: www.wuv.de – nur Agenturen mit Umsatzangabe berücksichtigt)	

---

[982] vgl. die Auswertung in: ASW, 2/2003, S. 43. Mitgliederbefragung des Forum Marketing Eventagenturen (FME).
[983] vgl. auch Bruhn, (Kommunikationspolitik), 2009, S. 443-444

Abb.7-67

(6) Events sollen auf die Teilnehmer **keinen** offenkundigen **Kaufdruck** ausüben.

Die Grenze zwischen Event-Marketing und Sponsoring ist fließend. Fast alle kulturellen Events werden heute durch die Wirtschaft gesponsert.[984] Das Sponsoring ist jedoch eher dauerhaft ausgelegt, und der Sponsor verhält sich passiv. Events sind lebendiges Marketing, und sie vertreten ausdrücklich kommerzielle Interessen.

EMPFEHLUNGEN FÜR ERFOLGREICHE EVENT-VERANSTALTUNGEN	
①	Ein Event sollte strategisch vorbereitet werden und im Einklang mit den Zielen der Kommunikationspolitik stehen. Die Zielgruppe sollte klar definiert sein.
②	Ein interessantes Motto und eine kreative Umsetzung sollten auf die Zielgruppen abgestimmt sein.
③	Wichtig ist Professionalität (u.a. Mitarbeit von Fachleuten) bei der Planung und Vorbereitung des Events.
④	Professionalität ist ebenso bei der Umsetzung gefordert; z.B. in Bezug auf Medientechnik, Pressebetreuung, Entertainment, Catering etc.
⑤	Ein guter Event aktiviert die Teilnehmer. Diese werden z.B. in Aktionen mit eingespannt oder können mit dem Veranstalter direkt in Kontakt treten (Closed Loop).
⑥	Ein Event soll einen Beitrag zur strategischen Zielerreichung leisten. Es muss deshalb alles getan werden, damit die Veranstaltung in positiver Erinnerung bleibt. Wichtig ist deshalb eine breite Medienberichterstattung.

Event-Marketing lebt von einer multisensualen Ansprache der Teilnehmer. Es verlangt nach Kombination neuer Präsentations- und Unterhaltungstechniken mit qualifizierten Inhalten. Abb.7-67 enthält Empfehlungen der *TU Chemnitz* für erfolgreiche Event-Veranstaltungen.[985]

Für die **Erfolgsmessung** des kostspieligen Event-Marketing zeigt *Brickau* Wege auf.[986] Zumeist versucht man den Erfolg eines Events mit Hilfe der Scoring-Methode zu messen. Die erfolgsrelevanten Faktoren werden in ihrer Bedeutung zueinander gewichtet und die Kriterien dann nach Punkten bewertet. Bewertet werden Erfolgskriterien (z.B. neue Kontakte) und Performance-Kriterien zur Event-Qualität.

7.11. Produktfördernde Sonderinstrumente

7.11.1. Product-Placement

Nach EU-Recht wird Product-Placement ab April 2010 gemäß einigen Ausnahmeregelungen erlaubt sein; u.a., wenn die Placements zu Beginn und am Ende der Sendung gekennzeichnet werden.

Vor allem die privaten Fernsehsender suchen nach neuen, kreativen Quellen für Werbegelder. Eine Form – die rechtlich der Schleichwerbung recht nahe kommt - ist das **Product-Placement**. Der Auftritt des *BMW Z3* im *James Bond* Film *Golden Eye* ist vielen noch in guter Erinnerung – 2002 in *Die another Day* waren es sogar *KUKA* Industrieroboter. Das deutsche Volumen des Product-Placement-Geschäftes liegt nach Schätzung des *Monheimer Instituts für Marken- und Medienforschung* in einer erheblichen Bandbreite zwischen 50 und 250 Mio. Euro.

➡️ Das **Product-Placement** verfolgt eine werbewirksame Platzierung von Produkten und / oder Dienstleistungen in FFFC-Medien, vorzugsweise in Kino- und Fernsehfilmen. Product-Placement ist nur in einem schmalen Grat der Abrenzung zur Schleichwerbung erlaubt – geregelt im Absatz 7, § 7, des 13. Rundfunkänderungsstaatsvertrages von 2009.

Gegen eine Drehkostenbeteiligung erhält der Werbende das Recht,
(1) sein Produkt handlungsneutral im Film zu präsentieren (**On-Set-Placement**),
(2) oder das Produkt in die Handlung einzubeziehen (**Creative-Placement**)
(3) oder auch das Produkt gänzlich zum Filmthema zu machen (**Image-Placement**).

---

[984] vgl. Pracht, (emotional), in: acquisa, 5/2003, S. 52-54
[985] o.V., (Event-Erfolg), in: PM-Beratungsbrief v. 28.9.1998, S. 2
[986] vgl. Brickau; von Ettingshausen, (Effizienzmessung), in: ASW, 11/1999, S. 100-107

Product-Placement besitzt folgende **Vorteile**:
(1) Das Produkt gewinnt unterschwellig an Aufmerksamkeit, ohne dass die kaufbeeinflussende Absicht sichtbar wird. Im Vordergrund bleibt die Filmhandlung.
(2) Dadurch entstehen bei den Konsumenten evtl. weniger Kaufwiderstände.
(3) Die Schauspieler, der Film oder das Filmumfeld können durch positiven Image-Transfer die Werbewirkung verstärken.
(4) Mehrfaches Einblenden des Produktes über einen längeren Zeitraum (im Vergleich zum TV-Spot) ist möglich (Vorteile: Lern- und Konditionierungseffekte).
(5) Die Werbewirkung steigt durch emotional Berührtheit des Zuschauers mit dem Filmgeschehen.
(6) Gegenüber der konventionellen Werbung erhält das Produkt eine höhere Glaubwürdigkeit; vor allem, wenn das Produkt mit sichtbaren Produktvorteilen oder besonderen Nutzenbeiträgen in die Filmhandlung integriert ist.
(7) Das Produkt bleibt im Film. Beim normalen TV-Spot dagegen besteht die Gefahr der Nichtbeachtung durch Kanalwechsel in Werbepausen.

7.11.2. Co-Branding (Markenkombination)

> ➡ Beim **Co-Branding** kombinieren Anbieter ihre Marken in Werbekampagnen, um Synergien im Marktauftritt zu nutzen.

Bekannt sind die gemeinsamen Marktauftritte der *Star Alliance*, *Philips* und *Alessi* sowie das Dreier-Branding des Fahrradherstellers *Giant* mit *Gore Bike Wear* und dem Rucksackspezialisten *Deuter Sport und Leder*. Als **Voraussetzungen** für ein Zusammenbinden der Marketing-Aktivitäten verschiedener Partner gelten:
(1) Die Partner sollten annähernd gleich imagestark sein,
(2) sich auf identische Zielgruppen ausrichten,
(3) sortimentsergänzende Produkte führen,
(4) in der Ausrichtung der Preispolitik ähnlich sein,
(5) ihre Zusammenarbeit langfristig anlegen.

Ein Co-Branding bietet sich dann in folgenden **Formen** an:
(1) Gemeinsame Präsentationen und Messebeteiligungen,
(2) gemeinsame Werbung,
(3) Sponsoring derselben Veranstaltungen,
(4) gemeinsame Schaufenster- und andere Point of Sale-Layouts für den Fachhandel,
(5) koordinierte Schulungsmaßnahmen für den Handel und für Promotion-Teams.
So steigern die Co-Branding Partner ihren Einfluss gegenüber dem Handel.

7.11.3. Ingredient Branding (Markenintegration)

Der Spezialfaser-Hersteller Lenzing versieht jährlich 20 Mio. Kleidungsstücke mit seinen Etiketten (Swing Tickets).

Co-Branding wird i.d.R. im Rahmen zeitlich begrenzter Aktionen betrieben. Ingredient Branding geht darüberhinaus und zielt auf dauerhafte Markenkombination.

> ➡ Das **Ingredient Branding** ist ein Konzept für eine dauerhafte Zusammenführung von Marken. Dabei brauchen sich die Produkte (Marken) nicht gleichberechtigt zu ergänzen. Vielmehr kann eine Marke mit ihren Botschaften wie eine Beigabe unter das Dach einer übergeordneten Marke schlüpfen.

Dadurch erhält die übergeordnete Marke einen Mehrwert. In der Regel sind es Herstellermarken (Beispiele sind *Wollsiegel – reine Schurwolle*, *Intel-inside* oder *Carl Zeiss* Optiken), die die Markenkraft von Consumer-Marken stärken sollen. Auf eine interessante Praxisbefragung von *Freter*, *Baumgarth* und *Schmidt* (*Trevira*, *Kevlar*,

7. Kapitel: Die Kommunikationspolitik

Sachs, Tetra Pack) wird hier verwiesen.[987] Als besondere Vorteile haben sich eine leichtere Einführung neuer Produkte und die Möglichkeit zur Festigung der Lieferbeziehungen der Partner untereinander erwiesen. Ansonsten schätzt die Praxis nach der Studie die Vorteile des Ingredient Branding Konzeptes eher zurückhaltend ein. Die größten **Herausforderungen** des Ingredient Brandings liegen darin,
(1) ausgehend von der Herstellermarke über die gesamte Wertschöpfungskette und verzweigt auf verschiedene Endprodukte den gleichen Qualitätsmaßstab zu garantieren,
(2) den einzelnen Marken gerechte Erfolgsbeteiligungen für die Partner zuzurechnen
(3) und letztlich ähnlich gelagert den relativ hohen finanziellen Aufwand für das Ingredient Branding leistungsgerecht auf die Partner zu verteilen.

Außerdem entsteht ein besonderes Konfliktpotenzial, wenn etablierte Markenartikler ihre Markenpolitik aufeinander abstimmen müssen.

7.11.4. Brand-Licensing (Markenlizensierung)

Schätzung des Lizenzumsatzes in USA: 177,4 Mrd. US-$.

Von ständig wachsender Bedeutung ist dagegen das Geschäft mit Lizenzen. Das *Institut für Handel und Marketing*, Universität Hamburg, ermittelte für den Zeitraum 2001 - 2004 eine 8-prozentige Umsatzsteigerung mit lizensierten Produkten auf ca. 26,4 Mrd. Euro.[988] Allein die Lizenzgeber *Boss, Gerry Weber, Joop, Marco Polo, Bogner, Escada, Davidoff, Bäumler, Ahlers, Tom Tailor, Jil Sander, Betty Barclay* und *Ravensburger TV* kommen auf Lizenzeinnahmen von 1,6 Mrd. Euro.

Der Beginn des Lizenzgeschäftes: 1929 eine 300 Dollar Lizenz für Mickey Mouse zum Bedrucken einer Schreibtafel.

➡ Unter **Brand-Licensing** versteht man die gezielte Aufwertung (Veredelung) markenloser Produkte durch eine vertragliche Nutzung von Namen (Brand-Names), Logos oder Warenzeichen starker Markenartikler.

Die bedeutendsten Markenobjekte sind Film-/TV-Figuren (Fernseh-Maus, *Janoschs* Tigerente), Markenartikel (*Milka*), Designer/Mode (*Bogner, Boss*), Kunst/Kultur (*Harry Potter*), Persönlichkeiten (u.a.). Durch die Lizenzvergabe an einen „würdigen" Lizenznehmer weitet ein Lizenzgeber seine Marktdurchdringung und Markenkraft aus und verdient an den Lizenzgebühren. Lizenznehmer können ihre Produkte aufwerten, neue Zielgruppen erschließen und neue Vertriebswege aufbauen. Deshalb
(1) achten **Lizenzgeber** auf Qualität, Seriosität und Synergiepotenzial der Produkte, die mit ihren Markennamen verbunden sein wollen,
(2) beurteilen potenzielle **Lizenznehmer** die Marken danach, wie gut sie zu ihren Produkten passen und sie an neue Zielgruppen und Vertriebswege (z.B. Handelsschienen) heranbringen.

Die Parteien haben folgende Punkte zu verhandeln:[989]
(1) die **Lizenzgebühr**, die üblicherweise in einem Rahmen zwischen 4 (Lebensmittel) und 12 Prozent (Verlagswesen) des Handelsabgabepreises liegt,
(2) eine **Garantiesumme**; i.d.R. als Vorauszahlung auf der Grundlage einer Umsatzprognose zu leisten,
(3) die **Laufzeit** (nicht unter 5 Jahren sinnvoll),
(4) das **Vertragsgebiet** (Vorsicht vor evtl. Kollisionen),
(5) eventuelle **Ausschlussklauseln** für bestimmte Regionen oder Vertriebswege,

---

[987] Quelle: vgl. o.V., (Ingredient Branding), in: ASW, 12/1997, S. 92 unter Hinweis auf das Arbeitspapier von Baumgarth, Freter und Schmidt.
[988] Im Auftrag des europäischen Lizenzverbandes ELMA: Vgl. Reinstrom, Ch.; Sattler, H.; Lou, M., (Lizenzmarkt), in: ASW, 3/2006, S. 51-52
[989] Vgl. die Empfehlungen des Junghans-Chefs Bublath in: Fischer, (Ruhm), in: MM, 8/1999, S. 121. Dem Beitrag sind auch einige der folgenden Beispiele entnommen.

(6) Beginn der **Vertragslaufzeit**
(7) und **Gerichtsstand**.

Abb. 7-68   Außerdem ist zu klären, wie der Lizenznehmer die Markensymbole des Lizenzgebers nutzen darf. Brand-Licensing liegt im Trend. Abb.7-68 zählt bekannte und erfolgreiche Beispiele auf. Die Markenlizensierung als Form der markenunterstützten Produktförderung ist Ausdruck eines ungebrochenen Markenglaubens und einer Lebensstilsehnsucht der Verbraucher. Gewarnt sei allerdings vor modischen Trends. Ist das lizensierte Objekt nicht mehr "in", dann gehen Lizenzerwartungen nicht auf (*Harry Potter* Lizenzen).

BEISPIELE FÜR BRAND-LICENCING	
① Dunhill	⇨ auf Brillen, Taschen
② Delta-Air	⇨ auf Reisetaschen
③ Haribo-Bär	⇨ auf Bärenflakons
④ Jeep	⇨ auf Hi-Fi-Recordern
⑤ Mickey Mouse	⇨ auf Parfumflaschen
⑥ Star Wars	⇨ auf Raketenmodellen
⑦ Monopoly	⇨ Hasbro-Restaurant
⑧ Coca Cola	⇨ auf Hemden, Schuhen
⑨ Camel	⇨ auf Salamander-Schuhen
⑩ Joop	⇨ auf Junghans-Uhren

7.12. Spezielle Kundenbindungsinstrumente

7.12.1. Strategische Bedeutung

Bislang wurden Einzelinstrumente beschrieben, die den Vertrieb unterstützen oder Markenkräfte stärken sollen. Viele dieser Maßnahmen (VKF, Events, Messen) kommen nur sporadisch zum Einsatz. Es stellt sich nun die Aufgabe, Marketinginstrumente programmatisch so zu verbinden, dass sie **Kunden kontinuierlich analysieren** (mehr Transparenz) und **permanent Kundenbindungen** aufbauen und sichern. Der Erfolgsfaktor hierfür sind wettbewerbsdifferenzierende Mehrwertleistungen. Im Gegenzug gibt der Kunde etwas von seinem Kaufverhalten preis. Lernende Kunden-/Anbieterbeziehungen entstehen. Kundenbindungsprogramme schaffen dann die Grundlage für individualiserte Angebote.

> ➡ **Kundenbindungsprogramme** umfassen alle regelmäßigen Maßnahmen, um Kunden längerfristig zu begleiten und in der Wahl ihrer Kaufalternativen einzuengen. Durch Mehrwertleistungen sollen Kundentransparenz geschaffen, Folgekäufe auf Partnerprogramm-Anbieter konzentriert und Zusatzverkäufe durch Up- und Cross-Selling angeregt werden.[990]

Bindungsprogramme sind also längerfristig angelegt. Sie erfordern Investitionen. Ihre Ausführung wird vom Anbieter oft an spezialisierte Dienstleister vergeben. Vorher ist abzuschätzen, ob ein (aufwändiges) Bindungsprogramm im Endeffekt tatsächlich die kalkulierten Mehr- und Zusatzkäufe beim Verbraucher auslöst.

7.12.2. Kundenkarten als Bindungsinstrumente

Die Kundenkarte kann als Basisinstrument der Kundenbindung bezeichnet werden. Laut *TNS Emnid* besitzen 90 Prozent aller Deutschen eine Kundenkarte.[991]

> ➡ **Kundenkarten** sind "Personalausweise" für Konsumenten. Sie identifizieren Kunden, schaffen dadurch mehr Transparenz im Kaufverhalten und bieten den Kunden Mehrwerte, die sie stärker an den Anbieter binden; insbes. durch die Zahlungsfunktion.

---

[990] vgl. mit vielen Beispielen das Buch von Bruhn; Homburg, (Kundenbindungsmanagement), 2008
[991] vgl. den Hinweis in MM 6/2007, S. 28

Abb.7-69

Es begann 1950 in einem New Yorker Restaurent. Als *Frank McNamara* mangels Bargeld sein Dinner nicht begleichen konnte, zahlte er mit seinem "guten Namen". Hieraus kam ihm die Idee, am 28.2.1950 mit Partnern den *Diners Club* zu gründen. Das war der Geburtstag der Kreditkarte.

Abb.7-70

Cross- und Up-Selling: Kein Kunde ist so gut, dass er nicht noch besser werden könnte.

Eine Kundenkarte erfüllt vor allem folgende vier Mehrwertfunktionen:
(1) Die **Ausweisfunktion** dient der Kundenidentifikation (Personalisierung).
(2) Die **Zahlungsfunktion** ermöglicht den bargeldlosen Einkauf sowie die Leistungen einer Kreditkarte (Kontoführung, Bargeldverfügbarkeit, Zahlungsziel). Es gibt aber auch Kundenkarten ohne Zahlungsfunktion (z.B. *Steigenberger Award Card*).
(3) Die **Treuefunktion** bietet Coupons, Bonus- oder Rabattgewährungen, Sonderangebote, Gutscheine, Gratisproben etc.
(4) Die **Servicefunktion** bietet spezielle, nichtmonetäre Mehrwerte, wie Kundenzeitschrift, Newsletter, Einladung zu Veranstaltungen etc.

Abb.7-69 zeigt die Mehrwerte einer Kundenkarte im Zusammenhang. Abb.7-70 listet bedeutende Kartensysteme auf.[992] Sie alle wollen die Vision des "**gläsernen Konsumenten**" verwirklichen. Der im klassischen Consumer-Geschäft anonyme Kunde wird durch Name und Adresse und seine Kaufverhaltensdaten kalkulierbar. Durch die Zahlungs- und Kreditfunktion der Karte wird seine Bedürfnisstruktur transparent. Der Kunde wird zum Zielobjekt des Direktmarketing.

DIE GRÖSSTEN KUNDENKARTEN-SYSTEME (Stand 2007/2008)

① Payback	⇨	32,0 Mio.
② Happy Digits	⇨	31,9 Mio.
③ Miles&More	⇨	15 Mio.
④ REWE-Karte	⇨	9 Mio.
⑤ BahnCard	⇨	8 Mio.
⑥ Douglas Card	⇨	7 Mio.
⑦ IKEA-Familiy	⇨	6 Mio.

Quelle: TNS-Emnid u.a.

Die Kundenkarten-Philosophie basiert dabei auf der Hypothese: "*Das Geheimnis nachhaltiger Kundenbindung liegt im kundentyp- und bedarfsgerechten Beziehungsmanagement.*"[993] Gezielte Aktionen für qualifizierte Zielgruppen gelten als erfolgreicher als pauschal gewährte Rabatte. Die Wege hierzu werden durch CRM vorgezeichnet. Kundenkarten, spezielle Payback-Karten, Coupons oder Clubprogramme sind nur die Instrumente hierzu. Diese Bindungsinstrumente sind zwar keine Wundermittel. Wenn es aber gelingt, durch die mittels Kundenkarten geschaffene Transparenz potentialstarke Kunden herauszufiltern, dann lassen sich **Cross-Selling-** und **Up-Selling-Kampagnen** auf kaufstarke Zielgruppen ausrichten. Kundenkarten helfen, seine besten Kunden kennenzulernen und zu binden.

Zwei Änderungen der Rabatt- und Zulagenverordnung fördern den Trend zu Kundenkarten und zum Couponing:
• Rabatte von über 3 Prozent an besonders gute Kunden sind zulässig.
• Sonderaktionen dürfen auf Karteninhaber beschränkt werden.

Leidglich 10 Prozent der Endverbraucher haben keine Kundenkarte. 25 Prozent haben lediglich eine und 6 Prozent mehr als drei.[994] Mittlerweile haben sich allein die beiden führenden Systemkarten eine Machtbasis von bald 100 Mio. Kundenkarten aufgebaut. Es gibt noch Reserven. Derzeit werden nach einer *Roland Berger Studie* erst 12 Prozent der Marketingbudgets für Bindungsprogramme eingesetzt.

---

[992] vgl. Calabretti, (Kundenbindung), 1998, S. 565
[993] Freilinghaus, (Kundenbindung), ASW, 3/2003, S. 87
[994] vgl. Hinweis in ASW, 10/2003, S. 53; auf der Basis einer Unternsuchung von *Solon*.

7.12.3. Multipartnerprogramme

> ➡ Kundenkarten bieten eine exzellente Basis für **Multipartnerprogramme**.
> ➡ Die von den Partnern getragenen **System-Karten** schaffen ein **firmenübergreifendes Bonussystem**. Kooperierende Anbieter offerieren den Konsumenten nach einem Kundenkarten-Kauf eine bestimmte Anzahl Bonuspunkte pro Euro-Einkaufswert. Die Bonuspunkte verbriefen dann monetäre Rückzahlungs- oder produktbezogene[995] Bezugsansprüche bei allen angeschlossenen Partnern.

Die Payback-Karte von Loyality Partners verzeichnete 2004 100 Mio. Transaktionen. Es wurden Punkte im Kaufwert von ebenfalls ca. 100 Mio. Euro eingereicht.

Die **Payback-Karte** der *Loyality Partner GmbH,* München, gilt als Marktführer bei den sog. Multipartnerprogrammen. Sie wartet mit 32 Mio. Kartenkunden auf. Lt. GfK verfügen 60 Prozent der deutschen Haushalte über eine **Payback-Karte**. Der durch Karten generierte Umsatz für die ca. 65 Partner wurde im Jahr 2007 mit 190 Mio. Euro angegeben. Offizielle Payback Partner sind z.B. *Alice, Apollo-Optik, Aral, Dänisches Bettenlager, dm-Drogerie, Europcar, Galerie Kaufhof, Linda Apothekengruppe, real, Vattenfall, Vodafone* und *WMF. Payback* Online Partner sind u.a. der *ADAC, Amazon, Dell, Post AG, Mexx, Quelle, Schwab, S. Oliver* und *Yves Rocher.* Bei den Online Partnern können *Payback*-Kunden nur dann Punkte sammeln, wenn sie sich über die offizielle Homepage von *Payback* bei den Shops einloggen.

Das **HappyDigits-System** wurde im Januar 2002 als Joint-Venture der *Deutschen Telekom* und *Karstadt* gegründet. 2007 wurde bei knapp 32 Mio. Karten ein Umsatz von über 66 Mio. Euro gemeldet. Am Bonusprogramm **HappyDigits** beteiligten sich 2008 über 70 On- und Offline-Partner (u.a. *Karstadt, Tengelmann, Otto, Sixt, Neckermann*). Die weitere Entwicklung bleibt abzuwarten, nachdem die *Telekom* 2009 aus dem Verbund ausstieg und *Arcandor/Karstadt* Insolvenz anmelden musste.

2008 startete *Arvato Bertelsmann* mit der **DeutschlandCard** das dritte branchenübergreifende Bonusprogramm. Die tragenden Partner sind die *Edeka-Gruppe* (die ihre eigene Karte einstellte) und die *Deutsche Bank AG.* Dank *Edeka* gab es 2009 bereits mehr als 4 Mio. Karteninhaber.

Das Vielfliegerprogramm **Miles&More** der *Lufthansa* besteht seit 1993 und hat sich zu einem der erfolgreichsten Bonusprogramme weltweit entwickelt. 2008 wurden über 15 Mio. Karten registriert. In verschiedenen Branchen stützt sich die *Lufthansa* auf markenstarke Partner: *Miles&Fly*: *Condor, SWISS*; *Miles&Travel*: *Holiday Inn, Kempinski, Sixt*; *Miles&Money*: *Deutsche Bank*; *Miles&Communication*: *Deutsche Telekom, Samsung, Musicload*; *Miles&Shops*: *Douglas, Bunte, Payback.*

Beim Nachrechnen fällt dem Kunden auf, wie gering doch die finanziellen Anreize dieser Kartensysteme ausfallen:

> *Beispiel: Payback-Karte*
> *Beim über die Karte abgerechneten Kauf erhält der Kunde einen nach Partner unterschiedlichen Rabattbetrag in Form von Punkten gutgeschrieben. 1 Punkt hat einen nominellen Wert von 1 Cent. Es werden Punkte im Wert von 0,5 bis 4 Prozent der Kaufsumme vergeben. Ab 200 Punkte können diese gegen Prämien, Warengutscheine oder Bargeld eingelöst, gegen Lufthansa miles&more Meilen eingetauscht oder an UNICEF gespendet werden.*

Eine Studie des *Marketing Centrums Münster* und *OgilvyBrains* ergab dann auch, dass rund 60 Prozent der Rabattkäufe den Kunden weniger als 5 Prozent Preisvorteil

---

[995] bei der miles&more-Karte der *Lufthansa* kann man z.B. bis zu 10.000 Meilen dazu kaufen, um dann wiederum mit Hilfe einer Meilengutschrift bestimmte Produkte zu beziehen.

bieten. **Klartest *DeutschlandCard*:** *EDEKA* gibt für 2 Euro Umsatz 1 Cent zurück = 0,5 Prozent. Deshalb empfinden auch nur 20 Prozent der teilnehmenden Kunden die Preisvorteile als wertvoll.[996] Mehrheitlich liegen die finanziellen Vorteile unter dem kaufmännisch üblichen Skontorahmen von 3 Prozent. Wenn man kein Vielflieger ist, ist auch das *Miles&More* Programm der *Lufthansa* nicht wirklich attraktiv, und die Kundenbindung durch die roten Schokoherzchen von *AirBerlin* ist stärker als die der imaginären Bonuspunkte der *Lufthansa*.

Welche Schlussfolgerungen ergeben sich für das Marketing?

- Es besteht hier ein Dienstleistungsbereich, der eine verstärkte Kundenbindung und Zusatzumsatz durch Rabattvorteile und Cross-Selling anstrebt.
- Der Kunde wird gläsern. In der Beitrittserklärung gibt er seine Zustimmung, dass alle Partner und auch alle "*in diesem Zusammenhang beauftragten Dienstleistungsunternehmen*" die Personen- und Einkaufsdaten im Rahmen des Datenschutzes für das Programm und zu Werbe- und Marktforschungszwecken (unter Wahrung der Datenschutzgesetze) nutzen dürfen.
- Die Kundenbindung begründet sich hauptsächlich auf monetäre Vorteile. Werbeslogan: "*Auf jeden Fall sammle ich Punkte!*"
- Jedoch: Die Karteninhaber gehen kein Commitment ein. Die Karte ist kostenlos. Es gibt keine harte Kundenbindung. Wenn Wettbewerber im Rahmen der Kundenkarte einen Umsatzrabatt vergüten, dann ist es egal, wo der Verbraucher kauft. Das Kundenbindungsziel wird nicht erreicht.
- Für die Partner des Loyality-Konzeptes gibt es folgende Nachteile: Der durch Käufe bei einem bestimmten Anbieter erhaltene "Treuebonus" fließt nicht automatisch zu diesem zurück. Ein schlechter Marktauftritt einzelner Systemteilnehmer kann das Image und die Glaubwürdigkeit aller Kartenpartner gefährden.
- Die Anbieter müssen die Rückvergütungen und ihre Kosten für den Payback-Dienstleister kalkulatorisch berücksichtigen.

Trotz der i.d.R. nur geringen Anreize muss konstatiert werden: *0,5 oder 1 Prozent Rabatt ist besser als nichts*. Dem Verbraucher kann deshalb nur geraten werden, sich an den Rabattpunkte-Programmen zu beteiligen und die außerhalb der Sonderaktionen geringen finanziellen Vorteile mitzunehmen. Bei der Herausgabe privater Zusatzinformationen ist aber Zurückhaltung angesagt. Den Anbietern sei geraten, Abschied von Hoffnungen auf verstärkte Kundenbindungen zu nehmen, wenn Leistungen (Rabattierungen) und Services geboten werden, die auch bei Konkurrenten erhältlich sind. Man generiert nur Scheinbindung.

7.12.4. Couponing

> *Für die Amerikaner ist die Nutzung von Coupons so selbstverständlich wie das Fahren von Autos. 85,3% der Frauen und 68,8% der Männer in den USA setzen Coupons regelmäßig ein."*
> *(Coupon Trend Report 2000, zit. in Ploss; Berger, (Couponing), 2003, S. 31)*

Nach den Änderungen von Rabattgesetz und Zugabeverordnung in der EU hat das Couponing in Deutschland einen weiteren Aufschwung erfahren. Im Gegensatz zu den Kartenvorteilen profitiert beim Couponing nur der Konsument, der sich durch Schneiden, Falzen, Kleben und vor allem durch Einlösen der Coupons engagiert. Für die USA schätzen wir eine Distribution von ca. 400 Mrd. Coupons. Das deutsche Verteilungsvolumen dürfte bei über 8 Mrd. Coupons liegen. Die Einlösungsquote

"Payback hilft uns, mehr über den Kunden und sein Kaufverhalten zu erfahren."[997]

Gut 50 Prozent der Kunden nennen freiwillig Privatdaten.[998]

---

[996] vgl. den Hinweis von Prof. Dr. Götz in einem Interview in salesBusiness 5/2009, S. 30
[997] Interviewaussage des Vorstandssprechers der Metro: Kaden, (Allein), in: MM, 3/2001, S. 84
[998] vgl. Bunk, (Rabattgesetz), in: ASW, 3/2001, S. 32

liegt jedoch deutlich niedriger, da sich erfahrungsgemäß nicht alle Konsumenten der Mühe des Einlösevorgangs unterziehen.[999]

> ➡ *"Couponing bezeichnet den geplanten und gezielten Einsatz von Bezugsscheinen im Rahmen von Promotion-Aktivitäten eines Unternehmens zur Absatzsteuerung."*[1000] Coupons sind moderne Rabattmarken.
> ➡ Die Bezugsscheine berechtigen zu Preisnachlass, Kauf eines Produktes oder zu einer Serviceleistung.

2001/2002 gab *Aral* im Rahmen einer Promotionaktion 60 Mio. anonyme Coupons aus. Bis Ende Oktober 2002 wurden davon rund 6,3 Mio. Dankesnoten eingelöst.

Abb.7-71 zeigt die **Couponing-Prozesskette**. Voraussetzung für den Couponing-Prozess ist eine **Clearing-Funktion**: das Prüfen, Sammeln, Zählen und zeitgemäße elektronische Abrechnen der eingelösten Coupons (Clearing-Spezialisten z.B.: *NCH*, *Acardo AG*). Coupons gibt es in folgenden Formen:

(1) Der **Informations-Coupon** berechtigt zum Bezug von Katalogen und Broschüren.
(2) Der **Cash-Coupon** bietet einen Bar-Rabatt. Es gibt ihn artikel-, mengen- und aktionsbezogen (Bsp. **Aktions-Coupon**: *Kaufen Sie für 100 €, Sie sparen 20 €*).
(3) Beim **Instant-Benefit-Coupon** wird ein Vorteil bei der Einlösung gewährt, unabhängig vom Kauf. Beim **Deffered-Benefit-Coupon** zahlt der Käufer zunächst den Preis. Der Rabatt erfolgt über eine nachträgliche Gutschrift.
(4) Der **Bundling-Coupon** (**Sampling-Coupon**) gewährt eine Zugabe (BOGOF-Coupon: *Buy one, get one free*).
(5) Der **Pre-Sales-Coupon** wird z.B. bei Produkt-Einführungskampagnen versandt.
(6) Der **After-Sales-Coupon** liegt einer Quittung bei und zielt auf Kundenbindung bei Folgekäufen (*Sparen Sie 10 Euro bei Ihrem nächsten Einkauf*).
(7) Der **Treue-Coupon**: Treuepunkte sammeln und einreichen durch Folgekäufe.
(8) **Mail-In-Coupons** sind Treuepunkte zum Sammeln, die der Kunde einsenden muss.

Distribuiert werden diese Coupons auf sechs Kanälen: (1) durch Massenmedien (in Printmedien, auf Beilagen), (2) im Rahmen von Direktmarketing-Kampagnen, (3) in Kundenzeitschriften, (4) am POS durch den Handel, (5) mit dem Produkt fest verbunden und (6) via Internet, spez. durch Coupon-Portale oder Internet-Newsletter. Der Trend geht zum **personalisierten Coupon**, weil dort die Einlösungsquoten deutlich höher liegen als beim **anonymen Coupon** (über 10 Prozent).

Abb.7-71

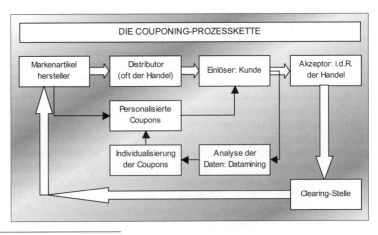

---
[999] während das Vorlegen der Payback-Karte an der Kasse wohl kein Akt darstellt.

Couponing bringt für die Kunden folgende Vorteile:
- sofort wirksame Preisersparnis beim Kauf,
- emotionaler Vorteil durch das Gefühl, bevorzugt zu werden,
- Prestigevorteil (man gehört zur clever einkaufenden Kundenschicht),
- Möglichkeiten des Zieleinkaufs bzw. des Zielsparens.

Dem gegenüber steht der Nutzen für den Handel:
- Abverkaufssteigerung und dadurch Steigerung der Flächenrentabilität,
- ohne Einbuße bei der Handelsspanne. Der Handel kann attraktive Preise bieten, ohne die Preise reduzieren zu müssen. Durch das Clearing wird der Coupon-Wert (der **Face Value**) von dem Anbieter erstattet.
- Zudem Erstattung einer **Handling-Pauschale**. In den USA haben sich 0,08 US-$ pro Coupon eingebürgert. Die deutsche Tochter des US-Unternehmens *Nielsen Clearing House* (*NCH*) lancierte in den deutschen Markt eine Handlingpauschale in Höhe von 0,08 Euro.[1001] Diese dürfte über den Kosten eines elektronischen Clearings liegen.
- Chance auf **Neukundengewinnung** bei attraktiven Marken.
- **Höhere Durchschnittspreise** im Vergleich zu einer Preisaktion. Erfahrungsgemäß lösen nicht alle Kunden ihre Coupons ein (bei *Payback*: nur 20%). Laut *NCH Promo View* liegen die durchschnittlichen Einlösungen bei 0,3% bei Coupons in Beilagen, 0,6% bei Handzettel, 0,83% bei Zeitungs-Coupons, 13,4% Couponeinlösungen bei Mailings und immerhin 26,7% bei POS-Coupons.

Die Interessen der initiierenden Anbieter (Industrie) sind:
- gezielte Absatzförderung für bestimmte Produkte oder Produktgruppen,
- mehr Markttransparenz (Kundenwissen) durch personalisierte Coupons,
- Stärkung der Markenbindung (Coupons klingen nach),
- Preisstützung, da der Normalpreis nicht geändert wird (Coupon wird als Bonus empfunden - Marke wird nicht "verramscht"),
- Vorteile durch Einbindung des Handels.

Couponing ist für die Industrie allerdings kostspielig. So kostet ein Coupon mit einem Face Value von 0,50 Euro dem Anbieter ca. 1,50 Euro.[1002] Die Industrie unternimmt deshalb grosse und meist erfolglose Anstrengungen, den Handel an den Kosten zu beteiligen.

Für das Marketing sind Coupons in der Bindung mit Kampagnen interessant. Die Praxisbeispiele für derartige **Coupon-Promotions** sind beeindruckend. Alle größeren Handelsunternehmen engagieren sich im Couponing-Marketing. Furore machte z.B. die Coupon-Aktion von *Procter&Gamble* mit 30 Mio. Coupons für 2 Mio. Haushalte. *Procter&Gamble* wartete auch mit der erfolgreichsten Web-Aktion für Putz-, Wasch- und Reinigungsmittel auf: www.ariel.de registrierte pro Woche 50.000 Visits mit 5.000 Coupon-Abrufen.[1003] In *Bild der Frau* und in der *Bild am Sonntag* lagen im Jahr 2003 rund 750 Mio. Coupons bei. Die *Spar AG* legt ihren 1,3 Mio. wöchentlichen Handzetteln ca. 4 Coupons bei. Coupon-Portale (*rabatt.de, couponweb.de, 123coupons.de*) etablieren sich im Internet. Der Konsument soll zum Jäger und Sammler erzogen werden. Doch fördern Coupons eher den Verkauf, als dass sie Kundenbindung bewirken. Speziell für das Ziel Kundenbindung spielen heute Kundenclubs eine wichtigere Rolle.

[1000] Ploss; Berger, (Couponing), 2003, S. 45. Die Quelle enthält auch die genannten statistischen Daten.
[1001] vgl. Ploss; Berger, (Couponing), 2003, S. 90-91
[1002] vgl. Hassmann, (Kundenfang), in: salesBusiness, 10/2003, S. 17
[1003] vgl. die Meldung in salesBusiness 5/2003, S. 32

7.12.5. Kundenclubs

Mehr Bindung durch Zugehörigkeit! Kundenclubs fördern das Gemeinschaftsgefühl der Mitglieder. Wegen der sozialbezogenen und oft prestigeorientierten Kaufmotivationen gelten Clubs als *"Königsweg der Kundenbindung"*.[1004] Allerdings, ganz wie es einem König gebührt, erfordern Kundenclubs die höchsten Investitionen aller Kundenbindungskonzepte.

> ➡ **Kundenclubs** sind **organisierte Einrichtungen** für bestehende, meist gute Kunden. Sie beruhen auf freiwilligen und i.d.R. kostenlosen Mitgliedschaften. Es ist aber möglich, die Mitgliedschaften von bestimmten Abnahmemengen bzw. Kaufhäufigkeiten abhängig zu machen. Kundenclubs sollen den Mitgliedern ein Gefühl von Exklusivität und konkrete Mehrwerte vermitteln.
> ➡ **Kundenclubs** sind u.U. mit versteckten Einkaufsverpflichtungen verbunden.
> ➡ Das Ende von **Rabattgesetz und Zugabeverordnung** hat zu einem Aufschwung der Clubprogramme geführt.[1005] Ihre wichtigsten Inhalte sind **Bonusregelungen**. Zielsetzung: **Preisnachlässe ohne Margenerosion**.
> ➡ Die Gesamtheit der materiellen und immateriellen Vorteile der Mitglieder bilden das **Clubprogramm**.

Kundenclubs können allen interessierten Kunden offenstehen (**offene Clubs**) oder mit Aufnahmebedingungen verbunden sein (**geschlossene Clubs**). Die Mitgliedsausweise können über die reine Legitimationsfunktion hinaus auch die Kreditkartenfunktion erfüllen. Im Kleingedruckten können sich **Kaufverpflichtungen** verbergen:

> *Der Club Bertelsmann wirbt im Direktmarketing u.a. mit den Vorteilen: kein Club-Beitrag, Mitgliedschaft zum Testen nur 1 Jahr (statt 2 Jahre), 4 mal im Jahr den großen Club-Katalog gratis und "Sie behalten nichts, was Ihnen nicht gefällt". Aber Achtung: Im Kleingedruckten heißt es dann: "Viermal im Jahr erhalte ich gratis den Katalog mit exklusiven Angeboten ..., aus dem ich jeweils einen Artikel kaufe, unabhängig von Artikel und Preis. Sollte ich mich bis zum im Katalog angegebenen Termin einmal nicht für einen Artikel entscheiden, erhalte ich den aktuellen Club-Vorschlag automatisch nach Hause." Gefällt dem Club-Mitglied das "Zwangsbuch" nicht, dann bleibt lediglich ein Umtauschrecht: "Wenn Ihnen Ihre Bestellungen nicht zusagen, bieten wir Ihnen die 14 Tage Umtauschgarantie."*

Die oft praxisferne deutsche Gesetzgebung hat es lange nicht zugelassen, dass Sonderpreise nur Club-Mitgliedern zugute kommen. Deshalb entwickelten deutsche Unternehmen Programme, die überwiegend **nicht-monetäre Vorteile** bringen. In den USA dagegen bieten die Clubs vor allem "harte", d.h. finanzielle Vorteile (z.B. 15 Prozent Preisnachlass auf einen regulären Verkaufspreis). Das Ende von Rabattgesetz und Zugabeverordnung bewegt auch deutsche Clubprogramme in diese Richtung. Mit Hilfe der Kundenqualifizierung wird es möglich, kalkulierbare Rabatte an bestimmte Kundengruppen zu gewähren (z.B. an Vielkäufer, Stammkunden), ohne die Marge für das Mengengeschäft zu gefährden. Jedenfalls so lange, wie die materiellen Vorteile nur Clubmitgliedern vorbehalten bleiben. Das fordert vom Handel strenge Verhandlungsdisziplin am POS (was eigentlich bezweifelt werden darf). Ein sehr treffendes Beispiel für ein Clubprogramm mit einem ausgewogenen Mix von materiellen und immateriellen Vorteilsleistungen gibt der *Volkswagen Club* ab. 93 Prozent der 2.800 Volkswagenhändler sind ihm angeschlossen.[1006]

[1004] Kreutzer, (Learning), in: Direkt Marketing, 10/2004, S. 31
[1005] vgl. Bunk, (Rabattgesetz), in: ASW, 3/2001, S. 32-38
[1006] vgl. die interessante Darstellung der Clubvorteile bei Walka, (Rundum-Service), in; Service Today, 1/2001, S. 10-13

Abb.7-72

TYPOLOGIE DER KUNDENCLUBS			
Club	Marketingziel	Zielgruppe	Leistungen / Merkmale
VIP-Club • Club Best Hotels • Airport-Club-Frankfurt • Forum Gelb • Jaguar Finest Club • Travelclub	• Feste Bindung umsatz- starker Zielgruppen und VIP's	• Gute Stamm- kunden, qualifi- ziert nach Um- satzhöhe oder Kundendauer • Meinungsführer	• Exklusivität (insbes. auch bei Zusatz- und Serviceleistungen) • Geldwerte oder ideelle Vorteile • Prestige-Mehrwerte
Fan-Club • Bayern München • Barbie Fan-Club • RTL-Club • Pro 7 Club • DAB Club • Erdinger Weißbier Club • Harley Owners Group	• Stützung und Verbes- serung des Marken- images • Markenpflege • Produktvorteile durch Club initiieren	• Alle Kunden • Loyale Stamm- kunden	• Meetings, Veranstaltungen • Einladungen • Präsente, Überraschungen • Fanclubpost • Sonderangebote
Product-Interest-Club • Pampers Eltern Service • Volkswagen Club • Maggi Kochstudio • Dr. Oetker Back-Club • IBM Help Club • Microsoft Club	• Bindung und Schaffung von Heavy Usern, Stammkunden • Abbau von Akzeptanz- schwellen bei erklä- rungsbedürftigen Pro- dukten • Entwicklung erfahrener Kunden (Power-User)	• Gesamtes Kun- denpotenzial • Auch Nicht- Kunden	• Dialog über produktbezogene Themen • Hot-Line • Clubzeitschrift und Newsletter • Günstige Sonderangebote • Exklusive Vorinfos über Neu- heiten
Kundenvorteils-Club • IKEA-Family • Payback • Happy Digits • Tengelmann-Club	• Effektivere Kundenbin- dung und –findung • Mehr Kundennähe • Verbesserter Kunden- dialog • Steigerung von Kauffre- quenzen	• Alle Kunden	• Liefer-, Bestellservice • Prämien, Bonussystem • Exklusive Sonderangebote • Travel- und Entertainment- Leistungen
Lifestyle-Club • Davidoff-Club • R6-Club • Ferrari Club	• Bindung und Gewinnung von Kunden mit genau auf diese Gruppen zuge- schnittenen Service- leistungen	• Kundensegmen- te mit spezifi- schem Lebens- stil	• Besondere Serviceleistungen • Prestigebringende Produkte • Exklusive Travel- und Enter- tainment Leistungen

(Quelle: Holland, (Direktmarketing), 2004, S. 275; Kreutzer, (Erfolgsfaktor), 2004, S. 29)

Kreutzer und *Holland* unterscheiden nach Abb.7-72 anhand ausgewählter Merkmale die folgenden Kundenclubs:[1007]

Kundenclubs operieren im Verbund mit Kundenkarten. So schaffen sie eine besonders hohe Transparenz im Marktgeschehen. Der Nutzen derartiger Bindungsprogramme darf aber nicht isoliert gesehen werden. Kundenbindung ergibt sich erst im Verbund mit anderen Marketingmix-Instrumenten.[1008] Nach unserer Meinung entsteht die **Hauptbindung durch Mitmachen**. Hier liegen noch große Chancen für die Unternehmenspublikationen. Dies ist der Bereich des **Corporate Publishing**.

7.12.6. Corporate Publishing (CP) - Kundenmedien

> *"Kundenmedien werden in Zeiten des One-to-one-Marketings zu einem zentralen Management-Werkzeug für Kundenbindung, Markenbildung und Neukundengeschäft. Über 3500 Magazine und ein boomender Corporate Publishing Markt demonstrieren die wachsende Bedeutuung dieser Mediengattung."*
> *(Manfred Hasenbeck - Präsident des Forums Corporate Publishing (FCP))*

[1007] vgl. Kreutzer, (Erfolgsfaktor), 2004, S. 29; Holland, (Direktmarketing), 2004, S. 275
[1008] vgl. Homburg; Werner, (Kundenorientierung), 1998, S. 160

1614: Die erste Kundenzeitung wurde durch die Fugger per reisende Boten an Königs- und Handelshäuser auf den Weg gebracht.

➡ **Corporate Publishing** „*bezeichnet die einheitliche interne und externe, journalistisch aufbereitete Informationsübermittlung eines Unternehmens über alle erdenklichen Kommunikationskanäle (offline, online, mobil), durch welche ein Unternehmen mit seinen verschiedenen Zielgruppen kommuniziert.*" (Definition des Branchenverbandes Corporate Publishing (FCP)).

➡ Die **Kundenmedien** werden durch **Mitarbeiter-** und **Partnermedien** ergänzt.

➡ Ein unregelmäßig erscheinendes Kundenmagazin kann nur „Appetitanreger" sein (Appetizer). Ein Kundenmagazin sollte im Mittelpunkt eines **integrierten Kommunikationskonzeptes** (gemäß CRC) stehen und mit Newslettern und E-Mail-Marketing zusammenwirken.

Abb.7-73 Bald 4.000 Kunden-, Händler- und Mitarbeitermagazine mit einer Auflage von über 400 Mio. Exemplaren pro Erscheinungsintervall sprechen für sich. Der Trend zum Kundendialog beflügelt das CP. Kundenmagazine sind ganz nahe beim Kunden. Sie besitzen die "Lizenz zum Kontakten". Sie werden zunehmend als Teil der Öffentlichkeitsarbeit einer Unternehmung geschätzt und auch verstärkt in Mediapläne einbezogen. Abb.7-73 zeigt das Spektrum der Unternehmenspublikationen, deren Inhalte von einer Content-Plattform gespeist werden.

Kundenmedien haben folgende Aufgaben und Funktionen:
(1) **Positive Berichterstattung** über die eigene Unternehmung,
(2) **zielgruppengerechte Information** über neue Produkte und Angebote,
(3) "Vermenschlichung" des Anbieters (Smiling-Faces-Effekt) und dadurch Intensivierung guter **Kundenbeziehungen**,
(4) **Response-Generierung** durch **Response-Elemente**,
(5) dadurch Aufbau von **Wissen** über Bedürfnisse und Wünsche der Kunden,
(6) **Motivation für die eigenen Mitarbeiter** (Kundenzeitschriften sind bedeutende Instrumente für das interne Marketing) oder **Vertriebspartner** (Händler),
(7) **Unterhaltung und Lernen** - oft bewusst außerhalb der Unternehmensthemen,
(8) **Erhöhung der Kaufanreize**,
(9) **Stärkung der Kundenzufriedenheit**
(10) und zusammen genommen **Stärkung der Kundenbindung (Loyalität)**.

In Bezug auf das Ziel der Kundenbindungsstärkung könnte man skeptisch sein. Denn welche Bindungskraft hat wohl die vierte Zeitschrift, die ein Konsument in dieser Woche im Briefkasten vorfindet? Eine Pilotuntersuchung des *Instituts für Demoskopie Allensbach* lässt jedoch aufhorchen:[1009]
• 80 Prozent der Bevölkerung über 14 Jahre kennen eine oder mehrere Kundenzeitschriften und lesen sie auch; allerdings unregelmäßig,
• etwa jeder Dritte kennt Titel, deren Lektüre er sehr unterhaltsam findet,

---
[1009] Quelle: ARMADA Pilotstudie 1999/2000, Institut für Demoskopie Allensbach; zit. in: o.V., (Kundenzeitschriften), in: PM-Beratungsbrief v. 13.1.2001, S. 1

Abb.7-74

- fast jeder Dritte kann sich daran erinnern, durch ein Kundenmagazin schon einmal zu einem Kauf angeregt worden zu sein.

Abb.7-74 enthält Vorschläge zur Gestaltung eines erfolgreichen Kundenmagazins. Selbstverständlich entscheiden Aufmachung und journalistische Qualität darüber, wie eine Zeitschrift im Markt angenommen und ob sie gelesen wird. Doch bedarf es heute mehr als Reiseberichte und bunte Bildchen, damit sich ein Magazin in den Köpfen der Kunden durchsetzt. Es gilt, **Beziehungsbotschaften** an wichtige Zielgruppen zu transportieren und diese ein Kundenleben lang zu begleiten. Dazu darf ein Kundenmagazin nicht das Dasein einer Marketing-Insellösung, im schlimmsten Fall noch als Hobby des Verkaufsleiters, fristen. Die **integrierte Kommunikation** verlangt, die Inhalte und Botschaften aller Medien der Abb.7-69 und aller Marketing- und Vertriebsinstrumente aufeinander abzustimmen.[1010]

	CHECKLISTE FÜR EIN ERFOLGREICHES KUNDENMAGAZIN
①	Das Kundenmagazin ist auf die Zielgruppe, nicht auf die Wünsche der Geschäftsführung auszurichten.
②	Es darf nicht am falschen Ende gespart werden. Die Aufmachung darf nicht billig wirken.
③	Die Aufmachung muss aber den Bedürfnissen und Lesegewohnheiten der Zielgruppe entsprechen.
④	Gut recherchierte Beiträge, leichtgängig geschrieben!
⑤	Tipps und Ideen, die schnell umsetzbar sind!
⑥	Bilder sagen mehr als Worte!
⑦	Die Zeitschrift darf nicht wie eine Werbeschrift wirken. Auch neutrale Beiträge!
⑧	Mitarbeiter des Unternehmens mit Bild und Fachgebiet vorstellen!
⑨	Magazin durch Aktionen beleben, z.B. Preisausschreiben.
⑩	Interaktiven Charakter schaffen; Responsekarte, Hotline, Mailadresse für Rückmeldungen!

"Bringen Sie Ihr Corporate Publishing mit den Kundenbindungsprogrammen und dem Absatzmarketing zusammen. Es lohnt sich." (Armin Cremerius; CRC-Preisgewinner *Microsoft* Kundenmagazin, zit. aus acquisa 5/2003, S. 37)

Diese Forderungen führen zum Ansatz der **Customer Relationship Communication** (CRC), der in Abschnitt 7.13.1. weiter vertieft wird. Kurz gesagt: Eine Kundenmedienkonzeption sollte in eine CRM-Strategie eingebettet sein. Kundenmedien sollten mit **Response-Elementen** ausgestattet und durch **Online-Medien** wie Newsletter und Websites flankiert werden. Die mittels CRC gewonnenen Daten fließen zurück in die Kundendatenbank und erlauben wieder neue, zielgerichtete Dialogaktionen (**Closed Loop**).[1011] Das Corporate Publishing wird zum treibenden Element für die Kundensuche und -bindung. Kundenmedien erfüllen dann in idealer Weise die **Aufgaben des Dialogmarketing**:
(1) den Kunden zu **Reaktionen** (Responses) aktivieren,
(2) dadurch **Kundenwissen** generieren,
(3) daraus vom Kunden lernen, d.h. **Kaufprofile** ableiten,
(4) um Ansprachen und Angebote zu **individualisieren**
(5) und so verstärkt **Kaufanreize** zu bieten.
(6) Es geht um **Kundenbindung** durch Mitmachen (**Aktivierung** der Kunden)
(7) und um **Wettbewerbsdifferenzierung** und **Imagestärkung**.

Seit 2003 trifft sich die Fachwelt zu einer Award-Verleihung: dem **BCP** (**Best of Corporate Publishing**). 2009 wurden in 7 Kategorien 31 Gewinner ausgelobt. Die Magazine *Think Act* (*Roland Berger*), *Centurion* (*American Express*) und *Leica World* konnten seit 2003 bereits dreimal Gold gewinnen und betreten deshalb die **Hall of Fame des Corporate Publishings**. In den Jahren, in denen der CRC-Award vergeben wurde, konnten u.a. die Kundenmagazine von *Microsoft*, *for me* von *P&G*, *Südseiten* der *Börse München* und 2006 die *Bleibgesund-Familie* der *AOK* diesen Spezialpreis gewinnen. Schade, dass die Agenturen nicht mitziehen, ihre Kundenmedien in CRM-Konzeptionen einzubringen. Gerade dieses Beispiel zeigt, wie weit Marketing und Vertrieb in Deutschland doch noch voneinander entfernt sind.

[1010] vgl. zur integrierten Kommunikation Bruhn, (Kommunikationspolitik), 2009, S. 85-124
[1011] Campillo, (Dialogdirigenten), in: acquisa, 5/2003, S. 34

7.12.7. Werbeartikel

Fakten des Gesamtverbandes der Werbeartikel-Wirtschaft (GWW): 42% aller Unternehmen verschenken Werbeartikel. 33% aller Artikel werden für wichtige Kunden sondergefertigt.

3,21 Mrd. Euro wurden in Deutschland 2008 für Werbegeschenke (give-aways) ausgegeben; d.h. jeder zehnte Werbe-Euro. Hinter den Printmedien und der Fernsehwerbung nehmen Werbeartikel damit den dritten Rangplatz innerhalb der Werbeausgaben ein. Immer weider wird die Idee der Kundengeschenke in Frage gestellt. Sollte man nicht besser an gemeinnützige Organisationen spenden? Doch die erwiesene Werbewirkung von Werbegeschenken reizt die Unternehmen. Die im Auftrag des *GWW* durchgeführte Studie „*Werbewirkung von Werbeartikeln*" weist eine ungestützte Erinnerung von 72 Prozent für Werbeartikel aus – im Vergleich zu TV-Spots (49%) und Print-Werbung (24%).

Die Spannweite möglicher Geschenkideen ist groß. Auf der einen Seite stehen Werbeartikel mit hohem Kontakt- aber nur geringem Erinnerungswert (Kugelschreiber, Zündhölzer, Kalender). Auf der anderen Seite stehen „*erlesene Produkte für ausgewählte Zielgruppen*", die Kultcharakter annehmen (z.B. die *Microsoft* Kaffeetasse).[1012] Gesucht wird der "*nutzbare Artikel mit Charisma.*"[1013] Zuweilen verzichten Firmen auf Weihnachtsgeschenke und stiften stattdessen einen größeren Betrag für gemeinnützige Zwecke. Nicht alle Einkäufer, die früher alljährlich in den Genuss von Weinflaschen und persönlichen Präsenten kamen, sind davon begeistert.

Immer mehr Unternehmen schränken den Werbegeschenkeempfang der Mitarbeiter durch Compliance-Regeln ein.

Gegen Werbegeschenke werden oft **Vorbehalte** ins Feld geführt:[1014]
- Die Kunden fühlen sich verpflichtet oder in ihrer Privatsphäre bedrängt.
- Sie werten ein Geschenk als Bestechungsversuch (deshalb Compliance Regeln).
- Gefährlich sind Geschenke, wenn interkulturelle Spielregeln verletzt werden (Bsp.: Schweinefleisch an Moslems verschenken).
- Ein Problem sind Gewöhnungseffekte bei den Kunden oder ein
- Anspruchswettlauf (Jedes Jahr erwartet der Kunde ein wenig mehr).
- Oft führen Ungleichbehandlungen zu Ressentiments. Schenkt man dem Abteilungsleiter mehr, fühlen sich dessen Mitarbeiter zurückgesetzt.
- Überflüssige Werbegeschenke sind lästig (der Kalender-Müllberg).
- Werbegeschenke können eine Kostenspirale auslösen.

Insgesamt aber überwiegen aber die **Vorteile** der Geschenke:
- Für den Kunden bedeuten sie eine nette Geste.
- Sie entkrampfen Beziehungen,
- bringen eine spielerische Note in den Alltag und
- können Anregungen bieten (z.B. Software-Geschenke eines Computerhauses).
- Sie drücken eine besondere Wertschätzung für den Kunden aus,
- stimmen Gate-Keeper (z.B. die Sekretärin) positiv,
- bieten dem Außendienst immer einen Anlass für einen Kontakt,
- sind als Vorinvestitionen für zukünftige Geschäfte zu verstehen.
- Sie üben Werbeeffekte aus und stärken
- die Kundenbindung (Motto: *Kleine Geschenke erhalten die Freundschaft*).

Fazit: Werbeartikel sind die **Visitenkarte einer Firma** und daher als Marketinginstrument systematisch zu planen. Über Werbegeschenke sollte nicht hektisch von Jahr zu Jahr entschieden werden. Sinnvoll sind Geschenke, die im Rahmen eines Programmes gleich mehrere Jahre abdecken. Nicht oder unleserlich unterschriebene Firmenkarten sind zu vermeiden! Alle Weihnachtskarten sollten mit leserlicher Unterschrift und mit einem Motto für das kommende Jahr versehen werden.

[1012] vgl. die Geschenkauswahl bei Penning-Lother, (Ideen), 1998, S. 24-27
[1013] eine Aussage des Bundesverbandes der Werbemittel-Berater: o.V., (Werbeartikelbranche), in: Landshuter Zeitung v. 11.1.2001, o.S.
[1014] vgl. Belz u.a., (Geschäftsbeziehungen), 1998, S. 101-104

7.12.8. Kauffinanzierung – Absatzkredite

Nur auf den ersten Blick scheinen finanzielle Unterstützungen für Konsumenten oder Industriekunden Instrumente der Preispolitik zu sein. Sie dienen aber auch der unmittelbaren **Verkaufsförderung** und zur **harten Kundenbindung**. Durch schnelle Kreditvergabe und günstige Konditionen (z.B. Autofinanzierung zu 1,9% Jahreszins; bei Möbeln sehr oft 0%-Finanzierung) verfolgt der Anbieter folgende **Ziele**:
(1) Trotz fehlender finanzieller Mittel soll der Kunde seinen **Kauf bereits heute** tätigen. Er kann dann nicht auf ein preiswerteres Konkurrenzprodukt ausweichen.
(2) Dabei soll der Kunde nicht zu seiner Hausbank gehen, sondern durch den Kredit an den Lieferanten bzw. an ein dem Lieferanten nahestehendes Finanzierungsinstitut (z.B. *Fiat-Kreditbank*) gebunden werden.
(3) Der Hersteller erhält einen Einblick in die finanzielle Situation des Kunden.
(4) Dadurch werden Cross-Selling-Möglichkeiten geschaffen.
(5) Der Hersteller erhält eine Informationsgrundlage, um den Kunden über den "Kredit-Lebenszyklus" individuell zu betreuen und rechtzeitig ein Folgebedarfsangebot vorzulegen.

Diese Zielsetzungen bringen den Verkaufsförderungscharakter der Absatzfinanzierung gut zum Ausdruck. In BtoB sind Instrumente wie Lieferantenkredite, Factoring oder Leasing gängig. Im Konsumentengeschäft dominieren Teilzahlungskredite als
- direkte Kundenfinanzierung (**A-Geschäfte**) ohne Verkäufer-Mithaftung, bei der der Kunde auf Vermittlung des Lieferanten direkt bei dem Finanzierungsinstitut seinen Kredit beantragt,
- indirekte Kundenfinanzierung (**B-Geschäfte**), bei der der Lieferant im Rahmen von Kreditkontingenten über Restkaufsummen-Beträge verfügen kann und in eine Mithaftung für einen Teilzahlungskredit tritt,
- indirekte Kundenfinanzierung (**C-Geschäfte**), in gleicher Form, aber auf Wechselbasis, was zu günstigeren Kreditkosten führt.[1015]

Große Versandhäuser, Handelskonzerne und Automobilhersteller unterhalten eigene Teilzahlungsinstitute. Besonders im Autogeschäft ist der Ratenkredit eine Alltäglichkeit. Die oftmals verlockend niedrigen Zinsen dürfen nicht täuschen: Nimmt ein Kunde die Teilzahlungsmöglichkeit in Anspruch, dann sind seine Verhandlungsmöglichkeiten hinsichtlich Rabattgewährung (z.B. im Autogeschäft bis zu 20%) stark eingeschränkt bzw. verwehrt. Bei vollständiger Rabattgewährung kann sich für den Käufer dann schon eine Kreditanfrage bei der eigenen Hausbank lohnen.

7.13. Die optimale Kombination der Kommunikationsinstrumente

7.13.1. Crossmediale und integrierte Kommunikation (CRC)

> *"Die crossmediale Kompetenz eines Unternehmens zeigt sich darin, die Dialogmarketing-Instrumente so zu kombinieren, dass der Kunde an jedem Ort und zum gewünschten Zeitpunkt die maßgeschneiderte Unternehmens-, Produkt- oder Markenbotschaft erhält - ob am PC, am Telefon, in der Zeitung, im Briefkasten, im Fernsehen, zu Hause, am Arbeitsplatz oder unterwegs."* (Bernd Kracke, früherer DDV-Präsident, (Crossmedia), in: Marketingjournal, 2/2002, S.39)

Wie können die einzelnen Kommunikationsinstrumente geschickt kombiniert und zu einer Werbung und einem Kundendialog aus einem Guss verschmolzen werden? Hier greift der Begriff der **integrierten Kommunikation**.

[1015] vgl. zu den Instrumenten der Absatzfinanzierung z.B. Weis, (Marketing), 2009, S. 377-385

Gute Beispiele für integrierte mediale Konzepte: Kellog's (www.kellogs-pops.de), Procter& Gamble, Volvo (www.concept-lab-volvo.com) (vgl. *Spies*, (Kunden), in: acquisa 9/2001, S. 9-12).

> ➡ *„Integrierte Kommunikation ist ein Prozess der Analyse, Planung, Durchführung und Kontrolle, der darauf ausgerichtet ist, aus den differenzierten Quellen der internen und externen Kommunikation von Unternehmen eine Einheit herzustellen, um ein für die Zielgruppen der Kommunikation konsistentes Erscheinungsbild des Unternehmens bzw. eines Bezugsobjektes des Unternehmens zu vermitteln."*[1016]
>
> ➡ **Customer Relationship Communication** (CRC) bringt den Marketingaspekt der integrierten Kommunikation in eine CRM-Strategie ein. Nur koordiniert realisieren Vertrieb und Marketing ein integriertes Kundenmanagement.

Bereits bei der Beschreibung der Kundenzeitschrift wurde die Wichtigkeit herausgestellt, Kundenmedien durch Response-Elemente anzureichern und die Botschaften von Printwerbung, Direktmarketing und Vertrieb kundennutzen-orientiert aufeinander abzustimmen. Das **Corporate Publishing** (s. Abschnitt. 7.12.6.) bietet sich als praktische Drehscheibe für die integrierte Kommunikation an. Dies führt zur kommunikativen Säule von CRM; sprich **Customer Relationship Communication (CRC)** (s. zur Begriffserklärung Abschnitt 7.2.3.e.). CRC bringt die Kommunikationspolitik in eine CRM-Konzeption ein. Vertrieb und Marketing werden vernetzt. CRC kombiniert hierzu drei bewährte Konzepte des Marketing:

(1) Das **Relationship Marketing**: Im Mittelpunkt und strategisch den Produktbotschaften übergeordnet, sind Beziehungsbotschaften zu kreieren. Frage: *Welche Beziehungen möchte ich zu welchen Kundengruppen aufbauen; und wie kann ich meine Kunden prioritätengerecht mit Sachinformationen und emotional über den Kunden-Lebenszyklus (Geschäftszyklus) hinweg begleiten?*

(2) Das **Permission Marketing**: Der Kunde sollte die ihn treffenden Kommunikationsbotschaften und -wege bestimmen dürfen. Er gibt seine Erlaubnis für die Art und die Intensität der auf ihn gerichteteten Marketingmaßnahmen. Mitgestaltende Kunden sind loyal-gebundene Kunden. Und - ohne dass die Kunden das merken - helfen sie mit, das Marketing des Anbieters zielgruppengerecht zu optimieren.

(3) **Crossmedialität**: Eine Beschränkung auf ein einzelnes und unregelmäßig erscheinendes Kundenmagazin ist nicht mehr zeitgemäß. Newsletter und andere Medien mit höherer Kontaktfrequenz sind ergänzend einzubinden.

Abb.7-75

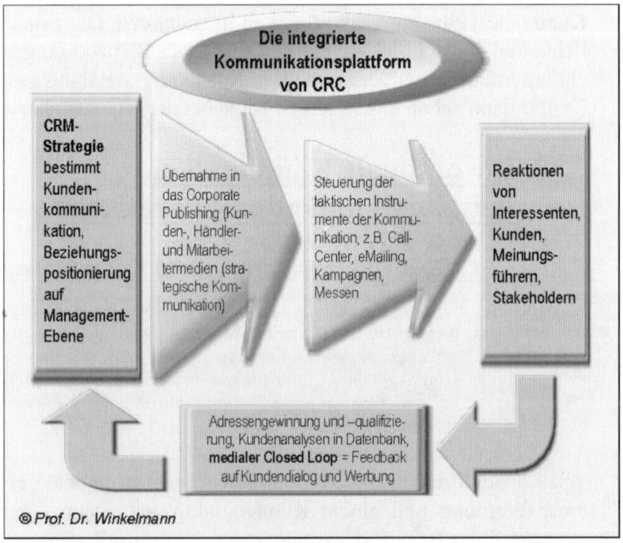

[1016] Bruhn, (Unternehmenskommunikation), 2009, S. 17

Es ist Aufgabe aller an einer CRC-Kommunikation beteiligten Medienpartner, die CP-Responsedaten in eine Kundendatenbank einzuspeisen. CRC benötigt also eine **integrierte IT-Kommunikationsplattform**. Ein **medialer Closed Loop** muss dann dafür sorgen, dass Responsedaten stets aktuell ausgewertet werden (vom Kunden lernen) und neue Kampagnen und Dialoge personalisiert und individualisiert angestoßen werden. Abb.7-75 verdeutlicht diesen Vorschlag zur optimalen Abstimmung des Kommunikations-Mix - mit einem Kundenmagazin als zentralem Träger.

Dies ist der Weg der **integrierten Kommunikation**, der durch intensive Zielgruppen- und Aktionsabstimmung mit den operativen Bereichen (Vertrieb) zum wirklich **integrierten Kundenmanagement** führt. Die größten Hindernisse auf dem Weg dorthin sind unternehmenspolitischer Natur. Noch sind nur wenige CP-Agenturen (*WDV, BurdaYukom Publishing, ABW, abbé marketing*) interessiert und in der Lage, die notwendige Beratungskompetenz einzubringen und mit anderen Marketing-Dienstleistern (vor allem mit den Lead-Agenturen) zu kooperieren.

7.13.2. Kommunikations-Mix nach dem Value-Spectrum Modell

Thedens verteilt Kommunikationsinstrumente in einer Matrix nach einem Grad der Kundenbindung und nach Kundenwerten. Abb.7-76 zeigt sein ***Value-Spectrum Portfolio***.[1017] Das *Value-Spectrum*-Modell beruht auf folgenden Überlegungen:
(1) Die Eignung eines Kommunikationsinstrumentes hängt zum einen von dem Grad der Kundenbindung (Loyality) ab. Je höher eine Kundenbindung ist, desto eher sind individuellere, aber auch kostspieligere Werbemaßnahmen anzuraten.
(2) Zum anderen hängt die Eignung eines Kommunikationsinstrumentes vom Kundenwert ab (*Für wieviel Umsatz ist der Kunde gut?*). Je mehr Umsatz- oder Ergebnisvolumen ein Kunde repräsentiert, desto eher sind kundenindividuelle und damit tendenziell kostspieligere Werbemaßnahmen gerechtfertigt.

Als **Extreme** stehen sich gegenüber: Auf der einen Seite das Sponsoring, bei dem Interessenten oder Kunden kaum in ein Bindungsverhältnis gebracht werden können, und auf der anderen Seite der VIP-Service als höchste Stufe einer bindenden Kundenansprache. Wegen der hohen Kosten ist der VIP-Service nur für ausgesuchte, wichtige Kunden ratsam. Drei **Vorteile** kann der Ansatz von *Thedens* bringen:
(1) Umverteilung der Kommunikationsbudgets nach Dauerwerten der Kunden,
(2) mehr Relevanz in den Botschaften durch Kunden-Zielsegmente,
(3) aufgabengerechte Koordination der Kommunikationsinstrumente.

Abb.7-76

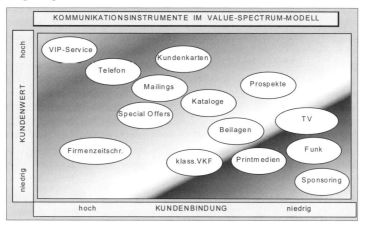

[1017] vgl. hierzu Thedens, (Integrierte Kommunikation), 1991, S. 28

7.13.3. Branchentypischer Best Practice Kommunikations-Mix

Prof. Homburg und Partner haben den Einsatz unterschiedlicher Kommunikationsinstrumente in der im Wandel befindlichen Branche der Stromversorger (EVU) untersucht.[1018] Bewertet wurde nach der Einsatzhäufigkeit der Werbemittel bzw. Kommunikationsinstrumente und nach deren Wichtigkeiten. Abb.7-77 veranschaulicht den Befund der Studie. Alle Instrumente liegen unterhalb der Diagonalen. Das unangefochten führende Instrument ist traditionell die Massenwerbung in Printmedien. Die schwache Position der TV-Werbung überrascht. Leider ist das Corporate Publishing nicht berücksichtigt. Denn das Kundenmagazin ist ein beliebtes Medium der Stromversorger. Letztlich ist dem Werbetreibenden jeder Kommunikations-Mix recht, der die Marke stärkt.

Abb.7-77

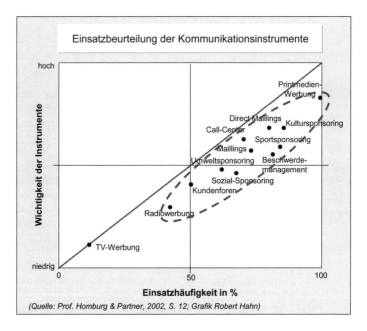

[1018] vgl. Prof. Homburg & Partner, (Energiemarkt), *www.homburg-und-partner.de/knowhow/evu_pk180202.pdf*

7.14. Markenpolitik (Branding)

7.14.1. Marke und Markenfaszination

Eine Marke ist: "the Consumer's idea of a product" (Ogilvy)

"Ein Unternehmen muss zunächst eine grundsätzliche Entscheidung darüber treffen, ob es ein Produkt anonym anbieten oder als Markenartikel führen will".[1019] Das klassische Marketing ist auf Konsumgüter fokussiert. Demzufolge werden die Belange einer Marke hauptsächlich auf den **klassischen Markenartikel** der Konsum- bzw. Gebrauchsgüterindustrie bezogen. Mit dem Phänomen Marke und der Markenfaszination haben sich aber heute alle Wirtschaftsbereiche auseinanderzusetzen. Niemand, der im Wettbewerb steht, will noch seinem Produkt eine anonyme Maske verleihen. Deshalb möchten wir einem Zitat von *Pepels* folgen:

> *"Ohne Markenartikel gibt es kein Marketing, man kann sogar sagen: Marketing heißt, Marken machen. Zentrales Anliegen der Markenstrategie ist es, aus einem mehr oder minder austauschbaren Angebot eine Marke zu formen."*[1020]

Das Markengesetz lässt die "Markierung" eines Gutes in alle Richtungen zu. Eine Marke ist in unserer Gesellschaft etwas Schützenswertes. Die Marke stellt ein Bekenntnis der Wirtschaft zum freien Wettbewerb dar.

Nach neuem Recht reicht für eine Markenanmeldung bereits eine nur geringe Unterscheidungskraft aus.

> ➤ **Rechtliche, merkmalsorientierte Definition der Marke**: Hiernach können als Marken *"alle Zeichen, insbesondere Wörter einschließlich Personennamen, Abbildungen, Buchstaben, Zahlen, Hörzeichen, dreidimensionale Gestaltungen einschließlich der Form einer Ware oder ihrer Verpackung sowie sonstiger Aufmachungen einschließlich Farben und Farbzusammenstellungen geschützt werden, die geeignet sind, Waren oder Dienstleistungen eines Unternehmens von denjenigen anderer Unternehmen zu unterscheiden."* (§3 Abs. 1 Markengesetz (MarkenG)).
>
> ➤ Nach der **wirkungsorientierten Definition** sind Marken *"Vorstellungsbilder in den Köpfen der Konsumenten (Kunden!), die eine Identifikations- und Differenzierungsfunktion übernehmen und das Wahlverhalten prägen."*[1021]
>
> ➤ Der **funktionsorientierte Ansatz** definiert Marken als Möglichkeit, sich von Konkurrenzangeboten zu unterscheiden und dadurch von den Käufern als besonders (einzigartig) wahrgenommen zu werden (Produktpositionierung!).
>
> ➤ Wichtigste **Claims einer Marke** sind: (1) Persönlichkeit (Markenidentität), (2) Anspruch auf gleichbleibende Qualität und (3) auf ein konstantes Preis-/-Leistungsverhältnis, (4) Konsistenz im werblichen Auftritt und (5) eine vertriebliche Präsenz (Ubiquität) in zielgruppenadäquaten Vertriebskanälen.
>
> ➤ Zur **Markenführung (Markenpolitik, Branding)** gehören alle Instrumente und Maßnahmen, um Markenbilder zu schaffen (zu profilieren), im Zeitablauf zu sichern und zu stärken (**Markenführung**), mit neuem Markenglanz aufzufrischen (**Marken-Relaunch**) oder wieder einzuführen (**Markenrevitalisierung**). Dazu stellen sich alle Instrumente des Marketing-Mix in den Dienst der Marke.

Welchen Platz nimmt die Markenpolitik im Marketing-Mix ein? Es wäre durchaus angemessen, der "umgreifenden" Markenpolitik ein eigenes Kapitel neben den vier klassischen Marketinginstrumenten zu widmen. Doch die Markenpolitik ist nicht isoliert zu sehen. Produktgestaltung, Preissetzung und Verkauf schaffen eine Mar-

---

[1019] Scharf; Schubert, (Marketing), 2001, S. 124, unter Bezug auf Herrmann 1998
[1020] Pepels, (Marketing), 2009, S. 59
[1021] nach Esch; zit. in Esch; Wicke; Rempel, (Markenführung), 2005, S. 11

kenbasis. Das entscheidende Aufwerten eines Gutes in die Sphäre einer Marke ist dann ein Erfolg von werblichen Botschaften. Branding ist die "edelste" Aufgabe von Produktmanagement und Kommunikationspolitik. Salopp gesagt: *Werbung schafft das Markenvertrauen und verankert Marken in den Köpfen der Abnehmer!*

Auf folgende Ausführungen dieses Buches kann Bezug genommen werden:
- Abb.1-7 hatte bereits die **typischen Eigenschaften** aufgezählt, die ein Sachgut oder eine Dienstleistung zur Marke machen.
- Abb.4-9 hat das Verfahren der **Produktpositionierung** erläutert. Marken streben unverwechselbare Positionen (CBP´s) in Positionierungsräumen an.
- Abschnitt 4.4.3. hat im Rahmen der Produktpolitik enge Zusammenhänge zwischen **Namens- und Logofindung** und Markenprofilierung herausgearbeitet.

<small>Bei Hygienepapier liegt der Marktanteil der Discounter bereits bei 70%.</small>

Das klassische Marketing ist auf den Markenartikel der Konsumgüterhersteller gerichtet. Die Markenartikel geraten jedoch unter Druck. Die Smart-Shopper-Bewegung zieht die Markenprodukte immer weiter in einen Preissumpf. *Hewlett Packard* betreibt eine kannibalisierende Produkt- und Preispolitik. Der Begriff **Aldisierung** kommt auf. 76 % der Konsumenten bringen niedrige Preise nicht mehr mit schlechter Qualität in Verbindung.[1022] Der deutsche Markenverband ist sehr daran interessiert, den guten Ruf des Markenproduktes und die Höherwertigkeit zu wahren.

7.14.2. Der Markenverband: Heimat der Markenartikel

> *"Markenführung ist eine höchst individuelle Kunst, muss Chefsache in jedem Markenartikelunternehmen sein, und dies in permanenter Anpassung an neue Verbraucherwünsche. Erfolgreiche Absatzpolitik wird so zusammengehalten durch die Kraft der Marke, die Märkte prägt und entwickelt. Die Rahmenbedingungen dieser Märkte, in denen die Mitglieder des Markenverbandes Herstellermarken produzieren oder vertreiben, werden vom Verband mitbestimmt.*
>
> *Im großen Puzzle Tausender von Marken übernimmt er (der Markenverband) die Aufgabe, den politischen Rahmen abzustecken, klare Linien zu formulieren, innerhalb derer jedes Unternehmen mit höchstmöglichem Freiheitsgrad agieren kann."*
>
> *(Markenverband - Anwalt der guten Namen - 1999, S. 5)*

Der 1903 gegründete *Deutsche Markenverband* ist einer der ältesten Industrieverbände. Über 400 Markenartikler sind dem Verband angeschlossen. Sie erwirtschafteten 2008 300 Mrd. Euro Sachgüter-Umsatz und 200 Mrd. Euro Dienstleistungsumsatz und vertreten 2 Mio. Arbeitsplätze.[1023] 80 Prozent aller Konsumgüter sind Markenprodukte. 95 der führenden 100 deutschen Dach- und Einzelmarken sind im Verband vertreten. Noch dominieren eindeutig die Herstellermarken. Bei Nahrungsmitteln beispielsweise lag deren Marktanteil 2005 bei 65 Prozent (Handelsmarken, die sog. **Private Labels** 35 Prozent mit leicht steigender Tendenz). Der Markenverband kümmert sich um den "*Schutz der Marke als dem erfolgreichsten Marketing- und Distributionsinstrument einer Volkswirtschaft*" und führt im Sinne der Mitglieder einen Dialog mit Handel, Medien, Agenturen, Verwaltung und Politik. Dabei orientiert sich der Verband am **EU-Leitbild** des „*durchschnittlich informierten Verbrauchers.*"[1024]

Der Verband veröffentlichte **zehn Kernbotschaften zur Faszination Marke**:[1025]
(1) Die Marke ist Kreativität – Marken faszinieren.
(2) Die Marke ist Verbrauchervertrauen.

[1022] Befund einer Allensbach-Umfrage: vgl. Campillo, (Rabattfalle), in: acquisa, 4/2003, S. 19
[1023] vgl. www.markenverband.de
[1024] ein Thema aus dem Jahresbericht 1999/2000
[1025] vgl. *www.markenverband.de* die entsprechende Unterseite ; Stand 06/2005

7. Kapitel: Die Kommunikationspolitik

(3) Marken sind Innovationsführer – Kreativität hat ihren Preis.
(4) Die Marke ist ein Garant für Produktvielfalt.
(5) Die Marke ist ein Garant für Medienvielfalt.
(6) Die Marke ist das Original. Das Original schlägt die Kopie (Statement gegen die bedrohliche **Markenpiraterie**).
(7) Die Marke ist ein starker Wirtschafts- und Wertschöpfungsfaktor für den Standort Deutschland.
(8) Die Marke ist Impulsgeber für Wirtschaft und Gesellschaft.
(9) Die Marke ist ein Baustein der Wissensgesellschaft.
(10) Marken benötigen faire Rahmenbedingungen.

Sieben Punkten machen die Philosophie des *Markenverbandes* deutlich:[1026]
(1) Ein Markenartikel gibt dem Verbraucher Sicherheit beim Einkaufen.
(2) Ein Markenartikel ist auf Dauer angelegt. Durch Leistung und kontinuierlichen Marktauftritt schafft er Vertrauen bei den Verwendern.
(3) Produktion und Forschung der Markenartikel liegen auf höchstem Niveau.
(4) Für Markenartikel werden Versorgung, bequemer Einkauf und Service garantiert.
(5) Markenartikel fördern den Wettbewerb und dadurch Produktinnovation.
(6) Die Hersteller informieren durch Markenwerbung und Verkaufsförderung. Der Markenartikel verhindert auf diese Weise Produktenttäuschungen.
(7) Markenartikel setzen Maßstäbe für wirtschaftlichen und technischen Fortschritt.

Kunden und Marken in den Köpfen dieser Kunden sind die zentralen Werte des Unternehmenserfolgs. *Booz Allen Hamilton* und *Wolff Olins* identifizieren in einer Studie **zehn Merkmale von markengeleiteten Unternehmen.**[1027] Die in der Abb.7-78 dargestellten Erfolgsmerkmale klingen allerdings recht allgemein. Sie gelten in gleicher Weise für kundengetriebene Unternehmen im Sinne von CRM.

Abb.7-78

10 MERKMALE VON MARKENGELEITETEN UNTERNEHMEN
① Sie erreichen mit ihrer Marke überdurchschnittlich ihre strategischen Ziele.
② Ihre Marke dient als zentrale Plattform, um Strategien, Kunden und Mitarbeiter zu verbinden.
③ Ihre Markenbildung (Branding) ist nicht von den anderen Management-Prozessen getrennt.
④ Ihre Mitarbeiter glauben an die Marke.
⑤ Ihre Chefetage übernimmt die Verantwortung für die Marke.
⑥ Ihre Anreize, Erfolgsmessung, Entlohnung für die Mitarbeiter sind gekoppelt daran, wieviel sie zu Wert, Bildung und Stärke der Marke beigetragen.
⑦ Ihre Marketingabteilung kann den voraussichtlichen Mehrwert jeder Marketinginvestition bestimmen.
⑧ Mit ihren Informationssystemen durchleuchten sie ihre Kunden und schaffen eine Plattform, um einen ROI von Marketingmaßnahmen zu berechnen.
⑨ Sie messen regelmäßig zentrale Leistungsindikatoren wie die Gewinnspanne und die Shares-of-Wallet (Anteil des verkauften Produktes an den gesamten Ausgaben des Kunden).
⑩ Sie verstehen, welche Faktoren den Wert der Marke erhöhen und wie sie diese beeinflussen.
(Quelle: Booz Allen Hamilton und Wolff Olins – Europäische Studie unter Marketing- und Vertriebs-Chefs 2004) – Zusammenfassung durch Thorsten Garber)

Markenpolitik ist eines der anspruchsvollsten Aufgaben des Marketing. Markenanalyse, Markenpositionierung, strategische und operative Markenführung und die Markenwertrechnung sind die großen Arbeitsgebiete des Brandings. Sie weisen eine große Nähe zum Produktmanagement auf. Abb.7-79 bietet den Überblick.

[1026] vgl. *www.markenverband.de/verband/markenartikel.html* (6/2003)
[1027] vgl. die Ergebnisse in Garber, (Marken), in: ASW Sonderheft Marken 2005, S. 26

7.14.3. Strategische Markenführung

a.) Das Instrumentarium der Markenpolitik

Abb.7-79

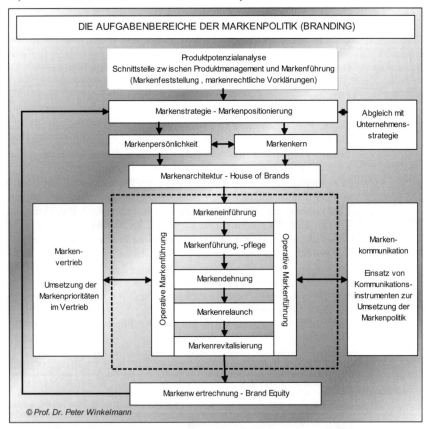

Der obere Teil der Abb.7-79 zeigt die strategischen Aufgaben der Markenpolitik, der untere die operativen. Die einzelnen Bereiche werden im folgenden erklärt. Am Anfang steht natürlich die Frage, welche Produkte bereits Marken sind oder solche werden sollen und ob die marktlichen und rechtlichen Voraussetzungen hierfür bestehen. Bei den großen Consumern sitzen dazu Produktmanager und Markenmanager am Tisch. In vielen Unternehmen fällt das Branding dagegen mit in den Verantwortungsbereich des Produktmanagements.

Abb.7-80

Zum Thema Markenpositionierung kann auf die Ausführungen zur Produkt- und Imagepositionierung Bezug genommen werden (Abb.4-9, Abb.7-12). Vor dem Beginn der strategischen Vorarbeiten müssen sich die Marken einer Ist-Analyse hinsichtlich Markenbekanntheit, Markenstärke und Markenwert unterziehen. Ausgangspunkt ist die Analyse der **aktuelle Bekanntheit** einer Marke:

(1) Wie hoch ist der **Bekanntheitsgrad** der Marke (**Share of Mind**), und wo soll sie hin entwickelt werden? Die höchste Stufe der **Markenbekanntheitspyramide** bezeichnet *Aaker* als **Exclusive Top of Mind** (Abb.7-80).[1028]

(2) Wie **positiv und wie stark** wird die Marke von den Käufern und den Nicht-Käufern beurteilt?

(3) In welchem Maße wirkt die Marke **wettbewerbsdifferenzierend**?

(4) Werden die mit der Marke verbundenen Assoziationen vom **Zeitgeist** beeinflusst? Zeichnen sich im Zeitablauf für die Markenidentität und die Markenbotschaften Gefahren ab?

(5) Welche **Markenverbundwirkungen** sind von der Unternehmung zu beachten?

Abb.7-81

Danach sind die für die Markenpolitik **beeinflussbaren Elemente** zu definieren; skizziert in Abb.7-81. Eine isolierte Optimierung dieser Instrumente reicht nicht, um einem Produkt den Mythos einer Marke zu verleihen. Was Marken wirklich ausmacht, liegt in einer emotionalen Dimension. Starke Marken sind Persönlichkeiten mit unverwechselbarem Markenkern.

b.) Markenpersönlichkeit und Markenkern

Hauptaufgabe der Strategiearbeit ist es, **Markenpersönlichkeiten** und dadurch definierbare **Markenkerne** zu formen.[1029] So ensteht **Markenfaszination**. Markenkäufer übertragen ihre Persönlichkeitsmerkmale auf die Marke.[1030] Sie identifizieren sich mit "ihrer" Marke.

Traditionsreiche Markenpersönlichkeiten: *Heinz* Ketchup seit 1876, *Coca Cola* seit 1886, *Odol* seit 1893, *Kellog´s* seit 1906, *Persil* seit 1907.

> ▶ *"Die Markenpersönlichkeit wird hier als Gesamtheit menschlicher Eigenschaften bezeichnet, die mit einer Marke verbunden sind."*[1031]
> ▶ Eine Marke motiviert den Käufer zum Kauf, indem sie ihm eine leichte Identifikation mit der Markenpersönlichkeit ermöglicht („*Wir sind Papst*").

Eine Markenpersönlichkeit ist folglich ein Abbild des typischen Käufers. Diese Gesetzmäßigkeit überrascht nicht. Sie ist Konsequenz der in Abb.4-9 dargestellten Produktpositionierung. Markenpersönlichkeiten sind als **Markenimages** bei Käufern und Nichtkäufern im Markt abfragbar. *Esch* und *Wicke* weisen auf die bedeutende Rolle von **Assoziationen** hin, mit deren Hilfe Markenimages Verankerungen im Denken und Fühlen der Käufer finden.[1032]

Um starke Marken aufzubauen, bedarf es zunächst eines tiefen Verständnisses für die Persönlichkeitsmerkmale einer Marke. *Aaker* hat hierzu 1997 mit seinen **Big Five** ein persönlichkeitspsychologisches Konzept vorgelegt:[1033]

[1028] vgl. Aaker, (Markenwert), 1992, S. 84
[1029] vgl. zu den stärksten Markenfaszinationen: *www.manager-magazin.de/unternehmen/markenstärke*
[1030] vgl. Aaker, (Markenpersönlichkeit), 2000, S. 95
[1031] Aaker, (Markenpersönlichkeit), 2000, S. 94
[1032] vgl. Esch; Wicke; Rempel, (Markenführung), 2005, S. 51
[1033] vgl. Aaker, (Brand Personality), Journal of Marketing Research, 8/1997, S. 347-356

(1) **Sincerity** (Aufrichtigkeit); typische Attribute: *bodenständig, ehrlich, gesund, heiter*,
(2) **Excitement** (Spannung); typische Attribute: *gewagt, temperamentvoll, phantasievoll, modern*,
(3) **Competence** (Kompetenz); typische Attribute: *zuverlässig, intelligent, erfolgreich*,
(4) **Sophistication** (Kultiviertheit); typische Attribute: *vornehm, edel, charmant*,
(5) **Ruggedness** (Robustheit); typische Attribute: *zäh, stark, überlegen, natürlich*.

In die gleiche Richtung zielt das **Erfolgsfaktoren-Konzept**, nach dem starke Marken folgende Eigenschaften aufweisen:[1034]
(1) Vom Kunden wahrgenommene **verläßliche Qualität**: das Qualitätsversprechen,
(2) **Einzigartigkeit:** Uniqueness, zumindest hohe Wettbewerbsdifferenzierung),
(3) **Vividness**: Lebendigkeit, zeitlose Aktualität,
(4) **Langlebigkeit**: Marken haben Tradition,
(5) Anspruch einer anerkannt **starken Marktstellung**,
(6) starke **gefühlsmäßige Metapher**: um Emotionen zu wecken,
(7) **konsistenter Werbeauftritt**: Stimmigkeit im Werbeauftritt im Zeitablauf.

Nach der **Theorie der Markenrelevanz** sind Marken erfolgreich, wenn sie für Käufer und Anbieter die grundlegenden Nutzenvorteile nach Abb. 7-82 bieten.[1035] Das Nutzenspektrum variiert mit Produktart und Zielgruppe. Hier ist auch das Produktmanagement gefordert.

Abb. 7-82

MARKENNUTZEN FÜR KÄUFER		MARKENNUTZEN FÜR ANBIETER
⇨ Orientierungshilfe ⇨ Entlastungsfunktion ⇨ Qualitätssicherungsfunktion ⇨ Identifikationsfunktion ⇨ Prestigefunktion ⇨ Vertrauensfunktion	⇨ Ideeller Nutzen (Bsp.: Designerbrillen, PKW) ⇨ Informationseffizienz (Bsp.: Waschmittel, Zigaretten) ⇨ Risikoreduktion (Bsp.: Pauschalreisen, Arzneien)	⇨ Wertsteigerung d. Unternehmung ⇨ Preispolitischer Spielraum ⇨ Plattform für neue Produkte ⇨ Basis für Marktsegmentierung ⇨ Stärkung der Kundenbindung ⇨ Wettbewerbsdifferenzierung ⇨ Präferenzbildung

Abb. 7-83

VORTEILE VON STARKEN MARKEN AUS HERSTELLER- UND KÄUFERSICHT	
aus Herstellersicht	*aus Käufersicht*
• Starke Marken bewirken Kundenloyalität • Starke Marken bieten Plattformen für Markenerweiterungen (für neue, starke Produkte) • Starke Marken sind Ausdruck besonderer Herstellerkompetenzen • Starke Herstellermarken festigen die Macht beim Handel (s. z.B. *Haribo Colo Rado* bei ALDI) • Starken Marken werden (wegen des Markengutenhabens) Fehler leichter verziehen (z.B. Elchtest bei der *A-Klasse*) • Starke Marken erholen sich relativ schnell von Preisangriffen des Wettbewerbs • Starke Marken bieten relativ sichere Kalkulationsgrundlagen • Starke Marken können eine lange Lebensdauer haben • Starke Marken fördern ein positives Image der Gesamtunternehmung	• Zu starken Marken haben die Kunden Vertrauen • Starke Marken erleichtern dem Kunden die Produktauswahl • Starke Marken reduzieren das Qualitätsrisiko • Starke Marken reduzieren für den Kunden das Kaufrisiko • Starke technische Marken geben dem Kunden mehr Sicherheit bezüglich Ersatzteilbeschaffung und Nachkaufmöglichkeit • Starke Marken können dem Kunden bei der Stärkung seines Selbstwertgefühls helfen (Prestigeeffekte, Distinktionskonsum) • Starke Konsumgütermarken können die Lebensfreude des Kunden steigern (Bsp.: der *Porsche*-Fahrer) • Starke Marken machen einem Kunden das "Preisopfer" leicht
(vgl. in Anlehnung an Biel, (Markenwertaufbau), 2000, S. 68-69)	

[1034] vgl. Biel, (Markenwertaufbau), 2000, S. 88
[1035] Spalte 1 u. 3: vgl. Meffert; Burmann; Koers, (Markenmanagement), 2005, S. 10-11; Spalte 2: vgl. Meffert; Schröder; Perrey, (B2C-Märkte), in: ASW, 10/2002, S. 28-33; nach MCM und McKinsey

Laut einer Studie der *GfK* und des *Gesamtverbandes Werbeagenturen (GWA)* gehören noch hohe Innovationsbereitschaft und die Konzentration auf definierte Zielsegemente dazu.[1036] Starke Marken verfügen über eine hohe Relevanz im täglichen Leben der Käufer.[1037] Alle Erfolgsfaktoren steigern aber nur dann die Markenkraft, wenn ein Produkt die gefühls- und verstandesmäßige Wertschätzung der Konsumenten auch erhält und zudem Kaufimpulse auslöst. Nur dann wird die Marke Bestandteil des kaufentscheidenden **Evoked-Sets** im Kopf des Käufers. Der *Toyota*-Slogan "*Nichts ist unmöglich*" ist zum geflügelten Wort geworden. Nur kaufen viele Autofahrer deshalb die Marke *Toyota* noch lange nicht.

Starke Marken bieten schlussendlich Herstellern und Käufern die in Abb.7-83 zusammengestellten Vorteile. Der Hauptvorteil einer Marke liegt aus Unternehmenssicht in der Stärkung des Unternehmenswertes (des Shareholder Values). Starke Marken bauen mittels Kundenbindung langfristig realisierbare Umsatz- und Ergebnispotenziale auf. Das in Preis-/Absatzfunktionen zum Ausdruck kommende Markenbindungspotenzial wurde bereits in Abb.5-16 aufgezeigt.

c.) Strategische Potenziale einer Marke

Abb.7-84

Beim Ausfeilen einer Markenstrategie dürfen kaufmännische Überlegungen nicht fehlen. Insbesondere für Konsumgüter gilt: Bei einer überragenden Markenführung kann der Marktwert einer Marke den Bilanzwert einer Unternehmung übersteigen. Nach *Sattler/Pricewaterhouse Coopers* repräsentieren BtC-Marken im Durchschnitt 56% des Unternehmenswertes, BtoB-Marken dagegen nur 18% (vgl. Hinweis in ASW 2/2004, S. 27).

MARKENWERTE INTERNATIONALER UNTERNEHMEN 2008	
(1) Coca Cola	66,7 Mrd. $
(2) IBM	59,0 Mrd. $
(3) Microsoft	59,0 Mrd. $
(4) General Electric	53,1 Mrd. $
(5) Nokia	35,9 Mrd. $
(6) Toyota	34,1 Mrd. $
(7) Intel	31,3 Mrd. $
(8) McDonald's	31,0 Mrd. $
(9) Disney	29,3 Mrd. $
(10) Google	25,6 Mrd. $
(11) Mercedes	25,6 Mrd. $

(Quelle: Interbrand, www.businessweek.com)

Abb.7-85

Die „**Marke des Jahrhunderts**", im Jahr 2009 prämiert durch den Verlag Deutsche Standards, ist die Skibrille *Uvex*.

Diese **Kalkulation von Markenwerten** hat in der EU ab 2005 eine große Bedeutung bekommen. Zuvor ging der immaterielle Markenwert bei Unternehmensaufkäufen in der Restgröße des sog. Goodwills auf. Jetzt muss ein kaufendes Unternehmen gemäß US-GAAP Rechnungslegungsvorschriften neben den erworbenen Sachvermögenswerten und Schulden auch die zugegangenen Marken einzeln identifizieren und bewerten. Im Rahmen dieser **Purchase Price Allocation** sind die Marken nach einer **Fair-Value-Bewertung** im Zugangszeitpunkt zu aktivieren.[1038]

MARKENWERTE DEUTSCHER UNTERNEHMEN 2009	
(1) BASF	17,2 Mrd. Euro
(2) Bayer	17,1 Mrd. Euro
(3) Daimler	17,1 Mrd. Euro
(4) VW	16,2 Mrd. Euro
(5) Deutsche Telekom	15,2 Mrd. Euro
(6) Deutsche Post	12,6 Mrd. Euro
(7) Allianz	11,0 Mrd. Euro
(8) BMW	9,3 Mrd. Euro
(9) Henkel	8,4 Mrd. Euro
(10) SAP	8.1 Mrd. Euro

(Quelle: Semion Brand-Broker, zit. in W&V Nr. 44/2009, S. 22)

Abb.7-84 zeigt die Rangliste führender internationaler Marken im Jahr 2008.[1039] 75 Marken liegen über der Wertschwelle von 1 Mrd. US $. Unter diesen sind deutsche Marken nur einmal vertreten: durch *Mercedes* (nicht *Daimler* als Gesamtmarke) auf Platz 11. Abb.7-85 bietet ein deutsches Markenwertranking von *semion*, Stand 2008.

[1036] vgl. den Hinweis auf die Befunde der GfK-Studie in ASW, 9/2001, S. 34
[1037] vgl. Joachimsthaler, (kleiner), in: ASW, 8/2002, S. 12
[1038] vgl. Hanser, (Kapitalanlage), in: ASW, 2/2004, S. 27-28
[1039] Quelle: Business Week, 4.8.2003, S. 48ff.

BEISPIEL FÜR EINEN BRANDING-FUNNEL					
Branding-Dimensionen	Kernfrage	Ergebnis Marke X	Branding-Leistungs-Indikatoren (KPIs)	Abschmelz-verluste
Grundgesamtheit	Was ist die Zielgruppe bzw. der relevante Markt der Marke?	100%		
Bekanntheit	Wie bekannt ist die Marke?	99%	Bekanntheit / Grundgesamtheit	-1%
Image	Ist die Marke mit positiven Assoziationen besetzt?	69%	Image / Bekanntheit	-30%
Kaufabsicht	Wird die Marke als tatsächlich zukünftige Kaufalternative betrachtet?	53%	Kaufabsicht / Image	-16%
Kauf	Wird die Marke tatsächlich gekauft?	27%	Kauf / Kaufabsicht	-16%
Loyalität	Wird die Marke wieder gekauft, bzw. handelt es sich um Stammkunden?	16%	Loyaliltät / Kauf	-11%
(Quelle: McKinsey Marketing Practice; vgl. Pietralla; Bachem, (Budgets), in: ASW, Sonderausgabe Marken 2002, S. 74)				

Abb.7-86

Das strategische Potenzial einer Marke kann in einem Trichter-Modell (**Branding Funnel**) analysiert werden.[1040] Abb.7-86 deckt erhebliche Imageprobleme bei der beispielhaft untersuchten Marke auf. Nach diesen Vorarbeiten ist die eigentliche Markenstrategie festzulegen – in Abhängigkeit von bewährten **Markentypen**. Im Mittelpunkt steht die Markenträgerstrategie (Wer profiliert sich mit der Marke?).

d.) Hersteller- und Handelsmarkenstrategien

Ziel der Markenpolitik ist die Maximierung von Markenwerten. Die strategischen Potenziale einer Marke sind auszubauen und auszuschöpfen. Mittel zum Zweck sind Vorstellungsbilder der Kunden über die Marke, induziert durch Markenpersönlichkeit und Markenkern. Markenstrategien geben die Wege vor. Zahlreiche Strategiealternativen stehen zur Wahl, die mit speziellen Markentypen verbunden sind.

> ➡ **Markenträgerstrategien** zielen auf eine Positionsstärkung im vertikalen Wettbewerb in den Absatzkanälen. Hersteller, Handelsunternehmen, Zweit-Label-Fabrikanten schaffen sich ihre eigenen Marken (s. Abb.7-87).

- **Herstellermarkenstrategien** vermarkten die kaum zählbaren Konsumprodukte bekannter Nahrungs- und Genussmittelhersteller (z.B. *Jacobs-Suchard: Milka Lila Pause; Becks: Beck's Bier; Ferrero: Raffaelo*), Arzneimittel- und Reinigungsmittelhersteller, der Gebrauchsgüterhersteller (*Kärcher-Reinigungsgeräte, Viessmann-Heizungen, Bosch und Siemens Hausgeräte, Loewe-Fernseher*) oder der Industriegüterhersteller (*Linde-Klimatechnik, Uhde-Anlagentechnik, ThyssenKrupp mit Nirosta-Edelstahl*),

Lt. *GfK ConsumerScan* ist der Eigenmarkenumsatz-Anteil des Handels von 14,5% (1980) auf 25,8% (2000) und 33,6% (2005) gestiegen (Quelle: WuV, 12/2007, S. 29).

- Durch **Handelsmarkenstrategien** versuchen die Handelskonzerne, sich gegenüber den Herstellermarken mit preisgünstigen **Eigenmarken** (**Private Labels**) zu profilieren. So führen *ALDI (Medion), Lidl* oder *Penny* eigene Discountmarken. *Rewe* forciert die Eigenmarke „*Ja*", *Edeka* „*Gut&günstig*", *Real* „*Real Quality*", und das Versandhaus *Quelle* deckt mit der Marke *Privileg* den gesamten technischen Gebrauchsgütermarkt ab. Produziert werden die Handelsmarken zum einen von klassischen Markenartiklern, die den Handel mit Sonderprodukten und Überkapazitäten beliefern, oder von Produzenten, denen es selbst nicht gelingt, eigene starke Labels aufzubauen. Sie erreichen dies nun indirekt, unter Verzicht auf einen eigenen Markenauftritt, mit Hilfe von Handelsunternehmen.

[1040] vgl. Pietralla; Bachem, (Budgets), in: ASW, Sonderausgabe Marken 2002, S. 74

Aldi macht 2/3 des Umsatzes mit eigenen Marken. JA von Rewe ist die bekannteste Eigenmarke im Handel.

- **Gattungsmarken** sind Handelsmarken für die „Cheap-price-Segmente"; auch bekannt als *No Names*, generische Marken oder weiße Ware (Bsp.: *die Weißen* von *Rewe*, *A&P* von *Tengelmann*). Manchmal erfüllen sie nur qualitative Mindestvoraussetzungen. Im Zuge einer **Aldisierung** festigt sich jedoch bei den Konsumenten das Bild völlig ausreichender Produktqualitäten.
- **Herkunftsmarken** beziehen den Markenbegriff auf ihre Herkunft, Bsp.: *Parma Schinken,* der interessanterweise teilweise vom Schlachthof Bayreuth stammt.

Der Markenträgerwettbewerb verschärft sich zunehmend
(1) durch die **Eigenmarkenstrategien** der durch den Konzentrationsprozess immer mächtiger werdenden Handelskonzerne,
(2) durch ein verändertes **Verbraucherverhalten**, das durch einen **Verlust der Mitte** gekennzeichnet wird (Konsumpolarisierung).[1041]

Die Käuferschichten polarisieren sich. Entweder man gönnt sich Luxus ohne auf den Preis zu schauen oder „*die ALDI-Tüte wird zum Kultobjekt*". Der Verbraucher erwartet gute Qualität zum Schnäppchenpreis. Abb.7-87 deutete diesen dramatischen **Prozess der Markenerosion** in einem Spannungsfeld zwischen Qualitätsanspruch und Niedrigpreis an (Mittlere Segmente: 1973: 49%, 2010 geschätzt: 10-20%).

Abb.7-87

Die Top-10 der Luxusmarken:
(1) Louis Vuitton,
(2) Gucci,
(3) Chanel,
(4) Rolex,
(5) Hermés,
(6) Tiffany,
(7) Hennessi
(8) Cartier,
(9) Moet& Chandon,
(10) Bulgari.

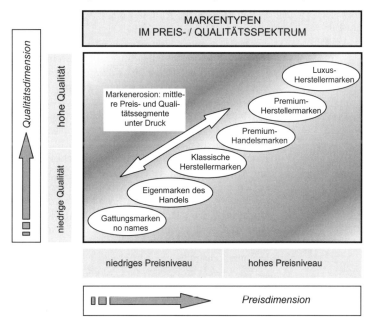

Brandtner meint hierzu:
> „*Markenführung ist Krieg. Es gibt heute zu viele Marken, die auf meist stagnierenden Märkten ums Überleben kämpfen. Markenführung ist Krieg um Kunden, um Marktanteile, um Umsätze, um Gewinn. Krieg um den vielzitierten Shareholder Value und folglich auch Krieg um die Zukunft von Unternehmen, die diese Marken besitzen.*"[1042]

So stehen die Markenträgerstrategien heute im Zeichen von zunehmendem Wettbewerb und Marktsättigung. Hinzu tritt die Frage, ob und in welchem Maße eine Konkurrenz zwischen eigenen Marken verhindert oder gar gefördert werden soll.

[1041] vgl. zur Ausdünnung der mittleren Preissegmente Becker, (Marketing-Konzeption), 2006, S. 359
[1042] Brandtner, (Krieg), in: MM, 6/1999, S. 186

e.) Einzelmarken- und Mehrmarkenstrategien[1043]

Einzelmarkenstrategie: „Ein Produkt – eine Marke – ein Versprechen." (Prof. Esch, 2003)

➡ Bei einer **Einzelmarkenstrategie (Mono-Marken-Strategie)** wird in jedem relevanten Markt nur eine Marke vermarktet.
➡ Bei einer **Mehrmarkenstrategie** werden die Marktsegmente jeweils durch mindestens zwei Marken besetzt. Die Marken bleiben eigenständige Markenpersönlichkeiten. Ziel ist eine intensivere Abschöpfung der Käuferschichten.
➡ Eine **Familienmarkenstrategie (Produktgruppen- oder Range-Marketingkenstrategie)** fasst mehrere Produkte unter einer Marke zusammen. Von einem Unternehmen können mehrere Markenfamilien parallel geführt werden. Oft verraten die Marken keinen Bezug zum Unternehmen (Bsp.: *Nivea* Produktfamilie von *Beiersdorf*, *Vileda*-Produkte von *Freudenberg*).
➡ Eine **Dachmarkenstrategie (Company-Markenstrategie)** vermarktet sämtliche Produkte eines Unternehmens unter einer Marke. I.d.R. sind auch die Subbrands unterhalb der Dachmarke starke Familien- oder Einzelmarken (Beispiel: *TUI, Dr. Oetker, VW-Produktrange*).

- **Einzelmarken im Rahmen einer Einzelmarkenstrategie**: Der Hersteller führt in einem Marktsegment ein einzelnes, starkes Produkt. Der Firmenname tritt oft in den Hintergrund (Bsp.: *Nutella, Scotch Tapes, Tempo, Persil, Underberg*).

"Die BMW Group ist das einzige Mehrmarken-Automobilunternehmen weltweit, das eine reine Premium-Mehrmarkenstrategie verfolgt. Das ist die Basis für den geschäftlichen Erfolg."[1044]

- **Einzelmarken im Rahmen einer Mehrmarkenstrategie**: Hier lässt der Hersteller Konkurrenz im eigenen Hause zu. Mindestens zwei gleichartige Marken werden in einem Marktsegment positioniert. Preislich unterschiedliche Konsumenten-Zielgruppen sollen abgeschöpft werden (Bsp.: *VW mit Golf und Polo*; *Henkell* mit *Henkell trocken, Carstens SC und Rüttgers*).[1045] Das Beispiel *Golf* zeigt auch, wie die Produkte sich wandeln (*Golf*-Modellgenerationen), die Marke (*Golf*-Generation als Markenbegriff) jedoch bleibt. Die Gefahr der Mehrmarkenstrategie liegt in einer Kannibalisierung der Marktsegmente. Je ähnlicher sich die Konsumentenschichten verhalten, desto stärker werden sich die Marken untereinander die Zielgruppen streitig machen. Das Preisniveau verfällt.
- **Familienmarken (Produktgruppenmarke) im Rahmen einer Familienmarkenstrategie**: Unter einem Markenbegriff werden Einzelprodukte ohne Herstellerbezug geführt (Bsp.: *Nivea* von *Beiersdorf* mit einem umfassenden Sortiment von Körperpflegemitteln, wie Hautcreme, Sonnencreme, Seife, Shampoo).
- **Dachmarken im Rahmen einer Dachmarkenstrategie**: Die Dachmarkenstrategie vereint alle Unternehmensleistungen unter einem Markennamen. Oft ist dies der Firmenname (Bsp.: *Boss, Sony, Kodak, Siemens*). Der Trend geht zur Dachmarkenstrategie: "*Vorbei ist es mit der Zeit, als wir glaubten, mit jedem neuen Produkt eine neue Marke etablieren zu müssen.*"[1046]

Große Veränderungen zog die Dachmarkenstrategie von *TUI* im Zuge des Umbaus des *Preussag* Konzerns nach sich.[1047] 200 Unternehmen wurden unter dem neuen Markendach *TUI* zu drei Kategorien formiert: Führende **Aligned Brands** (z.B. *TUI, Hapag-Lloyd*), unterstützende **Endorsed Brands** (z.B. *Robinson, Airtour*) und **Non-Endorsed Brands** ohne visuellen TUI-Bezug (z.B. *Vögele*).

[1043] vgl. z.B. Meffert, (Marketing), 2000, S. 856-865; Becker, (Marketing-Konz.) 2006, S. 195-205
[1044] BMW Group, Geschäftsbericht 2000, Kurzfassung, S. 12
[1045] vgl. Scharf; Schubert, (Marketing), 2001, S. 128-130
[1046] J.C. Lindenberg, Geschäftsführer von Unilever Deutschland, im Interview mit Kerstin Plewe; Berdi, (aufräumen), in: ASW, Supplement Marken, 2001, S. 6
[1047] vgl. Thunig, (World of Tui), in: ASW, Sonderausgabe Marken 2002, S. 56-68

f.) Regionale und globale Markenstrategien

P&G führt 2009 23 Weltmarken in den Bereichen Beauty, Health and Well-being und Household care.

- **Regionale oder nationale Markenstrategien:** Die Regionalmarkenstrategie beschränkt die Markenführung auf bestimmte Distributionsgebiete (Bsp.: Feinkostkette *Vinzenz Murr* in Süddeutschland).
- **Internationale Markenstrategien** stehen oft unter dem Motto: „*Soviel Standardisierung wie nötig, soviel Differenzierung wie länderspezifisch möglich*". Dies führt zu multinationalen Markenstrategien mit landestypischen Local Brands (Bsp.: *Nestlé* mit *Sarotti, Alete, Thomy*).
- **Globale Markenstrategien:** Die Hersteller standardisieren ihre weltweiten Markenauftritte (*Coca-Cola, McDonald's*, internationale Hotelketten, *P&G* mit *Braun, Oil of Olaz, Always, Pringles, Ariel, Duracell, Pampers, Bounty u.a.*).

Nestlé unterhält 8.000 Marken. Unilever will die Zahl der Marken von 1.600 auf 400 senken. (Quelle: MM, 5/2001, S. 88)

Die aufgezeigten Markenstrategien schließen sich nicht grundsätzlich aus:

> "Wir brauchen beide Arten von Marken, die globalen und die regionalen. Globale Marken geben uns globale Reichweite und globale Economies of Scale. Durch lokale Marken verfügen wir über lokale Wurzeln. Die Kombination aus beiden macht das allerbeste Portfolio aus." (A. Burgmans, Unilever)[1048]

g.) Eigenmarken- und Fremdmarkenstrategien

Eigenmarken werden vom Hersteller unter eigenem Namen vermarktet. Fremdmarken lassen den Hersteller nicht deutlich werden. Lizenzmarken nehmen je nach Standpunkt eine Zwitterstellung ein.

h.) Erst-, Zweit-, Drittmarkenstrategien

Erstmarken sind i.d.R. die Stammmarken im Hochpreissegment. Zweitmarken dienen zur Abschöpfung niedrigpreis-orientierter Zielgruppen. Drittmarken werden preisaggressiv geführt, z.B. als Dauerniedrigpreismarken. Man spricht bei dieser Typologie auch von A-/B-/C-Marken.

i.) Kombinierte Markenstrategien (Combinative Branding)

In der Praxis werden die Strategierichtungen der Markenführung kombiniert.[1049] Es ergeben sich **Markenhierarchie-Systeme**. Im Vordergrund stehen dabei Kombinationen von Einzel-, Familien- und Dachmarken zu markensynergetischen Verbünden. So ergeben sich Vorstrukturen für Markenarchitekturen. Wirkungszusammenhänge zur Erleichterung einer ganzheitlichen Markenführung werden noch nicht sichtbar.

Eine Basisstrategie liegt darin, starke Einzelmarken zu profilieren und diese durch eine kompetente übergeordnete Kompetenz zu stärken. Im Fall der Firma *Henkel* profitieren die ohnehin überragenden Einzelmarken vom Corporate Image von *Henkel* als das eines forschungsstarken und ökologieorientierten Großkonzerns.

Abb.7-88

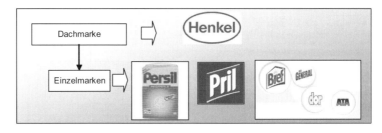

[1048] vgl. o.V., (Marke), in: MM, 1/2001, S. 72
[1049] Die drei folgenden Abbildungen sind angelehnt an Becker, (Dachmarken), 2005, S. 393-394.

Ein Beispiel für eine zweistufige Kombination bietet *Bahlsen* durch die Verknüpfung von homogenen, markendifferenzierten Produktfamilien unter einem mit hohem Imagewert ausgestatteten Markendach.

Abb.7-89

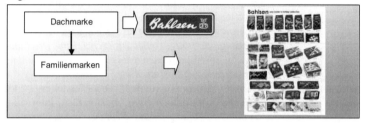

Das Beispiel der Abb.7-90 zeigt die typische dreistufige Markenarchitektur der Automobilkonzerne am Beispiel von *Volkswagen*. Unter einem bewährten Markendach werden Familienmarken aufgezogen. Beim *Golf* wird regelrecht von Generationen gesprochen. Darunter stehen dann einzelne PKW-Programmvarianten, die z.T. Kultstatus haben und für die eigene Marktauftritte inszeniert werden. Sofort wird deutlich, wie kompliziert es ist, diese Markenarchitekturen synergetisch zu führen.

Abb.7-90

j.) Komplexe Markenarchitekturen

Abb.7-91

In den letzten Jahren ist das Marketing noch einen Schritt weitergegangen und hat eine Typologie der Markenarchitekturen entwickelt. Abb. 7-91 soll die Wechselwirkungen zwischen den Markenebenen zum Ausdruck bringen.[1050]

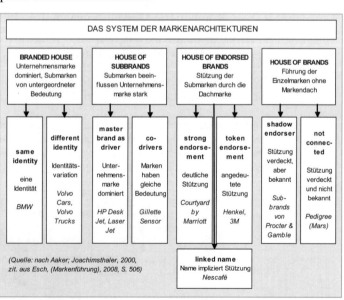

[1050] vgl. Esch, (Markenführung), 2008, S. 501-515

7.14.4. Operative Markenführung

a.) Markenaufbau und Markeneinführung

> *Marken- (Kult-) Aufbau im Musikgeschäft:* "Solange wir den Mädchen vermitteln, dass sie kein Produkt sind, wird es funktionieren".
> (Aussage der Manager der früheren Kunstgruppe No-Angels, Spiegel, 14/2001,S. 130)

In Deutschland gibt es lt. Markenverband ca. 500.000 eingetragene Marken. Jährlich kommen ca. 50.000 neue hinzu.

> ▸ Bei der **Markenaufbaustrategie** wird aus Sicht der Käufer eine vollständig neue Marke entwickelt. Möglich ist, dass bereits ein Produkt existiert, das jedoch bislang nicht im Sinne einer Marke kommuniziert wurde (z.B. fehlendes Leistungsversprechen, fehlende Wettbewerbsdifferenzierung).
> ▸ Die **Markenführung** hat für die Sicherung und den Aufbau des Markenprogramms über den Lebenszyklus zu sorgen. Hauptziel der Markenführung ist die **Steigerung des (der) Markenwerte(s) (Brand Equity)**.
> ▸ So wie CRM ein auf Integration aller Kundenprozesse abzielendes Konzept ist, so fordert der Markenaufbau eine **Integration aller Produktbotschaften**. Das beinhaltet auch die Signale (Botschaften), die von den anderen Marketinginstrumenten ausgehen. Eine erfolgreiche Markenführung erfordert daher eine **integrierte Kommunikation** über alle Medienkanäle.

Wie kann auf dem Fundament eines soliden Produkes eine neue Marke geschaffen oder ein erfolgreiches Produkt zur Marke weiterentwickelt werden? Abb.7-92 zeigt einen vierstufigen Beratungsansatz zum Markenaufbau von *BBDO Consulting*.[1052]

Abb.7-92

Ca. 150 Mio. US-$ kostet der Aufbau einer globalen Marke im 1. Jahr. Nach 2 bis 3 Jahren sollte der Break-even-Punkt einer Markeninvestition erreicht sein.[1051]

Ein Markenaufbau ist nicht alleinige Angelegenheit der Marketingabteilung. Nach Abb.7-93 ist eine abgestimmte Vorgehensweise aller Marketinginstrumente erforderlich.[1053] Alle Marktaktivitäten haben sich in den Dienst der Marke zu stellen. Inkonsistenzen im Marketing-Mix gefährden den Markenaufbau.

Für die Arbeit der Marketingabteilung sind zunächst die **Markierung**, d.h. das **Branding Dreieck** mit den Instrumenten Markenname, Logo und Produktdesign, von Bedeutung. Diese drei und die anderen, in Abb.7-81 aufgezählten markenrelevanten Faktoren, können zu einem **Markenaufbaukonzept** verbunden werden:[1054]

[1051] vgl. o.V., (Marke), in: MM, 1/2001, S. 72
[1052] Vortragsunterlage von B. Sander, 1. Deutscher Kundenwerttag, Mai 2003
[1053] Ergebnis einer Projektarbeit im Marketing- und Vertriebsschwerpunkt im SS 2001.
[1054] vgl. Langner, Esch, (Branding), in: ASW, 7/2003, S. 48-51; Homburg; Krohmer, (Marketingmanagement), 2009, S. 605 ff.

Abb. 7-93

(1) Festlegen der angestrebten **Markenpersönlichkeit**, in der alle charakteristischen Merkmale der Marke enthalten sind.
(2) Durchführen der **Markenpositionierung** - wie bereits geschildert - nach den für die Kunden relevanten Nutzenraum-Kriterien. Dabei ist der richtige Weg zwischen aktiver (Marktbeeinflussung) und passiver (Marktanpassung) Positionierung zu finden. Um die bei der Positionierung gewünschte **Wettbewerbsdifferenzierung** zu erreichen, sind die Marken der Konkurrenz zu analysieren.
(3) Definition des **zentralen Markenanspruchs**: *Wofür steht die Marke ein*?
(4) Entwicklung eines nachhaltigen **Markennamens** nebst **Logo**.
(5) Wirkungsvolle **Gestaltung** der **Markenbilder** im Einklang mit dem sichtbaren **Produkt- und Verpackungsdesign**.
(6) Planung eines emotionalen Konzeptes zur **Markenkommunikation**: *Wie sollen die Markenbotschaften in die Köpfe der Käufer gebracht werden*?
(7) **Messung des Markenwertes** nach einem der etablierten Konzepte (s. Abb.7-102).

Die weitere Umsetzung erfolgt im Rahmen der Kommunikationspolitik. „Normale" Werbung schafft keine Markenwerte. Die Werbung muss vielmehr besonders nachhaltige Markenbotschaften enthalten, die sog. **Marken-Codes**:[1055]

(1) **Nutzen und Vorteile**: Bei einer erfolgreichen Markenführung sind Produktvorteile stereotyp, aber nicht eintönig an die Zielgruppen zu kommunizieren.
(2) **Normen und Werte**: Appelle an Stolz und Ehre, an Familiensinn und Innovationsfreude, an Eitelkeit und Umweltbewusstsein, motivieren die Käufer zum Griff zur Marke.
(3) **Wahrnehmung und Programmierung**: Bei Schnupfen greife man zum *Tempo*; die Schwiegereltern sind am Weihnachtsfest durch *Jacobs Krönung* zu besänftigen. Diese Beispiele sprechen für sich.
(4) **Identität und Selbstdarstellung**: *Sage mir, welche Marke Du kaufst, und ich sage Dir, zu welcher Gesellschaftsschicht Du gehörst* - wie bereits beschrieben: Markenkäufer übertragen ihre persönlichen Eigenschaften auf die Marke.
(5) **Emotion und Liebe**: Es gilt, die Emotionen von Verbrauchern zu wecken und Sehnsüchte zu beleben. *Greife lieber zur HB*.

Die deutsche Sprache kennt über 300 Wörter, um Emotionen zu beschreiben.

Für die Biermarke *Beck's* bilden die Schlüsselbildstrategie, der Fokus auf Musik und

---

[1055] vgl. Buchholz; Wördemann, (Wachstums-Code); zit. in: Hassmann, (Versprechen), in: salesBusiness, 4/2001, S. 52

das grüne Segel, Musik-Events und Musik-Sponsoring die entscheidenden Elemente für den Markenerfolg.[1056] Während der Aufbau der Marke *Beck's* im Sinne des klassischen Marketing auf erheblichen Werbedruck beruht, geht *Howard Schultz* mit der Kaffee-Shop-Reihe *Starbucks* einen anderen Weg.[1057] Er setzt auf Public Relations, Meinungsführer-Marketing und Mund-zu-Mund-Propaganda. *"Marketingprofessoren schütteln ratlos die Köpfe. So etwas gab es noch nie im Land der Werbegläubigen. Aufbau einer Marke ohne teure Kampagnen."*[1058] Kaffee wird zum Kultprodukt stilisiert; Kaffee-Shops zu Oasen der Ruhe. Markenversprechen, die die Verbraucher in einer hektischen Zeit verinnerlichen, ohne dass es ausgefallener Werbeslogans bedarf.

Erfolgreiche Markenkreationen sind aber nicht nur den großen Markenartiklern und Handelskonzernen vorbehalten. Das Beispiel *Red Zac* zeigt, wie auch eine kleine Verbundgruppe (*Interfunk*) innerhalb kurzer Zeit gegen starke Filialisten (*Media Markt, ProMarkt, Saturn*) eine Dachmarke für die angeschlossenen 533 *Red Zac*-Fachhändler etablieren kann.[1059] Die Aufgabe war nicht zuletzt wegen der schwer zu gewinnenden Kernzielgruppe der 19- bis 29-Jährigen eine Herausforderung. Grundstein des Erfolgs ist ein unverwechselbares neues Logo und ein hybrides, magentafarbenes Fabelwesen namens *Red Zac*. Die Figur wurde Kern aller Botschaften. Um sie rankt sich ein Konzept zur Modernisierung des Öffentlichkeitsauftritts aller Fachhändler. Durch den neuen Markenauftritt hat *Red Zac* eine Werbeerinnerung geschaffen, an die selbst Wettbewerber mit höheren Budgets nicht herankommen.

So ist auch dem Mittelstand Mut zur Markenpolitik anzuraten. Laut *Joachimsthaler* haben gerade kleinere und mittlere Unternehmen wegen ihrer regionalen Konzentration und der starken Kundenbindung gute Chancen, sich rasch und kostengünstig Markenbilder zu schaffen.[1060] Abb.7-94 gibt hierzu Empfehlungen.

Frische Markenwerte bleiben nicht ewig jung. Durch die Wirren der Zeit und im Fluss neuer eigener und wettbewerblicher Produkte müssen Marken vom Produkt-

Abb.7-94

	EINE PRÜFLISTE FÜR DEN AUFBAU VON MITTELSTANDSMARKEN
①	Die Marke baut Relevanz im Konsumentenalltag auf. Deshalb gilt es vor allem, den Verwendungsprozess zu verstehen.
②	Die Marke muss über eine starke, klare und dauerhafte Identität verfügen, die zentral von der Unternehmensleitung gesteuert wird. Markenkern und Markenversprechen müssen klar sein.
③	Die Marke wird nicht durch die kreative Idee einer Agentur geprägt, sondern durch eine klare Ableitung der Markenstrategie aus der Unternehmensstrategie.
④	Die Marke darf keiner Me-too-Positionierung unterliegen. Sie eröffnet durch neue Sichtweisen des Marktes zukünftige Wachstumspotenziale.
⑤	Die Marke darf nicht nur als Produkt gesehen werden, sondern als integriertes Geschäftsmodell - vom Vertriebskonzept bis zur Gestaltung von Kundenbindungsmaßnahmen.
⑥	Die Marke hat ihre Kundenbeziehungen vor allem über nicht-klassische Markenbildungsprogramme (z.B. Events) aufgebaut, steht dadurch in lebendiger Interaktion mit den Anspruchsgruppen und besitzt eine hohe Individualität.
⑦	Die Stärke und Rolle der Marke wird auch anhand neuer, individueller Methoden untersucht; wie Beobachtung, Video Sampling, Life Szenarien Analysen oder Markencollagen.
⑧	Marken sollten leicht (unmittelbar) mit den Assoziationen verknüpft sein.

(vgl. Joachimsthaler, (kleiner), in: ASW, 8/2002, S. 12)

bzw. Markenmanagement sorgfältig gepflegt werden.

[1056] Zu diesem Beispiel eines vorbildlichen Markenaufbaus vgl. Andresen; Meermann, (Musik), in: ASW, 9/1998, S. 50-57
[1057] vgl. Hirn, (Rastlos), in: MM, 5/2001, S. 130-138
[1058] Hirn, (Rastlos), in: MM, 5/2001, S. 132
[1059] vgl. Hessler, (Verbundgruppe), in: ASW, 1/2001, S. 44-46
[1060] vgl. Joachimsthaler, (kleiner), in: ASW, 8/2002, S. 12-13

b.) Markenpflege - Markensicherung

"Markenwerte sind akkumulierte, also gespeicherte Leistungsgeschichte."
(J. Plüss, Marketingleiter von Miele)[1061]

Für eine vorbildliche Markenführung vergibt der *Deutsche Marketing-Verband* (*DMV*) seit 1995 den **Deutschen Marketing-Preis**. Mit diesem renommierten Ehrenpreis prämiert der Verband jährlich ein Unternehmen aus Industrie, Handel oder Dienstleistung, das mit einer **herausragenden Markenstrategie** nachhaltigen wirtschaftlichen Erfolg erreicht. Es handelt sich um die höchste Auszeichnung im deutschen Marketing. Daneben werden von der *Absatzwirtschaft* und dem *DMV* seit 2001 **Awards für spezielle Markenführungsleistungen** vergeben. Die Preise 2009 gingen an die Marke *Landlust* (beste Neue Marke), die *Bahn AG* (beste Marken-Dehnung) und *Nivea* (bester Marken-Relaunch).

14 von 18 Marktführern des Jahres 1973 liegen 2006 immer noch vorne: z.B. *Persil, Tempo, Odol, Dr. Best, Lenor, Weißer Riese.*

Die Pflege der Markenprodukte und der Erhalt der Markenwerte sind nicht allein eine Marketingaufgabe. Das Marketing kann Markenversprechen nur positionieren und kommunizieren. Gehalten werden kann es nur aus der Leistungsprogrammpolitik heraus. *"Große Marken verändern ihre Kernwerte auch über Jahrzehnte nicht."*[1062] *Semper idem* gilt als Geheimnis von *Underberg*. So sind es vorrangig **ständige Leistungsverbesserungen** und **Kontinuität im Werbeauftritt**, die eine erfolgreiche Markenpflege auszeichnen. Verliert eine Marke dennoch einmal trotz guter Pflege an Ausstrahlung, kann ein **Relaunch** sie wiederbeleben.

Die **Marketing-Preise** seit 1995:
95: *OBI*
96: *GROHE*
97: *Kärcher*
98: *SmithKline*
99: *VW*
00: *Miele*
01: *Red Bull*
02: *Loewe*
03: *BILD*
04: *Porsche*
05: *Tchibo*
06: *Hugo Boss*
07: *Bosch Power Tools*
08: *Lufthansa*
09: *Schwarzkopf (Henkel)*

c.) Markendehnung (Brand Extension) durch Markentransfer

▶ „Eine **Linienausweitung** (**Line Extension**) *liegt vor, wenn eine bestehende Marke auf ein neues Produkt bzw. Produktvariante einer bereits am Markt etablierten Produktgruppe ausgeweitet wird."*

▶ Beim **Markentransfer** (**Brand Extension**) *„wird eine bestehende Marke auf Produkte einer anderen Produktgruppe übertragen."*[1063]

Über 90 Prozent der neu eingeführten Produkte erhalten ihr Gesicht durch einen Marken(kraft)transfer von Seiten einer Dachmarke. Der Anbieter verspricht sich eine intensivere Produktnutzung bei den bisherigen Kunden und eine Erschließung neuer Kundensegmente. Die Marktkraft des Angebotsprogramms soll synergetisch gestärkt werden. Die Dachmarke *Nivea* wurde so von *Beiersdorf* zu einer erfolgreichen Markenfamilie ausgebaut. Ausgehend von Kaffeefiltertüten hat sich *Melitta* auf vielfältige Produktkategorien von Lebensmittelfolien über Kaffee bis hin zu Luftbefeuchtern ausgedehnt. *Beck's* war Anwärter auf den **Marken Award 2004**. Denn es ist *Beck's* gelungen, die Zielgruppenbegrenzung für die geschmacklich herbe Basismarke durch die Einführung des milden *Beck's Gold* zu überwinden. Der Vorteil bei allen Praxisbeispielen: Eine neue Marke erhält im Rahmen der Aura der Dachmarke schnell eine starke Markenidentität. Zudem kann die Muttermarke kann profitieren. *Tesa* ist es beispielsweise gelungen, sein Image durch die *Tesa-Power-Strips* in Richtung Innovation zu stärken. Allerdings birgt die **Markenerweiterung durch Markentransfer** auch Risiken. Ein zu breites Produktportfolio oder inkonsistente Markenerweiterungen können die Verbraucher irritieren. Die Dachmarke wird kannibalisiert und verliert auf jeden Fall an Markenwert. Eine Untersuchung von 130 Praxisfällen von

---

[1061] Pälike, (Leistungsgeschichte), in: ASW, Sondernummer Oktober 2000, S. 37
[1062] und *"Vergessen Sie das Thema Repositionierung"*: Simon, (Gefasel), in: MM, 6/2001, S. 126
[1063] Beide Zitate aus Homburg; Krohmer, (Marketingmanagement), 2009, S. 615

Markentransfers mit Rückwirkungen auf die Dachmarke ergab folgende Voraussetzungen für eine erfolgreiche Markenerweiterung:[1064]
- **Markenbreite**: Nischenmarken können durch Line Extensions eher gestärkt werden als breite Dachmarken.
- **Markenstärke**: Die Dachmarke sollte im Bewusstsein der Zielgruppe verankert, aber noch nicht erstarrt sein.
- **Marken-Fit**: Die Ähnlichkeit zwischen Marke und Markenerweiterung sollte möglichst hoch sein.
- **Markenaffinität**: Bei zu geringer Imageaffinität sind negative Ausstrahlungseffekte zu erwarten (*Phaeton* von *VW*).
- **Markenprestige**: Marken mit einem prestigestarken Image können eher positive Auswirkungen einer Extension verbuchen als funktionsorientierte Marken.
- **Ein neuer Zweitname**: Sub-Branding kann positive Effekte verstärken und negative abfedern. Gleichzeitig kann ein später zu verselbständiger Markenname unter dem Schutz der Dachmarke eingeführt werden.
- **Stimmiges Markenkonzept**: Nur bei konsistentem Konzept und Image können Extensions die Marke unterstützen.

Kann sich eine Line Extension dann am Markt durchsetzen, so wird der Gesamtwert der Markenfamilie gestärkt.

d.) Markenrelaunch und Markenrevitalisierung

> ➡ Beim **Markenrelaunch** werden bestehende Marken mit Tradition wieder aufgefrischt und mit frischer Markenkraft versehen.
> ➡ Unter **Markenrevitalisierung** verstehen wir die Wiedereinführung traditionsreicher Marken mit einer besonderen Geschichte (Wiederbelebung).
> ➡ Für beide Strategien eignen sich **Retromarken**.[1065] Retromarken sind Marken mit starkem Vergangenheitsbezug (Tradition, jahrzehntelange Markengeschichte). **Retromarketing** basiert folglich auf der Aktivierung nostalgischer Emotionen bei den Konsumenten.

Daimler mit dem *Maybach*, die Sprudelmarken *Bluna*, *Sinalco* und *Afri Cola*, die Traditionsmarken *DUAL* und *Wega*, die Zigarettenmarke *Nil*, der *New Beetle* als Nachfolger des Kult-Käfers von *VW*, der *BMW MINI*, der *Fiat 500* oder die Wiedereinführung des Kultsirups *Tritop* können als gute Beispiele für ein Retromarketing angeführt werden.[1066] Aber auch neue Marken stehen im Licht des Retromarketing. Beispiele sind der *Chrysler PT Cruiser* mit starkem Vergangenheitsbezug in der Markenkommunikation oder Uhren von *Fossil*, die in der Markenkommunikation lediglich vereinzelte Retro-Elemente aufweisen.

BP altes Logo

BP neues Logo

Ein Relaunch oder eine Revitalisierung einer Marke sollte alle Schalen des Produkt-Zwiebelkonzeptes nach Abb.4-3 erfassen. Die Produkt-Zwiebelschalen und die Werbebotschaften müssen zusammenpassen.

1. *Für den Relaunch von DUAL wurde den Elektronikgeräten ein futuristisches Design, gemischt mit den traditionellen Designelementen verpasst. In dem Designmix haben die Verbraucher dann die alte Traditionsmarke nicht mehr wiedererkannt.*
2. *Der Käfer wurde als Massenauto gerade durch seine Unzulänglichkeiten zum Kultobjekt. Die hochgefeilte technische Ausstattung des New Beetle können nur die Zielgruppe der Lifestyle-Generation ansprechen. Das erweiterte Produkt deckt sich daher nicht mit dem erwarteten Produkt, so dass der Käfer-Nachfolger neu positioniert werden muss.*

[1064] vgl. Sattler; Kaufmann, (Imagepflege), in: acquisa, 5/2005, S. 24-26
[1065] Der Begriff kommt von Repro, dem Kurzwort für Reproduktion.
[1066] vgl. Esch, (Markenführung), 2008, S. 15, S. 118-124 mit dem Beispiel Asbach.

Abb. 7-95

(Grafikvorbereitung: Katzer; Loher, (Die Welt der Marken), 1999, S. 24)

Beispielhaft ging die *Loewe AG* bei ihrem Relaunch im überaus schwierigen Markt der Unterhaltungselektronik vor. Für den Erfolg erhielt *Loewe* den **Marketing-Preis 2002**.[1067] *Loewe* verfolgt eine Premium-Strategie mit einer Wettbewerbsdifferenzierung durch Design. Als Haupt-Erfolgsfaktor wird die **stringente Markenarchitektur** angeführt: von den **Kernkompetenzen** (Ästhetik, Design, Intelligenz/Technologie, Wertigkeit/Qualität) über die **Markenpersönlichkeit** (persönlich, inspirierend, konsequent) zur **Markenkompetenz** (*Loewe macht die multimediale Welt zu einem Erlebnis*) und schließlich zum **Markenanspruch** ("*einfach erleben*"). Alle Kommunikationsinstrumente sind aufeinander abgestimmt. Jeder Kundenkontakt unterliegt einer Wiedererkennung. Die Devise "*Erlebnis mit allen Sinnen*" durchzieht als Claim den Kommunikations-Mix.

Abb.7-96

Abb.7-96 enthält Schlüsselfragen, die bei der Revitalisierung eines Markenproduktes zu beantworten sind.[1068]

Abb.7-95 betrachtet ehrfürchtig Markennamen, Markendesigns und Logos ausgewählter große Marken im Ablauf der Jahrzehnte. Viele große Marken sind gestorben (*AEG, Hoechst*). Starke Marken passen sich behutsam dem Zeitgeist an. Die Abbildung legt Zeugnis ab für Marken, die Geschichte schreiben.

Für die marktorientierte Unternehmensführung ist es überlebenswichtig, die eigene Stärke im Markenwettbewerb zu kennen. Doch wie kann der Wert bzw. die Kraft einer Marke gemessen werden?

SCHLÜSSELFRAGEN ZUM RELAUNCH VON MARKEN	
①	Was ist der Produktkern? An welche Komponenten erinnern sich die Käufer?
②	Wie müssen die Produkte beschaffen sein, um die früheren Werte zu transportieren und gleichzeitig mit modernen Produkten konkurrieren zu können?
③	Welche Einstiegs- und Wachstumsmöglichkeiten bietet der Markt?
④	Mit welchen Botschaften lässt sich das Produkt / die Marke revitalisieren?
⑤	Welche Vertriebswege stehen zur Verfügung?
⑥	Sind alle Markenrechte gesichert?
⑦	Berücksichtigt das Vermarktungskonzept den langen Vorlauf für die Listung im Handel und die Kreation einer Werbekampagne?
⑧	Enthält das Budget alle Kosten für Produktion, Marketing und Vertrieb?
⑨	Was soll geschehen, wenn die Relaunch-Strategie nicht erfolgreich ist? Gibt es einen Notfallplan?

7.14.5. Die Messung des Markenwertes (Brand Equity)

a.) Eine Systematik bekannter Verfahren

> "*Markenimage ist taktischer Natur - ein Element, mit dem kurzfristig Ergebnisse zu erzielen sind und das gut und gerne den Fachleuten für Werbung und Promotion überlassen werden kann. Der Markenwert dagegen ist strategischer Natur - ein Vermögenswert, der die Grundlage für Wettbewerbsvorteile und langfristige Rentabilität sein kann und daher von den Spitzenkräften eines Unternehmens gesteuert oder genau überwacht werden sollte. Das Ziel der Markenführerschaft besteht im Aufbau von Markenwerten und nicht in der einfachen Verwaltung des Markenimages.*"[1069]

➡ "*Der **Markenwert (Brand Equity)** ist die Gesamtheit aller positiven und negativen Vorstellungen, die im Konsumenten ganz oder teilweise aktiviert werden, wenn er das Markenzeichen wahrnimmt und die sich in ökonomischen Daten des Markenwettbewerbs spiegeln.*"[1070]

Nach differenzierterer Sichtweise gibt es eine **Markenstärke**, die sich "*in den Köpfen der Konsumenten widerspiegelt*"[1071] und die durch markenbindende Kaufent-

---
[1067] vgl. Bunk, (Loewe), in: ASW, Sonderausgabe Marken 2002, S. 22-28
[1068] vgl. Fischer, (Nostalgie), in: MM, 6/1999, S. 183
[1069] Aaker; Joachimsthaler, (Top-Strategien), in: ASW, 6/2000, S. 30
[1070] Schulz; Brandmeyer, (Marken-Bilanz), in: Markenartikel, 7/1989, S. 364-370
[1071] Esch; Wicke; Rempel, (Markenführung), 2005, S. 11

Abb.7-97

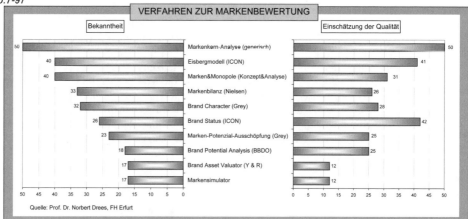

scheidungen zu ökonomischen Wertbeträgen führt. Drei Ansätze der Markenwertmessung versuchen, diesem schwer messbaren Phänomen auf die Spur zu kommen:
(1) Die **konsumentenbezogene (marktbezogene)** Bewertung von Marken entwickelt einen Markenwert anhand der Erfolgsfaktoren Kundenzufriedenheit, Wiederkaufabsicht, Referenznennung, Einstellung zur Marke.
(2) Die **herstellerbezogene (finanzwirtschaftliche)** Markenbewertung misst aus Markenkraft resultierende Cash-Flows und Marktanteile.
(3) **Analogieverfahren** orientieren sich an Markenverkäufen oder nehmen Rückschlüsse aus realisierten Markenlizenzen vor.

2009 ging es um die Frage: *Was würde eine Käufer von Opel zahlen, wenn er nur die Marke Opel kaufen würde – und nicht die Fabriken*. Marken sind auch Ausdruck eines ökonomischen Kalküls.

Drees (FH Erfurt) hat in einer Studie 190 Markenartikelexperten danach befragt, wie sie die Qualität der Markenbewertungsverfahren führender Marktforschungsinstitute und Beratungsunternehmen einschätzen und wie bekannt ihnen diese Verfahren sind. Abb.7-97 zeigt die **Rangfolgen der Bekanntheitsgrade und Qualitätsurteile**.[1072] Nur vier Verfahren erzielten neben der keinem Institut zuzuordnenden generischen Markenkernanalyse einen Bekanntheitsgrad von mehr als 30 Prozent: das *Markensteuerrad/Eisbergmodell* von *icon*, die *Marken&Monopole* von *Konzept&Analyse*, die *Markenbilanz* von *Nielsen* und der *BrandCharacter* von *Grey*. Verwendet haben allerdings nur 15% das Modell von *icon*, 8% den *BrandCharacter*, 4% die *Marken-Monopole* und niemand die *Markenbilanz*. Viel Analyseaufwand der Institute und nur wenig Akzeptanz auf Seiten der Markenindustrie, so scheint es. Nach den Qualitätseinschätzungen der Praxis hat sich offenbar die konsequente Marketingarbeit von *icon* ausgezahlt. Ausgewählte Verfahren werden im folgenden erläutert.

b.) *Brand navigator* - Markensteuerrad und Eisbergmodell von *icon*

Abschnitt 3.3.2. stellt bereits die *icon* vor. *icon* hat sich durch ein achtstufiges Verfahren zur Markenwertanalyse und zur Markenstrategie einen Namen gemacht:
(1) **Die Definition der Markenidentität**: Am Anfang steht ein *Brand Workshop*, in dem das Fundament der Marke, der **Markenkern**, analysiert wird. Der Markenkern repräsentiert die **originäre Identität** der Marke. Sie muss bei allen Werbe-

---
[1072] vgl. Drees, (Markenbewertung), in: ASW, 10/1999, S. 96-97 sowie ausführlich Heft 6 der Erfurter Hefte zum angewandten Marketing, Erfurt 1999

botschaften für den Verbraucher spürbar sein. Sie kann mit Hilfe eines **Markensteuerrades** nach Abb.7-98 systematisch erarbeitet werden.[1073] Die Markenkernelemente für ein Waschmittel sind z.B.:

⇨ **Markenkompetenz**: *rosa Perlen mit hoher Weißkraft,*
⇨ **Tonalität**: *selbstbewusst, innovativ,*
⇨ **Markenbild**: *Farbgebung, Packung, Werbebotschaft des Waschmittels,*
⇨ **Benefit / Reason why**: *Belohnung durch die Familie für die weiße Wäsche,*

(2) **Die Marke aus Verbrauchersicht**: Im zweiten Schritt diagnostiziert ein *Brand Status* mit Hilfe von Marktdaten den Markenerfolg aus Verbrauchersicht. Die gesuchte Präsenz einer Marke in den Köpfen der Verbraucher stellt sich wie ein **Eisberg** dar; mit einem **Markenbild** als sichtbarem und einem langfristig, strategischen **Markenguthaben** als unsichtbarem Teil. Diese beiden zentralen Erfolgsfaktoren bestehen im einzelnen aus

⇨ **Markenbild**: *Bekanntheit der Marke, Klarheit des inneren Markenbildes, Einzigartigkeit der Marke, Attraktivität des Markenbildes und Markenpräsenz,*
⇨ **Markenguthaben**: *Markensympathie, -vertrauen und Loyalität zur Marke.*

Abb.7-98 veranschaulicht die Markenanalyse. Das Markenguthaben der untersuchten Marke ist recht stark. Beim Markenbild im Bereich der Werbeaktivitäten werden dagegen Schwächen sichtbar.

(3) **Produktpositionierung im Markt**: *Matrix* stellt dem externen Markenstatus eine interne strategische Bewertung gegenüber. *Matrix* betrachtet dazu Märkte, d.h. Wettbewerber mit deren Marken im Spannungsfeld gemessener Nutzenempfindungen der Konsumenten. *Matrix* besteht aus 5 Bausteinen:

⇨ **Marktstrukturierung**: Die theoretischen Grundlagen hierzu wurden im Abschnitt 4.2.3. näher beschrieben.
⇨ **Positionierungsmodell**: (s. analog Abb.4-9).
⇨ **Segmentation**: Die Segmentation ordnet gemäß Clusteranalyse Kundensegmente im Nutzenraum an. Marken und Konsumenten werden wie üblich in einem System erfasst (s. ebenfalls Abb.4-9).
⇨ **Simulation**: Mit Hilfe der Simulation können alternative Marken-Positionierungsszenarien durchgespielt werden.
⇨ **Dynamische Datenbank**: Mit der dynamischen Datenbank können die alternativen Maßnahmen (What-if-Maßnahmen) auf Wirksamkeit überprüft werden.

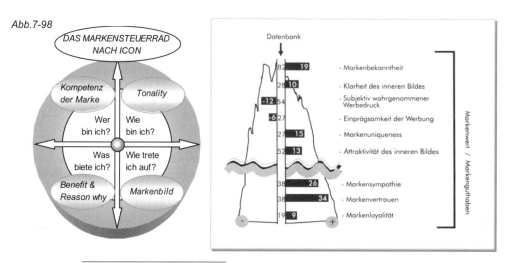

Abb.7-98

[1073] vgl. Esch; Andresen, (Barrieren), in: ASW, 10/1996, S. 96

(4) **Die Entwicklung von Markenbildern**: Mit *Brand Screen* steht ein mehrstufiges System zur Entwicklung innerer Markenbilder zur Verfügung. *Brand Screen* orientiert sich dabei an den psychologischen Erkenntnissen der Gehirnhälftenforschung (linke Gehirnhälfte *Begriffe* und rechte Gehirnhälfte *Bilder;* **Prinzip der dualen Codierung** nach *Paivio*).

(5) **Die Überprüfung von Konzepten**: *Brand plus* ermöglicht eine frühzeitige Überprüfung geplanter Werbeauftritte mit Hilfe der Datenbank des Eisberg-Ansatzes. Ein Markenstatus wird vor und nach Werbemittelkontakt geschätzt. Durch Erfassung der Abweichungen zwischen Pre- und Postmessung werden Auswirkungen auf die Markenwahrnehmung der Konsumenten prognostiziert.

(6) **Werbemittelforschung**: Der Baustein *Ad plus* ermöglicht die empirische Analyse von Werbemitteln. Kleine Stichproben von 150 oder 100 Konsumenten werden so befragt, dass Aussagen über die Beziehungen zwischen Werbemittel, Produkt und Marke möglich sind. Auch Tests mit Augenkameras werden in dem Leistungspaket von *icon* angeboten.

(7) **Werbetracking**: *Ad Trek* ist ein Instrument zur kampagnenbegleitenden Werbeerfolgskontrolle. Bei mehrfach geschichteten Zufallsstichproben von 100 Befragten werden wöchentlich Telefoninterviews (*CATI*) geführt. Gemessen werden:
  ⇨ **Erinnerungsleistung**: *Wie viele und welche Personen erinnern sich an eine Werbung?*
  ⇨ **Kommunikationsleistung**: *Welche Werbebotschaften werden erinnert und richtig verstanden?*
  ⇨ **Besitzstände**: *Welche „Besitzstände" werden kommuniziert und der Marke zugeordnet?*

(8) **Kundenzufriedenheit und Kundenbindung**: *CURS* (*Customer Retention System*) überprüft die Leistungsfähigkeit der Kontaktprozesse einer Vertriebsorganisation mit bestehenden Kunden im Wettbewerbsumfeld. *CURS* löst drei Kernaufgaben:
  ⇨ **Benchmarking**: Standortbestimmung im Wettbewerbsvergleich,
  ⇨ **Monitoring**: Definition und Installation von *Customer Care Monitoring* Systemen zur Beurteilung und Steuerung der Vertriebstätigkeiten,
  ⇨ **Kundenzufriedenheit**: Ableitung von Maßnahmen zur Weiterentwicklung von Kundenzufriedenheit und Kundenbindung.

c.) Markenbilanz und Brand Performancer von *Nielsen*

Nielsen hat Scoring-Modelle zur Markenbewertung entwickelt. Sie beruhen auf Panel-Daten. Dadurch kann *Nielsen* die eigenen Datenbasen nutzen. Die **Markenbilanz** ist das Grundmodell. Maximal sind auf den 19 Einschätzungsskalen der Abb.7-99 500 Punkte erreichbar. Anschließend werden die zukünftigen Erträge der Marke geschätzt und mit einem Diskontierungsfaktor abgezinst. Der Faktor ergibt sich aus der Höhe der mit dem Scoring-Modell ermittelten Gesamtpunktzahl.

Der ***Brand Performancer*** baut auf der Markenbilanz auf und erweitert und verbessert das Verfahren. Im Mittelpunkt steht ein ***Brand Monitor System***, mit den Modulen ***Brand Steering System***, ***Brand Value System*** und ***Brand Control System***. Eine ideale Marke kann maximal 1000 Scores erreichen.[1074]

[1074] vgl. Dreefs, (Markenbewertung), 1999, S. 18-19

Abb. 7-99

MARKENWERTMODELLE VON NIELSEN UND INTERBRAND		
Nielsen Markenbilanz	*Nielsen Brand Performancer*	*Interbrand Multiplikatormethode*
I. Was gibt der Markt her? 1. Marktgröße 2. Marktentwicklung 3. Gewinnpotenzial **II. Welchen Anteil holt sich die Marke aus dem Markt?** 4. Wertmäßiger Marktanteil 5. Relativer Marktanteil 6. Marktanteilsentwicklung 7. Gewinn-Marktanteil **III. Wie bewertet der Handel die Marke?** 8. Gewichtete Distribution 9. Handelsattraktivität der Marke **IV. Was tut das Unternehmen für die Marke?** 10. Produktqualität 11. Preisverhalten d. Marke 12. Share of Voice (Werbeaufwand) **V. Wie stark sind die Konsumenten der Marke verbunden?** 13. Markentreue 14. Vertrauenskapital 15. Share of Mind (ungestützte Bekanntheit) 16. Werbeerinnerung 17. Markenidentität **VI. Wie groß ist der Geltungsbereich?** 18. Internationalität d. Marke 19. Internationaler Markenschutz	1. Marktvolumen 2. Marktanteil 3. Marktanteilswachstum 4. Marktwachstum 5. Relativer Marktanteil 6. Gewichtete Distribution 7. Markenbekanntheit 8. Markentreue 9. Marken im relevanten Set	1. Markenführerschaft (25 P.) 2. Markenstabilität (15 P.) 3. Markt (10 P.) 4. Internationalität d. Marke (25 P.) 5. Trend der Marke (10 P.) 6. Marketing-Unterstützung (10 P.) 7. Markenschutz (5 P.) Summe: 100 Gewichtungspunkte

d.) Multiplikatormethode von *Interbrand*

Während die *Nielsen*-Analysen auf Paneldaten beruhen, analysiert und plant *Interbrand* neue Marken ganzheitlich mit Hilfe von subjektiven Einschätzungen. *Interbrand* arbeitet dazu mit einem Scoringmodell mit 7 Dimensionen und 80 bis 100 Subkriterien. Diese variieren je nach Branche. Eine Übersicht über die Markendimensionen nach *Interbrand* ist in der rechten Spalte der Abb. 7-99 enthalten.

Die einzelnen Messwerte werden zu einem Gesamtwert der **Markenstärke** addiert. Über eine s-förmige Kurve wird dieser in einen Multiplikator transformiert. Im dritten und letzten Schritt wird der Multiplikator mit einem Ertragswert (Durchschnittsgewinn der letzten drei Jahre nach Zinsen und Steuern) zu einem **Markenwert** verknüpft.[1075]

e.) Brand-Synergy 130 von *Grey*

Nach *Grey* soll die Kommunikationspolitik einer Marke dauerhaft **Persönlichkeit**, **Einzigartigkeit** und **Meinungsqualität** verleihen. Zahlreiche Werkzeuge zur Umsetzung dieser Faktoren fasst *Grey* unter *Brand Synergy 130* zusammen.[1076] Im Mittelpunkt steht die **Markenkern-Analyse** (Abb. 7-100). Wie in einem Röntgenschirm wird die Marke aus 6 internen und externen Blickwinkeln heraus durchleuchtet. Das *Brand Character Modell* soll für die Marke speziell Nutzenwerte schaffen und ihr einen Mythos verleihen. Die *Grey Kompetenz Pyramide* dient der Absicherung. Sie überprüft die Marke im Hinblick auf ihre zentrale Kompetenz. Eine typische, von *Grey* kreierte Marke ist *Odol*: vom Mundwasser zur Mundhygiene. Der *Brand Signal Check* überprüft, welche Werbesignale gut zur Marke passen und welche sich eindeutig kommunizieren lassen. Die *Dr. Best* Zahnbürste ist das Referenzbeispiel.

[1075] vgl. hierzu und auch zu der Kritik der Verfahren Esch; Geus, (Markenwertmessungen), in: ASW, Supplement Marken, 2001, S. 24-27
[1076] vgl. Pätzmann; Lehner, (Markenführungstools), in: MARKEting, 3/2002/2003, S. 29-35

Abb.7-100

Das Beweissymbol für die Sanftheit der Zahnbürste ist die unbeschädigte Tomate.

Brand Protect letztlich ist ein Markenschutz-Tool, das aus fünf Modulen besteht. *Grey* deckt als Dienstleister alle Aspekte des Markenschutzes bis hin zur Prüfung und Umsetzung der Schutzfähigkeit ab. Von den ersten Markenüberlegungen bis hin zum Patentschutz bieten die etablierten Markenberatungen heute Dienstleistungspakete aus einer Hand.

f.) *VALMATRIX* von *CONSOR*

In den 80er Jahren war *General Motors* gezwungen, jährlich über 3 Mio. US-$ für Prozesse zur Verhinderung von Markenverletzungen auszugeben. Heute verwaltet *GM* über 1.200 Lizenzvereinbarungen, die einen Zusatzumsatz von 1,1 Mrd. US-$ generieren. Aus gleichem Grund unterhalten 65 Prozent der *Fortune 500-Firmen* Lizenzverträge. Was liegt näher, als die Lizenzerträge einer Marke zum Ausgangspunkt für die Messung der Markenkraft heranzuziehen.[1077] In der *VALMATRIX-Methode* von *CONSOR* wird die Markenstärke zuvor in bewährter Form anhand eines Scoring-Modells taxiert. Zwanzig Schlüsselfaktoren werden dazu von dem US-Markenspezialisten herangezogen; z.B. Profitmargen, Entwicklungskurve, Lebenszyklusposition der Marke, Wiedererkennung, Ausweitungspotenzial, Eignung zur Übertragung, internationaler Schutz etc. Danach führt die *VALMATRIX-Methode* eine finanzwirtschaftliche Markenbewertung gemäß Beispiel aus Abb.7-101 durch. Bekannte Unternehmen, wie *Procter&Gamble, Ford, Exxon, General Electric, NCR* arbeiten nach dem Verfahren.

Abb.7-101

BEISPIEL ZUR VALMATRIX-METHODE	
Bandbreite vergleichbarer Lizenzgebühren	1 - 4%
VALMATRIX-Rating	z.B. 59%
hieraus resultierende Lizenzgebühr	1,5 - 2,0%
verbleibende Lebensdauer der Marke	12 Jahre
jährliche Wachstumsrate	2%
Diskontierungsrate für den Cash-Flow	15%
aktueller Umsatz	406 Mio. US-$
Cash-Flow der Marke 1,5-2% x 12 Jahre x 2% Wachstum x 406 Mio US-$ zu 15% abdiskontiert = Net Present Value (NPV)	35,5 - 47,5 Mio.$
(Quelle: Lou; Anson, (Brand Evaluation), ASW, Sondernummer Oktober 2000, S. 166)	

[1077] vgl. Lou; Anson, (Brand Valuation), in: ASW, Sondernummer Oktober 2000, S. 164-168

g.) Weitere Markenbewertungsmodelle

Die mehrseitige Abb.7-102 bietet eine Gesamtübersicht über gängige Verfahren zur Markenbewertung und Markenführung.[1078] Daneben sind weitere finanzorientierte Ansätze zu nennen, z.B. die **Markenwertformel** von *Kern*, das **Marktwertmodell** von *Herp* oder auch das **Börsenwertmodell** von *Simon&Sullivan*.[1079] Vermutlich wird die Diskussion um eine objektivierbare Markenbewertung nie zu Ende geführt. Stets stößt man an eine Grenze: "Harte" Finanz- oder Paneldaten sind zwar überprüfbar. Durch sie kann man aber der "weichen" Faszinationskraft einer Marke, dem **wahren Markenkern**, nicht auf die Spur kommen. Anderseits werden sich weiche Einschätzungen und Konsumentenurteile immer dem Zweifel der Subjektivität und der Manipulierbarkeit zu stellen haben. Aber dieses Dilemma ist für das Marketing Alltag. Es geht immer um Menschen und um deren Gefühle.

Die Mehrzahl der Marketinglehrbücher endet hier ....

[1078] vgl. eine frühere Auswertung bei Drees, (Markenbewertung), 1999, S. 17-24; spez. S. 23; vgl. die aktuelle Zusammenstellung in: o.V.: (Marken-Macher), Sonderheft Marken der Absatzwirtschaft 2005, S. 148-52

[1079] vgl. die Hinweise bei Drees, (Markenbewertung), 1999, S. 17; vgl. auch die kompakte Zusammenfassung von Esch; Geus, (Markenwertmessungen), in: ASW, Supplement Marken, 2001, S. 24-27

Abb. 7-102

WEITERE MARKENWERT- UND MARKENFÜHRUNGKONZEPTE

Name des Modells	Anbieter	Kurzbeschreibung
Absolut	Ifam	Absolut ist ein System zum Markenaufbau mit geringem Marketingbudget. Es besteht aus einem Tool-Kit, bei dem Varianten von Marketingaktivitäten zur Zielerreichung kombiniert werden. Absolut basiert auf einer Mischung von Marketingeffizienzstrategien und Werbewirkungsmodellen und legt jedem Instrumentarium eine spezifische Wirkungselastizität zu Grunde.
ABV – Advanced Brand Valuation	Pricewaterhouse Coopers	ABV ist ein integriertes Marken-Wertmodell auf Basis betriebswirtschaftlicher und verhaltenswissenschaftlicher Daten. Das Instrument ermittelt die markenspezifischen Ergebnisbeiträge und Risiken unter Anwendung eines kapitalmarktorientierten Ansatzes. ABV eignet sich für sämtliche Bewertungsanlässe, für die Markenführung und für das Ermitteln von Kaufpreisen und Lizenzraten.
Nielsen Brand Performance System	Nielsen / Konzept&Markt	Im Text erläutert
Apia – Analyse projektiver Interaktionen	&Equity	Qualitativer gruppendynamischer Forschungsansatz, der mit projektiven und expressiven Techniken arbeitet. Apia untersucht die rationalen und emotionalen Assets von Marken im Wettbewerbskontext. Der Ansatz analysiert vor allem die unbewussten Gedankenbilder einer Marke im Kopf des Verbrauchers. Das Ziel ist die Optimierung der Marken-Positionierung.
BBDO Consulting Brand Equity Valuation for Accounting (BEVA)	BBDO Consulting	Ein gemeinsam mit Ernst&Young entwickeltes und in mehreren europäischen Ländern eingesetztes Markenbewertungsverfahren. Es integriert eine strategisch-marketingorientierte sowie eine bilanziell-finanzwirtschaftliche Perspektive. Die Bündelung beider Expertisen wird als besondere Stärke gesehen. BEVA kann auch für den bilanziellen Ausweis von Marken herangezogen werden.
Brand Assessment System (BASS)	GfK Marktforschung	BASS unterstützt das Marken-Controlling durch eine tiefgehende Analyse der Entwicklung von Markenerfolg, Marken-Attraktivität, Markenpositionierung sowie der Wahrnehmung aller Marketingaktivitäten einer Marke. Auf Basis dieser Daten können Aussagen über die Effektivität und Effizienz des gesamten Marketing-Mix abgeleitet werden.
Brand Asset Valuator	Y&R	Der Brand Asset Valuator durchbricht die konventionelle Kategorieperspektive und betrachtet die Markenlandschaft umfassend. Denn der Wert einer Marke liegt im Bewusstsein der Menschen. Diese Beziehung macht das Markenführungstool Brand Asset Valuator transparent. In der weltweit größten Datenbank sind mehr als 20.000 Marken erfasst.
Brand Efficiency Framework	Boston Consulting Group	Das Brand Efficiency Framework bewertet Branding-Aktivitäten mit dem Ziel, die Wirksamkeit des Budgeteinsatzes zu steigern. Auf der Basis von Absatz-, Marktanteils- und Brand-Equity-Zielen werden die Kosten und Inhalte der Marketingaktivitäten analysiert und ihre Einflüsse entlang des Kaufentscheidungsprozesses optimiert. Dabei werden neben Kommunikationsmaßnahmen auch andere Brand Driver berücksichtigt.
Brand Manager	ISM Global Dynamics	Brand Manager ist ein neues Verfahren zur Bestimmung weicher Faktoren des Markenwertes. Bei diesen oft für den monetären Wert einer Marke entscheidenden Faktoren geht es um den Markenwert im Kopf des Verbrauchers. Brand Manager findet heraus, welche emotionalen und rationalen Komponenten im Markenimage den Wert der Marke ausmachen. Damit lassen sich Preiserhöhungen und Wachstumsstrategien empirisch absichern.
Brand Rating	B.R. Brand Rating	Brand Rating ermittelt den monetären Wert der Marke sowie das Markenwertpotenzial aus Zielgruppen- und Marktsicht. Die Bewertung basiert auf finanzorientierten und verhaltenswissenschaftlichen Aspekten. Das Werkzeug unterstützt die ertragsorientierte Markenführung., die Markensteuerung, die Bestimmung bilanzfester Markenwerte sowie die Verwertung von Markenrechten bei Kaufpreisermittlung und Lizensierung.
Brand Status / Eisbergmodel / Icon Brand Navigator	Icon Brand Navigator	Im Text erläutert

(Quelle: o.V., (Marken-Macher), Sonderheft Marken der Absatzwirtschaft 2005, S. 148-153)

WEITERE MARKENWERT- UND MARKENFÜHRUNGKONZEPTE

Name des Modells	Anbieter	Kurzbeschreibung
Brand Value Creation Framework	Boston Consulting Group	• Die 4 konzeptionellen Stufen Brand Strategy, Brand Drivers, Brand Equity und Brand Value werden in einen logischen Zusammenhang gebracht und messbar gemacht. Auf dieser Basis werden partielle und ganzheitliche Entscheidungen der Marken-Positionierung, -Führung, -Organisation und -Bewertung fundiert und neu auf die Steigerung des Markenwertes ausgerichtet.
Brand Value Tracking System	GIM argo	• Brand Value Tracking bietet ein kontinuierliches Monitoring von Markenwerten und Wertesets unterschiedlicher Zielgruppen für eine synchronisierte Markenführung. Das frühzeitige Erkennen von Veränderungen in Wertekonstellationen dient als Frühwarnsystem.
Das Taillierte Viereck	Schmid Preissler International Strategy	• Das Taillierte Viereck ist eine bildhafte Darstellung des Marktes, die als Positionierungsmodell für Marken dient. Die Struktur ergibt sich aus 3 Marktfeldern: dem Luxus- und Premiummarkt, dem Economy-Markt der Durchschnittsansprüchen gerecht werdenden Massenprodukte und dem Premium-Economy-Segment mit den darin platzierten Premium-Economy-Produkten.
Equity Builder	Ipsos	• Als Fundament einer strategisch ausgerichteten Markenforschung ermöglicht der Equity Builder die umfassende Beurteilung der Wettbewerbsstärke einer Marke. Gemessen werden die Einstellungen der Konsumenten zur Marke, das kategorie- und markenspezifische Involvement und das wahrgenommene Preis-Leistungs-Verhältnis. Als Zielgröße des Markenwertes kann z.B. der Brand Health Score berechnet werden.
GAP-Analyse	Konzept und Analyse	• GAP ist ein Testansatz, der die Vorteile einer Markenstatus- sowie einer Imageanalyse, einer Marktsegmentierung, eines Konzepttests und einer klassischen Marktlückenanalyse subsummiert. Dabei geht GAP über die klassische Imageanalyse hinaus, weil auch gezeigt wird, mit welcher Zielrichtung eine bestehende Marke erfolgreich weiterentwickelt werden sollte.
Grey Future Brand Character	Grey Global Group	• Der Grey Future Brand Character ist ein Arbeitsmodell zur Ermittlung der zukünftigen Charaktermerkmale einer Marke, die sie unverwechselbar, begehrenswert und dauerhaft wiedererkennbar machen. Das Modell definiert die strategischen Markenbausteine Produkt, Positionierung und Personality als Basis für den übergreifenden Charakter der gesamten Leistungspalette und schafft damit die Grundlage für starke, unverwechselbare Brand Value Signals.
Grey The Whole Brain	Grey Global Group	• Grey the Whole Brain ist ein Arbeitssystem zur Steigerung der Wertschöpfung einer Marke in einem starken Verdrängungswettbewerb. Auf Basis moderner Erkenntnisse der Neuronomics sichert das Arbeitsmodell eine optimale Balance zwischen rationalen und emotionalen Markenwerten und legt damit die Grundlage für die Entwicklung eines starken und dauerhaften Brand Characters, insbesondere für Produkte ohne signifikante Vorteile.
Income Approach	KPMG	• Im Mittelpunkt der bilanziellen Markenbewertung steht der Income Approach mit dem Incremental Cash Flow und der Relief-from-Royalty-Methode. Die Incremental-Cash-Flow-Methode stellt gedanklich den Cash-flow aus einem Unternehmen mit der zu bewertenden Marke dem Cash-Flow aus einem fiktiven Unternehmen ohne Marke gegenüber. Der Wert der Marke entspricht dabei dem Barwert der auf dem Wege einer Differenzbetrachtung abgeleiteten markenbedingten Einzahlungsüberschüsse. Nach der Relief-from-Royalty-Methode ergibt sich der bilanzielle Wert der Marke aus der Summe der Barwerte zukünftiger Lizenzzahlungen, die ein Unternehmen aufwenden müsste, wenn es die Marke von einem Dritten lizensieren würde.
Interbrand Brand Cyle	Interbrand Zintzmeyer & Lux	• Integriertes Modell der Markenführung in 3 Phasen mit dem Ziel, durch integrierte Prozesse Marken-Identitäten zu schaffen, Profile von Marken zu stärken und werte von Marken zu steigern. Brand Creation ermittelt Persönlichkeitsmerkmale, definiert Strategien und gestaltet das visuelle Erscheinungsbild einer Marke. Brand Management etabliert die Marke, dokumentiert und pflegt sie. Brand Evaluation analysiert die Marke, findet Wege, sie zu schützen und bestimmt den Markenwert.

(Quelle: o.V., (Marken-Macher), Sonderheft Marken der Absatzwirtschaft 2005, S. 148-153)

WEITERE MARKENWERT- UND MARKENFÜHRUNGKONZEPTE

Name des Modells	Anbieter	Kurzbeschreibung
Markenbilanz	Nielsen	• Im Text erläutert
Marken-Matrix	McKinsey & Company	• Das Instrument hilft, Markenentscheidungen zu treffen und Markenerfolg systematisch zu managen. Das Herzstück des Ansatzes sind die Kaufprozessanalyse und deren Anwendung zum Aufbau und zur Steuerung von Marken entlang des vollständigen Marketinginstrumentariums. Qualitative Markenelemente können so mit ökonomischen Steuerungsgrößen verknüpft werden. Auf diese Weise lassen sich auch alternative Wertversprechen entlang aller Kundenkontaktpunkte präzisieren.
Multiplikatormethode	Interbrand	• Im Text erläutert
Qualitative Markenkern-Analyse (QMA)	Rheingold Institut für quaitative Markt- und Medienanalysen	• Die Qualitative Markenkern-Analyse ist ein qualitativ-psychologischer Ansatz auf der wissenschaftlichen Grundlage der morphologischen Psychologie. Er dient der tiefenpsychologischen Durchdringung der Marken-Persönlichkeit, der spezifischen Funktion der Marke für den Verbraucher und des Kompetenzbereiches bzw. Marken-Territoriums.
RB B2B Profiler	Poland Berger Strategy Consultants	• Der RB B2B Profiler ist ein ganzheitliches Instrument zur wertebasierten Analyse und Positionierung von BtoB-Marken. Es ist speziell auf stärker rational beeinflusste organisatorische Kaufentscheidungen ausgerichtet und eignet sich zur systematischen Entwicklung und Umsetzung von BtoB-Markenstrategien.
RB B2C Profiler	Poland Berger Strategy Consultants	• Der RB B2C Profiler ist ein Instrument zur psychografischen Analyse und Positionierung von Marken. Auf der Basis eines ganzheitlichen Systems von Grundwerten, das quantitativ hinterlegt und verknüpft ist, analysiert und visualisiert das Tool gleichermaßen kommunizierte und wahrgenommene Markenbilder sowie die Wertesysteme der Verbraucher. Es eignet sich zur systematischen Entwicklung und Umsetzung von Markenstrategien.
Schmid Preissler Brand Equity + Performance Program	Schmid Preissler International Strategy Consultants	• Das Programm eröffnet Denkmodelle für die Berechnung von Markenwerten. Sie reichen von einem neuen Marken-Marketing bis hin zu zukunftsorientierten Vermögensstrukturen von Unternehmen, in denen die Markenwerte ausgegliedert werden und selbständig Geld verdienen. Das Programm zeigt, was die Marke zum Unternehmenserfolg beiträgt und schafft damit die Rahmenbedingungen dafür, dass ein Unternehmen für seinen Markenwert eine angemessene Verzinsung erwirtschaftet.
Semion Brand Valuation	Semion Brand-Broker	• Das Tool dient der monetären Markenbewertung. Das Verfahren bezieht bei der Berechnung wertbestimmende Faktoren wie den Finanzwert, den Markenschutz, die Markenstärke und das Markenimage mit ein.
Six(SIGMA)Modell	Semion Brand-Broker	• Das Werkzeug ist ein wissenschaftlich fundiertes Modell zur Analyse von Imagepositionen von Marken. Die Imagekartografie im Six(SIGMA)Modell ist eine sichere Methode, die Akzeptanz, Influenz und Kompetenz eines Marken- oder Firmennamens zu prognostizieren.
Target Positioning	GfK Marktforschung	• In diesem Buch erläutert.

(Quelle: o.V., (Marken-Macher), Sonderheft Marken der Absatzwirtschaft 2005, S. 148-153)

8. DIE INTEGRATION ANDERER UNTERNEHMENSBEREICHE

8.1. Zusammenfassung grundlegender Erfolgsfaktoren für die marktorientierte Unternehmensführung

8.1.1. Marktorientierte Erfolgsfaktoren

Die Mehrzahl der Marketinglehrbücher endet hier. Die Theorie geht nämlich von zwei wichtigen, problembeseitigenden Annahmen aus:
- Alle Unternehmensbereiche folgen jetzt gerne dem Primat des Marketing.
- Der im Buch behandelte „optimale" Marketing-Mix bringt den Markterfolg.

Abb.8-1

In erfolgreichen Unternehmen, wie sie *Peters* und *Waterman* in ihrer wegweisenden Studie über unternehmerische Spitzenleistungen beschreiben, mag das auch so sein. Abb.8-1 listet die Grundtugenden von Top-Unternehmen nach *Peters* und *Waterman* auf.[1080] Jedoch erreichen nicht alle Wirtschaftsunternehmen eine nachhaltige Erfüllung dieser acht Erfolgsfaktoren. In der zitierten Untersuchung dürfen nur 14 von 75 Unternehmen den Begriff *most excellent Company* beanspruchen. Bei den weniger erfolgreichen Unternehmen hat sich gezeigt: Die zentralen Marketing-Postulate Kundennähe und Kundenzufriedenheit erwiesen sich als zwar notwendige, aber allein noch nicht hinreichende Bedingungen für unternehmerische Spitzenleistungen.

	DIE 8 ERFOLGSFAKTOREN VON SPITZENUNTERNEHMEN
①	Primat des Handelns: *do it, try it, fix it*
②	Nähe zum Kunden mit hoher Servicequalität
③	Freiraum für Unternehmertum
④	Produktivität durch Menschen
⑤	sichtbar gelebtes Wertesystem
⑥	Bindung an das angestammte Geschäft (Kernkompetenzen)
⑦	einfacher, flexibler Aufbau
⑧	straff-lockere Führung

Denn zu einer unternehmerischen Spitzenleistung gehört es, Kundenzufriedenheit mit betriebswirtschaftlichem Erfolg in Einklang zu bringen. Die betriebswirtschaftlichen Erfolgsgrößen Betriebsergebnis, investitionensichernde Liquidität (Cash Flow) und Unternehmenswert (Shareholder Value) dürfen vom Marketing nicht vernachlässigt werden. Diejenigen Unternehmen sind die wahren Champions, die in der Abb.8-2 im Feld rechts oben positioniert sind.

Abb.8-2

Vertretbar ist allerdings die Hypothese, dass Markt- und Kundenorientierung gute Voraussetzungen für einen nachhaltigen betriebswirtschaftlichen Erfolg schaffen. Eine Marktorientierung kann dabei in unterschiedlichen Intensitäten ausgeprägt sein:
(1) Das Minimalniveau einer Marktorientierung liegt darin, zukünftige Kundenbedürfnisse vorauszusagen und Produktentwicklung und Produktionsanlagen auf diese Kundenwünsche hin auszurichten (**reaktive Marktorientierung**).

MARKTPARTNER-ZUFRIEDENHEITSPROFIL		
Kundenzufriedenheit hoch	der Kunde ist Sieger	Top-Unternehmen
Kundenzufriedenheit niedrig	beide sind Verlierer	Vorsicht Kundenverlust
	niedrig	hoch
	Unternehmensgewinne	

[1080] vgl. die Zusammenfassung bei Peters; Waterman, (Spitzenleistungen), 2006, S. 57-60

(2) Auf einem gehobenen Niveau der Marktorientierung arbeiten Unternehmen gezielt darauf hin, Trends bei den Kundenbedürfnissen und beim Käuferverhalten schneller aufzunehmen als Konkurrenten und systematisch in Wettbewerbsvorteile umzusetzen (**differenzierende Marktorientierung**).

(3) Die höchste Stufe der Marktorientierung erreichen Unternehmen, die gestalterische Akzente setzen, indem sie selbst Produkt- und Bedürfnistrends beeinflussen (**aktive Marktorientierung**). Diese Unternehmen verändern Marktspielregeln und formen Märkte. Sie "erziehen" ihre Kunden. Wie sagte es *Stephan Kletschke* von *Freudenberg Process Seals* auf dem *Kundenwertkongress 2003*: "*90 Prozent aller Win-Win-Beziehungen sind lieferantengetrieben.*"

Top-Unternehmen schaffen dies bei einer gleichzeitigen betriebswirtschaftlichen Steuerung und Optimierung von Kosten, Erträgen, Ergebnis, Rendite und Cash Flow. Dazu haben sie sich tagtäglich Konflikten zwischen kundenbezogenen und betriebsbezogene Zielen zu stellen. Beispiel: Die Produktion strebt nach fertigungsoptimalen Losgrößen, der Vertrieb wünscht kundenindividuelle Fertigung und Lieferung. Top-Unternehmen verwirklichen einen **Konsens für eine Marktorientierung, die sich rechnet**. Das geht nur, wenn auch die KollegInnen der Ressortsaußerhalb von Marketing und Vertrieb marktorientiertes Denken verinnerlichen.

8.1.2. Marktorientierte Denkhaltungen

Abb.8-3
Auch FAX-Gerät, MP3, 3D-Monitor: In Deutschland entwickelt, von Japanern weiter entwickelt und vermarktet.

„*Deutsche Produkte befriedigen oft Vorlieben der Ingenieure und nicht die Wünsche der Kunden.*"[1082]

```
IM MARKT GESCHEITERTE INNOVATIONEN

① elektromechanischer Digitalcomputer    ⇨ Zuse
② Video 2000                              ⇨ Grundig
③ Flüssigkristalle                        ⇨ Merck
④ Compact Disc                            ⇨ Grundig/Philips
⑤ Wankelmotor                             ⇨ NSU
```

Es wird immer wieder behauptet, dass Schwächen im marktorientierten Denken den Erfolg von Innovationen verhindern.[1081] Abb. 8-3 führt Beispiele auf. Deshalb sei es notwendig, nicht nur Betriebswirte, sondern auch auch Ingenieure und Naturwissenschaftler auf fünf **Denkkategorien der Marktorientierung** einzuschwören:

(1) **Geschäftsdenken**: Marktdenken ist unternehmerisches Denken und erfordert eine nüchterne kaufmännische Überprüfung aller noch so überzeugend wirkenden technischen Ideen. Ingenieure sind oft einseitig auf technische Problemlösungen fixiert. Ihnen fehlt betriebswirtschaftliches Kosten- und Finanzdenken.

(2) **Internationales Denken**: Marktorientierung lenkt den Blick auf die Weltmärkte. Ingenieure und Naturwissenschaftler sollten ein Interesse an weltweiter Präsenz haben und ein Verständnis für interkulturelle Unterschiede entwickeln, wie es eher den Kaufleuten zugesprochen wird.

(3) **Kundennutzen-Denken**: Technikern fällt es oft nicht leicht, von technischen Lösungen Abstand zu nehmen, die vom Kunden nicht bemerkt, nicht verstanden oder nicht honoriert werden. Marktorientierung erfordert aber die strenge Disziplin, dem Kunden gerade die Produktlösungen oder Services anzubieten, die er für eine Bedürfniserfüllung wünscht und preislich abzugelten bereit ist.

(4) **Funktionsübergreifendes Denken**: Marktorientierung verlangt danach, interdisziplinäre Arbeitsteams zu bilden und die traditionellen Gräben zwischen Technikern, Kaufleuten und Verkäufern zu überwinden.

[1081] vgl. Baur, (Kundenorientierung), in: Handelsblatt v. 9./10.4.99. Baur spricht unter Punkt 5 nicht vom Differenzierungsdenken, sondern vom Grenzdenken. Er empfiehlt, diese Denkhaltungen obligatorisch im ingenieur- und naturwissenschaftlichen Studium zu vermitteln. Es handelt sich also auch um einen Ansatz zur Modernisierung der technischen Hochschulausbildung in Deutschland.

[1082] Jones, (Zuhören), in: MM, 11/1996, S. 238

(5) **Differenzierungs-Denken**: Marktorientierung fordert, nüchtern die Schwächen eigener Produkte und Prozesse im Vergleich zu Wettbewerbern zu erkennen. Eine ehrliche Bestandsaufnahme setzt Kräfte und Ideen frei, um im Konkurrenzkampf vorne mitzuspielen.

Diese Forderungen regen zu einem Überdenken der ingenieurwissenschaftlichen Ausbildung in Deutschland an. Niederschlag derartiger Überlegungen ist z.B. das *Anforderungsprofil für Vertriebsingenieure* des *VDI*.[1083]

8.1.3. Marktorientierung in der Technikausbildung an deutschen Hochschulen

> „Den Ingenieuren im Vertrieb kommt ... eine ständig wachsende, ja sogar zentrale Bedeutung in der Industrie und in anderen Sektoren zu ...... Vom Wissen und von den Fähigkeiten der Vertriebsingenieure wird es abhängen, ob Marktchancen erkannt, Lösungen für den Bedarf der Zielgruppen entwickelt werden und ob der Abnehmer /Anwender erkennen kann, durch welche Eigenschaften und Angebotsmerkmale sich Produkte und andere Anbieterleistungen vom Wettbewerb abheben. Ingenieure vermitteln dem Kunden nicht nur Technik, sondern überzeugen ihn davon, dass der wirtschaftliche Nutzen der angebotenen Leistung entscheidend ist."[1084]

In Deutschland arbeiten ca. 150.000 Ingenieure als Vertriebsingenieure.

Deshalb ist es Anliegen des *VDI*, dass sich Ingenieure neben dem Fachwissen in den technischen Disziplinen auch betriebswirtschaftliche Kenntnisse und speziell Wissen und Fertigkeiten in Marketing- und Vertriebsmethoden aneignen. Einige **Schwierigkeiten** stehen noch immer diesem Ansinnen entgegen:

(1) Das Berufsbild des Vertriebsingenieurs ist zu wenig bekannt. Techniker im Vertrieb geben ferner zu wenig Impulse für eine Kundenorientierung in Richtung klassische Technikbereiche, wie F&E, Konstruktion, Fertigung.

(2) Junge Ingenieure erkennen diese wichtigen Berufsfeldanforderungen erst nach ihrem Studium in der Praxis (nach einem „Praxisschock").

(3) Das ingenieurwissenschaftliche Studium vermittelt „zu viel Kopf- und zu wenig Bauchwissen" Die Vermittlung sozialer Kompetenzen wird vernachlässigt.

(4) Ingenieure leben gern in einer **Welt der Optimallösungen**, die die eher „weichen" Sozialwissenschaften nicht kennen. Technisch oder naturwissenschaftlich ausgebildete Kollegen halten das Marketing daher oft für suspekt.

(5) Das Marketing wird leider immer noch oft in die Richtung „exotisch" und der Vertrieb/Verkauf als „hemdsärmelig" abgestempelt.

(6) Die Anforderungen im technischen Vertrieb sind enorm gewachsen. Der Vertriebsingenieur solle sich daher zum *Market-Ing.* weiterentwickeln.[1085]

Dagegen ist die Vertriebsausbildung für Betriebswirte in Deutschland „unterbelichtet".

Mittlerweile bieten über 20 Hochschulen ingenieurwissenschaftliche Studiengänge mit vertrieblicher Spezialisierung an; einige mit dem Abschluss Vertriebs-Ing.:

- **Bachelor und z.T. noch Diplomstudiengänge** in Aalen, Aschaffenburg, Bochum, Bremen, Darmstadt, Dortmund, Gießen (Aufbau), Heilbronn, Ingolstadt, Karlsruhe, Kiel, Mosbach, München, Rosenheim, Soest und Hannover.
- **Master- oder berufsbegleitende MBA-Studiengänge** in Aschaffenburg, Berlin, Bochum, Darmstadt, Furtwangen, Karlsruhe, Kiel und Landshut.
- **Fernstudiengänge werden z.B. angeboten** in Kaiserslautern und Wolfenbüttel,
- Auch der *VDI* bietet seit 1998 einen *Lehrgang Technischer Vertrieb* an. Das Abschlusszertifikat der Ausbildung berechtigt diplomierte Ingenieure zum Führen des Titels „*Vertriebsingenieur VDI*".

[1083] vgl. die Richtlinie VDI 4501 mit den Lehrinhalten zur Qualifizierung von Ingenieuren im Vertrieb.
[1084] VDI, (Anforderungsprofil), 1994, S. 1. Daraus folgend die Richtlinie 4501
[1085] vgl. zu diesem Konzept Marzian; Smidt, (Marketing-Ing.), 2002

Nach Studienabschluss sollen marktorientierte Techniker in der Lage sein,
(1) gegenüber den Kunden als **Repräsentanten ihres Unternehmens**,
(2) als **Verkäufer von Problemlösungen** und
(3) nach innen als **Botschafter der Kunden** und deren Bedürfnisse aufzutreten.

So ist eine Höherqualifizierung der Techniker und eine Aufwertung des Vertriebs auch Hauptanliegen dieses Buches. Im gleichen Tenor geht es der Standesvereinigung der Ingenieure darum, „*die Tätigkeit des Vertriebsingenieurs durch eine allgemeine Anerkennung als ingenieurmäßige Disziplin aufzuwerten.*"[1086] Die Technik löst sich vom alten Traum, dass allein technische Kompetenzen der Ingenieure den langfristigen Unternehmenserfolg garantieren.

8.1.4. Marktorientierte Wettbewerbsdimensionen

Die Zeiten sind also vorbei, in denen der Wettbewerb allein durch Produktleistungen, Qualitäten und Lebensdauern ausgefochten wird. Gerade der internationale Preiskampf belegt diese Problematik. Ist eine Unternehmung unentrinnbar auf einen Preiskampf fixiert, wird sie nur als kostenführender Massenanbieter überleben können. Ist man dann zu Fusionen und Aufkäufen gezwungen (Zwang zur Größe), dann gehen Firmenname, Kultur und Tradition unter (*AEG, BBC, NSU, DUAL, MAN*).

Neue Qualitäten und Aspekte der Wettbewerbsauseinandersetzung treten hinzu,

Abb.8-4

	Kernaussagen	Maßnahmen
Methoden-wettbewerb	Gewinner ist die Unternehmung, die mit der besseren Übersicht und der höheren Anwendungskompetenz mit der Methoden- und Systemvielfalt fertig wird	• Gute Ideen sollten durch Systeme abgestützt werden • Technik, Marketing und Vertrieb sollten sich auf bereichsübergreifende Methoden einigen • Vertriebsführung mit System (CRM/CAS/VIS); (s. die entsprechenden Ausführungen im Buch) • ERP/PPS-Systeme zur Steuerung der Gesamtunternehmung
Zeitwett-bewerb	Nicht der Bessere, der Schnellere gewinnt	• Alle Unternehmensbereiche sind zu vernetzen (Infosysteme) • Data Warehouse-Philosophie: Informationen werden zur Holschuld (und nicht mehr Bringschuld) • Workflow-Programme schaffen Transparenz für alle kundenorientierten Prozesse • Benchmarking (s.u.)
Qualitäts-wettbewerb	Es geht darum, eine sichtbare und vom Kunden honorierte „Ecke" besser zu sein als der Wettbewerb	• Marketing, Vertrieb und Technik führen regelmäßig gemeinsame Wettbewerbsanalysen durch • Ein Produktmanagement fungiert als Mittler zwischen Kunde, Verkauf und Fertigung (Produktmarketing) • Einführung von TQM und QS-Systemen; dabei Verbindung von Technik und Vertrieb • Job-Rotation zwischen Fertigung, F&E und Marketing/Vertrieb. Innen- und Außenwelt durch die Augen anderer Bereiche verstehen
Effizienz-wettbewerb	Schneller werden – Kosten senken – permanent nach Bestleistungen streben!	• Einführung einer Technik und Vertrieb umspannenden Prozessorganisation • Einführung eines bereichsübergreifenden Benchmarking • Honorierung von betrieblichen Spitzenleistungen
Motivati-ons-wettbewerb	„Bauch treibt Kopf an": Energien, Identifikation und Einsatzfreude der Mitarbeiter setzen die Kräfte und das Durchhaltevermögen für Siegerfirmen frei	• Priorität für Mitarbeiterentwicklung. Dabei sitzen Techniker, Kauf- und Marktleute an den gleichen Schulungstischen • Regelmäßige Leistungsgespräche und Prämiensysteme (statt Umsatzprovisionen) • Einführung prozessorientierter Vergütungssysteme in der Technik und kundzufriedenheitsorientierter Vergütungen im Vertrieb • Individualismus und Querdenker ja – aber nicht zu Lasten anderer und nicht zum Aufbau von „Fürstentümern"

[1086] VDI, (Anforderungsprofil), 1994, S. 1

zwingen die Unternehmen zum Umdenken und zum Heranbilden neuer Kulturen der Unternehmensführung. Die Grenzen zwischen Technikern und Kaufleuten, zwischen Marketing und Vertrieb, verschwimmen. Das **Marketing beseelt Vertrieb und Technik**. Die Technik reicht ihre Visionen über Möglichkeiten und Grenzen der Produktentwicklung zum Kunden weiter. Abb.8-4 zeigt die Ebenen, auf denen sich heute Wettbewerbsauseinandersetzungen abspielen. Wer die Wettbewerbsdimensionen im Griff hat, kann Märkte beherschen.

8.2. Vom Marketing zu CRM - der Zwischenschritt zur marktorientierten Unternehmensführung

Die Notwendigkeit, Abteilungsgrenzen immer dann zu überwinden, wenn dies im Markt Vorteile gegenüber dem Wettbewerb bringt, sind bereits besprochen worden. Abschnitt 6.3.3.g. hatte aufgezeigt, wie die Arbeitsprozesse kundennaher Abteilungen im Sinne von **Customer Relationship Management** (CRM) integriert werden

Abb.8-5

Klassisches Marketing	Customer Relationship Management (CRM, eCRM)	Marktorientierte Unternehmensführung
• Ablösung des historischen Transaktionsdenkens: Der Kunde rückt in den Mittelpunkt des Marktgeschehens. • Beziehungsdenken vor Verkaufsabschluss-Denken. Ziel: Win-Win-Beziehungen. • Präferenzen, nicht Preise sollten über Kaufwahl der Konsumenten entscheiden. • Nutzeninhalte von Produkten stehen im Mittelpunkt, nicht technische Eigenschaften. • Als Vermittler für den Kunden zwischen Technik und Verkauf sollte ein Produktmanagement agieren. • Die eigenen Leistungsangebote müssen den Produktlebenszyklen Rechnung tragen. • Erst Marktforschung (Analyse des Käuferverhaltens) schafft solide Grundlagen für Marktaktionen (Kampagnen). • Aktionen sind auf Zielgruppen auszurichten, keine Massendistribution. Wichtig also: tiefgehendes Wissen über den Kunden und sein Verhalten. • Bilder, nicht Worte prägen Markenwerte (Käuferpräferenzen). Werbung und Verkaufsförderungen bereiten den Verkauf vor.	• In das Zentrum rückt eine integrierte Kundendatenbank. • Enterprise Application Integration (EAI) vernetzt alle kundenrelevanten Anwendungen. • Der Kundendienst wird an Marketing und Vertrieb angeschlossen. • Marketing und Vertrieb definieren Standard-Verkaufsprozesse (SalesCycle). • Gemeinsame Prozessoptimierung auf Kunden- und Lieferantenseite mit Hilfe von modulartig zusammengesetzten Software-Bausteinen. Gutes Beispiel: Produktkonfiguratoren. • Das Internet schafft Vernetzung mit Kunden, Lieferanten und Vertriebspartnern (eCRM). • So ergeben sich Multikanalkonzepte: abgestimmte Kundenansprachen über alle Vertriebskanäle hinweg. • Fehlende interne Ressourcen zur Kundenbetreuung werden extern beschafft (Call-Center, Letter Shops, Adressbroker). • Customer Value Management: Kundenprioritäten ergeben sich aus den Werten, die die Angebote beim Kunden stiften. • Customer Lifetime Value (CLV): Das klassische Konzept des Produktlebenszyklus ist um eine Wertrechnung für die Lebenszyklen von Geschäftsbeziehungen zu ergänzen (nicht für alle Branchen relevant). • Vertriebscontrolling muss strategischem CLV-Denken Rechnung tragen (Erfassung qualitativer Erfolgsgrößen, Verzicht auf kurzfristige Gewinnmaximierung etc.).	• Alle Unternehmensressorts müssen sich in den Dienst der Kunden stellen. • Die Unternehmenspolitik sollte auf einer strategischen Planung beruhen. • Der Vertrieb (Kunde) erhält Priorität im Spannungsfeld der betrieblichen Abteilungen. • Marktforschung wird Dienstleister für alle Abteilungen. • Wettbewerbsvorteile ergeben sich durch optimal abgestimmte Service- und Dienstleistungen. • Hierzu gehört auch der Erfolgsfaktor Logistik. • Das Vertriebscontrolling wird zum internen Kompass für Marktentscheidungen. • Forschung und Entwicklung haben frühe Signale für Änderungen bei Kundenbedürfnissen und Kundenverhalten zu beachten. • Produktionsprozesse sind vom Markt her, vom Kunden, anzustossen (Kanban-Prinzip, Prinzip der Reverse Economy). • Vorlieferanten und Hersteller integrieren ihre Wertschöpfungsketten, um alle Möglichkeiten zur Rationalisierung und Preissenkung auszuschöpfen (Supply Chain Management). • Systematische Generierung, Speicherung und Aufarbeitung von Mitarbeiterwissen und dessen Überführung in ein Unternehmenswissen werden zum strategischen Erfolgsfaktor (Knowledge Management).

(Vgl. Winkelmann, (Tante Emma), in: acquisa, Sonderheft zur CRM-expo, 12/2000, S. 24-25)

können. Dieser Integrationsgedanke von CRM kommt gut in dem folgenden Zitat des Versicherungskonzerns *Axa Colonia* zum Ausdruck:

> *"Zum ersten Mal werden nicht einzelne Bestandteile betrachtet, sondern die gesamte Wertschöpfungskette - von der Produktentwicklung bis zum After-Sales-Service. Diese Kette wird ganzheitlich auf die Bedürfnisse des Kunden ausgerichtet."* [1087]

CRM ist ein wichtiger Schritt auf dem Weg zur marktorientierten Unternehmensführung. Abb.8-5 zeigt Kriterien auf, die diese **Evolution vom Marketing über CRM zur marktorientierten Unternehmensführung** beschreiben.[1088] Die Inhalte der ersten beiden Spalten wurden im 1. und 6. Kapitel behandelt.

Dieses Buch möchte nun weitere Integrationsschritte tun und **über CRM hinaus** die Marketing, Vertrieb und Kundendienst vor- und nachgelagerten Unternehmensfunktionen auf den Kunden einschwören. Es gilt, **Kundeninteressen automatisiert und gleichzeitig spielerisch in den Betrieb einfließen und ihn durchdringen zu lassen. Marktorientierung mit System, so lautet die Vision**. Ausgewählte marktorientierte Konzepte für die Ressorts Entwicklung, Beschaffung, Qualitätssicherung, Fertigung und Logistik werden in den folgenden Abschnitten vorgestellt.

8.3. Marktorientierte Entwicklung

8.3.1. Kundenorientierte Qualitätsplanung

> *„Was fehlt, ist die Bereitschaft zur Zusammenarbeit. Es mangelt an Partnerschaften zwischen Herstellern und ihren Zulieferern, da die Firmen aus Angst vor der Preisgabe ihres Know-hows wenig Neigung zeigen, sich bereits in der Phase von Forschung und Entwicklung miteinander abzustimmen."*[1089]

„Der nächste, der prüft, ist der Kunde." (Schild im BMW-Werk Dingolfing, nach der Endkontrolle)

Die Automobilindustrie geht sehr weit, um ihre Qualitätsvorstellungen in einem **QM-Systemaudit** zu verankern.[1090] Ein Lieferant hat hohe Kompetenzen hinsichtlich Qualität und Fähigkeiten in der Qualitätsplanung nachzuweisen, <u>bevor</u> er sich an Entwicklungszeichnungen für ein neues Produkt eines Automobilkonzerns heranwagen darf. Die **Qualitätsplanung umrahmt die Produktentwicklung**. *„Die Qualitätspolitik bildet ein Element der Unternehmenspolitik und ist durch die Leitung genehmigt."*[1091] Am Anfang einer Produktentwicklung sind
(1) Kundenanforderungen,
(2) Wettbewerbssituation und Branchenstandards,
(3) gesetzliches Umfeld,
(4) interne Vorgaben und Notwendigkeiten sowie
(5) die Bedingungen zur Einhaltung einer **Null-Fehler-Strategie** festzulegen. Hieraus ergeben sich Qualitätsziele und Vorgaben für Produkte und Prozesse, Abläufe und Dienstleistungen für alle Unternehmensebenen.

Bei der Produktentwicklung müssen die vom Kunden festgelegten Aufgaben und Termine berücksichtigt sowie speziell für die Qualitätsplanung festgelegte Methoden angewandt werden. Diese Methoden beziehen sich auf die folgenden **Phasen bzw. Elemente der Produktentwicklung**:

[1087] Schimmel-Schloo, (Schritt), in: acquisa, 10/2000, S. 8
[1088] vgl. Winkelmann, (Tante Emma), in: acquisa, Sonderheft zur CRM-expo, 12/2000, S. 24-25
[1089] Preissner; Schwarzer, (Alarmstufe), in: MM, 2/1996, S. 126
[1090] vgl. Verband der deutschen Automobilindustrie e.V.: VDA Band 6 Teil 1, Qualitätsmanagement-Systemaudit. Der VDA 6-Qualitätsstandard ist inhaltlich ausdrucksvoller als die als statisch eingestuften Normen DIN EN ISO 9001/9004 Teil 1. 9004 Teil 2 ist flexibler und umfassender als die französischen italienischen und amerikanischen Automobilstandards.
[1091] Verband der Automobilindustrie e.V., (QM-Systemaudit), Nr. 6, Teil 1, 1996, S. 34

Im Forschungs- und Innovationszentrum von *BMW* (*FIZ*) sind 5.000 Mitarbeiter beschäftigt.

(1) Planung und Festlegung der Bedürfnisse und Erwartungen des Kunden,
(2) Produkt-Design und Produkt-Entwicklung einschließlich Verifizierung,
(3) Prozess-Design und Prozess-Entwicklung (Prozess zur Realisierung des Produktes) einschließlich Verifizierung,
(4) Prozess- und Produkt-Validierung durch Organisation, Durchführung und statistische Auswertung von Versuchsserien,
(5) Rückmeldung, Beurteilung und Korrekturmaßnahmen aufgrund der Ergebnisse der Versuchsserie. Damit soll sichergestellt werden, dass die Produkte die Forderungen des Kunden erfüllen; nach Abschluss der Produktentwicklung wie auch im Verlauf der Serienfertigung.

Die eigentliche Produktentwicklung gliedert sich in die Phasen **Prototypenerstellung**, **Vorserienfertigung** und **Serienproduktion** mit umfassender Dokumentation der Produkt- und Prozessmerkmale, der Prozess-Lenkungsmaßnahmen und der Prüfungen und Messsysteme, die während der Serienfertigung im Einsatz sind. **Verifizierungen** spielen eine große Rolle. Alle Messungen, Beurteilungen und daraus folgenden Entscheidungen müssen methodisch beschrieben, regelmäßig durchgeführt und für einen Dritten nachvollziehbar dokumentiert werden.

8.3.2. Quality Function Deployment (QFD) und House of Quality

Auch das von *Akao* in Japan entwickelte und 1966 vorgestellte **Quality Function Deployment-Konzept** (QFD) sichert Kundenorientierung und Kundenzufriedenheit bereits in einer frühen Phase der Produktfindung. Das Verfahren eignet sich speziell für komplexe Neuentwicklungen.[1092] Zukünftige Qualitätsstandards sollen bereits in der Innovationsphase konsequent berücksichtigt werden.

> ➡ *„Quality Function Deployment ist ein Qualitätsplanungs- und internes Kommunikationssystem zur Übersetzung der „Stimme des Kunden" (Kundenanforderungen) in die „Stimme des Ingenieurs" (Designanforderungen bzw. Qualitätsmerkmale). Ziel ist, im Projektteam zur Produktentwicklung die Kundenanforderungen konsequent in Designanforderungen bzw. Produktspezifikationen umzusetzen. Somit ist QFD eine systematische Qualitätsplanungsmethode, die externe Kundenanforderungen von der Entwicklungsphase über die Fertigung bis zum Verkauf und Service in das Produkt einfließen lässt."*[1093]

Beschaffung, Entwicklung, Produktion, Qualitätswesen und Marketing stimmen auf ausgefeilten, tabellarischen und grafischen Übersichten kundenbezogene und technische Anforderungen ab. Ein QFD-Programm besteht aus neun Bausteinen:
(1) **Erfassen der Kundenbedürfnisse**: Sinnvollerweise sind zwischen 30 und 100 kundenwichtige Merkmale (KM) zu erfassen.
(2) **Gewichten der Kundenbedürfnisse**: Kundenbefragungen sollen zu einer Prioritätsfolge der KM-Merkmale führen.
(3) **Wettbewerbsanalyse**: Aus Kundensicht ist festzustellen, mit welcher Güte Wettbewerbsprodukte die von den Kunden gewünschten Merkmale erfüllen.
(4) **Ableiten der technischen Konstruktionsmerkmale**: Im Giebel des *House of Quality* stellen die Entwickler die Konstruktionsmerkmale vor, die wahrscheinlich eines oder mehrere kundenwichtige Merkmale beeinflussen.
(5) **Beziehungsmatrix erstellen**: Die Beziehungsmatrix ist das Kernstück der Analyse. In diesem Arbeitsschritt ist aufzuzeigen, in welchem Maße die Konstruk-

---
[1092] vgl. Hofbauer; Schweidler, (Produktmanagement), 2006, S. 151-154. Vgl. auch den konzeptionellen Beitrag von Flik; Heering; Kampf; Stängel, (Entwicklungsprozess), in: ZfbF, 3/1998, S. 289-294.
[1093] Kortus-Schultes, (wertschöpfungsorientiertes Marketing), 1998, S. 87

Abb. 8-6

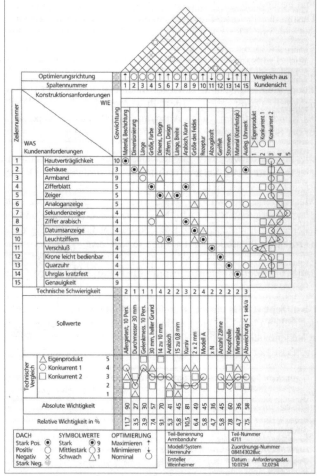

Wichtigkeit der einzelnen Konstruktionsmerkmale.

tionsmerkmale die einzelnen Kundenwünsche erfüllen.

(6) **Zusammenhänge zwischen den technischen Merkmalen aufzeigen**: Im Dach des Hauses wird sichtbar gemacht, welche technischen Eigenschaften sich gegenseitig fördern und welche in Zielkonflikt zueinander stehen.

(7) **Abschätzung der technischen Anforderungen**: Der Fußboden stellt sozusagen eine Bewertung der technischen Anforderungen bzw. Schwierigkeiten dar.

(8) **Technischer Wettbewerbsvergleich**: Auf dieser Stufe ist ein technischer Vergleich gegen bestimmte Sollwerte vorzunehmen.

(9) **Relevanzanalyse**: Das *House of Quality* umschließt auch eine Abstimmung der

In einem **Usability Lab** prüfen Mitarbeiter und Kunden von *Siemens* die neuen Produkte auf Benutzerfreundlichkeit.

Die 9 Bausteine des QFD-Ablaufs bilden eine hausähnliche Struktur. Dies erklärt den Begriff **House of Quality** auf anschauliche Weise.[1094] Abb.8-6 beschreibt die Vorgehensweise anhand eines Beispiels.[1095] Checklistenartig werden technische und kundennutzenbezogene Merkmale zusammengeführt. Ein abteilungsübergreifendes Projektteam muss das *House of Quality* mit Leben erfüllen. Es ist ratsam, den Kunden mit in den Produktentwicklungs- bzw. -verbesserungsprozess einzubeziehen.

8.3.3. Target Design

Diesen Weg beschreiten *Biermann* und *Dehr* mit dem **Target Design**.[1096] Eine konsequente Ausrichtung der Ideenfindung auf Kundenreaktionen zeichnet das Konzept

---

[1094] vgl. Darstellung und Beispiel bei Kortus-Schultes, (wertschöpfungsorientiertes Marketing), 1998, S. 88-89
[1095] Quelle: Hering; Steparsch; Linder: (Zertifizierung), 1997, S. 120 abgedruckt in Kortus-Schultes, (wertschöpfungsorientiertes Marketing), 1998, S. 89
[1096] vgl. auch im folgenden Biermann; Dehr, (Innovation), 1997. Zu einem Beispiel zur konkreten Vorgehensweise vgl. insbes. S. 143.

Abb.8-7

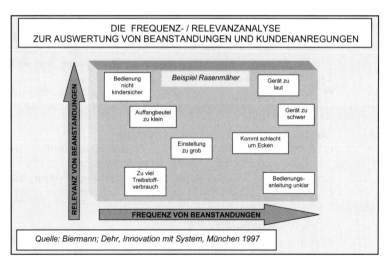

aus. Kundenwünsche werden systematisch erfasst. Abb.8-7 zeigt beispielhaft einen der Arbeitsschritte des komplexen Verfahrens.[1097] Es geht um die Produktvariation eines Rasenmähers. Kundenbeanstandungen und Anregungen sowie Produktmängel werden auf Kärtchen gesammelt, die Schwachstellen nach Häufigkeiten und Wichtigkeiten bewertet und in einer Frequenz-/Relevanzmatrix veranschaulicht.

Das Verfahren erweitert ein bereits vorhandenes Beschwerdemanagement auf sinnvolle Weise. Die Auswahl einer **Kundenfokus-Gruppe** für die Target Design Workshops sollte mit Bedacht erfolgen. Auf eine ausgewogene Mischung von loyalen und schwierigen Kunden, qualifizierten Nutzern und weniger Erfahrenen kommt es dabei an. Das Verfahren sollte nicht einseitig an Beanstandungen und Reklamationen festgemacht werden. Für Produkte ohne technische und anwendungsbezogene Probleme ergeben sich sonst nicht genug Ansatzpunkte für Verbesserungen.

8.4. Marktorientierte Beschaffung (Lieferantenmanagement)

8.4.1. Beschaffungs-Zielkonflikt

Ein BMW besteht aus ca. 18.000 Teilen. Davon sind 40% Kaufteile.

Die durchschnittliche Wertschöpfungsquote in der deutschen Automobilindustrie beträgt 35%. Ziel bis 2010: 30%.

Im Einkaufs- oder Beschaffungswesen sollte man ein hohes Maß an Marketingverständnis voraussetzen; besetzen doch Einkäufer und Verkäufer die zwei Seiten des Schreibtisches.[1098] Der Einkauf sieht sich jedoch einem permanenten Konflikt zwischen Marktorientierung und Kostenorientierung ausgesetzt:

- Stellt der Einkauf niedrige Beschaffungspreise über die Qualität, entstehen Marktrisiken durch Beanstandungen und Reklamationen, und es drohen Nacharbeitungskosten und Imageverluste.
- Stellt der Einkauf Qualität und Versorgungssicherheit über den Preis, kann der Vertrieb die aufgrund höherer Einstandspreise möglicherweise notwendigen Preiserhöhungen nicht im Markt durchsetzen.

Dieser Konflikt erfordert eine enge Abstimmung des Einkaufs mit dem Marketing. Der Einkauf hat die Marktstrategie zu unterstützen. Das bedeutet: Der Einkauf agiert

---

[1097] Selling-Center trifft Buying-Center
[1098] deshalb sollten Themen des Beschaffungswesens auch stärker Eingang in die Rahmenprüfungsordnung Marketing finden

unter der Nebenbedingung der Erfüllung von Kundenforderungen. Denn der Erfolg des Verkaufs hängt von einer zielgruppenkonformen Beschaffung der bestgeeigneten Rohstoffe, Teile, Komponenten und Systeme ab. Dies bedeutet auch eine Abkehr von der einseitig profitorientierten Devise: *Der Gewinn liegt im Einkauf*. Die neue **Zielsetzung für das Beschaffungswesen** lautet folglich:[1099]

➡ *Minimierung der Beschaffungskosten bei zielgruppenentsprechener Materialqualität und hohe Versorgungssicherheit durch Supplier Relationship Management.*

Marktnähe wird nicht nur allein durch den Vertrieb erreicht!

Die Erfüllung dieser Zielsetzung setzt voraus:
(1) Technik, Vertrieb und Marketing (Produktmanagement) spezifizieren die Materialqualität gemäß den Anforderungen der Kunden.
(2) Verkauf und Fertigung definieren die notwendigen Versorgungssicherheiten.
(3) Eine integrierte Beschaffungs- und Verkaufskonzeption wird erstellt.

8.4.2. Global Sourcing

Global Sourcing ist als ein besonderes Konzept einer marktorientierten Beschaffung anzusehen. Dies bringt die folgende Definition zum Ausdruck:

➡ **Global Sourcing** ist im Gegensatz zum regional begrenzten Beschaffen „... *die systematische Ausdehnung der Beschaffungspolitik auf internationale Beschaffungsquellen*".[1100] Die Hauptziele sind Kostenvorteile und Versorgungssicherheit durch Ausgleich von Länderrisiken.

Zwei **Besonderheiten** kennzeichnen diese Beschaffungskonzeption:
(1) Die Orientierung an internationalen Potenzialen: Der Einkauf rückt näher an die internationalen Kunden heran; ja, er folgt den Grosskunden geradezu.
(2) Eine marktstrategische Zielsetzung: Durch Zusammenarbeit mit den in einem Geschäftsfeld weltweit besten Lieferanten sollen dauerhafte Wettbewerbsvorteile erzielt werden

Global Sourcing bietet folgende, vertriebsunterstützende **Vorteile**:
(1) Beschaffung dort, wo Rohmaterialien und Komponenten im Hinblick auf Einkaufspreise und Verfügbarkeiten am günstigsten sind,
(2) Abmilderung des Wechselkursrisikos,
(3) Einhalten der in zahlreichen Ländern geforderten Local Content Vorschriften,
(4) Unterstützung der Marktziele.

Die Vorteile der Punkte (2) bis (4) lassen sich wie folgt begründen:
- Der Euro schließt das Wechselkursrisiko im europäischen Wirtschaftsverkehr aus. Das gilt aber nicht für den außereuropäischen Vertrieb. Also kann es nur von Vorteil sein, Wechselkursrisiken bei Kundenforderungen durch Wechselkursvorteile bei Lieferantenverbindlichkeiten zu kompensieren. So gibt die globale Beschaffung dem Vertrieb zusätzlichen Rückhalt.
- Gleiches gilt für die Problematik der **Local Content Vorschriften**. Länder im asiatischen, afrikanischen oder arabischen Raum zwingen Hersteller, einen Anteil ihrer Beschaffungsobjekte bei nationalen Zulieferern einzukaufen.
- Die globale Beschaffung wird zur Speerspitze für Weltmarktführerschaften. Die Einkaufsorganisation benutzt Zulieferer als Türöffner in fremde Absatzmärkte. Markteintrittsbarrieren werden überwunden oder zumindest abgesenkt.

[1099] zu dem Paradigmenwechsel im Einkauf vgl. Hofbauer; Mashour; Fischer, (Lieferantenmanagement), 2009, S. 1-4. Vgl. im folgenden auch die Beiträge in Hirschsteiner, G., (Beschaffungsmanagement), 2006
[1100] Hofbauer; Mashhour; Fischer, (Lieferantenmanagement), 2009, S. 93

So unterstützt das Global Sourcing Marketing und Vertrieb, hilft Markteinstiegsbarrieren zu senken, den Bekanntheitsgrad der Unternehmung zu steigern und im Sinne eines Frühwarnsystems Informationen über neue technische und marktliche Trends im Zuliefer- und Absatzland zu sammeln. Doch Produktleistung und Qualität nur zu entwickeln und die geeigneten Teile zu beschaffen, reicht nicht. Qualität muss in Serienreife produziert werden können.

8.5. Marktorientierte Fertigung

8.5.1. Lean Production

Der internationale Vertrieb begünstigt Produktionsverlagerungen in das Ausland und führt zu globalen Produktionsnetzwerken. Die Fertigung folgt Einkauf und Vertrieb.

Es ist vorteilhaft, dort zu produzieren, wo Beschaffungsmöglichkeiten und Absatzchancen günstig sind. Der Anbieter rückt näher an den Kunden. Teilweise kommt es zu kongruenten Produktions- und Absatzstrukturen.

Dadurch nimmt die Komplexität der Betriebsführung enorm zu. Zielsetzung ist deshalb eine kundenorientierte Fertigung, die auf alle ingenieurmäßigen Finessen verzichtet, die nicht dem Kunden dienen. Die „*Stimme des Ingenieurs*" muss die „*Stimme des Kunden*" wiedergeben.[1101] Ein Grundkonzept zur Verwirklichung der kundenorientierten Fertigung ist **Lean Production**.

Lean Production und Kanban gehen auf Taichi Ohno von Toyota zurück (bereits 1950!)

Die Idee der schlanken Produktion hat die japanische Industrie wesentlich geprägt. Deren Ziel ist es, japanische Produkte weltweit wettbewerbsüberlegen zu vermarkten. Für eine Nation mit wenig natürlichen Ressourcen ist hierfür eine „entschlackte Produktion" Grundvoraussetzung. Mit möglichst geringem technisch-organisatorischem Aufwand und möglichst wenigen Mitarbeitern sind marktfähige, qualitativ hochwertige Produkte zu fertigen. Der Fertigungsprozess wird von allen entbehrlichen Personal-, Sach- und Kapitaleinsätzen befreit. **Just-in-time** und **Kaizen** sind zwei zentrale Säulen von Lean Production.[1102]

Abb.8-8

Just-in-time

Just-in-time baut gezielt Ineffizienzen in den Haupt-Verschwendungsbereichen der Fertigung, die in Abb.8-8 genannt sind, ab. Der **Abbau der Ineffizienzen** wird kundenorientiert durch das **Kanban-Prinzip** ermöglicht. Rückrechnend vom Kundenauftrag werden retrograd nur diejenigen Teile produziert, die zum jeweiligen Zeitpunkt auch benötigt werden. Der Fertigungsfluss ist folglich nach dem **Holprinzip** organisiert: **Es wird nur gefertigt, was der Markt aktuell verlangt**. Das Kanban ist die Laufkarte, die das Material begleitet und bei Verbrauch eine sofortige Nachproduktion auslöst.

DIE 7 PRODUKTIONS-WIRTSCHAFTLICHEN VERSCHWENDUNGSBEREICHE

① Ineffizienzen im Produktionsablauf
② Wartezeiten
③ redundante Bewegungen
④ unkoordinierter Transport
⑤ überhöhte Lagerhaltung
⑥ fehlerhafte Produktion
⑦ Überproduktion

Die atmende Fabrik

Wie *Dudenhöffer* ausführt, spart eine Just-in-time-Fertigung bei der Automobilherstellung bis zu 10% der Fahrzeugkosten: „*Deshalb ist die atmende Fabrik, die ihre*

[1101] Kortus-Schultes, (wertschöpfungsorientiertes Marketing), 1998, S. 87
[1102] vgl. Hofbauer; Schweidler, (Produktmanagement), 2006, S. 437, S. 451

Produktion auf die Nachfrage einstellt, ein hochaktuelles Thema."[1103] Der Erfolg des Konzeptes hängt von der Einführung neuer, flexibler Arbeitszeitmodelle ab.

Kaizen

„Der nächste Prozess ist der Kunde." (Masaaki, (Kaizen), 1993, S. 76)

Der Abbau von Verschwendung sollte mit Anstrengungen zur Produkt- und Prozessverbesserung einhergehen. Kaizen ist die **Philosophie der schrittweisen Verbesserung**. Es richtet das Augenmerk noch stärker auf Markt und Kunden. Jeder Mitarbeiter ist aufgerufen, bei seinem Tun und bei allen Ressourceneinsätzen nach permanenter Steigerung der Leistungsfähigkeit des Unternehmens zu streben. Im Rahmen der Produktion geschieht dies z.B. durch Prozessinspektion, Autonomisierung, Bandstop-Prinzip und N-2 Wareneingangskontrolle (nur das erste und letzte Stück einer Lieferung wird kontrolliert).[1104] Außerhalb der Fertigung sind **Quality Circles** (QCs) einberufen, um im Rahmen eines umfassenden **Qualitätsmanagements** (TQM = **Total Quality Management**) den Verbesserungsprozess voranzutreiben. Die internen QCs bestehen aus kleinen Teams von 6 – 12 Mitarbeitern aus allen betrieblichen Bereichen. Der Vertriebsmitarbeiter kann seine Kundenwünsche unmittelbar an die technischen Kollegen herantragen.

8.5.2. Virtuelle Fabrik

Die Vision: Jedes Kundensegment erhält für die Produkterwartungen seine „ideale Fabrik".

Die virtuelle Fabrik gilt als innovatives Element eines marktorientierten unternehmerischen Gesamtsystems. Der Begriff „virtuell" verweist auf etwas, das nur der Möglichkeit nach vorhanden ist. Eine virtuelle Fabrik ist eine **Als-ob-Organisation**. Sie präsentiert sich im Markt als Einheit. Hinter den Kulissen stellt sie jedoch ein Netzwerk kooperierender, rechtlich selbständiger und unabhängiger Unternehmen mit ihren Produktions- und Vertriebsstätten dar. Ein Höchstmaß an Marktorientierung und Kundenzufriedenheit wird vor allem durch folgende Strategien angestrebt:

- Alle virtuellen Partner konzentrieren sich auf ihre Kernkompetenzen und bringen nur die Unternehmensbereiche in die virtuelle Organisation ein, in denen sie exakt die Kundenwünsche treffen und zudem ihre besten Leistungen erzielen.[1105]
- Die Zusammenarbeit ist nicht zwangsläufig auf Dauer angelegt. Die virtuellen Systempartner halten ihre Kooperation nur solange aufrecht, wie sie sicher sind, dass sie in diesem Partnerverbund die Kunden optimal bedienen können.
- Die Zusammenarbeit beruht auf „lockerer Basis", um eine hohe marktbezogene Flexibilität zu gewährleisten.
- Um die Schlagkraft der Organisation dem Kunden gegenüber zu sichern, folgen die Partner in ihren Marktsegmenten dem Primat des Marketing. Eine **virtuelle Markenführung** hat eine einheitliche Imagepolitik, eine standardisierte Corporate Identity und ein stabiles Produktdesign zu sichern.

> *Als exemplarisches Beispiel für eine virtuelle Unternehmung gilt heute die Puma AG. 1993 fast am Ende, konnte Puma dank eines virtuellen Konzeptes den Turn-around schaffen. Man konzentrierte sich konsequent auf seine Kernkompetenzen Entwicklung, Design und Marketing. Produktion, Logistik und Vertrieb sind heute nahezu vollständig auf rund 80 virtuell verbundene Partnerfirmen weltweit verteilt.*

Qualität = Technologie + Kundenorientierung.

Die Austauschbarkeit der Kooperationspartner birgt jedoch die Gefahr, dass die Leistungsanforderungen permanent hochgeschraubt werden. Extreme Lieferantenqualifizierung und hohe Anstrengungen zur Kundenbindung zeichnen die virtuelle Fabrik aus. Das System tendiert auch zur Kundenselektion. Virtuelle Unternehmen sind fest auf Zielgruppen fokussiert. Der Aufwand für die Erhaltung des Systems trägt sich nur für Kundensegmente, die dieses hohe Maß an individueller Kundenorientierung

---

[1103] Dudenhöffer, (Massenmarketing), 1998, S. 89
[1104] vgl. Masaaki, (Kaizen), 1993, S. 111 ff.
[1105] vgl. Schräder, (virtuelle Unternehmungen), 1996, S. 85

schätzen und die Mehrwerte auch preislich abzugelten bereit sind. Wie aber kann ein bestimmtes Qualitätsniveau dauerhaft gesichert werden?

8.6. Marktorientierte Qualitätssicherung: ISO-Vorgaben und Total Quality Management

8.6.1. Das Paradigma der produzierten, nicht geprüften Qualität

> "Ein Qualitätsmanagement ohne betriebswirtschaftliche Kenntnisse ist heute undenkbar, und umgekehrt wird Qualitätsorientierung künftig noch verstärkt in kommerzielle Überlegungen einfließen. Der Mitarbeiter und der Kunde wollen sich auf ein kontrolliertes Management verlassen, und sie wünschen gleichzeitig, dass die heutigen Unternehmen durch profitables Wirtschaften auch zukunftsfähig sind."[1106]

Die Phase des Wiederaufbaus und die Jahre des „Wirtschafswunders" führten Ende der 90er Jahre in eine **Qualitätsepoche**. Diese ist durch Umwelt- und Gesellschaftsorientierung, durch weltweite Kooperationen und globale Vermarktungskonzepte gekennzeichnet.[1107]

Große Rückrufaktionen 2005/2006 = Cadburry 1 Mio. Schokoladentafeln, Sony 340 Mio. Akkus, Honda 270.000 PKW, Dell: 4 Mio. Notebooks.

Abb.8-9

Ein Bekenntnis zur Qualität ist für moderne Unternehmen ein ausdrückliches Bekenntnis zum Kunden. Marktorientierte Unternehmensführung verlangt dauerhaft marktgerechte Qualität durch ein effektives und effizientes Zusammenwirken aller Unternehmensprozesse. Dabei geht man davon aus, dass Qualität nicht geprüft, sondern produziert werden muss. Außerdem kann es sich nur um Qualitäten handeln, die von den Kunden gewünscht und wahrgenommen werden. Diese moderne **Qualitätsphilosophie** kommt gut in einem Mission Statement der Firma *ODU Steckverbindungssysteme* zum Ausdruck (Abb.8-9).

➡ **Qualität** ist das Vermögen einer Gesamtheit inhärenter Merkmale eines Produktes, Systems oder Prozesses Forderungen und Erwartungen der Verwender und anderer interessierter Parteien (Stakeholder) dauerhaft zu erfüllen.

Es geht nicht um die Frage, wie qualitativ gut produziert wird. Sondern darum, ob auf dem Weg zum Endprodukt, von der Entwicklung bis zu Ausliefe-

---
[1106] Hans Peter Homberger, CEO der Schweizerischen Normen-Vereinigung SNV
[1107] vgl. Kamiske, (Total Quality Management), 1994, S. 3 und (Qualitätsmanagement), 2008

rung und Kundendienst, Bedingungen herrschen, die die von den Kunden **erwartete Qualität** sicherstellen. Betriebliche Potenziale und Kundenwünsche bestimmen die Unternehmenskultur. Die Kundenorientierung ist auf alle internen Stellen und Mitarbeiter zu übertragen. Hierzu formulieren *Töpfer* und *Mehdorn* vier Leitlinien:[1108]

(1) Kunde ist jede nachgelagerte Stelle (Phase) in der Wertschöpfungskette. Es gilt das NOAC-Prinzip: **Next Operation as Customer**! Damit wird praktisch jeder Kollege zum Kunden. Betrieb und Markt verschwimmen.

(2) Hieraus folgt: Qualität folgt aus den eigenen Anforderungen und den Anforderungen nachgelagerter Abteilungen.

(3) Jede Wertschöpfungsphase optimiert die eigene Leistung nach den Kriterien Qualität – Zeit – Kosten. Dieses klassische Controllerdreieck liefert den **Grundstein für ein Total Quality Management**.

(4) Jeder Einzelne im Unternehmen ist für die Qualität seiner Arbeit selbst verantwortlich.

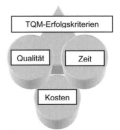

Abb.8-10: Das klassische Controllerdreieck; heute oft erweitert um den Erfolgsfaktor **Flexibilität**.

8.6.2. Die DIN EN ISO 9000 Normenreihe

Die **DIN EN ISO-Vorgaben** sind Regelwerke zur systematischen Praxisumsetzung dieser Qualitätsphilosophie.[1109] In **Audits** werden die Regeleinhaltungen überprüft. Bei positiver Auditierung durch eine neutrale Prüfinstanz (z.B. *DQS, DNV*) wird die Unternehmung zertifiziert. In vielen Branchen, z.B. in der Automobilindustrie, ist für eine Zulieferschaft unabdingbar eine **ISO-Zertifizierung** gefordert.

> ➡ **DIN EN ISO 9000** beschreibt Grundlagen u. Terminologie für QM-Systeme.
> ➡ **DIN EN ISO 9001** legt anhand von 20 Elementen die Anforderungen an ein Qualitätsmanagement-System fest. Eine Unternehmung muss ihre Fähigkeit nachweisen, dass sie Produkte herstellen kann, die den Kundenanforderungen und den behördlichen Anforderungen entsprechen und dass sie anstrebt, die **Kundenzufriedenheit** stetig zu erhöhen.
> ➡ **DIN EN ISO 9004** bietet einen Leitfaden zur Leistungsverbesserung, der sowohl die Wirksamkeit als auch die Effizienz eines QM-Systems betrachtet. Ziele sind eine Leistungsverbesserung der Organisation und eine Verbesserung der Zufriedenheit von Kunden und interessierten Parteien.
> ➡ **DIN EN ISO 19011** enthält einen Leitfaden zur Auditierung von QM-Systemen.
> ➡ **DIN EN ISO 9001:2008** ist die überarbeitete ISO 9004 in deutscher Fassung. Die Inhalte der alten ISO 9001 sind mit teilweise anderer Priorität und ergänzt um neue Forderungen beibehalten.

Unter dem Titel „Leiten und Lenken zu nachhaltigem Erfolg – ein Qualitätsmanagementansatz" strebt die wichtige **ISO-Norm 9001:2008** das Erreichen der Qualitätsziele in acht Schwerpunkten an:[1110]

(1) **Kundenorientierung**: Unternehmen müssen nachweisen, dass sie ihre Kunden verstehen, Kundenforderungen erfüllen und danach streben, die Kundenerwartungen zu übertreffen.

(2) **Führung**: Das Management selbst ist für die kundenorientierte Ausrichtung des

---
[1108] vgl. Töpfer; Mehdorn, (Total Quality Management), 1995, S. 22-42
[1109] zuständig für die Normung in Deutschland ist das DIN (Deutsches Institut für Normung e.V.). Die Ergebnisse dieser Normungsarbeit sind die Deutschen Normen (DIN-Normen). ISO: ist die Internationale Organisation für Standardisation. ISO-Normen sind in Deutschland gültig, wenn sie vom DIN übernommen werden. Man spricht deshalb auch von den DIN-ISO-Normen.
[1110] vgl. Campbell, (Qualität), 2000, S. 32

Unternehmens verantwortlich. Diese Verantwortung kann nicht delegiert werden.
(3) **Mitarbeiter**: Die Mitarbeiter sind vollständig in den TQM-Prozess einzubeziehen. Ihre Qualifikationen sind permanent weiter zu entwickeln.
(4) **Prozessorientierung**: Alle zusammengehörenden Ressourcen und Tätigkeiten sind als ein Prozess zu definieren und zu lenken.
(5) **Systemorientierung**: Die miteinander in Wechselbeziehung stehenden Prozesse sind im Rahmen eines Systems (QS- oder TQM-System) zu integrieren. Die Systemeffizienz ist ständig zu überprüfen und zu verbessern.
(6) **Ständige Verbesserung**: Die ständige Verbesserung der gesamten Unternehmensleistung ist dominierende Zielsetzung.
(7) **Rationale Entscheidungsfindung**: Unternehmensentscheidungen haben auf einer Analyse von Daten und Informationen zu beruhen.
(8) **Lieferantenbeziehungen** zum gegenseitigen Nutzen: Lieferanten und Kunden hängen in ihrem Markterfolg voneinander ab. Sie haben ihre Beziehungen zum gegenseitigen Nutzen zu steigern und werteschöpfend zu kooperieren.

Abb.8-11

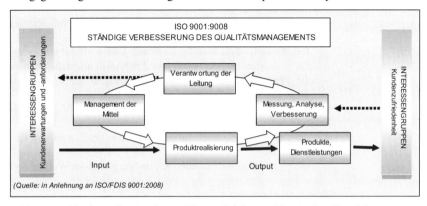

(Quelle: in Anlehnung an ISO/FDIS 9001:2008)

Abb.8-11 skizziert die Struktur. Ein praktiziertes **Total Quality Management** (TQM) berücksichtigt die dargelegten acht zentralen Grundsätze für die ISO-Vorgaben. TQM konzentriert sich speziell auf die Frage, ob die Unternehmung nicht nur qualitätssicher fertigt und liefert, sondern darüber hinaus auch effizient und erfolgreich kundenorientiert arbeitet.

TQM:
Eine Sache
von Anfang
an richtig
machen.

➡ TQM ist eine „*auf die Mitwirkung aller ihrer Mitglieder gestützte Managementmethode einer Organisation, die Qualität in den Mittelpunkt stellt und durch Zufriedenheit der Kunden auf langfristigen Geschäftserfolg sowie auf Nutzen für die Mitglieder der Organisation und für die Gesellschaft zielt.*"[1111] (Die „Väter": W.E. Demings, J.M. Jurun, P.B. Crosby)

Siemens leitet hieraus Strategien für die Produkt-, Personal- und Prozessqualität ab und definiert Qualität demzufolge als „*Maßstab, der angibt, inwieweit unsere Produkte, Anlagen und Dienstleistungen die Kundenanforderungen erfüllen, hinsichtlich Funktionalität, Leistung und Preis.*"[1112]

8.6.3. Exzellenz-Systeme nach Macolm Baldridge, EQA und EFQM

Strebt eine Unternehmung nach höchster Vollkommenheit, dann sind über ISO hinaus weitere Zertifizierungen möglich. Vor allem drei Konzepte haben sich als Fortsetzung der ISO-Normen durchgesetzt: der (1) **Qualitätsnachweis nach** *Malcolm*

[1111] nach DIN EN ISO 8402
[1112] Pfeifer, (Qualitätsmanagement), 2001, S. 111-113

Baldrigde sowie die europäischen Modelle des (2) ***Euopean Quality Award*** (*EQA*) und der (3) ***European Foundation for Quality Management*** (*EFQM*).

Im Hinblick auf eine weltweite Zertifizierung hat der von der US-Regierung verliehene ***Malcolm Baldrige National Quality Award*** eine besondere Bedeutung erlangt.[1113] In dem umfassenden TQM-Auditierungsansatz bekommen *Kundenorientierung* und *Kundenzufriedenheit* mit 200 von insgesamt 1000 Bewertungspunkten ein hohes Gewicht. Ein TQM-Audit evaluiert nach strengen Maßstäben:

- wie die gegenwärtigen und zukünftigen **Kundenerwartungen** festgestellt werden und in die Pflichtenhefte für neue Produkte unter Berücksichtigung von Technologie, Wettbewerb und sozialem Umfeld eingehen,
- das **Management der Kundenbeziehung**: welche **Partnerschaftsprogramme** für die Beziehungen zwischen Mitarbeitern und Kunden bestehen,
- welche Leistungsstandards für den **Kundendienst** festgeschrieben sind,
- welche Regelungen für eine Vorgangsabwicklung im **Kundenunterstützungsfall** getroffen sind,
- welche **Ausbildungsprogramme** für die Mitarbeiter mit Kundenkontakt angeboten werden,
- wie **Beschwerde- und Kundenfeedback-Daten** erfasst und verarbeitet werden,
- welche Strategien zur **Verbesserung der Kundenbeziehungen** bestehen,
- welche **Produkt- und Servicequalitätszusagen** das Unternehmen äußert und wie diese ständig verifiziert und verbessert werden,
- wie **Kundenzufriedenheit** ermittelt und die dazugehörige Messgenauigkeit verbessert wird,
- wie die bestehende Kundenzufriedenheit zu beurteilen ist und welche **Trends** zu beachten sind,
- wie die eigene Kundenzufriedenheit im **Vergleich zu Wettbewerbern** ausfällt.

Ähnliche Anforderungen gelten für die von der *European Foundation für Quality Management* (*EFQM*) verliehenen Auszeichnung bzw. Zertifizierung.[1114] Interessanterweise werden über die unternehmerischen Schlüsselprozesse hinaus auch Leistungsnachweise hinsichtlich des **Aufbaus von Partnerschaften** und der **Wahrnehmung von Verantwortung gegenüber der Öffentlichkeit** (Leistungsmerkmale bezogen auf Kunden, Mitarbeiter, Gesellschaft, finanzielle und nicht finanzielle Unternehmensergebnisse) verlangt. Wie hoch die Qualitätsanforderungen gesteckt sind, zeigen die durchschnittlichen Qualifizierungsergebnisse. 1000 Punkte können in einer *EFQM*-Zertifizierung maximal erreicht werden. Bei 700 Punkten liegt der Schnitt der Spitzenreiter und Preisgewinner. Typische, nach ISO 9001 zertifizierte Unternehmen kommen gerade auf 300 Punkte.[1115] Spitzenwerte bei Prozessqualitäten kann nur erreichen, wer auch die Logistik in das TQM integriert.

8.6.4. Six Sigma

Ein relativ neues Instrument zur systematischen Qualitätsverbesserung zum Vorteil der Kunden ist das *Six Sigma Konzept*.[1116] Entwickelt wurde *Six Sigma* Mitte der 80er Jahre bei *Motorola*, um Qualitätsprobleme zu beheben. Einer der *Six Sigma* Pioniere war *ABB*. Allerdings geht es bei *Six Sigma* nicht vorrangig um Produkte, sondern um Abläufe. Für spezifizierte Kundenanforderungen werden interne kriti-

---

[1113] Lang schildert das Malcolm Baldrige Audit für die IBM-Softwareentwicklung in Böblingen, vgl. Lang, (Baldridge), 1994, S. 137-167 und speziell S. 162
[1114] vgl. *www.efqm.org*
[1115] vgl. Campbell, (Qualität), 2000, S. 101
[1116] vgl. Kroslid; Faber; Magnusson; Bergmann, (Six Sigma), 2003

sche Qualitätskriterien erstellt und regelmäßig gemessen. Sigma steht für die Standardabweichung der Gauß'schen Normalverteilung. Theoretisches Ziel ist es, bei 1 Mio. Vorgängen nur noch 3,4 Abweichungen von der Norm zuzulassen. Das entspricht einem Perfektionsniveau von 99,99966 Prozent und damit einer Null-Fehler-Qualität. Das durchschnittliche Qualitätsniveau in industriellen Prozessen liegt heute in einer Spannweite von 93,3 bis 99,4 Prozent. Seit 2003 hat sich die Zahl der deutschen Unternehmen, die mit Hilfe von Six Sigma nach Exzellenz streben, auf fast 200 verdoppelt. Für sie wird **Six Sigma zu einem flächendeckenden Management-System für faktenbasierte Entscheidungen**. Gerade in diesem Punkt meldet der Marketier allerdings Vorbehalte an. Six Sigma soll in den Unternehmen Bauchentscheidungen ausschalten. Die Produktqualität und die Performance eines Unternehmens ist eine auf Seiten des Kunden „gefühlte", nicht gerechnete Qualität.

8.7. Marktorientierte Logistik

Der Abschnitt 6.7. hat bereits die Bedeutung der Logistik für die Kundenzufriedenheit aufgezeigt. Die Thematik wird hier unter gesamtunternehmerischer Sicht noch einmal aufgegriffen, weil die Logistik (physische Distribution) im Widerspruch zu gängigen Marketingbüchern meist nicht in der organisatorischen Verantwortung von Marketing und Vertrieb liegt.

Vendor Managed Inventory (VMI): Der Lieferant hat IT-Zugriff auf den Lagerbestand des Kunden.

Aufgrund der sich ändernden wirtschaftlichen Rahmenbedingungen und der immer stärkeren **weltweiten Vernetzung von Zuliefer-, Produktions- und Kundensystemen** wird der Material- und Informationsfluss entlang der Wertschöpfungskette zunehmend zu einem entscheidenden Wettbewerbsfaktor. Die Kosten der Warenverteilung machen bereits im Schnitt 20 bis 45 Prozent der gesamten Lieferkettenkosten aus. Bei großen internationalen Unternehmen schlägt sich die strategische Bedeutung der Logistik in integrierten und computergestützten Gesamtkonzepten nieder. Der Trend geht dabei von der abwickelnden hin zur **werteschaffenden Logistik**. Die grossen Logistik-Dienstleister helfen ihren Kunden, die warenwirtschaftlichen Prozesse antlang der gesamten Lieferkette zu optimieren. Unterschieden werden drei logistische Prozessbereiche: (1) die **Beschaffungslogistik**, (2) die **Produktionslogistik** und (3) die im Abschnitt 6.7. bereits behandelte **Vertriebslogistik**.[1117]

BMW hält im Werk Dingolfing 300.000 Ersatzteile auf Abruf bereit.

Welche Trends auf der Marktseite beeinflussen die Logistik besonders stark?
(1) Der **Wandel von den Verkäufer- zu den Käufermärkten** macht auch vor der Logistik nicht halt! Die gestiegenen Kundenanforderungen gehen in Richtung kurze Lieferzeiten, hohe Terminsicherheit, Flexibilität und logistische Zusatzleistungen. In vielen Marktbereichen fordern Kunden minutiöse Anlieferung der Ware und Abladung direkt an die Fertigungsbänder (Just-in-time).
(2) Die Logistik muss die Internationalisierung von Marketing und Vertrieb absichern. Das bedingt weltweit abgestimmte Transport- und Lagerkonzeptionen sowie das **Management von Schnittstellen** zu unterschiedlichen Logistikpartnern mit genauer Kenntnis der jeweils in den Ländern geltenden klimatischen, kulturellen, infrastrukturellen, rechtlichen und administrativen Rahmenbedingungen.
(3) Die **Beschleunigung** von Innovationsgeschwindigkeit und Produktlebenszyklen fordert von der Logistik eine schnelle Anpassung der Lade- und Verpackungsvorrichtungen und der Transportbehältnisse.
(4) Die **verschärfte globale Umweltsituation** wie auch das gesteigerte Umweltbewusstsein der Kunden fordern neue Konzepte für umweltfreundlichere Transportlösungen, Recycling und Abfallvermeidung.

[1117] vgl. Krampe; Lucke, (Logistik), 2006, S. 27

(5) **Informationen sollen den Gütern vorauseilen**. Der Güterfluss wird durch einen Informationsfluss ergänzt.[1118] Die Marktorientierung zwingt die Logistik in das Internet. Der Kurier- und Expressdienst *DHL Worldwide Express* bietet z.B. einen Sendungsverfolgungsservice im Internet an. Der jeweils aktuelle Status von 20 Mio. Sendungen täglich kann online am Bildschirm verfolgt werden.

Wildemann hat vor einigen Jahren 121 Unternehmen und 58 Hochschulprofessoren in einer **Delphi-Studie** über Anforderungen an eine moderne Logistik befragt. Folgende Trends wurden erkennbar:[1119]

- weitere **Verbesserung des Kundenservices**, z.B. durch Ausweitung der Wertschöpfungskette zum Kunden hin und durch produktnahe Dienstleistungen in der Distribution,
- verstärkte **Verlagerung von distributionslogistischen Aktivitäten auf logistische Dienstleister** (auch Bildung von virtuellen Organisationsformen auf "Weltklasseniveau"),
- **Erweiterung des Aufgabenumfangs** von Speditionsunternehmen,
- **Verringerung der Zahl der Distributionsstufen** und der Lagernetze,
- flussgerechter Einbezug von Auftragsabwicklung, Lagerhaltung und Produktion,
- **Einbindung des Kunden** in die Logistikkette durch den Einsatz neuer Informations- und Kommunikationstechniken.

Analog zur CRM-Philosophie führt der Weg hin zu computergestützten, integrierten Gesamtkonzeptionen.

8.8. Supply Chain Management (SCM/eSCM)

BMW konnte im Jahr 2008 ca. 1,44 Mio. Fahrzeuge absetzen. Im Durchschnitt enthält ein BMW 18.000 Teile. Folglich hat BMW im Jahr 2006 rund 26 Mrd. Teile gesteuert.

Was liegt jetzt näher, als die kundenorientiert optimierte Unternehmung mit den Wertschöpfungsketten der Vorlieferanten und in letzter Konsequenz auch mit dem Einkaufsprozess des Kunden zu vernetzen. So entsteht die Idee für ein Supply Chain Management (SCM).[1120]

> ➡ **Supply Chain Management** (SMC) ist die computergestützte Steuerung des Material-, Informations- und Kapitalflusses über die gesamte Wertschöpfungskette; von der Rohstoffgewinnung bis zum Endkunden. Es ergibt sich eine integrierte Einkaufs-, Produktions- und Absatzplanung.
> ➡ Ziel ist die **Integration des gesamten Wertschöpfungsprozesses**.
> ➡ Ebenfalls ein Ziel ist die **Erhöhung der Kundenwerte** (Value to the Customer) bei Endkunden.
> ➡ In Richtung der Vorlieferanten entwickelt sich ein **Supplier Relationship Management**: SRM umfasst die Planung und Steuerung von Beziehungen eines Unternehmens zu seinen Lieferanten. Dabei werden Ansätze des Customer Relationship Managements in die entgegen gesetzte Richtung der Lieferkette angewendet.

Die **Leitlinien** von SCM lauten wie folgt:
(1) Die Marktnachfrage steuert unternehmensübergreifend die gesamte Lieferkette.
(2) Informationen fließen ohne Medienbrüche entlang den Wertschöpfungsstufen und stehen allen Geschäftspartnern zeitnah zur Verfügung.
(3) Durchlaufzeiten, Prozesskosten und Lagerbestände werden minimiert.
(4) Problemsituationen werden in Echtzeit gelöst.

[1118] vgl. Krampe; Lucke, (Logistik), 2006, S. 38
[1119] vgl. Wildemann, (Güter verteilen), in: HBM, 1/1997, S. 55
[1120] vgl. Kortus-Schultes; Müller, (Supply Chain), 2001. Zur wertorientierten Gestaltung von Lieferbeziehungen s. auch Hofbauer; Mashhour; Fischer, (Lieferantenmanagment), 2009.

Drei Integrationsstufen führen zu SCM:
(1) **Integrated Enterprise**: Mit Hilfe von PPS / ERP und CRM werden die kundenbezogenen Prozesse einer Unternehmung ressortübergreifend optimiert.
(2) **Extended Supply Chain**: Mit Hilfe kooperierender Systeme und Web-EDI-Anbindungen werden die wichtigsten Lieferanten und Kunden (Händler) in das SCM-Konzept eingebunden. Ab diesem Zeitpunkt werden Produktions- und Absatzdispositionen miteinander geteilt.
(3) **Supply Chain Networks**: Die elektronischen Vernetzungen werden auf Internet-Basis weiter ausgebaut. Die Supply Chain Mitglieder können wie ein Unternehmen im Markt auftreten. Weitere Kunden oder Lieferanten können ad-hoc angeschlossen werden.

Die DHL beziffert die Kosteneinsparungen in der Logistikette durch den Einsatz von SCM auf 25% (zit. in IT-Director, 10/2006, S. 65).

Folgende **Vorteile** werden für SCM betont:
- Abstimmung und Optimierung von Bestellmengen, Lieferzeiten, Transport und Beständen über die gesamte Wertschöpfungskette,
- Verkürzung der Lieferzeiten,
- Verhinderung von ausverkauften Waren,
- frühzeitiges Erkennen von Bedarfsschwankungen,
- Reduktion von Sicherheitsbeständen,
- Reduzierung von Beschaffungskosten,
- Umsatzsteigerungen durch Mehrwerte
- und letztlich höhere Kundenzufriedenheit beim Endabnehmer.

Wichtige Voraussetzungen für SCM sind offene Informationssysteme, miteinander gekoppelte ERP-Systeme und die Bereitschaft zur Kooperation bei den Teilnehmern der Kette. Dann können die **Vorteile** eintreten, die der *Supply Chain Council* festgestellt hat: **Bestandsverringerungen** um bis zu 60 Prozent, **Senkung von Durchlaufzeiten** um bis zu 50 Prozent, **Gewinnsteigerungen** bis zu 30 Prozent und **Steigerungen** bei **Umsatzerlösen** und **Marktanteilen** um bis zu 55 Prozent.[1121]

SCM kann zu einer optimierten Kombination von Category Management und ECR führen (s. Abschnitte 6.6.2.f. und g.). Durch Verbindung von SCM und CRM entsteht eine Endkunden-gesteuerte Wirtschaft, die sog. **Reverse Economy**.

8.9. Die abschließende Generallinie

8.9.1. Die Kraft der Werte: Creating Value / Value Production

Abschließend wird nach einem **Leitfaden** gesucht, der alle Aspekte der Marktorientierung von Marketing und Vertrieb, von Beschaffung, Forschung & Entwicklung, Fertigung, QS und Logistik sowie der administrativen Unternehmensbereiche verknüpft. Abb.8-12 fasst die zentralen Elemente für eine marktorientierte Ausrichtung einer Unternehmung zusammen, die in diesem Buch behandelt worden sind.

Die Befolgung dieser Leitlinien wird einer Unternehmung nur dann Markterfolg bringen, wenn die Handlungen aller Mitarbeiter und damit die gesamte Unternehmenspolitik auf die Schaffung von Werten bei den Kunden ausgerichtet sind. "*Wert entsteht durch Marketing an sich ... Unternehmen müssen die Stellhebel für Wertentstehung und -steigerung kennen und proaktiv einsetzen ... alle Werttreiber zielen darauf ab, nicht nur Kundenorientierung zu haben, sondern kundenorientiert zu*

[1121] vgl. *www.lis.iao.fhg.de/scm/* (11/2000)

Abb.8-12

Leitlinien	Kernidee	Maßnahmen
Marktvision und –strategie des Top-Management	Ist Grundelement der marktorientierten Unternehmensführung	• Vision für die kommenden 5 – 10 Jahre entwickeln • Langfristplanung mit Zielen und Maßnahmen • Top-down und Bottom-up-Abstimmung ist nötig • Marktorientiertes Leitbild von den Mitarbeitern in Workshops erarbeiten lassen
Management von Kernkompetenzen	Ist der Nährboden der Unternehmenszukunft	• Definition der besonderen Stärken und Fertigkeiten der Unternehmung • Welche Stärken können bereichs- und produktübergreifend genutzt werden? • Was denken Mitarbeiter und Hauptkunden über die eigenen Stärken bzw. Kompetenzen? • Extraktion der Kernkompetenzen und Maßnahmen zur Sicherung und zum Ausbau der Kernkompetenzen
Integration von Technik und Markt	Abbau von Schnittstellenproblemen sowie Überwindung disziplinärer Denkhaltungen	• Den Kunden „in die Fabrik lassen". • Kundenbesuche auch für die Kollegen aus F&E, Konstruktion und Fertigung • Gemeinsame Schlüsselentwicklungen mit Top-Kunden • Gemischte Arbeitsteams von Technikern, Kaufleuten und Marktexperten
Integration von Vertrieb und Marketing	Marketing muss den Verkauf beseelen	• Das Marketing (Marketingphilosophie, Marketingmethoden) müssen den Vertrieb/Verkauf „beseelen" • Job-Rotation zwischen Marketingspezialisten und Verkaufsgeneralisten • Die strategische Planung geht vom Vertrieb aus – Marketing unterstützt, konsolidiert und verfeinert • Produktmanager mit Verkaufserfahrung
Schlüsselkunden-Management	Priorität für strategische Kundenpotenziale und langfristige, partnerschaftliche Beziehungen	• Einrichtung eines Key Account Management • Abgestimmte Strategien mit Flächenvertrieb • Zielrichtung auch: Customer Integration • Einführung von EDI, EDIFACT
Zukunftsszenarien	Vorteile im Zeitwettbewerb erringen	• Erstellen von Technologie-, Wettbewerbs- und Umfeldprognosen • Erarbeiten von Ziel-Produkt-/Geschäftsfeldportfolios • Gute Kontakte zu Marktforschungsinstituten halten • Gezieltes Wissensmanagement
Online-Steuerung von Innen- und Außenwelt	Einführung eines ERP-Systems in Verbindung mit CRM/CAS	• Verwirklichung einer Unternehmens- und einer Vertriebsführung „mit System" • Steuerungsprogramme an besondere Unternehmensverhältnisse anpassen • und mit den Mitarbeitern gemeinsam ausgestalten und einführen • Prinzip des kontinuierlichen Lernens im Vertrieb realisieren • Vertriebscontrolling und Benchmarking • Leistungsgespräche mit Mitarbeitern, Einführung eines Prämienlohnsystems • Vertriebspartner (Handel, Handelsvertreter) an der Marktplanung teilhaben lassen; Festlegung gemeinsamer Spielregeln

sein."[1122] Abb.8-13 stellt die Bausteine des **Creating Value Konzeptes** sowie die **Wertgeneratoren** besonders erfolgreicher Unternehmen dar.[1123]

Bei diesen Überlegungen zu einer **werteorientierten Unternehmensführung** schälen sich 2 zentrale Arbeitsfelder für die marktorientierte Unternemensführung heraus:
(1) **Value Production**: Die Werteschaffung für einen Kunden, beispielsweise durch eine neue Dienstleistung, hat bereits in einem ganz frühen Stadium des Wertschöpfungsprozesses zu erfolgen und sich quasi produktionswirtschaftlichen Gestaltungsregeln zu unterwerfen. Normalerweise gibt es erst ein Produkt und dann

---

[1122] Kricsfalussy; Semlitsch, (Werttreiber), in: ASW, Sondernummer Oktober 2000, S. 22-34. Die Autoren sind Mitarbeiter von Droege & Comp. Sie fassen die Ergebnisse der Delphi-Studie des Deutschen Marketing-Verbandes zusammen. Frage: Welche sind die aus Marketingsicht wertvollen Unternehmen?

[1123] vgl. Kricsfalussy; Semlitsch, (Werttreiber), in: ASW, Sondernummer Oktober 2000, S. 26 und 23

Abb. 8-13

DAS CREATING VALUE-KONZEPT (AUSZÜGE)		
Werte-Entstehung im Unternehmen durch	**Creating Value durch Marketing**	**Instrumentaleinsatz**
➨ Generierung von neuem Wissen und Umsetzung in neue Produkte ➨ Kreative Nutzenbündel für Verbraucher ➨ Vermittlung von Einzigartigkeit ➨ Schaffung einer Marke ➨ Einsatz des Kunden als positiven Botschafter des Unternehmens	➨ Schaffung eines spirituellen Mehrwertes über materielle Werte hinaus ➨ Innovationsorientierte Produktpolitik ➨ Wertstabile Produkte ➨ Emotionaler Verbraucherwert ➨ Beständigkeit ➨ Markenführung und -pflege	➨ Alle Kommunikations-, Strategie- und Analyseinstrumente ➨ Marketing-Mix und Sub-Mixes ➨ Markenwertanalyse, -führung, Markenaufbau und -pflege ➨ F&E, Innovationsmanagement ➨ CRM, Kundenwertanalyse, Zielgruppenanalyse ➨ Markforschung, Research ➨ Wissensmanagement
Marketing-getriebene Unternehmen und ihre Wertgeneratoren		

Beiersdorf	*Nokia*	*Ferrero*	*Unilever*	*Telekom*	*Coca Cola*
• Konsequente Wertentwicklung und Ausbau der Marken ohne den Markenkern zu gefährden • Sehr hohe Bedeutung der Markenführung • Blue-Harmony-Konzept - durchgängiges internationales Markenbild	• Erfassung von Kundenwünschen und Schaffung eines neuen Lifestyles • Fokussierung der Value Proposition auf eine Wertkompetenz • Konsequente Markt- und Kundenorientierung mit hohem Marketingeinsatz	• Fokussierung auf wenige, eigenständige Produkte / Marken; hohe Konkurrenzbarrieren durch Produktion und Werbung • Hohe Innovationsflexibilität, gute Markenführung, klares Konditionensystem	• Hoher Werbeaufwand • Innovativ • Gute Positionierung	• Konsequenter Imageaufbau durch systematische Kommunikation • Macht Kommunikation populär und massefähig • Marke, Innovationen in Zukunftsbranchen, globale Strategie • Deutliche Kundenorientierung, geglücktes Reengineering • d.h. fundamentales, neues Marketing	• Vermarktet ein Lebensgefühl • Ein Paradebeispiel für langjährige Markenführung • Optimaler Einsatz der Kommunikationsinstrumente zur Schaffung eines spirituellen Mehrwertes

(Quelle: Kricsfalussy; Semlitsch, (Werttreiber), in: ASW, Sondernummer Oktober 2000, S. 26 und S. 23)

bei der Vermarktung wird darüber nachgedacht, welchen Nutzen es dem Kunden wirklich bringt. Kundennutzen ist aber nicht genug. Die Angebotsleistung muss dem Kunden ökonomisch nachweisbare Werte bieten.

(2) **Wertevermarktung (Werteverkauf)**: Wenn wir so weitermachen, dann gleitet die CRM-Bewegung einseitig in Richtung Effizienzerhöhung ab. Das Marketing wird blutleer. Wir kommen erst dann weiter, wenn die operativen Geschäftsbereiche (Vertrieb) wissen, welche Werte sie beim Kunden vermarkten (= **Customer Value**) und welche Werte sie vom Kunden hierfür zurückbekommen (= **Customer Equity**). Es entstehen **Wertschöpfungspartnerschaften**.

Die Konzeption einer wertorientierten Unternehmensführung steht erst am Anfang. Die Weiterentwicklung kann sich an Thesen orientieren, die auf dem *Deutschen Kundenwerttag 2005* erarbeitet worden sind (Auszug):
- ☒ Kundenwerte sind nicht fix. Sie sind mittel- bis langfristig gestaltbar.
- ☒ Mehrwertgeschäfte sind um Kundenwünsche herum zu entwickeln.
- ☒ Wettbewerbsvorteile ergeben sich durch Integration aller Leistungen entlang der Supply Chain. Die Vision: Mehrwertangebote aus einer Hand.
- ☒ Der klassische Kundenservice ist out. Der Trend geht vom pannenorientierten, reaktiven Service zum agierenden, werteschaffenden Servicevertrieb.

▷ Aus CRM wird CVE (**Customer Value and Equity Management**).
▷ Neben der markenorientierten steht die kundenwertorientierte Unternehmensführung.
▷ Bei Wertschöpfungspartnerschaften geht es darum, **Customer Value** (CV) und **Customer Equity** (CE) in eine Balance zu bringen.
▷ Kunden- und Lieferantenbeziehungen werden zu Koordinations- und Kommunikationsprozessen für eine Mehrwertproduktion.
▷ Kundenwertesteuerung muss in den operativen Systemen möglich sein.
▷ Führungsaufgabe: Die Mitarbeiter zu Wertemanagern weiterentwickeln.

Wer alle fachlichen Elemente dieses Buches verwirklichen und alle Werteversprechen wahrmachen kann, der wird seine gesamte Unternehmung als Marke in den Köpfen von Interessenten und Kunden verankern.

8.9.2. Die Kraft der Marken: Die Unternehmung als Marke

Marktorientierte Unternehmensführung bedeutet: Die Gesamtunternehmung wird zur Marke.

Alle marktorientierten Denkhaltungen können sich zu einer Philosophie verdichten, die die gesamte Unternehmung als Marke sieht bzw. zu einer Marke entwickelt.

In einem **6-C-Konzept der Markenführung** hat *Meffert* hierzu sechs Erfolgsprinzipien miteinander verknüpft. Diese sind in der Abb.8-14 dargestellt:[1124]

(1) **Customer Orientation**: Technische und kundenbezogene Trends sind frühzeitig zu erkennen, das Leistungsprogramm konsequent auf die **Kundenbedürfnisse** auszurichten und ein vorteilhaftes Preis-/Leistungsverhältnis zu realisieren.

(2) **Continuity**: Kontinuität im Leistungsanspruch und im Marktauftritt gibt dem Kunden eine Orientierungshilfe im sich immer schneller verändernden Marktgeschehen. Aus dieser Kontinuität erwächst das Vertrauen in den Lieferanten.

(3) **Concentration**: Empfohlen wird die Konzentration der Unternehmenskräfte auf wenige Produkte (Geschäftsfelder), hinter denen **Kernkompetenzen** stehen.

(4) **Credibility**: Eine gleichbleibende Produkt- und Servicequalität sichert das **Vertrauen** der Kunden. Das impliziert auch, nur Versprechen in den Markt abzugeben, die man halten kann.

Abb.8-14

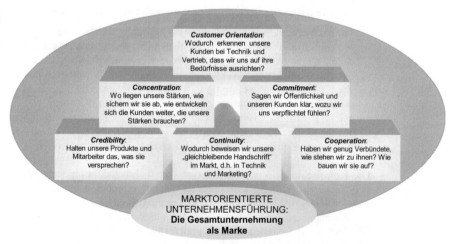

[1124] vgl. Meffert in einer früheren Auflage: (Marketing), 2000, S. 880-881 unter Hinweis auf eine Veröffentlichung aus dem Jahr 1984; hier abgeändert gemäß Puhlmann; Semlitsch, (Marke), in: ASW, Sondernummer Oktober 1997, S. 30

(5) **Commitment**: Im Markt muss transparent gemacht werden, wozu sich die marktorientierte Unternehmung **verpflichtet fühlt**. Im Vordergrund der Unternehmensaufträge sollte ein **konsequentes Innovationsstreben** stehen. Auf den zweiten Blick wird dann klar: Letzten Endes sind es die Engagements der Mitarbeiter, die eine Unternehmung weiterbringen – und moderne Systeme der Unternehmensführung, die die Mitarbeiter in ihren Anstrengungen unterstützen.

(6) **Cooperation**: Wertvorstellungen und Denk- und Verhaltensweisen der Kunden werden immer instabiler. Umso wichtiger ist eine **partnerschaftliche Zusammenarbeit** zwischen Hersteller und Handel, Hersteller und Zulieferanten, Hersteller und Großkunden und letztlich auch Mitarbeitern und „Vor"-Gesetzten. Wir müssen erkennen, dass die Einzelkämpferzeiten vorbei sind. Heute wächst das Gemeinschaftswissen schneller als das Wissen des Einzelnen. Folglich ist es Gebot der Stunde, dass Mitarbeiter ihr Einzelwissen in ein Gemeinschaftswissen einbringen. Eine Unternehmung als Einheit wird von den Kunden nie das Prädikat „marktorientiert" erhalten, wenn die Bruchstücke individuellen Marktwissens von Vertriebsleuten und Ingenieuren in privaten Karteikästen gehortet werden und dadurch die Wissens- und Kräftebündelung fehlt.

So präsentiert sich eine Unternehmung mit ihren Geschäftsbereichen und ihren Mitarbeitern als ein kompaktes Qualitäts- und Leistungsversprechen.

8.9.3. Die Kraft der Systeme

Die Ideen des Marketing dürfen nicht in Schönheit erstarren. Marketing muss sich in Massenprozessen bewähren. Es ist wichtig, in allen Unternehmensbereichen moderne Systeme zu nutzen, die den Dienst am Kunden sinnvoll automatisieren und dadurch die Mitarbeiter bei ihren arbeitstäglichen Anstrengungen entlasten. CRM, E-Business und internetgestütztes Supply Chain Management werden die Unternehmen weiter umkrempeln. Marketing und Vertrieb, wie auch die anderen Unternehmensressorts, gehen mit der IT eine Symbiose ein. Sie formen im Sinne eines **Business Process Managements** (BPM) neue, integrierte Abläufe und sichern somit die Qualität im Kundenmanagement. Es ist nicht auszuschließen, dass in den nächsten Jahren die klassischen Funktionalbereiche der Betriebswirtschaft im Zuge von BPM miteinander verschmelzen. In der systemgesteuerten Welt disponiert der Kunde selbst seinen Auftrag über das Web in der Systemwelt des Anbieters – quer durch alle Vertriebskanäle und Marketingfunktionen.

Welche Hochschule kann es daher noch verantworten, AbsolventInnen in die Praxis zu entlassen, die während ihres Studiums keinen Einblick in ERP-, CRM- oder SCM-Systeme erhalten haben? Unternehmen und Hochschulen werden sich anpassen müssen und verstärkt Methoden- mit Systemkompetenzen verknüpfen.

Für die Unternehmenspraxis ist der Weg in eine Systemwelt, die Kunden- und Kostenorientierung in eine Balance bringt, noch weit. Den meisten Firmen ist es z.B. bis heute noch nicht gelungen, sich eine integrierte und über Adressdaten hinausgehende Kundendatenbank aufzubauen.[1125] Fragen wir uns ehrlich, wem es gelungen ist, die Servicetechniker (Kundendienst, Anwendungstechnik) an die Vertriebssteuerung anzuschließen.

Bei der Einführung von IT-Systemen ist **Change-Management** angesagt. Denn die Menschen fürchten sich vor Systemen. Systeme bringen Veränderungen und drängen

---

[1125] vgl. Winkelmann, (Vertriebsaufgaben), in: ASW, 2/2001, S. 56

die Arbeitsabläufe in Richtung Standardisierung. Doch wird die IT immer nur Werkzeug bleiben. Die Markterfolge werden auch in Zukunft von starken Ideen des Marketing abhängen - und der Kundenerfolg von motivierten und methodisch vorgehenden Mitarbeitern der Vertriebs- und Serviceabteilungen.

8.9.4. Die großen Herausforderungen für Marketing und Vertrieb

Wenn das Marketing die beschriebenen Kräfte bündeln kann, dann werden die Unternehmen auch die Herausforderungen bewältigen können, die sich am Ende des ersten Jahrzehnts des neuen Jahrtausends stellen. Die Schockwellen der sog. „Finanzkrise", die ohne Zweifel die Dimension einer Weltwirtschaftskrise haben, regen dazu an, einen zusammenfassenden Blick auf die Problemfelder zu werfen. Diese sind in der Abb.8-15 zusammengestellt.[1126]

So gross die aktuellen Herausforderungen auch sein mögen: Es wird immer Sieger in der wettbewerblichen Auseinandersetzung geben. Die **Champions** von heute und morgen stellen sich dem wirtschaftlichen Strukturwandel und sind in der Lage,
(1) Angebotsleistungen konsequent auf Kundennutzen hin auszurichten,
(2) innovative Produkte und Dienste zu schaffen, die wirklich Probleme lösen,
(3) Serviceversprechen abzugeben, die von Mitarbeitern auch gelebt werden
(4) und dies auf der Grundlage verständlicher Visionen und Werte,
(5) Preissysteme so zu gestalten, dass Angebotsleistungen als „preiswert" empfunden werden,
(6) starke Bilder, Botschaften und dadurch emotionale Markenimages zu kreieren,
(7) Klarheit zu schaffen, dass Erfolge weitgehend auf persönlichen Beziehungen und nicht allein auf kaufmännischen und technischen Fakten beruhen,
(8) innovative Instrumente zu schaffen und diese mit Hilfe von Systemen zu steuern (CRM, E-Commerce, Solution-Center, Kampagnenmanagement etc.),
(9) dabei ihre Werbe- und Vertriebspartner oder gar Kunden mit einzubeziehen
(10) und mit Hilfe dieser Punkte die **Balancen** zwischen **Standardisierung und Individualisierung** sowie **Kunden- und Kostendenken** zu verwirklichen.

Abb.8-15

[1126] vgl. in Anlehnung an Meffert; Burmann; Kirchgeorg, (Marketing), 2008, S. 848

So wäre es schön, wenn dieses Buch einen Beitrag zu einem besseren Verständnis des Marketingbegriffs in der Öffentlichkeit und zu einem besseren Zusammenwirken von Marketing- und Vertriebabteilungen in der Praxis leisten konnte.

Das Marketing wurde in diesem Buch dargestellt
(1) auf Geschäftsführungsebene als eine Denkweise und eine strategische Fokussierung, die den Bilanzerfolg aus einem Markterfolg herleiten, bei dem Mitarbeiter und Kunden durch Erwartungserfüllung und Mehrwerte zufrieden gestellt werden und mit dem Vertrieb als einem Instrument im Rahmen des Marketing-Mix,
(2) auf der Ebene der operativen Alltagsarbeit als Partner des Vertriebs, mit der Aufgabe, auf dem Weg zu mehr Umsatz, Ergebnis, Markanteil und Kundenzufriedenheit alle Arbeitsschritte des SalesCycles zu unterstützen.

Das (strategische) Marketing ist somit im Sinne von *Meffert* eine **Managementkonzeption für eine marktorientierte Unternehmenführung:**

> *„Für uns bedeutet Marketing seit jeher eine marktorientierte Unternehmensführung des Unternehmens, ein funktionsübergreifendes Managementkonzept also, und keine Einzeldisziplin."*[1127]

Wenn Marketing und Vertrieb treibende unternehmerische Kräfte und nicht nur Umsatzplanerfüller und Sklaven des Controllings sind - wenn sie sich mit den anderen betrieblichen Bereichen zu einer **Kultur der marktorientierten Unternehmensführung zusammenfinden** - dann führt das - bildlich gesprochen – zu einem *„Aufschwingen in die hohen Weihen der Unternehmensführung"*,

> *„ ... indes die anderen Möwen zur selben Zeit auf dem Boden hockend nichts als Nebel und Regen kannten."*[1128]

Dann macht es Freude, in dieser Konsum- und Geschäftswelt zu leben.

---

1. Hat Ihnen die Konzeption dieses Buches zugesagt? Auf ergänzende Praxisliteratur zur Vertriebspolitik und Außendienststeuerung ist am Ende des 6. Kapitels hingewiesen worden.
2. Über Ihre Meinung und über Verbesserungsvorschläge würde ich mich freuen. Mailen Sie einfach an *pwinkel@fh-landshut.de*
3. Ansonsten: Schauen Sie doch bitte einmal herein, bei *www.vertriebssteuerung.de* wie auch bei *www.crm-scan.de*

[1127] Heribert Meffert in einem Interview in der Absatzwirtschaft: Berdi, (verzetteln), in: ASW, Sonderheft Leadership Perspektiven, 2006, S. 31
[1128] Bach, (Jonathan), Frankfurt – Berlin 1993, S. 30

Kompetenzfragen mit Internetlösungen

Anhand der folgenden Fragen können Sie Ihr Marketing- und Vertriebswissen überprüfen. Die Fragen bilden eine bunte Mischung aus theoretischen Grundlagen und den modernen Strömungen unseres Faches. Die Neuerungen kommen (und gehen) oftmals so rasch, dass man im Stress der Praxis kaum selbst in der Lage ist, alle Entwicklungen anhand von Fachbüchern, Zeitschriften und Kongressen etc. zu verfolgen. Die aktuellen Strömungen sind sozusagen für Sie gesichtet und in der Form von 100 Fragen aufbereitet.

Die Lösungen finden Sie in der Download-Sektion meiner Homepage *www.vertriebssteuerung.de*. **Zum Öffnen brauchen Sie jedoch ein Passwort.** Das Passwort ist das Wappentier meiner Heimatstadt. Deren Bundesligamannschaft ist 1967 Deutscher Fußballmeister geworden.

Und nun geht´s los! Viel Spass mit den Fragen

Die Kompetenzfragen:

1. Was ist ein Item
2. Bitte ergänzen Sie ein Wort: gestützte .....
3. Aus welchen drei großen Bereichen besteht CRM
4. Was bedeutet PIMS, und was ist die strategische Bedeutung dieses Ansatzes
5. Was ist ein Starch-Test
6. Was versteht man unter Opportunity-Management
7. Was ist Silent Marketing
8. Ergänzen Sie: ....-Milieu
9. Was ist Permission Marketing
10. Was bedeutet SOR
11. Was besagt die Pareto-Regel, und welche Rolle spielt sie bei der Kundenqualifizierung
12. Welche drei Arten von Kundentreue (Kundenloyalität) werden unterschieden
13. Erstellen Sie grafisch den theoretischen Verlauf einer Werbewirkungsfunktion
14. Wie errechnet sich ein ROCE
15. Wann übt ein Call-Center Linienfunktion aus
16. Was ist CTI
17. Kundenzeitungen dienen der Kundenbindung. Was meinen Sie
18. Was versteht man unter dem Customer Equity Ansatz
19. Was besagen die idealen Kundenpositionen bei der Produktpositionierung
20. Beschreiben Sie den Markeneisberg von icon zur Messung der Kraft einer Marke
21. Was ist eine Flatrate
22. Was heißt Churn genau, und was sind die Aufgaben des Churn-Management
23. Was ist ein G-Wert
24. Was ist ein Cold Call
25. Zeigen Sie den Weg der Vertriebssteuerung auf, von der Zettelwirtschaft zu CRM
26. Effizienz bedeutet ..... und Effektivität .....
27. Was ist das entscheidende Kennzeichen von Datamining
28. Nennen Sie drei große ERP-Systemanbieter
29. Beschreiben Sie den Schlüsselkunden-Gewinnungsansatz von *Miller* und *Heiman*
30. Welche drei Erfolgsfaktoren bestimmen die Qualität von Kundenbesuchen
31. Welche kritische Anbieterposition zeigt Porter in seinem Modell auf
32. Wie hoch ist die Preiselastizität der Nachfrage beim Prohibitivpreis und bei der Sättigungsmenge
33. Was ist der Unterschied zwischen einem Data Warehouse und einem Data Mart
34. Was sind die Funktionen einer Kundenkarte
35. Welche drei Arten von Produktanforderungen unterscheidet Kano
36. Beschreiben Sie den Weg vom Call-Center zum virtuellen Customer Care Center
37. Was war bislang der entscheidende Vorteilsunterschied von Kundenclubs in USA und in Deutschland
38. Was bedeutet Line Extension
39. Was ist der Unterschied zwischen horizontaler und vertikaler Preisdifferenzierung
40. Welche drei Formen der Kundenbindung werden unterschieden
41. Was ist Mystery Shopping
42. Beschreiben Sie die Intensitäten einer Zusammenarbeit beim Key Account Management
43. Beschreiben Sie die Grundidee des Value Marketing
44. Wie ist eine Nachfrageelastizität des Preises aufgebaut und für welche Kaufform (Handelsform) könnte sie relevant sein

45. Was ist der entscheidende Vorteil einer Payback-Karte für die Anbieter
46. Was besagen die folgenden Effekte: Veblen-Effekt, Snob-Effekt, Mitläufer-Effekt
47. Welche vier Felder des Geschäftsfeldportfolios unterscheidet die BCG-Matrix
48. Beschreiben Sie die Eskalationsstufen eines Help Desk Systems
49. Welche Faktoren bilden das 6-C-Konzept der Markenführung von *Meffert*
50. Was versteht man unter Brand-Licensing
51. Welche (drei) Dimensionen zur Ziel-Konkretisierung definierte *Heinen*
52. Was bedeutet Complaint Ownership
53. Welches Unternehmen wurde Marketing-Preisträger 2000 und mit welcher Begründung
54. Was bedeutet Residenzprinzip
55. Wie lauten die fünf Schalen des Zwiebelschalenmodells eines Produktes
56. Was bedeutet das NOAC-Prinzip
57. Nennen Sie mindestens fünf Ansätze zur Messung eines Markenwertes
58. Welche Markentypen werden im Preis-/Qualitätsspektrum unterschieden
59. Was bedeutet Power-Shopping oder Co-Shopping
60. Für welche Märkte eignet sich Datamining
61. Was ist ein Semacode, und welche Auswirkungen kann das Verfahren auf Kaufprozesse haben
62. Was versteht man unter SCM
63. Welche Rolle spielen Marketingmanager bei den unternehmerischen Grundorientierungen gegenüber Kunden und Wettbewerbern bzw. in den sechs historischen Phasen des Marketing
64. Wie heißen die vier Strategien im Ansatz von Ansoff
65. Welche drei Formen der Kundenbindung lassen sich unterscheiden
66. Was bedeutet Voice over IP
67. Was zeichnet eine marketinggetriebene Unternehmung aus. Beantworten Sie die Frage nach dem Triadenkonzept des Marketing
68. Welche Faktoren bestimmen über die transaktionale Kundenzufriedenheit
69. Nennen Sie die sieben W-Fragen eines Instrumentaleinsatzes
70. Nennen Sie 5 Informationen, die in einer Kundenhistorie festgehalten werden sollten
71. Was ist ein Affinitätsindex
72. Wie lauten die 4 Felder der Porter-Matrix
73. Aus welchen vier Perspektiven (Analysebereichen) ist eine Balanced Scorecard aufgebaut
74. Welche Kundengruppen werden in der Adoptions-/Diffusionstheorie (-kurve) unterschieden
75. Nennen Sie 5 Hauptaufgaben eines Produktmanagers
76. Wieso kann in einer Angebotsbewertung mit Hilfe einer Nutzwertanalyse auch ein teureres Angebot den Zuschlag erhalten
77. Preispolitik im elastischen Bereich einer PAF: Preise erhöhen oder senken
78. Was ist die Idee des Closed Loop
79. Was ist der Unterschied zwischen aktiver und reaktiver Positionierung
80. Was ist der Unterschied zwischen einem Panel und einem Tracking
81. Was ist ein 1000er-Kontaktpreis
82. Skizzieren Sie die Strategiepyramide (Konzeptionspyramide) von *Becker*
83. Welche Ebenen der Nutzenpyramide von *Maslow* gewinnen an Bedeutung, welche verlieren
84. Nennen Sie drei bekannte CRM-Anbieter
85. Worin liegt die wirtschaftspolitische Brisanz eines FOC
86. Was bietet ein *CRM-Scan (www.crm-scan.de)*
87. Was ist das Besondere des Single-Source-Ansatzes vom *Nielsen Fernsehzuschauerpanel*
88. Skizzieren Sie das Dreieck der Kundenorientierung (die TQM-Erfolgskriterien) nach *Droege* (Dreieck der Effizienzfaktoren)
89. Welche 4 Arten von Alleinstellungen (einzigartige Angebotspositionen) werden unterschieden
90. Was ist eine Abandon Rate
91. Skizzieren Sie anhand des Grundmodells (Marktspielregeln) der Konsumgütermärkte: Push-Strategie und Pull-Strategie
92. Beschreiben Sie den Unterschied zwischen BtoB-KAM und Pseudo-KAM
93. Was ist der Unterschied zwischen einer Pilot-Phase und einem Pretest
94. Was leistet eine relationale Datenbank
95. Was versteht man unter Gross Rating Points
96. Welche Arten von Kundenclubs lassen sich unterscheiden
97. Wie ist die Markenbekanntheitspyramide nach *Aaker* aufgebaut
98. Was ist der Unterschied zwischen einer Messe und einer Ausstellung
99. Was ist ein CSI
100. Was besagt der Expansionpfad des Marketing

Literaturverzeichnis

Aaker, D.A.: (Brand Personality), Dimensions of Brand Personality, in: Journal of Marketing Research, Vol. 34, Nr. 8, August 1997, S. 347-356
Aaker, D.A.; Joachimsthaler, E.: (Top-Strategien), Top-Strategien: Markenwerte schaffen und absichern, in: ASW, Nr. 6, Juni 2000, S. 30-38
Aaker, D.A.: (Strategic Market Management), 7. Aufl., New York u.a. 2005
Aaker, J.L.: (Markenpersönlichkeit), Dimensionen der Markenpersönlichkeit, in: Esch, F.-R. (Hrsg.): Moderne Markenführung, 4. Aufl., Wiesbaden 2005, S. 165-176
Ackerschott, H.: (Vertriebssteuerung), Strategische Vertriebssteuerung, 3. Aufl., Wiesbaden 2001
Ahlemeyer-Stubbe, A.: (Datamining), Datamining - den Kunden kennenlernen, in: acquisa, Nr. 6, Juni 2000, S. 22-24
Ahlert, D.: (Distributionspolitik), Distributionspolitik, 3. Aufl., Stuttgart – Jena 1996
Ahlert, D.; Becker, B.; Evanschitzky, H.; Hesse, J.; Salfeld, A. (Hrsg.): (Markenmanagement), Exzellenz in Markenmanagement und Vertrieb, 2. Aufl., Wiesbaden 2005
Ahlert, D.: (Marketing und Vertrieb), in: Ahlert, D.; Becker, B.; Evanschitzky, H.; Hesse, J.; Salfeld, A. (Hrsg.): (Markenmanagement), Exzellenz in Markenmanagement und Vertrieb, 2. Aufl., Wiesbaden 2005, S. 211-229
Ahrens, K.: (neue Formen), Erfolg mit neuen Formen, in MM, Nr. 5, Mai 1998, S. 298-308
Ahrens, K.; Pittner, H.: (Kraft), Die Kraft, die Gefühle schafft, Interview mit Rido Busse, in: MM, Nr. 5, Mai 1998, S. 310-321
Albaum, M.: (Frauen), Frauen lieben´s immer sportiver, in: TextilWirtschaft, Nr. 3 v. 18.1.2001, S. 180-181
Albers, S.; Clement, M.; Peters, K.: (Interaktive Medien), Marketing mit interaktiven Medien – Strategien zum Markterfolg, Frankfurt 1998
Amon, P.: (Messe-Ziele), Messe-Ziele exakt formulieren und kontrollieren, in: Marketing Journal, Nr. 1, Januar 1991, S. 56-61
Andresen, Th.; Meermann, A.: (Musik), Die Musik macht den Umsatz, in: ASW, Nr. 9, September 1998, S. 50-57
Andritzky, K.: (Operationalisierbarkeit), Die Operationalisierbarkeit von Theorien zum Konsumentenverhalten, Berlin, 1976
Ansoff, H. I.: (Management Strategie), Management Strategie, München 1966
Ante, B.; Schmidt, B.: (Amtliche Statistiken), Amtliche und halbamtliche Statistiken als Quellen von Sekundäranalysen, in: Behrens, K. (Hrsg.): Handbuch der Marktforschung, Wiesbaden 1977, S. 721-732
Anweiler, R.: (Newsletter): Eine E-Mail-Marketing-Studie zeigt: Newsletter brauchen sechs Erfolgsfaktoren, in: ASW, Nr. 4, April 2004, S. 96-97
Atteslander, P.: (empirische Sozialforschung), Methoden der empirischen Sozialforschung, 12. Aufl., Berlin 2008
Auma (Hrsg.): (Weiterbildung), Aus- und Weiterbildung in der Messewirtschaft, Bergisch Gladbach 1998, (www.auma.de)
AZ Bertelsmann Direct GmbH (Hrsg.): Business Zielgruppen Handbuch 1999, Gütersloh 1999
Bach, R.: (Jonathan), Die Möwe Jonathan, 6. Aufl., Frankfurt – Berlin 1993
Backhaus, K.: (Langsamkeit), Lob der Langsamkeit, in: MM, Nr. 11, November 1997, S. 246-251
Backhaus, K.: (Kunden), Von Kunden und Kosten, in: MM, Nr. 6, Juni 1998, S. 138-141
Backhaus, K.: (Preis-Dickicht), Verloren im Preis-Dickicht, in: MM, Nr. 10, Oktober 2000, S. 117
Backhaus, K.; Schröder, J.; Perrey, J.: (BtB-.Märkte), Die Jagd auf Marken-Potenziale kann beginnen, in: ASW, Nr. 11, November 2002, S. 48-54
Backhaus, K.; Voeth, M.: (Industriegütermarketing), Industriegütermarketing, 8. Aufl., München 2007
Bänsch, A.: (Verkaufspsychologie), Verkaufspsychologie und Verkaufstechnik, 8. Aufl., München – Wien 2006
Bänsch, A.: (Käuferverhalten), Käuferverhalten, 9. Aufl., München – Wien 2002
Bald, M.: (Großkunden), Großkunden gewinnen und professionell betreuen, München 1996
Bandorf, R.S.: (Kunde), Zuletzt lacht der Kunde, Zürich 1998
Bartscher, Th.; Schulze, H.: (Dienstleistungsmanagement), Beziehungsorientiertes Dienstleistungsmanagement, in: Personal - Zeitschrift für Human Resource Management, Nr. 4, April 2000, S. 200-205
Bauer, H.H.; Meeder, U.; Jordan, J.: (Werbecontrolling), Werbecontrolling mit der Balanced Scorecard, in: ASW, Nr. 1, Januar 2001, S. 62-65
Bauer, H.H.; Sauer, N.E.; Müller, V.: (Lifestyle-Typologien), Lifestyle-Typologien auf dem Prüfstand, in: ASW, Nr. 9, September 2003, S. 36-39
Baur, C.: (Kundenorientierung), Kundenorientierung könnte Pflichtfach werden, in: Handelsblatt v.

9./10.4.1999
Becker, J.: (Marketing-Konzeption), Marketing-Konzeption, 8. Aufl., München 2006
Becker, J.: (Marketingkonzept), das Marketingkonzept, 3. Aufl., München 2005
Becker, J.: (Dachmarken), Einzel-, Familien- und Dachmarken als grundlegende Handlungsoptionen, in: Esch, F.R. (Hrsg.): (Markenführung), Moderne Markenführung, 4. Aufl., München 2005, S. 381-402
Behle, Ch.; vom Hofe, R.: (Außendienst), Handbuch Außendienst, 2. Aufl., Landsberg am Lech 2006
Behrenbeck, K.; Menges, S.; Roth, S.; Warschun, M.: (B2B-Geschäftsmodelle), Geschäftsmodelle im Konsumgütersektor, in: ASW, Nr. 11, November 2000, S. 38-46
Behrens, K. Ch. (Hrsg.): (HdM), Handbuch der Marktforschung, Wiesbaden 1977
Beitz, W.: (Engineering), Simultaneous Engineering, in: ZfB, Ergänzungsheft 2, 1995, S. 3-24
Belz, Ch. unter Mitarbeit von Kuster, K. und Walti, Ch.: (Verkaufskompetenz), Verkaufskompetenz, Thexis, St. Gallen 1996
Belz, Ch. u.a.: (Geschäftsbeziehungen), Management von Geschäftsbeziehungen, St. Gallen 1998
Berdi, Ch.: (Vorteilsbringer), Die Vorteilbringer, in: Sonderheft Marken der Absatzwirtschaft 2005, S. 88-90
Berdi, Ch: (verzetteln), Nicht verzetteln, Interview mit Heribert Meffert, in: ASW, Sonderheft Leadership Perspektiven, 2006, S. 31-34
Berekoven, L.: (Einzelhandelsmarketing), Erfolgreiches Einzelhandelsmarketing, 2. Aufl., München 1995
Berekoven, L; Eckert, W.; Ellenrieder, P.: (Marktforschung), 11. Aufl., Wiesbaden 2006
Bergler, G.: (Vertriebsingenieure), Die Arbeiten der Vertriebsingenieure, in: ZfB, 1933, S. 240-246
Berndt, R.: (Marketingstrategie), Marketingstrategie und Marketingpolitik, 4. Aufl., Berlin u.a. 2005
Berne, E.: (Spiele), Spiele der Erwachsenen, 8. Aufl., Reinbek bei Hamburg 2007
Bestmann, U. (Hrsg.): (Kompendium), Kompendium der Betriebswirtschaftslehre, 11. Aufl., München 2009
Betz, R.: (Kundenmanagement), Kundenmanagement – Wenn sich Kunden nicht mehr rechnen, in: acquisa, Nr. 3, März 1998, S. 76-78
Betz, W.: (Strategische Geschäftseinheiten): Die Organisation und Steuerung internationaler strategischer Geschäftseinheiten, EBS-Studienarbeit an der Fachhochschule Landshut, Landshut 1998
Beuthner, A.: (CRM), An CRM kommt kein Unternehmen vorbei, in: IT-Director, Nr. 12, Dezember 2000, S. 70-71
Bidlingmaier, J.; Schneider, D. J.G.: (Ziele), Ziele, Zielsysteme und Zielkonflikte, in: Grochla, E.; Wittmann, W. (Hrsg.): Handwörterbuch der Betriebswirtschaftslehre, 4. Aufl., Stuttgart 1976
Bieberstein, I.: (Dienstleistungsmarketing), Dienstleistungsmarketing, Ludwigshafen, 4. Aufl. 2006
Biel, A.L.: (Markenwertaufbau), Grundlagen zum Markenwertaufbau, in: Esch, F.-R. (Hrsg.): Moderne Markenführung, 2. Aufl., Wiesbaden 2000, S. 61-90. In der neuesten Auflage nicht mehr vorhanden.
Biermann, F.; Dehr, G.: (Innovation), Innovation mit System, Berlin u.a. 1997
Bilstein, F.F.; Bieker, K.J.: (Nachfragekurve), Die erste "richtige" Nachfragekurve in der Marketingforschung, in: ASW, Nr. 11, November 2000, S. 62-68
Birkigt, K.; Stadler, M.M.: (Corporate Identity), Corporate Identity - Grundlagen, in: Birkigt, K.; Stadler, M.M.; Funck, H.J.: Corporate Identity, 11. Aufl., Landsberg am Lech 2002, S. 11-23
Birkigt, K.; Stadler, M.M.; Funck, H.J.: (Corporate Identity), Corporate Identity, 11. Aufl., Landsberg am Lech 2002
Blake, R.R.; Mouton, J.S.: (Grid), Besser verkaufen durch Grid, Düsseldorf – Wien 1979
Bleymüller, J.; Gehlert, G.; Gülicher, H.: (Statistik), Statistik für Wirtschaftswissenschaftler, 15. Aufl., München 2008
BMW (Hrsg.): BMW Lifestyle 1999
Böing, E.; Barzen, D.: (Kunden-Portfolio), Kunden-Portfolios im Praktiker-Test, Teil 1 in: ASW, Nr. 2, Februar 1992, S. 85-89; Teil 2 in: ASW, Nr. 3, März 1992, S. 102-107
Boldt, K.: (wahres Leben), Werben mit dem wahren Leben, in: MM, Nr. 10, Oktober 1997, S. 226-238
Boldt, K.: (Maßstab), Der neue Maßstab, in: MM, Nr. 4, April 1998, S. 139-150
Boldt, K.; Schmalholz, C.G.: (Triple-Künstler – Kreativ-Index), Triple-Künstler, in: MM, Nr. 12, Dezember 2009, S. 80-85
Bohley, P.: (Formeln), Formeln, Rechenregeln und Tabellen, 7. Aufl., München – Wien 1998
Borden, N. H.: (Marketing-Mix), The Concept of the Marketing, Mix, in: Schwartz, G. (Hrsg.): Science in Marketing, New York u.a.1965, S. 386-397
Boulle, P.; Sperlich, T.: (Mehrwert), Mehrwert gefragt, in: Global online, Nr. 6, Juni 1998, S. 28-34
Brandtner, M.: (Krieg), Krieg der Worte, in: MM, Nr. 6, Juni 1999, S. 186-189
Brendl, E.: (Wandel), Wandel kompetent managen, Neuwied – Kriftel – Berlin 1997
Brockhagen, W.: (retten), Sind wir noch zu retten, in: FAZ v. 20.3.2001, S. B9
Brockhoff, K.: (Forschung), Forschung und Entwicklung, 5. Aufl., München – Wien 1999

Bruhn, M.; Murmann, B.: (Kundenbarometer), Nationale Kundenbarometer, Wiesbaden 1998
Bruhn, M.: (Kundenorientierung), Kundenorientierung, 3. Aufl., München 2007
Bruhn, M.; Stauss, B. (Hrsg.): (Dienstleistungsqualität), Dienstleistungsqualität, Konzepte - Methoden - Erfahrungen, 3. Aufl., Wiesbaden 2000
Bruhn, M.: (Unternehmenskommunikation), Integrierte Unternehmens- und Markenkommunikation, 4. Auflage, Stuttgart 2006
Bruhn, M.: (Kommunikationspolitik), Kommunikationspolitik, 5. Aufl., München 2009
Bruhn, M.: (Relationship Marketing), Relationship Marketing, 2. Aufl., Wiesbaden 2009
Bruhn, M.; Homburg, Ch. (Hrsg.): (Kundenbindungsmanagement), Handbuch Kundenbindungsmanagement, 6. Aufl., Wiesbaden 2008
Bronner, R.: (Entscheidungsverhalten), Entscheidungsverhalten, in: Hauschildt, Jürgen; Grün, Oskar (Hrsg.): (Ergebnisse), Ergebnisse empirischer betriebswirtschaftlicher Forschung – zu einer Realtheorie der Unternehmung, Stuttgart 1993, S. 713-746
Brunner, J.; Sprich, O.: (Performance Management), Performance Management und Balanced Scorecard, in: IO Management, Nr. 6, Juni 1998, S. 30-36
Bubik, R.: (Geschichte), Geschichte der Marketing-Theorie, Frankfurt am Main u.a. 1996
Buchholz, A.; Wördemann, W.: (Markenwachstum), Markenwachstum ohne USP, in: ASW, Sondernummer Oktober 1997, S. 166-171
Buchner, D.: (Vision), Vision und Wandel, Wiesbaden 1995
Bunk, B.: (Rabattgesetz), Nach dem Rabattgesetz - Wie das Marketing die neuen Freiheiten nutzt, in: ASW, Nr. 3, März 2001, S. 32-38
Bunk, B.: (Loewe), Gut gebrüllt, Loewe, in: ASW, Sonderhausgabe Marken 2002, S. 22-28
Burda Advertising Center: (Messgrößen), Dimensionen und Messgrößen zur Bewertung von Medialeistung, ihre Definition und Bedeutung, März 1997
Bußmann, W.F.: (Lean Selling), Lean Selling, 2. Aufl., Landsberg am Lech 1995
Bußmann, W.F.; Rutschke, K.: (Team-Selling), Team-Selling – Gemeinsam zu neuen Vertriebserfolgen, Landsberg am Lech 1996
Buzzel, R. D.; Gale, B.T. : (PIMS), Das PIMS-Programm, Wiesbaden 1989
Calabretti, T.: (Kundenbindung), Kundenbindung im Handel: Am Beispiel Douglas, in: Bruhn, M.; Homburg (Hrsg.): Handbuch Kundenbindungsmanagement, Wiesbaden 1998, S. 561-577 (in 5. Auflage nicht mehr enthalten).
Campillo, S.: (Rabattfalle), Raus aus der Rabattfalle, in: acquisa, Nr. 4, April 2003, S. 18-22
Campillo, S.: (Dialog-Dirigenten), Die Dialog-Dirigenten, in: acquisa, Nr. 5, Mai 2003, S. 34-37
Carl Zeiss Broschüre: Geschäftsbereich Augenoptik, Zeitsprung 1995
Chmielewicz, K.: (Forschungskonzeptionen), Forschungskonzeptionen der Wirtschaftswissenschaften, 2. Aufl., Stuttgart 1979
Clef, U.: (Wasser), Friedrich Grohe AG – Deutscher Marketing-Preisträger 1996, Mit Wasser gewinnen, in: ASW, Sondernummer Oktober 1996, S. 34-41
Clef, U.: (Powerbrands), Der Champion mit den Powerbrands, in: ASW, Sondernummer Oktober 1998, S. 98-107
Cleland, A.S.; Bruno, A.V.: (Market Value), Das Market Value Konzept, Landsberg am Lech 1997
Clement, M.; Peters, K.; Preiss, F.J.: (Electronic Commerce), Electronic Commerce, in: Albers, S.; Clement, M.; Peters, K. (Hrsg.): Marketing mit interaktiven Medien, Frankfurt 1998, S. 49-64
Dallmer, H. (Hrsg.): (Direct Marketing), Das Handbuch Direct Marketing & More, 8. Aufl., Wiesbaden 2002
Dannenberg, H.: (Alte Feinde), Alte Feinde, in: MM, Nr. 2, Februar 1997, S. 76-81
Dannenberg, H.: (Vertriebsmarketing), Vertriebsmarketing: Wie Strategien laufen lernen, Neuwied u.a. 1997
DDV e.V. (Hrsg.): Direkt zum Kunden, Wiesbaden 2002
Degussa Konzern (Hrsg.) (Fokus on Value), Geschäftsbericht 2001, Düsseldorf 2002
Deppermann, K.-P.; Marzian, S.: (Win-Win), Win-Win, das Ziel aller Vertriebsprozesse, in: ASW, Sondernummer Oktober 1998, S. 142-146
Desiderata: (Lebensregel), Die Lebensregel von Baltimore, Ein Gedicht von Max Ehrmann (1872-1945), München 2008 (Erstausgabe 1927)
Deutsche Post AG (Hrsg.): VALyou – Kundenbeziehungen enger knüpfen, Bonn 1998
Deutsche Post AG (Hrsg.): Beilagen, Beihefter, Beikleber, Bonn 1997
Deutsche Telekom (Hrsg.): Das Telekom-Buch, Bonn 1993/94; und spätere Auflagen
Dietrich, R.: (Messezahlen), Messezahlen – Durchblick, in: ASW, Nr. 8, August 1995, S. 106-108
Diez, W.: (Automobilmarketing), Das Handbuch für das Automobilmarketing, 3. Aufl., Landsberg am Lech 1997
Diez, W.: (Automobilvertrieb), Automobilvertrieb - Wie die Hersteller auf die die neue GVO reagieren müssen, in: ASW, Nr. 9, September 2002, S. 52-55
Diller, H.: (Preispolitik), Preispolitik, 4. Aufl., Stuttgart 2008
Diller, H.: (Preis-Management), Preis-Management im Zeichen des Beziehungs-Marketing, Arbeits-

papier Nr. 52 am Lehrstuhl für Marketing von Prof. Diller, Nürnberg 1997

Diller, H.; Müller, M.: (Kundenbindungsmanagement), Kundenbindungsmanagement, in: Meyer, A. (Hrsg.): Handbuch Dienstleistungsmanagement, Bd. II, Stuttgart 1998, S. 1220-1240

Döhle, P.; Werres, Th.: (Image-Profile), Image-Profile 2008, in: ASW, Nr. 2, Februar 2008, S. 57-63

Doerig, H.-U.: (Universalbank): Universalbank – Banktypus der Zukunft, Bern u.a. 1996

Dorfman, R.; Steiner, P.O.: (Optimal Advertising), Optimal Advertising and optimal Quality, in: American Economic Review, Dezember 1954, S. 826-836

Drees, N.: (Markenbewertung), Markenbewertung und Markenberatung in Deutschland, in: ASW, Nr. 10, Oktober 1999, S. 96-97

Drees, N.: (Markenbewertung), Markenbewertung und Markenberatung in Deutschland - Ergebnisse einer empirischen Untersuchung, Heft 6 der Erfurter Hefte zum angewandten Marketing, Erfurt 1999

Drees, N.; Schiller, S.: (Servicequalität), Ein Instrument zur Überprüfung der Servicequalität, in: ASW, Nr. 9, September 2000, S. 66-71

Drosten, M.: (Konditionen), Kein Wort mehr über Konditionen, in: ASW, Nr. 12, Dezember 1997, S. 34-39

Drosten, M.: (SAP), Was macht SAP unschlagbar; Interview mit dem Marketing-Vorstand der SAP, in: ASW, Nr. 3, März 1998, S. 16-20

Dudenhöffer, F.: (Beziehungsnetze), Neues Design für Beziehungsnetze, in: ASW, Sondernummer Oktober 1997, S. 122-130

Dudenhöffer, F.: (Massenmarketing), Abschied vom Massenmarketing, Düsseldorf – München 1998

Dudenhöffer, F.: (Markenspannung), Markenspannung – Wo Marketing die Balance finden muss, in: ASW, Nr. 3, März 2003, S. 36-38

Dunst, K.-H.: (Portfolio Management), Portfolio Management - Konzeption für die strategische Unternehmensplanung, Berlin - New York, 1979

Dunst, K.-H.: (Portfolio-Management), Portfolio-Management für die strategische Unternehmensplanung, in: IO, Nr. 11, November 1979, S. 474-477

Eiteljörge, K.: (Closed Loop), Closed Loop, in: IT-Director, Nr. 11, November 2000, S. 106

End, V.: (Kunden-Service-Center), Kunden-Service-Center: der zentrale Kundenzugang, in: salesBusiness, Nr. 5, Mai 2005, S. 22-23

End, V.: (Frischer Wind), Frischer Wind in die Branchen, in: salesBusiness, Nr. 1/2, Januar/Februar 2006, S. 10-13

Ende, M.: (Momo), Momo, Stuttgart – Wien 2005, Erstausgabe 1993

Engel, D.: (Marktforschung), Im Paradies der Marktforschung, in: Sonderheft Media&Research der Absatzwirtschaft 2008, S. 56-58

Enderle; M.; Wirtz, B.: (Veränderungen), Weitreichende Veränderungen, in: ASW, Nr. 1, Januar 2008, S. 36-39

Engeser, M.: (Stiefmütterlich), Unternehmen Marketing - Stiefmütterlich, in: Wirtschaftswoche, Nr. 6, 2001, S. 110-111

Esch, F.-R.; Andresen, Th.: (Barrieren), Markenführung – Barrieren behindern Markenbeziehungen, in: ASW, Nr. 10, Oktober 1996, S. 94-100

Esch, F.-R.; Andresen, Th.: (Botschaften), Wie lassen sich Botschaften formal und inhaltlich integrieren, in: ASW, Nr. 8, August 2000, S. 52-56

Esch, F.-R.; Wicke, A.; Rempel, J.E.: (Markenmanagement), Herausforderungen und Aufgaben des Markenmanagements, in: Esch, F.-R. (Hrsg.): Moderne Markenführung, 4. Aufl., Wiesbaden 2005, S. 3-55

Esch, F.-R.: (Markenführung), Strategie und Taktik der Markenführung, 5. Aufl., München 2008

Esch, F.-R. (Hrsg.): (Markenführung), Moderne Markenführung, 4. Aufl., Wiesbaden 2005

Esch, F.-R., Langner, T.: (Markenlogos), Gestaltung von Markenlogos, in: Esch, F.-R. (Hrsg.): Moderne Markenführung, 4. Aufl., Wiesbaden 2005, S. 603-628

Essbauer, S.: (Data Mining), Data Mining: Kundenbeziehungen beleben, in: Client/Server Magazin, Nr. 5, Mai 2000, S. 86-87

Esser, M.; Steven, K.: (Kunden-Beziehungsmanagment) – Kunden-Beziehungsmanagement: Partner - mehr als ein König, in: ASW, Sondernummer Oktober 1996, S. 198-201

Faix, L.: (Soziale Kompetenz), Soziale Kompetenz, Wiesbaden 1991

Fayol, H.: (Administration), Administration Industrielle et Générale, Paris 1916

Fischer, G.; Risch, S.: (Kunden), Wo bitte geht's zum Kunden, diverse Beiträge in: MM, Nr. 7, Juli 1996, S. 164-184

Fischer, O.: (Nostalgie), Die Masche mit der Nostalgie, in: MM, Nr. 6, Juni 1999, S. 176-183

Fischer, O.: (Ruhm), Geliehender Ruhm, in: MM, Nr. 8, August 1999, S. 118-125

Flik, M.; Heering, C.; Kampf, H.; Stängel, D.: (Entwicklungsprozess), Neugestaltung des Entwicklungsprozesses bei einem Automobilzulieferer, in: ZfbF, Nr. 3, 1998, S. 289-294

Forrester, J.W.: (Industrial Dynamics), Industrial Dynamics, 7. Aufl., Cambridge Mass. 1972

Foscht, Th.; Swoboda, B.: (Käuferverhalten), Käuferverhalten, 3. Aufl., Wiesbaden 2009

Franke, D.: (Was fasziniert), Was fasziniert Konsumenten, in: ASW, Nr. 1, Januar 1998, S. 74-81
Frese, E.: (HdO), Handwörterbuch der Organisation, 3. Aufl., Stuttgart 1992
Freter, H.W.: (Mediaselektion), Mediaselektion, Wiesbaden 1974
Freter, H.W.: (Kunden-Portfolio-Analyse), Kunden-Portfolio-Analyse – Aussagewert für das Investitionsgütermarketing, Arbeitspapier, Siegen 1992
Freter, H.W.: (Markt- und Kundensegmentierung), 2. Aufl., Stuttgart 2008
Friedrichs, J.: (Sozialforschung), Methoden empirischer Sozialforschung, 14. Aufl., Opladen 1990
Frielinghaus, B.: (Kundenbindung), Kundenbindung konsequent intelligent, in: ASW, Nr. 3, März 2003, S. 86-88
Fuchs, H.J.: (Markenservice), Positionierung durch Markenservice, in: Tomczak, T.; Rudolph, T.; Roosdorp, A. (Hrsg.): Positionierung – Kernentscheidung des Marketing, St. Gallen 1996, S. 165-168
Gaarder, J.: (Kartengeheimnis), Kartengeheimnis, 5. Auflage, München 2007
Garbe, M.: (Zielgruppen), Mobile Zielgruppen im Visier, in: ASW, Nr. 11, November 2000, S. 110-112
Garber, Th.: (RFID-Technologie), RFID-Technologie, goldene Zukunft oder nur ein Marketing-Hype, in: ASW, Nr. 2, Februar 2005, S. 30-33
Garber, Th.: (Marken), Marken schaffen Konjunkturen, in: Sonderheft Marken der Absatzwirtschaft 2005, S. 22-28
Garber, Th.: (Mister B-to-B-Marketing), Mister B-to-B-Marketing, in: ASW, Nr. 11, November 2008, S. 12-16
Gates, B.: (Weg), Der Weg nach vorn, 2. Aufl., München 1997
Geffroy, Edgar K.: (Kunde): Das Einzige, was stört, ist der Kunde, 16. Aufl., Landsberg am Lech 2005
Geisen, B.: (Gründungskonzept), Gründerzeiten Nr. 17, hrsg. Vom BMWI, 1999
Geller, L.K.: (Response), Response – Die unbegrenzten Möglichkeiten des Direktmarketing, Landsberg/Lech 1997
Geml, R.; Lauer, H. (Hrsg.): (Verkaufslexikon), Marketing- und Verkaufslexikon, 4. Aufl., Stuttgart 2008
Gemünden, J.: (Informationsverhalten), Informationsverhalten, in: Hauschildt, Jürgen; Grün, Oskar (Hrsg.): Ergebnisse empirischer betriebswirtschaftlicher Forschung – zu einer Realtherorie der Unternehmung, Stuttgart 1993
Gemünden, J.; Walter, A.: (Beziehungspromotor), Der Beziehungspromotor, in: ZfB, Nr. 9, 1995, S. 971-986
GfK (Hrsg.): Fernsehzuschauerforschung in Deutschland, Nürnberg 1998
GfK (Hrsg.): Target Positioning – das Tool zur Strategischen Markenführung, Nürnberg 1999
GfK (Hrsg.): Growth from Knowledge, Geschäftsbericht 2004
Godefroid, P.; Pförtsch, W. A.: (BtoB), Business-to-Business-Marketing, 4. Aufl., Ludwigshafen 2008
Golder, G.J.; Tellis, G.J.: (Pioneer Advantage), Pioneer Advantage: Marketing Logic or Marketing Legend, in: Journal of Marketing Research, 1993, S. 158-170
Goldmann, H.M.: (Kunden), Wie man Kunden gewinnt, 12. Aufl., Essen 1997.
Goldmann, H.M.; Raisch, A.-R.: (Kunden), Wie man Kunden gewinnt, 15. Aufl., Berlin 2008. Die DIBABA-Formel ist in der 15. Auflage nicht mehr enthalten.
Gräf, H.: (Reichweitenmessung), Von der Reichweitenmessung zum Marketing Audit, in: ASW, Nr. 11, November 2000, S. 48-53
Green, P.E.; Tull, D.S.: (Marktforschung), Methoden und Techniken der Marktforschung, 4. Aufl., Stuttgart 1982
Grimm, M.; Högl, S.; Hupp, O.: (Target Positioning), Target Positioning – ein bewährtes Tool zur Unterstützung des strategischen Markenmanagements, Nürnberg 1999, Manuskript zur Veröffentlichung im GfK Jahrbuch der Absatz- und Verbrauchsforschung 1999
Grochla, E.; Wittmann, W.(Hrsg.): (HdB), Handwörterbuch der Betriebswirtschaft, 4. Aufl., Stuttgart 1976
Grochla, E.: (organisatorische Gestaltung), Grundlagen der organisatorischen Gestaltung, Stuttgart 1982
Gronwald, S.; Rust, H.; Schmalholz, C.G.: (Von draußen), Von draußen nach oben, in: MM, Nr. 8, August 1999, S. 136-150
Günter, B.: (Beschwerdemanagement), in: Simon, H.; Homburg, Ch. (Hrsg.): Kundenzufriedenheit, Konzepte – Methoden – Erfahrungen, 2. Aufl., Wiesbaden 1997, S. 280-295
Gumbsheimer, M.: (Betriebsstatistik), Fachsammlung Betriebsstatistik, Manuskript, Landshut 2008
Gummesson, E.: (Relationship-Marketing), Total Relationship-Marketing, 2. Aufl., Amsterdam u.a. 2006
Gutenberg, E.: (Produktion), Grundlagen der Betriebswirtschaftslehre, Band 1: die Produktion, 24. Aufl., Berlin – Heidelberg – New York, 1983

Gutenberg, E.: (Absatz), Grundlagen der Betriebswirtschaftslehre, Band 2: der Absatz, 17. Aufl., Berlin – Heidelberg – New York 1984
Haedrich, G.; Tomczak, T.: (Produktpolitik), Produktpolitik, Stuttgart u.a.1996
Hätty, H.: (Markentransfer), Der Markentransfer, Heidelberg 1989
Haines, T.: (Zahlen), Zahlen allein reichen in Zukunft nicht aus, in: Client/Server Magazin, Nr. 5, Mai 2000, S. 81-82
Hallensleben, J.: (Markenvertrieb), Markenvertrieb virtuell – wer nutzt die neue Ubiquität, in: ASW, Sondernummer Oktober 1997, S. 179-184
Haller, S.: (Handels-Marketing), Handels-Marketing, 2. Aufl., Ludwigshafen 2001
Hanser, P.: (Kernkompetenz), Kernkompetenz – Ansetzen zum Quantensprung, in: ASW, Nr. 3, März 1998, S. 36-39
Hanser, P.: (High Speed Vertrieb), High Speed Vertrieb – Die Kraft der Umsetzung, Ergebnisse der ASW-Vertriebsumfrage `99, in: ASW, Nr. 10, Oktober 1999, S. 58-66
Hanser, P.: (Kapitalanlage), Die Marke als Kapitalanlage, in: ASW, Nr. 2, Februar 2004, S. 26-29
Hansen, U.; Hennig-Thurau, Th.; Schrader, U.: (Produktpolitik), Produktpolitik, 3. Aufl., 2001
Harbecke, B.: (Messeerfolg), Der Schlüssel zum Messeerfolg, 1996
Harms, V.: (Kundendienstmanagement), Kundendienstmanagement, Herne / Berlin 1999
Harris, Th. A.: (o.k.), Ich bin o.k., Du bist o.k., 41. Aufl., Reinbeck bei Hamburg 2006
Hassmann, V.: (Versprechen), Marke muss Versprechen auch erfüllen, in: salesBusiness, Nr. 4, April 2001, S. 50-54
Hassmann, V.: (Convenience), Convience als neue Erlösquelle, in: salesBusiness, Nr. 10, Oktober 2003, S. 8-10
Hassmann, V.: (Kunden), So lernen Sie Ihre besten Kunden kennen, in: salesBusiness, Nr. 3, März 2005, S. 24-26
Hassmann, V.: (Kundenfang), Kundenfang mit Couponing, in: salesBusiness, Nr. 10, Oktober 2003, S. 12-17
Haucke, M.: (Strategischer Vertrieb), Strategischer Vertrieb - Die Zukunft des Verkaufs, in: ASW, Nr. 4, April 1998, S. 32
Hauschildt, J.: (Innovationserfolg), Zur Messung des Innovationserfolgs, in: ZfB, Nr. 4, 1991, S. 451-476
Hauschildt, J.; Grün, O. (Hrsg.): (Ergebnisse), Ergebnisse empirischer betriebswirtschaftlicher Forschung – zu einer Realtheorie der Unternehmung, Stuttgart 1993
Hauschildt, J.; Salomo, S.: (Innovationsmanagement), Innovationsmanagement, 4. Aufl., München 2007
Heinen, E.: (Zielsystem), Das Zielsystem der Unternehmung, Wiesbaden 1971
Henzler, H.: (Strategische Planung), Von der strategischen Planung zur strategischen Führung, in: ZfB, Nr. 12, Dezember 1988, S. 1286ff
Heller, K.; Rosemann, B.: (empirische Untersuchungen), Planung und Auswertung empirischer Untersuchungen, Stuttgart, 1974
Henzler, H.: (Strategische Planung), Von der strategischen Planung zur strategischen Führung – Versuch einer Positionierung, in: ZfB, Nr. 12, 1988, S. 1286ff
Henzler, H.: (Management), Management heute, Wiesbaden 1991
Hering, E.; Steparsch, W.; Linder, M.: (Zertifizierung), Zertifizierung nach DIN EN ISO 9000, 2. Auflage, Berlin 1997
Hermanns, A.; Sauter, M. (Hrsg.): (E-Commerce), Management-Handbuch Electronic Commerce, 2. Auflage, München 2001
Hermes, V.: (Innovation), Über Innovation glänzt die Marke, in: ASW, Nr. 5, Mai 2009, S. 35-39
Herms, J.: (GlobalHelp), GlobalHelp - Help Desk Solutions, in: Service Today, Nr. 4, April 2000, S. 20-26
Hessler, A.: (Verbundgruppe), Wie eine Verbundgruppe gegen Filialisten besteht, in: ASW, Nr. 1, Januar 2001, S. 44-46
Heydt von der, A. (Hrsg.): (ECR), Efficient Consumer Response, 3. Aufl., Frankfurt 1998
Hiel, W.: (E-Mail), E-Mail - das bessere Mailing, in: acquisa, Nr. 11, November 2000, S. 54-56
Hill, W.; Rieser, I.: (Marketing-Management), Marketing-Management, 2. Aufl., Bern – Stuttgart – Wien 1993
Hinterhuber, H.H.: (Unternehmensführung), Strategische Unternehmensführung, 7. Aufl., Berlin – New York 2004; Band 1: Strategisches Denken, Band 2: Strategisches Handeln
Hintz, J. (Idee), Eine gute Idee, Textilwirtschaft Nr. 10 v. 5.3.1998, S. 10
Hirn, W.: (Preis), Um jeden Preis, in: MM, Nr. 5, Mai 2000, S. 158-169
Hirn, W.: (schneller), schneller, früher, besser, in: MM, Nr. 6, Juni 2000, S. 124-141
Hirn, W.: (Rastlos), Rastlos in Seattle, in: MM, Nr. 5, Mai 2001, S. 130-138
Hirn, W.: (Einkauf), Kein guter Einkauf, in: MM, Nr. 1, Januar 2002, S. 58-66
Hirschsteiner, G. (Hrsg.): Einkaufs- und Beschaffungsmanagement, 2. Aufl., Ludwigshafen 2006
Hölscher, A.; Hupp, O.: (Persönlichkeiten), Starke Persönlichkeiten, in: ASW, Sonderausgabe Marken

2003, S. 122
Hoeppe, R.: (Texter), Tagebuch eines Texters, in: MM, Nr. 6, Juni 1999, S. 242-262
Hofbauer, G. (Preiseffekte): Preiseffekte der Euro-Bargeldeinführung in Bayern, Jahresbericht der Landeszentralbank im Freistaat Bayern, München 2002, S. 29-30
Hofbauer, G.: (Euro-Preisstudie), Euro-Preisstudie - Ermittlung des Preisstellungsverhaltens bei häufig gekauften Produkten des täglichen Bedarfes im Zuge der Währungsumstellung, in: Kamenz, U. (Hrsg.): Applied Marketing, Berlin u.a. 2003, S. 557-572
Hofbauer, G.; Bauer, Ch.: (Beschaffungsmarketing), integriertes Beschaffungsmarketing, München 2004
Hofbauer, G.; Hellwig, C.: (Vertriebsmanagement), Professionelles Vertriebsmanagement, Erlangen 2005
Hofbauer, G.; Hohenleitner, Ch.: (Marketing-Kommunikation), Erfolgreiche Marketing-Kommunikation, München 2005
Hofbauer, G.; Schweidler, A.: (Produktmanagement), Professionelles Produktmanagement, Erlangen 2006
Hofbauer, G.; Schmidt, J.: (Markenmanagement), Identitätsorientiertes Markenmanagement, Regensburg 2007
Hofbauer, G.; Mashhour, T.; Fischer, M.: (Lieferantenmanagement), Lieferantenmanagement, München 2009
Hoffmann, K.; Linden, F. A.: (Rambo), Rambo vor der Reifeprüfung, in: Manager Magazin, Nr. 12, Dezember 1997, S. 94-111
Hoffmann, J.: (Profit), Profit mit Sympathie, in: Welt am Sonntag v. 4.7.1999, S. 54
Hofstätter, P.R.: (Sozialpsychologie), Einführung in die Sozialpsychologie, 5. Aufl., Stuttgart 1973
Holland, H.: (Direktvertrieb), Der Direktvertrieb im Business to Consumer-Bereich, in: Pepels, W. (Hrsg.): Absatzpolitik, Wiesbaden 1998, S. 55-79
Holland, H.: (Direktmarketing), Direktmarketing, 2. Aufl., München 2004
Homburg, Ch.: (Kundennähe), Kundennähe von Industriegütern – Konzeption, Erfolgsauswirkungen - Determinanten, 3. Auflage, Wiesbaden 2000
Homburg, Ch.: (Weiche Wende), Weiche Wende, in: MM, Nr. 1, Januar 1996, S. 144-151
Homburg, Ch.; Daum, D.: (Erlöse), Auf der Suche nach entgangenen Erlösen, in: ASW, Nr. 10, Oktober 1997, S. 96-101
Homburg, Ch.; Daum, D.: (Kostenmanagement), Marktorientiertes Kostenmanagement, Frankfurt 1997
Homburg, Ch.; Rudolph, B.: (Perspektiven), Theoretische Perspektiven zur Kundenzufriedenheit, in: Simon, H.; Homburg, Ch. (Hrsg.): Kundenzufriedenheit, 1997, S. 33-51
Homburg, Ch.; Werner, H.: (Kundenorientierung), Kundenorientierung mit System – Mit Customer Orientation Management zu profitablem Wachstum, Frankfurt u.a. 1998
Homburg, Ch.; Bruhn, M.: Kundenbindungsmanagement - Eine Einführung in die theoretischen und praktischen Problemstellungen, in: Bruhn, M.; Homburg, Ch. (Hrsg.): Handbuch Kundenbindungsmanagement, Wiesbaden 2008, S. 3-37
Homburg; Ch.; Schäfer, H.: (Ehemalige Kunden), Ehemalige Kunden systematisch zurückzugewinnen, in: FAZ v. 15.2.1999, S. 29
Homburg, Ch.; Giering, A.: (Kundenloyalität), Kundenzufriedenheit: Ein Garant für Kundenloyalität, in: Absatzwirtschaft, Nr. 1-2, Januar-Februar 2000, S. 82-91
Homburg, Ch.; Schäfer, H.; Schneider, J.: (Sales Excellence 2001), Sales Excellence 2001 - Vom Macher zum Champion, in: ASW, Nr. 10, Oktober 2000, S. 42-48
Homburg, Ch.; Krohmer, H.: (Marketingmanagement), Marketingmanagement, 2. Aufl., Wiesbaden 2006
Homburg, Ch.; Schäfer, H.; Schneider, J.: (Sales Excellence), Sales Excellence, 5. Auflage, Wiesbaden 2008
Hopfenbeck, W.: (Betriebswirtschaftslehre), Allgemeine Betriebswirtschafts- und Managementlehre, 14. Aufl., München 2002
Horvath, P.: (Controlling), Controlling, 11. Aufl., München 2009
Huber, B.: (Imageplanung), Strategische Marketing- und Imageplanung, Frankfurt am Main 1993
Hünerberg, R.: (Marketing), Marketing, München – Wien, 1984
Hüttel, K.: (Produktpolitik), Produktpolitik, 3. Aufl., Ludwigshafen 1998
Hüttner, M.; von Ahsen, A., Schwarting, U.: (Marketing-Management), Marketing-Management, 2. Aufl., München – Wien 1999
Hupp, O.: (Markenpersönlichkeiten), Messung der Markenpersönlichkeit mit dem Brand Personality Gameboard, 2002
Huth, S.; Brickau, R.: (Vertrauensdimensionen), Die drei Vertrauensdimensionen und ihre Kundenauswirkung, in: Deutscher Sparkassenverlag, Anlagebrief 9, Mai 2005, S. 1-2
Icon business und consulting GmbH (Hrsg.): Forschungsinstrumente für eine erfolgreiche Markteinführung, Broschüre, Nürnberg 1999

Irrgang, W.: (vertikales Marketing), Strategien des vertikalen Marketing, Wiesbaden 1989
Ivens, B. S.: (Key), Key-Account-Management - Sind die wichtigen Kunden wirklich "key", in: ASW, Nr. 2, Februar 2003, S. 46-48
Jaeger, G; Laudel, H.: (Transportmanagement), Transportmanagement: die Fachkunde des Güterverkehrs für Spedition, Handel und Industrie, Band 1 – 5, 2. Aufl., Berlin 1994
Jensen, S.: (Groß und schwach), Groß und schwach, in: MM, Nr. 12, Dezember 1995, S. 110-119
Jensen, S.: (Abzocker), die Abzocker, in: MM, Nr. 10, Oktober 1997, S. 57-66
Jensen, S.: (Preis), Der Preis ist heiß, in: MM, Nr. 3, März 1998, S. 119-131
Jeschke, K.; Schulze, H.: (Beschwerdemanagement), Internes Marketing und Beziehungsorientierung als Grundlage eines Kunden- und mitarbeiterorientierten Beschwerdemanagement, in: Jahrbuch der Absatz und Verbrauchsforschung, 45. Jg., Nr. 4, 1999, S. 402-417ä
Joachimsthaler, E.: (kleiner), Je kleiner, desto besser, in: ASW, Nr. 8, August 2002, S. 12-13
Jones, D.T.: (Zuhören), Zuhören können, in: MM, Nr. 11, November 1996, S. 236-242
Jünger, A.: (Dienstleister), So finden Sie den richtigen Dienstleister, in: salesBusiness, Nr. 9, Semptember 2003, S. 40-42
Kaas, K.; Hay, C.: (Preisschwellen), Preisschwellen bei Konsumgütern, in: ZfbF, Nr. 5, 1984, S. 333-346
Kaden, W.: (Allein), Allein gegen alle, in: MM, Nr. 3, März 2001, S. 84-93
Kairies, P.: (Produkt Management), Professionelles Produktmanagement für die Investitionsgüterindustrie, 9. Aufl., Renningen 2009
Kalt, G. (Hrsg.): (Öffentlichkeitsarbeit), Öffentlichkeitsarbeit und Werbung, 5. Aufl., Frankfurt 1994
Kamenz, U. (Hrsg.): (Applied Marketing), Applied Marketing, Anwendungsorientierte Marketingwissenschaft der deutschen Fachhochschulen, Berlin u.a. 2003
Kamiske, G.F. (Hrsg.): (Total Quality Management), Die hohe Schule des Total Quality Management, Berlin – Heidelberg 1994
Kamiske, G.F.; Brauer, J.-P.: (Qualitätsmanagement), Qualitätsmanagement von A bis Z, 6. Auflage, München – Wien 2008
Kano, N.: (Attractive Quality), Attractive Quality and Must-be-Quality, in: Journal of the Japanes Society for Quality Control, Nr. 4, April 1984, S. 39-48
Kaplan, R.; Norton, D.: (Balanced Scorecard), Balanced Scorecard, Stuttgart 1997
Kaplan, R. (Scorecard), Leben mit der Balanced Scorecard, in: is-Rport, Nr. 4, April 2003, S. 26-28
Kenter, M.E.: (Target Costing), die Bedeutung des Target Costing für die Produktinnovation, in: Witt, J. (Hrsg.), Produktinnovation, München 1996, S. 121-138
Kieliszek, K.: (Computer Aided Selling), Computer Aided Selling - unternehmenstypologische Marktanalyse, Wiesbaden 1994
Kippes, St.: (Beziehungsmarketing), Beziehungsmarketing, in: Input, Nr. 3, März 1999, S. 38-41
Kippes, St.: (Beziehungsmarketing), Beziehungsmarketing - mehr Erfolg durch richtige Kontakte, in: Immobilien & Recht, Nr. 11, November 1999, S. 6-30
Klebert, S.: (Schlüsselkunden), Die Selektion von Schlüsselkunden, in: ASW, Nr. 4, April 1999, S. 44-46
Kleinaltenkamp, M.; Fließ, S.; Jakob, F. (Hrsg.): (Customer Integration), Customer Integration – von der Kundenorientierung zur Kundenintegration, Wiesbaden 1996
Kleinaltenkamp, M.: (Customer Integration), Customer Integration – Kundenintegration als Leitbild für das Business-to-Business-Marketing , in: Kleinaltenkamp, M.; Fließ, S.; Jakob, F. (Hrsg.): Customer Integration – von der Kundenorientierung zur Kundenintegration, Wiesbaden 1996, S. 13-24
Kleinschmidt, E.J.; Geschka, H.; Cooper, R.G.: (Erfolgsfaktoren), Erfolgsfaktor Markt, Kundenorientierung, Produktinnovation, Berlin u.a. 1996
Koch, J.: (Marktforschung), Marktforschung, 5. Aufl., München 2009
König, R.: (Beobachtung), Beobachtung und Experiment in der Sozialforschung, Köln 1972
Köther, U.: (Customer), We care about our Customer - Das Kundenzufriedenheitsprogramm der Citibank Privatkunden AG, in: Reinecke, S.; Sipötz, E.; Wiemann, E.-M. (Hrsg.): Total Customer Care, St. Gallen 1998, S. 54-71
Koppelmann, U.: (Produktmarketing), Produktmarketing, 6. Aufl., Berlin u.a.2001
Kortus-Schultes, D.: (Wertschöpfung), Wertschöpfungsorientiertes Marketing, Köln 1998
Kossbiel, H.; Spengler, Th.: (Personalwirtschaft), Personalwirtschaft und Organisation, in: Frese, E. (Hrsg.): Handwörterbuch der Organisation, 3. Aufl., Stuttgart 1992
Kotler, P.: (Marketing-Management), Marketing-Management, Englewood Cliffs 1967
Kotler, P.: (Generic Concept): A Generic Concept of Marketing, in: Journal of Marketing, Nr. 2, 1972, S. 46-54
Kotler, P.: (Nonprofit-Organisationen), Marketing für Nonprofit-Organisationen, Stuttgart 1978
Kotler, P.: (Warfare), Marketing Warfare in the 1980s, in: Journal of Business Strategy, Winter 1981, S. 30-41
Kotler, P.: (Marketing-Management), Marketing-Management, 4. Aufl., Stuttgart 1982

Kotler, P.; Keller, K.L.; Bliemel, F.: (Marketing-Management), 12. Aufl., München 2007
Kotler, P.; Armstrong, G.; Saunders, J.; Wong, V.: (Marketing), Grundlage des Marketing, 4. Aufl., München u.a., 2007
Kracke, B. (Hrsg.): (Crossmedia-Strategien), Crossmedia Strategien - Dialog über alle Medien, Wiesbaden 2001
Kracke, B. :(Crossmedia), Die Zukunft spricht Crossmedia, in: Marketingjournal, Nr. 2, Februar 2002, S. 38-41
Krah, E.-S.: (Konditionenpoker), Den Konditionenpoker clever nutzen, in: salesBusiness, Nr. 7, Juli 2002, S. 26-27
Krampe, H.; Lucke, H.-J.: (Logistik), Grundlagen der Logistik, 3. Aufl., München 2006
Kreilkamp, E.; Nöthel, T.: (Szene-Positionierung), Zielgruppenfragmentierung durch Szene-Positionierung, in: Tomczak, T.; Rudolph, T.; Roosdorp, A. (Hrsg.): Positionierung – Kernentscheidung des Managements, St. Gallen 1996, S. 134-144
Kreutzer, R.T.: (Dialog), Die Basis für den Dialog, in: ASW, Nr. 4, April 1990, S. 104-113
Kreutzer, R.T.: (Erfolgsfaktor), Kundenbindungsprogramme – Strategischer Erfolgsfaktor im Umbruch, in: DDV e.V. (Hrsg.): Who's who im Direktmarketing 2005, Wiesbaden 2004, S. 26-29
Kreutzer, R.T.: (Learning), Learning from the best, in: Direkt Marketing, Nr. 10, Oktober 2004, S. 26-31
Kricsfalussy, A.; Semlitsch, B. (Werttreiber), Marketing ist Werttreiber, in: ASW, Sondernummer Oktober 2000, S. 22-34
Kroeber-Riel, W.: (innere Bilder), Die inneren Bilder der Konsumenten, in: Marketing ZfP, Nr. 8, 1986, S 81-96
Kroeber-Riel, W.: (Konsumentenverhalten), Konsumentenverhalten, 6. Aufl., München 1996
Kroeber-Riel, W.; Weinberg, P.; Gröppel-Klein, A.: (Konsumentenverhalten), Konsumentenverhalten, 9. Aufl., München 2009
Kroeber-Riel, W.: (Bildkommunikation), Bildkommunikation – Imagerystrategien für die Werbung, 3. Aufl., München 1996
Kroslid, D.; Faber, K.; Magnusson, K.; Bergmann, B.: (Six Sigma), Six Sigma, München-Wien 2003
Krüger, C.; Buri, J.: (CAPO), CAPO - spielerisch zum Share of Soul, in: ASW, Sonderausgabe Marken, März 2002, S. 92-95
Krumb, U.: (Kundenbeziehungen), Kundenbeziehungen erfolgreich managen, Frankfurt 2002
Kuß, A.: (Marktforschung), Marktforschung, 2. Aufl., Wiesbaden 2007
Kuß, A.; Tomczak, T.: (Marketingplanung), Marketingplanung, 4. Aufl., Wiesbaden 2004
Laker, M.: (Preislisten), Millionengrab Preislisten, in: ASW, Nr. 3, März 1996, S. 48-54
Laker, M.; Zinöcker, R.: (Preisschlacht), Eine Preisschlacht gewonnen, den Preiskrieg verloren?, in: ASW, Nr. 12, Dezember 2006, S. 44-47
Lang, U.: (Baldrigde): TQM nach Malcolm Baldrigde in der IBM-Software-Entwicklung, in: Spies, S.; Fisseler, D. (Hrsg.): Produkte mit Profil, Wiesbaden 1994, S. 137-167
Langner, T.; Esch, F-R.: (Branding), In sechs Schritten zum erfolgreichen Branding, in: ASW, Nr. 7, Juli 2003, S. 48-51
Lazer, W.; Kelley, E.J. (Hrsg.), Social Marketing, Homewood Ill., 1973
Lebensmittelzeitung (Hrsg.): (Handelsunternehmen), Die marktbedeutenden Handelsunternehmen 2005, Frankfurt 2005
Lehnert, U.: (SPSS), Datenanalysesystem SPSS für Windows, 2. Aufl., München – Wien 1996
Leicher, R.: (Messen), Auf Messen erfolgreich präsentieren und verkaufen, Freiburg i. Br. 1990
Liebetrau, M.: (Ambush), Ambush Marketing – eine qualitative Analyse am Beispiel der FIFA Fußballweltmeisterschaft 2006, in: Heft 15 der Erfurter Hefte zum angewandten Marketing, 2007, S. 13-23
Liebmann, H.-P.; Zentes, J.; Swoboda, B.: (Handelsmanagement), Handelsmanagement, 2. Auflage, München 2008
Linden, F.A.: (Netz), Wachsen im Netz, in: ASW, Nr. 7, Juli 1997, S. 102-113
Link, J.; Hildebrand, V.G.: (Database Marketing), Database Marketing und Computer Aided Selling - Strategische Wettbewerbsvorteile durch neue informationstechnologische Systemkonzeptionen, München 1993
Link, J.; Brändli, D.; Schleuning, Ch.; Kehl, R.E. (Hrsg.): (Database Marketing), Handbuch Database Marketing, 2. Aufl., Ettlingen 1997
Link, J.; Hildebrand, V.G.: (Grundlagen), Grundlagen des Database Marketing, in: Link, J. u.a. (Hrsg.): Handbuch des Database Marketing, Ettlingen 1997, S. 13-36
Lippmann, H.; Orth, A.: (Marktchancen), Mit Produktmanagement Marktchancen nutzen, 9. Aufl., Sternenfels 2008
Lorenzer, B.: (Pricing-Konzepte), Pricing-Konzepte, Studienarbeit im Schwerpunkt Marketing und Vertrieb, Landshut 1998
Lou, M.; Anson, W.: (Brand Valuation), Brand Valuation - Die marktorientierte Markenbewertung, in: ASW, Sondernummer Oktober 2000, S. 164-168

Maier, R.: (Lieferantenpositionen), Veränderte Unternehmensstrategien bei Rückstufung in nachgelagerten Lieferantenpositionen, Diplomarbeit an der Fachhochschule Landshut, 1998

Manschwetus, U.; Rumler, A. (Hrsg.): (Internetmarketing), Strategisches Internetmarketing, Wiesbaden 2002

Markenverband e.V. (Hrsg.) (Jahresbericht), Jahresberichte 1998-2009, Wiesbaden

Martin, W.: (Closed Loop), Closed Loop Marketing - zum Greifen nah?, in: acquisa, Nr. 11, November 2000, S. 10-14

Marzian, S.; Smidt, W.: (Market-Ing.), Vom Vertriebsingenieur zum Market-Ing., 2. Aufl. Berlin - Heidelberg 2002

Masaaki, I.: (Kaizen), Kaizen, 10. Aufl., München 1993

Maslow, A. H.: (Motivation), Motivation and Personality, New York 1954 (11. Aufl. 2008)

Mastenbroek, W.: (Verhandeln), Verhandeln - Strategie, Taktik, Technik, Wiesbaden 1992

Mauch, W.: (Sales Cycle), Bessere Kundenkontakte dank Sales Cycle, in: Thexis, Nr. 1, 1990, S. 15-18

Mayer, R.: (Produktgestaltung), Strategien erfolgreicher Produktgestaltung, Wiesbaden 1993

McCarthy, J.: (Basic Marketing), Basic Marketing: A Managerial Approach, Homewood Illinois 1960

Mcdonald, St.: (Kundennähe), Wenn zuviel Kundennähe zur Abhängigkeit führt, in: Harvard Business Manager, Nr. 2, Februar 1996, S. 95-103

Meffert, H.: (Marketingforschung), Marketingforschung und Käuferverhalten, 2. Aufl., Wiesbaden 1992

Meffert, H.: (Marktorientierte Unternehmensführung), Dirct Marketing und Marktorientierte Unternehmensführung, in: Dallmer, H. (Hrsg.): Das Handbuch Direct Marketing & More, 8. Aufl., Wiesbaden 2002, S. 33-55

Meffert, H.: (Marketing-Management), Marketing-Management, Wiesbaden 1994

Meffert, H. (Hrsg.): (Marktorientierte Unternehmensführung), Marktorientierte Unternehmensführung im Wandel, Wiesbaden 1999

Meffert, H.; Schröder, J.; Perrey, J.: (BtoC-Märkte), Lohnt sich Ihre Investition in die Marke, in: ASW, Nr. 10, Oktober 2002, S. 28-35

Meffert, H.; Burmann, Ch.; Koers, M. (Hrsg.): (Markenmanagement), Markenmanagement, 2. Aufl., Wiesbaden 2005

Meffert, H.; Burmann, Ch.; Koers, M.: (Markenmanagement), Stellenwert und Gegenstand des Markenmanagement, in: Meffert, H.; Burmann, Ch.; Koers, M. (Hrsg.): Markenmanagement, Wiesbaden, 2. Aufl., 2005, S. 3-15

Meffert, H.; Bruhn, M.: (Dienstleistungsmarketing), Dienstleistungsmarketing, 6. Aufl., Wiesbaden 2009

Meffert, H.; Schneider, H.; Krummenerl, M.: (Dialogmarketing), Mit den richtigen Stellhebeln zu effizienterem Dialogmarketing, in: ASW, Nr. 11, November 2004, S. 52-58

Meffert, H.: (Marketing), Marketing – Grundlagen marktorientierter Unternehmensführung, 9. Aufl., Wiesbaden 2000

Meffert, H.; Burmann, Ch.; Kirchgeorg, M.: (Marketing) – Grundlagen marktorientierter Unternehmensführung, 10. Aufl., Wiesbaden 2008

Meister, U.; Meister, H.: (Kundenzufriedenheit), Kundenzufriedenheit im Dienstleistungsbereich, München – Wien 1996

Merkel, H.; Breuer, P.; Eltze, Ch.; Kerner, J.: (Globale Sourcing), Global Sourcing im Handel, Berlin – Heidelberg 2008

Meyer, A. (Hrsg.): (HDM), Handbuch Dienstleistungsmarketing, Bd. I und II, Stuttgart 1998

Meyer, A.; Dullinger, F.: (Leistungsprogramme), Methoden zur Planung und Kontrolle von Leistungsprogrammen, in: Meyer, A. (Hrsg.): Handbuch Dienstleistungsmanagement, Bd. I, Stuttgart 1998, S. 766-782

Meyer, A.; Davidson, J.H.: (Offensives Marketing), Offensives Marketing, Freiburg - Berlin - München 2001

Meyer-Hentschel, G.: (Überdurchschnittlich kreativ), Überdurchschnittlich kreativ, in: ASW, Nr. 2, Februar 2000, S. 92-93

MGM MediaGruppe (Hrsg.): (Fakten), Fakten statt Vorurteile, München 1996

Miller, B.; Heiman, St.E. und Tad Tuleja: (Schlüsselkunden-Management), Schlüsselkunden-Management, Landsberg am Lech, 1992

Miller, B.: (Kundeninformationen), Kundeninformationen – So bleiben Sie mit Kunden in Kontakt, in: acquisa, Nr. 6, Juni 1998, S. 80-83

Momberger, W.: (Gute Marken), Gute Marken sind gute Botschaften, in: Textilwirtschaft, Nr. 20, 15.5.97, S. 14

Monsees, M.: (Spitze), So kommen CMOs an die Spitze, in: ASW, Nr. 5, Mai 2009, S. 40-43

Mülder, W.; Weis, H. Ch.: (Computergestütztes Marketing), Computergestütztes Marketing, Ludwigshafen 1996

Müller, E.: (General), Der General, in: MM, Nr. 10, Oktober 2000, S. 140-147

Müller, J.: (Zara), Zaras Zeit, in: TextilWirtschaft, Nr. 11 v. 18.3.1999, S. 42-50
Müller, J.: (Kunden), Was den Kunden bindet, in: TextilWirtschaft, Nr. 21 v. 27.5.1999, S. 40-43
Müller, St.: (Bildkommunikation), Bildkommunikation als Erfolgsfaktor bei Markenerweiterungen, Wiesbaden 2002
Müller, H.: (Technischer Vertrieb), Technischer Vertrieb – Liebe auf den zweiten Blick, in: ASW, Nr. 3, März 2005, S. 100-102
Müller-Hagedorn, L.: (Adjustierung), Adjustierung mit weitreichenden Folgen, in: ASW, Nr. 4, April 1996, S. 40-44
Münchrath, R.: (Richtung), Aufbruch in eine neue strategische Richtung, in: ASW, Nr. 9, September 2000, S. 54-59
Munkelt, I.; Wildberger, N.: (Digital werben), Digital werben – wie weit sind die Agenturen, Test der Top 50, in : ASW, Nr. 4, April 1998, S. 88-100
Nielsen (Hrsg.) : (Universen), Universen 2009, Frankfurt 2008
Nielsen (Hrsg.) : (Universen), Universen 2008, Frankfurt 2007
Nieschlag, R.; Dichtl, E.; Hörschgen, H.: (Marketing), Marketing, 19. Aufl., Berlin 2002
Oberparleiter, K.: (Warenhandel), Funktionen und Risikenlehre des Warenhandels, Berlin 1930
Oehme, W.: (Handels-Marketing), Handelsmarketing, 3. Aufl., München 2001
Oehring, H.-H.: (Architektur), Messen, Ausstellungen und Architektur, München 1992
Oess, A.: (Total Quality Management), Total Quality Management – die ganzheitliche Qualitätsstrategie, Wiesbaden 1994
Olbrich, R.: (Marketing), Marketing, 2. Aufl., Berlin - Heidelberg - New York 2006
Otto, M.: (Teamfähigkeit), Versandhandel in der Globalisierung – Gefragt: unternehmerische Teamfähigkeit, in: ASW, Nr. 3, März 1998, S. 30-34
o.V.: (Mutmacher), Die Mutmacher, in: MM, Nr. 12, Dezember 1995, S. 140-144
o.V.: (Vertrauen), Durch Vertrauen zum Erfolg, in: Cargo aktuell, Nr. 1, Januar 1996, S. 18-21
o.V.: (Werbung), Werbung am wichtigsten, in: PM-Beratungsbrief Nr. 425 v. 13.5.1996, S. 1
o.V.: (Erfolg), Welcher Weg führt zu langfristigem Erfolg, in: PM-Beratungsbrief, Nr. 426 v. 28.5.96, S. 5
o.V.: (Outsourcing-Boom), Outsourcing-Boom, in: PM-Beratungsbrief, Nr. 430 v. 22.7.96, S. 1
o.V.: (Postweg), Selektiv auf dem Postweg, in: ASW, Nr. 10, Oktober 1996, S. 110-111
o.V.: (Tools), Tools für Marktforscher – Ist der zufriedene Kunden wirklich zufrieden?, in: Markt und Mittelstand, Nr. 1, Januar 1997, S. 38-39
o.V.: (Kundenerfolgsrechnung), Kundenerfolgsrechnung tut not, in: PM-Beratungsbrief, Nr. 442 v. 27.1.1997, S. 1
o.V.: (Call Center), Call Center boomen, in: PM-Beratungsbrief, Nr. 442 v. 27.1.97, S. 6
o.V.: (Werbespots), Gibt es zu viele Werbespots?, in: MM, Nr. 2, Februar 1997, S. 116-122
o.V.: (Efficient Replenishment), Efficient Replenishment – täglich flexibel auf Ereignisse reagieren, in: ASW, Nr. 5, Mai 1997, S. 48-51
o.V.: (Einschränkung), Werbung: Einschränkung erwünscht, in: PM-Beratungsbrief, Nr. 449 v. 5.5.1997, S. 1
o.V.: (Service), Welcher Service dem Kunden wichtig ist, in: BdW v. 23.5.97, S. 1
o.V.: (Kunden klassifizieren), Die besten Methoden, Kunden zu klassifizieren, in: acquisa, Nr. 7, Juli 1997, S. 55-57
o.V.: (Tops), TV-Spots: Tops und Flops, in: PM-Beratungsbrief, Nr. 456 v. 11.8.97, S. 6
o.V.: (kreativste Werber), Wer sind die kreativsten Werber der Welt, in: PM-Beratungsbrief, Nr. 457 v. 25.8.97, S. 6
o.V.: (Kundenurteil), Garantie im Kundenurteil, in: PM-Beratungsbrief v. 3.11.97, S. 3
o.V.: (Fluch), Fluch der Größe, in: MM, Nr. 11, November 1997, S. 114-122
o.V.: (Ingredient Branding), Ingredient Branding, Zusammenfassung eines Arbeitspapiers von Baumgarth; Freter; Schmidt, Universität GH Siegen, in: ASW, Nr. 12, Dezember 1997, S. 92
o.V.: (Automobil-Zulieferer), Wer die andere Hälfte unserer Autos baut, in: ADAC-Motorwelt, Nr. 1, Januar 1998, S. 16-19
o.V.: (Good-bye), Good-bye, Grenfell, in: MM, Nr. 2, Februar 1998, S. 26-29
o.V.: (Zeit), Mehr Zeit für das Wesentliche, in: ASW, Nr. 3, März 1998, S. 104-105
o.V.: (Windsor-Syndrom), Daimler-Benz – Das Windsor-Syndrom, in: MM, Nr. 3, März 1998, S. 14-17
o.V.: (Aufgaben), Spezielle Media-Aufgaben, in: ASW, Nr. 4, April 1998, S. 120-122
o.V.: (Pauschalpreis), Wann machen Pauschalpreise Sinn, in: PM-Beratungsbrief Nr. 473 v. 14.4.1998, S. 4
o.V.: (Call Center), Effektivere Call Center, in: PM-Beratungsbrief, Nr. 476 v. 25.5.1998, S. 3
o.V.: (Teure Marken), Teure Marken, in: PM-Beratungsbrief, Nr. 477 v. 8.6.1998, S. 1
o.V.: (Preise), Wie legen deutsche Industrieunternehmen ihre Preise fest, in: PM-Beratungsbrief, Nr. 477 v. 8.6.1998, S. 2
o.V.: (Emotionen), Emotionen auch im Business, in: PM-Beratungsbrief, Nr. 479 v. 6.7.1998, S. 1

o.V.: (Hersteller-Verkaufszentren), Länderchefs gegen Hersteller-Verkaufszentren, in: Landshuter Zeitung v. 10.7.98, S. 5
o.V.: (Servicewüste), Servicewüste Deutschland, in: Landshuter Zeitung v. 7.9.1998
o.V.: (Event-Erfolg), Sechs Kriterien für den Event-Erfolg, in: PM-Beratungsbrief, Nr. 485 v. 28.9.1998, S. 2
o.V.: (Virtual Design), Virtual Design statt Prototypen, in: PM-Beratungsbrief Nr. 501 v. 25.5.1999, S. 4
o.V.: (Wandel), Handel ist Wandel, in: Niederbayerische Wirtschaft, IHK, Nr. 7, Juli 1999, S. 314-315
o.V.: (Slogan), Welcher Slogan passt?, in: ASW, Nr. 11, November 1999, S. 34
o.V.: (ROI), Direct Marketing - Was sagt der ROI?, in: VLS-Verkaufsleiter Service, Nr. 684 v. 22.1.2000, S. 2
o.V.: (Consumer-Eliten), Neue Consumer-Eliten entstehen, in: ASW, Nr. 1-2, Januar/Februar 2000, S. 118-120
o.V.: (Plakatierung), Mehr Flexibilität bei der Plakatierung, in: ASW, Nr. 7, Juli 2000, S. 88-89
o.V.: (Kennzahlen), Neuprodukt-Politik, Die wichtigsten Kennzahlen, in: PM-Beratungsbrief Nr. 535 v. 25.9.2000, S. 3
o.V.: (Bier), Mit Liebe zum Bier am Markt bestehen, in: Landshuter Zeitung v. 12.10.2000
o.V.: (48 Stunden), In 48 Stunden bis zur letzten Wohnungstür, in: www.tomorrow.de, Heft 23 v. 26.10.2000, S. 107-108
o.V.: (Geschenke), Geschenke aus dem Internet: Darauf sollten Sie achten, in: www.tomorrow.de, Heft 25 v. 23.11.2000, S. 66-68
o.V.: (Kinowerbung), Wirkungsvolle Kinowerbung, in: PM-Beratungsbrief, Nr. 541, v. 13.1.2001, S. 6
o.V.: (Marke), Eine Marke für sich, Interview mit Antony Burgmans, Co-Chairman von Unilever, in: MM, Nr. 1, Januar 2001, S. 70-75
o.V.: (Werbeartikelbranche), Werbeartikelbranche peilt Umsatzzuwächse an, in: Landshuter Zeitung v. 11.1.2001
o.V.: (Kundenzeitschriften), Kundenzeitschriften halten, was sie versprechen, in: PM-Beratungsbrief, Nr. 541 v. 13.1.2001, S. 1
o.V.: (Werber), Werber schauen in die Röhre, in: PM-Beratungsbrief, Nr. 541 v. 13.1.2001, S. 1
o.V.: (Kinowerbung), Wirkungsvolle Kinowerbung, in: PM-Beratungsbrief, Nr. 541 v. 13.1.2001, S. 6
o.V.: (Zeitungsmuffel), Immer mehr Zeitungsmuffel, in: PM-Beratungsbrief, Nr. 541 v. 13.1.2001, S. 6
o.V.: (Zeppelin), Verblüffende Wiedergeburt des Zeppelins, in: Landshuter Zeitung v. 2.2.2001, S. 6
o.V.: (acquisa-award), Machen Sie mit beim 6. acquisa-award, in: acquisa, Nr. 2, Februar 2001, S. 28
o.V.: (Sonderwerbeformen), Was ist an Sonderwerbeformen im TV so besonders?, in: ASW, Nr. 3, März 2005, S. 88-91
o.V.: (Marken-Macher), Wo Marken-Macher Maß nehmen, in: Sonderheft Marken der Absatzwirtschaft 2005, S. 148-153
o.V.: (Chip), Kleiner Chip mit großer Wirkung, in: isReport, Nr. 1+2, Januar/Februar 2005, S,. 34-37
Pätzmann, J.; Lehner, E.: (Markenführungstools), Markenführungstools bei Werbeagenturen und Unternehmensberatungen - Versuch einer komparativen Analyse, in: MARKEting, Nr. 3, Winter 2002/2003, S. 29-35
Penning-Lother, C.: (Ideen), Extravagante Ideen für gute Kunden, in: acquisa, Nr. 8, August 1998, S. 24-27
Pepels, W.: (Dienstleistungsmarketing), Einführung in das Dienstleistungsmarketing, München 1995
Pepels, W.: (Hrsg.): (Absatzpolitik), Wiesbaden 1998
Pepels, W.: (Hrsg.): (Business-to-Business), Handbuch Business-to-Business Marketing, Neuwied – Kriftel 1999
Pepels, W.: (Schnittstellen), Marketing-Schnittstellen, Band 12 der FH-Reihe Examenswissen Marketing, Fortis Verlag Köln 2000
Pepels, W.: (Käuferverhalten), Käuferverhalten und Marktforschung, Berlin 2005
Pepels, W.: (Marketing), Handbuch des Marketing, 5. Aufl., München – Wien 2009
Peters, Th., J.; Waterman jr., R.H.: (Spitzenleistungen), Auf der Suche nach Spitzenleistungen, Sonderausgabe, Heidelberg 2006
Pfeifer, T.: (Qualitätsmanagement), Qualitätsmanagement – Strategien, Methoden, Techniken, 3. Aufl., München 2001
Pietralle, J.-Th.: (Budgets), Kleinere Budgets, größere Wirkung, in: ASW, Sonderausgabe Marken 2002, S. 72-76
Piontek, J.: (Distributionscontrolling), Distributionscontrolling, München – Wien 1995
Ploss, D.; Berger, A.: (Couponing), Intelligentes Couponing, Bonn 2003
Popper, K.: (Logik), Logik der Forschung, 11. Aufl., Tübingen 2005
Porter, M.E.: (Wettbewerbsstrategie), Wettbewerbsstrategie, 11. Aufl., Frankfurt 2008

Prahalad, C.K.; Hamel, G.: (Kernkompetenzen), Nur Kernkompetenzen sichern das Überleben, in: Harvard Manager, Nr. 2, 1991, S. 66-79
Preißler, P. R.: (Kosten-Nutzen-Verhältnis), Verbesserung des Kosten-Nutzenverhältnisses im Absatzbereich, 5. Aufl., Eschborn, 1996
Preißler, P.R.: (Controlling), Controlling, 13. Aufl., München – Wien 2007
Preissner, A.; Schwarzer, U.: (Alarmstufe), Alarmstufe rot, in: MM, Nr. 2, Februar 1996, S. 121-129
Preissner, A.: (Marketing-Praxis), Marketing Praxis für Manager – was Sie vom Erfolg der anderen lernen können, Frankfurt am Main 1997
Preissner, A.; Schwarzer, U.: (zurückhaltend), Ich bin noch viel zu zurückhaltend, Interview mit Kurt Hellström (ABB), in: MM, Nr. 10, Oktober 2000, S. 74-87
Puhani, J.: (Statistik), Statistik, 11. Aufl., Eibelstadt 2008
Puhlmann, M.; Semlitsch, B.: (Marke), Wie geht das Management mit der Marke um, in: ASW, Sondernummer Oktober 1997, S. 24-32
Rageth, L.: (Basis), die Basis des Marketing, in: IO, Nr. 6, 1996, S. 19-20
Randlkofer, F.; Zehetbauer, R.: (Phasenmodell), Phasenmodell für das Business-to-Business, in: ASW, Nr. 3, März 1997, S. 50-54
Rasner, C.; Füser, K.; Faix, W.G.: (Existenzgründer-Buch), Das Existenzgründer-Buch – Von der Geschäftsidee zum Geschäftserfolg, Landsberg am Lech 1997
Reinecke, S.; Sipötz, E.; Wiemann, E.-M. (Hrsg.): (Customer), Total Customer Care, St. Gallen 1998
Reinstrom, Ch.; Sattler, H.; Lou, M.: (Lizenzmarkt), in: ASW, Nr. 3, März 2006, S. 50-53
Reiß, M.; Beck, Th. C.: (Mass Customization), Performance Marketing durch Mass Customization, in: Marketing & Mittelstand, Nr. 2, 1995, S. 62-69
Rentzsch, H.-P.: (Erfolgsfaktoren), Welches sind die Erfolgsfaktoren für die Vertriebssteuerung, in: VDI (Hrsg.): Besondere Vertriebserfolge durch systematische Marktbearbeitung, Berlin 1995, S. 97-115
Rickens, Ch.: (Geschenke), Teure Geschenke, in: MM, Nr. 11, November 2000, S. 308-319
Rickens, Ch.: (Website-Story), Website-Story, in: MM, Nr. 12, Dezember 2000, S. 286-293
Rieker, J.: (Baustelle), Die drei von der Baustelle, in: MM Nr. 4, April 1998, S. 114-126
Risch, S.: (Spielend leicht), Spielend leicht, in: MM, Nr. 11, November 1997, S. 276-281
Risch, S.; Sommer, Ch.: (Jetzt oder nie), Jetzt oder nie, in: MM, Nr. 3, März 1998, S. 244-254
Rivinius, C.: (Verkaufsförderung), Verkaufsförderung der neuen Generation, in: ASW, Nr. 6, Juni 2001, S. 80-81
Rogge, H.-J.: (Werbung), Werbung, 6. Aufl., Ludwigshafen 2004
Roll, O.: (Internet), Marketing im Internet, München 1996
Roll, O.: (Internetnutzung), Internetnutzung aus Konsumentensicht, Wiesbaden 2003
Rominski, D.: (Effizienz-Maßstäbe), Effizienz-Maßstäbe für Messen und Ausstellungen, in: ASW, Nr. 6, Juni 1994, S. 104-105
Roth, G.D.: (Messen), Messen und Ausstellungen verkaufswirksam planen und durchführen, Landsberg am Lech 1981
Ruhfus, R.: (Kaufentscheidungen), Kaufentscheidungen von Familien, Bd. 7 der Schriftenreihe Unternehmensführung und Marketing, Wiesbaden 1976
Ruland, J.: (Werbeträger), Werbeträger, 6. Aufl., Bad Homburg 1981
Rupper, P. (Hrsg.): (Unternehmenslogistik), Unternehmenslogistik, 3. Aufl., Zürich 1991
Sander, M.: (Internationales Preismanagement), Heidelberg 1997
Sattler, H.: (Markenbewertung), Markenbewertung, in: ZfB, Nr. 6, 1995, S. 663-682
Sattler, H.; Kaufmann, G.: (Imagepflege), Imagepflege toppt Vielfalt, in: ASW, Nr. 5, Mai 2005, S. 24-26
Sauerbrey, Ch.; Henning, R.: (Kunden-Rückgewinnung), Kunden-Rückgewinnung, Erfolgreiches Management für Dienstleister, München 2000; Kontakt bezüglich der Studie: 0511-9296671
Schäfer, E.: (Wirtschaftsbeobachtung), Die Wirtschaftsbeobachtung, Bamberg, 1925
Schäfer, E.: (Marktbeobachtung), Grundlagen der Marktbeobachtung, Nürnberg 1928
Schär, J.F.: (Handelsbetriebslehre), Allgemeine Handelsbetriebslehre, Leipzig 1911
Scharf, A.; Schubert, B.: (Marketing), Marketing, 3. Aufl., Stuttgart 2001
Scheitlin, V.: (verkaufen), So verkaufen Sie professionell, Landsberg am Lech 1995
Schenk, H.-O.: (Handel), Psychologie im Handel, München – Wien 2007
Scheuch, F.: (Marketing), 6. Aufl., München 2007
Schirmer, A.: (Einführung), Planung und Einführung eines neuen Produktes am Beispiel der Automobilindustrie, in: ZfbF, Nr. 10/1990, S. 892-907
Schießl, A.: (Unterlieferanten), Der Übergang vom Direkt- zum Unterlieferanten – eine empirische Analyse der strategische Optionen, Diplomarbeit an der Fachhochschule Landshut, 1998
Schimmel-Schloo, M.: (Zahlen), Auf diese Zahlen können sie bauen, in: acquisa, Nr. 1, Januar 1998, S. 13-19
Schimmel-Schloo, M.: (Schritt), Customer Relationship Management - Schritt für Schritt vortasten, in: acquisa, Nr. 10, Oktober 2000, S. 8-10

Schimmel-Schloo, M.: (Angebot), Das passende Angebot zur rechten Zeit, in: acquisa, Nr. 8, August 2000, S. 50-51

Schirmer, A.: (Einführung), Planung und Einführung eines neuen Produktes am Beispiel der Automobilindustrie, in: ZfbF, Nr. 10/1990, S. 892-907

Schlote, St.: (würfeln), Ein bißchen würfeln, in: MM, Nr. 4, April 1996, S. 62-66

Schmalen, H.: (Kommunikationspolitik), Kommunikationspolitik – Werbeplanung, 2. Aufl., Stuttgart u.a. 1992

Schmidt, R.: (Ausdruckskraft), Die Ausdruckskraft des Bildes, in: ASW, Nr. 9, September 2000, S. 150-158

Schneider, D.; Schnetkamp, G.: (E-Markets), E-Markets - B2B-Strategien im Electronic Commerce, Wiesbaden 2000

Schräder, A.: (virtuelle Unternehmungen), Management virtueller Unternehmungen, Frankfurt am Main 1996

Schütz, P.: (Effizienz), Die tausend Tode der Effizienz, in: ASW Sonderausgabe zum Deutschen Marketingtag 2002, S. 32-55

Schütz, P.: (Grabenkriege), Grabenkriege im Management, Frankfurt – Wien 2003

Schulze, H.S.: (Dienstleistungsqualität), Erhöhung der Dienstleistungsqualität durch transaktionsanalytisch orientierte Personalschulungen, in: Bruhn, M; Stauss, B. (Hrsg.): Dienstleistungsqualität, 3. Aufl., Wiesbaden 2000, S. 263-285

Schumpeter, J.A.: (Entwicklung), Theorie der wirtschaftlichen Entwicklung, Leipzig 1912 (und Nachdruck 2006)

Schuster, H.-W.: (Produktinnovationen), Produktinnovationen im Konsumgütersektor, in: Innovation und Management, Nr. 3, März 1986, S. 278-281

Schuster, H.-W.: (Trend): Dem Trend auf der Spur, in: ASW, Nr. 5, Mai 1987, S. 70-78

Schuster, H.-W.: (Prestigegeleitetes Konsumverhalten), Prestigegeleitetes Konsumverhalten, Teil 1: Typologie des Distinktionskonsums, in: GfK (Hrsg.): Jahrbuch der Absatz- und Verbrauchsforschung, Nr. 2, 1994, S. 109-121

Schuster, H.-W.: (Prestigegeleitetes Konsumverhalten), Prestigegeleitetes Konsumverhalten, Teil 2: Produktpolitische Konsequenzen des Distinktionskonsums, in: GfK (Hrsg.): Jahrbuch der Absatz- und Verbrauchsforschung, Nr. 3, 1994, S. 219-231

Schuster, H.-W.: (Designmanagement), Dimensionen des Designmanagements, in: Pepels, W. (Hrsg.): Marketing-Schnittstellen, Band 12 der FH-Reihe Examenswissen Marketing, Köln 2000, S. 141-157

Schuster, H.-W.: (Designpolitik), Designpolitik, München 2002

Schwaiger, M.; Högl, S.; Hupp, O.: (Unternehmensmarke), Wie die Potenziale der Unternehmensmarke auszuschöpfen sind, in: ASW, Nr. 12, Dezember 2003, S. 39

Schwartz, G.: (Science), Science in Marketing, New York u.a. 1965

Schwarz, Th.: (Permission-Marketing), Permission-Marketing macht Kunden süchtig, in: acquisa, Nr. 8, August 2000, S. 44-46

Schwarz, Th.: (Permission Marketing), Permission Marketing, 2. Auflage, Würzburg 2002

Schwarz, Th: (E-Mail-Adressen), Hier gibt´s E-Mail-Adressen, in: acquisa, Nr. 12, Dezember 2002, S. 24-27

Schwarzer, U.: (Keine Feinde), Ich habe keine Feinde, Interview mit Bill Gates: in MM, Nr. 12, Dezember 1997, S. 122-130

Schwarzer, U.: (Werbung), Weg von der Werbung, in: MM, Nr. 3, März 2001, S. 52-54

Seiler, A.: (Marketing), Marketing, 6. Aufl., Zürich – Wiesbaden 2001

Seiwert, M.: (Mr. Marketing), Mr. Marketing, in: ASW, Nr. 1, Januar 2006, S. 12-16

Seiwert, M.: (Vitamin C), Vitamin C, in: ASW, Nr. 7, Juli 2006, S. 12-17

Senn, Ch.: (Key Account Management), Key Account Management für Investitionsgüter, Wien 1997

Seyffert, R.: (Werbelehre), Allgemeine Werbelehre, Stuttgart 1929

Seyffert, R.: (Wirtschaftslehre), Wirtschaftslehre des Handels, 5. Aufl., Opladen 1972

Sidow, H.D.: (Key Account Management), Key Account Management, 8. Aufl., Landsberg am Lech 2007

Siebel, Th.M.; Malone, M.S.: (Revolution), Die Informationsrevolution im Vertrieb, Mit Computer Aided Selling zum totalen Verkaufserfolg, Wiesbaden 1998

Sihn, W.; Proksch, R.; Lehmann, F.: (Dienstleistungen), Produktbegleitende Dienstleistungen unter der Lupe - Was Kunden wirklich wollen, in: Service Today, Nr. 6, Juni 2000, S. 38-40

Simon, H.: (Wettbewerbsvorteile), Management strategischer Wettbewerbsvorteile, in: ZfB, Nr. 8, August 1988, 461-480

Simon, H.; Kucher, E.: (Preisabsatzfunktionen), Die Bestimmung empirischer Preisabsatzfunktionen, in: ZfB, Nr. 1, 1988, S. 171-183

Simon, H.; Homburg, Ch. (Hrsg.): (Kundenzufriedenheit), Kundenzufriedenheit, Konzepte – Methoden – Erfahrungen, 2. Aufl., Wiesbaden 1997

Simon, H.; Dolan, R.J.: (Power Pricing), Profit durch Power Pricing, Frankfurt – New York, 1997

Simon, H.: (Call-Center), Call-Center der Zukunft - ganz virtuell?, in: acquisa, Nr. 9, September 2000, S. 58-61
Simon, H.; Fassnacht, M.: (Preismanagement), Preismanagement, 3. Aufl., Wiesbaden 2009
Soliman; Justur; Arena: (Hersteller), Wie Hersteller ihren Vertrieb auf Kundengruppen ausrichten, in: HBM, Nr. 2, Februar 1997, S. 19-30
Spahlinger, L.I.; Herrmann, A.; Huber, F.: (Kundenwertmanagement), Vom Kundschafts- zum Kundenwertmanagement, in: ASW, Sondernummer Oktober 2000, S. 182-188
Specht, G.; Fritz, W.: (Distributionsmanagement), Distributionsmanagement, 4. Aufl., Stuttgart u.a. 2005
Specht, U.: (Marken), Mit Marken Zeichen setzen, in: ASW, Sondernummer Oktober 1997, S. 10-11
Spiegel, B.: (Meinungsverteilung), Die Struktur der Meinungsverteilung im sozialen Feld – das psychologische Marktmodell, Bern – Stuttgart 1961
Spies, S.; Fisseler, D. (Hrsg.): (Profil), Produkte mit Profil, Wiesbaden 1994
Spiess, Th.: (Kunden), Kunden machen Marketing, in: acquisa, Nr. 9, September 2001, S. 10-12
Sprenger, R. K.: (Mythos), Mythos Motivation, 18. Aufl., Frankfurt am Main 2007
Staehle, W. A.: (Management), Management, 8. Aufl., München 1999
Stahl, K.: (Kundenbeziehung), Die Qualität der Kundenbeziehung in: IO, Nr. 9, September 1997, S. 30-35
Statistisches Jahrbuch der Bundesrepublik Deutschland, Frankfurt 2006
Staufenbiel Studie Berufsplanung für den Management-Nachwuchs, START 2004, 2004
Stauffert, T.K.: (Geschäftsprozessoptimierung), Kundenorientierte Geschäftsprozessoptimierung, Vortrag gehalten auf der „Sich Kennenlern Börse" der Fachhochschule Landshut, Oktober 1997
Stauss, B.; Seidel, W.: (Beschwerdemanagement), Beschwerdemanagement, 4. Aufl., München 2007
Steffen, W.: (Electronic-Commerce), Electronic-Commerce im Business-to-Business-Bereich - Möglichkeiten, Grenzen, Beispiele, in: Heft 8 der Erfurter Hefte zum angewandten Marketing, Erfurt 2000, S. 22-40
Steffenhagen, H.: (Konditionengestaltung), Konditionengestaltung zwischen Industrie und Handel, Wien 1995
Steffenhagen, H.: (Marketing), 6. Aufl., Stuttgart 2008
Stengel, Ch. von: (CRM), CRM - Der Input macht den Output, in: IT-Director, Nr. 10, Oktober 2000, S. 34
Suckfüll, A.: (Standardevent), Die Abkehr vom Standardevent, in: acquisa, Nr. 1, Januar 2003, S. 56-57
Taylor, F. W.: (Scientific Management), The Principles of Scientific Management, New York, 1911
Thedens, R.: (Integrierte Kommunikation), Integrierte Kommunikation – Einbettung der Direct-Marketing-Kommunikation in das Kommunikationsorchester, in: Dallmer, H. (Hrsg.): Handbuch Direct Marketing, 6. Aufl., Wiesbaden 1991, S. 17-29. In der 8. Aufl., Wiesbaden 2002, nicht mehr vorhanden.
Thieme, J.; Ceyp, M.: (Call Center), Planungsstufen eines Call Centers, in: ASW, Nr. 5, Mai 1998, S. 88-94
Thunig, Ch.: (World of TUI), Wie World of TUI ein Dach über alle Marken spannt, in: ASW, Sonderausgabe Marken 2002, S. 56-68
Töpfer, A.; Mehdorn, H.: (Total Quality Management), Total Quality Management – Anforderungen und Umsetzung im Unternehmen, Neuwied – Kriftel – Berlin 1995
Tomczak, T.; Belz, Ch. (Hrsg.): (Kundennähe), Kundennähe realisieren, St. Gallen 1994, S. 193-215
Tomczak, T.: (Relationship-Marketing), Relationship-Marketing – Grundzüge eines Modells zum Management von Kundenbeziehungen, in: Tomczak, T.; Belz, Ch. (Hrsg.): Kundennähe realisieren, St. Gallen 1994, S. 193-215
Tomczak, T.; Rudolph, T.; Roosdorp, A. (Hrsg.): (Positionierung), Positionierung – Kernentscheidung des Managements, St. Gallen 1996
Tomczak, T.; Roosdorp, A.: (Positionierung), Positionierung – neue Herausforderungen verlangen neue Ansätze, in: Tomczak, T.; Rudolph, T.; Roosdorp, A. (Hrsg.): Positionierung – Kernentscheidung des Managements, St. Gallen 1996, S. 26-42
Trommsdorff, V.: (Konsumentenverhalten), 6. Aufl., Stuttgart, 2004
Trommsdorff, V.; Binsack, M.: (Innovationen), Wie Marketing Innovationen durchsetzt, in: ASW, Nr. 11, November 1997, S. 60-65
VDI-Gesellschaft Entwicklung Konstruktion Vertrieb (Hrsg.): (Anforderungsprofil), Anforderungsprofil für Vertriebsingenieure – Empfehlungen der VDI-Gesellschaft Entwicklung Konstruktion Vertrieb – Fachbereich Technischer Vertrieb – zur Aus- und Weiterbildung von Vertriebsingenieuren, Berlin 1994
VDI-Gesellschaft Entwicklung Konstruktion Vertrieb (Hrsg.): (Systematische Marktbearbeitung), Besondere Vertriebserfolge durch systematische Marktbearbeitung, Berlin 1995
VDI-Gesellschaft Entwicklung Konstruktion Vertrieb (Hrsg.): (Vertriebspraxis), Vertriebspraxis 1998, Berlin u.a. 1998

Verband der Automobilindustrie e.V. (Hrsg.): (QM-Systemaudit), QM-Systemaudit, Grundlage DIN EN ISO 9001 und DIN EN ISO 9004-1, Nr. 6, Teil 1, 3. Aufl., 1996/1

Vergossen, H. (Marketing-Kommunikation): Marketing-Kommunikation, Ludwigshafen 2004

Verlag Norbert Müller (Hrsg.): (Außendienststeuerung), Neue Wege der Außendienststeuerung und Außendienstkontrolle, Marketing-Report 31, 1990

Vilmar, A.: (Agentur 2000), Agentur 2000, Heidelberg 1993

Vögele, S.: (Blickverlauf), in: Dallmer, H. (Hrsg.): Direct Marketing, 1991, S, 184 ff. In der 8. Aufl., wiesbaden 2002, nicht mehr vorhanden.

Walka, H.: (Rundum-Service), Rundum-Service für treue Kunden: der Volkswagen Club, in: Service Today, Nr. 1, Januar 2001, S. 11-14

Weber, G.: (Strategische Marktforschung), Strategische Marktforschung, München – Wien 1996

Webster, F. E. jr.; Wind, Y.: (Buying Behavior), A General Mode of Buying Behavior, in: Journal of Marketing, April 1972, S. 12-14

Weeser-Krell, L.: Leserbrief in ASW, Nr. 4, April 1998, S. 123

Wehrli, H.P.; Wirtz, B.W.: (Relationship Marketing), Relationship Marketing - auf welchem Niveau bewegt sich Europa, in: ASW, Sondernummer Oktober 1996, S. 26

Weinhold-Stünzi, H.: (positionieren), Marktobjekte optimal positionieren, in: Tomczak, T.; Rudolph, Th.; Roosdorp, A. (Hrsg.): Positionierung – Kernentscheidung des Marketing, St. Gallen 1996, S. 44-55

Weis, H. Ch.: (Verkaufsgesprächsführung), Verkaufsgesprächsführung, 4. Aufl., Ludwigshafen 2003

Weis, H. Ch.: (Verkaufsmanagement), Verkaufsmanagement, 6. Aufl., Ludwigshafen 2005

Weis, H. Ch.; Steinmetz, P.: (Marktforschung), Marktforschung, Ludwigshafen 1991; sowie 7. Aufl. 2008

Weis, H. Ch.: (Marketing), Marketing, 15. Aufl., Ludwigshafen 2009

Weld, L.D.H.: (Farm Products), The Marketing of Farm Products, 1916

Werres, Th.,: (Vollender), Der Vollender, in: MM, Nr. 2, Februar 2001, S. 94-101

Wildemann, H.: (Zulieferunternehmen), Entwicklungsstrategien für Zulieferunternehmen, in: ZfB, Nr. 4, 1992, S. 391-413

Wilkes, M. (Quality): Quality of Life in Management & Marketing, Hamburg 1992

Winkelmann, P.: (Investitionsschübe), Investitionsschübe im Mittelpunkt einer empirischen Untersuchung von Kontinuität und Diskontinuität in industriellen Investitionsprozessen, Diss., Frankfurt am Main – Bern 1982

Winkelmann, P.: (Kundenportfolios), Mit Kundenportfolios schneller zu den wichtigen Kunden, in: acquisa, Nr. 7, Juli 1997, S. 58-62

Winkelmann, P.: (Verkaufssoftware), Verkaufssoftware – Endlich Durchblick im Vertrieb, in: acquisa, Nr. 2, Februar 1998, S. 36-41

Winkelmann, P.: (Besuchsberichte), Computergestützte Besuchsberichte – Des einen Freud', des anderen Leid?, in ASW, Nr. 2, Februar 1998, S. 82

Winkelmann, P.: (Vertriebssteuerung), Vertriebssteuerung - Der lange Marsch zum Durchbruch, in: ASW, Nr. 3, März 1998, S. 70-73

Winkelmann, P.: (Marktsegmentierung), Operative Marktsegmentierung mit Hilfe von Kundenportfolios, in: Pepels, W. (Hrsg.): Handbuch Business-to-Business-Marketing, Neuwied – Kriftel 1999, S. 112-129

Winkelmann, P.: (Verkaufspolitik), Verkaufspolitik, Kapitel 11 bis 13 in: Pepels, W. (Hrsg.): Distributions- und Verkaufspolitik, Köln 1999

Winkelmann, P.: (Innovatives Außendienstmanagement), Verkaufen mit Biss und Methode, NM Verlag, München – Zürich - Dallas 1999 (ISBN 3-89486-147-9; Fax-Abruf: 089-35093218)

Winkelmann, P.: (Frühwarn-System), Benchmarking und CAS/CRM – Perfektes Frühwarn-System, in: salesprofi, Nr. 6, Juni 1999, S. 40-44

Winkelmann, P.: (Wissensspeicher), Der Vertrieb als Wissensspeicher im Unternehmen, in: ASW, Sondernummer Oktober 1999, S. 168-170

Winkelmann, P.: (CRM), CRM ist Sache des Vertriebs, in: salesprofi, Nr. 11, November 1999, S. 32-34

Winkelmann, P.: (Tante Emma), CRM ist mehr als Tante Emma, in: acquisa-Sonderheft zur CRM-expo, Dezember 2000, S. 24-25

Winkelmann, P.: (Vertriebsaufgaben), Vertriebsaufgaben - auf die Ausführung kommt es an, in: ASW, Nr. 2, Februar 2001, S. 56

Winkelmann, P.: (Vertriebsleiter), Vertriebsleiter müssen umdenken, in: CRM-Report 2001, Wiesbaden 2001, S. 36-40

Winkelmann, P.: (Communication), CRM meets Communication, in: acquisa, Nr. 12, Dezember 2001, S. 8

Winkelmann, P.; Heck, M.: (Trends), Trends im E-Business, in: Manschwetus, U.; Rumler, A. (Hrsg.): Strategisches Internetmarketing, Wiesbaden 2002, S. 4-28

Winkelmann, P.: (Zeichen), Marketing und Vertrieb im Zeichen von CRM und E-Business,

in: Kamenz, U. (Hrsg.): Applied Marketing, Berlin u.a., S. 197-208
Winkelmann, P.: (Spannungsfeld), Der Vertrieb in einem Spannungsfeld zwischen Marketingtheorie und Unternehmenspraxis, in: Kamenz, U. (Hrsg.): Applied Marketing, Berlin u.a., S. 707-718
Winkelmann, P.: (Kundenstamm), Den Wert des Kundenstamms managen, in: IT-Business, Nr. 3, März 2005, S. 2-3
Winkelmann, P.: (Vertriebskonzeption), Vertriebskonzeption und Vertriebssteuerung, 4. Auflage München 2008
Wippermann, P.: (Starke Marken), Starke Marken als Inhalt der Medien, in: ASW, Nr. 12, Dezember 1996, S. 36-37
Witt, Jürgen (Hrsg.): (Produktinnovation), Produktinnovation, München 1996
Witte, E.: (Empirische Forschung), Empirische Forschung in der Betriebswirtschaftslehre, in: Grochla, E.; Wittmann, W. (Hrsg.): Handwörterbuch der Betriebswirtschaftslehre, 4. Aufl., Stuttgart 1974, Sp. 1263-1282
Witte, E.: (Innovationsentscheidungen), Organisation von Innovationsentscheidungen, Göttingen 1973
Wöhe, E.: (Einführung), Einführung in die Betriebswirtschaftslehre, 23. Aufl., München 2008
Wolter, F.H.: (Steuerung), Steuerung und Kontrolle des Außendienst, Gernsbach 1978
Womack, J.P.; Jones, D.T.; Roos, D.: (Revolution), die zweite Revolution in der Autoindustrie, Frankfurt – New York 1992 (dtsch. Übersetzung)
Woratschek, H.: (Positionierung), Positionierung – Analysemethoden, Entscheidungen, Umsetzung, in: Meyer, A. (Hrsg.): Handbuch Dienstleistungsmanagement, Band I, Stuttgart 1998, S. 695-710
ZAW (Hrsg.): (Werbung), Werbung in Deutschland, diverse Ausgaben 2000 - 2009
Zentes, J.; Swoboda, B.: (Totalrelaunch), 2005 – Totalrelaunch des Handels, in: ASW, Sondernummer Oktober 1998, S. 24-30
Zeppelin Verlag: (Fabrikverkauf), Fabrikverkauf in Deutschland, Stuttgart 1992
Zetsche, D.: (Mercedes), Wohin steuert Mercedes, in: ASW, Nr.5, Mai 1996, S. 14-18
Ziegler, S.: (Investgüter-Marketing), Investgüter-Marketing - Organisation der Kundenorientierung, in: ASW, Nr. 7, Juli 2001, S. 42-46
Zunke, K.: (Werbeunterhaltung), Fulminante Werbeunterhaltung, in: ASW, Nr. 4, April 2006, S. 24-27

Web-Adressen (Auswahl)

www.absatzwirtschaft.de
www.adito.de
www.ag-sm.de
www.cdh.de
www.az-direct.com www.bbdo.de
www.beschaffungswelt.de
www.c-und-a.de
www.community-business.de
www.crm-expo.de
www.crm-scan.de
www.direktportal.de
www.eiaa.net
www.genios.de
www.icon-brand-navigation.com
www.inubit.de
www.ivw.de
www.markenverband.de
www.nielsen.com
www.otto-supermarkt.de
www.payback.de
www.research-int.com
www.scout.de
www.shopping24.de
www.tns-infratest-ri.com
www.vertriebssteuerung.de
www.werbeagentur.de
www.zaw.de

www.acquisa.de
www.adm-ev.de
www.aig.org
www.auma.de
www.bedirect.de
www.bitkom.de
www.competence-site.de
www.conrad.de
www.crm-expert-site.de
www.ddv.de
www.dresdner-bank.de
www.event-business.de
www.gfk.de
www.ifd-allensbach.de
www.invis-vertriebsoptimierung.de
www.kaliber42.de
www.media-control.de
www.nielsen-media.de
www.ovk.de
www.pr-journal.de
www.robinsonliste.de
www.schlecker.com
www.starbucks.com
www.ups.com
www.vdm.de
www.wuv.de
http://de.statistica.com

www.acquisa-crm-expo.de
www.agof.de
www.bvm.org
www.awa-online.de
www.bertelsmann.de
www.bvdw.org
www.comscore.com
www.covisint.co
www.crm-portal.de
www.dell.de
www.eco.de
www.fh-landshut.de
www.gruener-punkt.de
www.ifo.de
www.ipsos.de
www.manager-magazin.de
www.nfoeurope.de
www.obi.de
www.oxygon.de
www.rankingdesign.com
www.salesBusiness.de
www.servicebarometer.de
www.tns-infratest.com
www.vertriebs-experts.de
www.webevent.com
www.zara.com

(Stand Dezember 2009)

Stichwortverzeichnis

1st Level Support 230
1to1-Marketing 27, 413
6-C-Konzept der
  Markenführung 558
ABC-Analyse 117, 202, 323,
  325, 326, 327, 330
Ablauforganisation 98, 100,
  101, 304
Absatzform 288
Absatzhelfer 288, 289, 380,
  381
Absatzmittler 28, 288, 289,
  382
absatzpolitisches
  Instrumentarium 43, 288
Absatzpotentialverfahren 301
Absatzprognose 183
Absatzsegmentrechnung 123
Absatzwegepolitik 45, 287,
  288, 369, 379
Abschlusstechnik 345, 346
Adressenanbieter 458
Affiliate-Marketing 94, 337,
  412
Affinitäts-Index 451, 452
Agentur-Briefing 445
Agenturvertrieb 381
AIDA-Verkaufsformel 342
Akquisition 45
Akquisitionsphase 19, 354
akquisitorisches Potenzial 261
Aldisierung 252, 392, 510,
  517
Ambush-Marketing 94
Angebotsmonopol 257
Angebotspreis 244, 256, 259,
  261, 264, 265, 266, 269
Anlagenbau 53, 211, 304
Anlagengeschäft 5
Anwender 13
Arbeitslastverfahren 300, 301
arithmetisches Mittel 167
Attributs-Segmentierung 20,
  21, 23, 24
Auftragsabwicklungssystem
  305
Auktion 3, 263, 293, 375, 377,
  485
Außendienst 11, 65, 68, 80,
  100, 108, 111, 117, 120,
  127, 183, 237, 277, 288,
  289, 290, 292, 295, 296,
  298, 299, 300, 302, 330,
  347, 358, 381, 460, 481,
  482
Außendienstbesuch 338
Außendienst-Management
  118, 122, 202, 302, 305,
  323, 326, 330, 339, 344,
  345, 367, 368
Außendienststeuerung 290,
  306, 339, 372, 578
Ausstellungen 31, 431, 484,
  485
Autofinanzierung 505

Backoffice 108, 299, 309,
  362, 375, 379, 476, 477
Balanced Scorecard 123
Barrieretypen 271
BCG-Matrix 82, 88, 90, 328
Beanstandungen 95, 237, 296,
  304, 340, 347, 364, 365,
  366, 371, 545
Bedarf 2, 3, 51
Bedürfnisse 2, 17, 31, 191,
  198, 434, 490
Beeinflusser 13
Befragung 23, 132, 133, 135,
  136, 137, 141, 142, 151,
  161, 448, 457
Befragungsexperiment 151
Belastungskoeffizient 120
Benchmarking 116, 121, 122,
  530, 540, 556
Benchmark-Zielvorgaben 358
Beobachtung 132, 151, 161
Beobachtungsexperiment 151
Beratungsverantwortung 102
Berichtssysteme 347
Beschaffungswesen 405, 545,
  546
Beschwerdemanagement 235,
  296, 304, 311, 348, 364,
  365, 545
Besucherbefragungen 488
Besuchsberichte 299, 312,
  346, 347, 348
Besuchshäufigkeiten 338
Besuchsplanung 334, 338, 339
Besuchstermine 338, 476
Besuchstouren 338
Betriebstypendynamik 386
Bezugsgruppen 16
Blogs 442, 444
Bonus 255, 277, 279
Boston Consulting Group 30,
  82
Botschaften 45, 285, 286, 408,
  409, 423, 424, 437, 439,
  441, 479, 481, 492, 507
Brainstorming 208
Branchenführer 121, 250, 437,
  461
Brand Equity 521, 527, 534,
  535, 536
Branding 34, 37, 50, 158, 218,
  402, 411, 492, 493, 509,
  510, 511, 512, 516, 519,
  521, 525, 534
Brand-Licensing 493, 494
Break Even Analyse 266
Break Even Punkt 259
BtoBtoC 9, 289, 336, 379,
  382
Budget 49, 58, 69, 141, 434,
  457
Business Mission 59, 60, 61,
  62
Business Process Management
  (BMP) 106, 559

Business-to-Business 289,
  368
Business-to-Consumer 51,
  289, 369
Buying-Center 12, 21, 22, 53,
  174, 201, 317, 340, 353,
  371, 377, 396, 545
Call-Center 293, 305, 316,
  364, 373, 460, 470, 473,
  474, 476
Carry-over-Effekt 49, 453
CAS 99, 183, 299, 306, 308,
  309, 311, 316, 348, 349,
  358
Category Management 392,
  393
Champions 537
Chancenpotential-Portfolio
  330
Change-Management 559
Charisma 111
Chefsekretärin 13
Churn-Management 367
CI 63, 291, 412, 426, 427,
  432, 438, 468, 481, 487,
  491
Closed Loop 188, 189, 307,
  309, 310, 311, 463, 478,
  487, 491, 503, 507
Closing 343, 345, 422
Clusteranalyse 145, 172
Co-Branding 492
Cocooning 99
Commitment 559
Communities 373
Computer Aided Selling 99,
  307
Conjoint-Measurement 173,
  174
Consumer Benefit 445
Controlling 35, 37, 63, 68, 70,
  82, 102, 115, 116, 118, 122,
  123, 131, 210, 282
Convenience-Goods 294
Copy-Strategie 442, 445
Core Benefit Position 197
Corporate Culture 46, 427
Corporate Design 218, 426
Corporate Identity 46, 60, 63,
  400, 413, 423, 425, 426,
  548
Corporate Publishing 411,
  412, 417, 418, 501, 502,
  503, 506, 508
Corporate Publishing (CP)
  411, 412, 417, 418, 501,
  502, 503, 506, 508
Couponing 411, 412, 495,
  497, 498, 499
Creating Value 555, 556, 557
CRM 113, 122, 291, 305, 306,
  315, 316, 540, 556
CRM-Integrationsmatrix 313
Cross-Selling 80, 224, 228,
  279, 303, 309, 335, 337,

340, 363, 494, 495, 497, 505
Cross-Selling-Potenzial 303, 335
Customer Care 307, 530
Customer Equity (CE) 322, 323, 333, 557, 558
Customer Exellence 40
Customer Lifetime Value (CLV) 307, 323, 326, 541
Customer Orientation 558
Customer Relationship Communication (CRC) 417, 418, 423, 502, 503, 505, 506, 507
Customer Relationship Management 109, 235, 306, 307, 350, 541
Customer Relationship Management (CRM) 109, 235, 287, 306, 307, 350, 541, 554
Customer Satisfaction Index (CSI) 359
Customer Touchpoints 307, 313
Customer Value (CV) 275, 287, 323, 333, 334, 541, 557, 558
Customer-Focus-Programm 358
Customer-Relationship Marketing 306
Cyber Shops 392
Dachmarkenstrategie 518
Data Mart 186
Data Warehouse 76, 186, 188, 190, 309, 310, 314, 347, 470, 478, 540
Database 75, 76, 126, 186, 190, 306, 308, 309, 311, 458, 461
Database-Marketing 461
Datamining 187, 188, 309, 311, 314, 367
Data-Warehousing 367
Datenbank 82, 311, 466
Deckungsbeitrag 117, 122, 250, 259, 264, 266, 267, 269, 385, 393
Delphi-Technik 180
Depotsystem 381
Design 46, 148, 193, 198, 207, 214, 215, 217, 218, 398, 422, 427, 431, 548
Design-Management 217
DIBABA-Formel 343
Dienstleistungen 4, 5, 6, 7, 9, 26, 38, 45, 53, 59, 62, 64, 191, 223, 225, 227, 233, 284, 287, 308, 425, 486, 491
Diffusion 204, 207
Direct-Mail-Marketing 462, 463
Direktansprache 460, 461, 462, 463, 465, 475
Direktgeschäft 69
Direktmarketing 46, 291, 293, 305, 458, 459, 460, 461, 463, 467, 475

Direktvertrieb 289, 291, 350, 368, 399
Direktwerbung 46, 53, 458
Diskontinuitäten 67, 183, 196, 201
Diskriminanzanalyse 145, 170
Distinktkonsum 217, 577
Distributionsfilter 383
Distributionskennzahlen 118
Distributionspolitik 45, 283, 284, 286, 317
Distributionsrate 117, 120, 284
Diversifikation 80, 204
Dumping 268
dynamischen Preistheorie 275
E-Business 284, 307, 314, 369, 370, 559
E-Commerce 290, 293, 299, 370, 371
ECO-Richtlinien 473
ECR 393, 394, 569
eCRM 306, 315, 369, 541
EDI 394
EDIFACT 361, 394, 556
Effizienz 63, 68, 90, 99, 291, 299, 322, 333, 488
EFQM 551, 552
Einkäufer 13, 260, 268, 273, 340, 350, 355, 377, 485, 489
Einkaufsverbände 385
Einstellungen 3, 17, 21, 22, 23, 63, 74, 137, 147, 148, 186, 424, 427, 452, 453
Einstiegspreise 275
Eintrittsbarrieren 89, 276
Einzelhandel 289, 382, 385, 386, 391
elastische Nachfrage 242
e-Mail 441, 460
E-Mailing 460, 471
Emotionen 3, 17, 420, 421
Enterprise Resources Planning (ERP) 306, 308, 314, 372, 376, 378, 540, 555, 556, 559
Entscheider 13
Entscheidungsfreudigkeit 56
Entscheidungsmethodik 56
Erfahrungskurve 86, 202
Erfahrungskurveneffekt 86, 202
Erfahrungskurveneffekte 260
Erfahrungsregel 211, 323
Erfolgsfaktoren 40, 75, 78, 81, 82, 87, 88, 89, 90, 91, 121, 218, 281, 297, 359, 361, 393, 402, 424, 457, 537
Erfolgsprinzipien 558
Erfolgsverantwortung 67, 100, 299
Erlebniswelten 389
ERP-Programme 306
Eskalationsprinzip 229, 366
EURO-SOCIO-Styles 23
Euro-Umstellung 247, 248
Eventmarketing 412, 432, 489, 491
Experiment 150, 151, 152
Expertenbefragungen 181

explorative Studie 136
Extranet 372, 475
Exzellenz-Systeme 551
Fachgeschäft 224, 386
Fachpromotor 92
Factory Outlet Center 398
Faktorenanalyse 145, 172, 173, 197, 199
Fakturierungssystem 305
Familienmarke 518
Feldexperiment 151
Fernsehforschung 440
Fernsehwerbung 438, 439, 440, 458
Fernsehzuschauerforschung 455, 568
Filialunternehmen 385
Firmenkunden 7, 289, 312, 379
Fit 201, 209
Flatrate 274, 275
Folgekäufe 45, 351, 360, 453
Follow-up Maßnahmen 347
Forecast 70, 117
Forecasts 91, 95
Fragebogen 132, 133, 142, 144, 448
Fragebogenerstellung 142
Fragetechnik 142
Franchising 400
Fremdbild 359, 425
Frequenzatlas 455, 456
Frontoffice 296, 309
Frühwarnsystem 115, 121, 122
Führungserfolg 110, 111
Führungsgrundsatz 61
Führungskräfte 10, 55, 76, 99, 110, 181, 205, 236, 423
Führungsphilosophie 111
Führungsstil 111
Führungsverhalten 112
funktionale Organisation 102, 393
Gap-Analyse 73
Garantieleistungen 228, 233
Gateways 376
Gebietsoptimierung 300, 301, 305
Gebietsorganisation 302
Gebietsschutz 381, 483
Gebrauchsgüter 5, 9, 13, 53, 214, 230
Gehirnhälftenforschung 530
Geld-zurück-Garantie 233
generisches Produkt 192
Gesamtmarktanteil 71, 117
Geschäftsfeldentwicklung 80
Geschäftsfelder 102, 429
Geschäftsfeldorganisation 102
Geschäftsidee 59, 60, 61
geschichtetes Stichprobenverfahren 141
Gesprächsklima 340
Gesprächsvorbereitung 339
Gewährleistung 233
Gewinnaufschlag 250, 264, 265
Gewinnmaximierung 256, 272
Gewinnpotenzial 20
Gewinnschwelle 259

gleitende Durchschnitte 182
Global Sourcing 546
Globalisierung 32, 78, 369, 447
Grenznutzen 240, 271
Grid-Ansatz 341
Großhandel 382
Großkunden 32, 49, 52, 81, 82, 202, 239, 251, 298, 321, 323, 338, 361, 559
Grundgesamtheit 132, 135, 136, 137, 138, 139, 140, 141, 152, 174
Guerilla-Marketing 93
Guerilla-Strategie 93
Güter 3, 4, 5, 6, 7, 9, 14, 53, 206, 223, 224, 251, 257, 287, 343, 434
GVO 400
G-Wert 454, 455, 456
Halbwertszeitpunkt 468
Handel 9, 30, 44, 50, 51, 53, 223, 234, 239, 254, 265, 266, 277, 279, 281, 283, 284, 290, 291, 292, 350, 382, 383, 385, 386, 389, 393, 394, 398, 399, 434, 483, 505, 516
Handelsfunktionen 9
Handelskonzerne 51, 108, 260, 372, 383, 387, 388, 505, 516, 517
Handelsmakler 381
Handelsmarken 53, 277, 392, 397, 516, 517
Handelspanel 118, 158
Handelsvertreter 11, 64, 290, 380, 381
Help Desk 229, 563, 569
Herstellermarken 392, 398, 492, 516
Hidden Champions 560
Hochschulen 35, 181, 266, 282, 430, 539
Hörfunk 433, 439
horizontale Preisdifferenzierung 250, 270, 271, 276
Hotline 214, 228, 229, 291, 366, 463, 468, 475, 483, 503
House of Quality 543, 544
hybrider Käufer 26, 456
Hypothesenbearbeitung 128, 129
ifo-Geschäftsklimaindex 163, 179, 181
Image 60, 252, 355, 385, 423, 424, 425, 429, 431, 447, 450, 488, 491, 492
Imagepolitik 46, 63, 291, 412, 422, 423, 424, 425, 427, 548
Imagepositionierung 427, 428, 429, 512
Imageprofilierung 391, 398, 481
Imagery 17, 420, 422, 448, 457
Imagerystrategien 422
Imagerytechniken 420

Imagetransfer 427
immaterielle Güter 4
Inbound-Marketing 474
Incentive-Reisen 483
Incoterms 256
Individualisierung 124, 309, 311, 373, 377, 460, 463, 465, 467, 470, 560
Individualmarketing 27
Industriegüter 52, 289, 379, 485
Industriegütermarketing 9, 86, 199, 286, 298
Informationsoptimum 126
Informationsüberlastung 18, 64
Ingredient Branding 492, 493
Innendienst 11, 99, 100, 108, 290, 296, 299, 332, 339, 340, 347, 426
innere Bilder 17, 420, 439
Innovationen 69, 80, 191, 203, 204, 205, 209, 210
Innovationscontrolling 211
Innovationsgeschwindigkeit 553
Innovationspolitik 44, 204
Innovationsrate 211, 212
Interfusionstheorie 26
internationaler Vertrieb 547
Internet 20, 30, 45, 51, 99, 130, 133, 143, 289, 290, 293, 308, 370, 372, 373, 396, 410, 419, 433, 437, 441, 448, 449, 460, 474, 475, 482, 489, 554
Internet-Plattform 376
Internet-Portale 370, 376
Internet-Shops 369, 372, 374
Intervallskalen 144, 146, 147
Interviewleitfaden 134, 141
Investitionsgütermärkte 8
Involvement 5, 18, 19, 111, 296, 535
ISO 9000 und andere 542, 550, 552
ISO-Zertifizierung 431, 550
Johari-Fenster 344
Joint Venture 206
Just-in-Time 405, 547
Kaizen 547, 548, 573
Kampagnen 422, 435, 457, 475, 478, 479
Kampagnenausrichtung 416, 417
Kampagnenmanagement 187, 307, 416, 417, 478, 560
Kampfpreise 95, 385
Kampfpreisentscheidung 250
Kampfpreissituationen 266
Kanban-Prinzip 547
KANBAN-Prinzip 393
KANO-Modell 213, 356, 562
Karpmann-Dreieck 344
Katalog 343, 412
Kaufabschluß 45, 343, 476
Kaufabsichten 21, 453
Kaufakteure 12
Kaufdruck 343, 491
Kaufentscheidungen 5, 13, 14, 15, 161

Käufermärkte 30, 31, 50, 239, 553
Käuferschichten 69, 152, 240, 270, 271, 272, 517
Käuferverhalten 12, 13, 14, 15, 16, 17, 18, 29, 133, 148, 168, 178, 538
Kaufhaus 387
Kaufkriterium 214
Kaufprozess 13, 14, 19
Kaufsituation 13, 15
Kaufverhandlungen 254
Kaufwiderständen 209
Kennzahlensystem 124
Kernkompetenz 80, 201, 209, 225
Kernkompetenzen 59, 62, 80, 87, 201, 321, 398, 548, 558
Key Account Management 32, 50, 53, 108, 239, 291, 296, 298, 303
Kleinkunde 326, 333
Kleinkundengeschäft 323
Klumpenverfahren 141
Klumpungseffekt 141
Kommissionär 381
Kommunikationsbudget 414, 415, 416, 507
Kommunikationspolitik 45, 54, 63, 65, 221, 261, 282, 285, 286, 408, 409, 413, 415, 420, 424, 425, 426, 427, 433, 445, 452, 479, 481, 489, 490
Kommunikationsprozeß 409, 410
Kompetenzen 61, 98, 295, 339, 341
Komponenten 53, 546
Konditionenpolitik 44, 238, 249, 253, 277, 280, 482
Konditionensysteme 276, 277, 278, 280, 397
Konditionierung 18, 19, 421
Konfidenzintervall 138, 139, 140
Konfliktsituationen 66
Konjunkturbarometer 163
Konkordanzkoeffizient 178
Konsument 12, 14, 31, 32, 50, 51, 132, 192, 421, 456, 461, 464
Konsumentenrente 271
Konsumgüter 4, 6, 217, 245, 283, 485, 489
Konsumgütermärkte 9, 12, 50, 434
Konsumnachfrage 9, 52
Konsumpolarisierung 397
Kontaktfrequenz 12
Kontakthäufigkeit 479
Kontaktstrategie 311, 413
Kontingenztest 178
Kontinuität 67, 99
Kontrahierungspolitik 238
Konzentrationsprozeß im Handel 385
Konzentrationsverfahren 136, 141

Konzeption 33, 44, 57, 58, 59, 78, 81, 86, 87, 91, 102, 104, 238, 400, 487
Koppelgeschäfte 256
Korrelation 87, 145, 169, 170, 174, 178, 416
Korrelationskoeffizient 170
Kostendegressionseffekte 81, 86, 260, 275
Kostenführerschaft 81, 250
Kostenorientierung 223, 224
Kostensenkungspotential 275
Kostenstruktur 86
Kostenträger 7, 64
Kostenverläufe 260
Kreativagenturen 435
kreatives Klima 205
Kreativitätstechniken 179, 208
Kreuzpreiselastizität 257
Kulanzleistungen 233, 234
Kulanzzusagen 45, 256
Kundenattraktivitäten 95, 328
Kundenbarometer 149, 231, 355, 358
Kundenbetreuung 12, 81, 100, 122, 291, 296, 299, 306, 307, 311, 322, 328, 361, 364, 371
Kundenbeziehung 350, 552
Kundenbindung 19, 40, 45, 53, 89, 120, 157, 228, 261, 330, 337, 338, 350, 360, 363, 365, 476, 505, 506, 507, 530, 548
Kundenclub 270, 361, 497, 499, 500, 501, 562, 563
Kundendienst 44, 65, 225, 227, 228, 234, 235, 305, 366, 552
Kundenerfolgsrechnung 64, 116, 122, 321
Kundenerwartungen 193, 339, 340, 371, 552
Kundengewinnung 45, 306, 332, 372
Kundengitter 341, 342
Kundengruppenorganisation 303
Kundenhistorie 305, 311, 347
Kundenkarte 270, 352, 361, 411, 494, 495, 496, 497, 501
Kundenloyalität 1, 41, 154, 321, 354, 360, 417, 514
Kunden-Loyalitätsleiter 330, 458
Kundenmanagement 115, 283, 291, 307, 354, 418, 506, 507, 559
Kundenmedien 228, 411, 412, 418, 495, 498, 501, 502, 503, 506
Kundenmonitor 149, 231, 355, 358
Kundenmonitoring 348
Kundennähe 40, 99, 117, 303, 342, 353, 355, 356, 360, 365, 537
Kundennutzen 38, 61, 197, 234, 245, 251, 297, 352, 538

Kundenorientierung 32, 39, 40, 98, 104, 223, 279, 306, 317, 321, 350, 353, 538, 539, 548, 552
Kundenpflege 45
Kundenportfolios 325, 328, 329, 330
Kundenprioritäten 323, 325, 329, 332, 333, 338
Kundenpsychologie 31
Kundenqualifizierung 279, 307, 311, 318, 320, 321, 322, 323, 332, 334, 460
Kundenrendite-Portfolio 330
Kundenrentabilität 124
Kundenrückgewinnungs 367
Kundenschulungen 483
Kundensicherung 45, 287, 297, 306, 368
Kundenstatus 279, 323, 326, 330, 332, 364
Kundenwechsel 367
Kundenwert (Customer Value) 275, 287, 309, 322, 323, 327, 328, 333, 335, 507, 541, 557, 558
Kundenwünsche 198, 201, 209, 308, 372, 393, 403, 405, 537, 544, 548, 550
Kundenzeitschriften 228, 411, 418, 437, 498, 502, 506
Kundenzufriedenheit 12, 40, 63, 65, 68, 95, 117, 124, 148, 170, 172, 174, 186, 284, 304, 321, 332, 337, 347, 350, 353, 354, 355, 356, 358, 360, 361, 365, 366, 393, 405, 537, 548, 551, 552
Laborexperiment 151
Lagerwirtschaft 404, 405
Landlord-Konzept 104
Lead User 211
Leads 120, 211, 305, 318, 319, 320, 452, 460, 475, 487, 488, 489, 507
Lean Production 547
Lean-Selling 99
Lebensstil 15, 19, 51, 215, 218, 390, 416, 421, 446, 447
Lebenszyklus 70, 192, 194, 195, 196, 251, 275, 276, 303, 326, 414, 415
Lebenszyklusanalyse 195
Leistungsprogrammpolitik 44, 76, 191, 192, 193, 194, 195, 196, 198, 199, 272
Leitlinien 63, 116
Lernprozesse 124
Lieferantentreue 13, 41, 332, 337, 360, 383
Lieferservice 290, 297, 405
Lieferverzögerungen 145, 337, 340, 344
Lieferzeiten 108, 112, 305, 347, 405, 553
Lifestyle 215, 390, 421, 446, 465, 525
Line Extension 162, 196, 524, 525

Listenpreis 44, 45, 255, 277
Lizenzkauf 80, 206
Local Content Vorschriften 546
Logistik 108, 286, 287, 393, 404, 405, 406, 483, 542, 548, 553, 554, 555
Logo 7, 32, 215, 218, 220, 221, 426, 432, 453, 457
Loyalitätskonflikt 342
Machtkonstellationen 281
Macht-Portfolio 330
Mailing-Package 465, 466
Marke 7, 51, 65, 162, 398, 422, 424, 427, 438, 447, 457, 481, 492, 515, 516, 558
Markenartikel 277, 558
Markenartikelindustrie 7, 281
Markenbekanntheitspyramide 513
Markenbild 457, 529
Marken-Code 522
Markenerfolge 219
Markenerosion 399, 517
Markenfaszination 509, 513
Markenführung 50, 371, 456, 515, 517, 519
Markenguthaben 529
Markenkern 528
Markenkompetenz 390, 527, 529
Markenkraft 254, 448, 492, 493
Markennamen 219, 518
Markenpersönlichkeit 218, 428, 513, 516, 522, 527
Markenpflege 7, 501, 524
Markenpolitik 50, 261
Markenpositionierung 456
Markenprofilierung 221
Markenrelaunch 524, 525
Markensteuerrad 516
Markenträgerstrategie 516
Markentransfer 427, 524
Markentreue 13, 14, 170, 360, 361, 383, 433
Markentypen 516, 563
Markenverband 12, 510, 511, 521
Markenwert 361, 412, 434, 512, 513, 515, 524, 527, 528, 531, 534, 535, 536
Marketing-Forschung 126, 127
Marketinginformationssystem 186
Marketing-Mix 30, 49, 50, 125, 228, 285, 391, 415
Marketingphilosophie 28, 31, 35, 349, 556
Marketing-Service 38, 100, 101, 106, 305
Markt 3, 10, 29, 44, 53, 60, 67, 78, 79, 85, 86, 87, 90, 91, 104, 115, 117, 127, 131, 159, 179, 186, 189, 191, 197, 205, 210, 220, 238, 242, 257, 259, 260, 272, 282, 298, 322, 327, 330,

Stichwortverzeichnis

389, 398, 409, 422, 424, 425, 446, 464, 548, 559
Marktanalyse 10, 83
Marktanteil 32, 68, 71, 78, 79, 83, 86, 87, 88, 95, 117, 120, 196, 433, 439
Marktanteilsverluste 275
Marktattraktivität 88
Marktauftritt 383, 385, 422, 425, 475, 516, 558
Marktbeobachtung 29, 132
Marktberichte 95
Marktdurchdringung 80, 108, 117, 118, 120, 275, 546
Markteinführung 128, 195, 203, 204, 210, 211, 251, 264, 269, 275, 276, 394
Markteintrittsbarrieren 206, 546
Marktentwicklung 80, 196
Markterkundung 131
Marktexploration 131
Marktfeldstrategie 78
Marktformen 10, 256, 257
Marktforschung 29, 31, 50, 126, 127, 129, 130, 131, 132, 133, 134, 140, 144, 147, 148, 151, 152, 172, 174, 180, 182, 189, 190, 237, 296, 316, 337, 453
Marktforschungsinstitute 127, 137, 153, 154, 161, 454, 457
Marktführer 78, 79, 85, 87, 92, 93, 415
marktorientierte Unternehmensführung 10, 19, 29, 40, 46, 49, 50, 51, 53, 57, 58, 67, 69, 82, 84, 86, 95, 115, 116, 181, 189, 196, 223, 239, 249, 276, 281, 346, 405, 406, 408, 409, 415, 424, 431, 481
Marktorientierung 64, 99, 102, 103, 104, 106, 107, 538, 545, 548, 554
Marktplatz 1, 30, 377, 378
Marktposition 78, 79, 201
Marktpotenzial 71, 88, 117, 120, 251, 270
Marktsegmentierung 15, 19, 20, 22, 28, 78, 172, 197, 270, 322, 330
Marktspielregeln 50, 51, 53, 54, 290, 538
Marktstrategie 49, 349
Marktwachstum 83, 86, 87, 88, 389
Massenmarketing 20, 27, 548
Matrix-Organisation 104, 105, 106
McKinsey 30, 82, 87, 91, 329
M-Commerce 293, 316, 375
Mediaagenturen 437, 450, 454
Mediaselektion 434, 437, 438, 439, 440, 441, 445, 446, 447, 449, 450, 451, 456
Mediaselektionskriterien 438, 450
Mediastreuplan 450

Mediawerbung 53, 412, 413, 433, 482
mehrstufige Auswahl 141
Mehrwerte 6, 193, 209, 226, 245
Meinungsführer 16, 431
Merchandising 304, 483
Messeagentur 486
Messeauswertung 487
Messebesucher 172, 487, 489
Messebeteiligung 485, 486, 487, 488
Messe-Erfolgskontrolle 488
Messekontakte 488
Messekosten 489
Messen 31, 46, 65, 83, 208, 292, 431, 484, 485, 486, 488, 489
Messestand 367, 486
Messewesen 427, 484
Meta-Plan Methode 208
Metaprozess 55
mikrogeografische Systeme 462
Milieu-Ansatz 23
Mitarbeiterförderung 113
Mitarbeiterführung 58, 110
mobile Marketing 316, 375, 412
Monopole 84, 257, 259
Motivation 2, 112, 113, 143, 483, 490
Motive 3, 17
Multikanalvertrieb 32, 307, 309, 316
multivariate Analysen 165
Mystery-Shopping 233
Nachfrage 3, 42, 51, 53, 204, 239, 240, 241, 242, 247, 257, 259, 260, 264, 393, 394
Namensgebung 218, 219
Nettopreise 279
Netzwerke 5, 94, 284, 336, 349, 351, 383
Neue Medien 290, 437
Neueinschätzung 70, 95
Neukundengewinnung 66, 80, 117, 290, 296, 307, 321, 336, 338, 350, 372, 473, 486
Neuproduktentwicklung 80, 195, 196, 204, 205, 208
New Economy 38, 369
Niedrigpreise 280
Nischenanbieter 201
Nischenmarketing 27
NOAC-Prinzip 550
Nominalskalen 144
Normstrategien 82, 84, 90, 91
Null-Fehler-Strategie 542
Oberziele 63, 64, 65
Objektprinzip 100, 102
OEM-Kunden 203
öffentliche Märkte 9
Öffentlichkeitsarbeit 54, 412, 427, 429, 430, 431
Öko-Marketing 30
ökonomisches Prinzip 58
Online Linkage Application (OLAP) 95, 186

Operationalisierung 59, 91
operative Planung 69, 91, 95, 182
Ordinalskalen 144
Original Equipment Manufacturer 8
Outbound-Marketing 475
Outlets 51, 120, 391, 396, 398
Outsourcing 64, 234, 290
Panel 23, 133, 163, 164, 439, 453, 455
Panelbefragungen 137
Pareto-Regel 323
Patentamt 219, 220
Patentanmeldungen 208
Pauschalpreise 274, 574
Payback Karte 496
Payback-Karte 495, 496, 498
Penetrations-Preisstrategie 275
Permission Marketing 470, 471, 506
Personalentwicklung 113
Personalführung 113
Personalisierung 311, 373, 375, 463, 465, 470, 471, 495
Persönlichkeitsfaktoren 19
Pilotphase 135, 143
PIMS-Forschung 79
PIMS-Studie 87
Planung 57, 58, 67, 68, 69, 70, 71, 76, 79, 82, 91, 92, 94, 95, 97, 115, 116, 122, 123, 181, 186, 296, 297, 338, 347, 403, 413, 431, 480, 491, 543, 556
Planungsebenen 64, 95
Planungseinheiten 63, 64, 65, 68, 69, 78, 82, 83, 84, 87, 88, 95, 115
Planungsgrundsätze 67
Planungshorizont 70
Planungszeitraum 49, 70, 88, 89, 91, 183, 201
Point of Sale (POS) 21, 31, 51, 99, 152, 229, 239, 285, 288, 292, 385, 392, 393, 397, 398, 402, 403, 419, 481, 482, 483, 484, 492
Polaritätenprofil 74, 148
Polypol 259
Portfolio 82, 84, 85, 87, 90, 196, 197, 223, 232, 252, 329, 415
Portfolioplanung 90
Portfolio-Strategie 275
Portfoliotechnik 90, 200, 330
Positionierung 26, 83, 196, 197, 198, 201, 251, 252, 413, 445, 456
Potenzialausschöpfung 118, 327, 330
Potenzialverfahren 300
Power Shopping 262, 377
Präferenzraum 197
Präferenzwerte 412
Prämienpreisstrategie 276
Praxisschock 539
Preisbewusstsein 22
Preisbündelung 248, 273

Preisdifferenzierung 238, 250, 251, 270, 271, 272, 276, 371
Preis-Dumping 268
Preisdumping-Strategie 250
Preis-Eisberg 277, 280, 281
Preiselastizität 240, 241, 242, 260, 264, 271
Preisführerschaft 81, 250, 268
Preiskalkulation 264
Preiskrieg 269, 270, 572
Preislage 251
Preislagen 224, 251, 386
Preispolitik 44, 51, 194, 238, 239, 243, 256, 257, 264, 272, 276, 279, 317, 397, 492, 505
Preisschwellen 245, 247, 261, 402
Preisvertrauen 234, 281
Premiummarken 397
Pretest 135, 143
Price-Signaling 270
Primat des Absatzes 29
Printmedien 413, 433, 438, 454
Private Labels 392, 510, 516
Privatisierung 9, 234
Privatkunden 9, 230, 255, 289
Product-Placement 491, 492
Produktbegriff 192
Produktdifferenzierung 195, 196, 197
Produkttechnologien 84
Produktentwicklung 80, 174, 197, 206, 208, 211, 237, 277, 297, 298, 537, 542, 543
Produktgestaltung 44, 197, 212, 213, 215, 217
Produktgruppenorganisation 303
Produktideen 191, 206, 208, 210
Produktionsorientierung 4, 31
Produktionsverlagerungen 547
Produktkern 192
Produktlebenszyklus 84, 194, 195, 236, 251, 303, 386, 505
Produktmanagement 32, 50, 101, 107, 236, 237, 282, 297, 303, 305, 347, 402, 403, 540, 546
Produktmanager 31, 101, 236, 237, 332, 457, 556
Produktmängel 545
Produktmarke 518
Produktnutzen 244
Produktpolitik 44, 84, 191, 194, 196, 197, 198, 199, 201, 202, 203, 208, 210, 212, 213, 214, 218, 222, 225
Produktpositionierung 172, 197, 199, 201, 416, 529
Produktqualität 212
Produktspezifikationen 214
Produktvariation 195, 196, 197
Profilanalyse 75

Profit Center 102, 103, 104, 206, 393
Profit-Center 302
Prognose 128, 180, 182
Prognoseverfahren 179, 182, 183
Programmbreite 224
Programmtiefe 224
Prohibitivpreis 240, 241
Projektteam 543
Promotion-Material 482
Provisionssysteme 112
Prozessorganisation 100, 105, 110, 540
Prozessprinzip 100
Public Relations 429, 430, 460
Pull-Effekt 51, 434
Pull-Strategie 239
Push-Strategie 239, 284
QM-Systemaudit 542
Qualitätsdimension 213
Qualitätsführerschaft 66, 81, 276
Qualitätsmanagement 140, 548
Qualitätsparameter 214
Qualitätsplanung 215, 542
Qualitätssicherung 403, 542, 549
Qualitätsstandard 543
Qualitätsziele 542
Quality Circles 548
Quality Function Deployment 543
Quotenverfahren 137, 140
Rabatte 255
Rack Jobber 484
Ratingskalen 144, 146, 147, 149
Rationalprinzip 58
Rationalskalen 145
Realtime-Marketing 478, 479
Recall-Analyse 457
Reengineering 100
Referenzmarketing 359, 364
Regalplazierung 151
Regionalvertriebsleiter 101
Regression 145, 168, 169, 170
Regressionsfunktion 168, 183
Reichweite 152, 450
Reklamationen 95, 122, 237, 311, 338, 340, 364, 365, 366, 545
Relationship-Marketing 52, 292, 349, 350, 568
Relationware 310
relativer Marktanteil 71
Relaunch-Strategien 84, 197
relevanter Marktanteil 71
Relevanzanalyse 544
Reliabilität 133, 135, 136, 142, 448
Reminder-Technik 422, 439
Repräsentanz 130, 133, 136, 164
Repräsentationsschluß 137
Responseelemente 412, 458, 502
Responseträger 460, 465
Rest-Marktpotential 333

Reverse Economy 393, 541, 555
Revitalisierung 525, 527
revolvierende Planung 70
Rezepturen 211, 214
RFID-Chips 214, 391, 393, 395
Risikofreude 19
Risikomischung 202
Risikopräferenz 19, 22
Robinsonliste 463
Rollenverhalten 12
Routenplanung 311, 338, 339
Rückgewinnungsprogramme 367
Rücklaufquote 133, 143, 144, 448, 467, 468, 469
Sachgüter 4, 6, 226
SalesCycle 307, 313, 320, 332, 541
SAP 33, 64, 104, 187, 306, 308, 314, 315, 321, 423, 436
Sättigungsmenge 240, 241
SB-Warenhäuser 387, 389
Schaufenster 403, 484, 492
Schlüsselbilder 422, 423, 424
Schlüsselkunden 69, 90, 237, 290, 298, 303, 488
Schlüsselreize 17, 420, 445
Scoring Modelle 210
Selling-Center 11, 52, 353, 545
Semacode 375
Semantisches Differential 74
Serienreife 211, 547
ServiceCycle 313
Servicequalität 230, 233, 423, 537, 558
Servicestrategie 226
SERVQUAL 231
Share of Voice 531
Share of Wallet 117, 118, 120, 327
Shop in the Shop Konzept 398
Signifikanzprüfung 178
Silent Marketing 376, 562
Simulation 152, 529
situativer Führungsstil 113
Six Sigma 552
Skalen 144, 147, 148, 172, 199, 341
Skalentypen 144
Skalierungsverfahren 144
Skimming-Preisstrategie 275
Smart-Shopper 246, 389
Snob-Effekt 246
Sortimentsbreite 224, 386
Sortimentsgestaltung 44, 394
Sortimentspolitik 44
Sortimentstiefe 224
Sozialforschung 131, 133, 137, 142, 146, 147, 148, 153, 159
Sozialkompetenz 110, 237, 297
Sozio-Marketing 30
Special Ads 440
Spielregeln 52, 234, 347
Spitzenleistungen 121, 360, 537, 540

Sponsoring 412, 427, 430, 431, 432, 491, 507
Sportförderung 432
SPSS 143, 184
Stabsfunktionen 101
Stammkundenpflege 321, 338, 485
Standardabweichung 139, 167, 168
Standbesetzung 487, 488
Standortpolitik 53, 391
Standorttypen 391
Stellenbeschreibungen 98, 295
Stichprobe 135, 136, 137, 138, 139, 140, 152, 174, 178
Stichprobenumfang 140
Store in the Store Konzept 398
Streuverlust 450
Strukturorganisation 98, 300
Strukturvertrieb 289, 292
Strukturwandel 388, 389
Substitutionsgefahr 276
Supermarkt 3, 132, 221, 386
Supply Chain Management (SCM) 52, 369, 370, 378, 405, 541, 554, 555, 559
SWOT-Analyse 57
Synergieeffekt 49
Systemlieferanten 52, 260
Szenario-Technik 180
Szene-Marketing 21, 26, 456
Taktik 43, 46, 341
Target Costing 116, 265, 266
Target Design 544, 545
Target Positioning 155, 568
Target Pricing 53
Taylorismus 28
Team-Selling 99, 299, 566
technischer Handel 9, 53, 290
technischer Kundendienst 299
Teilerhebung 135, 136
Teilnutzen 173
Telefonmarketing 296, 460, 473, 474, 475
Telefonverkauf 293, 474, 475
Teleshopping 294, 439
Teststatistik 174
Testverfahren 144, 165, 167, 178
Themen-Warenhaus 390
Time to Market 291
Tonalität 445
Top of Mind 125, 513
Top-Kunde 333
Top-Kunden 325, 328, 333, 556
Top-Management 55, 59, 60, 457
Top-Unternehmen 537, 538
Top-Verkäufer 342
Total Quality Management 548
TQM 540, 548, 551, 552, 572
TQM-Auditierung 552
Tracking 155, 161, 163, 164, 406, 470, 535
Tradition 61, 63, 429
Transaktionsansatz 350, 352
Transaktionsmethode 344

Transportverpackung 222
Trend 9, 87, 99, 108, 181, 183, 217, 223, 234, 299, 385, 389, 397
Trendextrapolation 182, 183
Trend-Management 211
Triadenkonzept 38
Triadenvertrieb 108
Türöffner 13, 546
Umsatzrangfolge 202, 325
Umtauschservice 228, 235
Umweltorientierung 4
unelastische Nachfrage 242
Unique Communication Position 200
Unique Selling Proposition 199
Unternehmensauftrag 59, 61
Unternehmensführung 26, 28, 30, 33, 38, 42, 44, 53, 59, 64, 65, 66, 67, 71, 76, 88, 102, 111, 115, 189, 207, 284, 361, 414, 431, 558
Unternehmensgröße 102
Unternehmensgrundsätze 59, 61
Unternehmenskultur 61, 423, 550
Unternehmensphilosophie 59, 61
Unternehmensplanung 179, 349, 415
Unternehmenspolitik 42, 43, 63, 542
Up-Selling 224, 228, 335, 337, 417, 495
Validität 133, 136, 142
Value Marketing 334, 562
Value-based-Pricing 270, 271, 272, 275
Varianz 167, 170, 172
Varianzanalyse 145, 170
Variationskoeffizient 167
VDI 29, 291, 323, 372, 539, 540
Veblen-Effekt 246
Verbrauchermarkt 224, 387, 389
Verbraucherschutz 390
Verbraucherverhalten 31, 50, 151, 179, 386, 517
Verbrauchsgüter 5
Vergleichsangebote 268
Verhandlungsposition 281, 381
Verhandlungsziel 267
Verkauf 31, 45, 66, 106, 108, 110, 112, 117, 183, 236, 237, 260, 282, 283, 284, 285, 286, 288, 289, 291, 292, 293, 294, 295, 298, 301, 302, 303, 305, 307, 317, 368, 382, 454, 459, 460, 464, 475, 481, 483, 485
Verkäufermärkte 31, 284
Verkaufsabschluß 286, 340, 341, 342, 350
Verkaufsförderung 46, 282, 427, 460, 480, 481, 482, 483, 484, 505

Verkaufsform 45, 287, 288, 289, 290, 292, 293, 294, 295, 336
Verkaufsführungskräfte 10
Verkaufsgebiete 78, 120, 296, 301, 302
Verkaufsgebietscontrolling 118
Verkaufsgitter 341
Verkaufshilfen 484
Verkaufskostenanalyse 120
Verkaufsorgane 288, 289
Verkaufsorientierung 31
Verkaufspolitik 45, 239, 261, 282, 284, 285, 286, 287, 288, 317, 330, 332, 359
Verkaufsräume 484
Verkaufstrichter 318, 319, 320, 368
Verkaufsunterlagen 480, 482
Verkaufsverhandlungen 340
Verkostung 483
Verpackung 44, 128, 214, 215, 221, 222, 256, 420, 445
Verrichtungsprinzip 100, 102
Versandhandel 45, 293, 382, 460
vertikale Preisdifferenzierung 250, 272
vertikales Marketing 32, 51, 53, 290, 383, 384, 385, 396, 397, 398, 399, 400, 401
Vertragshändler 235, 474
Vertragshändler-System 399
Vertrieb 30, 31, 38, 42, 44, 45, 63, 64, 65, 99, 100, 102, 106, 107, 110, 111, 115, 116, 117, 118, 126, 128, 151, 195, 197, 237, 264, 282, 283, 285, 286, 288, 289, 290, 291, 295, 296, 299, 300, 304, 305, 308, 322, 349, 379, 405, 406, 545, 546, 548, 553
Vertriebsautomation 121
Vertriebsinformationssystem 305
Vertriebsingenieure 29, 539
Vertriebskosten 90, 116, 181
Vertriebsleiter 106, 108, 113, 121, 137, 240, 242, 243, 270, 299, 300, 316, 347
Vertriebslogistik 45, 286, 287, 288, 404, 553
Vertriebsorganisation 29, 45, 98, 287, 294, 295, 303
Vertriebspartnerpolitik 45, 287, 379, 394
Vertriebsstatistik 116, 131
Vertriebssteuerung 45, 183, 287, 297, 299, 305, 308
Vertriebssystem 45, 288, 289
Verzichtskunde 333
Videokonferenzen 293
Virtualität 99
Virtuelle Fabrik 548
virtuelle Markenführung 548
Virtuelles Marketing 30
Vision 57, 58, 59, 60, 63, 70
Vollerhebung 132, 136, 138

vollkommene Konkurrenz 259
Vollkostenkalkulation 264
Wahrnehmung 18, 355, 410,
    453
Wal-Mart 74, 377, 387, 403,
    404
Warenhaus 387
Warenkorb-Analyse 162
Warenwirtschaftssystem 305
Warenzeichen 219
Web 2.0 369, 442, 444
Wechselkursrisiko 546
Werbeagenturen 49, 435, 461
Werbeaufwendungen 453
Werbeausgaben 416, 433,
    438, 453
Werbebotschaft 421, 437,
    449, 450
Werbebudget 65, 165, 416,
    449
Werbedruck 415, 453
Werbeerfolgsforschung 479
Werbegeschenke 412, 487,
    504
Werbekampagne 48, 65, 162,
    228, 402, 413, 416, 417,
    418, 422, 423, 434, 445,
    456, 478, 492, 527
Werbemittel 409, 422, 432,
    434, 437, 438, 467
Werbemitteleinsatz 479
Werbestrategie 422, 434, 478
Werbeträger 409, 434, 437,
    441, 442, 449, 450
Werbewirtschaft 420, 455
Werbeziele 452
Werbung 23, 33, 49, 65, 216,
    239, 256, 277, 282, 285,
    393, 409, 410, 413, 414,
    420, 421, 422, 424, 427,
    429, 430, 431, 432, 433,
    439, 445, 446, 450, 453,
    456, 457, 475, 480, 482,
    492
Werksverkauf 51, 398
Werthaltungen 19, 23
Wertschöpfung 4, 8, 100
Wertschöpfungskette 8, 52,
    306, 393, 394, 395, 403,
    404, 493, 550, 553
Wertschöpfungsstufen 4, 52
Werttreiber 555, 556, 557
Wettbewerbsanalyse 75, 209,
    307, 349, 543
Wettbewerbsangriff 71
Wettbewerbsdifferenzierung
    424
Wettbewerbsfähigkeit 83, 86,
    259
Wettbewerbsinformationen
    76, 130, 347, 348
Wettbewerbsorientierung 39,
    415
Wettbewerbsprodukte 76,
    162, 220, 543
Wettbewerbsstärke 87, 88, 89,
    196
Wettbewerbsvergleich 75,
    121, 530, 544
Wettbewerbsvorteile 12, 39,
    193, 215, 225, 245, 275,
    322, 538, 546
Wiedererkennung 422, 452,
    479
willkürliche Auswahl 136
Win-Win-Situation 346
Wirtschaftlichkeitsanalysen
    116
Wissensmanagement 181,
    556, 557
Workflow 100, 316
Zahlungsbedingungen 255,
    256
Zeitgeist 19, 200, 220, 527
Ziel 19, 49, 51, 58, 59, 65, 70,
    98, 132, 141, 179, 186, 196,
    265, 270, 286, 306, 332,
    350, 415, 421, 486, 540,
    556
Zielgruppen 3, 19, 20, 21, 27,
    64, 69, 78, 79, 80, 81, 135,
    172, 196, 218, 224, 250,
    270, 271, 276, 280, 303,
    306, 413, 414, 420, 423,
    430, 431, 432, 438, 450,
    451, 452, 455, 456, 462,
    465, 466, 475, 481, 485,
    487, 490, 491, 492, 493,
    504, 518, 539, 546, 548
Zielgruppenstrategie 20
Zielgruppenstrategien 78, 272
Zielkonflikt 66, 544, 545
Ziellücken 58, 73
Zielmerkmale 58
Zielpyramide 58, 59, 63, 67
Zufallsprinzip 136, 137, 141
Zufriedenheitsbefragung 231
Zukunftportfolio 86
Zulieferrisiken 328
Zuschlagskalkulation 264, 266
Zwiebelschalenmodell 192

Die Visitenkarte des Studenten

Wolfgang Lück | Michael Henke
Technik des wissenschaftlichen Arbeitens
Seminararbeit, Diplomarbeit, Dissertation
10., überarbeitete und erweiterte Auflage 2008
128 Seiten | Broschur | € 14,80
ISBN 978-3-486-58968-9

Seminararbeiten und Diplomarbeiten sind die »Visitenkarten« des Studierenden, die er als Prüfungsleistungen vorlegen muss. Diplomarbeiten dienen außerdem nach dem Studium zusammen mit den übrigen Unterlagen wie Lebenslauf, Zeugnisse, Tätigkeitsnachweise als Bewerbungsunterlagen. Nur derjenige, der neben dem Nachweis von Fachkenntnissen auch die notwendigen Arbeitstechniken beim Anfertigen von Seminararbeiten und Diplomarbeit bewiesen hat, wird überhaupt in der Lage sein, diese Hürden mit Erfolg zu meistern.

Dieses Buch liefert in der Praxis erprobte und bewährte Gestaltungsvorschläge für diejenigen, die die Fähigkeit wissenschaftlichen Arbeitens durch Seminararbeiten, Diplomarbeiten oder Dissertationen nachweisen müssen.

Das Buch ist eine Arbeitshilfe für Studenten der Wirtschaftswissenschaften und benachbarter Disziplinen.

Univ.-Prof. (em.) Dr. Wolfgang Lück ist Wirtschaftsprüfer und Steuerberater und war an der Technischen Universität München tätig. Seit 20 Jahren ist er Vorsitzender des Vorstandes des International Accounting and Auditing Research Institute, Wiesbaden.

Prof. Dr. Michael Henke ist Head of Chair for Financial Supply Management an der European Business School (EBS) – International University Schloss Reichartshausen sowie Research Director Financial Supply Management am Supply Management Institute SMI™.

Bestellen Sie in Ihrer Fachbuchhandlung oder direkt bei uns: Tel: 089/45051-248, Fax: 089/45051-333
verkauf@oldenbourg.de

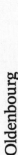

Erfolg mit Projekten

Hans Corsten, Ralf Gössinger
Projektmanagement
Einführung

2. Auflage 2008 | 335 S. | gebunden | € 29,80
ISBN 978-3-486-58606-0

Dieses Lehrbuch gibt Studenten der Wirtschaftswissenschaften, des Wirtschaftsingenieurwesens, aber auch Fachfremden eine Einführung in Fragen des Projektmanagement. Zunächst werden dem Leser terminologische Grundlagen vorgestellt, die ihm zeigen sollen, dass die Begriffe »Projekt« und »Projektmanagement« zwar in aller Munde sind, jedoch eine allgemein akzeptierte Definition bisher nicht vorliegt. Im Anschluss daran werden die Aufgabenbereiche und Erfolgsfaktoren des Projektmanagement – von der Projektorganisation bis zum Qualitätsmanagement – skizziert und einer kritischen Analyse unterzogen.

Das Buch richtet sich insbesondere an Studierende der Wirtschaftswissenschaften und des Wirtschaftsingenieurwesens, aber auch an Fachfremde und Praktiker.

Über die Autoren:

Univ.-Prof. Dr. habil. Hans Corsten ist Inhaber des Lehrstuhls für Produktionswirtschaft an der Universität Kaiserslautern.

Frau Hilde Corsten ist freie Mitarbeiterin am Lehrstuhl für Produktionswirtschaft der Universiät Kaiserslautern.

Prof. Dr. Ralf Gössinger ist Inhaber des Lehrstuhls für Produktion und Logistik an der Universität Dortmund.

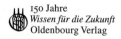
150 Jahre
Wissen für die Zukunft
Oldenbourg Verlag

Bestellen Sie in Ihrer Fachbuchhandlung oder direkt bei uns: Tel. 089/45051-248, Fax: 089/45051-333
verkauf@oldenbourg.de

Verbessern Sie Ihre Menschenkenntnis.

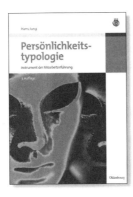

Hans Jung
Persönlichkeitstypologie

Instrument der Mitarbeiterführung
Mit Persönlichkeitstest

3. vollständig überarbeitete und wesentlich erweiterte
Auflage 2008 | 170 Seiten | Broschur | € 24,80
ISBN 978-3-486-58643-5

Die veränderten Bedürfnisstrukturen des arbeitenden Menschen, der Arbeitsmarkt, die gewandelte wirtschaftliche und gesellschaftliche Situation, all dies zwingt jeden Betrieb und jede Führungskraft, sich intensiv mit den Mitarbeitern, aber auch mit sich selbst zu beschäftigen. Um diesem Anspruch gerecht zu werden, müssen Führungskräfte ihre Menschenkenntnis verbessern.

Dieses Buch soll Führungskräften die Möglichkeit geben, ihre Menschenkenntnis mit Hilfe der Persönlichkeitstypologie zu verbessern. Anhand der psychoanalytischen Studie von Fritz Riemann wird in diesem Buch ein genaues Typenbild sowie die Leistungsfähigkeit der möglichen Charaktere erarbeitet. Damit werden die Fähigkeiten zur Verhaltensbeurteilung und Einschätzung von Entwicklungspotenzialen sowie zur Selbsteinschätzung erhöht.

Dieses Buch richtet sich an alle Studierenden, Mitarbeiter und Führungskräfte, die an ihrer eigenen Leistungsbeurteilung oder der ihrer Mitarbeiter interessiert sind.

Prof. Dr. rer. pol. Hans Jung lehrt an der Fachhochschule Lausitz Betriebswirtschaftslehre und Personalmanagement.

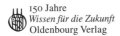
150 Jahre
Wissen für die Zukunft
Oldenbourg Verlag

Bestellen Sie in Ihrer Fachbuchhandlung oder
direkt bei uns: Tel: 089/45051-248, Fax: 089/45051-333
verkauf@oldenbourg.de

Die spannende Welt der Ökonomie entdecken.

Bernd Ziegler
Geschichte des ökonomischen Denkens
Paradigmenwechsel in der
Volkswirtschaftslehre
2. Auflage 2008 | 177 S. | gebunden
€ 26,80 | ISBN 978-3-486-58522-3

Das ökonomische Denken hat eine lange Tradition. Erste ökonomische Ideen wurden bereits in der Antike und im Mittelalter entwickelt. Seit der Veröffentlichung des Wealth of Nations von Adam Smith erfuhr das ökonomische Denken eine hohe Dynamik und war im Verlauf dessen von mehreren Paradigmenwechseln gekennzeichnet.

Der Autor dieses Buches geht auf diese bewegte Geschichte näher ein. Anhand der Beiträge bedeutender Ökonomen navigiert er gekonnt durch die Welt der Ökonomie. Dabei kommt der jeweilige historische Blickwinkel nicht zu kurz. Währenddessen folgt er stets der Leitlinie von Diskontinuität und Kontinuität in der Geschichte des ökonomischen Denkens.

Dieses Buch ist nicht nur für angehende Betriebs- und Volkswirte eine spannende Lektüre. Es richtet sich auch an diejenigen, die an der Ökonomie interessiert sind.

Dr. Bernd Ziegler lehrt an der Fakultät Wirtschafts- und Sozialwissenschaften der Universität Hamburg.

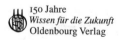 150 Jahre
Wissen für die Zukunft
Oldenbourg Verlag

Bestellen Sie in Ihrer Fachbuchhandlung oder
direkt bei uns: Tel: 089/45051-248, Fax: 089/45051-333
verkauf@oldenbourg.de

Das Standardwerk

Hal R. Varian
Grundzüge der Mikroökonomik
Studienausgabe

7., überarb. und verbesserte Auflage 2007
XX, 892 S. | Broschur
€ 29,80 | ISBN 978-3-486-58311-3
Internationale Standardlehrbücher der
Wirtschafts- und Sozialwissenschaften

Dieses Lehrbuch schafft es wie kein anderes, nicht nur den Stoff der Mikroökonomie anschaulich zu erklären, sondern auch die ökonomische Interpretation der Analyseergebnisse nachvollziehbar zu formulieren. Es ist an vielen Universitäten ein Standardwerk und wird oft zum Selbststudium empfohlen. Durch die logisch aufeinander aufbauenden Kapitel, die zahlreichen Grafiken und das gelungene Seitenlayout erschließt sich dem Leser schnell die Thematik. Jedes der 37 Kapitel knüpft an die vorangegangenen Erkenntnisse an und führt den Leser schrittweise und mit Hilfe anschaulicher und aktueller Beispiele an die mikroökonomischen Lerninhalte heran. Gegliederte Zusammenfassungen und ausführliche Wiederholungsfragen schließen jedes Kapitel. Dem Lehrbuch sind viele neue Beispiele mit Bezug zu aktuellen Ereignissen hinzugefügt.

Prof. Hal R. Varian lehrt an der School of Information Management and Systems (SIMS), an der Haas School of Business sowie am Department of Economics at the University of California, Berkeley. Von 1995 bis 2002 war er Gründungsdekan an der SIMS.

Oldenbourg